第八版

SOCIOLOGY

8th Edition

社会学

上册

〔英〕 安东尼 · 吉登斯 (Anthony Giddens)
菲利普 · 萨顿 (Philip W. Sutton) 著

李 康 译

北京大学出版社
PEKING UNIVERSITY PRESS

著作权合同登记号　图字：01-2017-5801

图书在版编目(CIP)数据

社会学：第八版/(英)安东尼·吉登斯，(英)菲利普·萨顿著；李康译.—北京：北京大学出版社，2021.11

(未名社科.学术面对面)

ISBN 978-7-301-32658-9

Ⅰ.①社…　Ⅱ.①安…　②菲…　③李…　Ⅲ.①社会学　Ⅳ.①C91

中国版本图书馆CIP数据核字(2021)第205146号

书　　名	社会学(第八版)(上下册) SHEHUIXUE (DI-BA BAN)(SHANGXIACE)
著作责任者	〔英〕安东尼·吉登斯(Anthony Giddens) 〔英〕菲利普·萨顿(Philip W. Sutton)　著 李　康　译
责任编辑	陈相宜
标准书号	ISBN 978-7-301-32658-9
审图号	GS(2021)5804号
出版发行	北京大学出版社
地　　址	北京市海淀区成府路205号　100871
网　　址	http://www.pup.cn
新浪微博	@北京大学出版社　　@未名社科-北大图书
微信公众号	ss_book
电子信箱	ss@pup.pku.edu.cn
电　　话	邮购部010-62752015　发行部010-62750672 编辑部010-62753121
印刷者	北京市科星印刷有限责任公司
经销者	新华书店
	787毫米×1092毫米　16开本　82.75印张　1641千字 2021年11月第1版　2022年10月第3次印刷
定　　价	249.00元(上下册)

第八版序言

大约三十年前，亦即1989年，《社会学》初版刊行。眼下这部第八版的许多读者彼时甚至尚未出生，但那正是整个世界历史变迁的时节。第二次世界大战后的冷战态势正告终结，柏林墙轰然倒塌，德国重新统一，苏联与东欧阵营的各个国家纷纷趋向独立自主。对于此后的年轻世代而言，后冷战时代寻常无奇；但今日之日常生活的其他许多方面，诸如互联网、万维网、电子邮件，在1989年都还不曾产生什么波澜。与此类似，无处不在的移动电话、社交媒体、数字电视，以及我们今天熟视无睹的其他诸般技术必需品，那时才刚刚问世。初版以降，社会世界已然面目大变，社会学本身亦是如此。不过，总有一些东西一如往昔。本书纵然篇幅扩充，愈显沉重，却依然以令人满意的精装版式刊行于世。

无论是各个社会，还是努力去理解社会的社会学家，我们都见证了丰富多姿的变化，接续至今的本书各版一一勾勒在案。眼前的第八版同样如此，只是做了细致的修订，以体现全球范围内的晚近发展和社会学领域中的新鲜观念。数字媒体的进展日新月异，气候变化的问题积重难返，金融危机席卷全球，“阿拉伯之春”余波无尽，中国、印度和巴西经济成长迅速，全球恐怖主义破坏严重，凡此种种，都在以全新的方式塑造着人类世界。第八版对上述议题做了全面考察和大幅修订，以期与时俱进。

学生们有时会觉得，社会学的观念与例证难以把握。究其原因，部分是因为社会学要求我们步调协调，在分析研究发现和理论的同时，努力摈除个人的信条与意见。就此而言，所谓“社会学之思”（thinking sociologically），蕴含着智识与情感上的重大挑战，有可能令人困惑不安。大多数研习社会学的人都会为这段经历所改变，也就不足为怪了。这门学科启发人们从新颖的视角看待世界，往往与绝大多数人开始时所持的视角有所不同。社会学帮助我们超越自己生活的切近情境，更深刻地理解自己和别人行动的前因后果。我们希望你通过此书的阅读与训练，接受挑战，开启心智。

致谢

研究、写作和编印此书的整个过程，始终是一项浩大的事业，涉及的是整个富有创造力的集体，而不只是两位编著者。首先，必须感谢全书各章评审人，他们对于初稿的指点与建设性意见再一次被证明弥足珍贵，有助于我们保证此书继续体现社会学实际研究与理论阐述的前沿进展。还要感谢使用第七版的许多教员与学生读者，他们研习本书的体验有助于我们增强当前研究与本科教学之间的关联。政体出版社(Polity Press)的工作人员一如既往，使整个编印过程不那么痛苦。特别要感谢尼尔·德科特(Neil de Cort)、萨拉·多布森(Sarah Dobson)及布蕾芙妮·奥康纳(Breffni O'Connor)，他们都帮我们减轻了负担。我们还要感谢卡罗琳·里士满(Caroline Richmond)，她从未听任我们放过任何疏漏或歧异，使本书精益求精。我们的责编乔纳森·斯克里特(Jonathan Skerrett)在整个过程中再一次始终保持理智清明，感谢他勤勉有加，判断敏锐，不断给出改进建议。最后，我们要感谢帕特·萨顿(Pat Sutton)几乎全方位的支持，感谢阿廖娜·列杰涅娃(Alena Ledeneva)始终如一的帮助与鼓励。

安东尼·吉登斯与菲利普·萨顿

说明

尽管人类社会表面上看稳定坚固，但其实始终处在变迁之中。我们着手编写《社会学》第八版时，英国还是欧盟的重要成员之一。等我们写完，全英公投已经以多数赞成通过脱欧，连带着还有政治、经济、社会和文化方面的诸般后果。譬如说，在苏格兰，大多数人投票赞成留在欧盟，苏格兰政府开始计划三年内举行第二次公投，决定苏格兰是否应当脱离联合王国。似乎有可能在我们这本书的第九版刊行之前，联合王国就会解体，欧盟扩张的进程也将会逆转。人类世界中的各项制度/机构（institutions），例如联合王国、欧盟和民族国家，始终面临着变迁和重大转型。

社会学作为一门学科，要研究并努力领会各种各样的社会与社会生活，是不能僵化不变、坐吃老本的。倘若如此，它很快就会变得无关紧要，定然无法针对社会生活提供充分而切实的阐述与说明。承认这一基本事实，有助于说明社会学的种种理论为何老是变来变去，往往显得高深莫测，至少行外人士看来是如此。鉴于社会学的任务是要理解和说明这个变动不居的社会世界，我们如果抱守那些令人安心却日趋过时的理论与说明，代价可承受不起。我们必须做好准备针对新的现实来检验它们，如有必要，断然舍弃，谋划出能够胜任此项任务的新的理论与说明。

《社会学》第八版除了较老的"古典"理论与观念，也引入了最新的理论和观念，读者就此能够看到，社会学是如何与它所参与组成的那些社会一起发展变化的。从犯罪、不平等、教育，到性相、网络霸凌和全球恐怖主义，呈现涵盖广泛主题领域的一些令人兴奋不已的研究，以此激发新一代的社会学家，这也是我们的主旨之一。书中的讨论不会太抽象或是单纯概念性的，相反，我们努力运用实例来具体说明观点、概念和理论，实例主要来自社会学研究，但如果能激发讨论，也会借用其他来源（比如报章报道）的素材。

我们每一章都打造了一套相当流畅的叙事,以尽可能呈现直白明快的文风,希望本书“阅读体验良好”。章节的顺序安排旨在便于读者渐进把握社会学的不同领域,但也可以灵活使用本书,根据具体需求做出轻松调整。可以跳过某些章节,或者更换学习的顺序,因为每一章都独立成篇,亦有充足的相互参引,便于读者领略多种主题之间的关联。

社会学在现代思想文化中扮演着核心角色,在社会科学中占据着中心位置。和所有的科学学科一样,社会学有它自己的技术语言,社会学家要想清晰表述自己的主张,这种语言就是绝对必需的。然而,我们要努力避免设法进入社会科学的“行话”(jargon),我们明白,绝大部分刚刚进入学科的新人(乃至许多专业社会学家!)都会觉得,这些“行话”难以索解,也毫无必要。我们会将来自学科前沿的发现与当前的事件、议题与数据一并呈现,并且在呈现时努力做到不偏不倚,当然也不会不加辨析。支撑着整个事业的是两位编者的共识,就是希望某种社会学总体思路,始终充当将我们的个人生活关联到更广泛的社会情境的最佳方式,从而使我们有能力领会个人与社会之间的密切关联。

核心主题

全书共二十二章,每章探讨一项主题,比如犯罪、族属、社会阶级、劳动或者环境。还有些主题会统贯全书反复出现,其中三项反映了塑造当代社会学的关键议题。

核心主题之一就是**社会变迁**(social change),尤其是全球化。从18世纪到19世纪早期的工业革命,促成了一系列重大转型,永久改变了人类世界,社会学就诞生在转型的余波之中。但是,社会变迁并没有止步于19世纪。事实上,很多社会学家指出:自20世纪70年代以来,社会变迁已经加快了步伐,与之相随的是,社会阶级、传统家庭、制造业等关键性的组织结构,都失去了它们对于个人生活曾有的牢固掌控。个中缘由部分在于,我们如今生活在一个愈益全球性的人类世界里,有一套全球性的经济系统,人员在全世界大规模流动,政治也走向国际化。**全球化**的进程还使分处比较富裕的发达世界与比较贫穷的发展中世界的各国联系更加紧密。本书涵盖了全球化的各色展现,从有关气候变化的国际政治,到流行性病毒、有组织犯罪和全球不平等。发展迅速的全球化或许最清晰地证明了,社会学家有必要保持对现实世界中的重大社会变迁的密切关注。

第二项主题就是沟通领域的**数字革命**(digital revolution),它不仅促进了全球化,也正在几乎全方位地改变我们生活、工作和休闲娱乐的方式。今日的年轻世代,在成长过程中广泛接触各种技术设备和新的沟通机会,在他们的父辈和祖辈看来,那些东西似乎纯属科幻小说。由于互联网的存在,人们纵然远隔万里,也可以借助智能手机和平板电脑上的电子邮件和社交媒体进行即时接触。微处理技术的持续发展使得个人电脑无比强大,令三十年前的世界最大企业可以利用的计算力都相形见绌。机器人技术也在加快脚步,尽管我们已习惯于看到机器人在制造工厂中工作,但下一步就会看到无人驾驶汽车上路行驶,机器人居家劳作。不过,是互联网、超级计算和机器人技术的综合运用,才让数字化真正具有革命性,使工作任务——其中有许多正是中产阶级的保留领地——可以无人操作,这就给未来的就业水平带来了严重后果。我们或许尚处这场革命的早期阶段,但它波及了整个社会生活,因此本书也涵盖了它的许多方面。

第三项主题把我们带回社会学的起源——**社会不平等**(social inequality)。本书设置专章分别讨论性别与性相、"种族"与族属、老年化、社会阶级和身心障碍,每一章都介绍了特定领域里的社会学研究。然而,社会学家越来越意识到,社会不平等的重要维度相互关联,催生了一系列复杂的个人生活体验。例如,一位工人阶级年轻白人女性的生活经历,可能会与一位中产阶级年长黑人女性非常不同,从而难以笼统讨论"女性"的共同体验。因此,今天涌现出大量的研究去细究复杂多样的个体生活体验。探索社会不平等诸维度的具体关联方式,是本书始终贯彻的一项主题。我们还探求国与国之间的不平等,讨论表明这种不平等在21世纪正趋消减的多方面证据。

思路要素

我们在本书中讨论社会学的思路受到三种主要关切的影响。首先,我们力求将小范围的或者微观层次的社会接触和互动,与大范围的、宏观层次的社会及其制度相关联。微观情境下的个体互动能够对更大范围的社会制度世界发挥作用,但后者同样以深远的方式影响着我们的日常生活。这种双向交流正是许多社会过程的核心要义,在我们看来,社会学分析若想全面兼顾,就需要同时在微观与宏观的层次上理解情境与事件。

其次,本书采取了比较历史的立场(comparative-historical standpoint)。社会学不能囿于理解单个社会,而必须考察一系列社会之间的关系,考察它们影响彼此发展的多种方式。社会生活的全球化已经使得这一点成为迫切需要,而本书介绍了取自全球各地的广泛多样的素材。尤其是许多章节同时涵盖了发达国家与发展中国家,便于进行某些引人深思的对比。我们认为,要想理解今天的全球社会生活,比较历史社会学不可或缺。

最后,我们努力将社会范畴与个人范畴相关联。社会学的思考对于自我理解大有裨益,帮助我们将个人经验定位于更广泛的社会环境。而我们的自我理解又可以反过来增进我们对整个社会世界的理解。研习社会学应该是一种解放心智的体验,它扩展我们的想象力,开启解释个人行为缘由的新视角,并且打造有关迥异于我们自己的文化情境的自觉意识。基于我们思路的这一特点,可以逐步培养一种社会学的思考方式,或者按照社会学家自己的说法,叫作**社会学的想象力**。

互动环节

我们设计了许多让读者主动介入的互动环节,第八版延续了这一做法,包括**经典研究**专栏,它向读者介绍社会学中一些最具影响力的著述片段。重要的是得明白,所谓“经典”不一定只是“古老”的代名词。是成千上万的研究项目、期刊论文以及著作构筑起学院社会学,社会学通过它们不懈地检验各种观念和方法,由此向前推进。这就等于说,绝大多数的研究都不能获得“经典”的地位,但这并不意味着它们没有价值,远非如此。有时候,人们获得一些意义显著的发现,提出一种新颖的研究方法,或者构建一个新的理论对学科未来的发展方向产生了特殊的影响。在这些情况下,专业社会学家就可能承认这些例子属于“经典”。就此而言,“经典”可新可旧,我们在本书中的选择也将体现这一点。当然,不是每个人都会赞成我们的全部选择,但是我们已经将它们交付给众多匿名评审、教员和读者进行检验,再次确认它们不是任意选择的,不是我们自己的偏好所致。希望这些实例有助于学生们领略到从社会学的角度去思考所开启的丰富可能。

第八版也保留了其他所有互动性成分。我们留下了**批判性思考**这一版块,它标志着“停靠点”,读者由此可以对自己阅读的内容进行反思,并且深入思考他们所学到的东西的意义。我们强烈建议读者研读这些版块,以充分挖掘本书的教益。**全球社会**版块鼓励学生从全球角度思考哪怕是最具本地或本国色彩的问题。至于题为**发挥你的社会学想象力**的版块,常常含有非同寻常或令人瞩目的素材,旨在具体刻画或者扩展能在该章中找到的主题。**术语汇编**仍在扩容,因为社会学家提出了新的概念。所有术语在书中都以着重格式标出,以便查考。

每章末尾的“社会学研讨会”(sociological workshop)(灰色部分)业已证明,其对于教学双方都很有用,我们也予以保留并加以修订。**本章要点**基于一章的素材提出问题,读完整章后立即回答这些问题颇为可取,不过我们也把它们设计成可供日后重新修润想法的基础。随后是**研究实践**,聚焦于社会学的研究方法及其在现实世界研究中的应用。在这一部分,我们让读者接触一则当代研究,通常选自期刊论文,要求他们查询、阅读并同时做笔记。然后提出一系列问题,使读者能够思考研究与方法的类型差异,它们应用的领域是什么,应用的成功度又如何。许多教员向我们反馈,这种思路有助于他们告诉学生,理解研究方法对于“做”社会学的实践有多么重要。

接下来,我们通过**深入思考**版块将侧重点从方法转到理论。大多数情况下我们会选择一篇理论文章,或是提出理论议题和做出说明的一段网上讨论或报章文章。这个环节的某些部分仅仅是为了确保读者理解所使用的概念和文章的意思。有相当多的学生告诉我们,他们觉得“理论”难以把握,原因主要是它看起来很抽象,距离他们自己的生活很远。因此,我们选择的理论片段会直接面向真实事件,以弥合理论与日常生活表面上的鸿沟。

艺文探析版块会把我们带离学院中的社会科学,引领我们进入人文艺术的天地。在这一部分,我们会推荐一些影视节目或戏剧、小说、艺术创作或雕塑、音乐与展览等。我们所有的推荐都和该章素材紧密联系,而且我们要求读者思考,这些推荐如何增进了他们对于社会的了解。例如,根据大部分人的理解,在19世纪工业化时期,到处是巨大的工厂、排放着污染物的烟囱,以及藏污纳垢、迅速扩张的城市;而我们指出,这种理解并非取自社会科学的证据,而是源于查尔斯·狄更斯等小说家和作家的作品。那么艺术当中又是如何表现**当代**的社会生活以及方兴未艾的数字革命的?艺术是否只是告诉了我们有关世界的一些特别的东西,是社会科学从未能够告诉我们的?我们鼓励读者通过本环节的练习,仔细思考这类问题。

最后,**阅读指津**再一次更新并添加题解,这样读者能够在选择阅读文献时更清楚明了。与此类似,**网络导航**业经核查和更新,以便读者从当前在线可用的海量资源中有所萃取。此外,我们也将本书设计成在使用时可以结合自身网站上的广泛素材,网址为 www.politybooks.com/giddens。师生皆可从中发现丰富的资源,从而进行深入研究,协助教学与研习。

目录 CONTENTS

上　册

第一章

什么是社会学？

沟通领域的数字革命正在改变日常生活,使得传播与信息共享几乎无处不在。尽管当今的通勤者或许并不比过去的更为“反社会”(antisocial),但一个世界饱含当代移动设备所具备的直接性、互动性潜力,另一个世界则充斥着报纸之类更为老旧、更为被动的传媒形式,毕竟大异其趣。

我们今天所生活的世界,既让人感到解放和兴奋,也令人感到困惑与烦扰。全球沟通与友谊跨越了国界,并且其维持起来在许多方面都比从前更为容易。但我们也看到暴力犯罪和国际恐怖主义,看到战争此伏彼起,看到经济和社会不平等持续难消。现代世界赋予我们众多的机会与可能,却也充斥着后果严重的风险,其中最值得一提的就是我们高消费的生活方式对于自然环境质量的破坏性影响。在相对富裕的国家,绝大多数人在物质上要比以往好过许多;但是,在世界其他地方,千百万人生活在贫困的境地之中,儿童因为缺乏食物、安全饮用水以及基本医疗服务而夭折。当作为整体的人类控制自身命运的能力已经超出往日先辈的想象,又如何可能出现这种状况?

这个世界是怎样形成的?为何当今生活的处境与往日如此不同?为何人类世界充斥着如此极端的不平等?今天的社会未来将去往何方?假如你曾问过自己这类宏大的问题,那么可以认为自己是一名新手上路的社会学家。这些以及其他许多问题都属于社会学的基本关注,这块研究领域在现代生活中扮演着至关重要的角色。

不妨把**社会学**简单定义为对于人的生活、社会群体、整体社会乃至人类世界本身的科学研究。它可以是一项令人着迷而欲罢不能的事业,因为它的主题就是作为社会存在的与其他许多人相关联的我们自己的行为。社会学的研究范围极为宽广,从分析街上个体之间的短暂接触,到考察犯罪、国际关系和全球形式的恐怖主义。

我们当中大多数人都是依据自己生活中熟悉的特征来看待这个世界的,比如我们的家庭、友谊和工作。但是社会学主张,要想理解我们为什么如此行事,需要采取更为广阔的视角。它教给我们,我们认为某些东西是自然的、理所应当的、好的或是真的,实际上可能并非如此。我们认为理所当然的事情,其实是被历史事件和社会过程形塑的。我们的个体生活实际上通过细碎微妙却复杂深刻的方式,反映了我们的社会经验的背景。对于这些方式的理解,正是社会学家看问题的基础。

第一节

本章概览

▼

本章是头三章组块中的第一章。合而观之,这三章提供了有关社会学的大体引介:它是什么,从何而来,又如何发展流变,社会学家如何从事他们的工作,使用什么类型的说明。本章作为整本书的开篇,简要介绍社会学是什么,来到世间的方式和原因,以及它能用来做什么。第二章讨论社会学家实际是怎么去"做"社会学的,描述他们提出的问题,用来回答那些问题的各式研究方法,以及他们如何评估所得出的结论。这一章还处理了一个棘手的话题:社会学到底算不算得上一门科学。

第三章关注的是社会学理论。理论是所有学术话题必不可少的部分,因为它们使我们能够提供说明,而不只是简单罗列一系列事实。比如,我们可能会发现,在英国,已婚妇女中有工作的比例今天要比 20 世纪 50 年代高。这些直白的统计数据当然有用,但是它们亟须一种说明:**为什么**在今天比之过去有更多的已婚妇女工作?好的理论就是要提供这样的说明。它们试图告诉我们,为什么某些事情会发生或者改变,并就此拓展我们的知识。在第三章中,你将会读到一些重要的现代社会学理论,比如女性主义、功能主义、结构化理论、型构/过程研究(figurational studies)、后现代主义等。这些乍一看艰涩难解的术语不该让你望而却步,它们其实只是描述社会学家理解和解释社会世界的不同方法的一种便捷方式。

接下来,我们首先讨论社会学作为**思考**世界的一种**方式**,或者作为看待世界的一种不同方式,一旦你掌握了它,就会变得离不开它。简言之,一日社会学家,终生社会学家!世界大事、个人关系、家庭生活、国际政治,凡此种种,不胜枚举:一旦你培养起一种社会学的观看方式和思考方式,就会以新的眼光来打量所有这一切。

其次,我们介绍 19 世纪到 20 世纪早期一些最早的社会学思想家的观点,正是他们在根本上创立了作为一门学科的现代社会学。我们将这些思想家与他们所经历的时代相关联,以具体刻画他们试图解决哪些新的社会问题,又是如何去处理这些问题的。接着,我们讨论一些随后产生的社会学思路。然而,这里开列的名单并不全面,你需要阅读第三章"理论与视角",以了解更为晚近的理论。

再次,我们讨论社会学的一些用途。许多学生之所以会被社会学吸引,是因为他们想要帮助他人,而且认为经由这门科目,可以进入一种"以人为中心"的合适的职业生涯。比如,社会学毕业生可以从事护理职业、社会工作、教育或刑事司法系统等方面的职业。还有人会凭借他们的研究技能与知识,在管理、市场研究、地方和国家各级政府管理或研究咨询等领域大有作为。更有人(经过更多的学习)成长为在大专院校工作的专业社会学家。学习社会学可被视为通往一种富有回报、令人满意的职业的第一步。不过,也有人之所以学习社会学,仅仅是因为他们想更好地理解我们生活于其间的世界。这是一种作为个人启蒙的社会学,并不是非得走向特定的职业生涯道路。

一些社会学家凭借他们受过的训练和掌握的技能,努力介入现实,改变某种现状,以期改善世界。这就是"应用社会学"。关于社会问题的研究,比如无家可归、贫困、失业、毒品上瘾、自我伤害等,大多属于应用研究。基于他们的发现,应用研究者会尝试给出可能的解决方案,或者就政府政策或服务供给提出建议。

最后,社会学要想对社会产生更多影响,就需要社会学家与广大公众和媒体多打交道,本章将介绍这类晚近的观念并就此作结。我们习惯于在电视新闻和纪录片中看到心理学家、历史学家和政治科学家作为专家出场,但很少看到社会学家。这一节会讨论为什么会这样,社会学家又能对此做些什么。不管怎么说,我们首先来概述一下,作为"做社会学"的实践的一个基本前提,所谓"社会学之思"(think sociologically),究竟意味着什么。

第二节

社会学的想象力

▼

学习从社会学的角度思考问题,意味着培养我们的想象力。学习社会学并非如同从教材这样的书本中获取知识的常规过程。所谓社会学家,要能够自如地跳出个人所处环境的直观性,结合更广泛的社会情境来看事情。要做社会学的研究,有赖于培养美国社会学家 C. 赖特 · 米尔斯的一句名言所说的**社会学的想象力**(Mills 1970)。

社会学的想象力要求我们,应当"想象自己脱离了"日常生活中那些熟悉的惯例,进而从一种新的角度看待它们。要具体刻画这一点,最好的办法就是用千百万人每天都在不假思索地做的某件事情作为例子。想想喝杯咖啡这个简单的行为。从社会学的角度看,关于这一司空见惯且枯燥乏味的行为,我们能够找到哪些可说的呢?

第一,咖啡并不只是一种提神的饮料。作为我们日常社会活动的一部分,它还具有符号价值。与喝咖啡相联系的仪式往往要比消耗这杯饮料本身这个举动重要得多。早上的这一杯咖啡往往是个人例行常规的核心,是开始新的一天不可或缺的第一步。早咖啡之后,可能白天还会与其他人一起喝咖啡,这是某种群体的基础,而不只是个体的仪式。约在一起喝咖啡的两个人更感兴趣的或许是社交闲聊,而不是喝咖啡本身。在所有的社会中,饮食行为都是为社会互动提供场合,而这些都为社会学研究提供了丰富的题材。

第二,咖啡含有咖啡因,这种成分对大脑有刺激作用。许多人喝咖啡就是因为它"特别提神"。间或喝杯咖啡,短暂休息,会让终日困守办公室或深夜苦读社会学——有人告诉我们,有些学生真这么干——变得更能忍受。咖啡是一种会上瘾的东西,但人们并不把喝咖啡上瘾的人看成"吸毒者"。这是因为,咖啡就像酒精一样,是一种社会能够接受的用品,而可卡因和海洛因之类的就不在此列。然而,也有社会允许消费可卡因,却反对消费咖啡和酒精。社会学家对这类差异的成因和变化怀有兴趣。

与朋友聚在一起喝咖啡也属于一种社会仪式,这种仪式同时将人们定位在其所处的更广泛的社会背景中。

第三,当我们喝下一杯咖啡,就会在无意之间卷入遍及全球的一组复杂的社会与经济关系。咖啡会把世界上最富裕地区和最贫穷地区的人们联系在一起。它的主要产地是在比较贫穷的国家,但主要消费地却是在比较富裕的国家。在国际贸易中,咖啡是最有价值的商品之一,成为许多国家最大的外汇来源。咖啡的生产、运输和销售离不开距离喝咖啡的人数千英里[①]之外的人们之间持续不断的交易。研究这类全球性关联,就成为社会学家的一项重要任务。

第四,饮用咖啡的行为并非"自来如此",而是蕴含社会、政治与经济发展的长期过程。与茶、香蕉、土豆和白糖等西方饮食中为人熟知的物品一样,咖啡也仅仅是从 19 世纪晚期才开始被广泛消费的,尽管此前在社会精英群体中喝咖啡已经蔚为时尚。这种饮品源于中东,但直到两百多年前的西方殖民扩张时期,它才进入大众消费领域。我们今天喝的几乎所有咖啡都源自曾经被欧洲人殖民的地区,比如南美和非洲。无论今天人们觉得咖啡的购买和消费有多么寻常,这种饮料并不是"自来如此"属于西方饮食的。

对于这些工人来说,咖啡可不只是一种提神的饮料,他们的生计系于咖啡种植园。

第五,在当前关于全球化、国际公平贸易、人权和环境破坏的争论当中,咖啡已经被"品牌化"和政治化了。消费者做出的喝哪种咖啡、到何处购买的决定,既是生活方式的选择,也具有政治意味。有些人只喝纯天然咖啡、经脱咖啡因处理的咖啡或是贴上"公平

① 1 英里 = 1.609344 千米(公里)。——译者注

贸易”标签的咖啡,“公平贸易”采取按照足额市场价格支付给发展中国家的小咖啡生产者的方案。还有些人选择光顾“独立的”咖啡屋,而不是像星巴克(Starbucks)和咖世家(Costa)那样的“公司”连锁店。

一旦我们开始培养一种社会学的想象力,我们在早晨喝杯咖啡这件事情就会变得引人入胜,我们会付之以新的理解。事实上,最出色的社会学研究总是会告诉我们一些此前未知的事情,或是让我们以新的方式去打量熟悉的生活常规与模式。

批判性思考

社会学加深了我们对于喝咖啡之类例行活动的理解,但人们也已指出,社会学研究的结论本身同样能导致行为的改变。有关“咖啡社会学”的更广泛的理解可能会通过哪些方式引发个体改变其行为呢?

研究人和社会

人们常说,社会学简单来讲就是“关于社会的科学”(science of society)。可什么是“社会”呢?当社会学者谈到**社会**时,通常意味着生活在特定地域内的一群人,分享着一些共同的文化特征,比如语言、价值观以及基本的行为规范。这样我们才能够讨论,比方说法国社会、丹麦社会或阿根廷社会。然而,“社会”也包括制度,比如特定类型的政府、教育系统以及家庭类型,还有它们之间相对稳定的关系。由人、群体和制度之间的关系形成的持续模式,构筑起一个社会的基本**社会结构**。当我们开始借助社会、制度和社会结构等概念去思考社会生活,就是开始在使用社会学的想象力,展开“社会学之思”了。

运用社会学的想象力,我们可以看到,许多事件看似只与个体有关,其实反映的是更大的社会议题。例如,有离婚经历的人可能认为,离婚会带来情感上的创伤,这就是米尔斯所说的“个人困扰”。但是离婚水平也是一项重要的“公共议题”,对养老金储备、福利津贴体系以及住房补贴需求都有影响。与此类似,失业对于丢了工作而又不能很快找到新工作的人来说,可能是一场个人悲剧。然而,当数以百万计的人都处在相同的境地时,失业就不单单是个人失意的问题了,而成为一项体现了社会经济大趋势的公共议题。

不妨将社会学的想象力运用到你自己的生活中。也不一定非要考虑那些令人困扰的事情。想想你究竟为什么会打开这本书,也就是为什么你决定学习社会学。你可能是一个不大情愿的社会学学生(你确定并非如此?),修这门课仅仅是为了获得学位,将来好从事法律、教育、新闻或管理等职业。你也可能满怀热情,想要更好地理解自己所居处的世界。但不管你的动机如何,你和其他学习社会学的人都很可能有大量共同点,只是不一定知道罢了。这是因为,你的私人决定也反映出你在更大的社会背景中的位置。

你具备以下这些特征吗?你是年轻人吗?是白人吗?来自专业人员或白领的家庭吗?你做过或者还在做某种兼职来增加收入吗?你是否想在完成学业之后找到一份好的工作,但并没有具体想到要从事研究工作?超过四分之三的读者会对上述所有问题做出肯定的回答。这是因为,大学生并不能典型地代表整体人口,而往往来自比较优越的社会群体,并且他们的态度也经常反映出他们的亲朋好友所持的态度。我们出身的社会背景会极大地影响我们选择怎样的生活方式。

另一方面,也可能上述特征没有一个适用于你。你可能来自一个少数族群、工人阶级家庭或者相对贫困的背景。你可能是人到中年甚或年纪更大。但我们仍然可以针对你做出一些尝试性的假设。你可能是通过艰苦的努力才达到现在的位置;你还要抵挡住来自朋友和其他人的反对,他们认为你放弃体面的工作,欠下一大笔债,还要承受读不出头的风险,实在是疯狂;或者你一边接受高等教育,一边还做着全职父母。对于社会学家来说,根本不存在所谓"孤立的个体",能够不考虑其他人就做出选择。

虽说我们都受到所处社会背景的影响,但是我们的行为从来不会完全为这种背景所决定。社会对我们有所塑造,我们也对自己和社会有所塑造,社会学就是要研究这两者之间的关联。我们的活动既在塑造我们周围的社会世界的结构或其面貌,同时也在被社会世界所塑造。我们生活的社会背景并不是一大堆完全随机的事件和行动,而是以各具特色的方式被赋予结构或模式的。我们的行事方式,我们彼此之间的关系,都有着确定的规律性。

尽管"结构"的观念让我们想起建筑物,但是社会结构并不真像物理结构,后者一旦建成,就会独立于我们的行动而存在。人类社会始终处在**结构化**(structuration)的过程中(Giddens 1984)。也就是说,每时每刻,它们都在被构筑社会的"一砖一瓦"——也就是你我这样的人——重新构造。再以喝咖啡为例。一杯咖啡不会自动到你手上。你要选择进到某一家咖啡店,你要选择是喝拿铁(latte)、卡布奇诺(cappuccino)还是意式浓缩(espresso)。当你和其他千百万人一样做出这些决定的时候,你也是在帮助塑造世界咖啡市场,影响到此生不会谋面的遥远异国的咖啡生产者的生活。

近几十年来,社会结构的韧性得到了戏剧性的验证。从20世纪80年代末到90年代,东欧剧变,苏联解体,没有人预见到,看似坚不可摧的社会结构,会如此宣告完结。2011年,中东和北非一些国家出现了暴动,人们表达不满,吁求变革。在利比亚,穆阿迈尔·卡扎菲上校四十二年的政权终结;而在埃及,胡斯尼·穆巴拉克总统在抗议者接管了位于首都开罗的解放广场(Tahrir Square)之后被迫下台。诸如此类的事件向我们展示出,社会结构或许显得坚不可摧或“自来如此”,但始终处在“演变之中”,而非坚如磐石。

有关晚近的政治发展,包括此处提及的这些,详参第二十一章“政治、政府与社会运动”和第二十二章“民族、战争与恐怖主义”中的讨论。

第三节

社会学思维的发展

刚开始学习社会学时,许多学生会对他们所遇到的理论的多样性感到困惑。社会学从来就不是一门拥有一套人人都认为行之有效的观念体系的学科,尽管有一些理论比其他理论得到了更为广泛的接受。如何研究人的行为,如何解释研究结果,社会学家往往各执己见。这种情形相当正常,所有科学门类都会有这样的一面。然而,与物理学或化学不同,社会学研究我们自身,而且这可能对我们长久持有的观点和态度构成严重挑战。社会学能令人相当不安,倍感困扰。但是,我们不得不尽一切努力搁置我们的情感担当和政治信仰,至少在“做社会学”的过程中做到这一点。否则,我们就有可能被误导,我们的结论就不会有效。

一　理论与理论视角

我今天早上买了一杯咖啡,为此花了一定数量的钱,所使用的咖啡豆原产于中美洲,这些都属于事实。然而,在社会学中,我们也想要了解事情**为何**会发生,这就意味着我们必须构筑理论来说明这些朴素的事实。比如,我们知道,现在千百万人都使用互联网和社交媒体与朋友保持联系或者持续更新在线日志。但这种发展趋势非常晚近,有些问题不可回避:互联网的使用为何扩散得如此迅速?在线社交媒体为何会产生,又为什么有那么多的人流连其间?为什么年轻人比年长的人更有可能使用社交媒体?社交媒体对于早先的沟通形式产生了什么影响?要讨论这些问题,我们需要搜集和整理证据,并进行理论阐述。

所谓理论阐述,意味着运用一系列逻辑相关的陈述,说明多种多样的经验情境或“事实”情境,以此构筑有关事件的抽象解释。比如,一种有关社交媒体的**理论**将会致力于搞清楚,沟通技术是如何长期发展演变的,它们取得成功需要哪些前提条件。在一流的社会学中,事实性的研究和说明性的理论水乳交融。我们要想发展出有效的理论说明,就必须借助经验研究来检验理论;社会学研究可不是纯粹的推测。与普遍流行的信念相反,事实**并不**会自己说话,它们需要被解释,而解释是基于一套潜在的理论预设做出的。许多社会学家专注于事实性的研究课题,但是,除非他们被一些理论的知识所引导,否则他们的工作不太可能令人满意地**说明**他们所发现的复杂状况。即使所做的研究有着严格的实用目的,情况也是如此。

在这幅老勃鲁盖尔①的画作中,各色活动混乱无序,其中不乏怪异之举。合而观之,似乎不知所谓。然而,画作的标题《尼德兰谚语》(*Netherlandish Proverbs*)却提供了解读画作的密钥。这里刻画了一百多条16世纪家喻户晓的谚语。比如说,在左下部,有人“以头撞墙”,而砖墙上正坐着一个人,他“全副武装”。社会学家所搜集的证据乍看上去可能同样难以索解,除非置于某种一般理论的背景中,由理论引导我们解释事实。

① 老勃鲁盖尔(约1525—1569)是16世纪最伟大的佛兰德斯画家,他大量展现农民形象、日常世态,画风粗犷朴素,屡有夸张变形,在画作中常以俯视角度刻画所谓“芸芸众生”。——译者注

许多人自视为本质上讲求实际,“脚踏实地”,对理论家心存疑虑,也不相信那些似乎远离自己日常生活的理论。然而,所有表面上关注实际的决定都蕴含一些理论假设。比如说一家企业的管理者,对“理论”可能没什么认识。然而她可能相信,雇员会受到金钱报酬的驱动,这类前景激励他们努力工作。当然,这是有关人类行为的一种简单的潜在理论解释,管理者想当然地持有这种假设,却没有自觉意识或明确承认。另一种观点认为,绝大多数人工作是为了给自己的家庭打造一种体面的生活,而金钱报酬只是通向这种不那么个人主义的目标的手段。一旦我们开始寻求对于人的行动的令人满意的解释,势必得关注相互竞争的多种理论。

倘若没有一种理论思路,我们在启动一项研究或研究过程结束要解释结果时,甚至不知道该寻找什么。但是,对于事实证据的解释并不是理论阐述的唯一原因。理论思考还必须回应一些一般性的问题:如何能够研究社会生活?首先应当怎样研究社会生活?社会学的方法应该模仿自然科学方法吗?我们如何能够对人的意识、社会行动与社会制度进行概念化思考?社会学家如何能够避免将个人偏见带入他们的研究?甚至说他们该不该试一试?这类问题并没有简单的答案,自社会学在 19 世纪出现以来,人们已经以不同的方式做出了解答。

二　社会学的奠基者

人类对自己行为的起源向来怀有好奇心,但是千百年来,理解人类的尝试都是仰赖世代相传的思维方式。在现代科学兴起之前,所谓“习俗”,即代代相传的传统知识和实践,支配着大多数共同体,这种情况一直持续到 20 世纪。人们对于他们的健康或疾病的理解堪为例证。上了年纪的人非常熟悉一个共同体的习俗,通常就由他们来提供如何防病、如何治病的建议。克拉蒂斯・威廉斯(Cratis Williams)曾经回想起他在美国肯塔基州劳伦斯县度过的童年,让我们领略了那个时代阿巴拉契亚文化的风情(Williams 2003:397-398):

> 小孩子睡觉的时候,脖子上系根线,吊着首领的徽章,用来预防感冒,驱巫辟邪。被噩梦折磨的孩子可以佩戴这些徽章,确保睡得香,梦得甜,因为噩梦是由巫术和邪灵导致的,而首领显现,它们就不会起作用。大人们睡觉前也会拿只脏袜子闻闻,以此减轻打呼噜和做噩梦的困扰。

在现代社会中,很少有人会提倡这样的做法或持有类似的信仰。相反,对待健康和疾病会有更具科学性的思路,认为要给孩子接种疫苗以对抗先前普遍的疾病,告诉他们做噩梦是正常的,一般没什么伤害。药店也不会常规出售原味袜子来治疗打呼噜。有关社会生活的系统研究,起源于由 1789 年法国大革命和 18 世纪中叶欧洲**工业革命**引起的一系列剧变。这些事件粉碎了古老的传统生活方式,社会学的奠基者们试图理解这些根本变化是如何发生的。不过这样一来,他们同时发展出了更具系统性和科学性的方式来审视社会世界和自然世界,挑战了因袭的宗教信仰。

有关工业化的过程,参看第四章“全球化与社会变迁”和第六章“城市与城市生活”的讨论。有关工业化的某些破坏性后果,第五章“环境”有所概述。

(一) 奥古斯特·孔德 单凭一己之力是不可能创建整个研究领域的,早期的社会学思想的发展是众人努力的结果。然而,奥古斯特·孔德(Auguste Comte, 1798—1857)通常会被授予这一殊荣,他在 1840 年左右发明了“社会学”这个词。孔德最初使用“社会物理学”(social physics)描述这一新主题,但当时他的一些论敌也在使用这个术语。他为了使自己的思路有别于他们的,创造了“社会学”这个术语,即对社会世界的系统研究。

孔德的思想反映了他那个时代的动荡事件。他寻求建立一门关于社会的科学,能够揭示社会世界的“法则”,就像自然科学揭示物质世界的法则一样。虽然孔德也认识到,每一门科学的学科都有其自身的研究对象,但他认为,有一种相似的逻辑和科学方法,能够应用于所有学科。揭示支配人类社会的法则会帮助我们塑造自身的命运,增进全人类的福祉。

孔德想让社会学变成一种“实证科学”,使用像天文学、物理学和化学一样的严格方法。**实证主义**(positivism)这种学说认为,科学应该只关注直接通过经验了解的可观察的实体。基于细致的观察,可以推断出说明被观察到的现象之间关系的法则。科学家通过理解事件之间的因果关系,就可以预测未来的事件将如何发生。社会学的实证主义思路的目标是,基于通过观察、比较和实验获得的证据,生产出有关社会的知识。

孔德主张,人类理解世界的努力经历了大致三个阶段:神学阶段、形而上学阶段和实证阶段。在神学阶段,引领思想的是宗教观念,是对于社会是上帝意志的表达的信念。在形而上学阶段,人们开始从自然的而非超自然的角度来看待社会,诉诸自然法则来说明事件。哥白尼、伽利略和牛顿的发现所引领的实证阶段,则鼓励应用科学方法。孔德把社会学看成最后一门发展起来的科学,但在所有科学之中,最有意义,也最为复杂。

到了晚年,孔德敏锐地意识到他所处的社会的状况,也关注工业化所带来的种种不平等及其对社会结合(social cohesion)的威胁。在他看来,长效的解决方法是通过一个新的“人本教”(religion of humanity),制造道德共识,将社会维系一体,哪怕存在一些新型的不平等。虽然孔德的愿望从未实现,但他在奠立有关社会的科学方面所做出的贡献,对于后来社会学作为一门学科的专业化来说可谓意义重大。

(二)埃米尔·涂尔干 另一位法国社会学家埃米尔·涂尔干(Émile Durkheim,1858—1917)的观念对社会学所产生的影响,要比孔德的思想更为持久。涂尔干认为社会学是这样一门新的科学,将传统的哲学问题转变成社会学的问题,从而需要真实世界的研究,即经验研究。他主张,我们必须以像科学家研究自然世界一样的客观性来考察社会生活。在他著名的告诫中,他总结道,要“把社会事实当作物来研究”。他这样说的意思是,社会制度具有坚固而客观的实在性,因此能够将它们视同自然世界中的物而进行严格分析。

但什么是**社会事实**(social fact)?根据涂尔干的说明,所有那些约束或引导人的行为的制度和行动规则都属于社会事实。对个体而言,可能感到社会事实像是外部的压力,但绝大多数时候会想当然地把它们看作生活当中“自然的”或“正常的”部分。比如,货币体系就是我们很少会去思索一番的社会事实。我们得到以金钱形式支付的报酬,我们从银行贷款买车买房,假如我们不擅长理财,就会被认为具有高风险,也就不被允许贷款。但是,货币体系在我们出生前就已存在,而且假如我们要加入我们的社会,就不得不使用它,我们受制于它的规则。就此而言,这个体系约束或形塑了我们的行动。这就是所有社会事实的典型特征;它们独立于个体而存在,并塑造他们的选择和行为。

涂尔干在分析自杀率时,使用社会事实的概念来说明为什么一些国家比其他国家的自杀率要高(参见“经典研究 1.1”)。自杀似乎是一种纯粹的个体行为,是极端不快或重度抑郁的结果。但涂尔干揭示出,宗教、婚姻、离婚以及社会阶级之类的社会事实都会对自杀率产生影响。由于在不同国家都表现出一致的模式,所以必须从社会学而非心理学的角度来说明这些模式。

涂尔干满心关注在他一生中转变社会的那些变迁,尤其感兴趣的是将社会维系一体的社会团结[①]和道德团结。当个体被整合到社会群体中,受到一系列共享价值观和习俗的调控,团结也就得到了维持。在《社会分工论》一书中,涂尔干(Durkheim 1984[1893])认为,工业时代的出现也带来了一种新型团结。

根据涂尔干的研究,**分工**(工作行业之类的专门化角色)程度低的较早文化的特点是**机械团结**(mechanical solidarity)。大多数人从事类似的行业,由共同经验和共享信仰维

① 此处原文为“solidarity”,又译“连带”。——译者注

系一体。但是现代工业的发展与城市的扩张造就了分工的日益扩大,破坏了团结的机械形式。伴随着任务和角色的不断专门化,一种新型的**有机团结**(organic solidarity)被创造出来。随着分工的扩展,人们变得愈加相互依赖,因为每个人都需要由其他行业中的人提供的物品和服务。像人类的"有机的"身体一样,如果想要整个社会或者身体功能运作正常,每个部分或者器官都得相互依赖。

然而,涂尔干认为,现代世界的社会变革如此迅疾,如此剧烈,引起许多重大问题。随着社会的变迁,生活方式、道德、信仰和被普遍接受的行为模式也都在发生改变。但是,当变迁迅疾而持久,旧的价值观失去了它们对人们的掌控,却没有任何新的价值观确立起来。涂尔干把这些令人困扰不安的境况称为**失范**(anomie):许多人察觉到他们的生活缺乏意义,结构也没有为行动提供明确的指导,从而深切地感到茫然、恐惧和绝望。在现代性的境况下,人们是否习惯于持续的骤变,视之为"正常的"生活境况,这是一个重大的问题。

经典研究 1.1

涂尔干有关自杀的研究

研究的问题　我们的生活中有许多令人不安的面向,其中之一就是自杀现象,它丢给还留在世上的人的,往往是问题多过答案。为什么一些人决定结束他们的生命?他们感受到的压力到底来自哪里?埃米尔·涂尔干对于自杀率的分析——《自杀论:一项社会学研究》(Durkheim 1952[1897]),是探讨个体与社会之关系的社会学早期经典研究之一。尽管人们自视为具有自由意志、实施自由选择的个体,但涂尔干的研究表明,他们的行为常常被社会所模式化和形塑,即使像自杀这样高度私人化的行为,也受到社会世界中所发生事情的影响。

在涂尔干的研究之前,已经有过关于自杀的研究,但他第一个主张从社会学角度给出说明。先前的论家尽管也承认"种族类型"、气候或精神错乱等因素的影响,以之来说明个体选择自杀的可能性,然而,在涂尔干看来,自杀率,这里指人口中每十万人发生自杀的比例,属于一桩社会事实,只能由其他社会事实来说明。自杀率在全世界各个社会之间差别很大。

涂尔干考察了法国官方的自杀记录,发现某些社会群体比其他群体更有可能自杀。他发现:男性中自杀的人比女性多;新教徒比天主教徒多;富人比穷人多;单身者比已婚者多。问题在于:为什么?

涂尔干的说明 涂尔干基于这些发现得出结论:**外在于个体的**社会力量影响着自杀率。他把这种说明联系到社会团结的理念,联系到社会的两类纽带(bond),即社会整合(social integration)和社会调控(social regulation)。涂尔干认为,个体如果与社会群体高度整合,其欲望和抱负受到社会规范的调控,就不太可能自杀。他根据整合和调控的相对在场(presence)或缺席(absence),区分出四类自杀:

1. **利己型**(egoistic)自杀的标志是个人与社会的整合程度低。当一个人离群索居,或者当他(她)与某个社会群体的联系被削弱甚或破裂,就会发生这类自杀。例如,天主教徒自杀率低,或许可以用他们强势的共同体来说明,而新教徒的个人自由和道德自由意味着他们"独自面对"上帝。婚姻可以把个人整合进一种稳定的社会关系,从而避免自杀。而单身者就显得比较孤零自处。
2. **失范型**(anomic)自杀是由缺乏社会调控引起的。在此,涂尔干指的是由于社会快速变革或经济动荡,人们"缺乏规范",从而形成失范的状态。例如处于经济动荡时期或离婚等个人困扰里,规范和欲望丧失了一个稳定的参照点,就会破坏人们所处境况与其欲望之间的平衡,导致他们不再知晓如何挺下去。
3. **利他型**(altruistic)自杀发生在个人被"过度整合"的时候,即社会纽带过于牢固,重视社会甚于重视自己。在这种情况下,自杀是为了"更高的善"而做出的牺牲。日本的神风敢死队飞行员或伊斯兰世界的"自杀式人肉炸弹"都属于利他型自杀。涂尔干认为,这些行为在机械团结盛行的传统社会更为常见。
4. 最后一种自杀类型是**宿命型**(fatalistic)自杀。虽然涂尔干认为这类自杀与当代关联不大,但他认为,这也是个人受社会过度调控的结果。个体在专制政体下所受到的压迫会使人感到无力和绝望。

不同社会有着不同的自杀率。但是,长久来看,每个社会**内部**的自杀率都相当稳定。涂尔干认为,这证明有一些持续存在的社会力量在影响自杀率。我们就此可以看出,即使在个体的行动中,也能发现一般性的社会模式。

批评的观点 自从该书出版以来,批评者对涂尔干的自杀研究提出了许多反对意见,特别是针对他不加批判地照搬官方统计数据,弃置影响自杀的非社会性因素,以及主张把所有自杀堆在一起进行分类。一些批评者也指出,由于验尸官的定义和标准影响到最初被记录为"自杀"的死亡数目,因此绝对有必要去理解搜集自杀数据时所牵涉的社会过程。有鉴于此,自杀数据在不同的社会中可能出现很大变化(正如涂尔干所说),但这并不一定是因为自杀行为有差异,而是因为验尸官在记录"有待说明的死亡"时的具体做法不同。

当代的意义 批评他的人的观点堪称合理,但涂尔干的研究仍属社会学的经典。它帮助确立了作为一门拥有自身研究主题的学科的社会学,即研究社会事实,而且他的根本主张大体上力量尚存:即使看起来极具个人性的自杀行为,也需要从社会学角度做出说明,而不只是探求个人的动机。涂尔干认为自杀率是适宜的研究主题,这一点至今仍得到广泛认可,研究依然具有重要意义,因为它证明了社会现象适合运用严格的方法论进行系统的科学分析。

批判性思考

涂尔干的研究依靠的是官方统计数据,如今看来有些不可信。但这个批评是否撼动了他的根本主张,即"自杀"并不是纯粹的个人行为,因而要从社会学而不是个体主义心理学的角度做出说明?

(三)卡尔·马克思 尽管卡尔·马克思(Karl Marx, 1818—1883)也试图说明与工业革命相伴随的种种变迁,但他的思想与孔德和涂尔干的截然相反。马克思年轻时,因为参加政治活动而与德国当局产生冲突;他在法国短暂逗留,之后流亡英国,定居下来。在那里,马克思看到工厂越来越多,工业生产逐渐增长,而由此导致的不平等也愈益加剧。从他的著作中可以看出,他十分关注欧洲工人运动和社会主义思想。虽然他的大多数著作都是集中探讨政治和经济问题的,但由于他总是把经济问题与社会制度联系起来思考,所以他的著作富有社会学的洞察力。

尽管马克思对人类历史做过广泛的梳理,但他主要关注的还是**资本主义**的发展:一种与之前所有的经济体系形成鲜明对比的生产体系。马克思指出资本主义企业有两个关键要素。第一个是资本,即任何资产,包括金钱、机器乃至工厂,它们能够被使用或投资以创造未来的资产。资本的积累与第二种要素即雇佣劳动力密不可分。雇佣劳动力指这样一群工人,他们没有属于自己的劳动工具,必须受雇于资本占有者。

在马克思看来,那些拥有资本的人,即**资本家**,构成了统治阶级,而大多数人则构成了雇佣劳动者的阶级,即**工人阶级**。随着工业化的扩展,大量原本依靠土地劳作为生的农民迁入了不断扩张的城市,有助于形成城市工业的工人阶级,马克思也称他们为**无产阶级**(proletariat)。马克思认为,这就意味着在资本主义**阶级**体系中,两大阶级之间的关系以根本冲突为其特征。虽然资本所有者和工人相互依赖,即资本家需要劳动力,而工人需要工资,但是这种相互依赖是非常不均衡的。工人对其劳动力的控制权很少,甚或没有,而雇主能够通过占有工人劳动的成果获得利润,给他们的报酬少于其劳动所得的差值就是价值。

马克思将阶级冲突视为历史发展的动力;照他的说法,它们是“历史的发动机”。正如马克思和恩格斯在《共产党宣言》开篇部分所写的那样:“至今一切社会的历史都是阶级斗争的历史。”(Marx and Engels 2008[1848])根据马克思的看法,有一系列的历史阶段,开始于狩猎和采集者的“原始共产主义”社会,经过古代奴隶体系和有着地主与小农的封建体系。新的商业或资产阶级兴起后取代了土地贵族,资本家推翻了封建秩序,与此类似,资本家也要被无产阶级推翻。

马克思从理论上概括,一场工人的革命将会带来一个新的社会,其中将没有所有者和工人之间的巨大区分。他称这一历史阶段为**共产主义**。他并不是说所有的不平等都会像变魔术一样消失,而是指社会将不再分裂成少数阶级和大多数人,前者垄断经济和政治权力,后者从他们的劳动中获利殊微。经济体系将实行公有制,一个更为人道、平等

世界各地所谓的“占领”运动的攻击目标是“贪婪”形式的资本主义,即人口中的很小一部分占有大量财富,而“99%”的大多数却需要努力打拼维持生存。21世纪的反资本主义运动继续从马克思和恩格斯的分析中获得灵感。

的社会将会逐渐成形。

马克思的思想对于20世纪产生了深远影响。地球上曾经有超过三分之一的人口生活在其政府从马克思的思想中获得灵感的社会中。然而,1989年从波兰开始,席卷东欧国家,到苏联在1991年最终解体,这一波浪潮使社会主义运动陷入低潮。

(四) 马克斯·韦伯　马克斯·韦伯(Max Weber, 1864—1920)不仅仅是一位社会学家,他的兴趣涉及许多领域。他出生于德国,在那里度过大部分学术生涯;他的著作除了社会学,还涵盖了经济学、法学、哲学以及比较史学。他也关注资本主义的发展,以及现代社会如何有别于早先的类型。韦伯通过一系列研究,归纳了现代工业社会的一些基本特征,确定了今天在社会学中保持核心地位的关键议题。

韦伯承认有阶级冲突,但认为它不是那么重要。在韦伯看来,经济因素值得重视,但是观念和价值也可能引发社会变迁。他那部广受讨论的名著《新教伦理与资本主义精神》(Weber 1992[1904-1905])提出,宗教价值观,尤其是与清教有关的那些价值观,对于缔造一种资本主义眼光而言至关重要。韦伯与早期的其他社会学家不同,认为社会学家应该研究**社会行动**(social action),即人们考虑到他人的主观上蕴含意义的行动。而社会学的工作正在于理解所有那些个体行动背后的意义。

理念型(ideal type)是韦伯的社会学视角中的一个重要元素。所谓理念型,就是一些特意创造出来的模型,以提醒我们注意某些社会现象并帮助我们领会这些现象。这些假设的建构对于指点研究者聚焦某个主题非常有用。比如,我们可以根据一组个案,从北爱尔兰的“爱尔兰共和军”、西班牙的“埃塔”组织、意大利的“红色旅”到“基地”组织的全球网络,基于人们所观察到的它们最引人瞩目的特性,建构一个简单的理念型“恐怖组织”。我们不妨指出:所有这些群体都在主流政治之外活动;使用暴力对抗国家;往往以平民为攻击目标来展示它们的力量。然后我们就能使用这一理念型来分析现实世界中政治暴力的其他实例。

当然,实际上在我们提到的这四个组织之间存在许多不同。“红色旅”是极左翼的,“爱尔兰共和军”是爱尔兰民族主义团体,“埃塔”是巴斯克分离主义者的组织,“基地”组织是一个全球性的伊斯兰网络。然而,使用我们的理念型,就能容纳这些不同,同时看到它们共享的特性之多足以被集体描述为“恐怖组织”。有必要指出,韦伯所谓的“理念”型并不是说这一概念是完美的或令人满意的。理念型是真实的社会现象的“纯粹”或“凸显某一方面”的形式。[①] 但是,从观察到的许多案例的共同特性中建构出恐怖主义(或别的任何

---

① 也因此我们没有像许多中译那样译作“理想类型”。——译者注

事物)的理念型,比使用一个真实的恐怖组织作为其他恐怖组织的模板要有效得多。

在韦伯看来,现代社会的兴起伴随着社会行动模式的重要转变。人们正在逐渐远离基于迷信、宗教、习俗和悠久的习惯的传统信念。相反,他们越来越沉溺于理性的、工具性的计算,重视其行动的效率和未来后果。在工业社会里,无论是情感,还是仅仅因为“一向如此”就去做某事,都没有什么容身之地。韦伯将科学、现代技术和**科层制**(bureaucracies)的发展描述为**理性化**(rationalization),即依据效率原则,以技术性知识为基础,来组织社会和经济生活。假如说从前是宗教和悠久的习俗引导人们的态度和价值观,那么现代社会的标志则是政治、宗教、经济活动甚至音乐的理性化。

韦伯主要关注理性化过程的结果。他担忧科层制作为最具效率的管理形式,四下蔓延,会扼杀创造性,将个体囚禁在没什么机会逃脱的“铁笼”里。这样的科层式支配尽管以理性原则为基础,却可能通过过度监管生活的所有方面而碾压人类的精神。对韦伯而言,18 世纪启蒙运动、科学进步时代的议程看似进步,积攒财富,增进幸福,但也具有蕴含新的危险的黑暗一面。

今天一些主要的贸易和经济交易以高度理性化的形式发生在股票市场中,全球交易方之间几乎没有人身的互动。这与许多地方共同体中依旧延续的人身化物物交换和市场摊点讨价还价截然不同。

发挥你的社会学想象力 1.1

被忽视的社会学奠基者?

虽然孔德、涂尔干、马克思和韦伯无疑是社会学的奠基性人物,但同时代乃至更早时代的其他一些人的贡献也不容忽略。社会学像许多学术领域一样,并不总能履行其理念——承认其著作具有内在价值的每一位思想家的重要性。在19世纪晚期到20世纪早期的"古典"时期里,女性或少数族群的成员很少有机会成为专业社会学家。不仅如此,即使少数人被给予机会从事具备持久意义的社会学研究,也往往归于湮没。像哈丽雅特·玛蒂诺和穆斯林学者伊本·赫勒敦这样重要的学者,近年来已经引起了社会学家的关注。

哈丽雅特·玛蒂诺(Harriet Martineau, 1802—1876) 哈丽雅特·玛蒂诺被称作"第一位女社会学家",但她不能被简单视作一名社会学家。她出生在英国,并在那里接受教育,写过50多本书和大量文章。玛蒂诺翻译了孔德的社会学奠基之作《实证哲学教程》(*Positive Philosophy*),并因此在今天被誉为将社会学介绍到英国的人(参见 Rossi 1973)。此外,在19世纪30年代,她游历了美国各地。在此期间,她对美国社会进行了系统的第一手研究,并以此为主题写成了《美国社会》(*Society in America*)一书(Martineau 1962[1837])。基于以下原因,玛蒂诺对于今天的社会学家仍然具有重要的意义。

首先,她认为在研究一个社会时,必须关注该社会的方方面面,包括关键的政治、宗教和社会制度。其次,她认为社会分析必须包括对于女性生活的理解。这种观点只是到20世纪70年代,随着女性主义的介入,才成为主流社会学中的寻常看法。再次,她是第一个把社会学的眼光转向一些以前被忽视的议题的人,包括婚姻、儿童、家庭生活、宗教生活以及种族关系。她曾经写道:"儿童室、闺房和厨房都是了解一个民族的道德风俗和礼仪举止的上好学校。"(Martineau 1962[1837])最后,她认为社会学家不能只是观察,还应该采取有益于社会的行动。因此,玛蒂诺积极支持女权运动和废奴运动。

伊本·赫勒敦(Ibn Khaldun, 1332—1406) 穆斯林学者伊本·赫勒敦出生于今天被称作突尼斯的地方,因其历史学、社会学和政治经济学的研究而著称。他撰述丰厚,最广为人知的是完成于1378年的六卷本《历史绪论》(*Muqaddimah*)。今天有些学者认为该书其实是社会学的早期奠基之作(参见 Alatas 2006)。《历史绪论》批评既存的历史学思路和方法仅限于描述,转而宣称发现了一种新的"有关社会组织的科学"或"有关社会的科学”,能够把握事件的根本意义。

伊本·赫勒敦基于对他所处时代“游牧的”社会和“定居的”社会的核心特征的理解,构想出一种有关社会冲突的理论。该理论的核心是“群体感”或“团结”(asabiyyah)的概念。拥有强烈群体感的群体和社会能够支配和控制内部团结形式较弱的群体和社会。伊本·赫勒敦发展这些观念,试图说明马格里布(Maghribian)和阿拉伯国家的兴起与衰落,就此而言,不妨认为他是在研究国家形成的过程——这是现代西方历史社会学的一个主要关注点。游牧的贝都因人部落趋于一种非常强烈的群体感,能够征服和支配微弱团结的定居市镇的居民,并建立新的王朝。然而,之后贝都因人逐渐安于城市化的定居生活方式,先前强烈的群体感和军事力量愈益衰减,使得他们再次受到外敌攻击。这就完成了国家兴衰的一个长周期。尽管19世纪后期和20世纪早期的西方历史学家与社会学家曾经引用伊本·赫勒敦的作品,但只是在最近一些年,他的作品才再次被视为蕴意重大。

批判性思考

哈丽雅特·玛蒂诺关于婚姻、儿童和女性家庭生活的社会学观点在她的时代为什么基本被忽视? 我们可以怎样解释伊本·赫勒敦14世纪的观点在21世纪重新唤起了人们的兴趣?

三 三种理论传统

我们已经看到,从涂尔干、马克思到韦伯,社会学的经典奠基者在研究中采用了不同的思路。涂尔干强调塑造共享价值和共识的社会力量具有强制力。马克思也认为社会结构强大有力,但他提出,在所有社会中普遍存在冲突和不平等。另一方面,马克斯·韦伯集中关注社会生活的意义特征,关注个体的社会行动。纵观社会学的历史,这些基本的差异始终存在,发展成了三大社会学传统:功能主义(涂尔干)、冲突理论(马克思)和社会行动或“互动论”的思路(韦伯)。

下面将简要介绍这三种传统,但是统贯本书,你会遇到借鉴它们的众多主张与观点。不久,你将能够识别出你碰上的某项经验研究最接近哪个传统。

在第三章“理论与视角”中,我们将更详细地介绍更为晚近的一些理论思路,比如女性主义、后现代主义和型构/过程研究。

(一)功能主义　**功能主义**认为,社会是一个复杂系统。它的各个组成部分协同工作,产生了稳定,社会学应该研究它们之间的关系。例如,分析一个社会的宗教信仰与习俗,我们可以从揭示它们是怎样与社会中其他制度相关联的入手,因为社会的不同部分始终是在彼此紧密关联中发展的。包括孔德和涂尔干在内的功能主义者经常使用某种有机体类比(organic analogy),把社会的运行比作一个活的有机体的运转。他们认为,社会的各个组成部分就像人体的各个部分一样,是为了作为整体的社会的利益而协同工作的。要研究一个身体器官,比如心脏,我们需要说明它是如何与身体的其他部分相联系的。心脏把血液输送到全身,因此在维持有机体生命中扮演着关键角色。与此类似,要分析一种社会制度的功能,比如教育系统的功能,就意味着揭示它对于一个社会的平稳运转所扮演的角色。

功能主义强调**道德共识**(moral consensus)对于维护秩序和稳定的重要性。当一个社会的大多数成员都分享共同的价值观时,就存在道德共识。功能主义者认为,秩序和平衡是社会的正常状态,而这种社会均衡乃是基于社会成员当中存在的道德共识。例如,涂尔干认为,宗教信仰强化了人们对于社会核心价值观的遵从,从而有助于维持社会结合。

直至20世纪60年代,功能主义思想或许是社会学中最主要的理论传统,在美国尤其如此。塔尔科特·帕森斯(Talcott Parsons, 1902—1979)和罗伯特·K. 默顿(Robert K. Merton, 1910—2003)是两位最著名的功能主义拥护者。默顿的功能主义主张影响尤其深广。他区分了显性功能和隐性功能。**显性功能**(manifest functions)就是特定社会活动类型中的参与者所知晓并意欲的那些功能。而**隐性功能**(latent functions)就是参与者未曾意识到的那些活动后果。默顿以美国亚利桑那和新墨西哥两州的霍皮人部落(Hopi tribe)所施行的祈雨舞为例。霍皮人相信,这种仪式将会带来他们的作物所需要的雨水(显性功能)。但是默顿主张,祈雨舞本身也具有增进霍皮人社会结合的效应(隐性功能)。默顿认为,社会学式说明的一项主要内容就在于揭示人们意欲的社会活动和制度的隐性功能。

默顿还区分了功能与**反功能**(dysfunctions)。所谓探寻社会行为的反功能特性,就是说关注社会生活中对事物既存秩序构成挑战的那些特性。比如说,如果假定宗教始终是发挥功能的,只会有助于社会结合,就是一种误解。一旦宗教群体之间产生分歧,就会导致重大的社会冲突,引发广泛的社会动荡。因此,战争常常发生在不同的宗教共同体之间,比如欧洲历史上新教徒与天主教徒之间的争斗,或者中东的逊尼派穆斯林与什叶派穆斯林之间的争斗。

20世纪70年代晚期以来,因为功能主义的局限性已经显而易见,所以不再像从前那样广为流行。许多功能主义思想家只强调稳定和社会秩序,而对基于阶级、族群和性别等因素的社会分隔和不平等基本不谈。不过默顿并不如此。功能主义也没有充分重视社会内部的创造性社会行动的作用。许多批评者指出,功能分析赋予了社会它所不具有的社会性质。比如说,许多功能主义者经常提到社会也有“需要”和“意图”,尽管这些概念只有在应用于人类个体时才有意义。而在20世纪六七十年代,同样令人瞩目的是,兴起了一股新社会运动浪潮,包括学生运动、环保运动、和平运动等,要理解和说明这股浪潮,功能分析似乎尤其捉襟见肘。

运动是学校课程的一部分,表面上看是鼓励健康的生活。然而,从功能主义视角来看,运动也是社会化的重要组成部分,教给孩子既要勇于竞争,又要学会作为团队成员展开合作。

(二)冲突理论 采用**冲突理论**的社会学家和功能主义者类似,也强调社会结构的重要性。他们同样提出了一套全面的“模型”,以说明社会是怎样运作的。不过,冲突理论家拒绝接受功能主义对于共识的强调,转而突出社会中分隔的重要性。为此,他们集中探讨权力、不平等和竞争性的斗争等议题。他们往往把社会看作由追求各自利益的不同群体组成的,这就意味着始终有可能爆发冲突。冲突理论家考察社会中支配群体与弱势群体之间的张力,并试图理解控制关系是如何确立并维持的。

马克思和后来的马克思主义思路都对冲突理论深具影响,不过也有必要指出,这绝不意味着所有冲突理论都是马克思主义的。例如,女性主义是冲突理论的一种形式,它关注性别不平等,即在大多数社会中都存在的男性与女性之间不平等的境况。在有些女性主义理论家看来,性别不平等比以阶级为基础的不平等更为重要,历史也更长。尽管女性的政治激进主义已经对生活的许多领域产生了影响,也促成了一种平等的尺度,但社会的男性支配甚至延续至今(Abbott et al. 2005)。

女性主义作为社会学中的一种冲突视角，提请人们关注社会学家之前忽视的一些议题。特别是女性主义的研究和理论阐述既关注大的社会结构的宏观世界，也探究这些结构的微观层面。例如，女性主义者研究家庭情境和生活中其他“私密”领域（例如性关系）里的不平等的性别关系，这是 20 世纪六七十年代的一股聚讼不已的思潮（参看 Rahman and Jackson 2010）。女性主义者也考察互动中性别刻板印象和语言的使用，指出并挑战了许多融入我们如何描述和思考这个世界的结构的，被视为理所当然的“男性主流”①（偏好男性而非女性）假设。我们能够在大量的日常用语和表达中看到这一点，比如主席（chairman）、人类（mankind）（讨论的是人类全体）以及人造（man-made）。语言本身未被注意的男性支配会以各种方式反映出女性在社会中居于臣属地位，以上只是略见一斑。

当然，女性主义者并没有忽视宏观层面。许多女性主义研究已经表明，从法律体系、教育和学校培养、政府和政治，到其他许多方面的现代社会结构，性别不平等都根植于其中。与此类似，为了论证性别不平等的程度和范围，女性主义者的研究使用官方数据，考察长期变迁模式。女性主义的理论阐述继续扩散到理论的新领域和新类型，本书后文将有更加详细的介绍。

社会学中的冲突传统受益于女性主义的研究和理论阐述。尤其是结合宏观和微观层面的研究已经表明，无论是在社会生活的宏大社会结构中，还是在其私人领域中，都完全能够找到同样多的结构化不平等的证据。20 世纪 70 年代的口号，“个人的就是政治的”，足以概括为什么社会学不能忽视我们日常生活的个人维度（Jackson and Jones 1998）。

在本书多个章节都可以找到有关女性主义的研究与理论阐述，不过在第三章“理论与视角”和第十五章“性别与性相”中，对于女性主义理论及其发展有详细讨论。

（三）符号互动论　韦伯的社会行动思路鼓舞了社会学中的许多“互动论”形式。其中最具影响力的一种是**符号互动论**（symbolic interactionism），它在相当程度上要归功于美国社会哲学家乔治·赫伯特·米德（George Herbert Mead，1863—1931）。符号互动论源自对于语言和意义的关注。米德宣称，语言使我们变成具有自我意识的存在，即意识到我们自己的个体性，也能够“像别人看我们”一样来认识我们自己。这个过程中的关键因

---

① 原文为“malestream”，是将男性（male）与主流（mainstream）叠加而成的词。——译者注

素就是符号。所谓符号,就是用来代表另外一种东西的某种东西。比如,用来指示对象的词汇,就是表征我们意思的符号。"勺子"这个词就是用来描述我们用以喝汤的器具的符号。非言语的手势或者沟通方式也是符号。向某人挥手或者做出粗鲁的手势都具有符号价值。

符号互动论使我们注意到人际互动的细节,以及如何利用这些细节体会其他人的言行。受符号互动论影响的社会学家通常关注日常生活情境中的面对面互动。他们强调这类互动在创造社会及其制度方面所起的作用。韦伯对这种理论思路具有重要的间接影响,因为尽管他也承认社会结构的存在,但他认为这些结构是个体行动的产物。

虽然符号互动论的视角针对日常社会生活过程中我们行动的本质提出了许多洞见,但是人们一直批评它忽视了一些更大的议题——有关权力和社会结构,以及它们如何制约个体行动。话说回来,有些符号互动论也的确考虑了这类议题,阿莉·霍克希尔德(Arlie Hochschild)的《被经管的心灵:人类情感的商业化》(*The Managed Heart*: *Commercialization of Human Feeling*, 1983)堪为范例。霍克希尔德旁听了达美航空公司(Delta Airlines)位于美国亚特兰大的空姐培训中心的课程,并访谈了受训人员。她注意到,空乘人员在接受培训时,除了学习必备技能,还要学会经管她们的情感。霍克希尔德回忆起一位飞行员兼教员在培训课程上的言论:"现在,姑娘们,我想让你们上机,并且真诚微笑,"他教导她们,"你们的微笑是你们最大的财富,我想让你们上机去用它。微笑。真正的微笑。再用点劲儿。"

霍克希尔德的研究发现,由于西方经济越来越仰赖于提供服务,因此有必要理解我们所做的工作的情感风格。对于在快餐店、商店或酒吧工作过的人来讲,或许会对她的"客服"培训研究感到十分熟悉。霍克希尔德称这种培训为训练"情绪劳动"(emotional labour),这种劳动要求你经管自己的情感,以便创造出一种公众能够察觉(并能够接受)的面容展示和身体展示。根据霍克希尔德的观点,服务业企业越来越不仅索求员工的体力劳动,而且索求他们的情感展示。

该研究考虑到了大多数人视为理所当然的生活中的一个方面,并点明社会学能够加深我们对它的理解。霍克希尔德发现,服务业劳动者像体力劳动者一样,常常会感受到与在工作中放弃的自己的特定属性之间的距离或**异化**(alienation)。例如,体力劳动者可能会觉得自己的手臂像是机器的一个零部件,只能偶尔感觉到是那个移动手臂者的身体的一部分。与此类似,服务业劳动者常常告诉霍克希尔德,微笑在她们**脸上**,但并不**属于**她们。换句话说,她们觉得与自己的情绪有距离感。霍克希尔德的书是符号互动论的一次深具影响的应用,其他许多学者基于她的观点拓展了互动论的传统。

在许多服务行业,劳动者的技能扩展到了管理自己情绪的公共展示。

(四)传统与理论　功能主义、冲突理论和符号互动论都属于理论传统,即对于社会学研究主题的一些宽泛的总体取向。不过,我们能够将这些宽泛的**传统**与从中发展出来的具体**理论**相区分。理论的关注更加集中,试图说明特定的社会境况、事件或社会变迁。比如说,女性主义属于冲突传统,因为女性主义者认为社会中男女之间的利益存在根本的冲突。但是女性主义社会学家也设计出大量范围比较小的理论,以说明**性别关系**(男性与女性之间的模式化关系)的具体特性,比如为什么愈来愈多的已婚女性从事有薪工作,为什么女性仍然被认为负有养护孩子的责任,或者为什么如今在教育方面男青年没有女青年做得好。社会学家所研究的生活中的不同领域都已经发展出了许多这类理论。

诚然,社会学没有为单一的理论传统所支配,这看似是弱点,实质并非如此。彼此竞争的多种传统和理论相互碰撞,正是社会学事业生机勃勃的表现。在研究人类也就是研究我们自己的时候,理论的多样性使我们免于教条和停滞。人类行为是多面的,单一理论视角远远不能涵盖其方方面面。理论思维的多样性提供了丰富的思想资源,可以激发创造力,而这对于社会学工作的不断进步至关重要。

四　分析的层次:微观社会学与宏观社会学

不同的理论视角之间有一个重要区别,即各自所指向的分析层次。有关面对面互动情境中的日常行为的研究通常被称为**微观社会学**(microsociology)。而**宏观社会学**(macrosociology)分析的则是大规模的社会系统和长期的变迁过程。乍看起来,好像微观分析与宏观分析彼此界限分明,但两者其实紧密相连(Knorr-Cetina and Cicourel 1981; Giddens 1984)。

如果我们要理解日常生活的制度背景,宏观分析就是必不可少的。说到人们日常生活的方式受到社会制度的重大影响,你想想我们赖以生活的教育体系、政治框架和法律体系对我们生活发挥的作用,也就显而易见了。与此类似,虽说我们可以选择给熟人发送一封电子邮件,也可以选择不远万里坐飞机去与朋友共度周末,但要是没有我们这个世界惊人复杂的全球基础设施,没有建造和运营这些基础设施所需的大量人员、组织与制度,这些沟通皆无可能。

反过来,微观研究对于描绘这类宏大的制度模式也是很有必要的。显然,面对面互动是所有形式的社会组织的主要基础,不管这种组织规模有多么庞大。假设我们研究的是一家商业公司,要理解其活动,可以观察面对面的行为,比如会议室中董事之间的互动,各科室职员之间的互动,或者工厂车间员工之间的互动。通过以上方式,我们或许并不能拼出整个公司的完整图景,但肯定能够大大增进我们对于这一组织如何"实地"运作的理解。

当然,人们既不是作为孤立的个体在生活,其生活也不是完全被大的社会结构所决定的。社会学告诉我们,日常生活是在家庭、社会群体、社区和邻里中度过的。在这类层次上,即社会的中观(meso,或"中间"[middle])层次上,能够看到微观与宏观层次的现象的影响和效果。许多针对地方社区的社会学研究既处理社会巨变在宏观社会学层次的影响,比如经济重构,也探讨个体、群体和社会运动如何应对这些变迁并使之有利于己。

例如,20 世纪 80 年代中期,英国政府决定调整其能源政策,降低能源中煤炭的占比,这对传统的采矿社区是灾难性的,因为矿井关停,失业率上升,人们的生计受到威胁。然而,许多之前的矿工通过在当地公司中参加培训而在其他行业寻找工作(Waddington et al. 2001)。无独有偶,2008 年的金融危机导致失业增加,生活水准下跌,但是这也迫使一些人学习新的技能或开始他们自己的小生意。个体不是简单地被大范围的社会经济变迁所摆布,而是创造性地适应它们。研究社会生活的社区水平等于开启了一扇窗,可以观察到社会的微观层次和宏观层次的互动。社会学中的许多应用研究(具有实践目的的研究)都发生在社会现实的这一中观层面。

在以下各章中,我们还将接触到更多的实例,看看微观情境中的互动如何影响更大的社会过程,反过来,宏观系统又是如何作用于更为有限的社会生活背景的。然而,仍有一个根本议题有待本章解决:社会学究竟是为了什么?

第四节

社会学何为?

▼

正如C. 赖特·米尔斯在发展其有关社会学的想象力的观点时所强调的,社会学对于我们的生活具有许多切实的意义。首先,社会学赋予我们某种对于文化差异的意识,使我们可以从许多视角出发看待社会世界。一般说来,如果我们能够恰当地理解别人是怎样生活的,也就会更好地理解他们的问题所在。如果对于人们的生活方式没有周全的认识,并在此基础上制定实际政策,就没有多少成功的机会。比如说,如果一个英国白人社会工作者在伦敦南区一处以拉美人为主的社区工作,要是不能培养出对于英国不同族群体验差异的敏锐感受,就不能获得社区成员对他的信任。

其次,社会学研究为评估政策创议的成果提供了切实的帮助。一项实践改革计划可能根本无法实现其设计者所要追求的目标,或者可能产生不幸的意外后果。例如第二次世界大战之后,许多国家在城市中心建起大型公共住宅区。当初这样的设计是想为居住在贫民区的低收入群体提供高标准的住宅。然而,日后的研究表明,许多人从老屋搬进大型公寓楼后都感到孤独,并不愉快。而且,高层公寓楼通常年久失修,成了犯罪的温床。

再次,许多社会学家关注与他们自己作为专业人员直接有关的实际话题。在产业顾问、"智库"研究人员、都市规划师、社会工作者、人事管理者及其他许多工作岗位上,都能找到接受过社会学培训的人。对社会和社会关系的理解也将有益于律师、司法、新闻、商业和医疗等领域未来的职业生涯。

最后,从某些角度来说也是最重要的一点,社会学能够为我们提供自我启蒙,或增进自我理解。我们越是了解自己为何如此行事,越是了解我们社会的整体运行,就越有可能改变我们自己的未来。社会学不仅仅是帮助有权势的群体或政府。社会学家生产的知识,人人皆可利用,也常常被志愿机构、慈善机构和社会运动用来支持他们的变革诉求。话说回来,社会学的研究发现本身是"中立的"。也就是说,这些发现能够告诉我们社会像什么,它怎样“运作”,长期以来它如何变迁,但是不能指点我们是否**应该**如此。这样的主题适合那些牵连大众并彼此竞争的政治争论和道德争论。

公共社会学与专业社会学

近些年,一些社会学家指出,社会学在参与公共事务方面做得不够,沉溺于专业内部的争论。2004 年,迈克尔·布洛维(Michael Burawoy)在美国社会学会年会上发表主席演讲,主张建立一种新型的“公共社会学”,锻造与大学狭隘格局之外的广大受众之间的关系。他认为,社会学在 20 世纪的专业化是有益的,但它也引导社会学家越来越倾向于在内部自说自话,而不是面向“外面”的公众陈言(Burawoy 2005)。

布洛维提出,存在四种类型的社会学:专业社会学、公共社会学、政策社会学以及批判社会学。**专业社会学**(professional sociology)是遵循传统、基于大学、科学主义的社会学,孕育着大型研究项目和知识体系,提供学术生涯。**政策社会学**(policy sociology)的所有研究的宗旨界定都取决于客户,比如想要应对社会问题的资助机构和政府部门。**批判社会学**(critical sociology)是“专业社会学的良知”,揭启研究项目和专业社会学的假设(burawoy 2005:9)。女性主义理论是这一路数的例证,提请人们注意科学主义社会学的缺漏和不曾言明的偏见。第四种是**公共社会学**(public sociology),源于对话。也就是说,公共社会学面向工会、社会运动、信仰群体以及市民社会中的组织等社会群体,与之就社会的未来方向展开真诚的对话。就此而言,这意味着需要一种更具政治介入色彩的社会学,尽管这一点并非所有社会学家都支持。

在布洛维等人看来,公共社会学仍然有赖于专业社会学,但两者处于“对抗性互赖”(antagonistic interdependence)的关系中。公共社会学与非学术界的受众相结合所需要的特定研究方法、经验证据和理论,就是科学主义的社会学生产出来的。但是,与专业社会学不同,公共的视野开启了与这些受众的对话,允许学科自身在一定程度上被非社会学家的关注所塑造。

批评者指出,这种分界太过刻板。实际上,今天大量的专业社会学都尽力同参与者和外界受众相结合。在所描述的四种类型之间,仍然有诸多重叠(Calhoun 2005; Ericson 2005)。比如,许多女性主义研究不再仅仅是对科学主义社会学进行批评,自身就是经验取向的,使用研究方法和问卷调查,为专业社会学添砖加瓦。批评者还指出,这门学科面临着危险,有可能沦为社会运动和行动团体的政治动机的附庸。假如专业社会学的形象和声誉遭到玷污,那么或许悖谬的是,就会严重危及对于这门学科的公共支持。假如说公共社会学真的有赖于专业社会学来之不易的科学信誉,它也同样可能受累于这种信誉。

无论如何,尽管遭到这些批评,专业社会学在与公共关注相结合上做得不够这一基本论点仍然得到了相当广泛的认同。人们认为,社会学缺乏公共呈现,有损于有关社会学理论和例证的公共意识,从而听任政治科学、历史学或心理学等其他学科填补空隙。英国社会学会之类的专业学会已经采取措施,鼓励其成员提高媒体呈现度,由此着手,逐步提升社会学在社会中的形象,我们或许可以期待这种趋势会延续下去。

小　结

在这一章我们已经看到,在社会学这门学科里,我们常常抛开个人对于世界的看法,更加细致地考察那些塑造我们的生活以及其他人生活的因素。伴随着现代社会的发展,社会学作为一种独特的思想努力出现了,而且对于此类社会的研究仍然是其主要的关切。但是,置身一个愈益相互关联的全球世界,社会学家如果想要恰当地理解和说明这个世界,就必须采取同样具备全球性的视角来看待其研究主题。在社会学的奠基期里,社会的核心问题包括社会阶级冲突、财富分配、贫困的缓解,以及现代化过程的前进方向。

到了当代,尽管这些议题大部分都保留了下来,但是不妨认为,社会学的核心问题正在发生转换。今天,社会正在努力应对其他议题,比如迅疾的全球化、国际恐怖主义、环境破坏、有着潜在高危后果的全球风险、多元文化主义和性别不平等等,不胜枚举。这就意味着社会学家必须追问,旨在把握早前时期的问题的理论是否还能对付得了今天的问题。假如不能,那他们就需要琢磨出新的理论,有能力领会卡尔·曼海姆(Karl Mannheim)曾经指出的"这些新时代的奥秘"。关于经典社会学理论的地位和长久相关性的争论远未停息,本书全篇将不断呈现。

社会学并不仅仅是一块抽象的思想领域。它对人们的生活还具有实际的蕴意。学习成为一名社会学家不应该是一种枯燥乏味的学术努力。要确保这种情况不会出现,最佳的途径就是以一种富有想象力的方式来研究这门学科,并将社会学的观念和发现与你自己的生活情境联系起来。这样的话,你就会学到许多有关你自己、社会和更广阔的人类世界的重要事情。

本章要点

1. 如果要你向朋友说明社会学是什么,你会怎样简要界定这门学科?所谓“社会学的想象力”,特点何在?

2. 说明社会学是如何成为学院里的一门学科的,概述早期社会学家试图理解的社会、经济及政治方面的重大转型。

3. 列举奥古斯特·孔德、卡尔·马克思、埃米尔·涂尔干和马克斯·韦伯对于社会学的奠基所做出的主要贡献。关于社会世界,上述四人共同持有哪些假设?他们的分析视角在哪些方面存在分歧?

4. 理论争论甚至在自然科学中都难以解决,那为什么在社会学中会特别成问题?

5. 概述社会学理论中的三大核心理论传统。如果说社会学要想成功,就需要所有这三种理论传统,这样讲合理吗?或者,其中一种理论传统比其他理论传统更好地把握了社会现实?从20世纪后半叶开始,哪些社会议题变得引人注目,是这三种思路都不能充分涵盖的?

6. 微观社会学研究的是面对面接触的日常行为,而宏观社会学分析大规模的社会系统和整体的社会。试以社会阶级为例,简要说明微观和宏观层次在真实世界中如何相互关联。所谓社会生活的中观层次意味着什么?

7. 社会学研究有哪些实践蕴意和实际应用?列举社会学能够从哪些方面为改善社会生活做出有价值的贡献。

8. 假如社会学家过去与广大公众结合得不够,那么未来他们如何能够做到充分结合?社会学家是该继续专注于他们的研究,让别人决定应当如何应用他们的发现,还是对他们而言也需要参与政治争论?

研究实践

自从迈克尔·布洛维在2004年美国社会学会年会上发表演说之后,公共社会学的议题引起了广泛关注。将社会学带给更广泛的受众的一种方法是,将社会学的发现通过大众传媒传达给他们。但是,就算社会学的研究真能进入媒体,它又是如何被使用、呈现和解释的呢?

阅读下文:Annaliza Gaber, 2005,'Media Coverage of Sociology'(社会学的媒体报道),*Sociological Research Online*, 10(3):www.socresonline.org.uk/10/3/gaber.html。回答如下问题:

1. 谁委托了这项研究?为什么?

2. 研究是如何开展的?

3. 研究的核心发现是什么?

4. "在这些[大众传媒]和其他公共平台上进行社会学的沟通有时或许不可能"(Ericson 2005:365)。合而观之,这篇文章是提供了支持这一观点的证据,还是说证明了这个观点过于悲观?

深入思考

社会学据说兴起于工业化、法国大革命和欧洲现代性的开始。早期社会学家试图理解和解决同城市迅猛发展和新型工业文明相伴而生的许多社会问题。然而,或许不能指望他们会预见到互联网、万维网、智能手机和线上社交网络。

在属于工业时代的20世纪很好地服务于社会学的那些理论和概念,在今日的数字世界里还能发挥效力吗?试着说说社会学奠基者的观念还能以哪些方式,帮助我们理解推特(Twitter)、脸书(Facebook)和照片墙(Instagram)之类的社交网络服务为何会在公民个体、工商企业和志愿团体中流行。我们是该认为网络空间只不过是"实在的"社会世界的某种延伸,还是在相当程度上有别于后者?

艺文探析

仔细阅读下文:

> ……将艺术与社会理论作为平等伙伴相提并论,意味着艺术表征了生存经验性社会知识的一种来源,自有其价值,并不比社会科学的知识低一等。这就是说,关于社会,还真有些东西是艺术可以告诉我们而社会科学不能告诉我们的……小说、戏剧、电影、油画以及素描能够告诉我们的有关社会生活的事情,与一项社会科学研究所能告诉我们的并不相同,而它们告诉我们这些不同的事情,也就等于告诉我们更多的事情。(Harrington 2004:3)

重温你最近读过、看过或听过的一本小说、一出戏剧、一部电影、一幅油画或者其他种类的艺术作品。该作品告诉我们有关社会生活的事情当中:有哪些与社会学告诉我们的**不同**?或是比社会学知识**更多**?这些作品所提供的知识是否能与社会科学的发现做一番比较?抑或根本无法比较?

阅读指津

如果你刚刚开始接触社会学,埃文·威利斯的《社会学探索:社会生活研究导论(第五版)》(Evan Willis, 2011, *The Sociological Quest: An Introduction to the Study of Social Life*, 5th edn, Crow's Nest, NSW: Allen & Unwin)生动活泼,宜于起步。接下来,齐格蒙特·鲍曼和蒂姆·梅的《社会学之思》(Zygmunt Bauman, and Tim May, 2001, *Thinking Sociologically*, Oxford: Blackwell)通过许多日常事例,引导你培养并发挥自己的社会学想象力。理查德·詹金斯的《社会学基础:更好地理解人类世界》(Richard Jenkins, 2002, *Foundations of Sociology: Towards a Better Understanding of the Human World*, Basingstoke: Palgrave Macmillan)属于进阶一级,其中有关于全球化时代社会学和社会学家角色的核心主张。

还有一类有用资源,就是一部优秀的社会学词典,这方面有几种选择。约翰·斯科特的《社会学辞典》(John Scott, 2014, *A Dictionary of Sociology*, Oxford: Oxford University Press)、布莱恩·S. 特纳的《剑桥社会学辞典》(Bryan S. Turner, 2006, *Cambridge Dictionary of Sociology*, Cambridge: Cambridge University Press)均内容全面,值得信赖。我们自己也编了一本书,可查考社会学作品中所使用的一些核心概念,即《社会学基本概念(第二版)》(Anthony Giddens, and Philip W. Sutton, 2017, *Essential Concepts in Sociology*, 2nd edn, Cambridge: Polity)。

关于涵盖社会学各领域的原典文集,参阅辅助读物《社会学入门文选(第三版)》(*Sociology: Introductory Readings*, 3rd edn, Cambridge: Polity, 2010)。

网络导航

政体出版社有关本书的更多信息和支持:

www.politybooks.com/giddens

社会网(SocioSite)——以荷兰阿姆斯特丹大学为基地的社会科学信息系统:

www.sociosite.net

国际社会学会(The International Sociological Association)——代表全世界的社会学家:

www.isa-sociology.org

欧洲社会学会(The European Sociological Association)——旨在推动有关欧洲议题的研究:

www.europeansociology.org

英国社会学会(The British Sociological Association)——有一些对研究生求学生涯有用的信息:

www.britsoc.co.uk/what-is-sociology/sociologist-careers.aspx

公共社会学(Public Sociology)——迈克尔·布洛维的公共社会学及一些批评他的人的观点:

http://burawoy.berkeley.edu/PS.Webpage/ps.mainpage.htm

第二章

社会学的提问与解答

公厕所用为何?

薄暮将至,美国密苏里州圣路易斯的某个公园里的公厕开始热闹起来。一个身着灰衣的男人走进来;另一个头戴棒球帽,脚踩跑鞋,上穿T恤,下着短裤;第三个人还穿着车行的技工制服。这些人来厕所,没有一个是冲着原本建造厕所的用途的,而是为了自发的性接触。很多男人,有已婚的也有未婚的,有不认为自己是同性恋的也有自视同性恋的,都来此找寻与陌生人之间的性交往。他们希望体验性的刺激,但又不想有什么情感上的牵扯或承诺。

男人之间找寻这种匿名、即时的性交往,世界各地皆有所闻,但在20世纪60年代后期之前,公共场所中的自发同性性活动却极少被作为一种人类互动形式来研究。在美国,同性恋社群称有这类活动的厕所为"茶室"(tearooms)。在英国,同样的活动被称为"搞同志"(cottaging)。美国社会学家劳德·汉弗莱斯(Laud Humphreys)研究了"茶室"的作用,讨论了其对于参与者的影响(Humphreys 1970)。《茶室交易》(*Tearoom Trade*)一书当时引起了广泛的争议,对于有些人来说,其所引发的话题依然难以处理。

汉弗莱斯的研究是在20世纪80年代艾滋病出现之前进行的,他所目睹的活动今日被视为蕴含着更大的风险。以当前的中国为例,"男男性接触者"(MSM)会在桑拿浴室、公园、会所/夜店和公厕寻求类似的体验。这些接触中许多是不考虑安全措施就发生的,比如使用安全套。原因之一在于中国的主流文化,那里有个"肉欲"(*rouyu*)概念,即对于直接身体接触的欲望,被广泛用来指"做爱"。那些寻求与其他男人进行无需负责的自发性活动的人或许认为,安全套有碍于满足肉欲。就像一位研究对象告诉研究者的那样,"甭管那套套有多薄,总是一层东西,那就不是直接的了"(Li et al. 2010:1481)。

汉弗莱斯的研究方式遭到了批评,因为他的实地调查是秘而不宣的,并未征求被研究者的知情同意,被认为有违伦理。在他做研究的那个时候,男女同性恋者的身份还带有显著的污名,警方还在保持警惕,积极执行打击同性性活动的法律。汉弗莱斯指出,许多男人在其他方面都过着"正常"的生活,却要努力找到办法,也找到地方,既参与这类性行为,又不让其危及自己的职业生涯或家庭生活。他花了大量时间研究公厕,告诉人们,理解社会过程的办法之一,就是参与其中,近在咫尺地进行观察。他还进行了调查访谈,从而收集到了比单纯观察所能获得的更多的信息。

这些研究都开启了一扇窗,让人们看到了社会生活中许多人不知其存在或只是不理解的一个侧面。汉弗莱斯在实施研究和报道发现时,都带着必不可少的那种科学的超然,但与此同时,他选择这样的研究问题,是受到了自己在社会中的情感涉入的影响。他认为,同性恋得到接受,会有助于人们增强自尊,相互支撑。李等人所做的研究在报道发现时用的是类似的超然笔调,但他们想要搞明白为什么那么多"男男性接触者"明知艾滋病感染的确定风险,却还是逃避使用安全套,正是这样的想法推动他们进行这项课题。这两项研究相隔四十年,让我们看到,社会学家始终致力于面对自己的研究主题而保持相对的**超然**,但与此同时,作为社会成员,他们又在情感上和政治上**涉入**其间,寻求当下社会问题的解决办法。在涉入(involvement)与超然(detachment)之间取得富有裨益的平衡,这是所有一流社会学的关键所在(Elias 1987b)。

本章我们将深入探讨这些议题。首先,我们来看看从事与人有关的经验研究的社会学家所面临的一些伦理困境。接下来,我们将就"科学"究竟是什么这个问题,简要介绍一些重要的回答,然后探寻社会学作为一门独立的学科具有何种属性。由此我们可以进一步考察社会学的研究都包含哪几个阶段,并简要概括最常使用的研究方法及其应用。最后将讨论社会学在社会中的用途为本章作结。我们将看到,科学工作的理念与现实世界中的研究这两者有些意义重大的差别,后者必须克服诸般实际障碍和问题。有一种思考社会学研究的方式很不错,值得我们推荐,那就是视之为有关可能性的艺术,一切科学研究皆是如此。

第一节

以人为研究对象的伦理问题

▼

所有涉及人类的研究都可能形成一些伦理困境。如今的资助机构要问的一个关键问题就是,研究是否“会给研究对象带来危险,超过其在日常生活中所面临的”。如果是这样,该研究也许不应继续实施,涉及像儿童这样的脆弱群体时尤其如此。与此同时,相比过去,伦理问题在今天变得愈发突出。研究者不再被视为唯一有认知能力的专家,而参与者也不再仅仅是“研究对象”。研究对象本身越来越多地参与研究过程,有可能协助设定问题,评论研究者的解读,并得到最终研究报告的副本。

正如社会生活中的其他许多关系(比如医生和病人、大学教授及其学生),“外行”也不再像仅仅一代人之前那样自动听从“专家”的建议了。这种广泛的社会进程也正在改变研究的实践。确实,所有的资助机构现在都会例行要求研究团队预估可能遇到的伦理问题,并表明打算如何处理这些问题,是否可能欺瞒,会具体采取什么样的措施来保护参与者免于风险,以及研究结束时如何将研究发现反馈给参与者。显然,研究实践总是根植于某个社会历史背景,这在一定程度上决定了什么能够、什么不能够正当地研究。

汉弗莱斯在开展研究的时候,并没有透露他作为一名社会学家的身份,那些进入茶室的人还当他是出于和自己一样的缘由跑到那里去的。尽管他并没有直接撒什么谎,但也没有表露自己出现在茶室的真正原因。他这种行为是否符合伦理?此项研究的这一点并没有**直接**置任何人于危险之中,因此或许可以赋予其正当理由。真正使汉弗莱斯的研究值得一书的是,他记下了来茶室那些人的车牌号,并从一位在机动车辆管理局工作的朋友那里获得了他们的家庭地址,然后装作进行一项与茶室无关的调查,对他们进行家访。研究中的这个部分在多大程度上合乎伦理?能赋予其正当理由吗?即使他没有向这些男人的家人透露任何关于茶室的事情,他获得的信息依然**可能**造成伤害。他所观察的同性性活动当时属于非法,警察可能会要求他交出有关那些男人身份的信息。也有可能一个经验不足的调查员在进行家访时不小心说漏嘴了,或者汉弗莱斯的田野笔记被其他人看到了。

从李等人(Li et al. 2010)在中国广州做研究时采用的方法可以看出,自 20 世纪 70 年代以来,研究伦理及其监管已经发生了多么大的变化。该研究团队实施了半结构式访谈,试图由此勾画出参与者的生平。他们和汉弗莱斯一样,也运用参与观察法考察了多种聚会现场,包括四处公厕。其中一位团队成员加入了一个志愿救助群体,以便与目标社群建立关系。他们就这样从这些社交网络中招募到了样本。不过,这些研究者与汉弗莱斯不同,他们向参与者坦陈了研究课题及其宗旨:“先是简单介绍研究的目的,再让参与者确信保密,使用化名,数据资料储存安全,获得他们的知情同意。”(Ibid.: 1482)

考虑到在调查过程中一些事情可能出错,研究人员如今并不认为汉弗莱斯所使用的方法有正当理由。诸如欧洲科学基金会(European Science Foundation)、英国经济与社会研究理事会(Economic and Social Research Council, ESRC)之类的资助机构,以及各大学,现在的伦理准则比之过去都要严格得多。那种涉及欺瞒研究对象的隐秘研究在今天是不太可能得到官方批准的。不过,汉弗莱斯是最早研究社会生活这一面向的社会学家之一,他的有关阐述合乎人道地探讨了研究对象,远远超越了当时既有的知识储备。

批判性思考

汉弗莱斯后来说,如果再做一遍这项研究,他不会去追踪车牌号或者对这些人进行家访。但除此之外,还能如何合法地获得关于他们的生活及背景的相关信息呢? 例如,你是否考虑过这些研究对象会做好准备接受访谈呢? 是否还能用其他方法收集这类数据?

第二节

科学与社会学研究

▼

《茶室交易》是社会学家的提问类型的上佳例证。汉弗莱斯看到公厕中发生的那些令人吃惊的活动,探问社会如何以不同于官方版本或公开版本的方式运行。他还发现,我们视为简单明了的东西,比如一座公厕,其实是**以社会性的方式被建构的**,这取决于人们如何使用它。**社会建构论**(social constructionism)就是这样一种视角,它首先预设,社会现实在不同程度上属于诸个体和群体之间互相作用的产物,而不是我们视为“自然而然”的东西(参看第八章“社会互动与日常生活”,以及第五章“环境”)。在本例中,大多数人所认为的一座功能简单明了的公共建筑,对于特定群体而言,主要是一个从事性活动的聚会场所。

社会学家无论是在做理论阐述还是经验研究,他们关注的那些议题其实往往和困扰其他人的差不多。说到底,社会学家也是社会的成员。好的研究应当能帮助我们更好地理解社会生活,大多数时候也能帮助我们以新的方式看待后者。研究中提出的问题以及所报告的发现都能给我们带来惊奇。社会学因此常常和我们的"常识"信念相违。少数族裔和性少数群体的生活环境如何?为什么一方面少数人拥有巨大的财富,另一方面依然存在着大规模的贫困?互联网的普及,以及对它的不断加深的依赖,将对我们生活的方方面面造成什么影响?社会学家尽力为这些以及其他许多问题寻找答案。他们的发现绝非盖棺定论,因为社会流变不居。尽管如此,社会学理论阐述和经验研究的宗旨,都在于摆脱玄思臆测,将我们的理解建立在证据的基础上。优秀的社会学研究会尽可能精确提问,努力搜集事实证据,然后再归纳出总体结论。要实现这些目标,我们必须选择对特定研究最有用的**研究方法**(research methods),知道分析研究结果的最佳方式。

社会学家所提出的常常是一些经验性问题,或曰**事实性问题**(factual questions)。比如,使用"茶室"的人当中最常见的行业和家庭安排是什么?涉足"茶室"的人被警方抓捕的比例有多大?即便是这类事实性问题也会难以回答。关于"茶室"没有任何官方统计,因为这些活动在官方或政府文件中并不存在。与此类似,就连官方有关犯罪的统计,在反映社会中犯罪活动的真实水平方面,其价值也是令人怀疑的。研究犯罪的人发现,警方记录在案的犯罪数据只是犯罪行为这一庞大"冰山"的可见一角,即使严重犯罪也仅有大约一半会上报警方。有些犯罪活动也许根本没有被其受害者视为"犯罪"(关于犯罪统计的讨论,参见第二十章"犯罪与越轨")。

有关一个国民社会的事实性信息并不能告诉我们,我们正在处理的是不同寻常的个案,还是一系列比较普遍的社会影响。因此,社会学家常常会问一些**比较性问题**(comparative questions),把从某一社会获得的发现同其他社会背景相联系,或者使用取自全世界不同社会的对立的例证。比如,土耳其、意大利和南非的社会体制和法律体制就有显著的差异。可以就此提出一个典型的比较性问题:这三个国家的犯罪行为模式以及执法模式有多大程度的不同?解答这个问题,可能促使我们提出其他问题,比如这些国家的执法体制是如何随时间的推移逐渐发展的,它们的刑罚制度又有什么异同。

在社会学中,我们不仅需要对比现存的社会,而且要拿它们的现在和过去进行比较,从而更好地理解社会发展。在这种情况下,我们所提出的就是历史性问题或**发展性问题**(developmental questions):我们是怎么来到这里的?我们要想了解现代世界的本质,就得考察先前的社会形式,并分析社会变迁的过程。比如说,我们可以调查最初的监狱是怎么诞生的,今天又成了什么样子,追溯这一发展过程中关键性的变迁时期或阶段。这样做,我们就获得了很好的一部分说明。

社会学的经验研究并不仅仅在于搜集事实,无论这些事实可能多么重要,多么耐人

所有国家都存在执法队伍,但我们需要对各国警力进行比较性经验研究,以揭示其异同。

寻味。“事实本身不会说话”,这在社会学中是老生常谈,它们需要被解释。这就意味着,我们必须学会提出关于这些事实为何会以这种方式发生的**理论性问题**(theoretical questions)。有些社会学家主要关注的是经验性问题,但除非他们具备一些理论知识来指导其研究,否则他们的研究发现不太可能特别具有启示意义(参见表 2.1)。与此同时,社会学家也不会为理论知识本身而探求理论知识,因为这样有可能沦为远离证据的纯粹玄思。因此,不妨认为,可信的社会学知识本质上兼具理论性和经验性。理论阐述与经验研究相融合,这是所有科学学科成其为科学学科的一个关键特征,而社会学也不例外。

表 2.1　社会学家的提问思路

事实性问题	发生了什么?	据报道,英国有些男人使用网络聊天室来寻找男性性伴侣。
比较性问题	这种现象随处可见吗?	这是一个普遍现象,还是只发生在英国?这种行为是否仅限于男同性恋者?
发展性问题	这种现象是长期发生的吗?	这些男人在过去使用什么方法和别的男人相约?这些方法本质上与使用聊天室相似还是不同?
理论性问题	这种现象的背后是什么?	为什么这些男人现在使用网络聊天室而不是旧有的办法?我们应当考察什么因素以说明这种行为变化?

一　究竟何为"科学"?

我们在第一章中看到,在 19 世纪早期,奥古斯特·孔德把社会学说成是一门新兴的科学,认为其应当采取物理学和化学等自然科学中已获丰硕成果的方法。涂尔干、马克思等奠基者也把社会学看成是一门科学的学科。但到了今天,许多社会学家不再笃信这一点了。我们真的能够且应当用科学主义的方法来研究社会生活吗?劳德·汉弗莱斯对于"茶室"的观察是否真的具有科学性?究竟何为"科学"?对于最后这个问题,没有任何简单的或公认的答案,这或许让人吃惊。要理解为何如此,最好是来大致看看哲学研究和科学史研究中的一些核心主张,这将有助于我们更好地理解社会学的学术地位。

孔德提出,人类知识的实证阶段生产出可信而有效的知识,最终会使我们有能力不断加强对于自然和社会的干预。科学高于此前所有的知识进路,是现代世界获得发展的前提条件。在孔德看来,科学也是一项本质上统合一体的事业,因为所有的科学学科都使用类似的方法,这就意味着社会科学和自然科学并没有根本差异。科学始于观察和搜集数据,继而在观察到的事实当中寻求模式,然后继续探索一般性理论,给出有关证据的说明。这种"自下而上"的研究过程就是我们所知的**归纳**(induction)。然而,孔德的主张乃是源于一种比较理想化的科学图景,并非基于科学家的实际做法。从 20 世纪早期开始,这种归纳式科学描述开始遭到颠覆。

(一)实证主义与科学哲学　在 20 世纪 20 年代的奥地利,有一群颇具影响的哲学家,被称为维也纳学派。他们对孔德的实证主义立场做出了重要修正。具体而言,他们试图阐明什么算得上是"科学",基于何种理由可以接受科学家就世界做出的陈述为"真"。他们把重点放在逻辑和演绎推理上,而不是简单的归纳,这种思路被称为**逻辑实证主义**(logical positivism)。这等于承认,科学家并不是成天忙着搜集数据,然后努力说明自己的发现(归纳法)。相反,他们**首先**提出假设,即明确框定的有关现实某个方面的问题或陈述,然后着手搜集能够证实这些假设的经验证据(假设—演绎法)。

他们主张,科学领域的陈述和理论要在科学上有效,始终必须经过证据的检验。这和其他形式的"知识"都不一样。比如说,有关贫困的某种道德立场,或者有关何为美的某种审美判断,完全不可能说是否为"真",我们无论怎么辩论这些主题都没用。这些领域里的陈述并不是在揭启有关世界的真理,因此在科学上毫无意义。

逻辑实证主义者采取的是真理符应说(correspondence theory of truth),即只有当陈述精确"符应"现实世界中存在的东西时,才接受其为真。因此,通向有效知识的关键就在于经验证实,而科学家的工作就在于不懈地寻求证据来支持自己的陈述。逻辑实证主义深刻影响了人们如何界定获得知识的科学思路的内涵。但是到了20世纪30年代的后期,它的核心原则即证实(verification)遭到了抨击。

卡尔·波普尔爵士(Sir Karl Popper,1902—1994)曾经是维也纳学派的成员,却对逻辑实证主义做出了最系统的批判。波普尔提出,证实并不是一项强有力的原则,因为几乎所有的理论,无论有多么不符合现实,都有可能找到**一些**证据来支持其主张,证实永远无法确凿无疑地解决理论争辩。证否(disconfirmation)原则就要强得多。概括力强的理论所能导出的假设,至少原则上应当能够被证伪(falsified)。因此,科学家会积极寻找例证,证否或证伪自己提出的假设。这样做,一个证否的例证能够告诉我们关于世界的东西,远远超过千百个证实的例证之所能(Delanty 1997:31-32)。比如说,我们可以假设“所有天鹅都是白的”,并着手证实此项陈述。但无论我们观察到多少白天鹅,始终不能证明假设为真,因为仍然**可能**存在非白色的天鹅。但我们只需要找到一只黑天鹅,就能确凿无疑地证伪我们的假设,确立有关世界的一条简单真理:不是所有天鹅都是白的。

波普尔提出,最好的假设不是谨慎的猜想,而是“大胆的猜想”,其有潜力获得意义显著的知识。但绝大多数的科学知识从未被视作普遍为“真”,因为它始终会(有可能)被证伪。也许五十年后所有黑天鹅都死绝了,又使我们已经接受的有关天鹅的真理(它们并不都是白的)不再正确。我们只能够说,目前被接受的科学理论和说明是我们所拥有的最好的,因为它们没有被确凿无疑地证伪——只是尚未。这或许像是一种弱的科学观,与把科学法则看作普遍为真的常识观念不同。科学知识本质上的“开放”性,以及科学家必备的开放心智,都是波普尔的科学观的要义。但是,到了20世纪六七十年代,在科学史学家的细致研究之下,它们都遭到了质疑。

(二)科学史的教益 针对波普尔的将科学视为一项开放事业的模型,最重要的批评或许还是托马斯·库恩(Thomas Kuhn)的《科学革命的结构》(Kuhn 1962)。库恩对哲学家认为科学**应该**是什么样子的并不怎么感兴趣,他更关注的是我们能够从科学及其学说的真实历史和发展过程中学到什么。他提出,自然科学的历史表明,科学家在工作时,往往会在整体上假设特定的理论框架,他称之为**范式**(paradigm),比如物理学中的牛顿力学,引领科学家在整个18世纪和19世纪都忙于精确计算行星运行轨道,以及其他种种做法。科学家开始致力于扩展“他们的”范式,践行某种“常规科学”(normal science)的解决问题形式,这就拓展了范式的证据基础,把它的假设教给新加入的科学家,后者从不会对范式提出重大挑战。常规科学占据了所有科学工作的大部分。

随着时间的推移,出现了例外的发现,无法“纳入”既存的范式。以牛顿力学为例,该范式无法说明光的运动,这是一个事关要害的失败。但这些并没有导向对于既存范式的挑战,科学家可能会去质疑产生例外发现的数据或实验。简言之,波普尔固然是期望科学家以开放的心智进行研究,而库恩却发现,在实践当中,他们会坚定捍卫自己的范式,摒弃相反的证据,消灭颇为正当的挑战(Benton and Craib 2001:58-61)。他们为什么会这么做?答案是社会学角度的。科学并非一项遗世独立的事业,而是存在于学人共同体中,学者们具有捍卫范式的共同愿望,因为他们就是在范式中打造出自己的职业生涯与声名,赢得了高贵的地位。

卡尔·波普尔爵士(1902—1994)批评马克思主义和弗洛伊德精神分析之类的社会科学理论,认为它们没有提供任何证伪标准。在波普尔看来,所有这类理论本质上都是不科学的。要打造一种确凿的科学理论,做出多少证实都是不够的,比如说,研究者无论发现多少白天鹅,也不能排除存在一只黑天鹅的可能性。

不过库恩又指出,在某些时期,比较年轻的科学家较少囿于特定范式的立场,可能会继续探索冒出来的例外发现,为了说明它们的成因,会就此发展到提出新的理论,打造替代范式。在20世纪早期,就这么发展出了一种革命性的新理论,即爱因斯坦的相对论,令人满意地说明了光的运动。新理论成为新范式的核心,使“常规科学”能够再次前行(Weinberg 1998)。库恩把这种变动称为“革命性科学”时期,其间具备了范式转移的切实可能。但这个过程并不属于波普尔设想的那种累积性的科学进步。库恩耐心地指出,就算发展出了一种新范式,也不是因为旧的范式被盖棺定论般地证伪了。新旧范式通常难以共度(incommensurate),就是无法比较。相反,随着越来越多的科学家被新范式吸引,旧的范式只是由于乏人问津而逐渐衰微。如此看来,真实的科学实践与哲学家提出的所有纯粹的方法论都大相径庭。

保罗·费耶阿本德(Paul Feyerabend)所持有的立场甚至更加激进。他关注的是重大科学发现是如何获得的。科学哲学认为,这些发现应当是严格遵循正确的科学方法并经过多年艰苦研究取得的结果。但费耶阿本德却指出,事实并非如此。其实,他所描述的那些事件绝大多数属于偶然发生,或者是科学家偏离了既有的科学实践套路,甚至主角纯属科学共同体之外的业余人士。他写了本书名十分到位的著作即《反对方法》(*Against Method*, 1975),概括说:与将科学视作一种逻辑方法和形式的所有哲学观念恰好相反,历史告诉我们,只有一种方法论原则得到了证明,那就是"怎么都行"(anything goes)。获得科学发现的方式五花八门,强迫研究者抱守一套规则,只会阻碍进步,而不是推动进步。因此,费耶阿本德自称在科学方法的问题上是一名"认识论上的无政府主义者"。

"迈克,我是个社会科学家。这就是说,我没法说明电之类的东西。可你要是想了解关于人的事情,那找我算是找对了。"

(三)科学的社会学? 围绕科学性质的争论能告诉我们些什么关于社会学地位的事情呢?首先,不能以任何一种方法或固定的一套方法论规则来规定科学。在实践当中,科学家采用了各色各样的方法来追寻。诚如雷伊·波森(Pawson 2013:xi)所言:

> 如果科学无非例行常规、顾忌重重,只是一味顺从、循规蹈矩,就成了预先编好的程序,遵循着流程,一切都已做完或等待做完。但事实上,伴随着获得新发现,开辟崭新的领域,科学研究始终经历着变化。因此,方法论规则绝不能僵化不变。……每当研究者想出一项计划,回应一则提议,进入一块领域,形成某些结论,做出一些观察,撰写一篇论文,这个人都会对方法论规则做出微小的调整。

波森的观点既适用于自然科学,也适用于社会科学,虽说他并不接受费耶阿本德那种无政府主义的结论。方法论的规则**固然**始终处在发展过程中,但彼此之间并不是毫无关联的。

其次,尽管并不存在(哲学家所探求的)单一的科学方法或方法论原则,但科学的确涉及特定的关键要素,包括理论性的思考,讲求逻辑的论点评估,系统性的经验调查,严格的数据分析,以及致力于发表研究结果以便形成一套累积性的知识。这就意味着,包括社会学和心理学在内的各门社会学科必须被视为具备科学性质,因为无论是量化研究还是质性研究,都涉及上述所有要素。

再次,话说回来,我们不能期望社会学家采取与自然科学完全一样的研究方法。这是因为人、社会群体和社会与自然界中其他生物和事件在许多显著的方面截然不同。尤其人类是具有自觉意识的存在，能够赋予其行为以意义和目的。除非我们首先把握了人们运用于其行动的意义，否则我们甚至不能确切地**描述**社会生活。例如，将死亡描述为“自杀”意味着知道当事人是有意为之的。一个人走到车前面，被撞死了，客观的观察也许表明是自杀，但只有我们确知行动并非意外，这个结论才能确立。意图和意义是说明人类行动的关键属性，社会学家要想让自己的讲法有效，就不能忽视它们。

最后，如果承认社会科学和自然科学之间存在这种显著差异，似乎社会学家还拥有独特的便利。试图“钻进”某个人“脑子里去”，大家都知道这是很成问题的，对于研究者来说也是平添复杂。但是，这也可能会带来很大的好处。社会学家能够直接向他们的研究对象即他人提问，并获得能被自己及其他研究者理解的回答。而像生物学家就没有这么直接的方式来和他们试图解释其行为的动物进行沟通了。社会学研究者有机会与研究参与者交流，后者能对研究者的解释予以肯定或批评，意味着社会学研究的结果至少有可能比自然科学中的许多研究结果更为**可信**（不同的研究者得到同样的研究结果），也更为**有效**（研究实际上测量到了想测的东西）。

与此同时，研究人类也会带来一些特别的问题，这是自然科学家不会遇到的。如果人们意识到自己的活动正经受细致审视，就有可能改变他们通常的行为和意见，从而使研究者的结论归于无效。参与者会有意无意地管理其自我呈现，甚至尽力做出自认为研究所寻求的反应，来“帮助”研究者。社会学家必须意识到这些问题，并设计出相应的策略予以制衡。而研究化学物质或青蛙行为的科学家就不必处理这种额外的问题。

总而言之，我们不妨赞成科学哲学家的意见，即的确存在一些标准，能够把科学工作与其他类型的探究区分开来，不过这些标准并非限定不变的，而是会随着研究课题和钻研的持续推进，历时而变。我们也不妨赞成历史学家的意见，即科学发生于共同体中，以及宽泛的理论框架或范式中。正如第三章所示，社会学经历了互为对手的多种视角之间的竞斗，不断向前推进，日积月累之下，视角和理论综合也就越攒越多。不过，与费耶阿本德的无政府主义立场不同的是，虽说观点如此纷繁多样，充满竞争，研究过程中依然有一种逻辑是大部分社会学研究所共有的，下一节就来概述一下这几点。

批判性思考

回顾汉弗莱斯的研究。它是否符合上文所述“科学”的标准？如果你今天用他的方法来进行一项类似的研究，可能得到的结果是相同还是不同？这对该研究的地位来说意味着什么？

二　研究步骤

社会学里的研究实施包括好些步骤,从明确一个研究问题,到设计一套方法,直到发表结果,回应同行评议(参看图 2.1)。不过,所有的研究都始于一种欲望:要更好地知晓或理解社会世界的某个方面。

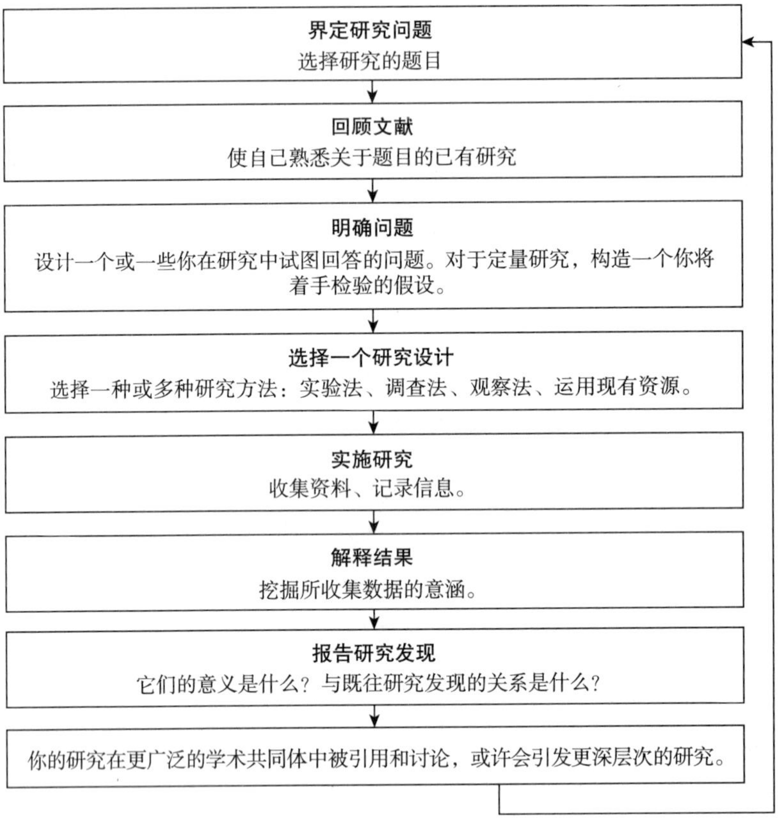

图 2.1　研究过程诸步骤

(一)界定研究问题　所有的研究都是从有关社会生活的一个困惑或追问开始的。有时这是一块事实盲区:我们可能只是希望增进我们关于某些制度、社会进程或文化的知识。研究者可能会从回答"今天还抱有坚定的宗教信仰的人口比例是多少?"或"女性的经济地位究竟在多大程度上落后于男性?"这类问题着手。这类追问都是必要的,也是有用的。

不过,最好的社会学研究是以那些使人困惑的难题为起点的。之所以使人困惑,不仅仅是因为信息匮乏,而且是因为我们**理解上的差距**。要做有价值的社会学研究,技巧主要就在于正确地识别难题。解决难题式的研究并不是要简单地回答“这里正发生着什么?”这样的问题,而是力求帮助我们理解事件**为什么**会如此发生。因此我们会问:“近年来参加选举投票的人口比例下降的原因何在?”“为什么地位较高的工作岗位上女性少得可怜?”这些问题不是一些简单的事实问询,而是要求我们更进一步,就我们发现的证据给出说明。

最好记住,没有一项研究是单独存在的。研究的问题是作为持续进行的工作的组成部分浮现出来的。如果一项研究计划带出了研究者以前没有认识到的问题,那它将很容易引发另一项研究。社会学家可以通过阅读书籍或专业期刊中其他研究者的作品,或觉察社会中的特定趋势,从中发现难题。

(二)评估既有证据　一旦问题得到确认,下一步通常就是评估特定领域中可以利用的证据,这就意味着要对现存文献进行一次回顾。先前的研究可能已经令人满意地解答了我们的问题,再去重复一遍研究过程就毫无必要了。否则,社会学家就需要筛选所有现存的相关研究,看看它们对于自己的目的到底有多大用处。以前的研究者是否发现了同样的难题?他们如何去努力解决它的?他们的研究对该问题还有哪些方面没有分析到?吸取他人的观点,有助于社会学家明确可能引出的问题,以及自己的研究中可能运用的方法。回顾文献这一步不可或缺,有益于避免不必要的重复,并指出我们认知中仍然存在的缺漏。

(三)明确问题　第三个阶段需要明确阐述研究问题。如果已有相关文献,研究者从图书馆回来,或许就有了应当如何切入问题的好思路。关于问题性质的预感有时能转化为研究的提问,虽然是基于对事态的有根据的猜测,但会以精确的语言明确陈述。要想让研究有效,在阐述研究的问题时,所搜集的经验材料就该提供证据,支持或是挑战它们。诸如社会调查这类涉及收集和分析数据资料的研究,往往倾向于通过统计检验方法来证实或证伪明确陈述的假设,而质性研究往往是探索性的,允许研究问题在研究过程中涌现出来。

(四)研究设计　然后,研究者必须决定如何搜集研究资料。有好多种不同的研究方法,选择哪一种,既取决于研究的总体目标,也决定于要分析行为的哪些方面。出于某些目的,研究可能适合采用社会调查(其中一般要用到问卷),尤其是我们需要收集大量数据的时候。在另一些情况下,如果我们想非常细致地考察小型社会群体,访谈或观察式的研究可能更为恰当。本章下文我们还将详细介绍各种研究方法。

(五)实施研究 在真正实施研究的时候,有可能突然冒出一些未能预见的实际困难,并且现实往往就是这样。比如说,有时会无法联系上问卷发送的对象或研究者想要采访的对象,某家企业或学校可能担心泄露敏感信息,所以不愿意让研究者实施计划中的研究。诸如此类的困难就有可能导致**偏差**(bias),因为研究人员只能获得局部样本,而这随后会引致整体结果的错误。比如,如果研究者正在研究工商企业如何遵守身心障碍人士机会平等法规,那么没有遵守的公司就可能不想被研究,但遗漏它们会导致研究结果的系统性偏差。

偏差还可能通过其他方式渗入研究过程。比如说,如果一个研究是基于调查参与者的观点,那研究者就可能会以特定的导向推进讨论,像是问一些符合自己特定立场的引导性问题(如下文杜恩斯伯里[Doonesbury]的漫画所示),甚至自己都意识不到。另一方面,被访者也有可能躲避他不愿回答的问题。使用措辞限定的问卷,有助于消减访谈偏差(interview bias),但并不会将其彻底消除。当分发自愿填写问卷之类的调查的**潜在**参与者决定不参加时,就产生了另一种偏差。这就是人们所称的**不回应偏差**(non-responsive bias)。一般情况下,样本中不回应的比例越高,基于那些**确实**回应的样本的调查就越有可能走偏。即使在调查中想方设法减少偏差,社会学家在实施研究时进行的观察也很有可能反映了他们自己的文化假定。要清除这种**观察者偏差**(observer bias)是很困难的,甚或是不可能的。因为不论你信不信,社会学家也是人,也是特定社会的成员,甚至在成为社会学家之前就是了!本章下文我们将介绍社会学研究中的另外一些陷阱和困难,并讨论该如何避免。

(六)解释并报告结果 即使已经收集齐了有待分析的资料,研究者的麻烦也并没有结束——它们可能才刚刚开始!挖掘所收集数据的意涵,并回过头去把它们与要研究的问题联系起来,基本上都不会容易。固然也有可能就最初的提问得到清晰的答案,但许多研究到最后也没有圆满的结论。研究结果通常会变成报告、期刊文章或书籍刊行于世,描述研究的性质,不管得出什么样的结论,力求给出理据辩护。这是最后一个阶段,但这只是就单个研究计划而言的。大多数报告会指出哪些问题仍未得到解答,并建议将来可以做哪些后续研究。所有单项研究都属于国际社会学共同体中持续不断的研究进程的一部分。其他学者已经在汉弗莱斯的研究结论之基础上添砖加瓦了。

(七)现实干扰! 前述步骤次序是实际研究计划的简化版说明(参见图 2.1)。在实际研究中,这些阶段很少会如此齐整地循序出现,几乎总会有一些“大概齐”(muddling through)。个中差别,有点类似于遵照烹饪书上的食谱和做一道菜的实际过程。许多有烹饪经验的人根本不会按照食谱操作，而他们可能比那些按食谱做的人做得还要好。费耶阿本德也看出，恪守次序反倒会束手束脚，许多出色的研究并不严格遵照这个次序。当然，上面讨论到的绝大多数步骤迟早会经历。

发挥你的社会学想象力 2.1

阅读并解释表格

表 2.2　2000—2015 年欧盟部分国家网民数

	人口（2015 年估计数）	网民人数（最新数据）	普及率（占人口比例，%）	网民增长率（2000—2010，%）	网民占欧盟总数比例（%）
保加利亚	7 202 198	**4 083 950**	56.7	689.5	1.0
捷克共和国	10 538 275	**8 400 059**	79.7	568.1	2.1
丹麦	5 659 715	**5 432 760**	96.0	143.6	1.3
芬兰	5 471 753	**5 117 600**	93.5	132.5	1.3
法国	66 132 169	**55 429 382**	83.8	425.0	13.8
德国	81 174 000	**71 727 551**	88.4	171.3	17.8
希腊	10 812 467	**6 834 560**	63.2	397.1	1.7
意大利	60 795 612	**37 668 891**	62.0	127.5	9.3
拉脱维亚	1 986 096	**1 628 854**	82.0	902.3	0.4
荷兰	16 900 726	**16 143 879**	95.5	281.3	4.0
波兰	38 005 614	**25 666 238**	67.5	701.8	6.4
葡萄牙	10 374 822	**7 015 519**	67.6	106.8	1.7
罗马尼亚	19 861 408	**11 178 477**	56.3	873.3	2.8
斯洛伐克	5 421 349	**4 507 849**	83.1	525.2	1.1
瑞典	9 747 355	**9 216 226**	94.6	107.5	2.3
英国	64 767 115	**59 333 154**	91.6	234.0	14.7
欧盟	**507 970 816**	**402 937 674**	**79.3**	**257.8**	**100.0**

注：(1)“欧盟互联网统计”(The European Union Internet Statistics)于 2015 年 11 月 30 日更新。(2)人口数据主要来自欧盟统计局(Eurostats)。(3)网民数量来源多样，主要取自尼尔森在线(Nielsen Online)、国际电信联盟(ITU)、捷孚凯市场研究集团(GfK)、各地政府机构及其他可信来源。

资料来源：www.internetworldstats.com/stats9.htm。Copyright © 2015, Miniwatts Marketing Group. All rights reserved.

你在阅读社会学经典文献和研究报告时,经常会遇到表格。它们看起来可能很复杂,但是,如果你遵循下列基本步骤,就很容易读懂这些表格。多加练习,就熟能生巧了。不要屈从于跳过表格不看的诱惑;表格浓缩了丰富的信息,读起来比文字表述更为快捷。如果在解读表格方面训练有素,你就能检验研究者所使用的证据在多大程度上可以证明其得出的结论,还能由此培养出一种批判性的阅读思路。

1. **完整阅读题目**。表格经常有长题目,代表研究者努力准确陈述其所调查的信息的性质。表 2.2 的题目首先给出数据的**主题**,其次是表格提供的**比较**资料及其**日期**,最后是表明给出的数据限于**某些**国家。

2. **寻找关于数据的说明性注解或备注**。备注可以说明这些材料是**如何**收集的,或者**为什么**以这种方式来展示。本书中许多表格都含有说明性的备注。如果数据不是由研究者收集的,而是基于别处原创报告的结果,备注还会包括资料**来源**。有时资料来源除了展示哪里能找到**原始数据**,也让你在一定程度上看清信息大概会有多**可信**。在表 2.2 中,备注清楚表明所收集的数据取自多个来源。

3. **沿着顶端和表格左边读表头**。(有时表格把"表头"[headings]安排在底部而不是在顶端。)这些标题会告诉你每一列、每一行包含的是**什么类型的信息**。在阅读表格的过程中,当你浏览数字时要注意每一组的标题。在本例中,左边标题给出的是所涉及的国家,而顶端那些指的是国家层面可供比较的数量和百分比。

4. **确认所用的单位**。表格内的数字可以代表事例、百分比、平均数或者其他衡量尺度。有时,把数字转化成其他对你更有用的形式或许会有帮助:比如,如果没有提供百分比,可能有必要计算出来以为己用。

5. **考虑从表格的信息中可能得出的结论**。许多表格作者都会有所讨论,当然这应该是源于自己的思考。但是你也应该追问,由数据可以**提出什么更进一步的议题或问题**。

从这份表格的数据中,可以看到一些值得深思的趋势。第一,互联网普及率,即网民占本国总人口的百分比,欧盟国家之间的差别很大。例如,刚过半数的罗马尼亚人(56.3%)和保加利亚人(56.7%)是网民,相比之下,超过 95%的丹麦人和荷兰人是网民。第二,欧盟的互联网使用者在短短十年(2000—2010)间骤增 257.8%。第三,在同一时期,许多东欧国家,比如拉脱维亚、捷克、波兰、斯洛伐克,其互联网使用的增长都远高于欧盟平均水平。以拉脱维亚为例,十年间增长超过 900%。我们可能提出假设,这是由于这些国家十年前基础相当薄弱,随着它们逐渐融入欧洲共同体的结构框架,开始"追赶"平均水平,也就获得了长足进步。显然,需要更多的研究来验证我们的假设,在这里仅以此例说明,随着我们有关社会和社会发展的知识的不断积累,一项研究往往会引发更多的研究。

> **批判性思考**
>
> 从表 2.2 中能推出什么研究性问题？ 比如，你是否发现了什么令人惊讶的事情？ 我们如何搞明白意大利和葡萄牙的互联网普及率被捷克、拉脱维亚和斯洛伐克超过的原因？ 构建一个可能说明此趋势的研究性问题。

第三节

理解因果

在研究方法方面需要解决的主要问题之一就是分析原因和结果，特别是以统计检验为基础的量化研究。两个事件或情境之间的**因果关系**，就是一个事件或情境引发了另一事件或情境。如果松开停在山坡上的汽车的手闸，汽车将滑下斜坡，同时速度越来越快。松开手闸是这一事件的直接原因，而诉诸相关的物理原理，不难理解这一事件的缘由。社会学像自然科学一样，也依靠凡事必有其因的假设。社会生活**并不是**一堆毫无节奏和缘由而发生的随机事态。社会学研究以及理论思考的主要任务之一，就是确定原因和结果。

杜恩斯伯里　　作者：加里·特鲁多（Garry Trudeau）

因果与相关

因果（causation）不能直接从相关中推导出来。**相关**（correlation）意味着在两组事件或变量之间存在一种规律性的关系。所谓**变量**，就是个体或群体在此方面各见差异的某一向度。社会学家研究的变量很多,比如年龄、性别、族群、收入以及社会阶级位置。乍看起来,当我们发现两个变量紧密相关时,其中一个必定是另一个的原因;但事实常常并非如此。变量之间有许多无相应因果关系的相关。例如,第二次世界大战以来的一段时间,人们发现吸烟人数减少与经常上电影院的人数量减少之间存在强相关关系。很明显,其中一个变化并没有导致另外一个。我们甚至很难发现两者之间存在哪怕是微弱的因果关系。然而还有许多事例,可不是一眼就能看出来的,其中所观察到的相关并不意味着某种因果关系。这样的相关对于不太警惕的人来说就是陷阱,容易导致得出可疑的或者虚假的结论。

在 1897 年出版的经典著作《自杀论》(第一章有讨论)中,涂尔干发现,自杀率与季节转换相关。从 1 月到 6 月或 7 月,自杀率不断上升,而在此之后至年底又逐渐下降。或许可以假定,温度或气候的变化与个体的自杀倾向有**因果的关系**。我们也不妨假设,随着温度的上升,人们变得越发冲动,头脑发热,导致自杀率上升。然而,这里的因果关系根本与温度或气候没有**直接**的关系。大部分人在春天和夏天参与的社会活动远比冬天时多。离群索居或郁郁寡欢的个体,当周边其他人的活动频率增加的时候,这些情感体验往往也会加剧。因此,他们在春夏季节比在社会活动节奏放慢的秋冬季节更容易感受到强烈的自杀倾向。这个例子再一次表明,社会学家必须理解人类生活的意义特征。无论是要评估相关是否涉及因果,还是确定因果关系的方向,我们必须始终保持警惕。

(一)因果机制 从已辨识出的相关中找出所涉及的因果关联,常常是个艰难的过程。比如说,在现代社会中,教育成就和职业成功水平之间存在强相关。在学校里分数越高的人,越有可能找到薪酬优厚的工作。如何说明这种相关呢?研究往往表明,学校经历本身并不是主要的,学业成就更多的是受本人家庭出身类型的影响。来自条件优越家庭的孩子,父母十分关注他们的学习,家里有丰富的藏书,有单独的学习场所,他们的表现因而更有可能好于那些家庭中缺乏此类条件的孩子。这里的因果机制是父母对待孩子的态度以及家里所提供的学习条件。

社会学中的因果关联不应该用过于机械的方式去理解。人们所持的态度及其行为的主观原因,也属于社会生活中各种变量之间关系的因果因素。如果我们要获得有关个人如何解释其所处世界的那种深层理解,就得有质性研究。韦伯明确指出,所有的社会学研究最终都必须在个体和互动的层面上得到阐释,因为社会生活蕴含的意义就是在这里生产出来的。

有关晚近的一些聚焦于确立社会生活中的因果机制的“批判实在论”思路的讨论,参看第五章“环境”。

(二)控制　在量化研究中,在对说明相关关系的一个或几个原因进行评估时,通常需要区分**自变量**(independent variable)与**因变量**(dependent variable)。自变量就是能够对另一个变量产生影响的变量。而受影响的变量就是因变量。在上文提到的例子中,学业成就是自变量,职业收入是因变量。这种区分指明了因果关系的方向。不过,同一个因素可能在一项研究中是自变量,在另外一项研究中就成为因变量。这取决于我们所分析的因果过程。如果我们研究的是职业收入的差异对于人们生活方式的影响,那么职业收入就是自变量而不是因变量。

为了确定变量之间的相关是不是因果关联,我们运用**控制**手段。意思是说,我们保持某些变量不变,以察看其他因素的影响。这样做,我们就能够在所观察到的相关关系的各种说明之间做出判断,从而把因果关系与非因果关系区分开。研究儿童发展的学者提出,婴儿期的母爱剥夺与成年后的严重人格问题之间存在因果关联。前者是说婴儿与其母亲分开很长一段时间,比如长期住院。我们要想检验这一点,可以控制或“排除”其他那些可以说明据称的因果关联的可能影响。

比如说,儿童发展的关键因素究竟是**母爱**剥夺还是照看者关爱剥夺,无论照看者是谁?要调查这一点,我们可以比较两组案例,一组是被完全剥夺他人正常照看的孩子,一组是同母亲相隔离**却**依然得到他人照看的孩子。如果第一组孩子产生了严重的人格障碍而第二组没有,我们就可以推断,在婴幼期得到来自**某些人**的正常照顾是关键,无论这个人是不是其母亲。事实上,只要同照看他们的人保持一种充满关爱的稳定关系,孩子确实看起来是正常成长的,这个人并不一定得是生母。

(三)确定原因　有一个例子能充分说明在相关中确定因果关系是如何困难,这就是吸烟和肺癌的多年研究史。研究一直表明两者之间存在强相关。吸烟者往往比不吸烟者

社会学家可能很想搞清楚,在英国,为什么在穆斯林年轻人中有些人戴头巾,而另一些人不戴。不过,要在涉及的不同因素之间确立某种因果关系,殊非易事。

更容易患肺癌,而严重吸烟者又比轻微吸烟者更容易患肺癌。这种相关也可以换其他方式来表达。患肺癌的大部分人是吸烟者,或者曾经有长期吸烟史。已经有众多研究证实了这些相关,今天普遍认为其中存在因果关联。但**精确**的因果机制还远没有弄清楚。

无论就一个问题进行过多少相关研究,对于可能的因果关系总会存有疑问。关于相关也可能有其他至少在理论上可能的说明。例如,曾有人指出,易患肺癌的人也容易染上烟瘾。这种观点认为,并不是吸烟导致了肺癌,而是一些先天的生理倾向同时导致了吸烟和癌症。确定因果关系通常是由所探讨领域的既有研究指导的。如果我们对相关中涉及的因果机制事先没有什么合乎情理的想法,可能会发现很难找到真正的因果关系。简言之,我们连要去检验**什么**都搞不清楚。

第四节

社会学研究方法

▼

在社会学研究中,往往会有**量化研究**和**质性研究**的研究方法及传统的区分;前者常常与功能主义和实证主义联系在一起，后者则与互动论及寻求意义和理解联系在一起。顾名思义，量化方法致力于**测量**社会现象，会使用数学模型（通常是统计分析）来对这些现象进行说明。而质性研究则试图收集细致丰富的资料，深度理解社会生活环境中的个体行为。社会学的研究方法五花八门，这种区分只是个大致的导引，充当有益的出发点。诚然，不少社会学家的确会擅长甚至偏爱某个传统。然而，这也有风险，就是把这两个传统看作两大对立“阵营”，对于研究的思路截然不同。这样做不会很有收获，也没有充分描述现状。

实际上，许多研究课题使用的是**混合方法**（mixed methods），即兼具量化方法与质性方法，以更全面综合地理解和说明所研究的主题。而分头进行的量化研究和质性研究的结果也能结合考虑。比如，一些女性主义社会学家偏向于质性研究，认为这些方法能够让人听到女性真实的声音，而量化研究在这一点上无法相比。后面这点无疑是正确的。但是没有量化研究，就不能测量出社会中性别不平等的程度，或是将这些女性个体的声音置于更广阔的社会背景中。社会学家必须准备好为他们想要解答的问题选用最适合的研究方法。

社会学家在工作中普遍运用的研究方法种类繁多，下面我们就来看看其中的一些（见表2.3）。

表2.3　社会学研究广泛运用的四种方法

研究方法	长处	局限
实地调查	比之其他方法，通常能够获得更加丰富且更具深度的信息。	只适合用来研究规模相对小的群体或社区。
	民族志能更好地理解社会过程。	结果仅能应用于所研究的群体；基于单项实地调查难以进行概化。
问卷调查	有可能有效地收集大量个体的数据。	所收集的资料可能是肤浅的；如果调查问卷高度标准化，就可能忽略答卷者的观点之间的重要差异。
	允许对答卷者的回答进行精确的比较。	答案可能是人们声称自己认为而非实际认同的。
实验	研究者可以控制特定变量的影响。	社会生活的许多方面不能纳入实验室考察。
	通常更容易被以后的研究者所重复。	那些被研究者的反应可能受到实验情境的影响。

(续表)

研究方法	长处	局限
文献研究	根据所研究文献的类型,不仅能提供大量的数据,还能提供有深度的资料来源。	研究者依赖于现存的资料,而这些资料可能是片面的。
	当一项研究整体上是历史性研究或具备明确的历史维度时,这种方法往往必不可少。	资料来源可能难以解释它们在何种程度上体现了真正的趋势,就像某些官方统计那样。

一 民族志

无论是汉弗莱斯,还是李及其中国同事,采用的都是某种形式的**民族志**(ethnography),即一种实地调查,或是以**参与观察**(participatory observation)及/或**访谈**作为主要研究方法的对人的一手研究。使用这种方法,调查者同一个群体、组织或社群一起闲逛、工作或生活,有时还直接参与其活动。民族志要是做得成功,就能提供大量的信息,有关这些群体、组织和共同体/社区中的人的行为,有关这些人如何理解他们自身的行为。一旦我们知悉某个群体内部是如何看待这些事情的,不仅有可能更好地理解这个群体,也有可能更好地理解超出所研究的情境的社会过程。民族志是社会学使用的众多**质性研究方法**之一,旨在深入认识和了解一个规模相对小的社会现象。

在民族志的传统研究中,并没有太多关于观察者本人信息的描述。这是因为,人们相信民族志工作者能够提供所研究的社会的客观图景。不过,近些年来,民族志工作者越来越倾向于谈论他们自己,以及他们同所研究的人之间关系的性质。有时这种**反身性**(reflexivity)可能就体现在,努力考察一个人的族属(ethnicity)、阶级或性别如何影响该研究,或者观察者与被观察者之间的权力差异如何扭曲他们之间的对话。

民族志研究还有其他一些重大局限。它仅能考察很小的群体或共同体,而且很大程度上依赖于研究者获得相关人士信任的技能。没有这种技能,研究可能根本就开始不了。但也有可能走向另一个极端,即研究者过于认同该群体,以至于成为“局内人”而失去了作为外部观察者的视角。一旦过多依靠个人的技能，研究就会变得难以复制，因而其可靠性也会遭受质疑。

二　问卷调查

解释实地研究常常涉及概括的问题。因为所研究的仅仅是一小部分人，我们不能确信，在一种情境中所发现的东西也适用于其他情境，甚至不能确信两个研究者研究同一个群体会得出同样的结论。而这个问题在大规模的调查研究中通常没有那么严重。在**问卷调查**（survey）中，通过分发或者在访谈中直接处理的方式，将问卷呈现给经过选择的一组人，人数有时可达数千。但无论其规模大小，社会学家都称这组人为**总体**（population）。民族志很适合对社会生活的细小切面进行深度研究；而调查研究得到的信息往往不太详尽，但适用范围通常更大。问卷调查是使用最广泛的一种**量化研究方法**，使我们能够测量社会现象，并使用数学模型和统计技术进行分析。

许多政府机构和私营民调机构普遍使用问卷调查，以了解人们的态度或投票意向。调查可以通过面对面访谈、电话采访、邮寄问卷或（越来越多的）在线形式来进行。无论采取哪一种方法，问卷调查的巨大优势使得调查人员可以收集大量的可比数据，他们通常使用电脑软件来处理这些数据，找出变量之间是否存在显著相关。没有这样的社会研究调查，是不可能精确描绘一个社会的人口形貌、规模和多样性的。

在实地调查时，社会学家必须与所要研究的社群打成一片，但不能完全沉浸其间，失去了自己作为旁观者的相对超脱的眼光。

（一）问卷：标准化、开放式还是半结构式？　问卷调查中会使用三类问卷。一类问卷包括一套标准化问题或限定选择式问题，对问题可能的回答仅限于固定的范围。比如，“**是/否/不知道**”或者“**很可能/可能/不太可能/很不**

可能”。标准化问卷的优点在于易于清点和比较答案,因为仅涉及少量类别。但另一方面,因为它们体现不出观点和语言表达的细微差别,所以它们生产的信息很可能范围有限,有时会误导人。

另一类问卷是开放式的。答卷者有更多的机会用自己的话来表达观点,而不会被限制着选择固定的答案。开放式问卷一般能比标准化问卷提供更详尽的信息。研究者能够追踪初步的答案,更深入地探究答卷者的所思所想。但另一方面,缺乏标准化意味着可能更难以在统计上比较各种回答,这就限制了从研究中得出一般性的结论。

在这两种选择之间,半结构式访谈问卷是一种非常流行并被广泛运用的折中方案,它会设置**一些**标准化问题,由此获得的数据可以进行统计分析,同时也包含访谈提示性语言,以求获得更有深度的回答。在必要的情况下,有时也会让受访者谈谈问卷既定安排之外的问题。半结构式访谈的安排更倾向于探讨宽泛的相关研究主题,而不是高度专门化的、由研究者界定的问题。

问卷题目的安排一般是要使一组访谈员能以同一个预定顺序提问并记录回答。所有题目都必须容易被访谈者和被访者所理解。政府机构和私营研究组织定期开展的全国性大型调查,通常在全国是差不多同时开展访谈的。如果处理访谈和分析结果的人总是不得不就问题或答案的模糊之处逐个核查,他们就无法有效地开展工作。

问卷也应当考虑到答卷者的特点。他们会看出研究者在问某个问题时的意图吗?他们有足够的信息来给予有效的回答吗?说到底,他们会回答吗?答卷者可能不太熟悉问卷中使用的术语和概念。例如,“您的婚姻状况如何?”这类问题就可能令一些人感到困惑。这样问或许更恰当:“你是单身、已婚、分居还是离异?”大多数问卷调查会事先进行**试点研究**(pilot studies),仅让少数人填答问卷,以便找出这类含混之处,在实施主调查之前消除调查者可能预想不到的问题。

社会学家还可以利用**焦点小组**(focus groups),从前这是市场营销机构和民意调查机构的专属。焦点小组本质上就是“群体访谈”,一群特定的个体,通常是四到十人之间,聚在一起讨论一项主题,彼此交流观点。研究者充当协调者,但也会提出与研究相关的具体问题,以便引导讨论。焦点小组可以颇为轻松地扩大样本的规模,并且由于其互动性质,能够澄清任何可能存在的误解,从而增加研究的效度。不过,批评者也指出,焦点小组中的研究者与其说是超然的观察者,不如说更像参与者,可能会大大影响回应。因此,参与者的言行可能会迎合研究者的期待。

(二)抽样　社会学家常常对大量个体的特征感兴趣,比如作为一个整体的英国人口(population)的政治态度。直接对大约6200万人进行研究是不可能的,因此,在这种情况下，研究者采取**抽样**（sampling）方式，即集中研究一个样本，或者说抽取人口的一小部分。人们通常相信，来自总体（population）的一个样本的结果可以推论总体，只要样本是经过适当选择的。例如，仅仅通过研究两三千名投票者，就可以很精确地揭示人口整体的态度和投票意向。但要获得如此高的精度，样本就必须具有**代表性**（representative），即所研究的个体集合是整体人口的典型。典型抽样（Representative sampling）比表面上看起来要复杂得多，统计学家已经探索出了一些规则，以确定选取样本的正确规模和性质。

随机抽样（random sampling）就是用来确保样本具有代表性的一个特别重要的程序。在随机抽样中，总体的每个成员被选中的概率相同。取得一个随机样本的最严谨的方法，就是赋予总体的每个成员一个数字，然后用计算机生成一个随机序列，从这个序列中抽取样本，例如每隔 10 个数字选取 1 个数字进入样本。

还有其他类型的抽样方法可供社会学家使用。在某些类型的研究中，或许有必要运用**方便抽样**（convenience sampling）。它的意思就是说，你可以从任意地方抽样！由于方便抽样跟其他类型的抽样相比缺乏系统性和严密性，所以必须谨慎对待由它推出的结论。尽管如此，在应用性研究中，在考察那些也许不太情愿露面的难以接触的社会群体，比如药物滥用者或自残者时，这也许是唯一能够收集到充足样本的可行办法。要是没有方便抽样，有些社会群体的声音可能完全不为外界所闻。与此类似，**滚雪球抽样**（snowball sampling）这种方法业经尝试和检验，能比其他方法获得更大的样本，其会利用现有的参与者通过他们自己的交往网络和朋友网络进一步招募其他参与者。

（三）问卷调查的优缺点　问卷调查之所以在社会学研究中得到广泛运用，有以下几点原因。问卷的回答比用其他大多数方法获得的资料更容易量化和分析；可以研究大量人员；如果资金充裕，研究者还可以雇一个专门从事问卷调查的代理机构来收集问卷。这类研究以科学方法为样板，因为问卷调查使研究者能够对他们正在做的研究进行统计测量。

然而，今天有许多社会学家对调查方法持批评态度。他们认为，由于大多数问卷调查所得到的回答相对肤浅，因此在运用调查法时，可能赋予了那些准确性值得怀疑的结果一种精确的**外表**。调查的无回应率有时很高，如果通过邮局寄送和回收问卷就更是如此。尽管在正常情况下，研究者会努力去与无回应者重新联系，或以其他人来代替，但是有些研究仅凭对样本中刚过半数的受访者的调查分析出结果并发表，也不是什么稀奇事。对于那些在问卷调查中选择不作回应或拒绝接受访谈的人，我们知之甚微，但问卷调查研究确实常常让人觉得扰人、耗时。

三 实验

实验可以定义为尝试在研究者确立的高度受控条件下检验一个假设。实验常常用在自然科学和心理学中,因为它们同其他研究程序相比具有很大的优点。在实验情境中,研究者直接控制研究环境。心理学家研究个人行为也广泛使用实验室实验。而同这些学科相比,社会学中运用实验法的范围相当有限。绝大多数社会学研究,甚至是有关个体行动的社会学研究,都需要考察微观社会现象和宏观社会现象之间的关系。如果为了进行实验而把个体从其所处的社会背景中移除,就算说得通,也很勉强。

有时候社会学家可能想要探索群体动力学,即个体在群体中的行为方式,这时就不妨采用实验方法。不过,只有小群体的个体能被带入实验室情境,并且在这样的实验中,人们知道他们正在被研究,行为可能表现得不太自然。研究对象行为的这些变化被称为“霍桑效应”(Hawthorne effect)。20 世纪 30 年代,研究者在芝加哥附近的西部电力公司(Western Electric Company)霍桑工厂进行了一项有关工作效率的研究。他们吃惊地发现,无论施加什么样的实验条件(光线明暗、休息模式、工作团队规模等),工人的生产效率一直在攀升。工人意识到自己正在被仔细观察,因而加快了他们的正常工作速度。虽然如此,如“经典研究 2.1”所示,我们仍然能够从社会心理学的小规模实验中获得有关社会生活的一些重要启示。

经典研究 2.1

有关监狱生活的社会心理学研究

研究的问题 绝大多数人都没有入狱的生活经历,难以想象自己“在里面”会如何应对。你会怎么去面对呢? 你会成为哪一类狱警? 也许是个厉行纪律的狱警? 或者可能采取一些更加人道的方式来对待你的犯人? 1971 年,菲利普·津巴多(Philip Zimbardo)领导的一个研究团队决定做些尝试,搞清楚监狱环境会给“普通人”造成什么影响。

在一项由美国海军资助的研究中,津巴多打算检验在军队里很流行的“秉性假设”(dispositional hypothesis)。该假设认为,囚犯和狱警之间之所以冲突不断,是因为狱警和囚犯的个人性格,即个人秉性,本身就相互冲突。津巴多认为这可能是错误的,并建立了一个实验性监狱情境来一探究竟。

津巴多的说明 津巴多的研究团队在斯坦福大学建立了一座模拟监狱,登广告招募男性志愿者参与一项监狱生活研究，并从中选取了24名学生，他们主要来自中产阶级家庭，在实验之前互不相识。随后，每个参与者被随机分派为狱警或囚犯。实验会沿循标准的诱发过程进行，包括脱衣、消毒、拍照，囚犯一天24小时都被关押在监狱里，但狱警实行换班制，下班可以回家。这两种角色都有各自的标准制服。实验旨在考察扮演不同的角色会在态度和行为方面引起怎样的变化。而实验的结果让研究者感到震惊。

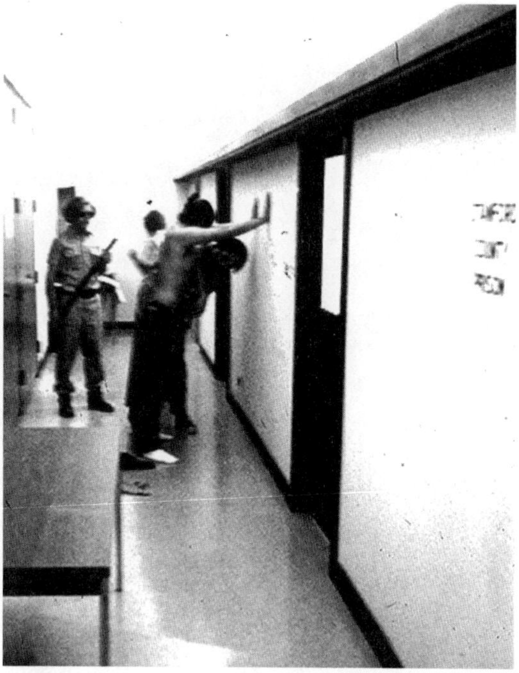

在斯坦福监狱实验期间，对于模拟监狱制度的抵制使得一名犯人要借助绝食的方式以求退出。

扮演狱警的学生很快养成了专横的做派，对囚犯展示出实实在在的敌意，任意命令，言语辱骂，威逼恐吓。与之相比，囚犯则表现出冷漠和反叛情绪的交杂，而这种反应往往见于针对真实监狱中的囚犯的研究。这类影响非常显著，引发高度紧张，参与者表现出相当的苦痛，导致原计划14天的实验仅仅6天后就被叫停。甚至在此之前，5名“囚犯”由于极度焦虑和情绪问题而被释放。然而，很多“狱警”因为实验提前结束而不开心，这让人觉得他们挺享受这个实验赋予他们的权力。

津巴多基于研究结果得出结论：秉性假设不能解释参与者的反应。相反，他提出一个替代性的“情境”说明：监狱中的行为受到监狱情境本身的影响，与相关个人的性格无关。尤其是对所扮演的角色的期望，往往会塑造人们的行为。一些狱警的行为逐渐败坏，他们恶劣对待囚犯，滥施惩罚，并且似乎以囚犯的痛苦为乐。津巴多认为，这是监狱中已经确立的权力关系所导致的。他们能够控制囚犯的生活，并且明显乐在其中。另一方面，囚犯先是有短期的反叛情绪，然后很快表现出“习得性无助”(learned helplessness)和依赖性。该研究对我们具有重要启示，有助于我们理解在监狱里社会关系为何往往会迅速恶化，并能从监狱间接推及其他“总体性制度/机构”(total institutions)(Goffman 1968 [1961])。这和个人的人格没什么关系，却和监狱环境中的社会结构以及监狱中的社会角色大有关联。

批评的观点　批评者提出，这项研究有着实实在在的伦理问题。参与者没有被告知关于研究目的的全部信息,因此他们是否真的“知情同意”值得怀疑。还应该允许研究继续进行吗?所选择的样本显然也不代表整体人口,因为都是学生,都是男性。因此,基于如此不具代表性的小样本,很难概括“监狱生活”的影响。最后还有一点批评:情境是被建构出来的,这可能会使结果无效,不能推及现实世界中的监狱体制。比如说,参与者知道他们的狱中生涯只持续14天,每天会得到15美元的报酬。至于监狱中非常确凿的一些问题,比如种族歧视、强制性同性恋,实验中也都付之阙如。批评者就此认为,该实验算不上同现实监狱生活的有意义的比较。

当代的意义 尽管津巴多的实验多少属于人造的情境,毕竟只是个实验,但从20世纪70年代以来,人们还是广泛引用他的研究发现。例如,齐格蒙特·鲍曼的《现代性与大屠杀》(*Modernity and the Holocaust*, 1989),就借鉴了这项研究来帮助说明第二次世界大战中纳粹集中营里囚犯和守卫军的行为。近年来的一系列丑闻也暴露出,在英国的家庭看护环境下,老年人和身心障碍人士受到虐待和欺凌的问题严重,导致不少职员遭到免职乃至起诉。诸如此类的事例表明,津巴多的研究推出的整体命题,即制度环境可以形塑社会关系和行为,依然有着强大的解释力。

批判性思考

实验情境能否切实复制监狱生活的真实体验?监狱体验的哪些方面是实验永远无法复制的?更具批判性地思考,究竟该不该允许社会科学家拿人来做“实验”?如果不应该,这是否意味着有些事情我们将永远无法知晓?

四 传记研究

与实验截然不同,**传记研究**(biographical research)纯粹属于社会学和其他社会科学,在自然科学中毫无位置。近几十年来,传记研究愈益流行,并被社会学广泛运用,包括口述史、叙事、自传、传记以及生活史(Bryman 2015)。人们使用这些方法来探究个体如何经历社会生活和社会变迁时期,如何解释置身变动不居世界中的自己与他人的关系。通过这种方式,传记研究方法为社会学研究提供了新的思路,生活史就是这种调查研究方法的一个范例。

生活史包括搜集关于特定个体的传记资料,通常指个体自己所回忆的资料。生活史方法已经被成功地运用于一些意义重大的社会学研究。早期一项著名研究成果是 W. I. 托马斯与弗洛里安·兹纳涅茨基所著的《身处欧美的波兰裔农民》,该书共五卷,于 1918 年到 1920 年首次出版(Thomas and Znaniecki 1966)。要是没有收集到的访谈资料、信件和报纸文章,托马斯和兹纳涅茨基就不可能如此细致敏锐地记叙移民的体验。生活史研究旨在让我们感受到生活是如何被体验的,这是大规模问卷调查和统计检验永远不可能做到的。关于信仰和态度的历时发展,其他研究程序通常不能获得如此丰富的信息。话说回来,生活史的研究很少完全依赖人们的记忆。人们会用信件、当时的报告和报纸记述之类的资料,来扩展和检验个体所提供信息的有效性。

社会学家对于传记研究方法的价值看法各异:有些人觉得这类方法太不可靠,太主观,难以提供有用信息;另一些人则相信,它们提供的素材富有洞见,其他研究方法罕有可匹。事实上,一些社会学家已经开始在他们的研究中反思自己的生活,由此洞察自己理论假设的起源和发展(例参 Mouzelis 1995)。

五　比较研究与历史研究

行文至此描述的几种研究方法都普遍应用于比较的背景。**比较研究**(comparative research)在社会学中至关重要,因为通过比较,我们能够搞清楚社会生活特定领域中的事态。以许多发达社会里的离婚率为例。在 20 世纪 60 年代早期,英格兰和威尔士每年的离婚数不到 3 万例,到了 2003 年,这个数据上升到 153 000 例。但是,自 2003 年起,每年的离婚数开始持续减少,到 2008 年这一数字为 121 779 例,这是自 1975 年以来的最低水平。**离婚率**也在 2008 年下降了 5.1%,在已婚人口中,每 1000 人有 11.2 人离婚(ONS 2010b)。这些变化是否反映了英国社会的某些特性?我们可以通过比较英国与其他国家的离婚率来求得解答。比较其他西方社会的数据,可以看出类似的整体趋势。在 20 世纪后半叶,大多数西方国家都经历了离婚率的稳步攀升,在 21 世纪初期达到顶峰,然后在近些年趋于稳定乃至有所回落。我们可能得出的结论是:英格兰和威尔士的统计数据所表明的,其实属于现代西方社会中存在的某种更普遍的趋势或模式。

在社会学研究中贯彻历史视角往往是很重要的。因为我们经常需要一种**时间视角**来领会我们围绕特定问题所搜集的资料。社会学家常常想直接调查过去的事件。有些历史时期能够直接研究,如果仍有当时的幸存者,例如研究第二次世界大战期间欧洲的大屠杀(Holocaust)。**口述史**(oral history)的研究意味着就人们生命早期某个时刻所参与或见证的事件去访问他们。显然,要获得这种直接的证词,最多仅能回溯六七十年。

至于更早阶段的历史研究,社会学家就要基于书面记载使用文献**研究**,这些记载常见于图书馆或档案馆的特藏中。有用的文献其实丰富多样,包括源于个人的,比如日记;源于官方的,比如政策文件、出生和死亡的记录、税收记录;以及源于工商组织和志愿组织等民间团体的文件;还包括报章杂志。只要所研究的问题合适,诸如此类的历史文献都能构成**一手材料**(primary sources),就像对战争幸存者进行访谈所记录下来的资料一样。但历史社会学家也会充分利用**二手材料**(secondary sources),即事件发生之后人们对于历史事件的书面记述。绝大多数的文献研究会同时使用一手材料和二手材料。然而,社会学家在使用这些材料时,会面对和历史学家一样的问题。这些文献的真实性如何?它们包含的信息可信吗?它们代表的是否只是有偏颇的观点?文献研究需要耐心而系统的方法来处理这些材料及其解读。

安东尼·阿什沃思(Anthony Ashworth)研究过第一次世界大战期间的堑壕战,是使用历史文献的一个有趣实例(Ashworth 1980)。阿什沃思利用了各式各样的文献资料,如战争的官方历史、当时的官方出版物、士兵留下的笔记和记录,以及个人有关战争体验的描述。他因此能够丰富而又详尽地描述战壕生活。他发现,绝大多数士兵自己决定与敌人交火的频率,常常无视长官的命令。

阿什沃思的研究集中于一个相对较短的时期,即 1914 年到 1918 年。而许多研究会考察相当长一段时期内的社会变迁,在那样的历史背景下运用比较研究。西达·斯考切波(Theda Skocpol)有关社会革命的分析是比较历史社会学的一部现代经典(Skocpol 1979),参看“经典研究 2.2”中的讨论。

经典研究 2.2

西达·斯考切波的社会革命比较研究

研究的问题 社会学和历史学的所有学生都会被教导说,1789 年的法国大革命永远改变了法国。但是为什么它会在那时发生?它只是历史的偶然,还是历史的必然?20 世纪早期中国和俄国的革命不仅把这两个国家转变成社会主义社会,也显著地塑造了现代世界本身的方向。问题同样在于:为什么它们会在那时发生?美国社会学家西达·斯考切波(1947—)致力于揭示这些革命时期之间的异同。她雄心勃勃,旨在基于详尽的经验研究,提出一套理论来说明革命的起源及其本质。其成果就是《国家与社会革命》(Skocpol 1979),现在成了关于长时段社会转型的经典研究之一。

斯考切波的说明 斯考切波考察了三种不同历史背景下的革命过程:1789 年法国大革命(1786—1800)、1917 年俄国革命(1917—1921)以及中国革命时期(1911—1949)。她问的本质上是历史问题,因此她的主要方法是使用广泛的一手和二手文献素材并做出审慎解释。虽然这三桩事例颇多差异,但斯考切波认为,它们根本上的结构性原因其实是相似的。马克思主义主张革命是伴随着极度不满、以阶级为基础的大众运动的产物,斯考切波没有接受这种观点。相反,她提出,革命不是被制造出来的,它们自己到来。也就是说,社会革命在很大程度上是由人们有意的行动造成的意外后果的结果。例如,在俄国革命之前,各种各样的政治团体都试图推翻现政权,但是其中没有任何一个预见到了这场革命的到来。一系列的冲突和对抗引发了社会转型过程,比任何人所预见的都要来得更加深切、更加激进。

斯考切波是这样说明的:这三场革命都发生在以农业为主的社会,只有当(行政上和军事上的)现有国家结构受到来自他国高度的竞争压力而趋于崩溃时,才有可能发生革命。在这种情况下,会出现农民暴动和大众动员,引发了法国、中国和俄国的社会革命。因此,斯考切波反对所谓农民**不是**一个"革命阶级"的流行观念。对照发生在越南、古巴、墨西哥和南斯拉夫的其他几场革命,也能看出一些相似之处。斯考切波的因果说明侧重国家结构;当国家结构开始崩溃时,就会出现权力真空,国家会失去其合法性,革命势力得以夺权。

斯考切波使用"科学实验的逻辑"来进行比较研究,这是由约翰·斯图尔特·穆勒(John Stuart Mill)在19世纪中期概括出来的。她采纳穆勒的"求同法"(method of similarity),分析三桩国家背景迥异的相似事件(革命)。这样她就可以通过这三桩事例寻找关键相似点,并可以确定其为**自变量**,从而以之说明为什么会发生政治革命。

批评的观点 批评斯考切波的一些人质疑其论著中的结构性论点。他们说,这种论点忽略了人们的积极行动。农民群体是怎么起来暴动的?领导者没有在革命中发挥作用吗?如果个体行动者或群体选择其他可替代的行动方案,事情会否不同?在结构性压力面前,个体真的如此无力去影响变迁吗?还有人进一步批评斯考切波在这种背景下的"原因"观。有人提出,她的论点充其量不过是针对她研究的事例的一套精致概括。尽管这类概括非常适用于这些具体事例,但这并不等于有关社会革命的一般性因果学说。这个命题能适用于其他事例,比如1979年伊朗革命,1989年发生在捷克斯洛伐克的"天鹅绒革命",或2010年所谓"阿拉伯之春"期间,从突尼斯开始而扩散到中东和北非的那些暴动吗?因此,批评者说,即使斯考切波最初是要去寻找社会革命根本上的原因和性质,但她的学说最后表明,每场革命都必须基于其自身来研究。

当代的意义 斯考切波的研究已经成为现代经典,原因有二。其一,它提出了一种强有力的对于革命变迁的因果说明,强调革命在根本上的社会结构条件。不过,她非常细致地分析了诸多一手和二手文献,才支撑起这样一个强有力的核心命题。就这样,斯考切波成功地证明,比较历史社会学能够将大规模、长时段的社会变迁研究与对历史事件的"实地"经验考察相融合。实质上,她把宏观社会学和微观社会学的维度汇入了同一个理论框架。其二,斯考切波的研究非常有助于我们理解革命。她表明,不同的革命之间有足够多的相似性,可以踏实探寻有关社会变迁的一般理论。她的命题就此有助于弥合主流历史研究和革命社会学之间的隔阂。

六　视觉社会学

人类学早就开始利用照片和电影胶片之类的视觉信息源,社会学则倾向成为一门专注于书面文本的学科(Harper 2010)。这并不是说社会学家没有创造自己的视觉材料。数字和统计信息的呈现被转化为更容易阅读的饼状图和表格,而民族志研究往往带有许多照片。然而,这些视觉元素几乎总是充当正文的辅助,正文是文章和书籍更重要的部分,社会学家的论点显现其中(Chaplin 1994)。

最近,有几项研究开始利用新兴数字技术和设备,比如平板电脑和智能手机,来记录一些难以接触的社会生活领域。比如,班克罗夫特及其同事(Bancroft et al. 2014)征募了一些女学生参加其课题,研究苏格兰爱丁堡的年轻女性的饮酒文化。这些学生有效地兼任了参与者和研究者,用手机摄像记录了自己在夜间经济中的享乐活动。我们或许可以期待,未来在某些类型的研究课题中,这种路数会更加常见。

一些社会学家越来越关注"视觉社会学",其中照片、电影、电视节目、录像等都成了自身独立存在的研究对象。于是,可以把家庭相册视为理解世代推移的关键资源,而电影史或艺术史也有助于我们了解早先的社会规范、着装礼仪和行为举止。不过,视觉材料的生产过程本身也形成了一块研究领域,我们可以用一些熟悉的问题来研究它们。谁生产了它们?出于什么理由?它们是怎么生产出来的?包含了什么东西,又遗漏了什么东西?研究视觉材料的生产,属于更为广泛的文化生产领域,我们就此可以更好地理解不同社会如何向其成员呈现自己的生活方式。

七　作为工具与作为方法的互联网

互联网作为一项通信技术,万维网作为一种在线信息储备,它们的出现对社会学家而言是新的机遇和挑战。只需轻敲几键，就能获取全世界范围内无与伦比的信息，光这一点就是无法忽略的机遇。互联网业已成为一种难以估价的研究工具。我们能够获取文章、书籍、研究报告、政府文件、议会辩论（实况的或存档的）、历史文献、档案等等，不胜枚举。这样一来，互联网就能够促进学术交流的进程，并且将本土研究传播到国际学术界。

不过，也始终存在一种危险，获取信息固然轻而易举，但信息的可及性可能被误当成信息的准确性。学生（以及研究者）只能不断去鉴定这些信息的来源，追问对其他所有来源都会问的问题。是谁生产了这些信息？它们是如何被产生出来的？信息来源有多可靠？信息来源是否与可能导致偏见的信息有任何直接的利益关系？今天很多授课老师会教学生有效使用网络资源的必备技巧（Ó Dochartaigh 2009）。互联网之所以普及，部分是由于万维网使发表变得方便，但是很多非学术性网站缺乏同行评议，这就意味着大量网络材料并不适合学生使用。学习如何评估这类材料未来将会越来越重要。

然而，互联网本身也能被纳入研究方法体系（Hewson et al. 2002）。网络“虚拟”社区数量庞大，使研究者有可能深入其间实施研究，采用的方式和他们在“真实世界”的社会群体和社区中做研究时差不多。网上组织起来的聊天室、论坛以及特定兴趣群体，甚至可能是切入特定主题的最好的或者是唯一的路径。例如，社会学家发现，许多人把饮食紊乱当作生活方式的选择，而不是什么医学问题，所以并不准备主动接受传统方式的访谈，但通过互联网和万维网上相对匿名的、虚拟的世界，接触起来可能会容易得多。研究者还可以使用电邮、Skype（网络电话）、网络问卷和视频访谈，将这些纳入自己的研究课题。的确，这些例子说明，社会学家要想恰如其分地理解，互联网如何促成当今人们实际社会生活方式的重大改变，就需要创造性地思考其研究过程。

第五节

现实世界中的社会学

▼

所有研究方法都各有其长短优劣。因此，今天我们常常能看到社会学家在一项研究中结合使用多种方法，让这些方法彼此补充、相互检验，这个过程被称为**三角校正法**（triangulation）。支持使用三角校正法的人提出，相较于单一的研究方法，它所产生的知识更为可信、更有根据，也更加全面。然而，诺曼·邓津（Denzin 1970）实际上区分出了四类三角校正法。如果在不同时间收集数据，或许还在同一研究设计中使用不同的抽样方法,用的就是**数据的三角校正法**。实施实地调查的是一个研究团队,而不是单一的研究者,就是**研究者的三角校正法**。**理论的三角校正法**更具争议,因为它牵扯到在解释数据时使用多种理论思路。最后是**方法论的三角校正法**,就是在一项研究中采用一种以上的研究方法。

回头再看汉弗莱斯的《茶室交易》,我们就能看出组合使用多种方法的价值所在,更广泛地说,就能看出实际的社会学研究所面临的种种问题和陷阱。汉弗莱斯想要解答的问题之一是:"哪些类型的男人会去'茶室'?"但他要回答这一问题是很困难的,因为他在公厕里所能做的就只是观察。公厕里的沉默规范使得提任何问题都很困难,更别说交谈了。此外,如果他开始询问那些寻求匿名进行性活动的人一些个人问题,就会显得非常怪异。我们看到,汉弗莱斯记下相关人员的车牌号,然后交给自己在机动车辆管理局工作的一位朋友,通过他搞到了车主的地址。过了几个月,美国华盛顿大学圣路易斯校区实施了一次有关性习性的逐户问卷调查。汉弗莱斯说服主持此次调查的一位同事,把自己"茶室"参与者样本的姓名和地址加了进去。汉弗莱斯装扮成调查者,去这些男人的家里访谈他们,以更多地了解他们的背景和生活。他还访谈了他们的妻子和家人。且不谈他使用的办法不符常规,伦理上也有可疑之处,其实汉弗莱斯就是在用方法论上的三角校正法。他为了克服参与观察的局限,参加了一项社会调查,融合两种方法得到的结果,从而完成了一项更为丰富、更为细致、更为有力的研究。正因如此,混合法今天已经蔚为流行。

批判性思考

你能看出三角校正法的各个类型都有什么潜在的问题吗?如果你的问卷调查和民族志得出的结果截然不同,是发生了什么呢?你会如何评估它们各自的价值?是不是势必要有一种方法从属于另一种方法?

社会学的影响

社会学家所研究的事情常常是绝大多数人有某种亲身体验的,因此人们有可能相信社会学的知识和"普通人"的并没有什么不同。那么社会学是否单单是以抽象的专业术语,重新阐述我们已经知道的事情?这种情况还是极少见的。因为社会学的发现必须以证据为依据,永远不能只是个人的意见或纯粹的臆测。实际上,优秀的社会学能够增进我们对于显而易见之事的理解(Berger 1963),或者彻底转变我们的常识视角。无论哪一种情况，社会学都既不是冗赘的，也不是重述显而易见之事。社会学的研究使我们能够看到社会中我们此前一无所知的面向，而研究的结果往往会挑战我们有关社会群体、个体与制度的那些个人信念与偏见。

与此类似，社会学家也可能会从一个很多人都已经意识到的问题出发。犯罪现象是不是愈演愈烈？为什么男孩子在中学阶段学业成绩不佳？今天的恐怖主义相比过去是否有所不同？但是，社会学家在讨论这样的问题时，并不满足于道听途说的证据、报纸报道或是电视新闻报道。他们总是力图使用一些研究方法来搜集证据，然后利用理论观点进行分析和解释，由此更加深刻地理解所研究的现象。通过这种方法，社会学家常常挑战"显而易见的"或者简单的答案，并将我们的局部知识置于一个广泛得多的参照框架中，晚近甚至达到了社会互动的全球层面。

社会学研究很少只能引起社会学家这个思想共同体的兴趣。大量研究资助源于政府，与社会议题和问题直接挂钩。比如说，有很多关于犯罪和越轨的研究，针对特定的犯罪或罪犯类型，意图获得更好的认知，以便更有效地处理与犯罪活动有关的问题。社会学家也与志愿机构、公共机构和商业机构共事，用他们的研究技能来影响关注的事情。这种工作大多属于**应用性社会研究**，它不只是要增进知识，还力求推动旨在改善社会的干预。例如，有些人研究父母饮酒对于孩子的影响，关注的也许是特定的治疗方案是否有助于减少酗酒。

社会学的研究结果也会在社会上广泛传播。必须强调的是，社会学并不仅仅是对于社会的**研究**，也是那些社会的**绵延生活**中的重要成分。比如婚姻、性相（sexuality）与家庭领域发生的转型（在第九、第十和第十五章讨论），由于社会学研究的结果渗透到社会当中，大多数人对这些变迁都有所了解。所以，我们的思想和行为会受到社会学知识复杂而常常很微妙的影响。话说回来，随着我们行为的改变，作为社会学研究对象的社会本身也会改变。用我们的技术语言来描述这种双向交互的现象，就是说社会学与它研究其行为的那些人之间存在着"反身性关系"。我们在第三章中会看到，**反身性**描述了社会学与社会生活之间的相互作用。社会学的发现往往与常识紧密相关，对此我们不必感到惊讶。但这并不是因为社会学告诉我们的净是我们已经知道的事情。准确地说，社会学研究首先有助于塑造我们关于社会的常识性知识，哪怕我们可能没有直接认识到这一点。

本章要点

1. 说明事实性研究、比较性研究、发展性研究和理论性研究的含义。举例说明哪些研究问题会使你分别选择哪一种类型的研究方法。

2. 说明证实与证伪之间的差别。为什么波普尔认为后者是更有力的科学原则?

3. “社会学是一门科学的学科。”哲学和科学史是支持这一陈述,还是与其相抵触?

4. 相关和因果关系有什么不同? 举例说明何为虚假因果关系,何为真实因果关系。

5. 尽可能多地列举你能想到的社会学研究方法,并注明哪些主要是量化的,哪些是质性的。然后依次指出你所列举的每种方法主要的长短优劣。

6. 设计一套研究策略,至少包括两种研究方法,研究以下主题,说明你所预见的伦理问题和实践问题,以及你将怎样应对:

a) 在女性同性关系内部发生的家庭暴力;

b) 11—16 岁在校学生自残行为的程度;

c) 在男子监狱中“无期徒刑犯”所采用的应对策略。

这些主题中有没有对社会学研究而言实际上是“禁区”的? 原因何在?

7. 回顾表 2.2。找到构成这张表的素材来源。这些来源的可信程度如何? 如果相关组织与研究对象有着直接的利益关系,是否会让你有理由担心数据的准确性?

研究实践

绝大多数社会学毕业生将会记得一些经典的研究,然而,社会学是活在它的研究当中的,其中大多数发表在学术期刊上。期刊文章(称为“论文”)属于数据搜集和理论构造的持续过程的组成部分,会不断地加深和改变我们对于所讨论话题的认知。

有些社会学家致力于让参与者介入自己课题的**实施**,由此缩小研究者与被研究者之间的鸿沟。这样做,可能会有高度的反身性,研究结果也可能更加有效,如果研究者努力想要深入通常难以接触到的那些体验,就尤其如此。

阅读下面有关饮酒和夜间经济的文章:A. Bancroft, M. J. Zimpfer, O. Murray, and M. Karels, 2014, ‘Working at Pleasure in Young Women’s Alcohol Consumption: A Participatory Visual Ethnography’(在享乐中考察年轻女性的饮酒消费:参与性视觉民族志), *Sociological Research Online*, 19(3): 20, www.socresonline.org.uk/19/3/20.html。

然后尝试回答以下问题：

1. 指引这项研究的研究性问题是什么？

2. 作者们所说的"参与性民族志"是什么意思？

3. 研究中还运用了其他哪些方法？

4. 所选样本是否代表了研究者想要理解的群体？对于样本选择有什么批评意见？

5. 该研究广泛运用了数字技术和移动设备。对此会有什么支持和反对意见？是否有证据表明参与者所呈现的图像和视频有所筛选？这个问题该怎样解决？

6. 研究者"撰写并控制了最终出品"，这是否破坏了参与性研究策略的最初宗旨，还是说这根本无法避免？

7. 从这篇论文中我们对年轻女性及其"醉酒文化"了解到了什么？有关发现能否推及更广泛的女性人口？

深入思考

我们已经看到，研究是从一个问题或提问开始的，一个研究课题包含前后多个阶段。试试设计你自己的研究课题。回顾图 2.1，然后遵循该流程的前四个阶段，其中包含研究的规划与具体设计。

- 选择一个你感兴趣的主题，但要能引出你想解答的问题。把这个主题缩小为一个明确的研究提问。
- 确定一些关于该主题的关键词，并用这些词搜索相关文献。记下与你的问题最匹配的十则参考文献。
- 查阅其中前三则文献，这有助于构造你的研究课题的假设。你实际上想搞清楚什么？
- 现在认真思考自己打算**如何**实施研究。哪种或哪些方法最有可能为你提供你所寻求的答案？你需要把你的结果量化吗？还是质性研究更有效？你能运用一种以上的方法吗？
- 最后，在进行研究时你预见到了什么阻碍，你会如何去应对？

艺文探析

- 观看戴维斯·古根海姆(Davis Guggenheim)的影片《不便说出的真相》(*An Inconvenient Truth*, 2006)，这是一部关于气候变化的纪录片。拍摄者跟随美国前副总统和总统候选人戈尔(Al Gore)走遍全球,看他展示科学证据,证明人类导致的全球变暖。影片中,人们看到戈尔驳斥了气候变化怀疑论者的反对观点。这种竞选影片是不是不可避免地带有偏见?或者气候变化怀疑论者的声音被给予了公平的表达机会吗?这类影片如何可能比科学论文更有说服力?影片、小说和戏剧可以给我们额外带来哪些学术作品无法比拟的理解?

- 做访谈的不只是社会学家,还有记者、市场研究人员等,而所有的访谈者都会找到切实的办法探出所寻求的信息。调查记者路易·瑟罗(Louis Theroux)喜欢使用**无结构式访谈**从研究对象那里得到信息。

观看由斯图尔特·卡布(Stuart Cabb)执导的《瑟罗在狱中》(*Louis Theroux: Behind Bars*, 2008),领略一下瑟罗在访谈加州旧金山圣昆汀州立监狱的狱警和犯人时所采用的技术(https://archive.org/details/BehindBarsInSanQuentin-LouisTheroux)。无结构式访谈法在这种背景里起作用吗?瑟罗从犯人和狱警那里搜集到的信息是否有助于看清他们之间的关系?是否有证据表明,犯人在"利用镜头",所给出的反应与其说是讲述真相,不如说在拍好影片?如果你打算访谈自己国家监狱系统里的犯人,实践中、政治上和制度上可能会碰到哪些障碍?

- 由迈克尔·曼(Michael Mann)导演的《惊爆内幕》(*The Insider*, 1999)是一部基于真实生活事件的电影。美国大型烟草企业的一名前任经理接受一个电视新闻节目的采访时坦言,不仅其他企业高管都知道烟草有害,而且他们还力图改进香烟以使之更容易上瘾。该片讲述了压制真相的种种企图,包括哥伦比亚广播公司(CBS)新闻部屈从于压力而不播出访谈。你在看电影的时候,思考一下科学研究发挥的作用以及科学家自身发挥的作用。你能想象这样一种情况,要伪造或者修改你的发现,以免破坏你雇主的生意吗?为私营企业工作的科学家是否仍能恪守其对于科学规范的职业担当?

阅读指津

面向入门级学生的研究方法方面的书有很多,以下的选择仅仅是文献的冰山一角,重要的是浏览几本文献,看看哪一本你最容易进入。

研究新手需要一本兼具启示性和实用性的教材,因此像朱迪斯·贝尔与斯蒂芬·沃尔特斯合著的《做研究:研究新手指南(第六版)》(Judith Bell, with Stephen Walters, 2014, *Doing Your Research Project: A Guide for First-Time Researchers*, 6th edn, Maidenhead: Open University Press)就是很好的起点。与此类似,基思·F. 庞奇的《社会研究导论:量化思路与质性思路(第三版)》(Keith F. Punch, 2014, *Introduction to Social Research: Quantita-*

tive and Qualitative Approaches, 3rd edn, London: Sage)也是名副其实。加里·鲍马和罗德·林的《研究的过程(第五版)》(Gary D. Bouma, and Rod Ling, 2005, *The Research Process*, 5th edn, Oxford: Oxford University Press)也是一部出色的导论。

要找更细致和全面一些的，不妨试试艾伦·布莱曼的《社会研究方法(第五版)》(Alan Bryman, 2015, *Social Research Methods*, 5th edn, Oxford: Oxford University Press)，讲授研究方法课程的教师广泛采纳本书。蒂姆·梅的《社会研究：论题、方法与过程(第四版)》(Tim May, 2011, *Social Research: Issues, Methods and Process*, 4th edn, Maidenhead: Open University Press)也是可信的指南。

至于统计和 SPSS 的入门读物，安迪·菲尔德的《从 IBM SPSS 学统计(第四版)》(Andy Field, 2013, *Discovering Statistics Using IBM SPSS Statistics*, 4th edn, London: Sage)无论对于初学者还是有一定经验的人都易于进入。另一本值得看的书是达莱尔·哈夫的《如何用统计撒谎》(Darrell Huff, 1991, *How to Lie with Statistics*, London: Penguin)，这本书似乎是"史上最畅销的统计书"(参见 J. M. Steele, 2005, 'Darrell Huff and Fifty Years of How to Lie with Statistics', *Statistical Science*, 20(3): 205-209)。原因或许在于它那桀骜不驯的腔调。然而，它出色地引导人们关注社会中对于统计信息的误用，蕴意严肃。

买一部好的词典通常是一次好的投资，因此，维克托·贾普的《赛奇社会研究方法辞典》(Victor Jupp, 2006, *The Sage Dictionary of Social Research Methods*, London: Sage)在具体论题上颇值查考。

关于研究方法和不同的方法论思路的原典文集，参阅辅助读物《社会学入门文选(第三版)》(*Sociology: Introductory Readings*, 3rd edn, Cambridge: Polity, 2010)。

网络导航

政体出版社有关本书的更多信息和支持：

www.politybooks.com/giddens

曼彻斯特大学研究方法库(Research methods at Manchester)——诚如其名，设在英国曼彻斯特大学的社会科学研究方法的有用资源：

www.methods.manchester.ac.uk

英国国家统计局(UK Office for National Statistics)，包含大量调查研究，但也有其他类型：

www.ons.gov.uk

英国数据档案(The UK Data Archive),多主题相关数字资料大型汇藏:

www.data-archive.ac.uk

欧洲社会科学数据档案委员会(CESSDA - Council of European Social Science Data Archives),汇集欧洲多国许多社会科学数据档案,涵盖多种类型的研究:

http://cessda.net

Ipsos MORI,一个关注市场调查和社会调查的合伙公司(Ipsos UK and MORI):

www.ipsos-mori.com

第三章

理论与视角

有关人类行为导致全球变暖的理论一直是激烈争论和理论分歧的话题。

过去二十五年里，围绕全球气候变化议题产生了激烈的辩论。观点主要集中在冰川退缩、全球平均地表温度、海平面上升等全球变暖症候的证据上。另外一些争论涉及研究的方法：全球温度应该怎样测量？支撑气候变化计算机模型的假设的完善程度如何？然而，最激烈的讨论本质上还是理论上的冲突：科学家构成的压倒性多数派认为，有证据强力支持人为论的（anthropogenic，即人力迫使的）全球变暖理论，少数派则大多利用同样的证据，但拒绝接受人为论的立场。这一争论表明，可资利用的证据无论多么广泛多样，也极少能“自证其言”，而必须在某种理论框架内得到解释。

有关气候变化的社会学的更详细讨论，可参阅第五章“环境”。

在第一章中我们看到，同自然科学中的情形一样，社会学家也需要提供抽象的解释，即理论，来说明他们在自己研究中搜集到的证据。如果他们想梳理适当的问题以聚焦其研究努力，在研究起步时就需要采取一种理论思路。但是，社会学的理论阐述并不是生成于自我隔绝的学术象牙塔中。从学科奠基者所提出的那些问题就能清楚看出这一点，它们都与当时的社会政治重大议题密切相关。例如,马克思致力于说明资本主义经济的动力,贫困及愈演愈烈的社会不平等的起因。涂尔干的研究考察了工业社会的特点与世俗化的过程。而韦伯则力求说明资本主义的出现以及科层制组织给个体带来的后果。但是,这些依旧是当今的核心议题吗?

许多社会学家认为,社会中的核心问题正在发生转变。全球化的社会后果与政治后果是什么?性别关系发生转型的具体状况、原因以及后果为何?多元文化社会的未来何在?确切地说,基于气候变迁和全球环境问题,世界各地人口的未来是什么?为了处理这些新问题,社会学家不得不重新评价经典理论,如果发现其中哪些地方有所欠缺,他们就会发展自己的新理论。本章我们将会谈谈后者的一些内容。

对于社会学的新手来说,历史视角至关重要。它不仅有助于读者理解这个学科是如何出现并变成现在的状态的,而且有利于我们大家避免在毫无必要的情况下重新发明(理论的)车轮做无用功。批评社会学理论阐述的人大多来自学科内部,他们抱怨有太多的“新”理论其实只是新瓶装“旧”酒而已。了解社会学理论的长期发展历程,会使我们对这样的批评有敏锐的意识。

有些理论被说成“社会学理论”,而另一些理论则是“社会理论”,这就使事情变得更加复杂。但这是不是纯属钻牛角尖呢?粗略来讲,**社会学理论**(sociological theories)采取科学方法,旨在说明经验研究的发现,同时反对规范性或政治性的偏见。而**社会理论**(social theories)并不一定源于社会学学科内部,往往带有对于现时社会政治安排的规范性批判。你在通读这一章时,请记住这一区分。不过,我们也会看到,这种基本区分并非铁板一块,有些学者会在两种基本类型之间灵活腾挪,既构想社会学理论来理解和说明社会生活的方方面面,也对自己看到的有害的不平等和不公正提出批判。你也不妨思考一番,自己觉得哪些理论有吸引力,而你的家庭背景和生活经历又在你做出这种选择时扮演了何种角色。

社会学中的理论和视角纷繁多样,要想全面陈述,富有挑战。如果社会学有一种核心理论,所有社会学家都能围绕它展开工作,就会容易许多。而在20世纪五六十年代,塔尔科特·帕森斯的结构功能主义思路的确和这种理论差不多。然而,随着社会在文化维度上变得越来越多样化,当前也显著表现出理论思路与视角的多样化。这就使得评价彼此竞争的诸般理论的任务变得比过去更加困难。然而,理论的多元主义也会使社会学理论充满生机活力,据说可以加深我们对于社会生活的全面理解。此外,虽然今日的社会学包括许多试图说明社会生活特定维度的“中层”理论(Merton 1957),但是仍然有**宏大理论**(grand theories)的一席之地,它们试图说明社会结构或现代社会的长期发展(Skinner 1990)。

1750	欧洲启蒙哲人(1750—1800)[a]
1800	奥古斯特·孔德(Auguste Comte, 1798—1857)[b] 哈丽雅特·玛蒂诺(Harriet Martineau, 1802—1876)[e]
1850	卡尔·马克思(Karl Marx, 1818—1883)[c] 赫伯特·斯宾塞(Herbert Spencer, 1820—1903)[a]
1900	埃米尔·涂尔干(Émile Durkheim, 1858—1917)[b] 马克斯·韦伯(Max Weber, 1864—1920)[d] 格奥尔格·齐美尔(Georg Simmel, 1858—1918)[d] 埃德蒙德·胡塞尔(Edmund Husserl, 1859—1938)[a]
1930	乔治·H. 米德(George H. Mead, 1863—1931)[d] 阿尔弗雷德·舒茨(Alfred Schutz, 1899—1959)[d] 芝加哥学派(Chicago School, 20 世纪 20 年代)[d] 安东尼奥·葛兰西(Antonio Gramsci, 1891—1937)[c]
1940	塔尔科特·帕森斯(Talcott Parsons, 1902—1979)[b] 法兰克福学派(Frankfurt School, 1923—20 世纪 60 年代)[c] 西蒙娜·德·波伏瓦(Simone de Beauvoir, 1908—1986)[e]
1950	罗伯特·默顿(Robert Merton, 1910—2003)[b]
1960	欧文·戈夫曼(Erving Goffman, 1922—1982)[d] 贝蒂·弗里丹(Betty Friedan, 1921—2006)[e] 霍华德·贝克尔(Howard Becker, 1928—)[d] 哈罗德·加芬克尔(Harold Garfinkel, 1917—2011)[d] 诺贝特·埃利亚斯(Norbert Elias, 1897—1990)[g]
1970	尤尔根·哈贝马斯(Jürgen Habermas, 1929—)[c] 米歇尔·福柯(Michel Foucault, 1926—1984)[f]
1980	皮埃尔·布尔迪厄(Pierre Bourdieu, 1930—2002)[c] 伊曼努尔·沃勒斯坦(Immanuel Wallerstein, 1930—)[c] 让·鲍德里亚(Jean Baudrillard, 1929—2007)[f]
1990	安东尼·吉登斯(Anthony Giddens, 1938—)[g] 乌尔里希·贝克(Ulrich Beck, 1944—2015)[g] 朱迪斯·巴特勒(Judith Butler, 1956—)[e] 万达娜·希瓦(Vandana Shiva, 1952—)[e] 齐格蒙特·鲍曼(Zygmunt Bauman, 1925—2017)[f]
2000 年以来	曼纽埃尔·卡斯特(Manuel Castells, 1942—)[g] 斯拉沃热·齐泽克(Slavoj Žižek, 1949—)[a]

图解:

与不同的社会学视角相关联或受其启发的选定理论家标识如下:

a. 哲学思想家

b. 功能主义

c. 马克思主义

d. 互动论

e. 女性主义

f. 后现代主义/后结构主义

g. 理论综合

图 3.1 1750 年至今主要的社会学理论家与流派

本章是全书头三章组成的模块的收尾,这一模块为探索社会学的学生奠定了坚实的基础。在第一章中我们探讨了社会学为整个科学知识添加的内容。第二章介绍了社会学家使用的部分主要研究方法和技术,这些仿佛是他们的“交流工具”。而在本章中,我们会相当简略地阐述社会学理论自 19 世纪以来的历史与发展。当然,我们并不能在这短短的一章里涵盖所有重要理论家,因此,像布尔迪厄和卡斯特等人在此未予讨论。在后面的章节中能看到他们的研究,也就是他们产生显著影响的地方:第十九章“教育”详细介绍了布尔迪厄的观念,而卡斯特的学说可见于第七章“劳动与经济”和第八章“社会互动与日常生活”。

我们的介绍大体按照时间顺序,但并非完全拘泥于此。当我们介绍马克思时,讨论必然会从 19 世纪中期延伸到 20 世纪早期和晚期的马克思主义。女性主义理论的概述同样涵盖了很长一段时间。我们认为这种方法能够使叙述更为连贯,使读者能够更容易看清楚理论视角如此发展演变的方式和缘由。

在接下来的两节中,我们将通过“经典奠基者”的著作及其开创的研究传统,回溯社会学理论的源起和社会学的创立。然后,我们来探讨重要理论争论所围绕的两个挥之不去的理论困境。全章最后谈谈 20 世纪 70 年代以来,广泛而迅猛的社会变迁是如何迫使社会学家创设新的理论视角观点的。图 3.1 给出了编年形式的简明图示,通过呈现某些富有影响的理论家与思想流派,展示了各种理论和视角的源起与发展。每个人在时间序列上的位置大致由其主要作品的发表时间所决定,而流派的位置则取决于其形成时间。当然,这种叙述只是一种选择,并不意味着穷尽所有。该图为本章乃至全书提供了一些路标。

批判性思考

基于图 **3.1** 列出的视角,你从编年顺序中看出什么模式了吗? 比如说,哪些视角似乎丧失了或是赢得了地盘?

第一节

摸索社会学

▼

两次革命性的转型促成了一种社会学视角。首先,18 世纪晚期和 19 世纪的工业革命彻底改变了人们的物质生活条件与谋生方式,但也带来许多新的社会问题,比如城市过度拥挤、卫生条件恶劣、疾病蔓延和工业污染。社会改良者寻求缓解乃至解决这些问题的途径,这促使他们展开研究,收集关于这些问题的程度和性质的证据,进而增强对变迁的诉求。

其次,1789 年的法国大革命标志着旧欧洲土地制度和绝对专制政体的象征性终结,而自由、解放、公民权等共和理念则走向前台。这场革命往往被认为在一定程度上是 18 世纪中期欧洲启蒙思想的结果,启蒙思想挑战了传统与宗教权威,弘扬哲学与科学方面有关理智、理性和批判性思维的观念,视之为人类事业进步的关键。启蒙哲人把自然科学特别是天文学、物理学和化学的可信知识的增长作为其前行的指引。英国物理学家艾萨克·牛顿爵士(Sir Isaac Newton, 1643—1727)堪称首屈一指的科学家代表,他关于自然法则和科学方法的观点吸引了启蒙学者。他们主张,在社会政治生活中,原则上也应当可以(使用类似方法)揭示类似法则。这个观念正是各门科学中的实证哲学的基础。

一　实证主义与社会进化

奥古斯特·孔德(1798—1857)认为,社会科学,也就是他所称的"社会学",本质上类似于自然科学。他的**实证主义**思路以直接观察原则为基础,其理论陈述旨在建立法则式的因果概括。在孔德看来,社会学的任务就是获得有关社会世界的可信知识,以便对社会世界做出预测,并基于那些预测,以进步的方式干预和塑造社会世界。孔德的实证主义哲学显然受到了自然科学成就的启发,正是自然科学不断生产出可信的知识,并能找到切实有益的应用。

在孔德去世一百五十多年后,任何人只要看到(可能在电视上)美国航空航天局(NASA)载人航天飞机发射、绕飞地球数周并以商业飞机方式降落,都见证了科学在实践中的预测能力。想一想在科学与工程领域取得如此成绩所需要的不同种类的可信知识,就会非常清楚,为什么如今自然科学仍享有高度评价。

但是,针对社会和人的行为,能否获得这类可信的预测性知识?如今绝大多数社会学家不这样认为,也很少有人使用"实证主义"这一术语来描述自己的工作。大多数社会学家之所以拒绝接受孔德的实证主义,是因为他们觉得,所谓塑造并控制人与社会,这样的观念要么不可能实现,要么有潜在危险,要么两者兼而有之。不能照搬对付青蛙之类的方式来研究有自我意识的人类,因为人类有能力以其行动挫败我们关于他们的预测。即使孔德所言不虚,可以用科学的方式研究人类,预测他们的行为,以实证/积极(positive)的方式实施干预以指引社会,那又该是谁来干预,谁来决定所谓"积极的方向"

的具体内容?是科学家?政治家?还是宗教权威?你认为这种核心导向与民主政治会兼容吗?

> 对于孔德思想的更细致讨论可参阅第一章“什么是社会学?”。

孔德将社会学作为预测性科学的观点如今遭到了广泛的质疑,但重要的是要记住,他在确立一门有关社会的科学的理据时扮演了奠基性的角色。孔德的思想在当时极具影响力,他关于各门科学发展的学说启发了其他学者。孔德认为,人类知识的主导形式经历了三个阶段:神学(或宗教)阶段、形而上学(或哲学)阶段和最后的实证(或科学)阶段。科学史表明了这种逐级上升的运动,而由于社会生活是进入实证阶段的最后一块领域,社会学也就注定成为最终的科学学科。

英国哲学家和社会学家赫伯特·斯宾塞(1820—1903)借鉴了孔德的思想,而且率先提出,社会受制于**社会进化**(social evolution),如同自然世界受制于生物进化。这里采取的形式是**结构分化**(structural differentiation)和**功能调适**(functional adaption),前者即简单社会发展成更复杂的形式,具有日益多样化的社会制度,后者即社会使自身适应外部环境。斯宾塞认为,19 世纪的工业社会本质上展示出了社会进化,从之前更为静态、更具等级性的社会中孕育出来。斯宾塞还指出,“适者生存”(survival of the fittest)既适用于生物进化,也适用于社会进化,他不赞成国家实施干预以援助脆弱者或处境不利群体(M. W. Taylor 1992)。

虽然斯宾塞的社会进化学说大体已被普遍接受,但是到了 20 世纪,他的观念连同其他进化论学说渐趋式微,今天很少有社会学课程提及他时不限于一带而过的。而 19 世纪另一位宏大“进化”理论家卡尔·马克思则与他形成鲜明对比,马克思在社会学、政治和世界历史上的影响之大难以估量。

二　卡尔·马克思:资本主义革命

第一章中介绍了马克思有关阶级冲突和社会变迁的基本观点,行文至此,你可能希望更新自己在这方面的知识。马克思及其合作者弗里德里希·恩格斯(Friedrich Engels)从不认为自己是专业的社会学家。然而,他们的确是在探寻对于社会的科学理解,并且以此说明长期的社会变迁。马克思认为自己的社会科学著作标志着与思辨哲学乃至所有哲学思维方式相分离,提出“哲学家们只是用不同的方式解释世界,而问题在于改变世界”(Marx and Engels 1970[1846]:123)。他之所以十分关注并坚定支持欧洲产业工人阶级,与他对于资本主义及其运作的研究密切相关。

(一)马克思的理论思路:历史唯物主义 马克思的著作在许多方面都对社会学有着重要意义,但在本章中我们将只关注其中一个方面:关于资本主义的分析。这属于他有关阶级冲突作为历史推动力的更宽泛理论。这套“宏大理论”奠定了日后社会学和社会科学中许多调查研究和理论发展的基础。马克思主义的理论在20世纪仍然被许多政治运动和政府重新解释和使用,包括苏联、东欧国家、古巴、越南和中国等共产党政权。显然,马克思主义远不止是一种学院里的社会学理论。

马克思的理论视角有时被称为历史唯物主义(historical materialism),但或许更准确的称法该是**唯物史观**(materialist conception of history)。这意味着马克思反对唯心主义——这种哲学学说认为,社会历史发展是由自由与民主之类抽象的观念或理念推动的。而马克思则主张,一个时代居于支配地位的观念或理念只是反映了支配性的生活方式,尤其是一个社会的**生产方式**。例如,在绝对王权盛行的时代,居于支配地位的观念认为“君权神授”,这并不奇怪;而在我们这个自由市场资本主义时代,居于支配地位的观念尊奉的是做出“自由”选择的自主个人。马克思认为,一个时代居于支配地位的观念就会支持统治集团。因此,他的“历史唯物主义”主要关注人们如何共同努力以生产出一种生活。他们如何生产食物、住所和其他物质产品,以及有什么样的劳动分工使他们得以完成这些生产?

> **批判性思考**
>
> 马克思说得对吗? 一个时代居于支配地位的观念始终反映的是统治阶级的利益? 普遍人权的概念如何可能为资本家所用? 还是说最好把人权话语看成与资本主义发展的某些方面相对立?

(二)继替出现的生产方式:一种成功的宏大理论? 马克思认为,人类社会的历史发展是结构化的,而不是随机的或混沌的。在古代,小规模的人类群体不存在发达的产权体系。相反,获得的所有资源都共同拥有,不存在任何阶级分化。马克思称这一形式是**原始共产主义**。随着群体生产出更多东西,这种生产方式实质上落伍了,继而出现了新的生产方式,伴以某种私有产权(包括奴隶制),古希腊和罗马就是这种情况。

从此,社会以定居农业与封建产权关系为基础而不断发展。欧洲中世纪的**封建制度**建立在地主、无地农民与佃农之间阶级分化的基础上,无地农民和佃农为了生存被迫为地主工作。但是,封建生产方式已经达到了其生产力的极限,只能让位于我们现在熟知的**资本主义社会**。早期资本家在16世纪开始投资工场和制造业;到1789年法国大革命时期,他们已经积攒了足够的数量和力量,成为历史的革命力量。

在资本主义社会,阶级对立被大大简化,社会分裂为财产所有者(资本家或资产阶级)和工人(或无产阶级)两大阵营。资本主义革命打破了封建传统生产的束缚,同时要求更严格的纪律规范和更长的工作时间,资本家从而可以通过使用工人的劳动力来榨取利润。实际上,马克思和恩格斯(Marx and Engels 2008[1848]:13-14)热情洋溢地将资本主义描述为社会的革命性变革。资产阶级在它的第一个百年里“所创造的生产力,比过去一切世代创造的全部生产力还要多,还要大”。但这是靠对工人的无情剥削实现的,因此也是基于劳动力中必然的、特有的异化。

马克思提出,随着大量集聚,工人会发展出阶级意识。

马克思希望资本主义就像封建主义一样,自己主动让位于另一种生产方式,就是由培养起阶级意识——意识到自己处于被剥削的位置——的不满的工人所促成的共产主义。在共产主义下,私有财产被废除,确立起真正共同的社会关系。但是,与原始共产主义不同的是，现代共产主义将保留资本主义的高生产率工业体系的所有好处。这将是一种先进、人道、成熟的共同生活形式，有能力采用“各尽其能、按需分配”的共产主义原则（Marx 1938[1875]：10）。

（三）评价 在马克思看来，有关工业制度的理论本身毫无意义可言。工业发展需要实业家，而他们同时也是资本主义企业家。要理解工业体系，也就意味着理解这一有利于少数人而对大多数人不利的新的资本主义社会关系。此外，马克思的视角也有助于提醒人们：工厂、工场、办公室，以及计算机、机器人和互联网，都不会从稀薄的空气中凭空落实。它们都是根源于冲突而非共识的对抗性社会关系体系的产物。

马克思的视角也表明，宏大理论阐述也是有其益处的。“生产方式”这个概念很有用，使我们能够把原来杂乱无章的历史事实放置于一个总体框架内，从而更容易理解。马克思去世之后，许多社会科学家曾运用这一框架，有所拓展、修润或批判，许多人至今仍在这么做。尽管马克思的理论可能是有缺陷的，但大多数社会学家会赞同说，发现那些缺陷本身对于整个学科而言大有裨益。

然而，马克思的著作也体现出宏大理论的主要问题，即难以进行经验性的检验。该论点如何验证？我们要找到什么证据来确凿地证明一种理论是正确的或错误的呢？后来的马克思主义者试图准确地说明为什么工业化国家没有爆发共产主义革命，并就此修订了马克思的观点。“经典研究 3.1”考察了一个尤具影响力的群体——法兰克福学派，其理论影响了冲突社会学的发展。

经典研究 3.1

新马克思主义：法兰克福学派的批判理论

在 19 世纪中期，马克思预测即将爆发一场工人阶级的革命；但它在马克思有生之年并未成为现实。之后在 1917 年，处于第一次世界大战混乱期的俄国革命似乎预示，到最后，马克思的预测将被证明是正确的。但是共产主义并未扩展到西方各工业化国家。相反，在 20 世纪 30 年代，意大利法西斯主义和德国纳粹主义兴起，并且都是咄咄逼人的反共产主义运动。这些发展将马克思主义者置于两难困境：马克思的理论是否依然能够充分解释资本主义的发展？如果能，那么正统形式的马克思主义仍然是有价值的。如果不能，那就需要有新形式的马克思主义理论阐述（所谓的新马克思主义）。

法西斯主义在欧洲的兴起迫使西方马克思主义者重新思考马克思的观念。

事实上,20 世纪的马克思主义思想朝着若干方向发展,特别是“西方马克思主义”,它拒绝接受苏联式的共产主义(Kolakowski 2005)。在西方马克思主义中尤具影响力的一支就是法兰克福学派的批判理论。它最初是以马克斯·霍克海默(Max Horkheimer)领导下的法兰克福社会研究所为基础的,但是当纳粹党人驱逐了约三分之一的大学教职人员后,许多批判理论家被迫离开德国,在欧洲和美国另觅居处。纳粹全面破坏了大学,并开除或驱逐了许多犹太知识分子。

法兰克福学派借鉴了马克思与弗洛伊德的观念,以及伊曼努尔·康德(Immanuel Kant)的哲学,针对资本主义、法西斯主义、大众文化以及美国新兴的消费社会做出了一系列重要研究。例如,根据西奥多·阿多诺(Theodor Adorno 1976 [1950])及其同事的分析,法西斯主义的兴起和传播在一定程度上是某种权威主义人格类型流行的结果,容易受强大领导者魅力的影响。赫伯特·马尔库塞(Herbert Marcuse)的《单向度的人》(*One-Dimensional Man*, 1964)一书区分了人的“真正”需要和许多“虚假”需要,后者是由工业资本主义的消费形式凭借其具有诱惑力的广告制造的,抑制了人们进行批判性思考的能力,反倒生产出一种单向度、无批判的思维方式。

在诸如此类的研究中,我们可以看出法兰克福思想家努力探讨一种新式的资本主义，与马克思曾经研究的非常不同。同时，关于工人阶级革命的马克思主义乐观前景似乎开始黯然失色，因为在消费资本主义社会里，革命所面临的障碍势头高涨。

德国社会哲学家尤尔根·哈贝马斯是最新一位对社会学产生影响的批判理论家。尤值一提的是，哈贝马斯提出了一种“沟通行动”理论，它的观念基础看似简单，实则不然：当人们彼此做出陈述（“言谈行为”[speech acts]）时，各方都期望被理解。但是，他认为，在大部分时间里，非对称的权力关系会发挥作用，系统性地扭曲这种沟通，引起根本误解，并导致缺乏真诚的辩论。然而，解决的方法不是像一些后现代思想家认为的那样即放弃现代理性思考方式，而是捍卫并扩大民主，消除阻碍正常人际沟通的权力与地位方面巨大的不平等，以此深化现代性。哈贝马斯依旧秉承新马克思主义批判理论的传统进行工作。

1991年苏联解体之后，马克思的观念乃至广义上的马克思主义学说在社会学领域似乎失去了空间。有些人甚至讨论起马克思主义思想出现了危机，因为实存的社会主义与共产主义部分宣告终结（Gamble 1999）。然而，2008年的信贷危机以及随后的经济衰退已经提醒学者，资本主义是一个在周期性的繁荣和萧条中成长的经济系统。尽管马克思的革命理论可能不令人完全满意，但是在有关社会变迁的争论中，关于资本主义经济的广义的马克思主义分析依然发挥着作用。比如说，斯洛文尼亚哲学家斯拉沃热·齐泽克（Žižek, 2011,2012）尽管对马克思的有些观念持批评态度，但他将其余一些学说相融合，依然主张，共产主义是资本主义唯一真正的替代。即使进入21世纪，也似乎还有一些学者在与马克思展开对话交锋。

批判性思考

为什么马克思预测的共产主义革命没有实现？列出阻止工人阶级起而反抗资本主义的所有因素。我们可以说这种理论已经确定被证伪了吗？

第二节
创立社会学

▼

孔德、斯宾塞、马克思以及其他早期理论家为社会学的发展奠定了部分基础。然而，在他们所处的时代，还没有设立正式的学科，在大学里这门科目也没有任何专设机构存在。如果社会学要成为孔德所说的“科学等级体系”中的一部分，就需要在学院里开辟一块空间与自然科学并肩而立,以便向学生提供社会学的培养。总之,社会学需要获得尊重,埃米尔·涂尔干在法国为实现这个目标进行了长期努力。然而,社会学为了在欧洲以及其他地方的高校中站稳脚跟,花费的时间还要长得多。

一　埃米尔·涂尔干:实在的社会层面

涂尔干是学院社会学发展过程中举足轻重的人物。他同马克思一样,坚定地远离了哲学,认为哲学与时代的现实议题距离太远,所以转向社会科学,后者有能力阐明法国社会所面临的重大道德问题。涂尔干先是作为第一位社会科学教授在波尔多大学工作,然后来到巴黎索邦大学,成为史上第一位"教育科学和社会学"教授(Coser 1977)。由此,社会学终于在学术建制中有了立足之地。

涂尔干还影响到学科本身的性质。他认为,一旦有关人的行为的研究超出了个体互动的层面,就需要考察特定的**社会**现象。社会运动、组织或家庭之类的社会制度和社会形式,比居处其间的具体个人更为经久,因此必然有其自身独立的实在。个体主义心理学或抽象的哲学都不能充分理解这种实在,需要有一种真正的社会学说明。用涂尔干的术语来讲,我们所说的"社会范畴"或社会生活**本身**就是一种实在层面,不能被化约为个体行动,也不能被视为个人心智的单纯集合。

这就说明了涂尔干为什么会专注于自杀率、社会团结和宗教之类的群体现象及**社会事实**。在人们的体验中,社会事实就像外在于个体的"物",很像桌子、桥梁或者建筑。后面这些都属于人类的创造物,但它们的存在必须被考虑,而不是想让其消失就会消失。与此类似,社会事实自有其"物一般"的存在,个体必须接受,行动时必须考虑到它。

在涂尔干看来,社会事实具有这种"物一般"的实在性,意味着个体心理并不是社会学的合适主题,社会学关心的是集体现象。例如,涂尔干在《社会分工论》(Durkheim 1893)中概述了他的一对区分:不那么复杂的社会里能找到的**机械**团结形式,大规模的现代工业社会所特有的**有机**团结形式。当个体主义被尽量弱化,个人服从于集体,就存在**机械团结**(mechanical solidarity)。相反,**有机团结**(organic solidarity)产生于高度劳动分工的工业社会,往往会导致差异而非共性,但能通过经济上的相互依赖而实现统合。

因此,涂尔干拒绝接受当时乃至此后普遍流行的一种观念,即认为工业化势必会破坏社会团结,威胁社会的结构。他提出,有机团结形式其实会创造出**更牢固的**相互依赖纽带,从而有潜力打造个体差异和集体目标之间更好的平衡。在此我们可以看出,涂尔干的科学的社会学分析与当时的一个社会道德问题密切相关,即工业社会如何在一个个体主义日益盛行的时代里维系一体。

评价　我们在第一章中看到,涂尔干的社会学思路被称为**功能主义**(functionalism),即研究社会及其各项制度的相互联结和变迁的方式。尽管功能主义曾经在社会学领域极具影响,但如今已趋衰微。原因有如下几点。

首先,很多论家指出,功能主义擅长说明共识,即社会为何会维系一体,但在说明冲突和激烈的社会变迁时就不那么有效。还有论家认为,涂尔干式的功能主义强调社会对于人们的约束,没有给个体的创造性行动留出足够空间。最后,功能主义的分析往往把“意图”和“需求”归于社会本身。例如,我们或许会说教育系统的功能是训练年轻人以满足现代社会的**需求**。这似乎是说社会和人类一样有“需求”。但这样的说明方式真的很充分吗?现代经济可能要求人们具有某些技能,但如今的教育系统是唯一甚至是最好的供给方式吗?我们真正想知道的是,教育系统究竟如何发展成现在的形式,事情原本可能有什么不同吗?但功能主义并不强调这类提问。

批判性思考

涂尔干拒绝接受社会学家应该研究个体心理的说法。可是，如果我们忽略个体的意向，还能理解社会生活吗？涂尔干如何回应这种批评？

二　20 世纪的结构功能主义

在 20 世纪 40 年代到 60 年代,被称为**结构功能主义**(structural functionalism)的一种功能主义理论成为社会学的核心范式,虽说它从未完全占据支配地位。对于今天的学生来说,社会学这门学科,多元主义、聚讼不已、理论分散都是**显而易见的**特点,的确难以体会当时**做**社会学的思路与现在有多么不同。社会学和结构功能主义在那时经常被视同一体(Davis 1949)。在这一时期,有两位美国社会学家脱颖而出,即罗伯特·默顿和他的精神导师塔尔科特·帕森斯。

帕森斯整合了涂尔干、韦伯和维尔弗雷多·帕累托(Vilfredo Pareto)的思想,建构起他自己风格的结构功能主义,其出发点是所谓的社会秩序问题(Lee and Newby 1983),即如果社会中的所有个体都出于自利,专注于满足自己的要求或需要,并且往往以牺牲别人为代价,在这种情况下社会如何能够维系一体。像托马斯·霍布斯(Thomas Hobbes,1588—1679)之类的哲学家对这个问题的解答是:拥有治安和军事力量的现代国家的兴起是解决这一问题的关键因素。国家保护所有个人不受彼此和外部敌人的伤害,但作为回报,公民必须接受国家有合法权利对自己行使其权力。究其根本,在于国家和每个人之间存在一种非正式的契约。

但帕森斯拒绝接受这种解答。他认识到,人们之所以遵从社会规则,并不只是因为对于遭受惩罚的**消极**恐惧;相反,人们以**积极**的方式遵从,甚至教导其他人社会的道德规则。帕森斯提出,这种对于有序社会的积极认可表明,社会规则不仅仅是作用在个体身上的外力,而且已经通过社会化过程被个体**内化**。社会不只在“外部”存在,而且在个体“内部”存在。

帕森斯确立了有关社会秩序的社会学理解的首要地位,就把注意力转到了社会系统本身。他设计了一个模型,确认社会系统的各项需求,即著名的 AGIL 范式(Parsons and Smelser 1956)。如果一个社会系统(或社会)要持续下去,就必须执行四项基本功能。首先,它必须有能力与其所处环境相调适,并且获得足够的资源来做到这一点。其次,它必须设定并落实有待达成的目标以及达成目标的机制。再次,这个系统必须整合一体,并且各个子系统能够有效协调。最后,这个社会系统必须有办法维续并将其价值和文化传递给子孙后代。

用不那么抽象的术语来说,帕森斯认为**经济**子系统履行的是**调适**功能,**政治**子系统负责设定社会的**目标**和达成目标的手段,**共同体**子系统(“社会共同体”[societal community])负责**整合**的工作,而**教育**子系统(以及其他社会化中介)传递**文化**和**价值**,即潜在的功能(参看图 3.2)。结构功能主义这种理论关注的是整体的系统和它的“需求”,但其始终容易被指责为过于强调共识和赞同。解决这个问题的任务传递给了罗伯特·默顿,他倡导更具批判性的功能主义。

默顿认为,许多社会学研究要么专注于社会的宏观层面,要么聚焦于社会互动的微观层面,却未能“弥合”宏观与微观之间的“鸿沟”。为了纠正这种分离,他主张在某些领域或者特定主题中构造**中观**(meso)层面上的中层理论。他对工人阶级犯罪和越轨的研究堪为范例。为什么在工人阶级当中有那么多侵财犯罪?默顿的说明是:美国社会推崇物质成功的文化目标,却很少给底层社会阶级群体提供合法的机会,工人阶级犯罪体现了许多年轻人对其所处环境的调适。事实上,他们想要获得这个系统所推崇的物质成功,这就意味着这些人并非邪恶或难以改造的。准确地说,需要改变的是社会的结构。这个命题表明,默顿试图开辟功能主义新的发展方向,并因此而更接近冲突理论。

默顿还区分了**显性功能**(manifest functions)和**隐性功能**(latent functions):前者是行动的可观察到的后果,后者是未曾明言的那些后果。默顿认为,我们研究隐性功能,能够大大增加对于社会运行方式的了解。例如,我们可能观察到部落民中的祈雨舞,其显性功能似乎是求得下雨本身。然而从经验来讲,祈雨舞往往落空,但人们却依旧践行,原因何在？默顿认为，因为它的隐性功能是营造并维持群体团结，而这种要求始终存在。与此类似，默顿认为制度也包含某些制造张力的**反功能**（dysfunctional）的要素，因为存在这些要素，默顿可以探讨冲突在社会中具备的潜力，这样的讨论是帕森斯无法进行的。

有关默顿的观念更详细的讨论和批评，可参看第二十章“犯罪与越轨”。

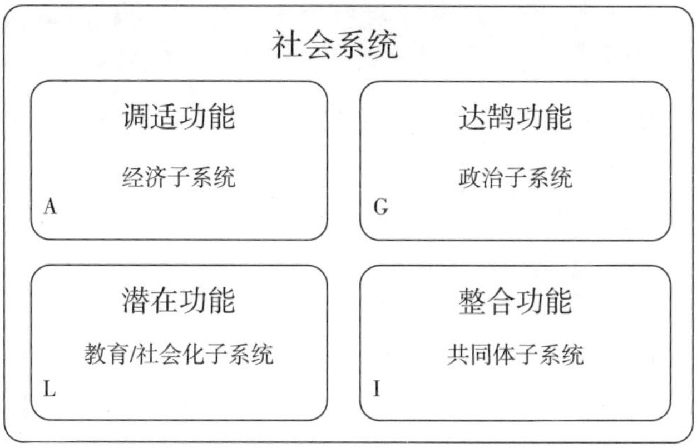

图 3.2　帕森斯的 AGIL 图式

看上去祈雨舞注定会落空，但现代社会中有什么履行类似功能的仪式吗？

结构功能主义后来如何了?帕森斯于1979年去世,在此之后,杰弗里·亚历山大(Alexander 1985)致力于重探并复兴这一思路,旨在弥补其理论缺陷。但是到了1997年,就连亚历山大也不得不承认,他的"新"思路或曰新功能主义理论也因为其"内在矛盾"而告终结。他转而主张重建一种超越功能主义假设的社会学理论(Alexander 1997)。实际上,几乎在一切方面,帕森斯的结构功能主义至少在当时已经从社会学的主流中消失了。

批判性思考

从结构功能主义的兴衰之中,我们应该得出什么结论? 社会学能够抛掉"功能"这个基本概念去理解社会制度吗?

帕森斯的观念之所以产生如此大的影响,是因为它们说的正是发达社会在1945年以后的情势:逐步实现富裕兴旺和达成政治共识。但是到了20世纪60年代后期和70年代,伴随着反核运动、抗议美国卷入越战以及欧洲和北美兴起的激进学生运动,冲突愈演愈烈,这些观念丧失了根基。与此同时,冲突理论重焕生机,因为它们似乎更能理解和阐发新的情势。我们在本章下文会看到,对于全球化、多元文化主义、性别关系的变易、风险以及环境退化等议题的理解,同样导向了新一轮的理论阐述。

三 马克斯·韦伯:资本主义与宗教

在社会学的奠基者当中,马克斯·韦伯的观念支撑起了后来很多以行动者为中心的思路。他最著名的著作《新教伦理与资本主义精神》(Weber 1992 [1904-1905])探讨了一个根本问题:为什么资本主义源起于西方?在古罗马衰落之后大约有13个世纪,其他文明在世界历史上比西方文明更占优势。事实上,欧洲当时在全球是一个不太显眼的地区,而中国、印度以及近东的奥斯曼帝国都很强大。特别是中国,就技术和经济发展水平而言,遥遥领先于西方。所以欧洲各经济体是怎样变得如此充满活力的?

韦伯认为,关键是要说明,是什么使得现代资本主义有别于早期的经济活动类型。我们能够在很多历史文明中发现对于积累财富的愿望,人们珍视财富,因为它能带来舒适、安全、权力和享受。不同于流俗成见,资本主义经济不单是对于个人财富的欲望的自然产物。必然有些别的东西在发挥作用。

（一）资本主义的核心是宗教吗？ 韦伯认为，在西方的经济发展中，关键的区别是在历史上其他地方没有发现的对于财富积累的态度。他称之为“资本主义精神”，即由最初的资本主义商人和实业家所持有的一套激励人心的信念和价值观。然而，同其他地方的富人非常不同，他们并不打算用积累的财富来追求一种奢侈的物质主义生活方式。相反，他们很多人都是节俭而克己的，并没有如今我们常常看到的炫示富有，而是朴素而安静地生活着。这种非同寻常的特性的组合，对于西方经济的快速发展至关重要。早期的资本家将财富再投资到他们拥有的企业中，促进企业的进一步扩张。利润的持续再投资促成了投资、生产、赢利、再投资的循环，使企业能够迅速成长，资本主义快速扩张。

韦伯的理论中有一部分富有争议，即“资本主义精神”的起源其实在于宗教。根本的驱动力还得算新教的影响，尤其是新教的一个派别——清教（Puritanism）。早期的资本家主要是清教徒，大多赞成加尔文派的观点。加尔文教徒相信，人是上帝在尘世的工具。全能的神要求人履行天职（vocation），即为了上帝的莫大荣耀而献身的一种职业。他们还相信预定（predestination），根据这种观念，只有某些个体属于“选民”，死后可以升入天堂。在加尔文的原初教义中，人在尘世中所做的一切都无法更改自己是否有幸进入选民的行列，这是由上帝预定的。然而，靠这种信义维持生存非常艰难，在追随者中造成许多焦虑，导致信徒不懈地追寻获选“标志”，以缓解救赎焦虑。

在履行一项天职中获得成功，表现为物质上愈益丰裕，这成为一个人确实位列少数上帝选民的标志。于是，作为宗教笃行的意外后果，孕育出对于营利能力的积极追求，产生了一个悖谬的结果。清教徒认为奢华是一项罪恶。这样一来，他们积累财富的驱动力就同一种严苛而素朴的个人生活方式结合在了一起。这就意味着早期的资本家并不是自觉的革命分子。他们没有打算发起一场资本主义革命。到了今天，对于多数人而言，为了一种感召而工作的想法已经衰退了，成功的企业家拥有海量的物质产品，维持着奢侈的生活方式。在一段广为人知的行文中，韦伯（Weber 1992［1904－1905］：182）如此写道：

> 清教徒以工作为天职。而我们去工作则是出于被迫。……自从禁欲主义开始着手重新塑造世界，在世界中宣扬它的理念，物质产品就对人类的生存具有一种前所未有的控制力量。这力量不断增长，而且残酷无情……天职中的责任感就如同死去的宗教信仰的幽灵在我们的生活中徘徊。

（二）评价 韦伯的理论受到来自多方面的批评。一些人提出，远在加尔文主义之前，就可以在12世纪早期意大利的商业城市中看到他所说的“资本主义精神”的气象。还有人声称,在天主教的信仰中也有韦伯认为属于新教的“以工作为天职”观念。然而,韦伯的阐述的要旨仍然被许多人接受,他提出的论点依旧令人注目、富有启迪。如果韦伯的命题有效的话,那么对现代经济和社会发展产生决定性影响的,就是一种乍看起来似乎与之相去甚远的事物,即一套宗教理念。

韦伯的理论也符合社会学理论思维中的重要标准。首先,它提出了一种打破常识的解释,针对一项议题发展出一种新鲜的视角。韦伯之前的大多数学者都几乎没有考虑到宗教观念与资本主义的起源之间的可能联系。其次,他的理论让人领会了有可能令人困惑的事情,即为什么个体竭尽全力积累财富,却还愿意节俭地生活。再次,这一理论并不仅限于最初提出理论试图说明的那些情境,其能够对更广泛的情境有所启发。韦伯试图把握现代资本主义的起源,但也似乎有理由假定,类似的价值观念也存在于其他一些很晚才出现资本主义的社会中。最后,一个好的理论并不仅仅是有效的,也应该非常有助于产生新的观点、刺激进一步的研究。韦伯的理论在所有这些方面都大获成功,为大量的后续研究和理论分析提供了出发点。韦伯的社会学思路也大大激励了日后许多将人类行动者置于其分析核心的理论,我们下一节就来谈谈其中一些。

批判性思考

韦伯的资本主义起源理论超出了默顿的“中层理论”观。这套理论对于我们有关以消费为基础的当代资本主义社会的理解是否有所增益?体现在哪里?

四　符号互动论、现象学与常人方法学

本节我们将简要概述一些将人类行动者与社会互动置于其分析中心的重要视角。这种视角的一位典型代表是格奥尔格·齐美尔(1858—1918),人们常常说他是“第一位讨论现代性的社会学家”,指的就是他研究现代都市生活体验的作品(第六章“城市与城市生活”会讨论)。齐美尔认为社会学这门学科主要关注的是不同形式的社会互动或曰“社会化成”(sociation)(Frisby 2002)。他的那些广义上的互动论观念影响了同辈和日后许多社会学家的研究。本节就来看看符号互动论、现象学以及常人方法学的一些核心观念。尽管它们彼此之间有一些重要差异,但作为一个群组,它们与社会学中的结构理论形成鲜明对比。

乔治·赫伯特·米德(1863—1931)被奉为一种社会学思路的奠基者,即所谓的**符号**

互动论(symbolic interactionism)。这是一个总体标签,只要考察社会互动时其重点放在处于互动核心的语言和符号,这样的研究思路都涵盖在内。互动论者往往拒绝认为社会结构是客观存在的,而且他们的研究并不把焦点放在社会结构上。赫伯特·布鲁默(Herbert Blumer)(是他想出了“符号互动论”这一术语)认为,有关社会结构或社会系统的所有言论都是站不住脚的,因为说到底,只有个体及其互动真的可以讲是“存在”的。

符号互动论关注微观层面的互动,关注意义以哪些方式被构建和传递。米德(Mead 1934)提出,个体的人实际上是一个社会性的自我,产生于互动的过程中,而不是生来如此。他的理论通过儿童时期的一系列阶段追溯了自我的产生和发展,而他关于**社会性自我**(social self)的观点也支撑起了诸多互动论研究(关于米德观点的详细讨论参见第一章)。这种思路的基本前提,就是承认人在沟通中使用符号。

所谓符号,就是指涉或代表其他事物的某物,因此,词语、姿势或者物体都可以用来在互动中传达意义。然而,同样的符号可以传达不同的意义,即使是在同一背景下。例如,一枚婚戒可以被某人解释为爱和承诺的象征,但是他们的配偶则可能解释成自由的丧失。人类沟通的符号性特点明显不同于绝大多数动物行为,后者属于对客观刺激的反应。人类互动不是简单的自动行为反应,也包括创造意义的符号。有鉴于此,社会学家拒绝接受以生物学为基础的人类行动理论。

与人相会是我们生活中的寻常事。而互动论者就是要研究这类日常现象中发挥作用的仪式和不曾明言的预设。

1950年前的大约三十年间,符号互动论的中心一直在芝加哥大学的社会学系(以芝加哥学派闻名),当然这绝不是说芝加哥的所有社会学家都是符号互动论者。这个系也是以路易斯·沃思、罗伯特·E. 帕克、欧内斯特·伯吉斯为代表的“生态学”思路的家园(参见第六章“城市与城市生活”中对这种思路的讨论)。不管怎么说,拥有一处机构基地是这一思路得以推广的重要因素。

欧文·戈夫曼(1922—1982)可以说是最成功的符号互动论者。戈夫曼研究了精神“病院”、污名化过程,以及人们在社会日常接触中呈现自我的方式,这些研究都成了社会学的经典作品,既是因为其独到的研究发现,也是凭借其别致的方法论和观察风格。他借用戏剧的比喻发展其“拟剧论分析”(dramaturgical analysis),对世界各地的社会学学人产生了广泛的影响。

参阅第八章“社会互动与日常生活”中对戈夫曼视角的探讨。

现象学(phenomenology)是一种以行动者为中心的视角,探讨的是人们实际经历社会生活的方式。依其字面意思,现象学就是系统化地研究现象,即在我们的经验中呈现的事物。社会学中的现象学根源于德国哲学家埃德蒙德·胡塞尔的哲学作品,不过在社会学研究中,出生于奥地利的哲学家、社会学家阿尔弗雷德·舒茨(1899—1959)更显重要。舒茨关注人们的日常生活经验,关注这种经验通过哪些方式被“想当然”地视作属于**生活世界**(lifeworld),即被例行化地体验和经历为“自然”的世界。舒茨把这种对于世界的例行接受称为采纳一种“自然态度”(natural attitude)。在他看来,现象学社会学的目的就在于更好地理解自然态度是如何产生的,又会导致哪些后果。

舒茨很关注**类型化**(typification),即根据过往经验对所经历的现象进行分类的方式。**类型化**是司空见惯之事。我们遇到一个人,可能会想“噢,所以她是**那**种人”,或者“他看起来是个老实人”。类型化有助于使我们的世界有序,让它变得更可预测,并因此更为“安全”。但如果这变成刻板印象,也会有危险,就是说仅仅基于人们在特定社会群体中的成员资格,而对其做出不合法的概括。种族歧视、性别歧视和对于身心障碍人士的负面态度都属于刻板印象化的例证。

个体也往往会假定,别人的思维方式基本和自己一致,这样就可以安全地忽略人际沟通的问题。一旦将这类假设内化,它们就会积淀在自觉存在的表面之下,构筑起自然态度。人们以这种方式经历社会世界的重要方面,比如语言和文化,视之为客观的,外在于自身的,而(涂尔干所认为的)“社会”则被看作与个体相分离的物一般的实体。现象学社会学对社会学产生的影响或许比不上其他一些视角,但它的确孕育了常人方法学。

互动论的第三种视角是**常人方法学**(ethnomethodology),即系统地研究"本地人"(natives,特定社会的成员)用以构建他们的社会世界的方法。它的根源可以回溯到现象学哲学,但要到20世纪60年代才随着哈罗德·加芬克尔(1917—2011)和阿隆·西考雷尔(Aaron Cicourel, 1928—)的研究而为人瞩目。常人方法学猛烈抨击主流社会学,特别是帕森斯的结构功能主义。加芬克尔认为,结构功能主义把人视为"文化傀儡"(cultural dopes),即社会的社会化中介的被动接受者,而不是自身独立存在的具有创造性的行动者。加芬克尔还反对涂尔干广为人知的主张,即社会学家应当"把社会事实当作物来看待"。对于加芬克尔来说,这应该是首先予以探究的目标,而不是前提假设。常人方法学努力揭示社会事实如何被社会成员创造出来,并拥有其物一般的性质。

在第八章"社会互动与日常生活"中更广泛地讨论了常人方法学。

马克斯·韦伯的研究与其他许多行动者中心视角截然不同,同时探索了个体行动和社会结构。尽管韦伯对社会互动和微观层面的社会生活肯定很感兴趣,但他对世界宗教、经济社会学和法律系统的研究通晓丰富史实,比较意识鲜明,关注社会的整体发展及其方向。这与韦伯之后的互动论传统形成了明显对比,后者对于社会生活微观层面的关注会强得多。微观与结构(或"宏观")思路之间的分隔是社会学当中旷日持久的理论两难之一。

第三节
持久的理论两难

从古典社会学家开始,有一种论调已经变得平淡无奇了,即认为他们的作品,乃至整个社会学的研究,都遗留下一些理论两难,聚讼不已。这些两难涉及一些整体思路,究问我们**能够**怎样或者**应该**怎样去"做"社会学,其中有两个业已被证明尤其难以消除。

旷日持久的问题之一,在于我们应当赋予社会结构和人类行动以怎样的相对权重。个体在多大程度上属于有创造力的行动者,能积极主动地控制自己生活的条件?我们的行为是否大多是超出个体控制的普遍社会力量的结果?这项议题被称为"结构与行动的问题"。它之所以成为"问题",是因为社会学家在关注点应该摆在哪一端这个问题上分成两派。例如,行动导向的思路强调人类行为积极主动、富于创造的一面,而功能主义以及马克思主义的某些流派强调社会结构对于个体的约束性质。

第二个两难关注的是共识与冲突。一些理论将人类社会内在的秩序与和谐看作社会最持久的特性。在它们看来,社会最明显的特征就是延续和共识,不论这些社会随着时间的推移会发生多么大的变化。其他一些理论则将冲突的普遍性视为社会生活的基本构造,而不只是非同寻常或短暂一时的特性。它们认为,社会中充斥着各种社会分裂、张力与斗争;如果相信人们大多数时候都和睦相处,就属于一厢情愿。我们将依次探讨这两种两难。

一 社会结构与人的行动

涂尔干认为,社会优先于个体的人,因为它远远大于个体行动之和;它具有一种堪比物质环境中的结构的"稳定性"或"固定性"。想象一个人置身有几个门的房间。房间的结构限制了此人可能的活动范围。比如,墙和门的位置限定了进出的路线。社会结构对我们所能做的事情施加了类似的限制,并且在这个意义上来说它"外在"于个体。涂尔干(Durkheim 1982[1895]:50)如此表述这种观点:

> 当我尽自己作为兄弟、丈夫或公民的职责,遵守我所订立的承诺时,我是在履行法律和风俗所规定的义务,它们外在于我以及我的行为……与此类似,信徒自出生起就发现社会上早就有了他这种宗教生活的信仰和仪轨;如果说它们是在信徒之前就存在的,也就是说存在于信徒个人之外。我用于表达思维的符号系统,用于结算债务的货币制度,用于商业往来的信贷手段,以及从事职业活动的规范,诸如此类,都不受我利用它们的方式的影响而发挥功能。

虽然这种结构视角有很多追随者,但也遭到了尖锐的批评。如果"社会"不是许多个体行动的结合体,那它又是什么?如果我们研究一个社会群体,我们并没有看到一个集合体或"事物",只会看到以多种方式彼此互动的许多个体。同样地,我们所说的"社会",不过是彼此联系、以有规律方式行事的许多个体的集合。根据互动论者的观点,人类如何行事自有理由,他们居住在一个由意义建构而成的社会世界里。社会现象并不类似于"物",而是依赖于我们赋予它们的符号意义。这意味着我们不会任凭外在"社会"摆布,而是它的创造者。

然而,结构视角与行动视角之间的差异或许言过其实,并且我们很容易就能看到两者之间的联系。社会结构的确先于个体而存在,并且限制个体。例如,我没有发明我所使用的货币体系,如果我想拥有用钱能够买到的商品和服务,我也不能选择是否要用这一货币体系。另一方面,如果假定社会以类似于物质世界的方式"外在于"我们,可就搞错了。即使人类灭绝了,物质世界仍将存在,但是货币体系却不会。而且,"社会事实"并不能完全**决定**我们的行动。我可以选择不使用钱而生活,即使一天天地维持生存可能很困难。作为人,我们可以做出选择,而不只是对周遭事件做出被动的反应。

超越结构与行动? 很多社会学家认为,结构视角与行动视角之间的区分徒劳无益,也不乏将这两者结合到一种理论视角中的尝试。在这一小节中,我们来简单谈谈其中两种比较成功的尝试,这两种思路对比鲜明,分别来自诺贝特·埃利亚斯和安东尼·吉登斯。

1. 诺贝特·埃利亚斯与型构社会学

德国社会学家诺贝特·埃利亚斯(1897—1990)认为,结构—行动这一两难是早前哲学思维方式的残余,属于有待克服的障碍。社会学从哲学那里继承了这个"问题",而哲学还留下了一系列其他**二元对立**,比如心—身、个体—社会以及微观—宏观。社会学理论家往往会在逻辑问题上,在评估知识诉求的有效性方面,敬重哲学家的专业技能。但是,对于埃利亚斯而言,社会学是一门兼具理论性和经验性的独特科学,所生产的知识更具有经验维度上的充分性,因此,社会学家并不需要哲学家来为他们做裁断(Kilminster 2007)。

结构—行动两难既无助于事,又有欠精确(其他所有这类两难都是如此)。例如,个体与社会之间的区别暗示了每一端都有"物一般"的存在,也意味着个体截然有别于社会。但是,使用这些术语去讨论社会生活,其实极具误导性,因为"它们助长了这样的印象,即社会是由外在于个体的结构所组成的,而个体既被社会所环绕,却又被某种看不见的障碍所隔开"(Elias 1978:15)。

埃利亚斯认为,社会学所研究的总是在网络中或是互赖关系中的(复数的)人。埃利亚斯称这些互赖网络为**型构**(figurations),而他开创的思路则被称为**型构研究**(figurational studies),有时也被称为过程社会学(process sociology)(Mennell 1998)。这一理论举措看似简单,实则不然。如果我们以社会型构为**出发点**,就会得出颠覆性的结论。作为个体的人并不是被埋没在物质身体中的自发的、"封闭的"存在,仅在互动时才与他人发生接触,有点儿像台球之间的碰撞。埃利亚斯认为,人类是"开放的人"(open people),他们的个体认同以及"自我"是在社会关系的网络中社会性地生成的,即他们是社会性自我(Burkitt 2008)。

古旧市场展示了经济交易中的结构与行动。买家受到约束,必须以某种通行货币来支付(结构),但最终的价格却可以商讨(行动),而不是基于固定价值。

另一方面,通常被称为“社会”的“事物”根本不是物,事实上,它是变动不居的型构的长时段社会过程(Van Krieken 1998:5-6)。在埃利亚斯看来,必须采取一种长时段视角,因为只有通过回溯过去的社会生活的发展,我们才能获得切合实际的对于现在、对于我们自己的理解。埃利亚斯坚持型构视角,聚焦于这种延续性的社会过程,相较于那些将“社会”视为一个物一般的静态实体来讨论的理论,显然是个进步。

例如,埃利亚斯在《文明的进程》(Elias 2000[1939])一书中,回溯了从欧洲中世纪以来“文明的”举止规范的演变,例如餐桌上的礼仪。这些规范最初是在宫廷里发展起来的,那里的人被期望控制自己的行为和情绪。但是伴随着地位竞争的过程,它们扩散到了其他社会阶级。因此,从前的人们那些颇为奇异的习惯和风俗并不仅仅是与现代生活无关的历史轶闻。实际上,对于我们视之为“自然”而接受的那些标准,只有领会它们如何历经漫长岁月而演变至此,我们才能理解它们的存在。

有关埃利亚斯“文明的进程”理论的讨论,第二十二章“民族、战争与恐怖主义”中的“经典研究 22.1”,展现了他如何处理社会结构与个体行动。

埃利亚斯的型构视角并不是试图“弥合”社会学中的结构—行动两难，而是有效地彻底消解了“问题”。社会学家根本不需要单纯聚焦于微观层面的小规模互动，或者宏观层面的社会结构和制度。要理解互相依赖的人们形成的变动不居的型构，我们就必须关注人类生活的方方面面，从个体的人格到民族国家或城市等概念所体现的大的型构。

话说回来，埃利亚斯的思路也有一个问题，就是型构这个概念几乎算不上新颖。有许多社会学研究使用过网络、完形或者互赖关系等观念（Fletcher 1997：60）。埃利亚斯是否对其核心概念的重要性夸大其词了？他辩称，重要的或许并不是型构/过程概念本身，而是怎么用它。第二个问题是，埃利亚斯倾向于将“社会”大体视作许多有意行为合成的无意后果。但这样也许并没有充分重视政府、社会运动或跨国公司之类基于自身利益塑造社会的强有力的行动者（Van Krieken 1998）。然而，型构社会学已经发展成为一股兴盛的研究传统，有自己的期刊，涌现出不少富有魅力的研究。

2. 安东尼·吉登斯与结构化理论

安东尼·吉登斯提出了另一种期望弥合“结构”和“行动”之间鸿沟的方式。吉登斯不同于埃利亚斯，并不拒绝哲学，认为社会学必须“留意”哲学问题：“如果做社会科学的人不直接将社会科学与哲学问题相关联，社会科学终将迷失”（Giddens 1984：ⅶ）。哲学争论有助于我们理解社会生活，不应被忽视。不过，吉登斯也把核心关注放在个体行动促进结构化的活动上，这与埃利亚斯对于社会过程的兴趣颇有几分类似。

吉登斯的思路始于认识到，人们在日常活动的过程中，积极地塑造和重新塑造社会结构。比如，我使用货币体系这一事实，对于这种体系的存在而言，尽管微小，却至关重要。如果每个人，哪怕只是大多数人，在某一时刻决定不使用货币，“物一般的”货币体系就会瓦解。要分析积极塑造以及重新塑造社会结构的这类过程，**结构化**（structuration）是一个很有用的概念（Giddens 1984）。结构化理论认为，“结构”与“行动”必然是相互联系而不是彼此对立的。只有当人们做事情有规律可循，并且颇可预测，才能说社会、社区或群体具备“结构”。另一方面，只有个体掌握了大量先于作为个体的他而存在的社会结构化的知识，“行动”才是有可能的。

以语言为例。语言要想存在，就必须结构化，也就是说，它必须具备能让每个说话者遵循的特性。一个人除非遵循某些语法规则，否则他在任何场合讲的话都不会有意义。然而，只有当使用语言的个体在实践中切实遵守那些规则，语言的结构性特征才能存在。我们可以说，语言与其他社会制度一样，始终处于结构化的过程之中。

互动论者相当正确地指出，人类行动者具有高度的认知能力。社会生活要求我们遵守许多复杂的习俗，例如陌生人路过或在街上相见时的仪式。另一方面，我们在行动中

即时通信和短信之类的数字技术已经促使人们为这些新的语境创造出新的语言规则和方法(比如表情符号),语言的言说者如何改变语言的结构及规则,由此例可见一斑。

运用知识时,会赋予所运用的规则和习俗以力量和具体内容。结构化总是以这种"结构二重性"(duality of structure)为前提的,这意味着所有的社会行动都以结构的存在为前提。而与此同时,结构也以行动的存在为前提,因为结构有赖于人类行为的规则化。

有关结构—行动问题的这一解决办法也遭到了批评。争议之一是在特定背景下赋予结构和行动的相对权重。吉登斯的结构化理论虽然在弥合鸿沟方面做出了值得称道的尝试,但它似乎过分强调行动者的结构化力量在塑造社会生活中的作用。尽管语言之类的社会结构被视为富有效力,但结构化理论仍然认为,人的行动有能力改变和重塑这些社会结构,无论后者力量有多强,确立有多久。但在经验研究切入具体案例之前,并不能提前确定这种立场究竟在多大程度上符合实际情况。

玛格丽特·阿彻(Archer 1995,2003)理解结构化理论的立场,但认为吉登斯的理论讨论囿于描述性。仅仅指出结构和行动是相互构成的,即一个蕴含着另一个,这是不够的。社会学的说明需要去确定,在特定案例中,究竟是结构还是行动才是社会现象的原因。吉登斯正确界定,结构和行动之间持续的相互作用有一个确定的时间序列,即现存的社会结构→个体行动→调整过的社会结构,如此类推。在具体研究中追溯这一持续序列,应该有可能发现是结构还是行动更具效力。

对于结构—行动的问题,似乎永远也不会找出让所有社会学家都满意的解决办法,鉴于各式各样的视角和理论都更趋向两难的其中一端,情况就更是如此。而且,社会学家也往往会偏向结构视角或行动视角,就看他们自己的社会背景和生活经历了。但不管怎么说,上面讨论的两种思路表明,人们越来越希望给这个旷日持久的问题降降温。

批判性思考

型构和结构化这两个概念在多大程度上有助于我们解决结构—行动问题?型构社会学真的绕开了弥合结构与行动之间鸿沟的需要吗?根据结构化理论,究竟什么是社会结构?

二 共识与冲突

第二个旷日持久的两难是共识与冲突。对于涂尔干而言,社会是一组互相依赖的制度。实际上,绝大多数功能主义思想家都把社会看作统合一体的整体,由相互紧密交织的结构所组成。这同涂尔干对“社会事实”的制约性、“外在”性的强调很是符合。然而,这里不是拿一座建筑物的墙壁来作类比,而是拿身体的生理机能作类比。

身体是由各种专门化的部分如脑、心、肺、肝等组成的,每个部分都有助于维持整个有机体的生命。它们必须相互适应地工作;否则,有机体的生命就会受到威胁。与此类似,一个社会要想长久延续,其专门化的各项制度,比如政治系统、宗教、家庭和教育系统,都必须相互协调地工作。这就是一种共识视角,聚焦于社会如何维系一体。

那些主要关注冲突的人则看到非常不同的图景,他们的主导假设就体现在马克思的阶级冲突理论中。根据马克思的观点,社会被划分为占有不平等资源的阶级,并且由于存在这些明显的不平等,会有“嵌入”社会系统的利益划分。这些冲突发展到某个程度就会爆发成积极的社会变迁。在马克思之后,其他学者也将性别、族属分隔或者政治分歧确认为冲突的来源。对于冲突理论家来说,社会不可避免地包含区分和张力,无论是哪个社会群体比其他社会群体更强。

同结构与行动的情况一样,这种理论上的争论不可能彻底终结。然而,还是要再次指出,共识与冲突观点之间的差异并不像看起来那样大。所有社会都可能就价值观达成某种松散的整体一致,当然也都包含冲突。一般来说,社会学家始终必须考察社会当中共识和冲突之间的关联。不同群体持有的价值观,以及其成员所追求的目标,常常表现为兼具共同利益和对立利益。例如,甚至在马克思的阶级冲突理论中,不同的阶级也分享一些共同的利益。资本家依赖劳动力在他们的企业里工作,与此同时,工人需要资本家为他们提供工资。如果双方的共同利益压过不同利益,公开冲突就不会持续。有鉴于此,马克斯·韦伯认为,工人阶级的未来在于迫使资本主义做出让步,而不是试图去推翻它。

意识形态是有助于分析冲突与共识之间关系的一个概念,其指的是以损害较为弱势的群体为代价来保护较为强势的群体的地位的观念、价值观和信仰。权力、意识形态和冲突总是紧密相连的。意识形态的支配地位常常能够造成共识的表象,因为意识形态观念的内化使得人们接受机会、地位与处境的巨大不平等。

掌权者可以主要依靠意识形态的影响来维持自己的支配地位,但往往也会在必要的时候使用暴力。例如,封建时期的贵族统治是由一小部分人“生而治人”(born to govern)这样的观念支撑的;但是,贵族统治者常常诉诸暴力来对付那些胆敢对抗他们权力的人。近来,2010 年到 2012 年所谓的“阿拉伯之春”,中东和北非一些表面稳定的社会爆发了一连串示威抗议,表现了被压抑的挫折与深层的利益冲突。在利比亚、巴林以及叙利亚,当诉诸民族自豪感和共享团结的呼吁落空后,当局转而借助军队力量来扑灭抗议。该例表明,无论是共识还是冲突都不是“自然的”:两者都是社会过程的结果。

第四节
社会的转型与社会学

▼

关于资本主义社会的特征及其未来的所谓马克思—韦伯之辩,占据了社会学的大部分历史。马克思和韦伯都认为,资本主义的兴起是决定性的发展,塑造了全世界各个社会的方向。只是他们对于可能去往何方有不同见解。马克思认为,资本主义比此前任何一种经济体制都更具活力。资本家互相竞争,把自己的货品卖给消费者;为了在竞争的市场中生存下去,企业不得不尽可能以经济而高效的方式制造货品。这就推动了持续不断的技术革新,因为企业努力在市场竞争中获得一席之地。资本主义企业同时力求开拓新的市场以销售商品、获得廉价原材料和劳动力。对于马克思来说,资本主义是一个无休止的扩张体系,扩散到全球各地。

马克思对于资本主义扩张的说明强大有力,但并不是所有学者都认为资本主义是塑造现代世界的最重要的力量,并且面对社会主义或共产主义可能是未来的生产方式这样的命题,也有人表示怀疑。

马克斯·韦伯是最透彻地批判马克思的论家之一,世人把他的研究说成是与“马克思的幽灵”,即马克思留下来的思想遗产,做毕生斗争。韦伯固然同意说,经济因素在社会变迁中扮演着至关重要的角色,但是,观念和意识形态之类的**非经济**因素同样发挥着它们的作用。例如,韦伯(和马克思一样)提出,物质利益是历史的主要推动力,但韦伯认为这些利益是由观念引导而进入特定的方向,正如在铁路交轨处引导充满动量的火车的“扳道工”。韦伯对于现代社会及其行进方向的理解与马克思截然不同。

根据韦伯的观点,资本主义只是塑造社会发展的几个主要因素中的一个,从某些方面来看,科学与科层制的后果更具影响。科学已经塑造了现代技术,而且大概还会在未来不管什么样的社会主义社会中发挥作用，而科层制依然是组织大量人员的最有效的途径。科层组织必然随着现代生活而扩张，成为理性化的核心源泉。所谓理性化，即基于技术知识，依据效率原则，来组织社会和经济生活。韦伯还与马克思针锋相对，提出资本主义实际上提供了创新源泉，以抗衡科层支配扼杀生机的“死亡之手”。

关于社会变迁的解释哪一种是正确的呢？也许对于今天的社会学家来说这并不是最迫切的问题。社会学要想获得成功，它的理论和视角必须能够阐明社会和社会生活的核心特征。诚然，就工业化、资本主义和科层制扩张等方面而言，马克思、涂尔干和韦伯的经典理论及其后世化身的确做到了这一点。但是针对变动中的性别关系、多元文化社会、全球化、人为风险或者环境问题，它们可能并不是最佳指导。我们现在是否需要新的理论，超越经典，甚或引领社会学进入新方向？

对于经典的意义关联是否延续至今的追问，构筑起了本章余下的部分，我们会来谈谈正在重塑这门学科的一些晚近理论与视角。首先我们讨论基于女性主义与后殖民主义立场对社会学自身做出的一些重要批判。这些视角直指社会学理论无视女性的体验，忽视了殖民支配。然后我们将转向另一些新近视角，它们声言当代社会已经发生了早期理论未曾预测到的改变。这就引发了一个问题：在风险、全球化和后现代主义的时代，经典是否还有生机活力？

发挥你的社会学想象力 3.1

马克思与韦伯：塑造现代世界

广义的马克思主义观点	广义的韦伯主义观点
1.资本主义经济机制的扩张是现代发展的主要动力。	1.生产的理性化是现代发展的主要动力。
2. 阶级不平等将现代社会分割开来，系其根本特征。	2. 阶级是现代社会中包括男女不平等在内的许多不平等中的一类。
3. 主要的权力差别，比如导致男女位置差异的权力差别，归根结底源于经济不平等。	3. 经济系统中的权力与其他来源可以分离。例如，男女不平等不能从经济角度来说明。
4. 现代社会(资本主义社会)是一种过渡类型，我们可以期望它们未来会彻底重组。社会主义终将取代资本主义。	4. 理性化注定将在未来社会生活的所有领域不断推进。所有现代社会均依赖于相同模式的社会与经济组织。
5. 西方影响扩及全球主要是因为资本主义企业的扩展趋势。	5. 西方的全球影响源于它掌控了工业资源，再加上军事力量优势。

批判性思考

依次对比这几项，评估这两种理论哪一种更好地经受住了时间的检验。是否有可能得出总体结论，判定哪一种理论视角最准确地描述了 **20** 世纪发生的社会变迁的方向?

全球社会 3.1

麦当劳化? 理性化?

你只要在麦当劳餐厅吃过饭,无论在国内还是国外,可能会注意到许多相似之处。内部装修或许各具风格,说的语言也各有不同,但整体布局、点单步骤、员工制服乃至“微笑服务”基本都是一致的。与其他许多餐馆相比,在麦当劳就餐的显著差别之一就是整个过程何其高效。雇员团队成员各自负责明确无误的专门化工种:一个炸薯条,另一个烤肉饼,第三个把肉饼放进小圆面包并加上沙拉。整个流程大部分是自动化的,按钮一按就有奶昔,油炸锅设定好了温度,收款机上每样货品都有专属按键,员工甚至都不必掌握食品售价。

但社会学家为何需要关注快餐呢? 乔治·瑞泽尔(Ritzer 1983,1993,1998)指出,麦当劳的例子生动形象地刻画了晚近的经济文化转型。他说,我们正在见证社会的“麦当劳化”:快餐店的基本原则逐渐支配社会的其他领域。瑞泽尔认为,现代社会运用麦当劳餐厅的四大指导原则,即**效率**、**可计算性**、**统一性**和**自动化控制**,日趋“理性化”,而麦当劳只是这个过程的最佳范例。他注意到,“麦当劳化”比“汉堡王化”或“星巴克化”更朗朗上口。

瑞泽尔与韦伯类似,也认为**理性化**的长期过程会悖谬地带来非理性的后果。韦伯看到科层组织延续着自己的生命,扩散到所有社会生活领域,其后果利弊互见。无独有偶,瑞泽尔也提出,麦当劳化看似理性的过程却孕育着一系列的非理性:从“高热、高脂、高胆固醇、高盐、高糖”的食物对于我们健康的损害,到所有包装每餐即弃对于环境的破坏。最重要的是,麦当劳化是“去人性化”的。人们排着队往前走,宛如处在传送带上,而员工则一遍又一遍重复着相同的任务,好似机器人。

瑞泽尔的命题在社会学中产生了相当大的影响,尽管近些年来,麦当劳已经被迫改变了某些做法以参与全球经济竞争,根据全球特定市场的当地文化调整其“产品”,这本身也是实践当中的**全球地方化**(glocalization)的范例。

一　女性主义与男性主流社会学

公认的社会学奠基者都是男性（正如我们在第一章所见），他们对男女两性的体验差异或者性别关系几乎没有什么关注。仅有的讨论之处，他们的观念也往往只是描述性的，在理论上不能令人满意。例如，在涂尔干的作品中偶尔会讨论到男女两性之间的差异，但并不是以一种一以贯之的社会学方式（Rahman and Jackson 2010：56）。涂尔干（Durkheim 1952［1897］）认为，男性“几乎完全”是社会的产物，而女性“在相当大程度上”属于自然的产物，因此他们的身份认同、品味以及倾向产生于不同的基础。今天的社会学家不会接受这种带有刻板印象的结论，它以不合理的方式将女性的认同本质化了。

马克思和恩格斯的观念与涂尔干的具有实质差异。在他们看来，男性和女性在权力和地位上的性别差异主要反映的是其他分隔，尤其是阶级分隔。照马克思的讲法，在人类社会最早期的形态（原始共产主义）中，既没有性别分隔也没有阶级分隔。男性对于女性的权力只是随着阶级分隔的出现而出现的。女性被看作男性通过婚姻制度而拥有的一种“私人财产”。唯有推翻了资本主义，消除了阶级差别，女性才能从奴役状态中解放出来。

不过，现在也有社会学家不接受这一分析。他们认为，阶级并不是塑造影响男女两性关系的社会分隔的唯一因素，还有其他好些因素，包括族属和文化背景。例如，某些少数族群的女性与同族群男性的共性，可能要多过与多数族群中的女性的共性。近年来，社会学家对**交叉性**（intersectionality）的研究兴趣猛增，即关注阶级、性别以及族属区分通过哪些方式互相结合或“交叉”，产生形式复杂的社会不平等（Brewer 1993；P. H. Collins 2000）。交叉性并不意味着阶级分析的终结，但是它的确表明，需要有更多的研究跨越传统的理论界限。

对于将性别议题与地位更稳固的理论思考形式相结合，经典遗产并没有留出多少发挥的余地，也就给社会学家留下了一个棘手的问题。“性别”作为一个一般范畴，如何纳入既存的社会学理论？这里涉及的问题很重要，并直接关系到女性主义学者业已提出的挑战。过去的社会学大多忽视了女性，或者按照对于性别关系的不充分理解展开研究，对此大家并不存在什么实质争议。但是将女性研究纳入社会学是一回事，处理性别议题是另一回事，因为性别涉及女性与男性之间的关系。例如，有关性别的研究既研究了女性特质的形式变化，也探索了男性特质的形式变化，并且随着**酷儿理论**（queer theory）的出现，性别概念本身也暴露出了不稳定性。

下一节将简要概述女性主义理论阐述对社会学的影响，而有关性别的更细致讨论可以参考第十五章“性别与性相”。合而观之,这些章节介绍了性别在社会中的意义,以及性别对于社会学的意义。

女性主义理论 20世纪六七十年代,女性运动的游说活动促成了许多立法变化,旨在应对女性在社会中的不平等位置。一旦女性主义学者成为大学中研究院的成员,女性主义理论就开始挑战男性支配的或者**男性主流的社会学**。后者在社会学理论阐述中蕴含着明显的男性偏见,仅基于男性的经验归纳出一般结论,研究方法也不打算捕捉女性的经验;至于社会学的研究主题本身,也只是聚焦于(男性支配的)公共领域,忽视了公认以女性为导向的属于家庭(families)和家户(households)的私人领域。当时有一句女性主义口号,“个人的就是政治的”,如此一来,此前被视为私人的事情就变成了社会学合法的研究主题。

有些女性主义社会学家也要求对整个学科进行综合重建,包括构成其内核的关键问题,强调为了让对社会世界的分析令人满意,必须把性别置于核心地位。简言之,

> 女性主义对男性主流社会学提出的挑战,是要求对整个事业的内容和方法论进行彻底再思考;是认识到不仅仅要从男性立场再加上女性立场来看社会,还要看到社会根本上就是性别化的。(Abbott et al. 2005:3)

社会学在这个方向上行进了多远,仍然聚讼不已。一些人认为,社会学的理论仍旧是“前女性主义模式”的(Acker 1989:65);另一些人则认为,女性主义所做出的改造这门学科的承诺,还是社会学中一场“依然缺失的革命”(Alway 1995)。不管怎么说,仅在性别相关议题应该如何以及究竟能否予以理论阐述的问题上,女性主义的不同视角之间就存在诸多分歧。

“女性主义理论”这个术语涵盖了一系列立场,并且范围还在不断扩大,现在确认的就有六七种不同视角。从早期的自由主义理论、社会主义/马克思主义理论、激进女性主义理论,经过二元体制女性主义和批判的女性主义,再到后现代主义/后结构主义的女性主义、黑人女性主义以及后殖民女性主义。这些视角大部分都能在第十五章“性别与性相”中找到更详细的讨论。

女性主义理论如此纷繁多样,乃至于不可能再说什么单一的或一体的“有关社会的女性主义理论”。但我们可以说,这些理论都认同,知识是同对性与性别的追问相关联的,也都认为在男权制(patriarchal)社会中,女性面对着压迫。然而,有关女性地位的理论说明各见分歧,有时十分显著。例如,激进的女性主义者会将男权制(patriarchy)视为压迫的主要来源,而二元体制理论家则认为男权制和资本主义结合起来再生产了男性支配。黑人女性主义者既强调种族、种族主义以及族属都应纳入女性主义理论阐述,又批评之前的理论预设所有女性都有本质上相似的利益,尽管她们的生存境况天差地别。

因为男性和女性有着不同的经验,并从不同的视角看世界,所以在建构自己对于世界的理解时,运用的方式不会完全一致。女性主义者经常主张,男性主流的社会学理论否认或忽视了知识的“性别化”本质,基于(通常是白人)男性的特殊经验,却推导出据称是普遍的结论。由于男性在绝大多数社会中都循例占据富有权力和权威的重要地位,并持续投资以维持其优势地位,在此状况之下,性别化的知识就成为一种关键力量,有助于维持既有社会安排,使长久延续的男性支配合法化。

一些受后结构主义或后现代思想(见下文讨论)影响的女性主义学者,包括唐娜·哈拉维(Haraway 1989,1991)、埃莱娜·西克苏(Cixous 1976)以及朱迪斯·巴特勒(Butler 1990,1997,2004)等都曾指出,假定“男性”与“女性”是拥有各自兴趣或特征的群体,这是错误的。根据巴特勒(Butler 2004)的观点,性别本身不是一种固定的范畴或本质,而是流变的东西,不是展现于人们**是**什么,而是展现于人们**做**什么。巴特勒(Butler 1990)主张,如果社会性别是“做”(do)出来或是展演(performed)出来的东西,那么当它被一个群体用来对另一个群体实施权力的时候,它也是我们应该努力去“打消”(undone)的东西(参看第八章“社会互动与日常生活”)。

无论在学术界,还是在社会行动主义中,比如此图展示的绍索尔黑人姐妹会①,黑人女性主义都挑战了这样的观念:“女性”共享类似经验,具有相同的利益。

① “Southall Black Sisters”是关注少数族裔和女性移民权利的组织。——译者注

实际上,究竟是真有**某种**本质的性别化存在,还是"性别"处在社会建构的持续进程中而无固定的生物基础?这类触及根本的追问生动体现出女性主义思维已经走了多远,虽然在一些人看来,这些事情只是次等重要的,最重要的是针对女性,尤其是发展中国家里的女性,解决她们面临的不平等,改善她们的物质生活条件(Shiva 1993)。拉赫曼和杰克逊(Rahman and Jackson 2010:81)就认为:

> 我们今天生活在全球背景下,其特点就是丝毫不加掩饰并且日益恶化的不平等,而在全球开发与本地开发的交织中处于最劣势位置的,往往就是女性……女性内部的差异不仅仅是"文化的",其中最显著的差异乃基于真实存在的物质不平等,后者源于制度化的种族主义、千百年奴隶制的遗产、殖民主义、帝国主义,以及本土和全球的劳动分工。

20世纪70年代以来,女性主义学说取得了长足的发展,如今所求索的某些主题与"第二波"女性主义运动时涌现出的唯物论女性主义大不相同。然而,这些彼此歧异的视角恰恰展现出,女性主义思想并没有僵化停滞,而是继续前进,开辟新域。

第二十一章"政治、政府与社会运动"将进一步讨论女性主义运动。

批判性思考

你会说自己是"女性主义者"吗?如果会,原因何在?如果不会,又是为何?在你看来,女性主义要想维持与年轻世代的关联,应该关注哪些议题?

二　后殖民社会学?

女性主义学者指责传统社会学和社会学理论忽略了性别的核心议题。而论及身心障碍、性相以及族属,也可以提出类似的忽略指责。从某种程度上说,这门学科负有罪责,当然如今要轻得多了。近些年来,也有人质疑社会学中还有另一场"缺失的革命",即后殖民主义的革命(Bhambra 2007)。

后殖民理论(postcolonial theories)纷繁多样,但是它们的核心关注都在于探究,在之前的殖民地获得独立很久之后,欧洲殖民主义的遗产以哪些方式依然在各个社会和各门学科中发挥作用。后殖民研究不仅尝试揭露这些阴魂不散的遗产,而且尝试改变没能阐明各种殖民与后殖民关系的核心概念和理论。例如,有关社会学起源的那些规范讲法(包括第一章“什么是社会学?”里的讲法)列举工业革命和法国大革命作为促使社会学形成的要素,却完全不重视殖民主义和帝国主义在塑造现代社会中的重要意义。与此类似,后殖民评论家认为,由于社会学是作为欧洲现代性的重要组成部分兴起的,因此社会学的眼光曾经是并且现在依然是欧洲中心主义的,只限于分析“现代”社会,未能融入被殖民社会的经验。他们提出,社会学亟须“去殖民化”(decolonization)。

无独有偶,社会学理论也只是侧重说明现代性的兴起,分析它与先前社会之间的根本区别。马克思探讨西方资本主义,涂尔干论述机械团结和有机团结,韦伯剖析新教伦理与资本主义的起源,这些作品中都明显体现出这种倾向。但是在这样做的时候,早期的社会学家其实是将非欧洲社会概括为“前现代”社会,或者某种角度上的“传统”社会。自 19 世纪晚期开始,这种状况促生了学科分工,社会学聚焦于现代工业社会,人类学处理的则是非欧洲、非现代的世界(Boatcă and Costa 2010)。人类学不得不承认殖民体制以及日后的后殖民处境的影响,但社会学却选择了回避,没有对殖民主义、帝国主义以及国家间后殖民主义关系进行任何系统性的考察。

许多后殖民的阐述力图使之前被边缘化的那些人和观点,也就是**臣属者**(the subalterns),有能力平等参与,一起重塑社会学之类的学科。有一部早期的后殖民作品,即爱德华·萨义德(Edward Said)的《东方学》(*Orientalism*, 1978),鲜明地刻画了这个问题。此书批评了西方有关“东方”(the Orient, or the East)的学术研究。萨义德抨击了那些“东方学者”(Orientalists),即 19 世纪晚期到 20 世纪早期所谓地区研究传统中的那些学者,他们分析的是中东、非洲和亚洲。他们在讨论东方时靠的是与“西方”(the Occident, or the West)的鲜明对比,其中西方是“正常的”,优越的,而东方则被视为西方的带有异域风情的“他者”。换句话说,西方的学术界生产出有关东方的被视作权威的阐述,但是并没有接纳任何当地人或学者的贡献。

萨义德提出,“东方学”的运作基于如下假定:东方社会作为一个群组,在一些基本方面具有相似性,因此可以将它们视为一个集体予以讨论,同时它们又迥异于西方文化。这一对比随之被用于“说明”东方为何未能成功开启现代化。萨义德借鉴福柯有关社会中的话语权力的观点,把学院中的东方主义看成有关西方优越性的全社会话语的一个侧面,是这样的话语在根本上支持了政治与经济上的殖民统治。东方学远不是政治上中立的客观学术活动,而是西方对东方各国施加其权威的一种方式。

你可能会认为,当代的社会学已经远远超出早期的欧洲中心主义,因为全球化迫使社会学家的视野大大拓展,除了研究工业化国家,也考察发展中国家。然而,后殖民理论家却反驳说,即使是晚近的社会学理论,也仍然囿于陈旧的思考方式。例如,许多全球化理论把全球化过程看作资本主义和工业主义从西方向世界“其余部分”扩散,并携带着西方文化的根本特征。如此,社会学的理论阐述就能够继续“照常营业”,而不用修改其核心概念与理论。至于这种结论在多大程度上属实,你得自己去下判断。

晚近的女性主义和后殖民主义批评要求人们重新思考社会学的基础本身。话说回来,并非每个人都认同这样做是可能的或是必要的。首先,本书以及其他一些教材,除了讨论全球不平等、民族及民族主义、战争之外,其实也广泛涵盖性别关系、女性主义理论、身心障碍、性相及族属,还有其他大量主题。这就表明,社会学并没有自外于社会趋势、新兴理论以及态度变化。实际上,置身这个迅速变迁的社会世界,社会学这门学科要想保持意义关联,就**必须**做出改变,“与时俱进”。至于在那些抱守特定视角的人看来,它的改变是否已经足够,那在相当程度上是另一个问题了。

其次,女性主义理论和后殖民主义的内部也存在争论,这意味着它们对于社会学的批评同样会随着时间而改变。正如麦克伦南(McLennan 2010:119)所言,“重要的是切合现实,以免被道德主义冲昏了头脑;所有的思想体系,在关注焦点、表现风格和可用技能上,都不可避免地蕴含着种族中心主义。不仅如此,这甚至意味着,所谓使社会学‘去殖民化’或者‘后殖民化’,其**意思**远非一清二楚。”我们应当期待的是,社会学将继续直面它所遭遇的纷繁多样的挑战,做出调适,并就此发展出相应的理论。

三　后结构主义与后现代性

米歇尔·福柯(1926—1984)、雅克·德里达(Derrida 1976,1978)以及茱莉亚·克里斯蒂娃(Kristeva 1984,1977)是被称为**后结构主义**(poststructuralism)的思想运动中最有影响力的人物。不过,福柯的观念在社会学和社会科学中影响最大。福柯在探讨犯罪、身体、疯癫与性相的著作中,分析了监狱、医院、学校这些现代制度/机构(institutions)的出现,它们在监管和控制人口上扮演了越来越重要的角色。他想要揭示,相对于个体解放,启蒙理念还有较为黑暗的一面,关乎规训(discipline)与监控(surveillance)。针对现代组织体系中的权力、意识形态与话语之间的关系,福柯提出了一些重要的观念。

在社会学中,对于权力的研究至关重要,而福柯也延续了经典社会学所开创的一些思路。**话语**(discourse)的角色在他的思考中居于核心,他用这个词来指关于特定主题的由共同假设统合起来的说话方式或思考方式。比如说,福柯论证了有关疯癫的话语是如何从中世纪开始,历经戏剧性的方式,转变成今天的样子。在中世纪,疯子一般被认为没有害处,一些人甚至相信他们可能在感知方面“天赋异禀”。然而,在现代社会,“疯癫”已经受到一种医学化的科学话语的塑造,这种话语强调疾病和治疗。医生、医疗专家、医院、专业协会以及医学杂志组成一整套网络，高度发达，深具影响，支持并延续着这种话语。

有关福柯作品的更详细讨论，可参看第十一章“健康、疾病与身心障碍”。

根据福柯的观点，权力通过话语塑造大众的态度。专家话语是由握有权力或权威的人确立的，也往往只能由相与竞争的专家话语来制衡。这样一来，话语就可以作为有力的工具，限制另类的思考或说话方式。知识变成了一种控制力量。福柯作品中有一个显著主题贯穿始终，就是权力和知识如何与监控、强制以及规训的技术相关联。在社会学中，这一视角拓展了社会学家在这一学科的许多领域中思考权力关系的方式。

从 20 世纪 80 年代中期开始，倡导**后现代主义**（postmodernism）的人宣称，古典社会思想家的灵感来自这样一种观念：历史具有特定的形态，它“去往某处”，因此是进步性的。但是，现在这种观念已经崩溃了。不再有任何有意义的“元叙事”（metanarratives），也就是关于历史或者社会的整体观念（Lyotard 1984）。他们认为，后现代的世界并不是如马克思所希望的那样，注定会成为一个和谐的社会主义社会。与此类似，还有一种观念，即相信科学将不可阻挡地引领社会进步，在核武器和全球变暖的时代，其合理性也是大打折扣。民主已经扩散到全世界，但是在许多发达的政治系统中，选民冷漠麻木，而政治人物则饱尝诽谤。简而言之，在许多后现代理论家看来，现代性的宏大规划已经深陷困境。

在让·鲍德里亚（1929—2007）看来，后现代时代是一个特别的世界，人们对媒体影像而非真实的人或者场所做出反应。所以，当威尔士王妃戴安娜于 1997 年去世时，全世界迸发出巨大的悲恸。然而，人们是在悼念一个真实的人吗？对于绝大多数人来说，戴安娜王妃只是通过大众传媒而存在，她的死亡被呈现为一出肥皂剧事件，而不是现实生活中的事件。当所有的存在都是“超真实”（hyperreality），即实在（reality）与表征（representation）的混合时，再要将实在从表征中分离出来已经不可能了。

有关鲍德里亚与超真实的讨论，参见第十八章“传媒”。

齐格蒙特·鲍曼（Bauman 1992）区分了两种思考后现代的方式，颇有助益。我们是需要一种后现代性的社会学（sociology of postmodernity），还是一种后现代社会学（postmodern sociology）？第一种观点承认，社会世界在快速趋向后现代。大众传媒急速增长与

鲍德里亚认为,大众传媒尤其是电视支配了社会生活。这种观点正是后现代理论的典型例证。

扩散,新兴信息技术,人群在世界范围内更便捷地流动,以及多元文化社会的发展,凡此种种,都意味着我们不再生活在一个现代世界,而是生活在一个后现代的世界。然而,基于这种观点,并没有令人信服的理由去断言,社会学没有能力描述、理解和说明这个方兴未艾的后现代世界。

第二种观点认为,有一类社会学固然成功地分析了属于资本主义、工业化以及民族国家的现代世界,却不再有能力探讨后现代世界,它是去中心化的、多元的、传媒饱和的(media-saturated)、全球化的,因此必须构思出新的理论和概念。简言之,我们需要一种面向后现代世界的**后现代社会学**。至于这样一种社会学会是什么样子,仍然不太清楚。

鲍曼承认,欧洲启蒙运动所孕育的那个现代规划,即以理性的方式去塑造社会,已经不再有意义可言,至少像孔德、马克思或其他古典理论家以为可能的那种思考方式是没有意义了。然而,自 21 世纪初以来,他已经远离了“后现代”这一术语,认为该词用法杂多,已经被用滥了,现在他将我们的时代描述为“流变的现代性”(liquid modernity),反映出事实上,**尽管**人们想方设法要强加上(一种现代的)秩序和稳定,但这个时代依然处在持续不断的流动和不确定之中(Bauman 2000,2007)。

当然,许多社会学家全盘拒绝所谓我们正在进入一个后现代时代的主张。尤尔根·哈贝马斯(Habermas 1983)坚定地批判后现代理论,认为现代性是“未完成的规划”(an incomplete project)。我们不应该将其扔进历史的垃圾桶,而是应当继续扩展它,促进**更多**的民主、**更多的**自由、**更多的**理性政策。他提出,究其根本,后现代主义者都是些悲观主义者和失败主义者。

无论你认为哪种看法更为合理,事实上,后现代分析已经在全球化理论面前丧失了地盘,全球化理论已经成为理解21世纪社会变迁方向的主导理论框架。

批判性思考

列举可能支撑后现代性理论的所有社会变迁。这些合在一起,能否构成后现代主义者所认定的那种社会彻底转型?还是说有什么替代方式可以描述它们?

四 反身性、风险与世界主义

第四章会深入讨论全球化理论,我们在此就不提前展示了,而是来看看当今认定全球化**正在**促使人类社会转型的三种重要理论。提出这些理论的社会学家,都拒绝接受认为现代性已死的后现代观念。

(一)安东尼·吉登斯论社会反身性 吉登斯在他自己的著述中提出了一种理论视角,探讨当下世界发生的变迁(Giddens 2002,2009)。今天我们生活在一个特别的世界,他称之为“失控的世界”(runaway world),突出表现为乌尔里希·贝克概括的那类新型风险与不确定性(Beck 1999)。生活在一个信息时代,也就意味着**社会反身性**(social reflexivity)的增加。所谓社会反身性,指的是事实上,我们不得不持续思考或者反思我们过日子的处境。

当社会还是由习俗和传统来塑造时,人们可能会以更加非反身性的风格,遵循既有的行事方式。而在今天,生活中被前辈们径直视为理所当然的许多方面,已经成了开放决策的事情。比如,千百年来,人们找不到任何有效的方法来限制自己家庭的规模。而有了现代避孕手段,有了生殖领域其他形式的技术干预,父母们不仅可以选择生几个孩子,甚至还可以决定生男生女。当然,这些新的可能性也会带来新的伦理困境。

然而,提出失控的世界这个观念,并不意味着我们已经**不可避免地**失去了对于自己未来的控制。在一个全球化的时代,国家确实失去了曾经拥有的一些权力。比如说,2008年的信贷危机,以及紧跟着发生的经济衰退,清楚展现出政府自身对其国民经济的影响力相比从前大大削弱了。但是,由于许多政府共同合作,制定策略,提供资金,帮助受创最重的国家,这一危机也表明了各国可以齐心协力,重新定义其对于这一失控的世界的影响。

正式的政治框架之外的志愿团体和社会运动也可能扮演重要角色,但是它们并不能代替正统的民主政治。民主体制仍然是至关重要的,因为这些群体的主张五花八门,利益也各有不同,比如说,有些积极游说更加宽容地对待堕胎,也有些信念与此针锋相对。民主政府必须对这些纷繁多样的主张和关注做出评估和反应。

社会学作为一门学科,也无法不为这些社会变迁所动,社会学家对自己的研究实践以及对研究对象的影响变得更具反身性。如今再看,学院"专家"与不富学识的"外行"之间的划分不再那么刻板。参加访谈、焦点小组、问卷调查等研究步骤的人,也越来越多地参与研究过程的其他方面,比如提出适当的问题,判别伦理的议题,评阅研究报告初稿。这样的深度参与能够提高研究发现的效度,因为社会学家可以先与研究参与者核查他们的解释,然后再得出确凿的结论。从目前的趋势看来,反身性可能会继续扩展到社会生活中的更多领域。

(二)乌尔里希·贝克——第二现代性中的风险 德国社会学家乌尔里希·贝克(1944—2015)也拒斥后现代主义。我们与其说生活在一个"超越现代"的世界之中,不如说其实正在进入一个他所谓的"第二现代性"(the second modernity)阶段。第二现代性是指现代的各项制度日益全球化,日常生活逐渐摆脱传统和习俗的束缚。旧的工业社会正趋于消失,并且被"风险社会"逐步取代。

贝克并不是认为当代世界比过往的时代更有风险,而是指出,我们所必须面对的风险的本质正在改变。风险现在更多地源于我们自身的社会发展,而不是自然的危险或灾害,而科学技术的进步使其变本加厉。比如说,全球变暖所体现的或许是当今最为严重的环境问题。但科学界的共识在于,这并不是一种简单的自然灾害,而是过去二百五十年来工业污染和现代交通排放积累的过多温室气体导致的结果。科普作家称这类问题为"自然的报复"(revenges of nature)。

科学与技术的发展创造了新的风险情境,与以往时代大为不同。科学和技术显然造福了我们,但也带来了难以估量的风险。所以,没有人确切知道,在基因疗法或纳米技术之类新技术的发展中蕴含着怎样的风险。例如,转基因作物的支持者主张,这至少有可能让世界上最贫穷的国家摆脱营养不良,为每个人提供廉价的食物。怀疑者则声称,它们可能给人类的健康带来危险的意外后果。

第五章"环境"将更详细地讨论贝克有关风险的观念。

照贝克看来，风险社会有一个重要特点，就是它的危害并非限制在特定的空间、时间或社会。今天的风险会影响到所有国家，所有社会阶级；它们的后果是全球性的，而不仅仅是针对个人的。2001 年在纽约和华盛顿，2002 年在巴厘岛，2004 年在卡萨布兰卡和马德里，2005 年在伦敦，以及其他多地，这一连串恐怖袭击改变了人们对于自己的社区遭受极端暴力的风险的预期。对恐怖主义的恐惧导致了全世界的经济低迷，尤其是 2001 年 9 月之后的数月时间，工商企业都不愿贸然进行大规模投资。恐怖分子的袭击也改变了国家对于公民自由及其安全之间平衡的考量，许多国家削减了公民自由权利，试图增强对于潜在的恐怖分子威胁的监控。

而在日常生活层面上做出的很多决策也变得充满风险。由于两性关系的不确定性增加，风险与性别关系实际上密切相关（参阅第十章“家庭与亲密关系”）。一代人之前，在发达社会，婚姻是一个简单明确的生活转变过程——人们从未婚到已婚，这被认为是一种非常持久的处境。而今天，许多人生活在一起却没有结婚，离婚率也比较高。任何一个人准备和另一人发展关系时，都要考虑这些事实，也必须计算风险，估测在不确定的背景下获取快乐和安全的可能性。

2011 年 3 月，日本沿海发生 9 级地震并引发海啸，海水灌进福岛第一核电站，导致三处堆芯熔毁，泄漏出放射性物质。尽管日本东海岸始终面临地震和海啸的风险，但我们对核电站的开发却使之变成严重得多的灾难。

(三)世界主义 近些年来,贝克的思想跟随他人的脚步(Vertovec and Cohen 2002;Benhabib 2006),发展成一种**世界主义**(cosmopolitanism)的理论(Beck 2006;Beck and Grande 2007)。贝克版本的世界主义理论始于批评"以民族国家为基础"的思维,即把国族社会当作主要分析单位的社会学理论。贝克(Beck 2006:18)认为,这种"国族眼光"(national outlook)"无法领会到,政治、经济和文化等维度的行动及其(有意与无意的)后果是没有任何边界的"。在我们这个全球化时代,国家的边界变得更具渗透性,个体国家的力量减弱,社会现实正在全面地世界主义化。社会学家还在用国族社会和国际关系这样的术语思考问题,而与此同时,甚至就在他们身后,"世界主义化"的过程正在发生。如果不加引导而任其发展,世界主义化将在呈现出许多威胁的同时带来诸多机遇,尤其是那些通过跨国企业大肆盘剥的人,他们在全球寻求廉价劳动力和利润最大化。

贝克认为,囿于民族国家的狭隘观点在应付全球变暖之类的新型风险时成了一种阻碍。至于说到对付国际恐怖主义,我们就必须问清楚,我们在**为**什么而战斗。贝克认为,这必须是一个基于对文化多样性的承认与接受而建立的世界主义体系。世界主义国家并不仅仅是为反抗这世上的恐怖主义而战,而且要为反抗酝酿恐怖主义的**缘由**而战。对于贝克而言,世界主义是以非常积极的方式应对全球问题,这些问题在个别国家的层面上似乎无法解决,但通过合作是可以掌控的。新式的行动策略也正在显现,我们看到出现了所谓"亚政治"(sub-politics)的领域。这是指民主政治正式机制之外的群体和机构的活动,比如生态组织、消费者组织或人权组织。

贝克承认,从普遍主义或世界主义的角度来思考并不真的新鲜。此前,超越民族国家的公民身份观念是游历广泛、人脉宽广的社会精英的专享,他们会**自主地**选择自己的定位,比如"欧洲人"或者"世界公民"。但是,如今的世界主义在全球化进程中的根基要牢固得多,潜在的影响力也更大了。贝克认为,社会学家如果还是简单地分析新兴的世界主义的世界社会,已经不够充分了;要想应对与全球化相关的问题,他们也应该参与塑造世界社会的积极发展方向。

批判性思考

对于发展中国家而言,环境风险意味着什么?与贫困或营养不良之类的现象相比,环境风险在全球范围内的分配是否更为平等?

小结：发展中的社会学理论

▼

本章走马观花一般回顾了社会学理论阐述的历史，并简略讨论了一些有影响的理论、趋势和评论。马克思、涂尔干、韦伯等古典思想家的观念在社会、政治以及经济的剧变中形成，他们提供的视角正是要去理解这些变迁。而我们正生活在一个全球转型的时代，其力度可谓同样深切，但却被全世界更多的地区更广泛地感受到。如果社会学就是要去说明使当今社会发生转型的那些发展趋势，我们似乎越来越需要更新我们的理论视角，让它们焕发生机。

然而，这个结论并不意味着我们应该完全抛弃旧有的理论视角。社会学的理论如果仅仅通过内部的争论来发展，就不可能取得成功。它必须赋予我们切入当今核心议题的洞见，必须在保持内在逻辑协调的同时充分契合经验。让新旧视角相互接触，以检验和比较它们的效力，可能会更有收益。社会学理论的历史表明，成功的视角始终处在发展过程中，而非僵化停滞。例如，新马克思主义的理论如今依然与马克思的原初观念关联密切，足以辨识，但是它们也因为环境的变化而不得不做出相应的修改、补充与更新。涂尔干与韦伯的观念也经历了同样的过程。

与此同时，现代社会学理论纷繁多样，也促成更多的理论跨越古典与当代之分而相互融合。的确可以说，诸如此类的理论综合既能更新古典传统以应对重大社会变迁，又最有希望维护古典传统的精华。正如上文最后一节所示，最好的当代理论都会保有能力，阐明我们时代新涌现出的议题。

本章要点

1. 对于早期社会学家来说,实证主义的主要魅力是什么?

2. 概述马克思的“唯物史观”。说明马克思在阐述资本主义的兴起时是如何使用这种史观的。

3. 涂尔干说我们应当“将社会事实当作物”。这一陈述意味着什么?日后的功能主义理论家如何借鉴了涂尔干的观念?

4. 在马克斯·韦伯的“新教伦理”命题中,宗教在资本主义的起源中扮演何种角色?这一阐述是否能与马克思的相融合?还是说,它们是两种相互竞争的理论?

5. “符号互动论”中的符号是指什么?你认为现象学与常人方法学之间的主要差异在哪里?

6. 诺贝特·埃利亚斯如何尝试通过“型构”概念解决结构与行动的“问题”?以货币为例,说明吉登斯的“结构二重性”观念如何可能弥合结构与行动之间的分隔。

7. 女性主义理论与研究永远改变了社会学。但是有“女性主义社会学”这种东西吗?抑或女性主义与社会学两者根本对立?有些女性主义理论家认为,社会学未能充分容纳性别这一概念,根据何在?

8. 后殖民主义、后现代主义、后结构主义等理论中的前缀“后”,是否意味着批判既存的视角而没有自立任何新的东西?对于现代性时代业已过去这一后现代观念,你有多相信?

9. 乌尔里希·贝克所说的“风险社会”是什么意思?今天的风险与人们过去面临的那些有多少差别?

10. 对于当代全球化世界,涂尔干、马克思和韦伯等人的经典理论是否仍是很好的指引?它们有助于我们理解今天社会生活的哪些方面?

研究实践

我们已经看到,社会学据说源起于工业化的社会、经济和政治后果,以及法国大革命的余波。然而,社会学随后的历史与发展却充满理论分歧,新的视角层出不穷。我们能够怎样理解这段历史?阅读理查德·基尔明斯特的文章,并回答随后的问题。

R. Kilminster, 2014, ‘The Dawn of Detachment: Norbert Elias and Sociology’s Two Tracks’(超然的肇始:诺贝特·埃利亚斯与社会学的两条轨迹), *History of the Human Sciences*, 27(3): 96-115。

1. 描述基尔明斯特在论文中讨论的“两条轨迹”，概述其主要差异。

2. 与社会学理论相关的“涉入”与“超然”是什么意思?

3. 概括这一观点:社会学脱胎于哲学思考，但最终与其分离。社会学真的是一门“后哲学”的学科吗?

4. 如果按照作者的主张，埃利亚斯的理论是一种“综合”，那么它的理论构成要素是什么?

5. 社会学是否有可能继续作为一门在理论上奉行多元主义的学科，还是会通过基尔明斯特所说的“埃利亚斯式”替代方案，更好地服务于这门学科的科学进步?

深入思考

区分经典的和当代的社会学理论或社会理论已属惯例。但是，这样来讨论理论，会造成两方对峙，而那些在经典与当代之间的理论也毫无立足之地。针对马克思以降的社会学理论运动，或许更好的思考方式是视之为一个持续的发展过程。

基于这一观念以及图 3.1，就所列的 1960 年到 2000 年的各位理论家中的三位的核心观念展开你自己的研究。在他们的论点中有可能同时发现经典主题与当代主题吗? 对于你所研究的三位理论家，你认为是什么或者是谁产生了主要的理论影响? 他们是如何引领社会学的理论阐述超越经典时代的观念的?

艺文探析

有很多电影和小说借用了阴谋论，即强调富于机谋、资源丰厚以及/或者强大有力的群体在按照自己的目的塑造事件以及社会生活中的作用。由乔治·诺非(George Nolfi)导演的《命运规划局》(*The Adjustment Bureau*, 2011)就是晚近一例。观看这部电影，记录它如何处理下列主题:

- 关于社会结构与人的行动的问题
- 韦伯关于科层支配的观念
- 现代性、理性以及后现代观念
- 有关性别的刻板印象

如果说在这部影片中有一则社会学核心信息，你觉得是什么?

阅读指津

有关社会理论和社会学理论的书籍,属于社会学各分支中数量最多的一类。浏览几本,看看哪一种风格适合你的需要,是个不错的想法。关于本章所讨论的理论,有一本入门书写得不错:皮普·琼斯和利兹·布拉德伯里合著的《社会理论导引(第三版)》(Pip Jones, and Liz Bradbury, 2017, *Introducing Social Theory*, 3rd edn, Cambridge: Polity)。还有一本思路略有不同,即史蒂文·迈尔斯的《真实世界中的社会理论》(Steven Miles, 2001, *Social Theory in the Real World*, London: Sage),它展现出理论如何可能有助于我们理解日常世界。

由此出发,米凯莱·狄龙的《社会学理论导引:理论家、概念及其在21世纪的应用(第二版)》(Michele Dillon, 2014, *Introduction to Sociological Theory: Theorists, Concepts and their Applicability to the Twenty-First Century*, 2nd edn, Chichester: Wiley-Blackwell)是一部涵盖全面的教科书。而乔治·瑞泽尔的《社会学理论(第八版)》(George Ritzer, 2011, *Sociological Theory*, 8th edn, Maidenhead: McGraw-Hill)也是一部出自享有盛名的专家的佳作。

至于经典理论,肯尼思·莫里森的《马克思、涂尔干、韦伯:现代社会思想的形成》(Kenneth Morrison, 2006, *Marx, Durkheim, Weber: Formations of Modern Social Thought*, London: Sage)一书值得信赖,并将有第二版问世。而乔治·瑞泽尔和道格拉斯·J. 古德曼的《经典社会学理论(第四版)》(George Ritzer, and Douglas J. Goodman, 2010, *Classical Sociological Theory*, 4th edn, New York: McGraw-Hill)所讨论的理论家涵盖面更广。至于当代理论家,安东尼·埃利奥特的《当代社会理论导引(第二版)》(Anthony Elliott, 2014, *Contemporary Social Theory: An Introduction*, 2nd edn, London: Routledge)写得很好,也颇为全面。

请记住,到了某个阶段,就必须去翻阅本章所提及的理论家观点的原典文本。归根结底,只有这样你才能形成自己有关它们长短优劣的评价,因此我们强烈建议这样做。

关于社会学理论的原典文集,参阅辅助读物《社会学入门文选(第三版)》(*Sociology: Introductory Readings*, 3rd edn, Cambridge: Polity, 2010)。

网络导航

政体出版社有关本书的更多信息和支持:

www.politybooks.com/giddens

已故社会学家协会(The Dead Sociologists' Society)——有关经典和早期理论家的上佳资源：

http://media.pfeiffer.edu/lridener/dss/deadsoc.html

女性主义理论网站(The Feminist Theory Website)——来自学界的女性主义理论与视角，设在美国弗吉尼亚理工大学：

www.cddc.vt.edu/feminism/enin.html

社会研究所(The Institute for Social Research)——今日法兰克福批判理论（德语）：

www.ifs.uni-frankfurt.de/forschung

现象学在线(Phenomenology Online)——现象学家与常人方法学家：

www.phenomenologyonline.com

专注于某些当代理论家研究的一系列网址：

诺贝特·埃利亚斯：http://norbert-elias.com/en/

米歇尔·福柯：http://foucault.info

第四章

全球化与社会变迁

2014 年巴西足球世界杯上的伊朗球迷。

1930 年,首届世界杯足球赛在乌拉圭举行。有 13 支代表队参赛,乌拉圭队赢下了首届赛事。2014 年,世界杯足球赛决赛阶段比赛在巴西举行,32 支球队参赛,德国队成为冠军。不过,2014 年赛事的资格赛阶段共有来自全球各大洲的 208 支球队参赛。大约 340 万球迷入场观看了在巴西进行的 64 场比赛,而数以亿计的观众通过电视观看了决赛,使得世界杯击败奥运会,成为全球观众人数最多的体育赛事。足球世界杯的规模扩张,范围普及,简单明了地刻画出全球人口之间的联系愈益密切,相互依赖的程度越来越深。社会学家把这个形态多样的过程称为**全球化**(globalization)。

不过,国际体育赛事并不只是体现了全球化进程,还推动了这一进程。体育运动的全球化包括从世界各地延揽运动员,电视观众越来越具全球性,吸引的广告商来自诸多国家,塑造了大众对于运动产品及其周边的消费需求,比如运动服装、书籍、音像以及其他大量商品(Sage 2002:226-227)。就这样,网球、高尔夫球、台球之类的个人运动和竞技,以及足球、橄榄球和篮球等团队运动,不仅是文化现象,也已经成为生意,在全球市场上,生产着作为一种景观的运动,伴随着运动商品的制造及消费。近些年来美国

篮球在商业上和文化上大获成功,就是很好的例证,马圭尔的概括非常到位(Maguire 1999:14):

> 遍及全球的各国民众定期调准卫视收看美国男篮职业联赛(NBA)。在这些比赛中,来自北美和欧洲的最佳男运动员一展身手。运动员使用的装备,篮球、球鞋、球衣等,在欧洲和北美各地设计,资金来自美国,在环太平洋地区制成。然后,这类装备销往全球大众市场。以篮球鞋为例,这种装备由取自"发展中国家和地区"的原材料做成,其气垫分子结构,就耐克而言,是在(美国)华盛顿州研发并申报专利,在中国台湾制造的。还有其他几家跨国企业也参与了这一款全球文化产品的生产和消费的各个阶段。产品本身是由一个全球传媒体育生产综合体提供的,在电视上看得到,而电视本身又是作为一个全球电信网络的一部分制作出来的。

在20世纪,英式足球获得了巨大的成功,被广泛视为"全球运动"。足球传遍世界,到了世纪末,英超联赛(English Premier League, EPL)成为商业上最成功的国家联赛。不过,到了21世纪,美国篮球迅速成长,挑战足球作为首屈一指的全球运动的地位。尤其是全美篮球协会在中国成功推销这项赛事,现在中国城市里打篮球的人数是踢足球的两倍(Borger 2008)。就全球范围内活跃的打篮球的纯粹人数而言,篮球拥有更多的参与者。

但体育运动只是被日益加剧的全球关联所转变的生活领域之一。本章下文我们将探讨这一主张:仅仅在过去四十年左右的时间里,全球化速度加快且强度增加。在此之前,我们需要将现有的全球化问题论辩置于时间跨度大得多的框架内,然后再来简单勾勒相当长时段内的人类发展历程。只有这样,我们才能更好地理解,现代工业资本主义社会的发展如何将人类世界推入了当下的全球轨迹。

第一节
正在消逝的世界

▼

如今,我们已然习惯拥有上千万人口的社会,生活在人口稠密的城市地区。但纵观历史,这并不寻常。在人类历史的大部分时间里,人口规模较小,分布也比较稀疏,只是到了相当晚近的时期,才出现了**大多数**人口是城市居民的社会。要想理解在现代工业制度之前存在的社会形态,我们必须借助我们的社会学想象力的历史维度。

在欧洲的“地理大发现时期”，被派出的探险家、商人以及传教士遭遇了纷繁多样的民族和文化。欧洲探险家在各地偶遇过仅有二三十人的小规模游牧人群，他们依靠狩猎和采集为生，频繁迁徙，并通过食用野生动植物存活。在南美、北美以及东亚的部分地区，人群规模较大，相对定居在基于农耕的社区中。而在中国以及其他一些地方，他们发现了发达的帝国，有城市、阶级、宫殿，以及令人印象深刻的军事力量(Harris 1978)。

如此纷繁多样的人群和社会，其实可以分为三种主要类型：**狩猎与采集社会**，较大的**农耕社会**或**游牧社会**(包含农业或饲养家禽家畜)，以及**传统国家和文明**。如表4.1所示，伴随着社会类型的前后继替，全球人口的规模也趋于扩大。

表 4.1　前现代人类社会诸类型

类型	存在时期	特征
狩猎与采集社会	公元前5万年至今。目前濒临完全消失。	规模较小，以狩猎、捕鱼和采集可食植物为生。 几乎不存在不平等。 仅以年龄和性别区分等级。
农耕社会	公元前12 000年至今。目前大部分属于更大政治实体的一部分，其独特属性正在丧失。	以小的农业共同体为基础，没有城镇或城市。 以农业为生，常常以狩猎和采集作为补充。 相较于狩猎和采集人群，有更明显的不平等。 族长统治。
游牧社会	公元前12 000年至今。今天大部分属于更大的国家；传统生活方式正在被瓦解。	规模从几百人到成千上万人不等。 依靠驯养家畜来维持生计。 以显著的不平等闻名。 族长统治或尚武统治。
传统的社会或文明	公元前6000年至19世纪。所有传统文明目前均已消失。	规模非常大，有些达到几百万人口。 有一些城市，贸易和制造业为其中心。 主要基于农业。 不同阶级之间存在显著的不平等。 有国王或皇帝领导的单独的国家机器。

一　早期的社会

人类在地球上生存的几乎所有时间里，都生活在**狩猎与采集社会**(hunting and gathering societies)中。狩猎者和采集者靠打猎、捕鱼和采集野生可食植物为生。这些文化继续存在于非洲的少数干旱地区，以及巴西和巴布亚新几内亚的丛林地区。然而，绝大多数狩猎与采集文化都在西方文化(欧美澳新文化)的扩张之下遭到破坏或吞噬，而那些幸存下来的文化也不太可能长久保持不受侵蚀。截至 1970 年,世界上只有不到 25 万人是狩猎者和采集者,大约占当时世界总人口的 0.001%(参见图 4.1)。

几百个哈扎(Hadza)部落民继续过着狩猎—采集的生活,这是狩猎—采集者在东非最后的残存。“国际生存组织”估计,过去五十年里,哈扎人已经丧失了他们大约一半的家园。

大多数狩猎与采集群体中几乎不存在不平等,因为除了满足基本的需求,他们并不累积物质财富。他们主要关注的通常是宗教价值观念、庆典和仪式活动。所需的物品仅限于狩猎的武器、挖掘和筑造的工具、捕捉装置以及烹饪用具。因此,不存在任何明显的财富和所有物差别,也就没有任何清晰的贫富分隔。位置或等级的不同往往仅限于年龄和性别:男人几乎总是狩猎者,而女人采集野生植物、煮饭和带孩子。这种性别化的劳动分工意义重大,因为男人往往会支配公共庆典的位置安排。

精神分析的奠基者西格蒙德·弗洛伊德(Sigmund Freud, 1856—1939)曾经将狩猎—采集者,例如传统的澳大利亚土著,描述为“最落后、最悲惨的野蛮人”,他们没有任何“合格的”宗教或房屋(转引自 Barnard 2004:1)。但是,狩猎—采集者并不是“原始”人,他们的生活方式与今天的社会绝非不再有任何关联。研究他们的文化会让我们更清楚地看到,现代制度并不是所有社会的“自然”属性。我们不应该把狩猎—采集者的生活方式理想化,但是,没有战争,几乎没有财富和权力的显著不平等,注重合作而非竞争,这些的确挑战了弗洛伊德的负面评价。

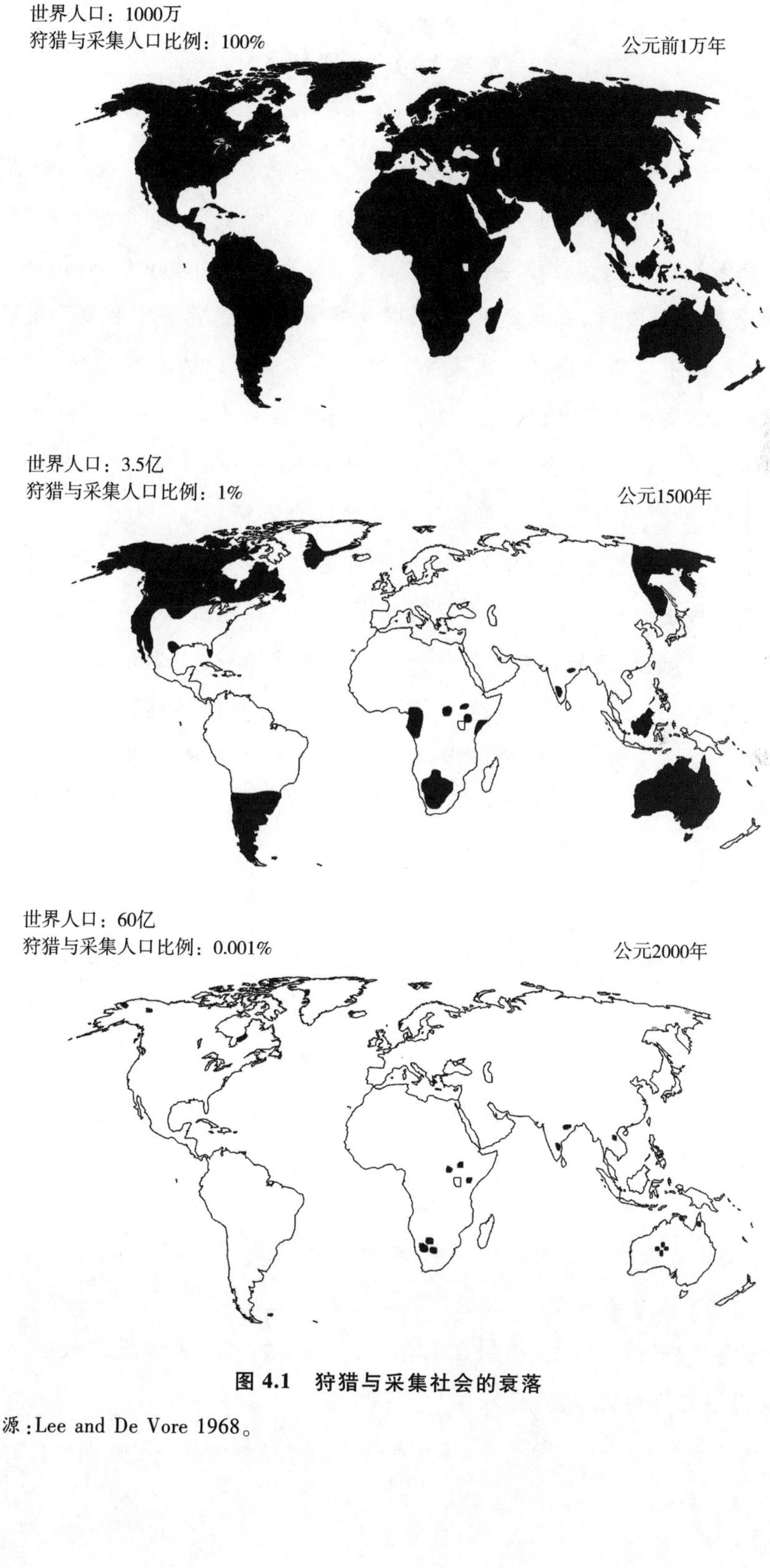

图 4.1　狩猎与采集社会的衰落

资料来源：Lee and De Vore 1968。

全球社会 4.1

人类与火的驯化

纵观人类历史进程,人类逐渐学会如何更多地控制自然环境,并且能够将这种有用的知识传播给地理上相距遥远的群体,也传承给自己的子孙后代。在《火与文明》(*Fire and Civilization*, 1992)一书中,荷兰社会学家约翰·古兹布洛姆(Johan Goudsblom, 1932—)提出,有一项发展尤其重要,就是发现了火,以及发明了生火、用火和控制火的技术。

学会了生火和用火的人类群体就赢得了对那些不能如此的人的支配。最终,所有的人类社会都能够制造和使用火,这使得他们可以支配其他动物。古兹布洛姆笔下火的发展历史在相当程度上表明,社会如何为了自身的便利,努力去操控和管理自然环境。尽管在这个过程中,社会也面临压力,要改变自身的社会组织。

从用于取暖和烹饪的家庭小型用火,一直到现代的集中供暖系统和大型发电厂,随着火力制造范围的逐渐扩展,也就需要更为复杂的社会组织形式。早期的人类学习如何制造和管理小火苗时,必须组织起来以保持火苗的持续燃烧,监管它们,同时要保护自身安全。后来,随着驯化了的火被引入私人家庭,社会就需要能够控制火的专家,像是消防队和防火顾问。随着大型发电站的出现,保护它们免遭潜在的侵袭,有必要的话则诉诸武力,就变得非常重要。今天,更多的人都前所未有地更为依赖方便易得并可简单控制的火。

古兹布洛姆还注意到火的驯化导致的另一个后果,即个体心理的不断变化。为了使用火,人们不得不克服他们之前对火的恐惧,这种恐惧或许源于目睹自然发生的山林野火、雷击致燃或火山爆发。这个任务可不轻松。这意味着要控制他们的恐惧和情感足够长的时间,以便利用火的可能益处。这种情感控制慢慢地被感知为属于"自然的",以至于人们今天几乎难以想象,人类究竟是用了多长时间,才达到他们对于情感和深藏的恐惧如此高水平的情绪控制。

然而,甚至到了今天,火还会导致伤害,摧毁森林、家园、居家住所和工商企业。火总是形成威胁,要逃离人类社会的控制,无论这控制看上去多么牢不可摧。我们能够从这项研究中学到的社会学教益是,人类社会和自然环境之间的关系乃是一种不可避免的双向过程,即人类各个社会试图去控制自然环境,但是,在它们这样做的同时,自然环境也会强加给它们一定的约束和要求。

（一）游牧与农耕社会 公元前 20 000 年左右，也就是最后一个冰河时代的高峰，一些狩猎与采集群体开始饲养家畜，并开垦固定的小块土地，以此维持生计。截至公元前 5000 年，世界各地有了许多群体和社会以农耕为生（Mithen 2003）。**游牧社会**（pastoral societies）是指主要依靠驯养家畜而生存的社会，而**农耕社会**（agrarian societies）则是指种植作物（从事农业）的社会，不过许多社会兼有游牧和农业经济。

游牧者依据他们的生存环境，饲养和放牧诸如牛、绵羊、山羊、骆驼和马之类的动物。现代世界中依然可以看到许多游牧社会，特别集中在非洲、中东和中亚地区。这些社会通常位于拥有茂密草地的区域，或者是在沙漠和山区。这类区域不适于发展丰产的农业，但可以养活多种牲畜。游牧社群常随季节变化迁徙不定。鉴于这样的游牧生活方式，游牧社会里的人即便从物质角度来说生活方式比狩猎与采集社会的复杂，通常也不会积累很多物质财产。

游牧社会依然在世界的许多地区存在，如北非撒哈拉沙漠的“图阿雷格人”（Tuareg）或茵姆哈奇人（Imuhagh），他们是游牧者。

在某一时期，有些狩猎与采集群体开始播种自己的作物。这一实践活动的最初发展通常被称为“园艺”（horticulture），即人们使用简单的锄头或挖掘工具栽培小片土地。园艺和游牧类似，食物供应比狩猎和采集更为可靠，因此能够养活更大的共同体。由于他们更趋于定居，也就能够发展出比狩猎与采集共同体或游牧共同体更多的物质财产储备。如表 4.2 所示，今天在工业化国家里只有一小部分人依然在土地上劳作，但农业依然是许多发展中国家的首要就业去向，这些国家大多在非洲。

表 4.2　部分国家截止到 2015 年的农业就业(占劳动力的比例)

国家	农业从业者占比(%)
布隆迪	93.6
卢旺达	90
尼日尔	90
埃塞俄比亚	85
坦桑尼亚	80
工业化的影响	
澳大利亚	3.6
日本	2.9
加拿大	2.0
德国	1.6
英国	1.3

注:数据基于可以获得的最新国家层面的估算。

资料来源:改编自 CIA World Factbook online 2015。

(二)传统的文明　考古学家发现,有证据表明,自公元前 6000 年起,出现的一些社会比先前存在的大得多(参见图 4.2)。这些社会以城市发展为基础,由国王或皇帝来统治,因此在权力和财富上有显著的不平等。因为它们使用书面文字,并且科学和艺术也繁荣起来,因此常被称作**文明**(civilizations)。

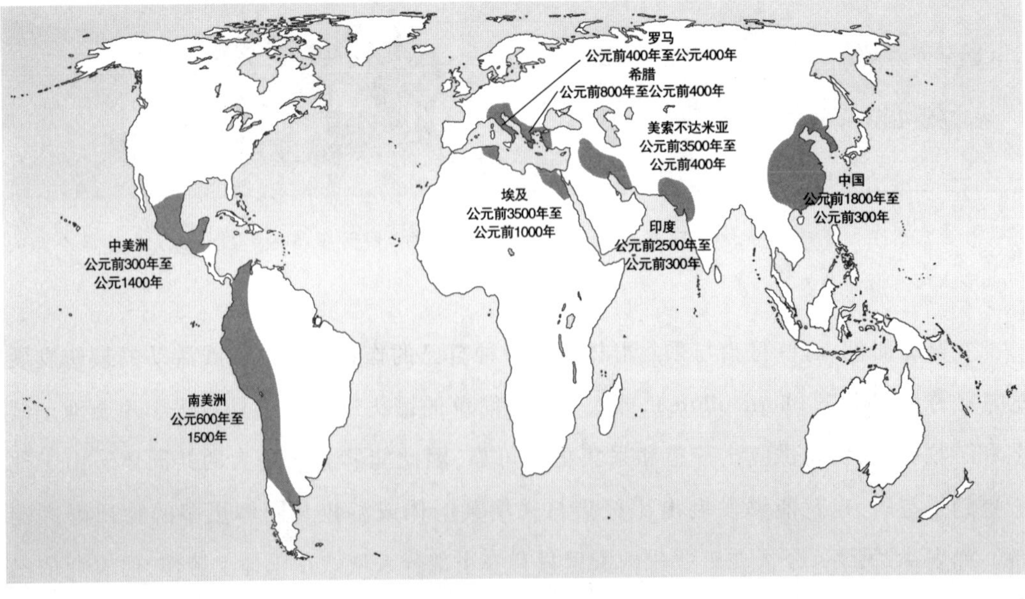

图 4.2　古代世界各大文明

最早的大型文明肇始于中东地区，通常位于肥沃的河流流域。中华帝国大约始于公元前 2000 年。当时在现今的印度和巴基斯坦地区也创建了强大的国家。墨西哥和拉丁美洲同样存在过一些大型文明，例如墨西哥的阿兹特克人，尤卡坦半岛上的玛雅人，还有秘鲁的印加人。大多数传统文明也是**帝国**(empires)，通过征服其他民族并与之融合实现扩张(Kautsky 1982)。例如古代的中国和罗马就是这样。罗马帝国在公元 1 世纪其鼎盛时期，疆域从欧洲西北部的不列颠延伸到中东以外。而延续两千多年直至 20 世纪初的中华帝国，其疆域包括如今中国领有的绝大部分东亚区域。

大型文明和帝国的出现表明，人类的扩张或“全球化”的漫长过程，自始至终都既包含各个社会的合作与相互交换，也在同等程度上伴随着侵略、战争和暴力征服。不过，现代时期到来之时，人类已经在全球各地定居下来，尽管世界人口的规模依然比较小。话说回来，这种状况即将彻底改变。

发挥你的社会学想象力 4.1

全球化世界中的孤零自处?

以下内容取自 2008 年的英国广播公司(BBC)的新闻报道。

在巴西发现的孤立部落　在南美，还有少数不曾与外界接触的土著部落，其中之一在巴西与秘鲁边界被发现并留下了影像。巴西政府说这些影像证明了部落的存在，并帮助巴西保护其土地。在飞机上拍到的这些照片展现了涂着红色颜料的部落民挥舞着弓和箭。

“国际生存组织”(Survival International)指出，世界上一百个不曾与外界接触的部落中，超过一半生活在巴西或秘鲁。该组织致力于为世界各地的部落民提供支持，其主管史蒂芬·科里说，如果这类部落的土地得不到保护，他们将“很快灭绝”。

“难以估量的犯罪”　国际生存组织认为，虽然这类群体本身人数还在增长，但该地区的其他群体却面临非法砍伐的风险。拍摄照片时，人们几次飞临位于巴西阿克里地区的亚马逊热带雨林最为偏远的区域之一。照片中，周遭丛林茂密，部落民站在茅草棚屋外，张弓搭箭，直指相机。

“我们飞越那片地区,是为了展示他们的居屋,展示他们在那里,展示他们的存在”,国际生存组织引用了小何塞·卡洛斯·多斯·雷斯·梅雷勒斯的话,当时他是巴西政府印第安事务部门的一位官员。“这是非常重要的,因为有些人怀疑这些土著的存在。”他将对这些部落及其土地的威胁描述为“对于自然世界的难以估量的犯罪”,“进一步坐实了我们这些‘开化了的’人对待世界的彻底非理性”。

疾病也是一种风险,因为过去曾有与外界接触的部落群体成员死于他们毫无抵抗力的疾病,从水痘到普通的感冒。

资料来源:BBC 2008b。

批判性思考

这则报道问世之时，许多人坚信这是一出骗局。但是，国际生存组织作为一个为部落民权利斗争的组织，面对称其报道失实的指责反驳说，“也许你会认为，事实上，除了几个孤零自处的印第安群体，印第安人都生活在政府的保留安置地，这大体可以表明他们确实不是‘未知的’……人类学家、国际生存组织，其他的非政府组织，还有巴西政府，几十年来都知道，有许多孤零自处的部落生活在那片区域”。

你觉得这则报道是一出骗局吗？说这个部落以及该地区其他部落孤立于世界其余地方而“独立存在”，这种讲法正确吗？

二 人口增长与人口趋势

人类在地球上存在还不到50万年。作为定居的必要基础的农业的出现甚至更为晚近,只有12 000年的历史。大规模的人类文明上溯不超过6000年。如果我们将人类存在的整个跨度想作一天的24小时,那么农业便出现于这一天的23时56分,离子夜仅差四分钟,而文明则出现在23时57分。经过整个漫长的时间量尺,人类逐渐扩散到这个星球的绝大部分区域,与此同时,不同群体之间的关系变得更为寻常,并常常充斥着冲突(Mennell 1996)。

现代社会的发展是在23时59分30秒才开始的。然而,就在这一人类存在日的最后30秒,所发生的社会变迁和环境变迁比此前所有时代都更为迅疾。我们在本章将会看到,社会学家称这一时期为**现代性**(modernity),它引发了社会生活更为**迅速**的**全球化**,以丰富多样的方式,将各个大规模社会联结一体,从全面而长期的经贸往来、国际政治协议和全球旅游,到电子通信技术以及便捷的大规模迁移。通过以上种种方式,人们日益相互联结、相互依赖,并具备地理意义上的移动性,可谓前所未有(Sheller and Urry 2004; Urry 2007)。

社会学中有关“流动性”的研究议程方兴未艾，参看第十六章“种族、族属与移民”中的讨论。

现代时期的变迁步伐迅疾,人口增长的速率堪为明证。意大利人口学家马西莫·利维-巴奇(Livi-Bacci 2012)研究了全球人口及其长期增长。全球人口从公元前10 000年的600**万**(估算),增长到2000年的超过60**亿**(见表4.3),到2011年底已超过70亿。然而,人口增长的步伐是非常不均衡的,自工业时代的发端即1750年左右开始加速增长。这里最令人瞩目的**人口**特性或许是全球人口“倍增时间”的缩短。即使到了1750年,人口翻倍所需的时间还是非常漫长的,用时超过1000年。到了1950年,这个时间缩短到118年,而到2000年,这个时间仅仅为40年。据联合国经济和社会事务部(United Nations Department of Economic and Social Affairs; UN 2011)预测,到2100年地球上将有超过100亿人。

如果说这个数字显得人类难以维持生存,我们别忘了,在19世纪,能有70亿人生存在地球上这样的观念是完全无法想象的,可是它的确变成了现实。联合国也指出,全球人口增长率其实正趋于下降,它期望人口在2100年后稳定在恰好超过100亿的水平。至于这种前所未有的高水平能否维持生存,不仅取决于自然环境的承载能力,也有赖于经济和技术方面的发展,有赖于社会组织机制和政治协议安排。

第五章“环境”更深入地考察了人类的这种迅猛扩张对于自然环境以及其他物种的影响。

利维-巴奇的研究告诉我们,20世纪50年代以来,人口增长的步伐、全球变迁和相互依赖等方面都发生了剧烈的变化。本章余下部分,我们将来分析全球化这个概念的多种意涵,然后考察现代性的核心特征的传播扩散。许多社会科学家认为,当前的全球化阶段是意义**最为**深远的发展,将塑造整个人类的未来。

第十四章“全球不平等”将更详细地探讨人口学这门学科提供的一些关键证据和理论。

表 4.3　人口、总出生人数及预期寿命(前 10 000—2000)

人口指标	公元前 10 000 年	公元元年	1750 年	1950 年	2000 年
人口(100 万)	6	252	771	2 529	6 115
年增长率(%)	0.008	0.037	0.064	0.594	1.766
倍增时间(年)	8 369	1 854	1 083	116	40
出生人数(10 亿)	9.29	33.6	22.64	10.42	5.97
预期寿命	20	22	27	35	56

注:对于出生人数与预期寿命,数据是指该列数据与前列数据的间隔(而就首列来说,间隔是从假设的人类起源时点到公元前 10 000 年)。

资料来源:改编自 Livi-Bacci 2012:25。

第二节

社会转型

▼

是什么导致人类历史大部分时间里存在的那些社会类型发生转型?答案的很大一部分就在于**工业化**(industrialization),这个概念在第六章“城市与城市生活”中会有详细讨论。工业化是指出现了机器生产,其基础就是在任何可能的地方广泛使用蒸汽动力或电力之类的无生命动力资源,以替代人和动物。**工业社会**(常常被称作“现代”社会或“发达”社会)与此前所有类型的社会秩序都非常不同,它们的传播扩散产生了真正具有革命性的后果。

一　现代性与工业技术

即便在最为发达的传统文明中,技术发展水平也比较低,只允许少数人摆脱农业劳动。现代技术已经转变了相当大一部分人口所享有的生活方式。根据经济史学家戴维·兰德斯(Landes 2003:5)的观察:

> 现代技术不仅生产得更多、更快，而且制造出了往日手工艺无论如何也生产不出的物体。印度最好的纺纱工纺出的纱线，也不如走锭纺纱机产出的那样精致齐整。18世纪整个基督教世界的所有铁匠铺，也比不上一台带钢轧机做出的钢板那么巨大、表面光滑、质地均匀。最重要的是，现代技术创造出了前工业时代难以设想的许多东西，照相机、汽车、飞机、从收音机到高速计算机等五花八门的电子设备、核电厂，如此等等，不胜枚举。

尽管如此，巨大的全球不平等持续存在，意味着这种技术发展并没有在全世界各个社会中被平等分享。

现代社会所特有的生活和社会制度模式即使与并不遥远的过去相比，都有着根本的差别。仅仅相隔不到三个世纪，也就是人类历史中的短暂一刻，人们就已经摆脱了持续数千年的生活方式。比如说，现在大部分就业人口都在工厂、办公室、商店和公共事业机构工作，而非从事农业生产。最大的那些城市在人口密度上和规模上都要超过传统文明中能找到的任何城市住区。

第六章“城市与城市生活”会讨论新型全球秩序中城市的角色。

在传统文明中，对于生活在相当程度上自治的地方村落的绝大多数臣民来说，政治当局（君主和皇帝）几乎不能直接影响到他们的风俗习惯。伴随着工业化的进程，交通和通信也大大提速，形成了一个更为整合的“国族”共同体。工业社会是首批出现的民族国家。**民族国家**（nation-state）是彼此之间有明确划定的边界（border）的政治共同体，它不像传统国家那样由模糊的边疆（frontier）区域隔开。国家政府对其公民生活的许多方面有着广泛的权力，制定了适用于所有居住在国界内的人的法律。当今世界几乎所有社会都是诸如此类的民族国家。

工业技术的应用绝不仅限于和平的经济发展。从一开始，生产就被用于军事，彻底改变了社会发动战争的方式，创造出的武器以及军事组织模式远比早前各类文化发达。强大的经济实力、政治凝聚力以及军事优势，合聚一处，促成了“西方”的生活方式在过去二百五十年似乎不可阻挡地扩张到世界各地。再一次，我们必须承认，全球化进程常常具有战争、暴力和征服的特征。

战争和暴力的相关议题参见第二十二章“民族、战争与恐怖主义”。

批判性思考

卡尔·马克思预测，工业化国家会向非工业化国家展示它们自身的未来图景。那你会挑选现代工业化国家的哪三项特征，作为使之迥异于早前社会的最具显著意义的特征?

二 社会的分类

从17世纪到20世纪早期,西方国家利用它们具有压倒性优势的军力和技术,在曾由传统社会占据的地区建立了殖民地。**殖民主义**的政策与实践塑造了世界的版图,直到前殖民地纷纷摆脱束缚,变成拥有自身权利的独立国家。在一些曾经只有狩猎与采集群体生活的人口稀疏的区域,比如北美、澳大利亚和新西兰,欧洲殖民者成为人口中的大多数。而在其他地区,包括亚洲、非洲和南美洲的大部分地区,当地居民仍占多数。

第三章“理论与视角”讨论了殖民主义的遗产和对于社会学的后殖民主义批判。

包括美国在内的第一类社会已经充分实现工业化,如今拥有高水平的人均国内生产总值,被称为**发达国家**(developed countries)。而第二类社会工业化程度较低,人均国内生产总值水平也较低,因为它们处于经济实力提升的过程中,被认为是**发展中国家**(developing countries)。这类国家包括中国、印度、绝大部分非洲国家以及绝大部分南美国家。从全球范围来看,这些国家大部分位于南半球,你可以看到它们相对于较为富裕的“北方”而被统称为“南方”。不过,这只是一种为方便起见的粗略概括,因为随着南方国家不断工业化,取得进一步发展,如此简单地划分世界变得愈发不精确了。一旦发展中国家的人均国内生产总值达到某个高标准,世界银行就会将其重新归类为“发达”国家。

分类图式总会引起争论,因为它们可能包含价值判断,或者给人的感受就是这样。例如,发展中国家常常被统称为“第三世界”。“第三世界”的提法属于特定的模式,就是将工业化国家置于“第一世界”,苏联和东欧的社会主义国家处于“第二世界”。但是难免让人觉得,这暗示了“第一世界”在某种程度上高于“第二世界”,而“第二世界”又高于“第三世界”。简而言之,这种图式是**冷战**(Cold War)时期来自“第一世界”的学者搞出来的[①]，他们把自己所处的社会视作标准，认为是其他所有国家都应该争取达到的目标。而1989年东欧剧变，加之一些“第三世界”国家迅速工业化，使得这种模式不能充分扣合经验现实。今天还使用这一图式的社会学家寥寥无几。

另一方面，有些人现在使用**多数世界**与**少数世界**的对比。这种图式比较了发展中国家的人口（全球多数）和发达国家的人口（全球少数）。但是，与前例类似，尽管这个图式试图扭转此前的偏见，但多数—少数的对比还是隐含标准的偏向，有利于发展中国家。鉴于所有这些分类图式都有些棘手之处，我们将使用“发达”国家和“发展中”国家，因为这种划分至少有利于提请人们注意，全世界所有国家都始终处于变迁和发展的过程中。我们认为，它尽管未臻完美，但毕竟对静态分类图式有所改进。

批判性思考

在为社会类型设计分类图式的时候，是否有可能避免偏见？基于上文的简要讨论，尝试回避“多数”“第一世界”“发展中国家”这样的用语，设计一种政治上中立的图式。

在第十四章“全球不平等”中介绍了一些分类图式，你可能愿意现在参考一下。

（一）发展中世界　今天的许多发展中国家均位于曾经遭受殖民支配和殖民统治的亚洲、非洲和南美洲地区。少数殖民地很早就赢得了独立，例如海地，早在1804年就成立了第一个黑人自治的共和国。南美的西班牙殖民地于1810年获得自由，巴西于1822年摆脱了葡萄牙人的统治。然而，绝大多数发展中国家直到1945年后才成为独立国家，并且往往要经历抗击西方强权的反殖民浴血斗争。在印度及其他亚洲国家，包括缅甸、马来西亚和新加坡，在非洲，如肯尼亚、尼日利亚、扎伊尔、坦桑尼亚和阿尔及利亚，需要借助民族主义运动和民众起义来挑战西方殖民强权。

尽管今天发展中国家中可能还有许多人仍保留传统的生活方式，但其实与之前的传统社会已经非常不同。它们的政治体制往往效仿最初在西方建立的体制，也就是说，它

---

① 一般认为这个概念最先由经济学家阿尔弗雷德·索维（Alfred Sauvy）于1952年提出。冷战时期，一些经济发展比较落后的国家为表示并不靠拢北约或华约任何一方，用“第三世界”一词界定自己。更有万隆会议、不结盟运动和七十七国集团等相继出现的国际运动作为第三世界团结的标志。——译者注

们是民族国家。尽管大部分人还居住在乡村地区,但很多社会正在经历迅速的城市化进程。

有关发展中世界的城市的成长,参看第六章“城市与城市生活”的讨论。

与此类似,尽管农业依然是许多发展中国家主要的经济活动,但粮食生产不是为了本地消费,而是为了在世界市场上销售。我们可以看到,发展中国家绝不是单纯“落后”的“原始”社会,西方殖民主义系统性地使这些国家“欠发展”,是为了掠夺其资源,而这又有助于带来西方世界的经济快速发展。殖民政权侵蚀了早前更为传统的经济和社会体系,导致这些前殖民地在独立后依然处于严重劣势。

全球贫困在第十三章“贫困、社会排斥与福利”中有简要讨论,在第十四章“全球不平等”中有更为详尽的阐述。

(二)新兴工业化国家和地区 虽然大多数发展中社会的经济发展水平不如发达世界,但有一些已经成功开启快速工业化进程。它们被称为新兴工业化国家和地区(NICs),或新兴工业化经济体(NIEs),包括巴西、墨西哥,以及所谓的“亚洲四小龙”,即中国香港、韩国、新加坡和中国台湾。东亚的新兴工业化经济体的经济增长率是西方工业经济体的好几倍。1968 年,没有任何一个发展中实体在世界出口三十强之列,但二十五年后,韩国已经跻身前十五名。

东亚的新兴工业化经济体已经展现出可持续的经济繁荣水平,它们在促进内部增长的同时也对外投资。韩国的造船业和电子业跻身世界前列,新加坡成为东南亚主要的金融和商业中心,中国台湾地区的制造业和电子业也具有重要地位。这些变化直接影响到美国这样的国家,例如,其在世界钢产量中所占份额已经明显跌落。有些经济学家提出,有些之前贫穷的国家需要重新分类,尤其是巴西、俄罗斯、印度和中国(BRIC,所谓“金砖”国家)的快速发展,甚至可以说标志着全球力量对比的天平正在向发展中世界倾斜(O'Neill 2013)。话说回来,要非常自信地得出这一结论,似乎为时过早。

新兴工业化经济体在过去三四十年时间里取得的成绩着实令人瞩目,它们实现了经济转型,从“发展中”走向了“发达”。即便 2008 年的金融危机和经济衰退的确导致了一些经济缩减,但新兴工业化经济体比大多数老牌发达经济体更为快速地安然度过了衰退,并实现了经济复苏。例如,新加坡和中国台湾地区 2010 年 GDP 分别显著上涨了

14.5%和10%(CIA 2012)。新兴工业化经济体的发展表明,有可能实现可持续的经济和社会发展,尽管我们不能期待所有的国家都走同样的道路。各国的发展起点和处境天差地别,意味着新兴工业化经济体的经验不可能照搬到整个非洲,那里的经济成长往往更为缓慢。

有关新兴工业化经济体的更为详细的讨论,参看第十四章“全球不平等”。

三　社会如何变迁

社会学的奠基者都认为,在某些关键方面,现代世界即使与晚近相比也有根本的不同。但社会变迁其实很难定义,因为在某种意义上,社会一直在改变,或始终处在“进程中”。社会学家试图确定何时发生了根本性的社会变迁,足以带来新的社会形式或结构。然后,他们要去说明是什么因素孕育了这种变迁。要确认重大的转变,意味着要明确,在一定时期内,一个制度、社会或情境的**根本结构**在多大程度上发生了改变。以人类社会为例,我们必须评估特定时期内,在何种程度上,有一种**基本制度**(basic institutions)上的修正。关于社会变迁的所有阐述也都必须说清楚有什么是稳定不变的,以之作为衡量变化的基线。奥古斯特·孔德将此描绘为社会**动力学**(dynamics,变迁的过程)和社会**静力学**(statics,稳定的制度模式)的研究。

即使今天世界快速变动如斯,也依旧与遥远往昔存在一脉相承之处。主要的宗教,如基督教或伊斯兰教,与源自古代的观念和仪轨依然保持着联系。不过,现代社会中的大多数制度的变化速度,比起早期文明的各项制度要快得多。我们可以辨析出持续影响社会变迁模式的主要因素:**经济的**发展、**社会文化的**变迁以及**政治的**组织。

(一)经济的发展　即使是在世界上最不适合居住的地区,也有许多人类社会和群体在那里繁衍生息,创造财富。另一方面,有些人类社会和群体在没有充分利用自然资源的情况下,也生存得非常惬意。例如,阿拉斯加人已经能够通过开发石油和矿产资源来推动经济发展,而狩猎和采集文化常常生存于肥沃的地区,狩猎-采集者却从未成为畜牧者或耕作者。

物质环境能够为经济发展提供丰富的可能,也可以限制其可选的类型。澳大利亚土著从未停止狩猎和采集活动,因为这片大陆几乎没有任何本土植物适宜定期种植,也没有任何本土动物可以驯养来发展畜牧业。同理,世界各大早期文明多起源于拥有肥沃农用地的地区,例如河流三角洲。便利的海陆交通线也至关重要:那些被崇山峻岭、茂密丛林或浩瀚沙漠分隔孤立的社会,通常会长期保持相对停滞。

然而,物质环境并不只是限制,也会构筑经济活动和发展的基础,因为原材料会转变为有用的或可出售的物品。在现代性阶段,首要的经济影响就是出现了资本主义经济关系。资本主义与此前存在的生产体制有着根本的不同,因为它蕴含生产的**持续**扩张和财富的无限积累。在传统体制中,生产水平基本静滞,因为它们与习惯性、常规性需求紧密维系。但是,资本主义促进了生产技术的不断革新,科学也日益被卷入这个过程。现代工业中技术创新的速度远快于此前任何类型的经济秩序。原材料以前朝往世无法想象的规模被大量投入生产过程。

以信息通信技术(information communications technology, ICT)为例。近几十年来,计算机的能力有了成千上万倍的增长。20 世纪 60 年代,一台大型计算机是由数千条手工连接管组装而成的。而今一台功能相当的装置不仅体积小得多(常常是手提便携式的),并且只需要数个集成元件。科学技术对我们生活方式的影响,在很大程度上是受经济因素驱动的,但也会延伸到经济领域之外。科学技术既影响文化和政治因素,同时也被它们所影响。科学技术的发展推动缔造了诸如收音机、电视机、互联网等现代沟通形式,而这些电信传播形式又改变了政治的施行方式,并在一定程度上塑造了我们思考和感受世界的方式。

(二)社会文化的变迁 社会文化变迁至少可以包括宗教与信仰、沟通、领导对于社会生活的影响。宗教既可以是一种保守的力量,强调传统价值与行为的延续性,也可以是一种革新的力量,积极促进变迁。正如马克斯·韦伯所示,宗教信念扮演了重要的动员角色,以推动社会的转型。韦伯的"新教伦理命题"便是最广为人所知的例子,而到了晚近,天主教会虽然被许多人看作骨子里的保守力量,但是在支持波兰的团结运动中发挥了关键作用。无独有偶,参与 2010—2012 年的"阿拉伯之春"的许多激进分子都认为,自己的行动属于努力重新伸张本国的伊斯兰教教义,摒除腐坏的政治领导者和威权主义的政权。

沟通系统对于改变社会的根本特征也发挥了重要而持久的作用。比如,发明了书写,就有可能保留记录,并有可能加强对于物质资源的控制,发展大规模的组织。书写改变了人们对于过去、现在和未来之间关系的感知。社会要是保留了书面记录,也就自知拥有历史,并且明白,历史可以创造一种关于社会总体发展的认识。互联网问世之后,沟通变得更加快捷，距离不再是显著的阻隔。此外，这也促使人们更为有效地感知到存在一个全球社会，即一种**世界主义**的眼光，落实在“拯救生命”[①]这样的事件上——为了援助非洲那些有需要的人而在富裕国家进行筹款运动，近期反对资本主义的种种全球运动亦是如此。

韦伯有关领导的观念在第十七章“宗教”中会有所讨论。

领导是又一项影响社会变迁的社会文化要素，韦伯通过克里斯玛(charisma)的概念探究了这一点。具备个人克里斯玛的领导者在世界历史上扮演了重要的角色。耶稣或穆罕默德这样的宗教领导者，尤里乌斯·恺撒这样的政治和军事领导者，或者像艾萨克·牛顿这样的科学和哲学领域的创新者，都影响了社会如何转变。一位领导者如果有能力追求饱含活力的政策，就会吸引大批民众追随，或者能够彻底改变既有的思维模式，从而有可能推翻既有秩序。

圣雄甘地符合韦伯的克里斯玛领袖的概念。他对于民族独立运动的领导帮助印度摆脱了英国的统治。

然而，只有存在有利的社会条件，个人才能上到领导的位置并发挥其作用。例如，阿道夫·希特勒之所以能在20世纪30年代的德国上台掌权，部分是因为那时这个国家张力重重，危机四伏，这使得他那看似简单明了的解决方式魅力陡增。与之相仿，在1947年引领印度走向独立的著名和平主义领袖圣雄甘地，也是一个发挥实际作用的名义领袖，因为1939—1945年的战争和其他事件已经动摇了英国在印度的殖民制度，创造出变革的政治机会。

在现代时期，科学的发展和社会生活的世俗化都是深具影响的变迁动因，促成了现代眼光的批判性和创新性。人们不再仅仅因为风俗或习惯具有传统的古老权威而予以接受，而是更有可能被理性的、科学的答案所说服。除了我们思考的**方式**之外，观念的**内**

① 1985年7月13日，一百多名摇滚歌星在英国伦敦温布利体育场和美国费城约翰·肯尼迪体育场同时举行“拯救生命”(Live Aid)大型摇滚乐演唱会，旨在为发生在埃塞俄比亚的饥荒筹集资金。音乐会持续16个小时，聚集超过16万的现场观众，并通过全球通信卫星网络向140多个国家实况播出，吸引近15亿电视观众。——译者注

容也改变了。自我完善、个体自由、平等和民主参与等理念,都是现代社会的重要组成部分。这些理念也许肇始于西方,却在实际应用中逐渐被普遍接受,推动世界上绝大多数地区的社会和政治变迁。

批判性思考

致力于考察社会结构及其对于个体的影响的社会学研究已经很多了。那么,单凭一个克里斯玛式的个体,是否有可能改变一个社会?举出一些理由来谈谈为什么我们对这样的论点应当保持谨慎。

(三)政治的组织 政治组织是影响根本性的社会变迁的第三个因素。在大多数类型的社会中,一些独特的政治力量的存在,如酋长、领主、国王和政府,极大地影响了社会发展进程的形貌。政治体制并不仅仅是直接体现了基础性的经济组织机制;经济体制基本一致的社会中,可能存在不同类型的政治秩序。例如,一些工业资本主义社会曾经有过威权主义的政治体制(像是纳粹德国和实行种族隔离制度时的南非),而另一些则以民主参与为基础(比如美国、英国或瑞典)。

在现代时期,国家之间的政治和军事角力驱动了社会变迁。传统文明中的政治变迁局限于精英小群体,比如贵族家庭的成员相互取代而成为统治者,而大多数人的生活实质上是没有变化的。在现代政治体制中却不是这样,政治领袖和政府官员的活动始终会影响到民众的生活。无论是外在的形式还是内在的实质,政治决策都更为有效地推动和指引了社会变迁。政府在刺激——有时是减缓——经济增长方面扮演着主要角色,并且在所有的工业化社会中,都存在着国家对于经济活动的高度干预。甚至是在表面上的"自由市场"经济中,也有工会帮助调控市场力量,政府则设置法律框架,框定公司运行的范围。

马克思研究了 19 世纪的**政治经济学**。尽管政治经济学的意涵此后发生了改变,但它一般指的是研究政治制度和经济体制相互影响的各种方式。出于分析的目的,将社会变迁中的经济方面、政治方面和社会文化方面分离开来往往很重要,但我们应当记住,社会世界中的现象是这些不同领域的复杂混合。最具意义的莫过于努力把握复杂多维的全球化进程,它正在改变社会生活,并挑战各个民族国家长久以来的自治。

全球社会 4.2

第八版中的全球化

几乎没有一项社会学话题**尚未**受到方兴未艾的全球参照框架的影响。单凭这一章，不可能涵盖全球化的所有影响，但提供一份关于全球议题和全球化的快速参考指南，将有助于读者查考相关章节：

第一章——介绍社会学中的全球化，并用咖啡的例子配图说明

第五章——全球风险社会；全球环境议题（包括全球变暖）

第六章——全球城市及其治理

第七章——全球化、工作场所和就业趋势

第九章——全球预期寿命和世界各地老龄化社会的议题

第十章——全球背景下的家庭

第十一章——全球化和身心障碍；全球背景中的艾滋病

第十二章——全球化对分层体系的影响

第十四章——世界各地的不平等和不均等的生活机会

第十五章——全球化和性别秩序；全球性产业

第十六章——初露端倪的全球"迁移时代"

第十七章——宗教信仰及对全球化的回应

第十八章——全球大众传媒；信息技术与全球化

第十九章——全球背景下的教育；全球化和网络大学

第二十章——全球化、有组织犯罪和网络犯罪

第二十一章——民主体制的全球扩散；全球化和社会运动

第二十二章——全球恐怖主义网络、世界大战、旧式战争与新型战争

第三节

全球化

近些年来，在政治、工商和传媒等领域的论辩中，全球化这个概念已经通行无阻。然而，仅仅三十五年前，这个概念相对而言还鲜为人知。有些人认为，**全球化**指的是一系列

过程,涉及全球范围内物品、人员和信息的日益增加的多向流动(Ritzer 2009)。然而,尽管这个定义突出了当代世界日益增长的流动性(fluidity)或流变性(liquidity),但许多学者也认为,全球化其实就是各个个体、公司、群体以及国家越来越**相互依赖**,同属于一个全球共同体。我们在本章引言中看到,就后一种意义而言,全球化的进程在人类历史上长期存在,当然并不仅限于当代情境(Nederveen Pieterse 2004; Hopper 2007)。这一点,约兰·瑟伯恩(Therborn 2011:2)说得很到位:

> 人类的某些部分的相互接触早已是全球性的了,或至少是横贯大陆的、横越海洋的,而且持续了很长的一段时间。大约2000年以前,古代罗马和印度之间就有贸易上的往来,印度和中国之间亦是如此。而2300年以前,马其顿王国的亚历山大就已侵袭中亚,大英博物馆中希腊人模样的佛像即为明证。新异之处在于接触的规模之大,在于大众的接触、大众的旅行以及大众的自我交流。

瑟伯恩认为,当代的社会学争论过于集中在过去四十年左右的时间里全球化的绝对步伐和强度。使我们所处时期与以往相比显得独具特色的核心观念,就是认为全球化进程趋于强化,我们下文的讨论就以此为基础。

人们往往把全球化进程描绘为一种经济现象。他们非常注重跨国公司的角色,其运作横跨各国国界,影响着全球生产过程和国际劳动分工。还有些人强调全球金融市场的电子一体化,全球资本流的巨大体量,以及伴随环球交易空前扩张,所涉及的各类货品大大丰富,服务范围也不断扩大。然而,正如我们将要看到的,最好是将当代的全球化看作政治、社会、文化和经济等因素的汇聚。

经典研究 4.1

伊曼纽尔·沃勒斯坦论现代世界体系

研究的问题 许多学生来社会学中为宏大的问题找寻答案。为什么一些国家非常富有,而另一些国家却极度贫困?一些起初贫穷的国家如何成功地变得比较富裕,而另一些国家却没有富起来?这些关注全球不平等和经济发展的问题撑起了美国历史社会学家伊曼纽尔·沃勒斯坦(1930—)的研究。沃勒斯坦在讨论这些议题时,试图在全球时代继续推进马克思主义社会变迁理论。1976年,他协助创建了纽约州立大学宾汉姆顿分校费尔南·布罗代尔经济体、历史体系与文明研究中心(the Fernand Braudel Center for the Study of Economies, Historical Systems and Civilizations at Binghamton University, New York),这一中心业已成为他的世界体系研究的重镇。

沃勒斯坦的说明　在20世纪70年代之前,社会科学家在讨论全世界各个社会时,往往会使用第一、第二和第三世界这样的术语,基于这些社会的资本主义企业、工业化和城市化的水平来划分。因此人们会认为,要解决第三世界的"欠发达"问题,办法就在于使其更趋向资本主义、工业化和城市化。沃勒斯坦拒绝接受这种占支配地位的社会分类方式,转而主张,只存在一个世界经济体,其中各个社会都是在资本主义经济关系中关联一体的。他将诸经济体的这种复杂交错的关系描述为"现代世界体系",这是今天种种全球化理论的先驱。他的三卷本著作《现代世界体系》(Wallerstein 1974,1980,1989)铺陈了他的宏观社会学视角,概述了他关于这种世界体系如何兴起的主要观点。

现代世界体系起源于16—17世纪的欧洲,在那里,殖民主义使得英国、荷兰及法国之类的国家有能力剥夺其所殖民的国家的资源。由此,它们得以积累资本,这些资本再投资经济,进一步推动生产,促进发展。这种全球分工创造了一群富国,同时使其他许多国家深陷贫困,从而阻碍了后者的发展。沃勒斯坦提出,这种过程产生了由**中心**(core)、**边陲**(periphery)和**半边陲**(semi-periphery)组成的世界体系(参见图4.3)。尽管对于个别国家来说,显然有可能"上升"进入中心,或者"下降"进入半边陲和边陲,但现代世界体系的基本结构维持不变。

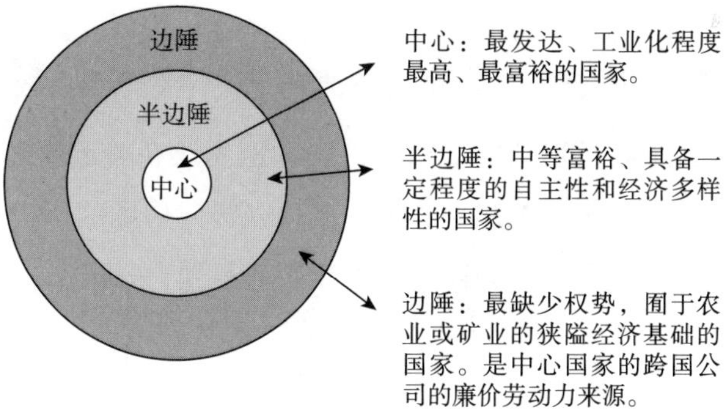

图4.3　现代世界体系

沃勒斯坦的理论试图说明,为什么发展中国家会发现要改变自身地位是如此困难,但它也将马克思基于阶级的冲突理论延伸至全球的层面。从全球角度来看,世界的边陲成为"工人阶级",而中心形成了剥削性的"资产阶级"。在马克思主义理论中,这意味着任何通向未来的社会主义革命现在都更可能发生在发展中国家,而不是像马克思最初预测的那样发生在富裕的中心国家。沃勒斯坦的观念之所以被各种反资本主义和反全球化运动中的政治激进分子热情接受,原因之一即在于此。

有关反全球化和反资本主义运动，详参第二十一章"政治、政府与社会运动"。

批评的观点 源于马克思的研究和马克思主义的世界体系理论也遭遇了一些类似的批评。首先,该理论往往强调社会生活的经济面向,在说明社会变迁时低估了文化的作用。例如,有人认为,澳大利亚和新西兰之所以能够比其他国家更为轻易地摆脱边陲地位,原因之一即在于它们与英国工业化的密切联系,这使得工业文化更加快速地在那里生根。

其次,这个理论也低估了族属的作用,仅仅将族属看成对抗世界体系的全球化力量的防御性反应。这样一来,宗教和语言方面的重大差异就不被认为有特殊的重要性。

最后,有人提出,沃勒斯坦使用其世界体系视角来说明当前的事件,却从不考虑这些事件也可能证伪理论,或者还有可替代的其他理论可能提供更好的说明。

当代的意义 沃勒斯坦的研究十分重要,提醒社会学家注意资本主义世界经济及其全球化影响的相互联系性质。他早早认识到全球化过程的重大意涵,并因此得享盛名,虽说人们广泛认为,他过于强调经济活动,有所局限。沃勒斯坦的思路吸引了许多学者,凭借费尔南·布罗代尔中心作为机构基地,又有致力于传播自身立场的学术期刊《世界体系研究杂志》(*Journal of World-Systems Research*, 1995 年创刊),世界体系分析如今已成为一股地位稳固的研究传统。

> **批判性思考**
>
> 回顾讨论新兴工业化经济体的章节。这些案例为沃勒斯坦的理论模型提供了什么证据?是否有"中心"内部的国家掉落到半边陲甚或边陲的历史例证?2008 年全球经济衰退为什么没有导致大批国家被迫退出中心行列?

一 全球化的因素

全球化进程与信息通信技术的发展息息相关,后者使得世界各地的人们互动的速度加快,范围拓展。想想我们开篇所举的 2014 年世界杯足球赛的例子。由于卫星技术、环球电视连线、海底通信光缆、快速的宽带互联网连接以及范围扩大的电脑接入,全世界数以亿计的人有可能观看赛事的**直播**。这个案例展现了全球化如何在全世界更多的地区嵌入更多人的日常生活,生产出真正全球共享的经验,而这是实现一个全球社会的前提之一。

大多数超高速宽带并不是通过卫星传送的，而是由更古老的铺设在海底的跨海电缆传输的。西非14 000千米的纤维光缆体系应该能够使整个大陆的千百万人拥有可靠且廉价的网络端口。

（一）信息技术　世界各地通信基础设施方面的许多重要技术进步，促进了全球沟通的爆炸式发展。第二次世界大战之后，电信流在范围和强度上都发生了深刻的转型。传统的电话通信是在机械纵横制交换机的帮助下，依靠电线和电缆输送模拟信号，现在则代之以集成系统，把海量信息以数字方式压缩和传送。电缆技术已经变得更有效、更廉价，而光纤电缆的发展大大增加了能够承载的信道数量。

最早跨越大西洋的电缆铺设于20世纪50年代，所能承载的电话通路不超过一百，而到了1992年，单单一根越洋电缆就能承载大约8万条信道。2001年铺设了一条跨越大西洋的海底光缆，承载能力令人难以置信，相当于970万条电话信道（Atlantic Cable 2010）。今天，这些电缆运载的不只是电话声道，还有网络通信、视频影像以及其他许多类型的数据。通信卫星从20世纪60年代开始普及，也大大扩展了国际通信。今天，一个由200多颗卫星组成的网络正在轨运行，促进信息的环球传输，尽管大量通信依然通过更为可靠的海底电缆来传送。

在电信基础设施高度发达的国家里，住宅和办公场所现在都有多种渠道与外部世界相连，包括有线电话和移动电话，数字电视、卫星电视和有线电视，电子邮件和互联网。互联网已经成为史上发展最快的通信工具。在1998年年中，全世界大约有1.4亿人在使用互联网,到2000年,这个数字上升到超过3.6亿。而到2015年底,全世界有34亿人是网民,超过全球人口的46%(见表4.4)。

这些技术促进了时间和空间的压缩(Harvey 1989)。两个人就算分处地球两端,比如分别在东京和伦敦,也不仅可以实时交谈,还可以相互发送文件、音频、图像、视频以及更多东西。互联网和智能手机的广泛使用加深了也加快了全球化过程,因为更多的人相互联结,包括那些生活在原本隔绝或传统电信服务匮乏地区的人们。虽然电信基础设施在世界各地的发展并不均衡,但越来越多的国家能够接入全球通信网络,正如表4.4所示,目前互联网接入增长最快的是非洲、亚洲、中东、拉丁美洲和加勒比地区。

表4.4　网络使用的全球扩张,2015年

世界各区域	人口(2015年估值)	网民数(2015年11月30日)	普及率(占人口比例,%)	增长(%)2000—2015年
非洲	1 158 355 663	330 965 359	28.6	7 231.3
亚洲	4 032 466 882	1 622 084 293	40.2	1 319.1
欧洲	821 555 904	604 147 280	73.5	474.9
中东	236 137 235	123 172 132	52.2	3 649.8
北美	357 178 284	313 867 363	87.9	190.4
拉美/加勒比地区	617 049 712	344 824 199	55.9	1 808.4
大洋洲/澳大利亚	37 158 563	27 200 530	73.2	256.9
世界总计	7 259 902 243	3 366 261 156	46.4	832.5

资料来源:改编自 www.internetworldstats.com/stats.htm(2016)。Copyright @ 2001-2016, Miniwatts Marketing Group. All rights reserved worldwide.

信息流

如果说信息技术的普及扩展了全球各地的人们发生文化接触的可能性,它也促进了有关人和事件的信息的流动。每一天,各种新闻和信息被送入人们家中,促使人们直接而又持续地与外部世界相联系。晚近一些最引人注目的事件,像是1989年柏林墙倒塌,2001年美国的恐怖袭击,2003年美国领导的入侵伊拉克,以及2011年"阿拉伯之春"时期的占领埃及开罗解放广场,都被展示在真正具有全球性的受众面前。互联网和社交媒体的互动性质也使公民能够"直接从现场"报道全球事件,从而得以参与新闻生产。

这种向全球性眼界的转变有两个重要的维度。第一,人们越来越意识到,他们的责任并不止于国界。世界各地的人们所面临的灾祸和不公不再是无力应对的不幸,而是展开行动和实施干预的合法理据。人们越来越明确地认定,"国际共同体"有义务在危机时刻采取行动,以保护个体的人权。如果出现自然灾害,干预的形式就是人道主义救助和技术支援。近年来,人们也愈发呼吁在内战和族群冲突中进行干预,派驻维和部队,虽说相比自然灾害的事例,这类调遣在政治上会引发更多的问题。

第二,全球性眼界似乎逐渐削弱了许多人的国族(或民族国家)认同感。在民族国家的传统约束力发生深刻转型的同时,本土文化认同正呈现强劲复兴。例如,在欧洲,苏格兰和西班牙巴斯克地区的居民更可能自视为苏格兰人或巴斯克人,或径直自称欧洲人,而不是英国人或西班牙人。2014 年 9 月苏格兰举行的独立公投固然以失败告终,但 45% 的人口投票“支持独立”;而同年 11 月加泰罗尼亚举行的非官方投票的结果是,压倒性多数(80%)投票支持从西班牙独立。随着全球化逐渐弱化人们对于自己生活的国家的归向,民族国家的认同似乎愈益衰退。

(二)各文化和经济体的交织　在一些持社会主义和马克思主义立场的社会学家看来,文化和政治在全球化趋势中固然起到一定作用,但究其根基,还是资本主义经济的全球化和永不餍足的利益追逐。例如,马特尔(Martell 2016:4)提出,“不难看出,在全球化的许多领域,背后都有深层的经济结构,影响着全球化赖以生成或得到接受的平等或权力关系,或是去赚钱的经济激励。”这种观点承认全球化具有多维特征,但是拒绝对文化、政治和经济因素一视同仁。在这种新马克思主义视角下,分析物质利益以及追逐这类利益的方式,依然是理解全球化的关键所在。

当然,也有人持不同意见。持有宽泛的文化主义立场的那些人主张,全球化固然有赖于世界经济的愈益整合,但要实现这一点,并非以纯粹的经济方式,而是通过多种多样的文化渠道。例如,旅游业是世界范围内一类规模巨大的“工业”。在英国,旅游业是第三大出口创汇部门,行业价值大约为 900 亿英镑,并支撑了大约 136 万个工作岗位(DCMS 2011)。形成对比的是,英国公民每年出国旅游的花费超过 5000 万英镑(Urry 2002:6)。旅行并感受新奇景象和文化的欲望并非出于纯粹的物质利益,而是受到所谓“游客凝视”(tourist gaze)的变动不居的文化品味的影响(Urry and Larsen 2011)。“全球社会 4.3”概述了这一观点。

全球社会 4.3

国际旅游者的互动

你曾经与来自其他国家的人面对面交谈,或者登录某个海外网站吗?你曾经因工作或度假而跨洲旅行吗?如果你回答“是的”,那么你已经体验了全球化的后果之一。全球化改变了来自不同国家的人的互动频率和特征。历史社会学家查尔斯·蒂利从这些变迁的角度来定义全球化。根据他的讲法(Tilly 1995:1-2),“全球化意味着在地方上引起重大后果的社会互动的地理范围扩大”。换句话说,我们的互动中有更大比例开始直接或间接涉及其他国家的人。

全球化激发了对于其他国家的兴趣,也推动了游客跨越国界的移动,从而大大扩展了国际旅行的可能性。国际旅游业达到高水平,转化成不同国家的人面对面互动的数量增长。约翰·厄里(Urry 2002; Urry and Larsen 2011)认为,“游客凝视”,即旅行者在国外旅行时对于自己会有的体验的期待,会塑造许多这类互动的样子。

厄里比较了游客凝视和福柯所说的医疗凝视概念(参阅第十一章“健康、疾病与身心障碍”)。他主张,游客凝视和医疗凝视一样,都是由职业专家从社会角度组织起来的,其应用都具有系统性,并且都具有超然性,只不过游客凝视找寻的是“异域风情”的体验。这些体验有违日常所期待的应该如此的社会互动方式及与物质环境的互动方式。

例如,当在美国旅行的英国人发现美国人开车其实是靠右行驶的,或许会感到好玩。同时,这类行为又难以协调。英国的道路规则是如此根深蒂固,乃至于英国人会觉得全面违反规则既陌生、奇特又充满异域风情。想象一下,如果你到另一个国家旅行,却只是发现这里同你成长的城市或小镇一样,会有多么失望。

然而,除了寻找极端的体验,绝大多数旅行者并不打算让自己的经历过于奇异。例如,去巴黎的年轻游客的热门目的地是麦当劳餐厅。一些人去那里看昆汀·塔伦蒂诺的电影《低俗小说》(*Pulp Fiction*)中的台词是否属实,因为法国人所使用的度量系统,麦当劳的“四分之一磅芝士”汉堡叫作“皇家芝士”汉堡(的确如此)。英国人出国旅行,往往还是忍不住去令人感到舒适的英国和爱尔兰风格的小酒馆吃喝。游客凝视的核心内涵,就是对于奇异与熟悉的矛盾需求。

游客凝视也许会给旅行者和当地人之间的面对面互动造成紧张。作为旅游业组成部分的当地人可能乐享经济收益,但当地其他人可能会抱怨游客们态度倨傲,对热门目的地的过度开发心怀不满。和全球化的绝大多数特征一样,这些跨文化接触的总体影响既有积极的后果,也有消极的后果。

批判性思考

你考虑过自己的出国度假对你所到访的社会和人们的影响吗?你的旅行计划和游客所需要的基础设施如何破坏了该国的生态系统?全球旅游业的文化收益是否在价值上抵得过所引发的环境破坏?

沃特斯(Waters 2001)主张,文化领域对于全球化至关重要,因为政治经济方面的发展正是通过种种文化形式才摆脱了地理因素的物质限制。所谓**无重经济**(weightless economy),就是产品乃基于信息,例如电脑软件、媒体和娱乐产品,具体如电脑游戏、电影、音乐和基于互联网的服务(Quah 1999)。这种新型经济环境被描述成“知识社会”“信息时代”,或更直白的“新经济”。知识社会的兴起与培养出大量具有技术素养的消费者有关,他们将电脑技术、娱乐和电信方面的前沿进展融入自己的日常生活。电脑玩家或许就是最佳例证,他们成天等着最新的游戏,热切期待更新,当然,也随时准备好为此掏钱。

这种“电子经济”支撑起了更为广泛的经济全球化。银行、企业、基金管理者和个体投资人只需轻点鼠标,就能够在国际转移资金。然而,即时电子转账也蕴含着更大的风险。大量资本的转移可以动摇经济,引发国际金融危机。随着全球经济变得越来越紧密整合,世界某一部分的金融崩溃都会对相距遥远的其他经济体产生巨大的影响。

全球经济的运行反映了信息时代发生的变化。经济的许多方面如今是通过跨越国界的网络运作的,而不会止步于国界之内(Castells 1996)。要想保持竞争力,工商企业只能重组结构,变老式科层组织中的等级结构为网状结构,从而更为灵活。生产措施和组织模式也变得更具弹性,与其他公司的合伙安排更为寻常,要想在日新月异的全球市场中做生意,参与全球分配网络势在必行。

跨国公司

在推动全球化的诸多经济因素中,跨国公司的角色尤其重要,哪怕它们在数量上相对较少。**跨国公司**(transnational corporations)是指跨越几个国家来生产货品或提供市场服务的公司。它们也许是只有一两家工厂在外国的相对较小的公司,也可以是运作遍布全球的巨型国际企业。最大的一些跨国公司举世皆知,像是可口可乐、通用汽车、联合利华、雀巢和三菱。就算跨国公司以某一国为基地,也始终会面向全球市场追逐利润。

可口可乐公司是一家在全世界销售其产品的跨国公司。这张照片表明健怡可乐在中东的约旦地区销售。

跨国公司在1945年以后变得越来越重要。战后初期,主要是以美国为基地的公司不断扩张,及至20世纪70年代,欧洲和日本的公司越来越多地投资海外。到了20世纪80年代晚期和90年代,随着三大强劲有力的区域市场的建立,跨国公司又有了戏剧性的扩张:欧洲市场(单一欧洲市场[the Single European Market])、亚太市场(《大阪宣言》承诺到2010年实现自由开放贸易)、北美市场(《北美自由贸易协定》[the North American Free Trade Agreement])。自20世纪90年代早期开始,世界其他一些地区的国家也开始放开对外资输入的限制。到世纪之交,世界上已经很少有经济体处于跨国公司的影响之外了。最近几年,跨国公司已经将其触角伸向发展中国家和东欧,而中国则是下一个重大的挑战与机遇。

跨国公司处于经济全球化的核心,占据了世界贸易总额的三分之二。它们对于新技术在全球的扩散至关重要,并且是金融市场中的主要角色(Held et al. 1999)。2001年,大约500个跨国公司年销售额超过了100亿美元,而同期只有75个**国家和地区**可以自诩GDP不低于这个水平。换句话说,全球第一梯队的跨国公司在某些方面比世界上许多国家和地区还要大(参见图4.4)。事实上,全球最大的500家跨国公司的销售总额高达14.1万亿美元,几近全世界生产的商品和服务总值的一半。

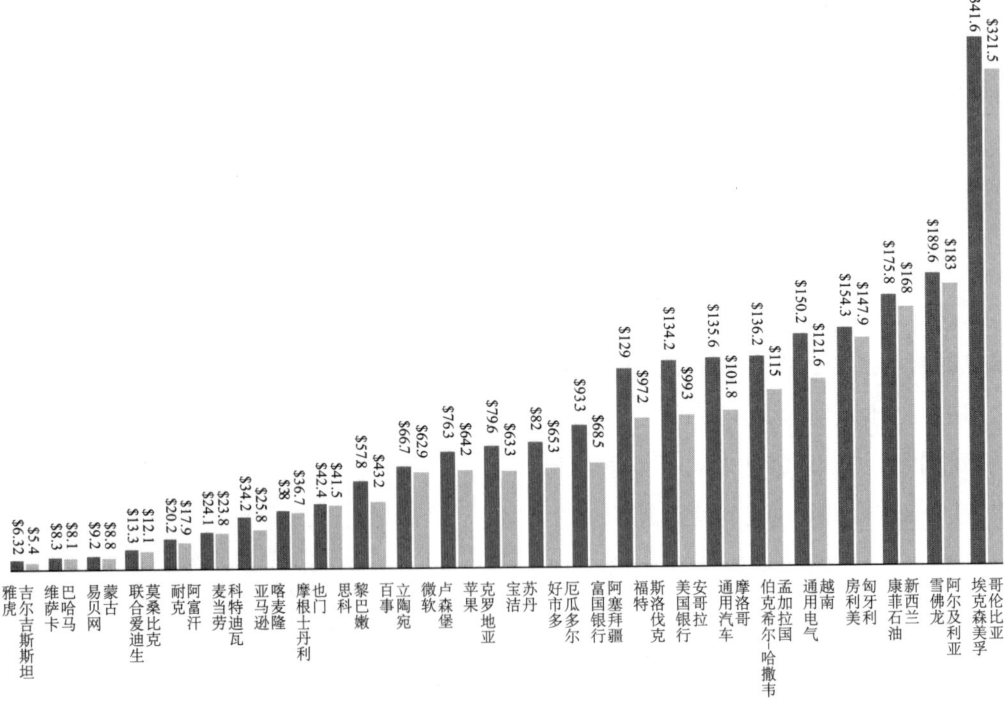

图4.4 全美公司销售额25强与部分国家GDP对比(以10亿美元计)

资料来源:*Foreign Policy* 2014。

人们表述制造业正愈益全球化这一主张时,所选择的切入角度往往是**全球商品链**(global commodity chains),即通过劳动力和生产过程的世界网络产出一件成品。这类网络所包括的一系列生产活动形成紧密互联的"链",从原材料一直到最终的消费者

(Gereffi 1995; Appelbaum and Christerson 1997)。例如,中国的定位从低收入国家上升到中等收入国家,得益于其作为制成品出口者的角色。而在商品链中最有利可图的活动,比如工程、设计和广告,仍然主要在高收入国家,盈利最少的环节,像是工厂生产,则主要在低收入国家,因此并没有挑战全球不平等,而是再生产了这种不平等。

批判性思考

跨国公司的经济力量是否意味着它们比各国政府更有权力？民族国家如何加强组织，调控跨国企业的活动？第一章介绍的哪一个社会学理论最能说明跨国公司的兴起？

发挥你的社会学想象力 4.2

"芭比"与全球商品链的发展

有史以来最挣钱的玩具芭比娃娃的制造就能体现全球商品链。四十多种青少年玩偶每秒卖出两个,给总部位于美国洛杉矶的美泰公司(Mattel Corporation)带来超过10亿美元的年收入。尽管芭比娃娃主要是在美国、欧洲和日本销售,但在全世界140个国家和地区都能找到——她是一个不折不扣的全球公民(Tempest 1996)。芭比的全球性不仅在于销售,而且在于其出生地。她从来都不是在美国制造的。第一个玩偶是1959年在日本制造的,当时该国仍处于逐步从第二次世界大战中恢复的阶段,薪酬水平较低。随着日本的薪资上涨,芭比的生产转移到亚洲其他低工资国家。今天,她的多重出身告诉我们许多有关全球商品链如何运作的事情。

芭比是在美国设计的,它的营销和广告战略是在美国制定的,大部分利润也是在美国赚得的。但这个玩偶唯一属于"美国制造"的物理部分就只有其纸板包装,还有一些用来装饰玩偶的油彩。

芭比的身体和衣饰的来源遍及全球:

1. 芭比的生命始于沙特阿拉伯,那里提炼出石油并精炼成乙烯,用来制造其塑料身体。
2. 中国台湾的"中油"公司购买乙烯,并转卖给台塑企业,这是用于玩具制造的聚氯乙烯塑料在全世界最大的生产商。台塑将乙烯加工成聚氯乙烯粒料,用以塑造芭比的身体。

3. 随后,这些粒料通过船运被分送到制造芭比的四家亚洲工厂,其中两家在中国华南,一家在印尼,一家在马来西亚。至于注塑玩偶身体的注塑机,也就是芭比制造流程中最为昂贵的部分,则是在美国制造并船运至这些工厂的。

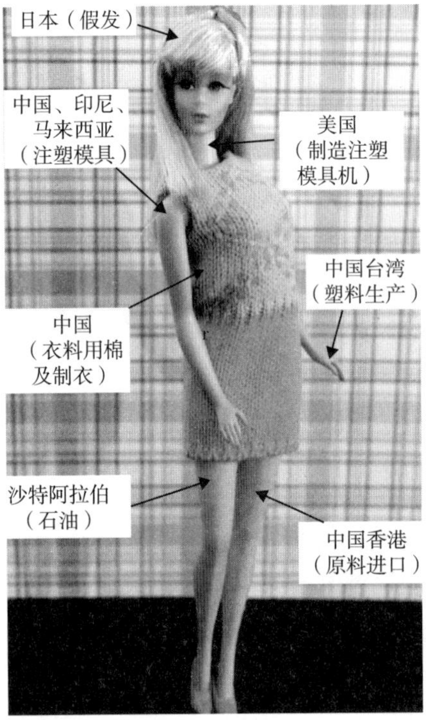

全球产品"芭比娃娃"

4. 芭比的身体注塑完成后,就会戴上来自日本的尼龙头发。她的棉织衣饰是中国制造的,而且使用的确实是产自中国的棉花。

5. 中国香港在中国芭比的制造流程中扮演了关键角色。制造芭比时使用的几乎所有材料都是经由船运进入世界最大的港口之一香港,然后通过货车运往中国内地的工厂。芭比的成品也是通过原路输出。大约有2.3万辆货车每天往返于香港和华南的玩具厂之间。

那么,芭比究竟是从哪里来的呢?放置"我的第一次茶会"款的芭比的盒子上印着"中国制造",但是,正如我们所见,制造芭比的材料极少产自中国。绝大多数销售所得用于支付机器设备、越洋船运、国内货运、广告营销、零售店租,当然,还有零售商的利润。芭比的生产和销售告诉我们,全球化过程卓有成效地将世界各经济体连接起来。然而,这也展示了全球化的不均衡,一些国家的获利是以牺牲其他国家的利益为代价的。我们不能假定全球商品链必然促进生产链上所有相关社会的发展。

就芭比娃娃而言,近年来,随着孩子们选择其他类型的玩具,销售额明显下降。2013年,芭比娃娃的销售额下降了6%。不过,假如你立刻觉得她正逐渐输给电脑游戏和智能手机,不妨再想一想,2014年,最热卖的是技术含量不高但富有创意的彩虹编织玩具(rainbow loom band)(Peterson 2014)。

批判性思考

全球性的芭比娃娃是否能作为全球化具备积极潜力,为富裕的发达世界之外的那些地方提供工作与薪酬的例证?或者说情况要比这种评估所意味的更加复杂?哪些社会群体、组织和社会能够从全球商品链的运作中获利最多?

（三）政治全球化　当代全球化也与政治发展趋势相关，这种关联有如下几个特点。首先，1989 年东欧剧变，最终导致 1991 年苏联解体。自那时起，原来的苏联集团各国，包括俄罗斯、乌克兰、波兰、匈牙利、捷克共和国、波罗的海诸国、高加索和中亚诸国等，逐渐转向西方式的政治经济体制。这一变化加速了全球化的进程，尽管其本身在一定程度上也是全球化的产物。

第二种政治发展趋势就是国际性和地区性的治理机制的成长，将民族国家维系一体，并将国际关系不断推向各种全球治理形式。联合国和欧盟是将民族国家带到共同政治论坛上的最令人瞩目的两个国际组织。联合国是靠单个民族国家的协作做到这一点的，而欧盟是一种更为前卫的跨国治理形式，其成员国在某种程度上放弃了国家主权。欧盟成员国的政府受到欧盟共同机构的方针政策、法规条令和法庭判决的限制，但它们也从参与中获得经济、社会和政治上的利益。

国际政府间组织（International governmental organizations, IGOs）和国际非政府组织（International non-governmental organizations, INGOs）也是日益全球性的政治的重要形式。国际政府间组织是由参与国政府组建的，并被赋予调控或监督特定领域跨国活动的职责。第一个此类组织是 1865 年创立的国际电报联盟（International Telegraph Union），此后又创设了大量类似机构，调控从民航到广播及危险废料处理等领域的问题。其中就包括联合国（United Nations, UN）、国际货币基金组织（International Monetary Fund, IMF）和北大西洋公约组织（North Atlantic Treaty Organization，简称北约[NATO]）。

国际非政府组织不同于国际政府间组织，它们与政府机构无关。在制定政策决议和处理国际事务时，它们是与政府机构并肩工作的独立组织。其中最著名的一些，比如绿色和平（Greenpeace）、无国界医生（Médecins Sans Frontières）、红十字会（Red Cross）等，投身环境保护和人道主义援助。但数千个较不知名团体的活动也把各个国家和社群联系在了一起。透过跨国政治团体活动范围的不断扩展，我们可以看到，究其根本，这就是一种政治全球化，其核心议题不再囿于国家利益，而是国际性、全球性的事务。

二　全球化之辩

全球化已经成为一个热门争论话题。大多数学者都承认正在发生重大转变，至于在多大程度上能够有理有据地将这些转变统称为“全球化”，仍然存有争议。戴维·赫尔德及其同事（Held et al. 1999）的讲法颇具影响，他们将有关观点大致分为三个流派：极端全球化论者（hyperglobalizers）、怀疑论者（sceptics）、转型论者（transformationlists）。表 4.5 概述了这三种趋向。之所以选择这些作者作为每个流派的征引,是因为他们的作品包含了界定该流派思路的核心论点。

表 4.5 对于全球化的理论概括:三种趋向

	极端全球化论者(Ohmae 1990,1995; Albrow 1997)	怀疑论者(Boyer and Drache 1996; Hirst 1997; Hirst and Thompson 1999)	转型论者(Sassen 1991; Rosenau 1997)
新意何在?	全球时代	贸易集团 弱于前期的地缘治理	史无前例的全球联结程度
主导特征?	全球资本主义 全球治理 全球市民社会	世界的互赖性还不如 19 世纪 90 年代	(深度上和广度上)“浓厚的”全球化
国家政府的权力?	逐渐衰落或销蚀	强化或提升	重构或重组
全球化的驱动力?	资本主义和技术	政府和市场	相互结合的多种现代性力量
分层模式?	旧的等级制度解体	南方不断趋于边陲化	世界秩序的新格局
主旋律?	麦当劳、麦当娜等	国家利益	政治共同体的转型
对于全球化的理论概括?	重组人类行动框架	国际化和区域化	重组相距遥远的地区间关系和行动
历史轨迹?	全球文明	区域集团/文明的冲突	前途未卜:全球整合与分裂
论点概要	民族国家的终结	国际化需依赖政府的默许和支持	全球化改变着政府权力和世界政治

资料来源:改编自 Held et al. 1999:10。

(一)极端全球化论者 极端全球化论者认为,全球化是一种真真切切的持续进程,其后果波及广泛。全球化正在造就一种新的全球秩序,并借势跨境贸易和生产的洪流涤荡一切。日本作家大前研一(Ohmae 1990,1995)认为,全球化正带来一个“无国界的世界”,其中的市场力量比国家政府更为强大。这种观点很大一部分乃是基于认为民族国家正逐渐丧失控制自身命运的力量。随着世界贸易的猛增,单个国家已经不再能够把控自己的经济,而政府也越来越无力运用权威,监管跨越国界的变幻不定的金融市场、投资决策、移民浪潮、环境威胁或恐怖组织。公民也认识到政治人物在解决这些问题时能力有限,并因此失去了对于现存国家治理体制的信心。

极端全球化论者还认为,国家政府的权力深陷钳形夹击,既有自上而下的挑战(来自欧盟、世界贸易组织等地区性和国际性机构),也有自下而上的挑战(来自国际抗议思潮、全球恐怖主义以及公民立法提案)。合而观之,这些变化预示着一个新的时代的到来,全球意识得以发展,而各国政府的影响趋于衰减(Albrow 1997)。

(二)怀疑论者　一些学者指出,全球化的“现实”被人为夸大了,并且有关全球化的大多数理论只是一些陈词滥调。比如说,当前经济相互依赖的程度并非史无前例。有些人基于19世纪世界贸易和投资的统计数据,认为当代的全球化与过去的不同之处,无非在于民族国家之间的互动强度而已。果真如此,更精确的讲法就该是“国际化”而不是全球化。这就支持了这样的观点,即民族国家曾经是也可能继续是居于核心地位的政治行动者。国家政府依旧是关键的角色,因为它们参与管控和协调经济活动,其中一些经济活动是由贸易协定和经济自由化的政策驱动的。

怀疑论者固然同意说,国家之间的接触比过去更多,但是目前并未充分整合,足以构成一个真正全球化的经济体。这是因为,大多数的贸易只是发生在欧洲、亚太和北美这三个区域性集团的内部,而不是在真正全球性的框架内。例如,欧盟各国主要在其内部进行相互贸易,其他区域集团亦是如此,因而单一全球经济体的概念是站不住脚的(Hirst 1997)。至于后者长远来看是否会成为现实,目前尚不明朗。

因此,许多怀疑论者聚焦于世界经济内部的**区域化**(regionalization)过程,例如金融和贸易集团的兴起。区域化的成长证明世界经济的一体化程度有所**减弱**而非增强(Boyer and Drache 1996; Hirst and Thompson 1999)。相较于一个世纪前盛行的贸易模式,世界经济其实从地理范围来看全球性程度还降低了,更加集中于密集的小范围活动。就此而言,极端全球化论者误读了历史证据。

(三)转型论者　转型论者所采取的立场介于怀疑论者和极端全球化论者之间,认为全球化正在打破此前确立的内部与外部、国际和国内之间的界限。不过,许多老旧的模式仍然存在,国家政府也依然具有大量权力和影响。民族国家并没有丧失主权,而是在重构和收束主权,以回应非地域性的新型经济社会组织,包括各种企业、社会运动和国际机构。转型论者认为,我们不再生活在一个以国家为中心的世界上;在全球相互依赖的复杂条件下,国家正逐步采取更加积极外向的立场来实施治理(Rosenau 1997)。

如果认为全球化不可避免,落在平凡众生头上,超出其控制范围,或许也是错误的。事实上,全球化过程颇具动态开放的特性,易受影响,不难改变。因此,全球化的推进方式充满矛盾,蕴含着多种趋向,运作起来彼此对立。图像、信息和影响的流动都是双向的,从全球层面到地方层面,反之亦然。全球移民、国际旅游、大众传媒和电子通信都有助于扩散纷繁多样的文化影响。世界上那些活力强劲的“全球城市”,比如伦敦、纽约和东京,都具有充分的多元文化性质,各种族群和文化密切交织,彼此分享,毗邻共存(Sassen 1991)。全球化是一种去中心化和反身性的过程,突出地表现为多方向运作的各种关联和文化流动。由于全球化是无数交织的全球网络的产物,所以不能把它看作是由美国、“西方”或世界任何单一区域驱动的(Held et al. 1999)。

(四)评估证据 转型论者的观点非常契合当前的证据,只是我们并不能排除,全球化未来有可能变得更加系统,更加有效。许多怀疑论者低估了世界趋向全球性的程度,因为世界金融市场正愈益在全球层面上组织起来,互联网促进了常规化的远距关系,而旅游业和跨文化沟通也转变了人们的日常经验。另一方面,单凭目前的趋势,也无法推断出极端全球化论者所描绘的那种稳定迈向全球经济体的势头。目前这些趋势完全有可能改变方向,晚近的全球金融危机即为明证。

2008 年的全球金融危机鲜明地展示了新兴的“无国界经济”中固有的一些风险。在欧盟内部,向爱尔兰共和国、塞浦路斯、希腊和葡萄牙提供的巨额紧急经济援助,使得人们再次质疑单一货币和“更加紧密的联盟”的逻辑。不妨设想这样一种情况,即随着各国政府做出政治决策,保护各自的经济,迈向更为紧密一体化的向心趋势也许会逆转。无独有偶,在欧洲许多国家已经出现了反弹,对抗愈演愈烈的涌入欧洲的移民潮,以及欧盟内部“流动自由”的原则。后果之一就是民族主义的反移民党派的兴起,其基础就是限制乃至停止输入移民,或者像英国独立党(United Kingdom Independence Party, UKIP)那样,主张彻底脱离欧盟。2016 年,对于从其他欧盟国家涌入英国的大规模移民潮的种种关切与忧惧,成了英国举行脱离欧盟公投的关键因素,许多人寻求对输入移民的规模和类型实施额外的控制。这些党派所积极追求的,其实正是避免让极端全球化论者预言的那种无国界世界成为现实。

有关 2008 年金融危机及其复苏计划,详见第七章“劳动与经济”的讨论。

不过,也不是所有的社会政治运动都反对全球化本身。在 20 世纪 90 年代,世界各地发展出一些社会运动强烈批评资本主义自由市场形式的全球化,但并不排斥进一步加强全球联结。相反,这些运动倡导一种替代的眼光,探讨如果全球化把生态可持续性、人权和社区治理置于其核心,会是个什么样子。其结果,包括世界经济论坛(World Economic

Forum)在内的多种元素就不会被径直视作反全球化,而是统称为**另类全球化**运动(alter-globalization movements)。

> 有关反全球化运动和另类全球化运动的讨论,参看第二十一章“政治、政府与社会运动”。

在这场论辩中,所有三种立场都主要聚焦于**当代**的快速全球化过程及其未来后果。然而,如前所示,不妨将全球化过程置于远为漫长的历史时间框架之中。这样来看的话,人类社会的漫长发展不断**趋向**更具全球性的相互依赖关系模式,但这种趋势从前不是,现在也依然不是不可避免的(Hopper 2007)。纵观历史,全球化既是合作和互助的成果,也是冲突、战争和侵略的产物,这就意味着始终有可能出现国民经济保护主义之类的对于全球化趋势的逆转。冲突**已经**大大推动了全球化,但也有施加反向作用的潜在可能。

> 第二十二章“民族、战争与恐怖主义”详细讨论了战争与冲突。

三 全球化的后果

回顾历史,社会学的关注焦点是研究工业化社会,而其他所有社会则是人类学的专属领地。然而,随着我们愈益意识到全球化,这种学术分工也逐渐动摇。发达国家和发展中国家长期相互关联,殖民扩张与帝国构建的历史即为明证。生活在发达世界的人们依赖来自发展中国家的各种原材料和制成品,而发展中国家经济的不断进步也得靠与发达国家的贸易。全球化意味着少数人和多数人的“世界”日益形成同一个全球性人类世界的组成部分。

世界的文化地图也就此改变:人们的交流网络跨越国界甚至洲界,促成了各自出生地和居住国之间的文化联系(Appadurai 1986)。尽管地球上共有5000—6000种语言,但其中大约98%的语种仅仅被10%的世界人口所使用。单凭十二种语言就已经主宰全球语言体系,操这些语言的人口都超过1亿:阿拉伯语、汉语、英语、法语、德语、印地语、日语、马来语、葡萄牙语、俄语、西班牙语和斯瓦希里语。[①] 并且,只有一种即英语属于“极中心”(hypercentral)语言,成为绝大多数人第二外语的首选。正是这些“操双语者”将现存

① 以上系按各语言英语拼写音序排列。——译者注

的全球语言体系维系一体(de Swaan 2001)。①

任何社会要想脱离人类世界其他部分而独立存在,都已经越来越不可能了。地球上几乎没有剩下什么地方是如此偏远,以至于可以逃离收音机、电视、手机、电脑、飞机旅行及它们带来的大批旅游者。仅仅一代人以前,还存在生活方式完全未被外界触及的小部落群体。但是今天,这些群体的大多数都使用中国和其他制造中心生产的砍刀等工具,穿着多米尼加共和国或危地马拉的制衣厂出品的T恤衫和短裤,服用德国和瑞士制造的药品来抵抗与外来人接触后染上的疾病。同样是这些人,能够通过互联网和电视向全球各地的人们播报自己的故事,而当你接纳了来自荷兰或者英国的文化产品时,也就意味着英美文化进入了世界各地的家庭。这个过程不也在生产一种统一的文化吗?

摩洛哥马拉喀什(Marrakech)的屋顶遍布碟形卫星电视天线,而背景则是本萨拉清真寺(Ben Salah Mosque)。数字技术使得各方公司、广告商和文化生产者能够在世界各地推销其产品。不过,这并不必然意味着地方文化、信仰和实践会被削弱。

(一)全球化还是全球地方化? 许多人认为,互联网在世界范围内的快速增长将推广一种全球性文化,以欧洲和北美那些强国为样板。男女平等,自由言论的权利,民主参政,通过消费寻求快乐,对于这些价值观念的信奉透过互联网,在全世界轻松扩散。不仅如此,互联网技术本身似乎也培养了这样的价值观:全球性的沟通,看似没有限制和审查

① 德斯万划分了四级语言:第一层是极中心语言;第二层为超中心(supercentral)语言,共十二种,除吉登斯这里列出的十一种(英语不计)之外,再加上土耳其语;然后是中心语言和边缘语言。——译者注

的信息，即时的满足。这些都是万维网的特征。

然而，目前就要得出结论说全球化将涤荡传统文化还为时过早。有证据表明，全球性力量甚至可以增强传统的价值观。为了把握全球化诸般后果之间的这种平衡态势，英国社会学家罗兰·罗伯逊（Robertson 1992）创造了**全球地方化**（glocalization）这个术语，即**全球化**（globalization）与**地方化**（localization）的某种混合。地方社区/共同体往往会积极主动地参与调整和塑造全球化的过程，而不只是消极被动地受其影响。与之类似，跨国公司也会“接地气”，考虑当地状况来调整其产品和服务。如果是这样，我们可能会发现，全球化并不必然导致千篇一律的全球（西方）文化，而是允许全世界各个社会的文化产品呈现出多样形态和多向流动。

以中东国家科威特为例，其传统的伊斯兰文化晚近受到欧美文化的强烈影响。科威特是波斯湾地区石油储量丰富的国家，人均收入水平亦属世界最高之列。政府提供直至大学的免费公立教育，因此男女两性皆有很高的识字率和受教育程度。科威特的电视经常播出美国橄榄球赛，尽管播放会定期中断，以便进行传统的穆斯林祷告。大约57%的科威特人年龄在25岁以下，同欧洲和北美的那些同龄人一样，许多人上网找寻新的观点、信息和消费品。

尽管科威特从许多方面看都是一个“现代”国家，但是将男女区别对待的传统性别规范依然顽固。女性一般被期待穿着传统服装，只露出脸部和手部，禁止晚上离开家，或在任何时候与配偶或亲属之外的男人共同出现在公共场合。同时，互联网在科威特日益流行，网民中大部分是年轻人，约占67%。采访数据表明，互联网的魅力主要在于使年轻人能够跨越严格推行的性别界限。德博拉·惠勒（Wheeler 2006）采访了在英国和美国学习的科威特男女学生，被访者称互联网最普遍的用途正是异性沟通，因为这个国度甚至在网吧里都隔离男女两性。

一个名叫萨比哈（Sabiha）的女生称，“互联网在科威特年轻人中那么流行，主要是因为这是男孩和女孩相互沟通的最有效方式”（Wheeler 2006：148）。另一位被访者布塞娜（Buthayna）说，“特别是女孩不能与男孩建立关系，在科威特的许多家庭中即使交个朋友都不行，所以我猜对她们来说，互联网是做这种事情的‘安全’的地方。其实彼此都不知对方是谁，她们会更放心地表达自己的关切和想法，不用担心会损毁其名誉或是影响其社会生活”（ibid.：146）。另有女性说，一些知名的聊天室由于交流直言不讳而获得了“坏名声”，现在单单是使用这些聊天室就会使女孩和青年女性冒着被贴上“不是个正派姑娘”的标签的风险。

惠勒的研究具体展现了全球与地方如何经由互联网这一当代媒介而发生互动。互联网的使用显然确实提供了新的机遇，以便全球沟通、信息互换和研究等，就此而言，这是全球化的推动力。然而,国族背景和地方文化规范仍然在一定程度上塑造着使用网络的方式。年轻的科威特女性(和男性)使用互联网来规避所处社会的一些社会规则和禁忌,但是地方的性别规范依然会通过社会互动和口口相传再次得到确认,让某些聊天室以及使用它们的女孩污名化。

科威特文化延续数百年,不太可能单靠接触互联网上的不同信仰和价值观就轻易改变。事实上,年轻人加入具有潜在全球性的聊天室,并不意味着科威特文化将接受西方的性别态度或性别关系。最终从这一全球地方化过程中浮现的文化可能还是具有明显可辨的科威特特色。

批判性思考

想想西方产品、品牌或者文化确实改变了非西方文化的例证。试举一些它们在地方层面被显著改变的事例。诸如此类的地方化是否意味着本土文化能够经得住全球化力量的冲击?

全球社会 4.4

雷鬼(reggae)乐——一种全球音乐风格?

流行音乐的行家听一首歌曲时,通常能够辨别出它在成形过程中所受的风格影响。毕竟,每一种音乐风格都体现为节奏、旋律、和声与歌词等方面的一种独特组合方式。虽然摇滚乐、饶舌和民谣之间的差异并非天才才能分辨,但音乐家在作曲的时候经常融合多种风格。不同的音乐风格往往源自不同的社会群体,研究各种风格的组合和交融,对于勾画不同社会群体之间的文化接触大有裨益。

一些社会学家开始关注雷鬼乐,因为它例证了不同社会群体之间的接触如何逐渐缔造出新的音乐形式。雷鬼乐的起源可以追溯到西非。在 17 世纪,大批西非人沦为英国殖民者的奴隶,并被装船运到西印度群岛的甘蔗田中劳动。虽然英国人试图禁止奴隶们弹奏传统的非洲音乐,害怕它会成为召集起义的口号,但奴隶们还是设法延续了非洲的鼓乐传统,有时将非洲鼓乐与奴隶主强加给他们的欧洲音乐风格相结合。在牙买加,一个称为布儒(Burru)的奴隶群体的鼓乐因为有助于协调劳动的步调,而得到奴隶主的公开容忍。牙买加在 1834 年最终废除了奴隶制,但布儒鼓乐的传统延续了下来,即使后来许多布儒男子从乡村地区迁到了金斯敦①的贫民窟。

① 金斯敦(Kingston)于 18 世纪初成为牙买加的商业中心,19 世纪成为其政治首都。可参考经典民谣 *Jamaica Farewell*。——译者注

正是在这些贫民窟中，开始出现一种新的宗教崇拜，后来证明这种崇拜对雷鬼乐的发展至关重要。1930 年，海尔·塞拉西加冕成为埃塞俄比亚的皇帝。世界各地反对欧洲殖民主义的人都在为塞拉西的登基而欢呼，而许多西印度群岛人开始相信，塞拉西是上帝，是被派到尘世领导被压迫的非洲人走向自由的。塞拉西的名号之一便是“拉斯塔法里王子”(Prince Ras Tafari)，而崇拜他的西印度群岛人便自称为“拉斯塔法里人”(Rastafarians)。拉斯塔法里崇拜不久便与布儒鼓乐合并，而拉斯塔法里人的音乐也与以压迫和解放为福音主题的布儒鼓乐风格结合起来。在 20 世纪 50 年代，西印度群岛的音乐家开始把拉斯塔法里人的韵律和歌词与美国爵士乐、黑人节奏和布鲁斯的元素混合。这些结合最终发展成为“斯卡”(ska)音乐，然后在 20 世纪 60 年代后期，又发展成为雷鬼乐，节拍较慢，强调低音，叙述城市中被剥夺的处境和集体社会意识的力量。许多雷鬼乐艺术家，比如鲍勃·马利(Bob Marley)，获得了商业成功，到 20 世纪 70 年代，全世界到处都有人在听雷鬼乐。在 20 世纪八九十年代，雷鬼乐与嘻哈乐(也称饶舌乐)融合后，产生了新的乐调(Hebdige 1997)，这在武当派(Wu-Tang Clan)、夏奇(Shaggy)或西恩·保罗(Sean Paul)等组合的作品中都可以听到。

因而，雷鬼乐的历史是不同社会群体接触的历史，也是那些群体通过他们的音乐表达政治、精神和个人等方面意义的历史。全球化强化了这些接触。例如，现在一个斯堪的纳维亚的年轻乐人有可能是听着伦敦诺丁山[①]地下室的男男女女搞出来的音乐长大的，也可能深受通过卫星实况广播的墨西哥城街头乐队表演之类的影响。如果说群体之间接触的频率是音乐演化步伐的重要决定因素，那么我们可以预言，随着全球化进程的进一步扩展，未来新音乐风格还将层出不穷。

(二) 个体主义的增强 虽然全球化往往关联着世界市场、产品、贸易以及电信等领域的宏观变迁，但在私人领域也能感受到全球化的影响。全球化并非单纯的“在那里”的事物，它也是“在这里”的，以多种方式触及人们的私人亲密生活。种种全球化力量经由传媒和流行文化之类的非个人渠道，通过与来自其他国家的人的个人接触，进入地方背景、千家万户和各个共同体，个人生活不可避免地就此改变。

今天的人们塑造自己生活的机会，相较以前要多得多。过去主要的影响就是传统和习俗。社会阶级、性别、族属甚至是宗教归属都可能关闭某些人生道路，或是开启其他的人生路径。例如，作为裁缝的长子，或许能够保证这个年轻人学会他父亲的手艺并终生

① 伦敦诺丁山(Notting Hill)是大量非洲裔及加勒比裔黑人初到英国时的落脚之地。——译者注

执业。传统认定妇女的天然位置就是在家里,她的生活和身份如何,很大程度上取决于她的丈夫或父亲的生活和身份。个人的身份认同是在人们出生的共同体背景中形成的。共同体的价值观、生活方式和伦理规范提供了相对固定的生活指引。

在全球化境况下,人们面临一种新式**个人主义**,个体积极地建构自己的身份认同。先前引导人们的选择和活动的社会准则已经大大宽松。那位裁缝的长子如今可以选择众多道路来构建他的未来,妇女不再被限制在家庭领域。在大多数学校科目中,女孩都比男孩表现更出色。女性在高等教育入学学生中占据多数。更多的女性进入正规经济领域工作,并且往往身居职业道路富有魅力的岗位。那些指点老辈人社会性别化期望的社会规范已不再适用于他们的子女要过的生活,而新的规范尚未定型。

全球化正在推动人们以更为开放、更具反身性的方式生活,这意味着人们将针对变动不居的所处环境,不断地做出反应和调整。即使是我们在日常生活中做出的细碎选择,比如我们穿什么、如何打发空闲时间、如何照顾自己的健康和身体,都属于反复创造我们的自我认同的持续过程。不妨推出一个简单的结论:今天许多国家的人们已经失去了清晰明确的归属感,并获得了更多的选择自由。当然,这种趋势是否算是进步,也属于有关全球化利弊的持续争论的一部分。

经典研究 4.2

安东尼·吉登斯:驾驭现代性这头猛兽

研究的问题 全球化可能给人们的日常生活带来什么影响?全球化将如何改变我们愈益融入的现代世界?自20世纪90年代早期以来,安东尼·吉登斯通过一系列著作、文章和讲演,努力探索现代性方兴未艾的全球形式的特征,及其对于日常生活的后果(Giddens 1991a,1991b,1993,2001)。他尤其关注传统的衰退,关注我们日益增强的风险意识,以及关系中的信任的性质变化。

吉登斯的说明 在《现代性的后果》(Giddens 1991b)一书中,吉登斯概述了他的观点,即现代性的全球扩展趋向于制造一个“失控的世界”,在这个世界中,似乎没有任何人,没有任何政府,有能力全面控制。马克思用怪物这个意象来描述资本主义现代性,而吉登斯(ibid: 139)则将其比作坐在一架大车上:

> 我认为我们应该替之以猛兽的意象,即一台马力巨大的失控的机器,人类作为集体能够在一定程度上驾驭它,但它也威胁着要挣脱我们的控制,并且能将自身撕成碎片。这头猛兽会碾碎那些抵制它的人。有时它似乎有稳定的路

径，有时它又会肆意转向，我们无法预知去路。这种驾驭绝非令人不快，亦非无所回报；它往往令人兴奋，满怀希冀。但是，只要现代性的制度依然存在，我们将永远无法完全控制这场旅程的路径或步调。

现代性的全球化形式突出地展现了新的不确定性、风险，以及人们对他人和社会制度的信任的改变。在这个快速变迁的世界中，信任的传统形式业已消解。我们对于他人的信任过去常常是基于地方共同体，但是在全球化的社会中，我们的生活被从未见过或从不了解的人所影响，这些人也许与我们相隔天涯。这种非个人的关系意味着我们被动地施以“信任”，或是信赖“抽象系统”，例如食物生产和环境监管机构或国际银行系统。信任和风险就这样紧密地维系一体。如果我们要直面周遭的风险，并以有效的方式回应它们，就必须信任权威。然而，**这种**类型的信任并不是以习惯的方式给予的，而是反思和修正的对象。

当社会更多地依靠从习俗和传统中获取的知识，人们可以遵循既定的行事方式而无须太多反思。而对于现代人而言，先辈们在生活中能够想当然接受的那些方面都变成了容许开放决策的事情，这就产生了吉登斯所称的“反身性”，即不断地反思我们的日常行动，并依照新的知识予以重新塑造。例如，是否结婚（或离婚）是非常个人性的决定，可以考虑亲朋好友的意见。但是，关于婚姻和离异的官方统计及社会学研究也渗透入社会生活，变得广为人知，普遍共享，从而变成个人决定的一部分。

在吉登斯看来，这些典型特征足以说明，全球现代化是一种新的社会生活形式，并非先前形式的延续。从许多方面来看，现代性的全球化并非标志着现代社会的终结，或是对于现代社会的超越（正如**后**现代主义，参见第三章），而是一个新的阶段，即“晚期”现代性或“高度”现代性，其将根植于现代生活的诸般趋向带入一个远为深广的全球阶段。

批评的论点　评论吉登斯的人提出，他也许夸大了现代性与先前社会之间的不连续性，而传统和习惯仍然在塑造着人们日常活动的结构。他们认为，现代时期并非如此独特，现代人与以前的人也并没有那么不同。另有人指出，他有关全球化现代性的阐述淡化了权力这个社会学的核心议题，特别是低估了跨国公司有多么大的权力，足以推动某种形式的全球化，优先考虑自身的需要而牺牲世界上的穷人。“现代性”的概念本质上掩盖了资本主义企业的权力。

还有一些评论者也提出，吉登斯看待反身性的角度几乎完全是积极肯定的，认为其反映了社会生活向更多的选择开放。然而，这种反身性也可能导致涂尔干所描述的那种“失范”程度的加剧，就此而言，反身性也许更像是有待解决的问题，而非值得促进、乐观其成的发展。

当代的意义 由于全球化的这些理论都问世不久,而吉登斯也还在不断发展其有关现代生活的理论,这些基本都属于“进行之中的研究”。他提出的这些观点已经被其他社会学家在许多方面有所借鉴且都富有成果,就此而言,他已经提供了一套理论框架和一些概念工具,供后辈继续推进。针对他讨论现代性、反身性以及信任关系的作品的评论不无贡献,显然也唤起了更多的社会学争论。这种状况未来无疑还将持续,读者可自己做出评判。

小结:治理一个全球社会?

随着全球化的推进,现存的政治结构和模式似乎不足以应对一个充满跨越国界的挑战的世界。尤其是各国政府无法独力控制石油能源价格,或是遏制流行病的传播,应对全球变暖和有组织犯罪,又或是调控变幻不定的金融市场。没有全球政府或世界议会,也没有人会在全球性选举中投票。可是,

> ……在任何给定的一天,邮件跨境传送;人们凭借多种交通方式进行跨国旅行;商品和服务经由陆路、空运、海运和网络空间而传输至各处;同时还有各式各样的跨境活动发生,并且符合所涉人员、群体、公司和政府对于安全保障的合理期待……这立即引出了一个难解之谜:没有一个世界政府来缔造规范、行为准则,以及管制、监控和遵从的手段,世界是如何得到治理的呢?(Weiss and Thakur 2010:1)

问题并无不妥,但是再想一想,我们就可以看到,它将**政府**(government)与**治理**(governance)混为一谈了。政府是在给定地域内具备行政权力的一套机构,治理则不那么有形可见。恰恰是因为不存在一个世界政府,也没有类似的前景,一些学者转而吁求一种更为有效的**全球治理**(global governance),以此应对全球议题。第一部以这一主题为书名的著作出版于1993年,自那以后,讨论全球治理的学术著作已经远远超过五百部(Harman and Williams 2013:2)。

1995年,苏联解体和冷战结束的余波未尽,联合国制作了一份报告——《我们的全球社区》(*Our Global Neighbourhood*),审视了人类面临的新兴挑战以及应对它们的方法。报告认为,全球层面的治理不再能够仅限于各国政府之间的关系和协定,而必须包括非政

府组织、公民运动、跨国公司、学术界以及大众传媒。报告所建议的这种全球治理意味着一种“广泛的、动态的、复杂的互动决议过程,将会保持发展,因应变动不居的环境”(UN Commission on Global Governance 2005[1995]:27)。这一过程所涉及的参与者如此广泛多样,也意味着相较于过去的国际关系,全球治理必须更具包容性、参与性和民主性,并且需要发展一种共享性、全球性的公民伦理。

全球人类要调控其集体事务,需要借助多种规则、规范、政策、制度和惯例,全球治理这个概念正是旨在把握所有这些东西。就此而言,我们已经拥有了一定程度的全球治理,体现为联合国、国际货币基金组织、世界银行等机构,以及国际法、联合国安理会、国际原子能机构、多边条约和一些有关冲突与冲突解决的准则。有些学者提出,全球治理不过是另一套**话语**,是一种谈论现存制度安排的新方式。然而,这套架构大部分仍然是**国际性的**,而不是真正全球性的,因为它是在民族国家相互竞争的时代被设计出来的,假定国家是主要的行动者,并依赖强权国家来实施规则。而全球性议题和问题正在逐渐超越这种以国家为中心的国际体系。

第二十一章“政治、政府与社会运动”中还会讨论全球治理。

诉求全球治理的理由看似确凿,但或许远非轻易可以实现。民族国家以及大型公司之间相互抗争,而公民与“自己”国家之间的从属关系既要考虑逻辑或理性,也关乎情感。有关全球化的种种理论或许蕴含了超越民族国家的思维,但全球化所促成的情境也可能强化竞争而非合作。有些活动分子也对全球治理的观念本身心怀疑虑,担心这只是一个表面可以接受的危险用语,指代的是一个正在兴起的“世界政府”,由精英把持,或许带有专制性质(Sinclair 2012:6)。

谈论超越民族国家的全球伦理或全球治理似乎是乐观的,甚至是不现实的,但这些目标或许并不像乍听上去那样纯属臆想。当全球相互依赖和快速变迁让我们所有人前所未有地紧密联系在一起,打造新的规则和规范以及更为有效的监管机构,当然并非不合时宜。事实上,恐怖主义、环境破坏、气候变化、跨国犯罪网络、贩卖人口以及全球金融危机等全球议题都表明,更好的全球治理正在成为一种必需。托马斯·韦斯(Weiss 2013:3)主张,要寻求新的方式来增强全球治理,其主要的动机或许并不是要让全球治理“引领人类升入天堂,而是要将人类从地狱中拯救出来”。

本章要点

1. 描述狩猎与采集社会、游牧社会及农耕社会之间的主要区别。

2. 传统国家或文明的城市与现代城市有哪些方面的不同?

3. “工业化永久转变了人类社会。”举些例子说明它是如何做到这一点的。

4. 殖民扩张和统治如何遏制了发展中国家的经济发展?

5. 概述沃勒斯坦的世界体系理论,并评估其对于新兴工业化经济体的经验有多少解释力。

6. 从本章中找些例证,阐明**经济**因素、**社会文化**因素和**政治**因素在推动社会变迁中的重要性。其中是否有哪一项因素比其他因素更加重要,或是更具有因果效力?

7. 给出两种简明的“全球化”定义。具体举个例子说明**全球地方化**这一概念与**全球化**有何不同。

8. 列举一些促进当代全球化的因素。它们在性质上主要属于经济因素、社会文化因素,还是政治因素?

9. 概述极端全球化论者、怀疑论者和转型论者的主要论点。全球化理论是否可以证伪? 在这一点上,什么证据可谓确证?

10. 列举你认为的全球化的主要后果。对于发展中国家来说,这些后果主要是积极的还是消极的? 发达国家的人们是否从全球化中获益最多?

11. 全球政府和全球治理之间的区别何在? 真的有必要推行某种形式的全球治理吗? 真的存在一些国际问题需要以一套全球治理结构来应对吗?

研究实践

全球化如何影响各国的传媒文化? 我们是有可能看到愈益趋同的电视产品,还是各国文化将会重申自身? 有一块小领域可以检验这一点,即所谓电视真人秀的兴起,其制作样式经常销往众多国家。一旦如此,或许就会有文化壁垒,敦促制作方调整样式,以适应其国族背景。阅读下述经验研究文章: J. Van Keulen, and T. Krijnen, 2014, ‘The Limitations of Localization: A Cross-cultural Comparative Study of *Farmer Wants a Wife*’(地方化的局限:关于《单身汉之农夫找老婆》的跨文化比较研究), *International Journal of Cultural Studies*, 17(3): 277-292。

回答以下问题：

1. 指引这项研究的问题是什么？

2. 研究者是如何选择其案例的？

3. 研究使用了什么样的标准来进行各国比较？

4. 英国的电视样式是具有文化上的特定性，还是已经跨越国界得到转译？

5. 有关全球化、地方化以及文化多样性在电视节目中的维护，作者得出了哪些结论？

深入思考

如果说全球化已成现实，那么学术研究本身也无法不为所动。比如说，我们或许可以料到，20 世纪上半叶的社会科学出版物是欧洲和北美学者的天下，但到了 21 世纪初，来自世界各地的研究所能发挥的影响逐渐不相上下。

阅读下文：S. Mosbah-Natanson, and Y. Gingras, 2014, 'The Globalization of Social Sciences? Evidence from a Quantitative Analysis of 30 Years of Production, Collaboration and Citations in the Social Sciences(1980-2009)'（社会科学的全球化？社会科学三十年里生产、合作与引用之量化分析的证据[1980—2009]）, *Current Sociology*, 62(5): 626-646。

回顾论文的主要观点，即欧洲和北美仍然是社会科学期刊论文的主要生产力。其他地区为何没有实现我们可能期待的突破？作者们提出了什么样的证据来揭示，"边陲"地区的研究者依然会对来自"中心"的同行表现出遵从？你认为，"中心—边陲"模型被用于这一研究的背景有多成功？如果说这篇论文能够增进我们对于全球化的了解，那是什么？

艺文探析

1. 加拿大前总理金·坎贝尔曾说，"美国的图景在这个地球村无处不在，几乎好像不是世界移民到美国，而是美国移居到世界，使得人们即使身处遥远异国也渴望成为美国人"。这一评价意味着，以西方特别是美国的价值观和生活方式为源头，文化产品正逐渐变得千篇一律。

来自包括流行音乐、电视节目以及电影的流行文化的证据在什么程度上支持或有违这种观点？列出上个月你所看的电视节目、小说和电影，以及你自己的音乐收藏。这些内容有多大比例属于美国**出品**，以及/或者**包含的内容**主要是关于美国生活的？你认为日常接触这些内容对你自身的价值观、思维和政治观点有哪些影响?有何证据表明,“地球村”中的影像和内容比坎贝尔所间接指出的更为多元?

2. 那些认为我们正逐渐趋向一种更为千篇一律的全球文化的全球化理论,已经遭到提出全球地方化这个替代性概念的文化社会学家的批评。但不管怎么说,有证据表明,在任何给定情境中,两类趋势都在发挥作用,使得我们的观察显得有些彼此矛盾,但并不有损其精确性。在虚构作品而不是社会科学研究中,有时更容易看到日常生活中应对这些彼此矛盾的趋势的方式。

阅读指津

本章主题涉及广泛,单本书无法穷尽。但是你会发现,有两类书很有用。第一类是那些涵盖全球人类历史和人类社会发展的书。诺埃尔·考恩的《全球史概观》(Noel Cowen, 2001, *Global History: A Short Overview*, Cambridge: Polity)布局出色,简明扼要,叙述全面,又无须任何专业知识基础。布鲁斯·马兹利什的《新全球史》(Bruce Mazlish, 2006, *The New Global History*, London:Routledge)勾勒了漫长时段的全球历史和全球化进程,历史学思路与社会学思路水乳交融。

第二类是探讨当前有关全球化的理论和争论的那些书籍。如果只挑两本简介,你可以试试乔治·瑞泽尔和保罗·迪安的《全球化入门(第二版)》(George Ritzer, and Paul Dean, 2015, *Globalization: A Basic Text*, 2nd edn, Oxford: Wiley-Blackwell),它介绍了全球治理以及主要论战中的其他核心要点。保罗·赫斯特、格雷厄姆·汤普森和西蒙·布鲁姆利的《全球化之辩(第三版)》(Paul Hirst, Grahame Thompson, and Simon Bromley, 2009, *Globalization in Question*, 3rd edn, Cambridge: Polity)展现了对于各路全球化理论的基本批评,值得关注。

接下来,有关全球化理论和证据的具体评论,可以参看卢克·马特尔的《全球化社会学(第二版)》(Luke Martell, 2016, *Sociology of Globalization*, 2nd edn, Cambridge: Polity)、保罗·霍珀的《理解文化全球化》(Paul Hopper, 2007, *Understanding Cultural Globalization*, Cambridge: Polity),以及蒂莫西·J. 辛克莱尔题名简洁的《全球治理》(Timothy J. Sinclair, 2012, *Global Governance*, Cambridge: Polity)。这三本书合而观之,可谓涵盖经济、文化和政治诸维度。

一部出色的世界历史辞典始终有助于查考关键的日期和事件,所以一些规模适度、值得信赖的辞典,比如布鲁斯·伦曼和希拉里·马斯登的《钱伯斯世界史辞典(新版)》(Bruce Lenman, and Hilary Marsden, 2005, *Chambers Dictionary of World History*, new edn,

London: Harrap)或《世界史辞典(第二版)》(*A Dictionary of World History*, 2nd edn, Oxford: Oxford University Press, 2006)都会符合你的要求。

网络导航

政体出版社有关本书的更多信息和支持:

www.politybooks.com/giddens

"时间地图"(*TimeMaps*)收集狩猎—采集者信息——涵盖狩猎—采集社会、农耕社会和早期文明:

www.timemaps.com/hunter-gatherer

英国广播公司国际频道全球化资讯栏目——有关"全球社会"方方面面的一些基本信息:

http://www.bbc.co.uk/worldservice/programmes/globalisation/

1999年里思讲座——安东尼·吉登斯论"失控的世界":

http://news.bbc.co.uk/hi/english/static/events/reith_99/

全球化国际论坛(International Forum on Globalization)——关注全球化进程的活动家、学者及研究者的联盟:

http://www.ifg.org

全球化研究中心(Centre for Research on Globalization)——设在加拿大的一个"思想网站",上有研究者和学者的诸多评论:

www.globalresearch.ca

全球政策论坛(Global Policy Forum)——追踪联合国决策:

www.globalpolicy.org/globalization.html

伦敦政治经济学院全球治理在线(LSE Global Governance)——伦敦政治经济学院研究中心:

www.lse.ac.uk/globalGovernance/HomePage.aspx

第五章

环境

绿色和平组织活动分子在德国沃尔夫斯堡(Wolfsburg)的大众汽车工厂外示威抗议。牌子上写着:停止撒谎!

过去,私人轿车一般用的是汽油,而柴油是留给商用汽车和公共交通的。近些年来,这种情况已经改变,许多制造商投入重金研制“清洁柴油”汽车,据说比此前任何型号都更少污染。具体来说,它们声称其氧化氮和二氧化碳污染排放量都非常低,足以通过标准最严格的排放检测。大众公司大力将其清洁柴油汽车销入美国市场,并成功通过了美国政府的严格检测。然而,2015 年 9 月,该公司发现自己身处重大丑闻的中心。

据美国环保署(US Environmental Protection Agency, EPA)(2014 年开始对此表示关切)称,大众汽车“上路”实测的排放水平要高于实验室检测的证据,而公司的对外声称所依据的就是后者。更有甚者,美国环保署发现,在车内植入软件,能够骗过排放检测。这些汽车出厂时就已安装某种“欺骗装置”,能够识别与排放检测相关的信号,比如汽车静止、静态操控、气压水平等,然后切换汽车的模式,暂时减少排放。美国环保署检测了汽车上路实况,发现氧化氮污染物的排放量高于美国法令允许的 40 倍。大众公司承认试图欺骗检测制度,并坦承自己有大约 1100 万辆柴油车装了这种装置,其中 800 万辆在欧洲。

对于大众公司来说,后果便是高层辞职、股价下跌、销售量下降、大众品牌的声望受损。更为严重的是,在公司眼里,排放检测似乎只是商业上取得成功的障碍,而不属于改善空气质量的必要管控。改善空气质量造福的是所有人,尤其是在城市里、在人口稠密的都市区域生活和工作的那些人。汽车行驶过程中排放出的氧化氮会产生臭氧和非常细小的颗粒物,危害人体健康。英国政府认为,空气中的氧化氮每年导致大约 2.35 万名英国公民过早死亡;而据欧洲环境署的估计,2012 年全欧大约有 43 万人死于同样的原因(*New Scientist* 2015)。空气污染是一个严重的健康问题,而机动车是造成这一问题的主要原因之一。

大众公司的丑闻提请我们注意,一方是企业对于新的市场和利润的无尽追求,一方是力求减少污染、保护人的健康的环境管控标准,两方之间充满紧张。对于千百万人来说,私人汽车也是人身自由、灵活流动和消费风格的有力象征。要我们单纯出于环保考虑,放弃家庭汽车,放弃四轮驱动、SUV 和跑车,绝大多数人都会很不情愿,尽管越来越多的证据表明拥有私人汽车有不少负面作用。城市的建造以机动车行驶为中心,而不是围绕自行车或步行,都市区域的低空污染导致成千上万人死亡,住区街道被汽车保有大众化搞得不堪重负,纵然有如上种种,我们的日常生活依然深陷私人汽车的困扰(Mattioli 2014)。不过,我们在本章下文将会看到,如今也有一些理由让人相信,"汽车时代"或许将要——缓慢地——步入终局。

有关企业犯罪活动及其社会危害的讨论,参看第二十章"犯罪与越轨"。

在这一章里,我们将讨论有关自然与环境的观念演变,以及所谓"环境议题"的构成要素,接着简要介绍研究这些论题的一些社会学思路。以此为基础,我们再来探讨一些重要的环境议题,包括污染、资源耗竭、转基因以及全球变暖问题。然后概述有关消费主义和风险社会的一些社会学理论,以及旨在应对像可持续发展以及生态现代化之类环境困境的设想。本章结尾将考察如何将正义与公民权的考虑拓展到自然环境,并展望社会与环境关系的未来。

第一节

自然、环境与社会

▼

一 自然与环境

环境议题始终以某种方式牵涉到自然,但“自然”并不只是一个意涵单一的单词。事实上,词典定义通常会列出这个单词十二种不同的意思。雷蒙·威廉斯(Williams 1987)指出,**自然**这个单词是英语中最复杂、最棘手的词语之一,因为随着时间的推移以及社会的发展,它的主导含义也在改变。

“自然”的意思可以是对于一个人或者一样事物而言某种**本质性**的东西。[①] 例如,为什么有些鸟类会在每年的同一时间筑巢呢? 我们可能会被告知,这是本能的行为,是这些鸟类的“本性”的本质要素。然而,在 14 世纪的欧洲,一种新的主导含义开始凸显。“自然”开始被看成指引世界并最终说明事情为何会发生的**一系列力量**。例如,甚至时至今日,仍然有许多人会求助星象图,寻找基于其生日的所谓“星座”及其能给他们的生活提供的指点。当他们这样做时,其实就是在借鉴同样的“自然力量”观念来指引人事,此处的“自然力量”就是指恒星和行星的运动。

到了 19 世纪,“自然”的主导含义又发生了改变。这一次它被视为整个**事物的物质世界**,而不是一系列力量。自然界满足**自然万物**,即飞禽走兽、田野山川以及其他种种。例如,出现一种趋势,把“景色”看成风景或者图画,所谓自然,从字面上框定了我们的欣赏与愉悦。与此类似,18 世纪和 19 世纪的自然主义者对于自然的“事物”进行了搜集和分类,创造了至今还在使用的动植物分类学。

有两个相关的重大原因造成了含义上的最近这次变化:一个便是**工业化**,它使人们不再从事土地耕作:另一个是**城市化**,它促成了更大的人类聚落和新的生活环境,在很大程度上与自然事物相分离(Thomas 1984)。自然被看作一种障碍,社会要想取得进步,就必须去驯化自然,主宰自然,所谓“未开化的”自然或者“茹毛饮血的”自然这样的流行观念,其实就是这个意思。人类可以(坐飞机)高天翱翔,(坐船)横渡远洋,甚至(坐飞船)环绕地球飞行。卡顿和邓拉普(Catton and Dunlap 1978)指出,工业时代的技术进展催生

---

① 这种意思的“nature”多译为“本性”或“本质”。——译者注

了一种"人类豁免论"(human exemptionalism)的意识形态,这种被广泛接受的观念认为,人类与其他所有动物不同,实际上可以免受自然法则的约束。

自17世纪以来,英国的富裕群体开始从诸如此画的风景中获得愉悦,这也成为"游客凝视"的焦点(Urry 2002)。

不过,对于一小部分人来讲,自然并不需要去驯化。相反,工业社会本身就是问题,为了供养新型城市生活方式,污染着自然,浪费着自然。野性的自然需要的是保护而不是驯化。话说回来,无论是主张驯化自然的人还是倡导保护自然的人,都把社会与自然看成**相互分离的事物**。自然乃是社会之所不是,反之亦然。这种含义直到今天依然占据主导地位,尽管相比从前,有更多的人可能会同意保护自然者的立场。

20世纪50年代以来,"自然"这个词的使用逐渐让位于另一个术语:**环境**。字典中对"环境"的定义表明,它是人的外界条件或是周遭事物,特别是指人们生活或工作周围的情况和条件。大卫·哈维(Harvey 1993)指出,这个定义可以适用于若干情境。例如,我们可以有一种工作环境,一种商务环境,一种城市环境。然而,如今绝大多数人或许会期待本章讨论污染、气候变化、动物福利等问题,这表明(作为单数的)**那个**环境已经有了流行的特定含义。人们假定(作为单数的)**那个**环境指的是人类生存于其中的所有那些非人工的、自然的周遭,有时被称为"自然环境",其最广泛的意思其实就是整个地球。本章我们将使用这一含义作为我们的操作定义。

批判性思考

上述“环境”的操作定义有多令人满意？人类是自然的一部分吗？如果是，请说明为何城市和都市区往往被视作人造的。

二　社会学与环境

2011 年 3 月 11 日，时近下午三点（日本当地时间），日本史上影响最大的一场地震在该国东海岸沿海发生，震级高达 9.0 级。地震引起的海啸掀起高达 40 米的狂浪，无情地扑向日本东北地区①。海啸深入内陆 10 千米，所到之处，涤荡一切：房屋、车辆、电力线、人，全都被这突发的灾难所吞噬。警方统计显示，至少 1.5 万人丧生，超过 9000 人失踪，另有 5000 人受伤。沿海的福岛核电站的核反应堆的冷却系统失效，由于食物产品、自来水、土壤样本都被报告受到放射性物质污染，日本宣布进入紧急状态。日本政府宣称将会评估其能源政策，尤其是日本对于核能的依赖度，以确保国家未来的能源安全。

诸如此类的地震绝非罕见。新西兰的克赖斯特彻奇（Christchurch，2011）、海地（2010）、克什米尔的穆扎法拉巴德（Muzzafarabad，2005）以及印度尼西亚的亚齐（Aceh，2004），这几场发生在 21 世纪的地震，一共导致超过 50 万人丧生，数百万人无家可归。地震及其往往会引发的海啸提醒我们注意，自然环境相对于社会和政治生活中上演的一幕幕戏剧，并不仅仅是消极怠惰的背景。它是一种积极主动的力量，在社会的塑造中扮演着显著的角色。但是，理解自然力量及其过程显然是物理学家和地球科学家的工作。社会学家在理解和说明环境议题方面，又能扮演什么角色呢？

第一，社会学可以帮助我们理解环境问题是如何分配的。全球变暖，即全球平均地表温度的上升，尽管影响到地球上的每个人，但发挥作用的方式却不尽相同。洪水泛滥会同时影响富国和穷国的人，但在那些低海拔的穷国所导致的死亡人数要多得多，例如孟加拉国，那里的房屋状况及应急基础设施应对恶劣气候的能力不如欧洲，后者业已筑造了耗资昂贵的防洪工程。在较为富裕的国家，比如美国，由全球变暖引发的议题更可能关注间接后果，例如随着人们试图从受到更直接危害的地区迁入美国，移民规模扩大。

第二，社会学家可以针对各种人类行为模式如何对自然环境产生压力提供一种阐述

---

① 日本八大地区之一，位于本州岛东北部，人口较为稀疏，包括福岛、宫城、青森等县，其中福岛是重要的核电基地。——译者注

(Cylke 1993)。尽管2011年的日本海啸不是人类行为直接造成的后果,但本章所讨论的环境挑战大多数是由人类直接导致的,像是柴油车造成的污染。工业化国家已经造成的污染如果在全球各发展中国家中重演,污染程度会大大加剧。如果世界上那些深陷贫困的地区想要追赶上富裕的地区,富裕世界的人们就不得不修正他们对于持续经济增长的期待。关于资本主义扩张、全球化或理性化的那些社会学理论,可以帮助我们理解人类社会是如何转变环境的。

第三,社会学可以帮助我们评估为解决环境问题而提出的各项政策以及建议。例如,在日本大地震以及海啸发生之前,许多发达国家的政府已经开始重新评估核能选项。20世纪80年代的反核运动成功地引起了人们对掩埋处置放射性核废物的安全性的关注,政府也最终放弃了核工业。然而,当今各国国家能源安全计划中油气供应的不确定性,加之为了应对全球变暖而需要减少碳排放,使得选择核能重新变成争议焦点。鉴于核反应堆的碳排放微不足道,现在需要权衡的就是对安全性的担忧与使用核能所带来的环境利益。分析不同群体如何综合考虑其对于环境问题的诉求与反诉,会加深我们对于所涉及议题的理解,而这是信息畅通的公众讨论的一个重要先决条件。

无独有偶,一些环保运动分子和"绿色"作家呼吁,要想避免全球生态灾难,富裕国家的人们必须摆脱资本主义消费模式,回归更加简单的贴近大地的生活方式(Devall 1990; Cowie and Heathcott 2003; Elgin 2010)。他们声称,要拯救全球环境,既意味着彻底的技术变革,也意味着彻底的社会变革。然而,考虑到现存的巨大全球不平等,穷国不太可能为了富国导致的环境问题而牺牲自身的经济增长。有些发展中国家的政府辩称,在全球变暖方面,发达世界的"奢侈排放"与它们自身的"生存排放"之间毫无可比之处。社会学有关国际关系以及全球不平等的阐述,可以阐明我们今天所面临的环境问题的一些根本原因。

社会学的创建先贤,马克思、涂尔干和韦伯,很少关注如今我们所说的"环境议题"。人类社会和自然环境的关系并不是他们的核心理论关切。相反,他们聚焦于社会不平等、贫困及减贫,评估工业化发展的方向。到了20世纪70年代,当社会学家开始探索环保运动者认定的那些议题时,这种情形就变得很成问题了。那么古典理论能针对人类与环境的关系提供什么洞见吗?一些社会学家**已经**回到古典社会学中,基于环境议题重新解读古典作品(Dickens 2004; Dunlap et al. 2002; Murphy 1997)。尽管如此,大多数社会学家并没有这样做。相反,关于应当**如何**研究环境议题,存在着社会建构论和批判实在论这两种思路,大部分有关环境的社会学研究还是围绕着两者之间的长期争论展开的。

三 社会范畴与自然范畴的理论概括

社会建构论(social constructionism)是一种研究包含环境议题在内的社会问题的方法。社会建构论者考察的是,一些环境议题如何开始被视为意义重大,亟须采取行动,而另一些环境议题却仍被看作不那么重要,或基本遭到忽视(Braun and Castree 1998; Hannigan 2006, 2014)。这在很大程度上有赖于一项议题是如何被框定为需要得到政府政策响应的**一个问题**的。现在被视为最重要的那些环境问题,真的是最为严重且亟须采取行动应对的吗?

> 更多有关社会建构论的内容,详见第三章“理论与视角”和第八章“社会互动与日常生活”。

社会建构论者发出了一系列重要的追问。**问题的历史**是什么,它是如何发展的?是**谁**宣称这是一个问题,他们是否有既得利益或立场,能够从中获益?**对于这个问题他们说了些什么**,又有什么证据作为支持?他们是**怎样**表达意见的?他们是否应用了科学的、情感的、政治的乃至道德的维度的论点?谁**反对**相关诉求,基于哪些理据?如果诉求得到满足,反对者是否会因此遭受损失,这样的前景而不是证据本身能否说明其反对立场?诸如此类的追问赋予社会学家在研究环境议题时明确的角色定位,其他任何学科都无法代为履行。他们还使我们对于这一领域有了新的理解。

社会建构论者提醒我们注意,所有的环境问题在某种程度上都是由社会创造出来的,或者是由人群“建构”的。自然不可能“替自己说话”,而人类却总是代表它说话。不妨对这种建构过程进行考察、理解乃至说明。如此一来,公众也应当更有能力评估一项环境问题是否真的如其诉求者所言那样严重。

然而,对于一些社会学家而言,建构论颇成问题,因为它对于所讨论的核心问题往往表现出“不可知论”的倾向(Irwin 2001)。例如,基于建构论立场考察生物多样性衰减和物种灭绝的问题,我们可能会知晓这个问题是如何被视为重要的,围绕它提出了哪些论点,又有谁在反对有关诉求,等等。但是,对于核心的科学问题,即生物多样性是否真的正在演变为一个严重问题,社会建构论并不能给出直接的回答。对于环保运动分子以及那些致力于解决环境问题的人来说,这等于毫无帮助。建构论告诉了我们很多关于人与社会互动的知识,却几乎没怎么涉及社会与环境的关系。

另有一种替代思路,被称为“环境实在论”(Bell 2004)或者**批判实在论**(critical realism),主张用科学的方法探讨环境议题,从社会科学和自然科学中综合采集证据,以理解为什么会发生环境问题。批判实在论旨在透过可见证据的表象,去揭启事件和问题的深层“因果机制”(Benton 1994; Dickens 1996, 2004; Martell 1994)。与社会建构论者的不可知论截然不同,批判实在论者在自己的分析当中,更愿意去接受和讨论来自自然科学及环境科学的知识和证据。“发挥你的社会学想象力 5.1”讨论了英国的“疯牛病”,就生动体现了这种思路的一些要点。

绝大多数环境问题都是由社会导致的。例如,消费主义产生了巨量的废物,按惯例它们会被倾倒在垃圾填埋场。

实在论的思路要求来自众多学科的发现作为支持:生物学、动物学、历史学、社会学、政治学等。只有通过这种方式,我们才能够恰如其分地说明,20 世纪八九十年代,疯牛病(BSE)以及变异型克-雅二氏症(vCJD)造成如此严重问题的详情与原因。实在论者和建构论者一样,也认为奶牛既是自然生物,也是具有社会属性的生物。艾伦·欧文(Alan Irwin)基于建构论的立场提出:“现代的奶牛是几代人工控制下的繁殖、饲育以及圈养的产物。”(Irwin 2001:80)但与建构论者不同的是,实在论者要探寻**因果机制**,并且准备运用社会建构论者不曾使用的方式,去探究并讨论有关环境议题的自然科学。批判实在论把自然物体和环境等**客观实在**纳入考虑范围，这就意味着秉持这种想法，重新思考我们的社会学理论和概念。

基于对这两种思路的简单勾勒，我们可以说，社会建构论所指引的方向是一种**研究环境的社会学**（sociology of the environment），应用学科范围内的概念和理论，从相沿成习的社会学立场来探索环境议题。与此相反，批判实在论引向的是一种**具有环境意识的社会学**（environmental sociology），要求修正现有的社会学思路，以便综合考虑社会与环境之间的密切交织（Sutton 2007）。尽管如此，即如我们会在本章见到的，该领域的许多调查研究都倾向于在这两种对立选择之间来回摇摆。

发挥你的社会学想象力 5.1

英国的"疯牛病"

1996年，英国政府内阁承认，最近发生的至少10起人类死亡病例可能是由克罗伊茨费尔德-雅各布氏症（Creutzfeldt-Jakob Disease）在人体内的一种新型变异（简称变异型克-雅二氏症[vCJD]）引起的，它可能是由于人们食用了被牛海绵状脑病（Bovine Spongiform Encephalopathy, BSE；简称疯牛病）病毒感染的牛肉，在20世纪80年代逐渐演变出来的。这是一次巨大的冲击。彼时吃牛肉的人数以百万计，至少在理论上说，都有可能染上此病。这到底是怎样发生的呢？

疯牛病是牛的一种致命的神经变性疾病，其症状包括协调性丧失、紧张不安、记忆丧失、富有进攻性（因此叫"疯"牛），与人体的克-雅二氏症（CJD）类似。根据饲养羊的经验，疯牛病曾经被认为不可能跨越物种的界限感染人类。克-雅二氏症是人类的一种已被识别却很罕见的疾病，但与疯牛病并无联系。英国疯牛病调查小组（1998—2000）鉴定认为，牛身上的疯牛病源自一头母牛（被命名为"133号牛"）的基因突变。但有关疯牛病传播的最被广泛接受的解释是，牛被喂食了受疯牛病病毒感染的动物的内脏（Macnaghten and Urry 1998:253-265）。调查报告称，问题在于"反刍动物饲料中循环利用动物蛋白"。报告还指出，疯牛病与人类变异型克-雅二氏症之间的联系"现在已经明确确立"。2015年11月2日，设在爱丁堡的英国国家克-雅二氏症监控中心报道，已有177人死于变异型克-雅二氏症。肉类加工办法已有改变，也出台了新的规则，以防止此类事件再度发生，但是公众对于科学、政治、监管机构以及肉制品工业的信心已被这些事件彻底动摇。

表面看来，该事件似乎就是动物身上自然发生的疾病，与社会进程并无关联。尽管如此，疯牛病病毒的变异以及传播是动物饲料生产体系中的决策的产物。之前关于疯牛病病毒跨越不了物种界限的预设最终被证明并不正确。感染了疯牛病病毒的牛肉的确引发了人类的变异型克-雅二氏症。把牛当作一种商品,并且忽视其食草动物的天性,用死牛肉来喂养它们,竟然产生了没有人能预料的意外后果。

批判实在论的思路会建议,要想恰如其分地理解该事件(以及由此找到正确的解决方法来防止这类事件再次发生),我们需要知道牛是怎样的一种生物:它们的自然属性是什么?我们也需要理解人类,以便搞清楚为什么该病会对人类产生如此具有毁灭性的影响。当受到感染的食品进入人体后会发生什么?我们也需要知道食品生产体系是如何运行的,是什么样的政治经济决策允许用死去的动物来喂养其他动物。我们还需要文化方面的特定知识:为什么在英国有这么多的人吃这么多的牛肉?

批判性思考

社会建构论者又会如何考察上文概述的疯牛病及其后果呢?这种思路集中探究的会是什么?

第二节

环境议题有哪些?

当今世界面临着纷繁多样的环境议题。其中一些具有地方性或是区域性特征,而另一些在规模上和影响上具有全球性。但是,这两类环境问题**都同时**牵涉到社会联系与互动**以及**非人为自然现象这两个因素,正是这一点使其成为特殊的**环境议题**。有鉴于此,它们都是社会与环境的**混合**问题(Irwin 2001:26)。本节下文涵盖一系列环境议题和问题,你读的时候请务必牢记这一点。

一 污染与废料

(一)空气污染 空气污染可以明确划分为两种类型:主要由工业污染源和汽车排放导致的"室外污染",以及为了室内取暖和烹饪而燃烧燃料造成的"室内污染"。传统上,因为工业化国家大规模生产并保有机动车辆,空气污染被看作主要困扰它们的难题。然而,近些年来,发展中世界"室内污染"的危险引起了人们的关注,这是因为那里使用的许多燃料,比如木柴和动物粪便,不像煤油和丙烷之类的现代燃料燃烧起来那么清洁。

直到20世纪中期,许多国家空气污染的主要原因还是普遍烧煤,这种化石燃料会向空气中释放二氧化硫和浓密的黑烟。在许多东欧国家,在发展中世界,这种做法今天仍然十分常见。在英国,煤曾被广泛用于家庭取暖和工业供能。但是在1956年,国家通过了《清洁空气法》(Clean Air Act),以管控烟雾污染。煤油、丙烷和天然气之类的无烟型燃料作为替代选择得到提倡,现在的使用则更加普遍。

自20世纪60年代以来,日益增多的机动车辆成为空气污染的主要来源。在欧盟的28个国家中,几乎四分之一的温室气体来自交通运输,而其中又有72%来自道路交通(European Commission 2015a;参看图5.1)。道路交通的气体排放尤其有害,因为它们进入环境的高度远低于高耸的工业烟囱(低空污染)。因此,对于行人和工人来说,城市长久以来都属于污染最严重的环境之一。

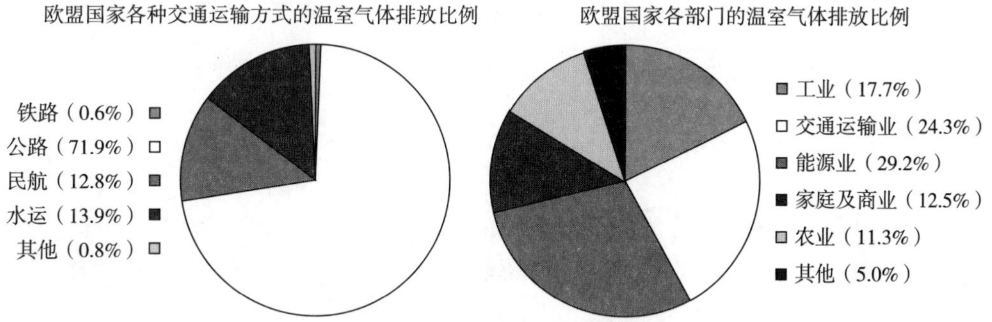

图5.1 按交通运输方式和部门划分的欧盟28国温室气体排放比例,2012年

资料来源:European Commission 2015a。

在欧洲,大约80%的旅行依赖轿车,而轿车对环境产生的影响特别有害。单人汽车旅行每人每千米所产生的碳排放量,要比满员的短途飞行和长途飞行的还要多(Beggs 2009:77-78)。有鉴于此,减少空气污染的努力集中在选用低排放的旅行方案,比如客运列车、大容量公共汽车和轿车拼车。2008年以来,由于油价上升,私人轿车的节能效率提高,欧盟及其他地方的来自道路交通车辆的温室气体排放量已经开始下降(European Commission 2015a)。不过,正如大众汽车排放丑闻所显示的,更为严格的减排目标本身并不能确保现实世界中车辆排放量的减少。

空气污染关系到不少健康问题,包括呼吸困难、癌症和肺病。由于发展中国家正在经历快速工业化,上路车辆数量增长,室外污染也迅速加剧。在许多发展中国家,人们还在使用含铅汽油,尽管其在发达世界的大部分地方已经被逐步淘汰。在东欧和苏联的不少地方,空气污染程度也很严重,虽然自20世纪90年代起,这些地区的经济重组和工业生产衰落使这种状况有所缓解。

批判性思考

《清洁空气法》对烧煤产生的空气污染效果显著。那么禁止柴油车驶入市中心是否会有类似效果？找找看是否有什么城市真的颁行了这类限制措施，是否已经“起效”。

(二)水污染 从古至今,人们一直依赖水来满足各种需求,饮用、做饭、洗衣、灌溉、养鱼,凡此种种,不胜枚举。尽管水是最珍贵和不可或缺的自然资源之一,但多年以来,无论是人体排泄物还是制造业废水,都被不假思索地直接倾倒入江河湖海。比如,1858 年夏天,伦敦泰晤士河散发出恶臭,全城陷于瘫痪,迫使政界人士采取行动。只是在过去六十年左右的时间里,许多国家才开始协力保护水质,养护依赖水而生存的鱼类和野生生物,并确保全球人口能够获得清洁的水。尽管付出了这些努力,水污染仍是世界很多地区的严重问题。

甚至在水资源丰沛的茂密雨林,城市居住区、工厂和集约化农业措施也会让清洁水的获得成为难题。

水污染可以理解为对水源供应的污染,源于有毒的化学物质或矿物质、杀虫剂和未经处理的下水道污物。水污染给发展中世界的人们造成的威胁最为严重。在世界上许多最贫穷的国家中,卫生设备十分落后,人体排泄物常常直接进入江河湖溪。未经处理的下水道污物中滋生了大量细菌并导致各种由饮水引发的疾病,比如腹泻、痢疾和肝炎。每年有 20 亿例腹泻是由被污染的水引起的,每年也有大约 500 万人死于腹泻类疾病。

过去二十五年来,在增加获得安全饮用水的机会方面,已经有了长足的进步。在 20 世纪 90 年代,大约有 10 亿人可以获得安全饮用水,同样有 10 亿人开始使用卫生设备,尽管确保安全水资源的供应仍然是个问题,非洲某些地区尤其如此,那里的人们喝的是没有保护的井水和泉水以及地表水(参见图 5.2)。一些发展中国家的水资源供应私有化,导致水价上涨,问题有可能进一步恶化;与此同时,全球变暖也导致干旱现象愈发频繁(参见"全球社会 5.1")。

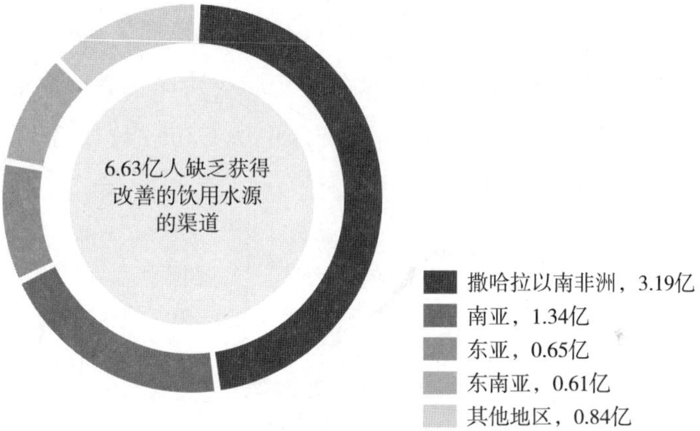

图 5.2　未能获得改善水源的人口,2015(以亿计)

资料来源:UNICEF/WHO 2015:7。

联合国于 2000 年制定了"千年发展目标",其中之一,就是到 2015 年,"使无法获得清洁饮用水的人口比例减半"。2010 年,该项目标完成得不错,进度远超时间表。截至 2015 年,世界人口的 91%已经获得改善的饮用水源,其中 26 亿人是在 1990 年以后新获得这种渠道的。话说回来,也就在同一年,高加索地区、中亚、北非、大洋洲和撒哈拉以南非洲等区域未能完成其"千年发展目标",大约还有 6.63 亿人(其中主要是乡村居民),依然未能获得改善的安全水源(UNICEF/WHO 2015:4)。最不发达国家中有许多仅仅储存了它们年度更新水流量的 4%,相比之下,发达国家能够储存 70%到 90%(UNESCO 2009a)。

卫生设备方面的进展就要慢得多了。"千年发展目标"提出,到 2015 年,全球人口中应有 77%使用有所改善的设施,但实际只有 68%。这意味着比之目标大约少了 7 亿人。仍有大约 24 亿人未能获得改善的卫生设备,其中十分之七生活在农村地区,更有十分之九还在露天大小便(UNICEF/WHO 2015:5)。显然,对于促进和衡量安全饮用水与有效卫生设备的供应,“千年发展目标”已经被证明是一种有效的手段,但依然有大量工作要做,尤其是在发展中国家的农村地区。

(三)固体垃圾 下一次你逛超市、玩具店或去快餐厅时,留意一下你所见产品的附带包装数量。你很少能买到不带包装的东西,尽管包装显然有好处,使产品看起来更加吸引人,并且保障了产品的安全,但其弊端也是巨大的。

垃圾的生产与各国的相对富饶程度密切相关。例如,波兰、匈牙利和斯洛文尼亚这些最近才开始仿效西方资本主义和消费文化的国家,人均制造的垃圾不到美国、丹麦和澳大利亚的一半。不过,更加老牌的高消费社会如今对其垃圾的管控更为有效。如图 5.3 所示,像德国、挪威和爱尔兰等国正在逐步减少最终送往填埋场的垃圾的比例。欧盟的目标是成为一个“循环型社会”,除了在生产环节中减少产品包装的数量外,还致力于循环利用或是用垃圾堆肥(到 2020 年,欧洲经济区中所有市政垃圾将有 50%如此处理)(European Environment Agency 2013)。

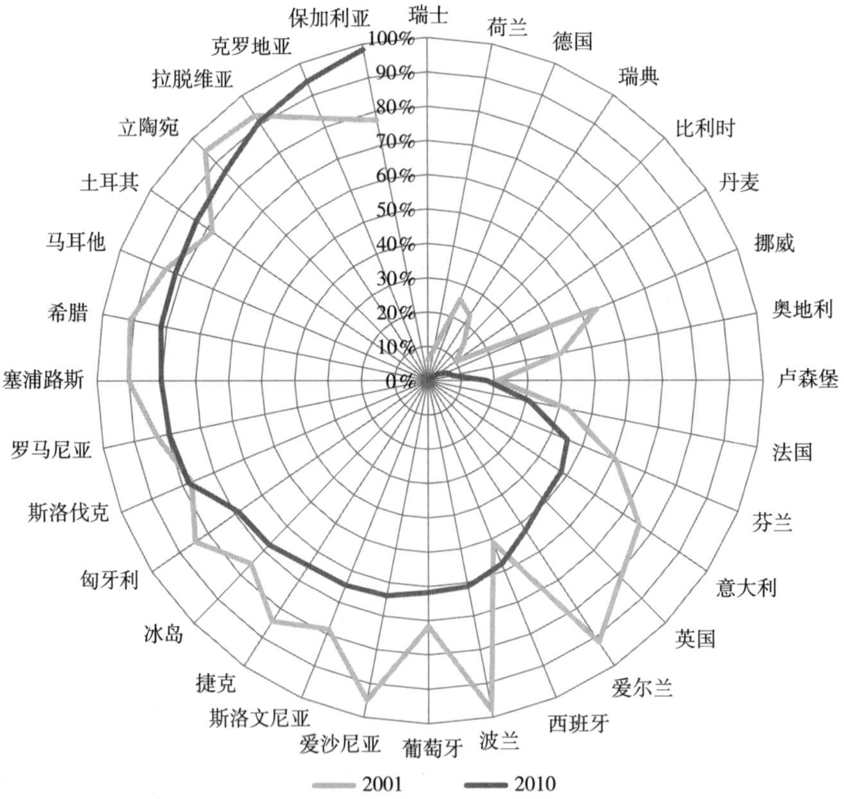

图 5.3 2001 年和 2010 年欧洲经济区各国市政垃圾填埋率

资料来源:European Environment Agency 2013:21。

工业化社会被称为“浪费社会”,因为被不假思索地丢弃的物品数量可谓巨大。在工业化世界的大多数国家中,垃圾收集服务几乎是普遍的,但处置这些海量垃圾却变得越来越难。垃圾填埋场逐渐趋于饱和,并且许多城市地区已经用光了垃圾处置空间。例如,在苏格兰,2006 年仍有大约 90%的家庭垃圾被送往垃圾填埋场。据苏格兰环保署报告,家庭垃圾正以每年 2%的速度增长。国际垃圾贸易导致可回收物出口到中国,而在中国,垃圾有时在缺乏监管的工作环境中被手工分类,造成环境的进一步恶化。

英国政府设立了目标,到 2005 年,市政垃圾的循环利用比例要达到 40%,但是截至 2010 年,它离这个目标仍差一点点,只达到 39.7%。近年来,家庭垃圾的数量开始增加,尽管回收比例逐年提高(Defra 2016)。图 5.4 显示了英国逐渐减少垃圾填埋而转向其他处置方式的趋势。不过,与垃圾产出总量相比,被循环利用的家庭垃圾或许依然显得比例较低,很大一部分被丢弃的垃圾难以进行再加工或重新利用。食品包装中使用的许多塑料袋都属于无法再用的垃圾,不得不埋在垃圾场中,在那里它们甚至可以维持现状好几百年。回收业正成为全世界一门巨大的产业,但要转变世界上的“浪费社会”,还有很长一段路要走。

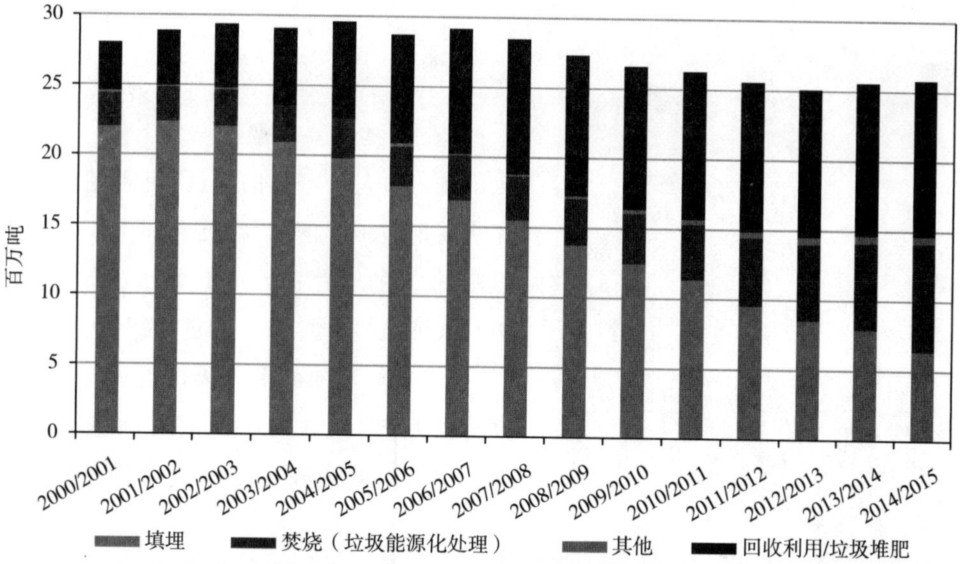

图 5.4　2000/2001 年度—2014/2015 年度英国市政垃圾处理方式(百万吨)

注:垃圾能源化处理(EfW,Energy from Waste),指利用焚烧垃圾物质的热能来发电。

资料来源:Defra 2016:26。

在发展中国家,家庭垃圾面临的最大问题是垃圾收集服务的匮乏。据估计,发展中国家的家庭垃圾有 20%到 50%没有被收集。管理糟糕的垃圾收集系统使得垃圾堆满街道并加剧了疾病的传播。随着时间的流逝,发展中世界要面对的垃圾处置问题很可能比工业化国家目前所面对的更为急迫。这是因为,随着各个社会越来越富裕,残食之类的有机废物将会逐渐让位于更难降解的包装之类的塑料和合成材料。

二　资源耗竭

人类社会依赖的许多资源来自自然世界,比如水、木材、鱼类、动物和植物。这些要素常常被称为“可更新资源”(可再生),因为在一个健康的生态系统中,它们能够随着时间的流逝自动更替。然而,如果可更新资源的消费打破了平衡或者用量太大,就会出现被消耗殆尽的危险。一些证据表明,这样的过程可能正在发生,可更新资源状况的恶化引起了许多环保主义者的极大关注。

水资源的不安全　你可能不觉得水是一种可以消耗完的资源——毕竟水能通过降水不断自我补充。如果你生活在欧洲或者北美,多数时候你可能根本不会在意水的供应。有些人认为,瓶装水市场的迅速成长正体现了全球不平等的状况,因为发达国家的许多消费者选择买水,他们原本可以免费获得水——字面意思上的“举手之劳”①。然而,对发展中国家许多地方的人来说,获得可靠的供水却是一个老大难问题。

越来越多的基层管理机构增加了回收垃圾的服务供给,作为垃圾收集的组成部分,许多人已经养成了回收的日常习惯。

在一些人口密集的地区,可利用的水资源无法满足需求。例如,在北非和中东干燥的气候里,供水的压力非常沉重,缺水已成为家常便饭。这种趋势在将来还会更趋恶化,因为在今后三十年内,预期的世界人口增长大多位于已经存在水资源短缺问题的地区。而城市区域的基础设施将要付出艰苦努力,以满足扩张的人口在水和卫生方面的需求。但是全球变暖的后果甚至更为严重,我们稍后将看到这一点。

对未来水资源危机的预测往往聚焦于发展中国家,但重要的是要理解为什么会这样。针对水资源的可利用性以及影响这种可利用性的压力因素,最近有项研究指出,乍一看,西欧与

① “on tap”,字面意思就是打开水龙头,意即直饮自来水。——译者注

北美的供水安全状况还不如大部分非洲地区(Vörösmarty et al. 2010)。然而,当我们把水资源管理方式纳入考虑,情况就发生了戏剧性的变化。由于发达国家对水利工程与技术,比如筑坝、清整水道、修造水渠与管道,投入了大量资金,水资源安全性问题大大缓解。相反,在非洲大部分地区,诸如此类的重金投入过去不曾有,目前看来也不可能,水资源不安全成为一件非常严重的事情。

另一方面,耗资巨大的水利工程原本旨在保证水资源安全,却也破坏了环境,潜在地导致了对未来有害的结果(Palmer 2010)。即使发展中国家使用类似的"钢筋混凝土"工程来改进其水资源安全性,也会以破坏环境与减少生物多样性为代价。有一种可替代的选择,就是采取一种管理水资源的思路,维护洪泛区、湿地和分水岭,努力与自然进程相协调,而不是企图改变它们。

时至今日,对于落实保护供水的措施的需要甚至更为急切,因为"全球变暖"也对水资源的耗竭有潜在影响。随着温度上升,将需要更多的水来饮用和灌溉。同时,很有可能地下水的自我补充不像从前那么快,蒸发率也可能会上升。伴随着全球变暖,气候模式可能发生变化,进而影响现有降水模式,改变获得供水的渠道,使得制订水资源管理计划更为困难。

全球社会 5.1

水的私有化

理查德·瓦克曼发表于 2007 年的文章。

正午的太阳炙烤着一队防暴警察,在他们面前,是数以千计的示威者,这些示威者对他们大加奚落,愤怒地抗议要将水费提价超过三分之一的提案。过了一会儿,一个身着制服的警官跃马传令,警察们随即冲上前去,开始了一场挥舞棍棒的混战,导致数十名示威者流血和肢体受伤。

这是好莱坞最新上映的电影中的一个片段?很不幸,不是。这是发生在玻利维亚第三大城市科恰班巴(Cochabamba)的一桩真实事件。在那里,美国工程巨头贝克特尔(Bechtel)的一家子公司掌管了市政供水,并提高了水费,以至于最贫穷的家庭负担不起。

欢迎来到一个新世界,在这里,在旷日持久的水资源短缺之后,战争和内乱已为时不远,是日益增长的人口、干旱(受全球变暖影响而加重)、亚洲和拉丁美洲新兴经济体中新生的富裕中产阶级不断增长的需求,共同导致了持续的水资源短缺。在上周一家国际银行主办的城市简报会中,一位高管说:"如今人人都在谈论全球变暖,但我预测,不出两年,水将成为地缘政治议程的首要重点。"

像中国和阿根廷这样遥隔天涯的国家,也面临一个共同问题:是否允许这一领域向私有的欧美跨国公司开放,以此释放市场力量。这些公司掌握技术诀窍,知道如何提升用水普及率,但其价格许多人可能负担不起,或不愿买单……

今天来自会计巨头"德勤"(Deloitte & Touche)的一份报告称:人类似乎有一种独特的天分——把原先丰富的资源变得稀缺。报告注意到,"水的问题尤其如此"。根据这家公司的发现,超过10亿的人在来年将不能获得清洁用水。德勤的研究主任(也是这份报告的合著者之一)保罗·李指出:"对水的需求预计将受到经济增长和人口增加的不断驱动。到2020年,印度对于水的需求预计将超过供应量。"

世界野生动物基金会(The World Wildlife Fund)预言,在喜马拉雅山,冰川的消退将减少高达三分之二的夏季水流量。这将导致恒河流域的5亿人面临水资源短缺。李说:"因此,世界上最重要的液体形式的匮乏是一项根本性的议题,也是技术部门可以在讨论中扮演重要角色的一项议题。"

…………

但是,问题的症结依然存在:根据瑞信(Credit Suisse)的报告,在过去的一个世纪里,全球年度用水量增长了6倍,是人口增长速度的两倍多。到2025年,世界上近乎三分之二的人口将生活在水成为稀缺商品的国家。而根据上周联合国秘书长潘基文的警告,这将会导致冲突。

亚洲看起来较为脆弱,巴以冲突至少有一部分关系到确保来自约旦河的水源供应;与此类似,水也是苏丹内乱的主要因素,导致达尔富尔地区破坏严重。一旦涉及这种最基本的商品,就几乎不可能有更重要的利害争夺了。

资料来源:Wachman 2007。

批判性思考

如果供水私有化将导致花费增加,那么这就会阻止人们浪费水资源,因此间接保护了水资源。那为什么私有化在发达国家和发展中国家有如此不同的结果呢?

三 食物短缺与转基因作物

随着土壤退化威胁到非洲大部分地区的经济发展,全球大约有9亿人每天忍饥挨饿,缺乏充足的营养。全球变暖的过程可能会加剧沙漠化,导致作物减产,而这些会引发人们对于食物短缺可能变得更加普遍的担忧。在世界上人口最密集的一些地区,人们非常依赖主食作物,比如稻米,而其储备正在减少。不少人担心,现有的农业技术将无法生产出足够的稻米,以满足不断增长的人口的需求。和许多环境挑战一样,饥荒的威胁也是分配不均的。工业化国家普遍粮食过剩,但是在贫穷国家,短缺很可能成为长期性的问题。

英国最近有一项报告(基于对粮食供应和农业未来前景的两年期研究)明确宣称,现有全球食物体系是不可持续的,无法彻底解决饥饿问题(Foresight 2011)。当世界人口从70亿增长到2030年的80多亿,再到2050年的90亿,对水、土地和能源的竞争会日趋激烈,全球变暖也将增加食品生产体系的压力。该报告指出:这些因素的叠加,会构成重大威胁,需要立即采取行动——修修补补不能解决问题,企图实现国家粮食自给自足也不会成功。报告主张在四条战线上展开协作的政策思路和行动:需要以可持续的方式生产更多食物;必须限制对于资源密集型食物的要求;食物体系中所有领域都应当尽可能减少浪费;对于食物体系的政治经济治理需要改进(ibid.: 12-13)。

《前瞻》(Foresight)报告也宣称,在探求可持续食物体系的道路上,不应当排斥任何政策选择或技术。有些科学家与政治家认为,要避免未来爆发粮食危机,关键或许在于生物技术领域的进展。通过操纵基本作物的基因组合,有可能提高植物的光合作用率,从而增加作物的产量。这个过程就是转基因;通过这种方式生产的作物被称作**转基因生物**(genetically modified organisms, GMOs)。实施转基因有各种目的。例如,科学家已经培育出维生素含量高于正常水平的转基因生物;另有一些转基因作物能够抵抗通常用来杀死庄稼周围的杂草、昆虫、真菌及病毒的农业除草剂。由转基因生物制成或含有少量转基因生物成分的食品被称为转基因食品,而这些转基因作物有时也被称为"基因改造作物"(transgenic crop)。

转基因作物是前所未有的,因为它们涉及在不同的生物之间进行基因移植。与更老式的杂交方法相比,这种做法对自然的干预要彻底得多。生产转基因生物所使用的基因嫁接技术,既可以用来在不同植物之间移植基因,也可以运用到不同动物之间。例如,在最近的实验中,人类基因被注入像猪这样的牲畜中,科学家期望最终能为人类器官移植提供替代品。人类基因甚至与植物基因相嫁接,尽管至今市场上出售的转基因作物还不涉及此类极端的生物工程。

科学家声称,一种转基因品种的"超级大米"(superrice)能够使稻米产量提高35%。另一个被称作"金米"(golden rice)的品种含有添加的维生素A,能够缓解全世界超过1.2亿儿童所患的维生素A缺乏症。你可能认为生物技术领域的这类进步会受到热烈欢迎,但实际上,转基因已经成为我们这个时代最具争议的议题之一。对很多人来说,转基因凸显了科技创新的益处与环境破坏的风险之间的微妙界限。

转基因食品的争议 对于转基因食品的激烈争论始于20世纪90年代中期,当时欧盟还未落实标示规则,首次有装载转基因大豆的货船从美国抵达欧洲(Horlick-Jones et al. 2009:4)。绿色和平和地球之友(Friends of the Earth)组织举行示威,强烈反对转基因,并向欧洲的超市施压,要求它们不要引进转基因食品。此类关切在欧洲尤为普遍(Toke 2004)。在英国,位于苏格兰阿伯丁的一家政府实验室里,国际著名的遗传学家阿帕德·普斯陶伊博士(Dr Arpad Pusztai)的一些发现,激起了对于商业种植转基因作物的敌对情绪。普斯陶伊测试了一种加入了天然杀虫剂基因的土豆,这种基因是一种叫作植物凝集素的蛋白质,它是从一种花当中提取的。结果显示,老鼠吃了转基因土豆后,免疫系统遭到明显破坏,器官发育迟缓。他的发现遭到其他科学家的批评,他在电视上公开表达了自己的相关忧虑,然后被解除了聘约。

美国孟山都(Monsanto)公司曾经引领转基因技术的发展。它收购种子公司,出售其化学部门,主要力量用在把新的作物投放市场。该公司首席执行官罗伯特·夏皮罗在美国发起一场浩大的广告活动,向农场主和消费者宣传转基因作物的好处。孟山都公司宣传攻势猛烈,声称转基因作物有助于养活世界上的穷人,还能减少使用化学污染物,特别是杀虫剂和除草剂中的化学物质。据称,生物技术将使我们既能种植更高产、更优质的庄稼,同时可以维持和保护环境。然而,因为转基因作物在本质上是全新的,因此,没有人能够确知,一旦它们被引入环境,将会产生什么结果。许多消费者团体开始担忧相关的潜在风险。

人们组织了数不清的电视电台辩论、谈话节目和听众热线,来讨论这个话题。许多英国人签名反对转基因作物。2003年的一份调查具有典型意义,显示有59%的英国人强烈支持禁止转基因食品(ONS 2005)。一些活动参与者甚至参加了“直接行动”,把转基因庄稼从遍布全国的官方试验田中连根拔除。这在欧洲其他许多国家也激起了类似的反应。在英国,八大连锁超市中有七家改变了对于转基因食品的政策。有五家彻底禁止在自营品牌产品中添加转基因成分,此项禁令今天依然有效。同时,八大连锁超市全都坚持商品标示要更加明确。联合利华和雀巢这两家大公司也宣布,它们将不再接受转基因食品原料。美国一些大规模耕种转基因作物的农场主也转回种植传统作物。

环保主义者和消费者团体的抗议严重影响了孟山都公司的命运,使其股价大跌。松浦(Matsuura 2004)指出,生物科技工业早前就接连犯下两个错误:一开始它试图忽略公众的担忧,然后它又试图纯靠理性论证来讨论问题。转基因也是一项满怀情绪的议题。罗伯特·夏皮罗在电视中承认,他的公司犯了严重的错误,“我们说服了一些人,但却激怒了更多的人,把他们推到了对立面”。这个转折非同寻常。孟山都公司被迫放弃了极具争议的系列计划中的一项:使用一种叫作“终结者”的基因。这种基因原本是要确保孟山都公司卖给农场主的种子经过一代后便失去繁育力，这样农场主就不得不每年都向公司定购种子。批评者宣称，孟山都公司正试图诱使农场主成为一种“生物奴隶”(biosla-very)。这项议题再次凸显了企图在全球化中谋利的公司与处在全球化第一线的人之间的权力不平等。

在欧洲及非洲的大部分地区，转基因作物聚讼不已。比如，在非洲，转基因粮食援助已经陷入麻烦。2002 年，赞比亚拒绝接受美国捐赠的玉米和大豆，因为大部分粮食捐赠品都是转基因食品，会减少对于农业的长期可持续发展而言必不可少的遗传多样性。赞比亚总统利维·姆瓦纳瓦萨(Levy Mwanawasa)则将这种进口品称为“毒药”。至 2004 年，津巴布韦、马拉维、莫桑比克、莱索托和安哥拉相继加入赞比亚的行列，共同拒绝接受转基因粮食援助。

欧盟在 1998 年至 2004 年拒绝为新的转基因作物授予专利，但是就在 2004 年，核准了更多的转基因玉米的进口，也引入了一种图案以标示含有转基因产品的食品。然而，对于那些大型转基因生产商，尤其是在美国的那些企业来说，欧盟的动作未免太过迟缓。2003 年，它们向世贸组织投诉，抗议欧盟未能授权转基因作物的商业化，声称欧洲的立场毫无科学依据，并且违背自由贸易原则。2006 年，世贸组织判定，包括奥地利、德国、希腊、法国及卢森堡在内的一系列欧洲国家，颁行了禁止种植与销售转基因食品的政策，已经违背了国际贸易规则(Horlick-Jones et al. 2009:4)。然而，很难想象，一直拒绝购买转基因食品的欧洲消费者，会仅仅因为这一裁定就突然放弃立场。

转基因作物的议题让人们清楚地看到，环境议题始终牵涉到自然范畴与社会范畴的复杂纠缠，指望能轻易将它们分开对待是不现实的。2000 年 5 月，英国政府承认，农民种植的数千英亩传统油菜地已经因附近转基因作物的授粉而被“污染”。仅数周后，德国公布了一项调查，表明一种常用于改造油菜的基因已经跨越了物种界限，进入了蜜蜂的体内。这些发现被环保运动分子用来支持他们所倡导的**预防原则**(precautionary principle)。该原则提议，如果人们对新技术可能具有的风险持有充分合理的怀疑，需要由生产方来证明这些技术不会导致危害，然后才能允许使用。而批评方则反驳说，这项原则将扼杀创新，从历史上看也是幼稚的，因为许多未经证明的技术实际上产生了原本可能失之交臂的重大利益。

尽管环保主义者深怀关切，但转基因作物的土地种植面积依然不断增加，在发展中国家尤其如此。发展中国家的环保运动大多根基尚浅，有关转基因作物的法律一般也不那么严格(参看图 5.5)。不管怎么说，到 2010 年，全球转基因作物的种植总面积已达 10 亿公顷，全球大约有 1300 万农民在种植转基因作物(Peng 2011)。

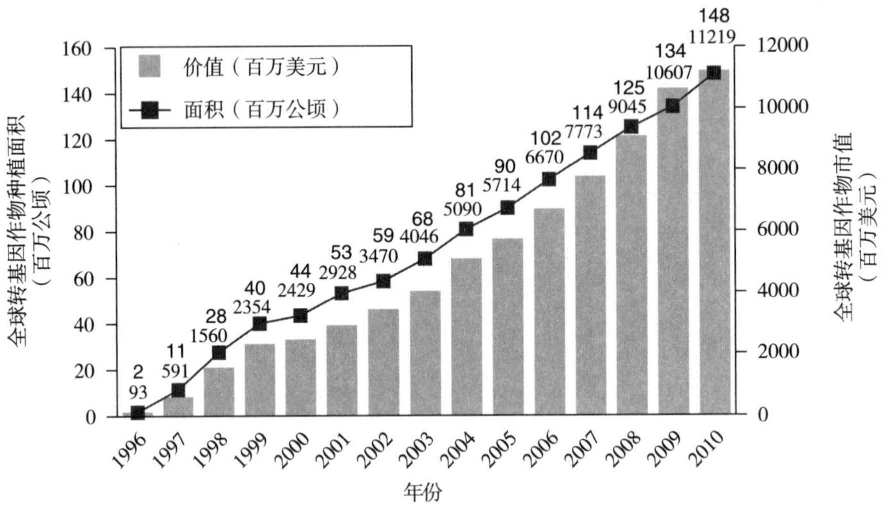

图 5.5　1996—2010 年全球转基因作物种植面积以及市值变化趋势

资料来源:Peng 2011:302。

围绕转基因的争议很好地证明了"人为风险"(manufactured risk),即表面看似"自然"的议题,实则源于人为干预。本章后文,我们将讨论与环境有关的风险的观念,重点来看看乌尔里希·贝克的重要作品。不过,在下一节我们要探讨已经成为 21 世纪论辩范围最为广泛、潜在危险最严重的环境议题:全球变暖。

批判性思考

"预防原则"在多大程度上是现实的?我们应该一直稳妥至上,不尝试未经检验的新技术吗?现实世界中有什么未经验证的技术实例,会对这项原则构成挑战?

四　全球变暖

根据全球地表均温,2015 年是有记录以来最暖的年份,排在后面的是 2014 年、2010 年和 2005 年。自从 19 世纪晚期有可靠的测量记录以来,录得的 10 个最暖年份中有 9 个都在 2000 年之后(唯一的例外还是 1998 年)。尽管自 1880 年以来,全球均温只不过上升了 0.85℃,但科学家预测,这种趋势还将持续下去,甚至看似微小的升温也能改变整个世界的气候系统(IPCC 2015:2)。酷热天气的影响可能是灾难性的。据一家环境智库即地球政策研究所(Earth Policy Institute)估计,2003 年的热浪造成了欧洲大约 4 万人死亡。其中法国损失最为惨重,14 802 人死于高温诱发的因素,老年人所受影响尤甚(Bhattacharya 2003)。

作为气候变化的一种形式,全球变暖这一环境议题乃是真正**具有全球性的环境**问题的最明确例证。它将影响地球上的每一个社会,只是程度不同而已。要理解这一点,我们必须从最广义的角度来理解“环境”,即整个地球,因为大气层覆盖整个星球,而非某一块区域。脱离了现代科学便无法理解全球变暖问题。如果社会学家想对这个问题发表一些有益的看法,就需要参与科学界关于气候变化的讨论。

(一)什么是全球变暖?　许多人认为,**全球变暖**(global warming)是我们这个时代最严峻的环境挑战。如果科学预测正确,那么全球变暖可能会不可逆转地改变地球气候的运行,产生一系列灾难性的环境后果,全世界都能感受到。全球变暖指的是,由于大气化学成分的变化,地表均温逐渐上升。当前科学界一致认为,全球变暖在很大程度上是由人类引起的,因为在地球大气层中逐渐积聚并改变大气层的那些气体,正是在工业生产过程中大量产生的。

全球变暖与**温室效应**(greenhouse effect)这一概念有着密切的联系,即地球大气层被阻挡热量的气体所覆盖。这个原理很简单。太阳的能量穿过大气层,使地球表面变热。尽管大部分的太阳辐射被地球直接吸收,但还有一部分被反射回来。温室气体很像是温室的玻璃板,作为障碍阻止能量散发,挡住了大气层中的热量(参见图 5.6)。这种自然的温室效应使地球维持着合理舒适的地表温度,大约是 15.5℃。如果没有温室气体保留热量,地球会冷得多,均温为-17℃。

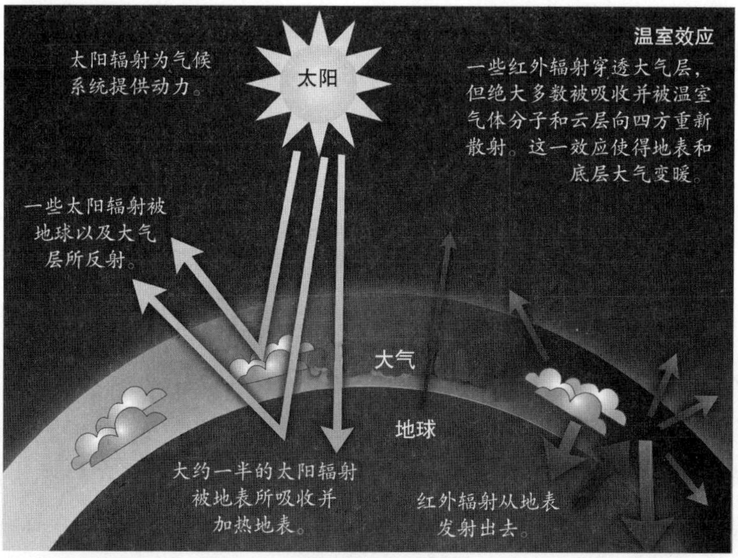

图 5.6　温室效应

资料来源:IPCC 2015:https://www.ipcc.unibe.ch/publications/wg1-ar4/faq/wg1_faq-1.3.html。

当大气中的温室气体含量增加,温室效应会加剧并产生更高的温度。自工业化开始以来,温室气体的含量显著上升。二氧化碳(主要温室气体)的含量自现代工业化进程启动,也就是1750年以来,已经增长了近40%。同期甲烷的含量增加了150%,一氧化二氮的含量增长了20%(参见“全球社会5.2”)。

全球社会 5.2

温室气体简介

像二氧化碳之类的温室气体是自然产生的,并且经由自然过程和人类活动排放到大气中。其他温室气体(如含氟气体)是被制造出来的,并且只通过人类活动排放。因人类活动而进入大气的主要温室气体有如下几种:

- **二氧化碳**(CO_2):二氧化碳进入大气,是通过矿物燃料(石油、天然气、煤)、固体垃圾、树木和木制品的燃烧,或者是作为其他化学反应(比如水泥的制造)的一种结果。二氧化碳作为生物碳循环的一部分,能够被植物吸收,因而可以从大气中移除(或曰“被没收”)。
- **甲烷**(CH_4):甲烷是在生产和运输煤、天然气和石油时散发出来的。牧养牲畜及其他农业活动,以及市政固体垃圾填埋场中有机垃圾的分解,也会产生甲烷。
- **一氧化二氮**(N_2O):一氧化二氮会在农业和工业活动中,以及燃烧固体废物和矿物燃料时释放出来。
- **氟化气体**(Fluorinated gases):氢氟碳化物、全氟碳化物和六氟化硫都是强有力的合成性温室气体,产生于各种各样的工业活动。氟化气体有时被用来代替臭氧消耗物质(也就是含氯氟烃、含氢氯氟烃和含溴氟烷)。这些气体一般释放较少,但是因为它们是强有力的温室气体,有时被称作导致“全球变暖的高风险性气体”。

资料来源:美国环保署,www.epa.gov/climatechange/emissions/index.html#ggo。

绝大多数气候科学家都认为,大气中二氧化碳的含量之所以大幅增长,可以归因于矿物燃料的燃烧和其他人类活动,比如工业生产、大规模的农业生产、森林砍伐、采矿、垃圾填埋和车辆尾气。诸如此类的工业过程对气候产生的整体影响被称作**人为的**(由人类活动引起的)**气候变化**(anthropogenic climate change)。很显然,18世纪和19世纪的工业

革命和全球工业化的扩散造成了世界历史性的重大变化。

政府间气候变化专门委员会(Intergovernmental Panel on Climate Change)的《第五次评估报告》(IPCC 2015)称,仅基于自然气候变化建立一个预测模型,再基于自然变化**加上**人为气候变化建立第二个模型,分别将实际观测结果和两个预测模型的结果相比较,分析得出结论,20 世纪中期以来观测到的温度上升**极有可能**是人类活动造成的。这个结论比 2001 年《第三次评估报告》和 2007 年《第四次评估报告》得出的结论明确得多。图 5.7 展示了与该委员会的模型相比,1910 年至 2010 年间观测到的地表温度上升趋势。

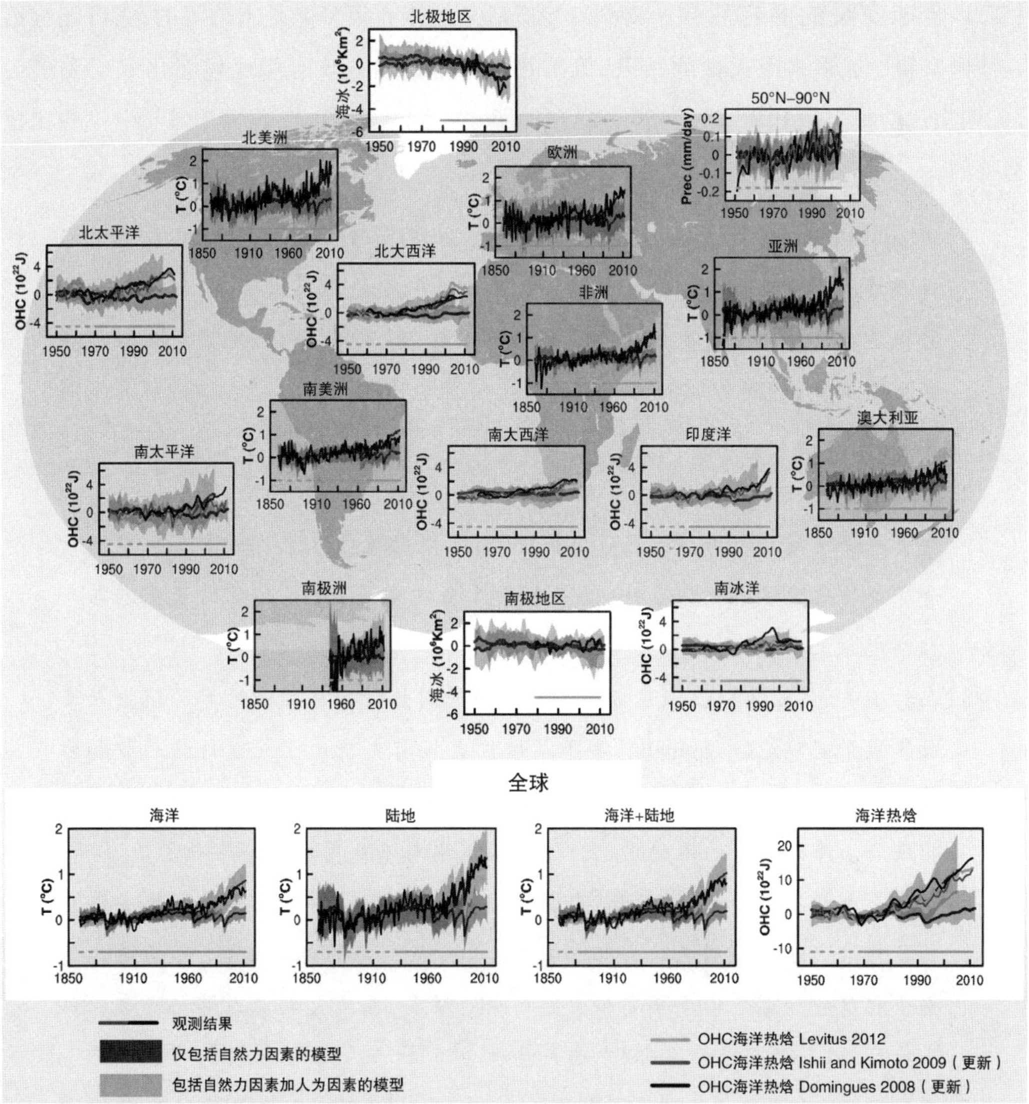

图 5.7　全球性与区域性气温变化:观测结果、自然力因素、自然力因素加人为因素

注:所有时间序列均在每十年的中点标上十年期均值。

资料来源:IPCC 2015:49。

批判性思考

对于上文给出的人为因素导致全球变暖的证据，你有多信服？在你的朋友中进行一场模拟调查。总的来说，他们的集体看法是什么？如果说有证据，那么他们觉得最具说服力的证据是什么？

(二) 全球变暖的潜在后果 对全球变暖后果的体验很可能是不均等的,它可能会给一些国家和地区带来毁灭性的结果,但是并非普遍皆然。政府间气候变化专门委员会《第四次评估报告》(IPCC 2007:50-52)预测了一系列社会影响,下面开列其中一些比较显著的。

1. 到 2020 年,非洲大约有 7500 万人到 2.5 亿人将承受更大的供水压力,并且农业产量最多可能会减少 50%,严重危及获得充足食物的机会,加剧营养不良的程度。政府间气候变化专门委员会也预测,到 2080 年,土地荒漠化程度在非洲会上升 5%到 8%,而海平面上升也可能会影响拥有大量人口的低洼沿海地区。
2. 据预测,中亚、东亚、南亚及东南亚的可供使用的淡水到 2050 年会减少,由此加重水安全问题。沿海地区很可能被淹没,威胁主要来自湖泊和海洋。随着全球变暖改变了水循环系统,洪涝和干旱会更常见,腹泻疾病的患病率与死亡率也会上升。
3. 在拉丁美洲,亚马孙流域东部地区可能会见到热带雨林因土地水分流失而变成热带稀树草原(savannah),半干旱植被也将消失。由于粮食作物产量和牲畜存量减少,食物安全水平会降低,导致更多的人会有营养不良及长期挨饿的风险。降雨模式的不稳定也会造成饮用水与农业用水供给不确定。
4. 在澳大利亚及新西兰,据预测,包括大堡礁在内的一些重要地区将会丧失生物多样性。在澳大利亚的南部和东部,以及新西兰的部分地区,水资源的不安全程度会加剧。由于旱灾和火灾数量的增多,在澳大利亚东部与南部的许多地区,以及新西兰的东部,农业产量也会下降。
5. 在欧洲,由于海平面上升,风暴更加严重,预测会有越来越频繁的海水倒灌以及海岸侵蚀。南欧会更干旱,气温也会更高,这将导致供水量以及粮食作物产量减少,气温上升产生热浪,也会使人们的健康问题更趋恶化。

6. 在北美，已有很多问题的城市会遭受更加强烈并且频繁的热浪，这给人们带来更多的健康问题。西部山区的气温上升可能会导致冬季洪水增多和夏季流量减少。
7. 海平面上升可能会对太平洋及加勒比海的许多小岛社区造成重大挑战。风暴潮会更高并且侵蚀加剧，威胁到社区以及基础设施。到 21 世纪中期，水资源可能会减少到在降水量少的时期不足以满足需求的程度。

由于全球气候变化，低洼地区更易受到洪水的影响，尽管这些地区的人们生活受到的侵扰会有相当的差别。左图展示了孟加拉国一个社区正在分发救灾食物和药物。右图则展示了英国皇家防止虐待动物协会（RSPCA）的工作人员正在抢救搁浅的宠物。

政府间气候变化专门委员会《第五次评估报告》（IPCC 2015）提出，如果能把均温上升限制在 2℃以内（以 1750 年水平为基准），就可能避免全球变暖的那些最严重的后果。然而，除了采取适应性措施，还必须制订目标更为集中、措施更为明断、范围更为广泛的全球性遏制方案，减少温室气体的排放。专门委员会特别建议（ibid.：20），在最近几十年内，二氧化碳（及其他温室气体）的全球排放量必须减少到“近乎为零”。鉴于当前与能源产出相关的技术手段与政治现实，这一目标似乎可以肯定是空中楼阁。其实，专门委员会同时指出，

> 基于所有的预估排放方案，地表温度在整个 21 世纪都将不断上升。在许多地区，热浪**很可能**出现频率更高，持续时间更长，而极端降水事件也会更为猛烈和频繁。海洋将继续变暖和酸化，全球平均海平面也会上升。（Ibid.：10）

这类变化的负面结果的分布是不均衡的，世界各地身处不利境地的人群和社区将会承受环境变迁的主要压力。下文我们将看到，环保运动分子之所以诉求“可持续发展”，原因之一即在于此，它凸显了全球不平等的议题，而缓解全球不平等状况就是应对减排问题的方法。

(三) 气候变化科学面临的质疑 政府间气候变化专门委员会自1988年创立以来,在其系列调查报告中越来越明确地指出,全球变暖在一定程度上源于人为因素,比如工业污染、汽车尾气、森林砍伐、化石燃料燃烧等,所有这些活动都向大气层排放了温室气体。然而,尽管证据基础丰富而广泛,始终一贯地揭示出的确存在全球变暖,但围绕着这个论点及其连带意涵仍有几桩激烈的争论,使共识观点与各式"气候变化怀疑论"产生冲突。

第一,专门委员会指出,"升温是毫无疑问的,自20世纪50年代以来,观测到的许多变化均属史无前例,并且延续数十年,直至千年纪元"(IPCC 2015:2)。不过,有些人质疑全球变暖到底是否真正有证据证明。比如,曾经担任英国政府能源秘书和大臣的尼格尔·劳尔森勋爵(Lawson 2009:1)就坚持认为,全球变暖是包括人口过量以及资源总体耗竭在内的一系列恐慌中的"最新恐慌"。他提出,在20世纪的最后二十五年中,有一场"温和的气温上升",但随之而来的就是21世纪的一段"暂歇",变暖的趋势似乎"停止"了。怀疑论者就此指责,气候科学家未能充分应对反面证据,要么视而不见,要么就是有选择地纳为己用。然而,在2011年,英国政府首席科学顾问约翰·贝丁顿爵士(Sir John Beddington)在与劳尔森勋爵的往来信件中反驳称,后者的书表现出对气候科学知之甚少,在全球变暖的长期趋势中,短期温度变化趋势并无意义,并且取自多个来源的科学证据也明确揭示了"风险是实实在在的"(Boffey 2011)。

第二,一些怀疑论者承认有确凿证据表明全球变暖**的确**存在,但否认是人为造成的。在这种批评思路看来,全球变暖完全是一种自然现象,可能与太阳活动的波动有关。他们还主张,二氧化碳并不是一种重要的温室气体。随着太阳活动的波动,地球的气候也有所改变,正是这一点说明了当前的变暖趋势。而科学界的多数派观点则是,尽管太阳活动的确影响了地表温度,但没有任何证据表明,自20世纪60年代开始太阳活动呈现活跃趋势,能够造成目前的全球变暖。二氧化碳显然不是**唯一的**温室气体,但是它的确会在大气中存留几十年甚至几百年,因此来自工业活动的二氧化碳会长期稳定积聚。这也是大多数人认为的造成全球变暖的主要原因。

晚近也有证据表明,一些怀疑论者的研究和网站是由经营化石能源的跨国公司资助的。比如,2011年,绿色和平组织调查了威利·苏恩博士(Dr Willie Soon),他是气候天体物理学领域一位持怀疑论立场的一流学者,在哈佛史密森天体物理研究中心工作。结果显示,他在此前十年间从埃克森美孚、美国石油协会以及科赫工业集团等大型能源公司获取了100万美元以上的资金(Vidal 2011)。苏恩曾经在学界领头论证,全球变暖是"太阳变化"的产物,与人类活动无关。他声称,不管是谁提供了研究资金,自己的科学研究都是独立的。无独有偶,查尔斯·科赫基金会(Charles Koch Foundation)(科赫工业集团是美国一家大型能源公司)已经成为提倡质疑全球变暖观点的群体和个人的主要金主。财大气粗的石油、天然气以及煤炭跨国企业与对全球变暖持怀疑论的人之间的种种关联,已经有效地使少数派观点赢得了在大众传媒上不成比例的曝光率和影响力。

第三,即使我们承认,全球变暖**的确**存在,并且**确实**在一定程度上受人为因素影响,但也有一些人主张,所预测的后果往好里说有着相当的推测成分,往坏里说就是十足的夸张。政府间气候变化专门委员会所使用的计算机模型是出了名的不可信,尤其是把目前的趋势外推到未来,估测说到2100年气温会上升6℃,简直是危言耸听。从政治、经济以及社会的角度说,我们更应该把精力花在应对其他更为迫切的社会问题上,比如发展中国家的贫困问题,而不是在不确定的"问题"上浪费宝贵的资源(Lomborg 2001)。

尽管气候科学中一些极端预测的确认为,到2100年气温有可能上升6℃,但这是基于政府减少碳排放的政策一成不变的假设,而这显然不太可能。然而,我们必须记住,在气候预测上存在诸多不确定性,包括云反馈、南极洲和格陵兰岛的冰盖流变化、土地使用的变化、技术的发展、悬浮微粒的影响、人类行为变化的程度,以及某些地区数据的缺乏,这些都有碍于建模的精度。专门委员会(IPCC 2015)报告说,从1970年到2010年,尤其是从2000年到2010年,温室气体排放量其实在全球范围内呈上升态势,尽管有越来越多的政府开始采取减排政策。因此,彻底摆脱全球变暖带来的那些极具灾难性的极端影响是不可能的。

不过,20世纪的环境政治史充斥着有关全球灾害以及灾难性的人世崩溃的失败预言。因此,对于社会科学家来说,有必要与可能接触到的最佳科学研究并肩合作,目前就是正在进行的政府间气候变化专门委员会的研究项目。

专门委员会最乐观的评估结果是,在接下来的二十年中,每十年会升温0.2℃,因此到2100年,升温幅度仅为2℃(IPCC 2007:45)。诚然,计算机建模和真实世界的证据会有冲突,不过,气候模型是复杂的,并且是基于从世界各地搜集的众多来源的证据建构而成的。《第四次评估报告》指出,1990年以来,专门委员会的预测值是平均每十年上升0.15—0.3℃,与1990年至2005年每十年气温上升0.2℃的观测数据相符。这些证据表明,事实上,政府间气候变化专门委员会的模型颇为切合实际。

"发挥你的社会学想象力5.2"中讨论了"气候门"事件,这是一场有益的体验,不仅对于气候科学家是这样,对于整个学术界也是如此。科学处在日益全球化的学术环境中,而在运作科学的社会里,上网方便,再加上信息自由的理念,促成了对彻底开放共享信息与数据的期待,但科学领域似乎仍存在你追我赶的竞争。科学家群体相互戒备,守护着自己的原始数据,以保护自己的知识权利,肯定也不是什么非同寻常的现象。虽说人们常常谈及"科学共同体",但是有必要记住,科研就像社会生活的其他所有领域的工作,也是高度竞争的。至少在可以预见的未来,既定的科学惯例与新兴的信息共享文化之间的紧张关系很可能持续下去。

发挥你的社会学想象力 5.2

"气候门"——只是一场电邮风暴吗?

2009 年,英国东英吉利大学(University of East Anglia)气候研究中心的邮件系统遭到黑客袭击,导致约 1000 份邮件被发布到万维网上,包括中心成员与世界各地同行的信件往来,这一事件现在被称为"气候门"(ClimateGate)。气候变化科学由此遭到了质疑。

这些邮件中有些涉及中心主任菲尔·琼斯(Phil Jones)教授,他谈到对气候数据玩了些"把戏",以及在一个数据系列中"隐藏"了温度"下降"。他还承认自己拒绝过评论者对共享数据的反复请求,并且要求一位同行删除所有与政府间气候变化专门委员会第四次评估相关的电邮。琼斯后来辩称,电邮内容被断章取义了;所谓的"把戏"只不过是寻找一种创造性的方式来结合两组数据,而所谓的"隐藏下降"是指通过生成包含仪器数据的混合组以校正某组数据的虚假效果(BBC 2010)。

在怀疑论者看来,这一事件支持了他们的观点,即许多气候科学家的生涯和名望已经和证明全球变暖系人为所致紧密联系,他们为了维护自身,捍卫其"未证实"的论点,准备好了牺牲公开和同行评议等科学的核心原则。因此,2010 年,在受到冰川学家批评之后,政府间气候变化专门委员会的副主席承认,在 2007 年的报告中,关于喜马拉雅山脉冰川"可能会在 2035 年前消失"的看法是错误的。怀疑论者指出,诸如此类的错误引出一个问题——政府间气候变化专门委员会的其他预测还有多少是错误的,由此他们质疑全球变暖的趋势是否真的存在。

"气候门"这个主题引来了三项独立调查:国会调查,大学对 11 篇核心科学论文的调查,以及大学委托的另一项调查,其由高级文官穆尔·鲁塞尔爵士牵头,针对被黑客获取并泄露的往来邮件。所有这三项调查都没有找到任何证据可以证明存在学术不端、数据造假或者试图破坏同行评议过程。然而,《鲁塞尔评估报告》(Russell 2010:10-11)的确批评了该中心,指其在面对基于《信息自由法》(Freedom of Information Act)提出的分享数据请求时,表现出不乐于相助的防备姿态。它还批评大学以及中心不能充分领会《信息自由法》中的相关条例以及隐瞒数据,这有可能给气候科学研究和大学自身带来潜在损害。2010 年,荷兰政府委托机构对政府间气候变化专门委员会的主要预测做了另一项评估,没有发现任何错误可能质疑这一结论:人为的气候变化正在发生。

批判性思考

如果说全球变暖的证据有说服力，为什么这个中心不愿公开信息，隐瞒其数据？诸如此类的黑客行为可能给气候科学的运作带来什么影响？

（四）对全球变暖的回应 目前工业化国家产生的温室气体远远多于发展中世界，尽管中国已经取代美国成为二氧化碳排放量最多的国家。然而，来自发展中世界的排放量正在迅速增长，特别是在正快速工业化的国家。预计到 2035 年左右，发展中世界的排放量将与已经完成工业化的国家大体相当。而如果我们将人口规模纳入考虑，看看人均排放量，那么目前中国和印度的排放水平低于美国、欧洲、俄罗斯联邦以及日本的，这说明了为什么一些发展中国家会认为，它们的“生存”排放所造成的破坏远远比不上那些富裕国家的“奢侈”排放。

然而，人们普遍接受全球变暖是一回事，人们正准备改变自己的惯常行为以应对这一趋势是另一回事。吉登斯（Giddens 2011:2）称此为“吉登斯悖论”（the Giddens Paradox）（这也并不奇怪）。该悖论认为，如果人们在其日常生活中并未体验到未经证实的全球变暖的危险所造成的任何明确可感的影响，他们是不会改变自己具有环境破坏性的行为的。对于小汽车的依赖即属明证。但是，如果他们一直等待，直到全球变暖已经明显干扰到自己的生活，再要采取任何行动都已为时过晚。在此之前，人们就必须找到办法，“将有关气候变化的担忧植入日常生活，同时认识到这样做会面临巨大的困难”（Giddens 2009:12）。

若是没有足够多的个体公民积极参与，政府独力施策，似乎不太可能获得成功。但是，在各国经济发展水平不均的条件下，要在削减温室气体排放方面采取全球协调一致的思路，显然会非常困难，要说到如何应对问题，产生的分歧会与达成的共识不相上下。

1997 年，在日本京都缔结了联合国气候变化框架公约，各方达成共识，为了稳定并最终减少大气中的温室气体含量，力争到 2012 年大幅削减排放量。目标大小不一，大多数欧洲国家平均减少 8%的排放量，冰岛最多增加 10%的排放量，澳大利亚最多增加 8%的排放量。美国起初承诺减少 7%的排放量，但是从未正式批准通过此议定书。截至 2010 年，工业化国家正在逐步实现各自的目标。然而，考虑到单靠自然作用除掉大气中的二氧化碳需要花费超过一个世纪的时间，许多科学家认为这个目标步子过小。近年来，几个最大的温室气体排放国已经成功实现减排，其中包括英国、德国、中国和俄罗斯，虽然俄罗斯排放量的减少很大程度上是因为其经济衰退。

《京都议定书》(The Kyoto Protocol)将1990年的温室气体排放水平作为起点。但在发展中世界的许多国家看来,这样做有利于工业化国家,因为它未考虑到工业化国家对全球变暖问题的“历史责任”,因而回避了追责。同时,发展中国家将在何时、何种程度上被要求减排,也不十分清楚。鉴于发展中国家的经济发展要赶超工业化世界,是否该允许不可避免会增高的排放量?如果不允许,则似乎有失公允,也不大可行(Najam et al. 2003)。

《京都议定书》的后续版本是2007年的所谓《华盛顿宣言》,它得到了G8+5国家(八国集团加上中国、印度、巴西、墨西哥及南非)的正式批准。它将引入一套全球性的“限额交易”体系(包括所有国家)。该体系将设立排放量限额,同时建立一套贸易体系(以碳交易为核心),以此迫使制造污染者付费。这一体系奖励减排(以及出售排放配额)的国家,惩罚未能减排(并被迫购买排放配额)的国家,从而发挥作用。但不管怎么说,限额交易体系的整体目标是推动所有国家减少温室气体排放量。

在2009年的哥本哈根会谈上,分歧尖锐,未能达成具有约束力的协议。此后,2010年的坎昆会议终于被广泛视为取得了进展:190多个国家和地区同意践行哥本哈根会谈定下的志愿性目标,接受将升温幅度控制在2℃之内(力争控制在1.5℃之内),并要建立一项绿色气候基金,作为总额1000亿美元的承诺的组成部分,帮助发展中国家以无污染的方式推动经济发展。整体协议具有法律约束力,但在具体方面,比如各个民族国家的减排承诺,却并非如此(Goldenberg et al. 2015)。不过,在多年分歧和争吵之后,2015年达成了涉及196个缔约方的《巴黎协定》,赢得广泛赞许,被称为应对全球变暖征程中的重要一步。

全球变暖同其他人为风险一样,究竟会产生什么后果,没有人能够确知。“高”排放的前景真的会是广泛的自然灾害吗?使二氧化碳的排放水平保持稳定,能保护大多数人免受气候变化的不利影响吗?是否有可能全球变暖已经引发了一系列深层的气候紊乱?我们不能有把握地回答这些问题,但是国际科学合作和政治进程似乎提供了解答这些问题的极为有效的方式。而且,要找到造成全球变暖的深层人为原因,不但要求理解基本的环境科学,也要求理解社会进程。这就意味着,那些将人类社会和实践与自然环境联系起来的社会学理论,显然拥有一席之地,我们现在就来讨论它们。

批判性思考

“发达世界的人们要对导致全球变暖负责,应该接受降低生活标准,以迅速减少温室气体的排放量。”你会提出哪些论点,来说服富裕世界的人们接受较低的物质生活标准?他们有可能接受吗?

第三节
消费主义、风险与通向可持续未来之路

▼

自然科学家已经处于环境议题争论的风口浪尖。上文列举的污染、资源耗竭、转基因和全球变暖表明,环境议题与绝大多数社会学主题不同,因为讨论它们需要把握**自然科学的**研究和证据。然而,环境议题特征混杂,意味着自然科学家永远不可能垄断对于它们的研究。我们对于全球变暖问题的简要介绍就是一个极为显著的例证。

政府间气候变化专门委员会的科学家承认,20 世纪的全球变暖主要是人类活动所产生的后果,例如工业化、城市化以及全球化过程,而社会学家以及其他社会科学家,比如政治学家、人文地理学家,还有所有研究发展与国际关系的学者,才是这些领域的专家(Urry 2011)。要想成功地把握环境问题,社会科学家和自然科学家就必须付出前所未有的努力去相互理解,而这注定会对整个学术共同体构成积极的挑战。

本节余下部分会探讨将社会发展与环境破坏关联起来的一些重要社会学理论,以及解决全球环境问题的一些主要思路。

一 消费主义与环境破坏

将环境与经济发展相关联的一项重要议题,就是消费模式。消费指的是人们使用商品、服务、能源和资源。这种现象兼具积极面向与消极面向。一方面,世界各地消费水平的提高意味着人们的生活条件比过去更好。消费与经济发展相联系:当生活水准上升,人们就能够负担得起更多的食品、衣物、个人用品、休闲时间、假日、汽车等。另一方面,大规模消费也会带来负面影响。消费模式可能破坏环境的资源基础,使不平等模式进一步恶化。

纵观 20 世纪,世界消费趋势的变化令人惊讶。1900 年,世界消费水平刚过 1.5 万亿美元。但到了世纪末,个人与公共消费支出额达到了大约 24 万亿美元,这是 1975 年的 2 倍,1950 年的 6 倍(UNDP 1998)。在发达国家,人均消费年均增速为 2.3%;在东亚,上升速度更快,达到了年均 6.1%。与此相反,非洲今天的户均消费比三十年前下降了 20%。人们普遍关注到,消费的爆炸式增长漏掉了最为贫困的那五分之一世界人口。

有人认为,工业资本主义将社会置于“漫无止境的生产线”(treadmill of production)上,导致环境被破坏,自然资源被迅速消耗,产生了大量污染和浪费(Schnaiberg 1980)。然而,在20世纪,正是现代消费主义促使这条漫无止境的生产线沿着同一方向加速开动(Bell 2011)。消费是人们维持生存之所必需,但现代消费主义与消费的早期形式非常不同。

大规模生产必须有大规模消费相伴随。工业产品必须被购买和消费,尽管生产和消费的发生位置在地理上很可能相距遥远。产品是在成本最低廉的地方生产的,又在能获得最高价格的地方售出。在过去大约六十年里,这一点已经导致工业生产转移到了发展中世界。新兴工业化经济体的快速转型,比如中国香港、韩国、新加坡和中国台湾在20世纪70年代的发展,以及印度、中国和马来西亚晚近的工业发展,都证明了这一点——这是全球化进程的组成部分。

社会学家提出,消费主义同时是一种思维方式,一种心态,甚或是一种意识形态(Corrigan 1997; Campbell 1992)。如果我们追问,人们为何会不停地消费,想要去消费,就能理解这一点。也许这只是因为消费品对人们来说具备"使用价值",有助于节省时间和精力。但奢侈品并不太符合这种说明。它们显示了现代消费主义的另外一面:它在社会内部的社会地位竞争中所扮演的角色(参见第八章"社会互动与日常生活")。差异化的大众消费使人们有可能根据当时的风格和时尚,制造复杂精微的区别。人们可能愿意为最新潮的时尚支付额外的费用,因为这些产品使他们能够表达自己,以一种非常显眼的方式向其他人传达自己的地位或抱负。即使是有明确的使用价值的产品,比如衣服,也是能够在其"使用价值"尚未耗尽之前就废弃和替换的时尚品。这类时尚刺激生成的大量垃圾增加了对于环境的压力。

随着时间的推移,消费品逐渐嵌入日常生活的例行常规,被视为理所当然。一旦这成为事实,人们便难以想象还有别的替代选择。无处不在的免费塑料购物袋就是个不起眼的例子,它们被丢得满街都是,也导致许多海鸟和海洋动物受伤乃至死亡。人们不会重复利用这些塑料袋,而往往是将它们随手丢弃。2015年,英国政府出台一项政策,对每个塑料袋强行收费五便士,导致更加牢固、可反复使用的购物袋销量上升,使用频繁。这个简单的事例就属于目标明确的环境友好型行为调整的成功例证。

破坏环境的消费行为的最佳例证,或许要算私人机动车辆,特别是小轿车(Lucas et al. 2011)。许多家庭拥有一辆、两辆甚至更多的轿车,人们就连就近购物,或是去左近走亲访友,也要开车前往。但是,大规模的汽车拥有和使用造成了大量的污染和浪费,无论生产环节还是消费环节皆是如此。为什么我们减少用车被证明是如此困难呢?

一项针对汽车拥有态度的调查采访了造访英国西北部全国托管组织(National Trust)名下景点的游客,从中发现了许多类型的消费者(Anable 2005)。其中最大的一群是**牢骚满腹的司机**(Malcontented Motorists)。他们对自己开车的大多数方面都不满意,但又觉得公共交通有太多约束,不能作为真正的替代选择,所以他们不会转换交通工具。其次是

倨傲自负的车迷（Complacent Car Addicts），他们承认除了开车还有别的替代方式，但并不觉得有什么紧迫的道德义务要做出改变。第三类则是**胸怀抱负的环保主义者**（Aspiring Environmentalists），他们已经降低了用车频率，但仍感觉开车有优势，迫使他们不能完全放弃。第四种是**顽固不变的司机**（Die-hard Drivers），觉得自己有权利开车，享受驾驶，并且对其他交通工具如公交和火车持有负面情绪。第五类是**无车公益运动斗士**（Carless Crusaders），他们为了环保已经放弃开车，并积极看待其他可供替代的旅行方式。最后一类是**不情不愿的乘客**（Reluctant Riders），他们使用公共交通工具，但更愿意用轿车，只是出于健康问题之类的各种理由，他们无法如愿，但会接受别人捎个便车。

这一研究表明，针对乍现雏形的环保意识的一揽子诉求可能不会奏效。相反，“分类处置的思路体现出，政策干预措施需要适应各个次级群体所分别具有的动机和面临的约束”（Anable 2005：77）。然而，一些社会学家提出，从长远来看，“汽车世纪”无论如何都会走向终结，因为石油供应似乎已经达到顶点，遏制全球变暖的行动也正在推广种种新型“低碳”技术，而不断增长的人口也使得大规模的个人拥有轿车越来越不可能（Dennis and Urry 2009）。

当然，“小汽车”仍旧是走向独立生活和成年这一转变的重要象征，同时体现了自由与解放的现代理想。但是，丹尼斯和厄里认为，大量个人拥有消耗汽油燃料的汽车，行驶在广阔的道路网上，这种 20 世纪的“汽车体系”目前的形式也许难以为继。至于取而代之的将会是什么，目前尚不明朗。

据说石油的供给已经达到顶峰，私人汽车在未来的低碳社会中是否还有一席之地？

批判性思考

看看上文有关汽车用户的分类体系，想想针对每一类消费者，可以采取什么适当的环境政策，以促成该群体中有利于环保的行为。有没有通用的政策可能对各种群体都发挥预期的效果？

现代消费主义的另一面向是其令人愉悦的特征。但是它**为何**会令人愉悦呢?有些人认为,消费主义的乐趣不在于产品的**使用**本身,而在于对购买它们的**预期**。科林·坎贝尔(Campbell 1992)指出,这才是整个过程中最令人愉悦的环节,是对于物品的需要,渴求,寻觅,欲望,而不是使用本身。这是以欲望和渴求为基础的消费的"浪漫伦理"(romantic ethic)。产品和服务的市场营销就是在利用这种预期的消费,以诱引的方式,创造并强化人们的欲望。正因为如此,我们总是想要更多,从来不能真正心满意足。

从环境的视角来看,消费的"浪漫伦理"是灾难性的。我们不断要求新的产品、更多的产品。这意味着更多的生产,所以大规模生产和大规模消费的循环就会不断产生污染,浪费自然资源。在生产的输入端,自然资源被大量耗用,而在以消费为终点的输出端,人们扔掉有用的东西,并非因为它们**不能使用**,只是因为它们不再流行,或是不能代表人们对于地位的渴求。

消费社会学告诉我们,工业化、资本主义和消费主义结合起来,转变了社会与环境的关系。许多环保人士以及一些社会科学家与自然科学家得出结论,认为持续的经济增长不能无限度地继续下去。如果经济增长仅限于全球人口的一小部分,由此产生的污染可能从生态角度看没有大碍。然而,当工业化扩散到整个地球,当多数人生活在巨大的城市中,当资本主义企业成为跨国公司,当消费主义引诱着所有国家的人,自然环境的复苏能力和弹性将会被严重削弱。

虽然富人是世界上主要的消费者,但消费增长所导致的环境破坏却会给穷人造成最严重的影响。正如我们在全球变暖的讨论中看到的那样,富裕群体更有可能享受到消费的诸多便利,而不用承受其负面效应。从地方的层面上看,富裕群体往往有钱迁离出问题的区域,让穷人承担代价。化工厂、电站、干道、铁路和机场通常邻近低收入地区。从全球的层面来看,我们可以看到相似的过程在运作:土壤退化、森林砍伐、水资源短缺、铅的排放和空气污染都愈益集中在发展中世界。现在我们需要采用一种视角,将发展中国家和发达国家纳入同一项规划。人们提出的可持续发展规划的目的即在于此。

二　增长的极限与可持续发展

激励环保活动家的一个核心理念就是"可持续性",指的是确保人类活动不会危及地球这颗星球的生态。在《生态学家》(*The Ecologist*)这份英国环保运动杂志上,爱德华·戈德史密斯(Edward Goldsmith)及其同事撰写了《生存行动计划》(*A Blueprint for Survival*),对工业扩张提出了指控(1972:15):"秉持扩张精神的工业化生活方式的首要缺陷就在于,它是不可持续的……我们可以肯定……它迟早会穷途末路。"做出这种预示厄运的预测的人曾被描述为"灾变论者"(catastrophist),仅限于环保运动较为狂烈的外缘。然而,在公众和决策者中,这种观念现在得到了更为广泛的接受,其主要原因在于有关全球变暖的科学预测。那些循环利用塑料、纸张、玻璃,节约用水,或者努力减少开车的人大概都意识到了,他们同时是在努力贯彻可持续性的理念。

环保运动的兴起,公众对于环境问题的关注,都受到20世纪70年代初首次刊布的一份著名报告的重要影响,其主张经济增长不可能无限持续下去。该报告及其结论见"经典研究5.1"中的讨论。

经典研究 5.1 经济增长极限的模型建构

研究的问题 自工业化站稳脚跟以来,全球人口有了巨大的增长,由此产生的环境压力导致土壤退化、森林砍伐和污染。这种发展模式是否存在任何极限?食物供给能够跟上日益增长的需求吗?还是世界将会出现大规模饥荒?在环境不被破坏的前提下,地球可以供养多少人?大约四十年前,一群科学家通过一家名叫罗马俱乐部(Club of Rome)的全球智库,提出了这些意义重大的问题。他们的研究成果以《增长的极限》(*The Limits to Growth*)为题出版(Meadows et al. 1972)。

梅多斯及其同事的说明 这项有关极限的研究使用现代计算机模型建构技术,对持续的经济增长、人口增长、污染和自然资源耗竭的后果进行预测。他们使用的计算机模型——世界三(World3)——展现了,如果1900年至1970年确立的趋势持续到2100年,将会发生什么。依照纳入考虑的各项因素的不同增长速率,计算机的预测也各有不同,产生多种可能后果。研究人员发现,每次他们更改一项变量,最终都会形成一场环境危机。如果全球各社会不能有所变革,那么由于资源的耗竭、食物的短缺或是工业的崩溃,增长无论如何会在2100年以前的某个时刻宣告终结。

研究小组运用计算机模型探究了五种全球趋势(Meadows et al. 1972:21):

- 世界各地愈益加速的工业化
- 人口迅速增长
- 一些地区普遍的营养不良
- 不可再生资源的枯竭
- 自然环境的逐渐退化

然后运行程序,测试12种可替代场景(方案),每一种都经过处理,以解决某些已确定的问题。这就使研究人员有可能探问,人口规模、工业产量和自然资源之间如何搭配组合才会是可持续的。1972年他们得出结论,**仍有**时间遏制雏形方显的环境危机。但是,如果不加干预,即使模型中可利用资源的数量翻倍,污染减少到20世纪70年代之前的水平,并且引入新的技术,经济增长也会在2100年之前慢慢停止。一些环保运动人士认为,这证明了激进的环保主张,即长远看来,工业化社会就是不可持续的。

批评的观点 许多经济学家、政界人士和实业家严厉谴责了报告,认为它立场失衡、不负责任,并且当预测的结果并未成为现实时,证明根本就是错误的。模型建构很大程度上缺乏政治与社会维度的变量,因此只是对于现实的一种局部阐释。一些研究者后来也承认,某些批评是有道理的。研究使用的方法侧重物质方面的极限,并以当时经济增长和技术创新的速率设定参数,没有充分考虑到人类回应环境挑战的能力。例如,市场力量能够限制对于资源的过度利用。如果镁矿之类的矿产开始变得稀缺,它的价格将会上涨。当它的价格上涨,对它的使用就会减少,并且如果成本上升过快,生产者甚至可能会找到替代选择。许多人认为,《增长的极限》只是又一篇持灾变论调的过度悲观的传道文,与不值得信赖的“未来学”(futurology)同流,基于当下的趋势去预测未来。

当代的意义 最初的报告纵然有种种局限,但还是对公共论辩和环保运动产生了显著影响。它使更多的人开始意识到,工业化的发展及技术可能具有破坏性后果,并对纵容污染加剧所隐含的危险提出了警告。该报告是现代环保运动的重要催化剂(更为广泛的讨论可参见第二十一章“政治、政府与社会运动”)。二十年后,这个团队又发表了《超越极限》(*Beyond the Limits*; Meadows et al. 1992)。这份报告甚至更为悲观,谴责世界各地的政客在浪费时间,认为生态“超限”(overshoot)已经发生。到了2004年,他们又发布了《卅年新论》(*30-Year Update*),认为尽管在环境意识和科技发展方面有了一定的进步,但是全球变暖,鱼类总量减少,以及其他众多证据,都表明这个世界正在“超出”其自然的极限。联合国千年生态系统评估委员会(the UN Millennium Ecosystem Assessment Board)在2005年也得出同样的结论,评估报告贴切地以《入不敷出》(*Living Beyond our Means*)为题。最初的《增长的极限》报告及其续篇中的基本结论依然不乏共鸣。

可持续发展 晚近的一些进展不再只是呼吁遏制经济增长,而是转向**可持续发展**(sustainable development)这一概念。首次提出这个概念的是联合国委托的一份报告——《我

们共同的未来》(*Our Common Future*)(WCED 1987)。该报告也被称作“布伦特兰报告”(Brundtland Report),因为负责报告的委员会的主席是时任挪威首相布伦特兰夫人。报告的作者们指出,这一代人使用地球资源的方式是不可持续的。

布伦特兰委员会认为,可持续发展就是“既满足当前一代人的需要,又不危及子孙后代满足他们需要的能力的发展”(WCED 1987)。这个定义简洁有力,蕴意深远。可持续发展意味着,实现经济增长的方式应该是循环利用而非耗尽物质资源,并且把污染程度维持在最低限度。然而,这一概念仍面临着批评。究竟应当考虑到多少代人呢?五代、十代乃至更多吗?我们又怎么知道当前这代人“需要”什么?我们应当如何将发展中国家人们的需求与相对富裕国家人们的需求相比较呢?这些问题仍然存有争议,但是,可持续发展的概念无论怎样成问题,仍然激励着许多个人与志愿团体。

在《我们共同的未来》出版后,“可持续发展”开始被环保主义者和政府广泛使用。它被用于1992年在里约热内卢召开的联合国地球峰会(UN Earth Summit),随后也不断出现在联合国组织的其他会议中,例如2002年约翰内斯堡可持续发展世界峰会(World Summit on Sustainable Development)。可持续发展也是千年发展目标(Millennium Development Goals, MDGs)之一,千年发展目标被全球191个国家所承认,其致力于在未来几十年里减少贫困。其他相关的千年发展目标还包括:到2020年,将可持续发展的诸项原则整合到国家政策规划中,扭转环境资源的损耗态势,将不能持续获得安全饮用水的人口比例减半,并且让至少1亿贫民窟居民的生活有显著改善。

有关千年发展目标的更多讨论,参看第十四章“全球不平等”。

批评者认为,可持续发展这个概念太模糊,而且忽视了较为贫困的国家的具体需要。他们指出,可持续发展的观念往往只关注较为富裕的国家的需求,而没有考虑到,富裕国家之所以能够维持高水平的消费,是以发展中国家的人民为代价的。例如,要求印度尼西亚保护它的雨林可能并不公平,因为与工业化国家相比,印度尼西亚更需要如果实施保护就必须放弃的那部分税收。

将生态可持续性与经济发展两个概念挂钩,乍看起来是矛盾的。在可持续性与发展相抵触的地方,情况尤其如此。例如,当筹划新的道路或零售网点时,通常面临这样的情况,新的工作岗位和经济繁荣的前景意味着可持续发展的考虑退居其后,时逢经济衰退就更是这样。对于发展中国家的政府来说,这种选择更加明确,它们急需更多的经济活动。近些年来,环境正义和生态公民身份等观念走向前台,这在一定程度上也是因为那些与可持续发展的观念和实践有关的严峻问题。

可持续发展的未来前景很容易遭到怀疑。它的宗旨就是要设法平衡人类活动与可持续的自然生态系统,但这似乎是一种不可能实现的乌托邦。尽管如此,可持续发展致力于在民族国家中创建共同基础,并且将整个世界的发展运动与环保运动紧密相连,这是其他任何项目都无法做到的。它使激进环保主义者有机会引导世人去充分落实他们的广泛目标;与此同时,温和派的运动分子也可以局部参与并施加影响。这种包容性可能被视为某种缺陷,但也是可持续发展规划的力量所在。

批判性思考

可持续发展是"既满足当前一代人的需要,又不危及子孙后代满足他们需要的能力的发展"。我们如何知晓子孙后代的需要会是什么?可以基于这个定义设计出可持续发展的政策吗?

三　在全球"风险社会"中生存

人类总是不得不面临这样那样的风险,但今日的风险与早前的那些有着质的不同。直到最近,威胁人类社会的还是**外部风险**,即来自自然世界且与人类行为无关的干旱、地震、饥荒和雨雪风暴之类的危险。本章开篇讨论的日本地震表明,这类外部风险还会持续存在,因为行星地球的特征就是拥有许多自然过程。然而今天,我们越来越多地面对形形色色的人为风险,它们正是源于我们的知识与技术给自然世界造成的影响。

关于转基因食物和全球变暖的争论已经给个体的日常生活带来了新的选择和挑战。因为对于这类风险的后果不存在任何确定答案,所有个体都被迫要针对他们准备面对的风险做出决定。如果食物和原材料的生产或消费对我们的健康和自然环境有不良影响,我们是否还要吃或者使用?就连吃什么这种看似简单的决定,也是在有关产品长短优劣的信息与意见彼此冲突的情况下做出的。

乌尔里希·贝克(Beck 1992,1999,2009)广泛论述了风险和全球化。随着技术变迁愈益迅速,产生了新的风险形式,我们必须不断回应这些变化并做出调适。今日的风险包括当代社会生活中一系列相互关联的变化:就业模式转变、工作不安定感加剧、传统和习俗对于自我认同的影响力下降、传统家庭模式受到侵蚀以及人际关系的民主化。和过去相比,个人未来的确定性大大削减,有鉴于此,各种各样的决策都会给个人带来风险。

比如，在过去，婚姻就是一项终生承诺，而在今日却成了更有风险的事情。有关教育资格和职业道路的决定也会让人感到有风险：我们很难预测，在像我们这样迅速变迁的经济体系里，什么样的技能将会保有价值。“经典研究 5.2”探讨了贝克的观点，尤其是与环境风险有关的看法。

经典研究 5.2

乌尔里希·贝克与全球风险社会

研究的问题 本章探究了工业生产和高水平消费所带来的一些环境方面的后果。长远观之，我们可以看到，工业化的扩散产生了非常广泛且具有潜在严重后果的副作用，表现为环境风险的形式。但是，现代生活真的更具风险吗？或者，我们只是更有“危机意识”了？我们担心环境问题毫无必要吗？德国社会学家乌尔里希·贝克（1944—2015）是风险议题上首屈一指的社会学理论家，在他眼里这个议题的重要性远超此前的社会学家所认为的。

贝克的说明 在 19 世纪到 20 世纪，工人和雇主之间，用马克思的术语来说，一无所有的工人阶级与占有财产的资产阶级在利益上的重大冲突，支配着现代社会的政治。冲突的核心议题就在于财富分配，而工会和劳工政党也在寻求一种更加平等的社会财富分配方法。当然，这种斗争仍在继续。但乌尔里希·贝克（Beck 1992，2002，2009）认为，随着环境风险愈益凸显，这种分配冲突正在失去其重要性。他指出，越来越多的人开始意识到，如果污染和环境破坏导致“财富蛋糕”本身正在被毒化，那么他们争夺这块蛋糕的份额就是徒劳无益的（Beck 2002：128）。贝克提出：

> 越来越多的人认识到，财富的源泉被愈演愈烈的“灾难性的副作用”所“污染”。这一点毫不新奇，但人们千方百计消除贫困，很长时间里始终对此不加注意……换句话说，在风险社会，未知后果与意外后果成了历史与社会中的主导力量。（Beck 1992：20-21）

随着环境问题逐渐累积，工业化社会正在缓慢消解；这是追逐经济增长和物质繁荣所带来的意外后果。贝克（Beck 1999）认为，事实上，我们正在进入一个“世界风险社会”（world risk society），在这种新型社会中，风险意识和风险规避正在成为核心特征，因为环境污染不会遵从国界。无论工业化生产或消费在何处发生，遥隔天涯也有可能感受到它的后果。比较富裕的国家并没有免于工业污染和全球环境破坏的影响。然而，我们将继续依赖科学和高科技,因为只有通过这些,才能安全而有效地管理工业过程。

贝克希望我们看到,环境议题正在从政治关注的边缘移向中心。我们面对的绝大多数风险都是人类活动的产物;它们并不像电影或电视中那些纯粹的自然灾害。这就意味着环境成为政治争论和决策制定中的一项议题;我们也能看到,20 世纪 70 年代创立了许多环保组织和绿色政党,这成为环境议题融入主流政治的第一步。

批评的观点 对贝克的总体论点的主要批评之一是,即使现在有了更多对于环境风险的意识,也(暂时还)没有足够的证据支持他的转向"风险社会"的理论(Hajer 1996)。与此相仿,所谓以阶级为基础的老旧政治形式正在逐步让位于新型风险政治,这样的观点似乎还未成熟。在大多数国家里,绿色政治党派都尚未突破传统的政党体制,放眼全球,无论财富创造和分配的议题与环保目标何时产生冲突,前者都往往占了上风。最后,据称这种理论在定义风险时未能考虑到文化的变异性(Douglas 1994; Scott 2000)。一些社会定义的"风险"在其他社会可能不会被如此定义;无独有偶,在富裕的工业社会被定义为污染的,在更贫穷的发展中国家却往往被视为经济健康发展的迹象。

当代的意义 在当前有关环境议题和社会变迁导向的社会学论争中,风险的概念占有特殊的位置。贝克的风险理论很有用,因为它在一定程度上说明了环保运动的关切何以有如此热心的受众。一旦人们对风险变得敏感,环保主义者的主张就会更有意义。贝克的《风险社会》一书将有关现代性及其可能的未来的社会学思想引入了高度原创的崭新方向,使我们重新思考社会学的传统,有鉴于此,它理所当然地成为社会理论的一部现代经典。

批判性思考

在日常生活中,你在多大程度上意识到风险?你是否参与过任何"冒险活动"?如果有,你为什么这么做?风险是否总是现代生活中的负面因素?或者,你能否想出一些积极的方面?

四 生态现代化

对于环保主义者来说,无论是何种形式的现代化,明显都失败了。它们虽然取得了财富和物质上的成功,却是以大规模的环境破坏为代价的。近年来,西欧学术界中的一些社会科学家团体努力发展出一种叫作**生态现代化**(ecological modernization)的理论视角,它赞同说"一如既往"已经不再可能,但也反对激进环保主义者涉及去工业化的解决方案。相反,他们关注科技创新和使用市场机制以促成积极效果,转变生产方式,从根子上减少污染。

生态现代化论者认为,最主要的欧洲工业部门蕴含巨大的潜力,可以在**不**影响经济增长的情况下减少自然资源的使用。这种立场别具一格,但自有其道理。他们不是简单地排斥经济增长,而是相信,某种**合乎生态形式的**增长在理论上是可能的。在汽车上安装排气净化器和实施排放量控制即为例证,它们在短时间内就告实现,显示出先进技术可以显著控制温室气体的排放。如果可以按照这种方式实施环境保护,那我们就可以继续享受我们高科技的生活方式了。

生态现代化论者还提出,如果消费者需要无害于环境的生产方法和产品,市场机制将被迫去努力落实。在欧洲,人们反对转基因食品(上文已有讨论)就是将这种想法付诸实践的范例。超市不再储备转基因食品或推动供应,因为大量消费者已经清楚地表明,他们不会购买那些东西。

生态现代化的理论认为,有五种社会结构与制度结构需要从生态角度加以改造:

1. **科学与技术**:努力发明和落实可持续性技术;
2. **市场与经济手段**:引入激励机制以促成环境友好型结果;
3. **民族国家**:打造促成生态现代化的市场条件;
4. **社会运动**:向工商界和政府施压以延续生态导向;
5. **生态意识形态**:帮助说服更多的人参与社会的生态现代化(Mol and Sonnenfeld 2000)。

在制订预防性解决方案方面,科学技术的角色尤其关键,在设计规划阶段就要通盘考虑生态事项。它将会改变现行产生污染的生产体系。

全球社会 5.3

太阳能:实践中的生态现代化?

生态现代化视角的关键一层,就是那些无污染技术,比如可再生能源项目,会显著影响温室气体排放量。还可以向发展中国家提供这些可再生技术,帮助它们避免那些业已导致大规模环境破坏的高污染工业化形式。

晚近有一件被广泛报道的事情,就是在摩洛哥瓦尔扎扎特(Ouarzazate)建造的大型太阳能电厂(其实是四个地点相连),能够满足一百万人的能源需求。该国雄心勃勃,计划到2020年实现40%的电力来自可再生能源。鉴于此前它严重依赖进口煤炭和天然气之类的化石燃料,这是一场巨大的变革,而太阳能电厂的建造可谓至关重要。电厂规模庞大,成排成行的太阳能反射镜数不胜数,占地面积大如三十五块足球场,或是首都拉巴特(Rabat)的规模。但电厂的技术创新性不仅体现在其规模上,它还尝试用盐来储存阳光生成的能量。

电厂产生热能,使盐熔解,然后盐就能储存热能,产生足够多的蒸汽,带动汽轮机整夜工作。摩洛哥干热的沙漠气候是此类方案所必需的环境。太阳能反射镜的生产成本比传统的光电板要贵,但前者有一个巨大的优势,即日落之后也能继续发电。储能系统可保证储存能量长达八小时,这意味着有望实现持续不断的太阳能供应。

电厂竣工之时,希望能生产足够多的能源,使摩洛哥还能向欧洲出口其中一部分。该项目属于公私合营,将耗费大约90亿美元,其中大部分来自世界银行,还有其他私营或国有金融机构。如果努尔-瓦尔扎扎特综合项目实现了这一承诺,它或许是有史以来最令人瞩目也最为成功的生态现代化实践范例之一。

资料来源:World Bank 2015; Harrabin 2015; Neslen 2015。

自20世纪90年代中期以来,有三块新的论争领域进入了生态现代化的视角。第一,相关研究开始扩展到发展中国家,对最初视角里的欧洲中心主义构成了显著挑战。第二,一旦生态现代化论者开始超越西方世界去思考,全球化理论就会变得更加切题,近期的研究也力求将全球化和生态现代化相关联(Mol 2001)。第三,生态现代化已经开始考虑消费社会学和消费社会理论。这些研究着眼于消费者如何在社会的生态现代化过程中发挥作用,如何改进家用技术以减少能耗,节省稀有资源(例如水),通过循环使用来减少浪费。

一些激进的绿色运动分子主张，要想保障可持续性，就必须放弃现代化的进程。但或许可以基于可再生能源以及环境友好型技术，实现一种生态形式的现代化。

生态现代化能够提供丰富的可能性，垃圾处理行业即为明证，该行业要清除工商企业和居家消费每天生产的垃圾。直到最近，绝大多数的垃圾都只是在垃圾填埋场进行简单处理和填埋。而今天，整个行业都在转型。技术进展使得用再生纸做新闻纸比用木浆做更便宜。因此，对纸张进行循环利用，而不是无休止地砍伐树木，既有明确的环保考虑，也有充分的经济原因。不仅仅是个别公司，而是整个行业，都在积极追求"零浪费"的目标，即完全循环利用所有的废品以备日后工业使用。丰田和本田对其使用的汽车部件的循环利用水平已经达到了 85%。有鉴于此，垃圾不再只是有害的废弃材料，而是一种工业资源，并且在某种程度上是一种推动创新的手段。

令人瞩目的是，对循环利用的一些重大贡献，也就是对可持续发展的贡献，来自信息技术行业高度聚集的地区，例如加州的硅谷。一些生态①现代化论者认为，信息技术不像许多旧式的工业生产，属于环境清洁型行业，在工业生产中所占比重越大，就越有可能减

① 原文为"economic"，疑系"ecological"之误。——译者注

少对于环境的有害效应。然而,这种乐观精神可能是错误的。信息技术系统、互联网以及**云计算**(cloud computing)都是高能耗型产业,需要巨型设备来储存数据。它们被视为一种新式的“重工业”,而不是属于某种“无重经济”,因此并不能为经济发展中出现的问题提供简单的解决方法(Strand 2008)。

关于高能耗的信息技术的议题,参见第六章“城市与城市生活”中的讨论。云计算以及相关问题可以参看第十八章“传媒”。

生态现代化与其他视角不同,较少考虑全球不平等,而是更关注如何使工商企业、个人和非政府行动者在社会转型过程中各尽其力。这就使它不同于可持续发展,后者的出发点是预设减少全球不平等是环境保护的先决条件。生态现代化论者还主张,如果资本主义经济体制能够促进环境保护,那么资本主义将延续下去:若非如此,那就必然会出现一些别样的体制,因为全球社会的生态现代化已经无法逆转。

有批评者认为,生态现代化过度依赖技术措施,相对忽视文化、社会与政治等方面的冲突。或许可以恰如其分地说,生态现代化充满了技术乐观主义精神,而没有一套充分阐述的理论来谈究竟该如何实现可持续社会。但是,它所促成的各式各样的现实例证,那些付诸实践的技术,那些针对变革的建议,合在一起,却能够产生巨大的影响,如果设法让这些技术和建议即使对于发展中国家也经济可行,就更是如此。无论如何,在引入这些技术和建议的同时,还需要某种以《京都协定书》为范本的国际协议,从而确保推广卓有成效的最佳措施与知识。

即使是最坚定的倡导生态现代化立场的人也承认,要想拯救全球环境,就需要改变现存的不平等程度。发达世界人均消耗的自然资源是欠发达国家人均比例的10倍。在贫穷的国家,贫困本身就是导致环境破坏行为的一项主要因素,生活在经济困境中的人们别无选择,只有竭力利用可以获得的当地资源。因此,未来需要的是“公正的可持续性”(just sustainabilities)(Agyeman et al. 2003; Smith and Pangsapa 2008)。要实现生态可持续性,需要国际协同努力以应对全球不平等,这是环境保护的一项必要条件。

批判性思考

回顾有关环境问题的生态现代化思路所包含的五项社会结构和制度结构。依据当前进展加以排序——哪一种结构转型程度最高,哪一种最低?在以注重环境为导向的社会结构转型中,哪些障碍更难被克服?

五　环境正义与生态公民权

如果说生态现代化可能太偏重技术措施，有一种方法可以平衡这种偏差，就是推动社会各团体和各阶层积极参与旨在实现可持续社会的规划。例如，现代化规划起步伊始，就应该纳入环境与社会建设目标，并且应当让各个社群广泛参与决策过程。在城市保障住房工程中，避免在垃圾填埋场上建房是很重要的，以免那些易受伤害的居民承担风险，遭受这类历史遗留的危害。与此类似，由于那些住廉价房的人可能正是最没有能力负担后期节能措施（例如太阳能加热和隔热处理）费用的人，就需要在建造过程中加入这些措施。

环境正义（environmental justice）这个术语起源于美国，与工人阶级社区中的活动分子草根网络相伴而生（Szasz 1994；Bell 2004：ch. 1；Visgilio and Whitelaw 2003）。这些社区中许多是非裔美国人住区，在活动分子看来，选择在这些地区倾倒有害垃圾，建造焚烧设备，属于某种“环境种族主义”（environmental racism；Bullard 1993）。不妨把环境正义运动看成公民权话语延伸到环境议题，关注许多环境问题是如何“不成比例地落到穷人身上”的（Agyeman et al. 2003:1）。

有一场运动堪为标尺。1978 年，在纽约州的尼亚加拉瀑布城（Niagara Falls），洛伊丝·吉布斯（Lois Gibbs）力求重新安置“爱运河”（Love Canal）这一社区，因为她发现，该社区建造在一片有 2 万吨有毒化学废料的土地上。1980 年，900 户工人阶级家庭得到重新安置，远离了废料泄漏，社区运动获得最终成功（Gibbs 2002）。将环境质量与社会阶级不平等相联系，表明环保主义并不只是中产阶级关心的话题，也关系到工人阶级的利益，考虑到了社会不平等和现实世界中的“风险处境”。在美国，有毒废物处理场所往往位于黑人和西班牙裔社区，那里的公民行动团体的力量相对弱小，但是吉布斯的运动表明，他们并非软弱无力。

环境正义团体的意义可以非常显著。它们的出现有可能拓宽支持环保政治的基础，涵盖目前在广泛的环境保护运动中代表比例较低的群体。例如，国际地球之友（Friends of the Earth International）（还包括其他许多团体）认识到，要想缓解对于自然环境的压力，就需要去应对社会问题，于是扩大了它的行动议程（Rootes 2005）。环境正义带我们进入城市和市中心地区，现代生活所产生的垃圾绝大部分都堆积在那里，对于那些或许没有意识到自己的问题本质上属于“环境问题”的人，环境政治向他们敞开了大门。

环境正义团体最重要的作用，或许便是它们提供了可能性，将富裕国家的环境政治与相对贫穷国家的环境政治联系起来。抗议壳牌石油公司这一跨国企业对尼日利亚土著奥戈尼人的生存环境的影响,就是一桩重要的事例。“争取奥戈尼人生存运动”(Movement for the Survival of the Ogoni People;始于 1990 年)及其赢得的国际支持,只是有潜力统合一体的环境正义理念的实例之一。尼日利亚政府千方百计镇压抗议运动,包括严刑拷打、洗劫村庄,乃至在 1995 年无视国际抗议,处决了该运动领导群体中的九名成员,包括作家卡山伟华(Watts 1997)。

此类事件使人们更加坚信,那些比较缺少权势的人被迫承受着环境污染的主要压力。环境正义运动证明,将社会不平等与贫困和环境议题相关联大有可为,将会使环保主义不再仅仅是一种捍卫自然的运动。近来,人们开始使用“社会认证”(social licence)这一概念,来描述企业与社区之间的动态关系(Soyka 2012: ch. 4)。比如说,如果一家企业寻求开展钻探活动,为此承诺提供新的工作岗位和经济发展前景,社区和公民团体可能会向它非正式地“颁发”某种视情形而变的社会认证。但是,如果导致了不必要的环境破坏,这种赞同或“认证”就有可能被撤回,观感发生变化,企业活动会被视作不具有正当性。意识到需要得到某种社会认证才能展开活动可以给当地社区赋权,因为企业要想从公民的赞同中获益,就必须赢得这种社会认证并努力维持(Syn 2014)。

最后一股值得注意的发展趋势,就是出现了一种与捍卫自然环境相维系的公民权。近年来,一些社会学家和政治科学家提出,一种新型公民权正逐渐兴起,马克 · J. 史密斯(Smith 1998)称之为**生态公民权**(ecological citizenship),而多布森和贝尔(Dobson and Bell 2006)则称之为环境公民权。

公民权这个概念并不新颖,可以分成不同类型。**民事公民权**与现代财产所有权相伴而生,它赋予人们特定的相互义务,即彼此尊重财产权利。**政治公民权**出现得晚一些,彼时选举权扩大了范围,工人阶级团体和妇女拥有了投票权。同时发展出了结社权(像工会)和言论自由权。第三阶段是**社会公民权**,在这一阶段人们看到了获得福利的权利以及集体供给社会福利的责任。在史密斯等人看来,第四阶段方兴未艾,生态公民权利和责任会成为核心。

有关公民权,详参第十三章“贫困、社会排斥与福利”。

生态公民权包含一些新的义务:对于人类之外的动物,对于人类的子孙后代,对于维护自然环境完整无损(Sandilands 1999)。对于动物的义务意味着重新考虑人类对动物的某些利用方式,因为这些会侵犯它们自然生活以及表达本性的权利。因此,活体解剖、狩猎、农耕方法、育种甚或宠物饲养都需要重新评估。生态公民权对于人类子孙后代的义务意味着致力于长期保持可持续性。如果经济发展计划威胁到子孙后代满足自身需要的能力,那就有必要设计和规划其他的形式。政治规划和经济规划都必须面向未来,目光长远,而不是采取只顾眼前、自由市场或自由放任的思路。最后,所有的人类活动都应该结合其对自然环境的影响来考虑,应当采取一种**预防原则**,让开发者有责任从生态的角度证明自己行为的合理性。

因此,究其实质,生态公民权向人们提出了一种新的要求,要考虑到他们的“生态足迹”(ecological footprint),即人类活动对于自然环境的影响。显然,生态公民权要求对现代社会做出一些根本的变革。也许,最彻底的变革会是人类自身的改变,因为生态公民权要求人类转变体验,将自然与自我视为紧密联系在一起的。人们只有开始把自己看作享有权利的公民,才能让政治公民权站稳脚跟;同理,人们的身份认同必须包含一种“生态自我”(ecological self)的体验,生态公民权才有可能获得充分的发展。

小　结

今天的我们不同于经典社会学家,更清晰地看到了现代工业、技术以及科学的黑暗一面。我们认识到,它们的实际应用与产生的后果绝非完全有益。我们无法“忘却”这种认识。科学与技术的发展已经创造了一个新的世界,包含后果严重的风险,使巨大的收益和损失都有可能发生。特别是在发达世界,人们的富裕程度史无前例,然而作为整体的世界却被极度不平等与生态困境所撕裂。

生态现代化和可持续发展的视角告诉我们,面对超过七十亿的全球总人口,完全抛弃科学技术是不可能的。要想有效应对全球环境问题,削减不平等程度,先进的技术和科研就是绝对必要的。比如说,设法从太阳、风及其他可再生资源中生成能量,以替代会产生污染的化石燃料,或许就是通往真正“可持续的”“生态的”发展形式的关键所在。

社会学的想象力使人们深切意识到,社会制度乃系人类所为或“社会创造”,这有助于我们直面诸如此类的全球性问题,避免陷入某种绝望。与此同时,社会学的想象力告诉我们,至少存在一种可能性,能够对人类的命运施加更多的控制,其程度对于我们的先辈来说完全不可想象。然而,正如“吉登斯悖论”以及久拖未决的国际应对气候变化谈判所表明的那样,兑现这一承诺绝非轻而易举,也不会一团和气。

本章要点

1. 基于什么理由可以说“自然环境”必须包括人类和社会?

2. 用本章中的例证,说明“对于环境问题的社会建构”是什么意思。为什么在环境问题研究中持“不可知论”会是一种优点?

3. 说明批判实在论或环境实在论的思路与社会建构论有何差异。这两种思路真的有很大差别吗? 它们体现出哪些相似之处?

4. 绝大多数环境议题都涉及人为风险,因为是人类活动导致了它们。举出四例这种“人为风险”。

5. 我们如何说明转基因食品在北美大受欢迎,却在欧洲遭到拒弃?

6. 分别开列支持人为全球变暖理论以及怀疑论者的反驳论点的证据。是否有可能得出确凿结论,认定某一方是正确的?

7. “要想有效应对全球变暖,就必须达成国际协议。”在达成这类协议的道路上,都存在哪些主要的障碍?

8. 什么是“生产与消费漫无止境的生产线”? 它们给发达国家和发展中国家分别带来哪些主要的环境后果?

9. 通过实例来概述“可持续发展”的含义。为什么批评者会认为这个概念自相矛盾?

10. 乌尔里希·贝克的风险社会理论与出于生态现代化立场的观念主要有哪些差异? 它们是本质上彼此冲突,还是有可能相互调和?

11. 说明“环境正义”和“生态公民权”的含义。这些概念如何能与有关气候变迁的国际政治相关联?

研究实践

众多的社会问题和环境问题被归咎于现代的拥车文化(有人说是汽车依赖)。但要搞明白为什么人们那么难以放弃自己的私车,依然有很大的空间。我们为什么与自己的小汽车如胶似漆? 下文就这一问题提出了一些深刻见解,阅读此文,然后回答后面的提问:E. Shove, M. Watson, and N. Spurling, 2015, ‘Conceptualizing Connections: Energy Demand, Infrastructures and Social Practices’(梳理联结观念:能源需求、基础设施与社会实践), *European Journal of Social Theory*, 18(3): 274-287。

1. 这项研究属于哪一类?

2. "汽车依赖"的根源并不在于个体层面。作者们为何采取这一立场?

3. 列出作者们确认的基础设施的四项共同特征。

4. 规划者和设计师之类的专业人员在创造汽车依赖的过程中扮演了什么角色?

5. 举一些社会实践的事例,说明如何通过追问"开车去干什么"来更好地理解汽车依赖。

深入思考

环境议题据称是自然与社会的"混合物",似乎很显然,那些把自然科学与社会科学相结合的跨学科思路应该会提供突破的道路。然而,为什么这种合作通常并不会发生呢?为什么社会科学与自然科学往往各走各路呢?它们的研究方法有何不同?在整个社会当中,社会科学和自然科学所享有的地位是相似还是不同?写一篇短文来探究这些问题,最后针对未来有关环境议题的研究是否有可能出现更多的跨学科趋势,谈谈你自己的看法。

艺文探析

全球变暖这个议题很适合进行戏剧化改编。但是,即使是在小说中,涉及气候变化的人为因果机制时,也很难避免在科学共识与怀疑论之间选边站。阅读这些小说中的一篇或两篇,并回答下列问题。

- 迈克尔·克莱顿写的《恐惧之邦》(Michael Crichton, 2005, *State of Fear*, New York: HarperCollins)
- 马塞尔·泰鲁写的《遥远的北方》(Marcel Theroux, 2009, *Far North*, London: Faber & Faber)。

故事如果有选边站,选的是哪一边?小说是怎样论述的呢?主要是通过性格描写、故事情节,还是背景交代?观点如果存在另一立场,又是怎样展现的呢?作者是否借鉴了现实世界当中的科学发现和/或学术成果?在这种虚构作品中,如果为了增添阅读的戏剧效果而篡改科学结论,是否要紧?这种虚构作品是有助于还是有碍于更广泛的公众理解全球变暖的相关争论?

阅读指津

菲利普·萨顿的《环境:社会学引论》(Philip W. Sutton, 2007, *The Environment: A Sociological Introduction*, Cambridge: Polity)是一本货真价实的入门级教材,很适合作为起点。迈克尔·贝尔与洛卡·阿什伍德的《环境社会学的邀请(第五版)》(Michael M. Bell, and Loka Ashwood, 2015, *An Invitation to Environmental Sociology*, 5th edn, New York: Sage)紧扣前沿,例证丰富,有助于刻画环境领域的关键困境。

至于更具理论深度的文献,约翰·汉尼根的出色作品《环境社会学:一种社会建构论视角(第三版)》(John Hannigan, 2014, *Environmental Sociology: A Social Constructionist Perspective*, 3rd edn, London: Routledge),包含一些非常有说服力的个案研究。彼得·迪肯斯的《社会理论与环境:改变自然,改变自身》(Peter Dickens, 2004, *Social Theory and the Environment: Changing Nature, Changing Ourselves*, Cambridge: Polity)采取批判实在论立场,说明非常清晰。赖利·邓拉普、弗雷德里克·巴特尔、彼得·迪肯斯和奥古斯特·海斯韦特合编的《社会学理论与环境:经典基础与当代洞见》(Riley E. Dunlap, Frederick H. Buttel, Peter Dickens, and August Gijswijt, 2002, *Sociological Theory and the Environment: Classical Foundations, Contemporary Insights*, Oxford: Rowman & Littlefield)也是很好的选本。

有关可持续发展,苏珊·贝克尔的《可持续发展(第二版)》(Susan Baker, 2015, *Sustainable Development*, 2nd edn, London: Routledge)堪称上佳导引。有关风险社会,乌尔里希·贝克的《风险中的世界》(Ulrich Beck, 2009, *World at Risk*, Cambridge: Polity)通俗易懂。至于生态现代化,阿瑟·莫尔、戴维·索南菲尔德和耶特·斯帕加伦合编的《生态现代化读本:环境变革的理论与实践》(Arthur P. J. Mol, David A. Sonnenfeld, and Gert Spaargaren, eds., 2009, *The Ecological Modernisation Reader: The Environmental Reform in Theory and Practice*, London: Routledge)名副其实。

关于环境正义与生态公民权,试试贝尼托·卡奥的《环境与公民权》(Benito Cao, 2015, *Environment and Citizenship*, London: Routledge),一部不折不扣的入门教材。马克·史密斯和皮亚·庞萨帕的《环境与公民权:整合正义、责任与公民参与》(Mark J. Smith, and Piya Pangsapa, 2008, *Environment and Citizenship: Integrating Justice, Responsibility and Civic Engagement*, London: Zed Books)读来发人深省。

关于自然环境与城市环境的原典文集,参阅辅助读物《社会学入门文选(第三版)》(*Sociology: Introductory Readings*, 3rd edn, Cambridge: Polity, 2010)。

网络导航

政体出版社有关本书的更多信息和支持：

www.politybooks.com/giddens

环境组织网站目录(Environmental Organization Web Directory)——设在美国的资料库,有大量有用资源：

www.webdirectory.com

欧洲环境署(European Environment Agency)——一个很好的资料库,有一些值得深究的调查和其他研究：

www.eea.europa.eu

政府间气候变化专门委员会(Intergovernmental Panel on Climate Change)——这里可以读到《第五次评估报告》：

www.ipcc.ch/report/ar5

国际地球之友(Friends of the Earth International)——运动型环境组织：

www.foei.org

国际绿色和平组织(Greenpeace International)——运动型环境组织：

www.greenpeace.org/international/en

经济合作与发展组织(OECD)——有大量来自经合组织国家的数据的环境网站：

www.oecd.org/environment

联合国开发计划署(United Nations Development Programme)——可链接到《人类发展报告》和联合国千年发展目标：

www.undp.org

第六章

城市与城市生活

18 世纪的巴黎，巨富与赤贫共存之地，也被视为现代性的典型象征。

在 18 世纪晚期，许多来到巴黎城的访客记录下了自己亲见时的震撼。城市的规模的确让人叹为观止：有 810 条街道、23 019 栋房子，还有大约 50 万到 100 万的人口。有些人赞叹，此地满目美景奇观，而另有些人则感慨，对于生活在这里的穷人来说，想必是最深一层的地狱。但不管他们对巴黎的总体评价如何，他们都认为，目之所及与亲身体验的巴黎，仿佛是另一个世界。

> 访客一般都会被完全慑服。其中很多人记录下了这样的第一印象——市声喧嚣，车水马龙，人潮汹涌，路网交错，宛似迷宫。在外省的市镇，即便是嘉年华会，与此相比也不值一提。(Garrioch 2004：1)

在过去的两百五十年中，金斯利 · 戴维斯(Davis 1965)所称的“人口的城市化”持续飞速发展。如今全世界有超出一半的人口居住在城市或都市区。实际上，根据 21 世纪的标准，18 世纪的巴黎并不算特别大，其规模相当于今日(意大利的)都灵、(爱尔兰的)都柏林或(加拿大的)埃德蒙顿(Edmonton)，这些城市的人口都在 100 万左右。与之形成鲜明对照的是伦敦和纽约，这两座“全球性城市”，一向被说成是高度一体化的世界经济“指挥中心”，其影响力超出国界(Sassen 2001)。巨型跨国公司以及大量金融、技术和咨询服务类机构都把总部设在全球性城市。

伦敦拥有的人口超过850万,彼此交流所使用的语言超过300种,常住劳动力大约为450万。它还拥有无与伦比的文化艺术传承,确保其生机勃发的动感之都地位,每年在伦敦经停一夜以上的旅游者大约有3000万。伦敦年龄在20—24岁的年轻人比例也很高,他们流动到这里,寻找工作、接受教育、领略文化,也或许是想逃离乡村生活让人感受到的那种单调与狭隘。

纽约拥有华尔街。自1945年起,这里就是全世界最主要的经济中心之一,也是国际外交的重要枢纽,是联合国总部的所在地。它拥有800多万居民,是全美人口最稠密的城市。纽约还见证了一些流行音乐重要浪潮的发展,比如20世纪40年代的爵士乐,以及70年代的朋克摇滚。20世纪七八十年代,布朗克斯(Bronx)区孕育了饶舌乐和嘻哈乐。这座城市极具文化多元性,人口中超过三分之一的人其出生地不在美国。

全球化与世界城市研究中心(Globalization and World Cities Research Centre, GaWC)根据各个城市的全球关联度将其分类,伦敦与纽约在全球经济中的一体化水平无可匹敌。香港、新加坡、上海、悉尼、迪拜等城市次于上述两城,但一体化和关联度水平依然很高(GaWC 2012)。比如说上海,经历了所有城市中最为迅速的经济增长,自20世纪90年代早期以来年均增长12%(2008年至2009年全球衰退期除外)。仅在21世纪头十年,该城就有大约55家跨国企业设立总部,并建造了4000多栋高层建筑,使上海城市环境的外在形貌与内在感受都大为改观(Chen 2009:xv-xx)。截至2013年,全市人口增长至2400万,预计到2050年将翻一番多,达到大约5000万(World Population Review 2015)。上海很可能正稳步加入伦敦与纽约的行列,成为全球经济的核心指挥中心。

大城市和都市区所能提供的工作机会和文化体验无可匹敌,但与此同时,很多人其实觉得这些地方并不友善,让人倍感孤独。为何如此?当代城市生活的显著特点之一就是陌生人之间互动的频率。如果你住在城镇或者城市,想想自己每天和不认识的人互动的次数:公车司机、店员、学生,以及那些在街上和你相互"寒暄"的人。正是这些转瞬即逝、相对非私人化的互动,使得当代城市生活与当下其他地方或者历史上早前时期的迥然有别。马歇尔·伯曼(Berman 1983)认为,这种城市体验正是社会学家所称的"现代性"时期的题中应有之义(参阅第一章)。

关于社会互动的讨论,详参第八章"社会互动与日常生活"。

本章我们首先回溯从古代世界到当今工业化城市的各类城市的发展简史。然后,我们将大致介绍有关城市和城市文化的一些核心社会学理论,它们有助于我们更好地理解人们如何体验现代城市，又有哪些力量正在塑造城市的未来。接下来，我们转而探讨发达国家与发展中国家的城市之间可能有哪些差异。本章最后将讨论 21 世纪城市治理形式的变革。但有必要在章首就指出，研究城市和城市生活的学者既有可能属于社会学，也有可能从事人文地理学研究。本章将包括来自这两门学科的理论与证据。

第一节

古往今来的城市

▼

尽管在古代世界有很多伟大的城市，比如欧洲的雅典和罗马，但当今的城市生活同前朝往世所体验到的情形有天壤之别。早期城市社会学家讨论了现代城市的发展，认为这种发展趋势改变了人类感受世界、思考世界的方式，也改变了人们互动的方式。现在我们就来看看城市从古代世界的肇始到最新趋势的发展历程。

现代大都市的典型景观——是毫无生气的水泥丛林，还是人类成就的巅峰展现？

一　古代世界中的城市

世界上第一批城市在大约公元前 3500 年诞生于埃及尼罗河流域、现在伊拉克境内的幼发拉底河和底格里斯河流域,以及今日巴基斯坦的印度河流域。依照现代的标准来评判,古代社会中的城市规模是非常小的。例如巴比伦,作为最大的古代近东城市之一,占地面积仅为 8.3 平方公里。在其鼎盛时期即约公元前 2000 年,人口也就是 1.5 万—2 万人。公元前 1 世纪,奥古斯都皇帝统治下的罗马,仅拥有大约 30 万居民,就轻而易举地成为前现代时期中国以外的最大城市。而这个规模搁在今天,仅仅够得上一个“小型”现代城市。

古代世界的绝大多数城市都具有一些共同的特征,比如高墙环卫,既服务于军事防御,也凸显城市社群与乡村社群的分隔。占据城市中心的往往是宗教庙宇、王宫、政府及商业建筑,还有一块公共广场。这种仪式性、商业性和政治性的中心有时会被第二重内墙所封闭,大多非常狭小,只能容纳少数民众。尽管中心区通常也有一处市场,但它仍然有别于今天的商业区,因为主要建筑物几乎都是宗教性和政治性的(Sjoberg 1960, 1963; Cox 1964; Wheatley 1971)。

统治精英的居所一般聚集在城市中心。缺少权势的群体则往往生活在城墙周边,只有当城市面临攻击时才移住城内。不同的族群和宗教社群通常被分配到分隔的住区,同一群体的成员在一起工作和生活。有时候,这些住区也有墙垒环绕。城市居民之间的往来变幻不定。由于缺乏任何形式的印刷工具,公务人员不得不大声嘶喊,宣示公告,宛如今天典礼中的“传报官”。所谓“街道”,充其量只是尚未被开发修造的狭长地块。只有屈指可数的几个古代文明自诩建造了成熟的道路系统,连接各大城市,但是这些道路主要服务于军事目的。而寻常的交通则是缓慢而受限的。定期长途旅行的人,只有商人和士兵。

尽管城市是科学、艺术和世界主义文化的中心,但它们对于本国其他地方的影响始终十分薄弱。只有极小一部分人口生活在城市里,而城乡分隔又非常明显。绝大多数的人生活在小型的乡村社区,偶尔能够接触到的来自城镇或城市的人,不过是政府官员或者商贩。

二　工业化与城市化

规模最大的现代城市与那些早期文明的城市,可谓天差地别。在工业化国家,人口最稠密的城市容量早就超出了 2000 万之数。最大的是东京,有大约 3700 万人生活在这座城市及其郊区(World Atlas 2016)。一个**城镇密集区**(conurbation),即一群城市与城镇组合起来形成连绵网络,往往可以容纳更多的人。当今最大规模的城市生活形式体现为**城市带**(megalopolis),或众城之城(city of cities)。这个术语源于古希腊语,创造这个词是为了描绘这样一种城邦,人们精心打造从而让所有的文明都倾慕它。但是在现代用法当中,它被用来描述一些特别的区域,比如美国东北部沿海,一个从波士顿以北延伸到华盛顿以南、绵延大约450英里的城镇密集区,大约有4000万人口生活在这一区域,人口密度超过每平方英里700人。

英国是最早经历工业化的社会,这个过程始于18世纪中叶,它导致了**城市化**(urbanization)加速,即人口脱离农村地区而涌入城镇和城市的运动。在1800年,只有不到20%的英国人口居住在居民超过1万的城镇或城市中。到了1900年,这个比例上升到了74%。在1800年,伦敦作为首都,人口容量大约是110万;而到了20世纪初,它的人口规模已经超过700万。伦敦那时已成为有史以来最大的城市,一个巨大的制造业、商业和金融中心,充当着一个不断扩张的王国的心脏。其他大多数欧洲国家以及美国的城市化发生得要晚一些,但是一旦启动,往往会加速。

城市化现在已经成为一种全球性的进程,发展中国家不断被卷入其中。在1950年,全球只有30%的人口是城市居民;到了2000年,这个比例达到47%,即29亿人;预计到2030年,该比例会达到60%,大约50亿人口。2007年,居住在城市区域的人口首次超过乡村地区人口(UN 2010)。目前,大多数的城市化进程发生在发展中世界。较不发达地区的城市人口预计会从2000年的20亿增加到2030年的40亿。如图6.1所示,非洲、亚洲、拉美以及加勒比地区的城市化快速发展(线条陡峭),而在欧洲、大洋洲等发达地区,城市人口增长速率在同一时期内就比较缓慢。尽管如此,非洲和亚洲的人口中的大部分今天依然生活在乡村地区。

三　现代城市的发展

什么是**城市**(city)?并不存在一个得到一致认可的定义,但是,绝大多数城市社会学家和人文地理学家都认为现代工业化城市具有几个特性:人口众多,居住密集,具备行业分化和长期性市场,居民中占主导的是非私人化的理性取向(Abrahamson 2014: 5-6)。简言之,是人口、经济、社会和心理等维度的一系列特性的特定汇合,缔造了“城市”,只是我们会看到,现代城市并无城墙,这些特性会向外扩散到“郊区”乃至乡村地区。事实上,在美国,城市带区域往往会远远超出中心城区,连绵一百英里,由公路、铁路和通信基础设施联系一体。一些学者因此提出,“城市”和“郊区”这种语言已经不再能够把握城市带生活的日常现实(Gottdiener et al. 2015:2)。但不管怎么说,世界范围内的城市和都市区还是零散分布的,许多城市带的区域也要比美国的小很多。

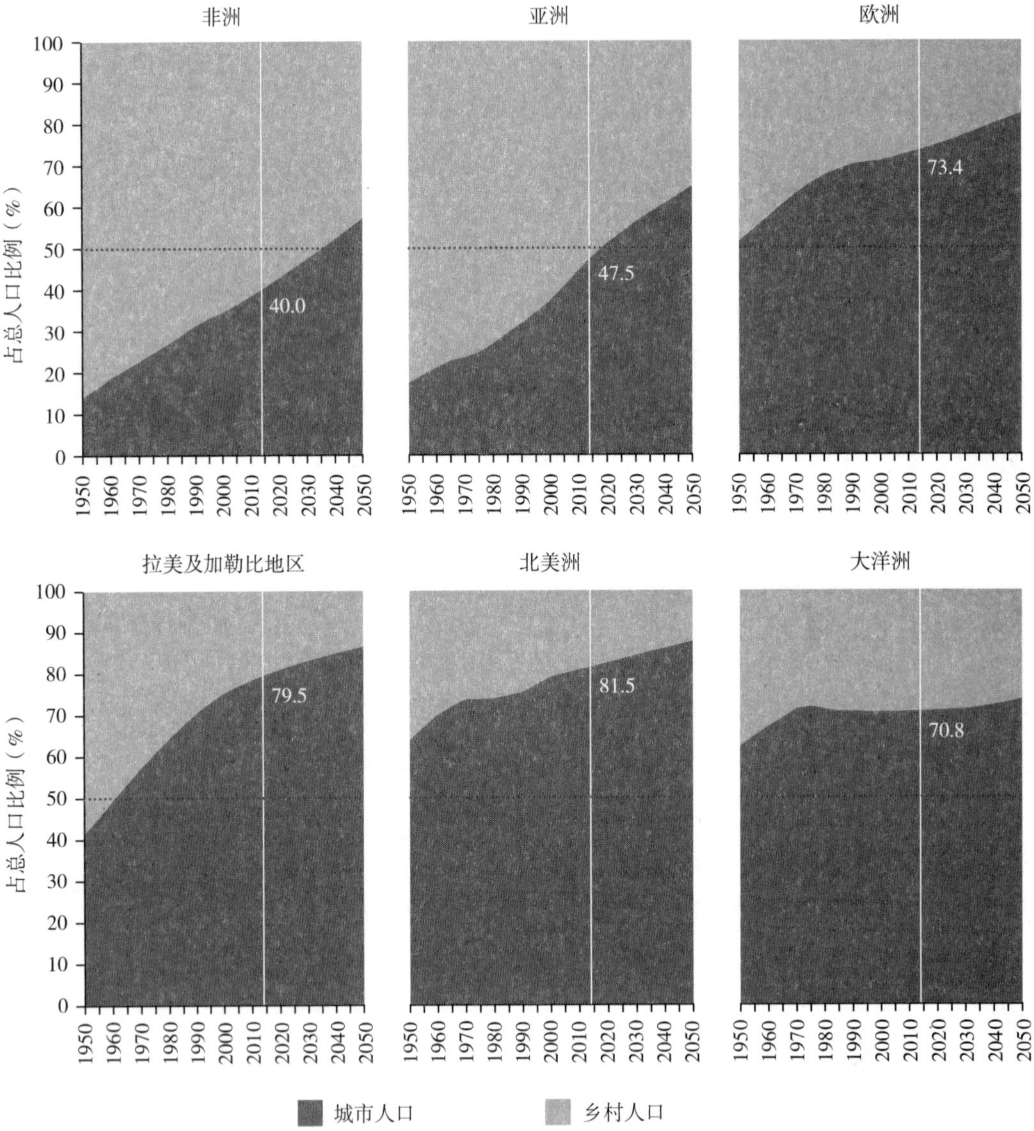

图 6.1　城乡人口占总体人口比例(以各大区域划分),1950 年至 2050 年(预测)

资料来源:UN ESA 2014:8。

一直要到 20 世纪初,统计学家和社会评论家才开始区分城镇(town)和城市(city)。城市的人口规模较大,相比于较小的人居中心,往往更具有世界主义性质(cosmopolitan)。城市的扩张有赖人口迁移,而这往往是国际性的。数量庞大的欧洲人从贫穷的农村家园迁往美国,即为明证。跨国迁入城市的现象在欧洲国家里也十分常见。农夫和村民之所以迁往城镇,是因为乡村缺少机会,而城市优势明显,魅力十足,比如工作机会更多,薪酬更高，物品更丰富，服务也更多样。同时，城市还成为金融和工业力量汇聚的中心，有些企业家几乎是平地打造出新的城镇和都市区域。

伴随着城市的成长，很多人惊惧地发现，不平等和贫困也愈益恶化。城市贫困的程度如此严重，城市住区之间的差异如此巨大，都是促动早期有关城市生活的社会学分析的因素。现代城市的发展不仅深深影响人们的习惯和行为模式，也大大改变了人们的思维模式和情感模式。从 18 世纪首次形成大规模的城市聚结开始，有关城市对于社会生活的影响的观点就呈现出两极分化。在许多人看来，城市代表了“开化的德性”，不断孕育生机活力，推动文化创新。它们尽可能增加经济文化发展的机会，同时提供条件，使人们过上舒适满意的生活。但对另一些人来说，城市就是一座炙烤的地狱，充斥着咄咄逼人、相互猜忌的人，满目皆是犯罪、暴力、腐败与贫困。当然，这两种观点完全有可能同时成立，都从一个局部概括了城市生活现实的特点。

有关环境议题的讨论，参看第五章“环境”。

四　全球性城市

城市在全球秩序中所扮演的角色吸引了众多社会学家的注意力（Marcuse and van Kempen 2000；Massey 2007）。人们往往基于国族层面与全球层面之间的二元对立来讨论全球化，然而，全球化赖以发生的主要环路，其实是全世界那些最大的城市（Sassen 1998）。全球经济的功能运作要想顺利，有赖一系列拥有发达的信息基础设施和其他“高度集中”的服务设施的枢纽位置。正是在这些节点上，全球化的“工作”得到了实施和导引。鉴于商业、生产、广告和营销都已具备全球规模，必须有海量的组织活动来维持和发展这些网络。

萨森运用**全球性城市**（global city）这个概念来描述某些城市中心，它们是众多大型跨国公司的总部所在地，也有各种各样的金融、技术和咨询服务机构。她在《全球性城市》（Sassen 1991）一书中，考察了纽约、伦敦和东京。她指出，世界经济当前的发展已经为这些重要城市创造了新的战略角色。它们在国际贸易中早就成为中心，但是现在有了四点新的特质：

1. 它们已经发展成全球经济的“指挥所”，也就是引导和决策的中心。
2. 它们是金融和专业服务机构的核心基地，在影响经济发展方面比在制造业中所起的作用更为重要。

3. 它们是新兴行业的生产和创新基地。

4. 它们是金融和服务业“产品”的购买、销售或者处置的市场。

萨森的阐述问世以来,纽约与伦敦开始被视为首屈一指的指挥中心,之后是东京、新加坡、北京、巴黎之类的其他核心城市。显然,城市的历史差别甚远,但我们可以从它们晚近的发展中捕捉到可堪比较的变迁。在高度分散的当代世界经济中,这些城市为关键运作提供了核心控制。然而,全球性城市远不只是协调场所,也是生产环境的一部分。重要的不是生产出物质产品,而是生产出商业组织管理遍布世界的办公室和工厂所必需的专业化服务,生产出金融创新和市场。服务和金融产品才是全球性城市制造出来的“东西”。

全球性城市的市中心区提供了集中场所,让整个“生产者”集群工作的时候可以展开紧密互动,常常包括人际接触。在全球性城市中,本地企业与全国性组织以及跨国组织杂然并存,包括各式各样的外国公司。有 350 家外国银行和 2500 家外国金融公司在纽约设立了分支机构;纽约每 4 名银行雇员中就有 1 名在外国银行工作。全球性城市虽然相互竞争,但也构成一个相互依赖的体系,在一定程度上与它们所处的国家相分离。

其他研究者也指出,随着全球化的推进,越来越多的城市加入了“全球性城市”的行列。卡斯特描述了世界各大城市的一种层级秩序的形成过程(Castells 1996:ch. 6)。在这个层级秩序中,香港、新加坡、芝加哥、法兰克福、洛杉矶、米兰、苏黎世和大阪这样的地方充当了商业和金融服务的主要中心。在这些城市之下,一系列新的“区域中心”正逐渐发展成为全球经济的枢纽。另一组城市,包括马德里、圣保罗、莫斯科、首尔、雅加达和布宜诺斯艾利斯,正在成为所谓“新兴市场”的重要活动枢纽。

全球社会 6.1

一座全球性城市的设计与筑造

迪拜城坐落的地方,直到 20 世纪 60 年代末,还是波斯湾一片相对欠发达的区域,依然是游牧群体和捕鱼社群的家园。1971 年,这里归入阿联酋,该国设计了一套规划,打算彻底改造这座城市乃至这片区域。靠着石油出口利润和西方各大银行提供的数十亿美元,迪拜的头领们募集了来自发达国家的各路建筑师、规划师及其他专业人员,一心一意,要创造一座以金融、商业和文化产业为基础的全球性城市。

从美国、英国、澳大利亚、日本乃至全球各国,大批专业人员涌入迪拜,一项庞大的建造方案渐次铺开。这便缔造了一片典型的现代城市中心,办公大楼与摩天大厦鳞次栉比

(包括全球最高的哈利法塔[1]),有1000个泊位的游艇码头在世界上屈指可数。在这一派繁华之外,更添加了诸多第一流的休闲旅游胜景,包括室内雪景公园(这在酷热的沙漠气候下何其不易!)、棕榈遍布的岛屿、购物中心、高尔夫球场、娱乐综合设施,甚至是一座动物园。

就其本身而论,规划获得了成功,这一点没什么疑问。然而,这种设计与实施的方式也带来了一个重要后果:尽管该区域在文化上显然是穆斯林性质的,但西方对于迪拜的影响却异常强烈。英语成了第二语言而通行无阻,超市摆放的货品让外邦社群宾至如归,还有其他许多方面的日常生活带有明显的西方色彩。阿伯拉罕森(Abrahamson 2014:205)注意到,"迪拜的金融分析师、企业管理者、工程师和建筑师们都住在各式各样让西方人倍感亲切的居所里,位于封闭式社区(有着酋长山庄之类的名字)、郊区风格的新建住宅区、别墅和公寓……他们的休闲时间也是耗在购物中心、海滩和高尔夫球场里。生活的节奏与一般的全球性城市全然一致"。

迪拜的棕榈岛鲜明展现了这座城市要成为全球主要旅游目的地的规划。

① "Burj Khalifa",又称迪拜塔。——译者注

批判性思考

回顾第四章“全球化与社会变迁”及其有关全球地方化的讨论。自己做些研究，找出更多有关迪拜生活的信息。这座城市究竟是形象地说明了强劲有力的全球化进程，还是最好概括为实践中的全球地方化？举一些例证来支撑你的结论。

第二节

城市风格的理论阐述

因此,城市就是比较大型的人居形式,在其中进行着各式各样的活动,这使得城市相较于周边地区以及规模较小的居住区更可能成为权力的中心。这个定义非常符合伦敦、纽约以及上海的情形,不过不太适用于一些缺少大型中心那种权力资源的较小城市。如果说城市化是指促成大城市的过程,那么**城市风格**(urbanism)就是指体现现代城市特征的那些生活方式与人格类型。

值得注意的是,城乡地区的对立差异既非泾渭分明,也不是限定不变的,因为人类的定居过程是动态不定的,其特点就是人员的持续运动。一些学者认为,城市是对于这类运动的“空间上的开放”,这么说就使得城市成为“物”,等于时代错置(Amin and Thrift 2002)。实际上,在当前的有关“流动”的理论(Urry 2007)之前很久,巴克敏斯特·富勒(Fuller 1978)就已经认为,用“居无定所”能更准确地描述现代生活的流动不居这一特点。

流动这一概念将在第十六章“种族、族属与移民”中进行讨论。

一　社群与城市人格

本章我们会接触到界定和思考城市的多种方式,但是要对各种城市理论做出评估,有一种方式很有效,就是看它们如何处理关于城市体验的“4C”:文化(culture,包括筑造空间、信仰体系、文化生产)、消费(consumption,包括公共和私人物品以及服务)、冲突(conflict,包括各种资源与发展规划)以及社群(community,即社会生活与人口构成)(Parker 2003:4-5)。我们将会看到,绝大多数城市理论都会侧重其中某一方面来探讨其他方面。尽管我们的讨论并不局限于“4C”,但是读者们应该权衡,哪个理论在处理这些方面时做得最好。

德国社会学家费迪南德·滕尼斯(1855—1936)特别关注城市化对于社会纽带与社群团结的影响。他不无感怀地勾画了其所谓的共同体(Gemeinschaft)逐渐丧失的趋势,他认为的共同体就是社群式纽带(community bonds),据他概括是亲友邻里之间密切编织的传统人际关系,往往持续终生,并让人感受到责任与承诺(Tönnies 2001[1887])。

而社会体(Gesellschaft),或者说“关联式”纽带(associational bonds),正在快速冲击社群关系。社会体纽带的特点是非人性化、相对短暂、变动不居以及工具性。尽管所有的社会都包含这两类社会纽带①,但是伴随着工业化和城市化的进程,其间的平衡态势逐渐明显偏离了共同体。在这样的社会中,(建立)关系趋于专门针对特定的场合和意图,只考虑整个人的某一部分。当我们搭乘公车去上班,我们同司机之间的互动仅限于在车门口购票时简单的非人性化交流;而司机对于我们的用处也只限于他带我们到达目的地的能力。这种陌生人之间工具性的交换越来越寻常,如今人们遇到只会视若“正常”,无须置辞。实际上,即便是滕尼斯也意识到,自己就算为之感怀,迅速的城市化可谓势不可当,导致社会体纽带占据支配地位。

研究城市的早期理论家对城市社会学产生了深远的影响。比如罗伯特·帕克,这位社会学芝加哥学派的核心成员,曾于20世纪初留学德国,受教于齐美尔。我们现在就来谈谈这一学派。

经典研究 6.1

大都市与心智生活

研究的问题 在19世纪,很多人都认为,城市化从根本上改变了社会。但是这对于个体产生了什么影响?会改变他们的态度与行为吗?究竟是怎样的城市生活带来了这类变化呢?与滕尼斯同时代的另一位德国人,格奥尔格·齐美尔(1858—1918),从理论上

① 所以我们没有按照中文常见的译法“共同体”与“社会”来译滕尼斯这对著名概念。费孝通先生“礼俗社会”与“法理社会”的译法也只是选择一个角度来对比这两种类型的典型特征。滕尼斯此书英译本书名旧译为“Community and Society”,新译为“Community and Civil Society”,凸显今日之“社会”无非近世以来“市民社会”这一特定类型。或者说,共同体与社会体属于两种形式的(通俗用法上的)社会。——译者注

阐述了城市如何塑造其居民的“心智生活”。按照滕尼斯的评论,齐美尔所撰《大都市与心智生活》(Simmel 1950[1903])成功捕捉到了“大都市的风味”。

齐美尔的说明 今天我们会说,齐美尔的研究属于某种**解释社会学**,致力于理解并呈现人们究竟是如何体验城市的。齐美尔说,城市生活用各种图景、印象、感官和活动轰炸人的心智。这和小城镇或村庄那种“更为缓慢、更为惯常、更为平和的节奏形成鲜明对照”。可要对所有这些刺激做出反应,完全是不可能的。那么,人们又是如何应对感官轰炸的呢?

齐美尔认为,人们会逐渐变得颇为厌烦(blasé)和漠然,摆出一副“有啥没见过”的姿态来保护自己,应付城市对于他们感官的冲击。他们“停止收听”周遭大部分都市喧嚣,变得极为挑剔,只关注自己必须要做的事情。这种厌烦态度的结果就是,尽管所有城市居民都置身“都市洪流”(metropolitan crush),但无论在情感维度上,还是在物理意义上,他们都彼此远离。典型的情形是,和其他人之间各式各样转瞬而过的接触,导致互动中的某种“都市的矜持”(urban reserve),可能让人觉得缺乏情感,相当冷淡,导致非人性化的感觉普遍盛行,甚至相互隔绝。但齐美尔指出,城里人并非**天生**缺乏关爱,或对他人漠不关心。相反,他们只是不得不采取这类行为,以维护自己的个体自我,直面人口稠密的城市环境所施加的压力。

齐美尔注意到,单单是城市生活的节奏本身,就可以在一定程度上说明城市典型人格的成因。但他还指出,城市是“货币经济之坐落”。很多城市,比如伦敦、香港和首尔,都是资本主义大型金融中心,要求精准守时、理性交换,并以工具性的思路来做生意。这就助长了人与人之间不讲人情、就事论事的交往之道,没有给情感关联留下什么空间,导致“计算型心智”,能够衡量投入关系的利弊得失。与滕尼斯的作品相仿,齐美尔的研究也点出了现代城市化世界中的生活涌现出的一些问题。

批评的观点 针对齐美尔的研究,论家提出了不少反对意见。他的论述似乎只是基于个人的观察与洞见,而不是什么形式正规或可以复制的研究方法。因此,他的研究发现可能被视为颇具玄思臆测的色彩。尽管齐美尔坚称,自己研究的初衷只是想去理解城市生活,而非大加谴责,但是他研究的整体基调一向被认为消极否定,体现出从规范维度上对于资本主义城市的否定偏向。不可否认,他的研究聚焦于个人如何反抗“被某种社会技术机制夷平和耗损”。批评者认为,由此观之,齐美尔忽视了很多人的解放性体验,他们去往城市,是为了感受那里赋予个体表达的更大的自由与空间。

最后,齐美尔的研究可能存在过度概化的缺陷,即从大城市这种特定类型推广到所有城市。说到底，只有少数城市是金融中心，那些并非如此的城市令人感到异化和隔绝的程度，很可能低于齐美尔的判断。我们真的能说**所有的**城市居民**都**拥有同样的体验吗？

当代的意义　齐美尔关于现代大城市生活的阐述，针对当时城市风格的一些核心特征，给出了社会学角度的说明。他的理论研究揭示了社会互动的性质如何为来自更广阔的社会环境的压力所塑造。由此产生的一点重要后果就是，他所认为的城市“不仅仅是一个产生社会后果的空间实存，而且是一个从空间角度塑造出来的社会学实存”。对于日后的城市研究，这种观点已经被证明是一个大有裨益的出发点。

在现代社会理论中也可以感受到齐美尔的影响力。他提出，“现代生活最深切的那些问题，根源都在于直面势所难当的社会力量时要维护自己存在的自主性和个体性的个体诉求”(Simmel 1950 [1903]:409)。对此，乌尔里希·贝克、齐格蒙特·鲍曼等探讨现代个体主义的当代理论家在晚近著述中都有所回应并加以推进。

批判性思考

列举有哪些自由、机会以及体验，是城市居民享受得到，而生活在小城镇或者乡村的人们无法获得的？你认为齐美尔的分析中的哪些方面对于理解当今的城市和都市区域仍然切题？

二　芝加哥学派

从20世纪20年代到40年代，芝加哥大学的一批社会学家，包括罗伯特·帕克、欧内斯特·伯吉斯和路易斯·沃思，摸索出一些观念，这些多年来一直是城市社会学理论和研究的基础。芝加哥学派提出的两个概念尤其值得关注：一是城市分析中的所谓“生态学思路”；另一个是沃思提出的把城市风格概括为“一种生活方式”(Wirth 1938; Park 1952)。

城市生态学　生态学是一门自然科学，研究动植物有机体如何适应其所处环境。在环保议题和问题的讨论背景中用的“生态学”正是这个意思(参阅第五章“环境”)。在自然界，各种有机体的分布往往是系统性的，从而经过长期积淀，实现不同物种之间的某种平衡或均衡。社会学的芝加哥学派认为,不妨基于类似原则来理解主要城市住区的坐落,理解住区中不同类型的邻里与社会群体的分布。城市的发展并不是随意无章的,而是在回应环境中那些于己有利的特性。例如,在现代社会中,大型城市区域一般是沿着河岸,在富饶的平原地区,或者在贸易路线或铁路的交汇处发展起来的。

但是,城市内部也分隔了。用帕克的话说,“城市一旦建立,就好像一个巨大的筛选机制……准确无误地从人口总体中挑选出最适宜在特定区域或特定环境中生活的人”(Park 1952:79)。因此,通过竞争、侵入以及继替(succession)——所有这些概念都来自生物生态学——城市有序地形成不同的区域或地带。居民会努力奋斗谋取生计,从而做出调适,由此发展出邻里街区。不妨把城市绘成一幅地图,其所包含的区域的社会特征各具特色,差异分明。

在成长的最初阶段,工业会在适于获取所需原材料和靠近供给线的位置汇聚起来。人口围绕这些位置不断聚集,便利设施随即跟上,地价和财产税上涨,从而使得在市中心住区难以维持居家生活,只有那些空间逼仄或是屋况破败的地方还维持着低廉的租金。市中心渐渐为商业和娱乐行业所主宰,同时,更富裕的居民开始迁移到城市周边新形成的郊区。

城市往往会形成分成若干区域的一系列同心圈。中心是内城区,由大型商业地产和衰败的私宅混合而成。在这些之外,是历史更久远的住区,居住着从事稳定的体力劳动行业的工人。再向外是通常居住着高收入群体的郊区。“侵入”和“继替”的过程发生在这些同心圈的不同分区内。因此,当中心区的地产衰败时,以前在这里居住的人开始迁出,加速了整体迁往城中其他住区或是郊区。

城市生态学的思路通过日后一批学者的作品发扬光大。霍利(Hawley 1950,1968)不再只是关注对于稀缺资源的竞争,而是强调城市不同区域之间的**相互依赖**。人们适应其所处环境的主要方式就是**分化**(differentiation),即各种群体和职业角色的专门化。如果有群体被其他许多群体依赖,它将承担支配角色,往往体现在其占据的中心地理位置上。例如,对许多社群成员来说,像大银行或保险公司这样的商业群体提供了关键服务,因而它们通常位于市中心。但是霍利指出,都市区中发展出的那些分区,既源于空间关系,也出于时间关系。例如,商业的支配不仅表现在土地使用的模式上,而且表现在日常生活中的活动节奏上,比如“高峰时间”。人们日常生活中的时间顺序安排反映了城市中各个住区的等级序列。

生态学思路既深深影响了特定理论视角,也大大推动了相关经验研究。然而,对这种思路也有一些颇有见地的批评。这种思路的生物学类比一向被视为蕴示了人类社会与动物社会之间并无确凿依据的关联。生态学视角还低估了城市组织过程中自觉设计和规划的重要性,把城市发展看作一个更为"自然的"过程。此外,帕克、伯吉斯及其同事是基于自身的美国经验,提炼出那些空间组织模型,并不能轻松推广到美国之外。许多欧洲国家以及发展中国家的那些城市完全不符合这一城市生态模型。

菲舍尔(Fischer 1984)指出,城市风格其实会促进纷繁多样的亚文化的发展,而不是使每一个人都湮没在匿名的大众之中。他指出,那些在城市中生活的人,能够与其他具有相似背景或兴趣的人合作,发展出地方性的联系;而且他们可以自愿参与各具特色的宗教、族裔、政治和其他维度的亚文化群体。而一个小城镇或村庄就不可能发展出如此这般的文化多样性。

英国伯明翰的罗塞尔斯区(Lozells area)在2005年爆发了一场族群之间的暴力冲突,而涉及的族群构成了伯明翰人口的大多数。这是不同族群生活在愈益分隔的社区所导致的结果吗?

一座大城市很可能就是一个"陌生人的世界",但它也有助于创造新型的个人关系。这并不是自相矛盾。我们必须区分出两个世界,一个是与陌生人日常接触的公共领域,一个是同家庭、朋友与同事相处的更为私人化的世界。当一个人第一次去到大城市,"结识人"可能是很困难的。但如果你落脚到一个确立已久的小型乡村社区,你会发现,居民的友好实际上只是一种公开场合的礼貌。你可能要经过许多年才会被恰如其分地"接受"。城市中就不至于这样。正如克鲁佩特(Krupat 1985:36)所说:

> 有大量证据表明,因为陌生人的多样性,即每个人都是潜在的朋友,以及城市生活方式和兴趣的广泛性,人们确实能从外部进入城市。而且,一旦他们进

入一个群体或网络,扩展他们关系的可能性就会大大增加。其结果,有证据表明,城市中正面的机会似乎经常超过限制性的力量,使得人们有可能发展和维持令人满意的关系。

现代城市往往包括非个人的、匿名的社会关系,但它们也孕育着多样性和自愿的友谊。

经典研究 6.2

作为一种生活方式的城市风格

研究的问题 齐美尔告诉我们,城市环境往往会创造出特有的人格类型,而城市的发展也是大体有模式可寻的。但是,城市是如何和社会的其他部分相互联系并互动的呢?城市风格对城市边界之外是否有任何影响?路易斯·沃思(1897—1952)阐发了这样的观念:城市风格其实是一种整体生活方式,而不仅仅局限于城市的体验。

沃思的说明 芝加哥学派的其他成员侧重理解城市的形态,即城市内部是如何分隔的,而沃思则更多地关注作为一种独特的生活方式的**城市风格**(urbanism)。他提出,不能简单地把城市风格化约为或理解为可以用城市人口规模来衡量。相反,必须视之为社会存在的一种形式而加以把握。沃思(Wirth 1938:342)观察到:

> 城市对人们社会生活所产生的影响,要超过城市人口的比例所能体现的程度;因为城市不仅日益成为现代人的居住空间和工作场所,而且是经济、政治和文化生活的启动和控制中心,它把世界上相隔天涯的各个社群纳入自己的轨道,并把纷繁多样的地区、人群和活动编织成同一个体系。

在城市里,大量的人毗邻而居,但彼此之间并没有个人层面的了解。这与小村镇的情形根本对立。正如滕尼斯所说,城市居民之间的许多接触是短暂而局部的,是实现其他目的的手段,而不是本身令人愉悦的关系。沃思把这些接触称为"次级接触"(secondary contacts),有别于"初级接触"(primary contacts),即家庭关系或者牢固的社群关系。例如,与商店售货员、银行出纳员、火车检票员的互动,就只是短暂的日常接触;人们介入其中,并不是像社群关系那样为了关系本身,而只是把它们当作实现其他目标的手段。

在城市地区生活的人,往往具有高度的流动性,到处移动以寻找工作、休闲和享受旅行,彼此之间的联系纽带比较薄弱。人们每天都涉入纷繁多样的活动和情境,城市中的

"生活节奏"要比农村地区的快得多。竞争要比合作更为普遍。社会关系也显得单薄脆弱。当然,芝加哥学派的生态学思路发现,城市生活的密度会导致各具特色的邻里住区,有一些还可能维持小型社区的特色。比如在外来移民聚居的地区,也会发现家庭之间传统的联系方式,大部分人与其他大多数人之间都有个人层面的了解。与此类似,扬和威尔莫特(Young and Willmott 1957)所著的《伦敦东区的家庭与亲属关系》(*Family and Kinship in East London*)一书发现,在城市中的工人阶级家庭之间有很强的联系。

不过,尽管沃思也接受这一观点,但他认为,这些区域越是更多地融入城市生活的大体模式,社区特色就越不可能继续维持下去。城市生活方式削弱了亲属关系的联络纽带,侵蚀了家庭和社群,那些较为久远的社会团结基础逐渐丧失效力。沃思并不是对城市风格的好处视而不见。他视现代城市为自由、包容和进步的中心。但他也提出,城市风格已经扩散到城市边界之外,郊区化的进程即为明证,其伴随着必不可少的交通体系和基础设施。由此观之,现代社会本身也不可避免地被城市风格的力量所塑造。

批评的观点 有些论家指出了沃思的观念中的某些局限。沃思的学说类似于生态学视角,也是基于美国城市的经验,而不能视之为有关城市生活的一般理论。城市风格并不是在所有时间、所有地点都是一致的。古代城市就同现代城市相当不同,当今发展中国家里的城市就与发达国家的城市相当不同。

还有论者批评沃思夸大了现代城市中非人性化的程度。包含亲密的朋友或亲缘关系的社群要比他所设想的更为持久。休斯评论道:"路易斯总是说城市如何如何非人性化,但是和整个家族及朋友们一起生活却是非常人性化的。"(转引自 Kasarda and Janowitz 1974:338)与此类似,赫伯特·甘斯(Gans 1962)指出,所谓"都市里的村民"(urban villagers),诸如居住在波士顿内城区的意大利裔美国人,也是很普遍的,即便在最大的城市中也是如此。需要进一步拓展沃思所刻画的现代城市图景,承认城市生活能够促进社群的**营建**,而非**总是**会毁掉它们。

当代的意义 沃思的观念值得广泛借鉴。在现代城市中,许多日常接触中的非人性化是不可否认的,从某种程度来讲,这也适用于更广泛层面上的当代社会生活。他的理论的重要性还在于认识到,城市风格并不仅仅是社会的一个部分,其实也表现并塑造了更为广泛的社会体系的特点。鉴于城市化在许多发展中国家还在不断扩张,而发达世界中的人们大部分事实上已经住在都市区,沃思的观点仍然为想要理解作为一种生活方式的城市风格的社会学家提供了很好的参照。

三　城市空间、监控与城市不平等

更为晚近的理论已经强调,城市发展的过程并不是自主的或者说完全内生性的,必须结合政治经济变迁的主要模式来分析。城市分析的两位顶尖学者大卫·哈维(Harvey 1982,1985,2006)和曼纽埃尔·卡斯特(Castells 1983,1991,1997)都受到卡尔·马克思学说的影响。哈维主张,城市风格是工业资本主义的扩张所带来的**人造环境**(created environment)的一个方面。在从前的社会中,城市与乡村是明显分化的,但是在现代世界中,工业发展模糊了城市和乡村之间的区隔。耕作与农业生产实现了机械化,根据价格和利润方面的考虑来经营,这就减少了城市与乡村生活之间的差别。

哈维指出,现代城市风格持续不断地**重构**空间。这个过程不仅取决于大公司选择在何处设置它们的工厂和研发中心等,还取决于政府对土地用途和工业生产的控制,以及私人投资者买卖房产和土地的活动。商业企业不断权衡新地点与已有地点的相对优势。一旦某地的生产成本比另一地的更低,或者当公司转战新的产品,办公室和工厂就会在一处关闭,在另一个地方重新开张。因此,当预期利润很可观的时候,在大城市中心就可能出现办公大楼热潮。然而,一旦中心区被“重新开发”,投资者就开始到其他地方寻找新的投机性建设。因此,在一个时期获利的东西,未必在另一个时期也能获利,要看当时的金融环境。

同样,土地开发商在多远的距离、在什么地区购买土地,以及地方政府和中央政府规定的利率和契税,都会大大影响私人购房者的决策。例如,第二次世界大战之后,美国主要城市的郊区急剧扩张,这在一定程度上是种族歧视以及美国白人纷纷做出迁离内城区的决策的结果。然而,哈维提出,只是因为有了政府向购房者和地产商提供的税收减免政策,以及金融组织所设立的专项信贷,这一切才得以实现。这些措施为在城市边缘地区建造和购买新房奠定了基础,同时推动了对于汽车之类工业产品的需求。

哈维(Harvey 2006)还应用他的不平衡空间发展理论,来讨论北半球相对富裕的国家与南半球相对贫穷的发展中国家之间的全球不平等。20世纪七八十年代,在英国和美国表现尤为显著的朝着新自由主义政治观念的转变,戳穿了发展中国家只需要去“追赶西方”这一神话。在英国和西班牙之类的发达国家里,资本主义获得的利润会投资到城市中心的住房、办公大楼及其他城市建设项目,这种地产驱动的繁荣也促进了中国、墨西哥及其他地方的快速城市化。

然而,整体的结果并不是发展中国家的“迎头赶上”,而是权力回归精英阶层,任凭一小群人把持巨额财富。哈维(Harvey 2008:32)指出,“从那时[20世纪80年代]起,墨西

内萨瓦尔科约特尔城(Ciudad Nezahualcóyotl)是墨西哥城大都市区内的一块自治区域。在20世纪,这里的土地卖给了私人所有者,建造起了一片野蛮生长的城镇密集区,但公共服务却很匮乏。如今这里变成了臭名昭著的贫民窟,而在2009年,墨西哥城却被评为世界第八大富有城市。

哥总共涌现出14位亿万富翁,并且在2006年,该国自诩拥有了世界首富即卡洛斯·斯利姆,与此同时,穷人的收入要么停滞不变,要么逐渐缩水”。其结果,就是城市内部分隔不断加剧,用高度监控的封闭式社区来保护富人,并使公共空间越来越私有化。

当然,发达世界中也有许多城市分隔为穷人区与富人区,也有严密的监控系统和富裕的封闭式社区。而且,尽管发达国家的城市与发展中国家的城市有某些明显的差异,但是都逐步走向使用监控来甄别并消除城市环境中深藏的安全威胁(比如毒品、犯罪和恐怖分子)。比如,不论是南半球还是北半球,许多城市都使用电脑联网的中央监控系统(CCTV)、身份查验和生物信息识别监控,来保护金融区、购物商城、机场和封闭式社区(参看“发挥你的社会学想象力6.1”中迈克·戴维斯的观点)。

发挥你的社会学想象力 6.1

“石英之城”中的社会不平等

在全球性城市中,“中心与边缘”的地理格局正在成形。与耀眼的繁华相随的是刺目的贫困。尽管这两个世界并存,但它们的接触却少到令人惊讶。正如戴维斯(Davis

1990,2006)在他关于洛杉矶的研究中所说,城市的地表针对贫穷者有一种“故意的硬化”——因此才有了这个如磐石般坚硬的石英的比喻。方便进出的公共空间被高墙围砌的大院所取代,邻里住区靠电子监控防御,富裕的居民雇用私人保安来保护他们免受街头团伙的滋扰,“企业禁地”也建立了起来。用戴维斯的话说就是:

> 为了减少与贱民(untouchables)的接触,城市再开发把曾经充满活力的人行道变成了交通管道,把公共绿地变成了无家可归者和乞丐的临时收容所。美国城市……正在被系统地由内向外翻转,或者不如说是由外向内翻转。由新的巨型建筑和大型购物中心组成的保价空间汇聚在中心地带,街道两侧变得空空荡荡,公共活动被分类安排在具有严格功能定义的单元里,社交活动则被室内化到私人保安注视之下的走廊过道中。(Davis 1990:232)

在戴维斯看来,对于洛杉矶最穷困、最边缘化的居民来说,日子已经被搞得尽可能“过不下去”了。公共汽车站的长凳被设计成圆桶状,以防止人睡在上面;公共卫生间的数量比北美其他任何城市都要少;公园里安装了喷洒系统,以阻止无家可归者在公园里居住。警方和城市规划者试图把无家可归者限制在城市里的特定区域。然而,通过定期清理和没收临时棚屋,他们已经有效地制造出了一批“城市游牧民”。

阿伯拉罕森(Abrahamson 2014:116)指出,整个洛杉矶县大约有10万人每天晚上是在门廊下、人行道边或临时收容所里凑合过夜的,而他们当中许多人是在外围郊区,而不是市中心,那里是不欢迎他们的。他认为,由于警察始终在驱赶这些人,或者以游荡、乞讨之类的轻罪逮捕他们,在洛杉矶市,无家可归其实已经被归于犯罪。

有关情境性犯罪预防以及晚近其他预防犯罪技术的讨论,参看第二十章“犯罪与越轨”。

批判性思考

戴维斯的描述有哪些方面和你所了解的城市比较相似?如果穷人被从城市的大部分区域驱除,他们将来更有可能生活在哪里呢?政府可以做些什么来应对这些形式的城市社会排斥呢?

斯蒂芬·格雷厄姆(Graham 2011)认为,城市之所以逐渐变成处处被高度监控,原因之一就是那些旨在服务战区的技术与设备被跨界应用于城市环境,即民用化。21世纪发

生在纽约、伦敦、马德里、孟买、布鲁塞尔和巴黎的恐怖袭击表明,城市环境业已变成要害场所,某些群体发动对抗政府的战争时会以城市人口作为攻击目标。作为回应,政府也采用了一些军用监控装备,来监视和定位被怀疑的恐怖分子以及城市安全面临的其他威胁,包括广泛运用卫星通信,犯罪分子风险侧写,以及对于邮政系统、互联网使用、金融交易和交通运输系统等的监管(Mills and Huber 2002)。与之类似,正如“打击毒品的战争”、“打击犯罪的战争”或者“反恐战争”之类的语言所表明的,军事的比喻已经成为公共政策争论中可以接受的内容。

有关恐怖主义的讨论,参看第二十二章“民族、战争与恐怖主义”。

格雷厄姆总结说,合而观之,这些发展会构成一种“新型军事化城市风格”,一种偏离早前各种形式的新城市风格。城市正在逐步转型,从创新、自由流动、具有世界主义多样性之所,转变为戒备森严的区域:

> 新型军事化城市风格有赖于加沙或巴格达之类殖民战区的定位风格与技术的实验,或者是国际体育赛事或政治峰会中的安保运作。这些运作充当了特定技术与设备的试验场,准备通过全球范围内迅速成长的国内安保市场大卖一笔。(Graham 2011:xvi)

处在这样的环境中,过去那些非暴力示威、城市社会运动以及异议表达都发现,它们的活动始终遭到监管或遏制,据称是为了维护秩序与安全。

全球经济的运作也孕育出城市内显而易见的不平等的新型动力。中央商务区与深陷贫困的内城区比邻共存,相互关联。新经济的“增长部门”,比如金融服务、市场营销、高科技,其获利的能力要强于任何传统经济部门。非常富裕的那批人的薪酬和奖励持续攀升,与此同时,那些被雇来为他们打扫和看守办公楼的人的收入却在减少。这个趋势正好回应了大卫·哈维的分析,他提出,城市不仅仅是社会关系的地点或场所,它本身还是社会群体之间斗争和冲突的**产物**。萨森(Sassen 2001)认为,我们正在见证位于全球经济前沿的那部分工作的“保价化”(valorization),而在幕后的那些工作则是“失去保障”(devalorization)。

有关剥夺与社会排斥的讨论,参看第十三章“贫困、社会排斥与福利”,而有关不平等的讨论参看第十四章“全球不平等”。

营利能力的差异是市场经济中的正常现象,但是这种差异幅度之大,已经给全社会从住房供给到劳动力市场造成了许多负面效应。在金融和全球服务行业工作的人获得高薪,他们生活的地区趋于绅士化(gentrification)。而与此同时,制造业岗位出现转移,绅士化进程又使得餐馆、商店、旅馆和服饰店之类的地方大量供给薪酬低且不稳定的就业岗位。绅士化地区的平价住房非常稀缺,而大部分地产、开发和通信方面的投资被注入中央商务区,留给边缘地区的资源少得可怜。

四 社会运动与集体消费

曼纽埃尔·卡斯特同哈维一样,也强调社会的空间形式与它的整体发展机制紧密相关。我们要想理解城市,就必须领会创造和转变空间形式的那些过程。城市和街区的布局和建筑风格,反映了社会中不同群体之间的斗争和冲突。换言之,城市环境是更广大的社会力量在符号维度和空间维度上的呈现(Tonkiss 2006)。例如,建设摩天大楼可能是期望它们能带来利润,但是巨大的建筑物也"通过技术和自信展现了金钱傲视城市的力量,是正处于上升期的企业资本主义的大教堂"(Castells 1983:103)。

与芝加哥学派的社会学家不同,卡斯特不仅把城市看成一处独特的场所,即城市区域,而且视之为各种**集体消费**(collective consumption)过程的有机组成部分,而这类过程又成为工业资本主义的题中应有之义。学校、交通服务和休闲设施都是人们集体"消费"现代工业产品的方式。税收体制影响了谁能够在哪里买或租,以及谁能在哪里建。为建筑项目提供资金的大公司、银行和保险公司,对这些过程拥有相当大的权力。而政府部门通过修建道路和公有房屋、规划新的开发项目不能逾越的绿化带等,也直接影响了城市生活的很多方面。因而,城市的物质形貌是市场力量和政府权力共同作用的产物。

人造环境的特征并非只是有钱人和有权人活动的结果。卡斯特强调,处境不利群体的斗争对于改变他们的生活条件也会起到重要作用。城市问题激发了一系列社会运动,包括关注改进居住条件、抗议空气污染、捍卫公园和绿化带、反对破坏地区原有风貌的建筑开发项目等。卡斯特研究了旧金山的同性恋权利运动,该运动围绕自身的文化价值观,成功地重构了一些街区,使得同性恋组织、俱乐部和酒吧有可能大量出现,而且在地方政治中赢得显著位置。

卡斯特(Castells 1991)主张,从20世纪70年代起,资本主义的重构就在塑造城市的形态,不仅如此,基于新技术的引入及其在各个社会的不平衡分配,还涌现出一种新型的"信息发展模式"。信息技术所带来的是,各个组织能更加灵活地实现其目标,因为它们得以在一定程度上摆脱特定地点和区域的束缚。信息发展模式与资本主义的重构相结合,使企业有可能绕开一些业已确立且基于地点的控制机制。

信息、资本和市场信息的全球流动能够避开囿于地域的城市和地方政府乃至民族国家的调控体系。卡斯特(Castells 1991:349)一语中的:“人生活在各个地方,而权力则通过流动来统治。”不过他还主张,地方政府的网络与有组织的公民群体应该努力形成它们自己的战略同盟,旨在避免听任有权势者“分而治之”的“部落式”区隔。公民只有通过集体行动,才有可能对城市景观的未来形貌施加影响。

评价 哈维与卡斯特的研究引起了广泛争论,对于城市研究的重新定向也起了重要作用。同城市生态学思路相反,其所注重的不是城市当中“自然的”或内在的空间过程,而是人造环境如何反映了社会经济维度的权力体系。这标志着强调重心的显著转移。从某些方面来看,哈维和卡斯特的学说与芝加哥学派的观点可以有效互补,两相结合,能够更加全面地刻画再生(regeneration)之类的城市进程。

物质环境的再生往往会追随时断时续的投资周期,而不是作为一个持续的进程。比如在 1980 年到 2000 年,城市发展见证了从繁荣到衰退再到新一轮大规模投资(Fainstein 2001)。20 世纪 80 年代早期,在私营地产开发商、公共部门和金融机构投资的推动下,许多大城市经历了一轮开发热潮,尽管这些投资方的性质并不一致。比如,在英国和美国,虽然发展的策略都是某种公私合作的形式,但在伦敦,重新开发根本上是由政府主导的,而在纽约,引领进程的却是私营部门的参与。

然而,20 世纪 90 年代早期的经济衰退导致此轮繁荣告终,一些重大项目半途而废。伦敦的加纳利码头(Canary Wharf)开发计划到 1993 年宣告破产,而纽约的时代广场项目也延宕了一年。但是,到了这一个十年的末期,发达世界的房地产市场重归繁荣,刺激了新一轮的建设投资(Fainstein 2001)。城市空间、土地和建筑像其他商品一样买卖活跃,各式各样的群体都希望以自己的方式使用他们买卖的地产,从而塑造了城市的形貌。不过,正如法因斯坦所示,城市开发也受到全球性经济力量的促动或约束。比如说,伦敦的骑士桥(Knights-bridge)和贝尔格拉维亚(Belgravia)之类的富人区,就见证了“购入闲置”(buy to leave)的增长,因为国际投资者购买的主要是新建的地产,有意让它们空着,等日后卖出获利。低利率和繁荣的住房市场给这种地产投机创造出新机会,在一些人看来,这是创造了“属于巨富的鬼城”(Norwood 2016)。

由于重建规划,不少地方都出现了许多紧张和冲突,而这些正是确立街区结构的关键要素。比如说,大型金融和商业企业不断尝试提高特定地区的土地利用率。它们越能得逞,土地投机就越有机会,新建筑的建造就越有利可图,但是这些企业却根本不关心其活动的社会影响和环境影响,这可能意味着富有魅力的老房子被破坏,因为要给大型办公楼群腾出空间。

由大型地产开发公司推动的开发过程,往往会遭到当地的工商企业或居民的抵制。人们集合成街区群体,以求捍卫他们的利益,比如倡议扩大分区限制,或寻求保护城市绿地。这些冲突的结局难以预料,表明城市生态学的思路由于源自针对稀缺资源的斗争,以及侵入和继替的过程,所以在理解城市重构方面依然大有可为。

第三节
城市演变趋势与可持续城市

▼

在前现代时期,城市是自足的实体,与它周围广阔的乡村地区彼此分离。旅行只是专属于商人、士兵和其他一些需要经常长途跋涉的人的事情。城市之间的沟通非常有限。而21世纪的景象可谓有了天壤之别。全球化产生了深远的影响,增强了城市之间的相互依赖,促进了城市之间跨越国界的横向联系的蓬勃发展。

有些人预言,全球化和新兴信息技术将使我们所熟悉的城市形式走向解体。这是因为,许多传统的城市功能现在可以脱离拥挤不堪的城市区域,在网络空间执行。金融市场已经电子化,电子商务降低了生产者和消费者对城市中心区的依赖,而“电子通勤”(e-commuting)则使越来越多的雇员可以在家里而不是市内写字楼里工作。然而,迄今为止,全球化并没有消解城市,而是正在把城市转变成全球经济的关键枢纽。城市中心在协调信息流、管理工商活动、创新服务与科技等方面都变得举足轻重。

一　发达世界中的城市演变趋势

今天的城市和都市区从某些方面来看,其环境与20世纪初相比大为不同,我们现在就来谈谈其中一些较为显著的变化过程。本节我们将以英国和美国为例,讨论第二次世界大战后西方城市发展的一些主要模式。我们会重点关注城市郊区的兴起、内城区的衰落以及城市更新的战略。

(一)郊区化　在美国,**郊区化**(suburbanization)的过程,即城市周边地区的成长,在20世纪五六十年代达到了顶峰。在那段时间里,城市中心的增长率为10%,而郊区则达到了48%。早期迁往郊区的绝大多数是白人家庭。不妨认为,学校强制推行种族融合政策,是许多白人家庭决定搬离内城区的一个主要因素。对于那些希望把孩子送到纯粹白人学校的家庭来讲,在郊区重新安家是非常有吸引力的选择。即便到了今天,美国许多郊区仍然主要是白人家庭。

但是,随着越来越多的少数族群成员迁入美国城郊,白人在城郊地区的统治地位被逐渐消解。2000年美国人口普查数据显示,少数族群占郊区总人口的27%,而此项数据在1990年时为19%。和20世纪50年代开始避往郊区的人群一样,迁往郊区的少数族群成员绝大多数都是追求更好的居所、学校和生活设施的中产阶级专业人员。芝加哥住房局(Chicago Housing Authority)主管认为,实际上,20世纪90年代迁往郊区生活,更多的是要避开有着从学校破败到街头犯罪等一系列社会问题的贫民区,而不是因为种族偏见(De Witt 1994)。

在英国,伦敦周边的许多郊区都是在两次世界大战期间发展起来的。它们集中在新铺设的道路以及连接线附近,地铁可以把通勤者送达市中心。有些城市生活的忠实信徒看到郊区大规模扩张,看着那些散落在英国城市边缘的半独立别墅及其被精心打理的花园,依然表示不屑;而另一些人,比如诗人约翰·贝奇曼(1906—1984),则称道郊区的建筑别具一格而又不显张扬,以及有可能把城市的就业机会与另一种生活方式相结合,而后者是与自有房产、私家轿车和传统家庭生活相联系的。

在英国,20世纪70年代到80年代早期,城市中心区的居民外迁到周边郊区和睡城(dormitory towns,即在城里工作的人居住的位于城市边界外的城镇),使得这一时期大伦敦区的人口减少了大约50万。而同一时期,在英格兰北部的工业城镇,制造工业迅速衰落,内城区的人口也减少了不少。但与此同时,许多小城市和城镇却迅速发展,比如剑桥、伊普斯威奇(Ipswich)、诺里奇(Norwich)、牛津和莱斯特(Leicester)。“郊区潮”(flight to the suburbs)对于英美城市中心的健康和活力都产生了重大影响,尽管这种人口减少的趋势在近年出现逆转,许多大城市的人口又出现了增长,其部分原因在于移民输入。

发挥你的社会学想象力 6.2

城市的“性别化”

有几位作者基于女性主义的视角,考察了城市如何反映社会中不平等的社会性别关系,并寻求破解之道。乔·比尔(Beall 1998)曾经指出,如果说社会关系,在这里指的是男性与女性之间的关系,是由权力支撑的,那么城市就展现了权力与空间之间的关联:该建造什么,在哪里建造,要如何建造,又为谁建造。比尔写道:“城市简直就是有关社会过去曾经如何、现在实际如何和未来应当如何的观念的具体落实。”

城市在19世纪的成长是和性别的分离相维系的。公共生活和空间由男性支配,他们可以在城市里随心所欲地穿行。而在绝大多数公共场所都不太可能看见女性,如果真有女人大胆进入这类区域,就很可能被视为妓女或“流莺”(street walkers)。随着郊区化过程的开始,性别的分离变得更加明显。男性户主每天通勤,去城里上班,而女人(妻子)则被认为应当待在家里,打理家务。在郊区和中心城区之间建设了交通接驳以便来回,但其男性设计者却很少考虑郊区内部的交通,这就使得女性更难走出家门(Greed 1994)。

尽管如此,伊丽莎白·威尔逊(Elizabeth Wilson)提出,城市的发展对于女性也并非百无一利。她认为,有些女性主义者把女性在城市里的角色化简为单纯的牺牲品,但事实上,城市的发展给予了女性此前的生活形式所不能提供的机会。随着城市里女性白领工作的兴起,以及稍后服务业的扩张,女性越来越多地进入职场,并赚得自己的收入。因此,城市使女性有机会摆脱家中的无薪劳动,赢得别处不存在的机会(Wilson 2002)。

批判性思考

威尔逊认为,随着时间的推移,城市“对女性友好”的程度大大提高。是否如此?找些有可能证明这一点的例子,比如“母子”专属停车空间。有关性别关系和角色的变化程度,你有什么样的结论?

(二)内城衰败 20世纪80年代以来,作为郊区成长的直接后果,内城衰败成为所有大城市的显著特征。高收入群体从城市中心区迁出意味着地方税收的损失。鉴于那些继续居留或取而代之的人大多来自比较贫穷的社会群体,也就没有多少机会弥补丧失的收入。事实上,市中心的街区变得破旧不堪,犯罪率和失业率不断走高,使得情形愈显恶化。因此,必须在福利事业、学校、建筑维护、警察和消防服务方面有更多的投入。郊区越扩张,城市中心的问题就会越严重,形成恶性循环。

英国的内城区衰败的原因之一,就是金融危机影响到了其中许多地区。从20世纪70年代后期开始,中央政府就向地方政府施压,要求其限制预算,削减地方服务,就连那些最为衰败所困的地区也未能幸免。这就导致了政府与许多市政会之间产生激烈冲突,后者无法应付既定的预算,却还得打理困难重重的内城区。不少市政会收入下降,不得不削减被视为基本服务的项目。自从2008年信贷危机及其余波以来,市政会再次发现需要勉力维持基本服务,而且这种情形短期内似乎不太可能有所改观。

2008年的金融危机证明,内城区的衰败与全球经济的变化有关。新加坡、中国台湾或墨西哥等新兴工业化经济体,其劳动力成本往往比英国之类的地方低上许多,这就使得它们成为对制造业富有吸引力的落脚之处。作为对此现象的回应，一些老牌工业化国家，比如日本和德国（原西德部分），都将其经济转变成新的活动类型，需要大规模资金投入，以及大量受过良好教育、具备熟练技术的劳动力。

保罗·哈里森（Paul Harrison）在英国开展过一项重要研究——《内城之内》（*Inside the Inner City*，1983），考察了全球变迁趋势对于伦敦最为贫穷的辖区之一哈克尼（Hackney）的影响。该区的制造业岗位从 1973 年的 45 500 个下降到 1981 年的 27 400 个，下降了 40%。一直到 20 世纪 70 年代中期，哈克尼区的男性失业率还同全国平均水平大体持平。但是到了 1981 年，该比例已经上升到 17.1%（比全国平均水平高 50%）。由于失业人口增加，更多的人生活在贫困状态。哈里森（Harrison 1983：23-24）总结了这些弱势人群聚集所产生的效应：

> 当地政府资源贫乏，有时候也缺少合格的员工；医疗健康服务很落后，因为医生们无法找到一处体面的居所，要么就是转去开私人诊所；主要是由于学生出身贫困家庭，以及学校中的平均水准较低，这里的教育成就水平较低；最后，犯罪、肆意破坏公共财物以及家庭破裂的比率都很高，并且，只要来自不同文化的社群比邻而居，就会产生宗教或者种族方面的冲突。

这些不利条件多重叠加，有时达到相当的强度，乃至于以城市冲突和骚乱的形式爆发。在全球化时代，大城市已经成为存在于整个社会的诸多社会问题的集中体现和强化表达之所。慢慢沸腾的冲突冲出了地表，有时暴烈地表现为暴动、抢劫和破坏财产。

比如说，在 2005 年，澳大利亚的悉尼就有大约 5000 人参与了一连串骚乱，即所谓克罗努拉暴动（the Cronulla Riots）。有报告称，是"外来者"实施了恫吓行为，据说是中东青年，而在抗议人群中又有右翼群体的身影。2005 年末，基础设施和住房的破败点燃了种族张力，导致法国不少城市爆发动乱。而在英国，街区骚乱也是屡屡发生：比如 1981 年、1985 年和 1995 年在伦敦南部的布瑞克斯顿（Brixton）；1991 年在加的夫的厄利（Ely）；2001 年在布拉德福德的欧德海姆、伯恩利和里奇特格林（Oldham，Burnley，and Lidget Green）；以及 2005 年在伯明翰。

在 2001 年的布拉德福德骚乱之后，英国政府委托完成了一份报告，发现不同族群社区之间存在着深刻的极化对立。报告还指出，人们日常生活的许多方面都在加剧这种对立，从教育安排、志愿团体、就业模式、礼拜场所到操习语言，都是各自分离的（Cantle 2001）。这份报告以及其他一些报告都表明，许多"骚乱"通常被认为是一些偶然出现的暴力和破坏行为，其实源于深层严重的社会经济问题，而它们只是需要一个局部事件作为导火索来点燃抗议。人们做出多方努力以应对这些深层的致因，这已经成为城市更新计划的一部分。

2011 年 8 月,伦敦又一次成为重大动乱的爆发地,这场动乱也蔓延到英国其他一些主要城市。起因就是警察开枪射死一名本地男性,导致和平抗议,随后,人群攻击警方,纵火,并且抢劫店铺。破坏活动持续了五个晚上,有 13 000 人到 15 000 人参与其间。5 人在这次系列暴乱中死亡,全国超过 4000 人被逮捕,大约 1700 人被控犯罪。被诉出庭的人中超过一半年龄在 10 岁到 20 岁之间。

政府委托的一份报告,《八月中的五天》(*5 days in August*),采访了居民和暴动受害者,并分析了可以得到的资料(Riots Panel 2011)。报告发现,尽管在托特纳姆[①]发生的致命枪击是导火索,但是随后的动乱并不能以任何单一原因来说明。不过,报告也明确指出,在社会剥夺和动乱之间有着很强的关联。比如说,大约 70%被捕并出庭的人都居住在全国被剥夺最严重的那些地区,而居民表示普遍感到,有些年轻人“不抱有任何希望,也没有任何东西可以失去了”。在一些地区,警方与公众的关系非常糟糕,报告提到有许多人投诉警察“拦截盘查”执行程序“举措不当”,投诉方大多来自黑人和亚裔群体(ibid.: 12; Lewis and Newburn 2012)。报告还谈到了对于道德与价值观崩坏的担忧,许多被访者在被问到动乱的深层致因时,都会提及银行家的巨额分红、下院议员的开销丑闻、消费主义以及个人责任感的缺失。

显然,尽管从 20 世纪 80 年代早期开始,启动了许多城市再生项目,但几个被剥夺的内城地区所存在的多重社会问题仍然困扰着许多民众的生活,依然是政府和政策制定者所面临的严重问题。

> 有关多元文化主义与族群关系的更详细讨论,参阅第十六章“种族、族属与移民”。内城区衰败所引发的种种问题,亦参第十二章“分层与社会阶级”以及第十三章“贫困、社会排斥与福利”。

(三)城市更新 地方、区域和国家各级政府应当采取什么样的思路来应对内城区存在的复杂问题呢?应当如何控制城市周边的郊区的迅速扩张,以避免绿地和乡间遭到侵蚀?要想制定一项成功的**城市更新**(urban renewal)政策是极具挑战性的,因为它要求多线协调行动。

很多发达国家启动了一系列国家级项目,试图重振内城区的命运。1988 年,英国的

---

① “Tottenham”,伦敦最为贫困,也是少数族群大量聚居的地区之一。——译者注

保守党政府提出“城市行动”(Action for Cities)计划,鼓励私人投资,提携自由市场的力量,以推动城市更新。然而,工商业界的反应比预期的冷淡,因为内城区的问题似乎非常棘手,很多项目一旦不能速见成效,往往半途而废。研究发现,光靠激励私营企业来推动内城区更新,基本上无法奏效。在内城区,众多困顿情势交织在一起,极难扭转衰败过程,需要付出长期的持续努力。调查1981年伦敦布瑞克斯顿骚乱的《斯卡曼报告》(*The Scarman Report*)(Scarman 1982)就指出,在内城区问题的解决上缺乏协调的思路。没有强大的公共开支作为基础,彻底改善的前景颇为渺茫(MacGregor and Pimlott 1991)。

全球经济的重构导致20世纪70年代到80年代许多城市的内城区开始退化。2008年金融危机和网购的迅猛成长进一步导致这些地区的经济衰退,举目所见,商铺纷纷钉上木板关门大吉。

1997年,工党政府引入两项重大的再生基金,一是“社区新政”(New Deal for Communities, NDC),一是“街区更新基金”(Neighbourhood Renewal Fund)。另外,还有来自“国家彩票”(National Lottery)的资金投入卫生、就业和教育等行动领域,以及住房公司(Housing Corporation)为新建社会住宅提供资金。“社区新政”是工党针对英格兰推出的旗舰性更新计划。该计划于1998年启动,并在2010年完成,涉及39个困顿社区,每个社区大约9900人,一共有6900个项目。整个计划花费了17.1亿英镑的公共资金,另有7.3亿英镑来自公共组织、个人以及志愿组织,使得该项目成为英格兰“历来最具力度、最富创新的地区倡议(area-based initiatives, ABIs)之一”(Batty et al. 2010:5)。项目的十年目标就是要缩小这些地区和全国其他地区之间的差距,聚焦于三项**与地点挂钩的**后果,即犯罪、社区与住房,以及三项与人挂钩的后果,即教育、健康与无业。但这个项目成功了吗?

最终的评估报告表明,在一些地区,它的确取得了成功。当地居民表示他们对自己所在的街区态度更趋正面,普遍肯定“社区新政”项目的合作关系改善了自己的地区。另外,大多数指标也有所改进,包括犯罪、城市弃置、住房条件以及精神健康等方面的改善。

然而,报告也指出,在失业水平、教育成就、担忧沦为犯罪受害者或者感到人们可以影响决策过程等方面,基本没有变化。

“社区新政”计划致力于通过项目后续资助以维持改善。但是,2008 年的金融危机,以及随之而来的经济衰退和政府公共开支削减,使该项目标出了问题。报告的撰写人指出,“这不是考虑维持‘再生项目后续’的行动的最佳时机”(Batty el al. 2010:34)。其他许多城市的住房和零售项目都深受 2008 年全球“信贷紧缩”的影响,因为各大金融机构都收紧了它们的放贷标准乃至撤回资金。银行借贷的种种限制,加上政府的紧缩措施,导致人们信心大减,许多开发项目就此延宕。

显然,对于再生计划的效力,依然存在一些质疑。自上而下的政府项目如何能够获得地方民众的支持和参与(这对于计划成功而言往往是至关重要的)?公共资金真的能够刺激地方经济并创造工作岗位吗?再生计划如何能够预防把问题从一个地区置换到另一个地区(Weaver 2001)?“社区新政”项目在英格兰的实践经验表明,经过十年的运作与投资,有关街区仍然是“深陷困顿的区域”,解决这类城市区域中的多重问题还需要更长的时间。

(四)绅士化与“城市再造” **城市再造**(urban recycling),也就是翻修或置换老旧建筑,将此前开发的土地另作新用,这在大城市已经变得相当普遍。有时这是计划项目的组成部分;但更多的情况下它是**绅士化**①的结果,即把中心城区工人阶级居住的或空闲的区域转型为中产阶级的住宅及/或商业用途(Lees et al. 2008:xv)。

在美国,社会学家伊莱贾·安德森(Elijah Anderson)在其所著《街头经验:一个城市社区中的种族、阶级与变迁》(*Streetwise: Race, Class, and Change in an Urban Community*)一书中,讨论了绅士化的后果(Anderson 1990)。尽管街区的翻新一般会拉升其地价,但对于现有的低收入居民来说,他们的生活水准却很少能够就此提高,通常被迫迁出此区。在安德森所研究的费城街区,许多黑人住户被依法征地,上千人被迫迁离。虽说他们曾被告知,自己的房产会被用来建造廉价房,他们拥有优先购买权,但现在,那里矗立着一些大公司和一所高中。

坚持不走的穷人会得到一些好处,学校有所改善,治安也见好转,但相应的增税与提租最终迫使他们迁离,转到相对负担得起的街区,而那往往是更具社会排斥性的地区。安德森访谈的黑人住户流露出对于“雅皮士”大举迁入的怨恨,认为他们该为导致穷人迁离的那些变化负责。新迁来的白人来到城市,是要找寻低廉的“老式”住房,离他们在城

① “gentrification”,又译作“富人化”“中产化”“贵族化”等。——译者注

里的工作地点更近便，也是为了时尚的都市生活方式。对于种族差异和族群差异，他们口头上说“没有成见”。然而，在现实当中，新老住户之间很少会结成友伴，除非他们来自同一社会阶层。尽管有些中产阶级黑人住在同一地区，但只要有能力就会迁往郊区，他们担心不这样的话，白人就会像对待底层黑人那样对待他们。长此以往，街区就逐渐转变成白人中产阶级的一小块专属之地了。

绅士化可以促使经济重焕生机，但会同样有效地导致隔离，致使比较贫穷的居民遭到排斥。

绅士化背后的原因之一是人口维度上的。年轻的专业人员逐渐趋向晚婚晚育。其结果，更多的住房需求来自单身人士和无子女夫妇，而不是传统家庭。由于年轻人推迟结婚生育，而且他们的职业往往要求他们在内城区的办公楼里长时间工作，因而生活在郊区变得弊大于利（Urban Task Force 1999）。富裕而无子女的夫妇能够负担得起内城区经过翻修的高价住房，甚至更偏爱围绕城市中心区所能提供的高质量的文化、餐饮和娱乐选择，来打造自己的生活方式。而子女已经离家独立生活的老年夫妇也可能出于类似的原因被吸引回到内城区。

在伦敦，码头区（Docklands）被视为值得一提的“城市再造”实例。伦敦东区的码头区占了泰晤士河岸边大约 22 平方公里的地区，但由于码头关闭，工业衰落，它已经丧失了经济上的功能。码头区靠近伦敦城①金融区，但也毗邻贫困的工人阶级居住区。很多在码头区里面或周边生活的人都赞成通过社区发展项目来进行再开发，这样可以保护贫困居民的利益。然而，随着 1981 年码头区开发公司（Docklands Development Corporation）的成立，该地区成为保守党政府鼓励私人企业推动“再生”（regeneration）的发展战略的核

① 伦敦城（City of London）是英格兰大伦敦郡下面的自治体，呈弧形沿泰晤士河岸分布，东至伦敦塔，区内有英格兰银行、皇家交易所（不再运转）、股票交易所及金融区其他部分，还有市政厅、报业中心舰队街等。——译者注

心部分。用什么词语很能说明问题。有几位研究者指出,许多政府在这类计划中都会避免使用“绅士化”。例如,在 20 世纪 70 年代的美国,用的是“城市宅地计划”(homesteading)[①];而在英国等地,更多的是用“复兴”(renaissance)、“重振”(revitalization)或“更新”(renewal)等词,以“掩饰”绅士化所包含的负面意涵(Lees et al. 2008:xxi)。

有一项针对伦敦的绅士化的经验研究,基于对 450 位居民(包括码头区在内)的访谈调查,发现伦敦内城区已经变成一个“中产阶级之城”,尽管中产阶级仍然是少数群体(Butler with Robson 2003)。政府放宽了规划要求和管制,使得码头区如今到处是现代建筑,而且往往设计前卫。仓库被改建成豪华公寓,并在其周边建设了新的街区。然而,在一片光鲜亮丽中,也有破败的建筑物和废弃的空地。该研究发现,码头区的中产阶级居民无疑“在城市中”,却从未“属于城市”。这就是说,在码头区以及研究所调查的伦敦其他辖区,绅士化的地区并没有与广泛的城市社会环境融为一体。尽管英国和美国有许多差异,但是研究表明,绅士化的过程可能带来的一些社会后果却大体相仿。

比如,尽管伦敦整体来讲是全世界最多族群聚集的城市之一,但在绅士化的区域,中产阶级“与内城区中基本都是白人的住区抱团。他们的孩子大部分都同家长一样,只同和自己一样的人交朋友。这并不足以为奇,但或许是未来让人担忧的一个迹象”(Butler with Robson 2003:2)。所以不难想见,居住在英国一些最贫困的住区的人会觉得,他们并没有从近几十年来自己身边不断进行的所有物质环境改造中获益。

现代城市似乎与理查德·森内特(Sennett 1993)所称的“人性化城市”(humane city)相距甚远。他认为,城市中那些庞大的非人性化建筑物,使人们变得内向,彼此疏离。但是城市可以使人变得外向,让他们接触到丰富多彩的文化。比如说,意大利许多古老城市的中心区就将优雅的设计与多样性融合在一起。森内特指出,城市并不非得是没有灵魂、毫无人性味道的。

二　发展中世界的城市化

据预测,全球城市人口将在 2030 年达到几近 50 亿。联合国预计,其中几乎 40 亿的城市人口将会生活在发展中世界。各种类型的城市数量都在不断增长,但自 1990 年以来,生活在特大城市的人数增长了三倍,占全球城市人口的大约 12%。正如图 6.2 所示,联合国预测,这一趋势未来还将延续。绝大多数巨型都市位于全球不发达世界(global

---

① 全称应是“urban homesteading”,托美国历史上《宅地法案》之名,指如果租户住进城市中被遗弃的房屋并加以整修,即可获得该房产的所有权。——译者注

South)的发展中国家。目前,中国拥有六座巨型都市,拉美则有四座。而到 2030 年,印度将会有七座巨型都市,非洲预计有六座,包括开罗、金沙萨、达累斯萨拉姆和罗安达。①

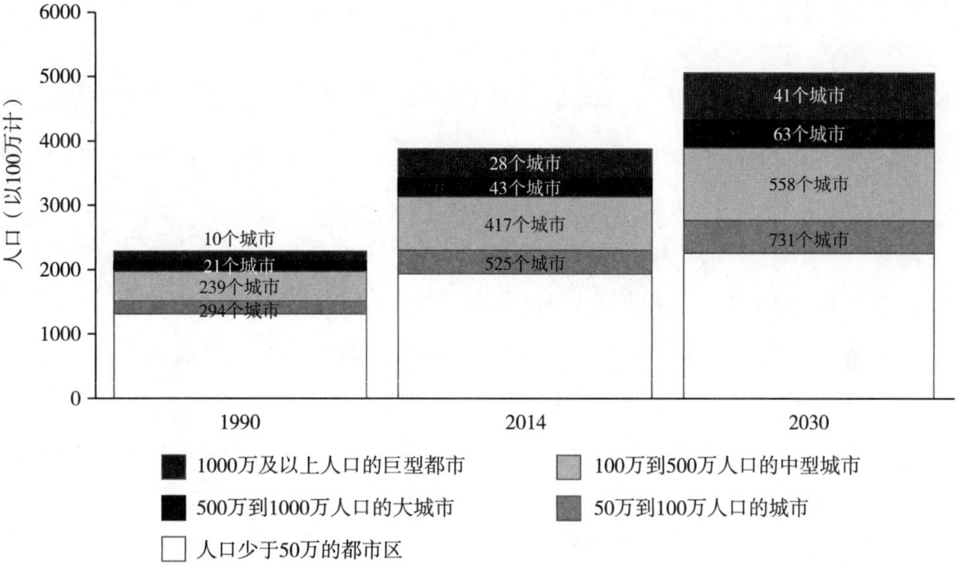

图 6.2　根据城市规模划分的全球城市人口,1990 年、2014 年和 2030 年(预测)

资料来源:UN ESA 2014:13。

卡斯特(Castells 1996)把**巨型都市**(megacities)看作第三个千年的城市化现象的主要特征之一。巨型都市的衡量标准不仅仅是规模,还在于它们所扮演的海量人口与全球经济之间的连接点的角色。大量活动高度汇聚于巨型都市,政治、传媒、通信、金融和生产等活动经此流动。根据卡斯特的说法,它们就像是其所在的国家或地区的磁铁。除了担当全球经济的枢纽,巨型都市也成为"所有这些努力谋生的人的集散地"(ibid:434)。比如,印度的孟买是一个方兴未艾的就业与金融中心,同时是脍炙人口的宝莱坞电影业发源地。这座城市蓬勃发展,不断扩张,正具有卡斯特所描述的那种磁铁般的吸引力(参阅"全球社会 6.2")。

全球社会 6.2

孟买——发展中世界的一座巨型都市

1947 年,印度摆脱英国殖民统治赢得独立,当时该国还比较贫穷落后。独立之后,国家发生了剧变,而最能见证这种变化的莫过于孟买,这座巨型都市拥有 1200 万居民,而

① 分别属于埃及、刚果(金)、坦桑尼亚和安哥拉。——译者注

整个都市区拥有的居民多达2100万。和世界上其他城市类似,孟买这地方也存在明显的贫富分化。以下讨论改编自2007年英国广播公司新闻频道为印度独立60周年专门采写的文章。

还不够 在孟买这个印度的金融中心,印度经济成功的符号象征随处可见,从推销最新款香水的闪烁的广告牌,到身着最新潮汤米(Tommy)牛仔裤的打扮入时的女郎。今天的印度活力四射,自信满满,也雄心勃勃,并且勇于展示。

以里什·拉贾尼(Rishi Rajani)为例。这位三十来岁的制衣大亨以孟买和丹麦为基地,自认是个工作狂,但也追求优质生活。他最近的收获是一辆黑色保时捷跑车,他就开着这辆车穿行在孟买的大街小巷。在这座印度的金钱之都,炫示自己的财富如今蔚为时尚。拉贾尼一直梦想着拥有一辆豪车,如今凭借经济发展和事业成功,他的梦想变成了现实。

"你要知道,我努力工作,是要为自己挣钱。"他说,"我需要回报,这就是我的回报。但这还不够。你问我下一个目标?一辆游艇。到那时我才能说,我真正实现了梦想。我现在就在为之努力。"

快节奏的城市 这就是梦想的依托。快节奏的生活,快节奏的城市——金钱在孟买来得快也去得快。正是为了这种梦想,每天都有上百万的流动人口涌入这座城市。他们听到了那些传奇故事,说孟买的街道上铺满了黄金,于是背着行囊来到此地。他们坐着火车穿行数千公里,抛离自己的亲朋好友,也抛离那令人绝望的生活。而许多人最终也就落脚于城中数不清的贫民区中的一隅,在街上揽些零工,挣扎着生存下去。他们前来征服的城市,最终将他们一一吞噬。

清拆工作 桑吉·科萨瓦迪(Saunji Kesarwadi)以制陶为生,住在亚洲最大的贫民区达拉维(Dharavi),据有一个十英尺①见方的地方。他在这个小棚子里工作,养活一家六口,全家就在阁楼上生活。勉力维持生计的他,担心自己一家会被驱除出去,为开发让路。

"我们听说施工的就要来了,"科萨瓦迪说着这话,他两个小女儿在旁边打量着,"但是没有人告诉我们任何消息。他们说,如果我们把这地卖给他们,他们会给我们提供一套公寓——但是我们这么多人,哪能都走?我的活儿在这儿,我的日子也在这儿。可能这算不上啥,可我有的全在这儿了。"不过,虽说大城市的生活往往让人期望落空,但好在整个国家的经济还在增长,有些乡村也出现了新的机会。

---

① 1英尺=0.3048米。——译者注

乡村的抉择　离印度技术之都班加罗尔(Bangalore)大约300公里之遥,坐落着贝拉里(Bellary),一个从死气沉沉的村庄蜕变而来的工业城镇。初来乍到,举目四望,你只看到一望无际的农田,单调乏味。但是在这沉寂外表的背后,正在发生着巨大的转变。

在发展中世界的许多城市中,巨富与赤贫比邻共存。

贝拉里是印度第一批乡村外包中心之一,由印度钢铁制造商JSW钢铁有限公司运营。该公司在其贝拉里园区启动了两项小型业务,从附近乡村雇用年轻女性到其乡村处理中心工作。在这里,女孩们轮班誊录美国病人的牙科记录。她们打字时使用的语言许多人刚学会不久,而她们使用的机器许多人从未见过,甚至闻所未闻。

20岁的萨维里·阿玛(Savithri Amma)拥有基础高中文凭。做这份工作,她每个月可以挣80美元(合40英镑),这和她在孟买做家政工作的一个同龄人挣的差不多。为了挣到这些钱,她需要每个工作日早上7点出现在工作岗位上,而JSW公司的巴士早上5点会到村里来接她们去,然后在她下午3点完成轮班时将她送回家。“刚开始做这份工的时候,我爸妈很不放心,”她羞涩地说,“这里的女孩子一般不出门的,但是现在我们可以,无论从钱的角度还是社会角度来说,我们在生活中的地位都因为我们在这里做的工作而提高了。我爸每个月挣的只比我多一点,能贴补家用,我很骄傲。”

增长的承诺　在阿玛小姐所在的村庄,她被许多同龄人当作榜样。利用每天在村庙的晚祷时间,她会反省自己白天的工作,感谢古老的印度教诸神赐予她幸运。她需要感谢的有许多。阿玛小姐属于幸运者,她不需要背井离乡,去到印度的城市与千百万人竞争谋生。印度经济的增长必须走自己的道路,不囿于孟买与德里的大街,深入印度广大乡村。只有做到这一点,才能算真正站稳脚跟,才能算真正兑现独立的承诺。

资料来源:Vaswani 2007。

批判性思考

孟买和洛杉矶、伦敦、东京或纽约之类的城市相比是否有共同性?它们之间的主要差异是什么?印度在全球资本主义经济中的位置是否会有碍孟买"缩小贫富差距"?

有史以来最为庞大的城市聚落之一目前正在亚洲形成。它从中国的香港一直延伸到珠江三角洲以及澳门,占地5万多平方公里。尽管这个区域还没有任何正式的命名或行政架构,但是到1995年为止,它已经容纳了5000万人口。在卡斯特看来,这里将成为本世纪最引人注目的工业、商业和文化中心之一。

卡斯特指出,有几点相互关联的因素有助于说明这一巨大的城镇密集区何以会兴起。首先,中国正经历着一场经济转型,而香港则是中国与全球经济相联系的最关键的"枢纽"之一。其次,从20世纪80年代中期到90年代中期,企业家在珠江三角洲掀起了一次工业化的热潮。截至90年代中期,超过600万人受雇于2万间工厂和1万家公司。最后,随着香港的经济基础逐渐从制造业转为服务业,它作为全球商业和金融中心的角色也愈益增强。其结果,就产生了一场"前所未有的城市爆炸"(Castells 1996)。

为什么在世界上较不发达的地区,其城市的成长速度要远超世界其他地方呢?首先,发展中国家的人口增长率更高,而已经生活在城市中的人口的高生育率进一步加速了城市的成长。其次,存在从乡村到城市的广泛的国内人口迁移。不断发展的粤港巨型都市即为明证。发展中国家的人被城市吸引,要么是因为他们的农业生产体系被打破,要么是因为都市区可以提供更好的工作机会。乡村的贫困促使许多人到城市中一试身手。他们原本的打算可能只是暂时移居城市,但大多数人发现自己已经失去了在原来社区中的位置,不得不留在城中。

有关人口增长带来的生态后果的讨论,参看第五章"环境"。

发展中世界的城市化挑战　随着越来越多没有技术的农村劳动力涌入城市中心，城市中的正式经济努力把人流吸纳进劳动力队伍。在发展中世界的大多数城市，大量无法找到正式工作的人通过非正式经济来谋生。从制造业和建筑业中的零工，到小买卖，不受管制的非正式部门为贫穷或没有技术的劳动力提供了赚钱的机会。然而，非正式经济既不纳税，也不受监管，并且生产效率要低于正式经济。许多发展中国家因此流失掉急需的税收。

据经济合作与发展组织估计，到2025年，发展中世界的城市需要创造10亿个新的就业岗位，来支撑预估的人口增长。单靠正式经济来提供所有这些就业岗位几乎是不可能的。一些发展分析人士指出，应当更加重视管制庞大的非正式经济或将其正式化，因为未来那里将是大量的“剩余”劳动力的主要汇聚之地。

发展中国家快速扩张的城市地区与工业化世界的城市有着显著的不同。尽管无论哪里的城市都面临着环境问题，但是发展中国家的城市面对的风险已经相当严峻。环境污染、住房短缺、糟糕的卫生条件和水供应不安全都是长期存在的问题。像加尔各答和圣保罗这样的城市已经拥挤不堪，国内移民的增长速度远远超出其提供固定住房的能力。移民聚集在城市边缘如雨后春笋般冒出的低矮棚户区。城市中心的人口密集和过度开发带来了严重的环境问题，比如城市“绿地空间”的丧失，以及汽车和工业区产生的污染。

在发展中世界的许多城市地区，贫困普遍存在，现有的社会服务无法满足医疗卫生、计划生育咨询、学校教育和就业培训的需要。和工业化国家相比，发展中国家的年轻人比例较大，也带来了许多社会问题。年轻人口需要援助和教育，但是许多发展中国家缺乏资源来提供普及教育。如果出身贫困家庭，许多孩子就不得不从事全日工作，要不就得以街头流浪开始自己的人生，随便乞讨些什么。而当这些街头流浪儿成年之后，绝大多数都面临着失业，或者无家可归，或者两者皆是。这又一次凸显了城市化给发展中国家带来的各种经济难题。

鉴于发展中国家的城市地区面临的挑战如此深广，难以看到变革与发展的前景。全球最大城市中有不少其生活条件在未来几年很可能进一步恶化。但是，前景也并非完全悲观。尽管很多国家的人口出生率仍然居高不下，但是随着城市化的推进，有可能下降，而这反过来又会使城市化本身逐渐放慢速度。

有关人口增长的讨论，参看第四章“全球化与社会变迁”、第十四章“全球不平等”以及第五章“环境”。

全球化将给发展中国家的城市地区带来重要的机遇。随着经济一体化的发展，世界各地的城市能够进入国际市场,作为投资和开发基地来提升自身,建立跨越民族国家边界的经济联系。全球化为发展中的城市中心提供了极具活力的开放机遇,使它们有可能成为经济发展和创新的重要力量。事实上,我们已经看到,发展中世界的许多城市已经加入世界级“全球性城市”的行列。

三 城市基础设施与可持续城市

进入 21 世纪,城市研究中出现了方兴未艾的“基础设施转向”(infrastructural turn),大量的研究开始关注极其复杂、多样和庞大的基础设施网络,城市就是依靠这样的网络,提供水、能源、交通、城市垃圾管理与处置之类的服务。如此转移焦点,就以多种方式,将城市的物质现实与社会关系联系起来,而城市居民正是通过这些方式切实体验城市环境的。根据城市类型的不同,尤其是在发达世界的工业化城市与绝大多数发展中国家的城市之间,这些方式存在着巨大的差异。

在许多发展中国家,城市基础设施往好里说也是难以信赖的,所有那些看不见的管道线缆网络、发电厂和工人,都非常脆弱,极易崩溃,暴露在城市生活的前台。而在工业化的国家中,正是由于这些系统往往隐藏不见,更为可靠,人们按部就班地生活,不用多想是什么使他们得以享受现代城市。诚如格雷厄姆(Graham 2010:2)所言:

> 城市化的本质就意味着,人们生活的方方面面都变得更加依赖城市的基础设施线路,从而维持个人和集体的健康、安全、经济机会、社会福祉,以及满足生物性需求。不仅如此,由于人们依赖这些基础设施持续运作,以保障饮食、洗涤、供暖、烹饪、照明、工作、旅行、通信、将危险或有毒的垃圾清除出自己生活的地方,这套复杂的基础设施虽然有时能成功应付,但一旦崩溃或被移除,城市居民往往没有多少甚或根本没有替代办法。

地震和洪水之类的灾难,或者更为寻常的崩溃,比如餐馆或家庭过度排放油污堵塞了下水道,或者紧急交通维护,都可能使城市基础设施从正常状态下的不可见转为可见。

许多城市社会学家在研究城市物质基础设施的建造与维护时,会关联到社会与政治维度的不平等(Graham and McFarlane 2015)。比如说,有些社会群体会被排斥出特定的基础设施服务,而另一些群体则能享受特权渠道。2009 年,在一个令人失望的季风季节之后,孟买的许多非正式住区眼睁睁看着警方发起强力突袭,目标是破坏他们的接水装置,从而保障城中较为富裕区域的那些中产阶级社区的供水(Graham et al. 2015)。因此,城市基础设施的形式并不只是单纯而中立的行政管理和城市规划方面的事务,而是始终牵涉到政治斗争和社会不平等，这些往往会导致哈维与卡斯特所确认的那些类型的城市社会运动。

尽管社会学家已经做了大量研究，以确认城市发展的动力机制，以及与城市有关的社会问题，但是他们并没有特别关注城市对于自然环境的影响，直到最近才有所改观。然而，对于投身环保运动的许多人来说，城市恰恰尖锐地展示了现代社会的过错。爱德华·戈德史密斯（Goldsmith 1988）提出，工业化导致了“替代的世界”（surrogate world，也是哈维所言的“人造环境”），这个世界中的物质商品、建筑和技术设备只能从地球生物圈的“现实世界”中制造出来。从自然世界中提取的资源变成了道路、住房和商品，但是在这个过程中，地表土层被沥青覆盖，森林被破坏以腾出空间来建造工厂和房产，而垃圾的产生与处置都污染了环境。

就连看似有益的互联网技术，看来也完全依赖于有污染的能源工业。互联网的全球扩散使得万维网变成愈演愈烈的耗电大户。互联网要想正常发挥功能，有赖于化石能源的提取、精炼、运输和使用，其程度与其他任何技术设备一般无二。互联网用户键入谷歌引擎进行搜索的时候，或许既没有意识到该公司打造了庞大的“服务器群组”以处理他们的请求，也没有意识到这些东西造成的能源需求。根据一些估测，单单谷歌就拥有多达100万台服务器。它设在美国俄勒冈州的达勒斯（Dalles）服务站耗电大约103兆瓦，相当于8.2万户家庭的耗电（Strand 2008）。斯特兰德总结道，实际上，“互联网是一门新型重工业，一个能源的吞噬者，只会变得越来越难以餍足”。

许多环保主义者认为，现代城市就像是一头巨兽，吞噬着能源、水和氧气，同时排放出大量有害气体、污水以及其他污染物，而这些东西总得有个地方去，通常就是进入土地填埋场、大气或者航道及海洋。美国生态学家尤金·奥德姆（Odum 1989:17）将城市描述为“一只寄生虫……因为它不产生任何食物，不净化任何空气，只把非常少的水净化到可以再次使用的程度”。如果只有寥寥无几的“野兽”或者“寄生虫”，这种情形或许还能忍受，但是持续的城市化意味着，如今已有数百座城市，远远超出这个星球所能长久承受的限度。戈德史密斯的解决办法很简单：去工业化，并且城市去集中化（分散）。但是，考虑到全球人口规模之巨，这种愿景是否切合实际？

出于如下几点原因，这似乎不太可行。首先，大规模地向乡村迁移人口可能意味着增加而不是减少对于环境的破坏，因为人口及其伴随的污染扩散到新的地区，在这个过程中也吞噬掉更多的土地（Lewis 1994）。其次，城市中的基础设施对自然环境的损害程度其实可能小于乡村地区的小型社区。比如，城市中的公共交通所造成的人均污染，往往不及乡村里人人开私家车的状况。城市人口密度更大，其实也使得公共交通效率更高，污染更小（Banister 1992）。就此而言，不妨说，环境的可持续性与增强城市应对能源崩溃或自然灾难之类潜在危机的灵活性,两者相辅相成(Pearson et al. 2014)。越密集的城市越能够推广环境友好型交通方式,比如自行车,甚至最原始的步行。相反,许多乡村居民坚持认为,他们开私家车确有必要。最后,现代城市拥有不计其数的集体住房项目,加上高层建筑的开发,比郊区典型的房屋类型能容纳更多的人口。

建设可持续型城市 一些激进的环保主义者主张彻底放弃对城市的希望,与此不同,越来越多人致力于对城市进行调整和改造,使之变成生态城市(eco-cities)、"智慧城市"(smart cities),或者说就是**可持续型城市**(sustainable cities)。所谓可持续型城市,旨在尽可能减少其能源和资源输入,减少污染物和废弃物的排放。这个概念使得维护城市生活的自由、机会和文化多样性的前景诱人,同时保护自然界免遭愈益严重的破坏,因此也助力于更广泛的**可持续发展**规划(Haughton and Hunter 2003; Jenks and Jones 2009)。

有关可持续发展,详参第五章"环境"。

城市的可持续性需要原材料和物品从线性流动变为**循环**流动。简单举例,就是回收废弃物,而不是将其丢弃到填埋场或者焚烧掉,再有比如说回收家庭"污"(grey,即使用过的)水,用来冲厕所或浇花草。如此一来,就创造了一个循环过程,从生态角度上减少了破坏性,增加了可持续性(Mega 2010)。这个逻辑也适用于工商企业或者地方当局,它们可以应用生态审计(eco-audit),提高生态效率(eco-efficiency),并将这些理念推广到它们的所有活动中去。

以家户和社区为规模进行微型发电,以及使用太阳能电池和风轮机之类的可再生技术,以减少二氧化碳的排放量和空气污染,同时将公共交通和私人交通都逐步改为混合动力或者生物燃料,这些都会改善城市环境的质量。强化对"棕色地块"(brownfield,即以前使用过的土地)的利用,以保护城市周边的乡间,重新规划设计城市空间从而促进对行人友好的基础设施建设,引进更多的自行车道和"轻便的"换乘路线,以鼓励更多取代私家车的交通选择,这些都是可持续型城市规划项目的组成要素(Jenks and Jones 2009:3)。

可持续型城市开发还要求市民积极主动,勇于担当,提高环保认识,准备好改变自己例行的日常行动习惯,以提升城市生活的质量。倡导可持续性的人主张,要提高市民的参与度,促使他们积极投身减少城市生态足迹的项目,把决策下放到地方层次可谓至关重要的一步。

话说回来,世界各地的城市并不是千篇一律,而是在占地范围、人口规模、工业发展程度等方面各见差异，因此在建设可持续型城市时所面临的挑战也颇为不同。在发达世界，主要的问题是消费主导的，比如如何处理废弃物、如何应对交通拥堵和污染之类的议题。但是在许多东欧国家，工业生产带来的污染仍然是目前迫在眉睫的问题。在绝大多数发展中国家，工业污染，基础设施缺乏维护，交通问题愈益恶化，服务供应非常匮乏，这些问题交织叠加（Haughton and Hunter 2003：7-8）。可持续行动方案应当充分关注这种多样性和发展不均衡的状况。

可持续发展这个概念本身就志存高远，可持续型城市的理念也是如此，甚至有些乌托邦色彩。但也不妨将**变迁过程**本身想作某种“积极行动的乌托邦”（active utopia）（Bauman 1976），激励人们参与其中，尽管这一过程可能并无止境。虽然有许多重大阻碍需要克服，但城市及都市区，乃至于现代性体验本身，未来都完全可能有全新的外在面貌与内在感受。

全球社会 6.3

设计一座可持续型城市

中国正在经历大规模的快速城市化，这一过程所带来的局部性和全局性的城市环境挑战可谓前所未有……从局部层面来讲，许多城市地区正在打造“生态城市”，旨在引入新的标准、技术以及低碳生活方式。近年来，中国启用的生态城市行动方案超过了一百项。

新出台的《世界银行报告》评述了其中一项行动方案，题为《中（中国）新（新加坡）天津生态城：一座中国新兴生态城的个案研究》。世界银行高级基础建设经济学家兼该研究负责人阿克塞尔·鲍姆勒指出：“实现城市环境的可持续性，乃是中国目前正在面临的重大发展挑战，这不仅是局部性的议题，也是从中国城市的碳排放足迹全局出发的。考虑到最近各式各样的‘生态城市’令人瞩目，我们想要对其中一个案例做详尽分析，提取一些实际的经验教训，或许其他地方也能有所借鉴。”

中新天津生态城所设想的城市愿景是“经济可持续、社会和谐、环境友好、资源保护”，该城将会成为一个“可被中国其他城市效仿的生态城市和低碳城市样板”。天津生态城是一块设计容纳35万居民的新开发区域，位于滨海新区。这个名字中的“中国—新加坡”部分是指该项目的设计与资金合作伙伴。

天津生态城的一个显著特点就是设立了清晰的2020年可持续性目标，包括：(1)限制每一单位GDP增长的碳排放量；(2)确保所有建筑都是“绿色建筑”；(3)“绿色出行”（比如步行、骑自行车或使用公共交通）占比超过90%；(4)至少50%的用水取自非传统水源。这些雄心勃勃的目标一旦实现，必将提高环境可持续性。不过，该报告也发现，在这类项目贯彻实施的过程中也需要应对许多挑战，包括：

- 确保用地规划及相应城市设计细节有助于“绿色出行”;
- 激励建造绿色建筑,其节能标准要高于省市或国家的通行标准;
- 以充分的经济奖励推动技术解决方案,引导新型城市朝更加可持续的方向发展;
- 确保这些新型城市发展保持经济成本适度、社会参与充分。

澳大利亚国际开发署(Australian Agency for International Development, AusAID)为该研究提供了资金支持。该研究报告称赞了晚近获批的“中新天津生态城项目”,后者得到了全球环境基金(Global Environmental Facility, GEF)的拨款资助。从1985年开始,世界银行也是中国城市发展的合作伙伴之一。它提供了超过98亿美元的资金,在许多城市资助了超过86个投资项目,并对城市化进程的诸多方面进行了研究。

资料来源:World Bank 2011b。

批判性思考

2010年,中国超过美国,成为世界上最大的能源消耗国。天津项目的哪些方面是可以推广到其他城市的?为什么会有一些批评者说,中国的生态城市实验是“意识形态化的”?

第四节

治理城市

尽管全球化加剧了世界各地的城市所面临的挑战,但它同时为城市政府和地方政府重新扮演积极的政治角色提供了空间。随着民族国家越来越无法充分应对全球性趋势,城市也变得更加重要。生态风险和变幻莫测的金融市场的运作都超出了民族国家的层面;单个国家,即使是最强大的国家,在与这些力量抗衡时也显得太“小”了。但与此同时,民族国家要想充分回应世界主义城市地区中丰富多样的需要,又显得太“大”了。在民族国家无法有效发挥作用的地方,地方政府和城市政府可能更适合这项任务。

在城市中,大量的组织、机构和团体交错运作。国内和国际工商企业、潜在的投资者、政府机构、市民组织、专业团体、工会等都在都市区彼此接触,建立联系。这些联系可能会发展成某种集体协同行动,而城市可以在其中担当政治、经济、文化和传媒领域的社会行动者。

一　作为变迁的积极行动者的城市

近些年来,城市充当经济独立行动者的例子越来越多。在欧洲,从 20 世纪 70 年代的经济衰退开始,各城市就联合起来,促进投资,创造新的就业形式。1989 年发起的"欧洲城市运动"(The Eurocities movement)如今已经包括欧洲最大的 130 座城市(启动时只有 6 座城市),城市协调合作,影响欧盟决策。首尔、新加坡和曼谷等亚洲城市由于认识到,有关国际市场的信息必须及时,而生产和贸易结构也要求灵活,从而充当了富有效力的经济行动者。

一些城市制定了中长期的战略规划,来应对它们面临的复杂挑战。在这些规划的指导下,地方当局、市民团体和私有经济实体可以共同合作,翻新城市基础设施,组织世界级的重大活动,或者将就业基本面从工业企业转向知识密集型企业。从伯明翰、阿姆斯特丹、里昂、里斯本、格拉斯哥到巴塞罗那,这些都是欧洲城市中依据战略规划实施城市更新项目的成功事例。

巴塞罗那的例子尤其值得注意。1988 年启动的"巴塞罗那 2000 年经济与社会战略规划"(Barcelona 2000 Economic and Social Strategic Plan),促使公共组织与私人组织汇聚在实现城市转型的共同宏图和行动规划之下。巴塞罗那市政府与另外 10 个团体(包括商会、大学、城市港务当局和工会)负责监督规划所确立的三项主要目标的实现:通过改善通信和交通基础设施,把巴塞罗那与欧洲城市网络连接起来;提高巴塞罗那居民的生活水平;增强现有工业和服务部门的竞争力,并推动有潜力的新兴经济部门的成长。

"巴塞罗那 2000 年规划"的重要基础之一,就是 1992 年在这座城市举办奥运会。奥林匹克的舞台使巴塞罗那得以将自己"国际化";它把这座城市的长处和愿景展示给了整个世界。对于巴塞罗那来说,组织世界级的重大活动在两个方面至关重要:它提升了城市在世人眼中的整体形象,并且激发了城市内部完成城市转型的更多热情(Borja and Castells 1997)。看起来,体育运动目前在城市再生中扮演着重要角色(Taylor et al. 1996)。伦敦利用 2012 年奥运会的舞台,推进了定位明确、雄心勃勃的城市再生(参阅"发挥你的社会学想象力 6.3")。

发挥你的社会学想象力 6.3

作为城市更新的全球体育？2012 年伦敦奥运会

下文节选自 2013 年 7 月 16 日的《独立报》(*The Independent*)。

奥运会给伦敦东区带来了超过 90 亿英镑的投资，其中大部分花在交通上。斯特拉福德(Stratford)如今是仅次于国王十字站(King's Cross)的伦敦第二大中转站点。除了两条地铁线，一趟通往国王十字站的“标枪”高速列车，码头区轻轨之外，它很快还将成为连接巴黎的“欧洲之星”列车的停靠站点。

“几十年来，大量的重大开发与改善项目一直在逐渐转向首都东部，”伦敦遗产开发公司首席执行官丹尼斯·霍恩(Dennis Hone)告诉《独立报》,“我现在五十来岁，还记得从前的东区，如果你住在道格斯岛(Isle of Dogs),你得倒两班车到斯特拉福德去购物。现在彻底变样了。”

英国在竞争申办奥运会时，在处置遗产方面做出了五点保证，其中第二点就是将会“彻底转变伦敦东区的核心区”。在奥林匹克公园的选址，如今重新命名为伊丽莎白女王奥林匹克公园，变化清晰可证。

昔日的运动员村，曾经挂满了各国国旗，挤满了指望在排队就餐时逮到尤塞恩·博尔特或莫·法拉赫的人，如今作为住宅区重启运作，名为东村(East Village)。九月，它的首批非运动员住户就将迁入新公寓，里面增设了厨房，有些隔断墙也打通了。让人满怀希望的是，这 2818 套新居中，几乎一半将会是廉租房。而这只是该地区大规模住房建设计划的序幕。奥林匹克公园与周边某些地区一样，最终都将变成五个新住区，容纳 8000 人居住，其中大约 40%是廉租房。

但是，伦敦政治经济学院的安妮·鲍尔正在考察奥运会的遗产，她已经警示大家，不要认定这种房子会在大多数民众的财力所及范围之内。她在去年夏天写道:“将由运动员村改装成 2800 户新居，这样的‘廉租’房对于纽厄姆(Newham)地区最穷困的家庭来说，也是租不起的。鉴于该区三分之一的孩子生活在失业家庭，他们的家庭几乎可以肯定将被排斥出去。”而政府补贴住房的方式的后续改革更成问题。它现在把“廉租”房界定为市场租价的 80%，这等于工党治下的租金上涨了 10%。而在伦敦，这就意味着许多家庭只能望价兴叹了。

……无论如何，除了公园周边的建筑与交通设施开发本身，该地区是否真的发生了更具实质意义的转型，仍存在不少质疑。代表陶尔哈姆莱茨奥林匹克区(Olympic borough of Tower Hamlets)贝斯纳尔格林与波选区(Bethnal Green and Bow)的下院议员鲁莎娜拉·阿里指出:“基础设施投资的影响真的让人惊叹……但是，货真价实的‘但是’,在我这个区，失业现象在奥运会期间其实是增加了。”

阿里认为，奥运会并没有实现改善失业状况的承诺，原本这有可能帮助许多这类依然深陷困顿的区摆脱贫困。她谈道："在奥运会筹备建设期间，为本地人打造的工作岗位寥寥无几。本区的失业率居高不下，培训民众走上工作岗位的机会已经错失。陶尔哈姆莱茨区从奥运会获利甚微。"

要让我们稍有把握地判定奥运会是否拓展了伦敦东区的就业前景，或许还需要再等十年，乃至更长时间。但是，花在交通与住房上的钱已经奠定了一种遗产的开端，而那种遗产"并不只是说说而已"。

资料来源：*The Independent* 2013。

斯特拉福德的东村是2012年奥运会城市再生战略的核心组成部分。

批判性思考

体育赛事真能推动持续的城市再生吗？2012年奥运会如何让地产开发商、当地居民以及伦敦东区那些深陷困顿的社区从中获益？奥运会给居民留下了什么样的基础设施要素？

二　市长的角色

随着城市体现出新的重要性,市长的角色也在发生改变。全球主要城市正在成为相对独立的行动者,而它们选举出来的市长也可以提供一种具有个人特色的领导形式,这对于提升城市的国际形象至关重要。总部设在伦敦的“城市市长”(City Mayors)组织致力于在国际层面上提升市长的形象,从2004年开始,基于网络投票的结果,颁授“世界最佳市长”称号。2010年,墨西哥市市长马塞洛·埃伯拉尔(Marcelo Ebrard)获得了这一称号。名列前十的还有来自委内瑞拉的加拉加斯、新西兰的新普利茅斯(New Plymouth)、德国的乌尔姆(Ulm)等市的市长,展示了市长角色的全球影响力。

在城市面貌彻底改造的一些令人瞩目的事例中,市长扮演了决定性的角色。正是在里斯本和巴塞罗那的市长的大力推动之下,他们的城市被努力提升为世界主要城市中心。与此类似,规模略小的城市的市长也可以发挥至关重要的作用,打造自己城市的国际知名度,吸引新的经济投资。

在美国,市长已经成为一股强大的政治经济势力。由于涉枪暴力在美国城市十分猖獗,超过20位市长放弃依靠联邦政府的努力来通过控枪法律,转而代表其选民,向枪支制造商提起法律诉讼。纽约前市长鲁道尔夫·朱利安尼(Rudolph Giuliani)为了降低犯罪率,推行强硬的“法律与秩序”政策,引发了争议和分裂。纽约的暴力犯罪率因此在20世纪90年代有了显著下降;针对无家可归者的严格的“生活质量”政策改变了纽约繁华街区的形象。话说回来,犯罪率在朱利安尼上任之前几年就已经开始下降,所以既可以说归功于市长的法律与秩序政策,同样可以归因于当时经济形势的改善。在2001年“9·11”事件之后,朱利安尼领导有方,因此被《时代》杂志评为2001年的“年度人物”。

在全球许多地方,市长作为代表所在城市或地区的发言人,所具有的影响力不断提升。市长还经常能够通过与大城市区范围内的社区达成协议,来影响城市辖区之外的地区的政策议程。这些类型的合作用途广泛,比如吸引外资,或是申办世界级赛事。

三　城市与全球性力量

博尔哈和卡斯特指出,地方当局能够在三大领域有效作为,应对全球性力量(Borja and Castells 1997)。第一,城市可以通过管理地方“人居环境”(habitat),即构成经济生产力之社会基础的那些条件和设施,来提高经济生产力和竞争力。竞争力有赖于高素质的劳动力;而这就需要强有力的教育体系、良好的公共交通、充足的廉价住房、得力的执法、有效的紧急救援和有活力的文化资源。

第二,城市在推动各具差异的多族群人口的社会文化整合方面扮演着重要角色。全球性城市中聚集了来自众多国家的人群,他们有着多种多样的宗教信仰和语言背景,社会经济水平也各不相同。如果没有有效的整合力量来平衡全球性城市中的高度多元化,就可能导致碎片化和不宽容。无论如何,当民族国家促进社会结合的效力有所削弱的时候,城市中的志愿团体和治理架构还能成为推动社会整合的积极力量。

第三,城市是政治表达和管理的重要场所。地方当局与民族国家相比有两点优势:它们一般在其所代表人群中享有更强的合法性;在具体运作中也更为灵活,更有腾挪空间。许多市民会觉得,国家政治体系不再能够代表他们的利益和关注。当民族国家因为高高在上而不能充分代表特定的文化利益或地区利益时,城市和地方当局却能够成为更方便参与的政治活动论坛。

城市之间的合作并不局限在地区层次。越来越多的人认识到,城市能够并且应当在处理国际政治、经济和社会事务中扮演重要角色。随着全球化力量把分散在世界各处的元素更加紧密地聚合在一起,也逐渐形成了正式与非正式的城市网络。那些全球最大城市所面临的问题都不是孤立的,它们都根植于全球经济、国际迁移、新贸易模式和信息技术力量这些更大的背景之中。

上海是中国的经济金融枢纽,而创造性地运用城市空间可以缓解对于传统文化习惯的冲击。图中,人们正在城市心脏的旁边打太极拳。

我们曾在其他地方指出,我们所处的这个变化中的世界要求发展出民主化的国际治理新形式。城市网络应该在这些新机制中大显身手。诸如此类的架构其实已经出现了:联合国召开“人居大会”(Habitat Conference)的同时,就召集了一个“城市与地方政府世界大会”(World Assembly of Cities and Local Authorities)。像“世界大会”这样的组织应当会推动各城市组织逐步融入目前由各国政府组成的架构。由于全球城市人口持续增长,城市政府将成为推动政治经济改革的过程中必不可少的关键伙伴。

本章要点

1. 概述全球人口城市化的过程,并说明这种过程的状况与原因。

2. 发展中国家的城市化和欧洲各国的早期进程有何不同?

3. 请界定什么是全球性城市。它们的核心特征和功能是什么?

4. 概述芝加哥学派关于城市研究的生态学思路的核心内容。这种思路所使用的哪些概念源于自然生态学?

5. 城市是如何影响其居民的行为的?请说明格奥尔格·齐美尔在该领域的核心概念。

6. 概述路易斯·沃思关于"城市作为一种生活方式"的学说。"次级接触"是什么意思?为何具有重要意义?

7. 大卫·哈维如何将城市重构过程与广泛的社会经济变迁关联起来?哈维的思路与芝加哥学派的有何不同?

8. 内城衰败和郊区化是如何紧密相关的?郊区的成长是否必然会加剧城市中心区的问题?

9. 请界定"城市再造"与"绅士化",并且举一些例子说明它们是如何运作的。

10. 举出一些可能有助于建设可持续型城市的行动方案的例子。在发展中国家建设可持续型城市现实吗?

11. 为什么城市政府变成了政治经济领域的行动者?为什么城市可能比民族国家更适合处理一些全球化的问题?

研究实践

有关城市和城市区域的许多研究都讨论了如此规模的人口集聚中心面对的问题,我们在本章中也阐述了其中一些,包括监控与军事化的加强,恐怖主义威胁,基础设施的脆弱,难以根除的冲突,仅举数例。不过,这种视角或许忽视了城市当中一些例行常规的工作,对此有所认识,可能会改变我们对于城市前景的评判。请带着这种意识阅读下文:T. Hall, and R. J. Smith, 2015, 'Care and Repair and the Politics of Urban Kindness'(照看、修补与城市善意的政治), *Sociology*, 49(1): 3-18。

- 思里夫特(Thrift)所说的"城市修补"是什么意思?举一些城市修补工作的实例。
- 两位作者对思里夫特的分析持批评态度。原因何在?

• 两位作者提出“希望社会学”(sociology of hope),意思是什么?会牵涉到哪些内容?

• 运用论文中所举的街道清洁工和外展工作者(outreach workers)的实例,说明“城市善意”的意思。

• 鉴于大卫·哈维和曼纽埃尔·卡斯特所感知到的许多城市问题之下潜藏的结构性议题,两位作者所提出的措施真的足以缔造一座“好城市”吗?

深入思考

格奥尔格·齐美尔曾经说:“现代生活最深切的那些问题,乃是源于个体面对汹涌扑来的种种社会力量,面对历史遗产,面对外部文化,面对生活的技术,想要维持自己生存的独立性与个体性。”阅读他的《大都市与心智生活》(Simmel 1903)全文;在网上或者多种编选文集中都能找到该文。

这一分析是名副其实的经典,至今几近一百一十五年的历史!但是它关于城市生活和个体化的主要论断如何应用于21世纪?结合**厌烦态度**(blasé attitude)、**城市矜持**(urban reserve)、**货币经济**以及**讲求实际的计算型人格**来讨论这个问题。比较20世纪初的城市与21世纪的城市之间的差异,我们能得出什么结论?

艺文探析

1. 有人主张,许多人对于19世纪工业城市所持有的印象,是基于查尔斯·狄更斯(Charles Dickens)的《艰难时世》(*Hard Times*,1854)这样的虚构性描述。他以咳咳镇[①]为背景,这个北部矿业小镇,当时与曼彻斯特颇为相似。但当代小说是否也是如此?将下面任何一部小说,与本章中有关**城市不平等**、**内城衰败**、**绅士化**及**城市重构/再造**的经验证据相比较。

- 劳伦·魏斯贝格尔的《穿普拉达的恶魔》(Lauren Weisberger, 2003, *The Devil Wears Prada*, London: HarperCollins)——纽约。
- 伊恩·兰金的《肉店关门》(Ian Rankin, 2004, *Fleshmarket Close*, London: Orion)——爱丁堡。

① “Coketown”,通译焦炭镇。——译者注

- 詹姆斯·艾尔罗伊的《白色爵士》(James Ellroy, 2005, *White Jazz*, London: Arrow)——洛杉矶。
- 维克拉姆·钱德拉的《神圣的游戏:一部小说》(Vikram Chandra, 2007, *Sacred Games: A Novel*, London: Faber & Faber)——孟买。

小说的再现同社会学研究的发现有哪些相同和不同之处?如果小说比经验研究能引起更大的公共反响,这会在政治和政策方面带来哪些启示?

2. 有关乡间村庄生活的许多小说再现,往往把乡村生活描绘成田园牧歌,是令人身心健康、人人真诚相待的宜居之地,而电视节目,无论是虚构性的还是纪实性的(比如《避居乡野》[*Escape to the Country*]),也是如出一辙。鉴于大多数人如今都生活在城市和都市区,为什么乡村田园牧歌的意象能如此长久地延续?这是否表明一个事实,即城市生活无法提供一种令人满意的生存?滕尼斯讨论了现代世界中共同体纽带与社会体纽带之间的均势变化所带来的一些问题,他的看法是否正确?除此之外,你还能就显见的对于乡村生活方式的渴慕做出什么解释?或者,你能否找到替代方式,将城市生活呈现为理想方式?这些呈现有多流行?

阅读指津

要想了解城市社会学领域的概况,戴维·帕克的《城市与日常生活》(David Parker, 2010, *Cities and Everyday Life*, London: Routledge)是很好的出发点。马克·阿伯拉罕森的《城市社会学:全球视角的引论》(Mark Abrahamson, 2014, *Urban Sociology: A Global Introduction*, New York: Cambridge University Press)也很出色,通过丰富的个案研究来刻画核心议题。有关城市研究的批判性回顾和评价,参看艾伦·哈丁与塔利娅·布洛克兰的《城市理论:21世纪权力、城市与城市风格的批判性导论》(Alan Harding, and Talja Blokland, 2014, *Urban Theory: A Critical Introduction to Power, Cities and Urbanism in the 21st Century*, London: Sage)。

关于城市,多琳·马西的《世界城市》(Doreen Massey, 2007, *World City*, Cambridge: Polity)针对伦敦这一全球性城市进行个案研究。而联合国人居署的《世界城市化前景:2014年修订版摘要》(UN ESA, 2014, *World Urbanization Prospects: The 2014 Revision, Highlights*, New York: UN ESA)提供了全球各地城市的大量可比较信息,亦可在线获取:http://esa.un.org/unpd/wup/Highlights/WUP2014-Highlights.pdf。

马歇尔·伯曼的《一切坚固的东西都烟消云散了:现代性的体验》(Marshall Berman,

1983, *All That is Solid Melts into Air*: *The Experience of Modernity*, London: Verso)现在看来也许有些老旧,但在讨论有关现代城市风格的体验方面,依然富有启发,颇值得研读。有关可持续型城市的一些观点,以及如何实现这一目标,参看莱奥妮·J. 皮尔森、彼得·W. 纽顿与彼得·罗伯茨合编的《韧性的可持续型城市展望》(Leonie J. Pearson, Peter W. Newton, and Peter Roberts, eds., 2014, *Resilient Sustainable Cities*: *A Future*, New York: Routledge)。

弗兰·通金斯的《空间、城市与社会理论:社会关系与城市形态》(Fran Tonkiss, 2006, *Space*, *the City and Social Theory*: *Social Relations and Urban Forms*, Cambridge: Polity)阐述了有关城市的一些社会理论,颇具价值,很好地处理了关于城市以及空间再造的一些争论。最后,林扬与克里斯托弗·米尔合编的《城市社会学读本(第二版)》(Jan Lin, and Christopher Mele, eds., 2012, *The Urban Sociology Reader*, 2nd edn, Abingdon: Routledge),汇编了一批经典与当代文献,作为一手材料非常有用。

关于城市环境的原典文集,参阅辅助读物《社会学入门文选(第三版)》(*Sociology*: *Introductory Readings*, 3rd edn, Cambridge: Polity, 2010)。

网络导航

政体出版社有关本书的更多信息和支持:

www.politybooks.com/giddens

城市史中心(Centre for Urban History)——设在英国莱斯特大学(University of Leicester):

www.le.ac.uk/urbanhist

全球化与世界城市网络,设在英国拉夫堡大学(Loughborough University),可回溯世界经济中各城市的成长与一体化:

www.lboro.ac.uk/gawc

城市市长——一个有关世界各地市长的有用资源:

www.citymayors.com

虚拟城市资源中心(Virtual Cities Resource Centre)——查看万维网上呈现出来的城市形式:

www.casa.ucl.ac.uk/planning/virtualcities.html

一个关于可持续性建筑、楼房与文化的美国网站:

www.sustainableabc.com/

第七章

劳动与经济

2015 年 6 月到 7 月，希腊各银行关门谢客，以避免资金流失，民众只好在自动取款机前大排长队。取款额度被限制在每天 60 欧元。

2015 年 6 月下旬到 7 月上旬，希腊各银行关门歇业，并设置了每日区区 60 欧元的提款限额。自动取款机前满是试图提款的民众，很多机器里的现款很快被提空。这是该国深陷经济困境的最明显可见的象征。希腊的国债高达 3230 亿欧元，而其 GDP 在 2010 年后的短短五年间骤降四分之一，因此其负债占 GDP 的比例竟达 177%，失业率飙升到令人震惊的 26%，在 15—25 岁的年轻人中更是高达 60%。但情形并非一贯如此。

进入 21 世纪，希腊也曾是一个欣欣向荣的发达国家。它于 2001 年加入欧盟，在 2000 年到 2008 年享有令人艳羡的年均 4%的经济增长率，并成功主办了 2004 年奥运会（Karyotis and Gerodimos 2015：2）。那么，问题出在哪里？简要回答的话，就像欧洲乃至全世界其他许多国家一样，2008 年全球金融危机使得希腊的内部问题、国家问题大大恶化。这场危机始于美国，但迅速广泛扩散。危机导致经济衰退，企业破产，失业率上升，并促使许多国家出台新的**紧缩政策**，旨在削减居高不下、难以为继的国债规模。在实际运作中，这就意味着薪酬冻结、工时缩减、人员裁撤，意味着不确定的未来。

第一节
全球经济中的危机
▼

经济学家把美国银行业危机的根源归于高风险贷款的操作,尤其是住房贷款。作为其业绩增长战略的一部分,许多美国银行向大批信用记录不良的购房者提供了大额贷款,这种做法被称为“次级贷款”。然后,这些贷款会与其他资产、债券一起被做成投资组合,打包销售给世界各地的投资者。但在2004年到2006年,美国的利率从1%上升到超过5%,次级抵押贷款违约率达到历史最高。人们根本就还不起上涨的月供。结果导致全球投资者蒙受了巨大损失。各银行变得小心谨慎,不愿相互拆借,可用信贷枯竭,也使得美国住房市场出现暴跌。

由于金融市场是全球化的,美国的危机迅速扩散到全世界。欧洲、中国、澳大利亚乃至其他地区的投资银行全部遭受重创,**信贷紧缩**(credit crunch),即信贷或货币的严重短缺,将全球经济推向衰退。在英国、冰岛和法国,政府实际上掌控了各大银行,即所谓国有化,以防止其崩溃。欧洲各国政府和欧洲央行希望通过干预,确保银行留有更多可用资金,促成其重新启动放贷。但这项策略并未奏效,其结果便是全球经济衰退。

对于原本就债台高筑的国家,比如爱尔兰、葡萄牙、西班牙,当然,还有希腊,这场危机的后果尤其严重。由于经济增长趋于收缩乃至陷入停滞,这些国家在偿还现有债务的道路上举步维艰,不得不寻求国际援助,即欧盟/国际货币基金组织的“救助金”(bailout funds)。但资金的提供必然附带条件,也就是确保实施新的财政纪律和紧缩政策,这会给捐资方以信心,相信受资方会积极努力,减少其国债。

有关欧元区经济危机凸显全球治理问题的内容,详参第二十一章“政治、政府与社会运动”。

在希腊,国债规模飙升至占GDP的115%,使人们愈发担忧该国无法还贷。2010年,希腊政府推出“紧缩方案”,削减开支,增加税收,却引发了大规模的抗议和罢工。在不断恶化的局势下,欧洲央行、欧盟委员会和国际货币基金组织联合向希腊提供了约1100亿欧元的救助金。作为回报,希腊同意实施严格的紧缩方案,包括削减公共开支和薪资、大幅增税、改革养老金和私有化。大规模抗议随之而来,但这些措施并不足以解决问题。

2011 年,总额 1300 亿欧元的第二笔救助金又获核准,并有一些私人投资者同意降低利率,接受抹除部分债务。

2015 年 6 月 30 日,希腊政府未能偿付国际货币基金组织 15 亿欧元的贷款,希腊留给欧元区乃至整个欧盟还能有多少希望,此时已经看得十分清楚。而此刻在台上执政的极左政党联盟(Syriza)却承诺要抵制债权方的紧缩措施。希腊举行了公投,决定是否接受总额约为 860 亿欧元的第三批救助金所附加的更为严格的条件,结果是 61%的决定性多数表示"不同意"。纵然如此,希腊的现状与前景如此惨淡,就连极左政党联盟也无视公投结果,接受了以严苛措施来应对债务问题,包括大刀阔斧地改革养老金、银行系统、劳动力市场和税收体系,同时启动广泛的资产私有化方案(Plummer 2015)。债务危机爆发七年之后,欧盟领导人依然深陷困境,极力维持欧盟的团结。

经济衰退(economic recession),即所谓 GDP 连续两个季度下降,绝非史上首遭。在资本主义发展的漫长历史中,不乏短期的经济低迷转变成经济衰退,最近这一例近似于 1929 年的"大萧条"。在 20 世纪七八十年代,英美两国转向新自由主义经济,放松对于金融市场的管制,鼓励经济个体主义,个人债务水平维持高位,逐渐形成了一种高风险金融及放纵消费的文化(Bone 2009)。然而,2008 年的危机在很大程度上也得归咎于全球化,因为全球化方便了货币与债务在全球范围内迅速流动,打造了更加紧密关联的全球经济体系。

显而易见的是,这场 21 世纪的首次经济衰退已经对社会生活的诸多方面产生了重大影响。由于生意受挫,或是政府削减公共开支,很多人丢了工作。如此削减公共开支,实施"紧缩政策",导致了一种风气,公共部门主要通过媒体来展现存在,并被一些政客用来榨取私营部门积累的财富。人们越来越感受到紧张、冲突和不平等的加剧。子孙后代将会比其父辈"更为出色",这原本是长久支撑着"现代性"经济抱负的一项基本预设,如今也变得不确定了。

今天这些问题已经成为**经济社会学**领域的组成部分。下一节会简要回溯该领域的盛衰浮沉。我们将由此开始讨论经济组织和跨国企业,它们的势力还在不断壮大。然后,我们来看一些理论,主要有关经济生产和消费领域中从"福特主义"到"后福特主义"的广泛转型,特别是对于现代劳动者更具弹性的要求。之后,本章转向劳动领域,探讨我们说的"劳动"究竟是什么意思,然后来看看,随着发达社会逐渐转向服务型就业,劳动生活的特性有哪些变化。本章最后一节,我们将考察不断加剧的岗位无保障感、失业,以及劳动与人格发展之间的关系。

第二节

经济社会学

▼

社会学的几位创建先贤,卡尔·马克思、埃米尔·涂尔干和马克斯·韦伯,都致力于理解并说明工业资本主义社会的起源和发展。而这必然涉及考察经济现象,单从他们的一些核心作品的题目就能看清这一点:马克思的三卷本《资本论》(Marx 1867)、涂尔干的《社会分工论》(Durkheim 1893)和韦伯的《经济与社会》(Weber 1925)。格奥尔格·齐美尔的《货币哲学》(Simmel 1907)与托克维尔的《论美国的民主》(Tocqueville 1835-1840)也结合广泛的社会背景来谈经济现象。但与前三位主要创始人不同,后两位的研究并未导向自成一路的社会学传统。

马克思主要关注的是,将资本主义理解为一种充满活力但颇具剥削性和破坏性的经济制度。他特别指出,资本主义的基础是严重不平等、结构化的社会关系,是私有产权。涂尔干则追溯了工业资本主义如何不断扩大劳动分工,导致专门化加剧。但是他也看到,经济的专门化对于社会也发挥了整合的功能。

在韦伯的著作中,焦点在于构成专属经济的那些行动形式和组织,但"利益"这一概念也是其研究思路的核心。单纯由自利倾向决定的行动,诸如在市场中观察到的那些,是"工具理性的",有赖于所有个体以类似的方式行事(Smelser and Swedberg 2005:9)。这是典型的经济理性行动。韦伯也探讨了新教早期形式中的资本主义立场的宗教起源,并且注意到,随着时间的流逝,宗教观念逐渐销蚀,留下的是以逐利为中心的经济制度。然而,在律师、医生、工程师等专门职业所践行的伦理准则中,职责、义务、正直等观念依然保存了一种"天职"观。

有关韦伯的新教伦理的命题,详参第三章"理论与视角"中的讨论。

古典社会学家揭示了所谓的"经济"如何只是作为整体的社会的一部分,从而与纯粹经济学明显有别。经济社会学在许多方面都与主流经济学或"正统"经济学相异,但核心区别在于"经济学的分析起点是个人;而经济社会学的分析起点一般是群体、制度和社会"(Smelser and Swedberg 2005:4)。正统经济学蕴含几项核心假设:个体受自身利益驱动行事,经济行动基于效用最大化,这样的行动因此构成经济维度上"理性的"行动。而在经济社会学中,个体始终嵌于社会背景之中,个体行动者的利益是在与他人的关系中形成的。

尽管许多古典社会学都聚焦于经济议题，但在20世纪的绝大多数时间里，除了一些令人瞩目的例外，社会学将经济事务与社会关系相剥离，并以后者为讨论核心。只是到了20世纪80年代，涌现出一批颇具影响的作品，使半个世纪以来相对遭人冷落的经济社会学重焕生机（White 1981; Burt 1982; Granovetter 1985）。马克·格兰诺维特（Granovetter 1985）对主流经济学理论提出了严厉批评，认为不能把经济行动化约为对于利润最大化或利益最大化的个体理性计算，而是必须视之为嵌于社会网络之中，涉及社会分工、权力关系、组织、文化与政治。**社会嵌入性**（social embeddedness）的概念是新经济社会学的核心，因为它使社会学家能“从社会学角度重新梳理经济议题”（Hass 2007:8）。

格兰诺维特也不同意说经济市场是“合乎自然的”，在一定程度上属于自主运作。相反，他主张市场也是一种社会现象，受到社会关系和地位竞争的影响。与个体的行动一样，市场和工商组织及其他经济现象都始终嵌于社会之中，并非外在于社会结构（Portes 2007:17）。观察这些组织的发展，我们就能看到广泛的社会变化是如何影响经济行动者的，而那些行动者又是怎样作用于千百万人的劳动生活的。要想更清楚地感受到这一点，我们可以简要回溯资本主义企业的兴起与发展，看它们如何从19世纪基于家庭的小型公司，发展为当今庞大的跨国公司，其组织架构涵盖全球。

一　经济组织

公司的发展大致经历三个阶段，虽说各个阶段有所交叠，今日更是共存一时。首先，19世纪和20世纪早期特有的是**家族资本主义**（family capitalism）。经营大型企业的要么是个体企业家，要么是同一家族的世代传承，比如英国的塞恩斯伯里（Sainsbury）家族或美国的洛克菲勒家族。这些家族企业绝大多数都演变为上市公司，其股票在公开市场上进行交易，通常实施管理层控制。而在小型企业中，家族资本主义还在延续，比如店铺一直由同一家族经营，持续两代乃至更长时间。

在大型企业部门，家族资本主义被**管理资本主义**（managerial capitalism）所取代。随着管理层的影响力不断提升，企业家族逐渐被替代。管理资本主义给现代生活留下了不可磨灭的印记。大公司主导消费模式，引领大工厂和公司科层机构里的就业体验。社会学家也已经将**福利资本主义**（welfare capitalism）确定为一种特别形式。从19世纪末开始，大公司开始为员工提供诸如婴幼保育、娱乐设施、分红计划、带薪假期、失业保险和人寿保险等服务。这些公司常常带有家长式的作风，比如发起针对员工的“道德教育”的家访。从不那么善意的角度来看，福利资本主义的目的之一就是避免组建工会，维持对劳动力的控制。

许多学者如今看到,随着管理资本主义让位于**制度资本主义**(institutional capitalism),公司演进的一个新阶段已具雏形。制度资本主义指的是工商领袖之间形成一套稳固网络,其基础在于公司在其他企业持股的做法。制度资本主义发展壮大的主要原因之一就是投资模式的转变。个人现在不是通过购买某个公司的股票进行直接投资,而是把钱投向货币市场、信托基金、保险和养老基金,这些都是由大型金融组织控制的,再经由它们把这些资金投到工业企业。实际上,公司走向大部分是由连锁董事会掌控的。由于公司管理者的股份在企业所持大宗股票面前相形见绌,这就逆转了管理层控制力增强的进程。

还有成千上万家中小企业(small and medium-sized enterprises, SMEs),由**企业主**(entrepreneur)即老板(boss)拥有并管理,这依然是寻常情形。但从20世纪早期以来,资本主义经济越来越被大型工商**企业**(corporations)所主宰。1912年,百大公开上市的公司的市值为0.28万亿美元;但到了2010年,这一数字达到11.8万亿美元。当今之世,出现了许多规模更大的企业,截至2009年,“大约三分之一的跨国贸易是由大型跨国企业完成的,因为其产品在位于不同国家的子公司之间流动,但都整合到了全球生产与销售网络中”(Michie 2012:33)。理论上,大公司是其股东们的财产,他们有权做出最为重要的决策。然而,随着股权的分散,日常控制已经转到管理层之手,因此企业的所有权与控制权产生了分离。但无论它们是由所有者还是管理者经营,大公司的权力总是辐射深广的。

二　跨国公司

绝大多数大公司如今都在全球经济背景下运行。当它们在两个或几个国家建立分支机构时,就被称作多国公司或**跨国公司**(transnational corporations, TNCs)。用“跨国”这个词可能更好,表明这些公司跨越众多国界开展业务。最大型的那些跨国公司体量庞大,财富超过了许多国家。

部分跨国公司已经跻身当今世界百大经济体。在20世纪,主宰跨国公司活动的六大行业是汽车、制药、电信、公用事业、石油,以及电气和电子设备,它们占据了跨国公司全球活动60%的份额。2004年,百大跨国公司中的85%仍把总部设在欧洲、日本和美国,尽管其中有5家其实创建于发展中国家,包括中国、马来西亚、新加坡和韩国,这是此前未曾有过的最大数量(UNCTAD 2007:3-4)。

在2000年的两百强公司中,美国公司占据统治地位,达到82家(占总数的41%);日本公司排名第二,有41家(Anderson and Cavanagh 2000)。然而,从1960年开始,美国公司在两百强中的比例已经明显下降,那年仅有 5 家日本公司在列。所有直接对外投资中有大约四分之三发生在工业化国家之间。不过,发展中国家的跨国公司的参与度也颇为深广,巴西、墨西哥和印度的外资程度最高。迄今为止,企业投资的最高增长率出现在新加坡、中国台湾、中国香港、韩国和马来西亚等亚洲新兴工业化经济体。

如果没有交通与通信方面的进步,跨国公司是不可能如此辐射深广的。航空旅行现在使人们能够在全球便捷流动,其速度之快即使在六十年前也是不可想象的。超级货轮即巨大的远洋货船的发展,配以能够从一种运输工具直接转到另一种运输工具的集装箱,促成了大宗货物的便捷运输。如今的通信技术也使世界各地之间的接触变得多少是即时性的了。较大的跨国公司都有自己的卫星传输系统。例如,三菱公司拥有庞大的网络,每天往来于它的东京总部的信息传送量高达五百万个单词。

跨国公司诸类型 跨国公司在国际劳动分工中举足轻重。所谓国际**劳动分工**,就是为世界市场生产物品的专门化,将各地区划分为工业生产区和农业生产区,或者高技能劳动区与低技能劳动区(McMichael 1996)。正如国家层面的经济越来越被少数巨型公司主宰,世界经济亦是如此。

珀尔马特(Perlmutter 1972)把跨国公司分为三种类型。第一类是**母国中心式跨国公司**(ethnocentric transnational),其公司政策是由设在源发国的总部制定并予以推行。母公司在世界各地拥有的公司和工厂只是源发公司的文化延伸,其在全球的运行都是标准化的。第二类是**多中心式跨国公司**(polycentric transnational),其海外子公司是由设在各个国家的当地公司负责管理的。位于主公司源发国的总部确立大致方针,本地公司在此框架内经营自己的业务。最后,还有一些**全球中心式跨国公司**(geocentric transnationals),其管理结构是国际性的,管理体系基于全球性基础而整合一体。

跨国企业是第一批有能力在真正全球范围内做出筹划的组织。少数公司拥有发达的全球网络,能够影响多个国家的商业活动。21 世纪的大企业与其 20 世纪中叶的对应企业相比,有着重大差异。美国劳工部前部长罗伯特·赖克(Robert Reich)曾经指出,美国的工商企业正在发生重大转变(Reich 1991)。许多公司不再是“美国的”:它们不再投资工厂、机器和实验室,也不再雇用大批劳动者。相反,美国的公司成了某种外表或门面,背后藏着多种去中心化的群集,同全世界不同区域的类似群集往来协作。简言之,大公司越来越不像一家大型企业,而更像是一个“企业网络”,一个把各个规模较小的公司联结在一起的中心组织。国际商用机器公司(IBM)曾经是大公司中自给自足程度较高的一家,然而在 20 世纪 80 年代和 90 年代早期,陆续联合几十家总部设在美国的公司以及 80 多家总部设在外国的公司,共同开展战略筹划,处理生产问题。

黎巴嫩北部的黎波里城市街头的百事可乐和可口可乐广告。

有些公司仍然保持明显的科层特征，以其最初创建时所在的那个国家为中心。但绝大部分公司已经不再有明确的所在地了。老式的跨国公司还有一些基于国家的总部，从那里控制其海外各生产工厂和子公司。如今，位于世界任何地区的群体都有能力通过电信和计算机与其他人协同工作。各国仍在试图影响信息、资源、货币等的跨国界流动，但现代通信技术使得这种努力就算不是无法实现，也是越来越困难了。鉴于跨国公司的规模和力量，工商组织又应当对更大范围的社会承担什么样的责任呢？

三　企业的社会责任

尽管企业责任的议题自 20 世纪 50 年代起就成为学术争论的一部分，但只是到了 20 世纪 90 年代，企业界才显示出持续关注工商企业如何能够变得或者看起来变得具备社会责任感（European Commission 2001）。对“企业社会责任”的观念可以有各式各样的解释，但大体上是指公司为了满足公众在更广泛意义上对于社会和环境的期望（比如对于环境可持续性的承诺），不限于严格的法律义务，遵守健康和安全方面的准则。

有关可持续发展的议题，详参第五章“环境”中的讨论。

有一种简单的操作定义，所谓**企业社会责任**（corporate social responsibility, CSR），就是“一家企业通过某些方式，力求让它的价值观和行为与其各类利益相关方保持一致”（Mallin 2009：1）。考虑到后者可能包括政府、供应商、顾客、雇员和利益游说群体，这项任务并不轻松，因为它们价值观歧异，行为多样，很可能相互冲突。还有必要指出，不能简单地将企业社会责任视同慈善。准确地说，这属于增进企业样板与核心利益相关方之间的关系，以此打造更为长远考虑的可持续性工商模式。就此而言，体现出企业社会责任对于企业运作来说或许是不可或缺的，而不是什么额外的自愿选择。

鉴于近几十年来爆出了一连串的企业**不负责任**的案例，企业社会责任运动可能会显得很不搭调，或者是令人惊异的不切主题。比如说，1992 年，设在印度博帕尔（Bhopal）的联合碳化物工厂的事故灾难造成了数千人死伤，但是十年之后，仍然没有对这些受害者做出任何补偿。2002 年，在一起令人震惊的企业欺诈和掩盖罪案中，安然（Enron）公司及其会计师事务所安达信（Arthur Andersen）的信用崩溃，震动了整个金融界（Crowther and Rayman-Bacchus 2004：1）。然后，到了 2008 年，各大银行和金融机构不负责任的抵押贷款触发了信贷紧缩和金融危机，拖累全球经济于 2009 年陷入衰退。

诸如此类的案例表明，企业社会责任的行动议程要想被公众视为真诚，还有很长一段路要走。20 世纪 60 年代以来，公众对于各种权威机构的信任愈益衰减。雪上加霜的是，全世界范围内的反全球化以及反资本主义的运动却风起云涌，伴之而来的则是广泛关注工商企业和各大银行有违伦理的操作，以及在纽约、伦敦等地的“占领”抗议宿营，展示出大公司与个人之间的鸿沟不断加深。这些趋势还提示我们，在一个全球沟通迅捷的时代，人们更可能带着关注的问题走上街头，而非私下抱怨。

在这种情形下，企业社会责任提供了一种方式，将工商组织与它们嵌入其中的变迁社会重新连接起来。但是，只要石油公司、快餐企业或者军工制造商还在做着它们的主营生意，就似乎不太可能被批评它们的人视为“尽到了社会责任”。显然，如果试图把社会责任与企业最佳运营融合一体，我们的期待还是面临不少限制的。

批判性思考

谷歌同意遵守中国的法律，过滤能够通过搜索引擎找到的“有很大争议的”内容。瑞银集团会用股东的资金来削减自己的碳排放量，虽然它并无任何法律义务这样做。喜力啤酒向其雇员提供 HIV/AIDS 治疗方案，明知这不会给公司带来什么财政回报（Schwartz 2011：16）。你认为这些行为中有哪些属于企业社会责任的例证？说明你如此回答的理由。

四 泰勒制与福特制

自20世纪70年代以来,制造业中发生了一些重大变化,逐渐摆脱了千篇一律的大规模生产,转向更具弹性的体系,使各自分化的利基市场(niche markets)得以繁荣发展。仔细观察这种整体模式,可以看到经济社会学的核心要点,即无论哪种类型的经济行动者,都深深嵌入更广范围的社会关系与社会制度体系。

现代经济学的创始人之一亚当·斯密(Adam Smith)从提高生产率的角度来把握劳动分工的好处。他的《国富论》(Smith 1991[1776])开篇就描述了一家制针厂的分工。一个人单独劳动,一天或许可以制造出20根针。而通过将工人的任务分解为许多简单的操作程序,执行专门化任务的十个工人集体合作,一天可以生产出48 000根针。换句话说,每位劳动者的生产率从20根针增加到了4800根针,每个专业操作员的效率是单独劳动时的240倍。

一个多世纪之后,这些观念在一个美国管理顾问弗雷德里克·温斯洛·泰勒(Frederick Winslow Taylor, 1865—1915)的研究中得到了系统阐述。泰勒的思路被称为"科学管理"(scientific management),即对工业过程进行细致考察,将它们分解成简单的操作,由此可以进行精确计时和组织。所谓**泰勒制**(Taylorism),就是一种旨在使工业产出最大化的生产体制,对于生产的组织和工作场所的政治都产生了广泛影响。尤其是泰勒的"时间+动作"的研究剥夺了劳动者对其生产过程的知识的控制,并将这些知识置于管理者手中,从而侵蚀了手工劳动者赖以维持其自主性的根基(Braverman 1974)。如今泰勒制普遍让人联想到劳动的去技能化和退化。

泰勒制的原则被实业家亨利·福特(Henry Ford, 1863—1947)所采纳。1908年,福特在密歇根的高地公园(Highland Park)设计了他的第一家汽车制造厂,并且只生产一种产品——福特牌T型汽车。他使用了专门设计的工具和机器,以实现迅速、准确和简便的操作。福特最重要的创新之一是引入了生产流水线,据说这是受到了芝加哥肉类加工厂的启发,在那里,牲畜在一条流水线上被逐个部位分解。在福特的生产流水线上,每个工人都被指派承担一项专门任务,比如当车身在流水线上经过时,负责安装左边车门的把手。截止到1929年T型汽车停产,用这种方式生产出的成品已经超过1500万辆。

福特是最早认识到大规模生产需要大众市场上的大规模消费的人之一。他推断,像汽车这样的标准化商品如果要大规模生产,就得有足够多的有能力购买它们的消费者。1914年,福特采取史无前例的措施,将工资提高到每个工作日(8小时)可得5美元,这在当时算得上颇为优厚的薪酬。这样做旨在确保所谓的工人阶级生活方式也能包括拥有

福特制的生产方法将大量工人聚合到大型工厂中,这也促进了强大工会的成长。

一辆福特牌汽车。正如哈维所言:“每 8 小时工作日 5 美元,其在一定程度上只是为了确保工人遵从极具生产力的流水线体系运作所需要的纪律。它同时意味着使工人拥有充裕的收入,能够消费这些大规模生产的商品,公司产出的数量注定日益庞大。”(Harvey 1989:126)福特甚至还招募了一支小型的社会工作者队伍,派他们到雇员家里去,教导他们养成适当的消费习惯。

在经济社会学中,**福特制**(Fordism)涉及从 20 世纪早期到 20 世纪 70 年代早期这段历史时期,其特点就是大规模生产,劳资关系相对稳定,工会化程度高。在福特制下,企业给予工人以长期许诺,工资与生产率挂钩。集体谈判协定(collective bargaining agreements),即企业与工会就工作条件和工资达成的正式协定,既确保了工人接受自动化体制,又保证了对于大规模生产的商品的充足需求。但是到了 20 世纪 70 年代,福特制逐渐趋于瓦解。

福特制衰微的原因很复杂。它的基础是向国内市场供应货品,但随着跨国公司发展壮大,国际市场愈益重要,面向国内的福特制实际上已经落伍了。跨国公司也带来了新的竞争。首先是联邦德国,又加上日本(之后是东南亚的新兴工业化经济体),打破了国内生产同消费之间的密切关联。国内消费者越来越热衷于购买进口货品,福特制“亲密舒适”的安排就此消解(Tonkiss 2006:93-94)。

曾经一度,福特制似乎预示了整个工业生产的未来。然而,事实证明并非如此。福特制的原则只可能成功应用于为大市场生产标准化产品的那些工业门类。要建成机械化生产线是相当昂贵的,并且一旦建立这套体系,就难以灵活调整。要改变一种产品,需要追加大量投资。劳动力成本高昂的国家的企业难以同工资更低廉的国家的企业竞争,这也是推动日本和韩国汽车工业先后崛起的因素之一(虽然今天日本的工资水平已经不再低廉)。

福特制与泰勒制都是**低信任体制**(low-trust system)。工作是由管理方确定的,并且服从机器。那些执行工作任务的人受到严密监管,几乎没有自主性。为了保持纪律和高质量的生产水准,员工受到各种监控系统和科学管理的持续监督。但这种持续监管往往适得其反,因为劳动者的投入和士气受到了损害。在有许多低信任职位的工作场所,员工的不满意度和旷工率都很高,劳资冲突司空见惯。与此相反,**高信任体制**(high-trust system)是在整体指导方针下,允许劳动者控制他们工作的节奏甚至内容。这种体制如今已经变得更为普遍,改变着我们对于组织工作场所和执行工作任务的思考方式。

五 后福特制的趋势

自20世纪70年代中期以来,更具弹性的操作已经广泛运用于产品开发、生产技术、管理风格、工作环境、员工参与和市场营销。团队生产、问题解决小组、多重任务以及利基营销(niche marketing),这些只是公司为了抓取愈益全球化的经济机会,采取的一系列策略中的一部分。**后福特制**(post-Fordism)这个概念,就是用来把握这种彻底告别福特制原则的整体趋势的(Amin 1994; Beynon and Nichols 2006)。这个概念最初是由迈克尔·皮奥里和查尔斯·萨贝尔(Piore and Sabel 1984)推广开来的,用来描述福特制之后的新时代,即尽可能增加弹性和创新,以满足对于多样化、个性化产品的新型需求。

后福特制包含发生在设计、制造和分配环节的一系列交叠的变化,虽说也有些人主张,必须把这些变化与更广泛社会中的变迁结合起来看。从党派政治、福利方案、消费需求到生活方式选择,在多种多样的领域里也都能看到弹性,看到对千篇一律的反对。因此,对于后福特制的讨论,不仅是针对生产过程方面的一系列局部变化,也适用于宽泛得多的转型,即趋向更为多元、日益个体化的社会秩序。我们先讨论一下这些趋势,然后再来看看对于后福特制大体论点的一些批评意见。以这种方式将经济生产的世界与政治、政策和变迁中的生活方式统筹考虑，当然是新经济社会学的题中应有之义。

(一) 团队生产、弹性与全球生产 弹性生产以及计算机辅助设计(computer-aided design, CAD)和计算机辅助制造(computer-aided manufacture, CAM)的逐渐普及，就是一种令人瞩目的变化。福特制在为大众消费打造大众产品方面做得非常成功，但它不能按小批量订单生产，更不用说为个体客户定制货品了。亨利·福特对第一辆大规模生产的汽车有一句俏皮话颇为有名，就是这一问题的典型体现："人们可以拥有任何颜色的 T 型轿车，只要它是黑色的。"计算机辅助设计配上以计算机为基础的技术，从根本上改变了这种状况，促成了产品的"大规模定制化"(Davis 1988)。比如，用一条生产流水线每天可能生产出 5000 件衬衫；而现在每一件衬衫都可以是个体定制的，速度不减，成本不增。

可以利用互联网数据来获得有关个体消费者需求的信息，进而把他们精确的明细要求转化成产品。有些支持者认为，**大规模定制**(mass customization)无异于一场新的工业革命，与 20 世纪初大规模生产的引入同样重要。也有些持怀疑态度的人不那么信服，认为大规模定制只是制造出一种"选择的幻觉"，而实际上，提供给网购用户的选择并不比典型的邮购商品目录列出的种类更加丰富(J. Collins 2000)。

戴尔(Dell)电脑公司早已开始实施大规模定制。它的顾客必须上网购物，因为戴尔公司没有开设零售店。人们可以在网上选择他们想要的各种器件属性的精确组合。一收到订单，一台电脑就根据客户要求定制出来，然后寄出。事实上，戴尔已经彻底颠覆了传统的经商方式——企业通常先把商品制造出来，然后再操心如何卖掉它。而现在，像戴尔这样的大规模定制商则销售在先，制造在后。这种转变产生了重要后果。由于引入了"即时"(just-in-time)方法，即只在需要时传送零部件，维持零部件充裕库存的需要已经大为减少，而这原本是制造商的一项主要成本。此外，越来越多的生产份额来自外购外包，所以如今至关重要的是制造商与供应商之间信息的快捷传递，而互联网使之成为可能。

制造领域的变迁不仅包括产品是**如何**生产出来的，还包括产品是在**哪里**生产的。在 20 世纪的大多数时间里，像福特和通用汽车这样的巨型公司雇用了数以万计的工厂工人，制造从零部件到整车的全部内容，然后在制造商自己的展示大厅里进行销售。而在后福特制转向之下，另一种生产类型变得很重要，就是由亚马逊之类的巨型零售商而不是制造商进行控制。在 21 世纪初期，亚马逊开始在供应商的库房里设立自己的空间，这种战略被命名为"借巢"(under-their-tents)(IMS 2013)。该举措本质上就是即时原则的某种延伸,使亚马逊得以减少其自有库存和仓储建造成本,并依据其“宿主”公司的产品范围,以比竞争对手快得多的速度获取订单、进行处理并寄送产品。现在不用再从全国各地运送快速消费品(consumer packaged goods, CPG),只需要在同一库房内部移送即可。

博纳西奇和阿佩尔鲍姆(Bonacich and Appelbaum 2000)发现,在服装制造业中,大部分“制造商”实际上没有雇用任何制衣工人。取而代之的是,他们依靠全球数以千计的工厂来制作成衣,然后再通过百货商店和零售点出售。制造商并不拥有自己的工厂,因而也不负责工作环境。在美国销售的服装中有大约三分之二是在美国之外的工厂中生产出来的,包括中国和菲律宾,那些地方的工人所获得的薪酬只是美国平均工资的零头。零售商和制造商搜索整个世界,寻求最低工资成本。如今发达国家的人们买到的衣服当中,大部分很可能是青少年劳动者在**血汗工厂**(sweatshops)里制造出来的,他们做出来的成衣或运动服装每件售价成百上千元,自己却只能赚到几元钱。

即使像在电子工业中,生产已经定制化了,但生产线的诸要素依然存在。

团队生产,即工人的协作团队,已经同自动化结合在一起使用,以重新组织工作。其核心思想是要通过促进员工群体协作来提高他们的积极性,而不是让个体执行单项重复性任务。话说回来,有些研究也发现了一些负面后果。尽管在团队运作中,直接的管理层权威不再那么明显,但团队其他工人的持续监督体现出一种新式的相互监控。劳瑞·格雷厄姆(Graham 1995)花了六个月时间,研究了位于美国印第安纳州的日资企业斯巴鲁-五十铃(Subaru-Isuzu)汽车厂的生产线。她发现,来自其他工人的实现更高生产率的同事压力可谓毫无止境。

有一位工友告诉她,自己起初对团队生产满怀热情,后来发现同事监督无非是一种新的管理手段,试图让人们“工作至死”。格雷厄姆还发现,斯巴鲁-五十铃公司利用团队生产的概念来对抗工会。如果管理方与工人被视为身处同一“团队”,那就应当没有任何冲突:好的“团队成员”不会抱怨。要求提高薪酬或减轻负担会被视为缺少合作态度与奉献精神。所以说,尽管团队生产可以为工人提供机会从事不那么单调乏味的工作,但充满权力和控制的体制依旧是工作场所的典型特征。

(二)对于后福特制的批评　有些学者虽然承认劳动与经济生活的世界已经发生了显著变迁,却拒绝用“后福特制”作为总体标签来概括这些变迁的特征。有一种批评意见经常可以听到,认为福特制的做法尚未被全盘抛弃。批评者指出,我们看到的只是有一些新的思路融入了既有的福特制技术,所以与其说是后福特制,不如说是一种新型福特制,或“新福特制”(neo-Fordism;Wood 1989)。而另一些学者则认为,无论是福特制,还是后福特制,都属于过度概化,掩盖了一桩事实:经济生产始终鲜明地体现出不同行业技术的多样性(Pollert 1988)。

但是,基本可以肯定,不管我们如何命名它们,上述生产方式的转变都是经济生活全球化不断深入的核心要义。后福特制的趋势重塑了工作体验,原先可以预测的稳定世界已经让位于一种更具弹性、更不确定的工作环境,我们在本章下文即可看到,这在整个社会产生了广泛的后果,从工会组织,到自动化和数字技术的引入。但在探讨这些后果之前,我们需要退一步,先来看看“劳动”本身是什么意思。

第三节
劳动性质的变迁

▼

一　什么是劳动?

我们可以先将**劳动**(work),不管是有薪的还是无薪的,定义为执行需要付出脑力和体力的活动,其目标是提供满足人类需要的商品和服务。而**职业**(occupation)或就业岗位(job)就是用来交换一份稳定的工资或薪水的劳动。在所有文化中,劳动都是**经济**的基础。经济系统是由提供商品和服务的生产与分配的机构/制度(institutions)组成的。

我们往往会将劳动视同拥有一份有薪工作,正如"没有工作"(out of work)所暗示的意思一样。但实际上这是一种过于简化的观点。无薪的劳动,比如家务或者修理自己的汽车,在很多人的生活中占据很大分量,对社会做出了巨大贡献。在慈善组织或其他机构从事的志愿性工作也是一类扮演重要的社会角色的劳动,填补了商业性服务供应方所留下的缺口,提高了人们的生活质量。事实上,巴德(Budd 2011)就讨论了思考劳动的十种方式,虽说实际恐怕比这还要多。"劳动"在社会生活中具有许多意涵。比如,对于有些人来说,劳动就是"苦难",不得不做,却令人难受;而对另一些人来说,劳动是满足感和成就感的核心来源;劳动也可以成为我们身份认同的必要部分,经此通向个人自由。

但不管我们如何思考劳动,从社会学的角度说,我们必须首先认识到,最重要的是,"劳动"是一种社会关系,因此,如果我们想充分理解它,就得结合其所处的社会背景(Strangleman 2015:137)。很多类型的劳动都不符合"有薪就业"的正式范畴。例如,在官方的就业统计中,很多非正式经济中的劳动都没有以任何直接方式记录在案。

非正式经济(informal economy)这一术语指的是在正规就业领域之外的交易,有时候包含用现金交换所提供的服务,但往往涉及的是货品或服务的直接交换。比如说,性工作的许多形式就发生在经济的非正式部门,不符合有薪就业的标准规范。而替你修补水管的人会得到现金支付的酬劳,但没有任何收据,也属于"非正式的"劳动。还有些人与朋友或同事交换赃物,以换取别的好处。非正式经济不仅包括"隐藏的"现金交易,还包括人们在家庭内外从事的多种自助活动。比如说,自己动手式的活动,家用机械,居家修理工具,提供了那些否则必须去购买的货品和服务(Gershuny and Miles 1983)。

批判性思考

你从事何种类型的有薪劳动,或者想谋求什么类型的职业生涯?更多影响你对劳动或职业的选择的,是它在广泛社会中的地位,还是它自身内在的满意度?

如果我们以**全球性**眼光来看劳动的经验感受,就会发现发达国家与发展中国家之间存在大量差异。一个主要差异在于,在大部分的发展中世界里,农业仍然是主要的就业来源,而在工业化国家里,则只有极少部分的就业来自农业。显然,同样是从事有薪劳动,在发展中国家农村环境中和在发达世界典型的办公室环境里的鲜活体验迥然有别。

与此相似，多年以来，发达国家一直有一系列就业法规在保障劳动者的工时、健康、安全和权利，与此同时，在一些发展中国家不那么严格管控的环境中，运行着“血汗工厂”(Louie 2001)。

关于童工，详参第十四章“全球不平等”。

就业模式在世界各地也有很大差异。在大部分发达国家，非正式经济相比那些有正式薪酬的就业部门要小，尽管很多新迁入的流动工人靠前者来谋生。但在发展中国家，就业模式是反过来的——依托廉价劳动力，以及劳动者被迫接受的弹性，非正式经济颇为兴旺。在很多发展中国家，人们主要的劳动经历是在非正式部门，但是又经常被认为是正常的(参阅“全球社会 7.1”)。尽管这些非正式劳动对于很多人来说不可或缺，但是由于税收流失，政府的支出计划受到限制，有人声称，经济发展也因此变得愈发艰难。无独有偶，在世界上不同的地区，不仅劳动体验，而且劳动对于人们具体意味着什么，都可能天差地别。

有关流动工作、流动工人与当地社区之间关系的议题，参看第十六章“种族、族属与移民”。

全球社会 7.1

尼日利亚对非正式经济的依赖

非正式经济与生意的发展　根据世界银行的估计，亚非发展中国家的 GDP 中，有 25%—40%来自非正式部门。依据独立调查，在非洲最大的国家尼日利亚，这个数字甚至可能接近 GNP 的 65%。但真相是，因为尼日利亚的相关数据严重匮乏，几乎不可能量化测算该国非正式经济的确切规模，或是其对国民经济指标的贡献。往往得靠当地报纸的报道，世人才能对尼日利亚的实况有零散但必需的管窥。

2008 年 9 月，该国大报《先锋报》(*Vanguard*)刊出对劳工部一名高官的访谈，他承认，尼日利亚 90%的新增就业岗位来自非正式部门。这名官员援引一份匿名调查进一步说明，全部非农就业人口的 80%和城镇就业岗位的 60%都在这个部门。这些数据来源可靠，但对于一个正力求改组其经济结构以加速发展的国家而言，它们的重要性令人瞠目结舌。

所谓非正式经济,即国家管控范围之外发生的所有经济活动,它既不需要纳税,也不被计入一国的GDP。它包括多种多样的货品和服务:从手工艺品、街头贩卖,到农场劳作、金钱借贷。也就是说,基于传统或必要性,它在正式管控之外展开运作,往往凸显出社会公益的缺失。在尼日利亚这个案例中,非正式经济相对于正式经济的比重颇为可观。

[……]

在尼日利亚,非正式部门体量庞大、成分复杂,其运作始终在官方调控和监督范围之外,它已经超越了各式各样漫无组织、往往毫不起眼的小规模活动,而后者在传统上一直维持着该国城乡贫困人口的生计。

[……]

非正式的街头贩卖在尼日利亚和其他许多发展中国家都非常普遍。

对尼日利亚而言,要想充分利用非正式经济,需要的不仅仅是政策导引;它要求从官方到民众,都要彻底改变观念,认识到这类活动的正当性及其内在固有的经济价值,不再以口语中的"黑色市场"生意作为标签登入公文,这又不是因为找不到更好的措辞。

[……]

尼日利亚的非正式经济已经挨过了被历史和体制忽视的最困难时期,即便仍有来自地方上和国际上的巨大压力,依旧在优良的创业精神之传统下兴旺发达。该国长期的宏观经济表现亦与该部门的管理业绩密切相关,这足以证明相较于尼日利亚丰富的石油资源,非正式收入更有价值。

资料来源:摘自 Osalor 2011。

拥有一个有薪水的就业岗位十分重要,特别是在发达世界,但是“劳动”的范畴涵盖甚广,包含了家务之类的无薪劳动。家务劳动传统上主要由女性承担,通常没有薪水,尽管这种劳动往往非常辛苦,让人筋疲力尽。有必要通过安·奥克利(Ann Oakley)对家务劳动的经典研究(参看“经典研究 7.1”),更细致地探讨这一话题。

社会学家感兴趣的主要问题之一是,进入劳动力市场的女性越来越多,会如何影响家庭内部的劳动分工。如果家务劳动的数量没有减少,但现在作为全职家庭主妇的女性更少了,那就可以推出,如今对于家庭内部事务的安排必然有了很大的变化。

经典研究 7.1

安·奥克利关于家务劳动与家庭主妇角色的研究

研究的问题 在 20 世纪 70 年代之前,有关劳动的社会学研究几乎完全聚焦于公共领域中的有薪就业。但是这忽视了家庭内部领域,简单认定在家庭内部发生的事情属于私事。这些根深蒂固的预设被第二波女性主义彻底撼动,这场运动拒绝认为个人生活不属于社会学议题。但这类预设最初是如何广为流传的呢?有薪劳动与家庭劳作之间的关系是什么?为什么后者一向被看作女性的专属?安·奥克利在 1974 年出版了两本相互关联的著作——《家务劳动社会学》与《家庭主妇》,探讨了这些议题。

奥克利的说明 奥克利(Oakley 1974b)认为,西方世界目前形式的家务劳动是伴随家庭和劳动场所的分离而出现的。由于工业化,“劳动”发生在家居和家庭之外,“家”成为一处消费和休闲的场所。随着所谓“实际劳动”越来越被界定为拿到直接薪酬的劳动,家务劳动也就在相当程度上“不可见”了。然后,家务劳动被视为属于妇女的“自然”领域,而家外的“实际劳动”领域则是为男性保留的。

在由工业化提供各种发明与设备之前,家务劳动是非常辛苦的。例如,每周一次的洗浴就是一项要求很高的繁重任务。冷热管道自来水的入户解除了许多耗费时间的劳作;以前必须把水运到家里,然后加热,而在发展中世界,如今大部分地方还是这样。通过管道来输送电力和煤气,就使得煤炉和炭炉过时了,定期劈柴、运煤以及不断清理炉道之类的杂活儿基本上都没有了。

然而,奥克利称,即使有了节省劳作的设备,女性花在家务劳动上的平均时间也没有出现明显下降。因为目前家居需要的清理比过去更为彻底,不在有薪就业状态的英国女性花在家务劳动上的时间仍然相当稳定。家居设备解除了一些繁重的杂务,但又生出了新的劳作取而代之。人们花在照料孩子、大举购物以及准备饭菜上的时间都有所增加。这种无薪的家务劳动对于经济有着重要意义。据估算,家务劳动占到了工业化国家所创造财富的25%—40%。英国一项关于时间使用的调查估计,如果家务劳动是有薪的,将会为经济增加7000亿英镑的价值(ONS 2002a)。奥克利指出,这些不被承认和没有酬赏的家务劳动支撑了经济的其他部分,为许多从事有薪劳动的人提供了其所依赖的免费服务。

女性全职从事家务劳作也会使人感到非常孤立,与人疏远,缺乏内在的满意感。在奥克利的研究(Oakley 1974a)中,家庭主妇发觉家务劳作单调至极,而且她们给自己的劳动设立了一些标准,又难以摆脱为达到这些标准而自我施加的心理压力。因为家务劳动是无薪的,不能带来直接的现金收益,女性就从达到清洁与整齐的标准中获得满足感和心理酬赏,觉得这些是外部强加的规则。但是与男性劳动者不同,女性在一天工作结束后也不能离开她们的"劳动场所"。

奥克利指出,尽管被访的一些女性说她们在家里是"自己的老板",但这纯属幻觉。男性在确定的时间劳动,避免了很多额外的家庭责任,而女性承担的额外家庭责任,比如照顾生病的孩子、伴侣或者老年亲属,都意味着她们的劳动时间增加了。因此,男性往往会非常明确地区分开工作和休闲,将额外的责任视作对他们受保护的休闲时间的侵害,而对于女性来说没什么感觉,因为她们不曾经历这种明确的时间区分。有薪劳动带来了收入,也就创造了一种不平等的权力关系,使得家庭主妇依赖男性伴侣维持经济生存。

批评的观点 一些评论家不同意奥克利的观点。她认为要说明家务劳动的性别分工,最显著的因素是男权制(patriarchy)而不是社会阶级,但这忽视了劳工阶级家庭与中产阶级家庭之间在决策和资源分配方面的重要差异。近期的社会变迁也已使人们开始追问,职场女性是否真的比男性承担了更大的"双重重担",需要兼顾有偿劳动和家务劳动。

男性从事的家务劳动确实在逐渐增多,哪怕增势缓慢。如果我们去测量由男性和女性承担的全部工作量(有薪劳动和家务劳动),就会看到一场真正趋向平等的运动在发生,尽管社会对更多女性出外工作的适应是滞后的。沙利文(Sullivan 2000)研究了英国的时间预算数据,发现从20世纪50年代后期开始,在所有的社会阶级群体中,女性对家庭责任的分担已经下降了大约五分之一,而且女性越是从事有薪就业,对家庭劳作的时间付出就越少。对于家庭性别关系的变化前景,奥克利可能过于悲观了。

当代的意义　安·奥克利的作品在20世纪七八十年代有着广泛影响,女性主义研究在那段时间逐渐开启了有关性别与家庭关系的社会学研究。尽管晚近的评论者提出了一些合理的批评,但她的观念仍然十分重要。就连格尔舒尼(Gershuny)、沙利文及其他人的研究也都承认,女性所承担的家务劳动依然比男性多。这就支持了奥克利的论点,即有关女性在家庭领域的"本分"(proper place),西方社会有一些根深蒂固的态度和预设。

最近,克朗普顿等人(Crompton et al. 2005)发现,全球经济压力增强了竞争,这迫使企业要求其劳动者(大多数是男性)有更多的投入,沙利文(Sullivan 2000)及其他人所指出的平等化进程已告"暂停"。对于家庭劳动分工的态度固然正变得不那么传统,但是家庭内部的真正运作实际上已经转向一种更为传统的模式。

显然,有关全球经济变化对于家庭劳动分工的影响,还需要更多的比较研究,但是安·奥克利在20世纪70年代所做的研究使得社会学家相信,要想理解社会和社会变迁,既要分析劳动与有薪就业的公共领域中的关系,也同样必须分析家庭环境内部的关系。

批判性思考

你自己经历的父母、叔伯阿姨、祖父母的性别化家庭劳动是什么?从家务劳动、照料孩子、付账到照顾生病的亲属,凡此种种,哪些方面的变化最大?哪些方面对变化最为抗拒?为什么?

二　劳动的社会组织

发达社会中的劳动的特征是有着高度复杂的**劳动分工**(division of labour),即人们能够专门从事的不同行业数量庞大。在工业化之前,非农劳动需要精通一门手艺,而手工技能是通过漫长的学徒期习得的。手工业劳动者通常要完成从开始到结束的生产过程的所有方面。例如,一个制作耕犁的铁匠要负责熔铁、锻形,最后组装好整个工具。

随着工业生产的兴起,绝大多数传统手工劳动已经消失,作为替代的各种专门化技能充当着更大范围的生产过程的组成部分。工业化进程还见证了主要劳动场所的转变。随着作坊和工厂的发展,人们能够使用基于电力和煤炭而运作的大型机器,劳动与家庭生活开始愈益分离。工厂成为工业发展的中心,而商品的**大规模生产**开始让以家庭为基础的小规模手工业黯然失色,上文探讨的福特制即为明证。

在工业化社会与其他类型的社会之间,劳动分工可谓天差地别。即使在最大的前工业化社会中,主要的手工行业也就是20种到30种,再加上商人、士兵以及牧师之类的专门化角色;而在现代社会,却实实在在有着数以千计的不同职业。比如,英国的人口普查列出的英国经济中不同的工作职位超过两万种。这种情形意味着,如今的**经济互赖**要比过去紧密得多,因为人们都要依赖广泛散布在世界各地的大量其他劳动者所提供的产品和服务。除了极个别的例外,现代社会中的绝大多数人所吃的食物、所住的房屋或者所消费的物质商品,都不是自己生产的。

早期的社会学家很关注这种广泛深入的劳动分工所产生的后果。卡尔·马克思提出,现代工业会将劳动化约为一系列单调乏味的任务。根据马克思的看法,资本主义劳动分工使人类与其自身的劳动相异化,而后者原本是他们自我感受的核心维度。在马克思看来,**异化**(alienation)指的是丧失了对于生产过程的控制,往往会导致对劳动乃至整个工业生产结构的冷漠或厌憎。工业劳动者对自己的劳动,对劳动的具体实施方式和实施时间长度,都没有什么控制。因此,劳动就像是某种异在于自身的东西,是生活中本质上不能令人满足的维度,只是为了维持生存,不得不为之。

涂尔干对劳动分工的看法则要乐观一些,虽说他也承认其潜在的有害影响。在涂尔干看来,角色的专门化会形成生产与消费之间的多方向关系,从而增强社会团结。涂尔干认为,这样的安排具有高度的功能性质,尽管他也意识到,如果经济变迁发生得太过迅疾,团结就可能被扰乱。

第一章“什么是社会学?”中关于涂尔干和马克思的观念的概述或许对你有用。

当然,自19世纪末以来,工业化国家的行业结构已经发生了根本性的变化。在20世纪初,劳动力市场由“蓝领”制造业劳动所主导,但随着时间的推移,平衡重心已经转向服务部门中的白领岗位。从20世纪70年代中期开始,发达经济体的制造业岗位的衰败趋势尤为迅猛。而表7.1表明,从1981年起,英国服务部门随之兴起。

在1900年,英国的就业人口中超过四分之三从事体力(蓝领)劳动。这些人当中,大约有28%是技能型工人,35%是半技能型工人,还有10%是无技能型工人。白领岗位和专业岗位相对来说数量很少。然而，截止到20世纪中期，体力劳动者在劳动人口中所占的比例还不到三分之二。从1981年到2006年，制造业的工作岗位已经从31%减少到只有17%（对于男性），从18%减少到6%（对于女性）（参看表7.1）。

表7.1　1981—2006年英国就业岗位的性别与产业分布（%）

	男性				女性			
	1981	1991	2001	2006	1981	1991	2001	2006
配送、宾馆与餐饮	16	19	22	22	26	26	26	26
银行、金融与保险	11	16	20	21	12	16	19	19
制造业	31	25	21	17	18	12	8	6
公共行政、教育与卫生	13	14	14	15	34	36	36	39
交通与通信	10	10	9	9	2	2	3	3
建筑	9	8	8	8	2	2	1	2
农林水产	2	2	1	1	1	1	1	1
能源与水利	4	3	1	1	1	1	—	—
其他服务业[1]	3	4	5	5	5	5	5	5
所有就业岗位（=100%）（百万）	13.1	12.0	13.1	13.5	10.2	11.8	12.9	13.3

注：1 社区、社会与私人服务，包括环卫、干洗、个人护理，以及各种娱乐、文化与体育活动。

资料来源：ONS 2007b：48。

关于为什么会发生这一重大转变，存在颇多争议，但可以指出几点原因。一是不断引入节约劳力的机器，以过去三十五年来信息技术的推广为巅峰。绝大部分的技术进步都是用机器代替人力，即使是在农业种植上也是如此，从而缩小了劳动力规模。二是如我们上文所见，全球化已经推动制造业各环节向发展中国家转移，那里成本更为低廉。发达社会中的老工业部门经历了大幅削减，因为它们没有能力与世界其他地方的低成本生产相竞争。三是，1945年之后福利国家长足发展，产生了与卫生医疗相关、与福利和公共服务的管理相关的庞大科层机构，创造出大量新型服务部门岗位。

当消费主义成为生活中愈益令人瞩目的组成部分，支撑并维持消费需求的广告和创意产业也创造出了许多服务岗位。在20世纪60年代，一些社会学家已经开始从理论上阐述后工业社会的兴起，这一趋势意味着拥有大量劳动力的大型工厂愈发少见。因此，转向服务业的后果之一，就是对于劳动者的集体认同和集体行动，对于工会运动而言，环境都更为不利了（Touraine 1971; Inglehart 1997）。

有关全球生产体系，详参第四章“全球化与社会变迁”。

三　工会运动趋于衰微?

在工业化国家,蓝领的比例已经逐步下降,由此导致的一个重要后果就是工会会员数量减少。在现代工业的早期发展阶段,劳动者没有任何政治权利,对他们的工作条件也没有什么影响力。工会作为这种劳资权力失衡的补救手段而获得发展。劳动者的影响力通过集体组织有了相当大的增长。但必须记住,工会基本上属于"防御性"组织,是为劳动者提供手段以抗衡雇主压倒性占优的权力。

第二次世界大战之后,发达工业社会中的工会地位经历了巨大的逆转。从1950年到1980年,这一时期是工会密度(union density)稳定增长的时间。到20世纪70年代后期及80年代早期,英国劳动人口中有超过50%的人加入了工会。西方国家之所以工会密度普遍较高,有以下几点原因。其一,强大的工人阶级政党为劳工组织创造了有利条件。其二,企业与工会之间的谈判是在国家层面上协调的,而不是以地方层面上的分散化形式进行的。其三,由工会而不是国家直接管理失业保险,以此确保那些失去工作的劳动者也不会脱离劳工运动。有些国家具备上述某些条件(但不是三项俱备),其工会密度就会低一些,可以覆盖劳动人口的五分之二到三分之二。

自20世纪70年代达到巅峰之后,工会会员人数开始下降。传统上,制造业是劳工的根据地,而服务业的岗位则对工会化更具抵制倾向。因此,随着老旧的制造行业趋于衰落,服务部门开始兴起,可以想见工会成员会减少。然而,布鲁斯·韦斯顿(Western 1997)提出,这样的说明无法解释20世纪70年代的经验,那通常被认为是工会的好时期(尽管在美国不是如此),但也见证了从制造业向服务业的结构转型趋势。与此类似,服务部门的就业增长有相当大的比例发生在社会服务领域,特别是已组建工会的公共部门的岗位。韦斯顿认为,制造业当中的工会衰退情况可能比其他部门的衰退更加明显。

对于各产业内部及产业之间工会密度的下降,有一些说明还是相符的。第一,世界经济活动衰退,伴之以较高的失业水平,特别是在20世纪80年代,弱化了有组织劳工的谈判地位。第二,日益增强的国际竞争,特别是来自远东国家(其薪资水平往往低于西方世界)的竞争,也削弱了工会的谈判力量。第三,右翼政党在一些国家上台执政,比如英国保守党在1979年上台,强力打压工会,认为后者势力过大。

在英国,工会在几次重要的斗争中均告落败,尤其是1984年到1985年持续一整年的全国矿工工会所领导的罢工。但这并非今日罢工的典型范例。2014年,全国教师工会(National Union of Teachers, NUT)、公共服务业总工会(Unison)里的卫生工作者以及其他三个工会,因为政府计划实施为期两年的薪资冻结,投票赞成开展罢工行动,目标是让政府坐下来谈判磋商,解决有关教师、助产士、护士、物业管理人员、厨师、医疗秘书(medical secretaries)、医疗助理(healthcare assistants)以及其他一些劳动者群体的薪酬争议。2015年至2016年,政府试图针对英格兰的国家医疗服务体系(NHS)内的初级医生引入新的合同,以求实现之前承诺的国家医疗服务体系的全天候无休服务。在2015年下半年,谈判破裂,英国医师协会(British Medical Association, BMA)开始转而推进由初级医生主导的一系列短期罢工。

诸如此类发生在公共服务部门的斗争更能代表今日罢工行动所采用的方式。相比20世纪七八十年代,大规模罢工,“野猫式”罢工(未经工会领导授权的罢工),以及私营制造业领域的斗争,发生的频率都大大降低。当然,有部分原因在于更多的人现在是在服务业而非制造业工作,但也是因为政府实施了更为严格的法律来管束劳资行动。不过,最重要的变化还在于整体经济气候,出现了史上最高的失业水平,出现了更多的非全时制、弹性制乃至零时制(zero-hours)合同,而较有保障的全时制岗位与较无保障、薪酬可怜的工作之间的差别也越来越大。这种差别所造成的后果的最佳例证,或许是在2008年金融危机中乃至之后,工会与雇主们合作,协商减少工会成员的工时与薪酬,而不是看着企业裁撤冗员。这种实用主义就是今日私营部门典型的工会行动。

在失业率相对较高的时期,工会的力量通常会转弱,因为工会成员害怕丢了岗位,不太可能支持劳工行动。而转向弹性生产的趋势也进一步削弱了工会运动。不过,自20世纪80年代以来,出现了不少工会联合的事例,它们试图维持自身的力量和影响,在极其艰难的时局中努力站稳脚跟。由于劳动者相较于雇主还是处在相对弱势的地位,工会所提供的集体性力量不太可能彻底消失。

发挥你的社会学想象力 7.1

劳资冲突与罢工

在劳动者与管辖他们的人之间,长期存在着冲突。在18世纪的欧洲城市地区,无论是反抗苛捐杂税的暴动,还是农业歉收时期的粮食骚乱,都很普遍,并在某些地区一直延续到19世纪。传统的对抗形式不仅仅是暴力的非理性零星爆发:暴力的潜在威胁或实际运用确实限制了谷物及其他基本食品的价格(Rudé 1964; Booth 1977)。劳动者与雇主之间的劳资冲突,起初往往会依循这些古老的形式,但时至今日,我们更熟悉的是劳资双方有组织的谈判。

罢工 所谓**罢工**(strike),即一群雇员暂时停止劳动,以表达某种不满或提出某项要求(Hyman 1984)。若要将罢工与其他形式的对立和冲突分清,该定义的所有要素都很重要。罢工是暂时的,因为劳动者打算回到同一雇主提供的同一工作岗位;而若劳动者彻底退出,"罢工"这个词就不合适了。罢工作为劳动的停止,不同于加班禁令或"消极怠工"。要有一群劳动者卷入其中,因为罢工涉及集体行动,而不是单个劳动者的反应。参与者是雇员,就使得罢工有别于可能由佃户或学生组织的反抗。最后,罢工涉及寻求公开表达一种不满或强推某种诉求。

究其根本,罢工是一种权力机制,是劳动场所中相对缺乏权势的人所使用的一种武器,他们的生活受到管理方决定的影响,而他们自身对此却几乎无法控制。它通常是"最后一招"式的武器,因为罢工的劳动者要么完全失去收入,要么依赖有限的工会津贴。

批判性思考

到了后福特制时代,"白领"行业群体中的罢工为何更为少见? 对于有关社会阶级革命的马克思主义学说而言,劳动转型意味着什么?

四 劳动的女性化

直到20世纪下半叶,发达国家的有薪劳动仍然是由男性主导的领域,他们需要一份所谓"养家糊口的工资"来支撑整个家庭。但这种状况已经彻底改变,越来越多的女性进入劳动大军,这个进程被描述为劳动的"女性化"(feminization)(Caraway 2007)。该进程面向多元,是一场重大的历史转折,不仅转变了有薪劳动的体验,而且改变着社会方方面面的性别关系。有鉴于此,需要特别关注。

如今绝大多数的新工作岗位都来自办公室、零售业和服务中心,比如超市、客服中心、机场、金融服务机构等。而填补这些空位的大多是女性。此外,还有一种转变是趋向等级观念减弱的管理实践,这也属于逐渐摆脱男性主导的工业世界的趋势的一部分(McDowell 2004)。从全球范围来看,目前绝大多数的劳动者所从事的是服务业(在发达国家)或农业(在发展中国家),而只有不到四分之一的人从事制造业。2002年,全球劳动力中从事服务业者的比例第一次超过了农业或工业(见图7.1)。这种向服务业就业转变的趋势似乎还将持续。

在世界的大多数地区,女性至少占到了劳动力的一半(见图7.2),尽管她们的就业类型差异甚大。比如,在欧盟、中东欧、独联体和拉美,以及中东和北非,女性主要就业于服务部门。而在撒哈拉以南非洲,60%以上的劳动力是女性,并且主要从事农业劳动。根据国际劳工组织(ILO 2007a)的报告,在东亚、南亚、撒哈拉以南非洲、中东和北非,女性在农业就业中的比例高于男性。

女性就业的性质也不同于男性。来自英国的报告指出,女性劳动人口中有四分之三从事非全时制的低薪劳动,比如文秘、保洁、出纳和餐饮服务,这种模式在各发达经济体皆有可见(Women and Equality Unit 2004)。在随后各小节中,我们来看看劳动的女性化趋势的起源和意义。

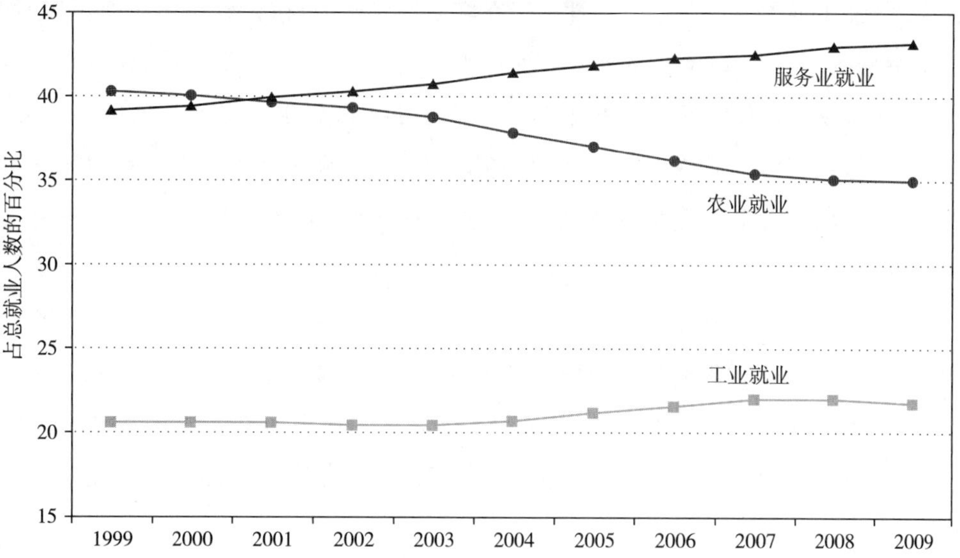

图 7.1　1999—2009 年全球就业的部门分布(占总数的百分比)

资料来源:ILO 2011a:20。

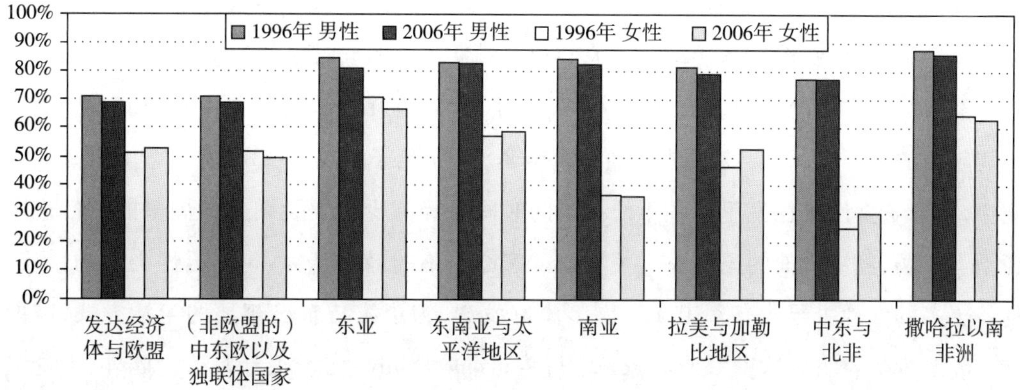

图 7.2　1996 年和 2006 年全球劳动力的性别与区域分布

资料来源:ILO 2007a。

(一)女性与劳动场所:历史回顾 在前工业社会,对于人口中的绝大多数来说,生产活动与家庭活动并不是分开的。生产就在家里或在附近进行,所有家庭成员都务农或从事手工业。女性由于在经济活动中发挥重要作用,在家庭内部常常有相当大的影响力,即使她们被排除在男性支配的政治和战争领域之外。工匠和农民的妻子经常要管记账,而寡妇也相当普遍地拥有并管理着生意。

由产业工厂的发展带来的劳动场所和家庭的分离,大大改变了上述情形。个体被雇来执行专门的任务,基于机器的步调实施劳动,雇主就此逐步开始跟个体劳动者而不是家庭签订合同。家庭和劳动场所之间的分隔确立并且不断扩大,而公共领域与私人领域相分离的观念也逐渐深入人心。男性由于在家庭外就业,会在公共领域花费更多时间,并开始参与地方事务、政治与市场。而女性则与“家庭”价值观相维系,并负责照料孩子、洒扫庭除以及一日三餐。对于身处社会不同层次的女性,“女人就该待在家里”的观念有着不同的含义。富有家庭的女性享用侍女、保姆和家仆的服务。而对于贫困家庭的女性而言,负担非常沉重,她们必须处理家务杂活,同时要从事劳动,以贴补丈夫收入之不足。

纵观整个20世纪,女性在有薪劳动力中的参与比例几乎是持续上升的。一个主要的影响因素是第一次世界大战期间的劳动力短缺。当时女性完成了许多此前被视为男性专属的工作。男性从战场退伍归来,又接管了这些工作中的绝大部分,但是被假定为“天然如此”的固有模式的神话被打破了。1945年以后,劳动的性别分工发生了重大变化。

从1971年到2009年,英国的女性就业率,即劳动年龄的女性人口中的就业者的比例,从53%上升到67%。与此相反,男性就业率从92%降到了76%。如此一来,男性与女性之间的就业率差距显著缩小,但仍旧不平等(见图7.3)。这种性别差距缩小的趋势似乎还将持续,尽管女性经济活动增多大多是相对低薪的非全时制劳动增加的结果。

经济活动方面的性别差距之所以不断趋于缩小,有几个方面的原因。随着头胎生育平均年龄的上升,许多女性先是从事有薪劳动,生完孩子后又重新回去工作。家庭规模变小,意味着女性留在家里照顾年幼孩子的时间已经减少。要说明为何更多的女性进入劳动力市场,经济方面的原因也至关重要。家庭面临的经济压力,包括男性失业的增加,促使更多的女性去寻找有薪工作。许多家庭发现,为了维持自己想要的生活方式,需要有夫妻双方的收入。这种双收入家庭(dual-income family)已经很寻常了。此外,无论是在英国还是在美国,最近改革福利政策的各种努力都致力于鼓励女性进入劳动大军,作为削减2008年金融危机后的福利与公共开支的战略措施之一。

最后，有必要指出，许多女性之所以选择进入劳动力市场（以及高等教育），是出于对自我实现的渴望，并呼应20世纪六七十年代女性运动所推进的平等。在法律上取得了男女平等之后，许多女性把握新的机会，在自己的生活中去实现这些权利。我们已经注意到，劳动仍旧是当代社会的核心，而就业几乎始终是过上独立生活的先决条件。不过，当女性真的进入了劳动大军，她们又过得如何呢？

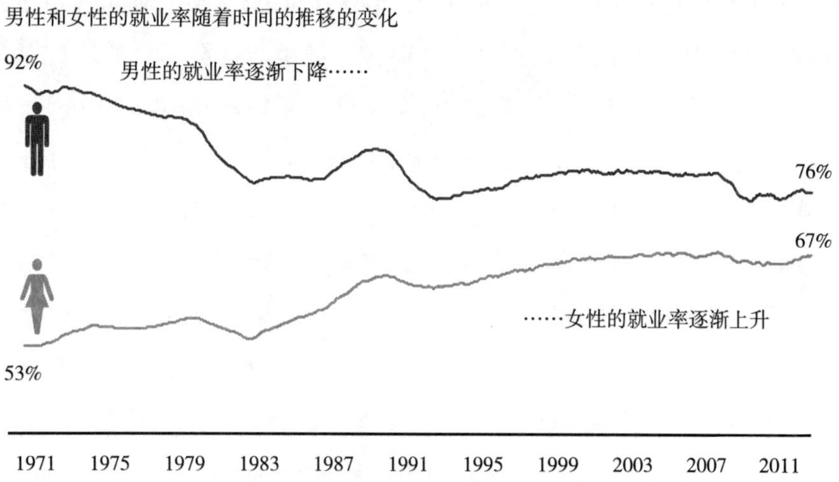

图 7.3　1971—2013 年英国就业率的性别分布

资料来源：ONS 2013b：3。

（二）劳动中的性别不平等　20世纪70年代女性主义学术研究兴起，促使社会的所有主要制度领域都开始分析性别关系。女性主义社会学家不仅聚焦于经济组织中的性别失衡，而且探讨了现代组织是如何以具有性别化差异的方式发展的。

女性主义研究者指出，性别主要通过两种方式嵌入经济组织的结构。首先，这些组织都具有职业性别隔离（occupational gender segregation）的特征。随着女性大量涌入劳动力市场，她们往往会被隔离在一些低薪的**职业门类**，这些职业涉及的是例行化的劳动，无法提供晋升机会。其次，所谓职业生涯的观念其实是一种男性观念，女性在其中扮演的只是辅助支持的角色。在劳动场所中，女性作为办事员、打字员、秘书、办公室管理人员，执行的是例行化的任务，从而将男性解放出来，去推进自己的职业生涯。而在家庭领域，女性也通过打理家务、照看孩子和男人的日常起居，支持着男性的职业生涯。

这两种趋势造成的结果之一，就是现代企业已经发展成为男性支配的保留地，女性在其中遭到性骚扰和歧视，基于自身性别被排斥出权力位置，无法得到机会，沦为受害者。女性劳动者传统上集中于薪酬低廉、单调例行的行业，这些工作岗位中有许多都是性别化的,也就是说,它们一般被看作“女人干的活儿”。文秘性和照看性的工作岗位(比如医疗护理、社会工作和照顾孩子)绝大多数都是由女性占据,而且一般被视为“女性特质的”行业。性别化的职业隔离指的是,事实上,基于对什么工作适合“男性”与“女性”的通行理解,男性和女性会集中在**不同类型**的工作岗位上。

职业隔离有纵向隔离和横向隔离两种构造。纵向隔离(vertical segregation)指的是,女性趋向于集中在没有多少权威与提升空间的工作岗位上(底层),而男性往往占据更有权力、更具影响力的职位(顶层)。例如,在苏格兰,健康与社会部门的雇员中女性占了89%,但在国家医疗服务体系的各级高管中,女性却仅占19%(EHRC 2010b)。横向隔离(horizontal segregation)指的是,男性和女性往往从事不同类别的工作。女性在家务和常规文秘职位上占主导,而男性集中于半技能型和技能型体力劳动职位。英国平等和人权委员会(Equality and Human Rights Commission)的《三年期评估》(EHRC 2010a)发现,在英国,女性在私人服务业全部就业人口中占83%,在行政与文秘职位就业人口中占77%,而在销售职位上占65%。与此相反,女性在工程职位上仅占6%,在信息通信技术岗位上占13%,在建筑、规划、测量等职位上占14%(亦参“发挥你的社会学想象力7.2”)。

女性主导的行业往往是薪酬最低的。

发挥你的社会学想象力 7.2
“毫无希望的5C”

传统上女性所在的工作岗位薪酬低廉，并受人轻视。由女性主导的低薪工作岗位可见于五个“C”的领域——保洁(cleaning)、餐饮(catering)、照料(caring)、出纳(cashiering)以及文秘(clerical)。女性集中于这些角色，尤其导致她们薪酬低廉。有时女性从事的劳动的确是自己喜爱的，但几乎必然是薪酬低廉的。她们在历史上就被说成是为挣些“零花钱”而劳动，当承担“天然”与女性相维系的任务时，也被说成是“爱的劳动者”，因为这被看成她们的“固有”属性，而不是她们的技能。其结果，对女性的劳动评价过低，而这种偏误往往不被人重视，因而这些角色中的女性在很大程度上也被政策制定者忽略了。

批判性思考

有什么因素可以解释男性在薪资较高的职业中的主导地位？这种状况有什么“天然”可言吗？你认为有什么专门职业在过去是由男性主导，而如今却主要是由女性占据的？这种女性化对于该职业产生了什么影响？

女性在公共部门的比例也远高于私营部门，这使得她们更容易受到2008年至2009年经济衰退之后公共部门雇员裁撤的影响。2010年，40%的就业女性受雇于公共服务部门，而相较之下，男性的比例仅为15%。《三年期评估》得出的结论是：总体而言，在年轻人对于职业生涯的期望和抱负中，性别比社会阶级更能说明问题。男生想要从事工程、计算机、建筑和机械之类的技能型工种，而女生更期待从事教学、美发、美容、育儿、护理和助产等工作。显然，性别化的横向隔离极难发生彻底变化。

在英国，像其他地方一样，就业女性的平均薪资仍然远低于男性，尽管过去四十年里该差距已经有了一定程度的缩减。这种弥合“性别薪资差距”的整体趋势被认为是迈向平等的重要一步。2014年，性别薪资差距，即男女两性收入中位数之差占男性收入中位数的比例，在全体雇员范围内(含全时制和非全时制)仍达19%，在公共部门全时雇员中达11%，而在私营部门中达17.5%(ONS 2014f:10-16)。这种差距大部分可以解释为女性要履行照看角色，不时中断就业。性别方面的行业隔离是男女薪资差距难以消除的主要原因之一，因为女性在薪酬更为低廉的工作部门人数占比更高。

有几股相关的进程导致了这些趋势。一是越来越多的女性获得薪酬较高的专业职位。如今,具有优良素质的年轻女性会像条件相仿的男性求职者一样有机会得到薪酬优厚的工作。女孩在中小学通常比男孩表现更为出色,而在大学很多专业里,女性的数量也都超过男性。女性教育水准的提升似乎必然使得更多的女性进入专业领域,谋求长远的职业生涯,也争取晋升到更高层级。然而,由于迅速扩张的服务部门中从事薪酬低廉、非全时制工作的女性数量大幅增加,抵消了行业结构顶层的这一进步趋势。

1999 年,英国设立了全国最低工资标准(national minimum wage, NMW),也有助于缩小薪资差距,因为许多女性集中在像美发和侍者之类的行业,此前的薪酬低于最低工资水平。据估计,设立最低工资标准之后,有将近 200 万人的薪酬提高了大约 30%。2015 年,新当选的保守党政府宣布,将于 2016 年 4 月开始推行新的“全国最低生活工资标准”(National Living Wage, NLW),比 2015 年的全国最低工资标准提高大约 10.8%,这是设立全国最低工资标准以来最大的年度增幅。不过,将全国最低工资标准重新包装成“最低生活工资标准”的做法也引起不少争议,批评者指出,这个标准完全没有考虑到在职福利,或是不同类型家庭的要求差异。达西与凯利(D'Arcy and Kelly 2015)提出:“给它贴上‘最低生活工资标准’的标签可谓命名不当。政府提议的全国最低生活工资标准,其实是针对那些 25 岁及以上的人的最低工资‘津贴’……”最低工资标准能带来不少好处,但并不能否定的是,事实上,有相当大比例的女性所在的工作岗位的薪酬与最低标准将将持平或略高一点,而且仍有很多男性和女性(非法)受雇的劳动所得还达不到这一标准,这样的收入极难维持生活,有孩子要抚养就更是如此。

若是考虑终生的收入,性别化的薪酬差距就会导致收入总额上的显著差别。英国一项研究发现,一位具备中等技能的女性,终其一生会承受超过 24 万英镑的“女性损失”(female forfeit)。所谓女性损失,指的是一位女性终其一生会比条件相当的男性少挣多少,即使她没有孩子(Rake 2000)。在性别薪酬差距方面处于弱势一端,会给人们的生活质量和长期的生活机会造成严重后果。

有关英国生活在贫困中的女性,详参第十三章“贫困、社会排斥与福利”。

五 家庭内部劳动分工的变化

更多女性从事有薪劳动带来了一个后果,就是传统的家庭模式处于重新协调之中。“男性挣钱养家”的模式已经成为例外而非常规。无论在家务劳动还是在经济决策方面,随着家庭中夫妻双方同时挣钱的情况增多,女性的传统家庭角色正在经历重大变迁。尽管女性继续承担着家务劳动的主要责任,但在有些家庭中,出现了趋向更为平等的关系的态势。

21世纪初,英国的一项调查发现,女性每天在家务劳动上平均花费的时间依然将近3个小时(还不算购物和照看孩子),相形之下,男性则只花费1小时40分钟(ONS 2003)。一旦算上购物和照看孩子的时间,差别还将进一步扩大。男性投入家务劳动的时间是比过去多了,尽管有些人认为,这个进程属于"滞后的适应"(Gershuny 1994)。意思是说,相比女性进入劳动力市场的步伐,重新协商家务劳动的进展要慢得多。已婚女性如果在家庭之外就业,所做的家务要比不就业的人少,尽管她们几乎始终要为照顾家庭承担责任。她们的活动方式相当不同。与那些全职家庭主妇相比,她们在傍晚时要做更多家务,并在周末花更长时间来做家务。诸如此类的研究发现最终证实了克朗普顿及其同事(Crompton et al. 2005)的结论:事实上,共担家务的平等化进程已经陷入停滞。

尽管越来越多的女性进入职场,但她们仍需承担家务劳动的主要责任。因此,她们不仅要勉力应付有薪就业,回到家还要做所谓的夜班兼职(second shift)。

沃格勒和帕尔(Vogler and Pahl 1994)考察了家庭内部劳动分工的另一个方面,即家庭"财政管理"制度。他们的研究试图去了解,随着女性就业的增加,在拥有金钱和控制开支决策方面男女两性是否变得更加平等。他们访谈了来自英国六个不同社区的夫妇,发现总的来说,财政资源的分配确实要比过去更加公平,虽说这仍然与社会阶级有关。

有关这一议题的考察,详参第十章“家庭与亲密关系”。

在收入较低的家庭中,女性往往要负责家庭财政的日常管理,但她们并不一定掌管预算和开支的重大战略。沃格勒和帕尔注意到,在这类情况下,女性倾向于保障丈夫的花销,同时却剥夺了自己这方面的权利。换句话说,女性对于钱财的日常控制和她们自己对金钱的使用之间似乎是脱节的。而在收入较高的夫妇当中,往往会共同管理“集合”资金,在用钱和开支决策方面的平等程度更高。女性在财政上对家庭所做的贡献越大,她对于财政决策所施加的控制程度就越高。

我们也许可以得出如下结论:在绝大多数发达国家,女性如今已经成为劳动大军中被正常接受的组成部分,而这种转变还将不断重塑性别关系。然而,女性仍然充当着非全时制劳动力的主体,与此相伴的是薪酬的低廉和工作的不安定感。而性别化的纵向隔离似乎更难改变。与此类似,家庭内部劳动分工的转变看起来也是进展缓慢,男人们并不热切希望共担家务劳作。但无论如何,同 20 世纪 50 年代的情形相比,上文概述的这些变化依然称得上性别关系方面的重大转变。

六　自动化、知识经济与“技能”

技术与劳动的关系一向是社会学家的兴趣所在。我们的劳动体验如何受到所涉及的技术类型的影响?当前的数字革命已经吸引人们结合互联网、计算机化和机器人的一体化,对这个问题产生新的研究兴趣。

当今工业领域使用的机器人,大部分存在于汽车制造业,以及生产电视、电脑、CD 或 DVD 播放器、平板电脑、智能手机以及其他许多产品的电子工业。所谓机器人,是一种能实现通常由人类劳动者发挥的功能的自动化装置。“机器人”(robot)一词源于捷克语“robota”,或曰“奴隶”(serf),五十年前因剧作家卡雷尔·恰佩克(Karel Čapek)而普及。迄今为止,机器人的用途还是相对有限的,但是随着技术的迅猛发展,成本下降,我们会到达某个“爆点”(tipping point)。很显然,机器人、自动化生产以及计算机化都将不断扩展。来看看下列例证。

软件“机器人”(bots)使用某种算法,能在探测到一场地震发生时自动创作出一篇文章,从而消除了对于记者的需要。英国广播公司已经在其演播室中采用摄像机器人,取消了对于人类摄像师的需要。网络零售商亚马逊宣布，它正在试验一种新的投送系统——"亚马逊无人机快递"（Amazon Prime Air），即用无人机将货品投送给顾客。谷歌也开发了自动化的"自动驾驶"汽车（主要是电动的），能够顺利应对车流往来，并且美国已经有几个州立法允许自动驾驶汽车上路。出租车公司优步科技（Uber Technologies）老板特拉维斯·卡拉尼克说，自己的终极目标是要在不远的未来，用无人驾驶的车辆取代人类驾驶员。"鲍勃"，一个"自主机器人"或机器人安保，在位于英国格洛斯特郡（Gloucestershire）的杰富仕科技公司（G4S Technologies）大楼里四处巡逻，探查异常事件，并直接报告主管部门。武装部队已经常规化地使用无人机、扫雷器、拆弹机器人和各种遥控机器，来减少部队人数，保护自己的士兵（Crossley 2014；Zolfagharifard 2014）。这些例证表明，计算机化、自动化和机器人有潜力彻底消除现有人类就业的大批角色。

比如说，弗雷和奥斯本（Frey and Osborne 2013）认为，未来二十年，随着自动化和机器人的增长，美国多达47%的工作岗位有可能面临风险。他们特别指出，"运输和物流行业的绝大多数劳动者，以及大批办公和行政辅助劳动者，生产行业中的体力劳动者，都面临风险"（ibid.：44）。他们还发现，许多服务业职位很容易受到计算机化的影响。另一方面，高技能的与薪酬较高的工作岗位最不易受到计算机化的影响。例如，法律助理和"律师助手"很可能会发现自己的工作被电脑取代，但律师这种职位的风险就很低。有人觉得这类预言属于危言耸听，但至少从20世纪60年代起，自动化的社会后果就成为许多激烈争论的主题。

罗伯特·布劳纳（Robert Blauner）在名著《异化与自由》（*Alienation and Freedom*，1964）中，考察了四个行业中不同技术水平的劳动者的体验。布劳纳采用涂尔干和马克思的思想，对异化概念进行了操作化，并测量了每一行业的劳动者分别体验到何等程度的无力感、无意义感、孤独感和自我疏离感。他得出结论说，生产流水线上的劳动者最为不满，但是在自动化的劳动场所，异化程度略有降低。换言之，布劳纳认为，引进自动化有助于扭转劳动者的异化程度，否则异化会稳步增长。自动化有助于劳动力的整合，赋予员工一种此前缺乏的对其劳动的控制感。话说回来，即如"经典研究7.2"所示，绝不是所有社会学家都赞成布劳纳的判断。

经典研究 7.2

哈里·布雷弗曼论资本主义经济中的劳动退化

研究的问题　科技创新会对劳动者的劳动体验有积极影响吗？在生产过程中，为什么有些技术会比其他技术更可能得到广泛接受？美国马克思主义作家哈里·布雷弗曼

(Harry Braverman)在其名著《劳动与垄断资本》(*Labor and Monopoly Capital*, 1974)中,拒绝接受布劳纳有关自动化的后果的乐观结论。在书中,布雷弗曼就自动化与福特制生产管理方式给出了截然不同的评价,视之为劳动力全面**去技能化**(deskilling)进程的组成部分。

布雷弗曼的说明　布雷弗曼不是作为一名社会学家来研究资本主义生产的。他(经历丰富),曾经做过铜匠、管工、金属片工等各类学徒,还当过职员,青年时期成为社会主义者。因此,他是带着对于技术变迁的某些效应的亲身体验,来思考技术、自动化、人的技能等问题的。这种高度参与和投入的视角清晰地贯穿布雷弗曼的解释。

布雷弗曼认为,自动化与泰勒制的管理方法结合在一起,非但远没有改善劳动者的命运,事实上还加剧了劳动者与生产过程的疏离,使劳动力"去技能化"。通过强行应用泰勒制的组织技术,将劳动过程分解成专门化的任务,管理者能够对劳动力实施更多的控制。无论在工业环境下,还是在现代办公室中,新技术的引入都限制了对人的创造性投入的需求,加剧了劳动的整体退化。相反,所需要的只是无需思考、不加反思的躯体,不停地执行同样的去技能化的任务。

布雷弗曼拒绝接受说科技在某种程度上是"中性的"或不可避免的。相反,他认为,科技的发展和引进是为资本家的需要服务的。与此类似,他不认为将劳动者的异化归罪于机器或技术有什么意义。问题在于社会阶级分化,是它决定了如何使用这些机器。布雷弗曼特别指出,自19世纪晚期以来,发展形成了一个"垄断资本主义"的时代。由于规模较小的公司被较大的企业吞并或排挤出生意圈,新兴的垄断企业能够雇得起整个层级的技术员、科学家以及管理者,他们的任务就是找出控制劳动者的更好、更有效的方式,科学管理或泰勒制即为例证。

一些工业社会学家曾经认为,技术发展和自动化进程会导向需要劳动力接受更好的教育、更好的培训、更多的投入。但布雷弗曼并不认同。他认为实情恰好相反。虽然"平均技能水平"很可能比从前要高,但就像所有平均数一样,它掩盖了一桩事实:绝大多数劳动者其实是去技能化了。他语带嘲讽地指出,"因此,说'平均'技能提高了,就是接受了统计学家的逻辑,他们一只脚放在火中,另一只脚放在冰水里,然后告诉你,'平均而言',他感到相当舒服"(Braverman 1974:424)。

悖谬的是,科学知识越是嵌入劳动过程,劳动者就越不需要知晓和理解机器装置及其运作过程。相反,随着管理者对劳动者的控制加强,两者的分隔也不断扩大。布雷弗曼认为,垄断资本主义是一种更为强大的资本主义形式,推翻它的难度要大得多。

批评的观点　对布雷弗曼的论点存在若干反对意见。首先,他夸大了泰勒制的扩散,假定它会成为支配性的管理方式,但它从未被广泛推行,这使得布雷弗曼的驳论像是针对"稻草人"。其次,一些女性主义者认为,他的论点其实只是聚焦于男性劳动者,未能说明女性所受压迫的特殊性。还有人指出,他没有充分阐述家庭结构的改变及其对劳动生活的影响。最后,不妨认为,布雷弗曼关于去技能化的论点倾向于将之前的各种生产形式浪漫化,尤其是以手工艺为基础的生产形式,与现代大规模制造迥然有别。这样的视角可以说是非历史性的,没有充分考虑历史的发展。

当代的意义　布雷弗曼的学说有一个重大影响,它挑战了在工业社会学中占支配地位的功能主义视角,并影响了日后研究这一领域的许多社会学家。这本著作也是一本畅销之作,到 2000 年,已售出大约 12.5 万册。然而,布雷弗曼的主要目的可以说是推动马克思主义理论本身的革新,因为他认为,马克思主义理论可能无法完全适应 20 世纪发生了彻底变化的资本主义形式。虽然一些马克思主义者批评他的学说过于悲观,未能为劳动者的抵抗留出足够空间,但是可以明确,随着信息技术在当今广泛采用,加入工会的劳动者数量下降,这表明他的核心主张依然葆有大部分的力量。

美国社会学家理查德·桑内特(Sennett 1998)研究了在一处面包店工作的人。这个面包店被一家大型食品集团收购,并引入了高科技机器,实现了自动化生产。电脑控制的烘焙彻底改变了面包制作的方式。面包店的劳动者不需要用双手来混合配料、揉捏面团,不需要通过鼻子和眼睛来判断面包是否烤好,现在他们与原材料或面包成品已没有任何物理接触。实际上,整个过程都是由电脑来控制和监视的。电脑决定烤箱的温度和烘焙时间。

如此一来,这家面包店的员工之所以得到雇用,是因为他们有电脑使用技能,而不是因为他们懂得如何烤面包。具有讽刺意味的是,他们所使用的电脑技能也少得可怜,因为生产过程涉及的除了按动按钮也就没什么别的了。事实上,一旦电脑控制的机器在某一时刻出现故障,整个生产过程都将被迫停止,因为面包店所有"有技能的"员工都未受过训练或被授权修理故障。自动化消解了他们的自主性。将计算机技术引入劳动场所,这促使所有劳动者的技能整体有所提高,但也导致劳动力的两极分化,其中一小部分是享有高度自主性的高技能专业人员,而一大部分是几乎没有什么控制力或自由的文秘、服务和生产部门的劳动者。

有关技能的争论是复杂的,因为正如女性主义研究者所指出的,构成"技能"的具体内容是由社会建构的,很容易发生变化(Steinberg 1990)。因此,习俗上对于“技能型”工作的理解往往反映的是该工作岗位典型的任职者的地位,而不是工作任务的客观难度。这类事例在职业的历史上随处可见:一旦女性进入某一领域,同样的任务就会被指派不同的技能水平(甚至被重新命名)(Reskin and Roos 1990)。例如,在20世纪英国的制衣业中,男性、女性均可任职机械师,但男性机械师被归类为“技能型”劳动者,而女性机械师仅被视为“半技能型”劳动者。这种分类的依据似乎并不是客观的技能水平或接受的培训类型,而只是执行该项任务的人的性别。当然,同样的道理也适用于其他地位低下的劳动者,例如少数族群。

从任务的实际复杂程度来考察技能的研究,往往会支持“提高技能”的立场;而从劳动者的自主性和/或控制力的角度来考察技能的研究,则会主张自动化导致了去技能化(Zuboff 1988; Vallas and Beck 1996)。技能水平也同地理位置及当地就业条件相关。比如,在发达国家,客服中心(call-centre,或 contact-centre)的工作岗位通常被认为是一种技能比较低端的普通就业形式。许多社会学家批评这类劳动的薪酬水平、严密监控和劳动条件,将客服中心看作生产流水线在办公室环境下的对应物(Moran 2005)。然而,在印度的一些城市中,客服中心却欣欣向荣,人们认为这一工作所需技能较高,薪酬优厚,是大学毕业生的理想选择。最近的研究发现,印度客服中心的许多工作人员有着同西方中产阶级类似的价值观和生活方式,代表着新兴的全球中产阶级的先锋力量(Murphy 2011)。

有关经济增长与发展,参看第十三章“贫困、社会排斥与福利”中的讨论。

全球社会 7.2

客服中心世界里的技能提高与去技能化

城市中心的办公楼往往就是一种品牌宣言,楼宇高耸入云,墙面光洁如镜,中庭气势恢宏,恭迎尊贵访客,一切都炫示着公司的地位与声望。反观客服中心,一派城乡接合部的外观,基本上不为人所瞩目。它们通常位于城郊办公楼群中没有专名的仓库或货棚,被停车场和安保屏障所环绕,外表甚至没有一个标识可以辨别公司。客服中心的技术使人们可以灵活选择位置,因此能够选址在土地和劳动力成本低廉的地区,比如英格兰东北区、默西赛德郡(Merseyside)以及英国的“凯尔特边缘”[①],或者是美国的中西部地区。英美的公司也越来越多地将其客服中心设于发展中世界里某些以英语为官方语言的地方,比如西印度群岛、马来西亚,特别是印度。

[……]

多媒体舞台剧《阿拉丁》(*Alladeen*)……在2003年到2005年进行了世界巡演……《阿拉丁》的背景主要设在班加罗尔,这座城市因其出众的信息技术专业声誉,被许多西方公司视为客服中心的上佳选址。《阿拉丁》追踪了一群客服中心劳动者的整个培训过程。他们学习注意避免“母语干扰”,即不自觉冒出的乡音;他们参与“文化感知”模块的培训,被教授美式足球的规则和情景喜剧角色的名字,这样他们更容易获得致电的客户的认同……比如说,在开场中,一组头裹纱丽的印度女性假扮成《老友记》中的角色:“这里是菲比。今天我有什么能帮您的吗?”之后,当来电者说他来自芝加哥时,班加罗尔的员工则兴高采烈地喊道:“我喜欢的城市!”

[……]

恰如其剧名所示,《阿拉丁》将其角色都看成现代的“阿拉丁”(Aladdins),即徒劳地寻求变身和梦幻成真,但这样的技术只是让他们更加深陷于凡俗的生活。对于年轻的印度大学毕业生来说,客服中心的工作是一个“不错的”职位,有着较高的地位。《阿拉丁》中的角色困于作为雇员(Angestellten)的两难境地:一方面是对于专业精神的自负,因其抽象空洞而终成虚幻;另一方面则是实际所处的工作环境,因其具体实在而令人沮丧。《阿拉丁》通过将可见与不可见并置,探索了客服中心的隐秘政治。舞台上高悬的大屏幕穿插转播着电脑图像,一家真实的班加罗尔客服中心的场景实录,以及宝莱坞和好莱坞版阿拉丁电影的一些镜头。《阿拉丁》以这种方式探索了技术表现于剧场的可能性,同时它还展现了客服中心里发生的一些观众无法看见的场景,当然,这正是印度客服中心的劳动者对待西方客户的方式。

资料来源:Moran 2005:32-35。

批判性思考

印度客服中心的劳动者多为年轻的单身人士,薪酬相对优厚。他们是技能提高了,还是去技能化了呢?你的评估在何种程度上要看具体的国家背景和社会背景?在发达国家中,客服中心的劳动者技能提高了吗?

① “Celtic fringe”,统指苏格兰高地、爱尔兰、威尔士、英格兰西南部康沃尔郡等地。——译者注

布劳纳说的对吗?这些劳动者比那些在工业厂房中大规模生产线上工作的人所体验到的异化更少吗?

(一) 知识经济 一些观察家提出,当今之世,正处于完全超越工业时代的一个发展阶段。人们发明了多种多样的术语来描述这种新的社会秩序,比如后工业社会、信息时代以及新经济等。不过,**知识经济**(knowledge economy)已经成为最常用的术语。对于知识经济难以给出一种精确定义,但大体而言,它是指这样一种经济,其中大多数劳动力并不从事物质产品的实际生产或分配,而是它们的设计、开发、技术、营销、销售和服务。根据利德比特(Leadbeater 1999:vii)的观察:

> 我们大多数人(知识劳动者)都仿佛在无影无踪之中挣钱:我们没有生产任何可以称重、触摸或方便测量的东西。我们的产品并没有堆放在港口、储存在仓库或通过火车车皮运输。我们大多数人通过提供服务、判断、信息与分析来谋生,不管是在电话客服中心、律师事务所、政府机关还是科学实验室。我们都做着无影无踪的生意。

知识型产业包括高技术、教育培训、研究开发、金融投资等部门。20 世纪 90 年代中期,在经济合作与发展组织(OECD)国家中,知识经济占了所有经贸产值的一半以上。2006 年,劳动基金会(the Work Foundation)向欧盟提交了一份报告,发现有超过 40%的欧盟劳动者受雇于知识型产业,尤以瑞典、丹麦、英国和芬兰为甚(参看表 7.2)。教育和医疗服务所占比例最大，其次是娱乐与文化服务；这些部门统共雇用了将近 20%的欧盟劳动者。而包括金融服务、商业与通信服务等在内的市场型部门又占据了 15%。

公共教育、软件开发经费、研发等形式的知识经济投资，在许多国家的预算中都占有重要份额。然而，由于 2008 年信贷危机及随后推行的紧缩方案，对于知识型部门的投资规模有可能缩小，至少在短期内会如此。应该承认，知识经济仍然是一种难以考察的现象。测量物品的价值要比测量"没有重量"的观念、研究、知识更为容易。然而，不可否认，知识的创生与应用已经越来越成为当代全球经济的核心内容。

表 7.2　2005 年欧盟 15 国知识型产业中的就业状况（%）

	制造业	服务业	总计
瑞典	6.5	47.8	54.3
丹麦	6.3	42.8	49.1
英国	5.6	42.4	48.0
芬兰	6.8	40.5	47.3
荷兰	3.3	41.9	45.2
比利时	6.5	38.3	44.8
德国	10.4	33.4	43.8
法国	6.3	36.3	42.6
爱尔兰	6.0	33.9	39.9
奥地利	6.5	31.0	37.5
意大利	7.4	29.8	37.2
西班牙	4.7	27.0	31.7
希腊	2.1	24.5	26.6
葡萄牙	3.3	22.7	26.0

资料来源：Brinkley and Lee 2007：6。

（二）多重技能与复合型劳动　后福特制理论家有一个观点，认为新的劳动形式允许雇员参与多项任务，而不是执行单一的特定任务，从而扩展了他们的技能范围。这种"多重技能化"趋势对于雇主也是意义深远的。如果说雇用决策曾经取决于教育和资格证书，如今雇主们想找的雇员则是适应性强、能够快速掌握新技能的人。因此，掌握某种软件应用的专业知识，或许还不如轻松接受新观念的能力更有价值。

专业能力往往算是长处，但是，如果雇员难以将单一的技能创造性地应用到新的场合，可能就不会被富于弹性和创新的劳动场所青睐。无论是技能型还是半技能型行业部门,“个人技能”都愈来愈被看重。与他人合作和独立工作的能力、面对挑战主动应对并采取创造性思路的能力,都是一个人能带到工作岗位上的最佳技能(Meadows 1996)。许多公司宁愿雇用能够在工作岗位上开发出新技能的有能力的非专业人员,而不是狭隘的专家。随着技术和市场要求发生变化,公司会重新培训自己的雇员,而不是引进昂贵的顾问或取代已有的人员。对有望成为值得重视的终身劳动者的核心人员进行投资,被认为是跟上日新月异的时代的战略正途。

比如说,“在家工作”使一些值得重视的雇员凭借电话和互联网,待在家里就能履行自己部分或全部的职责。对于那些不需要和客户或同事经常接触的工作岗位,如计算机图形设计、编辑校对或者出版文案,雇员会发现,在家工作能够让自己平衡各种无关工作的责任,做起事情来也更有效率。近些年来,随着数字技术创造出了新的机会以改变我们的劳动方式,“连线员工”(wired workers)的现象在近些年来有了长足的发展。

梅丽莎·格雷格(Gregg 2011)认为,对于专业人士而言,诸如智能手机、平板电脑和笔记本电脑之类无线移动技术设备的问世,除了能将其从固定的办公环境中解放出来,似乎还提供了更多的自由。但由此造成的一个后果是,劳动/工作(work)从固定的建筑中转移出来,进入公共生活和私人生活的其他每一处区域,包括家里。如此一来,随着工作与休闲之间的界限被侵蚀,人们工作的时间越来越长,工作成为人们日常生活的中心,而以牺牲家庭或社会生活中的其他面向为代价(Felstead et al. 2005)。在家工作确实提供了多样化的劳动方式,但它绝不意味着就这样“摆脱了”常规劳动的压力。

鉴于全球经济的影响,以及对“弹性”劳动力的需求,一些社会学家提出,未来将有更多的人变成**复合型劳动者**(portfolio workers)。他们可能具备一套“技能组合”(skill portfolio),即许多不同的劳动技能和资格证书,他们在自己的整个劳动生涯中,将靠这些在不同种类的工作岗位之间流动。将来他们当中只有较小一部分人会拥有连续性的“职业生涯”。事实上,随着人们发展各自的“无界限的职业生涯”,“终身岗位”的观念将成为往事。不过,这并不一定意味着某种无政府状态。人们四处流动,积攒“职业资本”,构建社会网络,锻炼技能,增强自信,并切实有效地在践行过程中“赋予”自己的劳动生活以“意义”(Watson 2008:256-257)。

在年轻人中,尤其是信息技术领域的顾问和专家,确有趋向复合型劳动的态势。根据某些估计,年轻的大学毕业生在其整个劳动生涯中,预计会使用三种不同的技能成分,从事十一种不同的工作职位。然而,这还只是例外而非通例。原因之一在于,管理者认识到,如果员工的流动率太高,不仅会增加成本,而且有碍士气。金等人(King et al. 2005)发现,招募信息技术从业者的就业机构倾向于为长期岗位选择“已知”的候选人,觉得那些有着“复合型”流动性职业履历的人不太可信。

然而，面对异常艰难的劳动力市场现状，成千上万的劳动者或许只有去培养自己的多样化技能，才能保住就业。有些人积极评价转向复合型劳动的趋势，认为劳动者可以不再固守同一岗位，以更具创造性的方式来筹划自己的劳动生活（Handy 1994）。而其他人则认为，在实践当中，“弹性”意味着公司可以更加随意地雇用和解雇员工，彻底破坏了劳动者曾有的工作保障感。

全球社会 7.3

“离岸外包”及其缺陷

必须用全球视角来看待今日正在改变的行业结构，因为现在很多服务的生产与传递都涉及跨越好几国边界的人们的集体劳动。整体而言，这是发达国家的企业将某些工作转移到发展中世界的结果，那里成本更低，从而可以维持或增加收益。印度有很多讲英语的人，已经成为银行汇兑和客服中心的一处集中地。中国大陆是玩具、服装以及消费品的主要生产地，而中国台湾则制造出信息时代所需要的许多电子元器件。这一过程被称为“离岸外包”（offshoring）（有时又称为外包外购［outsourcing］）。虽然它绝不是什么新近的发展，但它的未来及其后果，尤其是对工业化国家而言的后果，现在激起了很多争议。

有关离岸外包的系统研究不是很多，但已经出现了两种观点。一种观点认为，离岸外包只是国际贸易的另一种延伸，只是现在有更多的东西和更多的场所卷入贸易。没有什么特别需要关注的。第二种观点认为，离岸外包在将来有可能成为具有世界历史意义的一股重大力量，改变全球经济，尤其会令发达国家担忧。第二种观点的主要倡导者是美国经济学家艾伦·S. 布林德（Blinder 2006），他解释称，正因为如此，发达世界的各国政府应当谋划一种不同的未来。

布林德指出，相对富裕国家的制造业劳动者和公司必须与发展中国家的劳动者和公司竞争，而受过良好教育的服务部门的劳动者则不是这样。然而，布林德预计，将来这些服务部门的劳动者将会遇到极大的挑战。在布林德所谓“可通过电缆（或无线连接）轻松传递下去而不会影响质量”的那些类别的劳动与“非属此类的劳动”之间，目前正在形成一种重大分化。例如，不可能看到德国或美国的出租车司机或飞机驾驶员输给离岸外包，但是却能想象打字服务、安保评估、放射治疗、会计、高等教育、研发、计算机编程、银行服务以及其他众多行业出现这种情况。

布林德提示，这里出现了一大变化，那些需要较高受教育水平的工作岗位也不再“安全”了，所以，政府反复念叨，培养一支教育良好的劳动大军是面向未来经济的关键，其实可能是搞错了。也许应该要求投资那些只有面对面才能进行的“人性化服务”,从而避免(迄今为止的)离岸外包。其他所有能够电子化传递的“非人性化服务”都属于易受侵害的竞争领域。有鉴于此,布林德指出,对于发达国家而言,当今的主要挑战并非来自擅长制造业的中国,而是在服务离岸外包进程中处于更有利位置的印度。然而,诚如下文所示,中国已经意识到这一点,并且正在采取措施以便在将来一争高下。

布林德承认,他的论点只是一种猜测,或者说是一种“未来学”,尚需更多有关当前模式的研究和证据,但他描述的进程显然已经在逐步推进。就目前全球化快速扩展的时期来看,离岸外包似乎已被普遍接受。以下来自英国广播公司新闻频道的短文介绍了金融部门的离岸外包情况。

* * *

金融部门的离岸外包增势 一项研究显示,英国的金融服务岗位向发展中国家如印度和中国转移,为该部门每年节省约 15 亿英镑。德勤会计师事务所称,金融岗位在最近四年转到海外的数量增加了 18 倍。超过 75% 的主要金融机构在海外开设办事机构,相比之下,2001 年该比例还不到 10%。但联合工会(Unite)称尚未发现支持离岸外包的有效论据,只是指出员工更替率在上升。该工会说,许多公司据说全年都不得不一直在重新培训全部劳动力,而且工资也在增长。

中国与印度之争 离岸外包已经扩散到几乎所有工商行业,在交易处理、金融和人力资源方面增长尤其显著。印度是各公司寻求向海外转移业务的首选之地,全球外包员工中有大约三分之二在此受雇。但其老大位置有输给中国的危险,现在有三分之一的金融机构的事务部门在中国展开运作,主要是信息技术方面的部门。目前有大约 2 亿中国人在学习英语,为接下来可以和印度竞争积累了潜在的技能型劳动者。

“复杂性” 这项研究的作者,德勤金融服务部门合伙人克里斯·金特尔指出:“金融机构需要重新设计业务流程,否则有将老旧低效的在岸流程作为遗产径直转移到离岸的风险。”典型的金融服务公司现在已有 6% 的员工在宿主国之外,去年这一比例翻了一番。

但是,派驻联合工会的国家官员戴维·弗莱明称,移动工作岗位所付出的人力代价和社会代价“相当巨大,客户不满的情况很普遍”。他补充说,“联合工会仍然认为,这些组织忽略了离岸外包的复杂性,仍然提不出确凿的业务论据来支持将工作输出到海外”。

资料来源:BBC 2007f。

批判性思考

布林德注意到，工业革命并没有使农业终结，因为“我们还得吃东西”，但它的确改变了农业。无独有偶，信息革命并没有使工业终结，我们还在使用机器，但需要的人类劳动力少了。那发达社会里的人们将来会从事什么类型的有薪劳动来谋生呢?

第四节

劳动的社会意义

虽然新的劳动方式为很多人提供了令人兴奋的机会,但也可能让另一部分人产生深切的矛盾心情,使他们觉得自己深陷于一个失控的世界(Giddens 2002)。我们在本章已经看到,随着就业由制造业逐渐转向服务业主导,以及信息技术的引入,劳动力市场经历了深刻的变化。迅疾的变化可能破坏了稳定,来自不同类型行业的许多劳动者现在都体会到了无保障感的加剧。

岗位无保障感已经成为劳动社会学的重要话题。很多评论人士指出,过去三十五年,岗位无保障感一直在稳步增长,在发达国家已经达到前所未有的程度。力求效率和利润,意味着缺乏技能或技能“不对口”的人将被分配到无保障的边缘工作岗位上,容易受到全球市场转型的冲击。一些人还提出,尽管弹性有不少好处,但我们正在见证“工作”本身意义的转变。

对于绝大多数成年人来说,工作在我们生活中所占据的分量要超过其他任何一项活动。我们往往把劳动的观念和劳苦联系在一起,但这远非事情的全部。如果你觉得自己永远也不可能找到一份工作,你会感觉如何?受到雇用并能获取酬劳,对于维持我们的自尊十分重要。即使工作条件比较糟糕,任务枯燥乏味,工作也依然为日常活动的周期循环提供了一种构架。工作有几个特点具有重要意义。

1. **金钱** 薪资是人们赖以满足自己需要的主要来源。如果没有一份收入,日常生活几乎难以想象。
2. **活动水平** 工作为掌握和锻炼技能提供了基础。即使工作是例行化的,它也能提供一个结构化的环境,可以吸收人的能量。

3. **多样性** 工作提供了接触新情境的渠道。在工作环境中,人们有可能乐于做一些不同于家务杂活儿的事情。

4. **时间结构** 对于正规就业的人来说,一天的时间通常是围绕工作的节奏来安排的。没有工作的人常常会抱怨感到单调无聊,缺乏兴致。

5. **社会接触** 工作环境提供了友谊以及参与共享活动的机会。一个人要是脱离了工作场景,他的朋友和熟人圈子很可能缩小。

6. **个人身份** 工作常常因为能让人感受到稳定的社会身份而被珍视。自尊往往是与人们对维持家庭所做出的经济贡献相联系的。

基于这份令人敬畏的清单的背景,也就不难理解,为什么没有工作会消磨一个人对于自己作为人的价值的信心。

一 岗位无保障感的加剧

所谓岗位无保障感,指的是劳动者在这种情形下缺乏信心,担心就业岗位难以成为自己能够长久依赖的稳定岗位。而工作有保障则意味着个体能够支付房租或分期购房,能够度假、购买消费品和通盘筹划生活。但是,如果没有比较有保障的就业,对于现代生活的许多基本期待就有可能显得遥不可及了。弹性劳动、临时和短期合同、零时制劳动、非全时制劳动都被认为加剧了岗位无保障感,这是 20 世纪 60 年代中期以来的持续趋势(Burchell et al. 1999)。

对许多劳动者来说,岗位无保障感远远不止于害怕裁员。它还包括担忧工作本身发生转型,忧虑这种转型对健康和个人生活造成不利影响。劳动者可能会发现,他们的升职机会趋于减少,同时他们的工作负担却不断增加。两相结合,导致他们感到对自己工作岗位的一些重要维度“失去控制”。劳动者没能与缺乏保障的环境取得调适,而是始终感到焦虑,持续紧张,而这种状态往往会转入家庭环境。

岗位无保障感会严重影响家庭生活和家庭关系。比如,西班牙有一项研究发现,超过 30 岁的西班牙男人如果有高度的岗位无保障感,就不太可能结婚(Golsh 2003)。尽管男人赚钱养家的传统刻板印象如今可能不那么流行了,但许多男人仍然觉得,岗位无保障感会危及其自我认同。一位英国受访者表示,“男人就应当赚钱养家。不管怎么说,你就是这么被教大的。如果一个男人找不到工作,这可不只是岗位缺乏保障的问题了,他会觉得自己不像个男人,不是吗?”(Charles and James 2003:527)岗位无保障感同失业的后果可能大同小异，尽管这部分研究尚无定论（Council of Europe 2005）。

另一方面，有些人也质疑岗位无保障感是否真的趋于加剧，认为工作聘期其实是在延长（Doogan 2009）。格林特和尼克松（Grint and Nixon 2015）提出，自20世纪70年代以来，工作的平均聘期整体上是缩减了，但幅度并不算大。据估计，工作聘期在20世纪70年代大约是10年，到了2000年则为9.5年。事实上，女性获得的聘期还变长了，虽说这可能是反映了此前由男性主导的劳动力市场晚近出现的一些变化。英国劳动者中大约80%属于全时制就业，而四分之一到三分之一的人已经受雇于同一雇主十年以上。这类统计数据可能意味着岗位无保障感并非通例，尽管如此，认识到无保障感的加剧，或许依然有助于我们在一定程度上了解劳动者对于经济变迁和劳动力市场转型的体验与忧虑。

发挥你的社会学想象力 7.3

超越劳动——通往天堂之路？

持续失业、岗位无保障感、公司裁员、复合型职业生涯、非全时制劳动、弹性就业模式、轮班工作：如今人们以非常规的方式从事劳动的程度似乎甚于以往任何时候。也许是时候重新思考劳动的本质，尤其是它在人们生活中所占据的主导位置了。

由于我们将“劳动”与“有薪就业”联系在一起，所以有时难以看到可能存在其他的替代选择。法国社会学家和社会批评家安德烈·高尔兹（André Gorz，1923—2007）提出，未来有薪劳动在人们生活中的重要性会降低。高尔兹是基于对马克思著作的批判性评价建立自己的观点的。马克思认为，工人阶级将领导一场革命，建立一个更为人道的社会，在这样的社会里，劳动将成为生活满足感的核心要义。尽管高尔兹是一位社会主义作家，但他有不同的看法。他认为，工人阶级并没有不断壮大并领导一场成功的革命，其实规模是在愈益缩小。蓝领工人已经成为劳动力中一个日趋衰微的少数群体。

再要假定劳动者能够接管他们所在的企业已经讲不通了，更不用说夺取国家的权力。改变有薪劳动的性质根本没有指望，因为它是依据技术方面的考虑来组织的，只要经济讲求效率，这些就不可避免。恰如高尔兹所言，“现在关键是把人从劳动当中解放出来……”（Gorz 1982：67）在依据泰勒制生产线组织的劳动中，这一点尤有必要，否则会倍感压迫和单调。

传统上，投资新技术会促生更多的全时制工作岗位，而现在投资信息技术却导致工作岗位减少，因为它使得更少的劳动者能够生产出同样甚至更多的产品。其结果很可能是拒绝接受用“生产决定论”的观点来看西方社会，后者强调财富、经济增长以及物质商品。将来，大多数人会在持续性的有薪劳动领域之外，追求多样化的生活方式。高尔兹

投资信息技术会创造出新的“高技能型”工作岗位,同样会导致失业。劳动者究竟会遭遇什么?

以赞成的态度援引法国劳工民主联盟(CFDT)的讲法:“减少每个人的工作,就意味着人人都有工作……以及更好的生活。”(Gorz 1985)

根据高尔兹的观点,我们正迈向一种“双重社会”(dual society)。一方面,生产和政治管理领域将会组织起来以求效率最大化。而在其他领域,个体会忙于许多能带来快乐和个人成就感的非工作性质的追求。也许有越来越多的人会做出人生规划,借此在自己生命的不同阶段安排不同方式的劳动。

这种观点有多少道理?在工业化国家,劳动的性质和组织发生了一些重大变化,这一点毋庸置疑。不过,至少到目前为止,迈向摆脱劳动获得自由的进步还很有限,积极关注如何确保有薪就业的人是越来越多而不是越来越少。对绝大多数的人来说,有薪劳动依然是获得维持多彩生活所必需的物质资源的关键。

批判性思考

高尔兹(**Gorz 1985**)认为,劳动的重要性降低,意味着我们会减少耗在有薪劳动上的时间,留出更多时间参与创造性的活动。简述并讨论资本主义经济给他的乌托邦观点设置的主要障碍。

二　失业

在20世纪30年代早期的经济萧条时期，发达经济体的**失业**(unemployment)现象达到高峰，一些国家经历了20%的劳动力失业的状况。战后，经济学家约翰·梅纳德·凯恩斯(John Maynard Keynes, 1883—1946)的思想深刻影响了欧洲和美国的公共政策。凯恩斯认为，商品购买力的缺乏导致了失业，因而无法刺激生产，也就不需要多少劳动者。但是，政府可以通过干预来提升对于商品和服务的需求水平，从而创造新的工作岗位。许多人开始相信，如果国家这样来管理经济生活，高失业率就一去不复返了。

然而，在20世纪七八十年代，失业率被证明愈发难以控制，凯恩斯主义基本上被放弃了。在20世纪五六十年代，英国的失业率不到2%。到了80年代早期，这个数字升至12%，然后到80年代末又开始下降。从90年代中期到晚期，英国的失业率又一次开始下降，到2005年，维持在差不多5%以下。然而，就业率仍未恢复到二战结束后的水平，相对高位的失业率已成常态。2011年5月至7月，英国的失业率为7.9%，大概有251万人失业，其中大约100万为16—24岁的年轻人(ONS 2011d)，虽说到了2014年底，这一比例又稳步回落到6%左右(ONS 2014e)。

就全球范围而言，失业率亦属历史高位，2006年时大约为6.3%，或者说2亿人左右，尽管我们也必须记住，很多非正式劳动是不记录在官方统计数据中的，在发展中国家尤其如此。情况很可能是，很多人从“官方角度”看是失业的，但其实却在就业状态或从事某种岗位的劳动。在失业人口中，15—24岁的年轻人占44%，而且始终存在性别差距：15岁以上的女性仅有48.9%有工作，相比之下，男性的这一比例为74%。各区域的失业率也有很大不同，东亚平均为3.6%，撒哈拉以南非洲为9.8%，而中东和北非地区最高，达12.2%(Europaworld 2007)。这样的区域性统计数据也掩盖了不同国家经济形势的巨大差异。例如在南部非洲，同一时期不同国家的失业率存在差距，从津巴布韦的80%、赞比亚的50%、莫桑比克的21%，一直到纳米比亚的仅5.3%(CIA 2007)。

要解释官方的失业统计数据，并非能够一目了然(见图7.4)。对失业下定义并不容易。它指的是“不从事劳动”。但这里的“劳动”是指“有薪劳动”和“从事一种公认的职业的劳动”。被合理登记为失业的人也可能参与多种形式的生产性活动，比如家务劳动、粉刷房子、打理花园。许多人从事非全时制的有薪劳动，或者只是偶尔受雇于有薪岗位；而学生和退休人员属于“经济上不活跃”，因此不计为“失业”。

事实上，通用的失业统计数据涵盖了失业的两种不同“类型”，从而更加复杂。**摩擦性失业**(frictional unemployment)，有时也被称为“暂时性失业”，指的是个体在生命周期当中自然地短期进出劳动力市场。相反,**结构性失业**(structural unemployment)描述的是经济的重大转型导致缺乏工作岗位,而不是影响特定个人的境况。例如,20 世纪七八十年代,重工业衰落造成很多工业化经济体中结构性失业水平走高。

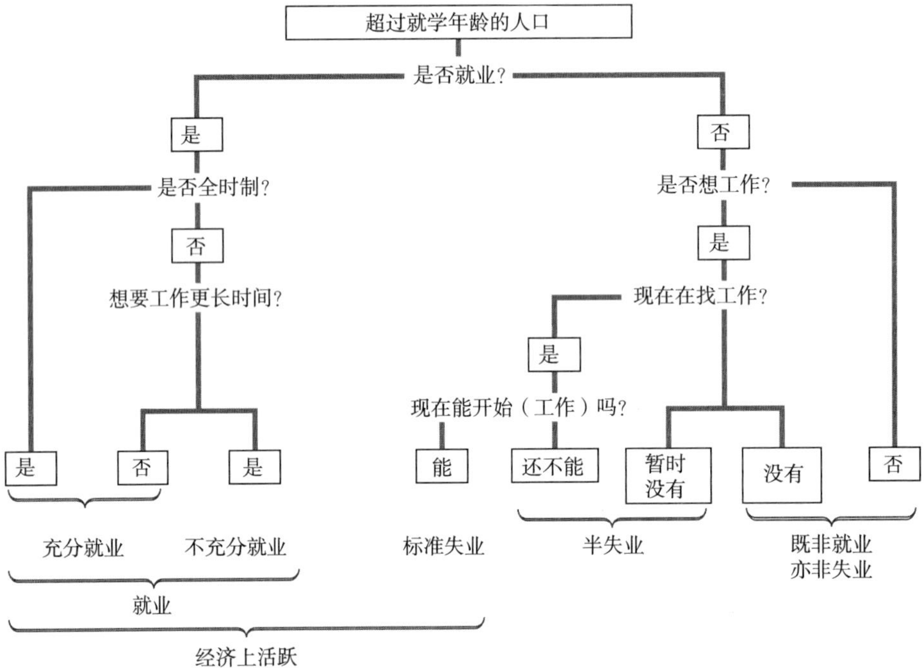

图 7.4　可能的就业、失业与非就业状态分类

资料来源:Sinclair 1987:2。

失业的趋势　在英国,由政府界定的失业其分布变化有详尽的文档记录。男性的失业率通常要高于女性的,例如,在 2010 年底,失业男性达到了 143 万,相较之下,女性的失业人口刚过 100 万。2007 年,英国国家统计局报告,失业的男性几乎是先前女性就业人口的两倍,而登记为失业的女性人数却超过在家照看孩子或者做家务的男性,为十倍以上(ONS 2007:42)。显而易见,尽管晚近的趋势是越来越多的女性从事有薪劳动,但是传统的性别角色在许多地区以及一些社会群体中还顽固存在。

一般来说,少数族群的失业率要高于白人的,而长期失业率更要比其他人口高得多(参看图 7.5)。不过,这些一般趋势掩盖了大量的多样性。2004 年,白人的失业率不到 5%,而对印度裔来说,这一比例只略高一点,大约 7%,基于这一点及其他一些因素,一些人认为,英国的印度裔人口几乎获得了与白人一样的社会经济平等地位。

对于其他所有少数族群来说,失业率比白人高两到三倍。2004 年,在英国的巴基斯坦裔女性失业率最高,达到 20%,是英国和爱尔兰裔白人女性的 5 倍。而在男性当中,加勒比裔黑人、非洲裔黑人、孟加拉裔以及混血族裔人群的失业率最高，在 13%到 14%之间，几乎是英国和爱尔兰裔男性失业率即 5%的 3 倍（ONS 2004a）。这种直白的失业统计数据体现出，**交叉性**（intersectionality）这一概念十分到位，具体而言，这里鲜明地呈现出性别与族属之类不平等形式交叉后产生的劣势模式的复合作用。

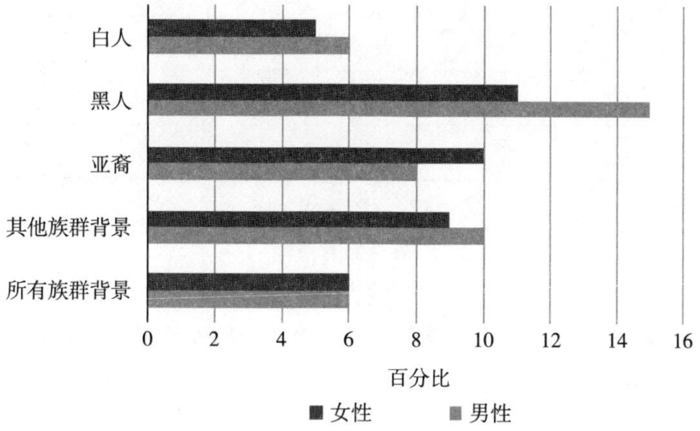

图 7.5　2014 年 **4** 月至 **2015** 年 **3** 月失业率的族群与性别分布

资料来源：McGuinness 2015。

年轻人尤其受到失业的影响。就全球范围而言，青年失业率始终保持在 12%到 13%之间，而在欧洲，从 2008 年金融危机到 2012 年，年轻人的平均失业率增加了 60%（ILO 2012）。2012 年，在希腊和西班牙这两个受危机影响最严重的国家，登记在案的青年失业率超过 50%。对于年轻人来说，人生之初的失业久拖下去，其后果会延续到未来，包括薪酬低下、健康不佳和家庭财政困难。而对社会来说，不能让年轻人融入经济，就会有丧失税收、社会稳定和经济增长等方面的风险（Vogel 2015）。

在英国，对于那些既不接受教育也不参加就业或培训的年轻人（政策圈称之为尼特族[not in education, employment or training, NEETs]），人们的担忧已经变得非常显著。在 21 世纪的头十年里，英国青年的失业率持续上升（参看图 7.6）。来自教育部门的数据（DfE 2015）显示，2015 年 1 月，16—24 岁青年人的失业率达到 12.3%（73.8 万人），是总体失业率的两倍多。而在黑人青年当中，失业问题更为严重。2010 年，他们中几乎一半（48%）处于失业状况。在所有失业青年中，有约四分之一处于长期失业状态，这意味着他们已经有一年甚至更长时间找不到工作了（Cavanagh 2011）。

失业为何会影响到如此多的年轻人？沃格尔（Vogel 2015：4-6）指出，这个问题成因复杂。在发达经济体中，有越来越多的年轻劳动者拥有良好的文凭资质，但这些却与职业无关。这就导致许多产业缺乏熟练技术人员，以及与青年劳动者有关的劳动力供需不匹配。不仅如此，非全时制、短期和零时制合同不断增多，这对于那些努力想在劳动力市

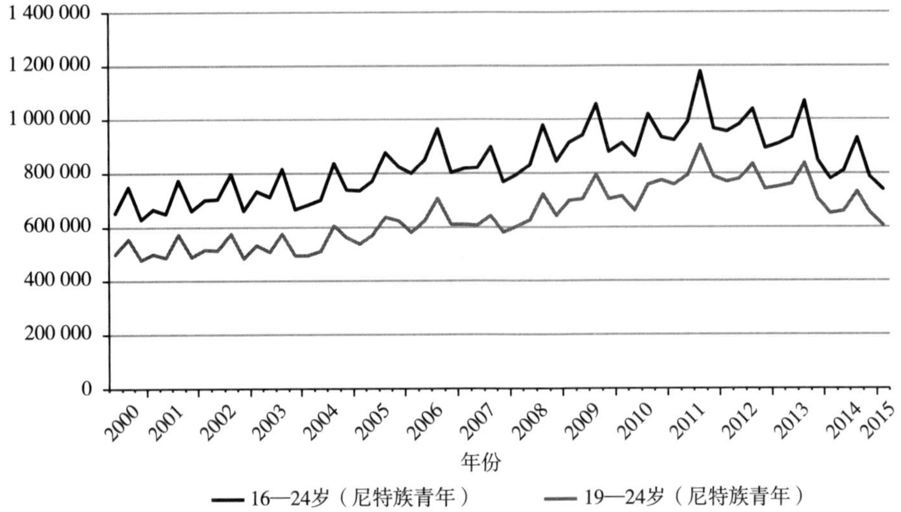

图 7.6　2000—2015 年,英国不上学、不就业、不接受培训的年轻人数目

资料来源:DfE 2015。

场上站稳脚跟的年轻人来说尤为不利。因此,减轻青年失业问题是一项复杂的任务,意味着要改变教育政策、就业法规和职场习惯,同时还要转变青年人自身的期望。

社会阶级与失业率也有关系。根据经济与社会研究委员会(ESRC)对出生在 1970 年的年轻人的同期群研究,父亲属于第一或第二社会阶级的年轻人失业率最低。而父亲属于第五社会阶级或由单身母亲抚养长大的年轻人失业率最高,其中很大比例的人从未参加过工作。失业率还与教育文凭有关:文凭层级越高,失业率越低(Begum 2004)。

对于那些习惯于有稳定工作和收入的人来说,失业的体验可能会让人崩溃。关于失业的情绪影响的研究注意到,没有工作的人在适应他们的新处境的过程中,通常会经历一系列阶段。尽管这种体验因人而异,但刚刚失业的人往往会感到震惊,接下来会对新的机会抱持乐观。而这样的乐观通常并无回报,当此之时,个人就可能陷入抑郁,对自己及前景十分悲观。如果失业阶段持续下去,适应过程最终会以其宣布放弃、接受现实处境告终(Ashton 1986)。

不久前,盖伊·斯坦丁(Standing 2011)指出,一个新的阶级群体正在形成,所谓“形成中的阶级”,他称之为**不稳定型无产者**(the precariat)[①]。构成该群体的是那些没有能力进入提供稳定就业和体面薪资的劳动力市场的人,包括老人、无技能型劳动者、文凭资质乏善可陈的年轻人,以及所有那些频繁更换工作岗位的人。斯坦丁看到,在希腊、西班牙和中东,有越来越多的不稳定型无产者参与反对紧缩政策的那些示威抗议。他指出,

① “precariat”取自“precarious”(不稳定的)和“proletariat”(无产者)。——译者注

这些年轻人只能零零星星地投入有薪劳动，导致不安定的生活，这可能使他们趋向某些民粹主义和法西斯主义政党，它们会把年轻人的处境归咎于移民或“大”政府。对于政府和政策制定者来说，问题在于置身愈益仰赖弹性劳动措施的全球经济，该如何应对不稳定型无产者所面临的工作上、生活上令人丧气的无保障感。

批判性思考

对于传统上要“赚钱养家”的男性以及作为“家庭主妇”的女性，失业可能产生哪些社会效应和心理效应？考虑到现在越来越多的女性也从事有薪劳动，高失业率在今天是否有可能成为比过去更具破坏性的社会问题？

小结：弹性与“品格的销蚀”？

1970年，理查德·桑内特在研究美国波士顿蓝领工人时，勾画了一位名叫恩里克(Enrico)的意大利移民的履历，多年以来，后者一直在市中心一座办公大楼当门卫。尽管恩里克没有从贫困的处境和微薄的薪酬中获得乐趣，但他的工作给了他一种自尊感，一种供养妻儿的“正当”方式。整整十五年里，他日复一日地扫厕所、拖地板，最后终于能够在市郊买下一栋房子。

尽管恩里克的工作并不荣耀辉煌，但却有保障，受到工会的保护。他和妻子可以自信地筹划他们的未来以及他们孩子的未来。恩里克早就清楚地知道他什么时候退休，他有多少钱可供自己花销。依照桑内特的说法，恩里克的工作“只有一个持久的目的，那就是挣钱养家”。尽管恩里克为他诚实辛劳的工作感到自豪，但他并不希望自己的孩子子承父业。对恩里克来说，重要的是为孩子创造出向上流动的条件。

十五年后，桑内特偶然遇见了恩里克的儿子里克(Rico)，发现孩子的确变得更具流动性。里克先是拿到了工学学位，然后去纽约继续上商学院。在毕业之后的十四年里，里克打造了报酬优厚的职业生涯。里克和他的妻子珍妮特(Jeanette)为了各自的事业发展，在婚后搬过四次家。他们敢于迎接风险，乐于接受变化，已经适应了这种动荡不安的生活，并最终变得富有。然而，尽管成功如斯，故事并不是通篇幸福的。

里克夫妻担心，他们即将“失去对自己生活的控制”。里克作为一名咨询顾问，感到不能完全控制时间和工作：合同含糊不清，并且总是在变，他没有固定的角色，自己的命运在很大程度上取决于关系网络的兴衰成败。无独有偶,珍妮特也感到她对自己的工作只有很少的掌控。她管理一个会计师团队,团队成员的工作地点很分散:有些在家里工作,有些在办公室工作,还有一些在数千里外的公司分支部门工作。在管理这种"弹性"的团队时,珍妮特不能依赖面对面的互动和她对每个人工作的亲身了解,而是通过电子邮件和电话进行远程管理。

在国内四处迁移的过程中,里克和珍妮特半道儿失去了许多有价值的友谊。新的邻居和社区完全不清楚他们的过往,不知道他们来自哪里、是什么样的人。在家里,里克与珍妮特发现,他们的职场生活有碍于自己成为理想父母。他们一天到晚忙于工作,担心会因此忽视了孩子。然而,比勉力应付繁忙的时间安排和日程更麻烦的是,他们担心自己在给孩子树立一个迷失方向的榜样。当夫妻俩试图教给孩子努力工作、坚守承诺以及长远目标的价值观念时,他们担心自己的生活告诉孩子们的是一则不同的故事。里克和珍妮特典型地体现出,在当代社会,短期而灵活的工作方式日趋寻常。他们的工作史的特征就是不断流动、临时承诺以及对所做工作的短期投入。夫妇俩认识到,"事业成功和做人成功所需的品质不一样"。

在桑内特看来,这家人的经历生动展现出弹性劳动方式对于从业者的个人生活和为人品格的一些影响。桑内特(Sennett 1998)认为,越来越强调灵活可变的行为和工作风格可能带来成功,但也不可避免地导致困惑和伤害。这是因为,现在对于劳动者的期望直接有悖于为人品格坚定的许多核心特征:立场忠诚、目标长远、坚守承诺、值得信托、宗旨明确。

在后福特制的弹性时代,工作与生活的不安定似乎势所难免。忠诚成为一种缺陷而不是长项。当生活成为一堆不连续的工作岗位,而不是一个连贯一致的职业生涯,长期目标会受到逐步侵蚀,社会纽带难以培养,信任关系也会短暂即逝。人们不再可能判断出哪些风险终有所报,而晋升、解雇以及回报等方面的旧有"规则"也似乎不再适用。当代成年人所面临的关键挑战,就是如何在一个愈益注重短期目标的社会中,追求一种长期的生活目标。

本章要点

1. 什么是经济衰退？全球化如何影响了2008年的金融危机？

2. 经济社会学与主流或正统经济学有哪些不同？

3. 以实例概述资本主义自工业化以来先后出现的几种形式。

4. 今日的跨国公司的组织与运作如何有别于此前的国际公司？企业社会责任是一种真诚意愿，还是纯属跨国企业的公关运作？

5. 描述泰勒制、福特制与后福特制的主要特点。说明“弹性”如何成为当今的生产与消费的核心内容。

6. 谈谈“劳动”的一些含义。有薪就业如何开始与家务劳作相分离？

7. 工会成员数量自20世纪70年代起一直在下降。给出一些下降的原因。

8. 什么是劳动的女性化？利用本章的事例，说明为什么这并不意味着实现了性别平等。

9. 什么是“知识经济”？整体而言，这究竟是促进了技能提高、自主性增强，还是如高尔兹所言，信息技术只是使劳动力去技能化？

10. 在发达国家中，哪些社会群体最可能失业？哪些社会群体最不可能失业？失业会给男女两性带来什么样的个人后果和社会后果？

11. 为什么可以说现代经济加剧了岗位无保障感？为什么无保障感会给个体造成问题？

研究实践

在2008年至2012年金融危机期间接受欧盟与国际货币基金组织救助金的国家中，爱尔兰共和国因其第一个偿还债务而广受赞誉。但紧缩措施对日常生活产生了怎样的影响？负担在全社会的分担是否公平？下文重点讨论了代际问题，阅读并回答问题：G. M. Carney, T. Scharf, V. Timonen, and C. Conlon, 2014, ‘Blessed are the Young for They Shall Inherit the National Debt: Solidarity Between Generations in the Irish Crisis’（年轻人有福了，因为他们将继承国债：爱尔兰危机中的代际团结），*Critical Social Policy*, 34(3): 312–332。

1. 说出此项研究中所使用的研究方法。何谓“建构主义扎根理论”（constructivist grounded theory）？

2. 家庭如何应对政府的紧缩措施？人们如何适应某些福利补贴的削减乃至取消？

3. 概述紧缩对于不同社会经济群体的影响。

4. 有关家庭在帮助人们应对紧缩方面扮演的角色,作者们得出了什么结论?他们认为这种家庭援助的政治意涵是什么?

深入思考

上文讨论了安德烈·高尔兹有关信息技术对于生产和劳动生活的深刻影响的想法。此处为瓦西里·列昂季耶夫关于劳动意义下降的寓言(获许转引自 Gorz 1985):

> 在被赶出伊甸园之前,亚当和夏娃无须劳动就享有高水准的生活。但被驱逐后,他们及后代遭到天谴,从早到晚劳动,勉力维持悲惨生计。过去两百年的技术进步史,本质上就是人类努力慢慢回到天堂的故事。然而,如果我们突然发现自己回到天堂,又会发生什么?无须劳动便能享受各种产品与服务,没人会去从事有薪工作。而不就业就意味着没有任何薪资。其结果,在制定出合适的新收入政策以适应变化后的技术条件之前,每个人都可能饿死在天堂。

再次阅读讨论高尔兹观点的“发挥你的社会学想象力 7.3”。在你自己的家人、朋友、熟人圈子中,有没有人被裁员,或是转向非全时制劳动或降低薪酬,以求享受更多的自由去做别的事情?如果人人都想这么干,会遇到什么障碍?提出一些可能克服这些障碍的方法。

艺文探析

自 20 世纪 60 年代以来,女性加入劳动大军的状况有了显著变化。请观赏两集或更多的马修·韦纳(Matthew Weiner)创作的电视剧《广告狂人》(*Mad Men*, 2007—2015)。这部剧集的背景为 20 世纪 60 年代初期,讲述了美国一家广告公司的雇员的工作与私人生活。请关注该剧如何呈现:

- 女性在工作场所的角色定位;
- 男女两性在工作内外的关系;
- 上述两方面发生变化的证据。

基于本章中的统计证据,《广告狂人》中的虚构描写是大致准确,还是偏离甚远?

阅读指津

有关经济社会学及其历史和当前关注焦点的简介，可阅读杰弗里·K.哈斯的《经济社会学导论》(Jeffrey K. Hass, 2007, *Economic Sociology: An Introduction*, London: Routledge)，这是该领域的上佳导引；弗兰·通金斯的《当代经济社会学：全球化、生产与不平等》(Fran Tonkiss, 2006, *Contemporary Economic Sociology: Globalization, Production, Inequality*, London: Routledge)应用经济社会学探讨了晚近的全球化进程。

基思·格林特和达伦·尼克松的《劳动社会学导论(第四版)》(Keith Grint, and Darren Nixon, 2015, *The Sociology of Work: An Introduction*, 4th edn, Cambridge: Polity)是劳动社会学中最广泛使用和征引的教科书之一。迈克尔·努恩、保罗·布莱顿和凯文·莫雷尔的《劳动的实情：当代社会中的劳动与就业体验(第四版)》(Michael Noon, Paul Blyton, and Kevin Morrell, 2013, *The Realities of Work: Experiencing Work and Employment in Contemporary Society*, 4th edn, Basingstoke: Palgrave Macmillan)从雇员的角度讨论劳动体验。斯蒂芬·埃杰尔的《劳动社会学：有薪劳动与无薪劳动的延续与变迁(第二版)》(Stephen Edgell, 2012, *The Sociology of Work: Continuity and Change in Paid and Unpaid Work*, 2nd edn, London: Sage)，文如其名，尝试从社会学的角度理解有薪劳动和无薪劳动。

最后，有两部内容全面的参考书：一是尼尔·J. 斯梅尔塞和理查德·斯威德伯格合编的《经济社会学手册(第二版)》(Neil J. Smelser, and Richard Swedberg, eds., 2005, *The Handbook of Economic Sociology*, 2nd edn, Princeton, NJ: Princeton University Press)；一是斯蒂芬·阿克罗伊德、罗斯玛丽·巴特、保罗·汤普森和帕梅拉·S. 托尔伯特的《牛津劳动与组织手册》(Stephen Ackroyd, Rosemary Batt, Paul Thompson, and Pamela S. Tolbert, 2006, *The Oxford Handbook of Work and Organization*, Oxford: Oxford University Press)。

网络导航

政体出版社有关本书的更多信息和支持：

www.politybooks.com/giddens

经济与社会研究中心(Center for the Study of Economy and Society)——设在美国康奈尔大学的研究中心：

www.economyandsociety.org

经济社会学(Economic Sociology)——由哥本哈根的布鲁克·哈灵顿负责运营,“探讨货币与市场的社会基础”。搜索档案查找材料:

http://thesocietypages.org/economicsociology/about

国际劳工组织(The International Labour Organization)——为所有人争取体面工作的运动。网站包括许多有用资源:

www.ilo.org

英国劳动基金会(the Work Foundation, UK)——设在兰开斯特大学的一个组织,从事“高水准应用研究”:

www.theworkfoundation.com

经济社会学与政治经济学(Economic Sociology and Political Economy)——该群体的脸书主页,搜集该领域的最新新闻、书籍与文章:

www.facebook.com/EconSociology

欧盟委员会(European Commission)——就业、社会事务与包容总司网页,包括劳动领域很多有用资源和统计数据:

http://ec.europa.eu/employment_social/index_en.html

第八章

社会互动与日常生活

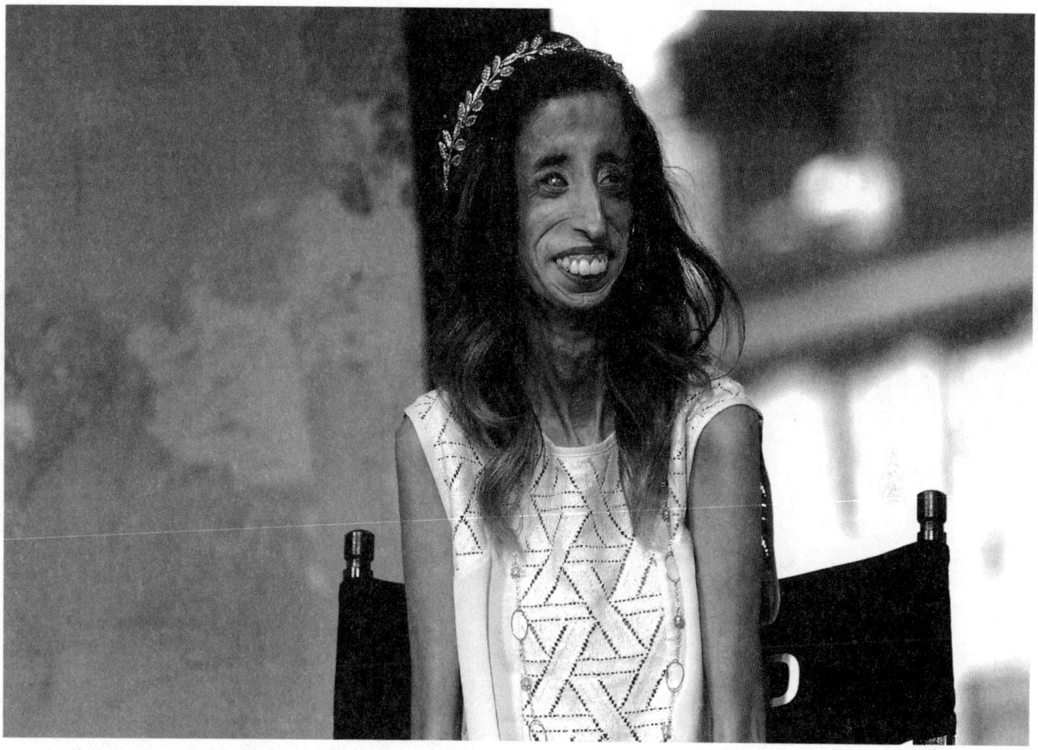

莉齐·贝拉斯克斯小时候就因为外表而受人欺负,但还是会惊讶于优兔网站上她的一段视频底下的各种恶意评论。

我们大多数人都有霸凌的个人经历,要么作为受害者,要么作为别人霸凌的旁观者,当然,还可能自己就是霸凌别人的人。与大部分媒体报道恰恰相反,霸凌行为影响到的不仅是孩童,还有许多成年人。要是沦为霸凌的目标,即使霸凌已过去很久,也会给个人留下严重的心理后果,受害者的羞耻感长久难消,并在内心深处有罪疚感,认为自己在某种程度上纵容了霸凌的发生,甚或是为自己遭受虐待出了一分力。有些自杀案例也与长期的霸凌行为有关。

马尔托奇(Martocci 2015:xi-xii)在做博士论文研究时,如此描述遭受霸凌的长久后果:"即便到了现在,当我坐在自己的电脑前,思索该如何分享这则故事时,我仍然会不寒而栗,感到内心微微颤抖。我想象**她**读到这些话,重新挣扎着反抗。我能**感到**大大的白眼击溃了我的自信,接着是轻蔑的'**哦——拜托**……'。"马尔托奇揭示出,遭受霸凌不仅是一种身体经验,还改变了她的自我概念,而那是她如何感知自身的本质所在。她问道:"是什么能让我把个人成就看成无关紧要,把自我形象看成自欺欺人?我是怎样开始相信,我所沦为的这个暴躁易怒、缺乏安全感的女人,就是我真实的自我,最终无所遁形?"

一旦有了这种令人不安的认识,即个体的自我并不是一样“东西”,仿佛人体“外壳”之下的“珍珠”,也就开启了社会学角度的解答。其实,自我在一定程度上是某种社会创造,基于与他人的种种关系和互动。正因为如此,我们与他人的互动属何类型,质量如何,有可能改变我们如何感知自己“究竟”是谁,或曰我们真实的自我。不管我们可能希望怎样合理概括霸凌的特征,它都是个体之间特定的社会互动类型,涉及尝试对他人行使权力。

有关自我形成和发展的社会学理论,参看第九章“生命历程”和第三章“理论与视角”。

近些年来,经由数字媒体进行的一种相关类型的霸凌引起了人们的深入关注,大家广泛讨论这种**网络霸凌**(cyberbullying)。网络霸凌可以是身体霸凌的某种延伸,但在许多情况下是完全间接的,通过互联网、短信、即时通信或电子邮件进行。彼得·K.史密斯及其同事(Smith et al. 2008: 376)将网络霸凌界定为“由一群人或一个人利用电子形式的接触,反复而长期地针对某个不易捍卫自己的受害者,实施有意图的具有侵略性的行为”。互动所涉各方可能素未谋面。网络形式的霸凌和传统霸凌一样,都会利用流言蜚语、污名化、刻板印象化、排斥放逐、羞辱等俗世常见的社会行为。但与传统形式不同的是,在游戏网站或网络论坛上回复评论,影响面要大得多。约翰·哈里根 13 岁的儿子瑞安由于遭受霸凌而自杀,哈里根指出,“在几个小孩子面前遭受霸凌和羞辱是一种体验。被一个女孩拒绝而心碎是一种体验。但相比之前的一代人,被数量大得多的网上青少年观众见证这些伤害和羞辱,肯定是完全不同的一种体验”(Halligan 2012:vii)。

莉齐·贝拉斯克斯曾经在学校里遭受欺负,她的外表受到了否定性的评价。其实是两种罕见病导致她受到多重损伤,并失去增重能力,才长成这个样子。尽管如此,她在 17 岁时,偶然在优兔上看到自己的一段短视频,题为“全世界最丑的女人”。据她说,在视频下面,有数千条非常伤人的贬损性评论,比如“用火烧死它”和“她爹妈为啥要留她的命”。贝拉斯克斯觉得受到霸凌,孤独无助:“我哭了好多晚上,我只是个十多岁的孩子,却觉得自己这辈子已经完了。我没法和任何人谈这个,我啥都不能和朋友聊,我只是非常震惊会有这种事情。”(转引自 Hawkins 2015)在她父母和朋友的支持下,她成功掌控了局面,并把自己的网上活动发展成为某种反霸凌网络社群,截至 2015 年,她的关注者超过 24 万人。

莉齐·贝拉斯克斯的经历表明,网络霸凌者和所谓的钓鱼客(trolls,即有意扰乱论坛或激起情绪反应的人）有能力将其目标去人格化，从而回避面对面遭遇时的大部分情绪实感。许多人与她素昧平生，或者对其生活一无所知，就准备好在视频底下回复谩骂式的留言。网络霸凌已经引起政治上和学术上的关注，不过，正如我们在本章下文将会看到的，我们生活其间的这个数字时代一刻不停地生产着新鲜的互动形式，社会学家必须努力加以把握。

接下来，我们将介绍社会学家用来考察微观层面的社会互动的一些核心概念和观点。我们首先会讨论人际沟通中的某些“隐秘”特征，比如未被认识的身体语言和姿势，然后来谈谈互动中无须写明的“规则”，以及当我们破坏这些规则时会发生什么。在此基础上，我们就能结合变动不居的社会场景来看我们的日常接触。而在最后几节，我们将探讨线上环境中一些渐趋成形的行为规则和规范。本章最后将讨论，一旦日常生活为数字设备和线上环境填满，人们是否还会将面对面接触置于网络沟通之上。

第一节

日常生活的戏剧

▼

当擦肩而过的路人迅速对瞥，然后移开视线，他们展示的就是欧文·戈夫曼（Goffman 1967，1971）所称的**有礼貌的不关注**（civil inattention）。有礼貌的不关注不同于单纯忽略他人。每个人都会表明自己辨识出了他人的存在，但避免任何或许被视为过于冒犯的姿势，因为可能让人觉得有敌意。某种意义上，有礼貌的不关注与霸凌恰成对立。霸凌是以特定的个体为焦点和目标的行动，而有礼貌的不关注是我们**避免**直接接触的有意之举，但久经操练，我们这样做时又多少有些无意识。

有礼貌的不关注是我们所有人都可能识别的，社会学家为什么要费神关注生活中看似琐碎的方面呢？在街上与某人擦肩而过，或与一个朋友聊上几句，似乎是我们每天都会做无数次的微不足道且毫无深意的活动。然而，单单因为我们不必去思考自己每天的例行活动，并不意味着它们超出了社会学分析的范围。事实上，阿尔弗雷德·舒茨（Alfred Schutz，1899—1959）将它们看作**现象学**的起点，即研究人们如何获得想当然接受的态度，以及它是如何在社会互动中被再生产出来的（参见第三章关于舒茨与现象学的讨论）。

人们习惯上把互动理解为面对面（face-ti-face）相遇，或“在个体共同在场的情况下，个体行动的交互影响”（Goffman 1980［1959］：26）。但随着聊天室、博客、社交媒体之类线上环境的问世，以及它们成为我们生活中的例行应用，互动似乎应该有更为宽泛的定义,从而涵盖这些新的形式(我们将在下文讨论)。艾利克斯·丹尼斯及其同事(Dennis et al. 2013:1)提出,不妨把**社会互动**(social interaction)界定为"人们对他人活动所采取的行动和反应"。对于看似无关紧要的社会互动形式的研究,在社会学中具有重要意义,属于这一学科最引人入胜的主题之一。之所以这么说,主要有三点原因。

首先,我们的日常例行活动以及与他人的持续互动,赋予我们的行为以结构和形式。我们能够通过研究它们,学到许多关于我们自身作为社会存在以及关于社会生活本身的内容。我们的生活是围绕着日复一日、周复一周、月复一月以及年复一年的相似行为模式的重复而组织起来的。想想你昨天做了什么,前天又做了什么。如果这两天都是工作日,那么很有可能你会在每天的同一时间起床。如果你是学生,你可能一大早就要走进教室,从住处到校园的这段旅程几乎是你每个工作日都要完成的。当然,我们每天遵循的例行活动并不完全一致。我们在周末的活动模式通常与工作日的大为不同。如果我们在生活中做出重要改变,比如毕业后找份工作,那么日常例行活动必然有变化,但我们会重新建立一套相当规律的新习惯。

其次,有关日常生活的研究揭示了人类如何创造性地行事,以塑造自己所处的社会现实。尽管我们的行为由社会角色、规范以及共同期待所引导,但是个人依据其背景、兴趣和动机,对现实的感知各有不同。因为个人能够创造性地行动,他们通过自己采取的决定和行为,持续不断地塑造着现实。换句话说,社会现实不是固定或静止的"东西",而是经由人际互动被创造出来的。这种"现实的社会建构"观念处于符号互动论视角的核心,在第一章中有所简介(亦参第五章"环境")。

最后,研究社会互动,有助于我们认识更大层面的社会制度。所有社会制度都依赖我们日常所采用的社会互动模式。仍以两个陌生人在街上擦肩而过为例。这个事情看起来或许与大规模的、结构化的、更为持续的社会组织形式没有多少直接的关联。但是当我们考虑到许许多多诸如此类的互动,情况就不是这样了。在当今世界,大多数人生活在城镇和都市中,与他们并不熟识的人持续发生互动。城市生活的特点就是熙熙攘攘的人群,就是转瞬即逝的非私人性接触,而有礼貌的不关注与许多机制一起,赋予城市生活以生机活力。经由本地居民以及匆匆访客的各色互动,城市生活得到了切实有效的再生产。

当你读下去的时候,请记住,对于社会互动微观层面的日常实践的研究,与本书其他章节所探索的大规模宏观议题并不是相互分离的。一些最好的社会学研究是将微观现象与宏观现象相联结,给予我们一幅有关社会世界的更为全面的图景。

有关社会结构对于日常"生活世界"的影响,相关理论参看第三章"理论与视角"。

第二节

非言语沟通

▼

社会互动包含众多形式的**非言语沟通**(non-verbal communication),即通过面部表情、姿势以及身体活动来进行信息和意义的交流。非言语沟通有时被认为是“身体语言”(body language),但这样说可能有误导,因为人们特别会使用这些非言语线索来消除或扩展语词所能表达的内容。

一　人的脸部、姿势与情感

非言语沟通的一个主要方面就是情绪的面部表达。如果我们将人脸与其他物种的脸相比较,人脸的确明显更为灵活并能够操控。德国社会学家诺贝特·埃利亚斯(Norbert Elias, 1897—1990)主张,对于人脸的研究不仅表明人类如何像其他所有物种那样,历经漫长的时间,逐渐发生自然的进化,而且能看出,这样的生物性基础是如何被**社会发展**进程中的文化特征所覆盖的。

比较人脸与进化谱系上和我们最相近的亲缘动物即类人猿的脸。类人猿的脸满布毛发,结构非常僵硬,能够做的表情有限。与之相反,人脸光洁无毛,并且非常灵活,能够拧出各式各样的表情。在世界上的一些地区,甚至会举行“做鬼脸”(gurning)比赛,看看谁能拉扯出最怪异的面部表情,其中有些看起来真的**非常**奇怪。我们知道,没有这种进化而来的生理柔韧性,人类沟通不可能实现。因此,埃利亚斯(Elias 1987a)认为,人脸的发展与有效沟通系统在进化中的“生存价值”紧密相关。尽管类人猿的确可以广泛调动“全身”来进行沟通,可是人类只用脸部的“信号板”就能够传递各种情绪。在埃利亚斯看来,脸部沟通证明,在人类中,生物范畴和社会范畴紧密纠缠,不可分解。

美国心理学家保罗·艾克曼(Paul Ekman)及其同事发展出一套“面部活动编码系统”(Facial Action Coding System, FACS),用以描述生成特定表情的面部肌肉的运动。他们设计了一个系统,使那个因容许不一致或自相矛盾的解释而出名的领域具备了一定的精确性。之前之所以如此,是因为对于应当如何辨识和区分情绪,殊少共识。进化论的创始人查尔斯·达尔文声称,在各个人种之间,存在一些情绪表达的基本模式。尽管这一观点尚存争议,但是艾克曼的研究涵盖了来自纷繁多样的文化背景的人,提供了一些支持达尔文观点的证据。艾克曼和弗里森(Ekman and Friesen 1978)对新几内亚一个与世隔绝的社群进行了研究,该社群的成员几乎从未与外人有任何接触。但是当把表示六种情绪的面部表情(高兴、悲伤、愤怒、厌恶、恐惧、惊奇)的照片给他们看时,这些新几内亚人都能识别出照片所表达的情绪。

保罗·艾克曼拍摄的这些照片,呈现了新几内亚一个遥远社群的部落男子的面部表情,验证了所有民族其情绪表达的基本模式相同的观点。仔细看每一种面部表情。你认为各张照片传递了艾克曼所列出的六种情绪里的哪一种?请看小节末尾的"批判性思考"图框,检查你的答案是否正确。

根据艾克曼的说法,他自己以及类似研究的结论都支持一个观点,即情绪的面部表达及其解释是人类与生俱来的。诚然,他承认有关证据并不能盖棺定论地证明这一点,因为这可能涉及广泛共享的文化习得经验。但是,其他类型的研究也支持了他的结论。人类行为学家艾雷尼厄斯·艾布尔-艾贝斯费尔特(Eibl-Eibesfeldt 1973)研究了六个天生失聪和失明的儿童,观察在特定情绪的情况下,他们的面部表情与那些耳聪目明的个体的面部表情有多么相似。他发现:当这些小孩在进行那些明显令人开心的活动时,他们就会微笑;当他们闻到一种并不习惯的物体气味时,就惊讶地扬起眉;而当不断地给他们一样不喜欢的东西时,他们就会皱眉头。艾克曼与弗里森使用"面部活动编码系统",在新生婴孩那里识别出一些独特的面部肌肉活动,这些在成年人的情绪表达中同样可以发现。例如,婴孩对酸味似乎会表现出一种类似于成年人的厌恶表情(噘嘴和皱眉)。

尽管情绪的面部表达看上去是与生俱来的,但个体因素与文化因素也影响着面部运动所采取的精确形式,以及它们在什么样的情境中被认为是得体的。例如,人们究竟**怎样**微笑,嘴唇和其他面部肌肉的细微运动,以及微笑的持续时间,在不同文化中各见差异。

相反,没有任何一种姿势或体态业已证明是所有文化(哪怕只是大多数文化)的典型特征。在一些社会中,人们点头的意思是说"不",而在其他社会中,点头却意味着"是"。欧洲人与美洲人往往会大量使用的一些姿势,比如用手指指示,似乎在其他文化中并不存在(Bull 1983)。与此类似,伸直的食指放在脸颊的中央并转动,在意大利的一些地区是一种赞许的姿势，但在其他地方却似乎无人知晓。与面部表情一样，姿势和体态也被连续不断地用来填补我们的言辞表达，也在我们实际什么都没说的时候传递着意义。这三种方式都可用以开玩笑、嘲讽或者表示怀疑。

我们时常在无意间传递出一些非言语印象，显示出我们所说的并不是我们真正的意思。害羞脸红也许是一个最明显的例证，从中可以看出，身体指示与我们陈述出来的意思可能存在矛盾。但还有更多可被其他人察觉的细微信号。训练有素的眼睛往往能够通过观察非言语线索看穿假象。焦虑、不安、凝视的或游移不定的眼神，以及僵硬的面部表情（真正的面部表情往往四五秒钟后就消失了），都可以反映出某人有所欺瞒。因此，我们可以在言语沟通之外，辅以他人的面部表情和身体姿态，以辨明他们所说的在多大程度上是真诚的，是否可以信任他们。

批判性思考

自左至右，艾克曼分别给出的指示是，在以下情况下，你的脸会表现出什么表情：

1. 如果你有朋友来访，你很高兴；
2. 如果你的孩子夭折，你很悲伤；
3. 如果你很愤怒，想要打架；
4. 如果你看见一头已经躺在地上好长时间的死猪，很是厌恶。

再看看这几副面容，当你了解到背景，是不是更容易看出其所表达的情绪？你有没有误解过某人的感受？如果有，他们的面部表情为何没有暴露他们的情绪状态？

二　性别与身体

马塞尔·莫斯（Mauss 1973）是最早主张姿势和身体动作并非纯属自然，而是与社会情境相联系的学者之一。人们从走路、挖掘、吃饭以及更多的动作中学习如何使用他们的身体，这些“身体技术”（techniques of the body）会通过代际传递。但日常社会互动是否存在某种性别维度？由于互动为更大层面的社会背景所形塑，所以根本不必惊讶，男人和女人对言语沟通和非言语沟通的感知和表达方式可能不一样。身体互动还有社会阶级以及族裔的维度。

政治哲学家艾里斯·玛丽昂·扬(Iris Marion Young, 1949—2006)在一篇名文《像女孩那样丢球》('Throwing Like a Girl', 1980, 2005)中,探索了性别化的身体体验。扬认为,女性做出的"不经意的"独特动作,比如丢一个球或一块石头,并不是生物意义上确定的,而是各种话语和实践的产物,这些话语和实践劝诱着女孩和青年女性,自她们年少时起就将其身体体验为"他人之物"(objects for others)。她指出,诸如此类的身体训练体现出一种"被抑制的意向性"(inhibited intentionality),反映出限制身体举止和运动的女性特质的规范。简而言之,男性主导的社会所产出的大部分女性本质上都是"身体上有残缺的"。与此相反,男性学会将他们的身体体验为积极主动、强健有力的"自己之物"(objects for themselves),反映在他们更具侵犯性的身体动作中,在体育运动中尤其明显。因此,对于男孩子来说,被指责"像女孩一样丢球"是一种可怕的侮辱,是对其男性身份认同的攻击。

这些机制即使在例行的社会互动中也很明显。以最常见的一种非言语表达——目光接触为例。个体以多种方式使用目光接触,往往是为了获得某人的注意或开始一次社会互动。在男性主导的社会里,男人盯着女人看,会被视为"自然的"或"清白的"行为,然而,女人却不被期望看回去,而只能移开视线来避开男性的注视。另一方面,如果女人盯着男人看,则常常被认为是意存挑逗或有欠得体的举止。就个人层面而言,这种情况或许显得无关紧要,但集体观之,它们却有助于强化性别不平等的模式(Jeffreys 2015: 22; Burgoon et al. 1996)。

在非言语沟通中,还有其他的性别差异。男人的坐姿往往比女人更为放松,身体后仰并且两腿分开,而女人则往往保持一种更为闭合的体姿,笔直坐着,双手放在膝盖上,双腿内交叉。女性在谈话时同交谈者的距离往往比男性更近,而相较其他方式而言,男性在谈话中对女性的身体触碰要频繁得多。女性一般被期待把这种情形看作是正常的。其他研究也已表明,女性更明确地通过面部表情来展示自己的情绪,并且比男性更经常寻求和中断目光接触。

社会学家主张,这些看似无足轻重的微观层面互动,实则巩固了更为广泛的宏观层面的社会不平等。男性在站立和坐着的时候都比女性控制了更多的空间,因为他们通常与谈话者离得更远,坐着的时候也是"四肢舒展"。他们还通过更频繁的身体接触来展示控制。女性往往通过目光接触和面部表情来寻求赞同,但是,当男人直视时,女性比另一位男性更有可能移开视线。经由所有这些方式,非言语的沟通形式提供了微妙的线索,证明男性在更为广泛的社会中对于女性的权力(Young 1990)。

朱迪斯·巴特勒(Judith Butler)在《性别麻烦》(*Gender Trouble*, 1990)一书中主张,性别化的认同表达说明,性别主要是"展演性的"(performative)。她这么说是什么意思?巴

在公共交通中,男性常常采取开放的姿势(有时被称作“大爷式占座”[manspreading]),相比女性的内向体姿,是一种权力的例行表达。2014 年,据报道,土耳其的伊斯坦布尔女权会(Istanbul Feminist Collective)针对地铁里典型的男性体姿,发起了一场“合上你的双腿”运动。“别占了我的空间”的标签在推特上蔚然成风。

特勒说,许多女性主义者拒绝认为,性别在生物意义或自然意义上是固定的。但是,她们这么说,等于是将性别(文化)与性(生物)分离开来,主张性别化的行为形式是在生物意义上确定的男性身体和女性身体基础上建立的。巴特勒拒绝接受这种立场,而是主张,在有关性别的文化表达之下,**根本不**存在什么生物意义上确定的身份认同。

性别认同恰恰是**通过**它们的持续展演而确立的。因此,对于性别而言,根本不存在本质的、自然的或生物的基础,即使人们依然广泛相信存在这样的基础,而这样的信念通过各种方式塑造着人们的行为。巴特勒的立场是,性别认同要问的并不是**你是谁**,而是你**做了什么**,由此可以推出,性别认同比此前所认为的更不稳定,更为流变。这并不意味着人们可以完全自由地选择性别认同,因为展演涉及规则化的、重复生产的性别规范,通过各种禁令、放逐及其他形式的指责强制推行(Butler 1993)。然而,如果巴特勒所言不虚,那么人们或许会有更大的余地去积极选择他们展演性别的方式,就此抵抗那些支配性或霸权性的性别化认同形式。

有关雷温·康奈尔结合性别与认同来谈霸权的更为广泛的理论,参看第十五章“性别与性相”。

发挥你的社会学想象力 8.1

公共空间中的性别与互动

我们在第一章中看到,研究小规模面对面互动的微观社会学与研究社会结构和制度的宏观社会学,紧密关联,不可分离(Knorr-Cetina and Cicourel 1981; Giddens 1984)。现在我们来看一个例子,走在街上的一个女人受到一群男人的言语骚扰,这桩可能像是微观社会学典型范例的事件,如何与宏观社会学的现象相关联。

卡罗尔·布鲁克斯·加德纳(Carol Brooks Gardner)在《路过:性别与当众骚扰》(*Passing By: Gender and Public Harassment*, 1995)一书中发现,在各式各样的场合中,尤其是在建筑工地边上,女性经常会遇到由男性挑起的令人讨厌的互动,并感觉受到侮辱。尽管可以把单个女子受到的性骚扰作为一次互动来分析,但仅限于这种方式的分析不会有很多收获。这类骚扰典型体现了彼此陌生的男性和女性的街头谈话,而如果不考察社会中的性别等级这一更广泛的背景,就无法理解这类互动。加德纳把男性对女性的骚扰与更大的性别不平等体系联系起来,男性在公共空间里的特权,女性在身体上的易受伤害性,以及时刻存在的强奸威胁,都体现了这种性别不平等。

“到此为止,都很不错。接下来听听你挑逗口哨吹得咋样。”

“英国日常性别歧视现象搜集计划”(The Everyday Sexism Project in the UK)(现在也是劳拉·贝茨写的一本书的名字[Bates 2014])是一个网站,其建立是专门为了让人们记录自己在职场、街头、购物等场合经历的习惯或寻常的性别歧视现象。比如,一名律师匿名发帖,记录自己在法庭上帮一家拖运公司胜诉后,公司头头转过来对她说:“姑娘你真棒。”还有人报告自己经常遇到男人向她吹挑逗口哨,以及自己走路去上班时,步行或开车经过的男人做出一些带有性意味的评论,比如“太爽了”。

“性骚扰”这个术语在历史上出现较晚,源于20世纪70年代的女性主义运动。在许多国家,有关性别平等的立法正在推进,认定工作场合性骚扰非法的一些政策也已就位。然而,这些改变却在媒体上引起了强烈反击,将这些措施说成不必要的“性别正确”的典型,是维多利亚时代性别标准的老调重弹(Zippel 2006:8)。显然,要想对言语骚扰的个案有恰如其分的理解,必须结合本身处在变动中的公共规范和法律标准。理解了微观层面与宏观层面之间的关联也能表明,单纯尝试去教会人们举止文明是不够的。要应对性骚扰的问题,也需要去挑战性别不平等。

批判性思考

如果性别关系正变得越来越平等，为什么性别歧视会难以消除？你注意到有哪些身体姿势、运动以及非言语信号意味着趋向性别平等？你自己的行为是否明显不同于你父母和祖父母的行为？

三　具身性与认同

上文所描述的身体体验和运动的性别化过程补充了性别认同的理论，后者会在第九章“生命历程”中详细讨论。正如该章所示，人们从很小的时候就开始在与家庭成员之类重要他人的互动中，**习得**性别角色与性别化的行为。而除此之外，我们还能从有关身体体验和非言语沟通的社会学研究中了解到，一个人的性别认同也是通过自身以及他人的身体和身体运动的体验来表达的。因此，性别认同既是从社会角度创造的，也是“具身性的”(embodied)。事实上，近些年来，一般意义上的**认同**(identity)概念已经成为社会学许多领域的核心主题。但是，什么是认同？

理查德·詹金斯(Richard Jenkins)说，认同是“人类植根于语言的能力，知道‘谁是谁’(以及因此知道‘什么是什么’)。这涉及知道我们是谁，知道他人是谁，他们知道我们是谁，我们知道他们认为我们是谁，如此等等”(Jenkins 2008:5)。由此可知，所有的人类认同都是“社会认同”，因为它们是在社会生活持续的互动过程中形成的。认同是被制造出来的，而不是给定的。尽管如此，认同存在三个面向：它们一定程度上是个体的或个人的；一定程度上是集体的或社会的；并且始终是“具身性的”。正如詹金斯(Jenkins 1996:47)所言：

> 在人类看来，没有身体的自我没有多少意义。就连鬼魂或精灵，如果我们把它们当人看，也会有身体；就连脱离身体的赛博空间世界，也有赖于电脑屏幕前的身体，尽管并不是非此不可。我们带着我们的自我和外界打交道，而他人也是如此和我们打交道。

社会认同和**具身性**(embodiment)之间的紧密关联有一个佳例，见于戈夫曼针对“污名”的研究。例如，他揭示了身心障碍人士如何因为可观察到的身体损伤而遭到污名化，他称之为“丢脸的污名”(discredited stigma)，这样一来，人们会体验到对自我的呈现、对个体认同的经营失去控制。另一方面,有些损伤并不容易观察到(比如癫痫),更容易在公众眼前隐藏,因此可以允许个人对其认同管理有更多的控制。有鉴于此,戈夫曼称这种损伤是潜在的"丢脸的污名"。

认同也是多层面的,由许多来源组成。但是不妨径直将它们区分为**初级**认同和**次级**认同,它们分别关联着初级社会化和次级社会化过程。**初级认同**(primary identities)是那些在生命早期形成的认同,包括性别、种族/族属,也许还有身心障碍。**次级认同**(secondary identities)是以初级认同为基础的,并包含那些与**社会角色**和**自致地位**例如职业角色、社会地位相维系的认同。社会认同非常复杂,流动不居,当人们取得新的角色,或是离开旧的角色,社会认同也随之发生改变。

行文至此,讨论的一点重要成果是,认同在社会互动中既标示着**相似**,也标示着**相异**。个体认同或个人认同使一个人感到自己相当独特,有别于他人,在个体化的现代社会尤其如此,而别人也感知到这一点。我们个人的姓名就是这种个体差别的例证。在当今许多社会中,父母越来越有意为自己的后代找寻独特的名字,让孩子在人群中与众不同,而不是选择与家庭相维系或者通常使用的名字。今天对于许多人来说,给后代命名更多的是父母选择的事情,而非表达更广泛的家族纽带。

与此相反,集体认同展示的是相似性。将自身识别为或被认为属于某个族群、工人阶级、环保主义者或职业社会学家,能够成为群体团结、自豪甚或羞愧的来源。但无论我们对自身社会认同的感知如何,戈夫曼的论点都成立:在具身性的自我之中,个体认同和社会认同紧密维系(Burkitt 1999)。

批判性思考

想想当你的身份认同遭到质疑时的场景——或许你被要求出示身份证或其他形式的身份证明。你会作何反应?你会如何"证明"自己就是你所声称的人?从中你得出什么结论,即在确立认同时社会认为什么是关键因素?

第三节

互动中的脸面、身体与言说

我们不妨概述一下目前为止我们所学到的东西。日常互动依赖我们通过自己的脸和身体传达的意思与我们用言语表达的意思两者之间的微妙关系。我们识别他人的面部表情及身体姿态，从而拓展他们通过言语传递的信息，并检查他们是否真诚。但是，我们将看到，我们也在社会生活的背景之中组织我们的活动，来实现同样的目的。

一　接触

在许多社会情境中，我们参与同他人的**无焦点的互动**（unfocused interaction）。当人们表现出对彼此在场的共同意识，无焦点的互动就发生了。大批人聚集的地方，比如在繁忙的大街上，在拥挤的剧院里，或者在喧闹的派对中，通常就是这种情形。当人们与他人在一起的时候，他们持续地通过自己的姿势、面部表情以及体态，以非言语的方式进行沟通。

当个体直接留意他人之所言所行，**有焦点的互动**（focused interaction）就发生了。社会互动常常既包括有焦点的交流，也包括无焦点的交流。有一种有焦点的互动叫作**接触**（encounter）。与家人、朋友、同事等他人的接触构成了我们日常生活的大部分内容，这种接触往往发生于同碰巧出现在场景中的人进行无焦点的互动的背景下。闲聊、研讨班上的讨论、游戏，以及与售票员、服务员以及营业员日常的面对面打交道，都是接触的例子。

接触与会话一样，总是需要“开场”，这意味着有礼貌的不关注被丢弃了。当陌生人相遇并开始交谈，停止有礼貌的不关注的那一刻总是有风险的，因为对于被建立的接触的性质，很容易出现误解（Goffman 1971）。因此，刻意的眼神接触也许一开始意味含糊，聊作试探。如果这一主动表示没有被接受，期望进行眼神接触的这个人这时就会装作不曾做出任何直接举动。在有焦点的互动中，每一个人都既通过言辞交流，也在同等程度上以面部表情和姿势来进行沟通。戈夫曼区分了个人“给出”（give）的表达和他们“流露出”（give off）的表达。前者是人们用来给他人造成特定印象的言辞和面部表情，而后者则是他人检验对方的真诚或诚实时可以察觉出的线索。例如，一个餐厅老板带着礼貌的微笑倾听顾客**给出**的他们多么喜欢此处餐食的表述。与此同时，她也在注意顾客**流露出**的信号——他们吃饭时看上去有多么高兴，是否剩了很多饭菜，以及他们表达满意时的语调。

服务员和其他服务部门的劳动者常常被告知，在与顾客进行互动时，要保持微笑，讲求礼貌。阿莉·霍克希尔德（Hochschild 1989）在有关航空业的一项著名研究中，将此描述为某种形式的“情感劳动”（参见第一章）。

发挥你的社会学想象力 8.2

街头接触

当你觉得受到某人行为举止的威胁时,是否曾经横穿马路走到街道对面?伊莱贾·安德森(Anderson 1990)在美国两个相邻的城市街区对这种现象进行了研究。他发现,研究日常生活有助于阐明,社会秩序是如何由作为个体基石的许多微观层面的互动创造出来的。安德森尤其在意去理解至少有一方被认为具有威胁性的互动。他揭示出,许多黑人和白人在街头的互动方式与固有的种族刻板印象大有关系,而后者又与社会的经济结构相关。我们再一次看到,社会学的研究将微观互动与更大范围的社会宏观结构相联结。

安德森首先回顾了欧文·戈夫曼所描述的在特定情境或地点,社会的角色与地位是如何形成的。戈夫曼(Goffman 1980[1959]:13)写道:"当一个人出现在别人面前时,他们通常都会寻求获得有关此人的信息,或者调用已有的信息……有关此人的信息有助于界定这一情境,能够使其他人预先知道这个人对他们的期望,以及他们可能对他的期望。"

但是,什么类型的行为线索和信号构成了产生这些期望的公共互动的词汇呢?安德森发现,诸如肤色、年龄、衣着和所佩戴的珠宝之类的因素,都被作为识别标志。与此类似,人们行动的快慢,以及他们采取的动作的类型,都会进一步充实这些标志,以创造出更为协调一致的假设。但是,一天当中的具体时间,以及在那时预期会看到谁,都可能解释并且因此"抵消"对于陌生人的担忧。而在陌生人不被评估为"安全"的地方,作为替代的"抢劫者"形象便会取而代之,人们就会据此行事,以避免潜在的问题。

安德森指出,那些最可能通过审查的人不会陷入对"危险人物"的常见刻板印象。妇女儿童就属于这类群体,之后是白人男性,尽管会通过得慢一些。然后是黑人女性,接下来是黑人男性,最后是黑人男性青少年。该研究证明,互动的张力与诸如种族、阶级和性别等社会地位相关,由此揭示,充分的理解需要同时把握宏观和微观层面的过程。当人们发展出诸如"躲避艺术"的技能,来应付对于暴力和犯罪的畏惧时,他们就具备了"街头经验"(streetwise)。

这项研究表明,说到彰显社会中广泛的制度模式在社会生活中如何运行,微观社会学是多么有用。这也为有关社会不平等的大规模结构理论添加了非常重要的经验维度,有助于将这些不平等根植于人们的日常经验。

批判性思考

在今天的一些社会中，穿着“连帽衫”（**hoodies**，一种有着大兜帽的夹克衫）的年轻人被老年人看作是“有威胁的”。安德森的研究如何能够帮助我们理解这类互动，并且，关于年轻人和老辈人之间的宏观社会学关系，它们告诉了我们什么？

二　印象管理

像戈夫曼这样的互动论者，经常会在他们的研究中使用来自戏剧的概念。比如**社会角色**（social role）的概念，就是源于戏剧场景，来自古代演员所使用的“卷起来”（rolled-up）的剧本。在社会学中，角色是由社会界定的期待，是一个处于给定**地位**（status）或者**社会位置**（social position）上的人所应当遵循的。例如，要做个老师，就要占据一个位置；老师的角色是由其对待学生、家长和其他老师的一系列特定行事方式所构成的。戈夫曼主张，社会生活有些像是演员在一个舞台，或更准确地说在许多舞台上的演出，因为我们如何行事/演出（act），依赖于特定情境和时间中我们所扮演的角色。

人们对于他人如何看待自己是敏感的，并且使用许多形式的**印象管理**（impression

management)来塑造他人反应的方式。尽管这能够以一种计算的方式来实现,但通常并无有意识的关注。例如,唐(Don)出席一场商业会议,他西装革履、文质彬彬;但是在这之后,与朋友在足球比赛中一起放松时,他换上牛仔裤和运动衫,并与他们分享荤段子。这就是印象管理。

如上所示,我们所承担的社会角色有赖于我们的社会地位,而一个人的社会地位往往会随社会情境而异。作为一名"学生",你有某种地位,并且在研讨室和报告厅中被期待以特定的方式行事。但是,作为"儿子"或"女儿",你就有了与"学生"不同的地位,相应的期待也会不同。与之相仿,作为一位"朋友",你在社会秩序中会有另一个不同的位置,要去满足另一套角色期待。显然,人会同时拥有许多地位,不妨把这组地位统称为**地位丛**(status set)。

社会学家还区分了先赋地位与自致地位。**先赋地位**(ascribed status)是基于生物基础"指派"给你的属性,比如"种族"、生理性别与年龄。因此,你的先赋地位就可能是白人、女性和青少年。而**自致地位**(achieved status)是通过个人自身的努力而争取到的。例如,你的自致地位可以是大学毕业生、运动员和雇员。虽然我们可能乐于相信,我们的自致地位才更重要,但社会上的其他人可能并不赞同。不管在什么社会,有些地位会具有超越其他所有地位的优先权,通常决定着一个人的总体地位。社会学家称之为**主导地位**(master status)(Hughes 1945; Becker 1963)。大多数常见的主导地位是基于性别和族裔的,并且社会学家已经揭示出,性别和族属都属于人们彼此最先注意到的事情(Omi and Winant 1994)。

经典研究 8.1

欧文·戈夫曼——"世界(有点像)是个大舞台"

研究的问题 我们经常在公共情境中观察那些似乎是在"表演"或"面向人群演出"的人们。扪心自问,我们可能也会承认,自己有时似乎是将这个世界视作一个舞台,为了益于他人而上演一出戏。但是为什么我们会这样做呢?当我们这样做时,还是真实的我们,即我们的"真实自我"在表演吗?如果"世界是个大舞台",那么在公共表演的**场景背后**发生着什么?欧文·戈夫曼(Erving Goffman, 1922—1982)在一些著述和研究中考察了这一议题,就人们的"表演"和后台行为给出了巨细靡遗的阐述。

戈夫曼的说明 戈夫曼认为,社会生活大多都能分为前台区域和后台区域。**前台区域**(front regions)是指个人扮演正式角色的社会场合或接触;它们本质上是"舞台表演"。在塑造前台表演时往往涉及**团队协作**(teamwork)。同一党派的政治家哪怕私下彼此憎恨，也会在电视摄像机前上演一场使人信服的团结和友好的秀。一对夫妇会在孩子面前小心掩饰彼此之间的矛盾，维持前台的和睦，只是在孩子熟睡时，才开始激烈地争吵。

后台区域(back regions)则是人们在此组装“道具”，为在更正式的场合中进行互动做准备的地方。后台区域类似于剧院的后台或者电影摄制活动的镜头之外。当人们安全地处于幕后时，能够放松，宣泄他们在台前一直克制的感情与行为。后台区域允许人们“亵渎，肆无忌惮地开黄腔，喋喋不休地抱怨……衣着随便，‘疲疲沓沓地’坐着或站着，使用方言或非标准的言辞，嘟嘟囔囔，或大喊大叫，肆意冒犯和‘戏弄’，粗鲁无视他人细微但有潜在象征性的行为，对于哼哼唧唧、吹口哨、咀嚼声、打嗝和胃肠胀气等自我沉溺的小节也浑不在意”(Goffman 1980[1959]:129)。因此，侍者在招待顾客的时候，可能非常能干，十分殷勤，但是在厨房旋转门的后面，他就变得粗声大气，咄咄逼人。

斯宾塞·卡希尔(Spencer Cahill)的研究团队发现，戈夫曼所称的“表演剧组”，在集体演出失误时，有时会退到公共卫生间来隐藏尴尬。卡希尔团队描述了在大学校园学生中心的洗手间里三个姑娘之间的对话(Cahill et al. 1985)：

甲：太——糗了。我没法相信居然会出这种事儿。[众笑]

乙：他肯定觉得我们这帮子蠢透了。

甲：我没法儿相信，刚才我居然叫那么大声儿，人人都听得见。

丙：也没那么大声。我肯定他没听见你。

乙：嗯——我们又没立马就去瞧他，我是想告诉你来着，可你忙着说话，我都……

甲：我没法儿相信，居然会出这种事儿。我觉得蠢透了。

乙：别担心，起码他现在知道你是谁了。你准备好了吗？

这些防卫性的策略使剧组在再次出去面对“观众”之前，有时间聚神打气。戈夫曼主张，表演剧组照例会运用后台区域来实现这一目的，并且会在实际表演之前先进行后台讨论和排练。

戈夫曼的思路通常被说成是“拟剧性的”，也就是基于戏剧比拟。然而，我们必须记住，这只是一种比拟。戈夫曼**并不是**说社会世界真的**就是**一个舞台，但是，借助戏剧比拟，我们能够研究社会世界的特定维度，并更多地了解人们为何如此这般行事。

批评的观点　批评戈夫曼思路的人的论点，与针对其他微观社会学学说的意见有些相似，也就是说，它们没有一套关于社会的理论，尽管在它们的阐述中，也承认阶级、性别和族属等方面的不平等,但并没有说明这些不平等如何发展形成或为何难以根除。同样可以如此质疑拟剧论类比。对于研究组织和“总体性制度/机构”,这种类比或许算是个不错的模式,但要用到其他地方可能就没那么有效。与此相仿,戈夫曼的戏剧类比最适于用来分析现代西方社会,后者更为清晰地区分生活中的公共领域和私人领域(前台区域和后台区域)。但是在其他社会,这种区分要么不那么显著,要么虽然存在但形式有所不同。因此,戈夫曼视角的解释力对于这些社会或许不会完全相当。

当代的意义 戈夫曼的研究不仅深刻影响了社会学这门学科,也深刻影响了许多学者,他们在读过他的著作之后立志成为专业社会学家。人们普遍认为,他对这门学科做出了一些极其细致入微、发人深省的贡献。时至今日,许多社会学家还在查考他的原著,借鉴如何进行微观社会学研究的范例,而他发展出来的概念(污名、主导地位、前台区域和后台区域等),在诸多领域中已经成为社会学的基本构成部分。他的研究在第九章“生命历程”、第十一章“健康、疾病与身心障碍”以及第二十章“犯罪与越轨”中都有所讨论。

这个场面你今天在医院外面可别指望会看到了!对于护士来说,吸烟会受到惩戒,因为卫生权威机构希望,在医疗卫生专业人士的生活中,前台区域和后台区域之间要保持严格的区分。然而,大量的护士都是吸烟者(McKenna et al. 2001)。

批判性思考

答应和一位朋友或家人一起去逛超市。进行这项活动的时候，注意那些在起作用的明确或书面的规则与不落文字的预设。你所参与的互动以何种方式助力再生产了阶级、性别、族属和身心障碍等维度上的社会不平等？要打破规则，挑战诸如此类的不平等，难易程度如何？

(一) 互补角色:进行私密的检查　当社会“演员/行动者”(actors)合作,获取特定的结果,这类情境运用戈夫曼的拟剧论思路进行分析颇为有益。詹姆斯·汉斯林和梅·比格斯(Henslin and Biggs 1997[1971])的一项研究堪称此类范例,事关一个女病人去看一个男性妇科医生这种有可能带来尴尬的微妙接触。在西方,男性和女性都在社会化过程中被教导,把生殖器看作身体最为私隐的部分,观看他人的生殖器通常只与私密的性接触有关,更不用说触摸了。一些女性非常担心骨盆检查,以至于拒绝去看医生,哪怕她们觉得有充分的医学理由要这样做。

汉斯林和比格斯分析了1.2万到1.4万例检查病案(由受过产科护士训练的比格斯收集)。要使病人和医生之间的互动顺畅进行,就得来一场“拟剧性的去性化”(dramaturgical desexualization),就是把病人从“人变成骨盆”。也就是说,医生应当扮演高度专业化的角色,而要让病人在检查过程中感到舒适自然,就必须通过一系列“场景”有效隔离病人的人格,只留下“一具身体”。

采用拟剧性隐喻,骨盆检查陆续经历几出相互分离的场景,在此期间,随着情节的展开,演员所扮演的角色也在变换。在序幕中,一个人进入候诊室准备担任病人的角色。一旦被叫进诊室,她就开始扮演“病人”的角色,随之第一幕场景开启。医生表现出公事公办的专业做派,把病人看作本分守规矩、有资格能力的人来对待,保持着目光的接触,并且彬彬有礼地听着病人的陈述。如果他确定需要进行检查,就会如实告诉她,并离开房间;第一幕就结束了。

然后女护士进来了;对于主要的场景来说,她是一位重要的舞台管理者,安抚着病人可能有的任何担忧,既扮演一位知己——了解一些“女人不得不忍受的事情”,又扮演接下来事情的协作者。关键在于,这位护士帮助女病人从一个人转换为一个“非人”(non-person)或身体的局部。护士不仅要监督病人脱衣服,而且还要接管正常情况下由病人掌控的某些方面。她拿走病人的衣服,叠起来,并确定当医生回来的时候看不到病人的内衣。

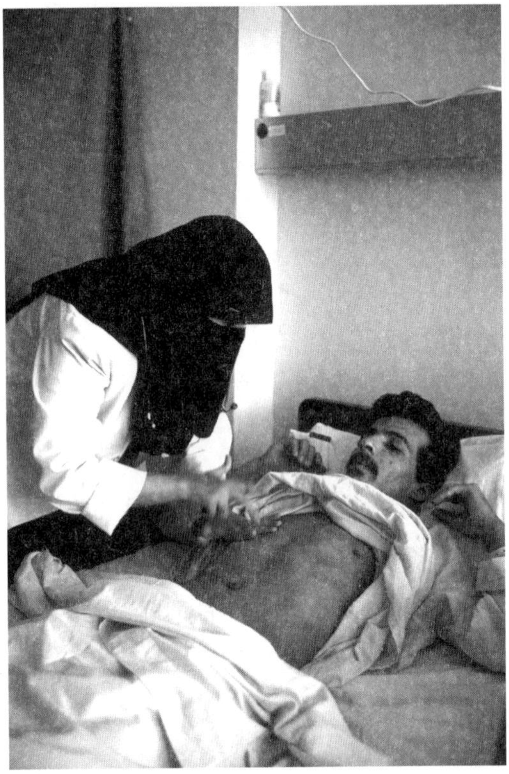

在沙特阿拉伯,男女两性之间的互动高度受控,在公共场合中禁止发生亲密接触。然而,在医疗场合中,尽管这些仍然得到谨慎管理,但是其他的社会规则占据了主导。

因为大多数女性感到这是私密的事宜。然后护士引导病人到检查台上,在医生回来前,用一条单子盖住病人大部分的身体。

核心的场景现在开始了,医生和护士一起上场。护士的在场帮助确保医生和病人之间的互动摆脱性的暗示,并且,如果医生被控有违背专业的行为,也好提供法律见证。检查进行时,仿佛病人的人格一时缺席;这条帷单把她的阴部和身体其他部分分离开来,并且不允许她观察检查活动。除了具体的医学问题,医生对她视而不见,坐在她视线之外的地方。病人变成一个暂时的非人,不主动说话,尽可能不做什么动作,以此来参与合作。

在这一场景和最后场景的间隔中,护士再一次扮演起舞台管理者的角色,帮助病人重新变回一个完整的人。在医生离开房间之后,她俩可能再次交谈,病人表现出对于检查完毕的放松之意。病人穿好衣服,重新整装,准备进入终场一幕。医生再次进来并讨论检查的结果,病人又被看作一个完整并能承担责任的人。医生恢复他的礼貌、专业的举止,表现出对她的态度并没有因为与她的身体有过私密接触而有所改变。当她离开医生的诊所时,尾声演完,她开始重拾在外部世界中的认同。病人、医生和护士以这样的方式合作,来管理互动以及每位参与者对对方形成的印象。

关于功能主义理解的医患关系和“病人角色”,参见第十一章“健康、疾病与身心障碍”的讨论。

(二)在公共场所除去身体的性意味 涉及人体的棘手社会情境有不少,私密医疗检查只是其中一例。晚近的社会学研究探索了公共游泳池的“商谈的秩序”(negotiated order)以及“热水浴池文化”(hot-tub culture)的创造,这两者都展现了身体呈现的议题。

在公共游泳池和热水浴池的情境中，人们在与他人密切相邻的情况下“呈现”其近乎裸露的身体，产生了可能被领会为有性意味的接触的风险。因此，这些互动场所被建造成或组织成去除性意味的表演场地，同时会发展出一些规则和礼仪，以指导可以接受的表演（Scott 2009，2010）。例如，游泳者努力避免眼神接触，并力求尊重别人采取的多种“纪律管制”（disciplinary regimes）。还有一点很重要，个体游泳者意识到可接受的个人空间的社会规则，通常不会侵犯他人的空间而破坏这些规则。

在过去二十年里，热水浴池在许多发达国家变得流行起来，要么设在公共游泳池旁边，要么取而代之。许多酒店和私宅也设立了室内或室外的热水浴池，而浴池已经成了社区生活中被接受的组成部分。尽管热水浴池是比大型公共游泳池更小的社会场所，但是管理互动的规则和“水中礼仪”却更为严格。在冰岛做的一项有关户外热水浴池使用的研究中，荣松（Jónsson 2010：247）指出，关键在于“最低限度的接触”：

> 你不会以握手来打招呼，点头示意就足够了；热水浴池里的交谈是一般化、非个人的，即使是在常来的两个人之间……提私人问题是不被允许的。在一些个案中，泡泳池的人多年来常来浴池，却不曾留下只言片语。与外国人的交谈几乎很少超过“你喜欢冰岛吗？”这句话。

可能不同文化之间的热水浴池礼仪有所差异。如果把浴池装在私宅，成为“正常”家庭生活的组成部分，公共会话和身体规范可能就不适用了。

这两例个案都说明，暴露人的身体的方式在公共接触中引出了性方面的礼节的问题，要借助社会规则、礼仪以及表演来应对。这些互动礼仪的核心就是维护合适的个人空间，或者是如有些人所说的，像是围绕个体的“气泡”。

三　个人空间

对于**个人空间**（personal space）的界定存在着文化上的差异。在西方文化中，当人们与他人进行有焦点的互动时，彼此之间一般至少保持 3 英尺的距离；当并排站立时，他们会站得更近一些。而在中东，人们站在一起时相互之间的距离，比西方人所能接受的要更近一些。到那地方去的西方人可能发现，自己会被这种意料之外的身体接近弄得不自在。

爱德华・T. 霍尔（Hall 1969，1973）对非言语沟通有过广泛的研究。他区分了四种个人空间区域。**私密距离**（intimate distance），相距不超过 1.5 英尺，专属于极少数社会接触。只有那些卷入允许经常性身体触碰的关系的人，比如情人、父母和孩子，才能在这片私人空间活动。**个人距离**(personal distance)是从1.5英尺到4英尺,这是朋友和熟人接触的正常空间间隔。这里允许一些亲密的接触,但往往受到严格的限制。**社会距离**(social distance)是从4英尺到12英尺,采访之类的正式场合通常会维持这样的区域。第四个区域是**公共距离**(public distance),在12英尺开外,面对观众进行表演的那些人会维持这样的距离。

在寻常互动中,最令人挂心的区域是私密距离和个人距离。如果这些区域受到侵犯,人们会努力夺回他们的空间。我们可能会盯着入侵者,像是在说"走开!",或者用手肘推开他。当人们不得已比他们所期望的距离挨得更近时,就可能制造某种有形的边界;坐在拥挤的图书馆阅览桌前的读者,可能会通过在桌边堆些书,在物理意义上划出一片私人空间来。

在这里,性别议题也起了作用。在空间的使用上,传统上男性比女性享有更大的自由,包括进入那些不是密友甚至不是熟人的女性的个人空间。当男性与女性走在一起的时候,男性通过手臂来指引女性,或者在她通过一扇门时把手放在她的腰上,也许这样做是一种友好的关心和礼貌的姿势。然而,如果反过来,一位女性进入了男性的个人空间,这类现象常常被解读为调情。在许多西方国家,有关性骚扰的新的法律和规则试图保护人们的个人空间,既针对男性也针对女性,以及越来越多地针对儿童,以免他们遭受来自他人的让人讨厌的触摸或接触。

第四节
社会互动的规则

▼

虽然我们在自身的行动中,在领会他人的行为时,会例行化地使用非言语沟通的线索,但是绝大多数的互动还是涉及与他人之间的对话,即随意的言语交流。社会学家,尤其是符号互动论者,一向赞成说语言是社会生活不可或缺的要素。不过,到了20世纪60年代晚期,人们设计出了一种思路,特别关注人们在日常生活的寻常情境中是怎样运用语言的。

哈罗德·加芬克尔的研究在"经典研究8.2"中有所讨论,是他创造了"常人方法学"(ethnomethodology)这个术语。**常人方法学**研究的是"常人方法"(ethno-methods),即人们运用一些民间的(folk)或凡俗的(lay)方法,来**领会**(make sense)他人的言行,特别是他们所说的话。我们都在应用这些方法,但通常不大会有意识地注意它们。我们往往只有知晓了言辞本身并没有凸显的社会背景，才能领会交谈中所说的话的含义。

看看你是否能理解这段简单的对话中正在发生什么（Heritage 1984:237）：

甲：我有个 14 岁的儿子。

乙：好，没问题。

甲：我还有一只狗。

乙：啊，那就抱歉了。

要是你被告知，这是一个要租房的人和房东之间的对话，会怎么样？这样对话就可以理解了：一些房东能够接受房客带着孩子，但是不允许他们养宠物。而如果我们不了解这一社会背景，就会觉得乙的反应好像跟甲所说的话毫无关系。意思的**一部分**在于言辞本身，**另一部分**在于意义如何从社会背景中凸现。

经典研究 8.2

哈罗德·加芬克尔的常人方法学实验

研究的问题　误解在社会生活中司空见惯。有时，它们没解决就对付过去了，但也有可能让人觉得恼火和挫败。谁要是曾被告知，"我跟你说话的时候你得认真听"，就会意识到，表面上琐碎的误解，会多么迅速地升级为愤怒和攻击。但是，为什么当谈话的一些细微惯例没有被遵循的时候，人们会如此不舒服？常人方法学的创建者哈罗德·加芬克尔（Harold Garfinkel，1917—2011）与他的一些学生一起研究了这个议题。

加芬克尔的说明　为了日常生活的顺畅运行，人们必须有能力将他们生活的某些方面看作理所当然。这些"背景预期"包括日常交谈的组织，比如知道什么时候说，什么时候不说，在没有正式规定的情况下我们能够预设什么，等等。加芬克尔（Garfinkel 1963）与学生志愿者一起探索了没有言明的预设，后者打算去"破坏"日常生活中的惯例。学生们被要求与一位朋友或亲戚进行交谈，并坚持积极追问随意的评论或泛泛的讲法，从而使它们的意义变得更为明确。如此一来，如果有人说"祝你愉快"，学生就会回应"确切地说，是什么意义上的愉快"。其中有一则对话（转引自 Heritage 1984:80）是这样展开的（乙是学生志愿者，甲是其丈夫，他俩正在看电视）：

甲：这些老电影统统都有同样的老式铁床架。

乙：你什么意思？你的意思是所有的老电影还是其中的一些，或者只是你看到的那些？

甲:你是怎么了?你知道我的意思。

乙:我希望你能更明确一些。

甲:你知道我的意思!去你的!

为什么这位朋友这么快就生气了?加芬克尔的回答是,日常生活之所以保持稳定,富有意义,靠的是共同拥有说什么和为什么说的不言而喻的预设。如果我们不能把这些当成理所当然的事情,就几乎不可能进行有意义的交流。对于谈话的任何质疑或贡献,都必然会引发加芬克尔的学生被告知发动的那种大规模"追问步骤",而互动将会崩溃。所以,初看起来似乎并不重要的交谈惯例,反而对社会生活的构造至关重要,因此这种破坏的后果才会如此严重。

在日常生活中,人们有时会故意假装对未经言明的知识一无所知。这么做可能是为了拒绝他人,取笑他们,使他们尴尬,或是着意强调双重意义。例如,考虑一下父母(家长)与青少年(孩子)之间这种非常典型的对话:

家长:你去哪儿?

孩子:出去。

家长:干什么去?

孩子:不干什么。

这个孩子的反应与上文的学生志愿者的应答恰好相反。孩子不是在一般不问的情况下不停追问,而是根本就拒绝给出任何适当的回答。他其实就是在说:"你别管我!"

第一个问题在另一种情境中可能会从另一个人那里得到不同的反应:

甲:你去哪儿?

乙:我闲得发疯。

乙故意误读甲的问题,目的是要讽刺性地表达忧虑烦躁或灰心丧气。喜剧和笑话就是充分利用了对谈话中不曾明言的预设的这种故意误解。只要当事人明白这只不过是以博一笑,也就没有什么威胁性了。

加芬克尔通过深入研究我们都居处其间的日常世界而揭示,被其他社会学家径直视为理所应当而接受的这个顺畅运行的正常社会秩序,其实是一个社会互动过程,是持续不断地在每天的进程中再生产出来的。维持社会秩序是一份辛苦的工作!但是,加芬克尔在他的"破坏实验"中,也有能力证明日常生活的构造是多么牢固。一旦实验结束,学生们就能够向他们的朋友和家人说明并致歉,但如果他们继续以这样难以合作的学究方式继续下去,可能会有什么后果?他们是否会被建议求医,或被视为患有精神疾病而被送去精神病医生那里？社会事实也许是在社会维度上建构出来的，但这毕竟是一种无法忽视的建构。

批评的观点　常人方法学致力于批判主流社会学，并常常被视为对于社会学的一种替代，有鉴于此，它遭受诸多批评也就不足为奇了。我们只需要注意到最重要的几点。首先，常人方法学力求从“寻常行动者”的角度来理解世界。尽管这可能会带来一些有益的洞察，但批评者也提出，这使得常人方法学的发现会被指为主观主义，只适用于被研究的特定主题。其次，常人方法学聚焦于微观层面的秩序和失序，从而令人瞩目地脱离了影响人们生活机遇的关键性结构决定因素，比如性别、种族/族属以及社会阶级。常人方法学嫌弃社会结构分析，不喜欢有关社会的一般性理论，这似乎使其研究脱离了有关权力与社会生活结构化的关键问题。最后，常人方法学并不是在寻找社会现象的原因，而是去描述它们是如何被感受并理解的。许多社会学家同样就此认为，缺少因果说明是个重大问题，因为究其根本，等于无法再认为有关社会生活的研究可以是“科学的”。

当代的意义　常人方法学是研究日常生活和社会互动的一种重要思路，通常被视为与现象学和符号互动论等其他微观社会学学说处于同一阵营。社会学家只要关注大范围的社会结构、权力关系、民族国家的国际体系以及长期的社会历史变迁，总会发现常人方法学令人失望。但是，用它自己的话来说，若是探究日常生活的运行，以及那些构成和再生产出它的人们实际上是如何领会他们的世界的，这种思路极富洞见。因此，在研究日常生活的学者和学生当中，它依旧是一种有影响力的视角。

一　共享理解

日常交谈中最不起眼的形式，也蕴含复杂的共享知识。与此类似，意义并不属于个体，而是在互动过程中生产出来的。意义完全能够传递给他人，并得到广泛共享（Dennis et al. 2013：15）。事实上，闲聊也可能非常复杂，因为寻常交谈中使用的语词并不总会有精确的意义，我们经由潜藏其下的未经明言的预设，“限定”我们想说的意思。如果玛利亚问汤姆：“你昨天干啥了？”问题中的词语并没有指示明显的答案。一天的时间很长。汤姆要这样回答也符合逻辑：“好吧，7 点 16 分我醒来；7 点 18 分我起床，再去浴室刷牙，7 点 19 分我开始淋浴……”我们要想理解问题所要求的回答类型，就必须了解玛利亚，明白她和汤姆觉得哪些类型的活动是值得一提的,知道汤姆在一周的某一天一般会做些什么,如此等等,不一而足。

二　蓄意破坏互动的行为

我们已经看到,对话是我们的日常生活以稳定而连贯的习惯维持下去的主要方式之一。当闲聊的默认惯例得到遵守时,我们感觉最舒服;当它们遭到破坏时,我们则会感觉受到威胁、困惑和不安全。在大多数日常交谈中,谈话者都会审慎地注意别人给出的线索,诸如语调的变化、微小的停顿或姿态,以使谈话能够顺畅地进行下去。由于彼此都有意识,交谈者能够在互动的开始和结束以及讲话的顺序上"合作"。但是,如果其中一方在对话维度上"不合作",互动就会产生紧张。

加芬克尔的学生破坏谈话规则(作为其社会学实验的组成部分),以此有意制造紧张的情境。但是,人们通过谈话实践来"找麻烦"的真实世界情境又是什么样的?美国有一项研究调查了纽约市行人与街头游民之间的言语交流,以求理解为什么过路人会觉得这类互动有问题。研究者使用**对话分析**(conversation analysis)来比较选取的街头交流和日常交谈的样本。对话分析这种方法,会为了获取意义而检验对话的方方面面,从最小的填充词(如"呃""嗯""啊")到交谈的精确时间安排,包括暂停、打断和重叠。

这项研究考察了黑人男性与街上路过的白人女性之间的互动。这些黑人男性中许多人是流浪汉、酒鬼或吸毒的瘾君子。他们会向路过的女性喊叫、奉承或提问,试图以此和她们搭讪。但在这些单方推定的谈话中,有些地方"不对劲",因为女性很少像她们在正常互动中那样做出回应。下面的文本里,一个名叫"马德瑞克"(Mudrick)的将近六十岁的黑人男性试图和女人搭话(Duneier and Molotch 1999:1273-1274):

[马德瑞克]当一个(看上去二十五岁左右的)白人妇女稳步走来时开始了这场互动:

1.马德瑞克:我爱你,宝贝儿。

她双臂抱在胸前,加快脚步,不搭他的茬儿。

2.马德瑞克:嫁给我吧。

接下来是另外两个二十五六岁的白人妇女。

3.马德瑞克:嗨,姑娘们!你们今天看起来都很漂亮。带钱了吗?买些书吧。

她们不理他。接下来是一个年轻的黑人妇女。

4.马德瑞克:嗨,心肝儿。嗨,心肝儿。

她不搭理他,继续走路。

5.马德瑞克:别生气!别生气!我知道你听见了。

然后他开始对一个三十多岁的白人妇女讲话。

6.马德瑞克:我正看着你呢。你很漂亮,知道吗?

她对他视而不见。

谋求对话善“始”善“终”是都市礼仪的基本要求。但当女人拒绝男人发起对话的努力时,男人却无视女人的拒绝,一再坚持。与此类似,如果男人成功地开始了对话,他们常常会拒绝回应对话过程中女人发出的结束对话的暗示,比如下例(Duneier and Molotch 1999:1274):

1. 马德瑞克:嗨,心肝儿。
2. 妇女:嗨,你好。
3. 马德瑞克:你好吗?
4. 马德瑞克:你看上去很漂亮。我喜欢你簪头发的模样。
5. 马德瑞克:你结婚了吗?
6. 妇女:嗯。
7. 马德瑞克:嗯?
8. 妇女:嗯。
9. 马德瑞克:你的戒指呢?
10. 妇女:放家里了。
11. 马德瑞克:放家里了?
12. 妇女:嗯。
13. 马德瑞克:能告诉我你叫什么吗?
14. 马德瑞克:我叫马德瑞克,你呢?

她没答话,走开了。

在这个例子里,互动中的14句话里有9句都是马德瑞克说的,用来发起对话,并引发女方进一步的反应。单从文字记录来看,很明显女方对交谈不感兴趣;如果对录音带进行对话分析,她的不情愿甚至更为明显。她即便做出回答也都是迟缓再三的,而马德瑞克却总是回应很快,有时甚至等不及她说完就接话了。对话中的时间安排是一个非常精确的指标;哪怕晚回答几分之一秒,也足以让人觉得你希望改变对话的进程。马德瑞克无视这些默认的规则,表现出了一种“技术性无礼”(technically rude),而那位妇女也采用了“技术性无礼”,无视马德瑞克反复努力把她引入谈话。正是由于这种特点,过路的人觉得互动有问题。一旦开始和结束对话的标准暗示未被遵守,人们就会感到一种深层的不安全。

蓄意破坏互动的行为(interactional vandalism)这个术语描述了诸如此类的一些案例,其中,居于臣属地位的人打破了更具权势的人所注重的日常互动的默含规则(Duneier and Molotch 1999)。街头男人彼此交谈,或是与本地小店主、警察、亲戚、熟人交往时,通常还是遵守言谈规范的。但只要他们愿意,就会推翻日常交谈的默认惯例,让路人不知如何是好,无法明确表达所发生的事情。

有关蓄意破坏互动的行为的这项研究,是微观层面互动和宏观层面起作用的力量之间关联的又一例证。对街头的黑人男性而言,对他们视若不见的白人女性是冷漠且缺乏同情心的,并因此是他们合法的“目标”。与此同时,女性则往往认为,这些男性的行为恰恰证明,他们确实是危险的,最好避开。蓄意破坏互动的行为与主导的阶级、性别和种族结构紧密相连。在这类互动中产生的畏惧和焦虑有助于构成外在的地位和力量,而后者又会反过来影响互动。

公共互动的默含规则非常强大,哪怕只是非常无意地弄错了个人空间方面的规则,都可能带来出人意料的尴尬。

三 反应性惊呼

有些言辞并不是真正的“交谈”，而是含混不清的感叹，或者是戈夫曼（Goffman 1981）所称的**反应性惊呼**（response cries）。比如玛莎（Marsha）打翻了一杯水，然后惊呼“哎呀！”。“哎呀！”似乎仅仅是一种对事故的并无深意的反射性反应，很像是当一个人猛然把手移向你脸部时你会眨眼。但是事实上，当人们独处时，他们并不经常惊呼，这表明其并非只是一种反射。“哎呀！”通常是指向他人的反应性惊呼。惊呼向他人表明，这个疏忽微不足道，稍纵即逝，不应该怀疑玛莎对其行动的控制。

“哎呀！”被用于微小的失败，而不是重大的事故或灾难，这也证明它属于我们对社会生活细节的控制性管理。不仅如此，惊呼的还可能是正在观察玛莎的人，而不是玛莎自己。“哎呀！”通常是短促的一声，但是在某些情境中，“哎——”的音可能被拖长。有的人会通过拖长声音来填补执行一项任务时的紧要时刻。当家长逗孩子玩，把孩子往空中抛时，可能发出拖长了的“哎呀！”或“哎呀——宝贝儿！”。当孩子可能感到失去控制时，这一声可以填补短暂的一瞬，使彼此重新放心，或许同时让他们更加理解反应性惊呼。

这一切听起来可能很勉强，很夸张。的确，我们对于自己的话的关注，并不像这个例子说的那么多。我们当然不这样做，至少不是在自觉的层面上。关键在于，对于我们的表现和行动的这种控制极为复杂，持续不断，我们却都视之为理所当然。在互动中，我们从未只是“在场”。他人期待我们会表现出戈夫曼所称的“有控制的警惕”（controlled alertness），这将向他人证明，我们在日常生活的例行常规中具备资格能力（competent）。而我们也会如此期待他人。

时空中的互动 上节介绍了普遍渗透于我们日常例行互动的许多默含规则和规范的一些重要特征。不过，我们所有的行动都分布在时间和空间之中，所有的互动都处于情境之中，其发生在特定的地点和时间。比如，金（Kim 2012）在长达两年的时间里，运用参与观察，乘坐灰狗大巴（Greyhound bus），并在公车站消磨时间，研究人们的行为。具体而言，她力求说明人们在这些场所为何要避免发生互动，具体方式又如何。

长途灰狗大巴的旅程可以持续 8 小时到 72 小时不等，而乘客们往往彼此陌生。的确会发生互动，但都很短促，首先是因为对陌生人心存疑虑，时间也最好花在照看随身行李上，还要努力阻拦别人坐在邻座。旅人们会采取各式各样的行为以显得很忙碌或不感兴趣，比如使用手机、检查包裹、翻看钱包、凝视窗外、打盹或假装打盹。金把这种有意回避互动的行为称为“非社交性短暂行为”（non-social transient behaviour）。有礼貌的不关注是承认并尊重他人的在场,而非社交性短暂行为则旨在“视而不见”,对他人的在场不尊重或不承认。不过,行动者依然是在进行一场表演,会有效地对他人说,“让我自个儿待会儿”,或“别打扰我”。

金提出,这些表演主要发生在人们被迫要一起待很长一段时间的封闭空间里。不过,它们也会发生在被视为具有潜在危险的其他一些非社交性暂时空间中,比如夜店、流行音乐会、体育赛会以及高犯罪率区域。人们之所以会在长途巴士的旅程中采取非社交性短暂行为,原因之一即在于保护自己免遭可能的偷窃和身体攻击。比如,乘客一般情况下不会请求他人帮忙“照看一眼”自己的包裹,因为同行乘客也可能具有潜在的嫌疑。原因之二是对于延误的预期和随之而来的恼火。延误本身并不会次次都导致抱怨,倒是会强化不放在心上和沉默不语。最后,乘客们在如此长的旅途中会感到身心俱疲,规则就成了尽可能少交谈,非到不得已不要打扰别人。金(Kim 2012:9)的核心主张乃在于,在非社交性暂时空间中,存在一套规范和行为规则,乘车的新手需要学习,以便“成为非社交性的”。

互联网是另一佳例,说明社会生活的具体形式是多么紧密地维系于我们对时空的控制。互联网使我们无论置身世界的哪一处角落,都能同与我们素昧平生的人展开互动。这类技术变革“重新安排”了空间,我们安坐椅上,就可与任何人互动。它也改变了我们的时间体验,因为沟通几乎是即时性的。在互联网问世之前,大多数跨越空间的沟通都需要很长一段时间。如果你给国外寄一封信,这中间会有一个时间差,信件要通过轮船、火车、货车或飞机才能送达目的地。当然,人们今天仍然用手写信,但即时通信已经成为社会世界不可或缺的内容。下面我们就来看看这种日新月异的环境。

第五节

渐趋成形的线上互动规则

信息通信技术应用的迅猛成长堪称惊人,已不再局限于发达世界。就全球范围而言,2014年,蜂窝移动电话的入网量达到69亿部,其中78%在发展中国家。在非洲,“普及率”(电话接入数与人口规模之比)从相对较低的水平起步,到2007年初达到21%,蜂窝接入数超过2亿。在2001年至2011年这十年间,发展中国家的蜂窝电话入网量从每100名居民中少于10部上升到80部,迅速赶上了更为富裕的国家。截至2014年底,全球移动电话普及率为96%,接近饱和点(ITU 2014)。这些技术对于各个社会的社会生活又会产生什么影响呢?

一 远程互动与沟通

信息通信技术设备正在迅速普及，并愈益融入人们的日常例行活动，无论居家还是工作，皆是如此(Kraut et al. 2006)。2007 年，音乐电视网(MTV Networks)和尼克国际儿童频道(Nickelodeon)在中国、日本、英国、美国、加拿大和墨西哥等 16 个国家，调查了 1.8 万名 8—24 岁的年轻人，结论就是这样。调查发现，“年轻人并不把‘技术’看成独立分离的实体，而是自己生活中的有机组成部分。……和他们谈论技术在其生活方式中所起的作用，就像是在 20 世纪 80 年代和孩子们谈论公园里的秋千或电话在其社交生活中所扮演的角色，那都是熟视无睹的”(Reuters 2007)。

但是，人们究竟是如何使用智能手机、互联网、电子邮件和社交网站来彼此沟通与互动的呢？有观点认为，家庭邻里关系与社区等相当稳定的纽带正逐渐让位于更加自愿和流动的纽带(Putnam 2000)，钱伯斯(Chambers 2006)对此做了探究。她的结论是：基于有关“友谊”的理念，正在形成联合和社交纽带的一些新模式，其中有许多正是通过信息通信技术网络维持的。她还指出，在此前被边缘化的一些群体，比如“酷儿社群”(queer communities)里的那些人，经由新型社会认同，还塑造出其他一些形式，其结果是为对于“自我”的探求打造了安全的空间。不过，新型信息通信技术也给这些群体带来了潜在的新问题，比如我们本章开篇所谈论的网络霸凌。

钱伯斯指出，社交媒体尽管有其积极的面向，但也可能无法提供充分的基础，确保照顾和关怀的关系，这些关系中绝大多数的确需要有规律的面对面接触和长期投入。许多学校和父母也很关注社交网络活动与智能手机，担忧网络儿童性诱拐(online grooming)和成人虐童。这类担忧并非无中生有。2007 年，社交网站“聚友”(MySpace)承认，在其全球 1.8 亿名会员中，已经发现超过 2.9 万名记录在案的性侵案犯(Johnson 2007)。尽管这在会员总数中只占很小的比例，但很显然，变化迅速且相对匿名的网络环境提出了此前无法预见的新问题。

有关友谊与关系，详参第十章“家庭与亲密关系”中的讨论。

今天的亲密关系中有许多是通过互联网或其他形式的移动通信缔造的。这些趋势会如何影响社会关系的性质呢？在人类历史进程中的几乎全部时期，人们都是与近在身边的他人进行面对面互动的。虽说信件、电报和电话都已经通行了一段时间，但互联网才真正以影响深远得多的方式,促成了“远距互动”。比如说,“讯佳普”(Skype)促成了可能相隔千万里的人们之间(几乎)实时的“面对面”互动。对于某些人来说,数字革命能够提供对于社交和个人亲密关系的崭新认识,但对于另一些人而言,它也可能意味着孤零自处和社会距离。有一点似乎很清楚:人们都已经将数字媒体嵌入自己的日常例行活动,让其与既有的面对面关系并存。

全球社会 8.1

社交媒体的常态化

在美国,皮尤研究中心(Pew Research Center)的“互联网与美国生活项目”已经开展了超过100项研究,观察成年人和青少年与互联网有关的态度和行为。该项目使用2009年得到的数据,发现美国青少年(年龄在12岁到17岁)当中有93%上网,相比之下,成年人中该项比例为74%。不过,最年轻的成年人(18岁到29岁)中的网民比例与青少年相当,也为93%。家庭宽带的普及趋势,以及可接入互联网的智能手机的问世,都促进了使用互联网的青少年人数增长。

大约有73%的美国青少年也使用社交媒体,其中14岁到17岁年龄组是最活跃的用户,自述使用此类网站的超过五分之四(82%)。或许令人称奇的是,相比出身较为富裕的中产阶级背景的青少年,来自低收入家庭的青少年更有可能使用社交媒体。2006年,皮尤项目发现,青少年中女孩比男孩更有可能使用社交媒体。但到了2009年,这个比例均衡了。另一方面,成年人爱好使用社交网络的可能性大大降低,只有47%。

随着社交媒体使用常态化,越来越多的成年人在多个网站上拥有个人账号。如图8.1所示,尽管面临新的竞争,但2014年,在美国成年网民中,脸书还是遥遥领先的最常用社交媒体。不过,仍然存在性别差异。女性更有可能在脸书上建立个人账号,而男性更可能使用“领英”(LinkedIn)。42%的女网民会使用“拼趣”(Pinterest),相较之下,男性的比例仅为13%。

在青少年当中,37%的人每天都会使用社交媒体向其朋友发送信息,相比2008年的42%有所下降。使用社交媒体发送公告和群信的人数也变少了。然而,还有86%的人会在好友的页面或留言板回帖评论,而83%的人会点评好友的贴图。58%的青少年还会使用社交媒体发送文本或即时通信。将将超过三分之一的人(37%)同时表示,他们已经加入了社交网站上的一些群组。推特在青少年中不那么流行,2009年,美国青少年中使用该网站的仅有8%,而成年人中此项比例为19%。

脸书和推特之类的社交媒体降临于世并迅猛成长,不妨解释为证明了友谊正在由数字时代重新创造出来。就好像成年人对固定电话和电视熟视无睹，年轻人从不了解一个没有互联网的世界，会把赛博空间、发短信和社交媒体看成日常生活的固有成分。

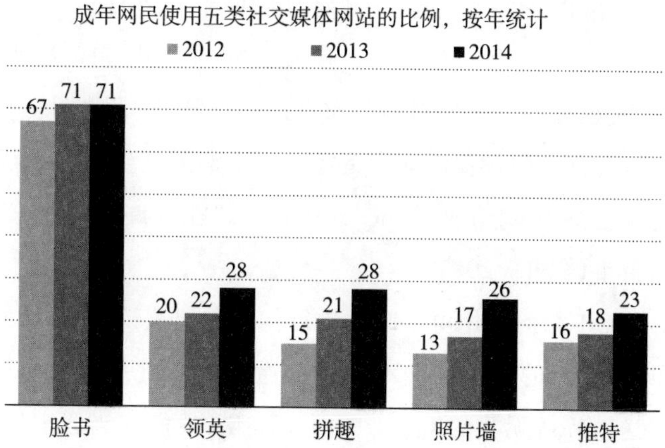

图 8.1　美国成年网民的社交媒体使用状况，2012—2014 年

资料来源：Duggan et al. 2015：2。

批判性思考

上网追踪最新的皮尤调查，这些报告均可免费获得。摘录涉及社交媒体使用的证据。整体而言，从有关社交媒体友谊的塑造与维持的这些数据中，你能得出什么结论？

网络举止或"网络礼仪"　如上所示，线上沟通和互动既有危险也有机遇，而社会学研究对于网络空间形貌的探索才刚刚起步。有些人提出，不能把线上生活看作自成一体的人类经验领域，不妨更准确地将其视为有形社会世界的某种延伸。例如，在诸如"拜博"（Bebo）、"生活志"（LiveJournal）及脸书之类的社交网站上，绝大多数人还是倾向于主要与朋友、亲属以及他们通过面对面接触认识的人互动（Holmes 2011）。而对于脸书上的其他"朋友"，或者推特上的其他"关注者"，就可能保持一定距离。正如贝姆（Baym 2015：6-7）所言，我们不应该将"网络空间"看作不真实的领域，与面对面互动或身体对身体互动的真切的"真实世界"相分离，因为"线上发生的事情也许更新，但真实程度毫不逊色"。

伴随着"第二代"更具互动性的在线服务（往往被称为"Web 2.0"）的问世，更多的人能够分享信息，并为基于网络的内容切实出力。这方面有一个事例十分突出，并被广为援引,就是在线百科全书——维基百科,它允许使用者添加内容,与其他人辩论词条的真实准确,并且成为货真价实的合著者。万维网也可以在众多移动互联网设备上浏览,包括移动电话、笔记本电脑以及平板电脑,就此将互联网整合进日常生活的更多方面(Beer and Burrows 2007;参见第十八章“传媒”)。私人范畴与公共范畴之间的界限也趋于模糊,因为人们在其社交媒体的个人资料中公布自己的所在地、性别、情感关系状况等私人细节,并“推送”(tweet)自己的日常活动和运动。线上沟通催生了一些新的管理互动与交流的规范和规则,通常被说成**网络礼仪**(netiquette)。现在有许多信息来源谈到人们在线上沟通中**应该**如何行事(Chiles 2013)。

20 世纪 90 年代关于如何使用电子邮件进行沟通的建议,就是网络礼仪的早期形式。使用者被告知,要确保他们的电子邮件不会咄咄逼人或者对别人吹毛求疵,并且应该避免使用电子邮件发送琐碎或无关的信息。更进一步说,他们应当假定他人的邮件语出真诚,并且所有的邮件都是永久的记录。电子邮件应该以“约翰你好”之类的措辞开头,并以“致以最美好的祝福”(best wishes)结束,以此作为这种媒介的非正式性的适当平衡,固然有几分闲聊的意味,却不过分(Strawbridge 2006:9-15)。然而,随着社交媒体的迅猛成长,网络礼仪的规则很快就改变了。

关于在社交媒体上互动的礼仪指南建议,虽然这些互动类似于“真实生活”的互动,但重要的是要体会到,什么人都有可能成为“好友”。一些指南认为,应只与那些自己已经认识的人“交友”,但是其他人提出,接受陌生人也挺好,以后如果有必要,也可以取关乃至“拉黑”。针对脸书的一份礼仪指南建议(Weinberg 2008):“不要在没有合适介绍的情况下,添加用户成为‘好友’,对于你的真实身份要诚实,不要在(向公众开放的)留言‘板’上公开私人谈话。”同一份指南还提醒我们,“你加入任何社交网站都要想一想后果……在你真的贴出评论之前,要考虑别人会怎么理解它们,任何时候都要先思考逻辑而不是情感”。

基于网络的服务,尤其是社交媒体,乐于接受用户推动的改变,鉴于这种性质,线上举止的准则可能会伴随着技术而持续发展。目前,网络礼仪似乎很大程度上是尝试将既有的行为规范和举止准则转译为网络上恰当的样式,而不是打造全新的体系。例如,霍尔姆斯对网络礼仪建议做了一项调查(Holmes 2011),发现如同在“真实世界”中一样,雇员与雇主之间或老师与学生之间社会地位的差异被看作是有问题的,可能令人尴尬。与此类似,阶级与族属的社会分隔也被视作需要谨慎处理。

如果说线上礼仪是社交礼仪的变体,那么主流社会学理论和概念也许依然有用武之地。比如,当用户试图根据他们呈现给他人的不同的“脸”,来管理他们的不同角色,“角色冲突”这一概念就有助于把握这种情形。但是这在社交媒体中变得越来越困难,因为

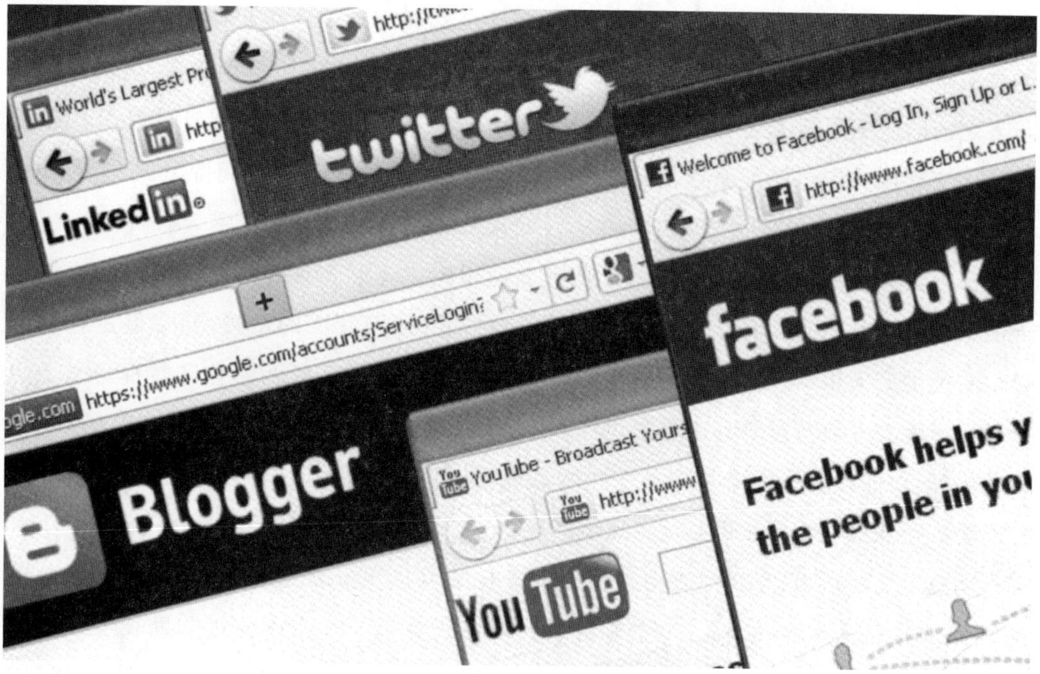

线上沟通正在演化出其自身的举止或礼仪形式，这些都源于用户的建议。

在那上面，信息有可能同时向各式各样的受众开放。例如，有多少员工会在发现自己的老板是脸书“好友”或推特“关注者”时还安之若素？保持个人展示的多种角色和他们呈现的多种脸面之间的分离似乎变得更为复杂。这个结论也符合下述观点：互联网是社会世界的延伸，而不是与其断然决裂。简单看看在线上如何筑造并管理“信任”，就能明白这一点。

二　筑造线上信任

当今之世，我们许多的日常交易，比如购买生活用品、到银行存款或缴纳物业账单，都会让我们与陌生人产生**间接接触**。只要给银行打电话，被转接到千里之外的某个不知名的客服中心，你都会体验到这种现象。现在，电子邮件、发短信、即时消息、在线社区、聊天室以及社交媒体已经与日常生活广泛融为一体，人们越来越想要理解它们的影响，搞明白渐趋成形的线上举止的规范(Baym 2015)。

关于互联网的可能性和危险的争论一向是两极分化。在怀疑者看来，互联网上的交流，通常被称为计算机中介沟通(computer mediated communication, CMC)，产生了不少在面对面互动中找不到的新问题。正如卡茨等人(Katz et al. 2001:407)所言：“敲键盘并非人性，置身网络空间并非置身真实世界；这一切都是虚饰和异化，是对于真实事物的拙劣替代。”倡导这种观点的人还特别提出,计算机中介沟通技术无法阻止使用者隐藏在虚假的身份背后,从而放任了哄骗、欺诈、霸凌、操纵、骗取情感以及儿童性诱拐。其结果,人与人之间的信任逐渐遭到侵蚀,并且不仅限于线上环境,还扩散到更广泛的社会。间接的线上交流被看作助长了孤立,用表层浅显的线上接触替代了真诚而持恒的友谊(Stoll 1995)。

另一方面,力挺互联网的人认为,线上交流相比传统形式具有某些优势。物理意义上的共同在场可能使人们得以展示更多样化的情感,以及意义的微妙变化,但是它也传递了有关讲话人年龄、性别、族属和社会地位的信息,可能被用于污名化和歧视。电子传播可以掩盖大多数乃至所有这些辨识标志,确保注意力严格集中于信息的内容。这对于少数族群、女性或其他传统上的弱势群体来说可谓重大便利,他们的观点在公共情境中一向会被贬低(Locke and Pascoe 2000)。

乐观主义者认为,互联网使用者也往往会比非网民更经常通过传统的方式,如电话或见面,来与他人沟通。因此,电子邮件、博客、聊天室以及社交媒体远非助长了社会的隔离,破坏了信任,而是提供了新的机遇来增进交流,塑造友谊。在电子互动中也可以体验到解放和增权,因为人们在线上能够比在别处更加自由地塑造认同和发表意见(Katz et al. 2001)。

全球社会 8.2

“网络信任”的缔造与保持

有关互联网安全的公共争论大多聚焦于网上银行诈骗的议题,虚假身份的使用,以及儿童使用可能被寻找猎物的恋童癖者监控的聊天室的相关问题。诸如此类的担心,使得线上环境中的人们担惊受怕,信任遭到侵蚀。在各类成功的社会互动中,信任都是关键要素。根据库克及其同事(Cook et al. 2009:1)的看法,“信任促进了社会互动。当其存在时,它增强合作,奠立风险承担的基础,并且赋予所涉各方一定的自由。当其不存在时,就需要有多种机制来防止被利用”。这在并非共同在场的人之间的交易中尤为明显。这些在地理意义上相距遥远的间接交易完全有可能出问题,因为通常的姿势、身体语言或非言语线索统统派不上用场,这就使得相关各方都丧失了赖以判断对方真诚性的关键要素。

最大也最为成熟的网络拍卖行就属易贝(eBay)了。2006 年,据估计,仅美国人中就有大约 16.5 万人主要靠网站售卖为生(Epley et al. 2006)。易贝于 1995 年推出,并且很快吸引了全世界超过 1 亿的人,即使它对于任何售卖商品都不提供担保。买卖双方承担所有风险。尽管我们也许会觉得，这种安排会出现大规模的欺诈和谎言，但事实上，易贝上的交易的违约率却非常低。

之所以如此，原因之一在于，易贝的“信誉管理系统”有效地替代了面对面互动的线索（Kollock 1999; Resnick et al. 2006）。易贝系统要求买家和卖家相互评分，给出好评、差评或中评，当然还可以添加短评。在线信誉管理系统被描述为社会生活中“闲话”的网络对应物，因为人们针对彼此发表看法既得到鼓励，也被广泛分享。但是，闲话往往是局部的，被限制在社区边界之内，而在线系统却有可能涉及全世界千百万人，不良信誉对于卖家和买家都会产生严重影响（Lev-On 2009）。

随着时间的积累，信誉得以确立，这意味着易贝的用户能够对各方卖家进行比较，以尽可能减轻他们在网上面临的风险。总体而言，在易贝网上拍卖行以及其他使用类似系统的网站，通过社区自我治理的形式生产出网络信任。不管怎么说，从交易方的角度看，反馈系统也提供了印象管理和自我呈现的一种在线版本。

批判性思考

个人摄像头的广泛使用，如何能够增强我们在不同种类的互联网沟通中拥有的信任？关于网络风险与信任，我们能从易贝的反馈系统中学到什么？

小结：人类互动中的邻近与远离

尽管间接沟通越来越多，但人们似乎依然更为珍视直接接触。比如说，当电话会议、网络电话或视频连线更为省钱且更有效率的时候，做生意的人还是会亲身与会，有时甚至是飞过半个地球去开会。家庭成员可以使用电子实时沟通来安排“虚拟”重聚或假日聚会，但是它们真能比得上面对面欢聚时的温暖和亲密吗？

博登和莫洛奇（Boden and Molotch 1994）研究了他们所称的**接近的冲动**（compulsion to proximity），即个体有一种在共同在场情境中相见的需要。他们认为，人们更喜欢这样，是因为共同在场提供的关于他人真诚的信息比任何形式的电子沟通都更为丰富。只有在人们面前，我们才觉得有能力了解“真正”在发生什么。贾米森（Jamieson 2013：20）提醒人们不要轻信说基于网络的活动会取代面对面关系。她指出,互联网固然使包括卖淫和色情作品在内的现有性产业进一步扩张,但也认为“没有任何迹象表明,以数字为中介的与性打交道的形式构成了威胁,会重塑或取代‘肌肤之亲’(skin on skin)的性关系”。无独有偶,厄里(Urry 2003)也主张,尽管当今的年轻人是伴随着互联网与数字技术成长起来的,那些都已是他们日常生活的组成部分,但即便是这一代人,也持续在全球抗议现场、度假地、志愿者营地以及大型室外摇滚音乐会中寻求物理意义上的共同在场。

然而,鉴于在线环境是比较晚近的产物,还在不断发展,这个结论也许言之过早。对于跨越广阔时空的互动,互联网已经发挥了其充分的潜力,但“第二人生”(Second Life)有助于我们一窥未来。这是一个拥有超过700万“居民”的三维虚拟世界。在“第二人

通过线上化身过上“第二人生”,为人们提供了机会,可以发展出不同于其具身版本的替代性自我。然而,传统的社会规范和仪式常常会无缝对接地转入虚拟世界。

生”中,人们可以注册并创造他们自身的虚拟身体或“化身”(avatar),并由此活出线上的“第二人生”。比如说,他们可以在这种环境中建立关系,甚至“结婚”。这种虚拟世界的特点之一,就是用户能够播放自己的音乐、演奏自己的爵士乐、举办音乐会或出席由他人举办的这类音乐会。一些人将其看作“开创”新式音乐表演的好办法,否则以传统方式很难被人注意到。

将虚拟世界及其事件与“真实世界”中的进行比较,似乎前者始终会被看作苍白无力的模仿,缺乏有形实在,比如说真实世界里的摇滚音乐会的那些气味和声音。但并不需要太过离奇就可以想象,随着虚拟世界的拓展,更多的人拥有充满意义的线上生活,虚拟环境也许会有独特的优势。比尔和基辛(Beer and Geesin 2009:124)提出,在未来:

> 吸引人的地方也许不是亲历演奏会的有形特性,而是作为想象的化身与同伴化身一起摇摆而参与活动的有形特性——抹屎(moshing)、抛狗(pogoing)或是踩脚(foot-tapping)。也许这些活动所揭示的与其说是一种接近的冲动,不如说是反映出既有机会出席现场音乐活动,又不会有“置身”现场音乐活动时的那些风险和不适——挤压、推搡、手舞足蹈、肘击脚踹、气味浓烈、人潮冲浪以及不期而至的身体接触、不受欢迎的进逼、湿闷、肮脏,尤其是燥热。

现有的微观社会学概念与理论(用来分析面对面互动可谓成果丰硕)已经证明,无论它们是否有能力理解真实的人与其线上化身社群之间的互动,对于社会学家来说,虚拟世界都是引人入胜的研究方向。

本章要点

1. “对于微观层面互动的研究是心理学而非社会学的专属领域。”说明为什么有关微观层面的研究对于理解更广泛的社会其实至关重要。

2. 举出身体语言展现其性别化特征的一些例证。

3. 何谓常人方法学? 举出一些常人方法学“实验”的案例。常人方法学是微观社会学的一种形式还是完全不同?

4. 日常对话的社会背景在何种程度上影响到言谈的含义? 从本章中举出一些例证来支持你的回答。

5. 结合戈夫曼的核心概念,如舞台、道具、前台区域和后台区域以及“表演”,说明何谓“拟剧论比拟”。

6. 什么是社交网络? 人们为何想要加入社交网络?

7. “在数字时代,友谊和社群正趋衰亡。”就这一论断提供一些反例。

8. 何谓网络霸凌? 它与传统的霸凌有何不同? 权威部门可能会怎样应对网络霸凌?

9. 列出一些应用于社交媒体和手机交流的网络礼仪规则和规范。

10. 在线上环境中培养信任,缺乏共同在场的主要后果是什么? 当人们在线上从事印象管理时,会运用哪些方法?

研究实践

在难以进入的情况下开展民族志实地研究,要求研究者对其自我呈现和印象管理保持敏锐的自觉。从某种意义上说,研究者必须扮演一系列的角色,以便从所研究的群体那里收集到丰富的信息。但对于研究者而言,这样的策略似乎像是一种托词,他们也可能会对自己的行动感到愧疚。他们能如何应对实地研究中的情感面向呢? 请阅读讨论有关议题的文章,然后回答问题:T. Benz, 2014, ‘Flanking Gestures: Gender and Emotion in Fieldwork’(侧姿:实地研究中的性别与情感), *Sociological Research Online*, 19(2): 15, www.socresonline.org.uk/19/2/15.html。

1. 作者做的是哪一类研究,其目标人群是什么?

2. 为什么这一研究人群面临的主要地位障碍是性别,而不是年龄、阶级或族属? 什么是“地位错位”(status misalignment)?

3. 描述作者在该项目进程中面临的属于情感性质的问题。

4. 何谓“侧姿”？举出作者用来帮助自己应对研究的情感需求的一些例证。

5. 论文中她明确自己的策略无法解决哪些情感问题和议题？这些是否必须接受，当成做这种实地研究的代价？

深入思考

互动论者对社会生活的许多阐述似乎特别有说服力，因为它们在人们自身的生活体验中就可以得到理解。比如说，戈夫曼关于印象管理和自我呈现的研究之所以扣人心弦，正是因为我们能够在自身的行为中认识到它们。不过，有大量的社会学研究关注考察阶级、族属、性别之类的**宏观社会**结构，社会历史变迁，以及“社会力量”，对于个体的影响。

回顾本章，从开篇到题为“渐趋成形的线上互动规则”的一节，注意在讨论中任何隐含、假定或涉及宏观社会现象和社会结构的地方。互动论者的社会学真的无法令人满意地说明结构性社会区分的出现与留存？其他社会学视角是如何阐述社会阶级、族群以及性别区分的？认为互动论擅长对社会生活的方方面面做出**描述**，但却无力给出恰当的**说明**，这种批评意见在多大程度上称得上公允？

艺文探析

线上环境尤其是社交媒体的扩散，为沟通和友谊开辟了新的机遇，却也为霸凌和其他许多种侵犯性行为打开了方便之门。《网络霸凌》（*Cyberbully*，2015，由本·查纳[Ben Chanan]执导）是由英国电视四频道出品的一部纪实电视电影，取材自有关网络霸凌及其后果的一系列现实生活事件。请去下述网址阅读对扮演凯茜（Casey）的演员麦茜·威廉姆斯（Maisie Williams）的一次访谈：www.channel4.com/info/press/news/interview-with-maisie-williamsstar-of-cyber-bully。然后观看该节目，讨论下列问题。

1. 列出出现在剧中的所有网站、社交媒体和数字设备。黑客欺负凯茜时如何运用其中每一种？

2. 闲言碎语、污名、排斥和刻板印象扮演了什么角色？

3. 凯茜是如何在无意之间向黑客提供了攻击自己的手段？

4. 随着故事的推进，凯茜发现自己被卷入对于他人的霸凌。她告诉黑客，自己的网络行为对如今的青少年来说属于“正常”。对于这部剧中的网络霸凌,你认为传递出的核心信息是什么?

阅读指津

要找一本能够覆盖本章所有理论和议题的入门教程,苏西·斯科特的《理解日常生活》(Susie Scott, 2009, *Making Sense of Everyday Life*, Cambridge: Polity)堪称出色,布莱恩·罗伯茨的《微观社会理论》(Brian Roberts, 2006, *Micro Social Theory*, Basingstoke: Palgrave Macmillan)亦是如此。这两部书都行文流畅,对微观社会学传统的发展做出了可信的介绍。要进一步研读各种具体视角,可参迈克尔·哈维德·雅各布森主编的《遭遇日常:了解那些不为人关注的社会学》(Michael Hviid Jacobsen, ed., 2008, *Encountering the Everyday: An Introduction to the Sociologies of the Unnoticed*, Basingstoke: Palgrave Macmillan)。

至于对加芬克尔和其他人研究的专门讨论,你可以试试戴维·弗朗西斯和斯蒂芬·赫斯特的《常人方法学导引:语言、社会与互动》(David Francis and Stephen Hester, 2004, *An Invitation to Ethnomethodology: Language, Society and Interaction*, London: Sage)。或者,如果戈夫曼的观点更合你的胃口,没有比戈夫曼自己的著作更合适的了,所以可以看他的《日常生活中的自我呈现》(Goffman, 1990[1959], *The Presentation of the Self in Everyday Life*, Harmondsworth: Penguin),这是互动论社会学的出色范例。菲尔·曼宁的《戈夫曼与现代社会学》(Phil Manning, 1992, *Erving Goffman and Modern Sociology*, Cambridge: Polity)或者格雷格·史密斯的《欧文·戈夫曼》(Greg Smith, 2006, *Erving Goffman*, London: Routledge)都颇值研读。

对于在线沟通和互动的全面介绍,参看南希·K. 贝姆的《数字时代中的个人联结(第二版)》(Nancy K. Baym, 2015, *Personal Connection in the Digital Age*, 2nd edn, Cambridge: Polity),或者克里斯平·瑟洛、劳拉·伦格尔和艾丽斯·托米奇的《计算机中介沟通:在线社会互动引论》(Crispin Thurlow, Laura Lengel, and Alice Tomic, 2004, *Computer Mediated Communication: An Introduction to Social Interaction Online*, London: Sage),后者是一部计算机中介沟通的实操指南。

有关互动和沟通的原典文集,参阅辅助读物《社会学入门文选(第三版)》(*Sociology: Introductory Readings*, 3rd edn, Cambridge: Polity, 2010)。

网络导航

政体出版社有关本书的更多信息和支持：

www.politybooks.com/giddens

符号互动研究学会(Society for the Study of Symbolic Interaction)——恰如其名，兼有杂志和各项资源：

https://sites.google.com/site/sssinteraction

日常性别歧视现象搜集计划(The Everyday Sexism Project)——致力于为真实世界中的性别歧视经历归类存档的一个网站：

http://everydaysexism.com

常人方法学/对话分析新闻(Ethno/CA News)——推特上的常人方法学和对话分析：

https://twitter.com/EMCA_News

关于欧文·戈夫曼的生平与研究的信息网站：

http://people.brandeis.edu/~teuber/goffmanbio.html

霍华德·贝克尔的网站，包含他自身的研究和一些有帮助的链接：

http://howardsbecker.com

探索非言语沟通(Exploring Nonverbal Communication)——附有阅读案例的自我测试的非言语沟通介绍：

http://nonverbal.ucsc.edu

第九章

生命历程

你会如何回顾自己的生命历程？你记忆中哪些是最重要的事件？你的生命历程是如何与你的家人、朋友和同事之类的他人联系在一起的？人们关于自己生活的解释往往会随着他们的成长而改变，当他们更多地了解塑造自己的那些事件和关系，就更是如此。想想“全球社会 9.1”中这则简要的“生平故事”。

全球社会 9.1

一则生命故事中的事件与关系

戴维·桑切斯(David Sanchez)现在五十来岁。他的名字来自西班牙语，但他却是纳瓦霍(Navajo)部落的一员。他此前的大部分时日都生活在新墨西哥州，只是去洛杉矶探望他 29 岁的儿子马尔科(Marco)和他的孙子。但在探亲期间，他因为糖尿病发作昏迷而入院治疗,这或许是他20岁到43岁酗酒的残余后果。在最近的几次探望中,戴维意识到自己的酗酒给儿子带来了多少伤害。在桑切斯太太与戴维离婚后,他开始变得难以信赖,没有提供正常的子女抚养。

戴维7岁的时候,父亲在一场车祸中丧生,此后他由外祖母抚养。他母亲在生了他之后就患了重病,无力照顾他。戴维刚刚开始跟他外祖母过,印第安人事务局(Bureau of Indian Affairs, BIA)就将他送入寄宿制学校,在那里他遭到打骂和霸凌。戴维像大多数印第安孩子那样,默默忍受。18岁时他加入海军陆战队,但是他的外祖母不明白为什么他要加入“白人的战争”。在他接受戒酒治疗期间,他常常想起在越南时的那些轰炸和杀戮。像许多退伍军人那样,他最终流落街头,无家可归。只是在接受了印第安传统医学治疗后,他才开始康复。

他父亲的葬礼曾是充满悲痛的,但是戴维以更超然的方式经历了他外祖母的葬礼,回头看来,这成了他生命的转折点。在葬礼中,戴维的大伯,一名巫医,邀请戴维过去与他一起住。他想教戴维古老的传统疗法,让他去帮助别人。尽管戴维仍处于学习阶段,但当他与酗酒者合作时,发现自己与越战退伍老兵有着特殊的联系。

资料来源:缩写自 Hutchinson 2007:4-5。

有一种理解戴维故事的方式,就是将它看成**一条道路或一次旅程**,只是有着许多曲折和下坡,但最终仍有一个积极的结果,当然,这故事远未告终。我们也可以将其理解为一系列**零散的事件**,像是男孩幼年丧父、上寄宿学校、参加海军陆战队、离婚、去和大伯父一起生活。这种“事件史”意味着另一种可能,即依据戴维与他人不断**变化的关系**来看待他的生命。在戴维的早期童年时光,他父母是关键的影响因素,但他后来变得与外祖母和大伯父非常亲近,只是到五十来岁时他才真正开始亲近自己的儿孙。所有这些方法都有助于我们把握“戴维”成为今天这样一个人的原因和方式。

戴维所处的**社会**,以及其中的社会制度的运行,深深影响了戴维的生平故事。在美国,当戴维还是孩子时,寄宿学校而不是扩展家庭(extended family)对他而言是抚养青少年的最佳地点。对于出身工人阶级的青年男子来讲,参军也被认为是正常的道路,而戴维又正好属于经历美越冲突后展开战场行动的这一代人。他的酗酒问题也并非异乎寻常,并且他也得益于关键时刻可以提供帮助的健保系统。然而,更广泛的社会会通过对于个体如何发育有重大影响的习得与社会化的过程,以更深远的方式塑造生命历程。

对于社会学家来说,经由**社会化**(socialization)这一过程,无助的婴儿逐渐变成一个有自我意识、认知能力的人,并且能够熟练掌握他或她生于其中的文化的习惯。而年轻人的社会化则促进了更具整体性的**社会再生产**现象,通过这一过程,社会得以实现长期的结构延续。所有社会都具有一些能够长久延续的特征,即使它们现有的成员告别人世,新的一批降临人间。社会有许多别具一格的社会文化特征会世代相续,尤其是它们的成员所操的不同语言。

我们随后将会看到,社会化使不同的世代相互联结。尽管婴儿期和儿童早期的文化习得过程比以后要密集得多,但是习得和调适会贯穿一个人的整个生命,戴维的例子即为明证。然而,社会化并不是确定不移的进程,即使是幼童,也是积极的参与者,而非消极的接受者。孩子与成年人的互动,和同龄群体的互动,都不仅再生产着社会结构,而且有可能改变它们。

首先,我们要考察不同作者关于儿童如此发展的具体过程和原因的主要理论解释,包括说明性别认同演进的理论。然后,我们将讨论生命历程和它的一些关键时期,接着谈谈全球人口的老年化或"老龄化"及其影响。在本章最后,我们将讨论关于死亡、临终和丧亲的一些极为重要的社会学议题。

第一节 社会性自我与社会化

一　儿童发展理论

与其他动物相比,人类比较独特的属性之一就是人具有**自我意识**。但是,这种意识源自何处?在生命的最初数月,婴儿很少甚或完全不能理解人与环境中的物质客体之间的差别,对其"自我"也毫无自觉。一直要到两岁乃至更晚,儿童才开始使用"我"(I)、"自己"(me)、"你/你们"或"他们"之类的概念。此后,他们才渐渐理解,其他人有与自己不同的独特的认同、意识和需要。

有关自我的形成,这个问题聚讼不已,彼此对立的理论视角的看法也相当不同。在一定程度上,这是因为地位最为显著的那些儿童发展理论分别强调了社会化的不同面向。

经典研究 9.1

乔治·赫伯特·米德论社会性自我

研究的问题 人们常说,人类是唯一知道自己存在并最终会走向死亡的生物。从社会学角度上讲,这意味着人类个体是有**自我意识**的。略加思考,我们也许都会认为确实如此。但是,人类是怎样获得自我意识的呢?它是与生俱来的,还是后天习得的呢?这个研究问题更适合心理学而非社会学吗?美国社会学家和哲学家乔治·赫伯特·米德(George Herbert Mead, 1863—1931)主张,如果我们要理解自我是如何出现和发展的,就需要采取社会学的视角,因为自我是一种社会性自我。

米德的说明 米德的观念奠立了一种理论思考的整体传统,即**符号互动论**(symbolic interactionism)的主要基础,所以他的观念对社会学产生了非常广泛的影响。符号互动论强调,人与人之间的互动通过符号和对于意义的解释而产生(参见第一章和第三章)。但除此之外,米德的研究还阐述了儿童发展的主要阶段,尤其关注自我感的形成。

孩子们的玩耍也是郑重其事的,是发展社会性自我的组成部分。

根据米德的研究,婴儿和幼童首先通过模仿周围人的行动,作为**社会的**存在而发展。比如说经由玩耍,幼童往往会在玩耍时模仿成年人的言行。幼童看过成年人烹饪,就会用泥巴做馅饼,或者,观察过别人做园艺,就会用勺子挖洞。儿童的玩耍(play)会从简单的模仿演进为更为复杂的游戏(games),在游戏中,四五岁大的孩子将扮演大人的角色。米德将这一步称为"扮演他人角色",即习得处于另一个人的位置上会是什么样子。只有在这个阶段中,儿童开始获得发展了的自我感。通过从别人眼中看自己,儿童学会了将自身理解为独立分离的行动者,也就是理解为"客我"(me)。

在米德看来,当我们学会区分"主我"(I)和"客我",就获得了自我意识。"主我"是未经社会化的婴儿,是自发的需要和欲望的总和。米德使用的“客我”这个词就是**社会性自我**(social self)。个体通过像他人看待自己一样来看自己,形成**自我意识**(self-consciousness),从而使个体“主我”与社会“客我”之间的“内在对话”成为可能。根据米德的理论,这一内在对话就是我们所谓的“思考”。

儿童发展的下一阶段发生在儿童八九岁的时候。在这一阶段,儿童倾向于参加更有组织性的游戏,而不是不成系统的玩耍。正是在这一阶段,儿童开始理解引导社会生活的整体**价值观**(values)与**道德感**。要学会有组织的游戏,儿童必须理解玩的规则,理解公正与平等参与的观念。在这一阶段,儿童学习把握米德所称的**概化他人**(generalized other),即儿童在其中成长的文化的一般性价值观与道德准则。

批评的观点　基于几个方面的原因,米德的社会性自我的理论遭到了批评。首先,一些人认为,这套理论实际上去除了自我发展的一切生物性影响,而生物学与神经科学已经明确,自我的发展**确有**其生物基础。但是,这种批判似乎并未注意到,米德的“主我”观念就代表着“未经社会化的婴儿”。其次,米德的理论似乎有赖于“主我”与“客我”的协同作用,以确保自我顺利发挥功能。但这种观点低估了人们在深层体验到的诸般内在张力和冲突,而弗洛伊德和乔多罗的理论似乎更能说明这一点(见后文)。米德也几乎没有提到失衡的权力关系对于儿童发展的影响。最后,再一次与弗洛伊德不同,米德的说明根本没有考虑无意识心理作为人类行为的一种动机力量,因而缺少了“压抑”的概念,而这一概念目前看来对于精神分析实践不可或缺。

当代的意义　米德的著作对社会学的发展非常重要。他的理论最早真正从社会学角度探讨自我形成与发展,主张如果我们想恰当地理解自身,就必须从人类互动的社会过程开始,而不是从神秘的孤立个体开始。他由此揭示,自我并不是我们生物特征的固有组成部分,也不仅仅是伴随人脑的发展而形成的。他所要论证的是,对于个体自我的研究不能与对于社会的研究相分离,还需要有一种社会学的视角。

尽管在20世纪,弗洛伊德对人类心理的研究思路的风头或许胜过米德的学说,至少在有关心理紊乱的治疗这一方面是如此,但从基于米德的社会学观念的视角出发,符号互动论依然生产出富有洞见的发现。就此而言,对于新世代的社会学研究者,米德依然富有教益。

让·皮亚杰与认知发展的各阶段　让·皮亚杰(Jean Piaget, 1896—1980)从事儿童发展的许多方面的研究,但是他最出名的著作是关于**认知**(cognition)的研究,即儿童通过

哪些方式学会思考自身与周围环境。皮亚杰非常强调儿童积极了解世界的能力。儿童并不是被动接受信息,而是对他们所看到的事物进行选择和解释。皮亚杰(Piaget 1951,1957)描述了孩子在习得思考自身和周围环境的技能的过程中前后历经的几个认知发展阶段。

第一阶段为从婴儿出生到大约2岁,皮亚杰将这一阶段称为**感觉运动阶段**(sensorimotor stage)。婴儿的学习主要是靠接触物体,摆弄它们,从物理角度探索自己周围的环境。直到大约4个月大,婴儿才能将自己与周围的环境区别开。例如,一个儿童不会认识到,是自己的活动导致了小床的边缘栏发出响声。婴儿渐渐学会区分人与物体,开始了解到人与物体都是独立于自己的直接感知的存在。这一阶段的主要成就就是,儿童理解了自己周围的环境有着独特而稳定的属性。

接下来是**前运算阶段**(pre-operational stage),大约从2岁持续到7岁。这一历程中,儿童开始掌握语言,并且能够以符号方式,使用词语来表征物体和意象。例如,一个4岁的男孩能够运用挥动的手来表示“飞机”这个概念。这一阶段之所以被称作“前运算”,是因为儿童还不能系统地使用他们尚在发展中的心智能力。儿童在这一阶段是**自我中心的**(egocentric),完全基于自己的立场来解释世界。孩子可能会笔直地举着一本书,问及里面的一幅图画,却没有意识到,对面的人只能看到书的背面。对于成年人视为理所当然的一些范畴,比如因果、速度、重量或者数量之类的概念,他们也没有任何整体理解。

第三个阶段是**具体运算阶段**(concrete operational stage),大约从7岁持续到11岁。在这一阶段,儿童掌握了抽象的逻辑概念,并能较为轻松地处理诸如因果性这样的观念。儿童会认识到,宽的容器比薄而窄的容器盛水少的观念是错误的,即使水位并不相同。他们开始能够进行乘、除、减等数学运算,自我中心的倾向也大为减弱。

皮亚杰将11岁到15岁这一时期称为**形式运算阶段**(formal operational stage)。在青春期,成长中的孩子开始有能力把握抽象和假设性的观念。当处于这一阶段的孩子面临一个问题时,他有能力评述所有可能解决问题的方法,并且从理论上预演一遍,以便找到解决方法。他们也能够明白“脑筋急转弯”(trick questions)。根据皮亚杰的观点,前三个发展阶段具有普遍性,但并不是所有成年人都会达到第四个阶段,即形式运算阶段。形式运算思维的发展部分依赖于学校教育。教育成就有限的成年人将继续从更为具体的角度进行思考,保留更多的自我中心倾向。

苏联心理学家列夫·维果茨基(Vygotsky 1986[1934])针对皮亚杰的观念做出了有益的批评。他认为,皮亚杰所描述的学习过程其实取决于社会结构与互动。维果茨基认为,来自不同社会群体的儿童所能利用的学习机会差异甚大,并且这会强烈地影响他们从与外部世界打交道中学习的能力。简而言之,学习与认知的发展无法免除它们嵌入其间的社会结构的作用。这些结构限制了一些群体，使其他群体变得富有，同理，它们也在限制了一些儿童的认知发展的同时，推动了另一些儿童的认知发展。

批判性思考

社会化过程与“洗脑”这样的常识性观念有什么不同？ 缺乏早期社会化对人类婴儿的自我意识形成有什么影响？ 参照米德和皮亚杰的观念来回答。

二　社会化中介

社会学家常常说社会化发生在两个宽泛的阶段，涉及许多不同的中介。**社会化中介**（agencies of socialization）是指发生具有重要意义的社会化的群体或者社会背景。初级社会化（primary socialization）发生在婴儿期和儿童期，是文化习得最集中的阶段。正是在这一阶段，儿童习得了语言和基本行为模式，为以后的学习打下了基础。家庭是这一阶段主要的社会化中介。次级社会化（secondary socialization）发生在儿童期晚期，并持续到成年期。学校、同龄群体、组织、媒体，最后是工作场所，都成为个人的社会化力量。在这些背景中的社会互动帮助人们学习构成其文化模式的价值观、规范和信仰。

在发达社会中，绝大多数的初级社会化发生在小规模的家庭（family）背景中，儿童在家庭单位中度过自己的早年。相比之下，在其他许多文化中，叔伯姑姨和祖父母等往往都属于一个家户（household）的组成部分，都可以当照料者，哪怕是非常小的婴儿。即使在现代社会中，家庭结构方面也有许多变异。有些孩子在单亲家庭或同性家庭中长大，有些受两位“承担母亲责任”和“承担父亲责任”的行动者照看，即他们离异的父母及继父母。

在第十章“家庭与亲密关系”中，我们会更详细地讨论关于家庭的议题。

另一个重要的早期社会化中介是学校，学校教育孩子，让他们为工作和将来的生命历程各阶段做好准备。**同龄群体**（peer groups）常常在学校中形成，由年龄相仿的孩子组成。在一些文化中，尤其是在小型社会中，同龄群体按**年龄等级**（age-grades，通常限于男性）有正式的划分。特定的典礼或者仪式标志着男人从一个年龄等级向另一个年龄等级过渡。处于特定年龄等级的人，一般终生都会保持亲密的友好关系。一套典型的年龄等级系列,包括儿童期、初级武士期、高级武士期、初级长辈期和高级长辈期。男人们不是作为个人,而是作为整个群体,逐一经历这些等级。

家庭在社会化中的重要性是显而易见的,而同龄群体的作用就不是那么明显了。尽管在当代社会中没有正式的年龄等级,但是儿童长到四五岁后,通常会花费大量时间和同龄朋友待在一起。随着双亲工作家户越来越多,学校里形成的同龄关系要比前几十年更加重要了(Corsaro 2005; Harris 1998)。

我们在第十九章“教育”中讨论教育体系内的社会化。

对于同龄关系的研究表明,儿童在社会化过程中是积极主动的行动者。尽管如此,有关传媒对于儿童的影响的早期研究却大多持有相反的预设:儿童对他们的所见所闻的反应是消极被动、不加分辨的。但是,以电视为例,儿童的反应依然会涉及对电视节目的内容进行解释或“解读”。如今的研究者已经在更为平衡的立场上来理解大众传媒在社会化过程中的影响,现在会把电视之类的传媒看成和其他几种中介并列的重要社会化中介。第十八章“传媒”会更详细地讨论电视。

个体并不只是消极被动的社会化对象。社会化通过个体(包括非常幼小的儿童)积极参与的**相互一作用**(inter-action)过程而发生,领会到这一点是非常重要的(Stanley and Wise 2002)。例如,孩子通常会反对、拒绝或者重新解释他们在大众传媒上被教导的或自己看到的信息、规范与价值观,同龄群体也往往会形成对抗主流文化的亚文化(subcultures)甚或反文化(countercultures)。社会化中介为社会化过程提供场所或结构,但并不能决定这些过程的结果(参见本章下文关于儿童期的“新”社会学的一节)。与此类似,也不应把社会化完全看成是对个体的某种强加或约束。社会化过程同样能增进人们的能力,人们由此习得并发展在自己所处社会中过上好的生活所不可或缺的文化技能。

发挥你的社会学想象力 9.1

性别化的游戏

芭莉·索恩(Barrie Thorne)在她的《性别游戏》(*Gender Play*, 1993)一书中,通过在学校操场上观察孩子之间如何互动来探讨社会化。她和其他前辈学者一样,想要理解孩子如何开始知道“男子气”或“女人味”的意思。她并没有将孩子看作消极被动地从其父母和老师那里学习性别的意义,而是探究孩子们如何在彼此的互动中,积极主动地创造和再创造性别的**意义**。

索恩花费了两年的时间考察密歇根和加利福尼亚两所学校的四、五年级学生，她坐在教室中与他们一起上课，并观察他们的课外活动。她注意到了“撵亲嘴儿”(chase and kiss)之类的游戏，在英国这个游戏叫“抢亲嘴儿”(kiss-catch)，从中了解孩子们是怎样在教室中，在操场上，建构并体验性别的意义的。她发现，同龄群体对性别社会化有重要的影响，尤其是当孩子们谈论他们的身体变化时，而这是一项魅力无穷的话题。

在学校操场上，女孩往往与其他女孩一起玩，而男孩则与其他男孩一起玩。为什么会这样？

这些孩子所创造的社会情境决定了一个孩子的身体变化是让人感到困窘的还是引以为豪的。索恩注意到，如果最受欢迎的女生都开始来例假或者穿文胸，那么其他女孩也会想要发生这些变化。但是也会有相反的情况：如果受欢迎的女孩还没穿文胸或尚未初潮，那么，其他孩子对这些变化的渴望就会大打折扣。

索恩的研究有力地提醒人们，孩子是帮助创造其所处的社会世界、影响自己社会化的社会行动者。当然，社会层面和文化维度的影响是深远的，因为孩子们所从事的活动，所持有的价值观，都在一定程度上取决于他们的家庭和大众传媒之类的作用。

批判性思考

回想你自己的中小学经历。同龄人，尤其是你敬慕的人，他们的观点和行为对你有多重要？从与同龄群体的互动中，关于何谓“男子气”和“女人味”，你学到了什么？

三 性别习得

性别差异和对于**性别角色**(gender roles)的学习究竟在多大程度上属于**性别社会化**(gender socialization)的结果,人们对此已经做了大量研究。婴儿的性别学习几乎可以肯定是无意识的。在孩子能够准确地标定自己是一个男孩或者女孩之前,会先接收到一系列前言语的线索。比如,成年男女应对婴儿的方式往往不同。女性使用的化妆品所带有的气味,与婴儿可能了解到与男性联系在一起的气味不同。服装、发型等方面所存在的系统差异为婴儿的学习过程提供了视觉线索。

扎穆纳(Zammuner 1986)研究了意大利和荷兰两国 7 岁到 10 岁孩子的玩具偏好。她分析了孩子们对不同玩具的态度,其中既有依刻板印象来看具备男性特质和女性特质的玩具,也有被视为不具备性别类型特征的玩具。她同时请求孩子及其父母评估哪些玩具适合男孩,哪些玩具适合女孩。成年人与孩子在这方面有密切的共识。

整体而言,意大利的孩子比荷兰的孩子更经常地选择性别分化的玩具来玩,这个发现也符合预期,因为意大利的文化对于性别区分往往持有更加传统的观念。来自这两个社会的女孩选择中性的和男孩的玩具的情况,远远多于男孩选择女孩玩具的情况,其他研究也皆如此。很明显,早期性别社会化是非常有影响力的,要想挑战它,可能会令人沮丧。一旦性别被“指派”,个体就会被期待像“女性”和“男性”那样行事。正是在日常生活的实践当中,这些期待得到实现,不断再生产,也遭到挑战(Bourdieu 1990; Lorber 1994)。

发挥你的社会学想象力 9.2

儿童虚构作品中的性别角色

三十多年前,魏茨曼及其同事(Weitzman et al. 1972)针对一些非常流行的面向学龄前儿童的书,分析了其中的性别角色,发现性别角色存在明显差异。在故事和图画中,男性扮演的角色分量都要大得多，与女性的比例为 11 比 1。如果包括动物的性别身份，比例将会为 95 比 1。男性的活动与女性的活动也不一样，男性从事冒险探索和户外活动，需要独立自主，强大有力。而就算有女孩子出场，也被描绘为消极被动的，基本上限于室内活动。女孩为男性做饭和打扫卫生，或者等待他们归来。故事书里描述的成年男女也大抵如此。女人如果不是妻子或者母亲，就是想象出来的生灵，比如女巫或者仙女。与此相反，男性被描绘为战士、警察、法官、国王等。21 世纪的研究也表明，诸如此类的性别化刻板印象今天仍旧明显维持（Hamilton et al. 2006）。

尽管传统的故事叙事可能有一定程度的转变，但儿童文学中蕴含的信息本质依旧（Davies 1991；Parke and Clarke-Stewart 2010：347-350）。例如，童话故事体现了对于性别的传统态度，以及期待男孩与女孩具备的目标和抱负。几百年来童话故事的各个版本中反复出现"有朝一日王子会来到我身边"，意味着出身贫寒的女孩可能梦想富有与幸运。而今天，它的意义已经更紧密地与浪漫爱情的理念相维系。对于面向儿童的电视节目与电影的分析表明，绝大多数作品同样符合有关儿童书籍的分析发现。针对收视最高的动画片的研究也证明，主要的人物形象绝大多数是男性，并且是男性主导着积极的探索活动。

然而，这种反复出现的性别化模式也有一些例外。2001 年的电影《怪物史莱克》（*Shrek*）（及其几部续集）讲述了一则相当传统的童话故事，包括王子、公主和怪兽，同时却颠覆了传统童话故事中的性别和人物角色。电影的营销口号就是："从未讲过的最伟大的童话故事"——"王子不迷人。公主没有沉睡。伙伴没有帮忙。怪兽是英雄。空前绝后的童话故事。"

史莱克（丑陋的怪物）其实是电影中的英雄/男主人公（hero），而菲奥娜（Fiona）（美丽的公主）是一位武艺高强的独立女性，在夜晚会变成怪物。当史莱克亲吻菲奥娜时，迎来了"幸福的结局"，她永远变身怪物，与史莱克成婚。这样就颠覆了怪物变身年轻英俊的王子的故事，而后者体现的是西方关于美丽和身体完美的理想。然而，在当下的整体产出中，这样的表现手法仍然是凤毛麟角。

批判性思考

下次你在购物、看电影、看电视肥皂剧或者与长辈及晚辈亲戚聊天时，留意一下性别方面的传统预设出现得有多么频繁。也要注意任何可能挑战传统的性别化假设的事情。是否有可能识别出什么代际差异？

(一) 弗洛伊德的理论 在关于性别认同的形成的理论中,最具影响但也最富争议的或许是精神分析的创立者西格蒙德·弗洛伊德(Sigmund Freud, 1856—1939)的理论。根据弗洛伊德(Freud 1995 [1933])的观点,婴儿和幼儿时期对性别差异的学习,集中于有无阴茎上。“我有阴茎”等同于“我是男孩”,而“我是女孩”等同于“我没有阴茎”。弗洛伊德思虑周至,认为这里的关键并不只是生理解剖上的差别,有无阴茎也是男性特质与女性特质的象征。

大约四五岁时,男孩会感觉到他父亲的威胁,他父亲要求他接受规训,能够自控,男孩想象父亲想要去除他的阴茎。男孩主要是在无意识的层面上,将父亲视为争夺母亲之爱的对手。在压抑对母亲的性爱情感,并接受父亲作为优势存在的过程中,男孩认同了父亲,并开始自觉意识到自己的男性身份。另一方面,女孩可能会苦于“阴茎嫉羡”(penis envy),因为她们没有能够区别于男孩的可见器官。在女孩的眼中,母亲也贬值了,因为看到她也没有阴茎。当女孩认同母亲时,也承继了顺从的姿态,承认属于“次优”。

一旦这一阶段结束,孩子学会了抑制他的性爱情感。根据弗洛伊德的理论,大约从5岁到青春期是一个潜伏期,性活动趋于悬置,直到青春期发生了生理变化,以直接的方式再次激起了性爱的欲望。潜伏期包括上学阶段的早期和中期,是同性别的同龄群体在孩子生活中最重要的时期。

弗洛伊德的观点遭到了许多不容小觑的批评,尤其是女性主义者的(Mitchell 1975; Coward 1984)。首先,弗洛伊德似乎将性别认同视同生殖器意识;但如今人们认为,还涉及其他一些更为微妙的因素。其次,该理论似乎依赖于阴茎优于阴道的观念,而后者则被表述为只不过是男性器官的缺失。那么,为什么不能把女性生殖器视为优于男性生殖器?再次,弗洛伊德将父亲看作负责规训的主要行动者,然而在许多文化中,母亲在强加规训方面起着更重要的作用。最后,弗洛伊德认为,性别学习集中于四五岁,而日后许多研究者则强调,比这早得多的从婴儿期开始的学习,就已经很重要了。

(二) 卡罗尔·吉利根的理论 卡罗尔·吉利根(Gilligan 1982)进一步发展了乔多罗的分析(参见“经典研究 9.2”)。她的研究聚焦于成年男女对自身及其成就的想象。诚然,女人是从个人关系的角度来界定自己,并且结合照顾他人的能力来评判自己的成就。但是,在这些事务中培养起来的品质的价值往往遭到男人的贬低,他们将自己重视的个人成就视为“成功”的唯一形式。在他们看来,女性对于关系的关注是个缺陷,而不是事实上的优势。

吉利根对大约200位不同年龄与社会背景的美国女性与男性进行了深入访谈。她问及所有受访者一系列关于其道德观与自我概念的问题。而在女性与男性的观点之间，出现了稳定的差异。例如，受访者被问："说某事是合乎道德或者违背道德的，这是什么意思？"男性回答这个问题时往往会提到责任、公正和个体自由等抽象理念，而女性则不断地提到帮助他人这个主题（Gilligan 1982）。

在进行道德评判时，女性比男性更为犹疑，会看到在遵循严格的道德准则和避免伤害他人之间可能存在矛盾。吉利根认为，这种观点反映了立足关爱关系的女性的传统处境，而不是男人"外向"的态度。在过去，女性听从男人的判断，同时意识到她们具有绝大多数男人所缺乏的品质。她们对于自己的看法是基于成功满足他人的需求，而不是因自我的成就而自豪。

经典研究 9.2

南希·乔多罗论依附与分离

研究的问题　你也许认为，或者是曾被告知，男性很难表达自己的情绪，他们往往"闷在心里"（bottle it up）或者"不露声色"（keep a stiff upper lip）。相反，女性显然更有可能表达她们的情感。但是，为什么会这样？在形成亲密的情感关系方面，女性真的天生就比男性优秀吗？这类常识性假设成了南希·乔多罗（Chodorow 1978）关于性别认同的研究的基础。她像其他许多学者那样，借鉴了弗洛伊德的思路来研究性别发展，但是在一些主要方面有所调整，以阐述重要的性别差异。

乔多罗的说明　乔多罗（Chodorow 1978，1988）认为，学习感觉自己是男性或者女性，起源于婴儿自幼对父母的依恋。她远比弗洛伊德注重母亲的重要性。孩子们往往会在情感上与母亲关系密切，因为母亲很容易成为孩子早期最具主导性的影响源。在某个时点上，这种依恋必须割裂，以便孩子获得一种分离的自我感，即要求孩子不要过于依赖。

乔多罗指出，对于男孩与女孩来说，这种割裂过程的发生方式是不同的。女孩仍然与母亲保持亲近，比如还能够拥抱和亲吻母亲，并且可以模仿母亲的行为。因为女孩及其日后所成为的成年女性，与母亲之间并没有明显的割裂，会发展出一种与他人更为连贯的自我感。她的认同更可能是融合或者依赖于另一个人的认同：首先是她的母亲，后来是某个男人。根据乔多罗的观点，这往往会促使女性形成更具敏感性、富于同情心的性格。

而男孩要获得自我感,是通过更加彻底地拒绝其起初与母亲建立的亲密关系,根据哪些不属于女性特质来塑造对于男性特质的理解。他们学习不要做“娘娘腔”(sissies)或者“妈宝男”(mummy's boys)。其结果,男孩相对来说,不太具备与他人保持亲密关系的技能;他们养成了以更具分析性的方式来看世界的习惯。他们更加积极主动地看待自己的生活,注重成就,但抑制了理解自己情感和他人情感的能力。

乔多罗在一定程度上倒转了弗洛伊德的着重点。不是女性特质,而是男性特质被定义为缺失,他们放弃了对母亲持续的亲密依恋。男性的认同是通过分离而形成的,因此,男性在此后的生活中会在潜意识里觉得,如果他们陷入与他人的亲密情感关系,自己的认同就会遇到危险。另一方面,女性感觉到,如果缺乏与另一个人的亲密关系,会威胁到她们的自尊。这些模式之所以代代相传,是因为女性在孩子的早期社会化中扮演了首要的角色。女性主要是依据与别人的关系来表达和定义自己的。而男性抑制了这些需要,并且采取更具操纵性的姿态来应对世界。

批评的观点 乔多罗的观点遭到了许多批评。例如,珍妮特·塞耶斯(Sayers 1986)认为,乔多罗没有说明女性为了成为独立自主的存在而做的斗争,尤其是当代的状况。她指出,女性(以及男性)在心理构成上比乔多罗的理论所表明的更为矛盾。女性特质可能隐藏了争强好胜或者武断专行的情感(Brennan 1988)。还有人批评乔多罗的家庭观念狭隘,只是基于白人中产阶级的模式。例如,在单亲家庭,或者在孩子由不止一位成年人照顾的许多墨西哥裔美国人(Chicano)社群里,又会发生什么呢(Segura and Pierce 1993)?最后,里奇(Rich 1980)提出,乔多罗的理论“属于异性恋规范(heteronormative),暗示女同性恋关系要比异性恋关系低等,因为女同性恋者未能充分解决她们对于母亲的欲望。在当今探讨性别与性相的理论家当中,这种观念可找不到什么支持”。

当代的意义 这些批评意见颇有道理,但并没有破坏乔多罗的核心思想,她的观念在性别社会化的研究中依然重要。这些观念大大有助于我们了解女性特质与男性特质的性质,并且有助于我们理解为何会出现所谓的“男性表达无能”(male inexpressiveness),即男性难以向别人表露自己的情感(Bourdieu 2001)。

第二节
生命历程

个体在一生中会经历各式各样的过渡，它们乍看上去在生物意义上似乎是确定不变的。有关人类**寿命**(life span)的这种常识观点被全社会广泛接受，意思是说所有人都会经历一系列普遍一致的阶段。例如，每个人只要活到年老，都会从婴儿、儿童、青少年、成年人一直到老年人，并且最终都会死亡。与此类似的概念是**生命周期**(life cycle)，这个概念也探讨了个体生物性的各个阶段，不过还承载着对于生命本身的某种认识，视之为每一代人不断重复的出生、生活、死亡的连续循环或“周期”。在心理学、医学和人口学之类的学科中，人类寿命和生命周期向来是关注的焦点(Green 2015:98)。

然而，从历史学和社会学的角度来看，这些概念都过于简单化了。表面上自然而然的生物性阶段只是人类**生命历程**(life course)的一个面向，而生命历程既是生物性的现象，又是社会性、心理性的现象(Vincent 2003; Hunt 2016; Green 2016)。生命历程的概念反映了社会学和历史学方面的证据：在不同的社会，在相同社会的不同时期，生命阶段的差异颇为可观。这就意味着，个体生命历程的经历不是普遍一致的，而是受制于**社会建构**的过程(Chatterjee et al. 2001)。人们在特定类型的社会中生活，物质环境和文化规范都会影响其生命历程的各个阶段。比如说，在现代西方社会，死亡通常被认为与老年人相关，因为绝大多数人都会活到老年。然而，在过去的许多社会里，英年早逝的人远远多于得享高寿的人，死亡也承载着不同的意义和预期。

阶级、性别和族属方面的社会分隔也影响着体验生命历程的方式，而这些主要的社会分隔的交织，即所谓**交叉性**，产生了复杂的体验模式。在 19 世纪的英国，上层阶级的孩子循例会进入寄宿学校，并且教育会长期延续。然而，对于劳工阶级家庭的孩子来说，他们面临的期望是劳动而不是教育。13 岁的男孩在煤矿之类的行业工作并非异乎寻常，而同龄的许多女孩则投身家政服务。显然，所谓人类生命历程由一系列与年龄相关的**普遍的**阶段构成，这样的观念并没有得到历史证据的支撑。

有关交叉性的概念，详参第三章“理论与视角”、第十二章“分层与社会阶级”、第十五章“性别与性相”以及第十六章“种族、族属与移民”。

个体的生命历程不仅由阶级、性别和族属等主要社会分隔塑造其结构,而且处于具体的历史情境之中。要考察这一特性,方式之一是考虑出生**同期群**(birth cohorts)和世代(generations)的概念。出生同期群(简称**同期群**[cohorts])指的是“年龄相仿、具有同时上学或经历战争之类的共同经历”的人群(Green 2015:101)。社会学家认为,同期群体验在文化上和政治上具有共同的参照点,比如特定的政府、冲突和音乐趋势,这些东西塑造了生命历程。不过,同期群通常并不是一种结合紧密的社会群体。

关于特定的**世代**对生命历程体验的影响,匈牙利出生的社会学家卡尔·曼海姆(Karl Mannheim, 1893—1947)提出了有力的主张。世代(有时被称为社会世代)就是出生于同一系列年份的人群,他们跟同期群不一样,分享一种世界观或者是共同的参照框架(Alwin et al. 2006:49)。曼海姆(Mannheim 1972[1928]:105)指出,“属于同一世代的个体……在社会过程的历史维度上……被赋予了……一个共同的定位”。他声称,在塑造人的态度与信仰方面,世代定位与社会阶级位置的影响力一样大。

各个世代对世界以及自己在世界中的位置的体验往往大相径庭。因此,我们可以说“代沟”(generation gap)、“回巢世代”(boomerang generation)或者“X 世代”(generation X),以描述不同世代的历史定位及其价值观念。比如说,对于在 20 世纪 80 年代中期到 90 年代后期出生的人,已经有了多种描述方式,如“Y 世代”“数字世代”,以及“IPOD 世代”——指的是惶然不安、压力沉重、税负过重、债务缠身(Insecure, Pressured, Overtaxed and Debt-ridden),他们怡然享受高科技和消费文化,偏向个体主义的新自由主义政治立场,但却面临着岗位无保障感(Green 2015:102)。在诸如此类的描述背后有一条假设:所讨论的这一代人与上一代人有所不同。

社会学家与历史学家已经识别出“婴儿潮一代”(baby-boom generation; Gillon 2004)和“垮掉的一代”(Beat generation; Charters 2001)等不同的立场和体验,仅举两例。婴儿潮一代出生于二战之后,大体上是 1946 年到 1964 年,当时许多国家都经历了出生率的大幅提高,据说是战后经济增长、繁荣与和平的结果。婴儿潮一代有许多新的体验:电视机进入家庭,新型青年文化,收入水平提升,对性与道德的态度更为开明。婴儿潮一代的经历与他们父母那一代有显著差异,并且由于新出现了作为一个独立生命阶段的“青年”,其生命历程的体验也大有不同。实际上,曼海姆的主张意味着,这一代人真正改变了社会本身。塑造生命历程,推动社会变革,鉴于这种双重面向,曼海姆将世代类比于社会阶级,两者都潜在地影响着个体认同与社会生活。

格林(Green 2015)提出,随着延迟生育的趋势延续,今日人们在其童年早期的经历可能会越来越彼此各异,这或许会给那些研究世代的人带来麻烦。初为人父母的人有些也

20世纪六七十年代的嬉皮士青年文化对于美国和其他发达社会中的身份认同产生了重要的代际影响。它的效应和遗产依然作用于日后的世代。

许才二十多岁，而另一些父母已经四十多甚至五十多岁了。因此，我们无法假定孩子的父母属于同一世代，会往下传承同样的体验与价值观。诚然，世代的研究往往比较泛化，缺乏精确性，但毕竟产生了一些非常有益的社会历史洞见。

批判性思考

在你的儿童期和青少年时期，发生过哪些重大的社会、政治和经济事件？你对这些事件如何回应？它们在何种程度上塑造了你的立场态度、选举偏好和价值观念？仔细想想，你是不是“自由选择”了这些。

下面将讨论一些关键的生命历程阶段，尤其是考虑到它们在发达国家里长久以来的演变。谈不上面面俱到，比如我们就没有花多少时间讨论“中年”（年龄大体在40—65岁的人），应当参阅本章末尾的拓展阅读部分。儿童期、青年期和老年期是社会学研究涉猎的主要阶段，本节也体现了这一点。不过，有必要记住，社会学所有分支领域的主体一般都非常想当然地将成年生活作为其主要焦点，而没有直接应对生命历程的视角。这种基本假定也是一种“常识”假定，即儿童期和青年期只是通向“正常的”成年生活的准备阶段,而老年期是在我们“有用的”劳动生活时期之后发生的。生命历程视角的兴起凸显了这类预设,使之遭到了审察。

一 儿童期

直到最近,社会学家才趋于讨论在家庭中的初级社会化背景下的儿童与儿童期(童年)。这通常给人们一种印象,即儿童期仅仅是通往更具社会学意义的成年期的一个过渡阶段。然而,将儿童期视为“区区过渡”的观念忽视了儿童在社会中的**社会结构**位置。也就是说,不妨像社会阶级或族群那样,将儿童概念化为一个独立的社会群体。儿童往往会通过自己的文化,以其独特的符号和仪式来体验生活,并且与其他一些少数群体的地位相当,这往往导致他们作为廉价劳动力的来源而遭受剥削(James et al. 1998)。

自20世纪90年代早期以来,出现了一种新的范式——通常被称为**新儿童社会学**(new sociology of childhood)——已经证明,我们所谓的儿童期,很大程度上并非一种普遍一致的社会建构(Corsaro 2005)。在不同的历史时期,在同一时期的不同地域,儿童期的经历及其对于社会的意义各见其异。新的范式也标志着逐渐摆脱功能主义和其他将儿童仅仅视为“成为”(becoming)社会成员的理论。相反,儿童被视为自主的积极参与者或者“存在”(being),能够解释和建构自己的生活、文化和关系(Prout and James 1990; Prout 2005)。从研究“成为”的过程,到研究“存在”的行动,这一理论转移意义深远(Jenks 2005; Thomas 2009)。

例如,将积极主动的儿童置于社会学分析的中心,会激发新的追问以及另辟蹊径的研究策略。在这块领域中,民族志、日记以及其他定性方法属于特别有效的研究工具,因为它们允许孩子的声音被听到,也揭启了孩子们的思路和解释。斯马特等人(Smart et al. 2001)研究了儿童在父母离婚后的体验,例证了这种思路,使人们得以从相关的儿童的角度来看离婚。以新范式进行研究的社会学家也许会问,家庭或离婚对于相关的儿童来说**意味着**什么,或者,它们与儿童的生活有怎样的联系(O'Brien et al. 1996; Seung Lam and Pollard 2006)。从儿童的立场出发来看家庭生活或学校教育,为社会学家开辟了新的道路,催生了对于儿童期的更综合的理解。

然而,新的范式本身也受到了挑战。一些人认为,大力强调儿童作为“积极主动的存在”,会重蹈覆辙,即假定有“独立自主的个体”,能够自立,摆脱与他人之间不可避免的关系。而这种观念究其根源,还在于与之相仿的稳定**成年期**的观念。但是,后面这种观念近来也受到了细致省察,因为当代世界以更为流动或者“流变的现代性”(liquid modernity)为其特征,在此中,“毕生的工作”已经衰微,一并淡去的还有持恒的终生关系

（Bauman 2000）。其结果，尼克·李（Lee 2001）指出，儿童期**和**成年期**都**应当被视为“过程”或者持续的成为状态。即便如此，普劳特（Prout 2005：66）坚持主张，“成人和儿童都可以基于这些术语被视为成为状态的人，但这无损于需要尊重他们作为存在状态的人的地位”。新儿童社会学已经产生了一些饶有兴味的观点，这毋庸置疑，但似乎的确要让未来的研究在考察儿童期时，努力平衡“存在状态”与“成为状态”。

建构儿童期　对于生活在当代社会里的绝大多数人来说，**儿童期**（childhood）都是一个清晰独特的生命阶段。儿童不同于婴儿或者幼儿，而儿童期则介于婴儿和青少年时期之间。然而，像今天生活的其他许多方面一样，“儿童期”的概念是在过去两三个世纪里才逐渐形成的。在其他许多社会中，年轻人直接从漫长的婴儿期进入在共同体中承担劳动角色。法国历史学家菲利普·阿里耶斯（Ariès 1965）指出，作为一个独立发展阶段的“儿童期”，在中世纪的欧洲并不存在。在那时的绘画中，儿童被描绘为小大人，具有成熟的面庞，穿着样式与长辈一致的衣服。儿童参与的劳动与娱乐和成人一样，而不是我们现在理所当然认为的儿童游戏。

直到20世纪早期，儿童还是从现在看来非常早的时候就开始从事劳动了。并且，至今世界上仍有一些国家，小孩子从事着全日制的劳动，往往还是在恶劣的物理环境中（比如煤矿和农业）。所谓孩子有独立的权利，以及使用童工在道德上“显然”令人厌憎，这样的观点其实属于相当晚近的发展。《联合国儿童权利公约》（United Nations Convention on the Rights of the Child，UNCRC）1990年开始实施，为世界各地的儿童设定了基本权利。截至2009年，它已经得到194个国家的签署（除了美国和索马里）。《联合国儿童权利公约》将儿童定义为未满18周岁的任何人，除非各民族国家此前已经有了自己的界定。

将纷繁多样的社会经济背景下的儿童权利和儿童期界定普遍一致化，这样的尝试可谓胆大，引发了一些重要的争议。对于不同的社会，联合国的定义是具备了文化上的敏感，还是将西方的观念强加于世界的其余地区？发展中世界的政府真有能力推行发达社会中算得上普遍存在的那些保护儿童权利的措施吗？并且，如果它们真那样做，会否阻碍经济发展，实质上限制了最贫穷家庭的创收能力？例如，在许多发展中国家，“街边儿童”通过兜售东西为贫困家庭赚钱；如果国家将这些行为视为“越轨”而施加惩罚，那么贫困家庭该如何生存呢？这些都是非常棘手的问题，目前世界各地的政策和实践正在逐步摸索解决办法。

有关童工的议题，参看第十四章“全球不平等”中的讨论。

鉴于现代社会目前正在发生的这些变迁,儿童期的独立特性似乎因此再次趋于消逝,使成人与儿童的关系濒临危急关头。我们在第四章所探讨的那些全球化进程和社会剧变带来的不确定性,都导向有关儿童期的新的社会建构。普劳特(Prout 2005:7)认为:“相比旧的话语,这些新的表述所建构的儿童更加积极主动,更具认知能力,也更多社会参与。他们更难管理,更少顺从,因此也更容易惹事,更让人烦恼。”成人与儿童的关系似乎处在一个流动不居、变乱四起的时期。

另有一些观察者指出,现在的儿童成长太快,以至于成人与儿童之间以前稳固的界线正在迅速消失,导致了发达社会中童年的“消逝”(Postman 1995; Buckingham 2000)。他们指出,即使是很小的孩子,也可能会看成年人观看的电视节目,因此,相比前辈,他们对成年人的世界更加熟悉。孩子在更早的时候就成为消费者,并且使用成年人的产品,比如电视节目、移动电话以及广告。

除此之外,人们还普遍担忧,儿童还没来得及做好准备,就面临着发展出泛性化生活方式的压力。英国政府委托做了一份研究报告(Bailey 2011),《让孩子做孩子》(*Letting Children Be Children*),调查了由父母、儿童、工商企业及其他组织组成的样本,询问他们对于儿童期的商业化和泛性化的观点。许多父母认为,我们生活在一种并不适合孩子的商业化和泛性化的文化中。这种文化包括在期刊(杂志)、流行音乐视频、电视节目以及许多网站上的性化意象。

话说回来,被调查的父母说,他们最担忧的还是“带有性化和性别刻板印象的服饰、服务与产品”,以及一个“色眯眯的出版业”(Bailey 2011:9)。他们也承认自己无力改变这种文化或是对工商业施加影响,并且认为,在互联网和智能手机之类的新传媒领域,监管是不充分的。所有这些表明,在20世纪大多数时间里作为发达国家特性的受保护的儿童期这个阶段,今天正遭受着严重侵蚀。

批判性思考

你的儿童期与你父母和祖父母的儿童期有着怎样的不同?列举有关父母抚养、纪律训导、学校教育和对权威的看法等方面的主要差异。从客观上讲,你的童年是变得“更好”了,还是只是不同而已?

二　青少年与青年文化

“青少年”(teenager)这个观念,我们如今非常熟悉,却也是比较晚近才出现的。青春期（一个人开始有能力进行成年性活动和生育活动的时点）涉及的生理变化倒是普遍的，但是在许多文化里，这些生理变化并不会产生在现代社会你可能看到的那种程度的躁动与不确定性。比如，在提倡年龄等级的文化中，有标志着个人过渡到成年期的独特仪式，性心理的发展过程似乎一般比较容易应对。在西方社会，儿童要达到某个时点，才被期望不再像孩子那样行事，而在其他文化中，儿童已经和成人一起劳动，走出童年的过渡也许就远不必那么刻板限定了。

在当代的发达社会中，青少年处于两端之间：他们常常尝试追随成人的做派，但在法律上他们仍被视为孩子。他们也许希望投入劳动，但是被限制在学校里。就这样，青少年介于儿童和成年之间，在不断变迁的社会中成长，而这样的变迁转换着各个生命阶段之间看似固定的边界。

与青少年的观念相关的是**青年文化**（youth culture），一种与年轻人相维系的整体生活方式。在古往今来的其他许多社会里，并不存在这种意义上的青年文化概念，儿童向成年人的过渡要早得多，并没有“青年”这个中间阶段。社会学家第一次描述青年文化是在20世纪五六十年代，当时年龄较大的青少年就业后，开始从战后的富裕中获益，用他们挣得的钱在新兴的消费市场上购买新潮时装、流行唱片和其他产品（Savage 2007）。一种“青年人的文化”开始集聚成形，看着有别于主流，建构起富于意义的新世界，从中迸发出蔚为壮观的青年亚文化，从无赖青年（teddy boys）、摩登派（mods）、洛克族（rockers）与光头党（skinheads），一直到稍后的嬉皮士、朋克族、拉斯特信徒（rastas）、哥特族（goths）等，举不胜举。

回头看来，对于这些规模不大但十分抢眼的亚文化，并且往往是男性主宰的亚文化，社会学家给予的重视似乎不成比例，没有投入充分的时间去理解年轻人的主体，理解他们通过哪些方式来领会自身的生活。例如，麦克罗比和加伯（McRobbie and Garber 1975）就识别出女孩当中存在一种普遍但更隐蔽的“闺房文化”，这种文化能使朋友团体融入青年文化，但当人们一窝蜂地去分析公共领域中“离经叛道的”（男性）亚文化时，这种文化在很大程度上就被忽视了。

迈尔斯（Miles 2000）指出，青年文化和青年亚文化的概念已经误导我们将所有年轻人看作本质上相似的，都参与反文化活动和越轨活动，或者体验到独有的困境。但是，很显然，年轻人的主流文化并不符合这样的描述，过去如此，当下依然如此。迈尔斯（Miles 2000：2）反其道提出**青年生活方式**（youth lifestyles）的概念，意味着青年人主流的体验多种多样，其焦点问题是“青年人面对自己于其中建构日常生活的社会世界时，怎样与之互动和予以应对”。这样的视角提醒我们，既要直面迅速变迁的世界中青年人共同分享的经历，也不应忽略年轻人面对这个世界时所做出的不同回应。

在发达社会中,稚气未脱的青少年在儿童期和成年期的行为之间彷徨不定。

有关青年越轨亚文化的讨论,参看第二十章“犯罪与越轨”。

三　青壮期

社会学研究的主体向来关注的是成年人的生活,如今依然如此。其结果,直到最近,“成年期”的概念仍旧比较乏人问津,“仍旧不存在令人信服的探讨成年期的社会学”(Pilcher et al. 2003)。例如,有关医患关系的研究径直假定了成熟的成年医生与患者,很少或者根本不考虑儿童或者青壮年的不同体验。到了20世纪八九十年代,社会学家开始从理论上阐述发达社会中的生命历程的一个新阶段,我们可以称之为**青壮期**(young adulthood)(Goldscheider and Waite 1991)。针对这一阶段的系统化研究,发展得尚不如儿童期或者青壮期之后生活的研究那样充分。这也意味着,在人们步入“老年期”之前,还存在一个“中间的”成年期或“成熟的”成年期（Green 2016:124）。青壮年概括地说是从18岁到30多岁的人，他们生活相对自立，但尚未成婚或育儿，并因此仍在探索各种关系与生活方式。

然而，男女性别不同，社会阶级不等，族群不一，对于这一阶段的体验方式也就各见其异。特别是在比较富裕的群体中，二十岁出头到二十五六岁的年轻人挥洒时间各处游历，探求性、政治和宗教等方面的密切关系（Heath and Cleaver 2003）。实际上，这种推迟承担完全成年期责任的现象很可能会愈益显现出其重要性，因为在如今的发达世界中，许多人的受教育年限越来越长。

近年来，社会学家开始研究紧缩政策、房价飙涨、个人债台高筑、岗位缺乏保障，即年轻人置身这样的时代都会面临的诸多问题。如今有许多青壮年，二十大几乃至年过三十，依然依赖于父母及其他亲戚在物质上和财务上的支持。有人把这种人概括为“回巢世代”（boomerang generation）（Newman 2012），因为许多青壮年虽然一直在努力前进，以求过上自立的生活，但也发现如果不靠亲友们的继续支持，自己并没有能力实现这一目标。希思和卡尔弗特（Heath and Calvert 2013）发现，这种跨代支持涵盖广泛，从小额现金借贷和礼物馈赠，到代付账单和日常开销，一直到大额抵押贷款和留在家中居住。这种被延长的依赖期往往让青壮年体验到自己的独立自主受损。

随着更多的年轻女性如今能够上大学，打造职业生涯，赢得自立地位，而不是早早安于传统家庭生活，这个独特的生命阶段的性别差异可能会大大减少。我们期待，在下一个十年，研究生命历程的学者能够对青壮期实施更多的研究。

四　壮年期

今天，发达世界的绝大部分青壮年能够期待活到70岁乃至更为高龄。但是，在前工业时代，能够如此自信地指望这等未来的寥寥无几，而今日发展中世界比较贫穷的地方的青壮年同样无此奢望。当时，在所有年龄群体中，因病或因伤而死亡的比例都比今天高得多，并且由于分娩死亡率很高，女性的风险尤其大。另一方面，壮年人，大致是三十五六岁到65岁上下，如今所体验到的一些紧张压力在早先并不那么显著。相比21世纪更具流动性的人口，从前的人们与其父母及其他亲属通常保持着更为紧密的联系，所遵循的工作常规和他们的前辈也基本一致。

而在今天，工作、个人关系、婚姻、家庭生活以及其他许多社会情境都存在严重的不确定性。个体越来越有必要去“打造”自己的生活，其程度远甚于过去。在许多社会群体中,性爱与婚姻纽带的缔结如今主要依赖于个体的主动性和选择,而不是父母之命,当然,也不是所有文化都一概如此。虽说个体的选择能让人体验到做决定的自由,但**必须**做选择的责任也自有其施加的压力。有些人已经从理论上阐述成年期中一段"新中年"的形成,这些行将步入老年的人还在积极主动地消费,随着自己逐渐变老,越来越操心青春活力和重塑自我(Featherstone and Hepworth 1989)。

在**壮年期**(mature adulthood),保持前瞻性的眼光尤其重要。绝大多数人都不再能够指望毕生从事同样的工作。那些已经投入某种职业生涯的成年人也许会发现,他们人到中年,所达到的层次依然不尽如人意,进一步上升的机会也受阻。那些把青壮期耗在养儿育女上的女性可能会觉得,一旦孩子长大离家,自己也就没啥社会价值了。对于当今许多壮年人来说,"中年危机"的现象都是真真切切的。一个人也许会觉得自己错失了生活曾经给予的机会,或者再也不能实现自小珍视的目标。不过,变老并不一定会导致消极顺从乃至灰心绝望。对于一些人来讲,从儿时的梦想解脱出来,其实倒可能是一种解放。

五　晚年生活

在早期文化中,老年人对于共同体内的重大事务通常拥有主要的话事权,往往还是最终拍板者。在家庭内部,无论男女,权威通常会随着年龄增长而增大。但在发达社会中,从工作岗位上"退休"也许带来相反的结果,因为老年人无论在家里,还是在更广泛的社群中,都缺乏权威。一旦退出劳动力队伍,他们就可能在物质上更为贫困,并且被认为没有什么可以教给年轻人了。一些社会学家提出,随着技术和社会的高速变迁,老年人会无所适从,这意味着他们甚至可能成为"时间中的陌生人"(Mead 1978)。例如,二战前出生的人所持有的价值观和行为准则,往往不同于20世纪60年代后期出生的人,因为那时在性别关系上,在对于性与性相的态度上,都发生了非常彻底的转变(Dowd 1986)。

下一节,我们来谈谈有关**老年化**的社会议题,会比我们对生命历程此前诸阶段的处理更加详细。有关晚年与老年化的研究,即社会老年学(social gerontology),业已牢固确立,积累了丰富的研究与证据,本章余下部分即可体现。事实上,自20世纪70年代中期以来,世界人口老年化的后果已经成为社会、政治和经济等方面许多重要争论的焦点,我们也会探讨这些主张。

第三节
老年化

法亚·辛格来自伦敦东区的伊尔福德(Ilford),他在时隔五十三年后,于2000年重新投入跑步。他以89岁之龄,参加了2000年的伦敦马拉松赛,耗时6小时54分完赛,不久后他开始去世界各地参加马拉松赛,并筹集善款(Askwith 2003)。2011年,他得偿夙愿,以百岁高龄,用8小时25分完成了多伦多湖滨马拉松赛。尽管他持有护照,并在百岁生

法亚·辛格从89岁开始跑马拉松,并且在2011年以百岁高龄完成多伦多湖滨马拉松比赛。2013年,他退出竞赛性跑步。

日时收到了女王的贺信,但并没有登上吉尼斯世界纪录。辛格先生并不拥有一张开具于1911年的官方出生证明,因为那时印度乡村的记录保留并不系统。然而,一些体育组织确实接受护照作为年龄的证明,并认可了他的成就。

法亚·辛格令人瞩目地证明,事实上,人们比历史上任何时候都更加长寿,更加健康,生活也更加丰富多彩,在富裕国家尤其如此。比如,当英国女王伊丽莎白二世于1952年继位时,她一共向全英百岁老人发出了273份生日贺电。到了20世纪末,她要繁忙得多,送出的贺电每年超过3000份(Cayton 2000)。

英国国家统计局晚近依据当前的人口趋势做出预测,到2066年,英国的百岁老人将超过50万。在2011年出生的婴儿,活到100岁的可能性是1931年出生的人的8倍多。2011年出生的女孩中,3个中有1个有机会活过100岁,而男孩中该比例则为4个中有1个(*The Guardian* 2011)。变老可以是一种具有实现感并带有回报奖赏的体验,但也是一段身体不适与社会隔离(social isolation)的时期。对于绝大多数人而言,老年化的体验处于这两个极端之间的某个位置上。

批判性思考

列出兜售"抗衰老"产品的广告中凸显的衰老过程诸要素。这些要素分别属于生物性、心理性还是社会性的方面?为什么有那么多人竭力想延缓生物性衰老过程?

一 人类社会的老龄化

全世界人类各个社会都在经历老年化,但这种趋向表现得并不均衡。在平均预期寿命方面,各国之间存在着惊人的差异,即为明证。以两个极端为例,在2012年,阿富汗的出生预期寿命为49.72岁(男性为48.45岁,女性为51.05岁);但是在摩纳哥,出生预期寿命为89.68岁(男性为85.74岁,女性为93.77岁)(CIA 2012)。生命机会的不平等如此严重,鲜明展现了世界各地人们的老年化体验有着天壤之别。

这些差异彰显了与生命历程的观念相关联的意义也是多种多样的。在发达世界中,年届四十意味着人们正逐渐进入"中年"或"壮年期",但在一些发展中国家,年届四十实际上已经处于"晚年"了。在平均预期寿命上的差异如此巨大,也塑造了死亡、临终与丧亲的体验。尽管本节大部分篇幅将聚焦于来自相对富裕的发达国家的讨论和证据,但是我们必须牢记,发展中世界的情形非常不同,“老年化体验”也相应各有差异。

有关发展中国家的情形,在第十四章“全球不平等”中有深入的讨论。

全球60岁以上人口的比例在1950年仅为8%,到2009年才上升为11%。然而,预计到2050年,这一比例将迅速翻倍达到22%。65岁及以上的老龄群体全球增长最为迅速的将是那些工业化国家,其家庭育儿比贫穷国家的家庭少,同时又活得更长。但是,本世纪中叶之后,发展中国家将追随其后,因为它们会经历本国的“老龄人口爆炸”(UNFPA 2011:33-34)。

由于出生率和死亡率均趋下降,全球绝大多数社会的人口都在走向老年化,尽管由于经济劣势、贫困、营养不良和疾病,发展中国家人口的寿命依然较短(参见第十四章“全球不平等”)。全球平均出生预期寿命从1950年的大约48岁,增长到1990年的65.3岁,再到2013年的71.5岁(Reuters 2015)。从1950年到2010年,发展中国家的平均预期寿命增加了26岁,相较之下,发达世界该项指标仅增加了11岁(UNFPA 2011)。富国与穷国之间的差距正在缩小,表明在预期寿命方面严重的全球不平等并非不可避免。但撒哈拉以南非洲各国是明显可见的例外,从20世纪80年代中期开始,那里的预期寿命实际上有所缩短,主要是由于艾滋病后果严重,影响挥之不去。

全球人口的老年化对社会政策来说意义重大。有超过150个国家目前为老年人或身心障碍人士提供援助,或者协助处理其身后之事。老年人很可能需要那些花费高昂的医疗健康服务,所以人数的迅速增长使许多国家的医疗系统压力沉重。社会学家和老年学家把年龄结构的变化称为人口**老龄化**(greying)(Peterson 1999)。“老龄化”是工业社会两股长期趋势的结果:家庭的少子化趋势(在第十章“家庭与亲密关系”中讨论),以及人们活得更长久这一事实。

如与欧盟相关的图9.1所示,发达社会年龄结构上的这种长期变动早已成形。到2060年,欧洲人口将有几乎三分之一超过65岁,五分之一以上超过80岁,而目前的劳动年龄人口(15—64岁的人)将下降大约10%,占欧洲总人口的56%。而“劳动年龄”的定义本身也在发生变化,因为人们年满64岁之后还会持续劳动很长时间。诚然,人口老年化将会给政府和政策制定者带来难题,但透过一大堆相关评论,重要的是要记住,这些图表证明的是光彩夺目的人类成功故事。

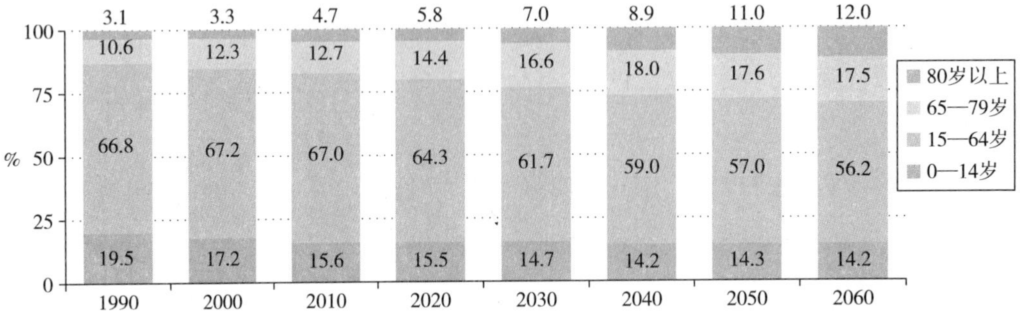

图 9.1 欧盟 27 国以主要年龄分组的人口结构,1990—2060 年(预测)

资料来源:Eurostat 2011。

二 人们如何步入老年?

可以从社会学的角度,将**老年化**(ageing)定义为影响人们变老的生物性、心理性与社会性过程的组合(Abeles and Riley 1987;Atchley 2000)。这些过程意味着三种彼此不同但相互联系的发展"钟"的隐喻:其一,生物钟,指的是物理身体;其二,心理钟,指的是心智与精神能力;其三,社会钟,指与年龄有关的文化规范、价值观以及角色期待。这三种隐喻有着巨大的变异。我们关于老年的意义的观念正在迅速改变,因为研究在逐步消除有关老年化的许多迷思;又因为营养和健康方面的进展,许多人能够比以往任何时候都更加长寿,更加健康。

在考察老年化的性质时,我们将借助**社会老年学**的研究,这门学科致力于研究老年化的社会维度。这并非易事,因为随着人们不断变老,社会本身也在改变,而变"老"的意涵同样在变化(Riley et al. 1988)。对于出生在 20 世纪中叶的发达社会的人来说,中等教育被认为足以应付绝大多数可获得的工作,而大多数人也不指望过了 50 岁还能活很久,到那岁数也会有各种各样的健康问题。今天,同样的这群人中有许多发现自己活到了七八十岁,还算健康,并且生活还能积极主动。

(一)生物性老年化 老年化有一些证据确凿的生物性影响,尽管它们发生的确切年代时点大有差异,取决于遗传因素和生活方式。总体而言,男人与女人一样,典型的生物性老年化意味着下述全部或某些特征:

- 视力减退,因为眼球晶状体失去其弹性;
- 听力丧失,首先是高频音调;

- 皱纹,因为皮肤的皮下组织越来越脆弱(润肤液和面部提拉手术只能够延缓这种趋势);
- 肌肉块消退,并且伴随着脂肪的堆积,尤其是腰部;
- 心血管机能减退,因为运动时的氧气摄入量和利用量降低。

老年化的这些常态过程是不可避免的,但是良好的健康状况,适当的饮食与营养摄入,以及合理的锻炼强度,能在一定程度上补偿或者抵消这些过程(John 1988)。对于许多人来说,老年化的生理改变并不会明显地妨碍他们过积极而独立的生活,年过八旬也没什么问题。一些科学家甚至认为,凭借健康的生活方式和先进的医疗技术,更多的人有可能在一定程度上过上脱离疾病的生活,一直到他们达到生物意义上的最大值,仅仅在临死前经历短暂的患病期(Fries 1980)。

从遗传角度来说人们注定什么时候死亡,甚至是否有确定的时限,都尚有争论(Kirkwood 2001)。对于大多数人而言,大约 90 岁到 100 岁似乎是遗传决定的年龄分布的上限,尽管有些人主张,这种上限可以高达 120 岁(Rusting 1992; Treas 1995)。官方记录的全世界"最长寿的男人"是沃尔特·布罗伊宁,2011 年 4 月他于美国蒙大拿州自然死亡,享年 114 岁。他曾告诉记者,自己的长寿归因于每天只吃两顿饭,尽己所能地长期劳动,并且始终与时俱进。已证实的世界上最长寿的人是一位法国妇人,让娜·卡尔芒,于 1997 年逝世,享年 122 岁。还有其他人宣称自己更加长寿,但是他们的年龄无法被有效证实(BBC News 2011)。

从传统上讲,西方的老人被认为属于博识、睿智而有益的社会成员,但这种情形已经改变。即使发达社会的老年人大多数并没有明显的身体损伤,生理上仍能积极活动,但是"年老体衰"这种破坏性的刻板印象仍然顽固存在(Victor 2005)。这些刻板印象更多地涉及西方文化中老年化的社会意义,西方文化越来越执迷于青春活力,恐惧变老和死亡。

(二)心理性老年化 尽管关于老年化的心理学研究一直在扩展,但老年化的心理效应远远不如老年化的生理效应明确(Diehl and Dark-Freudeman 2006)。即使人们广泛假定,随着年龄增长,记忆力、学习能力、智力、技能与学习动力等会下降,但是有关老年化的心理学研究表明,这个过程远为复杂(Birren and Schaie 2001)。

例如,对于大多数人来说,尽管一个人回想或分析信息的速度可能会减慢,给人留下大脑受损的错误印象,但直到生命的相当晚期,记忆和学习能力才会显著下降。对于大多数生活依然丰富多彩的老年人来讲,学习的动力,思维的清晰度,解决问题的能力,诸如此类的心智能力直到生命的最晚期才会显著衰退(Baltes and Schaie 1977; Schaie 1979; Atchley 2000)。

当前的研究聚焦于记忆丧失在多大程度上与其他变量相关,比如健康、人格和社会结构。科学家和心理学家指出,智力的衰退虽说并非异乎寻常,却也不是不可避免的。他们正在摸索一些方式,识别出哪些老年人面临风险,以便采取医疗干预,或能使智力机能更长时间地维持在较高水平(Schaie 1996)。甚至是阿尔茨海默病,即脑细胞逐步退化(晚年痴呆的主要原因),在 75 岁以下的非住院人员中也属于比较罕见,尽管它也许在折磨多达一半的 85 岁以上的人。近来的研究,特别是在充满争议的干细胞领域的研究,已经创造出一种希望,阿尔茨海默病也许有朝一日可以治愈。

(三)社会性老年化 **社会年龄**(social age)包括在文化上与特定的实足年龄相关的规范、价值和角色。有关社会年龄的观念在各个社会皆有不同,并往往随着时间的推移发生改变。诸如日本和中国这样的社会有敬老的传统,将老人视为历史记忆和智慧的来源。但是,在英国和美国,老年人更有可能被视为不具有生产能力,依赖他人,跟不上时代,这既是因为他们不太可能拥有年轻人珍视的高科技技能,也因为所处文化对于青春活力的迷恋。

角色期待是个体认同非常重要的源泉。一些与老年化相关的角色通常是积极的:德高望重的男女长者,资历丰富的顾问,满怀慈爱的祖父母,情怀虔敬的长辈,睿智的精神导师。其他一些角色或许有些伤人,会导致自尊心下降和孤独。针对老年人还存在一些高度污名化的刻板印象:比如古里古怪、稀里糊涂、唠唠叨叨、邋里邋遢的老头或是老太(Kirkwood 2001)。其实,老年人并不一定是消极被动地扮演着被社会指派的社会角色;他们也会积极主动地塑造和重新界定这些角色(Riley et al. 1998)。最令人瞩目的例证就是老年人运动组织和思潮的萌兴,如美国的"灰豹党"(Gray Panthers),就是为了争取老年人的权利而创立的。

批判性思考

今天的老年人常常被认为乐享晚年,有丰厚的养老金,65 岁甚至更早就能退休,有自己的居所。 这是一种新的刻板印象,还是年轻的世代可能过上的晚年生活其实会比从前更为艰难?

三 变老:相互竞争的多种说明

关于老年化的性质,社会学家和社会老年学家已经提出了不少理论。最早出现的一些理论强调的是,当一个人变老时,如何针对社会角色的变化做出个体调适。后来的理论聚焦于社会结构如何塑造老年人的生活,以及生命历程这个概念。最近的理论更为多样化,重点讨论在具体的制度情境中,老年人如何积极地创造他们的生活。

(一)第一代理论:功能主义 最初的老年化理论体现了20世纪五六十年代在社会学中处于主导地位的功能主义思路。它们强调当个体步入老年,如何适应社会角色的改变,以及这些角色如何对社会有用,假定了老年化会带来生理上和心理上的衰退(Hendricks 1992)。帕森斯指出,社会需要为老年人找到符合其年龄增长的角色。他关注的是,强调青春活力,未能提供充分的角色以利用老年公民的智慧和成熟的优势,在美国这种状况尤其糟糕。传统的角色(比如工作)需要舍弃,新型的生产性活动(比如志愿服务)则需要得到认可。

帕森斯的观念发了**退隐理论**(disengagement theory)之先声,该理论的意思是说,当一些人变老时,对于社会来讲,移除他们的传统角色,为新的世代腾出空间,这是符合功能需要的(Cumming and Henry 1961; Estes et al. 1992)。根据这一视角,由于老年人越来越虚弱多病和依赖他人,允许他们继续占有不再能充分履行的传统角色,对于整个社会而言,将会趋于功能失调。

退隐被视为符合更广泛社会的功能要求,因为它将此前被老年人占据的角色开放给了更年轻的人,后者将以新鲜活力和新型技能来践行这些角色。退隐也被认定符合老年人的功能要求,因为如此一来,随着他们年龄的增长,健康的衰退,他们承担的纳税角色更少了。大量的老年研究报告说,大部分人对退休感觉良好,声称这会提振精神,增强幸福感(Palmore 1985; Howard et al. 1986)。然而,最近的政策发生了改变,将领取养老金的年龄从65岁推迟到67岁、68岁甚或更晚,这似乎可能影响到功能主义者的退隐论。许多退休者现在也许期待的只是"部分退休",包括在正式经济中从事一些有薪劳动,而不是希望退休变成一段纯粹的时期,闲暇时间增多,并且有更多的时间和家人在一起(Rix 2008:130)。这就意味着老年人直到生命的相当晚期,还完全可能保持"参与"(engaged)。

退隐理论有一个问题,就是想当然地接受了盛行的刻板印象,认为晚年生活必然意味着虚弱、疾病和依赖。而抨击功能主义的人则指出,这种理论强调了老年人适应既有条件的必要性,却没有质疑老年人所面临的环境是否公平或公正。与此类似,许多老年人现在过着积极健康的生活,有能力继续履行他们的成年人角色,其期限远远长于目前设定的退休年龄。作为对于功能主义的反击,从社会学的冲突论传统中涌现出另一批理论家(Hendricks 1992)。

(二)第二代理论:年龄分层理论与生命历程理论 从20世纪70年代中期开始,一批新的理论引入老年学(Estes et al. 2003)。其中最重要的两项贡献就是**年龄分层理论**(age stratification theory)和**生命历程模型**(life course model)。年龄分层理论探讨的是,在个体老年化的过程中,在老年人置身社会所处的广泛分层中,国家政策之类的社会结构扮演何种角色,产生何等影响。年龄分层理论有一个特点很重要,就是**结构性滞后**(structural lag)的概念(Riley et al. 1994)。这个概念描述了结构如何没能跟上人口与个体变化的步伐。例如,在许多欧洲国家,二战后不久,退休的年龄定在65岁,老年人的预期寿命和生活质量都远远不及今天。只是到了最近,部分作为经济衰退的后果,政府才考虑提高法定退休年龄,甚或彻底废除这种规定。

生命历程的视角也不再单纯从个体调适的角度来看待老年化。这一视角将老年化看作一生中的某一阶段,受到早期各年龄段的历史、社会、经济和环境等方面的因素的塑造。因此,生命历程模型将老年化看作一个由出生到死亡的连续过程,这与此前仅仅聚焦于作为独特群体的老年人的各种理论形成鲜明对比。生命历程理论考察心理状态、社会结构与社会过程之间的关系,就此架通了微观社会学与宏观社会学(Elder 1974)。

(三)第三代理论:政治经济学理论 近些年来,有关老年化的研究中最重要的派别之一,就是卡罗尔·埃斯蒂斯开创的**政治经济学视角**(Estes et al. 2003)。政治经济学理论描述了国家和资本主义所扮演的角色,即巩固支配体系和边缘化老年人。

政治经济学的理论重点探讨在形塑和再生产社会中盛行的权力安排和不平等方面,政治经济体系所扮演的角色。社会政策,比如在收入、健康或者社会保障等方面的社会政策,被理解为社会斗争、冲突和此时的支配性权力关系的结果。影响老年人的政策反映了依据性别、种族和阶级的社会分层。因此,老年化和老年的现象直接关系到更广泛的社会,他们置身这个社会,不能脱离其他社会力量予以孤立考察(Minkler and Estes 1991)。因此,理解老年化,当然,也包括理解生命历程中的其他所有阶段,都要求我们把握**交叉性**这个概念,即主要的社会分隔如何重叠交织,产出复杂的不平等和优势模式。

有关交叉性的讨论散见于好几章,尤其是第三章“理论与视角”、第十五章“性别与性相”,以及第十六章“种族、族属与移民”。

四 老年化的特征

尽管老年化是一个展现出新的可能性的过程，但它也伴随着一系列不熟悉的挑战。随着人们变老，他们同时面临着生理上、情感上和物质上诸多难以协调的问题。退休就是一个重大的挑战。对于大多数人来讲，工作不仅仅意味着赚钱过日子；它还有助于人们获得认同感。退休不仅意味着收入的丧失，还可能导致地位的丧失，许多人发现很难调适。丧偶是另一个重要转变，可能代表丧失了一位多年的伴侣，而后者是陪伴和支持的主要来源。

老年人中贫富不均；族群多样；有的独居，有的与各式家庭合居；政治价值和倾向五花八门；有异性恋，也有男女同性恋。不仅如此，他们的健康也是状况各异。这些差异都会影响到老年人有多少能力维持其独立自主和整体幸福。今天所谓的“晚年生活”所覆盖的年龄跨度很大，并且还在不断扩展。

与手头宽裕、积极主动的养老金领取者这一当代刻板印象恰恰相反，事实上，所谓的第四龄可以是一段贫困潦倒、缺乏健康与社会隔离的时期。

在现代社会中，人们往往会区分一生中的第三龄和第四龄。第三龄覆盖的范围是从50岁到74岁，那时的人们依然能够过积极而独立的生活，并逐渐摆脱日常的育儿责任，退出劳动力市场。这一群体中的许多人有充裕的时间与金钱保持积极的消费。相比之下,所谓的第四龄指的是生命的晚期,此时人们的独立性和自我照顾的能力都受到严重挑战。本节讨论不平等、性别和族属对于老年化体验的效应。

(一)不平等与老年人 尽管65岁以上的人群包含的人各色各样,但是,总体来说,在绝大多数发达社会中,老年人比人口中的其他人群在物质上更处劣势。例如,2007年,在欧盟27国中,有大约六分之一(17%)的退休人员面临贫困的危险,相比之下,在就业人员中这一比例为8%。在波罗的海地区、英国和塞浦路斯,65岁以上人口面临贫困的风险最高。只有波兰例外,这一年龄群体的可支配收入中位数仅仅持平或略略低于65岁以下人口(Eurostat 2010:321-322)。

话说回来,自2008年金融风暴以来,老年人在欧盟中的相对位置有所提高。截至2013年,相比欧盟整体人口,或欧盟28国中20国的孩子与青年人,65岁以上的那些人陷入贫困和遭社会排斥的风险更低(参看表9.1)。经济衰退和紧缩措施的冲击力似乎只是落在某些易受伤害的群体身上,他们已然身处不太牢靠的工作岗位和就业部门,而对于绝大多数老年人来说,养老金津贴和其他措施往往能保护他们免于最糟糕的后果(Eurostat 2015)。当然,也有一些差异。在保加利亚,65岁以上的人群中有超过57%的人面临风险,而在爱沙尼亚、克罗地亚、斯洛文尼亚和芬兰,老年人也依然是风险程度最高的。

表9.1 2013年欧盟28国各年龄组面临贫困或社会排斥的人(%)

	总计	孩童(0—17岁)	成人(18—64岁)	老年人(65岁及以上)
欧盟28国[1]	**24.5**	**27.6**	**25.3**	**18.3**
欧元区[1]	**23.0**	**25.0**	**24.3**	**16.5**
比利时	20.8	21.9	20.8	19.5
保加利亚	48.0	51.5	44.3	57.6
捷克共和国	14.6	16.4	45.2	10.4
丹麦	18.9	15.5	22.3	11.4
德国	20.3	19.4	22.0	16.0
爱沙尼亚	23.5	22.3	22.7	28.0
爱尔兰[2]	30.0	33.1	31.7	14.7
希腊	35.7	38.1	39.1	23.1
西班牙	27.3	32.6	29.2	14.5
法国	18.1	21.3	19.2	10.4

（续表）

	总计	孩童（0—17岁）	成人（18—64岁）	老年人（65岁及以上）
克罗地亚	29.9	29.3	29.6	31.9
意大利	28.4	31.9	29.4	31.7
塞浦路斯	27.8	27.7	28.2	26.1
拉脱维亚	35.1	38.4	34.0	36.1
立陶宛	30.8	35.4	29.3	22.6
卢森堡	19.0	26.0	19.0	7.0
匈牙利	33.5	43.0	34.5	19.0
马耳他	24.0	32.0	22.5	20.8
荷兰	15.9	17.0	18.0	6.1
奥地利	18.8	22.9	18.3	16.2
波兰	25.8	29.8	26.1	19.7
葡萄牙	27.4	31.6	28.5	20.3
罗马尼亚	40.4	48.5	39.4	35.0
斯洛文尼亚	20.4	17.5	20.6	23.0
斯洛伐克	19.8	25.5	19.4	13.6
芬兰	16.0	13.0	16.7	16.8
瑞典	16.4	16.2	16.5	16.5
英国	24.8	32.6	24.1	18.1
冰岛	13.0	16.6	13.4	4.2
挪威	14.1	13.4	15.6	9.6
瑞士	16.4	17.3	12.8	29.6

1. 估值。

2. 2013 年数据未得，以 2012 年数据替代。

资料来源：Eurostat 2015a。

对于生活水准的主观感受并不仅仅基于物质因素或统计数据，还要看相关的参照群体。与记忆中的早年生活进行比较，从物质角度上讲或许大体依然过得去，但从道德或社会的角度来看就不一定了。不过，老年人也可能拿他们退休前所享有的生活水准来做比较，从物质上讲可能好于现在的情况，并且他们还可能与整个社会或者其他退休者的生活水准做比较。因此，关于不平等，老年人中根本不存在共同的主观经验（Vincent 1999）。

当一个人停止工作后，阶级、种族和性别方面的不平等往往会愈发恶化。因此，晚年生活加剧的不平等意味着老年女性、少数族群和体力劳动者比中年组的同类人群更加贫穷。在工作期间有多少能力积攒一笔私人职业养老金或者个人养老金,是左右老年人中收入不平等的关键因素之一。因此,退休前是专业人员或者管理人员的老年人,往往在老年生活中每周的总收入最高。

我们将在第十三章“贫困、社会排斥与福利”中更加详细地谈谈老年人中的贫困。

(二)晚年的女性化 在全球各社会中,女性一般都比男性长寿。有鉴于此,老年妇女中的孀居就属于正常现象。比如,2004 年,在英国,65 岁以上的女性中几乎有一半是寡妇,而 85 岁以上的女性中这一比例达到五分之四。相比之下,65 岁到 69 岁的男性中,有超过四分之三是夫妻俱在的,到他们过了 80 岁,这一比例就下降到 60%(ONS 2004b)。在 2008 年中段,英国 85 岁及以上人口中的女性数目(91.4 万)是男性(42.2 万)的两倍(ONS 2010a:3)。女性这种数量上的优势被描述为“晚年的女性化”(参见图 9.2)。

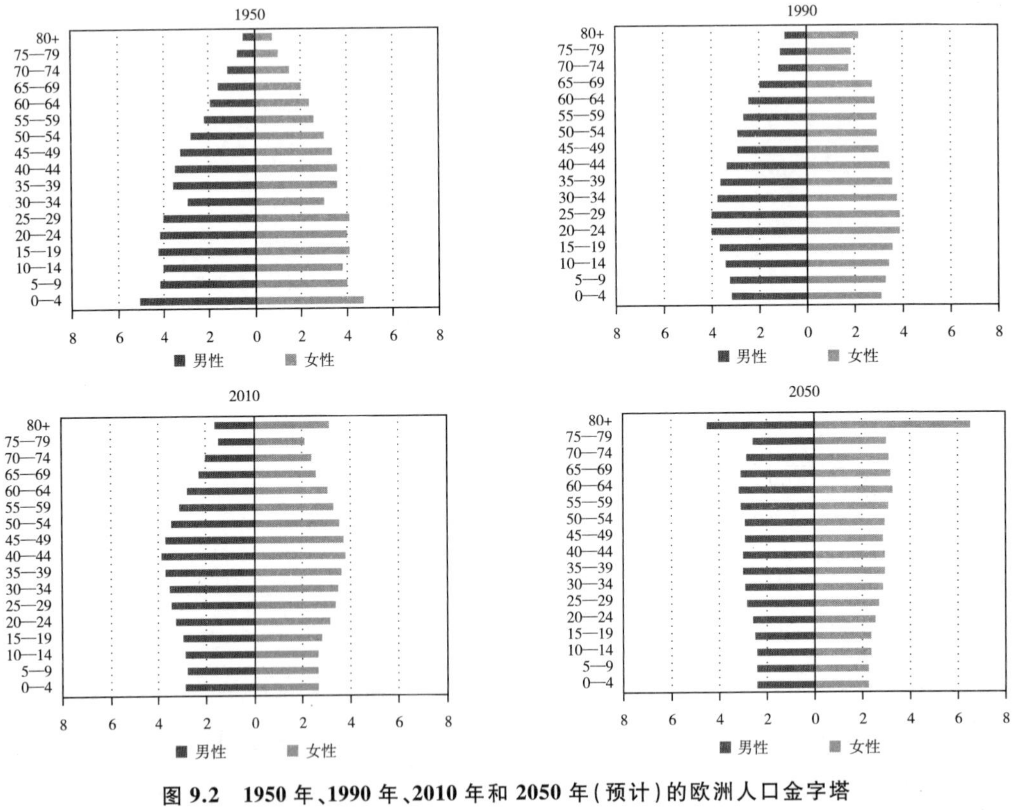

图 9.2 1950 年、1990 年、2010 年和 2050 年(预计)的欧洲人口金字塔

资料来源:改编自 Eurostat 2010:167。

女性人口比例变动的主要原因,是许多年轻男子死于第一次世界大战(1914—1918)。这一代女性在1961年达到退休年龄,导致老年人口中的性别比的不平衡急剧增强。尽管在20世纪后半叶,欧洲65岁以上年龄组中的女性比例超过男性,但已经有所下降,并且预计将持续下落。估计到2050年,随着女性化态势移入迅速增长的80岁以上年龄组,65岁到79岁年龄段的性别失衡(或"性别比")将趋于夷平。原因之一就在于,20世纪下半叶,65岁以上的男性死亡率下降得更快。图9.2使用"年龄金字塔",描绘了欧洲老年人口中的性别比例从1950年到2050年的波动模式。

然而,"女性化"并不是没有问题的。老年女性可能比她们的男性同辈人更加贫困。在绝大多数国家,女性有权得到像男性那样多的养老金的机会要少得多,这既是因为薪酬上的性别鸿沟,也是因为照看子女和亲属所导致的终生收入总额的损失。比如说,在2007—2008年度,英国有42%的单身老年女性仅有国家养老金,而单身男性的这个比例为31%。有超过一半的单身男性养老金领取者(54%)除了国家养老金,还能拿到某些形式的职业养老金,而单身女性养老金领取者能从某种私人养老金中取得任何收入的比例仅为27%(ONS 2010a:118)。

随着年龄的增长,女性会比男性遭遇更多的身心障碍。这就意味着她们需要更多的支持和帮助,哪怕只是为了完成日常任务和个人起居护理,比如洗澡和上下床。但是,老年男性与老年妇女的生活情境也有其性别的维度。有人选择一些欧洲国家做了一项研究,发现女性往往是独自变老,而男性的变老却有伴侣相伴(Delbès et al.2006;参看图9.3)。此外,老年女性在公共机构中生活的可能性是男性的两倍。作者们指出,男性比女性更有可能觉得难以应对伴侣的健康问题。北欧与南欧也存在些不同。例如,56%的芬兰女性和59%的德国女性在75岁以后独自生活,相比之下,葡萄牙女性的该项比例仅为30%。

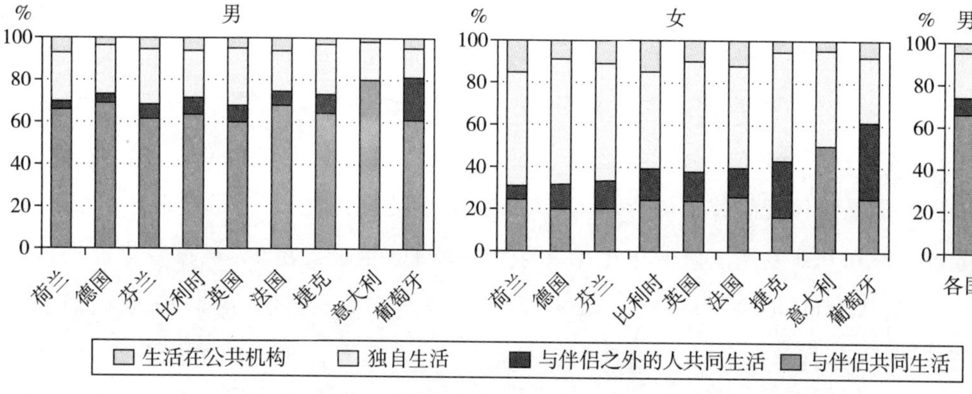

图9.3 2000年欧洲九国以性别分类的75岁以上人口的居住状况

资料来源:Delbès et al. 2006。

也许一些文化上和政策上的差异能够说明这类发现。南欧国家往往将“多代合居”作为优先选择,在家赡养老年亲属,而北欧国家往往有发达的福利服务,它发挥了一些类似的功能,但是能够让个人独自居住。因此,对老年人口的照护显然也会有特定的性别化模式。

(三)老年与族属 来自少数族群的老年人的收入往往低于其白人同龄人,也更加依赖资产测查补助(means-tested benefits)(Berthoud 1998)。在衡量财富的其他指标上,比如汽车拥有和房产所有,来自少数族群的老年人也处于劣势,尽管有些群体,像是印度裔和华裔,其自有房产的比例和白人不相上下。例如,总体而言,在英国,巴基斯坦裔和孟加拉裔的贫困率相比其他群体要更高,而这种模式会延续到晚年。

吉恩和阿伯(Ginn and Arber 2000)考察了英国老年人口个人收入上的族群差异与性别差异。他们发现,亚裔的老年妇女往往处于特别弱势的地位。退休的少数族群人士通常不能在国家养老金之外获得职业养老金或者私人养老金。2007 年,白人人口中几乎有四分之三能拿到职业养老金,相比之下,亚裔/英籍亚裔或黑人/英籍黑人人口中该项比例不足一半(DWP 2007)。

对于大多数为移民的少数族群老年人口来讲,缺乏私人养老金反映出就业记录更为短暂,在劳动力市场上遭受歧视,在少数族群定居的地区能找到的工作数量和类型都有限,有时还不会说流利的英语。对于某些少数族群的老年女性来说,经济上的劣势也许是源于文化规范阻碍了早年的就业。在欧洲乃至国际上其他许多少数族群中,也都能看到诸如此类的结构性劣势模式。

五 老年化的政治

(一)“全球老年化危机?” 人口年龄分布中的这种显著转变对所有发达国家都提出了特别的挑战。理解个中原因的方式之一就是考虑**抚养比**(dependency ratio),即**儿童**与**退休人士**(被看成“被抚养者”)的数目(一方面)与**劳动年龄人口**(另一方面)之间的关系。不过,还可以区分出“老年抚养比”与“年轻人抚养比”,我们在此关注的是前者。老年抚养比指的是退休者的数量与劳动年龄的成人数量之间的比例,通常由百分比表示。

随着欧洲和其他发达国家的出生率和生育率降低,年轻人更少,意味着年轻人抚养比几乎减半,从 1960 年的 41%减少到 2005 年的 23%。但是,在同一时期,随着人们的寿命不断延长,老年抚养比从 14%上升到 23%。相反,在非洲,2005 年,总抚养比(年轻人抚养比与老年抚养比)上升到 80%之高,这主要是由于人口中年轻人的比例非常高(Eurostat 2010:152-153)。欧洲、北美和大洋洲的老年抚养比仍相对较高,超过 15%,但是在亚洲、非洲和拉丁美洲与加勒比地区，老年抚养比相对较低，不到 10%。此外，就国家层面而言，无论在世界各大区域内部，还是各大区域之间，都存在相当差异。

抚养比的改变有几点原因。现代农业，公共卫生状况的改善，疫病控制和医疗手段的增进，都有助于世界各地死亡率的下降。在今天的大多数社会中，尤其在发达世界，夭折的孩子少了，而得享高寿的成年人多了。随着老年人口比例的持续上升，对于社会服务与医疗体系的需求也将增加。预期寿命的延长意味着，与现在相比，给付养老金的年数会更多。

然而，为支撑老年人口的项目提供资金的却是劳动年龄人口。一些人认为，随着老年抚养比的提高（参见图 9.4），对于资源的压力将会愈发加剧。基于这些预测，一些学者和政治家推断，国家养老金的领取年龄（state pension age，SPA）应当推迟。随着 2008 年金融危机和 2009 年的萧条，这些主张都赢得了凭据，而削减包括国家养老金款项在内的公共支出的需要也变得愈发急迫。其结果，许多政府都宣布计划推迟领取国家养老金的年龄。在英国，2010 年到 2020 年间，对于女性来讲，该年龄将从 60 岁推迟到 65 岁，从而达到与男性同等。然后，养老金的领取年龄将分阶段推迟，一直到 2044 年至 2046 年间，那时男性与女性均达到 68 岁。显然，以这种方式重新界定“劳动年龄”和“领取养老金年龄”将会影响到抚养比（ONS 2010c：17）。

有关 **2008** 年金融危机及其对于政府政策的影响，详参第七章“劳动与经济”、第十三章“贫困、社会排斥与福利”和第二十一章“政治、政府与社会运动”的讨论。

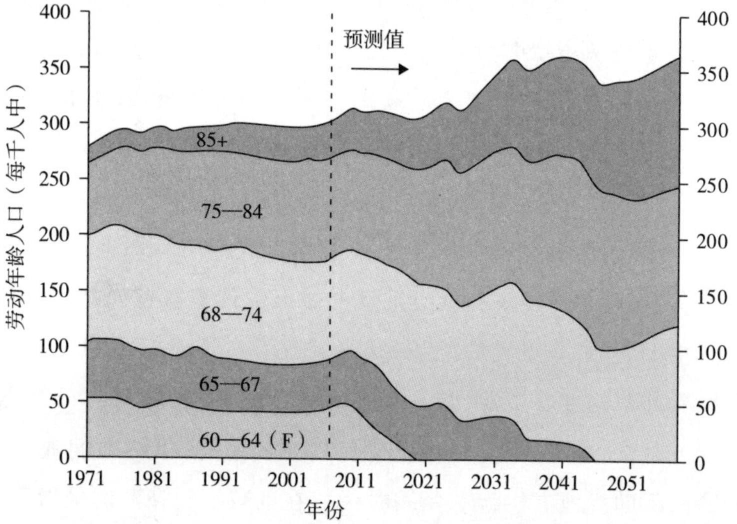

图 9.4　1971—2058 年英国领取养老金年龄人口的抚养比的实际构成与预测构成

资料来源：ONS 2010c：18。

图 9.4 将领取养老金年龄人口的抚养比分成数个年龄带,以显示老年化人口及预测到 21 世纪 50 年代国家养老金领取年龄变化所产生的效果。由于开始推迟领取养老金的年龄,涉及 60 岁到 64 岁和 65 岁到 67 岁年龄带,总抚养比会在 2021 年左右趋于平缓(甚至略微下降),然后再次上升。因此,在发达国家,人口统计上的老年化趋势仍旧是塑造抚养比的最强劲的长远因素。在英国,2008 年,国家养老金领取者中大约有 40%年龄在 75 岁及以上,而到 2058 年,这一年龄群体将占到 67%(ONS 2010c:17-18)。在法国,政府计划到 2018 年将退休年龄从 60 岁推迟到 62 岁;德国则计划到 2029 年将退休年龄从 65 岁推迟到 67 岁;还有其他许多政府正在寻求类似的改变。

一些批评者认为,这类"抚养比讨论"全都是不必要的危言耸听,并没有准确地描绘人口结构变动的实情。它还贸然建构出对于老年人的负面解释,向他们施加污名,并增强刻板印象。马伦(Mullan 2002)指出,有些人相信老年化人口是一枚滴答作响的定时炸弹,即将触发一系列毁灭性的社会问题,他们其实是陷入了不少迷思。比如,马伦提出,老年化人口并不一定就意味着健康不良和依赖抚养的规模呈指数扩大。变老并不是一种病,大多数老年人一不生病二能自理,许多人在过了形式上的退休年龄之后还继续工作。人们的寿命之所以延长,是因为历经了上个世纪,生活条件不断改善。将老年人归为和孩童一样的"被抚养人口",其实不过是将这个社会群体建构为"一个问题"。尽管并不是所有老年人都一样健康,都能获得财务上的保障,但对于许多现在就要退休的人来讲,晚年生活已经改善了很多(Gilleard and Higgs 2005)。

在一些社会学家看来,有很好的理由相信,需要重新思考抚养这个概念(Arber and Ginn 2004)。首先,过去用来界定抚养的年龄范围不再能反映发达国家的就业模式。16 岁就进入劳动力市场从事全时劳动的年轻人变少了,许多年轻人花长得多的时间继续接受正规教育。不少劳动者在 65 岁之前就离开了劳动力市场,或者在生命历程的各个阶段多次进出劳动大军,现在从事有薪工作的女性也比以前任何时候都要多,抵消了男性就业期限的缩短。

其次,有利于经济的活动并不局限于积极参与正式部门。来自英国的证据表明,老年人不再是一种负担,而是在经济和社会维度上做出了许多富有创益的贡献。他们为机能衰退的伴侣提供无薪的、非正式的照护,减少了政府在提供医疗和个人照顾方面的开支。他们也是照看孙辈的主要资源,从而使儿女辈能去工作,并且自己在志愿组织中亦非常活跃。老年人是许多成年子女的经济支持的重要来源,借给他们钱,帮他们支付教育费用,馈赠礼物,帮助找地方住,在"紧缩时代",在削减福利补贴的情形下,这些显得尤为重要。老年父母仍继续为他们的成年子女提供情感支持,尤其是在艰难时期,比如离婚,这种作用不容低估。

全球社会 9.2

中国的老年化人口

2015 年 10 月，中国政府宣布，将终止长期推行的“一对夫妇一个孩子”政策，每对夫妇可以生育两个孩子。一孩政策自 1979 年起实施，旨在减缓生育率上升的态势。1979 年，中国人口接近 10 亿，中国政府认为，人口增长态势继续下去，可能不利于提高生产力、加快经济增长。

在当时，中国的夫妇如果不遵守该项政策，会面对很大的压力。由于部分人偏好生男孩，此项政策也被认为在一定程度上加剧了中国的性别失衡。话说回来，长期以来，在一些省份、乡村或某些地区，其实已经采取了相对宽松的管制措施。

一孩政策的终结似乎是承认，中国人口出现了老年化（几乎三分之一的人口超过 50 岁），如果要保持经济的增长势头，国家就需要更多的年轻劳动力。然而，受此前政策的影响，小家庭现在已经变成常态，对于许多人来说成了自己偏好的选择，夫妻们乐得享受经济增长带来的消费福利。中国多年来努力控制和管理其人口，如今同样面临着与全世界其他老年化社会类似的人口议题和困境。

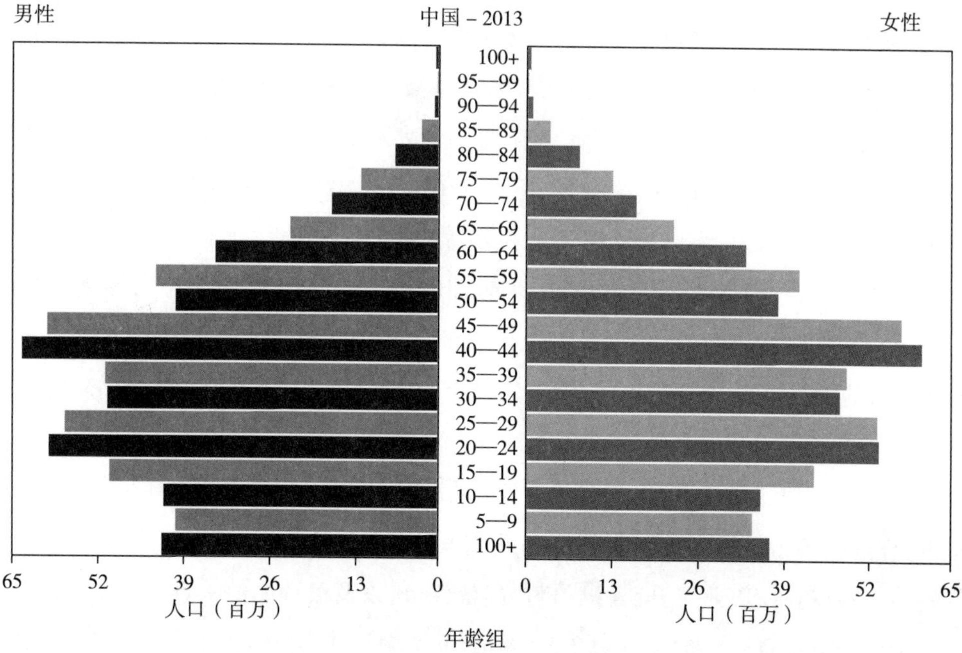

图 9.5　2013 年的中国人口

资料来源：US Census Bureau。

批判性思考

全球人口的“老龄化”在经济上可能具有什么意义? 2008 年的金融危机如何影响了年轻人和老年人的世代关系?

(二) 年龄歧视 年龄歧视(ageism)是纯粹基于人们的年龄而产生的歧视,因而类似于性别歧视或种族歧视,尽管它并不仅仅针对老年人。比如说,对于年轻人的权利和自由存在一些限制,像是强制入学,对性活动、抽烟、喝酒和工作设置年龄门槛。然而,社会学研究的主体考察的还是针对老年人的歧视。年龄歧视与性别歧视、种族歧视及恐同症有重要不同,因为我们都会长大,都会变老。不过,尽管在公开场合开带有性别歧视和种族歧视色彩的玩笑不再被接受,但是关于老年的玩笑仍旧普遍流传。许多人赠送生日贺卡时玩的幽默,借用的想法就是岁月流逝,年华渐衰。这就是在年龄歧视的社会里老年化面临的矛盾。

麦克尼科尔(Macnicol 2010:3-4)提出,在社会生活的三个领域里可以看到年龄歧视:社会关系与立场,就业,物品与服务的分配。我们已经看到,在社会中流传着许多有关老年人的刻板印象。许多年轻人相信,绝大多数年过七十的人都住在护理院或医院里,其中很高比例的人患有老年痴呆。但事实上,大多数老人住在私人居所里,在 65 岁到 80 岁的老年人中,有老年痴呆症状的还不到 10%。这类看法虽说错谬,却滋养了负面立场和虐待老人的行为,无论在家里还是在公共机构,皆是如此。

在就业领域,人们往往坚信,老年劳动者相比年轻劳动者,能力不足,不够称职,尽管有些企业喜欢上些岁数的劳动者,报告说他们的生产率和出勤记录要优于年轻劳动者。心理学研究也表明,在可信度、生产率和日常认知表现方面,老年劳动者比年轻劳动者的得分都要高很多(Schmiedek et al. 2013)。作为消费者,老年人也有可能发现,他们会仅仅因为年龄,而为度假和车险政策付出更多,在医疗保健场合的待遇也不一样。最近几十年来,许多政府已经提出乃至实施了一些方案,禁止年龄歧视,涉及的领域包括招聘、岗位培训、高教招生、职业晋升、薪酬给付、岗位保留,以及很重要的一点,退休权利。

拜瑟韦(Bytheway 1995)基于社会建构论(第八章“社会互动与日常生活”中介绍了这一思路),阐述了年龄歧视。拜瑟韦质疑“老年”和“老年人”这类术语,他指出,我们假定这些术语具有某种普遍的实在性,但其实它们并没有。我们所讲的“老年”这个词究竟是什么意思? 真的存在某种东西可以被称为老年吗? 有什么科学证据吗? 如果的确存

老年人常常为其所在家庭和社区提供急需的帮助，比如替代自己离家工作的儿辈，成为孙辈的非正式照看者。

在这种证据，人们如何步入老年，“成为”老年人？在拜瑟韦看来，我们通常用来描述老年化过程的那些范畴本身就带有年龄歧视。它们都属于社会建构，基于人们的实足年龄，将对于人们的分隔和管理合法化。

老年人与年轻人之间在意识形态和价值观念上的差异也许可以归结为代沟，并且一些学者认为，这种代沟正在扩大。就此而言，由于老年人曾经年轻，而年轻人终将变老，年龄歧视或许只是歧视的一种独特形式。然而，单单是认识到这一事实，似乎并不足以防止年龄歧视。有些理论家还提出，年龄歧视的关键原因之一，在于感受到老年人对年轻世代造成了威胁。

对于年轻人来讲，尤其是在西方文化中，年轻和青春活力备受推崇，而老年伴随着不请自来的生理改变，成了被惧怕的某种东西（所谓**恐老症**[gerontophobia]，即恐惧老年化），而关于老年化的讨论也普遍被回避。因此，老年人代表了年轻人的忧惧，会始终提醒他们自己面临的未来（Greenberg et al. 2004）。同时，老年人也提醒我们，人终有一死，而现代社会往往把临终过程藏在“幕后”，以免被迫直面死亡的不可避免性。因此，要消除年龄歧视似乎就必须满足一项先决条件，即更加坦诚、公开、跨越代际地讨论关于死亡、临终与丧亲的议题。在最后一节，我们将来谈谈这样的前景能否成为现实。

第四节

死亡、临终与丧亲

▼

一　死亡与临终社会学

社会学家只是到最近才开始关注临终、死亡与丧亲之类普遍的人类体验。关于死亡和临终的研究过去之所以没有成为社会学的中心,原因之一在于,死亡标志着个体参与社会世界的**终结**,因此这似乎处于社会学的主要关注之外。即便个体死亡,社会仍旧在前进,而大部分社会学的焦点是社会的发展,不是个体的死亡。还有一点原因是,在现代社会中,死亡和临终长期属于"禁忌话题",不是礼貌交谈的主题。这方面有一项早期研究,格拉泽和施特劳斯(Glaser and Strauss)的《临终的觉悟》(*Awareness of Dying*, 1965),讨论了美国医院癌症病房中死亡与临终的体验,但这只是例外而不是通则。

自20世纪90年代以来,有关死亡、临终与丧亲的这块社会学新兴研究领域蓬勃发展,已经矫正了对于死亡与临终的忽视(Clark 1993)。英国社会学家托尼·沃尔特(Walter 1994,1999)是这一领域的奠基者之一,他的研究聚焦于社会通过哪些方式来安排死亡、临终与哀悼。社会如何照看成千上万的临终之人?实践当中,它们如何处理这么多尸体?为那些丧亲之人提供什么样的帮助?当这些死者尘世的生命结束,社会对于他们的前景持有什么样的信仰?对于诸如此类的问题,答案已经被证明千差万别。人类学家长期研究各个小规模社会和各个发展中国家内部在死亡仪式上的文化差异,而有关死亡与临终的现代社会学则主要聚焦于发达世界。然而,即便在这个范围里,也存在诸多的文化差异。虽然如此,现代工业社会在应对死亡问题上的一些关键的共享特征,也给社会学家留下了深刻印象。

二　有关现代社会中的死亡的理论阐述

死亡往往隐藏在社会生活的"幕后",这是现代社会的一个主要特征,直到最近才有所改观。然而,在从前,大多数的人都会在家里,在亲朋好友的密切照料下,经历临终过程。而在今天许多非工业化的社会中,情形依旧如此。但是,在绝大多数现代社会中,死亡通常发生在医院和疗养院,这些都是远离社会生活主流的相对非个人化的情境。到那时,身体会被移至建筑物的不同区域,从而使活着的病人、死者的家人以及死者之间保持一定的物理距离(Ariès 1965)。

诺贝特·埃利亚斯在《临终的孤独》(*The Loneliness of the Dying*, 1985)一书中,将这种对于死亡和临终的隐藏,与我们在本章前文诸节看到的预期寿命的日益延长联系在一起。他(Elias 1985:8)指出:

> 在我们的社会中,如果不结合个体生活的这种相对安定和可预期性,以及预期寿命的相应延长,就不可能充分理解对于临终的态度和关于死亡的意象。寿命越来越长,死亡也进一步推迟。直接目睹临终与死者不再是司空见惯之事。在正常的生命历程中忘记死亡变得更容易了。

然而,埃利亚斯认为,现代方式的死亡和临终呈现出,人们接近生命的这一阶段时,面临一些情感问题。尽管医院提供了可以获得的最好的护理、科学的药物以及最新的技术,但病人与亲朋好友的接触通常还是被看成有碍治疗及看护管理,因此每天只能在特定时间短时探访。如此理性地管理病人,很有可能完全拒斥了人们与他们所钟爱的人待在一起这种基本的情感慰藉,而这其实是他们在生命最后阶段最需要的。埃利亚斯说,在现代社会中,临终实际上是一个非常孤独的过程。

消费社会会促销各色旨在“延缓”或“抗”衰老的商品,令人眼花缭乱。青春活力的理想使“优雅老去”的旧时观念渐渐不为社会所认可,对于女性尤其如此。

齐格蒙特·鲍曼(Bauman 1992)提供了另一种视角来看待现代人逐渐远离死亡与临终。他指出,现代社会将生命终极的、不可避免的终结,转变为大量更小的、“非终极的”、有可能解决的“健康意外”和疾病,以此否定死亡,并将其远远地推迟到未来。就这样,必死的命运被有效地“解构”了,这也将没完没了的抗衰老、防死亡的防御战引入了日常生活的核心。比如说,人们开始习惯于治疗、照看和管理自己的慢性病。

更有甚者,现代社会尊崇青春活力,而对于永葆“青春”的追求——包括生理上和情感上(保持“年轻的心”)的,占据了很多人生活的大部分。如前所述,随着对于青春活力的需求增长,抗衰老治疗、维生素补充剂、整形手术和健身器材如今都有着巨大的市场。鲍曼将这类行为描述为“生活策略”的一部分,尽管可以确定,人们并不总能认识到,自己保持年轻和健康的种种努力,归根结底,只是回避承认自己终有一死的徒劳的防御行为。

发挥你的社会学想象力 9.3

未来将永生不老?

麦克·赫普沃思(Mike Hepworth)在《老年化的故事》(*Stories of Ageing*, 2000)一书中,使用文学素材鼓励他的读者“开发虚构作品,作为一种富有想象力的资源,以便理解社会里老年化体验的意义的纷繁多样”。在下附选文中,赫普沃思讨论了科学与技术如何彻底地改变了我们对老年化的理解方式:

> 在传说与浪漫的想象之外,在西方文化中,如果一个人足够幸运能够活到老年,老年化始终只有一种未来(直到最近才有所改变)。这种未来就是基督教所见的前景:人体不可避免地衰老,死亡,以及或上天堂或下地狱的来生。在基督教思想中,身体与灵魂二元分离,将世俗世界中身体的衰老看作对死后未知世界中永恒的灵魂生命的短暂考验。肉体的腐败解放了灵魂或者本质自我,以求超越时间的来世存在。天堂是对充满荣耀或具有德性的老年化的补偿,而不是寻求与魔鬼立约,以求延续富有青春活力的生命。
>
> 但是,时代日新月异,并且现代科学医疗与技术的出现提供了替代选择,在此世而不是来世就可以从衰老的身体中解脱出来(Katz 1996)。这种发展有一些特征耐人寻味,其中之一就是,当代有关未来将永生不老的模式已经主要是生物性的,而非本质上是精神性的(Cole 1992)。现在流行的信仰不是有关永恒的非物质性灵魂的宗教,而是有关生物性身体的科学,而它有可能抗御老年化过程,延长青春生命……人们普遍相信科学具有无限的潜能,能够解决人类的问题。这样的信仰鼓励我们满怀希望地求助于医疗科学,以将老年化从生命历程的自然终结转变成一种疾病,而这种疾病是“有治愈可能的”。有朝一日,人们会找到与变老相关的疾病的治疗方法,而衰竭和丧失功能的身体部件也能够被替换,那时老年化将会从人们的日程中消失。
>
> 对于人类来说,抗御老年化过程的方式之一就是成为赛博格(cyborg),或者装备“后人类”(post-human)的身体,一部分为生物性的存在,一部分是技术性的存在(Featherstone and Renwick 1995)。……任何会引起晚年生活痛苦的身体内部部件都将被移除,并代之以遗传工程的或者移植的替代品。因此,有关衰老身体的故事将不再是个体如何应对或者处置身体的局限,而是科幻小说的实现。身体将成为一台机器,并且老年化的意义也不再是值得关注的问题。

资料来源:Hepworth 2000: 124-125。

批判性思考

渴望永葆青春活力真的不过是老年歧视社会的产物吗？寻求消除老年化的生理迹象，会造成哪些消极的社会后果？

三　渐成热议的协助死亡

自20世纪90年代中期以来，社会学家已经注意到，现代社会中应对死亡、临终和丧亲的方式发生了一些显著转变。首先是肇始于20世纪60年代的临终关怀运动[①]，它为临终者提供了一种替代选择，不同于医院的非人性化。首个现代临终关怀机构是1967年在伦敦由塞西莉·桑德斯夫人建立的，并且英美的许多临终关怀机构都有基督教的基底。英国有大约231所临终关怀机构（其中29所专门面向儿童），它们所基于的准则是：死亡和临终都是生命的自然组成部分，并且应该尽可能地积极维持临终之人的生活质量。临终关怀机构鼓励亲朋好友在病人的生命中，甚至是最后阶段，持续发挥一定的作用。桑德斯夫人其实认为，临终关怀机构中缓解病痛的起居体制，使得安乐死不再必需。对临终者更具人性化的照顾形式发展壮大，也许会使现代的临终体验的非人性化味道比埃利亚斯所想的少许多。

其次，在发达社会，**安乐死**、协助死亡与“死亡权利”的议题已经得到更为广泛的讨论。安乐死（euthanasia）指的是有意干预（通常由医生进行），结束生命，以便缓解难以治愈的痛苦；而**协助死亡**（assisted dying，有时被称为“协助自杀”）是另一个人通过为有求死意图的人提供死亡手段，帮助他们结束自己的生命。前文摆出了种种社会老龄化的例证，在某些人看来，这给自己带来的是慢性疾病，或者诸如阿尔茨海默病这样的退行性疾病，有鉴于此，再看到现在有越来越多的人力争死亡权利，或许也并不令人惊讶。对于越来越多的人来说，忍受病痛的前景和生命临终前“自我”的丧失，并不是他们准备接受的未来。

在美国，1994年，俄勒冈州通过了《尊严死亡法案》（Death with Dignity Act），允许经医学诊断为时日无多的人（还有6个月存活期）索求致命剂量的药物。立法也包括一些

① “hospice movement”，又译善终运动、安宁疗护运动等。——译者注

严格的保障措施:只有“有行事资格能力的成年人”能做决定,患者必须自己提出书面请求,要有两名证人确认此项要求,诊断须由独立专业人员确认,患者必须自主接受药物治疗过程,一旦遇到道德上的异议,任何医学专家都能拒绝参与。安乐死或者协助自杀已经在越来越多的国家合法化或部分合法化,包括比利时、瑞士、德国、日本、卢森堡和荷兰,瑞士的一家“协助自杀”组织,即创建于 1998 年的“尊严”(Dignitas),已经因为允许外国人使用他们的服务而名声大噪。来自英国的一百多人和来自德国的五百多人已经在“尊严”组织这里结束了自己的生命(*Der Tagesspiegel* 2008)。

然而,死亡权利的议题聚讼不已,道德观点呈两极分化。2015 年 9 月,英国下院的议员们就一项法案展开辩论,该法案若通过,将允许那些被诊断为仅能存活不到六个月的成年人,在医学监护下选择死亡。最后结果是 330 票反对,118 票赞成,该法案未获通过。许多议员提出,医生的注意力应该放在延续生命,而不是帮助结束生命上。更好的缓解照料并不是提倡死亡权利,而据说是一种更加人道或者“文明”的替代选择(Forman 2008:11-12)。另有一些人担心,让协助自杀合法化,也许会导致病患承受不当压力,主要是老人希望避免“拖累”亲属和健康照顾系统。在那种情形下,所谓人们“自由选择”决定结束自己的生命的想法就很成问题了。人们还担心,协助自杀不是面临绝症和苦痛的人最后求助的手段,而有可能扩散到其他并非生命威胁的病况。比如,身心障碍人士如果被视为是在无尽榨取社会的资源,就可能面临更多的歧视和压力。

虽然如此,我们在本章所看到的人口统计趋势表明,那些求变的声音将变得更加响亮,因为大量的人会在亲朋好友中接触到退行性疾病和绝症的后果。因此,似乎有可能是一些社会让协助自杀合法化,而在其他社会,随着当局决定不起诉那些协助亲属死亡的人,至少是亲属清楚表达过这种意愿的案例,将会出现事实上的非罪化。

最后,现在出现的一些应对死亡和丧亲的方式远不如过去那么讲究形式。一些社会学家把这些方式描述为“后现代的”发展趋势(参见第三章有关后现代社会理论的讨论),即出现了更具个人主义色彩也更为纷繁多样的应对死亡的方法(Bauman 1992; Walter 1994)。例如,人们赋予自己或亲属的葬礼以人性化色彩的现象越来越普遍:演奏流行音乐、自己致辞、坚持穿亮丽的衣装,而不是恪守教堂里的传统仪式。对于亲属来说,在车祸现场用鲜花来纪念道路交通的意外死亡,而不是(或再加上)去墓地参加仪式,是越来越普遍的做法,这是怀念死者的一种个人化方式。网上祭奠和纪念网站也越来越流行,有关人们的线上遗产的所有权,关于如何处置逝者生前在社交媒体上的痕迹,出现了新的争论。

所以说,从 20 世纪 80 年代以来,在许多发达社会,人们开始寻求这类更具非正式色彩的新型临终与哀悼仪式，以取代更具正式意味和宗教色彩的古老仪式（Wouters 2002）。这种发展体现出，人们努力找寻新型公共仪式，以适合自己人性化的需求。

除了临终关怀运动以及争取与反对死亡权利的运动的扩散，哀悼仪式的非正式化或许同样标志着死亡和临终最终走出隐藏的处境，进入远为开放和公共的讨论。一旦如此，也许我们会见到有关老年化、临终和死亡的污名和社会禁忌逐渐被销蚀。子孙后代很可能会惊讶，为什么有那么多自我定义为文明的社会，要花费那么长的时间，才能直面人类存在中屈指可数的普遍面向之一。

本章要点

1. 孩童如何获得一种“社会性自我”,开始像他人看待自己那样看自己?是什么使米德的理论成为真正从社会学角度探讨自我形成的理论?

2. 皮亚杰的发展理论有多切合你自身或者你孩子的经历?针对所谓社会化存在一系列**普遍**阶段的观点,有哪些批评意见?

3. 说明性别社会化的概念,并描述人们是如何获得某种性别认同的。有哪些证据表明,社会化并不是一种决定好的过程,而是一系列的互动机会,会产生不同的结果?

4. 说明生命历程的概念如何不同于生命周期的概念。为何可以说前者相比后者是一种进步?

5. 如果说发达社会中还存在共同的生命过渡,那么是哪些环节?即使是这些环节,是否会跨越性别、社会阶级和各色族群而呈现共同特征?

6. 比较同期群与世代的观念。通过考察同期群和世代,我们能对社会变迁有何了解?

7. 什么是**社会性老年化**?如何证明社会性老年化在不同时间、不同文化之间皆有差异?

8. 西方社会的**老龄化**是什么意思?什么是**抚养比**,随着抚养比的提升,可能产生哪些经济问题和社会问题?批评者如何反驳这类讲法的悲观论调?

9. 功能主义理论认为老年人退出工作是可取的,而活动理论则强调继续参与很重要,是不可或缺的活力源泉。比较这两种理论的异同。

10. 冲突理论如何有别于上述两种视角?比如,老年人如何有可能在物质上处于劣势,交叉性的概念如何有助于我们理解老年体验的差异?

11. 年龄歧视是什么意思?举一些例证并说明它为何会发生。

12. 许多发达社会将死亡和临终隐藏于社会生活的幕后。哀悼仪式的**非正式化**是什么意思?发达社会在应对死亡、临终与丧亲等方面有何改变?

研究实践

有关抚养比上升的讨论之所以有新闻价值,是因为其凸显了有可能出现的代际冲突,即年轻世代相比前辈,所面临的社会经济状况更加糟糕。居住成本居高不下,养老金削减,大学学费和贷款负担重,工作缺乏安定,收入没有保障,这些加在一起,就产生了一种“失落的一代”的感觉。下文不同意这种论调，运用生命历程思路，进行了非常具体的关于一对父子的个案研究。阅读此文并思考下列问题：A. Nilsen, and J. Brannen, 2014, 'An Intergenerational Approach to Transitions to Adulthood: The Importance of History and Biography'（以代际思路研究向成年身份的过渡：历史与传记的重要性），*Sociological Research Online*, 19(2)：www.socresonline. org.uk/19/2/9.html。

1. 论文主要使用了什么材料？对于这一重新解释别人实施的研究的分析，你会怎样描述？

2. 在作者看来，“失落的一代”的观念，以及聚焦于代际冲突的那些观点，错在何处？

3. 论文采取了“生命历程传记”的思路，其意为何？运用这种思路的研究者要做些什么？

4. 此处的个案研究是关于父亲“杰夫”（Geoff）和儿子“亚当”（Adam）的。请用文中的例证，列举杰夫和亚当各自的生命历程所面临的历史条件和社会条件的主要差异。

5. 从本文的分析中，我们对于生命历程的过渡环节有哪些了解？从如此具体的个案中得出一般性的理论结论，是否合乎逻辑？

深入思考

有关儿童期和生命历程的社会学研究，和这门学科的其他许多领域一样，已经是社会建构论的分析思路的天下。这就给社会学家划出了明确的权限范围，不同于生物导向的儿童期心理学和人的生命周期研究。就此而言，让社会学研究逐渐摆脱所谓人类普遍性的错误观念，转向对有关儿童、儿童期以及生命历程的社会面向的种种观念的流变进行有历史眼光的细致阐述，在此过程中，建构主义可谓不可或缺。

不过，有些批评者指出，社会建构论也是某些行动团体和激进运动所使用的一种政治策略，用来撼动一切看似固定不变的社会关系。而另一些人则认为，随着这种立场变得越来越激进，将社会生活的方方面面都化减为“无非是”社会建构，它也变得“更愚蠢”了（Heinich 2010，转引自 Alanen 2015）。

现在来读读这篇来自在线杂志《儿童期》（*Childhood*）的评论：http://chd.sagepub.com/content/22/2/149?etoc。针对本文写一篇一千字的短论，概括对于社会建构论的主要批评意见。运用本章提供的例证和素材，就社会建构论在生命历程和儿童期研究中的持续性价值，做出你自己的评估。

艺文探析

1. 生命历程是以着装标准和身体印记的变化来标示的。例如,在绝大多数发达社会,成年人和小孩子各有其独特的着装得体的标准。文身从前会招人嫌恶和引起怀疑,但在最近大约二十五年里,开始变得流行,无论男女,皆成时尚。请去英国牛津大学皮特·里弗斯博物馆(Pitt Rivers Museum)的在线馆藏网站,浏览"生命周期艺术"分部的身体艺术和装饰:http://web.prm.ox.ac.uk/bodyarts/。

这部分藏品大多相当古老,或者是从发展中国家以及小型部落群体收集来的。但是,如此夺人眼目、如此具有生命历程阶段特定性的身体装饰形式,在当代发达社会中仍旧存在吗?自己去考察一下,并说说今天哪种身体艺术(耳洞、文身、装饰或者服饰)倾向于与特定的生命历程阶段相联系?从身体艺术的研究中,我们能了解到生命历程中的什么社会变迁?

2. 生物性老年化过程与最终的死亡是不可避免的,尽管存在一些企图延缓这一过程的不成功的尝试,而宗教则许以来世或转世,尽管不是要终结老年化本身。观看由朗·霍华德(Ron Howard)导演的电影《魔茧》(*Cocoon*,1985),影片中,一群老年人发明了一种倒转身体老年化进程的方法。电影其实是部科幻片,但是它也在探问永生不朽是否真的令人向往。影片涵盖了老年化的哪些社会面向与心理面向?它如何将这些面向关联在一起?生物性老年化是否总是先于其他形式的老年化?你认为这部影片采用的是**生命周期**视角,还是**生命历程**视角?关于人类老年化是否值得向往这一议题,影片是否有明确的立场?

阅读指津

关于生命历程的社会学,有两本出色的引论:一是洛兰·格林的《理解生命历程:社会学与心理学的视角(第二版)》(Lorraine Green, 2016, *Understanding the Life Course: Sociological and Psychological Perspectives*, 2nd edn, Cambridge: Polity);一是斯蒂芬·亨特的《生命历程:社会学导引(第二版)》(Stephen Hunt, 2016, *The Life Course: A Sociological Introduction*, 2nd edn, Basingstoke: Palgrave Macmillan)。前者试图将分别来自心理学与社会学的洞见相融合,而后者则恰如其名。

比尔·拜瑟韦的《解蔽老年:老年对于社会研究的意义》(Bill Bytheway, 2011, *Unmasking Age: Significance of Age for Social Research*, Bristol: Policy Press),读来意兴盎然,

它运用多种资料来探讨“什么是老年”这一核心问题。克里斯托弗·菲利普森的《老年化》(Christopher Phillipson, 2013, *Ageing*, Cambridge: Polity)出色地介绍了时下的一些争论。而维尔皮·蒂莫宁的《老年化社会:比较视角引论》(Virpi Timonen, 2008, *Ageing Societies: A Comparative Introduction*, Milton Keynes: Open University Press)则在更广泛的背景下讨论了当前的争论。

萨拉·阿伯与克劳丁·阿蒂亚斯-东菲合编的《代际冲突的迷思:老年化社会中的家庭与国家》(Sara Arber, and Claudine Attias-Donfut, eds., 2007, *The Myth of Generational Conflict: The Family and State in Ageing Societies*, London: Routledge),批判性地讨论了有关老年化社会中不可避免的社会问题的一些观念。马尔科姆·约翰逊编的《剑桥老年与老年化手册》(Malcolm Johnson, ed., 2005, *The Cambridge Handbook of Age and Ageing*, Cambridge: Cambridge University Press)一书涵盖全面,要想了解生命历程各特定主题,颇值研读(即使体量巨大)。

最后,任何人要是对死亡、临终与丧亲等社会学议题感兴趣,可以尝试格伦尼斯·豪沃思的《死亡与临终:社会学引论》(Glennys Howarth, 2006, *Death and Dying: A Sociological Introduction*, Cambridge: Polity)。而萨拉·厄尔、卡罗尔·科马罗米以及卡洛琳·巴塞罗缪合编的《死亡与临终研究读本》(Sarah Earle, Carol Komaromy, and Caroline Bartholomew, eds., 2008, *Death and Dying: A Reader*, Milton Keynes: Open University Press)编选极为出色,也收录了各种道德争论与政策问题。

关于关系与生命历程的原典文集,参阅辅助读物《社会学入门文选(第三版)》(*Sociology: Introductory Readings*, 3rd edn, Cambridge: Polity, 2010)。

网络导航

政体出版社有关本书的更多信息和支持:

www.politybooks.com/giddens

英国利兹大学家庭、生命历程与代际研究中心(Centre for Research on Families, Lifecourse and Generation, FLaG):

http://flag.leeds.ac.uk

世界卫生组织——全面涵盖老年化和生命历程领域的国际资源:

www.who.int/ageing/en

UNICEF——联合国儿童基金组织;包含许多关于世界各地儿童经历的有用资源:

www.unicef.org

国际助老会(HelpAge International)——一家活动组织,有关全世界老年化信息的丰富来源:

www.helpage.org

英国老年化政策中心(Centre for Policy on Ageing)——通过研究和政策分析增进老年人利益的慈善组织:

www.cpa.org.uk

联合国老年化项目——与老年化所有议题相关的联合国的焦点问题:

www.un.org/development/desa/ageing

英国巴斯大学死亡与社会研究中心(Centre for Death and Society)——始于2005年,一个关于死亡与临终的跨学科研究中心:

www.bath.ac.uk/cdas

英国社会学会(BSA)死亡、临终与丧亲之社会特性研究小组:

www. britsoc. co. uk/groups/study-groups/social-aspects-of-death-dying-and-bereavement-study-group

第十章

家庭与亲密关系

2014 年 12 月,埃尔顿·约翰爵士与戴维·弗尼斯将他们于 2005 年结成的民事伴侣关系转为婚姻关系。他们有两个儿子——伊利亚(Elijah)和扎卡瑞(Zachary)。

> 几乎二十年前,我爱上了一个叫戴维的男人,他改变了我的一生。他从事广告业,然后又进入了电影业。当时我已经公开出柜五年了,然后在自己主持的一次晚宴上遇到了戴维。我俩互留了电话,我邀请他第二天晚上共进晚餐,那天正好是万圣节。和所有初入爱河的伴侣一样,我们也是相互吸引,激动不已。很快就发展成强烈得多的东西,我们意识到,我们拥有某种会永远持续的东西。虽说也有坎坷起伏,但回头看来,我觉得,即使在最初那些日子里,我们也已明白对方就是“唯一”。至于其他的,大家都知道了。(*The Independent* 2012)

埃尔顿·约翰有关他与(现在的)丈夫之间关系发展的叙述,对于任何一个曾经“坠入爱河”的人来说,都会觉得似曾相识。派对上的邂逅,互留电话号码,然后是约会,相互吸引,并发展成更强烈的某种东西,即感觉到这个人“就是唯一”。然而,纵观历史,这种看似“自然”的推进其实并不寻常。在欧洲现代早期,皇室与贵族的婚姻往往是出于政治的考虑,或是为了维持乃至提升家族的社会地位。虽然现在放眼全球,“包办婚姻”(arranged marriages)都不如从前那么普遍了,但在某些南亚社群中,包办婚姻仍是规矩。在上述所有情形中,“坠入爱河”都很少被认为与婚姻或生儿育女有什么必然联系,物质、地位或实用性的理由才是优先考虑的因素。

只是到了现代,在西方工业社会中,爱与性才被视作密切相关。在中世纪,几乎没有人因爱成婚。甚至还有一句中世纪谚语:“用情爱妻,那是通奸。”(To love one's wife with one's emotions is adultery.)诚如博斯韦尔所言:

> 在前现代的欧洲,婚姻通常开始于一次财产安排,中途大部分时间都是养儿育女,以爱终结。事实上,很少有伴侣“为爱”成婚,倒有许多是共同经营家庭,养儿育女,分享生活经历,在这样的时光流逝中彼此相爱。几乎所有流传下来的悼念配偶的文字,都表露出深切的情感。与此相反,在现代西方世界,绝大部分婚姻以爱开始,中途依然基本上都在养儿育女(如果有孩子的话),而终结时往往涉及财产,到了那时,爱并不出场,或已成遥远记忆。(Boswell 1995:xxi)

配偶双方或许会成为亲密伙伴,但这只是在婚后,而不是缔结婚姻的必要前提。直到18世纪晚期,浪漫之爱的概念才成为婚姻的基础。浪漫之爱有别于激情之爱的冲动,需要将其对象理想化。浪漫之爱的观念与作为一种文学形式的小说大致相伴而起,而浪漫小说的流传也对传播这一观念发挥了至关重要的作用(Radway 1984)。特别是对女性而言,浪漫之爱就蕴含一则则故事,讲述浪漫关系如何能够导向个体满足。因此,不能把浪漫之爱理解为人类生活的某个自然组成部分;相反,它是被广泛的社会历史因素所塑造的。

对于发达世界中的绝大多数人来说,伴侣双方(不论是否结婚)是家庭生活的核心。如今的家庭形式其实是非常多样的,我们开篇的事例就说明了这一点。在2005年相关立法开始施行后不久,埃尔顿·约翰和戴维·弗尼斯结为民事伴侣。LGBT社群(lesbian, gay, bisexual and transgender,女同性恋者、男同性恋者、双性恋者与跨性别者)中有些人认为,婚姻在其漫长历史上是一项纯属异性恋的制度,因此是有污点的,但其他人不这么认为。埃尔顿·约翰说:“这项法案获得通过是让人高兴的,我们应当为之庆贺。但我们不该只是说,‘哦,好吧,我们已经有民事伴侣关系了。就不必追求婚姻了’。我们还要结婚。”(转引自BBC News 2014d)这对伴侣还通过代孕有了两个孩子,他们的家庭生活展示出了许多社会变迁和态度转换,它们已经改变了今天的家庭与个人生活。

在发达国家,人们认为,“关系和谐”的基础在于坦诚的情感沟通,或是其他形式的亲密行为。亲密这一概念和我们在本书中遇到的其他许多类似观念一样,也是晚近才有的。此前,婚姻从未**建立在**亲密行为和情感沟通的**基础上**,虽然这些往往被视为对于“和谐”婚姻非常重要,但并非婚姻的基础。社会变迁是贯穿所有社会学的连绵主线,当然,也有许多东西从过去延续至今。现今,我们生活在一个混乱动荡、变迁迅疾的世界中。我们无论是否喜欢,都必须应对它所提供的并存的机遇与风险。有关浪漫之爱的讨论表明,这一观察用在个人与家庭生活领域是再恰切不过了。

本章我们首先讨论“家庭”这个众所周知的概念,一种似乎不随时移、不因地易的社会制度。我们将会看到,社会学家现在承认,这个观念往往将有关家庭的经验现实与规范理念混为一谈,而后者没有给替代选择留出什么位置。然后,我们简述一种替代思路,探讨人们所实际采取并认可其在某种程度上属于“家庭”的一些做法,包括积极的和消极的。讨论完今日家庭之多样性,我们将阐述亲密关系的变革,以及婚姻、离婚和离异家庭等方面的一些主要变化。本章最后,会评估世界各地的家庭形式可能出现的融汇趋势。

第一节
作为制度与意识形态的“家庭”

▼

百余年来,家庭社会学已经出现了相互辩驳的多种理论视角。这些视角在考察家庭时,大多关注其作为一种核心社会制度,对于个体、社群、社会乃至资本主义经济体系,都履行了重要功能。然而,当今之世,个体主义风头日盛,家庭形式愈显多样,这些传统思路的说服力似乎大不如前。当代文献中越来越多地使用“(复数的)家庭”(families)而非“(单数的)家庭”(family),就是这种多样化趋势的体现。官方话语仍在提倡以核心家庭为规范,而人们却鲜活地体验着纷繁多样、变动不居的家庭形式,这种脱节亦是明证(Chambers 2012:5-6)。在转向对于家庭与家庭生活更为新近的研究之前,有必要简要回顾早期理论的发展。

一　家庭的功能

在功能主义视角看来,社会是由一组社会制度构成的,它们各自履行特定功能,确保延续与价值共识。因此,家庭执行了一些满足社会需要的重要任务,有助于社会秩序的再生产。遵循功能主义传统的社会学家认为,核心家庭尤其能够胜任西方发达社会中某些专门化的角色。随着工业化的到来,随着劳动场所与居家场所的分离,家庭作为一种经济生产单位的重要性降低,而更多地转向再生产、育儿和社会化(参看“经典研究 10.1”)。

经典研究 10.1

塔尔科特·帕森斯论家庭的功能

研究的问题 家庭为何能成为人类社会中如此长久延续的一个特点?家庭能够做其他社会制度所不能做的吗?家庭对于一个秩序井然的社会真的是必要的吗?从社会学诞生初始,这些问题就已经成为这门学科中旷日持久的争论的一部分,但多种答案本身依然聚讼不已。

帕森斯的说明 根据美国功能主义社会学家塔尔科特·帕森斯的看法,家庭的两个主要功能是**初级社会化**和**人格稳定化**(Parsons and Bales 1956)。在**初级社会化**(primary socialization)过程中,孩童习得其出生于斯的那个社会的文化规范。因为这个过程发生在儿童期早期,所以家庭是人类的人格发展的最重要场所。

人格稳定化(personality stabilization)指的是家庭在情感上帮助成年家庭成员时所扮演的角色。通过成年男女的婚姻这种安排,成年人格得到支撑,保持健康。在工业社会,家庭在稳定成人人格方面的角色据说至关重要。这是因为,核心家庭往往与旁系亲属有一定距离,不能像工业化之前的大家庭那样,仰赖更广的亲属纽带。

帕森斯将核心家庭视作最有能力应对工业社会需求的单元。在这种"传统家庭"中,一个成年人可以离家在外工作,而另一个成年人打点家务,照看孩子。而在实际生活中,核心家庭中角色的专门化一般是丈夫作为挣钱养家者承担"工具性"角色,而妻子扮演的是家庭环境中的"情感性"角色。

批评的观点 如今看来,帕森斯的家庭观显得不够完备,也颇为落伍。关于家庭的功能主义理论遭到了猛烈批评,指其为男女之间的家庭内部分工做辩护,视之为"合乎自然",不容置疑。我们还可以批评功能主义主张过分强调家庭的角色,忽略了其他社会制度,比如政府、媒体和学校,在儿童社会化方面所扮演的角色。帕森斯也没怎么谈到不符合核心家庭模型的家庭形式的变化。因此,家庭如果不符合白人、异性恋、郊区、中产阶级等"理想",就会被视作偏离。最后,家庭生活的"阴暗面"不妨说为功能主义的阐述所淡化,因此未能体现出它应有的重要性。

当代的意义 时至今日,帕森斯关于家庭的功能理论毫无疑问已经魅力不再。公允而论,必须说它对家庭在社会中扮演角色的阐述失之片面。但它仍然有其历史意义。战后初期，**的确**出现了大量女性回归性别化的家庭内部角色的现象，而男性则重新占据了独力挣钱养家的位置。而这些与帕森斯的阐述颇为相近。英美两国的社会政策也有赖于有关家庭及其在解决社会问题中的作用的功能主义理论的某种变化形式。我们应该记住，功能主义的核心要旨在于，随着社会的变迁，社会制度如果还想继续生存，就必须跟着改变。不妨认为，当代纷繁多样的家庭形式中，有些正是家庭面对快速变迁的社会生活而做出调适的明证。如果是这样，那么帕森斯的功能主义思路就还有一些整体上的适用性。

按照帕森斯的阐述，核心家庭之所以成为主导类型（至少在发达国家如此），是因为它最能够适应一个灵活多变的经济体系的各项要求。但这种思路凸显了一个困扰家庭社会学的重要问题。在分析核心家庭的正功能的同时，也把它说成是**最佳**家庭形式，以之衡量其他所有家庭（families）。如此一来，超然的分析视角就沦为赞许的规范立场，功能主义未经明言地赞许了有关“家庭”（the family）的某种**意识形态**版本。这种版本与某些政治团体和宗教团体所倡导的版本并无不同，它们提出，家庭正在遭受父母之道疏失、教育政策宽松、整体道德水平下降等方面的威胁。但随着离婚率上升，单亲家庭增加，同性关系得到更为广泛的接受，功能主义似乎不足以理解家庭生活愈益多样化的趋势。

而马克思主义的家庭学说从批判的立场出发，也认为核心形式能够发挥功能，但其方式却使资本家有能力以工人为代价而赚取利润。早在19世纪晚期，恩格斯（Engels 2010［1884］）就提出，私有财产关系的普及，改变了此前平等的家庭内部分工。打理家庭、家务劳动和养儿育女开始被视为逐渐形成的**私人**生活**领域**的要素，而在家庭之外，公共领域中的工作场所需要的是男人。这种公共与私人的分离导致了不断恶化的性别不平等，只是到了晚近，随着大批女性进入有薪就业，这种局面才遭到挑战。即便如此，也尚未实现充分平等，因为人们依然期望女性在出外工作的同时，挑起家务杂事的负担。核心家庭使劳动大军得以再生产，而完成这一过程的成本却不会减损资本家的利润，而是主要落在女性身上，继而落在国家身上。恩格斯还提出，在资本主义制度下，一夫一妻制婚姻成为将资本与财富传承给后代从而维续阶级体系的理想方式。

批判性思考

考察你接触的所有家庭的构成要素，指出哪个是核心家庭，哪个是扩大家庭、单亲家庭、LGBT家庭等。你的发现是否能表明帕森斯或批评他的人说对了？你的样本是否大致代表了广泛的社会？另一个样本有多少可能得出不同的结果？

核心家庭真的是不随时移、不因地易吗?

功能主义学说和马克思主义学说或许看似迥异,就其对于核心家庭在社会中扮演的角色的评价来看,的确如此。然而,这两类学说也具有某种“家族相似性”(family resemblance),因为它们都考察了家庭在社会中的结构性位置,并指出了这种制度所履行的功能。今天看来,这样的思路是有局限的,并且可能产生误导。比如说,它仅仅关注一类家庭,即核心形式的家庭,而对其他替代类型殊少探讨。而规范意味或意识形态意味的偏见却悄然现身。例如,在这些理论阐述中,有一种纯粹的异性恋规范性(heteronormativity)。也就是说,结构性学说设定,家庭是一种完全异性恋的制度,通常根植于婚姻。功能主义研究往往将核心家庭描绘成最适合现代社会,而马克思主义者则认为,资产阶级家庭支撑着剥削性的资本主义经济体系。

但这些学说都没有探讨,人们究竟是怎样过家庭生活和体验它的。我们将会看到,晚近涌现出许多有关“家庭实践”和“家庭展演”的研究,标志着对于家庭的社会学研究的重大转变,将该领域引向了不同方向。

二　女性主义思路

对于许多人来说,家庭是安慰、舒适、爱和陪伴的重要来源。然而,它们也可能是剥削、孤独、深层不平等的汇聚之地。在20世纪七八十年代,女性主义学说对社会学产生了巨大影响,挑战了视家庭为一种和谐制度的功能主义观点。如果说此前的家庭社会学聚焦于家庭结构,女性主义则成功地将关注转移到家庭成员之间的关系上,考察女性在家庭领域内的体验。

女性主义的研究与作品强调的议题范围广泛,但有三项主题尤为重要。其中之一,**即家庭的劳动分工**,在第七章“劳动与经济”中已有探讨,也就是将任务在家庭成员之间进行分派的方法。如何看待这一分工的历史缘起,在女性主义者内部也是意见不一的。社会主义女性主义者将其视作工业资本主义的结果,然而其他人声称,这与男权制(patriarchy)相联系,因此发生在工业化之前。正如恩格斯所称,家庭内部的劳动分工的确出现在工业化之前,但资本主义社会关系使得(私人)家务和(公共)工作之间的区隔大大清晰。这就导致两者具体落实为“男性领域和女性领域”,以及**男性挣钱养家者**(male breadwinner)这样的模式或理念,尽管近几十年来,这一模式已经遭到一定的侵蚀。

以女性主义思路探讨育儿和家务之类的家庭任务如何进行男女分派的研究,考察某些主张是否成立,即随着责任分配平等共担,性别关系也变得更加“对等”(Young and Willmott 1973)。女性主义的研究业已显示,尽管女性参与家庭之外的有薪就业的人数之多前所未有,但她们在家庭事务中仍然承担主要责任,享受闲暇的时间也少于男性(Sullivan 1997; de Vaus 2008:394-396)。有些社会学家考察了有薪劳动和无薪劳动这两个对立领域,聚焦于女性的无薪家庭劳动对整个经济的贡献(Oakley 1974b; Damaske 2011)。还有人研究资源在家庭成员之间的分配方式,尤其是使用和控制家庭财产的不平等模式(Pahl 1989)。

第二,女性主义已经提请人们注意,在家庭关系中,存在着**不平等的权力关系**。这就导致一个话题受到越来越多的关注,即家庭暴力的现象。女性主义者发现,在学术语境中,法律界和政策圈都长期忽视家庭生活中暴力和虐待的一面。此后,“打老婆”、婚内强奸、乱伦以及性侵儿童都已经得到更多的公众关注。女性主义社会学家致力于搞清楚,家庭是如何充当了通过压迫女性实现男性支配的再生产场所的。

女性主义者做出重要贡献的第三块领域,是对于**照料活动**的研究。这块领域涵括广泛,包含多种多样的过程,从照看生病的家庭成员,到长期照护年迈的亲人。有时,单单是照顾到其他人的心理舒适,就意味着照料。有些女性主义论家还关注关系中的“情感劳动”。女性不仅往往会承担洒扫尘除、养儿育女之类的具体任务,而且还在维护家庭人际关系上投入大量的情感劳动(Wharton 2012:164-165)。照料活动固然根植于爱和深切的情感,但也是一种特别的劳动形式,需要具备倾听、领悟、协商与创造性行动的能力。

社会学里的“家庭”并不是女性主义出现前的家庭,这么说并不夸张。女性主义的研究和理论阐述有助于人们以更切合实际、更公允持论的态度,评估家庭制度,评估实际过着的家庭生活。家庭生活的现实与政治理想和规范理念相去甚远,好的社会学大多就是要揭示这一点。

三　家庭趋于衰微,还是我们从不曾这样?

有些评论者考察了过去几十年的社会变迁,对他们眼中传统家庭责任与义务的衰微慨叹不已。他们提出,我们必须恢复对于家庭生活的某种道德感,重建"传统家庭",较之我们现在所处的纠缠不清的关系,它更为稳定有序(R. O'Neill 2002)。倡导某种"传统家庭"理念的人,不会乐见家庭和亲密关系越来越纷繁多样的趋势,认为这破坏了婚姻和传统家庭生活。而这种主张有赖于这样的信念,即在早前的某个时期,真的有一个家庭生活的"黄金时代"。但那是什么时候?

在有些人看来,19 世纪维多利亚时期的家庭生活纪律严明,稳定有序,堪称理想。然而,那时的家庭也承受着高死亡率,婚姻的平均时长不到 12 年,半数以上的孩子在 21 岁前便会目睹双亲中至少一方的离世。维多利亚时代家庭的严明纪律也深植于父母对其子女的严格权威。一些中产阶级家庭的妻子多少是被限制在家中的,因为维多利亚时代的道德观要求,女人应当谨守妇德,而男人寻花问柳却可以接受。事实上,妻子和丈夫通常没有什么联系,仅仅通过孩子沟通交流。而对于更为贫困的社会群体来说,家庭生活甚至都不属于选项。工人阶级家庭的成员在工厂和作坊中劳动相当长的时间,没有多少时间留给温暖舒适的家庭生活,与此同时,童工亦属寻常之事。孔茨(Coontz 1992)指出,和关于往昔黄金时代的所有看法一样,一旦我们细察历史证据,投射在"传统家庭"上的美好光环也就消散了。

还有一种说法是,20 世纪 50 年代是理想家庭生活的时光。在那一时期,许多女性待在家中,看养孩子,打理家务,而男人则是"挣钱养家者",负责赚取"全家收入"。二战期间,大批女性走上有薪岗位,共同投入战争。而当男人终战复员,这些女性也就丢掉了工作。然而,大多数女性并不想重新退回纯粹居家的角色,觉得那样困守其间,悲惨可怜。男人在情感上依旧与其妻子保持距离,往往遵循着两性关系方面鲜明的双重标准:自己可以寻求性的新鲜刺激,却希望自己的配偶严守一夫一妻制婚姻的戒律。

美国作家贝蒂·弗里丹(Betty Friedan, 1921—2006)著有畅销书《女性的奥秘》(*The Feminine Mystique*, 1963),讨论了 20 世纪 50 年代女性的生活,赢得了女性的共鸣。她描述了"默默无闻的问题",即家庭生活本质上令人压抑,成天就是照看儿女,打理烦琐的家务,丈夫偶尔打个照面,很少可能进行情感交流。比令人压抑的家庭生活还要严重的是,许多家庭经受着酗酒和家庭暴力，而家庭暴力和亲密关系中的暴力在那时被视为私事。事实再次表明，有关20世纪50年代“理想家庭”的观念是另一项出于怀旧的神话。

批判性思考

如果如上所述，传统家庭只是“一个神话”，那为什么还有那么多人依然抱持这样的信念？人们对这种神话般的家庭形式抱持信念，恪守义务，在政治上，在个人生活上，可能带来什么样的后果？

作为社会学家，我们不能在人们坚守的多种道德立场之间做出裁断，但我们可以就已提出的多种建议给出评估。回归更为悠久的传统家庭是不切实际的，这不仅是因为传统家庭不管怎么说是一种神话般的存在，也不仅是因为人们今天觉得它令人压抑。之所以不可能，是因为广泛的社会变迁已经改变了婚姻、家庭和性伴侣关系，难以轻易逆转。女性不会大批回归自己几经努力才摆脱的居家处境。性伴侣关系、情感沟通和婚姻也都不可能回到它们曾经的样子。另一方面，基本可以肯定，影响性相、婚姻和家庭的那些趋势，给一些人带来了获得满足与自我实现的新的可能，同时给另一些人制造了深深的焦虑。

我们必须注意，应当基于证据去理解社会，而不要受社会**应当**如何的想法的影响。随着人们逐渐认识到，过去的家庭社会学将实际如何与应当如何混为一谈，我们显然需要有替代性的思路。这些思路中更有影响的一种乃是基于看似简单的想法，认为社会学家不要把家庭当成一种社会制度来研究，而应当探讨人们实际上做了些什么，属于他们自认为“像个家庭”的。下面就来谈谈这种视角。

第二节
家庭的实践

▼

有关家庭政策的政治争论势必涉及政府应当提倡什么样的理想家庭形式。但当今之世，有关家庭生活，并没有也不可能有这样一种多少具有普遍性的单一模式。有清楚的证据表明，存在许多不同的家庭形式：异性恋家庭、同性恋家庭、“混合”或继亲家庭、扩大家庭、单亲家庭等。吉廷斯（Gittins 1993）指出，我们应该谈论作为复数的“家庭”而非单数的“家庭”，以承认这种多样性。无独有偶，吉利斯（Gillis 1996）区分了“我们赖以生活的家庭”(families we live by)与“我们生活的家庭”(families we live with),后者是我们实际打造并亲历体验的日常家庭生活,而前者是社会政策与大众传媒中呈现的理想家庭。

下文我们将会看到,家庭的多样化趋势涉及一些更广泛的社会进程,包括越来越多的女性进入有薪就业,性自由不断放开,以及趋向性别平等和性的平等(gender and sexual equality)的运动。因此,尽管我们可以将作为单数的“家庭”看成一种核心社会制度来讨论,但千万不能忘记,这种概括涵盖了各种形式。在有些人看来,要理解亲历体验的家庭,就需要一种新的思路,不能只是从理论上概括家庭的制度角色,而要基于经验研究。

一 “打造”家庭生活

戴维·摩根(David Morgan)提出了另一种方式来探讨家庭生活,他认为,讨论**家庭实践**(family practices),也就是**人们**参与其中并视之为“家庭生活”组成部分的所有活动,会更有成效(参看“经典研究 10.2”)。钱伯斯等人(Chambers et al. 2009)提出,采取这样的视角,会有几点长处。首先,它有助于研究者探究家庭生活和网络愈益流变的特性,比如亲生家庭与继亲家庭的交叉。其次,它聚焦于人们“打造家庭生活”,或者说事实上如何构建并践行其家庭关系的一些相对被忽视的方式。最后,它观察相关个体的行动,他们积极创造着自己的家庭角色和例行常规,从而弥补了视家庭为一种社会制度的现有社会学研究的失衡,因此有助于说明不断变化的家庭形式。

经典研究 10.2

从社会制度到家庭实践

研究的问题 研究家庭的社会学家往往会透过核心家庭的棱镜来看各种家庭,而核心家庭被视为工业化进程站稳脚跟后的主导形式。这等于以核心家庭为标尺,来衡量其他类型的家庭。钱伯斯(Chambers 2012:41)提出,自 20 世纪 90 年代以来,可以越来越清楚地看出,谈论**作为复数的家庭**,而非**单数的家庭**,更切合实际,描述更准确。其结果,讨论家庭结构和功能的传统社会学也就丧失了理据。但用什么取而代之呢? 戴维·摩根(Morgan 1996,1999,2011)阐述了一种替代思路,在塑造家庭研究领域方面极具影响。

摩根的说明 对于许多 20 世纪的社会学家来说,要说清楚什么称得上“家庭”根本不成问题。家庭涉及婚姻,涉及生物意义上相关、情感层面上密切的亲属群体。由此观之,要区分家庭与非家庭关系，还是比较容易的。但是诸多变迁，包括婚姻减少，离婚率居高，继亲家庭或混合家庭、LGBT伴侣和家庭、单亲家庭等增多，加上新型生殖技术，凸显了家庭类型并非千篇一律，而是多姿多彩的。摩根直言不讳："根本不存在作为单数的'家庭'。"(Morgan 2011:3)

摩根的核心创新点在于阐述了一种替代思路，宣称要做一种经验上充分确凿的家庭社会学，以家庭的行动或实践为基础。他不再抱守有关(核心)家庭据说的衰落趋势这个无谓论战，而是提出，有一种研究议程会更有收获，就是以人们究竟如何"打造家庭"为焦点。也就是说，人们参与的许多行动和活动中，哪些被他们看作是"家庭的"，原因何在？这种理论转变意味着，所谓"'家庭'，体现出人类互动的某种建构特性，或是某种积极主动的过程，而不是立场超脱的社会研究所考察的物一般的对象"(Morgan 1999:16)。

比如说，梅森(Mason 2011)就追问，当说人们"有亲缘关系"时，究竟是什么意思。答案曾经是显而易见的，但如今并非如此。一对同性恋伴侣结了婚，有了孩子，又可能离婚，之后又各自有了新的伴侣，孩子就成了"继子女"。但如果新的伴侣又分开，这会在实质上终结新伴侣与其继子女之间的亲缘关系吗？家庭实践的思路会把这作为一个经验问题来探讨，答案取决于相关行动者所做出的选择和决定。谁称得上亲属或家人，可能会历时而变。这就鲜活刻画了摩根的观点："家庭"不是个实体，而始终处在过程之中。

如果亲属关系会历时而变，那么被界定为属于家庭的活动亦是如此。送孩子上学，参加婚丧嫁娶、生日派对之类的家庭活动，非正式且无薪地照看孩子，做家务杂活儿，日常打个电话保持联系，以及其他许许多多，这些都可以被理解为"像个家庭"的活动。还有可能涉及一些生物意义上并无亲缘关系的人，比如朋友和邻居，他们也可能会被视为"家庭的一部分"，得到相应对待。像"叔叔"或"阿姨"之类的家族称谓，经常会用于参与家庭类活动的密友身上，相当于认可其作为特许家庭成员的获授地位。摩根提出，这些状况都不会让社会学家彻底抛弃家庭的概念。他主张，无论对这个概念的理解如今变得多么复杂，"家庭"对于绝大多数人都依然是富有意义的。梅提出，"家庭实践还保留了某种独特性，如果我们把这些归入某个更为宽泛的术语，比如亲密关系实践，这种独特性就丢失了"(May 2015:482)。

批评的观点　家庭实践思路在英国社会学的经验研究中已经颇具影响，但在其他领域还不是那么显赫。比如说，希思等人(Heath et al. 2011)提出，针对跨越国界的家庭所做的更具人类学导向的跨国研究，尚未广泛采用家庭实践的语言和概念，但关注点却是类似的。原因之一在于，对于有关作为单数的"家庭"的意识形态，这些思路的看法不同。

在研究进入欧盟的移民时,家庭依然受到法律规定的约束,往往限于核心家庭。科夫曼(Kofman 2004:245)指出,“移民并不能自主决定哪些人构成自己的家庭”。这就提醒我们注意,有关家庭作为一项核心社会制度的官方观念,依然有权力影响家庭生活。

第二点实质批评是,企图避免陷入有关哪种家庭形式最适合某个社会的规范性主张和政治主张,却并未完全奏效。家庭实践并不是与政治话语和道德理念毫无干系的。希菲(Heaphy 2011)主张,可供替代的家庭实践和家庭展示,比如单亲和同性恋伴侣,力求从广大受众那里赢得合法性,而后者往往并不愿意接受这些成为有竞争活力的选择,以替代理想化的“正常的”中产阶级核心家庭形式。此外,还有批评意见认为,以家庭实践为焦点纵然富于洞见,却不应当轻视有关作为单数的“家庭”的传统观念,它们力量犹存,在政策圈,在社会的大部分人中,依然居于主导地位。

当代的意义 摩根的家庭实践思路,为转到新方向的英国家庭研究奠立了理论基础,会激励细致的经验研究。这种动向值得欢迎,让家庭研究领域重焕生机,让它不再陷于理论抱怨(theoretical malaise)。随着时间的推移,这个视角业已壮大,扩散到一些新的领域,比如**家庭展示**(family displays),即人们如何向相关受众展现自己在处理一些适宜的“家庭事务”。这就将对于家庭生活的研究与有关如何理解日常和私人的其他领域联系起来,并由此有希望架通家庭关系与非家庭关系之间的分野。摩根的思路的下一阶段,将会是检验其是否适用于英国以外的案例,进入不同国家的家庭实践,乃至于跨国家庭实践。

家庭实践涵盖了许多活动,一起进餐,举办“家庭”聚会,安排送孩子上学,不一而足。但单靠研究这些活动,我们可能无法知晓有关家庭的故事的全貌。继芬奇(Finch 2007)的研究之后,该领域晚近的研究也探讨了**家庭展示**,即人们向他人展示自己正在投入(适宜的)家庭实践和家庭关系的各种方式。芬奇提出,人们在“打造家庭生活”时,并不是与社会生活的其他部分相脱离的。即如德莫特和西摩尔(Dermott and Seymour 2011:13)所言,“与家庭生活相关的实践活动单单去做是不够的,它们还需要被他人认可**为**家庭实践”。这些“他人”可能是社会工作者和政府官员,但家庭展示更多的是面向家庭成员、其他家庭、朋友和旁观者。与其他社会互动一样,展示也有可能涉及多重受众。

哈曼与卡佩利尼(Harman and Cappellini 2015)的研究堪称这方面的一桩佳例。他们的定性研究考察了中产阶级母亲在为自己孩子准备学校午饭便当时的实践与展示。对于研究者所选取的小样本即 11 位母亲来说,准备一份午饭便当属于例行化的家庭实践,但这个简单的考察对象却承载着丰富的意义与讯息。比如说，围绕着儿童健康膳食应该包括哪些东西，有过激烈的公共论辩，在此情形下，做妈妈的既要考虑孩子的要求，也得考虑电视节目和媒体评论、政治论辩、学校规章以及超市广告等诸多方面。两位作者提出，母亲们利用便当盒，不仅向其他孩子、学校教职人员和食堂管理者，也向自己，展示自己作为合格母亲的能力。但不管怎么说，核心的受众似乎就是学校教职人员，绝大多数母亲都会在准备便当时遵从学校的指导。

这项研究规模较小，仅涉及 11 位母亲，并且阶级群体具有高度特定性，无法推及更广大的人口。但我们可以从中看出与广大社会之间的某种关联。性别化的假设显然是有作用的，因为准备便当明显被视为母亲而不是父亲的责任，哪怕所有母亲都属于有薪就业也是如此。尽管母亲们把自己如何选择便当说成是为自己孩子量身定做的，但研究发现，这些便当本质上如出一辙。这就意味着，通行的文化规范始终发挥着影响，主导所谓“平衡”与“健康”的基本膳食结构应该包含哪些东西。这些母亲作为白人中产阶级家庭的成员，颇为在意如何在学校公共场景中展示自身，而这有可能让自己面临监督和批评。

简简单单的学校午饭便当，却是向好几类受众展示“家庭”的一个例证。

家庭实践的思路已经被证明行之有效，并且依然在发展完善。但也完全有理由相信，我们不应当急于全盘抛弃旧有的结构性视角。爱德华兹及其同事（Edwards et al. 2012）指出，大量有价值的统计研究所坚持使用的概念依然是把家庭视为家户，而要回溯家庭生活的长期变迁，也必须清楚意识到家庭结构（单数或复数）及其演变方式。除非维持某种将“家庭”视为社会制度（以及一系列实践）的观念，否则难以探讨某些意义重大的宏观社会学问题，比如全球范围内的各种家庭结构是否正趋于融汇，各种经济体系是否会分别导致特定的家庭形式。

在下两节中，我们将借鉴有关家庭实践的研究，以及有关家务劳动与性别不平等及亲人暴力的证据的统计调查，融通微观思路与宏观思路，描绘一幅更为全面的画面。

二 工作与照料的平衡

家庭实践并不都是人们享受或选择投身其间的事情。摩根(Morgan 1996)说得清楚,对于众多家庭实践,人们是迫于压力去实行或是承受负面后果的。性别化的期待施加压力,让男人们全时工作,让女人们优先履行家庭责任,而家庭环境中虐待儿童、老人和女性的现象,远比我们曾经认为的常见。这些方面也都必须被视为家庭实践,因为这些行动涉及人们所认为的家庭成员,并发生在家庭背景之中。以下两节将更详细地探讨与家庭有关的一些不平等和负面实践。

全球各社会中有各种各样的性别不平等。"世界经济论坛"发现,在女性寻求平等参与方面取得最大进展的是瑞典,其与挪威、芬兰和冰岛占据着前四位。也门叨陪末座,与乍得、巴基斯坦和尼泊尔一起成为最末四位(World Economic Forum 2007:7)。此外,就业女性的平均薪酬低于男性,尽管在过去大约三十年间,这一差距业已缩小。2010 年,在欧盟各国中,薪酬上的性别鸿沟(男女平均时薪的差距)平均来看依然高达 17.5%(Eurostat 2010:303-304)。影响女性职业生涯的主要因素之一是,人们**觉得**,对于女性来说,生儿育女为先,工作是第二位的,而照看孩子是生物性决定的天然角色。尽管有维护平等机会的正式立法,但诸如此类的信念仍然直接影响男女两性在工作与照料上的平衡选择(Crompton 2008)。

有关性别议题,详参第十五章"性别与性相"。

当代世界中,女性发现自身在两种矛盾的力量中挣扎。她们渴望并且需要经济上的独立,但与此同时,她们还想成为孩子的"良"母。照看性的"劳动"先前是由女性在家庭内部领域中无偿承担的,现在由于更多的女性转移到有薪就业,如何来完成就成了一个重大问题。克朗普顿(Crompton 2006:17)提出,要想实现这一点,就得"解构"以前的性别化劳动分工,并且男性要变得更像女性,在其日常生活中,将就业与给予照顾结合在一起。就业与劳动生活越来越富有弹性,也可能成为部分解决办法,但是转变男性的传统立场或许要困难得多。

家务劳动 尽管近几十年来,女性的地位已经发生了重大变化,包括女性进入男性支配的专业领域,但有一块劳动领域还是远远滞后:**家务劳动**(housework)。由于越来越多的已婚女性进入劳动大军,有些人假定,男性该开始承担更多的家务了。但大体而言,并非如此。虽然比起20世纪七八十年代,现在的男性做的家务更多,而女性做的家务略有减少(参见表10.1),但双边态势仍然高度不平等,并且不同社会之间有很大差异。在希腊、土耳其和马耳他,女性和男性花在家务上的时间差距仍然超过70%,而在瑞典和丹麦,差距减少到低于30%。欧洲平均的家务时间性别差距大约在53%,表明在家务劳动领域,性别平等仍然任重而道远。

表10.1 欧洲人日常做家务(%)

国家	回答者性别		总比例	女性—男性差异
	男性	女性		
芬兰	64	95	79	31
瑞典	65	90	77	25
罗马尼亚	60	93	76	33
丹麦	65	86	74	21
匈牙利	46	93	70	47
斯洛伐克	47	92	70	45
卢森堡	44	92	69	48
比利时	44	91	68	47
爱沙尼亚	53	84	68	31
保加利亚	33	95	66	62
立陶宛	44	90	66	46
荷兰	47	86	66	39
德国	36	90	64	54
拉脱维亚	43	85	64	42
葡萄牙	27	96	62	69
法国	32	86	61	54
斯洛文尼亚	30	96	61	66
奥地利	28	89	59	61
希腊	18	94	59	76
英国	36	80	58	44
意大利	26	88	57	62
土耳其	15	91	57	76
爱尔兰	33	78	56	45
马耳他	21	91	54	70
塞浦路斯	19	80	53	61
欧洲平均[a]	35	88	62	53

注:a 样本已根据各国人口规模加权。

资料来源:Voicu et al. 2007:9。

英国的若干项调查发现,女性仍然承担了绝大多数的家务和育儿劳动。在 2013 年的"英国社会态度调查"(British Social Attitudes Survey)中,女性报告说每周花在家务劳动上的平均时间为 13 小时,花在照看家庭成员上的平均时间为 23 小时。而男性报告花在家务劳动和照看活动上的平均时间则分别为 8 小时与 10 小时(Park et al. 2013:115)。有些社会学家提出,如果女性已经在有薪部门从事劳动,那这样的额外劳动相当于"第二班"(second shift)(Shelton 1992),这也让霍克希尔德把男女之间关系的这种状态称为"停滞的革命"(stalled revolution)。但是,为何家务劳动仍然大部分是"女性的工作"?这一问题是近年来许多研究关注的焦点。

对此的一种可能的说明是,这是由于经济力量的性别分化:女性用家务劳动换取男性的经济支撑。因为平均而言女性赚钱比男性少,她们往往会保持对于丈夫在经济上的依赖,并因此承担主要的家务劳动。所以,女性有可能始终处在依赖位置,直到收入鸿沟变小。霍克希尔德(Hochschild 1989)指出,女性由此受到来自男性的双重压迫,先是在"第一班"工作中,然后是在"第二班"工作中。但是,这一交换模型尽管有助于我们理解家务劳动的性别分化特征,但碰到妻子挣钱比丈夫多的情形,就不复成立了。

米勒(Miller 2011)提出,如果异性恋伴侣有了孩子,他们往往会"回归性别"。也就是说,尽管男性有可能使用"新式父亲身份"(new fatherhood)这样的语言,强调父亲对于孩子的投入增多,纽带增强,但他们的实际所为却依然体现着所谓家里的挣钱养家者的旧式话语。在霍克希尔德的研究中,就算丈夫挣的钱比妻子少,他们也不会平等分担家务劳动。此外,在孩子出生之后,做母亲的中断职业生涯的可能性也远大于父亲,在这方面,具有性别差异的传统期待依然影响着家庭实践(Björnberg 2002)。人们期望女性欣然接受母亲角色,将此置于其作为一名劳动者的角色之上;而对于男性来说,父亲身份依然被视为本质上非全时制的角色,从属于他们作为劳动者的首要角色。这就给那些想要追求职业生涯的女性制造了不少问题,不仅如此,这还意味着男性也难以有正当理由成为主要负责照看孩子的人而不受到指责。

社会学家一向认为,家务活儿的不平等分配的根源在于人们假定男女两性在不同的生活领域活动,从而导致对于各自角色的期待有性别分化。男性被期待成为挣钱养家者,而女性则被期待照料家庭,即使她们既当母亲,同时是"挣钱养家者"。这些性别差异化的预设长期延续,恰恰证明它们是何等根深蒂固,即便面对受教育机会、就业和个人关系方面颇为彻底的变化,也不断得到再生产。

批判性思考

列出你能想到的男性不像女性那样投入日常家务劳动的所有原因。这些原因同与男女相关的那些刻板印象有什么关联?可以怎样质疑诸如此类的性别化的刻板印象?

三　亲人暴力

因为家庭和亲属关系是每个人生存的组成部分，所以家庭生活涵盖了几乎所有类型的情感体验。家庭关系可以是温暖且充实的，但也可能包含极为明显的紧张，使人们陷入绝望或充满焦虑与愧疚。从家庭暴力、虐待老人到虐待儿童，家庭生活的这一“阴暗面”，等于揭露了电视广告和大众传媒上强调的玫瑰色和谐景象的虚假。

家庭场所中除了关爱与支持，也可能有暴力与紧张。承认家庭的阴暗一面，就会对家庭生活做出更为现实的评估，哪怕令人不安。

（一）虐待儿童　1989 年版的《英国儿童法案》（UK's Children Act）的一部分谈到，儿童由于缺乏适当关爱而受到“显著伤害”（significant harm），但是何谓“显著”，却是语焉不详。“全英防止虐待儿童学会”（National Society for the Protection of Cruelty to Children, NSPCC）界定了四类虐待：疏于照管、身体虐待、情绪虐待以及性虐待。性虐待被定义为“发生在成年人与儿童之间的以该成年人的性满足为目的的性接触”（Lyon and de Cruz 1993）。儿童性虐待究竟有多普遍，难以精准评估，因为它能采取的形式太多了。但是，近期一项“知情同意的评估”表明，在欧洲可能有 10% 到 20% 的儿童会遭受性侵。在

1999 年的一项调查中,只有 1%的欧洲人从未听说过家庭内部的儿童性虐待,同时有 97%的欧洲人认为儿童性虐待**确是**一种暴力行为(May-Chahal and Herczog 2003:3-4)。1989 年通过的《联合国儿童权利公约》(UN Convention on the Rights of the Child)有助于增强对于儿童性虐待的意识。然而,无论是对于虐待儿童,还是对于儿童性虐待,研究者和法院都还没有形成任何取得充分共识的界定,使得跨国比较难以信赖。

乱伦(Incest)是指近亲之间的性关系,但并不是所有的乱伦都是儿童性虐待。比如,兄弟姐妹之间的性行为属于乱伦,但并不符合虐待的定义。在儿童性虐待中,成人本质上是为了自身的性满足而利用幼儿或孩童。然而,乱伦最常见的形式也是儿童性虐待,也就是父亲和年幼的女儿之间的性关系。

乱伦,乃至更宽泛的儿童性虐待,是在最近几十年才被“发现”的现象。当然,人们早就知道存在这类性活动,但大多数人会假定,既然有强烈反对此类行为的社会禁忌,那么这种现象应该是极为罕见的。但这种假设业已被证明是错误的。已经证实,儿童性虐待要比人们想的普遍得多。世界卫生组织(WHO 2006a)研究了有哪些因素使儿童面临较高的虐待风险,其中就包括贫困和高失业率,尽管我们在得出这样的结论时需要小心谨慎。这也可能是由于许多慈善机构和福利服务致力于扶贫,所以发生于较贫困家庭中的虐待被更多地曝光。与其说在社会阶级与家庭暴力之间存在明确的因果关系,不如说不同的监控和报道水平更能解释这一发现(Hearn and McKie 2008)。

儿童性虐待存在于各个社会等级,也存在于各种机构背景,例如在家庭护理、教育机构以及教会之中。近期发现,罗马天主教会中的神父、修女和修士虐童事件频发,加之种种掩盖企图,表明没有任何社会机构能够避免成人在照看儿童时滥用权力(Jenkins 2001)。

许多乱伦案例中都有强迫或暴力威胁的成分。儿童是有性欲的存在,彼此之间经常进行一些轻度的性游戏或性探索。但被迫与成年家庭成员发生性接触的儿童会觉得,这种经历令人厌恶、羞耻和痛苦。一些研究指出,对儿童的身体虐待和性虐待,与吸毒、非自杀性自残以及其他不良行为之间存在相关。然而,我们同样必须记住,这种相关关系并非因果关系。证明这些类型的人在儿童时期曾经遭受过性虐待,并不表明这样的虐待对其后来的行为产生了因果影响。要确定什么是儿童受虐待的后果,还需要更多的研究。

(二)家庭暴力　我们可以把家庭暴力定义为,由一个家庭成员对另一个或另一些家庭成员进行的身体虐待。身体虐待的主要对象是儿童,尤其是幼童。比如说,在英格兰,2000 年 2 月,8 岁的维多利亚·克林比埃被谋杀,2007 年,人称“小贝”的一个 17 个月大的男孩被摧残致死，激起了公众对于针对儿童的极端家庭暴力的广泛关注。

维多利亚·克林比埃的姑婆及姑婆的男友对她要么百般折磨，要么不管不问，几个月后，维多利亚最终因为体温过低而死亡。虐待她的人被判终身监禁。审判期间，警方、医疗与社会服务机构均遭到批评，指其错过了介入干预的时机。随后的一项调查就未来如何避免此类悲剧重演提出了一些建议(Laming 2003)。然而，2007 年 8 月，彼得·康奈利(人们所称的"小贝")夭亡，而仅仅在此前一天，警方刚通知他母亲，有人举报怀疑他们虐待儿童，要来调查。一名验尸官发现，许多伤处符合某种模式的系统化身体虐待，社会服务、警方与医疗专业人员再次因为错失拯救孩子的机会而遭到抨击。重案评估发现所有相关机构都错过了拯救彼得的机会，负责他的医生、社会工作者、主管和警察，无论就个体而言，还是就整个组织来说，都不称职。很有必要了解，诸如此类的家庭儿童虐待的恶性案件究竟能有多么严重。

男性对其女性伴侣施暴是第二常见的家庭暴力类型。在英国，平均而言，每周都有两名女性被其伴侣杀害。每时每刻，都有 10%的女性正在遭受家庭暴力，由此导致四分之一到三分之一的女性在其一生中的某一时刻遭受过家庭暴力。家庭暴力是针对女性的犯罪中最常见的一种，来自自己家里或亲朋好友中的男性的暴力危险比来自陌生男性的更大(Rawsthorne 2002)。

由于女性主义团体在"受虐妇女"(battered women)庇护中心方面所做的工作，家庭暴力这个议题在 20 世纪 70 年代引起了公众和学界的关注。此前，像虐待儿童这类家庭暴力现象总是作为私人事务而被老于世故地忽略。女性主义对于男权制和家庭暴力的研究提请人们注意，暴力和虐待的这种私有化是如何有助于维护男性在男权制社会中的支配地位的。正是女性主义的研究如实记录了家庭当中针对女性的暴力是何等普遍、何其严重。事实上，警方接报的配偶之间的暴力冲突，绝大多数都涉及丈夫对妻子实施暴力，而女性对其丈夫实施身体强迫的报案要少得多。女性主义者指出，家庭暴力是男性控制女性的一种主要形式。

有关男权制的理论和证据，参看第十五章"性别与性相"。

而一些持保守立场的评论者则主张，家庭当中的暴力并非像女性主义者所宣称的那样与男性权力有关，而是与"家庭功能失调"有关：对妇女施暴只是反映了家庭危机日渐加剧，道德水准渐遭侵蚀。他们质疑妻子对丈夫施以暴力很罕见这一发现，认为男性不太可能主动报告自己遭到家庭暴力，反之则不然(Straus and Gelles 1986)。这类论断遭到女性主义者及其他学者的强烈批评。她们认为,女性所实施的暴力要比男性更有节制,更为零星,因而能造成持久性身体伤害的可能性也就小得多。单看家庭内部暴力事件的“数量”是不够的,相反,关键还是要看暴力的意图、背景和效应。“打老婆”属于由丈夫对妻子进行的经常性身体残害,而女性针对男性的现实对应行为则根本不存在。研究发现,女性对其男性伴侣施加的暴力往往属于防御性而非侵犯性的,而女性之所以诉诸暴力,只是因为遭受了反复的攻击(Rawsthorne 2002)。那些对孩子进行身体虐待的男性,比这样做的女性更有可能长期为之,从而导致持续的伤害。

为什么家庭暴力会如此普遍?一是家庭生活所特有的强烈情感投入与个人亲密感两相融合。家庭关系纽带充满强烈的情感,常常是爱恨交加。在家庭环境里所爆发的争吵,能够引发在其他社会情境中不可能如此强烈的对抗。琐屑小事也可能激发伴侣之间或亲子之间全面的敌对。第二个影响因素就在于,人们往往能容忍甚至赞同家庭内部不超过一定限度的暴力。比如说,在英国,许多孩子曾经挨过父母一方的耳光或被揍一顿,哪怕程度轻微。这样的行为常常得到其他人的普遍赞同,甚至可能不会被视为“暴力”。如今,运动团体不断施加压力,要求英国仿效其他许多欧洲国家,立法禁止对儿童实施体罚。

对于家庭生活的阴暗面,我们也不应夸大其词,因为绝大多数人对于家庭的体验总体上说是积极正面的。事实上,当被问及生命中最重要的组成部分时,许多人的回答都是家庭最重要。但不管怎么说,社会学关于家庭内部的不平等与暴力的研究,使人们对这些家庭实践的现实有了更为全面而清醒的认识。

全球社会 10.1

家庭暴力——全球纵览

根据世界卫生组织在20世纪90年代进行的一系列调查,家庭暴力在全球范围内都很普遍。“联邦基金会”(Commonwealth Fund)估计,在美国,每年几近400万女性遭受身体虐待。1993年,有两年以上性交往关系的智利女性中有60%接受了调查,其中有60%报告说曾经遭到其男性伴侣的虐待。在日本,“家庭暴力研究小组”(Domestic Violence Research Group)发现,在1993年调查的796名女性中,有59%的人报告说曾遭受其伴侣的身体虐待。而在1992年的调查中发现,此前一年当中,在厄瓜多尔的低收入女性中有60%,在韩国女性中有38%,曾被其配偶或伴侣打过(Marin et al. 1998)。据报告,在孟加拉国、埃塞俄比亚、秘鲁以及坦桑尼亚有超过50%的女性,在埃塞俄比亚农村有71%的女性,遭受过自己伴侣的身体暴力或者性暴力(WHO 2005)。

1991年前，东欧的家庭暴力程度并不被人们所真正了解。1993年，“阿斯特拉网络”(Astra Network，即“争取性与生殖健康权利中东欧女性网络”[Central and Eastern European Women's Network for Sexual and Reproductive Health and Rights])的调查发现，在罗马尼亚、俄罗斯、乌克兰以及立陶宛，分别有29%、22%、21%和超过42%的已婚或同居女性自述，曾经遭受“她们目前伴侣在身体或性方面的暴力或暴力威胁”。同年，在波兰有大约60%的离婚女性报告说，曾经被前夫打过至少一次(UNICEF 2000b)。

2006年11月27日，欧洲委员会发起一场运动，反对对女性施暴，包括家庭暴力。该运动明言：

> 概观种种反映针对女性的暴力何其普遍的数据，可知有五分之一到四分之一的女性在其成年生活中至少遭受过一次身体暴力，并且有超过十分之一的女性遭受过使用强力的性暴力。二次数据分析支持有关估测，在全体女性中，大致有12%到15%在16岁后遭受过家庭虐待。更有许多女性曾经遭受以前伴侣施加的身体暴力或性暴力，甚至在分手之后依然如此(Council of Europe 2006:1)。

批判性思考

统计数据表明，小家庭或大家庭内部的暴力主要是男性对女性和孩子施加的。如果我们否定简单的生物学说明，即男性富有攻击性，女性消极被动，那么有哪些社会、经济或文化因素可能有助于我们说明这种普遍模式？

第三节

家庭的多样性与亲密关系

在20世纪80年代，拉波波特等人(Rapoport et al. 1982:476)提出，“当今英国家庭正在经历转型，所应对的社会从关于一个家庭应该像什么样子只存在主导的单一规范，到有多种多样的规范被认可为合法的乃至是值得向往的”。他们为了具体论证这一观点，区分了五种类型的多样性：**组织**方面的、**文化**方面的、**阶级**方面的、**生命历程**方面的和**同期群**方面的。我们现在还可信以加上**性**方面的多样性。拉波波特及其同事所区分的家庭形式的多样性,相较于1982年他们最初描绘英国时的状况,在当今欧洲各社会中的表现要更加明显。

有关社会化与生命阶段的讨论,亦见第九章“生命历程”。

一　多样化的家庭结构

家庭以各式各样的方式**组织**它们的家庭职责以及与更广泛社会环境之间的关联。女性作为“家庭主妇”,丈夫作为“挣钱养家者”,这种“正统的”家庭相较于双职工家庭(双方都工作)或单亲家庭,对比鲜明,即为明证。在**文化角度**上,如今家庭的形式安排和价值观念的多样性,比起20世纪上半叶要更为丰富。穷人、熟练技术工人阶级与中高阶级里各类群体之间,**阶级**的区分始终存在,也维持了家庭结构方面的重大差异。个体在**生命历程**中对于“家庭”的体验也会有相当明显的差异。比如,一个人所出生的家庭可能父母曾经同居,然后结婚,之后又离婚。而另一个人可能是在单亲家庭中长大的,其父母有多次婚姻,并在每段婚姻中都有孩子。

同期群(cohort)这个术语指的是家庭中的世代,由于更多的人活到高寿,也就越来越容易看到彼此关系密切的三个“尚活跃的”家庭共存:已婚的孙辈、其父辈、其祖辈。家庭组织在**性**方面的差异也比以往任何时候都要大。随着同性恋越来越被大多数西方社会所接受,家庭的组建既以异性配偶为基础,也以同性伴侣关系为基础。少数族群的存在,如南亚裔或加勒比裔家庭等,也已经在家庭形式方面带来了可观的差异,我们接下来就来看看这种文化多样性的两个实例。

有关同性婚姻和民事伴侣关系的讨论,参见第十五章“性别与性相”。

(一)南亚裔家庭　所谓“南亚裔家庭”这一范畴,包括印度裔、孟加拉裔、巴基斯坦裔,以及非洲亚裔(在移民到英国前居住在非洲的南亚人)(Smith and Prior 1997)。很显然,这些彼此不同的民族群体在家庭结构和生活模式上存在许多差异,尽管它们也有一些独特的相似性,与传统的核心家庭类型比较起来就更是如此。移民潮始于20世纪50年代,来自印度次大陆的三个主要地区:旁遮普(Punjab)、古吉拉特(Gujarat)和孟加拉。在英国,这些移民群体基于宗教、来源地、种姓,以及最重要的亲属关系,来组成社区。许多移民发现,他们有关荣誉和忠于家庭的理念在英国白人人口中相当程度上可谓付之阙如。

今天出生于欧洲的南亚裔孩子常常面临两种不一样的文化。在家里,他们的父母仍然希望他们遵循合作、尊重和忠于家庭的规范;而在学校,学业成就却根植于注重竞争和个人主义的社会环境。大多数人选择从所属族群文化角度来组织自己的家庭生活和个人生活,因为他们珍视与传统家庭生活相维系的亲密关系。

然而,与西方文化的接触带来了变化。"因爱"成婚的西方传统似乎在年轻人中愈益通行,尽管它可能与亚裔社区中包办婚姻的传统做法不相容,不断引发紧张。由父母和家庭成员安排的这种联姻,乃是基于相信婚姻本身就会孕育爱。然而,晚近的一些研究发现,人们正在通过协商达成一些妥协,年轻人在安排自己婚姻时越来越要求更多的商量,许多人希望等到受完高等教育才谈婚论嫁。

另一方面,据英国警方报告,他们处理的"强迫婚姻"中,主要是巴基斯坦裔和孟加拉裔的年轻女性被送到国外与人结婚,并且未经她们同意。一项研究估计,每年至少有3000例这类案子(Revill 2008)。英国驻伊斯兰堡高级专员公署(British High Commission in Islamabad)设立"强迫婚姻事务组"(The Forced Marriages Unit, FMU),以帮助强迫婚姻中的英国年轻女性,后者往往会觉得,单单只是回到她们在英国的家庭,并不能消解她们的境况。该事务组报告说,这类问题在更为偏远的乡村地区更为严峻。它所扮演的角色就是向那些寻求帮助的人提供某种支持网络。不妨把强迫婚姻看作家庭"阴暗面"的一个方面,同样包括亲人暴力和虐待儿童。

1997年,来自英国政策研究所(UK Policy Studies Institute)的第四次全国少数族群调查数据表明,印度裔、巴基斯坦裔、孟加拉裔和非洲亚裔是最有可能结婚的少数族群(Modood et al. 1997; Berthoud 2000)。表10.2显示,这一模式基本没有改变。2009年,亚裔或英籍亚裔家庭中有89.4万名受抚养孩童(大约86%)生活在已婚配偶家庭,而来自白人族群背景的受抚养子女生活在此类家庭的比例为62%(670万),来自黑人或英籍黑人背景的受抚养子女的此项比例仅为39%(19.6万),相形之下,前面那个数字居高不下。与此相反,2009年,大约56%的黑人或英籍黑人孩童生活在单亲家庭中,与此相比,白人孩童的该项比例为23%,而亚裔或英籍亚裔孩童的此项比例仅有14%。相较于其他族群,有孩子的亚裔和英籍亚裔夫妻中同居的现象也要少得多。因此,虽然在英国的南亚裔家庭中出现了一些改变的迹象,包括年轻人要求在婚姻问题上有更大的发言权,以及离婚和单亲家庭的比例略有上升,但总的来说,在英国乃至整个欧洲的南亚裔群体仍然保持着较为牢固的家庭纽带。

表 10.2　2001—2009 年英国分族群家庭受抚养子女[a]数(以千计)

	2001	2003	2005	2007	2009
已婚配偶[b]					
白人	7863	7637	7313	7061	6717
混血	125	126	151	167	188
亚裔或英籍亚裔	620	659	693	752	894
黑人或英籍黑人	131	148	152	215	196
华裔	33	23	33	36	25
其他族群	45	108	142	148	181
受抚养子女总数[c]	8997	8772	8577	8441	8290
同居伴侣[d]					
白人	1256	1300	1383	1492	1567
混血	27	26	29	50	55
亚裔或英籍亚裔	3	7	2	5	7
黑人或英籍黑人	26	19	24	26	22
华裔	2	*	*	2	3
其他族群	*	4	5	7	12
受抚养子女总数[c]	1339	1366	1455	1597	1682
单亲					
白人	2418	2557	2474	2424	2496
混血	127	128	133	134	150
亚裔或英籍亚裔	94	81	107	134	143
黑人或英籍黑人	198	206	206	240	279
华裔	12	9	6	10	6
其他族群	5	24	47	73	40
受抚养子女总数[c]	2900	3020	2995	3028	3146

注：

a 16 岁以下的孩童，或者在 16—18 岁之间接受全日制教育并且没有结过婚的人。

b 2007 年以后的数据包括民事伴侣关系。

c 包括那些不知道或者没有陈述自己族属的人。

d 2007 年以后的数据包括同性伴侣关系。

资料来源：ONS 2010a：18。

（二）非洲—加勒比裔家庭　欧洲的非洲—加勒比人后裔的家庭同样有着不同的结构。在英国，与丈夫共同生活的20—44岁的黑人女性，远远少于同年龄群体的白人女性或南亚裔女性。非洲及加勒比裔当中的离婚率和分居率也高于英国其他族群，因此容易碰到单亲家庭。但是，不像其他族群，非洲及加勒比裔的单身母亲更容易就业，并且对家庭财政的控制更强（Modood et al. 1997）。由表10.2可见，相比其他族群，英国的非洲及加勒比裔人口中，单亲家庭比例很高，其中主要由母亲主持。

在英国，同样的因素似乎影响着伦敦和欧洲其他城市中较贫穷的住区中的非洲及加勒比裔家庭。许多讨论聚焦于正式婚姻比例较低，但是有些人认为，这样抓重点不得要领。婚姻关系并不必然构成非洲及加勒比裔家庭的结构，这和它对于其他族群家庭的作用不一样。比如说，扩大的亲属关系网络在西印度群岛族群中非常重要，相比绝大多数欧洲白人社群，它比婚姻纽带还要重要得多。因此，主持一个单亲家庭的母亲很可能拥有一个更为广泛的亲友支持网络作为依靠（Berthoud 2000）。在许多非洲及加勒比裔家庭中，兄弟姐妹也通过帮忙照顾更小的孩子而扮演重要角色（Chamberlain 1999）。比起其他族裔，这样强大的支持网络为非洲及加勒比裔女性更多地参与有薪就业提供了必要的基础。

二　亲密关系的变革

当代的家庭生活看起来与仅仅一两代人之前的样子已经相当不同了。对于性和婚姻、养儿育女、家务劳动，以及配偶之间的情感沟通，观念都产生了重大变化。劳伦斯·斯通（Stone 1980）借助家庭的三阶段模型，勾勒了16世纪至19世纪英国的一些关键变化趋势。

在16世纪早期，人们所生活其间的家户规模很小，但家庭并不像现在的许多家庭那样与更大的社区明确分离。斯通（Stone 1980）认为，那时的家庭并不是情感依恋或依靠的主要焦点。今天的“家庭”让人想到的那种情感上的密切，当时的人们在家庭中是体验不到的，也不会去寻求。婚姻中的性爱并不被视为快乐之源，而是繁衍子嗣之所必需。只是在贵族圈子中，情欲之爱或浪漫之爱有时会得到积极提倡，除此之外，道德家和神学家会视此为病态。正如斯通所言，这一时期的家庭是“一种开放、压抑、冷淡、威权的制度……这种家庭也十分短命，往往随着夫妻一方去世，或者孩子死亡或早早离家，就宣告解体”（Stone 1980：17）。

在这种家庭形态之后出现的是一种“过渡形态”，从17世纪早期持续到18世纪初。这种类型很大程度上只限于上流社会，但是十分重要，因为它传递了一些此后几乎普遍流行的观念。核心家庭与社区的分离变得更为明显。人们越来越强调配偶之爱、亲子之爱的重要性,虽说与此同时,父亲的威权也在增加。

在第三阶段,西方核心家庭逐步演化,其特点是密切的情感纽带,高度的家庭隐私,对子女培育的倾力关注。它突出地体现了**情感个体主义**(affective individualism)的兴起,即以个人选择为基础,以性的魅力或浪漫之爱为引导,来缔结婚姻。由于与家户分离的工作场所逐渐增多,家庭变得与消费而非生产相维系,女性也逐渐与居家生活捆绑在一起。有人批评,斯通的三阶段史论认为18世纪以前英国的婚姻中缺乏爱情,属于言过其实,不过,要说情感个体主义的兴起构筑了亲密关系的基础,这倒是与其他研究大体符合的。

女性主义视角也使得社会学越来越关注家庭和亲密关系,但由于女性主义研究往往聚焦于家庭领域中被忽视的一些维度,有时无法体现家户**之外**发生的一些较为广泛的趋势和影响。过去二十年来,有关家庭的社会学研究中涌现出一批重要成果,借鉴女性主义理论,但不亦步亦趋。这类成果的核心关注在于家庭与家户的形成和解体,以及人际关系当中的期待所发生的变化。

安东尼·吉登斯(Anthony Giddens)在《亲密关系的变革》(*Transformation of Intimacy*, 1993)中,讨论了现代社会里的亲密关系是如何变迁的。他主张,最近的现代性阶段见证了亲密关系性质的一场重大变革,体现在**可塑之性**(plastic sexuality)的发展上。对于现代社会的许多人来说,发生性关系的时间、频率和对象,选择范围比起以前任何时候都要大得多(参看第十五章“性别与性相”)。有了可塑之性,就可以有效地“解除”性与生殖之间的“捆绑”。这在一定程度上要归功于避孕技术的改进,将女性从对反复怀孕与生育的恐惧中解放出来,但也要归功于一种意识的发展,即可以秉承某种社会反身性来积极主动地选择自我。

按照吉登斯的观点,可塑之性的兴起带来了爱的性质的转变。浪漫之爱的理想碎裂,逐渐被**汇流之爱**(confluent love)所取代。汇流之爱是积极主动的,是偶然性的,与浪漫之爱的永恒性、唯一性相左。汇流之爱的兴起可以从某些方面说明本章前文讨论的分居和离婚增多的问题。浪漫之爱意味着,人们一旦结婚,通常会彼此坚守,而不论其后关系怎样发展。但现在人们有了更多的选择:离婚在从前比较困难甚或无法实现,而现在当婚姻关系出现问题时,已婚者已不再必须固守共处。

人们越来越不是基于浪漫激情来建立关系,而是追求**纯粹关系**(pure relationship)的理念,在这种关系中,配偶双方之所以维持共处,是因为他们**选择**如此。这种纯粹关系在伴侣各方的接受下得以维系。“直至另行通告”,各方都获得充分的好处,这种关系由此值得延续。爱是在能产生信任的亲密情感的基础上产生的。爱的发展取决于伴侣各方准备向对方展示多少关切与需要，又打算接受多少对方的影响。话说回来，纯粹关系的形式多种多样，有些同性关系由于彼此身份开放，经过协商，比异性已婚夫妇更为接近纯粹关系的理念。

一些批评者指出，被视为成人之间关系的变动不定的纯粹关系，与包括孩子在内的复杂的家庭实践截然不同。这个概念还未能看到，当异性恋关系结束时，男女往往会有不同的体验。纯粹关系这一观念把焦点放在成人之间的关系上，其实反映出儿童及儿童期在社会学思考中的边缘化（Smart and Neale 1999）。尽管这有助于我们理解有关亲密关系变迁的一些事情，但纯粹关系的观点或许没能充分关注空间和时间的议题，而那是构筑该观点所必需的。比如说，这类关系中依然可能包括家庭建设和照料孩子，这两者都可看作需要有物质资源的实实在在的“协作项目”，也会大大促进亲密关系的维持（Jamieson 1998）。

有关儿童期的社会学，参看第九章“生命历程”中的讨论。

（一）爱情的“正常混乱”　乌尔里希·贝克和伊丽莎白·贝克-格恩斯海姆（Elisabeth Beck-Gernsheim）在《爱情的正常混乱》（*The Normal Chaos of Love*, 1995）中，考察了在剧烈变迁的世界背景下，私人关系、婚姻与家庭模式的纷乱性质。他们提出，过去主导私人关系的那些传统、规则和方针变得不再适用，个体现在面对的是没完没了的一系列选择，由此打造、调适、改善或者解散他们与他人的联姻。事实上，现在的婚姻是自愿缔结的，而不是因为经济目的或家庭催促，这不仅带来了自由，也带来了新的压力。两位作者概括说，其实，双方需要付出艰辛的努力。

在贝克和贝克-格恩斯海姆看来，当前这个时代，在家庭、工作、爱情和追求个人目标的自由之间，充斥着各种相互冲突的利害关系。在私人关系中能够明显地感受到这种冲突，随着越来越多的女性开始追求自己的职业生涯，需要勉力平衡两份“劳动力市场简历”，情况就愈发如此。由于无论男女现在都同时注重自己的职业需要和个人需要，此前的性别分工模式已不再那么限定不变。到了现代，关系并不只是关乎人际交往，也关乎工作、政治、经济、职业及不平等。因此，男女之间的对立升级也就不足为奇了。贝克和贝克-格恩斯海姆指出，“两性战争”是“我们这个时代的核心戏码”，婚姻咨询产业、家庭法院、婚姻自助团体，以及居高不下的离婚率，皆为明证。然而，尽管婚姻与家庭生活似乎比以前更为“单薄”，但它们对人们仍然很重要。离婚变得更加普遍，但再婚率也很高。出生率可能在下降，但是对生育医疗却有巨大需求。选择结婚的人的确越来越少了，但与某人结为配偶共同生活的欲望却是挥之不去的。我们怎样才能说明这些看似彼此抵触的趋势呢?

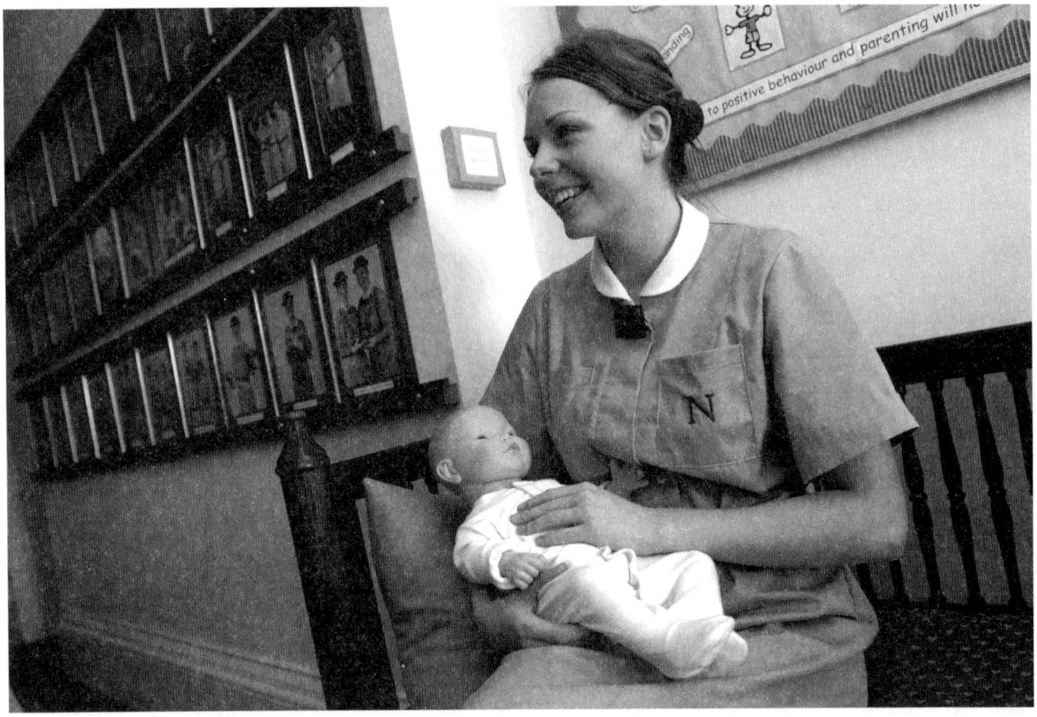

现代的关系通常涉及双收入家庭,其中的母亲有全职工作。这使得一些“过时”的机构重新出现,比如保姆专业培训学校。

贝克和贝克-格恩斯海姆的答案简单明了:爱。他们认为,当今的“两性战争”就是人们“爱饥渴”的最确凿的证明。人们为爱成婚,因爱离婚,又投入希望、后悔、重试的无尽循环。尽管从一方面来说,男女之间关系的紧张程度的确很高,但人们依然抱持深切的希望和信念,认为有可能找到真爱,履行诺言。这个回答也许显得过于简单,但贝克和贝克-格恩斯海姆反驳说,恰恰是因为我们所处的世界如此势不可当,如此缺乏人情味,如此抽象,如此迅疾变化,爱才会变得越来越重要。只有在爱当中,人们才能真正“找到自己”,与他人缔结关联:

> 爱,就是探寻自我,就是热盼真正接触彼此,就是分享身体、分享思想,就是相互交流、无可阻隔,就是坦诚告白、获得宽恕,就是对曾经与当下予以理解、确认与支撑,就是渴望共筑爱巢、同铸信任,抵御现代生活带来的种种怀疑与焦虑。如果一切都显得不够确定或安全,甚至在这个受污染的世界里连呼吸都变得蕴含风险,人们就会去追逐予人误导的爱情美梦,直至它突然变为噩梦。(Beck and Beck-Gernsheim 1995:175-176)

一些批评家抨击称，贝克和贝克-格恩斯海姆完全聚焦于异性恋，所谓两性之战就是“我们这个时代的核心戏码”，这似乎将LGBT的关系都边缘化了(Smart and Neale 1999)。还可以批评这个命题过于依赖“个体化”(individualization)的概念，轻视甚至无视社会阶级和社群在构建机会结构、塑造个人关系方面依然很重要。例如，绝不是所有女性都喜欢贝克和贝克-格恩斯海姆所勾画的那些终生不变的中产阶级职业生涯。斯马特(Smart 2007)提出，聚焦于能做自由而理性的选择的个体，就无法充分认识到，个人生活必然是“关系性的”，也就是说，是发生在关系网络当中的。因此，个体化命题尽管不乏洞见，却夸大了人们真能“摆脱”广泛的社会结构和网络的程度。

批判性思考

你认为爱在多大程度上能维系家庭这项制度？当如此寄望于通过爱来维系配偶关系，家庭中可能会出现什么问题？

(二)流动之爱？ 与吉登斯、贝克和贝克-格恩斯海姆一样，齐格蒙特·鲍曼(Bauman 2003:viii)也主张，今天，关系是“街头巷尾的最热话题，仿佛是唯一值得投入的游戏，尽管个中风险也是众所周知的”。他的著作《流动之爱》讨论了“人际纽带的脆弱”，这种脆弱导致的不安定感，以及我们对此的反应。在鲍曼笔下，书中的主人公/英雄(hero)是“没有纽带束缚在身的众生男女”(指家庭、阶级、宗教或婚姻等方面的纽带)，或者至少是没有任何固定的、不可打破的束缚。鲍曼笔下的英雄所建立的联系都是较松散的，所以一旦情势有变，即可解脱，无须多少犹豫。而在鲍曼看来，情势就是会变的，并且是频繁的。他用“液态”①这一比喻来描述现代社会，认为现代社会的标志就是变动不居，缺乏持久的纽带。

鲍曼主张，在个体化趋势四下蔓延的世界里，关系可谓利弊互现，充斥着相互冲突的欲望，向不同的方向牵引。一方面，人们向往自由，希望纽带松散，一旦我们决意摆脱，就可以做到；另一方面，人们渴求更大的安定感，而这只有通过强化我们自身与伴侣之间的纽带才能获得。正因如此，鲍曼指出，人们在安定感与自由这两极之间徘徊不定。他们往往会跑去求助专家，比如治疗专家或专栏作家，寻求该如何把这两种欲望融合在一起的建议。在鲍曼(Bauman 2003:ix)看来，这就好比“吃一块蛋糕，只取这段关系中甜蜜快乐的部分，抹去其苦涩和坚硬的部分”。这就导致了一个处于“即取即用关系”的“半独

① “liquid”，前文书名译为“流动”。——译者注

立配偶”(semi-detached couples)的社会。鲍曼所说的“即取即用关系”(top pocket relationships),指的是一些东西一旦需要就可以拿出来,而不需要时就塞回口袋。

对于“人际纽带的脆弱”,一种回应就是在我们的关系中用数量取代质量。对我们来说重要的不再是我们关系的深度,而是我们所拥有的联系的数量。鲍曼认为,这也部分解释了为什么我们总是在打手机、发短信,甚至用缩略句式输入,以便加快发送速度。重要的不是讯息本身,而是讯息的持续流转,否则,我们会有被排除在外的感觉。鲍曼注意到,人们现在越来越多地提及联系和网络,而更少地谈到关系。处在关系中意味着交互的投入,而网络则意味着转瞬即逝的接触。

鲍曼的观点的确富于洞见,但批评者认为,这些观点的经验基础比较薄弱,在经验研究中并无确凿根据。比如说,它们大多是基于杂志,或是手机、电脑等新科技对于社会关系的短期影响。与吉登斯、贝克和贝克-格恩斯海姆一样,鲍曼也被批评为对当代社会变迁过于悲观,对于他所看到的亲密关系的变革尤其如此。但他的评估是否切合实际?卡罗尔·斯马特(Smart 2007)不这样认为。事实上,她不赞成所有讨论“个体化”的理论,认为它们夸大了家庭破碎的程度,也夸大了关系承诺的衰落。相反,斯马特认为,恰恰是**个人生活**,而不是“家庭”或“个体”,除了共享记忆和经验,还显著表现出强烈的社会纽带和情感纽带。

斯马特认为,个人生活的概念涵盖了人们对于某种“生活规划”的追求(就像贝克和吉登斯等人的著作中描述的那样),但始终将这类个体规划和更广阔的家庭背景及社会背景相联系,只有在这些背景中,个体规划才具有意义。斯马特(Smart 2007)指出,以贝克的作品为例,往往让人觉得,个体已经“摆脱”了社会结构,而这种观念非常不切实际,也与社会学思维相背离。相反,她认为,在这方面,除了社会阶级、族属及性别之类的结构性因素,“建构意义的传统”(meaning-constitutive traditions)同样重要。除了人们如何嵌入社会结构和“想象的共同体”,她还尤其注重世代之间传承的集体记忆。

对于个人生活的研究提醒社会学家注意到斯马特所认为的在以上讨论的理论中缺失的某种东西,即**连通性**(connectedness)。她用这个概念来表示,人们在不同时代和背景下,保持他们之间的社会关系和结合的所有方式,以及与他人相关的那些记忆、感觉和经验。研究连通性而不是碎片化,能使宏观社会学理论与大量有关家庭和关系的经验研究重新结合,从而更加切近也更好地理解人们的现实生活体验。

显然,我们就晚近的社会变迁产生的观点,及其引发的这些争论,涵盖了最近的一些重大的社会追问和政治追问。但是对于有关家庭价值是否衰微的争论,这些又意味着什么呢?

三　结婚、离婚与分居

（一）离婚的正常化　千百年来，在西方世界乃至世界的其他区域，婚姻被视为几近不可分解的。只是在极为有限的情况下，比如尚未完婚，才允许离婚。然而，时至今日，在全世界几乎所有的工业化社会和发展中社会，都有可能合法离婚。只有在马耳他和菲律宾，离婚还没有得到法律上的认可，尽管马耳他的夫妇可以从别国获得某种“域外离婚”（foreign divorce），只要伴侣一方或双方是那里的“常住居民”。纵观全球，现在这些都成了孤例。绝大多数国家的趋势都是使离婚愈发容易，趋向“无过失”离婚法律，比如英国1969年颁行的《离婚改革法案》（Divorce Reform Act）。

在1960年和1970年之间，英格兰和威尔士的离婚率以每年9%的比例稳定增长，在这十年中翻了一番。而到1972年，又增加了一倍，其部分原因在于1969年的法案，它使那些处在长期“名存实亡”的婚姻中的人们更容易离婚。1993年，年度离婚数达到16.5万对的高峰。但从2004年起，这一数字开始下滑，2007年为12.67万对。当然，这一数字与从前的统计相比仍是相当高的，目前所有婚姻中大约有五分之二是以离婚告终的（ONS 2010b：22）。自20世纪70年代以来，英格兰和威尔士的离婚数就不断攀升，并与结婚数的下降并行（详见图10.1）。

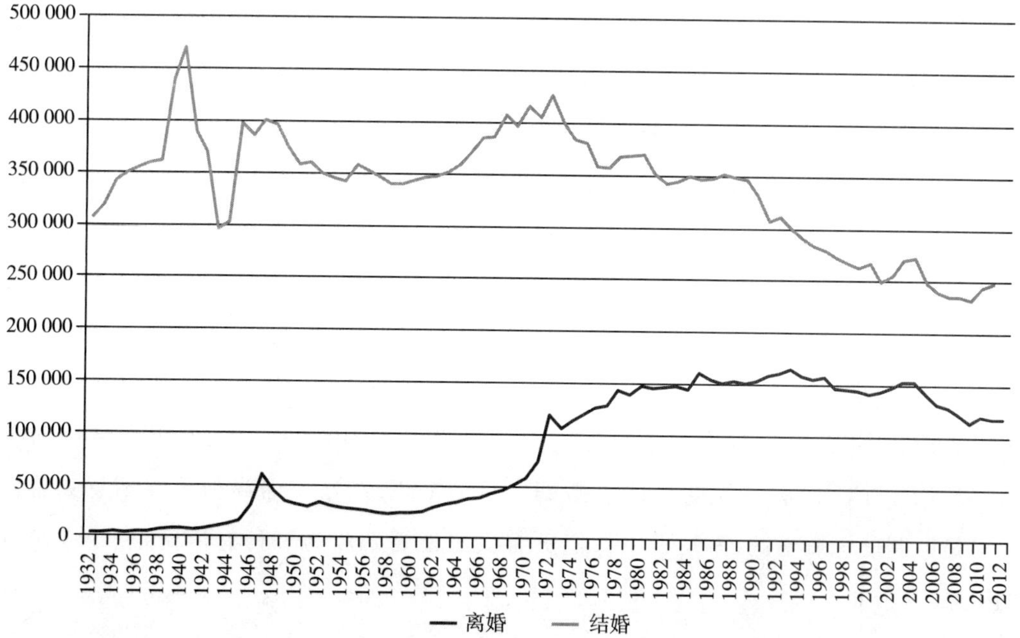

图10.1　英格兰与威尔士1932年至2012年的结婚数与离婚数

资料来源：ONS 2014g：2。

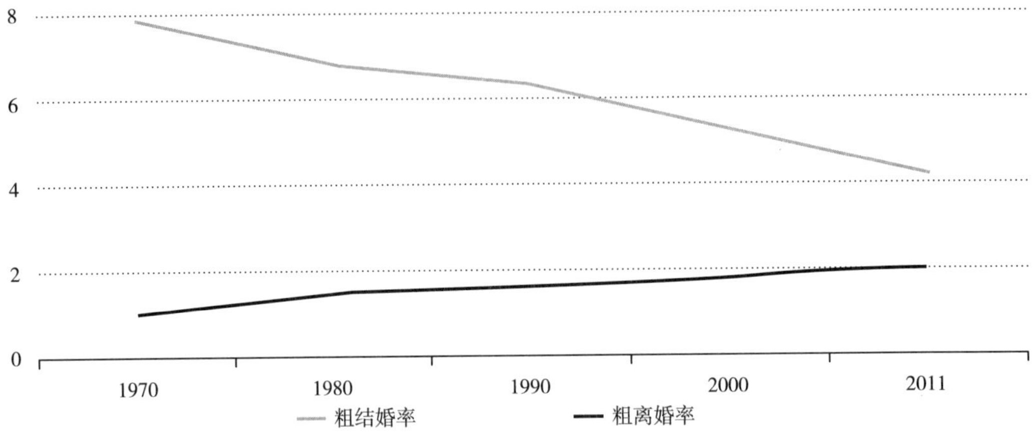

图 10.2　欧盟 28 国 1970 年至 2011 年的粗结婚率与粗离婚率(每千居民中)

资料来源:Eurostat 2015b。

以长期视角来看欧洲范围内的结婚率和离婚率,图 10.2 也呈现出类似的模式。然而,在一些东欧国家,比如罗马尼亚和克罗地亚,离婚率其实是下降的。自 20 世纪 70 年代起,在欧盟 28 国中结婚率稳步下降,除了瑞典、丹麦、挪威和冰岛等北欧国家,以及拉脱维亚和波兰等一些东欧国家。对各国统计数据的比较表明,英国的结婚和离婚模式丝毫不独特,而是融入了欧洲范围内更为广泛的社会趋势。

离婚率并不是婚姻不幸福的直接指标。首先,离婚的比率并未包括那些已经分居但没有在法律上离婚的人。不仅如此,那些婚姻不幸的人可能还是选择待在一块儿,因为他们相信婚姻的神圣性,或者对家庭破裂后可能造成的经济或感情上的后果有所顾虑,或者希望仍与对方生活在一起,以便能给他们的孩子一个“家一般”的居所。

为什么离婚越来越常见呢?人们已经找出与更广泛的社会变迁有关的几项因素。除了比例极小的一部分富人以外,婚姻已经不再与传承财产与地位的欲望有多大联系。此外,由于女性在经济上越来越独立,婚姻也不再像过去那样是一种必不可少的经济伙伴关系。总体上更高程度的富足和更多女性参加工作意味着,与过去的情形相比,如果对婚姻感到不满,更容易分家另过。由于这些变化,现在与离婚相捆绑的污名大为淡化,这又进一步推动了变迁。一个更重要的因素在于,人们越来越倾向于以其能给予个人的满足程度来评价婚姻。总的来说,离婚率居高似乎并不意味着人们对婚姻制度深表不满,而是表明人们更有决心使婚姻成为一种有所回报、令人满意的关系。

发挥你的社会学想象力 10.1

戴安娜·沃恩论“分手”:离异的体验

戴安娜·沃恩(Diane Vaughan)在《分手:亲密关系的转折点》(*Uncoupling: The Turning Points in Intimate Relationships*, 1990)一书中,分析了伴侣双方在分居或离婚过程中的关系。她对一百多位新近分居或离婚的人士(主要来自中产阶级背景)进行了一系列访谈,记录了从一起生活到分开的转变。分手这个观念指的是一种长期的亲密关系的解散。沃恩发现,在许多个案中,实质分开之前就已经有了某种社会意义上的分居,伴侣双方至少会有一方发展出一种新的生活模式,在另一方不在的场合中,有了新的追求,交了新的朋友。这通常意味着向另一方保守秘密,当关系涉及某个情人时尤其如此。

根据沃恩的研究,分手在一开始往往是无意的。其中一个人,沃恩称之为发起者(initiator),比另一个人对关系感到更不满意,创造出独立于配偶双方共同参与活动的一块“领地”。而在此之前的一段时间,发起者可能已经尝试过改造伴侣,令其表现得更可让人接受,但未能成功。从某一时刻起,发起者觉得尝试已经失败了,关系也在根本上出现了裂痕。自此以后,发起者就会对关系或另一方的缺陷耿耿于怀。沃恩提出,这就是关系开始时“坠入爱河”的过程的反面,那时候一个人只看到另一方身上有魅力的地方,那些不怎么让人接受的东西就放过一边了。

发起者认真考虑着解散关系,与另一方广泛地讨论他们的关系,并“交换意见”。在此过程中,他们权衡分居的代价与好处。我自己能挺下去吗?朋友和父母会怎么反应?孩子们会不会很难受?我在经济上有没有偿付能力?考虑过诸如此类的问题以后,有些人会再试一次挽救关系。而对于那些仍旧决定要分居的人来说,这些讨论和思考也有助于使散伙不那么让人望而生畏,树立起自信,告诉自己没有做错。绝大多数发起者会开始确信,他们首先有责任自我发展,然后才是对于另一方的义务承担。

当然,分手并不总是由一个人完全主导的。伴侣的另一方也可能决定不再挽救关系。在某些情况下,会发生角色的突然转换。此前想要挽救关系的人变成了决定终结关系的人,而曾经的发起者却期望将关系延续下去。

批判性思考

任选一个国家,从官方统计数据中找出,在 **2012** 年,异性婚姻中提出离婚的是男性还是女性居多。你可以列出哪些社会因素与实践因素来解释这种差异?

(二) 单亲家庭 自20世纪70年代早期以来,单亲家庭在发达国家越来越普遍,而即使在同一区域内部,比如欧盟,具体模式也是变化多样的(详见表10.3)。受抚养子女(18岁以下)在单亲家庭中生活的比例在一些国家相对较低,如希腊(5.3%)、西班牙(7.2%)和塞浦路斯(7.2%),而在爱尔兰(24.3%)、英国(21.5%)和拉脱维亚(27.1%)等国的比例则要高得多(Iacovou and Skew 2010:14)。单身父母的比例在美国和新西兰甚至更高,分别达到31%和29%,而日本只有8%(Institute for Child and Family Policy 2004)。

表10.3 2007年欧洲分家庭类型受抚养子女的合居状况(%)

	儿童与谁合居的百分比				居住在多代家庭的儿童的百分比
	父母皆无	单亲	父母同居	父母已婚	
瑞典	1.3	**17.6**	**30.5**	*50.6*	*0.3*
芬兰	0.9	14.4	**15.8**	68.9	*0.6*
丹麦	**1.5**	**17.9**	**15.1**	*65.6*	*0.4*
荷兰	*0.3*	11.1	13.1	75.5	*0.3*
英国	1.4	**21.5**	12.6	*64.5*	3.4
法国	0.9	13.5	**21.0**	*64.5*	*1.8*
德国	1.3	15.0	*5.5*	**78.2**	*0.9*
奥地利	**2.2**	14.3	7.4	76.1	7.5
比利时	**2.5**	**16.2**	**13.7**	*67.7*	2.2
卢森堡	*0.3*	*10.2*	*6.9*	**82.6**	2.8
爱尔兰	**1.9**	**24.3**	*5.9*	*67.9*	4.5
意大利	*0.8*	*10.2*	*5.2*	**83.9**	5.0
西班牙	1.2	*7.2*	7.9	**83.7**	5.8
葡萄牙	2.9	11.9	9.7	75.5	**11.6**
希腊	1.2	*5.3*	*1.2*	**92.3**	6.5
塞浦路斯	*0.7*	*7.2*	*0.6*	**91.5**	3.0
捷克共和国	*0.6*	14.9	8.2	76.3	7.7
匈牙利	*0.8*	15.4	9.9	73.9	**11.6**
爱沙尼亚	**1.9**	**21.8**	**23.9**	*52.5*	**12.0**
拉脱维亚	**3.3**	**27.1**	**14.1**	*55.5*	**24.4**
立陶宛	**2.0**	**18.1**	*6.1*	73.8	**14.5**
斯洛文尼亚	*0.6*	*10.4*	**19.5**	69.4	**13.7**
斯洛伐克	1.1	*10.6*	*3.7*	**84.7**	**17.6**
波兰	*0.8*	*11.0*	9.2	**79.0**	**22.0**

（续表）

	儿童与谁合居的百分比				居住在多代家庭的儿童的百分比
	父母皆无	单亲	父母同居	父母已婚	
欧盟 25 国	1.2	14.1	11.0	73.8	5.4
欧盟 15 国	1.2	14.3	11.3	73.2	3.1
欧盟 10 国	0.9	13.1	9.2	76.7	17.4

注："儿童"被界定为所有 18 岁以下的人。

黑体字表示每种情况比例最高的 8 个国家，斜体字表示每种情况比例最低的 8 个国家。

资料来源：Iacovou and Skew 2010：14。

值得注意的是，大部分有受抚养子女的单亲家庭是由单身母亲操持的。一般来说，这些家庭在当代社会中属于最贫困的群体。此外，许多单身父母，不管其是否结过婚，仍然既要面临经济上的无保障，又要承受社会的不赞同，虽说"弃妇""没爹的家庭"或"破碎的家庭"之类的一些更有批判意味的用语正逐渐趋于消失。

单亲家庭这一范畴内部也是多种多样的。比如，英国的数据就显示，半数以上的守寡母亲住的是自有产权的房子，而绝大部分从未结过婚的单身母亲住的则是租来的房子。单亲身份往往容易变动，由于获取和摆脱这种身份的方式有许多，导致界限模糊。就丧偶者而言，这种断裂是明确的，虽说如果其伴侣在去世前曾经住过一段时间的医院的话，他/她实际上可能已经在独自生活了。不管怎么说，今天大约有 60% 的单亲家庭是由分居或者离婚造成的。

在英国的单亲家庭中，增长最快的类型是未婚单身母亲，占拥有受抚养孩子家庭总数的 9%。很难弄清其中有多少是自己选择独力抚养孩子的，尽管大部分人都不希望成为单身父母。仍在进行中的"千年同期群研究"（Millennium Cohort Study），目前正在追踪大约 1.9 万名在 2000—2001 年度出生的孩子的生活，发现年轻女性更有可能成为单身母亲，以及女性受教育程度越高就越有可能婚内生育。研究还表明，单身母亲中有 85% 是在无计划状态下怀孕的，而同居配偶中这一比例是 52%，已婚女性中这一比例是 18%。对于大多数尚未或从未结婚的母亲来说，婚外生育率同贫困和社会剥夺指数之间存在着高度相关。话说回来，尽管还是少数，但越来越多的女性现在选择在没有配偶或者伴侣支持的情况下生育孩子。"自主选择的单身妈妈"（single mothers by choice）是对一些单身家长的贴切描述，她们往往拥有足够的资源，可以将一个单亲家庭打理得蛮不错。

一些研究者指出，通观整个欧洲，为单身父母提供的福利支持水平不一，而单亲家庭的比例也不一，这两者之间存在直接关联（P. Morgan 1999）。按照摩根所言，瑞典和英国与意大利这样的国家相比，单亲家庭的比例之所以较高，是因为意大利的家庭津贴一向很低,年轻人获得的支持的主要来源是其他家庭成员。摩根提出,在那些对于单亲家庭没有补助的国家里,单身父母就不会那么多见。但是,这种说法是否过于简化?进出单亲家庭状态的"方式"多种多样,这就意味着它们根本不构成一个统一的或具有凝聚力的群体,尽管单亲家庭可能都具有一些物质维度和社会维度上的不利,但它们并未形成集体认同。多元化的方式意味着,就社会政策而言,单身父母身份的界限很难确定,其需求也很难满足。

(三) 为父之道与"缺席父亲"之辩 至少从20世纪30年代后期开始,"缺席父亲"这一观念就主导了关于父亲的角色的政治辩论。在第二次世界大战期间,因为服役,许多父亲很少能见到他们的孩子。在战后的一段时期,有相当一部分家庭的女性没有加入有薪劳动大军,待在家中照顾孩子。父亲是主要的赚钱养家者,因此整天在外工作,只有在晚上和周末见到他的孩子。

然而,自20世纪70年代以来,随着离婚率的上升和单亲家庭的增多,**缺席父亲**(absent father)这一主题的意味已经很不一样。它开始指有些父亲由于分居或离婚,与自己孩子的接触只是间或的,甚至完全失去联系。在离婚率同属世界最高之列的英国和美国,围绕着一些人所说的"老爸之死"(death of the dad),出现了激烈的辩论。

社会学家和评论家基于对立的视角进行撰述,但都抓住无父家庭的比例上升这一点作为关键,来破解各色社会问题,从犯罪的增多,到抚育孩子的福利成本激增。一些人提出,孩子必须在其周边环境中接触到成年人之间磋商、合作及妥协的实例,否则永远不能成为合格的社会成员(Dennis and Erdos 1992)。他们更具体指出,在没有父亲的情况下长大的男孩,自己要成为成功的父亲,也会颇费周折。不过,有必要区分无父家庭和无父家户。在许多离婚与分居的例子中,父亲尽管没有与孩子生活在同一家户中,但始终在孩子的生活中扮演某种角色,就此而言,父母双方都还继续参与,这个家庭并非"无父"。

离婚率居高的后果之一,就是意外冒出了维护离婚后父亲权利的游说组织。在英国、荷兰和美国,压力团体"为父亲争取公正联盟"(Father 4 Justice, F4J)由于一些高调的宣传噱头、抗议游行,以及积极分子执行的直接行动,赢得了相当的知名度。在2004年5月,该组织的积极分子在英国下议院将装满了紫色粉末的避孕套扔向首相。几个月之后,一个活跃分子打扮成漫画英雄蝙蝠侠,攀上白金汉宫的高墙,宣示"每一位父亲都是自己孩子眼里的超级英雄"。该组织声称,法律旨在维护孩子的"最佳利益",但在夫妻分手时偏袒母亲一方,让父亲很难维持与自己孩子的接触。

大卫·布兰肯霍恩(David Blankenhorn)在《无父的美国》(*Fatherless America*, 1995)一书中指出,离婚率居高的社会所面临的不仅是失去父亲,而且是为父之道这一观念本身被侵蚀。一个评论布兰肯霍恩的书的人写说，“就算只有个干完糟心的工作后下班回家，就窝在电视前灌啤酒的老爸，总好过根本没有爸爸”（*The Economist* 1995）。不过，真的是这样吗？缺席父亲的话题与另一个更为宽泛的问题相互交织，即离婚对于孩子的影响，然而能用的证据究竟意味着什么还很不明朗。

有些学者提出，关键的问题并不在于父亲是否在孩子身边，而是他有多么投入家庭生活和教养孩子。换句话说，家户的组成或许并不像孩子能从家户成员那里得到的照看、留意和支持那么重要。例如，即使是在生父既没有与孩子在同一家户生活，也没有投入任何家长教养的情况下，也可能会有继父或者其他扮演类似角色的父亲般的人物存在。自20世纪80年代以来，优良的父母之道的议题，特别是好的“为父之道”的议题，在政治论辩以及学术研究中都变得愈发突出（B. Hobson 2002）。

如前所示，女性开始大批进入有薪就业，男性对于家务活儿和照看孩子的贡献却似乎并没有以相同的速度增长。这就意味着，即便是在双收入家庭中，认为女性就该是首要看护者的预设依然牢不可破。在欧洲，由“机会平等委员会”（Equal Opportunities Commission）发起的运动谋求新的方式，倡导“积极主动的为父之道”，包括增进父亲陪产假的权利，提倡家庭友好型工作场所，以及改变英国和希腊等许多欧洲国家工时较长的文化传统。

欧洲各国针对父亲的规定各不相同。在瑞典，父母双方在生育或领养一个孩子后均享有450天的有薪假期——对于大多数的父母，能拿13个月的80%的薪水，剩下的比率要低一些——并且，当他们回到工作岗位时，雇员有权回到之前的岗位或者一个类似的岗位。然而，在希腊、意大利和西班牙，父亲一般没有陪产假。在西班牙，休陪产假是没有薪水的；在意大利，父亲没有休假的权利；而在希腊，这样的休假在雇员不到50人的公司是没有保证的（Flouri 2005）。这三个国家的女性劳动力市场参与度在欧盟中也是最低的，仅为约40%。美国只是到了1993年才引入母亲的产假；澳大利亚从2011年1月1日起，推行为期18周的带薪产假和陪产假，不过拿的是最低工资；新西兰直到2002年才引入带薪产假，但是直到现在也没有带薪陪产假的规定。2015年，英国开始实行父母共享产假，允许生育或领养后父母分享暂时中止工作的产假，这就为孩子出生或领养后第一年共担父母之责提供了更灵活的可能性。

即使是在瑞典，这个对父亲一方的规定最优厚的地方，所有育婴假中的85%仍然是母亲休的。许多瑞典父亲不太情愿享受他们的“陪产假”权利，害怕在晋升时输给同事，或是让自己老板不高兴；此外，女性的工资不及男性，并且，282家公司里只有两家有女性首席执行官。因此，在就各国情况概括结论时，我们必须小心谨慎，因为即使引入特定政策，也不必然意味着它们所针对的社会群体就能得到好处（Lister et al. 2007）。

看起来,鉴于人们广泛关注青少年犯罪,"不良"教养的影响,以及"父亲般的人物"在青年人生活中的缺席,越来越多的人开始关心为父之道乃至更一般意义上的父母之道。诸如此类的兴趣和关注促成了一些新的政策,旨在增加父亲对于孩子养育和家庭生活的参与。然而,即使这样的政策已经出台,更为广泛的社会经济因素,以及长期持续的有关男女角色的性别化预设,仍然强有力地左右着政府政策可以在何等程度上塑造有活力的家庭生活。这意味着要研究家庭和家户,始终需要结合更广阔的社会变迁与潮流。

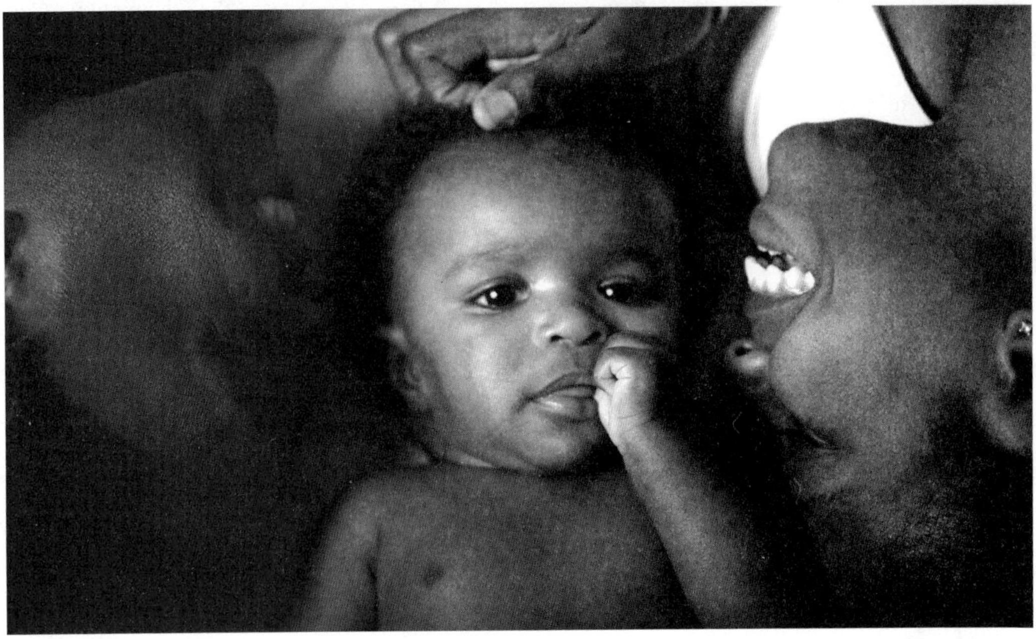

在全球层面上,尽管长期趋势显示出逐渐趋向接受母亲的有薪产假,但有关母亲产假与父亲陪产假的规定,却是各见其异。

(四)对于家庭生活态度的改变 有一些重要的阶级差异会影响对于家庭生活特点变化和离婚率持续走高的具体反应。例如,莉莲·鲁宾(Rubin 1994)访谈了32个工人阶级家庭的成员,得出结论认为,相较于中产阶级家庭,工人阶级父母所持立场往往更为传统。许多中产阶级父母已经接受的规范,例如公开表达婚前性行为,更有可能遭到工人阶级成员的反对,哪怕他们并没有虔诚的宗教信仰。年轻女性对于婚姻的态度比她们父母那一代更加暧昧不定,表示会探索各种可能性,过一种比她们母亲更加充实和开放的生活。然而,男性的态度就没有那么大的代际转变。

这些变迁与欧洲研究中的那些发现有相似之处。威尔金森和马尔根(Wilkinson 1994;Wilkinson and Mulgan 1995)在英国对18岁到34岁的男女进行了两次大规模调查。他们发现,年轻女性的观点尤其发生了重大改变,并且这个年龄组的人的价值观与英国老一辈的价值观彼此对立。他们也看到,年轻女性渴望既通过家庭也通过工作来争取自立与自我实现,并且越来越欣赏冒险和追求刺激。威尔金森和马尔根指出,年轻女性的态度是由其承继下来的自由所形塑的。而这些自由对于她们之前的世代来说是无法获得的,包括女性工作和控制自身生育的自由,两性皆可流动的自由,以及界定自身生活方式的自由。在那些样本中,有29%的女性和51%的男性都想推迟要孩子。数据表明,诸如此类的态度的确已经促成实践的转变。到2008年,在英国,仅有25%的孩子出生时母亲年龄不到25岁,而1971年时这个比例是47%(ONS 2010a:xxiv)。在16岁到24岁的女性当中,有75%的人认为,单身父母可以像一对夫妇那样抚育孩子,这就表明,婚姻正在丧失其作为被社会认可的首要抚育场所的地位。

发挥你的社会学想象力 10.2

卡罗尔·斯马特与布伦·尼尔:《家庭碎片》?

从1994年到1996年,卡罗尔·斯马特(Carol Smart)和布伦·尼尔(Bren Neale)对来自西约克郡(West Yorkshire)的60位父母进行了两轮访谈,他们都是在1989年《儿童法》(Children Act)通过后分居或离婚的。此法案废除了"监护权"(custody)和"探视"(access)的旧观念,从而改变了离婚时父母和孩子面临的境况,使父母不再觉得有必要去争夺孩子。它还鼓励父母共同抚养孩子,并要求法官和其他人更多地倾听孩子的想法。斯马特和尼尔很想知道,离婚后的养育模式最初是怎样形成的,又如何随着时间而改变。她们比较了分居时父母对于离婚后抚养孩子的预期与一年后他们的"现实"情况。

斯马特和尼尔发现,离婚后的抚养是一个不断调适的过程,而这一点是许多父母始料不及也因而准备不足的。作为双亲团队一部分时起作用的技能,到了单亲家庭就不一定能成功。无论在影响孩子的"重大决定"上,还是在波及两个新家庭的抚养孩子的日常方面,成年人都被迫不断地重新评估他们的抚养方法。离婚后,父母面临两个彼此相反的需求:各自需要分开并远离以前的配偶,却又需要保持联系以共同承担抚养责任。

斯马特和尼尔看到,离婚后的实际抚养体验极不稳定,随时改变。分居一年后接受访谈时,许多人基于其理解的变化,重新评价自己的行为。例如,许多父母担心离婚对孩子造成伤害,但却不确知怎样把自己的担忧和内疚感转化为建设性的行动。这使得一些父母把孩子管得太紧,或者像对待"成年"知己那样对待孩子;在另外一些情况下,则会导致父母和孩子相互隔膜,关系疏远,缺乏有意义的沟通。

两位作者认为,在媒体和某些政治场合中,存在一种隐含的——有时候是明确的——假设,即离婚后成年人就会抛弃家庭道德,做事开始自私自利。灵活、慷慨、宽容和敏感的特点都突然消失;以前做出有关家庭和福祉方面的决定时所依据的道德框架被抛弃。斯马特和尼尔通过对离异父母的访谈,否定了这一观点。她们宣称,父母确实是在一个道德框架里抚养孩子的,但最好把这一框架理解为“照看的道德”,而不是某种明确的道德推论。她们认为,当父母照料孩子时,确实会做出关于“该做的事情”的决定。但这些决定是高度情境化的,父母必须权衡多方面的因素,包括决定对孩子的影响,是否合时宜,以及可能对共同抚养关系产生的负面意义。

“托分居、离婚和再婚的福,我现在有了二十位祖父母。”

斯马特和尼尔总结说,离婚在那些几乎不能“直截了当”一次了断的情形中促动了转变。离婚后的父母养育要想成功,就需要始终保持协商与交流。虽然 1989 年的《儿童法》给今天离婚后父母角色的安排增加了一些必要的灵活性,但由于其强调儿童的福祉,可能会因此忽视离异父母之间关系质量所扮演的至关重要的角色。

批判性思考

鉴于需要横跨两个家庭继续抚养孩子,离婚后养育孩子是否必然包含冲突和分歧?可以引入什么措施帮助父母完成从在婚到离婚后生活的转换?

四　新型伴侣关系、“混合”家庭与亲属关系

(一) LGBT 伴侣关系　今天有许多人以与同性配偶相伴的形式生活。由于大多数国家仍未许可同性婚姻(虽说这种情势正在发生变化),男同性恋者之间与女同性恋者之间建立起的亲密关系的基础就不是法律,而是个人的承诺和互信。“选择的家庭”这一术语有时会被应用到 LGBT 伴侣关系上,以反映这些积极而富有创造性的新型家庭生活形式。许多传统的异性伴侣关系的特征,例如相互支持、生病时的照看与责任、财政合一等,正以此前不可能的方式与男女同性恋关系逐渐整合一体。

在西欧社会，最近有一股非常令人瞩目的趋势，就是将婚姻权利延伸到同性配偶，引入注册伴侣关系或**民事伴侣关系**(civil partnerships)，这也是男女同性恋运动长期斗争的目标。

有关男女同性恋社会运动的讨论，参看第二十一章“政治、政府与社会运动”。

民事伴侣关系是同性之间被法律认可的结合，虽然从技术上讲，他们在任何宗教意义上都不算“婚姻”。尽管如此，情侣双方如果成为法律意义上的“伴侣”，一般就会在一系列事情上与已婚夫妇享有同等的法律权利。例如，在遗产继承、养老金给付和儿童养护等财政事务上，民事伴侣可以指望获得同等待遇。并且，他们作为最亲近的亲戚还有新的权利。移民规则也将民事伴侣关系与婚姻同等看待。在英国，新的立法于 2005 年 12 月生效，给予民事伴侣关系中的同性情侣与已婚夫妇同样的权利。截至 2009 年中段，英国大约结成了 3.4 万对民事伴侣关系，尽管最初积压的情侣似乎到 2008 年已经清空，2009 年比前一年下降了大约 18%(ONS 2010a:22)。

1989 年，丹麦成为首个承认同性伴侣与已婚夫妇享有同等权利的国家，1996 年，挪威、瑞典和冰岛紧随其后，而芬兰在 2000 年实现了这一点。荷兰在 2001 年引入完全的民事婚姻权利。比利时和西班牙分别于 2003 年和 2005 年引入同性婚姻权利，而英格兰、威尔士和苏格兰于 2014 年立法核准了同性婚姻。皮尤研究中心(Pew Research Center 2015)指出，截至 2015 年中段，有 22 个国家允许了同性婚姻。尽管这在全球各社会当中依然只占了很小的比例，但这股趋势似乎将持续下去，哪怕遭到某些宗教群体的反对，因为对这些群体而言，在法律上认可同性伴侣关系，就是将“不道德的”关系合法化了。

自 20 世纪 80 年代以来，对于 LGBT 伴侣关系的研究兴趣不断增长。在社会学家看来，同性恋关系展示出某些形式的亲密和平等，有时候或者在某些方面与异性恋夫妇那里常见的大为不同。由于同性恋者一向被婚姻制度所排斥，也因为传统的性别角色不容易应用到他们身上，所以同性恋伴侣关系必须在主导异性恋结合的那些规范和准则之外来构建和协商。有些人提出，在同性伴侣之间之所以发展出关爱和承诺的独特文化，20 世纪 80 年代的艾滋病流行是一个重要因素。

威克斯等人(Weeks et al. 2004)指出，在男女同性恋伴侣关系中有三种显著模式。第一，在伴侣之间有更多的机会寻求平等，因为他们不再被支撑异性恋关系的那些性别化文化预设所引导。男女同性恋情侣也许会选择塑造彼此的关系，以避免出现异性恋情侣中那些典型的不平等和权力失衡。第二，同性恋伴侣会就彼此关系的基本范围界限和内在运作机制进行协商。如果说异性恋情侣受到社会性嵌入的性别角色的影响，那么同

同性关系在世界上一些地区已经获得许可,但同性恋家长是否有权利领养及抚养孩子,仍然是个聚讼不已的话题。

性情侣要面对的关于在关系中谁该做什么的期望要少些。在异性恋婚姻中,女性在家务和养育孩子方面往往承担得更多,而在同性恋伴侣关系中就没有这样的期望。任何事情都可以拿来协商,这也许会导向更加平等地分担责任。不过,这样的协商也会引发争吵和分歧。第三,LGBT 伴侣关系表明了一种特定形式的承诺是缺乏制度支持的。相互的信任,同甘共苦的意愿,以及对于“感情培养”的责任共担,似乎成了这类伴侣关系的标志(Weeks 1999)。对于社会学家来说,观察新的民事伴侣关系以及同性恋婚姻的权利在其充分确立后,会如何影响这种承诺和互信,将会是很有意思的。

伴随着先前对同性恋所持的不容忍态度出现了松动,法院也越来越乐于将孩子的监护权指派给生活于女同性恋关系中的母亲。人工授精技术意味着女同性恋者不需要任何异性接触,就可以怀孕生子,为人母亲。而近期许多同性恋情侣的胜诉也表明,他们的权利正逐步赢得法律的尊重。在英国,1999 年的一项里程碑式的裁定宣称,处在稳定关系中的同性恋情侣可以被定义为“家庭”。如此将同性恋伴侣归类为“家庭成员”,将会影响移民、社会保障、税收、遗产继承以及子女抚养等诸多法律事项。

关于 **LGBT** 情侣享有的新型法律权利的讨论,详参第十五章“性别与性相”。

（二）再婚　再婚可能包括多种情况。一些再婚配偶也就二十出头，组建新关系时，双方都没有孩子。而一些二三十岁乃至四十出头的再婚配偶，可能会带着一个或几个首次婚姻留下的孩子共同生活。更晚年龄再婚的那些配偶也许会有成年的孩子，他们不会生活在新伴侣创建的家中。新的婚姻本身也有可能孕育孩子。新组配偶的双方此前都有可能是单身、离异或者丧偶，导致多达八种可能的组合。从社会学角度上讲，这就意味着对于再婚的概括必须十分谨慎，尽管仍有必要提出一些大体的观点。

1900 年，在英国有十分之九的结婚案例属于初婚。而绝大多数的再婚双方至少有一方属于丧偶。随着 20 世纪 70 年代以来离婚率的升高，再婚率也开始攀升，并且如今的再婚中涉及离异人士的比例越来越大。在 1970 年，英国的结婚案例中有 18%是再婚（至少伴侣一方是这种情况）；而到 1996 年，这一比例提高到了 42%；尽管在 2007 年，这一比例下降至 38%，但长期趋势依然是再婚在所有结婚案例中超过三分之一（如图 10.3 所示）。然而，由于这些统计数据并未将离婚后同居的规模考虑在内，所以并没有充分体现离婚后的伴侣关系。

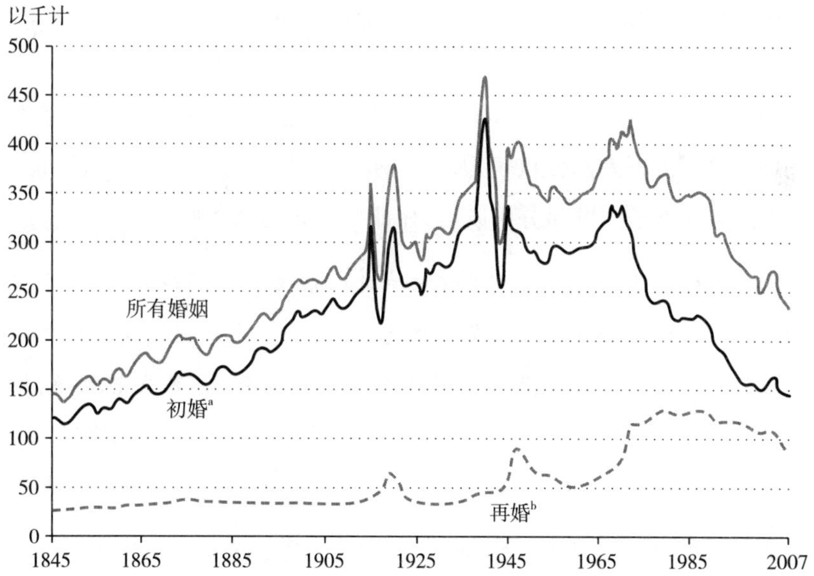

图 10.3　英格兰和威尔士的婚姻状况（依据先前的婚姻状况分组）

注：a 双方皆然。

b 任意一方或双方皆然。

资料来源：ONS 2010a：20。

那些结过婚或离过婚的人再婚的可能性，要大于同年龄组中单身者初婚的可能性。在所有年龄组中，离婚男性再婚的概率高于离婚女性：每四位离婚女性中有三位再婚，但每六位离婚男性中就有五位再婚。虽说听起来有点奇怪，但无论女性还是男性，令结婚的机遇最大化的最佳方式,就是之前结过婚！然而,从统计数据来看,再婚并不如初婚成功。再婚的离婚率要高于初婚的离婚率。但这并不代表再婚注定会失败。那些离过婚的人对于婚姻的期待,或许比没有结过婚的人更高。因此,也许他们更有准备去解散这段新的婚姻。而对于延续下来的再婚,平均而言,很有可能比初婚更令人满意。

(三)混合家庭 “继亲家庭”(step-family)这一术语指的是,一个家庭中至少有一个成年人在前一段婚姻或关系中留有孩子。社会学家更常称这样的家庭群体为**重组家庭**(reconstituted families)或**混合家庭**(blended families)。混合家庭及由此而来的扩展家庭(expanded families)的增长无疑有其乐趣和好处,但某些困难也会随之产生。第一,通常有一位生活在别处的生身父母,其对孩子或孩子们的影响可能仍然很大。

第二,当离婚双方或一方再婚时,其间的合作关系常常会变得很紧张。比如一位女性有两个孩子,嫁给一位同样有两个孩子的男性,大家生活在一起。如果“住在外面的”生身父母坚持要孩子们像再婚以前那样经常去看他们,这类新建家庭融为一体时伴随的那些张力就有可能被激化。比方说,要在周末把所有成员聚在一起可能被证明永无可能,会导致怨恨和争执。

第三,混合家庭把来自不同背景的孩子结合在一起,他们可能对于家庭内何谓适当行为有不同的期望。由于大部分孩子“属于”两个家户,其习惯与观点很可能发生冲撞。有位继母因其面临的继子问题而分居以后,如此描述自己的体验:

> 老是会觉得愧疚。你不能像通常对待自己亲生孩子那样做,所以会觉得愧疚;可如果你真的有正常的反应,发了脾气,你也会为此感到愧疚。你总是非常担心自己有失公允。我和她(继女)的父亲意见不一致,如果我管教她,他就会说我太唠叨。但他越是不去管她,我就好像越是唠叨……我想为她做点什么,想成为弥补她生活缺失的一个要素,但我可能还不够灵活。(引自 Smith 1990)

关于继父母与继子女之间的关系,很少有既定的规范。孩子对其继父母是应该直呼其名呢,还是叫“爸爸”或“妈妈”更恰当？继父母是否应该管教孩子？继父母去接孩子时,该怎样对待以前伴侣的新配偶呢？这样的问题以及其他许多问题都必须通过建议和协商,在实践中加以解决。这块领域尤其适合基于摩根的家庭实践视角的研究,这一视角有助于我们理解混合家庭是如何经营其关系的。

混合家庭通过离婚后的再婚,也会发展出新型的亲属关系,制造出新的困难与可能。这些家庭的成员正在不断摸索属于自己的方式,针对自己所处的相对未经探察的境况而做出调适。今天有些论家在讨论**双核家庭**(binuclear families),意思是离婚后所形成的两个家户，由于共同承担抚养孩子的责任，仍然组成一个家庭群体。

面对如此丰富并且往往令人困惑的家庭变革，能得出的最恰当的结论可能就是简单一条：尽管离婚后婚姻破裂，但是家庭关系仍在继续。尤其是在涉及孩子的时候，除了通过再婚形成的重组家庭的关系，还维持了之前的许多纽带。

批判性思考

从你自己的经验来看，在现代社会混合家庭会被视为“正常的”而接受吗？在这样的家庭中成长起来的孩子可能会面临哪些新的问题、话题以及机遇？

（四）同居　同居（cohabitation），即两个人没有婚姻关系而住在一起并有性关系，在发达国家已经变得越来越普遍。现如今，与其把焦点放在婚姻上，探讨情侣关系的结成与分手可能更恰当，在我们讨论离婚经历时也是如此。越来越多处在忠信守诺的长期关系中的情侣选择不结婚，只是一起居住并抚养孩子。还有的情况是许多年长的人在离婚后不再婚或在再婚前都选择同居。

综观整个欧洲，同居在从前都被认作颇有丑闻意味，并会招致某种社会污名。在1979年以前，作为英国家户数据主要来源的英国“综合家户调查”（General Household Survey），甚至没有一个问题问及同居。然而，在英国乃至更广泛的欧洲范围内，青年人当中对于同居的态度正在迅速发生变化。2004年，对于“一对情侣不打算结婚但住在一起的行为没有问题”这一表述，18岁到24岁的英国人中有88%表示赞同，而65岁及以上的回答者中只有40%持这种立场（ONS 2004b）。

几十年来，不结婚的男女共立家户的数目迅速增长。生于20世纪20年代的英国女性中只有4%同居过，生于20世纪40年代的有19%这样做过，而在20世纪60年代出生的女性中，这一比例近乎一半。截止到2001—2002统计年度，60岁以下未婚女性同居的比率达到28%，而男性的相应比例为25%（ONS 2004b）。在25岁到29岁的女性和30岁到34岁的男性中同居最为流行。尽管同居越来越普遍，但对研究数据进行分析后发现，婚姻趋向于更为持久。未婚同居的情侣分手的可能性是结婚男女的3倍到4倍。

2001年，25岁到34岁的瑞典年轻人中有39%未婚同居，丹麦为32%，法国为31%，芬兰为30%。相当多的人此前也同居过。年轻人之所以住在一起，通常是逐渐陷入同居状态的，而不是出于精心计划。两个已经发生性关系的人花费越来越多的时间在一起，最终放弃了其中某一方的住所。同居的年轻人往往预期有朝一日会结婚，但不一定和他们当前的伴侣。这些情侣中只有少数会在同居时将他们的财产集中在一起。同居在大多数国家仍主要被看成是结婚前的一个试验阶段,虽说先于婚姻的同居的持续时间在增长,并且越来越多的情侣选择同居作为婚姻的替代。就此而言,我们可以预料,相比父母那一代人,将来会有更多的年轻人体验同居生活。

发挥你的社会学想象力 10.3

豆竿家庭

朱莉娅·布兰嫩(Brannen 2003)提出,英国已经进入了一个"豆竿家庭"(bean-pole family)的时代。她认为,家庭户(family household)只是渐趋包含好几代人的亲属关系网络的一部分。这主要是因为人们的寿命越来越长。她指出,在英国 50 岁的人口中,有五分之三的人的双亲至少还有一位健在,而其中当上祖父母的略超过三分之一。四代同堂的家庭,即包含曾孙辈的家庭,数量也有增长。

家庭世代之间的"垂直"关系随着预期寿命的延长而扩展的同时,世代之内的"水平"关系却减弱了,因为离婚率上升,生育率下降,以及人们拥有的孩子越来越少。因此,布兰嫩将现代的家庭描述为又细又长的"豆竿形结构"(参看图 10.4)。

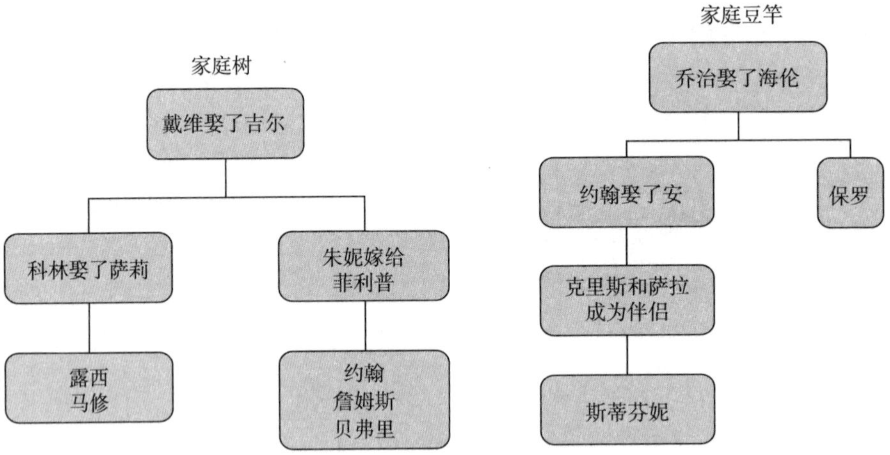

图 10.4　树状家庭与豆竿形家庭

资料来源:Brannen 2003。

布兰嫩看到,祖父母越来越多地提供跨代的服务,尤其是对其孙辈的非正式照看。单亲家庭对于跨代支持的需求尤为凸显,而年长的世代还可以在后代有需要的时候提供情感支持,比如离婚期间。反过来,夹在年长和年轻世代之间的"中枢世代",往往会变成其父母(当他们变老)、子辈甚或孙辈的照看者。

本特森(Bengtson 2001)在美国的研究发现,越来越多的人作为孙辈或者祖父母而被卷入扩展的关系,而体验到曾祖父母身份的人也越来越广泛。随着阶级、宗教和婚姻等旧有的社会结构趋于衰弱,对于个体的束缚减少,似乎出现了一个悖谬的结果,就是多代家庭纽带的增强。随着多代“共存”(co-survivorship)的增多,人们有更多的光景与父母和祖父母保持有效关系,因此,家庭的稳定性和持续性其实是加强了。本特森也反对所谓老人是在耗尽社会资源的刻板印象,并且指出,家庭内部的帮助主要是由年长世代为年轻世代提供的。这可以表现为购置房产或大学费用的金钱援助,也可能是在紧急时刻发挥作用。核心家庭可能渐趋衰微,但是家庭的重要意义仍在。

批判性思考

给你自己的家庭画一棵家庭树，并确定哪些关系较之其他关系更为活跃、更让人投入——你会把这概括为豆竿结构吗？世代之间的水平关联将会弱化，而垂直关联会愈益紧密，这是不是必然趋势？

(五)保持单身　欧洲家户构成的晚近趋势引发了这样的疑问:我们是否正在成为一个由单身人士组成的共同体。在英国,单人家户的比例由 1971 年的 14%增长到 2001 年的 29%,不过,从那以后,增长就趋于缓和(参看表 10.4)。2014 年,单人家户占英国家户总数的 28%(ONS 2015c:10)。有几个因素交互影响,导致了现代西方社会中独自生活的人的数量增长。一个是晚婚的趋势,2001 年英国人结婚平均要比 20 世纪 70 年代早期晚六年,到 2007 年,初婚平均年龄男性为 32 岁,女性为 30 岁。至于另一个,如前所示,就是离婚率的居高。然而,还有一个是伴侣死亡的老年人口的增长(在第六章中有所讨论)。事实上,在英国,接近一半的单人家户是单人养老金领取者家户。

单身在**生命历程**中的不同时期意味着不同的事情。与从前相比,20 多岁不结婚的人比例更大了。不过,到了三十四五岁,只有少部分男女从未结婚。大多数 30—50 岁的单身人士属于离婚或处于婚姻的“过渡状态”,而超过 50 岁的单身者绝大多数属于丧偶。

参看第九章“生命历程”，其对这个概念的讨论要详细得多。

有能力独立的年轻人离开家只是为了独自生活,而不是为了结婚,这种现象比以往任何时候都要多。而在过去,结婚是离家最常见的渠道之一。因此,“保持单身”或独立生活的趋势似乎属于一股更广泛的社会趋势,即牺牲家庭生活而崇尚独立。然而,我们应当记住,绝大多数人最终还是选择了结婚,这也就意味着对于婚姻制度的支持依然在延续。

表 10.4 1971—2011 年以规模分组的英国家户类型(%)

	1971	1975	1981	1985	1991	1995	2001	2005	2011
单人户	17	20	22	24	26	28	31	31	31
双人户	31	32	31	33	34	35	34	35	32
三人户	19	18	17	17	17	16	16	15	16
四人户	18	17	18	17	16	15	13	13	14
五人户	8	8	7	6	6	5	4	4	5
六人户及以上	6	5	4	2	2	2	2	2	2
家户平均规模	2.91	2.78	2.70	2.56	2.48	2.40	2.33	2.30	2.35

资料来源:ONS 2013c。

(六)亲属关系 随着家庭结构变得愈益灵活多样,社会学家也越来越致力于理解家庭成员之间关系的现状。兄弟姐妹之间存在的纽带是什么?他们如何看待彼此之间的义务,以及对于父母、祖父母和其他家庭成员的义务?事实上,究竟谁才算得上是亲戚呢?

雷蒙德·弗思(Raymond Firth)在有关英国亲属关系的一项早期研究(1956)中,区分了“有效的”亲属与“无效的”亲属。有效的亲属是指那些与我们有活跃的社会关系的亲属;而无效的亲属是指有些亲属与我们不会定期接触,但又属于扩大的家庭群体的成员。例如,我们也许每天都与兄弟姐妹有接触,但是与某些堂表亲戚、叔叔婶婶,则只是在生日之类的年度集会上才会说上几句。有效亲属与无效亲属之间的区分,是与假定共享生物性的亲属形式的传统家庭群体一起发挥作用的,但它并不能准确捕捉到当代家庭关系的多样性。

对于人们来说,用亲属体系的用语来描绘某些非家庭成员也是十分常见的。例如,一些亲近的朋友可能被视为“叔叔”或“阿姨”。人类学家将这种关系定义为“干亲”(fictive kin)。意识到存在不同类别的亲属关系,就会模糊家庭成员和非家庭成员之间的界限,显示出人们所领会的“家庭”其实是社会性的建构。因此,人们就从更宽泛的“亲缘”(relatedness)的角度来讨论亲属关系,从而无须强加关于什么构成亲属关系的西方观念(和理想),即可进行跨文化的比较(Carsten 2000)。正如戴维·摩根(Morgan 1996,1999)有关家庭实践的观念,该研究的关注点就是从社会学家的描述性分类,转向人们自身对于“亲缘”的认识。

莫特纳(Mauthner 2005)借助定性方式研究了变化中的各种形式的"姐妹相处"(sistering),即女人如何扮演姐妹的角色。她采访了来自19对姐妹的37名女性,并且确认有四种"有关姐妹相处的话语"形塑了女性的叙事。**最佳友谊**(best friendship)这种话语确认兄弟姐妹的关系是一种非常亲密的关系,比其他友谊都来得亲近。这种话语接近常识观念,即兄弟姐妹具有生物亲近性。**伙伴**可以有两种形式。**亲密伙伴**(close companionship)这种关系相比最佳友谊,较不积极投入,也没那么强烈,但仍然很亲近。**疏远的伙伴关系**(distant companionship)所代表的那些兄弟姐妹关系,较少接触,感情上也不那么亲近,这使得姐妹们对这类关系的态度有些含糊。接下来是两种相互关联的话语,**定位关系**(positioned relations)与**移动定位**(shifting positions),描述了兄弟姐妹关系中权力的动力机制。定位关系大体上由家庭规定的相当固定的角色所塑造,包括设定姐姐对妹妹负有责任,或在有要求时成为"妈妈的替代品"。与此相反,移动定位应用于更为流动和平等的关系,其中权力的实施不是设定的,而是经过协商的。

"姐妹相处"的家庭实践会在生命历程中发生变化,并不固守一套限定的社会规范。

莫特纳总结说,当权力的动力机制在关系中发生转变时,姐妹相处的实践方式也会呈现出多样化,并可能随着生命历程的推进而发生改变。因此,即使社会上把女性看成首要的照顾提供者的话语可能影响到许多女性(以及男性)的态度和理念,我们也不能设定兄弟姐妹关系就是由固定的生物性家庭关系所形塑的。简言之,姐妹**相处**(sister*ing*)

的实践意味着尝试(重新)创造出与姐妹**身份**(sister*hood*)相称的姐妹关系,相较之下,前者积极而持续,而后者蕴含普遍的角色期待。

第四节

全球背景下的家庭

▼

今天,在全世界各社会中,家庭的形式多种多样。在一些区域,比如亚洲、非洲及环太平洋地区的偏远地区,长久延续的家庭模式殊少改变。然而,绝大多数发展中国家正在发生广泛的变革。这些变革有着复杂的起因,但仍不妨指出其中一些重要的因素。一是西方文化通过电视、电影以及更为晚近的网络等大众传媒而广为传播。西方追求浪漫爱情的理想传播到了一些从前对此一无所知的社会。另一个因素就是在先前由多个自治小社会组成的地区发展出了中央集权政府。人们的生活开始受到他们所参与的国家政治体制的影响,而政府也积极努力改变传统的生活方式。

国家往往会推行倡导小家庭的计划,推广避孕之类的措施,以应对人口的急剧增长。而更进一步的影响则是人口从农村向城市的大规模流动。通常是男性去往城镇打工,将妻儿老小留在农村老家。要不然,就是一个核心家庭群体作为整体迁往城市。而这两种情况都可能造成传统家庭形式和亲属体系被削弱。最后,大部分就业机会不再由土地,而是由政府机构、矿区、种植园之类的组织提供,而如果有产业工厂,往往更会给当地社区中原本围绕农业生产而形成的家庭体系造成破坏性后果。

这些因素的合力作用,促成了一场世界范围内的运动,趋向于扩大家庭体系和家户亲属群体的解体,虽然亲属之间的关系依旧是社会维系力的重要来源。威廉·J. 古德(Goode 1963)提出,随着现代化席卷全世界,核心家庭可能会因其允许工业资本主义所要求的那种地域流动性,而成为主导的家庭形式。但20世纪60年代后期以来,全球化愈益加速,对于家庭的影响也日趋加剧,已经导致了古德完全无法预料到的一些变革。今天的家庭更令人瞩目的,并不是什么一致的特征,而正是其纷繁的形式。

家庭模式趋同还是趋异?

晚近基于全球视角针对家庭生活的经验研究,进一步巩固了一个结论:对于全世界家庭结构特点的最佳概括,就是多样化。瑞典社会学家戈兰·瑟伯恩(Göran Therborn)

所著的《性与权力之间》(*Between Sex and Power*, 2004),是一部广泛涵盖整个20世纪家庭发展的全球史著作。瑟伯恩探讨了五种主要的家庭类型,它们都是特定的宗教观念或哲学观念塑造出来的,包括:撒哈拉以南非洲地区的家庭(万物有灵论);欧洲及北美的家庭(基督教);东亚的家庭(儒家);南亚的家庭(印度教);还有西亚及北非的家庭(伊斯兰教)。另外两种家庭类型,即东南亚和美洲克里奥尔人(Creole American)的家庭,综合了五种主要家庭类型的一种以上的特点,因而被称为"交叉体系"(interstitial systems)。瑟伯恩指出,所有这些类型的家庭制度,其结构都由三种核心要素决定:男权制或男性支配、性行为管控中的结婚与不结婚,以及造成人口趋势的生育与节育措施。聚焦于这三种要素,就可以进行国际比较,我们不妨依次来谈谈。

大致说来,历经20世纪,家庭**内部**的男权制的权力业已衰减。瑟伯恩也确定了这一变迁的两个关键时期。一个是在第一次世界大战(1914—1918)期间及之后,那时女性为战事助力甚多,证明女性参加劳动并无任何身体障碍。而1917年的俄国革命也倡导平等主义理想,挑战了有关女性担当居家角色"合乎自然"的男权制意识形态。另一个是从20世纪60年代晚期的性革命,到1975年的"国际妇女年"(International Women's Year),第二波女性主义浪潮巩固了女性地位改变的趋势,相关法律措施也使女性得以更加平等地参与公共生活。

当然,"实实在在的"生活现实并不会随着法律限制的形式转变就骤然转型,性别不平等的程度仍然是研究和争论的话题。瑟伯恩指出,第二个变化时期在欧美更为显著,而南亚、西亚和北非以及撒哈拉以南非洲地区的家庭状况变化就不那么明显。他观察到,近些年来,有证据表明,在发展中世界的纺织业和电子产业中,女性的经济力量不断增强,这同样能重新塑造男权制的家庭关系。

在20世纪,全世界的婚姻与家庭模式都有改变,但是瑟伯恩的研究得出了一个与古德不同的结论。不同的家庭类型并**没有**变得越来越相似,它们也并不符合西方的核心家庭模型,这都和结构功能主义理论的讲法不一致(参看本章有关理论的小节)。在绝大多数的发达国家,尤其是20世纪60年代以来,亲密关系已经变得更加开放,更不受传统的拘束。即使在西方世界内部,不断上升的离婚率、居高的再婚率以及越来越多的单身人士,合而观之,似乎推翻了家庭结构趋于融汇这一命题。瑟伯恩还提出,没有证据表明,家庭生活的这种变化和流动性是在全世界范围内扩散的。例如,在亚洲的大部分区域,人们仍然遵从婚姻中的一夫一妻制,而在撒哈拉以南的非洲,多配偶关系仍是传统规范。对于功能主义理论非常重要的核心家庭,到了21世纪,似乎不再居于主导地位了。

最后,瑟伯恩还看到,全球生育率的下降似乎是20世纪的主要变化,撒哈拉以南的非洲是个显著例外。之所以出现这样的结果,是因为节育手段更为有效,经济景气上升,女性越来越多地加入劳动大军,从而提高了她们自身的地位。我们在第九章"生命历程"

中详细讨论过,对于大多数国家而言,这样的人口结构变化意味着人口会减少,而社会则由于其更高比例的老年人活得更长久而步入“老龄”。

如果说多样性是世界范围内最显著的家庭特征,那么涌现出**什么**整体模式了吗?最为重要的一些整体变迁如下:氏族与其他基于亲属而组成的群体的影响力在衰落;自由择偶已蔚然成风;无论在成婚之时,还是家庭内部,女性的权利都在正式层面上得到更为广泛的认可;男女两性都获得了更高程度的性自由;还出现了一股整体趋势,赋予并扩展儿童的权利;最后,人们越来越能接受同性伴侣关系,尽管接受程度在世界范围内分布不均。我们不该夸大这些趋势的程度,因为其中许多都还处在抗争之中,存在着激烈的争议。阿富汗女性在塔利班治下(1996—2001)权利受到限制,表明这些趋势并非步调一致或势不可当的。

小 结

瑟伯恩的研究表明,世界各地的家庭尽管存在某种融汇之势,但转型的趋向并不像有关个体化和去传统化的那些学说所说的那样。这些学说似乎对于某些发达工业国家最为切用,它们的家庭结构和风俗,对于性和亲密关系的态度,两性之间的关系,结婚率与离婚率,以及对于 LGBT 关系的接受程度,都发生了巨大的变化。至于规模越来越大的短期和长期迁移会如何改变全球范围内的情形,还不能做出任何精确的预测。

但可以肯定,家庭社会学颇有一段时间被视为愈益丧失生机活力的研究领域,而今再一次成为欣欣向荣的专业分支。这主要是我们在本章中梳理的这些主要变化促成的。这些变化促进新一代的社会学家努力探索新鲜的思路与研究方法,从而考察他们如今所经历的家庭与个人生活。我们可以期待,这种进程将延续到未来。

不过,仍有许多人,或许是绝大多数人,认为家庭还是自己生活中最具意义的组成部分。民事伴侣运动和 LGBT 配偶婚姻平权运动也表明,不仅在法律上,而且在道德上和情感上,“家庭”依然具有莫大的吸引力。尽管帕森斯式的功能主义似乎已经丧失了功能,但悖谬的是,它或许仍能提供重要的洞见。功能主义告诉我们,社会制度必须针对变化了的环境做出调适,才能继续存在下去。如此一来,它们很可能看起来与此前的面目迥然有别,但仍继续发挥对于个体、社群和社会而言不可或缺的功能。无论“家庭”(不是作为单数的“家庭”)的制度如今有着怎样的变化和多样性,它依然是绝大多数人经历中的根本成分。

本章要点

1. 概述有关家庭的功能主义视角。这种视角如何被证明富有价值？又在哪些方面遭到批评？

2. 女性主义的理论阐述将家庭研究引到了哪些新的方向？

3. 戴维·摩根对传统建制性的家庭社会学提出了哪些批评？

4. 试述家庭研究的“家庭实践”思路是什么意思。这种思路据称在哪些方面是对此前各种思路的推进？

5. 家庭内部的分工发生了哪些变化？又在哪些方面维持原状？有何证据表明，公共领域中性别平等的进展并未转换成家务劳动的平等分担？

6. 家庭多样性的加剧是否意味着长久来看，核心家庭类型会宣告终结？如果认为后者还将延续存在，又有什么依据？

7. 概述吉登斯、贝克与贝克-格恩斯海姆以及鲍曼有关当代亲密关系转型的各自学说的核心要义。有人认为个体化命题是错误的，错在何处？

8. 描述 20 世纪 60 年代至今，离婚、婚姻与再婚模式的变化。基于可利用的证据，婚姻对于年轻世代是否已经丧失其价值？

9. 南亚和非洲及加勒比裔的家庭在哪些方面不同于符合理念型的西方核心家庭？

10. 民事伴侣和同性婚姻的引入表明，LGBT 关系得到了越来越多的接受。能把这些趋势说成是核心家庭模型的拓展吗？

11. 如果说对于全球背景下的家庭的最佳概括是多样化，那么这种特点能告诉我们有关全球化进程的什么？

研究实践

社会学中的个体化命题主张，人们正愈益摆脱社会结构的严格约束，依赖自有的资源，并不得不选择自己的生活道路。但在家庭研究领域，这一命题遭到了一些学者的猛烈抨击，他们认为它设定了一种不切实际的个体，孤零自处，只讲理性，脱离社会关系。阅读下文，它基于迁入英国的波兰移民的视角来讨论这场争论。在这些自由而流动的个体的生活中，家庭如果说还扮演某种角色，那是什么呢？

K. Botterill, 2014, ‘Family and Mobility in Second Modernity: Polish Migrant Narratives of Individualization and Family Life’（第二现代性阶段的家庭与流动：波兰移民的个体化与

家庭生活叙事),*Sociology*,48(2):233-250。

1. 这项研究属于哪一类?采用了哪些方法?它们是否适用于所研究的问题?

2. 加入欧盟如何影响了波兰的家庭生活?

3. 作者指出,家庭在年轻移民的生活中主要扮演了三种角色。是哪三种?分别举例说明。

4. 文中指出了三点"个体化命题的问题"。结合生命历程和迁移决策来讨论这些问题。

5. 文中得出的结论倾向于支持还是推翻个体化命题?你赞同作者的看法吗?

深入思考

作为一名参与观察者,考察你们家的"家庭实践"中下述维度的某一方面:一日三餐,一起看电视/录像,举家出游,走亲戚,做家务。把观察结果写成一篇小论文:

- 详细描述实践;
- 说明其对于维持家庭团结的重要性;
- 记录有关家庭展示的任何要素;
- 讨论阶级、族属、性别和身心障碍等因素对于实践展演的影响。

是否有可能把家庭实践中的行动要素与结构要素分离开来?在你的讨论中,究竟是其中一种要素比另一种更能说明问题,还是有一种办法能成功地融合结构/行动?

艺文探析

1. 多年以来,小说、纪录片、电视剧、电影和绘画一直在记录家庭中的欢乐与冲突。历史社会学家研究这些表现作品,由此洞察社会是如何反映、促进或挑战社会主流的道德规则和行为规范的。选择电视正在播放的两部连续剧(所谓"肥皂剧"),看一周播出的剧集。使用剧集中的实例作为你的证据,来思考以下问题:

这些节目中的家庭在多大程度上准确反映了本章中出现的当代家庭生活的现实?例如,两性关系是如何呈现的?如何处理家庭内部分工的问题?家庭暴力是一个主题吗?继亲家庭和 LGBT 关系方面如何?大体而言,这些节目有什么关于"家庭价值观"这一棘手问题的深层视角吗?它们是否倡导特定的"(作为单数的)家庭"观念,还是说家庭的多样性是其故事的核心意旨?肥皂剧仅仅是社会现实的**反映**,还是说采用了社会现实的某种**理想化**或**意识形态化**的版本？

2. 阅读哈尼夫·库雷西撰写的小说《亲密》(Hanif Kureishi, 1998, *Intimacy*, London: Faber & Faber),或者观看由帕特里斯·夏侯(Patrice Chéreau)执导的改编自小说的影片(2001)。这本书/这部电影刻画了离婚的杰伊(Jay)每周与已婚女性克莱尔(Claire)进行性接触,其间两人并不进行言语交流,也根本不投入任何感情。对克莱尔来说,这桩情事提供给她一种自己婚姻所缺失的亲密关系,但是杰伊越来越意识到,单纯的性并不能满足他,他开始想要对这段关系索取更多。

这本书/这部电影在何等程度上可以看作是与晚近探讨亲密关系转型的社会学理论的对话,尤其是讨论下列概念:

- 可塑之性
- 纯粹关系
- 汇流之爱
- “爱的正常混乱”
- 个体化
- 流动之爱?

两位主角身边的人对当代的“家庭价值观”是否有任何意识？如果有,你会如何概括这些价值观？

阅读指津

德博拉·钱伯斯的《家庭生活社会学》(Deborah Chambers, 2012, *A Sociology of Family Life*, Cambridge: Polity)实为入门上选，出色地阐述了晚近的例证和争论。戴维·切尔的《比较视角下的今世之家庭》(David Cheal, 2008, *Families in Today's World: A Comparative Approach*, New York: Routledge)以比较的视角讨论家庭，引人入胜，涵盖了本章的所有话题。

可以通过詹姆斯·M. 怀特和戴维·M. 克莱因的《家庭理论(第三版)》(James M. White, and David M. Klein, 2007, *Family Theories*, 3rd edn, London: Sage)一书来了解社会学方面的相关理论，不过该书也包括其他学科的视角。戴维·摩根的《重审家庭实践》(David H. J. Morgan, 2011, *Rethinking Family Practices*, Basingstoke: Palgrave Macmillan)或许是有关家庭实践及相关观点的最佳导引。格雷厄姆·艾伦、格雷厄姆·克劳和希拉·霍克的《继亲家庭》(Graham Allen, Graham Crow, and Sheila Hawker, 2011, *Step-*

families, Basingstoke: Palgrave Macmillian)讨论了混合家庭的相关议题。而奥拉·巴内特、辛迪·米勒-佩林和罗宾·佩林的《生命过程中的家庭暴力导论(第三版)》(Ola Barnett, Cindy Miller-Perrin, and Robin D. Perrin, 2011, *Family Violence across the Lifespan: An Introduction*, 3rd edn, New York: Sage) 全面阐述了家庭中的暴力问题。

最后,你可能需要一种涵盖整个领域的资料,如果是这样,杰奎琳·斯科特、朱迪斯·特雷斯和马丁·理查兹合编的《布莱克维尔家庭社会学手册》(Jacqueline Scott, Judith Treas, and Martin Richards, eds., 2007, *The Blackwell Company to the Sociology of Families*, Oxford: Wiley-Blackwell)有不少篇章见解深刻。

关于关系与生命历程的原典文集,参阅辅助读物《社会学入门文选(第三版)》(*Sociology: Introductory Readings*, 3rd edn, Cambridge: Polity, 2010)。

网络导航

政体出版社有关本书的更多信息和支持:

www.politybooks.com/giddens

以戴维·摩根命名的**摩根日常生活研究中心**(The Morgan Centre for Research into Everyday Lives),于 2005 年在英国曼彻斯特大学创立:

www.socialsciences.manchester.ac.uk/morgan-centre

家庭与关系研究中心(Centre for Research on Families and Relationships, CRFR),该研究中心于 2001 年创立,设在英国爱丁堡大学:

www.crfr.ac.uk

英国**剑桥大学家庭研究中心**(The Centre for Family Research at Cambridge University),一家从事儿童、养育和家庭方面研究的跨学科中心:

www.cfr.cam.ac.uk

第十一章

健康、疾病与身心障碍

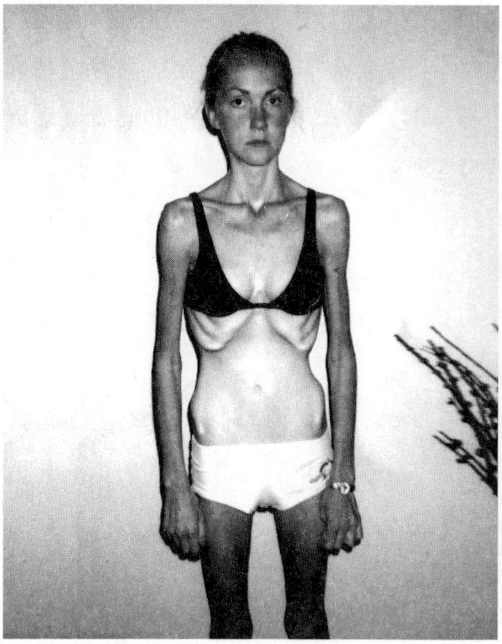
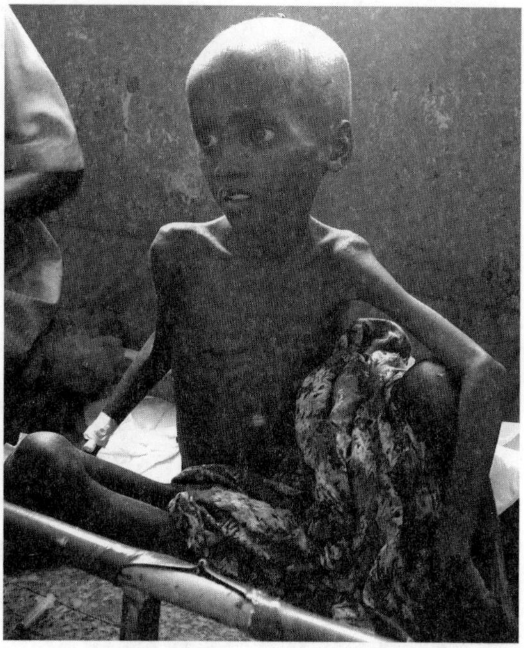

这两幅图的相似性令人瞩目。两幅图都展示了令人不安的瘦骨嶙峋的身体。索马里幼童是因为食物极度匮乏而生命垂危,英国少女则是因为她即使可以轻易获得食物却吃得极少,才使得生命陷入危境。两个案例所涉及的社会动力机制可谓天差地别。

因为食物匮乏而忍饥挨饿,是由个人不可控的因素导致的,而今天这种状况只影响全球最为贫困的人群。我们会在第十四章"全球不平等"中详细讨论这一话题。至于那位生活在世界上最富裕的国家之一的英国女性,得的是厌食症(anorexia),一种没有任何已知生理病因的疾病。她痴迷于身形苗条,这关系到一种不同于其他大多数人所见的有关理想身体的意象。她的健康状况已经逐渐差到危及生命。厌食症之类的饮食紊乱都属于富裕社会的疾病,在食物匮乏的国家闻所未闻。与健康医疗有关的话题或许会被认为纯属医学和生物学的领地,但事实上,对于被称作**身体社会学**(sociology of the body)的这一既有研究领域,这些也属于核心话题。

第一节

身体社会学

▼

纵观人类历史,大部分时间里,只有极少数人,例如圣徒或者神秘主义者,出于宗教信仰,故意选择节食。然而,厌食症和宗教信仰并没有任何具体关联,并且据估计,大约90%的患者都是女性(Lask and Bryant-Waugh 2000)。厌食症于1874年在法国首次被确认为一种紊乱,但在20世纪中叶之前,它始终非常罕见(Brown and Jasper 1993)。从那之后,它与贪食症(bulimia,即暴饮暴食,然后自己引发呕吐)一道变得越来越常见,地理分布也愈发广泛。作为一种身体疾病,我们也许认为厌食症有生物性或生理性的致因,但有大量研究表明,追求苗条、“有魅力”的身体的社会压力是一项关键因素,对于女孩和成年女性尤其如此。

这幅鲁本斯的画作《化妆的维纳斯》(*The Toilet of Venus*)完成于1613年,描绘了爱与美之女神维纳斯。

在现代之前,许多社会认为,理想的女性体形是丰满肉感。苗条并不值得追求,因为它让人想到缺乏食物,也由此想到贫困。“瘦”的社会地位是低下的,因此不会被人们追求。即使到了十七八世纪的欧洲,理想的女性体形也还是匀称的。看一下这个时期的绘画作品,比如鲁本斯(Rubens)的画作(参看左图),生动描绘了当时女性美的构成要素。传统上赋予丰满高价值,这在某些文化中依然能看到,尽管随着世界各地来自影视界、音乐界和时尚界身形苗条的尊贵名人的形象借助全球传播渠道广为流传,这种状况也正在迅速变化(参见“全球社会11.1”)。

全球社会 11.1

苗条在苏丹:丰满女体魅力不再

数百年来,丰满女体在苏丹一直受到追捧,女性被鼓励追求丰润。不过,如今有许多苏丹女性渴望苗条,健身房也突然之间大为兴盛。

在一个汗气蒸腾的大厅里,大约20位女性正在上有氧健身操课。美国的流行舞曲从喇叭里喷出。你仿佛置身世界上任意一座城市。只是眼前看不到一个男人。苏丹是个保守的国度,仅仅几年前,这样的场景还几乎是不可想象的。“想要锻炼的人多了好多。”健身教练阿玛尔·艾哈迈德(Amal Ahmed)说。“她们都想变得苗条……她们想把肚子练下去。”她又加了一句。萨玛风韵健康俱乐部(Sama Style health club)位于喀土穆一片高档区域。过去几年,在首都如雨后春笋一般冒出了大约三十家健身房,它只是其中一家，而其中绝大多数都只面向女性。

……

在过去，减重从未成为此地的一项优先要务。仅仅两代人之前，苏丹女孩在婚礼前被投喂催胖还是沿袭的风俗。民俗史家萨蒂娅·艾尔莎拉西（Sadia Elsalahi）说，古代库施（Kush）文明终结于公元350年，生活在那个时代的人们，推崇丰腴的身体，尤其是饱满的臀部和滚圆的大腿。

艾尔莎拉西说，直到20世纪30年代，苏丹的父母们还会在自己女儿仅仅十一二岁时就把她们嫁掉，而那时她们的身体尚未充分发育。"为了让一个女孩看上去成熟一些，他们会让她变得体形大一些，胖一些。"女孩子一旦订婚，她的娘家就会在床当中凿个大洞。女孩会在洞中坐上一整年，被迫暴饮暴食。当她长胖到足以撑满整个洞，就会被认为适合成婚了。催胖也是有经济动力的——新娘子越胖，也就意味着付给娘家的聘金越多。过去就是这样。

努赛巴·阿卜杜勒阿齐兹（Nusaiba Abdelaziz）说："催胖的主意是我们的爸爸和爷爷拿的。"她是就读于喀土穆的阿法海德女子大学（Afhad University for Women）的一名学生。她的朋友玛尔瓦·萨拉赫丁（Marwa Salahadeen）补充道："我喜欢我的身体，可要是我能变瘦一点，我会的。我想变得更骨感。"她俩都认为，大多数男人现在都想和一个苗条的女人在一起。蒂比妍·雅欣（Tibyan Yaseen）说："他们看的都是电视上的超级明星，像蕾哈娜和碧昂丝，我们也想变成那样。"近些年来，"风韵"（style）这个新词儿进入了苏丹的词汇。在英语里，这个词用来指苗条漂亮的女性。而这些年轻女性都希望自己拥有一份"风韵"。

纳菲莎·巴德里（Nafisa Bedri）是阿法海德女子大学的教授，研究苏丹的肥胖现象和身体意象。她指出，年轻女性感受自己身体的方式已经出现了显著转变。她的研究表明，许多人对自身的看法是扭曲的，说自己超重，其实是偏轻，反之亦然。当你在苏丹打开电视，就会被各种减肥产品的广告轰炸，身形修长的黎巴嫩和埃及女性在屏幕上熠熠闪光。巴德里说，这无疑会产生效果。"媒体已经在年轻女性当中打造了这种意象，告诉她们必须十分苗条……她们希望自己像在杂志和卫星电视上看到的那些模特那样骨感。"和西方世界一样，这里的女性如今在迎接婚礼时，也十分流行减肥，而不是增重，她如此说道。

资料来源：改编自 Baba 2013。

苗条作为**唯一**值得追求的女性体形的理想，产生于19世纪晚期的中产阶级群体，但是要到20世纪，它才作为一种社会理想变得普遍。随着西方"女性美"的意象通过大众传媒和互联网传遍世界,进食紊乱也传播开来。在20世纪八九十年代,随着全球化的步伐加快,各国经济愈益密切关联,中国、新加坡、菲律宾、印度和巴基斯坦等地的年轻人,主要是生活富裕的女性当中,也出现了进食问题(Efron 1997)。据报道,阿根廷、墨西哥、巴西、南非、韩国、土耳其、伊朗和阿联酋的发病率也在上升(Nasser 2006)。根据《医景全科医学》(*Medscape General Medicine*)杂志上刊发的一项研究(Makino et al. 2004),西方国家女性中贪食症的发病率从0.3%到7.3%不等,而与之相比,非西方世界的发病率在0.46%到3.2%之间。一些社会学家认为,造成进食紊乱蔓延的原因,是现代生活方式在世界各地的扩散(S. Lee 2001)。

饮食问题,对自己的外形感到不快甚或绝望,这些看起来似乎纯属个人困扰的事情,再一次被证明也是公共议题。如果我们不仅把厌食症和贪食症,而且将普遍流行的控制饮食和对于身体外形的焦虑等都算作进食紊乱,那么它现在已经成为世界各地千百万人生活的一部分了。

批判性思考

为什么进食紊乱影响的更多是女性而非男性?今天性别平等的程度提高,是否可能导致年轻男性中出现更多的进食紊乱患者?政府可以采取哪些政策来遏制进食紊乱病症的增长?

进食紊乱的迅猛增多,让人们看清了社会因素对于健康的影响。**身体社会学**就是考察这些社会影响通过哪些方式作用于我们的身体的,许多学者采取了**社会建构论**(social constructionist)的思路,它注重意义是怎样在社会互动中产生的。我们都拥有一副物理意义上的身体(physical body),但它并非存在于社会关系之外。我们的社会经验,以及我们所属群体的规范和价值,都深深地影响和形塑着我们的身体。但反过来说,不能把社会互动单纯化约为交谈或话语;它们也是**具身性的**(embodied)。也就是说,社会互动涉及的物理意义上的人,会使用自己的身体,阅读其他人的身体语言和外表,将世界同时作为物质环境和社会环境来体验。

要理解进食紊乱的增多,就需要对社会变迁有所意识,这正是贯穿本书的主题。进食紊乱的愈益扩散与食品生产的全球化正好一致。人类发明了新型的冷冻和集装箱运输方式,就使得食物可以储存更久,并能在全世界范围内转运而不变质。从20世纪50年代开始,超市开始储存来自世界各地的食品,只要你买得起,谁都能买去享用,绝大多数食物全年都可获得,而不受当地时令的限制。食物持续可得,成本又相对低廉,标志着一场真正的革命,可能会结束食物匮乏这一历史难题,并影响个体生命历程的长度。

在过去大约三十年间,发达国家的很多人都开始更细致地考虑自己的饮食,并且不仅仅是因为想要变瘦。当所有食物都多少可以随时获得,我们就必须决定吃什么,并量身打造一个膳食计划,此处的“膳食”意味着我们习惯性消费的食物。为了帮助人们制订膳食计划,从医学、科学、家庭乃至其他多种角度,现在有各式各样的信息对我们狂轰滥炸。例如,转基因作物如今在美国、巴西和阿根廷都有常规种植,在南美和亚洲也是如此,只是程度略逊,但是在欧洲大部分地区,转基因实验受到严格管控,消费者会担心自己沦为“人造”地位。与此相反,转向有机食品的趋势表明,人们愿意“购买天然”(buy natural),至少对于那些付得起钱的人来说是如此。这种情形所产生的种种机会、选择和深切紧张,就是进食紊乱的根源所在。

并非所有患上进食紊乱的都是女性;从全球来看,大约10%是男性(Nasser 2006)。那就出现了一个有意思的问题:为什么进食紊乱更容易影响女性,年轻女性尤甚?原因之一在于,社会规范对女性身体魅力的强调要多于男性。尽管男性**的确**越来越多地作为性的客体对象呈现在杂志和广告中,但是这些形象往往会结合表达穿衣显瘦、脱衣有肉。随着传统上属于男性的工作岗位愈益减少,服务业岗位迅猛扩张,肌肉健美仍然是男性特质的有力象征,而个人的身体也依然是生活中男性可以控制的一个方面(Elliott and Elliot 2005:4)。琼·雅各布斯·布伦伯格(Brumberg 1997)分析了过去两百年间美国女孩的日记,发现当美国的青春期女孩自问“我是谁?”“我想成为一个什么样的人?”之类的问题时,答案围绕身体的频率远远高于一百年前。美国的成年女性和女孩就像其他地方的她们的同伴一样,都受制于例行常规的媒体表现:苗条的理想化女性身体。

厌食症之类的进食紊乱也反映出,事实上,女性在更广阔的社会中发挥的作用比以前大得多,但人们在评价她们时,依然是不仅看成就,同样看外表。个体自觉不够完满或完美,对别人如何看待她倍感焦虑,这些都汇聚在对身体的感觉上。因此,有关苗条的理想就可能变成执念,而瘦身会带来某种控制感。厌食症只是试图塑造身体的一个极端例证,但并非孤例。人们还有能力通过技术干预来修整身体。从抗皱霜、脱毛手术和肉毒杆菌注射,到更具侵入性的手术,比如吸脂术、隆胸术、鼻成形术(鼻子整形)、腹壁成形术(紧腹术),人不分老幼,现在都能根据个人偏好来改变自己的身体。诸如此类的技术属于更广泛的健康技术(health technology),在现代医疗体系中的应用可谓勃然兴旺。

健康技术创新

社会学家借助**自然的社会化**(socialization of the nature)这个概念,研究了进食紊乱得以扩散的社会背景。这个概念指的是,事实上,此前被视为"自然的"现象,包括身体,现在变成是"社会的",因为它们受到人的行动的塑造。贯穿本章的一项主题就在于,由于科学和**技术**的应用愈益扩散,人的身体越来越与"自然"、自然环境及身体的生物性节奏相分离,从而导致了一些新的困境。整容手术使人们能够形塑和改变其身体,即为明证。但是现代医疗也牵涉到五花八门的医学技术,包括血压监护器、义肢、替代关节、B超与核磁共振检查、远程诊疗、试管婴儿之类的生殖技术、器官移植、药物疗法、外科器械、针灸器具、基因治疗等,不胜枚举。

即便是这样的范围也只是过于狭隘地聚焦于**物质**技术,但我们也必须考虑米歇尔·福柯(Foucault 1988)所称的对身体产生影响的**社会技术**(social technologies)。他这个概念指的是身体越来越成为我们必须积极创造而非单纯接受的东西。社会技术就是对我们身体的功能运作进行某种经常性的干预,以使其发生特定方式的改变,例如禁食、清洗、选择特定类型的食物(比如有机食品)和控制膳食以保持"健康"或一定的体格大小和体态。现代生活似乎提供了比从前任何时候都更多的方式,使我们可以干预和形塑自己的身体。

新颖的**健康技术**也使人们有可能采取有关疾病预防和处置的新思路,而最近出现的就是实验基因疗法(experimental gene therapy)。1990年,人们发起了一项国际性研究计划,即"人类基因组计划"(Human Genome Project),旨在绘制出人类DNA全序列图谱,也就是构成人类的全部基因。2003年,据宣告,该计划已经成功取得一项具有革命性潜力的惊人的科学成就。新的知识支撑医疗领域掀起一场"生物技术革命",可以预见,将会出现诸多实际应用和身体干预,真正转变医疗方式。而潜力最大的或许算是基因疗法,也就是使用基因(而不是药物、外科手术或内科治疗)来处置或预防疾病发生。比如说,如果某种突变基因或无功能基因导致了疾病,就可以用基因疗法来创造出一份健康的复制品,植入身体作为替代。基因还可以被输入身体以帮助抵抗疾病,或使导致健康问题的有缺陷基因失活。

最近有一项实验,堪称基因疗法蕴含巨大潜力的上佳例证。它处置了一种罕见病况,病孩没有任何功能正常的免疫系统,致使身体没有能力应对疾病。X连锁重症联合免疫缺陷(severe combined immunodeficiency-X-linked, X-SCID),是一种只会落到男孩身上的基因病状,而处置办法通常包括从捐赠者那里获得干细胞植入骨髓。然而,基因疗法的侵入性要弱一些,能够避免化疗。最新报道的试验涉及美国、英国和法国五个城市中的九名儿童,其中七名据说在初次治疗后已经良好生存超过43个月(Marcus 2014; Stephens 2014)。

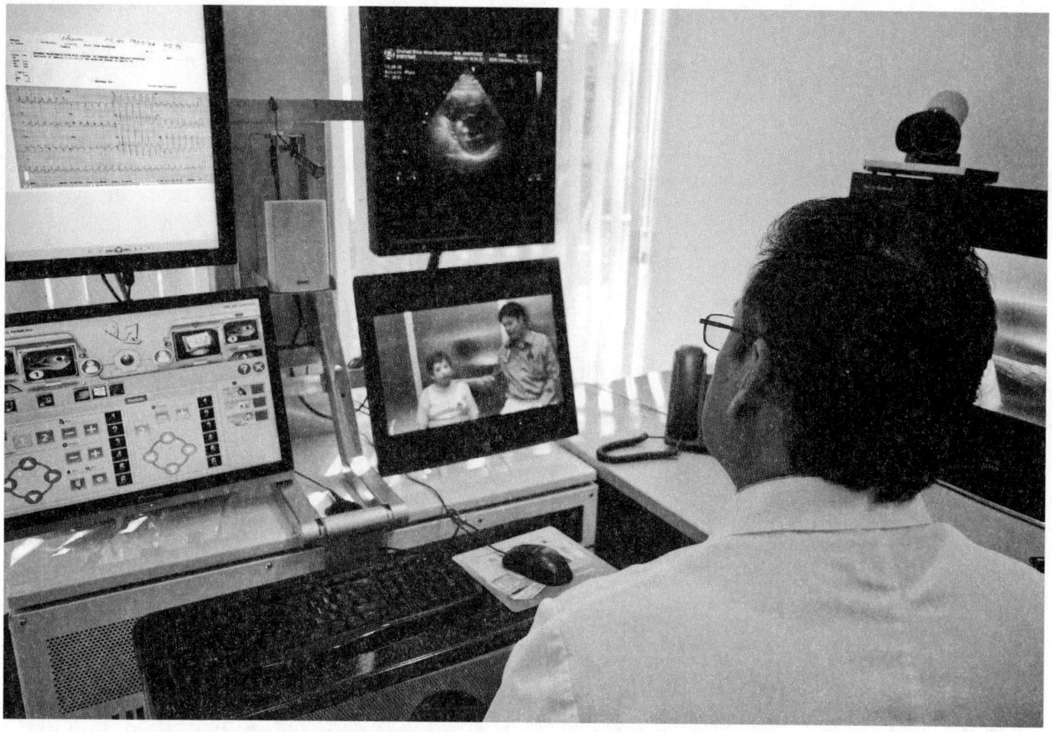

数字技术蕴含巨大的潜力，让专业医疗技能得以通过基于互联网的远程诊疗，深入难以抵达的乡村地区。图为墨西哥索诺拉(Sonora)的一名心脏病专家在对600公里之外的患者进行术前会诊。不过，此类技术也重塑了医学领域的外行—专业关系，例如“遥不可及的医生与不在现场的病人”(Mort et al. 2003)。

显然，基因疗法的这些成功案例使人们愈发相信那种令人心动的前景：能够治愈其他遗传病状，比如镰状细胞贫血(sickle cell anaemia)。但它们也有着巨大的商业潜力。2012年，欧盟在各管控机构中，率先核准了一种“一次性”基因疗法，用于治疗家族性脂蛋白脂肪酶缺乏症(familial lipoprotein lipase deficiency, LPLD)患者，其商标名为格利贝拉(Glybera)，而这种罕见的遗传代谢病状会导致多重衰弱性胰腺炎发作。2014年，一家基因检测公司“23与我”(23andMe)在英国创立。它出售的试剂盒可以对遗传疾病进行基因筛检，并使客户能够探究自身的基因组。然而，基因检测和治疗的前景也招来了严重的关切。

有了基因检测，就有可能更精确地预估健康风险。有一个很好的例子，就是检测是否具备遗传诱因，容易患上乳腺癌，确认人处在患上疾病的风险之中，就可以让他们在信息更完备的情况下做出治疗决定。不过，根据内特尔顿(Nettleton 2013:220)的看法，像“23与我”公司提供的那种基因检测服务会引发更多的不确定性，把一个健康的人变成“‘一个没有症状的病人’，一具更易出现某种病状的身体，一种局部诊断”。如果检测结果表明严重病状风险加剧，而金融机构、保险公司、政府部门和雇主亦可共享信息，也可能严重影响个人的日常生活。

对有些人来说,“新遗传学”的语言本身就是个问题,因为它已经开始主宰有关健康和疾病的争论,导致人们从社会文化背景中提取出关于什么是“健康”和“疾病”的个体化、医疗化和化约论的概念(Conrad 2002)。其结果,纯粹的生物学说明也逐渐成为民众常识,外行—专业的关系变得更加平等。为了逆转晚近这一趋势,医学专业正在重新夺回其权势地位,作为这块领域中唯一合法的专业技能来源。

另一方面,社会学研究业已发现,那些具有相同的生物特征的人还会结成群体,相互支撑,游说政府划拨研究资金,并与医学界和科学界人士展开合作,以增进对于特定病状及其后果的理解(Rabinow 1999)。病人们还往往将基因检测的结果与自己更宽泛的理解框架相结合,甚至不认为这些结果具有特殊的意涵,而是认为家族史能更好地提示自己的健康前景。与此相仿,相较于基因检测结果,医生们也可能更信赖胆固醇指标和病人自述症状之类的东西(Will et al. 2010)。

因此,纵然对于新型健康技术的影响的担忧合情合理,但还要具体理解这些影响,将其与人们日常生活的既有社会背景相结合,这意味着我们不能径直假定,人们单纯受到某种“强加”的新技术的摆布。有必要展开经验研究,以揭示人们究竟是怎样运用和理解新技术的。

批判性思考

你愿意参与基因检测计划吗?你觉得推广检测会产生哪些积极的结果,又会导致哪些问题?综合来看,基因检测对于整个人口而言,是一种正面的发展趋势吗?

第二节

健康与疾病的社会学

在英国,两个朋友见面时,通用的礼仪是问“你好吗?”,所期望的回答是“我很好,谢谢。你呢?”。明确双方都身体安康后,社会互动和谈话就可以开始了。但是,一旦我们开始追问,所谓“健康”究为何意,我们又如何知道自己是否健康,这个习惯性的问候交流中所假定的显而易见的健康概念就不是十分清楚了。健康与疾病的社会学已经表明,健康既是一种生物现象或生理现象,也完全是一种社会现象。

一 何谓健康

研究健康和疾病概念所被赋予的社会含义的社会学家已经发现了几种不同的说法，大多是把健康讲成没病，病症等同异常，健康就是平衡，以及健康作为功能（运转正常）（Blaxter 2010）。我们将依次简单介绍这些讲法。

在20世纪的大多数时间里，健康和疾病被视作两相对立。健康单纯被看作**没有疾病**。如果我们没有得病，那么我们就一定是健康的。在医学专业看来，疾病，特别是长期疾病，会通过缩短个体寿命，或者减弱个体的繁育能力，导致"生物性劣势"，而健康（没有疾病）则被看作人类的正常状态。与此紧密相关的第二个定义，就是把**疾病看成一种异常**，需要医学专业人员的监控和核准，以预防其扰乱社会。如今这类定义被认为是有问题的，因为它们等于是说，某种相当不寻常的状况，即完全没有疾病，才是正常状况。今天，人们已经愈发意识到，慢性病是相当普遍的，或许大多数人都有某种形式的疾病、病症或伤残，但仍然感觉自己十分正常、健康，并有能力过充实有力的生活。

与以上观点不同，世界各地的许多文化都包含一种信念，认为**健康就是某种平衡**，既包括个体与其环境之间的平衡，也包括个体有机体内部的平衡。现代科学医学业已表明，人体其实包含这种自平衡或"自我调控"的因素，例如当身体受到侵害时会启动免疫系统，以及对血液供应的调节。晚近世人开始关注如何在快节奏的现代社会中保持工作与生活的平衡，也表明了健康可能因社会环境而改善或者受损。尽管这一定义传播甚广，但仍然有人批评它。健康作为一种平衡的观念几乎难以准确测定，不仅如此，它也相当主观。置身同样的情形，有人感到他们已经达到了良好、健康的平衡，而另外一些人则觉得自己的健康面临极大的压力和危害。从这种迥异的经验中如何能够提取出一般的健康定义呢？

第四种定义将健康看作蕴含于人们能够开展正常活动的能力中。这就是**作为功能的健康**。如果个体能够正常开展某些活动或发挥某些功能，就此过上良好的生活，拥有令人满意的生命质量，或自在的休闲时光，那么我们就可以说他们是健康的。但是，如果疾病或者伤残影响了他们做这些事情的能力，那么他们的这种功能性能力的丧失的苦痛，是个人和社会都要承受的。尽管这个定义乍看上去很吸引人，但主要问题在于，人们过的生活各不相同，开展的活动千差万别。一些人在做艰苦的体力活时，另有些人坐在舒适暖和的办公室里。有些人喜欢翼伞滑翔和攀岩运动，而有些人的休闲活动则是参观博物馆、读书和上网。因此，很难基于功能性能力来确定某种普遍性的"健康"概念。对健康的功能性定义也遭到了身心障碍人士运动的抨击，因为它们太个人主义化了，不能意识到社会的组织机构所设置的障碍会让有特定伤残的人“失去能力”(Blaxter 2010:9)。

世界卫生组织1946年就试图结合社会维度和生物维度,给健康下一个更具整体观的定义,即将健康定义为“不仅是没有病和不虚弱,而且是生理、心理和社会三方面的安康状态”(WHO 2006b:1)。这种包容性的定义全面地描述了健康的意涵,但它也面临批评,被指过于理想化,以致无助于事。话说回来,这样定义的确使人们有可能遵循所列各个维度,在同一个社会中的不同社会群体之间,在同一个世界上的不同国家之间,进行健康比较。然后,就有可能设计政策,实施干预,以改善公共卫生状况。这个定义自从1948年首次公布以来从未改变,仍然是世界卫生组织开展活动的基础。

不过,纵然有这些定义方面的问题和质疑,但在实践当中,有一种关于健康和疾病的视角已经有凌驾于其他所有视角之上的趋势。这就是生物医学模式,它源于医学专业,长期以来充当着专业医疗的基础。

二 生物医学及其批评者

大约两百年来,在西方占主导的医学观念体现为关于健康的**生物医学模式**(biomedical model of health)。这种理解与现代社会并肩成长,不妨视之为现代社会的主要特征之一。从前对于世界的许多传统说明或基于宗教的说明被取代,继而兴起的是科学与理性,生物医学模式与这种趋势紧密相关(参阅第一章中有关韦伯和理性化的讨论)。它也是那个时代的社会、政治和历史背景的产物,正是在那样的背景下,出现了国家对于全体人口健康的干预。

(一)公共卫生 现代之前的许多社会在很大程度上依赖民间代代相传的药物、诊断和疗法。它们经常从巫术或宗教的角度看待疾病,并把病归因为恶鬼附体或“罪孽”上身。对农民和普通的城镇居民而言,没有任何更大的权威机构能够像今天的国家和公共卫生系统那样关心他们的健康。健康在过去主要是私人的事情,而非公众的话题。

民族国家和工业化的兴起极大地改变了这种状况。有明确疆域的民族国家出现后,也带来了对待本地民众态度的转变:本地民众不再只是这片土地上的居民,而是在中央权威机构统治下的人口。人口就此被看成一种资源,用以尽力扩张国家的财富和权力。人口的健康和福祉关系到国家的生产力、繁荣程度、防卫能力和成长速度。**人口学**(demography),即对人口的规模、构成和动态的研究,如今的重要性大为提高。例如在英国,1801年开始进行全国人口普查,并且每十年重复一次,以记录和监控人口的变化趋势。出生率、死亡率、平均婚龄、平均育龄、自杀率、预期寿命、饮食、常见病、死因及其他多种类型的统计数据都被加以收集。

米歇尔·福柯(Michel Foucault, 1926—1984)把注意力放在欧洲各国对人体的管控和规训上(Foucault 1973)。他认为,性既是人口繁衍增长的途径,悖谬的是,性也是对人口健康的潜在威胁。国家必须常规性地收集婚姻、性行为、婚生与非婚生子女、避孕措施以及流产等方面的数据,对与生育无关的性相实施压抑与控制。与这种监控携手并行的,是宣扬强有力的公共规范,规定性道德以及可接受的性活动形式。例如,同性恋、手淫和婚外性关系等都会被贴上"倒错"[①]的标签,并受到谴责。

有关不同形式的性相,参见第十五章"性别与性相"的讨论。

从消灭人口或"社会机体"中的疾病的努力之中,形成了公共卫生(public health)的概念。国家也开始承担改善人口生活条件的责任:建成了卫生设施及给排水系统以预防疾病;铺设了道路,对居住条件也更为注意;对屠宰厂和食品加工设施逐步进行规范;监督殡葬措施;在对人口进行监管、控制和改造的过程中,建立起一系列机构,比如监狱、收容所、贫民习艺所/济贫院(workhouses)、学校和医院等。福柯所要描述的是,一套既要促进卫生健康,也要加强监控和规训的公共卫生系统,是如何兴起的。

最近几十年来,已经出现了一种"新的"公共卫生模式,将重点从国家转回到个体。这种模式强调自我监控、疾病预防以及"自我照看",因此,保持健康已经被看作与公民权相关联的一种责任(Petersen and Lupton 2000)。在鼓励人们戒烟、定期锻炼、减少消费高糖食物的提倡健康生活的信息中,在倡导经常摄入果蔬的"每天五种"(five-a-day)运动中,都能看到这一点。不过,这类运动依然需要得到医学专业人员所给出的建议和确定的目标的强力支撑,他们界定并核准疾病的权力大部分得以保留。

(二)生物医学模式 医疗实践与上述社会变迁紧密交织在一起。将科学应用于医疗诊断与治疗,是现代卫生系统发展的核心要义。人们在界定疾病的时候,开始基于客观事实,往往是根据身体上可以辨认的"体征",而非患者本人所体验到的症状。由受过训练的"专家"施行的正规医疗,成为人们普遍接受的治疗身心疾病的方式。医学成为矫治从犯罪、同性恋到精神病等"越轨"行为或状态的工具。

关于健康的生物医学模式基于三点主要的预设。第一,疾病被视为人体内导致其偏

① 原文为"perversions",福柯是要揭示数量上的少数、统计上的非常态如何变成道德上的非正常,变成错乱或倒错,乃至于此词可直接译为"性变态"。——译者注

离“正常”状态的故障。19世纪晚期提出的细菌致病说认为,在每一种疾病的背后,都有可以辨识的具体致因(agent)。为了使身体康复,必须分离出病因并加以治疗。

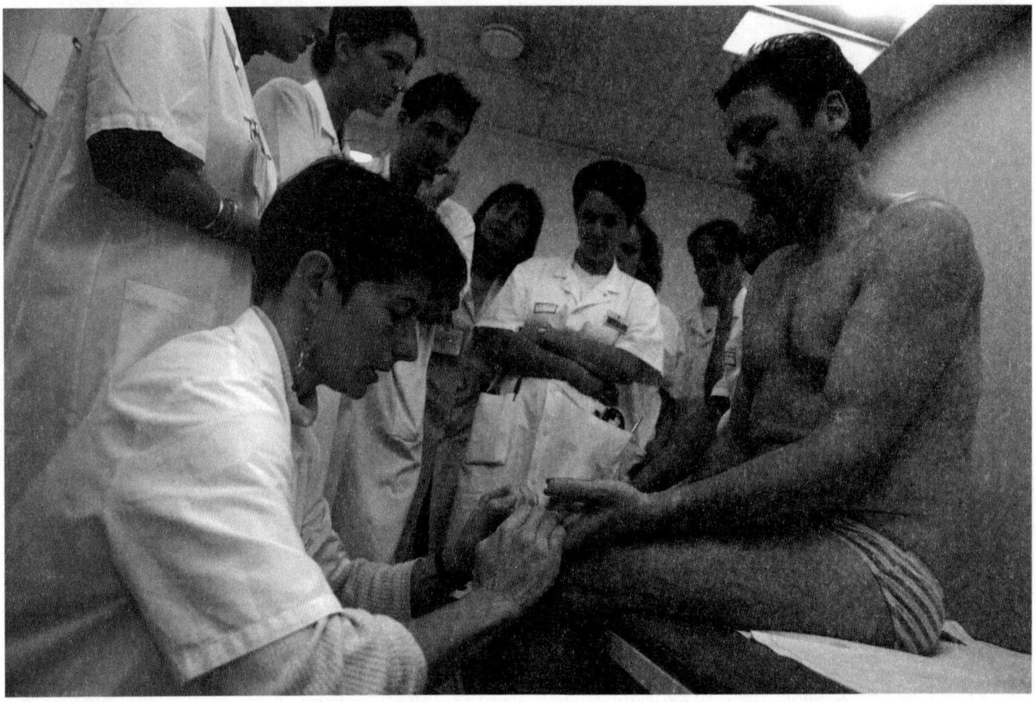

根据有关健康的生物医学模式,在医疗专业人员看来,患者就呈现为待观察和“修理”的“病体”,而不是完整的“人”。

第二,心和身可以分别处置。患者相当于一副病体,即一种病状,而不是一个完整的个人。重点在于疾病的治疗,而不在于个人的整体安康。生物医学模式认为,可以孤立地对病体进行操作、检查和治疗。医疗专家采取一种“医学凝视”(medical gaze),即以冷静超脱的方式观察并处置病人。治疗是以中立的、价值无涉的方式开展的,有关信息以临床的术语被收集并记录在患者正式的档案中。

第三,受过训练的医疗专业人员被认为是诊断和治疗疾病的唯一专家。医学职业遵循公认的伦理准则,并且是由成功完成了长期训练的经过资格认证的人组成的。自学成才的术士或“非科学的”疗法是没有一席之地的。医院才是治疗严重疾病的适宜环境,因为这些治疗常常需要综合采取技术、药物及/或手术手段。

批判性思考

尽可能多地开列你能想起的生物医学带来的好处。然后再列出生物医学尚未能很有效地处理的一些健康问题。为什么会这样?

(三)对生物医学模式的批评　从20世纪70年代开始,生物医学模式日益成为人们批评的对象。首先,社会史学者认为,科学医学的效力被夸大了。尽管现代医学获得了威望,但公共卫生状况的改善首先应该归因于社会、经济和环境等方面的变化。在降低婴儿死亡率方面,有效的卫生设施、更丰富也更廉价的食物、更好的营养、经过改进的排水设备以及个人卫生,要比医学更为重要(McKeown 1979)。直到进入20世纪之后好久,药品、手术的进步和抗生素才开始显著地降低死亡率,而当时公共卫生业已改善。抗生素要到20世纪三四十年代才被用来治疗细菌性感染,而预防脊髓灰质炎等疾病的免疫接种出现的时间更晚。这一结论对于发展中国家卫生体系的发展产生了重要影响。

其次,伊凡·伊利奇(Illich 1975),一位激进的文化批评者和哲学家,提出由于**医源病发生**(iatrogenesis)或者说"医师导致的"(physician-caused)疾病,危及人们照看自身的健康,现代医学实际上是弊大于利。伊利奇认为,有三种类型的医源病:临床性、社会性以及文化性的。当医学治疗使得病人情况更糟,或者产生新的问题,就发生了**临床性医源病**(clinical iatrogenesis)。例如,有些治疗有严重的副作用,病人在医院中受到致命感染(诸如耐甲氧西林金黄色葡萄球菌[MRSA],或艰难梭状芽孢杆菌[Clostridium difficile]),误诊和疏忽导致病人的死亡。像有报道称,在英格兰,医院中的病人由于医疗失误而死亡的人数在2005年到2009年间上升了60%,主要是由医疗手术、感染、用药失误、职员虐待及病案弄混导致的(*Nursing Times* 2009)。

社会性医源病(social iatrogenesis),或者**医疗化**(medicalization),指的是随着医学向越来越多的领域扩散,刺激了对于医学的服务、医药和治疗乃至新技术的人为需求,使得社会的卫生开支涨个没完。伊利奇主张,社会性医源病进而导致了**文化性医源病**(cultural iatrogenesis),人们应对日常生活中的挑战的能力逐渐退化,愈发依靠医药和医生,并产生了很多不必要的依赖。如此一来,人们在照顾自己身体和健康方面失去了技能。伊利奇认为,应当大幅缩减现代医学的范围。

再次,现代医学被指责忽视患者的意见和体验。由于生物医学寻求客观地理解特定身体病痛的原因和疗法,因此几乎没有什么必要聆听患者个体的解释。患者是作为有待治疗和治愈的"病体"而存在的。而批评者认为,只有当患者被当作有思想、有能力的存在,具有自己对健康和疾病的理解和解释,才可能开展有效的治疗。例如,许多处方药开了也从未被使用,因为病人要么不理解为什么需要它们,要么不认同它们的效力。

发挥你的社会学想象力 11.1

辅助医疗或替代医疗?

简·梅森(Jan Mason)以前过着活泼健康的生活。但当她开始感到极度疲乏和压抑的时候,才发现常给她看病的医生已经帮不了她什么大忙了:

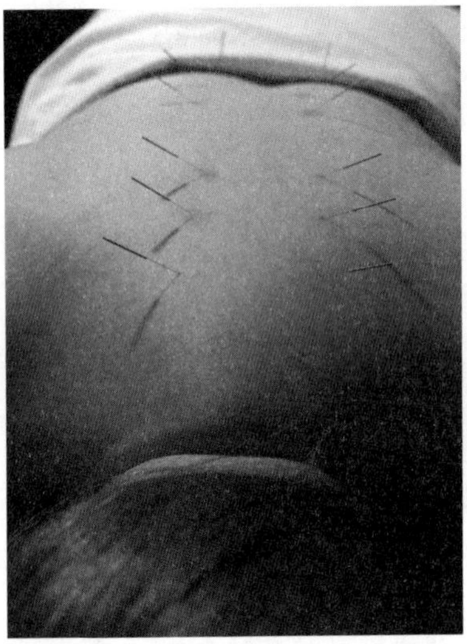

针灸,一种传统中医疗法,只是诸多不遵循科学的生物医学原则的辅助疗法或替代疗法中的一种。

> 从前,我是个非常健康的人。我可以游泳、打壁球、跑步,但突然一切都改变了。我去看医生,但没有一个人能告诉我到底是怎么回事。我的全科医师说那叫腺热①,给了我一些抗生素,服了以后我生了严重的口疮。然后他就老是说,他也不知道是怎么回事……我做过各种身体检查。我真的很难受。就这么过了半年。我还是病着,而他们也一直不知道是怎么回事。(转引自 Sharma 1992:37)

简的医生认为是承受压力的缘故,建议她试一试抗抑郁药。虽然简也承认,身体不能确诊给她的生活带来了沉重的压力,但她知道抗抑郁药并不能解决她的问题。后来简听到了一个电台节目,就怀疑自己无精打采可能是因为患上了后疲劳综合征②。在朋友的建议下,她求助于顺势疗法医师(homeopath)——一种替代医疗的从业人员。后者认为,一种疾病的征候属于身体的自愈过程,因此先对整个身体的状况进行评估,然后使用极小剂量的药物,"以毒攻毒"进行治疗。简找到了一位治疗思路对自己胃口的顺势疗法医师,并且对所接受的治疗很满意(Sharma 1992)。

越来越多的人开始把非正统的医疗方法引入自己日常的医疗保健,简只是其中之一。据估计,多达四分之一的英国人曾经找替代医疗从业者诊治过。而在寻求替代治疗的人中,比较常见的就是女性、中青年以及中产阶级。

批判性思考

你或你的家人是否试过辅助疗法或替代疗法?什么原因促使你或他们这么做?它们看待健康的思路与生物医学模式有何不同?它们未经"科学检验"是否有影响?

① 此处原文为"glandular fever",正式学名为传染性单核细胞增多症。——译者注

② 此处原文为"Post-viral fatigue syndrome",系病毒感染引起的肌痛性脑脊髓炎。——译者注

最后,所谓科学医学优于其他任何形式的治疗——后者被视为“非科学的”并因此属于低等,这样的信念已经遭到了抵制。我们已经看到,各种辅助医疗和替代医疗越来越受欢迎(当生物医学被证明无能为力的时候尤其如此),就正在削弱这一信念。随着“疾病负担”(disease burden)不断转移到慢性病,需要在医生和患者之间建立起一种合作关系时,上述挑战可能愈发强大。

在20世纪中期以前,主要的疾病是肺结核、霍乱、疟疾以及脊髓灰质炎这类传染性疾病,它们通常具有较强的传染性,会威胁到整个人口。在今天的发达国家中,这类急性病已经基本根除。如今最常见的死因是非传染性的慢性病,比如癌症、心脏病、糖尿病或循环系统疾病。这种转变被称为“健康转型”(health transition)(参看图11.1)。在前现代的欧洲,婴幼儿的死亡率最高,而在今天,死亡率随着年龄增长而升高。因为现在人们更为长寿,患的是慢性的变性疾病。[①] 人们还越来越强调会影响疾病发生的“生活方式的选择”。伴随着健康转型,生物医学模式越来越显得过时。毕竟,很多患有慢性病的人有可能成为病情管理方面的专家。因此,医生和患者之间的权力差距不再那么悬殊,之前那种不平衡的特点丧失大半。

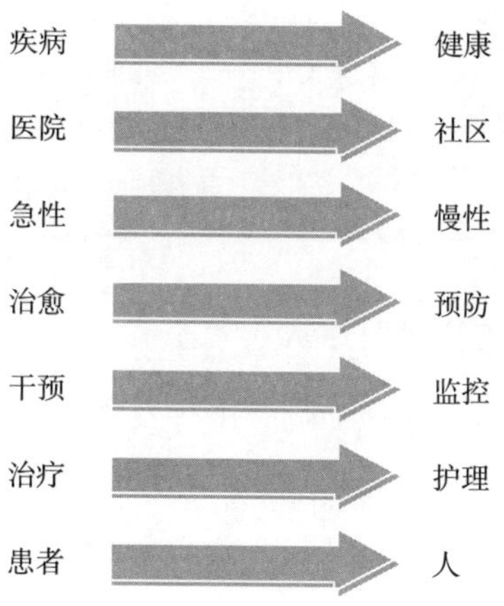

图11.1 健康与医疗的当代转型

资料来源:Nettleton 2013:10。

在许多人看来,反射疗法[②]、催眠疗法、按摩疗法(chiropractic therapy)或者光疗法等替代疗法,对生物医学的主宰地位构成实实在在的挑战。但我们应当谨慎对待这一评估。转而求诸替代医疗的人,绝大多数并非将其径直作为正统医疗的替代品,而是与正统医疗结合起来使用,只有经历过主流的医疗系统,并获得某种医疗诊断之后,他们才会

① 此处原文为“degenerative diseases”,指伴随年老或器官衰退而发生的退化性或退行性疾病。——译者注

② 此处原文为“reflexology”,指按摩手、脚、头部等处以松弛神经的方法。——译者注

去尝试替代医疗。生物医学在现代医疗保健体系中的主宰地位依然十分牢固,有鉴于此,大部分社会学家更愿意把非正统的技术看作**辅助性**的,而不是真正替代性的(Saks 1992)。确实,一些辅助性的疗法,比如针灸,已经成为许多主流医疗保健系统的组成部分,同生物医学的诊断和治疗一起提供给病人。

表 11.1 生物医学模式的预设及对该模式的批评

预设	批评
疾病是由某种生物媒介引起的人体某部分或系统的故障。	疾病是由社会建构的,而不是可以通过所谓"科学真理"加以揭示的东西。
病人是被动的存在,其"病体"可以与其精神分开处置。	病人对于疾病的意见和体验对治疗是至关重要的。病人是主动的、"完整"的存在,重要的是其整体的安康,而不仅仅是身体的健康。
医疗专家拥有"专业知识",提供对疾病唯一有效的治疗。	医学专家并不是健康和疾病方面知识的唯一来源。在许多人看来,传统药方和辅助疗法是同样有效的替代选择。
适合治疗复杂病况的地方就是医院,在那里集中了各种医疗技术并有最好的应用。	康复并非只能在医院进行。治疗所使用的技术、药物和手术不一定就胜出一筹,事实上还有可能导致伤害,而不是有益健康。

人们转而求诸辅助医疗或替代医疗从业者是有多种原因的。有些人认为正统医学是有缺陷的,不能缓解长期折磨人的病痛,或是压力和焦虑的症状(就像"发挥你的社会学想象力 11.1"中简的病例)。也有些人对医疗保健系统的功能运作方式不满意,厌倦了候诊的长队,在专家之间不停地转诊,又或是资金掣肘等。更多的人则是担心药物治疗会带来不良副作用,或是手术的那种侵扰,而药物治疗和手术都是现代医学的基石。对于某些患者来说,医生与患者之间权力关系的不对等也是成问题的。他们认为,在咨询和诊断的过程中,他们关于自己身体的知识没有得到充分的重视,这让他们感到不满。最后,一些人对正统医疗有着宗教或者哲学方面的异议,因为它往往将心灵与身体区别对待。他们相信,一种包含健康的精神维度与心理维度的较为全面的路数,更可能成为替代疗法的组成部分。

替代医疗的增长反映了现代社会中发生的一些社会变迁。我们生活在一个信息丰富的时代,当人们做出关于生活方式和健康的选择时,可以获得各色来源的越来越多的信息，尤其是在互联网上。个人正逐渐变成“健康消费者”[①]，对自身的健康采取更为积极的态度，而这与传统医疗所要求的被动承受是冲突的。人们不仅能够选择向哪一位从业者咨询，而且要求对他们的保健和治疗有更多的参与。自助群体的数量在增加，人们更可能掌控并积极形塑他们的生活，而不是仅仅依靠医学专家的指导和建议。

对于生物医学的一些最强烈的抨击来自女性，她们认为，怀孕和生育的过程已经被医疗化了。医学职业作为“科学真理”的仲裁者，拥有权力把更多的人类生活领域置于医学凝视之下（参看“发挥你的社会学想象力 11.2”中有关制药公司如何界定疾病的讨论）。绝大多数的生育都是接受专家（主要为男性）指导在医院进行的，而不再留在家中由女性掌控，并得到接生婆的协助。怀孕，一种寻常而自然的现象，也被视为充满风险和危险，处置方式类似于对待“疾病”。女性主义者提出，女性已经失去了对这一过程的控制，而在监管生育过程的男性“专家”看来，她们的意见和知识都是不相干的（Oakley 1984）。

类似的，人们也担忧一些此前“正常”的状态的医疗化，像是郁郁寡欢或轻度抑郁、疲劳（往往被称作慢性疲乏综合征［chronic fatigue syndrome］），或是儿童多动症（ADHD，即“注意力缺乏多动障碍”［attention deficit hyperactivity disorder］）。在美国，每个月大概要开出两百万份多动症药品（主要是利他林[②]）处方给儿童。3%到5%的美国儿童患有此病。在英国，2005 年开出了 361 832 份含利他林及类似药物的处方，其中绝大部分是开给被诊断为患有多动症的儿童（Boseley 2006）。利他林被说成是一种“灵丹妙药”，它能帮助儿童集中精力，安静下来，并提高学习效率。批评者指出，多动症的所谓“症状”，其实反映了现代儿童所承受的越来越大的压力和心理负担：生活步伐日益加快、信息技术无所不在、缺乏锻炼、高糖饮食和家庭生活摩擦不断。在批评者看来，实际上，广泛使用利他林是在将儿童的多动和缺乏注意力予以医学化，而不是提请人们注意可观察到的症状背后的社会原因。

显然，我们正处在一段特殊的时期，现代医疗和人们对于自身健康的照看的态度正在发生显著而迅速的变革。不过，本节所讨论的健康和医疗的转型是否会导致一种新的“健康范式”，以取代生物医学模式，尚不明朗。如下节所示，区域传染病乃至全球传染病对全球公共卫生构成了重大威胁，若无科学医学的参与，人们将无法成功应对和预防。

---

① 此处原文为“health consumers”，即消费健康的人，注意不是“healthy consumers”。——译者注

② 此处原文为“Ritalin”，即盐酸哌甲酯，一种神经中枢兴奋药。——译者注

发挥你的社会学想象力 11.2

精神药物:从治疗到强化?

社会学家业已揭示,在界定是什么构成了“疾病”和应当如何加以治疗方面,医学专业人员扮演了核心角色。不过,同样清楚的是,在针对新冒出来的健康问题开发治疗手段方面,药企才是先锋。有一项健康话题是最近才明确的,就是疲乏或嗜睡。有些睡眠紊乱是得到医学认可的,比如发作性睡病(narcolepsy),一种导致“睡意侵袭”的大脑紊乱,人们会毫无预兆地入睡。美国宾夕法尼亚州的一家药企塞法隆(Cephalon)制造了一种名叫莫达非尼(Modafinil)的药,获得核准时宣称是为了治疗发作性睡病,因为它有助于人们保持觉醒状态。然而,一段时间过后,它被用于治疗其他病状,比如阻塞性睡眠呼吸暂停(obstructive sleep apnoea, OSA,即气道暂时堵塞)和倒班工作睡眠障碍(shift-work sleep disorder, SWSD)。

如此扩大药品用途去治疗一系列新的“紊乱”,不由得让人忧心药企的权力过大。威廉斯(Williams 2010:538)指出:“最近的担忧针对的是,制药行业的角色不仅体现在制造并营销药品上,而且体现在制造并营销一些紊乱供这些药品去治疗……”果真如此,那么就可以把医疗化的过程放到更广泛的社会背景下来看,既考虑医学专业不受质疑的权力,也考虑医药的制造与营销。

我们这个全时运转的社会(24/7 society)要求工作弹性,工时延长,注意力长时间高度集中,因而产生了诸多问题,莫达非尼似乎是解决其中某些问题的合理办法。威廉斯(Williams 2010:540)提出,运用药物来保持“觉醒”是否合法,要看对于安全的关切:“比如说,把自己交给一位靠化学作用提神的大夫或飞行员,他在手术台或机舱里的表现不会受到睡意的袭扰,你会觉得更加安全吗?”但是,在这些情形下使用药物,真的是一种对于某个实实在在的健康问题的“治疗”吗?还是说,顶多把这看成是一种性能增强剂(performance enhancer),使劳动者能够执行雇主现在要求他们完成的各种任务?

批判性思考

批评者质疑,医学专业是否有权力把某些生活方式问题重新界定为有病。上述简短讨论是否足以说明,医学专业在社会中权力很大?在一个全时运转的社会里,“疲乏”或“嗜睡”是不是一种健康问题,需要药物干预?

三 全球传染病与全球化

如果一种传染病的扩散超出了预期的特定社群范围,就可以被界定为**区域传染病**(epidemic),而所谓**全球传染病**(pandemic),则是"一种世界范围内或相当广袤地域内发生的传染病,它跨越国界,通常影响到大量人群"(Last 2001)。在我们这个全球密切关联与沟通的时代,全球传染病可能会变得更为常见。如果我们将全人类看作单一社群,那么区域传染病与全球传染病之间的差别就不复存在了。但是,为了区别哪些疾病暴发是"传过来的",哪些又不是,这样的区分依然是有帮助的。本节我们主要讨论全球传染病。

区域传染病与全球传染病绝非全新之物。比如说,有研究称,14 世纪早期,中国暴发了鼠疫,鼠疫蚤(rat fleas)将鼠疫杆菌(Yersinia pestis)传给人,又通过往来亚欧的商船与主要贸易路线扩散开来。仅仅五年时间,即从 1347 年到 1352 年,据估计,欧洲至少有 2500 万人死亡,占到总人口的三分之一到一半(Cunningham 2011:101)。此后世界各地还不断暴发新的疫情,直到 17 世纪。1918 年至 1919 年,第一次世界大战结束之时,史称"西班牙流感"(西班牙是第一个宣布有区域性传染疫情的国家)的世界性流感传遍欧洲乃至世界其他地方,夺去了大约 5000 万人的生命,而 20 岁到 40 岁的中青年比例尤大,远远多过死于战争的人数(Barry 2005:4-5)。

近些年来,已经有过几场可能导致严重后果的全球传染病。2003 年,在中国广东省出现了 SARS(严重急性呼吸道综合征[severe acute respiratory syndrome]),这种冠状病毒能够引发危及生命的肺炎。它在全世界感染了大约 8000 人,致死人数超过 750 人。大约 9 个月后,这一疫情被控制住,自 2004 年以来未见报告新病例(Centers for Disease Control 2014)。2009 年又暴发了"猪流感",其病原体是一种新型的 H1N1"普通"流感病毒,属于人、鸟和猪的基因物质的某种重组,在墨西哥猪身上"杂交",创造出一种新变种。"猪流感"于当年四月最先被探测到,迅速传播到全世界大多数国家,不过,在许多地区感染产生的症状比较温和,没有造成多少死亡病例。截止到 2010 年底,世界卫生组织宣布,这场全球传染病终结。尽管死于猪流感的病例数最初估计有 1.8 万例,但最新的分析表明,有大约 28 万人死于该病,其中受感染最重的地区是东南亚、非洲和南美(Dawood et al. 2012)。因"猪流感"和"西班牙流感"这两场全球传染病死亡的人当中,65 岁以下的特别多,这不像普通的季节性流感,后者对老年人的影响最严重。

如果说全球传染病可以一直回溯到中世纪,我们或许会认为,今天的疾病全球传播也没有任何不同。然而,全球化的进程,尤其是跨越各个民族国家和地区边界的人口流动更为便捷,可能引向一个新的"全球传染病时代",各种病毒混合起来更加方便,扩散更加迅速,传播之快胜过以往任何时候。从马车到舟船、铁路网乃至航空旅行,伴随着交通运输方面的每一次发展,人们以越来越有效和系统的方式,在世界范围内运送着自身、其他动物和各种货物。病毒学家内森·沃尔夫(Wolfe 2011:118)指出,如今,全球化也促进了病原体的广泛传染,赋予它们"一个真正全球性的活动舞台"。它还意味着疾病的扩散更为迅速,因为"人们可以真的做到,今天你站在澳大利亚的泥淖里,明天就踩在亚马逊的河流中"。

全球化并不是缔造新的全球传染病时代的唯一原因。某些病毒从动物传染到人的最初过程中有一个因素,即在非洲有些地方,来自雨林的野生动物的兽肉被广为消费,使病毒能从动物身上传入人群。此外,持续的都市化进程,以及城市本身的增长,制造了稠密的人口,让病原体可以非常迅速地扩散到大量人群,而大规模的工业化饲养又使病毒及其他病原体有可能混合,产生新的形式,严重威胁公共卫生。合而观之,这些因素为未来出现更多的全球传染病创造了条件。不过,全球化也使专业技能、多源数据、医疗设施及新型疗法有可能共享,令那些全球传染病的严重性比过去大为降低。有两个例证具体说明了当前全球化趋势的利弊。

(一)遏制全球传染病埃博拉 1976年,在扎伊尔,即现在的刚果民主共和国(DRC),一种病毒性疾病导致了280人死亡。该病最初暴发于埃博拉河边一个名叫扬布库(Yambuku)的村镇,所以被称作埃博拉病毒病(Ebola virus disease, EVD)。同一年,它在苏丹的恩扎拉(Nzara)暴发,导致151人死亡。这种病毒经由野生动物中介传入人群,并通过人们接触体液、排泄物、器官,以及受感染者的衣物和床褥等受污染的环境而扩散。尽管致死率差别甚大,但就多次疫情暴发的平均值而言,埃博拉病毒病可能导致50%到60%的受感染者死亡。目前尚无任何核准的疫苗,只是晚近有些实验性治疗在少量患者身上获得成功。针对症状的治疗能帮助增加个体的生存机会,否则患者是不太可能存活的。自1976年以来,世界卫生组织已经确认超过20次埃博拉疫情,绝大多数发生在非洲中部地区,但没有一次像2013年12月始于非洲西部的几内亚的这次那么致命,后者直到2014年3月才见报道。

截至2014年10月12日,世界卫生组织(WHO 2014a)估计,有大约4500人死于埃博拉病毒病,其中利比里亚2458人,塞拉利昂1183人,几内亚843人,尼日利亚8人,美国1人。然而,美国疾控中心(US Centers for Disease Control, CDC)指出,由于人们会在不去医疗中心就诊的情况下逐渐病死,真实的数据可能至少是这个总数的两倍。2014年这场区域传染病据说病毒是通过兽肉传播的,而兽肉在几内亚算是美味。猴子、羚羊,以及其他动物,尤其是狐蝠(fruit bats),在非洲中部和西部地区均有人食用,而狐蝠被认为是埃

埃博拉病毒是通过接触受感染者的体液而进入人的身体的，因此，在非洲西部的卫生工作者穿着全身防护服装，避免沾上乃至可能传播病毒。但在 2014 年疫情暴发期间，在塞拉利昂和利比里亚，诸如此类不可或缺的防护并不容易获得。

博拉病毒的“天然居留地”。之前的埃博拉疫情往往出现在偏僻的村庄，但最近的疫情暴发却很快扩散到城市中心地区，比如几内亚首都科纳克里（Conakry）。卫生设施不堪重负，而基本装备及防护服装的匮乏也导致至少 440 名卫生工作者受到感染。

发达世界的一些政府，包括加拿大、美国和英国，开始设置机场筛查，试图遏制埃博拉病毒的传播，比较富裕的国家绝大多数都拥有先进的卫生设施和资源，可用于控制传染病的扩散。尼日利亚和塞内加尔的疫情暴发迅速得到控制，而在拥有更强大的卫生体系的几内亚，情况在 10 月中旬就趋于稳定。但在塞拉利昂和利比里亚，病毒扩散到人口稠密的城市区域，遏制的难度大为上升（BBC News 2014a）。

要理解埃博拉（以及其他全球传染病），绝非仅限于生物性事实，比如病原体、传染路径和感染的扩散，它还把我们引向一个问题的核心：全球不平等为何始终是生死大事，就是字面上的生死攸关。即如多尔蒂所言（Doherty 2013：xxxvi）：

> 说到全球传染病，病菌，即病原体，只是等式的半边，而另一半则是我们是谁，我们做什么。这样想问题，就会促使我们把对全球传染病的关切扩展到一个严重得多的挑战，即建成一个更为公平、更具环境可持续性的地球。长远观

之,我们整个物种的维续都有赖于这一目标的实现。全球传染病只是故事的一部分,或许都算不上最可怕的部分。

非洲西部埃博拉疫情夺去的生命,大多可以归咎于卫生保障的资源匮乏,缺乏基本服务和基础设施,比如安全清洁的水资源、方便通达的道路。在塞拉利昂和利比里亚,20世纪90年代的内战破坏了这两个国家的基础设施,导致它们缺乏功能运作正常的卫生体系,从而更容易受到病毒迅速传播的侵害。

为了找到在埃博拉病毒病扩散到全球之前就控制住它的最佳手段,有人提出使用**大数据分析**(big data analytics)作为一种有用的工具。有个简单的例证,就是在疫情暴发期间,通过监控来自基站的手机数据,绘制拨打求助热线的电话分布图,可以显示在哪里设置治疗中心最为有效。也可以直接针对求助电话给出卫生建议。未来还能用大数据分析来定位(那些受感染者或高危人群的)行踪,监测进出"热点地区"的人口流动,利用来自机场、港口、铁路和公路身份认证体系的数据来追踪跨境流动,核查手机和社交媒体活动。所有这些信源都提供了关键信息,是卫生机构和政府部门力图理解疫情概况以便实施控制所不可或缺的。大数据分析能够从多重信源搜集海量数据,构建更为全面的画面,丰富既有的各种信息采集手法(Wall 2014)。

当然,大数据本身也没有能力控制潜在的全球传染病,在实际情况中,总是需要方方面面的政府机构和非政府机构开展国际性协作。但大数据的确有潜力做出一些显著贡献,这在通信领域的数字革命之前是无法实现的。因此,全球化进程固然增加了区域传染病更加迅速地转变成危险的全球传染病的潜在可能,但同样的通信全球化进程也创造了反制这种趋势的可能性。这一点让我们想起了卡尔·马克思(Karl Marx)的一句名言:"所以人类始终只提出自己能够解决的任务,因为只要仔细考察就可以发现,任务本身,只有在解决它的物质条件已经存在或者至少是在生成过程中的时候,才会产生。"(Marx 1970 [1859]:21)

是否真能发挥大数据分析的潜力以帮助控制全球传染病,取决于好几个因素,尤其是全球政治共同体是否愿意伸出援手。2014年埃博拉疫情暴发7个月后,国际反应仍然被批评说过于迟缓,利比里亚和塞拉利昂确认短缺至少3000张病床。联合国前秘书长科菲·安南公开表示,自己对发达国家的反应"极度失望",并且指出,只是在病毒扩散到美国和西欧之后,国际援助才加快了步伐(BBC News 2014b)。我们可以得出的一个结论是,波及的国家的社会经济状况会直接影响到任何疫情暴发的规模、严重程度,以及最终的控制状况。但埃博拉这场区域传染病也证明了,发达国家和发展中国家可以利用的医疗资源悬殊,因此,人们仅仅基于其所处地点,所面临的风险程度也十分不同。

批判性思考

试举数例，谈谈智能手机、手机软件、互联网及其他数字设备和程序如何被用来帮助遏制疾病的全球扩散。如果在卫生危机到来时依靠这些来抵御，你预测会出现哪些问题？

有关数字革命的更为详细的讨论，参看第十八章“传媒”。

（二）全球传染病:艾滋病病毒/艾滋病 从急性病到慢性病的整体转变并非绝对,20 世纪 80 年代早期出现了一种新的区域传染病——人类免疫缺陷病毒(human immunodeficiency virus, HIV;通常称艾滋病病毒),就是一次强有力的提醒。它迅速变成了一场全球传染病,随着艾滋病病毒感染发展成艾滋病(AIDS),导致数百万成人和青少年死亡。当一个人体内免疫细胞的数量降到低于防御感染所需的最小值时,他就得了“获得性免疫缺陷综合征”(acquired immunodeficiency syndrome, AIDS)。一旦到了这个地步,个体就容易受到机会性感染(opportunistic infections),他们的身体再也无法抵抗,这就会引发威胁生命的重病,比如肺炎、肺结核和皮肤癌。艾滋病是此前感染艾滋病病毒(HIV)所造成的损害的结果。现在对艾滋病病毒感染或艾滋病都还没有治愈办法,也没有研制出能事先预防感染的疫苗。在这种情况下,卫生专业人员集中考虑的是将艾滋病病毒感染从一种可能致命的急性病转为一种慢性病,从而可以施加安全的调理。重点在于通过公共卫生教育减缓感染速度,并发展药物治疗以延迟艾滋病的发作。艾滋病病毒的传染主要通过四种途径:

- 在没有防护措施的情况下与受感染者进行插入式性交;
- 受污染的血液或血液制品的注射或输液,比如从受感染者身上移植皮肤或者器官;
- 受感染的母亲通过怀孕、分娩或者哺乳传染给婴儿;
- 与受感染者共用未消毒的注射器具。

据世界卫生组织估计,到 2012 年底,全世界大约有 3530 万艾滋病病毒携带者,其中 71%分布在撒哈拉以南非洲。事实上,2013 年,单单 15 个国家就占到了所有艾滋病病毒携带者的 75%(参看图 11.2)。自该区域传染病于 20 世纪 80 年代出现以来,大约 7500

万人遭到感染,而 3600 万人已经死于与艾滋病病毒及艾滋病相关的病情(www.who.int/gho/hiv/en/)。这些刺眼的统计数据意味着,这是人类历史上死亡人数最多的区域传染病之一,艾滋病病毒/艾滋病也已成为非洲许多地区的一项主要死因(UNAIDS 2008)。尽管有某种证据表明,在美国(1981 年首次在此确认了该病),以及亚洲和东欧的某些地方,艾滋病有重新流行的趋势,但艾滋病病毒携带者人数的全球增长趋势已经放缓。

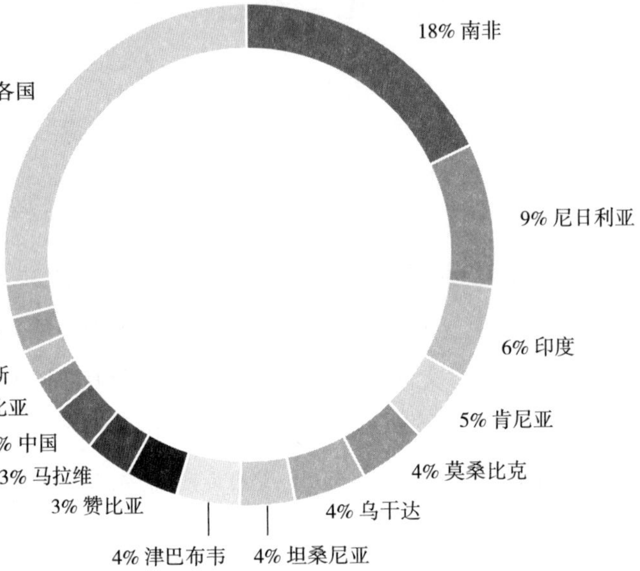

图 11.2 艾滋病病毒携带者分国统计,2013 年

资料来源:UNAIDS 2014:17。

自 2001 年以来,艾滋病病毒感染新发病例已经下降了 38%;而自 2005 年以来,与艾滋病相关的死亡病例已经下降了 35%。话说回来,2013 年,新感染的人数高达 210 万,病毒携带者的数量也在持续增加,原因部分在于延缓艾滋病发作的抗反转录病毒疗法[①]颇见效力(UNAIDS 2014:4)。不过,这些药物花费昂贵,尽管说 2010 年以来在扩大药物分发方面颇有进展,但发展中国家里的许多艾滋病病毒携带者依然无法得到最有效的治疗。比如说,截至 2013 年底,大约 1290 万人正在接受抗反转录病毒治疗,但这个数字只占全世界所有艾滋病病毒携带者的区区 37%(ibid:14)。显然,要在全球范围内让艾滋病病毒能称得上"得到控制",还有一段路要走,但联合国表示,我们或许处在这场全球传染病的"终结之始"。

从艾滋病病毒/艾滋病这场全球传染病中,可以获得哪些**社会学方面**的教益?欧文·戈夫曼(Goffman 1963)认为,**污名**(stigma)是一种贬损关系,在这种关系中,某个人

① "anti-retroviral treatments",简称 ART,即过去所称的"鸡尾酒疗法"。——译者注

或群体被剥夺了被社会充分接受的资格。污名很少基于根据确凿的理解，而是来源于刻板印象或虚假感知，或许只是部分正确。在一些案例中，污名从来没有被清除，人从未被社会充分容纳。显然这就是早期的艾滋病患者所面临的处境，而在非洲的某些地区，情况依然如此。

因为艾滋病病毒/艾滋病最早是在美国的男同性恋中发现的，一些评论者把这种病称作“同性恋病”(GRID，即“同性恋相关免疫缺陷”[gay related immune deficiency])，因为据说是同性恋“放飞自我”(fast-lane)的生活方式**导致了**这种疾病(Nettleton 2013:57)。假定在特定的生活方式与受感染的风险之间存在关联，这最初引发了对男同性恋者和特定生活方式的污名化。内特尔顿指出，研究发现很快就推翻了这类信念，显示是某些特殊的做法，比如使用未经消毒的针头进行注射，或是进行未加防护的插入式性行为，才能传播病毒。然而，从流行病学角度把男同性恋者解释成一类“高危人群”，倾向于强化他们与“异性恋一般公众”之间的分别，就使后者陷入一种危险的认知，拥有虚幻的安全感。

艾滋病病毒/艾滋病也引起了与社会不平等相关的一些重要话题。在许多国家，有关男性特质的异性恋规范排斥使用安全套，将未加保护的性行为看作“做男人”的一种方式，但其后果对于异性恋女性来说几乎不能更严重了。与埃博拉的情形类似，艾滋病病毒/艾滋病这一全球传染病也强化了发达国家和发展中国家之间的全球不平等，因为富国的艾滋病病毒感染者的存活机会远远大于穷国的感染者。在发展中国家，近些年来，让抗反转录病毒药物更为广泛可及的努力取得了一些进展，但医疗保健提供上的差距仍然属于天壤之别。

全球社会 11.2

南非的艾滋病防治计划是否起作用?

表 11.2 艾滋病在南非

塔博·姆贝基任期结束时(2008 年)	雅各布·祖玛 2009 年的政策大调整以来(2010 年 4 月生效)
678 550 人服用抗反转录病毒药物	150 万人服用抗反转录病毒药物
10.3%的人口(相当于 520 万人)为艾滋病病毒携带者	10.6%的人口(相当于 538 万人)为艾滋病病毒携带者
感染艾滋病病毒的母亲从怀孕 28 周起接受治疗以防止母婴传染	感染艾滋病病毒的母亲从怀孕 14 周起接受治疗以防止母婴传染
150 万艾滋病孤儿	210 万艾滋病孤儿

南非是全球艾滋病病毒携带率最高的国家之一,但多年以来一直被指责对问题疏忽怠慢。两年前,雅各布·祖玛总统开始对该国的救助政策进行一些重大变革。

摩西·塞科蒂(Moses Sechedi)住在索维托(Soweto),这是南非最大的黑人居住区之一。就在非洲最大的医院克里斯·哈尼·贝拉格瓦纳思医院(Chris Hani Baragwanath Hospital)门外,62岁的塞科蒂先生告诉我,他已经看到了新政策的好处。他说:“几个月前,我妹妹生了重病,我们赶紧送她去医院。做了几项检查后,医生告诉我们,她得了艾滋病。”

一个家庭就这样垮了。

他妹妹39岁,患有精神疾病,年轻时曾经遇到当地一位传统医师,他答应她家说会治好她的病,结果却强暴了她。那个医师最近死于艾滋病并发症,但塞科蒂先生一家却不曾想到让她去做检查,直到她的病发作。塞科蒂先生说,要不是自己妹妹拿到了救助药物,可能已经病死了。他说:“那些药丸就是她今天还活着的原因。她一天天好起来了,就像每天都看到一桩奇迹。”

“做正确的事情” 在祖玛总统的新政策下,像塞科蒂先生的妹妹这样能得到用来救命的抗反转录病毒药物的艾滋病病毒携带者,从678 500人增加到150万人,翻了一倍还不止。前总统塔博·姆贝基否认艾滋病病毒和艾滋病之间的关系,他的政府就表示无力支持向全体有需要的南非人民推行这种治疗。

生命的成本 经过这些变革,南非现在运营着全世界规模最大的抗反转录病毒药物项目,但也有一些人担心这些药物不知会耗费国家多少成本。莫茨索拉迪先生说,他的部门已经成功地将抗反转录病毒药物项目成本削减了一半。①南非接下来两年并不需要为这些药物耗费88亿兰特(折合1.045亿美元,6720万英镑),现在只要花42亿兰特,还不到2011年卫生预算即1126亿兰特的4%。

不过,纵然取得了进展,艾滋病依然是南非的首要死因。去年,因其死亡的人数超过了26万,几乎是全国死亡人数的一半。TAC② 表示,它将监督政府确保进一步巩固已有的进展。劳(Low)先生说:“我们需要确认,政府继续坚定履行该项计划。”

资料来源:摘自 Fihlani 2011。

---

① Aron Motsoaledi,南非卫生部部长。——译者注

② 南非某维护艾滋病患者权益组织。——译者注

博茨瓦纳2007年举办的"摆脱艾滋病病毒污名小姐"选美大赛得主，该项赛事致力于终结对于携带艾滋病病毒的女性的污名化，并鼓励公开讨论艾滋病病毒/艾滋病。

有关这些议题的更为广泛的讨论，参见第十四章"全球不平等"。

从20世纪晚期开始，在对于生活方式、健康以及医疗的社会学研究中，"风险"就成为一个核心概念，而艾滋病病毒/艾滋病的出现，在打造更具"风险意识"的人口方面可谓至关重要。实际上，乌尔里希·贝克（Beck 1999）已经指出，我们正在进入一个"世界性风险社会"（world risk society），人们在其中比以前耗费更多精力和使用更多资源以应对风险。如果确实如此，那么今天对于所有的政府和国际政府间组织（比如欧盟、世界卫生组织和联合国）来说，对全球传染病做出预估和筹划必然是最重要的任务之一。

四　关于健康与疾病的社会学视角

社会学家探问，生病的人，以及他们接触的那些人，是如何体验疾病、解释疾病的。日常生活的模式暂时被疾病改变了，与其他人的互动也开始发生变化。这是因为，身体功能的"正常"运作是我们生活中至关重要却常常被忽视的组成部分。我们依赖于我们的身体运作起来像该有的样子,我们对于自我的感觉也有个前提,预期我们的身体将有助于而不是阻碍社会互动与日常活动。

疾病兼具个人维度和公共维度。当我们生病时,不仅是我们自己体验到疼痛、不适和困惑,也会影响到其他人。与我们交往密切的人可能会施加同情、照料和支持,也可能会尽力去理解我们的病情,或者设法将其整合进他们的生活模式。我们打交道的其他人也会对疾病做出反应,而这些反应又帮助我们塑造自己的解释,甚至对我们的自我感觉构成挑战。

在社会学研究中,有两种理解患病体验的方式尤具影响。第一种与功能主义学派相关,阐述了人们生病时所采取的行为规范(参看"经典研究 11.1")。第二种视角是符号互动论者所偏爱的,试图揭示人们对疾病的解释,以及这些意义如何影响人们的行动与行为。

关于功能主义理论,详参第一章"什么是社会学?"以及第三章"理论与视角"。

作为"生活体验"的疾病 许多社会学家采用符号互动论的思路来研究健康和疾病,以理解人们如何体验自己生病或者感知别人的疾病。人们对于罹患重病的消息会如何做出反应和调适?一个人身患慢性病,会如何影响到别人对待他的方式,进而影响到其自我认同?工业化社会中的人现在活的时间更长,但也因此患有更多慢性疾病,越来越多的人面对的前景将是长期与病痛相伴。社会学家研究了在这类情况下,疾病是如何融入个体的生平的。

有些疾病需要定期的治疗或护理,会影响个体的日常起居。透析、胰岛素注射或者是服用大量药丸,都需要个体相应地调整其时间安排。其他的疾病也可能对身体产生意想不到的干扰,诸如突然的大小便失禁或者剧烈恶心。个体忍受这些病况之苦,不得不在日常生活中发展出一些策略来应对自己的疾病。这既包括实际的考虑,比如每到陌生场所总是会留意卫生间的方位,也包括处理亲密的与惯常的人际关系的技能。尽管疾病的症状可能会让人尴尬或者具有破坏性,但是人们还是能够找到应对策略,尽可能使生活一如平常(Kelly 1992)。

与此同时,对疾病的体验能够使人们的自我感觉产生转化。这既可能通过其他人对于疾病的实际反应,也可能通过想象中的或者感知到的反应实现。对于许多人而言习以为常的社会互动,在慢性病患者或者身心障碍人士那里,都会带有几分风险或不确定性。

一旦需要考虑疾病或者身心障碍，支撑常规性日常互动的共享理解就并不总能存在了，对于寻常情境的解释也可能出现实质性的差异。比如，一位病人可能需要帮助，但并不想表现出依赖。一个人或许对被诊断患有某种疾病的人抱以同情，但不敢确定是否应该与其直接讨论这个话题。社会互动的背景发生了变化，可能会加速自我认同的转化。

疾病可能对人们的时间、能量、气力和情感的蓄积有极大的需求。社会学家考察了个体如何在他们生活的整体背景中应对疾病（Jobling 1988；Williams 1993）。科尔宾和施特劳斯（Corbin and Strauss 1985）研究了慢性病患者如何形成一套健康管理，以组织其日常生活。他们找出了人们日常生活策略所包含的三类"作为"。**疾病作为**（illness work）是指应对病情而进行的活动，比如减轻疼痛、做诊断检查或者是做身体治疗。**日常作为**（everyday work）指的是对于日常生活的应对，包括保持与他人的关系，打理家务，以及培养专业兴趣或个人兴趣。**生平作为**（biographical work）是指病人进行的某些活动，旨在塑造或重构其个人叙事，将疾病纳入自己的生活，领会疾病的意义，并发展出向他人说明疾病的一些方式。这一过程能够帮助人们在了解到有关慢性病的知识后，重新恢复自己生活的意义和秩序。

研究个人体验疾病的方式，尤其有助于展示疾病如何扰乱个人的生平，迫使个人重新塑造关系。然而，健康社会学最具意义的成果或许是揭示疾病与健康的大致模式，它们和社会阶级、性别以及族属等维度的社会不平等有密切的相关性。

经典研究 11.1

塔尔科特·帕森斯论社会的"病患角色"

研究的问题　回想一下你曾生病的一段时间。其他人是怎么对待你的？他们同情你吗？他们是否试图帮助你恢复健康？你有没有感觉到他们盼着你赶紧好？美国理论家塔尔科特·帕森斯（Parsons 1952）提出，疾病既有个体的维度，显然也具有社会的维度。人们生病并不只是关乎个体，他们还必须了解，当他们生病时，社会对他们的期望是什么，一旦他们没能符合，就有可能承受做出了越轨行为的污名。

帕森斯的说明　帕森斯认为，存在一种**病患角色**（sick role），他用这个概念来描述病人采取某些行为模式，以将疾病对于社会的破坏性影响降至最低。功能主义认为，社会通常以一种和谐共识的方式运转着，但是病人可能无法履行他们正常的全部责任，或者不如通常那样可靠和高效。因为病人不能扮演他们正常的角色，所以周围人的生活也被打乱了,比如工作任务没完成,给同事带来了压力,又如未能尽到家庭责任,等等。

在帕森斯看来,人们经由社会化**习得**病患角色,生病的时候,就会在别人的配合下来扮演这一角色。病患角色有三大支柱。

1. 病人对生病不负个人责任。疾病被视为身体有恙的结果,疾病的发作与个人的行动无关。
2. 病人被赋予某些权利和特权,包括免除一些正常的责任,因为他们对生病不承担任何责任。例如,病人在家里能被"豁免"正常职责。行为举止不像平常那样礼貌或周到也会得到谅解。病人还获得了卧床休息或减少工作时间的权利。
3. 病人必须去看医生,并同意成为一个"患者",以尽快恢复健康,所以病患角色是暂时的,"有条件的",取决于病人是否积极努力好起来。患者被期望配合,听"医生的话",但是如果病人拒绝看医生,或者不遵医嘱,他们的病患角色的合法性就会岌岌可危。

后来的社会学家进一步完善了帕森斯的这个概念,他们发现,病患角色的体验会随疾病类型不同而各见差异。因而,作为病患角色组成部分的额外的权利和特权,或许不是普遍一致地被授予的。弗里德森(Freidson 1970)区分了三种对应不同类型和不同程度疾病的病患角色。

有条件的(conditional)病患角色适用于患有可康复的暂时性疾病的人。例如,得了支气管炎的人能够比患普通感冒的人获得更多好处。**无条件合法的**(unconditionally legitimate)病患角色涉及患上不治之症的人。因为病人"做"任何事情都不会好起来,也就被赋予了长期性的病患角色。无条件合法的角色也适用于患脱发症(掉发)或严重粉刺之人,这两种情况都没有任何特权,只是承认个人无需对疾病负责。患上癌症或帕金森病可能会带来重大的特权,以及豁免许多乃至大部分职责的权利。

"我们的进度有些拖了。所以我想你们大家都问问自己:'我是真的生病了,还是说我只是在浪费大夫宝贵的时间?'"

最后一类病患角色是**非法的**(illegitimate)角色。当一个人经历被别人污名化的疾病或状况时就属于这一类。在这种情况下,大家会觉得,个人或许在某种程度上负有责任,而权利和特权也不一定会被授予。被污名化的疾病的例子,例如酗酒、与吸烟有关的疾病以及肥胖症,它们影响了一个人是否有权利扮演病患角色。

批评的观点 帕森斯关于病患角色的观点影响深远。它清楚地揭示了病人如何成为其所处的广泛社会背景中的一个组成部分。但针对它也有许多重要批评。

有些论者提出,病患角色这种“程式”无法捕捉生病的**体验**。还有些人指出,它不是普遍适用的。例如,它不能解释医生和患者在某一诊断上意见分歧或利益相左的情况。不仅如此,承担病患角色并不总是一个简单明了的过程。一些个体的症状屡遭误诊,无法获得病患角色,直到最终确诊。在另外一些情况中,种族、阶级与性别等社会因素会影响到获得病患角色的资格及便利程度。总而言之,病患角色不能脱离周遭的社会、文化及经济来进行讨论,并且实际的病情也要比模型所展示的更为复杂。

人们越来越强调生活方式和健康,也就意味着个体被视为对自己的安康担负的责任愈发重大,这就有悖于病患角色的最初预设,即个体的疾病不能归咎于自身。不仅如此,在现代社会中,从急性传染病逐渐转向慢性病的趋势也削弱了病患角色的适用性。用它来理解急性病还是有用的,但今天用来理解慢性病就不那么有用了,因为慢性病患者或身心障碍人士所承担的绝不只是单一的角色。

当代的意义 “病患角色”的概念仍然是有价值的,因为它使我们能够将个体疾病与更广泛的医疗体系挂钩。布莱恩·特纳(Turner 1995)认为,绝大多数社会都**确实**形成了病患角色,只是各不相同。在西方社会,存在着一种个体化的病患角色,意味着对于非致命性的病况,住院治疗的时间是很短的,探访时间受到限制,访客的数量也被严格控制。但是,在日本,一种更具社群性的病患角色是常态。患者往往在医疗处置结束后还会在医院待很久,平均住院时间比西方社会长得多。医院探访也更加随意,亲朋好友经常一起进餐,探视时间也长一些。特纳建议,从这种有关病患角色的比较社会学研究中,我们对健康与疾病的社会维度仍有大量可以学习之处。

第三节

健康的社会基础

▼

在 20 世纪,工业化国家的预期寿命有了显著提升。世界卫生组织表示,到 2012 年,全球人口出生时的平均预期寿命达到 70 岁。当然,这种干巴巴的平均数字背后隐藏了健康领域一些重大的不平等(参见第九章“生命历程”)。公共卫生领域的许多进步被归功于现代医学的效力,人们普遍假定,医学研究将不断取得成功,发现疾病的生物性原因,并找到有效的疗法。由此观之,随着医学知识和专业技能的发展,我们将能看到公共卫生领域的持续改进。虽然这一视角一直极具影响,却不太令社会学家满意。过去一个世纪里,公共卫生领域有诸多改善,但并不能掩盖这样一个事实,即健康和疾病的分布并不均匀。某些社会群体的健康状况要比其他社会群体好得多,而这些健康不平等都与更广泛的社会经济模式相关。

社会学家和社会流行病学(social epidemiology)专家,即研究人口中疾病的分布和发生的专家,试图说明健康与社会阶级、性别、种族、年龄以及地理环境等变量之间的关系。虽然绝大多数学者都承认,健康与社会不平等之间存在相关关系,但对于这种关联的性质,对于如何探讨健康不平等问题,并不存在任何共识。生活方式、行为与饮食之类的**个体变量**,社会阶级定位、收入分布以及贫困之类的**环境**因素或**结构**因素,两者的相对重要性,正是争论的主要领域之一。在本节中,我们将根据社会阶级、性别和族属来考察健康的变异,并对有关它们何以持续存在的不同说明予以评述。

一　社会阶级与健康

研究不断显示,死亡率与发病率(疾病)的模式同社会阶级之间有清晰的联系。事实上,科克拉姆(Cockerham 2007:75)认为:“在医学社会学中,社会阶级或者社会经济地位(SES)是预测健康、致病原因和寿命的最有力指标。”在英国,一项有影响的全国调查研究——《布莱克报告》(Black Report; DHSS 1980)意义重大,将基于阶级的健康不平等程度公之于众,许多人对一个如此富裕的国家还有这种状况感到震惊。虽然社会在整体上呈现健康状况改善的趋势,但不同阶级之间差异显著,影响众多健康指标,从出生体重、血压到慢性病和意外死亡的风险。平均而言,来自较高社会经济地位群体的人比那些来自较低社会位置的人更健康、更高大、更强壮,也更长寿(Drever and Whitehead 1997)。

英国国家统计局(ONS 2011e)进行了一项分析,探讨了1982年到2006年的二十五年间,当所有阶级群体的整体预期寿命都趋于上升的时候,英格兰和威尔士的健康不平等状况(参看图11.3和图11.4)。或许令人惊讶的是,研究发现,男性预期寿命的不平等程度其实还**加深**了,普通劳动者(阶级七)和高级管理/专业人员(阶级一)之间的预期寿命差距,从1982年至1986年的4.9年,扩大到1997年至2001年的6.2年。2002年至2006年,阶级一中男性出生时的平均预期寿命为80.4岁,相比之下,阶级七的相应数据仅为74.6岁。至于最低阶级与最高阶级中女性的预期寿命差异,各个时期没有什么变化，差距稳定保持在大约 4 年，出身最高阶级群体家庭的女婴此项数据为 83.9 岁，出身普通行业家庭的女婴则为 79.7 岁。

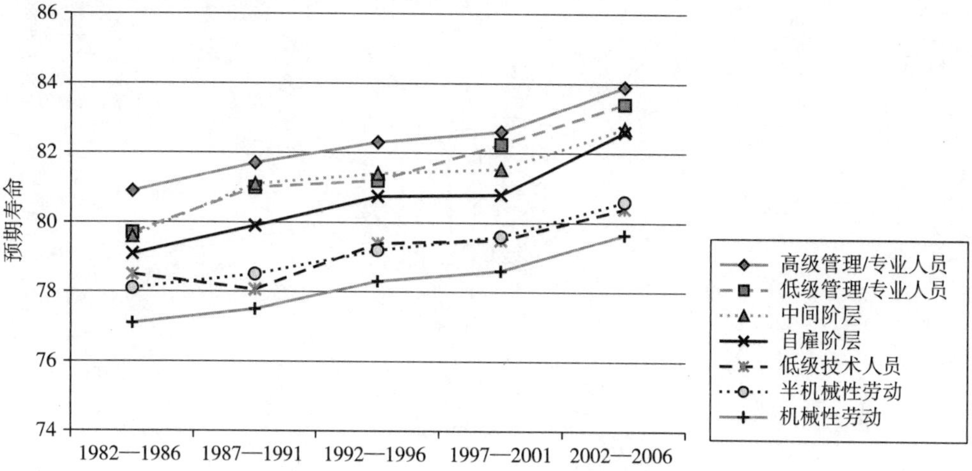

图 11.3　英国国家统计局按社会经济分类统计的英格兰与威尔士男性出生时的预期寿命，1982—2006 年

资料来源：ONS 2011e：2。

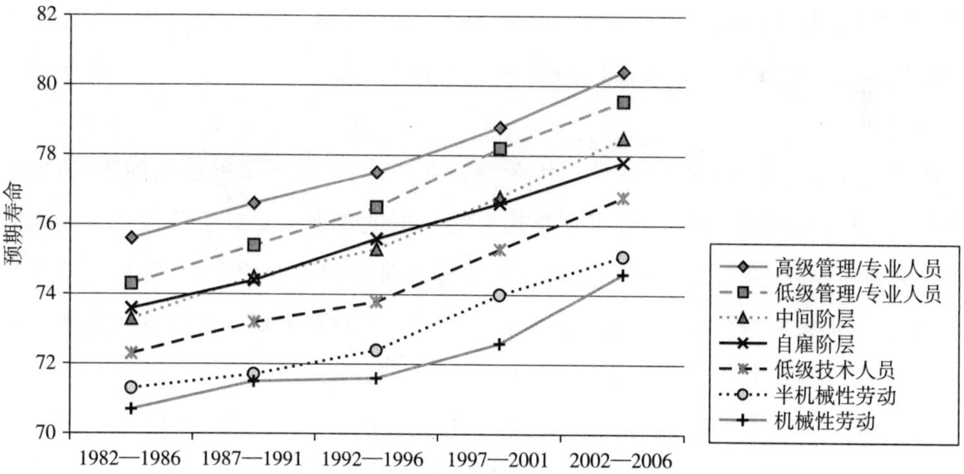

图 11.4　英国国家统计局按社会经济分类统计的英格兰与威尔士女性出生时的预期寿命，1982—2006 年

资料来源：ONS 2011e：3。

最近对 2011 年人口普查数据的一项分析也发现，根据自述的健康状况，阶级一与阶级七之间也存在相当的“健康差距”（见图 11.6）。阶级七里超过 30%的男女自述其健康“不佳”，而阶级一里如此表示的男女比例不到 15%（ONS 2013a）。当然，这只是对人们健康状况的一种主观测量，但它也得到了其他一些研究的支持，这些研究都显示在男性

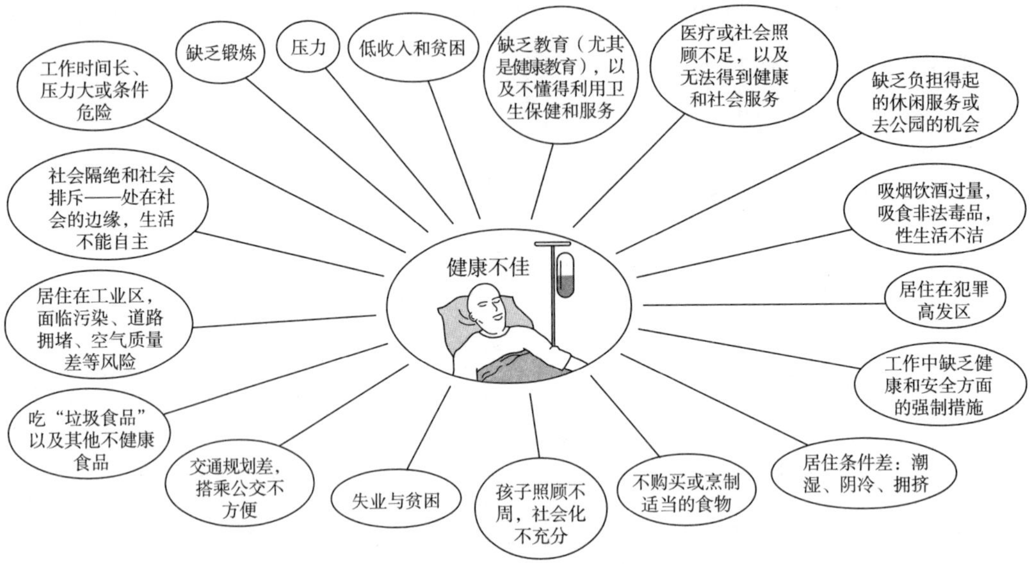

图 11.5　对于健康的文化与物质方面的各种影响

资料来源:Browne 2005:410。

的肺癌、毒瘾、糖尿病和意外事故等死因方面,存在着明显的阶级梯度(White et al. 2003)。精神健康方面也有类似的显著阶级梯度,研究发现,“处在最低社会阶级的那些人,相比于最高社会阶级的人,患上神经症的可能性要高出一倍多”(Nettleton 2013:159)。

明眼人或许也无法精确预测我们什么时候会死,但社会科学家已经确定,我们出生时的阶级定位是决定我们平均预期生命长度的一项主要因素。对于其他发达国家的研究也不断显示,在健康和预期寿命方面存在明显的阶级梯度。然而,尽管相关研究越来越多,学者们仍未能完全确定关联两者的实际机制。针对这种颇为确凿的关联背后的原因,人们已经提出了好几种相互竞争的说明。

《布莱克报告》采用了一种**物质论的说明**,认为健康不平等的原因在于广泛的社会结构,比如贫困、财富和收入分配、失业、住房以及恶劣的工作条件等。健康不平等就此被视为物质剥夺的结果,消除这些根本原因才能减少健康不平等。因此,《布莱克报告》指出,需要建立一套综合性反贫困战略,教育领域也需要大力改善。

当时的保守党政府(1979—1990)无视《布莱克报告》的发现,将焦点转移到文化维度和行为维度的说明,强调个人自由选择生活方式的重要性。例如,较低的社会阶级往往参与某些不健康的活动,诸如抽烟、饮食不合理和酗酒。这种思路的一些支持者认为,个体行为根植于其所处的社会阶级背景,并不是完全的“自由”选择,不过,即便如此,也始终有人强调通过开展公共卫生运动来影响生活方式选择。禁烟倡议、健康饮食和锻炼计划都是努力改造行为的实例,劝诫个人对自己的健康负起责任来。但也有批评者认为,这对低收入和阶级定位的结构性约束没有给予足够重视。比如说,作为健康食谱核心的新鲜蔬果要比许多富含脂肪和胆固醇的食物更贵。不出所料,对于“健康”食物的最大消费就在高收入群体。

1997年上台的工党政府(1997—2010)承认,文化因素和物质因素都会影响人们的健康,并委托进行了另外一项研究,即《艾奇逊报告》(Acheson Report; Acheson 1998)。该报告明确指出,自20世纪70年代以来,在健康的很多方面,不平等程度更趋恶化。有鉴于此,政府发布的白皮书《拯救生命:增进国民健康》(*Saving Lives: Our Healthier Nation*)(DoH 1999)强调,社会的、经济的、环境的、文化的诸多影响共同作用,导致了健康不佳(如图11.5所示)。它还提出了新的倡议,将健康与失业、低标准住房和教育等联系起来,以期在探讨健康不佳的表面症候之外,进一步探究其原因。

2003年,英国政府发起了“先头行动”(Spearhead Initiative),目标直指最为贫穷的地区,涵盖的人口占全国人口的28%,占黑人及其他少数族群人口的44%。行动旨在到2010年,在婴儿死亡率和预期寿命方面,实现以阶级为基础的健康不平等减轻10%(DoH 2003)。但到2009年初,据称只有19%的选定地区有望实现这一目标,而在66%的选定地区,与全国平均水平相比,健康不平等的差距实际上在扩大(Health Inequalities Unit 2009)。为什么整个国家的整体健康水平在提高的时候,健康不平等的差距却在扩大?解释可能是,更为富裕的社会阶级更有可能对公共健康促进运动的信息做出反应,所以他们的健康状况改善得比那些不怎么富足的社会阶级要快。因此,悖谬的是,整体的健康促进运动似乎可能加剧而非减轻了健康不平等。

2010年2月,出版了另外一份政府委托的报告《公平社会·健康生活》(*Fair Society, Healthy Lives*)(由迈克尔·马莫特爵士牵头)。这个研究团队被指派搜集证据,就英格兰应对健康不平等政策问题为政府提供咨议。报告注意到了预期寿命及“生活自理预期寿命”(disability-free-life-expectancy)两方面的统计数据,再次确认,在健康领域存在显著的阶级梯度,而缩小差距将有利于整个社会。然而,它不同意说,仅仅将注意力集中在最贫穷的地区,就可以实现这一目标。相反,报告提出,需要“比例相称的普遍主义”(proportionate universalism),就是在所有社会群体中实行普遍一致的措施,但是根据人们所体验到的劣势的程度,调整规模和强度。

《马莫特报告》(Marmot Review)呼吁针对一系列影响健康的社会经济不平等展开协调行动,包括人们的物质条件、社会环境、心理社会因素和生物因素,以及教育、职业、收入、性别、族属和种族(Marmot 2010:10)。报告的作者们指出,是时候将可持续性和幸福安康摆在经济增长前面了。然而,批评者反驳称,要政府在如此广泛的领域内同时展开

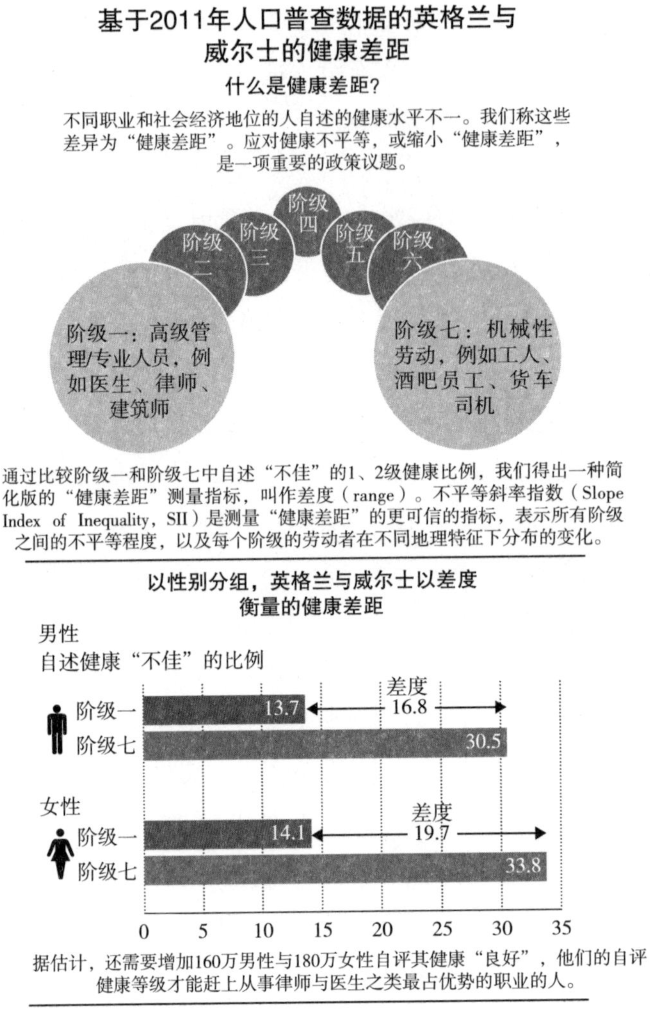

图 11.6 基于 2011 年人口普查数据的英格兰与威尔士的“健康差距”

资料来源:ONS 2013a。

行动,似乎是不可能的,尤其目前正面临经济困境。但不管怎么说,需要优先考虑生命的早期阶段,这样才能为未来的健康打下牢固的基础。报告提出,政府支出在这一方面应该增加比例,以尽可能给孩子最好的开始。

批判性思考

如果所有社会阶级的整体健康状况都在改善,有些阶级比其他阶级表现得更出色要紧吗? 列举基于阶级的健康差距不断扩大可能带来的一些社会经济后果,以劝说政府,缩小差距是一项值得优先考虑的政策。

二　社会性别与健康

许多研究注意到了男女之间在健康上的差异。比如，几乎世界上每一个国家的女性预期寿命都比男性的长(UNDP 2004)，而死因和疾病模式在男女之间也存在重大差异。在发达世界，尽管心脏病对男性的影响大于女性，但对于65岁以下的人，无论男女，心脏病都是最常见的杀手。男人死于事故和暴力的比例更高，也更容易死于毒品和酒精依赖。

物质条件影响着女性的健康状况，但这历来都是一个难于测量的因素，因为有关女性健康的证据不如男性的那么广泛可得。许多研究按照其丈夫所属的社会阶级来对女性进行分类，从而产生了有关女性健康的歪曲画面(参看第十二章"分层与社会阶级")。然而，我们确知，女性更可能寻求医疗关注，自报患病的比率也高于男性。不过，这一模式并非稳定贯穿生命历程始终。基于国家统计局有关英格兰和威尔士的数据，2002年，在16岁到44岁的被调查人群中，调查前两周内去看过医生的女性人数是男性的两倍；但到了45岁至64岁这个年龄段，这种差距几乎消失了(Nettleton 2013:168)。不过据称，16岁至44岁人口中的性别差异，大多可以归因为与生育有关的常规体检，而不是表明健康更为不佳(MacFarlane 1990)。

在南亚一些国家，比如阿富汗、孟加拉国、印度和巴基斯坦，性别化的模式有所不同，那里的预期寿命差异大为减少(Arber and Thomas 2005)。可以用来说明这一现象的因素包括冲突和战争，营养缺乏，社会地位低下带来的不利，以及女性获得医疗服务的渠道有限(Cockerham 2007)。

发达国家的女性自述焦虑和压抑的比例是男性的两倍。根据某些学者的看法，女性扮演着多重角色，承担家务劳动、照顾孩子和职业方面的责任，这些增加了女性的压力，并使她们的患病率升高。多亚尔(Doyal 1995)曾经提出，在家务劳动、有性生殖、分娩和抚养孩子，以及通过生育控制来调控人口生产等方面，女性与男性的生活存在固有的差异，尽管随着更多的女性进入劳动大军，这种情形可能正在改变。女性的健康与疾病模式可以由构成妇女生活的主要活动领域做出最好的解释。多亚尔指出，这些任务的效果逐渐积累，是塑造女性健康状况的主要因素。因此，要分析女性的健康，就必须重视社会、心理和生物性影响的交互作用。

希瑟·格雷厄姆(Graham 1987,1994)研究了压力对于白人工人阶级女性健康的影响。她强调，事实上，在社会经济地位的光谱中处于低端的女性，与中产阶级女性相比，在遇到生活危机时，更不易利用支持网络。工人阶级女性比其他群体更容易面对生活危机,比如失业、离婚、被赶出家门或孩子夭亡等,但通常而言,她们的应对能力较弱,宣泄焦虑的渠道较少。不仅随之而来的压力有害身心,甚至某些应对策略本身也是有害的。比如说,当个人资源和物质资源濒临崩溃时,抽烟是缓解紧张的一种方式。因此,吸烟虽然可能帮助女性应对困境,却又增加了女性及其孩子的健康风险。

安·奥克利及其同事(Oakley et al. 1994)选点四个英国城市,研究社会支持对处于社会不利地位的女性和儿童健康的作用。他们发现,压力和健康之间的关系既适用于重大生活危机,也适用于较小的问题,后者在工人阶级民众的生活中能够被格外强烈地感受到。奥克利注意到,咨询服务、热线电话乃至登门家访之类的社会支持,对于女性通常体验到的压力给健康造成的负面后果能够起到"缓冲器"的作用。其他的研究也证明,社会支持是帮助人们适应疾病的一个重要影响因素,而女性更有可能形成并维持自助社群,例如网络空间里的妈妈论坛(mumsnet.com)之类的女性社区(Ell 1996; Drentea and Moren-Cross 2005)。

有研究表明,男性不太关注他们的健康,并且容易更长期地忽视健康问题。相较于女性,年轻男性通常还会从事风险更高的活动,比如飙车、吸毒、早期性行为、酗酒等(Lupton 1999)。不过,最近几十年来,这种模式有了一定程度的变化。比如说,直到最近,吸烟还主要和男性有关,但目前已不再如此。在英国的青年人中,女性现在比男性更有可能吸烟(Nettleton 2013:169)。

关于危及健康行为模式的性别化差异的这种变动,主要的说明之一认为,这是源于经济状况的变化。更多的女性进入和男性一样的就业部门,从而也变成了广告商瞄准的消费者。安纳代尔(Annandale 2009:8-9)指出,存在于20世纪50年代的明确界定的性别认同,即男性作为赚钱养家者,女性作为持家打理者,如今在男权制资本主义的"新单身体系"下,已经变得界限模糊了。但这并不意味着性别平等业已实现或正趋实现。而是应该说,男女角色的旧有二元体系已经瓦解,留下一种不确定的复杂情境,女性有了许多新的自由,但也面临着新的控制。譬如说,随着更多的青年女性投身夜间经济,消费更多的烟酒,她们也被重新界定为不负责任和缺乏魅力的"假小子"(ladettes),一心要在不良行为方面超过同龄男性。因此,所谓"各有领地"的旧意识形态依然强劲,遏制了性别关系上渐趋多样和流变的趋势。

有一个领域,女性的健康状况已经被发现比男性的差,那就是某些少数族群。少数族群中自称患病的比例要高于总体人口中的比例,不仅如此,在一些群体中,尤其是巴基斯坦裔和孟加拉裔社群中,女性自述健康不佳的要多于男性(Cooper 2002)。这类发现鲜明体现出阶级、性别与族属等维度交叉的社会不平等所导致的一些复杂状况,我们可以期待,未来有关健康不平等的研究将会越来越重视这种交叉性。

三　族属与健康

虽然发达社会中健康具有族群化的模式,但我们对族属与健康之间的关系最多只能算是一知半解。针对这方面进行的社会学研究倒是越来越多,不过证据仍不足以下定论。在某些情况下,归因于族群成员身份的趋势或许忽略了其他可能同样高度显著的因素,诸如阶级或性别。

不过,某些疾病的发病率在非洲及加勒比裔和亚裔背景的个体中确实较高。这类人口中肝癌、肺结核和糖尿病的死亡率比白人的高。非洲及加勒比裔人口患高血压和镰状红细胞贫血症(一种影响红细胞的遗传失调)的比例高于平均水平,而来自印度次大陆的人的心脏病死亡率较高。

有些学者已经转向从文化角度与行为角度来说明族群健康模式。与从文化角度对基于阶级的健康不平等的说明类似,强调的重点放在被视为导致健康恶化的个人及群体生活方式上。人们往往认为,这些生活方式与宗教信仰或文化信念相关,诸如饮食和烹调习惯,或血亲关系(consanguinity,家族中第二代堂表兄妹之间通婚的做法)。但批评者认为,文化角度的说明没能找出少数族群在工业化社会中面临的真正问题,即结构性不平等及他们在医疗体系中遭遇的种族主义和歧视。

从社会结构角度来说明许多欧洲社会中的健康的族群性模式,焦点落在非洲加勒比裔和亚裔生活于其中的社会背景。这些群体经常经历有损其健康的多重不利条件,包括居住条件简陋或过于拥挤,失业率高,以及从事更多暴露于危险且收入微薄的职业等。这些物质因素进而与种族主义的影响叠加在一起,对于后者的体验,要么是直接的暴力、威胁或歧视等形式,要么是“制度化”的形式。简言之:“归根结底,使种族成为影响健康的重要原因的,是它与阶级条件密切相关。因此,在考虑种族的时候去除其中的贫富差别,那么种族对健康和疾病的因果影响将大幅缩小。”(Cockerham 2007:143)

不过,已经有人指出,在医疗服务供应方面存在着**制度化种族主义**(institutional racism)(Alexander 1999)。少数族群可能会体验到,获取医疗服务的渠道是不平等的或成问题的。如果信息不能有效传递,语言障碍可能就会造成困难;医疗服务机构中的专业人员通常不会考虑对于疾病和治疗的带有文化特殊性的理解。已经有人抨击国民医疗服务(NHS)制度,认为它没有要求其职员增强对于文化信念与宗教信仰的意识,也没有充分关注主要发生在非白人人口中的疾病。

有关制度化种族主义的讨论,详参第十六章“种族、族属与移民”。

关于族属与健康不平等之间的关联,尚无任何共识,仍有待开展大量研究。但有一点很清楚,即要考虑这个话题,就必须结合影响发达社会中少数族群体验的那些更为广泛的社会、经济和政治因素。

四 健康与社会结合

在第一章里我们看到,对于涂尔干来说,社会团结是社会最核心的特征之一。例如,他在对自杀的研究中发现,个人和群体如果被很好地整合进社会,与其他人相比,更不可能轻生。越来越多的社会学家开始关注社会结合在促进良好健康方面所发挥的作用,以求揭启当今造成健康不平等的原因。

理查德·威尔金森(Wilkinson 1996)认为,世界上最健康的社会并不是那些最富裕的,而是那些收入最为均等、社会整合程度最高的。他调查了世界各国和地区的经验材料,注意到死亡率与收入分配模式之间存在某种清晰的关联。日本和瑞典被认为属于世界上最具平等主义的国家之列,平均而言,其国民的健康水平要好于贫富差距更为显著的国家,像是美国和英国。

在威尔金森看来,收入分配的差距拉大会破坏社会结合,并使人们更难以应对风险和挑战。社会孤立程度提高,应对压力方面的失败,都会反映在健康指标上。从社会接触的强度、共同体内部的联系、社会支持的可获得性到安全感,这些社会因素都是一个社会相对健康水平的主要决定因素。在2010年英国大选期间,保守党领袖戴维·卡梅伦的借力主题就是英国已成为"破裂社会"(broken society),需要修复。但依照威尔金森和皮克特(Wilkinson and Pickett 2010:5)的看法:

> 早在2008年下半年集中爆发金融危机之前很久,那些评论英国社区的衰落或是各种反社会行为的增加的英国政客们,就不时会提及我们的"破裂社会"……尽管破裂社会经常被归咎于穷人的行为,但破裂的经济却被广泛归因于富人……而真实的情况是,无论是破裂的社会,还是破裂的经济,都是不平等加剧的结果。

威尔金森和皮克特的观点得到了一些政治家和学者的热情接受。这类说法认为,过于注重市场关系和经济增长驱动已经使社会中很多成员受挫,这正是《马莫特报告》(Marmot 2010)提出的主要观点之一。

也有人批评威尔金森的研究,理由还是说他仍未能论证收入不平等与健康不良之间的因果关系。贾奇(Judge 1995)重新分析了威尔金森的早期数据,利用当时所使用的测量不平等的标准方法,发现不平等的水平和预期寿命之间的表面关联其实根本不存在。还有人称,威尔金森和皮克特用来进行比较的国家或地区选择性太强,方法上有缺陷。例如日本被纳入比较,却没有新加坡和中国香港,而后两个经济体比日本更为不平等,却有着相似的健康状况与福利。与此类似,威尔金森和皮克特将葡萄牙相对差的健康水平归因于它的高度不平等,但是斯诺登(Snowdon 2010:14)指出,葡萄牙其实是他们的分析中最穷的经济体,真正困扰它的是物质财富的匮乏。晚近一些证据也表明,他们提出的模式也不能在发展中国家成立。"威尔金森命题"被或许有点不公平地描述为"寻找数据的教条"(Eberstadt and Satel 2004:118),而不是一个证据充分的命题。但是威尔金森继续回应他的批评者,这个争论看起来还要持续一段时间。

批判性思考

检视上文图 11.3、图 11.4 和图 11.6。协同努力解决贫困问题如何有助于减轻这样的不平等?提倡健康饮食和生活方式的教育运动能减少健康不平等吗?

第四节
身心障碍的社会学

▼

长久以来,关于健康的生物医学模式一直支撑着人们对于身心障碍的传统理解,即视之为一种疾病或异常,是个人的悲剧。晚近的社会趋势引发了对生物医学模式的抵制,也汇入了对于身心障碍的医学化、个人主义化理解的有力挑战。在本节中,我们将探讨占主导的身心障碍的"个体模式",然后看看它是如何受到身心障碍的"社会模式"的发展,尤其是身心障碍人士自己的挑战的。但最好先从讨论身心障碍的语言开始。

社会学家指出,我们对于社会议题的意识和理解,在一定程度上是被我们在讨论身心障碍时所使用的词汇以及讨论方式所塑造的。譬如说,"残疾人"(handicapped)这个词基本上已被弃用,因为它以前让人联想到"手中的帽子"(cap in hand),也就是施舍和乞讨。还有一些最初被用来描述某些伤残的词语也被拒绝,因为它们变成了伤人的侮辱,比如"痉挛的"或者"跛足的"。[①] 其他一些在日常生活中仍旧使用的比喻,比如"视若无

① "痉挛的"(spastic)意谓"笨拙无能的";"跛足的"(cripple)意谓"严重削弱的"。——译者注

睹",或者"充耳不闻"[①],也遭到了批评,因为它们都蕴含来自主流的社会排斥感。我们将会看到,即使是我们对于"身心障碍"(disability)这个术语的使用方式也受到了批评。

一　身心障碍的个体模式

在西方社会,**身心障碍的个体模式**(individual model of disability)在历史上一向占据主导地位。这种模式认为,个体在精神和身体上的伤残乃是身心障碍人士所体验到的问题的主要原因。身体上的"异常"被视为导致功能受限,进而造成"身心障碍"。支撑这一个体模式的是"个人悲剧的思路"(personal tragedy approach),身心障碍人士被看作意外事件的不幸受害者。医疗专家在个体模式中扮演了核心角色,因为他们的工作就是提供治疗性的或者康复性的诊断。有鉴于此,个体模式也常常被称作"医学模式",因为它体现了医学专家对身心障碍人士的生命所行使的权力。但在最近几十年,身心障碍的个体模式已经遭到了强烈的质疑。

二　身心障碍的社会模式

早期对于身心障碍的个体模式的一个重要挑战,是保罗·亨特(Paul Hunt)的《污名:身心障碍的体验》(*Stigma: The Experience of Disability*)。亨特在书中提出,"身心障碍带来的问题不仅在于功能的损害及其对我们个人的影响,也在于我们与'正常人'的关系这一领域"(Hunt 1966:146)。亨特曾经是英国身心障碍运动早期的活跃主导者,后来成为"身体伤残者反隔离联盟"(Union of Physically Impaired Against Segregation, UPIAS)的创始成员。联盟(UPIAS, 1976:14)在其宣言中提出了一种替代个体模式的激进方案,主张严格区分"伤残"与"身心障碍":

- **伤残**:肢体部分或全部缺失,或者身体的某一部分、器官或机理有缺陷。
- **身心障碍**:某个当代社会组织对身体伤残人士较少关注或全然无视,从而使得这些人处于不利或活动受限,最终被社会主流活动排斥在外,无法参与。

"身体伤残者反隔离联盟"大致接受将身体"伤残"界定为个体的生物医学属性,尽

① "视若无睹"(turning a blind eye)意谓"瞎子的眼睛";"充耳不闻"(turning a deaf ear)意谓"聋子的耳朵"。——译者注

管这种定义后来又有所拓展,包括非身体、感官、智力等形式的伤残。而身心障碍则是从社会角度来定义的,这挑战了对这一术语的传统理解。身心障碍现在不再被认为是个人的问题,而是从伤残人士所面临的由社会组织造成的社会障碍的角度来理解的。建筑物的构造,公共交通系统的难以使用,以及雇主和非身心障碍人群的歧视态度,诸如此类的因素都会有效地使有各种伤残的人出现"身心障碍"。

这位残奥会短跑运动员存在"身心障碍"吗?残奥会的运动员适合本章开篇提出的有关健康与疾病的各种定义的哪一种?

麦克·奥利弗(Mike Oliver)重新表述了英国人口、普查与调查办公室(UK Office of Population, Censuses and Surveys, OPCS)在20世纪80年代用来评估"身心障碍"的问题,以此改变身心障碍的个体模式中的预设(参看"发挥你的社会学想象力11.3")。奥利弗(Oliver 1983)是第一个区分身心障碍的个体模式与**身心障碍的社会模式**(social model of disability)的理论家(表11.3对此加以总结)。在维克·芬克尔斯坦(Finkelstein 1980,1981)、科林·巴恩斯(Barnes 1991)以及奥利弗本人(Oliver 1990,1996)的作品中,社会模式得到了更多的学术认可。

社会模式的理论家力求说明,身心障碍人士所面临的社会文化障碍是如何发展出来的。一些理论家受到马克思的影响,认为需要从历史唯物主义的角度来理解身心障碍(有关唯物论,详参第一章和第三章)。比如说,奥利弗就认为,对身心障碍人士全面参与社会的严格限制可以追溯到工业革命,那个时候身心障碍人士被排斥出劳动力市场。最初的资本主义工场基于个体的雇佣劳动来确定报酬,随着这个进程的发展,"如此多的(身心障碍)人士不能继续工作或留住饭碗,对于资本主义国家来说成了一项社会问题,而国家对于所有社会问题最初的反应都是严厉制止、收容隔离"(Oliver 1996:28)。即使是现在,身心障碍人士在劳动力中的比例也不大,尽管已出台了法律措施,旨在防止对身心障碍的歧视。

表 11.3　两种身心障碍模式

个体模式	社会模式
个体悲剧模式	社会压迫理论
个人问题	社会问题
个体治疗	社会行动
医疗化	自助
专业主导	个体与集体责任
专业技能	体验
个体认同	集体认同
偏见	歧视
护理	权利
控制	选择
政策	政治
个体调适	社会变迁

资料来源:改编自 Oliver 1996:34。

发挥你的社会学想象力 11.3

用社会模式来转换英国人口、普查与调查办公室调查问题的预设

调查部门的问题	奥利弗的问题
"您能说说自己有什么不对劲吗?"	"您能告诉我社会有什么不对劲吗?"
"是什么病痛导致您难以抓取、把握或转动东西?"	"瓶瓶罐罐之类的日常用品的设计中有什么缺陷使您难以对付它们?"
"您在理解人们时遇到困难是否主要是因为听力问题?"	"您在理解人们时遇到困难是否主要是因为他们没有能力与您沟通?"
"您有没有某种疤痕、污点或缺陷限制了您的日常活动?"	"其他人对于您的某种疤痕、污点或缺陷的反应是否限制了您的日常活动?"
"您是否由于某种长期的健康问题或残障[身心障碍]而上过专门学校?"	"您是否由于您所属的教育主管部门的政策而上过专门学校,即有您这样的健康问题或身心障碍的人就得被送去这类地方?"

（续表）

调查部门的问题	奥利弗的问题
“您的健康问题或残障[身心障碍]是否妨碍了您按您乐意的频率或距离外出交际？”	“周边环境中有什么使您难以与邻里相处的？”
“您的健康问题或残障[身心障碍]是否使您难以搭乘巴士旅行？”	“有什么交通或资金上的问题妨碍您按您乐意的频率或距离外出交际？”
“您的健康问题或残障[身心障碍]是否以某种方式影响了您眼下的工作？”	“您是否在工作中由于物质环境或他人态度而遇到一些问题？”
“您的健康问题或残障[身心障碍]是否意味着您需要与亲戚或其他有可能帮助或照料你的人住在一起？”	“社区服务是否非常糟糕，以至于您需要依靠亲戚或其他能够提供给您合适的私人协助的人？”
“您现在的居所是否因为您的健康问题或残障[身心障碍]而有所改造？”	“您的住房是否设计糟糕，意味着您需要加以改造以适应您的需求？”

资料来源：Oliver 1990：7-8。

批判性思考

在交通、上学、就业、公共服务以及住房等方面，为了促进身心障碍人士的全面参与，究竟需要做出什么改变？你能为这些改变提出一个道德论据，同时再提出一个经济论据吗？

对社会模式的评估　社会模式对于塑造我们现今思考身心障碍的方式的作用是巨大的。它已经产生了全球性的影响，并被说成是英国身心障碍运动的“重大观念”（Hasler 1993）。社会模式聚焦于清除完全参与所面临的社会障碍，将身心障碍重新界定为压迫所致，这一推进使得许多身心障碍人士感到有解放的意味（Beresford and Wallcraft 1997）。这样的政治策略使得有人提出，身心障碍人士已经形成了“一种新兴社会运动”（Oliver and Zarb 1989）。

有关新社会运动的进一步讨论，参看第二十一章“政治、政府与社会运动”。

从20世纪80年代后期开始，从事**身心障碍研究**（disability studies）和主流社会学研究的学者对社会模式提出了一些批评。首先,有人认为,它忽视了伤残往往痛苦或不舒服的**体验**,这在许多身心障碍人士的生活中正是核心内容。莎士比亚和沃森(Shakespeare and Watson 2002:11)指出,"我们不仅仅是身心障碍人士,我们也是伤残人士,假装并非如此,就是对我们生平中的重要部分视而不见"。针对这个批评,社会模式的捍卫者就认为,社会模式并非否认伤残的日常体验,只不过是寻求将关注焦点转换到身心障碍人士所面临的社会障碍上。

其次,很多人接受了他们的伤残,但并不希望被贴上"身心障碍"的标签。英国一项对申领政府身心障碍补贴的人所做的调查表明,只有不到一半的人选择将自己定义为身心障碍人士。很多人拒绝这个标签,因为他们认为自己的健康问题是疾病而不是身心障碍,或者他们并不认为自己病得很重,足以被如此归类(DWP 2002)。然而,巴恩斯(Barnes 2003)却指出,在一个仍旧将身心障碍与异常和社会越轨相关联的社会里,伤残人士拒绝接受"身心障碍"这个带有污名的标签,也就不足为奇了。实际上,社会模式对于挑战身心障碍的污名化已经起到了很大作用。

再次,许多医学社会学家拒绝接受社会模式,认为该模式所依据的伤残与身心障碍的区分是虚设的。他们主张,身心障碍和伤残**都是**社会建构出来的,并且相互关联。莎士比亚和沃森(Shakespeare and Watson 2002)指出,如果有人问"伤残在哪里结束,而身心障碍又从哪里开始?",那么这两者之间的区别就会崩塌。在一些案例中,这些区分可能是一目了然的,比如在建筑设计中没有考虑合适的轮椅通道,就给轮椅使用者制造了令人陷于身心障碍的阻碍。然而,有更多的例子是不可能清除所有身心障碍来源的,因为它们并非社会中的压迫环境导致的。例如,持续的伤痛或重大智力局限导致的伤残,使个人没有能力充分参与社会,其具体处境不可能被局部调整或社会变迁所改变。因此,任何全面的阐述都必须将伤残本身所导致的身心障碍考虑进去,而不是仅仅考虑社会的组织方式所导致的身心障碍。

社会模式的支持者认为,最后这点宣称是在模糊身心障碍和伤残的区分,这根源于支撑旧有的身心障碍个体模式的生物医学模式。社会模式并不否认伤残可能是痛苦的原因,或者有些事情是有某种伤残的个体无法独自完成的。事实上,卡罗尔·托马斯(Thomas 1999,2002)作为社会模式的倡导者,也使用"伤残效应"(impairment effects)这个词,来考量伤残给身心障碍人士带来的心理—情绪性的后续影响。

身心障碍人士运动内部对社会模式也有批评可能显得有点奇怪,因为这种模式原本起源于该运动积极分子本身的讨论。但或许最好将之看作争论走向成熟,是社会模式将身心障碍的含义成功地重塑为一种政治概念而非医学概念的结果。

发挥你的社会学想象力 11.4

“我为什么想要你看我的脸?”

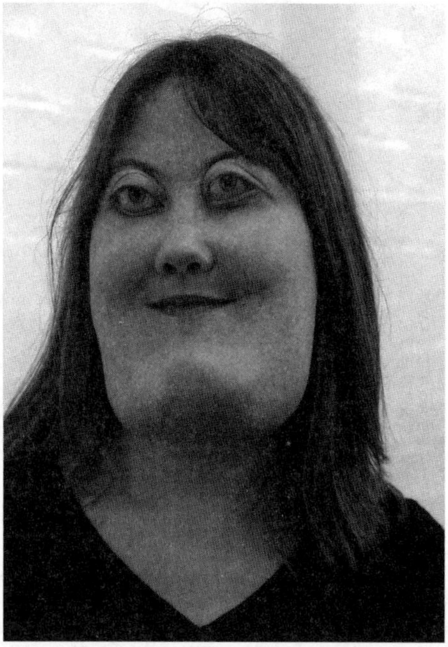

维基·卢卡斯(Vicky Lucas)并不希望人们看到她就转开视线、倒抽凉气或害怕不已，而是要他们明白，她的脸是她之所以为她的不可或缺的一部分。正如她所说，她喜欢自己这个样子。

我患有一种罕见的遗传失调症，叫作巨颌症(Cherubism)，它影响了我的脸。我大约4岁的时候被诊断得了这种病。那时我还太小，不记得出了什么事，但从那以后，求医问药就成了我生活中的家常便饭。大约到了6岁，我的脸才开始真的改变了形状，尽管如此，我还是记不起曾经看似常人的那一段时光。脸部变形的成长岁月是很不容易的。青春期开始了，所有通常的发育都如期而来，只是有一点点特别——我的脸变得非常大，我的眼睛受到的影响更大。

再看一眼 我的青少年时期非常艰难。人们有时候会盯着我看，或者回头再看一眼。有些人根本就是下流鬼，直接辱骂我。有时候人们会说，“哦，你真可怜!”即使这样，他们的怜悯也伤害了我，而这种伤害会久久伴随着我。我开始变得内向孤僻，担心自己出门会有什么样的遭遇。但是，久而久之，我逐步培养起我的自尊和自信，开始感到，我不应当因为别人对我的态度而浪费了自己的生命。

16岁的时候，我上了社区学院，学习电影、媒体研究和摄影之类的科目。我开始研究，传媒是如何表现毁了容的人的。当我看到电影中是如何刻画脸部变形的人时，是的，毫不奇怪，人们不知道应该对我们做出什么样的反应!《猛鬼街》(*Nightmare on Elm Street*)里的恶魔弗莱迪(Freddy Krueger)，《蝙蝠侠》(*Batman*)里的小丑(the Joker)，还有黑帮电影里带有各种污痕的歹徒……举不胜举。

不良的预设 既然带着这类刻板印象，那人们假设，如果你的脸与众不同，那么你的内心也会有些“与众不同”或“不良的东西”，也就基本没有什么可奇怪的了。这对我来说是个巨大的转折点，因为我意识到，脸部变形不仅是个医学问题，也是个社会问题。我开始认识到，自己之所以这么郁郁寡欢，并不是因为我的脸，而是因为有些人对我的脸的反应方式。我确定自己要改变的并不是我的脸，而是社会的态度。我并不想反对整容手术。不做手术只是我的个人选择。

现在,我24岁了。我常常会从镜中看自己的脸,觉得挺不错的。尽管我很希望去除头痛和复视,也不喜欢不能眨眼睛,但我可以努力地通过晃动脑袋和眯眼睛,来克服这种特别的身心障碍。可我的脸是我之为我的不可或缺的一部分。人们对待我的方式,还有我学到的如何度过我的一生的方式,塑造出今天这个我。

缺乏想象力 我爱我的脸给我带来的那些真诚的朋友,我喜欢它以这种方式让我渴望成为一个更好的人。我还交了个男朋友,他觉得我看起来像只猫。我不能确信自己也同意他的说法,但我肯定不是在抱怨!现在,无论什么时候有人说我很丑,我只会可怜他们,因为他们缺乏想象力。对于每一个叫我"肥下巴"的人,我都认为,"不!这只不过是因为你自己的下巴实在太小了。这叫作下巴妒羡①!"对于我所得到的任何一个发乎自然的惊异盯视,我都回报以友善的微笑。如果他们没有在我的十秒限定内回以微笑,我就向他们大大地皱一下眉。

上周,我和男朋友在逛街,有个男人迎面向我走来,惊呼"偶呕哦——噢!"(Urghhhh-hooooooh!)。

直面 这与其说是一个单词,不如说是一种奇怪的喉音,只有面容古怪的人才会明白他的言下之意。我很恼火,就冲着他去了。我不想细谈自己做了什么,但不妨这么说,那大概是他最后一次在街上对一个面容古怪的女人发出奇怪的喉音了。

两分钟后,我们正往家走,一个无家可归的男人追上我,讨些零钱。他问我感觉如何,我说"挺好!",然后告诉他刚才发生的事情。他怔了一会儿,马上又笑了,说:"我希望你让他伤着了!"我们都乐了。

某些陌生人竟然可以如此的无情,如此伤害他人,而另一些人,一些你根本没有指望的人,一些你通常会视若无睹的人,居然能这样给人温暖,这般和善,这真的很有意思。那确实能很好地概括我的生活。我从遇到最恶劣的人,到体验最美好的人,常常只在五分钟之内!它使我的生活更加具有挑战性,但也非常有意思。这样的生活,给我整个世界我都不换。

资料来源:BBC 2003。

批判性思考

根据"身体伤残者反隔离联盟"的定义,面部变形的人是存在"身心障碍的"吗?关于伤残和身心障碍之间区别的有效性,维基的故事能告诉我们些什么?

① 原文为"chin envy",仿照弗洛伊德提出的"阳具妒羡"(penis envy)。——译者注

三　身心障碍、法律与公共政策

由于身心障碍的社会模式起源于英国，所以看看英国法律的发展方式会有所启发，其发展部分是身心障碍人士运动的活动结果。

《反身心障碍歧视法》(Disability Discrimination Act, DDA)于 1995 年通过，给予身心障碍人士在一些领域免受歧视的法律保护，包括就业及获取商品与服务。1999 年，通过进一步的立法，建立了身心障碍权利委员会(Disability Rights Commission, DRC)，目的在于"消除针对身心障碍人士的歧视"，而新的《反身心障碍歧视法》在 2005 年实行，涵盖了更多的领域和活动。2007 年 10 月 1 日，身心障碍权利委员会被划归到一个全国性的人权机构名下，即平等与人权委员会(Equality and Human Rights Commission)。然后，到了 2010 年，又通过了一项更具普遍性的《平等法》(Equality Act)，它取代了之前《反身心障碍歧视法》的大部分内容，并增加了身心障碍人士的照护者和父母不受歧视的新权利。

1995 年的《反身心障碍歧视法》将身心障碍人士定义为"任何有身体或精神伤残的人，这类伤残对其从事正常的日常活动的能力产生实质性的长期负面影响"。这个定义被 2010 年的《平等法》沿用。它涵盖广泛，比如既包括脸部变形的人，也包括有精神健康问题的人，它避免了一种常见的概念混淆，即误认为身心障碍主要是遗传伤残和/或因病致残。实际上，在英国，只有大约 17%的身心障碍人士属于先天身心障碍。人口中的身心障碍比例是随年龄增长而增加的(Papworth Trust 2013；参看图 11.7)。

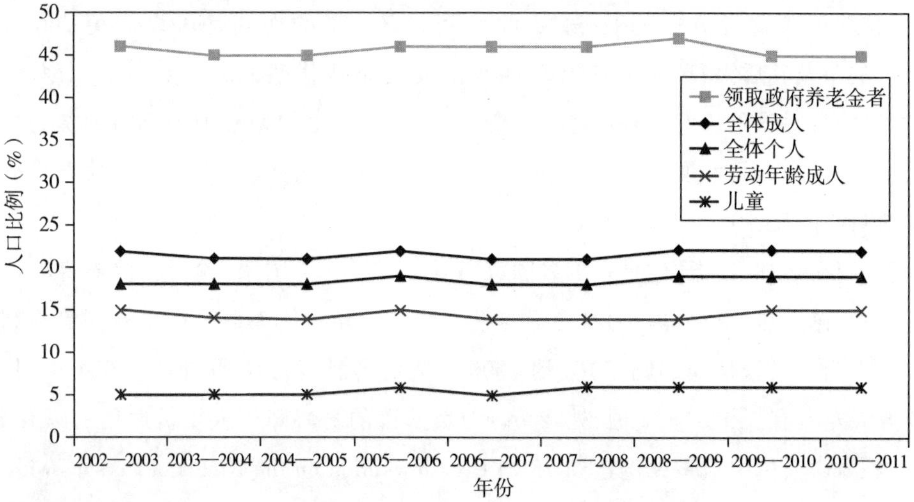

图 11.7　2002—2003 年度至 2010—2011 年度，英国分年龄组身心障碍率(年龄组比例)

资料来源：DWP 2012：79。

根据《平等法》的定义,在2011—2012统计年度,英国大约有1160万人有身心障碍,大致占人口的19%,与2002—2003统计年度的比例相同。其中,570万是劳动年龄阶段的成人,510万是领取政府养老金的人口,80万是未成年人(DWP 2014)。有与身心障碍相关的伤残的人仍然是英国最劣势的人群。相比身体健全的人,他们更可能失业,并且即使有工作也往往挣得更少。2005年,身心障碍权利委员会报告说,身心障碍雇员的平均时薪比非身心障碍雇员的该项指标要低10%。然而,与身心障碍相关的政府开销与其他许多领域相比还是高的。最富裕的一些国家在与身心障碍相关的一些项目上的开支,至少是它们在失业补贴上的开支的两倍(OECD 2005)。

四 世界各地的身心障碍状况

2011年,世界卫生组织估计,世界上超过10亿人有某种形式的身心障碍,大约占全球人口的15%。这比20世纪70年代所估计的大约10%高出了很多(WHO 2011:7-8)。身心障碍的全球比率之所以上升,是老龄化人口以及慢性病增加所致。发达国家中身心障碍的主要原因有慢性疾病和长期伤残,而在发展中国家,主要原因则是贫困、卫生条件缺乏、饮食不佳和居住条件差。在发展中国家,像骨折这样的损伤往往会导致长期的伤残,而如果有治疗和康复设备的话原本不会如此。在许多发展中国家,缺铁(贫血症)和慢性盆腔炎是导致女性伤残继而身心障碍的主要原因。据估计,每年大约有25万的儿童因为饮食中缺乏维生素A(绿色蔬菜含有)而失明,如果能改进减贫、营养不良、卫生、饮用水和就业条件等方面的政策,全世界至少有一半的伤残是可以避免的(Charlton 1998)。战争及其后果,比如没有清理的地雷,也是造成伤残的另一个主要原因。另外,贫困国家的身心障碍孩童更有可能只接受低等教育,这也加剧了他们日后的贫穷。有鉴于此,我们可以看到,发展中世界的贫困会以与相对富裕的国家非常不同的方式造成伤残,塑造身心障碍。

联合国在2006年指出,只有少数国家,具体说是45个国家,颁行了保护身心障碍人士权利的法律。在大部分国家,身心障碍人士并没有和其他人群一样享受同等权利。在印度(一个有反歧视法律的国家)大约7000万人有各种身心障碍,但在2004年,其中只有10万人左右有工作。在美国,处在劳动年龄阶段的身心障碍人士被雇用的只有35%,而非身心障碍人口中这一比例达到78%(UN Convention on the Rights of Persons with Disabilities 2006: preamble)。

显然,反歧视的法律和政策在世界范围内的分布并不均衡,很多身心障碍人士在自己国家中仍旧不能获得完整公民权。为了"普遍提升"面向身心障碍人士的立法标准,联合国出台了 21 世纪的第一项人权条约，即 2006 年《联合国残疾人权利公约》（2006 UN Convention on the Rights of Persons with Disabilities），旨在促成对待身心障碍人士态度的全球“范式转换”。在开放签署的当天，2007 年 3 月 30 日，就有 99 个国家签署了公约；截至 2010 年，已经有 147 个国家签署，其中 95 个国家正式批准生效。

该公约要求各国政府“出台并执行相关政策、法律和行政措施，以确保公约中认定的各项权利，并废除构成歧视的法律、法规、习俗和做法”。它还承诺保障身心障碍人士在平等基础上享有生命权利，确保有身心障碍的女性及女童享有同等权利和权利改善，保护身心障碍儿童。它首次开启了推进身心障碍人士平等权利的全球政策议程。显然，身心障碍政治在很短时间内取得了极大进步。然而，现代世界也创造了一些以前不为人知的需求，造成了新的身心障碍。例如，许多雇主现在对书面交流、阅读计算的能力要求更高，这让很多有学习困难的人“变成身心障碍”。

第五节

变迁世界中的健康与身心障碍

▼

世界各地的人们对于健康、疾病、伤残和身心障碍的体验五花八门，这生动地体现出本章所反映的一个观念：我们如何体验自身的身体以及与他人的互动，是健全还是身心障碍，是疾病还是健康，都受到了变动不居的社会背景的形塑。当然，在今天，我们更为密切地关注人类生存的全球面向，它使我们认识到了条件与机遇的巨大不平等，尤其是发达国家和发展中国家之间的不平等。最明显体现这一点的地方，就是艾滋病病毒/艾滋病或埃博拉之类的全球传染病的影响了。

从艾滋病病毒/艾滋病的不同影响，到医疗保健的可获得性以及身心障碍体验的广泛差异，比较社会学研究为政府与政策制定者提供了一些必需的证据和理解。旨在提高健康标准的干预措施需要有可靠的证据，社会学家可以尽到自己的一份力，指出哪里最需要投资和援助。社会学同样有助于全体公民更好地理解现代世界，将健康领域的一些挑战，比如饮食紊乱的蔓延、基因筛查的出现、可怖的区域传染病的暴发，与全球化社会进程相关联，这些都是在履行社会学的承诺。

本章要点

1. 概述三种彼此竞争的**健康**定义。

2. 简述西方的**生物医学模式**,至少包括其三个主要因素。

3. 列举三项晚近的**健康技术**,并说出各自的一些应用。我们预期这些技术可能会促进哪些便利?又可能带来哪些社会问题?

4. 简述**医疗化**和**医源病**的意涵,并说明它们有何不同。

5. 是什么样的社会变迁据说促成了辅助疗法和替代疗法的兴起?

6. **区域传染病**和**全球传染病**的区别是什么?病毒学家相信哪些**社会变迁**会导致未来出现更多的全球传染病?

7. 描述人们可能感染艾滋病病毒的主要方式。哪些国家和地区受到的影响最严重?社会学家如何尝试说明这一状况?

8. **病患角色**的三个“主要支柱”是什么?如何为帕森斯的命题辩护,反击其批评者?

9. 具体举例说明**社会阶级**和**健康**是如何紧密相连的。有关阶级的研究发现如何有助于我们理解英国的一些少数族群健康水平更低?

10. “女性的健康模式与女性的生物特征紧密相关。”说明为什么社会学家不接受这种讲法。

11. 比较**身心障碍的个体模式**与**社会模式**,写下两者之间的主要差异。社会模式对于社会的重新组织有哪些意涵?

12. 在发展中国家与发达国家,**身心障碍模式**的主要差异是什么?

研究实践

医患保密(Doctor-patient confidentiality)是求医问诊的关键,如果要做出准确的诊断,私密的检查往往是必需的。尽管如此,近些年来,在这种临床场景中虐待病患的报道越来越常见,显然,私密检查引发了医患双方的窘迫和情感控制/保持距离等棘手话题。阅读下文,它探讨了英国医生的态度问题:P. Hine, and H. Smith, 2014, ‘Attitudes of UK Doctors to Intimate Examinations’(英国医生对于私密检查的态度), *Culture, Health & Sexuality*, 16(8): 944-959。

1. 研究运用了一个名叫“NVivo9”的软件包,这是什么?此文中是如何运用的?

2. 你如何概括这项研究中所采用的研究方法的特点?作者们说的“建构主义思路”

是什么意思？

3. 医生在私密检查的应用方式上的差异是出于哪些原因？

4. 描述医生用来帮助自己应对私密检查中的情感特性的一些主要方法。

5. 根据这篇文章，晚近的这些医疗丑闻如何影响了医生对于实施私密检查的价值的态度？

6. 完成一份研究方案，供后续研究探讨病患对于私密检查的态度。你预估在为这项研究采集样本时会遇到哪些困难？又该如何加以克服？

深入思考

已有确凿证据表明，在健康方面存在社会阶级梯度，平均而言，所属阶级越低，健康就越不佳，预期寿命就越短。有些社会学家提出，解决贫困及相关物质环境的问题，应当成为政府政策的核心。然而，英国国王基金会（King's Fund）2012 年提交的一份报告却发现，没有任何教育文凭的人（较之有文凭的人）有五倍的可能性吸烟，大量饮酒，逃避锻炼，并对健康饮食的建议置之不理。

缺乏教育文凭与不健康的生活方式选择之间，为什么会存在相关关系呢？试着提出一些也许会存在的理论关联，聚焦于为什么有关健康与生活方式的关键讯息更有可能被层级较高的、中产阶级的社会经济群体认真对待并循此行事。是该提高促进健康的讯息本身的效力，还是政府就该径直承认，有些社会群体就是不会被这种渠道所触动？

艺文探析

思考一下汤姆森的《非凡的身体：美国文化与文学中身体残疾的形象呈现》（Rosemarie Garland Thomson，1997，*Extraordinary Bodies：Figuring Physical Disability in American Culture and Literature*，New York：Columbia University Press）中第 9—10 页的评论。

> 文学中的身心障碍人物，通常是并不复杂的形象，或是奇特的异形，处在故事的边缘位置。他们的身体构形作为某种奇观而运作，诱使其他人物做出反应，或者根据身心障碍的文化共鸣，产生修辞效应……从民间传说和经典神话，到现代和后现代的“怪物”（grotesques），残疾的身体几乎总是一种畸形的景观，借间接的叙述口吻呈现出来……仅举数例，狄更斯的《圣诞颂歌》中那个可怜却又浪漫化的小提姆，巴里（J. M. Barrie）的《彼得·潘》中那个邪恶的胡克船长，

维克多·雨果的《巴黎圣母院》中神秘可怖的卡西莫多……

从下面三位人物中选出一位。在何种程度上,汤姆森阴郁的评述符合你选的人物和故事情节?21世纪对身心障碍的这些呈现,在哪些方面摆脱了“他者性”和负面的刻板印象?

- 朗·霍华德(Ron Howard)导演的《美丽心灵》(*A Beautiful Mind*,2011)中的“约翰·纳什”(John Nash)。
- 帕里斯·巴克莱(Paris Barclay)导演的电视连续剧《欢乐合唱团》(*Glee*,2009)第一季第9集“轮椅”中的“亚提·艾伯拉姆斯”(Artie Abrams)。
- 多名导演合作执导的电视剧集《权力游戏》(*Game of Thrones*,2011—)中的“小恶魔”(Tyrion Lannister)。

阅读指津

健康与疾病的社会学是一块发展充分的领域,有许多入门级教科书。其中有两部非常好:一本是米尔德丽德·布拉克斯特的《健康(第二版)》(Mildred Blaxter, 2010, *Health*, 2nd edn, Cambridge: Polity),此书对健康与疾病的概念有出色的探讨;另一本是安妮-玛丽·巴里和克里斯·于尔合著的《健康社会学导论(第四版)》(Anne-Marie Barry, and Chris Yuill, 2016, *Understanding the Sociology of Health: An Introduction*, 4th edn, London: Sage),其提供了最新的概述。

由此开始,再试试涵盖更多关键辩论、证据与政策的细节的读物。比如萨拉·内特尔顿的《健康与疾病的社会学(第三版)》(Sarah Nettleton, 2013, *The Sociology of Health and Illness*, 3rd edn, Cambridge: Polity),以及艾伦·安纳代尔的《健康与医疗社会学(第二版)》(Ellen Annandale, 2014, *Sociology of Health and Medicine*, 2nd edn, Cambridge: Polity)都写得翔实可靠,引人入胜。

对于身体社会学的评述,可参亚历山德拉·豪森的《社会中的身体(第二版)》(Alexandra Howson, 2012, *The Body in Society: An Introduction*, 2nd edn, Cambridge: Polity),以及布莱恩·S.特纳的《身体与社会(第三版)》(Bryan S. Turner, 2008, *The Body and Society*, 3rd edn, London: Sage)。至于社会学中的身心障碍研究,可见科林·巴恩斯和杰夫·默瑟的《探究身心障碍:社会学导论(第二版)》(Colin Barnes, and Geof Mercer, 2010, *Exploring Disability: A Sociological Introduction*, 2nd edn, Cambridge: Polity),以及约翰·斯温、萨莉·弗伦奇、科林·巴恩斯和卡罗尔·托马斯合编的很有用的文集《残化

障碍，赋能环境（第三版）》（John Swain, Sally French, Colin Barnes, and Carol Thomas, eds., 2013, *Disabling Barriers- Enabling Environments*, 3rd edn, London: Sage）。

有一本很有用的参考书涵盖了健康与疾病领域，即乔纳森·盖布与李·莫纳汉合编的《医学社会学中的关键概念（第二版）》（Jonathan Gabe, and Lee Monaghan, eds., 2013, *Key Concepts in Medical Sociology*, 2nd edn, London: Sage）。

关于健康与身体的社会学的原典文集，参阅辅助读物《社会学入门文选（第三版）》（*Sociology: Introductory Readings*, 3rd edn, Cambridge: Polity, 2010）。

网络导航

政体出版社有关本书的更多信息和支持：

www.politybooks.com/giddens

欧洲健康系统与政策观察（European Observatory on Health Systems and Policies）——欧洲医疗制度的监察与研究：

www.euro.who.int/en/about-us/partners/observatory

世界卫生组织（World Health Organization）——如实呈现其意见，也是有关世界各地健康与疾病的出色数据库：

www.who.int/en

联合国艾滋病规划署（UNAIDS）——联合国艾滋病行动计划，有大量素材和统计数据：

www.unaids.org/en

创新健康技术（Innovative Health Technologies）——设在英国约克大学的一项研究计划，查阅“Projects by Theme”（按主题检索项目）：

www.york.ac.uk/res/iht/introduction.htm

英国维尔康姆图书馆（The Wellcome Library, UK）——有关医学史以及医学在社会中的作用的资料库：

http://wellcomelibrary.org

英国利兹大学身心障碍档案（The Disability Archive at the University of Leeds, UK）——覆盖身心障碍方方面面的大型资料库：

http://disability-studies.leeds.ac.uk/library

欧洲身心障碍论坛（The European Disability Forum）——一个由身心障碍人士负责运营的非政府组织，旨在推动欧盟内部的权利平等：

www.edf-feph.org

英国平等与人权委员会(The UK's Equality and Human Rights Commission)——包含大量信息以及一套有价值的系列出版物的网络资源:

www.equalityhumanrights.com

联合国残疾人权利公约(United Nations Convention on the Rights of Persons with Disabilities)——联合国公约的网站,有签约国的最新报道,也有世界各地关于身心障碍的材料:

www.un.org/development/desa/disabilities/convention-on-the-rights-of-persons-with-disabilities.html

第十二章

分层与社会阶级

马克·扎克伯格，脸书（Facebook）的合伙创始人，将自己的电脑程序设计天分转变成一桩万亿美元规模的互联网生意。

白手起家的故事人人爱听。一个勇敢无畏的人一开始两手空空，他艰苦劳动，倾力投入，遍历千辛万难，跻身社会顶层，或是打造一份工商事业，发家致富。这种故事何时都有，只是在2010年的电影《社交网络》（*The Social Network*）中，有了数字时代的更新版。影片的原型是脸书的创建，以及它的合伙创始人马克·扎克伯格。他拥有电脑程序设计的天分，还有敏锐的商业嗅觉，年仅23岁就成了一名亿万富翁。截至2015年，他积攒的个人财富已经超过330亿美元（*Forbes* 2015）。看上去，资本主义经济会激励并回报这样的创业精神，提供诱人的前景：任何人，无论家庭背景如何，无论出生何地，都有可能获得成功。另一位企业家吴拉姆·努恩爵士（Sir Gulam Noon）的生平就完美展示了这一点。

努恩于1936年出生在印度孟买。他家属于穆斯林家庭，经营一家小糖果店。努恩年仅七岁时父亲去世了。此后的生活非常艰辛，他一边在学校读书，一边竭力在店里帮活儿。1954年，他17岁，完全投入家里的生意，将其进一步做大，同时追求多元化经营，进入地产和制造行业。1964年，他为了获取经验而前往英国，并于1972年重返英国，在伦敦创办了一家糖果公司“孟买甜点”（Bombay Halwa）。随着伦敦和莱斯特两地的亚裔社区不断扩张，他的生意也越做越大。目前，连锁店已拥有51家分店，大多数设在英国,也有少数在孟买和巴黎。从 1982 年开始,该企业还为航空配餐工厂提供配套服务。

1989 年,另一家公司"努恩食品"(Noon Products Ltd)成立了。努恩瞄准了市场中的空白:"超市里能够买到的所有预制的印度方便食品都淡而无味,坦率地说不能接受。我认为我可以做得更好。"公司业务刚起步时只有 11 名雇员,但很快就开始销售"正宗的"印度食品给"鸟眼"冷冻食品公司,然后又销售给连锁超市威特罗斯、莫里森和塞恩斯伯里。[①] 1994 年,一场火灾摧毁了首家工厂,让公司几近倒闭。但努恩很快就重振了企业,并继续扩展自己的业务。

2010 年吴拉姆·努恩爵士被授予贵族[②]头衔。

现在的努恩食品公司,拥有大约 1200 名员工,生产超过 500 种方便食品,每周向超市供应 150 万份咖喱食品。2005 年,努恩将公司卖给了爱尔兰食品企业凯瑞集团(Kerry Group),而他的个人财富估计达到 8500 万英镑。不管怎么说,他并不是出身豪富之家,自称是一个"自我打拼的人"。他回想早年激励自己的动力时说:"我是个不安分的人,我渴望脱离贫困的陷阱,不想就这么穷着。我哥哥更像我父亲,更加沉稳。他现在已经退休了,觉得我这样疯狂工作,就像条狗。他永远不会理解我的人生哲学。"(访谈,刊于 2008 年 11 月 27 日的《今日管理》[*Management Today*])。2002 年,努恩获授爵士,并于 2010 年 11 月进入英国国会上议院。

努恩白手起家的故事引发了一些耐人寻味的问题。一个出身贫寒的人到底有多大的机会,真的获得如此高的社会地位,如此多的个人财富?每出现一个吴拉姆·努恩,就可能有多少人在他的企业里工作?他们是否因为帮助公司取得成功而得到了"公平的报

① 鸟眼(Birds Eye)系英国最大的冷冻食品公司,建于 1938 年,其创始人克拉伦斯·伯宰(Clarence Birdseye)被称为"冷冻食品之父"。威特罗斯(Waitrose)、莫里森(Morrisons)和塞恩斯伯里(Sainsbury's)皆属英国最大连锁超市之列,其中威特罗斯号称英国皇家御用超市。——译者注

② 原文此处为"peerage",当时吴拉姆·努恩爵士获授男爵,是最低一级贵族。2015 年 10 月,男爵去世。——译者注

酬”？这里引出的有关财富与贫困的议题，把我们带向了更为广泛的问题。影响我们在社会中的经济地位的因素是什么？如果你是女性或属于少数族群，生活机会会有什么区别吗？全球化是开放了还是封闭了上升的机会？

多年以来积累了大量的社会学研究，揭示了社会是有模式化或结构化分隔的，而个体在结构中的位置会显著塑造其生活机会。比如说，在英国，出身工人阶级背景的人跻身“顶级工作岗位”和权力高位的机会微乎其微：“2013 年，在英国的每一块势力范围中，上层权力集团绝大多数都被接受私立教育的人或富裕中产阶级所把持。”这个看法不是出自哪位马克思主义革命派，而是出自约翰·梅杰爵士，前保守党首相（转引自 Social Mobility and Child Poverty Commission 2014:6）。就是这项研究发现，尽管英国人中只有7%上的是私立学校，却有 71%的高级法官、62%的高级将领、50%的上议院议员、44%的《星期日泰晤士报》富豪榜上榜人士，以及 36%的联合政府内阁成员，是在这类学校受的教育。与此类似，上牛津或剑桥大学的人（所谓“津桥精英”[Oxbridge]）不足 1%，但在 2014 年，有 75%的高级法官、59%的内阁成员、50%的外交官和 38%的上议院议员属于此类（ibid.:10）。在社会学家看来，这种循规再生产的模式与吴拉姆·努恩或马克·扎克伯格的个人生平同样意味深长，需要给出说明。

有关学校教育与不平等再生产的详细讨论，参看第十九章“教育”。

我们首先来仔细看看，社会学家谈论的分层与社会阶级是什么意思。然后，我们要考察一些有影响的阶级理论和测定阶级的尝试，接下来，我们更具体地看看发达社会中的社会阶级和生活方式。本章最后将讨论社会流动，即在多大范围内的社会等级向上或向下流动是可能的，以及如今的社会流动程度如何。鉴于有关阶级制的研究蔚为大观，势必占据本章大部分篇幅，读者可以通过章末的阅读指津，对我们简要讨论的其他分层形式一探究竟。

第一节
分层体制

社会学家用**社会分层**（social stratification）这个概念来描述社会内部个体之间和群体之间所存在的不平等。通常我们想到的分层是就资产或财富而言的，但分层也可以源于其他属性，比如性别、年龄、宗教归属或军阶。不同的个体与群体根据各自在分层图式中的位置,获得报酬的渠道也各有不同(不平等)。因而,可以把分层定义为不同人群之间的结构化不平等。如果将分层比作地球表层岩石的地质层级,会大有助益。可以将社会视为由等级序列中的“层”构成的,比较有优势的人在顶层,而没有什么特权的人则接近底层。所有的社会分层体制都具有三点基本特性:

1. 地位等级(rankings)应用于人群的社会类别,这些人享有某种共性,但不一定发生互动,也不一定彼此认同。比如说,女性的地位等级不同于男性,或富人的地位等级不同于穷人。来自特定类别的个体可能在不同地位等级之间移动,但类别本身继续存在。
2. 人们的生活体验和机会有赖于他们的社会类别的相对等级。是男人还是女人,黑人还是白人,上层阶级还是工人阶级,在生活机会方面差别会非常大,常常和个人努力或好运的差别一样大。
3. 不同社会类别的等级变动起来往往会非常缓慢。比如说,在工业化社会,在许多生活领域,女性只是在晚近才开始实现与男性平等。

有关性别方面的议题和理论,详参第十五章“性别与性相”。

纵观历史,分层的社会已经发生了可观的变化。在最早以狩猎和采集为基础的人类社会中,几乎没有社会分层。这主要是因为几乎没有什么可以分割或争夺的资源。定居农业的发展带来了大大增多的财富和资源,也加剧了分层。农业社会中的社会分层越来越像一座金字塔,大多数人处于底部,越靠近顶部人越少。时至今日,工业社会和后工业社会的情形极其复杂;它们的分层更像是一滴泪珠,大量的人处于中等和中下等级,位于底层的人较少,在顶层的人则非常少。

批判性思考

分层体制是广泛存在的,也明显将持久存在。那么我们是否应该假设有些分层形式是“自然的”、不可避免的呢?分层体制对于作为一个整体的社会而言,可以通过哪些方式发挥其功能?

回顾历史,可以区分出四种基本的分层体制:奴隶制、种姓制、等级制和阶级制。有时候,我们会发现,它们是相互关联的。尽管如今现代阶级制遍布全球各地,但这四种体制并不存在任何简单的时序先后。比如说,我们将会看到,近些年来,哪怕是在发达世界中以阶级为基础的社会里,有些现代形式的奴隶制又死灰复燃了。

一　奴隶制

奴隶制(slavery)是社会不平等的一种极端形式,这种体制下的某些人可以将另外一些人视作其财产而占有。在不同的社会之间,奴隶所有权的法律地位有相当的差异。有时候,在法律上,奴隶被剥夺了几乎所有的权利,就好像美国南北战争前南方种植园里的情形。而在其他社会中,奴隶的地位更像奴仆(servants)。比如,在古希腊的城邦雅典,一些负有相当责任的位置由奴隶占据。有些识文断字,成为政府行政人员;不少奴隶还受过手工业技艺的培训。他们被排斥在政治岗位和军界之外,不过被其他绝大多数职业所接纳,虽说许多人终日在矿井中艰辛劳作。

纵观历史,奴隶常常反抗自己的臣属地位。南北战争之前美国南方的黑奴反叛即为一例。由于存在这类抵抗,奴隶劳动体制往往是不稳定的。只有通过持续的监督和残忍的惩罚,才能实现高生产率。奴隶劳动体制最终瓦解,部分原因在于其所激发的斗争,也有一部分原因在于,经济或其他激励措施比直接强迫更能提高人们的生产效率。从经济角度来看,奴隶制的效率根本就不高。

自 18 世纪以来,在欧美的很多人看来,奴隶制在他们认为的"文明社会"中是违背**道德**的,而将人作为奴隶来运送的做法也逐渐遭到法律的禁止。今天,奴隶制在世界各国都是非法的,但晚近的研究证实,许多人依然被强力带走,跨国贩运,在违背自己意愿的情况下遭到拘押。从巴基斯坦的砖窑奴工,到泰国的性奴,再到英国和法国这种富国的家奴,所谓的**现代奴隶制**依然是世界范围内对于人权的严重侵犯现象。

现代奴隶制并不是由国家给予合法化的,并不构成一种法律认可的分层体制,但它的确像是在不断发展壮大,在地理分布上也不断蔓延。恰恰因为现代奴隶制是一种隐藏的剥削,具体形式复杂多样,所以极难精确估算出有多少人受其危害。不过,晚近有一项政府报告提出,单单在英国,奴隶制的受害者就大约在 1 万人到 1.3 万人之间(Silverman 2014)。最佳估算显示,全世界几乎有 3600 万人属于奴隶制、抵押劳工(bonded labour)或家内奴役(domestic servitude)的受害者(Global Slavery Index 2014)。其中有 61%集中分布在印度、巴基斯坦、俄罗斯和乌兹别克斯坦等国家。与许多人的期望相悖,也与对于全球化更为乐观的评价相反,全球化进程方便了人们在世界范围内的强制流动,以及落入现代形式的奴役(Bales et al. 2009)。

贩卖人口、强迫劳动、奴隶制和家内奴役都是 21 世纪愈演愈烈的问题,引起了政学两界的关注。

二 种姓制

在**种姓制**(caste)这种社会分层体制中,个体的社会位置是毕生注定的。在种姓社会里,所有的个体必须保持在其出生时的社会层级上。每个人的社会地位都是基于个体的特性,比如可被识别的种族、族属、肤色、父母所持的宗教信仰或父母所属的种姓,这些都是出生时附带的,因此被认为是不可改变的。在某种意义上,可以把种姓社会看作一种特殊的阶级社会,只是一个人的位置从出生时就被指定了(Sharma 1999)。种姓社会一般存在于农业社会,比如印度农村,或是 1992 年结束白人统治之前的南非。

在现代之前,种姓体制遍及全世界。例如在欧洲,犹太人就常常被当作一种与众不同的种姓,被迫生活在规定界限的街区,并禁止与非犹太人通婚,有些情况下甚至禁止与犹太人交往。“隔都”(ghetto)一词据说源自威尼斯语中的“铸造厂”,那里是欧洲最早的官方犹太人隔都之一,1516 年由威尼斯政府设立。最终这个词被用来指欧洲城镇中以法律形式强制犹太人居住的那些区域,很久以后,才用来描述少数族群街区,这些街区中的种族和族群隔离也带有种姓的性质。

在种姓制中，与其他种姓的成员之间的亲密接触是受到强烈阻挠的。种姓的这种"纯洁"常常要通过**族内婚**(endogamy)的规定来维持，即按习俗或法律要求，某人在所属社会群体内部通婚。

印度与南非的种姓制　印度的种姓制体现了印度教信仰，至少有两千年的历史。根据印度教学者的讲法，主要有四大种姓，每一个都大致联系着宽泛的职业群体：处在顶层的是**婆罗门**(Brahmins，学者与精神领袖)，接下来是**刹帝利**(Ksyatriyas，武士与统治者)，**吠舍**(Vaisyas，农夫和商人)，**首陀罗**(Shudras，苦力与手工业匠人)。在这四大种姓之下，还有一类被称为"不可接触者"(untouchables)，或"**贱民**"(Dalits，即被压迫的人)。[①] 如其名所示，最后这类人无论如何是必须避免接触的。不可接触者只能去做社会中最低劣的工作，比如挑粪工。他们也常常需要去乞讨和翻垃圾堆来找寻食物。在印度的传统地区，高等种姓的一些成员依然认为，与不可接触者的身体接触是非常肮脏的，一旦碰了一下，就得进行清洁仪式。1947 年印度独立，后于 1949 年立法禁止基于种姓的歧视，但这种体制的基本特性今天仍然在充分发挥作用，乡村地区尤其如此。

随着印度的现代资本主义经济将来自不同种姓的人联系在一起，无论是相同的工作场所、同一架飞机还是同一家餐馆，要维持延续种姓制所需要的严格壁垒变得越来越困难。印度越来越多的部分受到全球化的影响，似乎有理由假设，印度的种姓制未来会进一步削弱。

南非的种姓体制，称为**种族隔离**(apartheid)，于 1992 年被废除。此前，这种体制把非洲黑人、印度人、"有色人种"(种族混血儿)和亚裔与白人严格隔离开来。在这种体制下，种姓完全建立在种族的身份识别上。白人虽然仅占总人口的 15%，却控制了全国几乎所有的财富，占有绝大部分可用地，经营主要的工商贸易，并垄断政治权力，因为黑人缺乏投票权。黑人占了全部人口的四分之三，被隔离在贫瘠的"班图斯坦"(bantustans，即"黑人家园")，只有在为白人少数族群工作时，才被允许外出。

种族隔离体制以其广泛的歧视和压迫，在白人少数族群与包括黑人、混血种族和亚裔的多数族群之间制造了激烈的冲突。数十年里常常充满暴力的斗争，最终在 20 世纪 90 年代取得了成功。最强大的一个黑人组织，非洲人国民大会(African National Congress，ANC)，动员全球抵制南非企业，在经济上产生了摧毁性的后果，强迫南非白人领袖解除了种族隔离体制，并由南非白人在 1992 年举行公投予以废除。1994 年，这个国家首次举行了多种族的选举，非洲人国民大会领袖纳尔逊·曼德拉在被囚禁二十七年之后，当选

---

① 以上诸词皆源自梵语，意思分别为"祈祷者""权威""拓殖者""被征服者""被压迫者"。——译者注

在印度的种姓制中,贱民(或"不可接触者")占据着这个阶梯的最底层,传统上被限制在社会中最低贱的职业和岗位。

为总统。南非版本的种姓制宣告完结,政府采取了一系列政策,旨在赋权黑人,打造一个"爱国的""有生产力的"黑人资产阶级,因为它力求更加紧密地融入全球资本主义经济体系(Southall 2004:313)。

三　等级制

等级制(estates)是欧洲封建社会的组成部分,但也存在于其他许多传统的文明中。封建等级制度由不同的阶层(strata)构成。各阶层有着不同的义务,享有不平等的权利,这些差异中有些是通过法律确立的。在欧洲,最高的等级由**贵族**和士绅构成,**神职人员**构成另一个等级,地位稍低,但拥有一些特权。后来被称为"第三等级"的是**平民**,包括农奴、自耕农、商人和匠人。与种姓制不同的是,等级之间一定程度上的通婚和流动是可以容忍的。比如说,平民可以受爵,作为对于王室的特别贡献的回报。商人有时也可以购买封号。英国仍保留着一些这种体制的痕迹,世袭封号还被承认并受追捧(尽管从 1999

年以来，贵族已经不再自动获得上议院①投票权）。与此类似，商界领袖、公务人员和其他人士也会因其贡献而荣获爵位。②

在过去，只要存在以高贵出身为基础的传统贵族制，就往往会发展出等级制度。在封建制下，比如在中世纪的欧洲，等级制与庄园共同体紧密维系，形成一种地方性而不是全国性的分层体制。而在更具中央集权性的传统帝国，比如中国或日本，等级制是在更具全国性的基础上组织起来的。有时候，等级之间的差异是凭借宗教信仰获得正当性的，虽说很少会像印度种姓体制那样严格。

四　阶级制

尽管社会阶级是一个备受争议的概念，但还是有个大致的定义，即**阶级**（class）是由分享共同经济资源的人们所组成的大型群体，这些经济资源强烈影响到他们可能过上什么样的生活。形成阶级差异的主要基础在于资产与财富的所有权以及职业。阶级与其他分层形式的区别主要有四个方面：

1. **阶级体制是流动的**。与其他类型的分层不同，阶级并非由法律规定或宗教信条确立的。阶级之间的界限从来没有明确的划分。并没有任何成文的规定来限制不同阶级的人之间的通婚。
2. **阶级位置在一定程度上是获致的**。个体的阶级地位不像在其他类型的分层体制下那样，在出生时就已给定。社会流动，即在阶级结构中向上流动与向下流动，比在其他体制下要更为常见。
3. **阶级是从经济的角度来奠立的**。阶级的打造有赖于个体所属的不同群体之间的经济差异，即拥有物质资源方面的不平等。在其他类型的分层体制中，非经济因素往往更为重要。
4. **阶级体制是大规模的、非人身性的**。阶级体制的运作主要是通过非人身性的、大规模的关联，比如企业与其雇员之间的关联。阶级差异体现为报酬与工作条件方面的不平等。在其他类型的分层体制中，不平等主要表现为人身性的义务或责任关系，像是奴隶和主人之间，或是低种姓和高种姓的人之间。

在工业化的资本主义社会，绝大多数官方正式的种姓体制已经让位于以阶级为基础的体制（Berger 1986）。工业化的生产需要人员自由流动，能够做任何自己适合去做或有

① 上议院（House of Lords）亦称贵族院。——译者注

② 本书作者吉登斯即为上议院议员，于2004年获得“终身贵族”称号。——译者注

能力做的工作,并根据经济状况的变化而经常变动。种姓体制下的严格限制有碍于这种必要的自由。随着全球化将世界重塑为单一的经济体系,残存的种姓式关系越来越受到做出变革的压力。下一节将讨论有关社会阶级的理论,这种形式已经成为全球范围内社会分层的主导形式。

批判性思考

如果社会阶级成为所有国家中分层的主导形式,总体来说,这会是一种正面的还是负面的发展?对于那些目前生活在其他分层体制下的人来说,生活会有怎样的改善?又会产生哪些新的问题?

第二节

有关社会阶级的理论阐述

▼

卡尔·马克思和马克斯·韦伯所提出的理论构筑了绝大多数关于阶级与分层的社会学分析的基础。我们先来考察这些理论,然后再来分析以美国社会学家埃里克·奥林·赖特(Erik Olin Wright)为代表的新马克思主义观念。本节最后会介绍**交叉性**(intersectionality),这个概念有助于我们把握多种社会不平等是通过哪些方式在社会生活中交织的。

第一章“什么是社会学?”中有对于马克思与韦伯的介绍,而第三章“理论与视角”中更为详细地介绍了他们。

一 卡尔·马克思的阶级冲突理论

马克思的大部分著作都涉及分层,特别是社会阶级。但令人惊奇的是,他并没有对阶级这一概念作系统的分析。马克思临终前正在撰写的一份手稿——后来作为其主要著作《资本论》(Marx 1867)的一部分出版,恰恰在他提出“什么构成阶级?”这样一个问题的地方戛然而止。这就意味着必须从马克思著作的整体体系中重新构建他的阶级概念。学者们对他的作品做了大量阐释,并围绕着“马克思说的究竟是什么意思”产生了许多争论。不过,他的核心观点还是相当清晰的,“经典研究 12.1”中就来讨论。

经典研究 12.1

卡尔·马克思与阶级冲突理论

研究的问题　19 世纪欧洲的工业化改变了社会，让社会的许多方面变得更好了。但它也导致了抗议与革命运动。之后，随着 20 世纪工业社会的发展，仍然不断出现工人罢工和激进活动。为什么社会变得更加富裕了，工人还要进行抗议？卡尔·马克思（Karl Marx, 1818—1883）研究了阶级社会，试图理解其运行机制。他的核心论点是，工业社会根源于资本主义的经济关系。但马克思绝不是一位超然的学术观察者；他是共产政治的核心人物，是工人运动的活跃分子。在马克思看来，工业资本主义纵然有种种进步要素，但也是在阶级关系的剥削体制上建立起来的，必须予以推翻。

马克思的说明　对马克思来说，社会阶级就是指与生产资料——即赖以谋生的手段——有着共同关系的一群人。从这个意义上来说，所有社会中都存在某种核心阶级体系。在现代工业兴起之前，等级体制中的生产资料包括用来耕作或放牧的土地和工具。因此，主要存在两大阶级，拥有土地的阶级（贵族、士绅或奴隶主）和从事土地生产的阶级（农奴、奴隶和自耕农）。在工业社会，工厂、办公室、机械以及购买这些东西所需要的财富或资本变得更加重要。两大主要阶级成了拥有这些新的生产资料的人（也就是产业家或资本家）和以向前者出卖劳动力为生的人（也就是工人阶级），或者，用马克思的话来说，就是**无产阶级**（proletariat）。

根据马克思的看法，阶级之间的关系是剥削关系。在封建社会，剥削表现为农民的产出直接转移给贵族。农奴被迫将自己产出的一定份额交给其主人，或者每个月固定为其劳作几天，替主人家耕作。而在工业资本主义社会，剥削的来源不那么明显。马克思提出，工人生产出的东西多过雇主偿还雇用工人的成本之实际所需。这个剩余价值就是利润的来源，然后资本家可以将其据为己有。例如，制衣厂的一群工人每天可以生产 100 套衣服，销售 75 套所得的收入就足够支付工人的工资、厂房和设备的成本。而其余 25 套的销售收入就变成了利润。

马克思对资本主义制度所造成的巨大不平等感到震惊。尽管贵族们过着奢侈的生活，与农民的日子有着天壤之别，但农业社会整体还是比较贫穷的。即使没有任何贵族，生活水平势必也是很可怜的。随着现代工业的发展，财富的产出远超以往任何时候，然而，有产阶级积累的财富不断增长，工人却仍然相对贫穷。马克思使用**贫困化**（pauperization）这个词，来描述工人阶级与资产阶级相比愈益陷入贫困的过程。即便在绝对的意义上，工人变得更加富有，但他们与资产阶级之间的差距却是越来越大了。晚近针对顶层

“百分之一”的人占有巨大财富的抗议,在一定程度上就体现了这一点。

资本家与工人阶级之间的不平等并不是严格意义上的经济不平等。马克思看到,生产的机器化意味着工作往往变得单调乏味,让人不快,使工人与他们自己的劳动相**异化**,与其产品相**异化**。劳动不再是一种自我实现的方式,而仅仅是一种赚钱维持生存的手段。马克思主张,随着大量工人聚集在工厂里,会发展出一种集体性的**阶级意识**(class consciousness),因为工人们会敏锐地意识到,要想长期改善自身的处境,就必须进行一场革命,推翻剥削性的资本主义社会关系。

批评的观点 社会学界关于马克思的观念的争论已经持续了一百五十多年,在这里很难充分展开讨论。但我们可以分析马克思的批判中的几项重大主题。第一,马克思将资本主义社会概括为分裂成“两大阵营”,日后看来过于简单。甚至在工人阶级内部,也有熟练技能型工人和非熟练技能型工人之分。由于性别与族属也会成为导致不同生活机会的因素,这种划分也就变得更加复杂。批评者认为,如此一来,整个工人阶级的协调行动是非常不可能的。

第二,马克思预测,将由发达社会中的产业工人阶级领导一场共产主义革命,但这并没有实现,有些人因此对他有关资本主义动力机制的分析提出了质疑。一些当代马克思主义者仍旧认为,资本主义注定灭亡,但批评者并未看到多少证据。他们认为,与从前相比,工人阶级的大多数似乎已成为日益富裕的有产者,与资本主义制度有了更多的利害相关。

第三,批评者认为,虽然马克思看到工人阶级愈益共享的经历中会孕育出阶级意识,但如今的人们对自己的社会阶级位置的认同感却低得多。相反,有了多重的身份认同来源,阶级不一定是最重要的了。而没有一种不断发展的、普遍弥漫的阶级意识,也就不会出现任何统一的阶级行动,从而也就不会有共产主义革命。在他们看来,社会的长期发展趋势似乎偏离了马克思的理论预测。

当代的意义 马克思的影响(不仅是对于社会学,而且是对于全世界),可谓巨大。世界各国众多政权都认为自己属于“马克思主义”,而各种反对运动也惯于利用马克思的观点来鼓动人心。尽管他的主要预测尚未完全被证明,但他开创的对于资本主义的分析却依然启发着我们对于全球化的理解。的确,可以说,迅猛的全球化进程赢得了广泛认可,或许为马克思主义研究注入了崭新的动力,晚近国际反资本主义运动的兴起更是推波助澜。

有关反全球化运动的讨论,参见第二十一章“政治、政府与社会运动”。

二　马克斯·韦伯论阶级、地位与党派

韦伯研究分层的思路以马克思的分析为基础,但韦伯对于资本主义及工人阶级的命运得出的结论却迥然不同。韦伯和马克思一样,也认为社会是以围绕权力和资源的冲突为特征的。但是,马克思把两极化的阶级关系和经济问题视为重大社会冲突的核心,而韦伯则发展出一种更为复杂的、多维度的视角来看待社会。韦伯指出,社会分层并非只与阶级有关,其形成还涉及另外两个方面,即地位(status)和党派(party)。这三个相互交叠的分层要素在社会中产生了多种可能的位置,这与马克思提出的两极化模式对比分明。

虽然韦伯接受了马克思的观点,即社会阶级是在客观给定的经济条件下确立的,但是他认为,在阶级形成的过程中,起到重要作用的经济因素很多。根据韦伯的观点,阶级划分不仅源于对生产资料的占有或不占有,而且源自一些与产权没有直接关联的经济差别。这种资源包括各种技能和证书,或者说是资格,它们会影响人们所能得到的工作类型。韦伯认为,个体的**市场位置**(market position)会强烈影响其生活机会。例如,与工人阶级或所谓"蓝领"工作者相比,从事管理性或专业性职业的人能赚得更多,工作条件也更好。他们所拥有的资格,如学位、文凭和获得的技能等,使他们比其他没有这类资格的人更有"市场销路"。与此类似,在蓝领工人内部,熟练技能型工人有能力确保拿到高于半熟练技能型或非熟练技能型工人的工资。

在韦伯的理论中,**地位**(status)是指群体在被其他群体赋予的社会尊敬或声望方面的差异。在传统社会中,地位通常是基于对一个人的"第一手"认识决定的,这些认识从多年来不同情形下的互动中获得。然而,随着社会变得越来越复杂,已经不可能总以这种方式来赋予地位。相反,地位开始通过人们的**生活方式**表现出来。住宅、衣着、言谈和职业,这些地位标志与地位象征都有助于塑造一个人在其他人眼中的社会位置。然后,地位相同的人会构成一个具有共享认同感的共同体。

马克思相信,地位的区分是阶级分化的结果;而韦伯认为,地位常常独立于阶级划分而发生变化。拥有财富的人一般都有较高的地位,但也存在一些例外。"贫苦不辱斯文"(genteel poverty)一词就是其中一例。在英国,出身贵族家庭的人即便已经失去其财产,也仍然享有很高的社会声望。相反,许多银行家可能很富有,但他们的社会地位却低得出奇——这是因为人们普遍认为,正是他们的肆意贷款,导致了2008年的全球经济危机,他们过高的年度奖金也不是由自己挣得的。

韦伯指出,在现代社会中,党派的形成是**权力**的一个重要方面,它能够独立于阶级和地位而影响分层。在韦伯的用法中,**党派**(party)是由具有共同背景、目的或利益从而共同工作的个体所组成的群体。党派经常以一种有组织的形式,为了根据党派成员的利益确定的特定目标而努力。马克思往往从阶级的角度来说明地位差别和党派组织。韦伯论述说,即使这两者都受到阶级的影响,但反过来也都能影响个体和群体的经济状况,进而影响其阶级。党派可能会诉求跨越阶级界限的关怀。例如,党派可能会建立在宗教归属或民族主义理念的基础之上。马克思主义者可能试图从阶级的角度出发,来说明北爱尔兰的天主教徒和新教徒之间的矛盾,因为在工人阶级岗位上的天主教徒要多于新教徒。而韦伯主义者则可能认为,这样的说明站不住脚,因为人们所加入的党派既表达了阶级差别,也体现了宗教差异。

韦伯关于分层的著述具有重要意义,因为它们说明除阶级之外,还有其他分层维度显著影响了人们的生活。韦伯提请人们关注作为社会分层独立维度的阶级、地位和党派之间复杂的相互作用,为有关人们生活机会的经验研究提供了更具弹性的基础。

三　融合马克思与韦伯?

美国社会学家埃里克·奥林·赖特通过吸纳韦伯思路中的要素,发展了马克思的阶级理论(Wright 1978,1985,1997)。他就此不再只关注人与生产资料的关系,转而考察不同社会阶级的成员在生产过程中会拥有多少控制。赖特认为,在现代资本主义生产中,**对于经济资源的控制**存在三个维度,这使我们可以识别出现存的主要阶级:

1. 对投资或货币资本的控制。
2. 对物质生产资料(包括土地、工厂和办公室)的控制。
3. 对劳动力的控制。

正如马克思所说,控制生产系统的各方面的人属于资产阶级。工人阶级的成员则无法控制其中任何一个方面。然而,在这两大主要阶级之间,存在一些位置含混的群体,例如上文提到过的管理人员和白领工人。这些人能够影响生产的某些方面,但不能控制其他方面,因此处在**矛盾性阶级位置**(contradictory class locations)上。白领雇员与从事专业性职业的雇员不得不把自己的劳动力出卖给雇主,以求谋生,就和体力劳动者一样。但与此同时,比起绝大多数蓝领劳动者,他们对自己的劳动有更大的控制权。赖特把这些阶级位置说成是"矛盾性"的,是因为相关的人既不是资本家,又不是工人,但与两者都享有某些共同特征。

赖特(Wright 1997)认为,占人口85%到90%的很大一部分人属于不得不出卖自己劳动力的类别。然而,这部分人口内部也有着很大的差异,从传统的体力劳动阶级到白领劳动者。为了进一步细分阶级定位,赖特考虑了两个因素:一是与权威的关系,一是对于技术或专业技能的占有。首先,他认为,许多中产阶级工作者,如经理和监工,享有比工人阶级更具特权的接近权威的关系。他们协助控制工人阶级,但与此同时,他们仍然处于资本所有者的控制之下。他们既是剥削者,也是被剥削者。其次,赖特认为,具有所需技能的中产阶级雇员能够行使某种特殊形式的权力,并索得较高的薪资。比如说,在新兴的知识经济中,某些信息技术专家能谋得待遇丰厚的职位,就说明了这一点。

通过把马克思和韦伯的视角结合起来,赖特有效地展示了它们并不一定是完全对立的。他也证明了,随着资本主义社会变得愈加复杂,试图去理解它们的社会学理论也必须有所发展。晚近的一种视角,即交叉性,旨在把阶级不平等与其他主要的社会分隔联系到一起。接下来将简要讨论这一观念。

批判性思考

马克思与韦伯的阶级理论在哪些方面相互抵触?如何能把它们看成是相互补充的?"矛盾性阶级位置"这一概念是否支持了韦伯的观点,即工人阶级革命是不太可能发生的?还是说它支持了马克思的主张,即革命是无法避免的?

四　交叉式不平等

在20世纪的后半期,关于不平等的社会学研究从几乎只关注社会阶级,转变为也探究性别、族属、性相与身心障碍等其他维度的不平等。因此我们能越来越明显地看出,要把用于研究阶级的那些理论和概念转移到其他的不平等形式上并不容易。

近些年来,也有人主张,如果我们要理解当代社会中人们的生活,社会学家就必须设法把阶级与其他不平等联系在一起(Andersen and Collins 2009; Rothman 2005)。有一种尝试颇具影响,就是借助交叉性这一概念,即塑造个体生活的多种社会不平等错综交织,从而使先前相对简单的阶级分析变得复杂起来。诚如麦克劳德与耶茨(McLeod and Yates 2008:348)所说,"仍然仅仅分析阶级(或性别,或种族,……),现在会被理解为一种政治意义和分析意义上的排斥行为"。

交叉性理论质疑我们是否还能设定“白人”“女性”或“工人阶级”之类范畴的“共同经验”。这种大包大揽的范畴遮蔽了个体生活体验上的歧异,比如你能在这一桌专业人士身上发现的差别。

对交叉性不平等的研究通常包括结合个体的社会背景,力求理解他们的真实生活,但权力的运作也在其研究兴趣之内,因为权力会通过阶级、性别与族属这几个主要轴线得到维持与强化(Berger and Guidroz 2009)。但交叉性研究并不只是“阶级 +”种族、性别或其他的社会分隔。这样的思路会将阶级置于其他分隔形式之上,而在进行理论阐述时把后面这些都置于某种次要的位置,臣属于对阶级的首要关注。相反,“交叉性设定,种族、阶级、性别、性相、能力和各式各样的维度都参与构成了认同。各要素相互渗透,合在一起,产生一种体验世界的方式,根据具体背景的不同,使人时而感到被压迫、被边缘化,时而感到拥有特权、具有优势”(Smooth 2010:34)。

例如,当社会学家围绕“工人阶级”的体验进行讨论和争论时,他们究竟是在指什么?我们不能假设社会阶级构成了所有工人阶级成员的首要认同来源,就连说大多数工人阶级成员都未必成立。我们同样不能说他们的体验一定是相似的。异性恋白人男性工人阶级的生活可能与同性恋黑人女性工人阶级的生活大为不同。只有经验研究才能确认,在具体的社会历史背景中,这些构成性认同形式中哪一个更为重要。这个实例显示,交叉性研究往往会采取能够触及人们真实生活体验的定性方法,这也是它与传统的社会阶级定量研究之间的一个显著差异。

交叉性研究中也存在一些问题。有多少不平等和认同范畴等待研究？这通常被称为“等等”(et cetera)问题,因为有些学者会在阶级、性别和“种族”之后简单加上“等等”,以表示还有其他很多来源(Lykke 2011)。但是,如果事实如此,研究者如何知道他们已经穷尽所有的来源,以确证自己的研究发现？第二个问题是,我们给予不同范畴相对权重,我们在理论阐述中,是否应该把它们当成大致类似的东西,还是有理由假定,社会阶级在某种程度上对于塑造我们的生活,尤其是对于依然葆有资本主义社会特性的那些方面,发挥的作用更加重要？

在不断增多的交叉性研究中,人们仍然在努力探究这类追问。但我们能得出的结论是,今天的很多社会科学家都在想方设法,以更好地理解多元文化社会的复杂性,并且在这样做时逐渐超越了传统的阶级分析形式。

有关交叉性的讨论，亦可参看下述章节：第三章“理论与视角”；第七章“劳动与经济”；第九章“生命历程”；第十三章“贫困、社会排斥与福利”；第十五章“性别与性相”；以及第十六章“种族、族属与移民”。

第三节

图绘阶级结构

理论研究和经验研究都已经考察了阶级位置与社会生活的其他维度——比如投票模式、教育成就以及身体健康——之间的联系。然而,如前所示,阶级的概念远非一目了然。无论是学界行话还是日常用语,对于“阶级”这个词都有各式各样的理解和使用。社会学家和研究者在其经验研究中怎样才能测定这么不精确的概念呢？

当一个像阶级这样的抽象概念被转化为一个可测定变量时,我们就说,这个概念业已被**操作化**(operationalized)。这意味着它已经被定义得足够明确和具体,能够在经验研究中加以验证了。社会学家通过多种图式将阶级操作化,试图勾画出社会的阶级结构。这些图式提供了一种理论框架,可以借此把个体归入各个社会阶级范畴。

绝大多数阶级图式都有一个特点,就是以职业结构为基础。社会学家认为,阶级分隔一般对应于与就业类型相关的物质不平等和社会不平等。资本主义和工业化的发展显著体现出劳动分工的不断强化和职业结构的日趋复杂。职业虽然不再像从前那样作用巨大,但仍然是个体的社会位置、生活机会以及物质舒适度的重要决定因素。社会科学家发现,职业相同的个体往往会体验到相似的社会优势或劣势,维持相近的生活方式,共享类似的生活机会,因此他们广泛使用职业作为衡量社会阶级的指标。

基于职业结构的阶级图式也是形式多样的。有些图式主要是描述型的,只是反映社会中的职业结构和阶级结构的形态,而不涉及社会阶级之间的关系。支持这类模型的学者,比如那些秉持功能主义传统的人,认为分层本身不存在问题,属于自然的社会秩序的一部分。

有关功能主义的介绍，参看第一章“什么是社会学？”以及第三章“理论与视角”。

而其他图式更具有理论意识,借鉴了马克思或韦伯的思想,关注的是如何说明社会中不同阶级之间的关系。秉持冲突范式的社会学家往往偏好这类“关系型”阶级图式,以便揭示社会内部的分隔和张力。上文讨论的埃里克·奥林·赖特的阶级理论就例示了关系型阶级图式,因为它试图描绘阶级剥削的进程。约翰·戈德索普(John Goldthorpe)的研究颇具影响,最初源于韦伯的阶级观念(参见“经典研究 12.2”),是关系型图式的另一例证。

经典研究 12.2

约翰·戈德索普论社会阶级与职业

研究的问题 我们在做的工作,也就是我们的职业,与我们的阶级位置,两者之间有什么关联?阶级与职业纯属一样事情吗?当我们更换工作时,也会在阶级**之间**流动吗?如果我们经历再培训、接受高等教育或失业,我们的阶级位置是否同样会改变?作为社会学家,我们应当怎样研究社会阶级?

许多社会学家对**描述型**的阶级图式不满意,认为它们只是**反映**了阶级之间既存的社会不平等和物质不平等,却不寻求**说明**产生这些不平等的社会过程。抱持这样的关切,英国社会学家约翰·戈德索普在有关社会流动的经验研究中创立了一套图式。**戈德索普阶级图式**的设计宗旨并不在于描述一套阶级等级序列,而是要再现当代阶级结构的“关系型”性质。

戈德索普的说明 戈德索普的观念颇具影响,其他社会学家往往认为,他的分类图式是新韦伯主义阶级图式的例证。这是因为,他的原创图式是基于两个主要因素来确定阶级定位的：**市场处境**和**工作处境**。个体的市场处境涉及其薪酬水平、工作安全和晋升前景，强调物质报酬和整体生活机会。相反，工作处境侧重工作场所内部的控制、权力和权威问题。个体的工作处境关注的是自主程度和影响雇员的总体控制关系。

在20世纪80年代和90年代，戈德索普进行了比较研究，包括一项社会流动研究计划，名为CASMIN项目（"工业国社会流动比较分析"[Comparative Analysis of Social Mobility in Industrial Nations, CASMIN]）。这个项目的结果很有意义，因为由此产生的分类被纳入英国国家统计局制定的社会经济分类体系（UK Office of National Statistics' own Socio-Economic Classification, ONS-SEC），并在欧洲范围内得到广泛使用（Crompton 2008）。表12.1给出了戈德索普/CASMIN与英国国家统计局社会经济分类（ONS-SEC）两套图式，并附上了更为常用的社会学术语（右边）。

表12.1　戈德索普/CASMIN和ONS-SEC社会阶级图式（附上常用的社会学术语）

戈德索普/CASMIN图式	国家统计局社会经济分类	常见的描述性术语
Ⅰ高级专业人员和行政管理雇员	1高级管理性和专业性职业ab	专业服务与公务人员（或服务阶级）①
Ⅱ低级专业人员和行政管理雇员；b高级技术人员	2低级管理性和专业性职业b	
Ⅲa高级机械性非体力劳动雇员	3中层职业	中层白领
Ⅳ小雇主和自雇者	4小型组织中的雇主，自主经营的劳动者	自主（或小资产者）
Ⅴ体力劳动者的监管者；低级技术人员	5低级监管性和技术性职业	中层蓝领
Ⅵ熟练技能型体力劳动者	6半机械性职业	工人阶级
Ⅲb低级机械性非体力劳动者	7机械性职业	
Ⅶ半熟练技能型和非熟练技能型体力劳动者		

资料来源：Goldthorpe and McKnight 2004。

图式中最初包括十一种阶级定位，在CASMIN研究中减至八种，但戈德索普的分类仍然比其他许多分类图式更为详细。然而，在常见用法中，这些阶级定位还是被压缩成

① 原文为"salariat(or service class)"，不可译为工薪阶层。一种译法是"服务"阶级，但不是中文习惯上所指的那种"服务员"层面的"下层"，而更多的是指提供专业服务的律师、医师等；另一种译法为"公务人员阶级"，范围也太小。——译者注

区区三个主要的阶级层级:“专业服务与公务人员”阶级(对应阶级Ⅰ和阶级Ⅱ),“中层阶级”(对应阶级Ⅲ和阶级Ⅳ)以及“工人阶级”(对应阶级Ⅴ、阶级Ⅵ和阶级Ⅶ)。戈德索普也承认,在图式的最顶端,存在作为财富拥有者的精英阶级,但认为它只占社会的很小一部分,所以在经验研究中作为一个范畴没有什么意义。

戈德索普在最近的作品(Goldthorpe 2000)中,开始在他的图式中强调**雇佣关系**,而不再是上述的“工作处境”。如此一来,他就把注意力转向了不同类型的雇佣合同。**劳动合同**(labour contract)是设定薪资和努力之间有着具体界定和限制的一种交换。而**服务合同**(service contract)则包含“预期的”成分,比如涨薪或升职的可能性。戈德索普认为,工人阶级以劳动合同为特征,而专业服务与公务人员阶级以服务合同为特征,中层阶级定位体验到的则是过渡类型的雇佣关系。

批评的观点 本章会详细评价戈德索普的作品,但在这里,我们不妨指出两点主要的批评。尽管这个图式对于经验研究者显然很有用,但它还不够明确,不足以让我们深入了解超出社会阶级界限的某些社会群体的位置,比如学生和失业者。还有人批评他淡化了资本主义社会中巨大的贫富差距的重要性。在某种意义上,这种批评反映了马克思主义与韦伯主义两派学者有关社会阶级的长期争论。

当代的意义 戈德索普的作品在相当长时间里一直是社会阶级和职业问题争论的焦点。尽管有一些非常中肯的批评,他的阶级图式也在不断更新和完善,但依然属于广义的韦伯社会学传统。最新的版本成了整个欧盟的标准阶级图式,如此看来,戈德索普的观念和范畴未来可能会有更大的影响力。

评估戈德索普的阶级图式

如“经典研究 12.2”所示,戈德索普的阶级图式被广泛应用于经验研究。它有助于突出以阶级为基础的不平等,比如与健康和教育相关的那些不平等,也能反映投票模式、政治观点和整体社会态度等方面的阶级维度。但是有必要指出,所有这类图式都有几点明显的局限,这一事实告诫我们不要不加批判地使用它们。

职业阶级图式难以应用于**经济不活跃**的人群,比如失业者、学生、养老金领取者和儿童。失业和退休人士的分类往往以他们之前的劳动活动为依据,但这在长期失业者或工作履历断断续续的人身上就很成问题。学生有时可以按其专业分类，但只有当研习领域与特定职业密切相关，比如学工程或医学，这样做才算成功。

失业者及求职者适合放在社会阶级图式的什么地方？我们应当如何评估他们的阶级定位？

基于职业区分的阶级图式也无法反映财产所有权和财富的重要性。职业头衔本身尚不足以作为衡量个体财富和资产整体水平的指标，对于社会中最富裕的那部分成员来说尤其如此，包括企业家、金融家以及“世家”(old rich)，单看他们的“董事”或“经理”等职业头衔，会把他们与许多资产远为有限的专业人员归为一类。换句话说，依据职业范畴划定的阶级图式并不能准确地反映“经济精英”阶层高度集中的财富。马克思主义的学者把这一点视为重大的失败。

把社会中最富有的成员与其他上层阶级专业人员归在一起，职业阶级图式削减了社会分层中产权关系的相对权重，未能考虑到极端的不平等。例如，约翰·韦斯特加德(John Westergaard)质疑戈德索普的观点，并不认为因为富人数量如此之少，就可以把他们从细致勾画阶级结构的图式中排斥出去。他(Westergaard 1995:127)提出：

> 正是由于权力和特权高度集中在少数人手里，这些人才登上顶端。他们的整体社会结构权重与他们的人数之少完全不成比例，这使得他们居于顶层的这个社会成为一个阶级社会，无论在他们之下有着什么样的区分模式。

显然，在设计这些图式时要考虑一些复杂的问题，这样才能令人信服地“图绘”出社会的阶级结构。即使是在一个相对“稳定”的职业结构中，对社会阶级的测定和图绘也是十分困难的。自20世纪70年代以来，经济的迅速转型已经使得阶级的测定变得更加困难，导致有人质疑将阶级作为一个核心概念本身是否有用。新的职业范畴不断涌现，总体来说，制造型劳动正向服务型和知识型劳动转变，并且有大量女性进入劳动力队伍。职业阶级图式未必能得到很好的调整，以捕捉这种阶级形成、流动与变迁的动态过程。

发挥你的社会学想象力 12.1

阶级之死?

近些年来,在社会学内部,围绕着"阶级"这个概念的有效性,掀起了一场激烈的争论。有些社会学家,比如雷·帕尔(Ray Pahl),甚至质疑在试图了解当代社会时,这是否仍然是一个有用的概念。在主张阶级不再是理解当代社会的关键概念的学者当中,澳大利亚学者简·帕库尔斯基和马尔科姆·沃特斯令人瞩目。他们在《阶级之死》(*The Death of Class*)(Pakulski and Waters 1996)一书中提出,当代社会发生了深刻的社会变迁,将其视为"阶级社会"已经不再准确。

社会变迁的时代 帕库尔斯基和沃特斯主张,工业社会正在经历一段社会剧变的时期。在我们所处的这一时期,阶级在政治、社会和经济等方面的重要性都在下降。工业社会已经从组织化的阶级社会转入一个新的阶段,帕库尔斯基和沃特斯称之为"地位约定论"(status conventionalism)。两位作者用这一术语来表明,不平等固然还存在,但只是因为地位(声望)方面的差异,以及此类地位群体所偏好的生活方式、消费模式等方面的差异。阶级不再是塑造一个人的认同的重要因素,而阶级共同体……(正成为)明日黄花。这些变迁进而意味着,诉诸阶级来说明政治行为和社会行为的尝试已经过时了。看起来,阶级确实是死了。

消费者权力的增长 这些变迁也伴随着消费者权力的增长。在越来越具有竞争性、越来越分化的市场上,厂商不得不更加敏锐地体察消费者的期望。因此,发达工业社会中的权力平衡出现了转换。当代社会中的地位低下者,即帕库尔斯基和沃特斯所称的"被先天剥夺权利的底层阶级"(ascriptively disprivileged underclass),其特征就是没有能力参与"地位消费"(status consumption),也就是说,他们没有能力购买轿车、时装、住宅、休假及其他消费商品。帕库尔斯基和沃特斯认为,当代社会确实是分层的,但这种分层是通过文化消费实现的,而不是通过劳动分工中的阶级位置。这完全是风格、品味、地位(及声望)的问题,而不在于劳动分工中的位置。

全球化的进程 从组织化阶级社会到地位约定论,这种转换被说成是全球化进程的结果,也是经济、技术和政治等方面的变迁所造成的。帕库尔斯基和沃特斯主张,全球化导致了一种新型国际劳动分工,其中"第一世界"越来越趋向后工业化,意味着作为先前那

现代社会分层的主要形式是以地位为基础的消费,而不是社会阶级位置?

个“组织化阶级社会”的特征的,被描述为体力型工人阶级的职业种类越来越少。与此同时,在全球化世界中,民族国家的自给自足性逐渐淡化,并且更难像过去一样管理自身的人口或市场力量。分层和不平等仍然存在,但其存在的基础,与其说是国家性的,不如说是全球性的。我们所看到的国家之间的不平等,远比一个民族国家内部的不平等要更为显著……

理论而已?　约翰·斯科特(John Scott)和莉迪亚·莫里斯(Lydia Morris)也提出,需要区分个体的阶级位置与社会阶级这种集体现象,前者即个体在劳动分工中的定位,而人们通过后者可以表达对于某个群体的归属感,及对于身份认同和价值观念有共同的认识。最后这种阶级认识(一种更具有主观性和集体性的认识),在某个社会的特定时期,可能存在也可能不存在,取决于众多社会、经济和政治因素。

近些年来,最后这方面的阶级特性似乎也衰微了。但这并不意味着地位和分层的文化特性现在占据了绝对主导位置,乃至于阶级的经济特性毫不重要了。事实上,流动研究和财富的不平等都表明,情况正好相反。阶级并未死亡——它只是正在变得更加复杂!

资料来源:Abbott 2001。

批判性思考

在何种程度上，你感觉自己消费和使用的那些东西及经历塑造了你的认同？你的家庭的阶级位置是否影响了你的生活机会？消费主义是否正在改变年长家庭成员领会其在社会中位置的方式？

第四节

发达世界中的阶级划分

▼

一　上层阶级的问题

在发达社会中,仍然存在一个以财富和财产所有权为基础的可明显识别的**上层阶级**(upper class)吗？或者我们应该根据戈德索普的建议,探讨一个更为广义的专业服务与公务人员阶级？当然,戈德索普也承认,精英上层阶级确实存在,但它规模太小,难于把它融入有代表性的社会调查。另一方面,如今的精英上层阶级已经不同于等级制下拥有土地的贵族。相反,它指的是通过在全球市场中赚取利润来获得财富和权力的资产阶级。

研究这一问题的方法之一,就是调查少数人手中财富与收入的集中程度。关于个人财富的可靠信息是很难获得的,因为富人通常不公开他们的全部资产,而且有些政府的统计数据要比其他国家更加准确。人们常常说,我们对穷人的了解远远超过对富人的了解。可以肯定的是,大量的财富集中在极少数人手里,美国的《福布斯》杂志的"富豪榜"会每年追踪他们的个人财富。

有关"富豪榜"与极端的全球不平等的讨论，详参第十四章"全球不平等"。

例如,在英国,2002 年,1%居于顶层的人物占有全部有价财富的 23%(ONS 2010a:62)。即使在 2008 年的银行与信贷危机及其余波中,最富有的个人仍然能保护他们的财富。在 2009—2010 年度,英国前 1000 名最富有个人的总财富其实增长了 770 亿英镑,达到3355亿英镑，相当于英国国债总额的三分之一强（*Sunday Times* 2010）。事实上，人口中前10%最富有的人长期占有着全国有价财富总额的50%左右，而不富裕的一半人口的这项比例始终低于10%（参看表12.2）。自20世纪90年代早期开始，最富有的10%人口其实就拥有了英国全部有价财富的50%以上。

表12.2 1976年至2005年英国的财富分配

	人口中最富裕的人的占比（%）					
	1	2	5	10	25	50
年份	所拥有财富的占比（%）					
1976	21	27	38	50	71	92
1977	22	28	39	50	71	92
1978	20	26	37	49	71	92
1979	20	26	37	50	72	92
1980	19	25	36	50	73	91
1981	18	24	36	50	73	92
1982	18	24	36	49	72	91
1983	20	26	37	50	73	91
1984	18	24	35	48	71	91
1985	18	24	36	49	73	91
1986	18	24	36	50	73	90
1987	18	25	37	51	74	91
1988	17	23	36	49	71	92
1989	17	24	35	48	70	92
1990	18	24	35	47	71	93
1991	17	24	35	47	71	92
1992	18	25	38	50	73	93
1993	18	26	38	51	73	93
1994	19	27	39	52	74	93
1995	19	26	38	50	72	92
1996	20	27	40	52	74	93
1997	22	30	43	54	75	93
1998	22	28	40	52	72	91
1999	23	30	43	55	74	94
2000	23	31	44	56	75	95
2001	22	29	41	54	72	93

(续表)

	人口中最富裕的人的占比(%)					
	1	2	5	10	25	50
年份	所拥有财富的占比(%)					
2002	21	28	41	54	72	92
2003	19	27	40	53	73	93
2004	暂缺	暂缺	暂缺	暂缺	暂缺	暂缺
2005	21	28	40	54	77	94

资料来源:HMRC 2010。

股票和债券的持有量比总体财富的占有量甚至更不平等。在英国,处在社会顶层的1%的人拥有私人所持企业股票中的大约75%,而顶端5%的人拥有总量的90%还多。不过在这方面变化也较大。已经有大约25%的人拥有股票,而在1986年只有14%,1979年只有5%。在1979年上台执政的保守党政府推行的私有化运动过程中,很多人首次购买了股票。然而,大多数人的持有量较少,而由公司掌握的其他公司的股票即集团股的增长速度要快于个人股。

从历史上看,由于在某些国家采集数据存在一些问题,一直很难掌握全球财富分布的总体情况。然而,联合国大学世界经济发展研究所2007年发起了一项研究,涵盖了世界所有国家,并考察了家庭财富、股票及其他金融资产,以及土地和房产,这也是迄今完成的最全面的个人财富全球调查。调查发现,全球最富有的2%人口拥有全球半数以上的家庭财产。它还发现,最富有的10%的成年人拥有85%的全球财富,而底层50%的成年人仅拥有1%(Davies et al. 2007)。显然,财富分配的全球模式比单个国家内部的情况更不平等,这反映了工业化国家和发展中世界之间巨大的不平等。

尽管财富集中在较少的人手中,但所谓的"富人"并不是一个同质的群体,也不是一种静态的范畴,因为人们会按照不同的轨迹获得财富或失去财富。正如考察贫困,考察财富也必须结合生命周期的背景。有些人一夜暴富,但马上又失去大半;另外一些人的资产则是长期稳步累积或逐渐减少的。有的富人出身有"祖业"的世家,财富代代相传,而其他富人则是"白手起家",从比较卑微的起点开始,成功地积聚起自己的财富。仅次于世家豪门成员的是影视音乐明星、体育巨星,以及那些随着计算机技术、移动通信和互联网的发展与推广而致富的"新贵"的代表。

近些年来,还出现了其他一些值得注意的趋势,我们从英国的数据中可以观察到这一点。第一,"白手起家的百万富翁"在最富裕的个体中所占比例越来越高,包括一些在数字革命中致富的人。比如说,国王数字娱乐公司(King Digital Entertainment)见证了它的四位成员上了富豪榜，主要是因为其所推出的游戏《糖果传奇》(Candy Crush Saga)赢得了现象级的成功。而R星公司(Rockstar Games，又译摇滚之星游戏公司)老板豪泽兄弟(Sam and Dan Houser)因为缔造了游戏《侠盗猎车手》(Grand Theft Auto)，以9000万英镑的联合财产上榜(*Sunday Times* 2010)。2007年，在前1000名英国大富豪中有超过75%不是靠继承祖业，而是靠自力更生致富。第二，2014年，英国最富的1000人的财富在一年内增长了15%，其财产总额达5200亿英镑，占到英国GDP的大约三分之一(*The Independent* 2014)。这样的增长与英国政府在2008年金融风暴后采取的"紧缩"政策和公共开支削减形成了鲜明对照。第三，富人行列中的女性尽管仍然比较少，但也越来越多。1989年，只有6位女性跻身最富有的英国人之列；而到了2007年，这一数字已经增加到了92位。第四，少数族群，尤其是亚裔，在超级富翁行列中的人数正在增加(*Sunday Times* 2007)。第五，英国许多最富有的人并非出生于这个国家，却选择在此定居，原因各式各样，其中包括对超级富翁征收的税率相对较低。

鉴于情势如此变动不居，或许有人会觉得，不再存在一个可以明确识别的上层阶级，但这种假设是值得推敲的。当今的上层阶级面目固然有所改变，但仍维持着独特的地位。约翰·斯科特(Scott 1991)指出，有三个独特的群体，它们结合在一起形成了一种利益格局，控制着大企业而从中获利：大企业中的高层管理人员、企业家以及"金融资本家"。高管们可能并不实际拥有他们所运营的公司，但他们的持股使他们和企业家联结在一起。20世纪80年代鼓励企业发展的政策，以及20世纪90年代的信息技术爆炸，带来了依靠商业和技术进步致富的人跻身上层阶级的一轮新浪潮。

金融资本家这个范畴包括经营保险公司的人、银行家、投资基金经理，以及其他作为大集团股东的机构的经理人。在斯科特看来，这些人就是当今上层阶级的核心(参看"全球社会12.1")。与此同时，中产阶级家庭手中所持公司股票的增长也扩大了公司所有权的范围。然而，权力和财富集中于上层阶级的状况并未受到撼动。虽然如今公司所有权模式或许更趋分散，但能够从股权中实质获利的仍然只是极少数人。

英格兰银行副行长认为，私人股本和对冲基金的局势类似于英超足球联赛，个人薪资的划定依据的是全球市场，而不仅仅是一国的市场(Crompton 2008：145)。摩根大通银行公司是最大的对冲基金管理机构，价值超过530亿美元的资产都在它的管理之下。而在2009年，25家最大的管理机构负责的资产总额大约有5200亿美元(Pensions and Investments 2010)。

我们可以概括如下：我们的确需要上层阶级和专业服务与公务人员阶级这两个概念。组成上层阶级的，是既拥有财富又拥有权力，同时能把他们的特权传给子女的一小部分人。上层阶级可以粗略地确定为居于顶层的1%的财富拥有者。该阶级之下就是专

业服务与公务人员阶级及中层阶级,按照戈德索普的讲法,由专业人员、管理人员和许多非体力性高级职业人员组成。在通常的用法中,后面这两个范畴都属于**中产阶级**。我们现在就来讨论这个阶级。

全球社会 12.1

宇宙的主人:探访世界上薪酬最高的人

这世界上有一些人,在他们眼里银行家的薪酬只是个零头。他们甚至躺在床上就能赚到高盛集团老大劳尔德·贝兰克梵(Lloyd Blankfein)去年一年的薪酬——1300万美元(800万英镑)。对这些薪酬高得令人惊讶的金融管理者来说,这笔微不足道的小钱只不过代表着几天的工作。以伦敦为活动据点的猎头约翰·珀塞尔(John Purcell)说,如果银行家居住在另一个世界,"那么这些人就兀自生活在另一个宇宙中"。

"隐秘的集团" 那么,这些人,其中绝大多数是男人,究竟每年能赚多少钱呢?位于最顶端的那些人,我们说能有40亿美元。就算有些未被登记在案,那也有四个10亿美元了。当然,这里面既有工资,也包括红利和其他报酬。事实上,工资在他们的全部薪酬中只占了很小的一部分。

那么,这些人是谁?他们被称为对冲基金经理。换句话说,他们是在为自己客户赚钱的名义之下,也为自己的私利倒腾各种金融工具的投资者。要挖出他们的详细信息是出了名的困难。珀塞尔先生解释道,"他们是一个十分隐秘的集团,这主要是因为他们赚得太多。他们做事情方方面面都极为隐蔽"。而要发现他们如何赚钱倒比较容易一些。

流行的神话 对冲基金实际上是最受误解的金融产品之一……它们有别于绝大多数投资基金之处,就在于能够运用多种金融工具,使用多种策略手段。传统的基金经理购买股票和债券,是希望它们能升值,或者偶尔涉猎金融衍生品。而他们的对冲基金同行能做的事情就多得多了。例如,他们能利用利率和汇率的变动,公司的重组与破产,以及不同市场之间的定价异常来谋利。他们最重要的策略之一就是卖空,即借股并在市场上抛售,预期股票会下跌,然后再低价购回。这意味着股市下跌时他们也能赚钱。

…………

名人的报酬 我们也必须记住,薪酬最高的对冲基金经理,比如这一行业中的约翰·保尔森(John Paulson)和乔治·索罗斯(George Soros)式的人物,都拥有自己的公司。他们从自己公司管理的多个基金的所有资产中抽成。换句话说,乔治·索罗斯拥有索罗斯基金管理公司。相反,劳尔德·贝兰克梵并不拥有高盛集团。

尽管要找出一家上市公司的老板拥有什么是相对简单的,但要发现私有企业的所有者给自己开多少薪酬就要困难得多。对冲基金经理个人赚得的金钱其实只是其雇主所赚取的一小部分,前者在 2007 年平均是 490 万美元,这是我们能了解到的最新的数据。当然,如果你能得到最近的数据就再好不过了。

…………

慈善的捐助

…………

许多人也会向慈善机构捐赠大量金钱,并成为众所周知的慈善家。例如卡尔·伊坎(Carl Icahn),他在 2009 年赚得 13 亿美元,并于近期加入了“捐赠誓词”(Giving Pledge),即一个由承诺将其巨额财富捐献给慈善机构的亿万富翁组成的俱乐部。然而,无论你怎么看待这件事,40 亿美元肯定都是一个人可能好几辈子才能赚到的大数额,更别说一年了。这些钱真的是他们应得的吗?毫无疑问,他们的大量客户,包括世界上最大的一些养老基金在内,都会说这是他们应得的。给他们做衣服的人很可能也会同意这一点。而其他人的看法可能就不太一样了。

资料来源:摘自 Anderson 2011。

批判性思考

成功的对冲基金经理能得到可观的经济回报，变得非常有钱。马克思主义理论会如何用社会阶级的术语对他们进行分类？例如，他们是否占有并控制了什么“生产资料”？而在戈德索普的图式里，他们又适合归入哪一阶级？

二　中产阶级的壮大

所谓“中产阶级”(middle class),广泛涵盖从事许多不同职业的人,从专业服务行业里的雇员,到学校老师,乃至医疗专业人员。一些研究者宁愿称之为复数的“中产阶级”(middle classes),以求考虑这种多样性,包括地位处境与生活机会方面的多样性。现在中产阶级涵盖了英国和其他工业化国家人口的大多数。这主要是因为,历经 20 世纪,相较于蓝领工作岗位,白领工作岗位的比例显著上升。

有关白领工作岗位的增多,详参第七章“劳动与经济”。

大卫·贝克汉姆出生在伦敦东区一个工人阶级家庭,后来有了成功的足球职业生涯,又向时尚界多样化发展,在此过程中积攒了大量财富,尤其是在全球各地许多广告宣传中露脸(以及身体)。但贝克汉姆跻身上层阶级了吗?

与体力劳动者相比,中产阶级的成员凭借其教育文凭或技术资质,所从事的工作给予他们更多的物质优势和文化优势。与工人阶级不同,中产阶级的成员为了谋生,可以出售他们的脑力劳动**以及**体力劳动。虽然这种区分有利于大致划分中产阶级和工人阶级,但是,职业结构的动态性质,以及向上和向下的社会流动的可能性,都使得人们难以准确界定中产阶级的范围。

中产阶级由于其成员利益多种多样,内部并非统合一体,实际上也不可能变成这样(Butler and Savage 1995)。中产阶级肯定不像工人阶级那样同质,其成员也不像上层阶级的顶层成员那样,共享相同的社会背景或文化见解。自 19 世纪早期以来,中产阶级相对“松散”的构成就是它的一个持久特征(Stewart 2010)。

专业人员、管理人员和行政人员等职业是中产阶级中增长最快的一部分。之所以如此，有几点原因。首先，二战结束后科层制大为扩散，为雇员在机构环境中工作制造了机会和需求。如医生和律师，在早些时候可能是自雇人士，现在往往在体制环境中工作。其次，专业人员数量增加，反映出在政府扮演主要角色的经济部门中工作的人数增加。要创造福利国家，就会刺激社会工作、教育和医疗保健等专业的大规模增长。最后，随着经济和工业发展的深化，对于法律、金融、会计、技术和信息系统等领域的专家服务的需求也不断增加。在此意义上，既可以视专业人员为现代的产物，也可以将其看作现代的演进的核心要素。

专业人员、管理人员和高级管理人员之所以能获得自身的位置，很大程度上是依靠其拥有的凭证，如学位、文凭和其他资质。整体而言，他们的职业生涯比较稳定，并且报酬丰厚。近些年来，他们与其他从事机械性非体力工作的人的分离已经越来越明显。有些学者主张，专业人员和其他高级白领群体正在形成一个专门的阶级，即"专业/管理阶级"(professional/managerial class)(Ehrenreich and Ehrenreich 1979; Glover and Hughes 1996)，或者戈德索普所谓的"专业服务与公务人员阶级"。而其他人认为，他们与其他白领劳动者之间的分化程度还不够深入，也不够明确，尚不足以支撑这种观点。

另有学者关注白领专业人员如何团结起来，使自身的利益最大化，保障高水准的物质报酬和声望。医疗界的例子清楚地说明了这一过程(Hafferty and Castellani 2011)。医疗专业中的某些群体，尤其是医生，成功进行了自我组织，以确保其地位和高水准的物质报酬。**专业主义**(professionalism)的三个主要维度保证了这一点的实现：只有那些符合一套严格标准(专业资质)的人才能进入这项专业；有一个像英国医学会(British Medical Association)这样的专业协会，监督和约束其成员的行为和业绩；大家普遍接受说，只有专业内部的成员才有资格行医。其结果，自治的专业协会能够把不想要的个体排斥在外，并因此提高其成员的市场位置，这正是中产阶级职业的一个关键特征。

三　工人阶级的变迁

马克思预测，工人阶级会不断发展壮大。他据此提出自己的学说：工人阶级将会意识到他们共同的被剥削的处境，并起来反抗。但看起来，工人阶级的规模似乎越来越小，而中产阶级的数量却在增加。20世纪60年代，在发达社会，还有大约40%的劳动人口从事蓝领工作，而今天这个比例仅为15%左右。不仅如此，工人阶级的生活条件及其遵循的生活方式也有了实质性的改变。

发达国家的确还有数量可观的人生活在贫困之中。然而，从事工人阶级职业的人大多数已经不再生活在贫困中了。自20世纪早期以来,体力劳动者的收入已经大幅度增加。这种生活水平的提高体现在越来越多的消费品可以为各个阶级所获得。相当高比例的工人阶级家庭拥有汽车、洗衣机、电视机、电脑、手机等,不胜枚举。同时,许多工人阶级家庭都拥有自己的房子,不时还出国度假。

我们将在第十三章“贫困、社会排斥与福利”中更详细地讨论这个话题。

工人阶级走向富裕的现象意味着可能存在另一条通往“中产阶级社会”的道路。随着蓝领工人越来越富有,他们会成为中产阶级吗?这个观念被称为**资产阶级化命题**(embourgeoisement thesis)。简单地说,就是越来越多的人变得富裕,促使更多的人成为“资产阶级”或者中产阶级,这个命题就是在指这一过程。20世纪50年代,这个命题第一次被提出时,有人认为,许多酬劳高的蓝领工人也会采用中产阶级的价值观、见解和生活方式。经济的发展会有力地影响社会分层的形态。

到了20世纪60年代,戈德索普及其同事在英国进行了一项研究,以检验资产阶级化命题。他们认为,如果该命题能够成立,那么在工作态度、生活方式和政治方面,富裕的蓝领雇员与白领雇员应当没有什么实质分别。这项调查以《富裕工人》(*The Affluent Worker*)研究(Goldthorpe 1968-1969)行世,乃是基于对卢顿(Luton)的汽车厂和化工厂工人的访谈。为了便于比较,他们访谈了229名体力劳动者与54名白领劳动者。很多蓝领工人是专门为了寻求报酬更高的工作而迁移到那一地区的。与其他大多数体力劳动者相比,他们的收入其实很高,甚至挣得比绝大多数低层白领劳动者还多。

这一研究聚焦于工人阶级态度的三个方面,但发现几乎没有支持资产阶级化命题的证据。首先,调查发现,从其收入和所拥有的消费品来看,许多工人已经达到了某种“中产阶级”的生活标准。然而,赖以获得这种相对富裕生活的工作岗位,其特点却是福利微薄、升职机会渺茫、没有什么工作满足感。富裕的工人只是把自己的工作视为一种挣丰厚薪资的手段,而劳动本身重复机械、枯燥无味,他们对工作也没有什么投入。

其次,富裕的工人在休闲时间里和白领劳动者没有什么联系,他们并不企望沿着阶级阶梯向上爬。绝大多数工人的社交发生在家里,是与直系家庭成员或亲属,或是与其他工人阶级邻居往来。很少有迹象显示,工人会采取中产阶级的规范和价值观。

最后,工人阶级的富裕程度与对保守党的支持之间存在负相关。而支持资产阶级化命题的学者曾经预言,工人阶级富裕程度提高后,将会削弱他们传统上对于工党的支持。

这项研究的结果十分明确:资产阶级化命题是错误的。然而,戈德索普及其同事也承认,在低层中产阶级和上层工人阶级之间,有可能出现一定程度的融合。富裕的工人会享有类似的消费模式,以家庭为中心的私人化观念,在工作场所支持工具性集体主义(加入工会以提高工资和改善条件)。

随后这些年,没有学者做过任何可以称得上严格比较的研究。时至今日,戈德索普的团队所得出的结论在多大程度上依然有效,我们也不清楚。有些人认为,随着制造业的衰退和消费主义的影响,老式的、传统的工人阶级共同体已经趋于碎片化。然而,这种碎片化的进程究竟走了多远,仍然有待更多的证据和讨论。

批判性思考

列出 19 世纪晚期以来,工人阶级、中产阶级以及上层阶级内部已经发生的主要变化。试说明,工人阶级变得更加富裕的同时,社会不平等程度如何可能还在增加。

四　存在底层阶级吗?

“底层阶级”(underclass)这个术语被用来描述处于阶级结构最底层的那部分人口,如其字面意思,就是被压在下面。底层阶级成员的生活水平明显低于社会中的大多数人,他们中有很多人长期失业,或者有薪工作时有时无。一些人无家可归,或是根本没有固定的地方可以住。他们可能长期依赖政府福利救济。这类人经常被描写成被“边缘化”或被“社会排斥”,无法融入人口主体的生活方式。

底层阶级常常让人联想到处于劣势的少数族群。底层阶级之辩源于美国,那里大量生活在内城区的贫穷黑人社群推动了关于“黑人底层阶级”的讨论(Wilson 1978; Murray 1984, 1990; Lister 1996)。在英国,黑人和亚裔在底层阶级中所占的比例特别高。在一些欧洲国家,那些在繁荣时期找到工作的移民工人现在成了这部分人的主体。例如,法国的阿尔及利亚裔和德国的土耳其裔移民就属于这种情况。

“底层阶级”这个词聚讼不已,处在一场始于 20 世纪 80 年代末的社会学激辩的核心。尽管这个术语现在已经进入日常用语,但是许多学者和评论家还是很犹豫到底要不要使用它,因为它涵盖了各式各样的意义,有些在政治上遭到抨击,带有负面内涵。欧洲的许多研究者更喜欢使用**“社会排斥”**(social exclusion)的观念。这个概念更为宽泛,其优点在于强调社会过程,也就是排斥的动力机制,而不单单是个人的处境。不过并非所有人都赞同这种讲法。

有关社会排斥的讨论,详参第十三章“贫困、社会排斥与福利”。

(一) 底层阶级之辩的背景 查尔斯·默里(Murray 1984)为这场辩论做出的贡献很有影响,他认为,美国的非洲裔美国人处在社会的底层,正是政府福利政策导致的**意外后果**。这种观点类似于"贫困文化"的命题,后者认为,人们开始依赖福利救济,没有多少积极性去找工作,打造稳固社区,或是缔结稳定婚姻,这就创造了一种能代际传递的依赖文化。

到了20世纪90年代,为了回应默里的观点,威廉·朱利叶斯·威尔逊(William Julius Wilson)回顾了自己早前在《种族重要性的衰落》(*The Declining Significance of Race*, 1978)中对底层阶级形成的结构性说明。他基于在芝加哥所进行的研究提出,许多白人从城市转移到郊区的趋势,城市工业的衰落,以及其他的城市经济问题,使得非洲裔美国人的失业率居高不下。至于默里所指出的社会解体的那些特征,包括黑人中未婚母亲的比例居高,他以"能够成家"(有份工作)的男性数量减少来说明。威尔逊(Wilson 1999)考察了这类社会过程扮演了何等角色,促成了空间上高度集中的都市被剥夺区域,其中聚居着一群所谓的贫民区穷人,主要是非洲裔和西班牙裔美国人。这些群体遭受多重剥夺,从教育水准低下,健康水平不佳,到犯罪受害率居高。城市基础设施的薄弱也会给他们带来不利,包括公共交通、社区设施以及教育机构的匮乏,都会进一步减少他们从社会、政治和经济各个角度融入社会的机会。

威尔逊把关注焦点放在底层阶级形成的结构性与空间性特性上,在英国,这同样体现于莉迪亚·莫里斯的著述中(Morris 1993,1995)。她研究了英格兰东北部曾经作为主要就业来源的重工业产业衰退后,随之而来的长期失业。然而,她的结论是,"在我的研究中,没有任何直接证据可以证明,存在一种'底层阶级'的独特文化"(Morris 1993: 410)。她的确发现,即使是长期失业者(那些超过一年没有找到工作岗位的人)也在积极找工作,并没有接受反工作文化,他们缺乏的是许多就业的受访者所拥有的那种社会联系。同样,这项研究也避免了甩开更广泛的社会进程而孤立地探讨个体的动机(Crompton 2008)。然而,这项研究仅限于一个缺乏代表性的少数族群人口的区域,所以不能轻易将其结论推广到全国层面。

(二) 底层阶级、欧盟与移民 在美国,底层阶级之辩的焦点是族群维度。而在欧洲,也越来越是这种情形,在这里,关于"底层阶级"的讨论密切关联着种族、族群及移民等问题。在伦敦、曼彻斯特、鹿特丹、法兰克福、巴黎和那不勒斯之类的大城市里,都存在某些住区显著地表现出严重的经济剥夺。汉堡是欧洲最富裕的城市,它所拥有的百万富翁的比例在德国也最高,但是它领取福利与失业补助的人口比例也是最高的,高于全国平均水平40%。

在欧洲社会的背景下，美国的底层阶级理论是否说得通？想想在伦敦东区白教堂地区①一座清真寺外的这些穆斯林，使他们一直生活在那里的，是种族、阶级，还是别的什么因素？

在西欧各国，大多数贫困和失业人口都是出生于本国的。但也有许多第一代和第二代移民生活在贫困中，深陷于日趋衰败的内城住区。例如，在德国的土耳其裔，在法国的阿尔及利亚裔，以及在意大利的阿尔巴尼亚裔，人口规模都相当可观，并在这些国家中各自发展壮大。那些移民原本为了寻求更好的生活水平而来，却常常只是打一些薪酬绵薄的零工，也没有什么职业前途（参看“全球社会 12.2”）。不仅如此，为了资助留在故国的家人，移民还经常把赚得的钱寄回家，新移民的生活水平可能十分低下，朝不保夕。

（三）评价　我们如何领会这些有关底层阶级的相互对立的研究思路呢？这个概念是在美国创造出来的，并仍然在美国更为合用。在美国，贫富悬殊要比西欧更为明显。尤其在经济剥夺、社会剥夺与种族分隔并存的地方，那些社会群体会发现自己被锁定在更

① “Whitechapel”，位于伦敦东区，邻近码头区，向来是外来移民和工人阶级聚居区。19 世纪和 20 世纪早期为犹太人聚居区，也是臭名昭著的开膛手杰克的案发地。目前主要是孟加拉裔聚居区。——译者注

广泛的社会之外。但在欧洲国家,这一概念就不那么有效了。那些生活在明显剥夺处境下的人,与社会其他成员之间并没有达到像美国那样的分离程度。

然而,即使在美国,也有一些研究提出,所谓一个"挫败的、孤立的底层阶级"的说法未免夸大其词。对于快餐业劳动者和无家可归的街头小贩的研究已经发现,城市贫民与社会其他成员之间的分离程度并不像研究底层阶级的学者所认为的那么大(Duneier 1999; Newman 2000)。

全球社会 12.2

德国"穆斯林底层阶级"的生成?

"柏林一体化计划遭到抨击" 在总理安吉拉·默克尔召集的一体化问题峰会场外,来自德国大型土耳其裔社区的示威者聚集柏林展开抗议。四个土耳其裔团体抵制会议,称新移民法案将土耳其裔和其他移民视为"二等公民"。会议将研究改善社区关系的方法,包括在幼儿园教授德语。

目前大约有1500万具有移民背景的人生活在德国。在柏林,英国广播公司的特丽丝塔娜·摩尔(Tristana Moore)说,现在德国有320万穆斯林,其中大多数是土耳其裔,这种情形已经产生了一些焦虑情绪,人们担忧,缺乏工作前景和语言分隔的风险会导致一个充满怨气的穆斯林底层阶级。根据她的报道,内阁成员早就开始担心,贫民区正像雨后春笋一般出现在德国各个城市。

新的规则 总理默克尔已经邀请穆斯林社群和其他移民群体的成员参加会议。但几个土耳其裔社区团体希望政府改变有争议的移民法案。该法案规定,想带配偶一起来德国的移民必须证明,其伴侣可以独力谋生,并对德国有所了解。新规则并不适用于有外国伴侣的德国国民。政府拒绝对新法案作任何修改,这一决定已经得到议会两院一致批准。德国的土耳其裔群体拒绝与会,并威胁要将此问题提交宪法法院。

资料来源:BBC 2007b。

五　阶级与生活方式

社会学家在分析人们的阶级定位时,会习惯性地依靠某些指标,比如市场位置、职业以及与生产资料的关系。然而,近些年来,有学者提出,我们不应该仅凭或主要依据经济和就业状况来评估阶级定位,也要考虑生活方式和消费模式之类的文化因素。根据这种分层研究中的“文化转向”,当代社会突出地体现了与消费相关的“符号”和标志的重要性,它们在日常生活中扮演着越来越重要的角色。个体的认同在更大程度上以生活方式的选择为中心来塑造,例如我们怎么穿、吃什么、如何照看自己的身体、到哪里去放松等,而不再那么以所从事工作的类型之类传统的阶级指标为中心。

法国社会学家皮埃尔·布尔迪厄(Pierre Bourdieu, 1930—2002)也认为,生活方式的选择是一种重要的阶级指标。在他看来,**经济资本**,即地产、财富和收入之类的物质资产,固然很重要,但他指出这种资本只能让我们对社会阶级的实际体验有片面的理解(Crompton 2008)。他区分了标志阶级位置特征的四种形式的“资本”,而经济资本只是其中之一,其他的资本形式还有文化资本、社会资本和符号资本(Bourdieu 1986)。

有关布尔迪厄的理论图式的讨论,详参第十九章“教育”。

布尔迪厄主张,人们越来越多地基于**文化资本**(包括教育、艺术鉴赏、消费以及休闲追求)而不是根据经济标准区别于他人。所谓的“需求商人”大量涌现,推销或实际或符号性的各种商品和服务,以求消费,协助人们的文化资本的积累过程。广告商、经销商、时装设计师、时尚顾问、装修设计师、个人健身教练、心理咨询专家、网页设计师,如此等等,都力求影响消费者社群的文化品味,刺激其对生活方式的选择。

在布尔迪厄的阶级分析中,**社会资本**也很重要,也就是我们的朋友及其他交往的网络。布尔迪厄把社会资本定义为个体或群体凭借由朋友、熟人及其他交往关系组成的持续网络而获得的资源(Bourdieu 1992)。自此,社会资本就成为当代社会学中一个成果丰硕的重要概念。最后,布尔迪厄还提出,**符号资本**,包括拥有“好名声”,也是衡量社会阶级的重要指标。符号资本的观念与社会地位类似,也是基于他人对我们的评价。

在布尔迪厄的阐述中,每一种类型的资本都是关联的,拥有某种资本就有助于追求其他类型的资本。一位实力雄厚(经济资本)的女商人或许对于艺术没有多少深入了解,但可以付得起钱,让自己的孩子进入鼓励这方面追求的私立学校,孩子也就此获得了文化资本。商人的钱也可能让她与商界要人建立往来,而她的孩子也会接触到其他富家子弟,这样,她和她的孩子都会获得社会资本。与此类似,一个人如果交友广泛并且关系稳固(社会资本),就有可能在公司里飞快晋升,并且在高位上应付自如,从而获得经济资本和符号资本。

其他学者也同意说,阶级分隔与区隔性的(distinctive)生活方式和消费模式相关联。因而,麦克·萨维奇及其同事(Savage et al. 1992)在谈到中产阶级内部的群体时,以文化品味和“资产”为基础,区分出三个部分。公共服务领域的专业人员拥有较多的文化资本,但经济资本较少,往往会追求健康、积极的生活方式,包括锻炼、较少饮酒、积极参与文化活动和社区活动等。与此相反,管理人员和科层人员代表着“平庸乏味”①的消费模式,包括不积极锻炼或缺乏锻炼、较少参与文化活动、偏好传统风格的家居和时装。第三部分是所谓的“后现代派”,他们追求的生活方式没有任何明确原则,所包含的各种要素可能是传统无法兼容的。因而,一个喜欢骑马和古典文学的人,可能同时会迷恋攀岩这样的极限运动,并热衷于锐舞派对和非法服用摇头丸(MDMA)。

最近,勒鲁及其同事(Le Roux et al. 2007)基于一个逾 1500 人的随机分层样本,调查他们在运动、看电视、在外就餐、听音乐和休闲等方面的文化品味与参与情况。研究者发现,阶级的界限正在以某些颇令人意外的方式发生重构:

> 我们的研究发现意味着,随着经济资本与文化资本的相互作用愈益加强,阶级的边界正在被重新划定。那些“专业服务与公务人员阶级”的成员通常并不拥有研究生文凭,尤其是那些低级管理岗位上的人,他们更近似于中层阶级,而非专业人士中产阶级的其他阶层。在工人阶级内部,边界也在被重划,低级监管和技术职业已经被降级,乃至于和半机械性与机械性职位的人相类似。(Le Roux et al. 2007:22)

然而,这并不意味着社会阶级已经无关紧要了。作者们总结说,事实上,阶级划分还是英国文化品味与实践组织的中心。

2011 年,英国广播公司对英国的社会阶级状况进行了一项调查。调查基于互联网,共有 161 400 人作答,这也是有史以来最大规模的阶级调查。麦克·萨维奇及其同事(Savage et al. 2013)分析了这些数据,并与一项全国典型调查做了比较。研究团队运用皮埃尔·布尔迪厄有关社会资本、文化资本和经济资本的理论,测量了职业、休闲兴趣、食物偏好、社会关系及其他一些指标,得出了有关阶级体系的一个“新模型”。

新的模型发现,传统的工人阶级和中产阶级都趋于碎片化,但也提出,在社会的顶层,存在一群**精英**(elite),享有极高的经济资本,较高的社会资本,以及极高的文化资本。在这群精英里,有大律师、法官、企业总裁、公关总监,家庭平均收入为每年 8.9 万英镑。而在阶级体系底部,是萨维奇及其同事所称的“**不稳定无产者**”②,大约占人口的 15%,经

① 原文为“undistinctive”,即千篇一律的、不出彩的,也就是没有区隔(distinction)的。——译者注

② 原文为“precariat”,即“precarious proletariat”之合称。详见下一章讨论。——译者注

济资本匮乏(家庭平均年收入为 8000 英镑),社会资本和文化资本也很低。这群人包括清洁工、看门人、出纳员、护理员。不稳定无产者的成员往往住在老工业区,上过大学的概率很低,其工作的不安定性很高。这项分析以顶层一个精英群体,底部一个缺乏安定感、处境朝不保夕的阶级,生动刻画了 21 世纪英国的不平等的两极化。

除了阶级**之间**的分层,还有阶级**内部**的分层,都越来越不仅基于职业的差别,而且依赖于消费、生活方式与社会关系方面的差异。这种说法难以反驳。看看整个社会的趋势就可以证明所言不虚。比如说,服务行业及娱乐休闲产业的迅速扩张,就反映了对于消费的日益重视。现代社会已经变成了消费社会,维系在对于物质产品的欲求和获取上。并且,尽管这种大规模消费或许意味着产品越来越单调一致,但自 20 世纪 70 年代起,生产模式与消费模式就愈益分化,与阶级差异并驾齐驱。布尔迪厄(Bourdieu 1986)认为,可以通过生活方式以及"品味"的精微变异,强化阶级区隔。

除此之外,我们也不能忽视经济因素在社会不平等的再生产中所扮演的关键角色。总体来说,那些经受极度的社会剥夺和物质剥夺的人,并不是出于自己对生活方式的选择。相反,他们的境况受到与经济结构和职业结构相关的因素的限制(Crompton 2008)。当前,正是世界各经济体从衰退中复苏和全球经济急速下行的时期,对生活方式的选择可能越来越被经济状况和阶级位置所限制。

六 性别与分层

许多年来,有关分层的研究一直存在着"性别盲点"。论述起分层来,仿佛女性是不存在的。或者,在研究权力、财富以及声望的区分时,女性好像是不重要的。然而,性别本身却是社会分层中最具深远意义的范例之一。因为所有的社会都以再生产性别不平等的方式构造而成,并且在财富、地位和影响力等方面,男性也都享有相对于女性的特权。

在研究性别与分层时提出的重大问题之一是:今天,我们是否还能够从阶级分隔的角度来理解性别不平等。与阶级体系相比,性别不平等更为历史久远,更加根深蒂固;甚至在不存在明确阶级的狩猎和采集社会中,男性就拥有超越女性的地位。然而,阶级区分在现代资本主义社会中是如此关键,以至于它们与性别不平等有相当程度的"重叠"。大多数女性的物质地位往往反映了她们父亲或者男性伴侣的地位,因此可以说,性别不平等依然可以从阶级角度来说明,至少在一定程度上是如此。

发挥你的社会学想象力 12.2
“不认同”工人阶级?

布尔迪厄关于阶级与地位区隔的作品已极具影响力,许多社会学家都会在自己对于社会阶级的研究中有所借鉴。有个例子值得一提,就是英国社会学家贝弗利·斯克格斯(Beverley Skeggs),她在研究英格兰西北部的女性时,借助布尔迪厄有关阶级和文化的阐述来考察阶级与性别的形成。

在十二年时间里,斯克格斯(Skeggs 1997)追踪了83位工人阶级女性的生活,她们都曾经在某个时候参与当地一家延续教育学院的护理员培训项目。斯克格斯借用布尔迪厄的术语,发现自己所研究的这些女性拥有的经济资本、文化资本、社会资本和符号资本都较低。她们的薪酬绵薄,在正规教育方面成就有限,与有权势的人之间没有什么可以依靠的关系,在较高的社会阶级看来,她们的地位也较低。斯克格斯认为,这种缺乏资本的状况反映出工人阶级女性在英国普遍缺乏积极的认同。与此相反,工人阶级男性在获得一种积极的认同方面并未遇到同样的困难。斯克格斯提出,这种积极的认同常常是通过参与工会运动而获得的。因此,对于女性来说,被唤作“工人阶级”就等于被标定为肮脏、卑微和具有潜在的危险性。

斯克格斯主张,正是这种理论背景,说明了自己研究的女性为什么非常不情愿把自己描述成工人阶级。她们都很清楚那些针对工人阶级女性的文化嘲弄,像“白色高跟鞋”“莎朗”“特蕾西”之类的绰号。斯克格斯在访谈中发现,女性往往“不认同”(disidentify)把她们视为工人阶级。比如说在讨论性话题的时候,女性会极力避免被指责为“花枝招展”(tarty),以免自己作为年轻待嫁的女人这点儿有限的资本也贬值了。在这个群体中很重要的是,她们是具有性魅力的,只要自己愿意就可以“找个男人嫁了”。婚姻提供了受到尊敬和承担责任的最佳机会。她们选择参加护理课程,就是强调这些方面的关注:受训成为一名护理人员,教会其他女性慈母之道,经过资格认定之后,就算失业,也有可能获得一份值得尊敬的有薪劳动。

虽然这群女性试图“不认同”将她们视为工人阶级,并且常常认为阶级在她们的生活中没有什么重要性,但斯克格斯认为,对于她们的生活方式,阶级其实是至关重要的,而她们想与一种工人阶级认同保持距离的努力,其实更强化了这一点。斯克格斯对于英格兰西北部一群女性的生活的描述,揭示了阶级是如何密切关联着其他形式的认同,在这个案例中就是性别。

批判性思考

本项研究中的女性认为阶级对自己并不很重要，但实际上，它塑造了她们的生活机会。考虑到女性自己的理解和社会学家的理解之间明显的差距，这是否例证了社会学家把“普通人”当作“文化傀儡”来对待(**Garfinkel 1963**)？社会学家实际采取了哪些步骤，去增加其结论的有效性？

（一）确定女性的阶级定位　认为阶级不平等主导性别分层的观点，一直是研究中未曾明言的假设，直至20世纪晚期才有所改观。女性主义者的评论，以及发达国家中女性经济地位无可否认的变化，都使得这一预设成为有待争论的议题。

阶级分析中所谓的“约定地位”(conventional position)，指的是女性的有薪劳动与男性的相比显得不太重要，因此我们可以假设，女性与其父亲、男性伴侣或丈夫同处一个阶级(Goldthorpe 1983)。戈德索普自己的阶级图式最初就是基于这种假设而建立的，按照他的看法，这种观念并不涉嫌性别歧视。相反，它认识到，绝大多数女性发现自己处在臣属地位。女性比男性更有可能从事非全日制的工作，有薪就业的经历也是断断续续的，因为她们被迫花大量时间回家养儿育女或照看亲人。

关于女性与男性的劳动模式之间的差异，详参第七章“劳动与经济”。

不过，戈德索普的观点已经受到了批评。第一，在相当比例的家户中，女性的收入即使低于其男性伴侣，也仍然是维持家庭经济地位和生活方式的关键。倘若如此，女性的有薪就业就在一定程度上决定了家户的阶级地位，因此其作用不能被低估。第二，即使一位女性所挣的钱少于她的伴侣或丈夫，妻子的职业仍然可能确定整个家户的社会阶级。例如，丈夫是非熟练技能型或半熟练技能型工人，而妻子是办公室或商店的经理，就属于这种情况。第三，在“跨阶级”的家户中，即男性与女性所从事的工作分别属于不同范畴，那么更符合现实的做法或许是把男性和女性看作处于不同的阶级位置。第四，女性是唯一赚钱养家者的家户比例越来越大。这些女性从定义上说就对家户的阶级位置发挥着决定性影响，除非在有些情况下，这些女性由于得到了孩子的赡养费，与前伴侣/前夫处于同一经济水准上(Stanworth 1984；Walby 1986)。

针对这些批评，戈德索普等人也为约定地位做了辩护，但他的图式还是融入了一些重要的变化。从研究的角度来说,现在可以用阶级位置较高的伴侣一方来归类整个家户,不管这一方是男性还是女性。现在决定家户分类的是“主导的赚钱养家者”,而不是“男性赚钱养家者”。此外,为了反映女性在低级白领工作中所占的优势,戈德索普图式中的“阶级Ⅲ”被分成两个子类。当图式应用于女性时,阶级Ⅲb,即销售和服务部门的非体力劳动者,被当作阶级Ⅶ来对待。这被看作是更准确地反映了在劳动力市场中从事非熟练技能型和半熟练技能型工作的女性的位置。

(二)女性就业对于阶级划分的影响 女性进入有薪就业,对家户收入产生了显著影响。但是,对于这种影响的体验是不均衡的,并且有可能加剧家户之间的阶级区分。越来越多的女性获得专业性和管理性的职位并赚取高薪,加剧了某种两极分化,一端是高收入的“双方挣钱家户”,另一端是“单人挣钱”或“没人挣钱”的家户。

研究显示,收入高的女性往往也有高收入的伴侣。专业人员和管理人员妻子的收入高于其他职业人员的女性伴侣。因此,婚姻往往会导致两个人在职业成就方面都比较居于优势或劣势的伴侣关系(Bonney 1992)。事实上,由于平均育龄推迟,在职业女性当中尤其如此,这更是加剧了这种两人挣钱伴侣关系的影响力。两人挣钱却没有小孩的夫妇数量不断增加,也助长了最高薪酬家户和最低薪酬家户之间的鸿沟不断扩大。

第五节

社会流动

▼

学者在研究分层时,不仅要考虑经济位置或职业之间的差别,而且要考虑占据了这些位置的个体身上所发生的事。“**社会流动**”(social mobility)一词是指个体或群体在不同的社会经济位置之间的移动。**垂直流动**(vertical mobility)的意思是,在社会经济层级之间的上下移动。那些获得了财产、收入或地位的人,可以说是**向上流动**。而那些朝相反方向移动的人则是**向下流动**。在现代社会里,还有大量的**水平流动**(lateral mobility),这是指不同住区、城镇或区域之间的地理位置上的移动。垂直流动和水平流动经常是结合在一起的。例如,在某个城市某个公司工作的人获得升职,到另一个城镇甚至另一个国家的分公司担任更高的职位。

研究社会流动大致有两种途径。首先,我们可以考察个体的职业生涯,看一看他们在整个工作时期在社会层级上向下或向上移动的幅度。这通常被称为**代内流动**(intragenerational mobility)。要不然,我们也可以分析子女在多大程度上进入与其父母或祖父母同一类型的职业。代与代之间的流动被称为**代际流动**(intergenerational mobility)。

当今这一代人享受着比他们祖父母像他们这么大时更高的物质生活水平,包括有车,有假期旅行,以及有自己的房子(尽管由于 2008 年金融危机,晚近出现了逆转趋势)。

一　流动的比较研究

一个社会的垂直流动量是衡量其"开放程度"的重要指标。它表明社会中有多少出身低微却富有才华的人能够沿着社会经济阶梯向上爬。在这方面,尤其是在信奉所有人机会平等的自由主义观点的社会,社会流动也是一项政治问题。但工业化国家究竟有多么"开放"呢?

关于社会流动的研究已经开展了五十多年,并且经常涉及国际性的比较研究。一项早期的重要研究是由彼得·布劳和奥蒂斯·达德利·邓肯(Blau and Duncan 1967)在美国完成的,至今仍是在一国范围内实施的社会流动研究中最详尽的一次调查。然而,正像这一领域其他大多数研究一样,所有的研究对象都是男性,这加剧了社会流动研究缺乏性别平衡的问题。

布劳和邓肯基于全国 2 万名男性的样本,收集了大量信息。他们的结论是:美国有很多垂直流动,但是,几乎所有这些流动都发生在极为接近的职业位置之间,所发现的"大幅"流动很少。尽管在个体的职业生涯与代际流动中,都确实看到了向下流动,但比向上流动要少得多。原因在于:白领和专业性的工作岗位的数量增长速度要远远快于蓝领工作岗位,这为蓝领工人的子女进入白领职位创造了新的通道。布劳和邓肯强调,教育和培训对于个体赢得成功机会很重要。在他们看来,向上社会流动是整个工业化社会的特征,并有助于社会的稳定和整合。

有关社会流动的**国际**研究中,最著名的也许是西摩·马丁·李普塞特和莱因哈德·本迪克斯所做的研究(Lipset and Bendix 1959)。他们分析了英国、法国、联邦德国、瑞典、瑞士、日本、丹麦、意大利和美国等 9 个工业化社会的数据,并集中探讨了男性从蓝领工作向白领工作的流动。与预期相反,他们发现,没有任何证据表明,美国比欧洲各社会更为开放。跨越蓝领与白领的垂直流动的总量,在美国为30%,而在其他社会则从27%至31%不等。李普塞特和本迪克斯得出的结论是,所有工业化国家的职业结构都经历了类似的变迁。这就促使它们在可比较的方面都出现了"向上流动潮"。不过,也有学者对他们的发现提出了质疑,认为如果进一步探究向下流动,并将大幅流动纳入考察范围,就会发现各个国家之间的显著差异(Heath 1981; Grusky and Hauser 1984)。

绝大多数有关社会流动的研究都以流动的"客观"维度为重点,也就是说,大概有多少流动存在,朝什么方向流动,涉及人口的哪一部分。而马歇尔和弗思(Marshall and Firth 1999)在他们关于社会流动的比较研究中,采取了不同的思路,调查了人们对于改变中的阶级位置的"主观"感受。两位作者在设计此项研究时,主要是针对他们所称的社会学家当中"未经证实的推测",即社会流动对个体幸福感所可能产生的影响。虽然有些人认为社会流动催生了失衡感和隔绝感,但其他人的态度更为乐观,认为会有一个逐步适应新阶级定位的过程。

马歇尔和弗思运用了来自保加利亚、捷克、斯洛伐克、爱沙尼亚、德国、波兰、俄罗斯、斯洛文尼亚、美国和英国等10个国家的调查资料,考察了阶级流动是否与人们对家庭、社区、工作、收入以及政治的满意感或不满意感的加剧有关。整体而言,作者们发现,没有什么证据证明,被访者的阶级体验与其总体上的生活满意度有关。无论是向上流动的人,还是向下流动的人,都是如此。

全球社会 12.3

在以阶级为基础的社会里不平等趋于衰落?

有证据表明,在成熟的资本主义社会中,阶级体制日益向阶级之间的移动开放,从而降低了不平等的程度,至少直到晚近还是如此。1955年,诺贝尔奖得主、经济学家西蒙·库兹涅茨(Simon Kuznets)提出了一项假设,此后被称为库兹涅茨曲线(Kuznets Curve):这个公式表明,在资本主义发展的早期阶段,不平等程度增长,然后消减,最终稳定在一个较低的水平上(Kuznets 1955;见图12.1)。

对于欧洲各国、美国和加拿大的研究表明,这些地方的不平等程度在第二次世界大战前达到高峰,从20世纪50年代开始消减,一直到20世纪70年代大体平稳(Berger 1986; Nielsen 1994)。二战以后不平等程度趋于下降,其原因部分在于工业社会中的经济扩张,这为处在底层的人们创造了向上流动的机会,这也是政府健康保险、福利及其他旨在减少不平等的计划的效果。尽管如此,库兹涅茨的预测很可能被证明只适用于工业

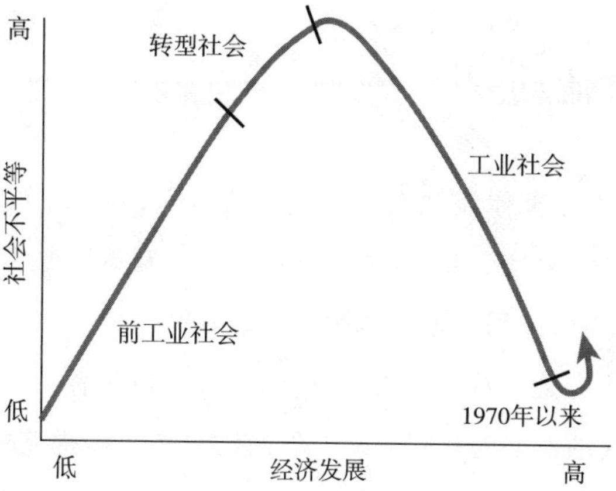

图 12.1　库兹涅茨曲线

资料来源：Nielsen 1994。

社会。20 世纪 70 年代以来，后工业社会在许多发达国家的兴起已经带来了不平等程度的增长（参见第十三章），这对库兹涅茨的理论提出了挑战。

二　向下流动

尽管向下流动不如向上流动那样常见，但它仍是一种非常广泛的现象。代内的向下流动也很寻常。这种流动经常会带来心理问题和焦虑，因为个体不再能够维持已经习惯的生活方式。被解雇是向下流动的一个主要原因。失去工作的中年人要么很难找到新的就业岗位，要么只能找到比以前收入低的工作。

到目前为止，有关英国的向下流动的研究还很少。然而，无论是就代内流动还是代际流动而言，英国与美国的情况一样，向下流动或许都在增加。从整个 20 世纪 80 年代到 90 年代初，美国自二战后第一次出现了中层白领工作岗位的平均实际收入（扣除通胀因素后的所得）整体下降的现象。因此，即使这类岗位相对于其他工作类型仍在不断扩张，但它们也许并不能支撑曾经可以实现的那种生活方式期望。

公司重组与“压缩规模”是导致这些变化的主要原因。面对日益激烈的全球竞争，再加上 2008 年全球经济衰退的影响，许多公司都进行了裁员。白领工作和全职蓝领工作都在减少，其中许多被薪酬微薄的兼职工作和短期合同所取代。有孩子的离异或分居女性中，向下流动尤其普遍。结婚时享受相对舒适的中产阶级生活方式的女性，离婚后经常发现她们只能过着“勉强糊口”的生活。在许多案例中，那些挣扎于工作、抚养孩子和家庭责任之间的女性，会发现难以维持收支平衡（Schwarz and Volgy 1992）。

三　英国的社会流动

二战之后的英国,对于整体流动水平有广泛的研究,并且在英国的案例中也有丰富的实证证据和研究报告。有鉴于此,这个小节我们来看看英国的实例,不过要记住,直到最近为止,几乎所有这类研究仍然是以男性的经历为中心的。

一项早期的重要研究是由戴维·格拉斯(Glass 1954)负责的。格拉斯的著作分析了截止到20世纪50年代的长期的代际流动。他的结论与上面提到的国际数据一致,即大约30%的流动是从蓝领岗位到白领岗位。整体而言,格拉斯认为,英国不是一个特别"开放"的社会。虽然出现了大量的社会流动,但其中大多是小幅流动。向上流动比向下流动常见得多,而且集中在阶级结构的中间层次。处在社会最底层的人往往保持不变。专业岗位和管理岗位劳动者的子女有将近50%仍然从事与其父辈相近的职业。格拉斯还发现,这一人群中有相当比例是通过"自聘"的方式进入社会的精英位置的。

另一项重要研究是戈德索普及其同事基于1972年一项调查的发现而展开的,它被称为"牛津流动研究"(Oxford Mobility Study)(Goldthorpe et al. 1987[1980])。他们考察的是,自格拉斯的研究之后,社会流动的模式发生了多大变化。而得出的结论是:男性流动的整体水平实际上比以前要高,并且有着更多的大幅流动。不过,导致这种情形的主要原因并不是英国社会变得更加平等主义,而是因为比蓝领工作地位更高的白领工作的数量增长提速。研究者发现,非熟练技能型和半熟练技能型体力劳动者的孩子中有三分之二同样从事体力型职业。大约30%的专业人员和管理人员是工人阶级出身,而只有4%的男性蓝领工人出身专业人员或管理人员家庭。

尽管发现在英国绝对社会流动比率有所提高,但"牛津流动研究"得出的结论是:流动的相对机会仍然非常不平等,并且这种机会不平等还是牢固地根源于阶级结构。

十年之后,基于新收集到的材料,最初的"牛津流动研究"又有所更新(Goldthorpe and Payne 1986)。研究证实了早前工作的主要发现,但也有某些新的发展。例如,出身蓝领家庭的男性获得专业岗位或管理职位的机会确实增多了。同样,这也要归结于职业结构的改变。相对于较为高级的白领工作,蓝领职业已经削减。这些发现也强化了这样的认识:许多社会流动是由经济上的结构性转变促成的,而不是由不断增加的机会平等带来的。

在"埃塞克斯流动研究"(Essex Mobility Study)(Marshall et al. 1988)中,大约有三分之一的高级白领或专业人员出身蓝领家庭。这样的发现证明,在英国社会,确实存在大量的流动。但是,流动的层级仍然对女性不利。因为女性从事机械性非体力劳动的比例很高,所以她们流动的机会受到阻碍。现代社会的流动性主要源于其向高职位移动的趋势。马歇尔及其同事(Marshall et al. 1988:138)得出结论:“越来越多的‘顶层空间’并不是按照机会均等的原则获得的。”但是,我们必须记住:社会流动是一个长期过程,当社会变得越来越“开放”,单单一代人还看不出其完全的效应。

伦敦政治经济学院的乔·布兰登等人也做了一项研究(Blanden et al. 2002),发现上述进程正在出现逆转。他们比较了英国两个群体的代际流动,第一个群体的成员都出生在 1958 年 3 月,第二个群体的成员都出生在 1970 年 4 月。虽然所涉人员的年龄只相差 12 岁,但研究揭示,他们各自的代际流动都出现了显著下降。与 1958 年出生的那个群体相比,1970 年出生的群体的经济地位与其父母所处经济地位的关联要强得多。作者们认为,从第一个群体到第二个群体的代际流动下降的原因之一可能在于,20 世纪 70 年代晚期以来,人们的教育成就普遍提升,并且富裕家庭的孩子受益要大于不那么富裕的家庭的孩子。

再往后,杰克逊和戈德索普(Jackson and Goldthorpe 2007)通过比较以前的和较新的数据,研究了英国的代际阶级流动。他们发现,没有证据证明,代际流动在绝对意义上呈下降趋势,无论对于男性还是女性,相对的社会流动性比率都相当稳定,但有些迹象表明,大幅流动有减少趋势。然而,作者们也发现,对于男性而言,向下流动和向上流动出现了一种不那么有利的平衡态势,这是阶级结构改变导致的结果。他们的结论是:向上流动的增长率再也无法回复到 20 世纪中叶时经历过的那种高水平了。

在 2010 年,英国政府的“全国平等小组”(National Equality Panel)公布了经济不平等的现状。他们发现,绝对(代际)向上的社会流动自 20 世纪 70 年代后就少有变化。但是,当父母的收入也被纳入考察范围时,男性的向上流动水平在 20 世纪 90 年代开始下降,并且低于其他多数欧洲国家,而女性的流动表现出自 20 世纪 70 年代起在逐步改善(参看图 12.2 和图 12.3)。然而,女性向上流动的增长率同样处于国际比较范围的底层。这份报告的结论是:导致社会流动水平较低的主要原因在于,英国的社会不平等水平较高。作者们指出:这一点很关键,因为“如果每级阶梯之间的距离越远,顺着阶梯向上爬就越困难……在英国,你的父母是谁这一点比在其他许多国家要更重要”(National Equality Panel 2010:329-330)。这一发现表明,在戴维·格拉斯的研究发表五十多年后,英国仍然“不是一个特别‘开放’的社会”,同时体现出英国的阶级界限是多么牢固确立。

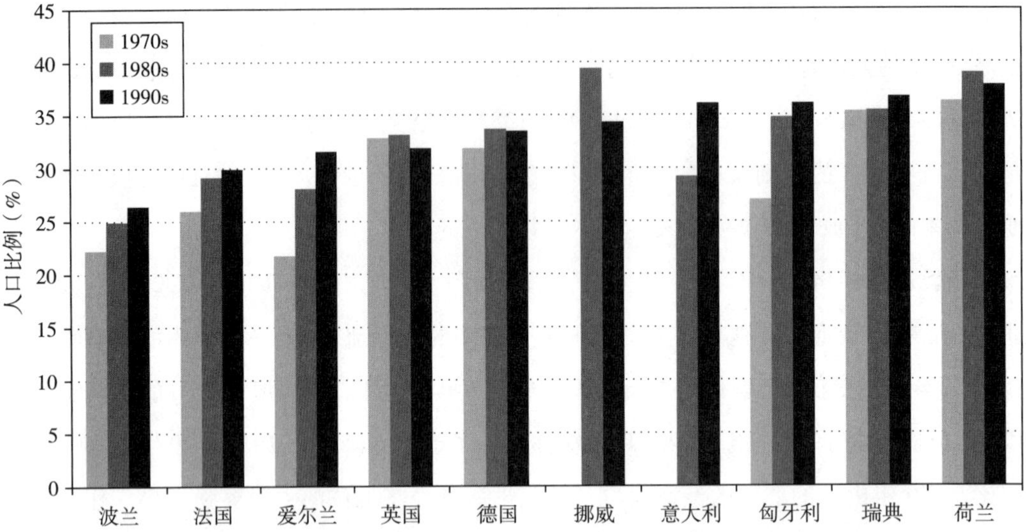

图 12.2　部分国家的男性绝对(代际)社会流动(比父母拥有更好工作的男性比例)

资料来源:National Equality Panel 2010:323。

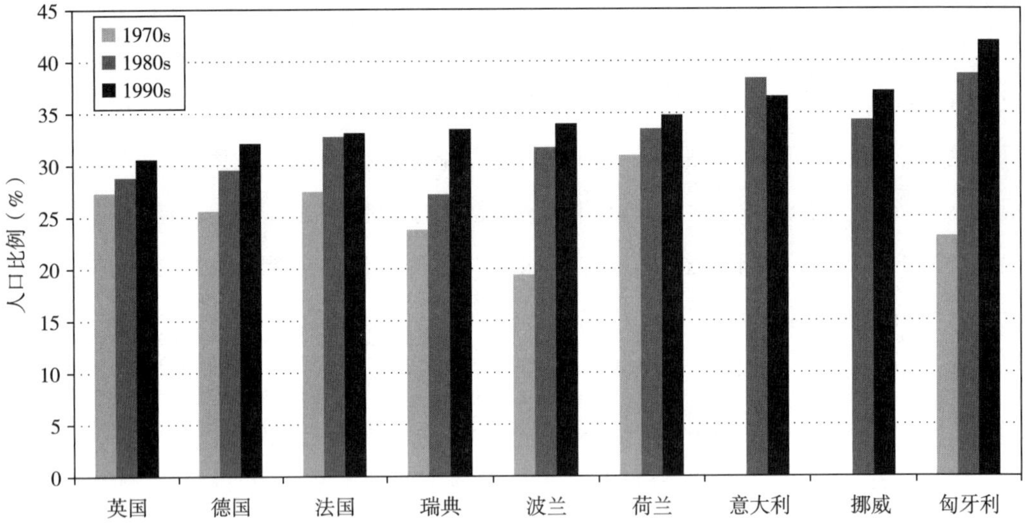

图 12.3　部分国家的女性绝对(代际)社会流动(比父母拥有更好工作的女性比例)

资料来源:National Equality Panel 2010:323。

批判性思考

社会流动重要吗?如果社会的代际流动有所下降,是否要紧?社会流动的水平下降可能会带来什么样的社会后果?政府能够做些什么来促进向上社会流动?

四　性别与社会流动

虽然如此多的有关社会流动的研究都聚焦于男性,但近些年来,对于女性的流动模式的关注也越来越多。当女孩在学校里"表现优于"(outperforming)男孩,接受高等教育的女性人数也超过男性时,人们不免会得出结论说,社会中长期存在的性别不平等或许趋于松动了。是职业结构已经变得对女性更加"开放"了,还是她们流动的机会仍然在很大程度上为家庭和社会背景所主导呢?

有关高等教育的讨论,详参第十九章"教育"。

英国的"经济与社会研究理事会"(ESRC)资助了一项重要的同期群研究,并以《20世纪90年代的二十世代》(*Twenty-Something in the 1990s*)为名发表(Bynner et al. 1997)。它追踪了9000名在1970年同一星期内出生的英国人的生活。研究发现,到1996年,对于这些均为26岁的男女,家庭背景和阶级出身仍然有着重要的影响。研究得出的结论是:那些最成功地过渡到成年期的年轻人,一般都受过更好的教育,推迟了成家生子,其父亲从事专业性职业。而来自不利背景的人,也往往依然如此。

研究还发现,总的来说,目前女性获得的机会比相应的前一代女性要多。中产阶级女性从上述转型中获益最多:她们进入大学和毕业后获得高薪工作的机会与其男性同龄人差不多。趋向更为平等的态势还体现在,她们与十二年前出生的类似的女性同期群相比,变得更加自信,更加自尊。如表12.3所示,女性现今正进入英国社会中某些地位很高的职位,就像在其他许多发达国家中那样,虽然人数还不是特别多。例如,在英国富时250指数[①]的公司中,只有7.8%的董事是女性(EHRC 2011:4),而这些公司中,有将近一半的董事会仍然是全部由男性组成(McVeigh 2010)。对于这种改变的一种表达方式是说,女性已经使"玻璃天花板"[②]产生了裂纹,但它尚未破碎。

尽管女性打造理想职业生涯的机会在增多,但仍然面临两大障碍。人们发现,男性管理人员和雇主仍然歧视女性求职者。他们这样做,至少部分原因在于他们相信,女性对职业生涯并不是真正感兴趣,一旦结婚生子,便很可能离开。养育孩子确实会显著地

① 即"FTSE 250"。富时100指数(FTSE 100)涵盖了在伦敦证券交易所交易的市值最大的100只股票,富时250指数则由市值在第101—350位的大公司组成。指数的成分股每季调整。——译者注

② "glass ceiling",此处意指女性在职场升迁时遇到的隐形障碍。——译者注

影响女性的事业机会。这并不是因为她们对职业生涯不感兴趣,而是她们不得不在事业发展和抚育孩子之间做出抉择。这是由于事实上,男性很少愿意充分承担家务和照看孩子的责任。尽管比之从前现在有更多的女性开始有权安排自己的家庭生活,以便继续职业生涯,但是这仍然是一种颇具挑战性的处境。

表 12.3　2010—2011 年度女性在英国的顶级职位上的占比(%)

职业/角色	女性	职业/角色	女性
议员(英国下议院)	22.2	高等法院法官	12.9
议员(爱丁堡圣鲁德,苏格兰议会)	34.9	富时 100 指数公司董事	12.5
议员(斯特拉斯堡,欧洲议会)	31.9	大学校长	14.3
议员(卡迪夫,威尔士议会)	41.7	军队高官	1
地方议会领导人	13.2		

资料来源:据 EHRC 2011 编撰。

五　英国是否属于任人唯能的社会?

彼得·桑德斯(Saunders 1990,1996,2010)是对于整个英国社会流动研究传统最直言不讳的批评者之一。这种传统涵盖了上文提到的大多数研究。在桑德斯看来,英国其实是一个任人唯能的社会(meritocratic society),因为最大的回报给予了那些“表现”最好和成就最高的人。他认为,职业成功的关键因素是能力和努力,而不是阶级背景。桑德斯(Saunders 1996)运用了“全国儿童发展研究”(National Child Development Study)的经验数据来证明,聪明与刻苦的孩子无论处于社会优势还是社会劣势,都将取得成功。他提出,英国或许是一个不平等的社会,但却是一个公正的社会。这样的结论很可能是发达国家的人们普遍持有的假设。

作为回应,布林和戈德索普(Breen and Goldthorpe 1999)从理论与方法论两个方面批评了桑德斯。他们指责桑德斯在分析调查数据时带有偏见,比如排除了失业的被调查者。布林和戈德索普对桑德斯使用的同一数据作了另一种分析,得到的结论非常不同,证实了社会流动面临显著的阶级壁垒。作者们的结论是:个体的才能在决定其阶级位置方面固然是一个有用的因素,但“阶级出身”仍然具有强有力的影响。他们认为,为了获得类似的阶级地位,来自不利背景的孩子必须比来自有利背景的孩子显示出更多的才能。

再到晚近,丹·安德鲁斯和安德鲁·利对于不平等和社会流动的国际比较研究(Andrews and Leigh 2009),也反驳了桑德斯所谓社会可以是不平等但公平的这一主张。他们的经验调查使用了全世界 16 个国家(不包括英国)中 25 岁到 54 岁的男性的职业数据,重点比较父亲及其儿子的收益。他们主要的结论是,“20 世纪 70 年代成长于更为不平等国家中的子辈,到了 1999 年,也更不可能经历社会流动”(ibid.:1491-1492)。在世界各地的不平等社会中,社会流动更少,对于那些从较低位置起步的人来说,“白手起家”要困难得多。因此,不平等似乎的确阻碍了“公平”的成果(基于能力和努力),为了造就一个真正的任人唯能的体制,也有必要减少不平等。

小结:阶级的持久意义

人们的生活从来不是完全由阶级分隔决定的,并且有很多人的确经历了社会流动。高等教育规模的扩张,获得职业资格的渠道不断增加,以及互联网和“新经济”的兴起,都成为向上流动的新型重要渠道。这些发展或能进一步销蚀老旧的阶级与分层模式,有助于创建更富流动性的社会秩序。

然而,在过去大约三十年间,英国及其他地方的贫富之间的不平等确实是加剧了。而针对社会等级序列最顶层的财富集聚的后果,担忧也是逐渐弥漫。趋于恶化的阶级不平等是保障更为普遍的经济发展所必须付出的代价吗?自 20 世纪 80 年代开始,对于财富的追求就被视作推动经济发展的手段,因为它是鼓励创新和奋斗的动力。但今天会有许多人认为,全球化和对经济市场放松管制已经导致贫富差距的扩大,以及阶级不平等的“固化”。

尽管阶级的传统支撑在某些方面很可能正趋于弱化,尤其是认同的多重来源和消费主义也变得越来越重要,但阶级分隔仍然属于核心的经济不平等的本质。社会阶级依然深刻影响着生活机会,而阶级成员身份也仍然牢固地关联着各式各样的不平等,从预期寿命、身体健康,到受教育渠道、职场报酬和社会流动。因此,综合可用的证据,我们得出如下结论:要报告说阶级已死,为时过早。

本章要点

1. 分层体制主要有四种类型:奴隶制、种姓制、等级制以及阶级制。简述每一类的特点。

2. “现代奴隶制”是什么意思?为什么时至今日它会愈演愈烈?

3. 说明马克思的阶级冲突理论,包括他对阶级的定义。这一理论如何令人满意,又可以如何批评?

4. 韦伯把阶级与地位和党派区分开来。什么是社会地位?他所说的“党派”是什么意思?如果韦伯关于现代分层的观点是正确的,还有可能出现以阶级为基础的革命吗?

5. 职业经常被用作阶级的指标。职业阶级图式有利于识别出什么,又略去或淡化了什么?

6. 上层阶级是一个小团体,在社会中享有显著的优势。这些优势是什么?上层阶级的成员在社会中行使实际的权力,还是只不过特别有钱?

7. 开列一些如今被视为“中产阶级”的职业。要进入这些职业需要什么条件?为什么历经20世纪,中产阶级的规模迅速扩大?

8. 社会学家说的“工人阶级”是什么意思?自20世纪中期以来,导致这一阶级规模收缩的社会因素与经济因素有哪些?

9. 描述人们赋予“底层阶级”的主要特征。这一概念遭到了社会学家怎样的批评?

10. 有些作者认为,生活方式和消费模式这类文化因素对于阶级位置有着重要影响。有什么证据能支持这一观点?

11. 在社会流动研究中,人们区分了代内流动和代际流动。二者的区别是什么?为什么流动研究没有充分考虑女性的地位?

研究实践

自20世纪90年代以来,对于社会阶级在塑造个体认同方面的力量的变化,社会学家展开了热烈争论。由于性别、族属、宗教和消费主义都成为更加强劲的认同来源,阶级似乎呈现出长期衰落的趋势。事实上,乌尔里希·贝克提出,阶级已经成了一个“僵死的范畴”(zombie category),在社会学中不再扮演有用的角色。阅读下文,并尝试回答后面的问题:V. Loveday, 2014, ‘“Flat-Capping It”: Memory, Nostalgia and Value in Retroactive Male Working-Class Identification’(“低顶圆帽化”:回溯性男性工人阶级认同中的记忆、怀旧与价值观)，*European Journal of Cultural Studies*，17(6):721-735。

1. 这篇论文要研究的核心问题是什么?

2. 研究对象的样本是怎样选择的? 这个样本是否适合研究问题?

3. 作者所说的“记忆的想象”“低顶圆帽化”和“家庭传说”都是什么意思?

4. 从研究对象延续不变的社会阶级认同中能够得出什么结论?

5. 作者为何主张，以怀旧的姿态看待往昔，在今天它或许不像从前看起来那么倒退?

深入思考

社会流动一般被假定为是件好事，无论对于个体，还是对于整个社会，都是如此。想象一个人盼望享有长久稳定的职业生涯，收割其在金钱上和地位上能够带来的好处，可能比较容易理解这种假定。话说回来，要理解流动为什么对于社会是有好处的，就更难一些。毕竟，有那么多机械性的、相当单调的体力工作必须有人去干，这些可不会以职业阶梯或优厚薪酬著称。

回顾本章提到的有关社会流动的证据，想想提倡流动的论调在多大程度上配得上可用的证据。写一篇简报性质的短文，可供政府部长探讨政府政策是否应当继续推进社会流动的问题。尤其是要涉及他们所担忧的这种政策对于机械性体力岗位在经济体系中的占比的影响。还要讨论一个议题:人们越来越关注社会流动，是否会贬低这类劳动的价值，使得相关工作岗位更难招满人。

艺文探析

关于工人阶级的生活与经历的社会学研究数量众多，但以记录中产阶级与上层阶级生活为关注点的研究就要少得多。许多人关于“另一半人如何生活”的想法都是被电影、小说和电视的表现方式所塑造的。最近最成功的要算是英国剧集《唐顿庄园》(*Downton Abbey*，2010—2015;多人执导)，它表现了上层阶级的规范、价值观与生活方式，也呈现了阶级关系。如果你还没看过，看一两集，并回答下列问题:

1. 该剧如何刻画上层阶级的角色? 是否有明确的性别差异?

2. 他们持有怎样的价值观，这些价值观与“楼下的”那些阶级的有何不同?

3. 家仆对于“楼上的”那些人的态度如何? 比如说，仆人对社会等级高于他们的这些人的遵从，是否被呈现为是必需的?

4. 该剧集一时大热,吸引了全世界大量观众。在一个所谓的紧缩时代,当顶层的极端不平等正招致相当的政治关切与抗议,该如何解释这种流行?援引剧集中对于阶级关系的刻画来讨论这一点。

阅读指津

威尔·阿特金森的《阶级》(Will Atkinson, 2015, *Class*, Cambridge: Polity)是个很好的出发点,其对于当代相关争论的介绍引人入胜。露辛达·普拉特的《理解不平等:分层与差异》(Lucinda Platt, 2011, *Understanding Inequalities: Stratification and Difference*, Cambridge: Polity)对于不平等与分层的考察视野广阔,持论平衡。

卡特·伍德沃德编撰的文集《追问认同:性别、阶级与族属》(Kath Woodward, ed., 2004, *Questioning Identity: Gender, Class, Ethnicity*, London: Routledge)堪称佳选,针对各主要社会分隔皆有充实的专章。最后,有关英国的阶级经验,肯·罗伯茨的《当代英国的阶级(第二版)》(Ken Roberts, 2011, *Class in Contemporary Britain*, 2nd edn, Basingstoke: Palgrave Macmillan)是对晚近证据和趋势的最新综述。

从介绍性教材更进一步,麦克·萨维奇的《阶级分析与社会转型》(Mike Savage, 2000, *Class Analysis and Social Transformation*, Buckingham: Open University Press)将阶级之辩与晚近贝克和吉登斯作品中的个体化理论相联系,并提供了新颖的解读。菲奥娜·迪瓦恩、麦克·萨维奇、约翰·斯科特和罗斯玛丽·克朗普顿合编的文选《重审阶级:文化、认同与生活方式》(Fiona Devine, Mike Savage, John Scott, and Rosemary Crompton, eds., 2004, *Rethinking Class: Cultures, Identities and Lifestyles*, Basingstoke: Palgrave Macmillan)也具有类似的创新意义,重点关注阶级分析与文化之间的联系。

关于社会不平等的原典文集,参阅辅助读物《社会学入门文选(第三版)》(*Sociology: Introductory Readings*, 3rd edn, Cambridge: Polity, 2010)。

网络导航

政体出版社有关本书的更多信息和支持:

www.politybooks.com/giddens

社会不平等与阶级 (Social Inequality and Classes)——来自设于荷兰阿姆斯特丹大学的**社会网** (Sociosite)的许多有用链接:

www.sociosite.net/#class

英国阶级调查（The Great British Class Survey）——此项调查的结果，以及读者的评论：

www.bbc.co.uk/science/0/21970879

社会流动基金会（Social Mobility Foundation）——英国一家慈善机构，旨在促进来自低收入家庭的年轻人的社会流动：

www.socialmobility.org.uk

探索社会不平等（Explorations in Social Inequality）——资源丰富，主要是关于美国的资源，设在美国圣安东尼奥的三一大学（Trinity University）的网页：

faculty.trinity.edu/mkearl/strat.html

马克思主义者网络档案库（Marxists Internet Archive）——如其所言，马克思与马克思主义相关材料一应俱全：

www.marxists.org

英国广播公司英国工人阶级资料集（BBC Working Class Britain）——有关英国工人阶级生活的视听资料：

www.bbc.co.uk/archive/working-class-britain/zd88y9q

第八版

SOCIOLOGY

8th Edition

社会学

下 册

〔英〕 安东尼 · 吉登斯 (Anthony Giddens)
菲利普 · 萨顿 (Philip W. Sutton) 著
李 康 译

北京大学出版社
PEKING UNIVERSITY PRESS

目录 CONTENTS

下册

第十三章

贫困、社会排斥与福利

2009—2010 年度,特鲁塞尔信托基金(Trussell Trust)旗下的 56 家食物银行(foodbanks),总计向有需要的 4.1 万人提供了足够三天的食物。截至 2015 年,该信托基金在全英境内开设了 445 家食物银行,向 110 万人分发能支撑同样天数的足够食物。食物银行如此迅猛地扩张,显示出在这个全球最富裕的社会之一,贫困依然是一个要害问题。

珍妮(Jennie)终止学业后当了一名理发师,但在她儿子得了脑膜炎而视力伤残后,她辞了工作,一心照看孩子。珍妮现在 41 岁,孩子还很小时,她就和自己的丈夫分开了。她住在伦敦北部的临时住处,作为一个单身母亲,带着三个有残障的孩子,都超过了 10 岁。事实上,她只知道各式各样的临时住处,一直以来都不曾有过属于自己的长久居所。

珍妮和孩子们的确拿着福利补贴,其中绝大部分花在了食物、校服、燃料和交通费上。他们的房租是由住房补贴支付的。尽管他们也有电视机、洗衣机和电冰箱,但并不怎么外出,也从未一起出去度假。珍妮说,她常常要费尽心思,才能让全家人都吃饱,虽说孩子们并没有饿肚子。但她自己就得每天只吃一顿,以确保食物预算对付得过去。她常常为了支付各种生活必需品而花光所有的钱,要未雨绸缪存点钱是不可能的。

是否能把珍妮一家看作生活在"贫困中"? 他们穷吗? 珍妮自己觉得是的:"我的意思是,从某个方面来说,是这样的。我是穷。穷——这意味着你买不起啥。你买不起你需要的东西。"然而,珍妮的小儿子,11 岁的迈克尔,却不这么想。他说:"我们并不真的穷,像是流浪街头那样。我们穿不上世界上最好的衣服,其他人的孩子都有的那些衣服,可只要我们还能活下去,我们就挺满意我们已经得到的东西。”13 岁的马克说:“我们已经有了这个房子;我们有朋友,有这样或那样的东西。有时我会觉得我们很穷,因为比如说,我们没钱去买我们想要的东西什么的,所以我时而觉得我们穷,时而觉得我们不穷。”我们会花一点时间来谈谈贫困的定义,因为这些定义会直接影响针对有关现象的社会学研究,以及处理贫困问题的相关政策。

我们对于珍妮处境的简略叙述取自兰斯利和麦克的研究(Lansley and Mack 2015),他们调查了英国在 21 世纪的贫困状况。与通常的认识相反,诸如此类的研究表明,英国的贫困状况并没有逐渐好转,其实还愈益恶化。虽说像其他发达国家一样,英国也是一个成熟的福利国家,提供免费的医疗保健和教育,并以帮助民众改善其生活为宗旨。即使珍妮真的很穷,或者可以说生活在贫困状况中,这种贫困和许多发展中国家存在的那种贫困也不能相提并论。在后者那里,就连清洁的水、免费教育、方便可得的医疗保健之类的基本必需品,对于千百万民众来说,也纯属不可得。我们所认为的贫困的具体内涵各有不同,要看大多数民众在其本国背景下所认可的生活标准。

我们在本章中将会看到,即使在发达世界内部,福利国家之间也各有差异,它们所提供的福利类型各异,水准不一,而它们根本的哲学,即始终致力于达成的目标,也彼此不同。有的福利国家注重提供一个基本的“安全网”,而其他的国家则是基于某种“从摇篮到坟墓”的广泛供应的理念,还有的国家,比如美国,采取的是最低限度的福利供应,将补贴与人们对工作的担当挂钩。这些彼此相异的哲学也体现在福利开支上,如丹麦、瑞典、法国就比较高,而韩国、美国和日本则比较低。

在英国、德国和荷兰,为了应对 2008 年全球金融危机和经济下滑,出现了某种“紧缩政治”,要求这些国家的政府削减公共开支规模和福利供应。像英国这样的福利国家依然致力于缓解贫困的影响,但也日益转向“条件性”(conditionality),就是将获取补贴的权利与个体的责任挂钩,尤其是与有薪就业联系起来。然而,即使人们在工作,也得到了追加补贴或“在岗”补贴(‘in-work’ benefits),其中有许多人仍然生活在贫困之中。

很多遇到像珍妮这种情况的人,会对她的生活做出一些假设。他们可能会认为,珍妮的贫困,以及在社会中较低的位置,是由其成长过程造成的。其他人可能会责备她工作还不够努力,或者暗示她靠着福利补贴为生,过于舒适,是一种偷懒的选择。20 世纪 90 年代中期,卡罗尔 · 沃克(Walker 1994:9)发现,根本没有证据支撑这样一些常识之见:“不要管那些耸人听闻的新闻标题,如果能有货真价实的替代选择,绝大多数人都不会选择依靠社会救济过活。”

在社会学中,我们就算有个体主义的说明,也极少满足于此。贫困不仅仅是一种“个人困扰”,而且是一个持续存在的“公共议题”,社会学家的任务也包括开拓更广泛的社会观,以便领会很多与珍妮处境类似的人的经历。在这一章,我们会更细致地考察贫困的观念和经验,也会探讨社会排斥这一更宽泛的概念。在最后一节,我们会看看福利国家是如何以及为何形成,并努力改革自身的。读者须注意,第十三章和第十四章紧密相关。本章主要聚焦于发达国家的贫困、排斥和福利,并以英国作为贯穿始终的案例,兼与欧洲其他国家进行比较。而在第十四章“全球不平等”中,我们会扩大关注范围,将贫困和不平等的议题置于全球语境,尤其关注发展中国家。

第一节

贫　困

一　何谓贫困?

尽管人人似乎都出于直觉地理解何谓贫困,但要形成某种共识性的定义以供社会科学之用,却被证明殊非易事。世界银行(World Bank 2000:15)将贫困定义为“处于幸福明显被剥夺的境况”(pronounced deprivation in well-being)。这个表述简明扼要,堪为起点,但它也带来了另一问题:什么是幸福?它是保持健康的能力?接受好的教育的能力?获取充足食物的能力?还是兼顾以上所有方面的能力?在相对富裕的发达社会,享受这些东西,意味着拥有能这样做的资源,主要以收入来测量。相反,处于“贫困的”或者“明显被剥夺的”境况,则意味着没有足够的收入来获得这些资源。

社会学家通常会区分两类贫困:**绝对贫困**(absolute poverty,也叫“极端”[extreme]贫困)与**相对贫困**(relative poverty)。绝对贫困的概念建立在生存观念的基础上,也就是为了维持身体健康存在而必须满足的基本条件。人要是无法满足这些基本要求,例如充足的食物、居所以及衣服,就被认为是生活在绝对贫困中。人们认为,对于相同年龄和体格的所有人来说,人类生存的标准大体一致。因此,在这个世界的任何地方的任何人,如果不能达到这个普遍标准,就可以说是生活在绝对贫困之中。

根据这个定义,许多发展中国家里的大部分人口都可以说生活在相对贫困中。事实上,2012年,在欧盟28国中,就有超过1220万人“面临贫困或社会排斥的风险”,几乎占到欧盟总人口的四分之一(Eurostat 2015a:1)(社会排斥这个概念将在本章后文充分讨论)。话说回来,在比较发达的国家里,由于有成熟稳定的福利体系,绝对贫困还是很罕见的。

就国家内部的经济不平等而言,国民收入流向底层的五分之一人口的份额各国往往差不多。例如,卢旺达5.3%的国民收入流向最穷的五分之一人口,而美国的这一数据是5.4%(IBRD/World Bank 2007)。我们将在第十四章“全球不平等”中看到,发达国家尽管已经消灭了极端形式的贫困,但仍然存在长期的不平等。贫困和不平等是相关的,但它们不是一回事。

许多学者并不接受说,有可能确定一个普遍适用的绝对贫困标准。他们提出,运用相对贫困这个概念更为合适,这一概念把被剥夺状况与特定社会中的整体生活水平相联系。人的需要并不是在哪里都完全一致,在同一个社会内部,在不同的社会之间,各见差异。在一个社会被看作必需品的东西,在另一个社会就可能被看作奢侈品。例如,在大多数工业化国家里,自来水、抽水马桶以及日常消费的水果和蔬菜等,均被看作基本必需品,因而,谁的生活中没有这些,就可能被认为是生活在相对贫困中。但在许多发展中社会,这些要素并不是大多数人口都具备的,所以根据是否具备这些条件来测量贫困就没有什么意义了。此外,对于绝对贫困的公认定义也会随时间而变,要看特定时期内可用的既存知识(Howard et al. 2001)。简言之,就连绝对贫困的定义也被证明与具体时间和地点相关联,从而有损于这个概念假设的普遍适用性。

有关发展中国家的不平等与贫困的议题，详参第十四章“全球不平等”。

相对贫困的概念也呈现出复杂性。随着社会的发展,对于相对贫困的理解也会改变。社会变得越来越富裕,相对贫困的标准也随之逐渐向上调整。例如,电冰箱、电视机、集中供暖以及手机等一度被看作奢侈品。然而,时至今日,在发达国家,它们被视为过上丰富而又积极的生活的必需品。家庭要是没有这些东西或是负担不起,会被视为处于相对贫困中,因为他们不能过上其所在社会中大多数人所能享受的生活。他们的父辈和祖辈可能也没有这类东西,但根据当时的标准,并不会被视为贫困。

当在富裕社会中,像集中供暖、电视机、洗碗机之类的消费品基本家家户户都有,我们真的能说这样的社会里存在“贫困”吗?为了形象地说明这些争论,下一节将考察英国使用的测量贫困的一些官方方法,以及社会学方面改进这些方法的一些尝试。

二　贫困的测定

(一)贫困的官方测量　直到1999年前后,与其他大多数欧洲国家不同的是,历届英国政府都不认可一条官方的“贫困线”,而是更倾向于使用一系列独立的指标。这就意味着研究者不得不依赖于统计指标,比如针对特定福利补贴的资格认定,来测量贫困程度。尽管如此,20 世纪 80 年代以来,绝大多数欧盟国家已经将贫困定义为生活在收入仅为或低于全国家户收入中位数的 60% 的家户,通常是扣除了直接税,但不包括住房开支。这就是通常简称的 HBAI(Households Below Average Income,"低于平均收入的家户")。但我们必须记住,中位数并不是一种简单的算术平均值,而是收入分布的中点。

自 1999 年以来,托尼·布莱尔领导的工党政府力图在十年内让贫困儿童数减半,并在二十年内彻底消除这种现象,采用的就是这种测量方法(Lansley and Mack 2015)。2013 年,运用 HBAI 测量方法,欧盟 28 国的贫困率彼此相差很大。比如说,在希腊和罗马尼亚,超过四分之一的人口生活在相对贫困中,而在丹麦、荷兰与捷克,身陷这种处境的人口比例还不到 15%(ONS 2015a:5-6;参见图 13.1)。

关键是要认识到,HBAI 是一种测量相对贫困的方法。坚持使用这种测量方法,就可以长期追踪贫困程度的变化。比如说,在英国,生活在贫困中的人数在 20 世纪 80 年代急剧增加,在 1991—1992 年度达到顶峰,20 世纪 90 年代中期才开始下降。2009—2010 年度,英国就业与养老金部(Department for Work and Pensions)报告说,根据这种测量方法,生活在贫困之中的有 1040 万人,占人口的 17%(DWP 2011:11)。从 1994—1995 年度起,这一百分比非常稳定。2008 年金融风暴后,该比例短暂上升到大约 19%,但到 2013 年又回落到 16%(ONS 2015a:4)。

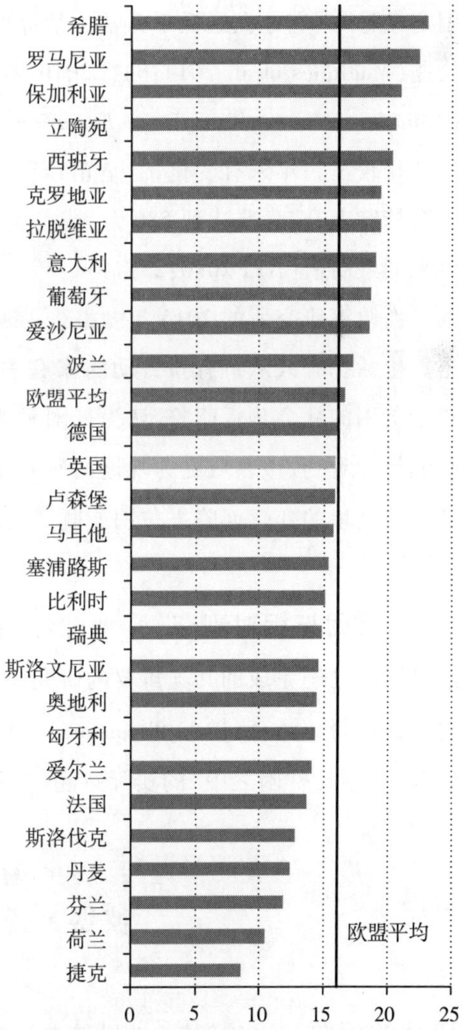

图 13.1　欧盟各国贫困率,2013 年

资料来源:ONS 2015a:5。

欧盟采用了另一种类似但并不完全一致的测量手法,即所谓的"面临贫困或社会排斥的风险"(at risk of poverty or social exclusion, AROPE)比率。它包括三个指标:面临(收入)贫困风险的人,处在物质匮乏中的人,以及生活在"劳动强度"极低的家户中的人(Eurostat 2015a)。以这种方式综合贫困与社会排斥,就能对劣势和不平等进行更广泛的跨国比较。但它也给比较统计分析平添了一层复杂性。

"面临贫困风险"指标指的是等价可支配

收入(equivalized disposable income)低于全国收入中位数的60%的个体。请注意,这并不是在测量"贫困"本身,而是与中位数相比对的低收入,这种境况使人们"面临"陷入贫困的"风险"。物质匮乏指的是没有能力支付洗衣机、电视机或私人小汽车之类的物品,迫于无奈无力支付房租或物业账单,或是需要支付意外开支。低劳动强度的意思是说,在某一年度内,家户成员合计工作时间不足他们原本可以完成的时间总长度的五分之一。显然,由于有关相对贫困存在许多定义,各个相异,因时而变,要比较不同时间和国家的贫困率虽说不是不可能,也是困难重重。

不过,实际的图景甚至更为复杂,因为其他组织在收入贫困之外,还使用自己注重的贫困指标。一家独立智库——"新政策研究所"(New Policy Institute, NPI),考察了多达50项贫困与社会排斥指标,涵盖收入、住房、就业(与失业)、补贴及服务等方面。它把贫困定义为"人们处在远低于日常生活标准的状态",有效地涵括了贫困与社会排斥的相关议题(MacInnes et al. 2014:6)。2010年,新政策研究所第十三次《贫困与社会排斥监测》(*Monitoring Poverty and Social Exclusion*)报告发布,发现英国总体贫困水平在2008—2009年度相较上一年未有变化,但是正经历"深度贫困"(低于收入中位数的40%)的家户的人数持续上升,目前达到580万,或者说占全体贫困人口的44%。这个比例是自1979年以来的最高值(NPI 2010:23)。

新政策研究所的2015年度报告(MacInnes et al. 2015)注意到,所有贫困人口中,有半数生活在有人从事有薪劳动的家庭中。这一发现表明,我们必须小心,不要继续持有对于贫困的社会刻板印象,认为贫困只涉及那些申领福利补贴的人和失业者。本章稍后我们将会看到,该领域更为晚近的研究证明,人们在其生命历程的不同时点,会随着工作及整体处境的变化而陷入贫困或脱离贫困。

(二)贫困与相对剥夺 一些研究者认为,上文讨论的这种官方测量并不能准确地描绘贫困。已经完成的几项重要的研究,将贫困界定为某种类型的剥夺。这种思路的先驱之一是彼得·汤森(Peter Townsend),自20世纪50年代晚期以来,他的著述帮助公众意识到"生活在贫困之中"的实际意涵(参阅"经典研究13.1")。

经典研究13.1

彼得·汤森论贫困与剥夺

研究的问题 社会学家可以收集整理收入和其他统计数据,以理解社会中的贫困程度,但是实际的贫困体验又是什么样的呢?低收入者如何勉强维持生活?如果入不敷出,人们会怎么样？彼得·汤森的研究正是聚焦于人们对贫困的主观体验与理解，试图从剥夺的角度来明确贫困究竟意味着什么。所谓剥夺，就是缺乏或被拒绝给予在一个社会中生活所必需的某些物质好处。汤森在其经典研究《英国的贫困》(*Poverty in United Kingdom*, 1979)中，考察了20世纪60年代晚期全英范围内家户填写的两千多份问卷的回答。被访者提供了有关其生活方式的详细信息，除了收入，还包括生活条件、饮食习惯、休闲与社交活动等。

汤森的说明　汤森从收集到的这些信息中，选择了关系到整个样本人口而非特定社会群体的12个事项，并计算了被剥夺这些事项的人口比例(参见表13.1)。他基于剥夺指数，给每家打了一个分数，分数越高，表明该家户受到的剥削越多。然后，他将这些家户在指数表上的位置与其总收入相比较，并结合考虑其他一些因素，比如每个家户中的人数，成年人是否有工作，孩子的年龄，是否有任何家户成员有身心障碍。

汤森的结论是：自己的调查揭示了一种收入水平的临界值，低于该临界值，社会剥夺的程度骤然加剧。汤森把临界值之下的这些家户说成是承受贫困之苦。根据他的计算，这些家户构成总人口的22.9%，远远高于此前数据的估计。汤森的研究显示，当家户收入下降时，家庭就会避免参与相当平常的家庭类活动。简言之，它们成为“被社会排斥的”。

表13.1　汤森的剥夺指数(1979)

	特征	人口比例(%)
1	过去一年中没有离家外出度假。	53.6
2	仅指成年人。过去一个月中没有请过任何亲戚朋友来家聚宴或便餐。	33.4
3	仅指成年人。过去一个月中没有外出去任何亲戚朋友家聚宴或便餐。	45.1
4	仅指孩子(15岁以下)。过去一个月中没有与任何朋友一起玩或吃茶点。	36.3
5	仅指孩子。上一个生日没有举办派对。	56.6
6	过去半个月中没有在下午或晚上外出消遣娱乐。	47.0
7	一周至少有四天没有吃上新鲜的肉(包括在外吃饭)。	19.3
8	过去半个月中至少有一天没有吃过热食。	7.0
9	一周内大部分时日吃不上热的早餐。	67.3
10	家里没有冰箱。	45.1
11	不经常有周日肉卷吃(一个月一次)。	25.9
12	家里没有单独使用的四种生活设施(可抽水冲洗的厕所、洗涤槽或盥洗池及冷水龙头、固定的浴缸或淋浴头、煤气灶或电炉)。	21.4

资料来源：Townsend 1979：250。

批评的观点 尽管汤森的思路颇具影响,但它也受到了一些批评,其中有一种批评意见引人注目。大卫·皮亚肖(Piachaud 1987)从几位论家中脱颖而出,认为汤森选来计算剥夺指数的一些事项有些任意武断。也就是说,它们究竟如何与“贫困”相联系,它们被选取的依据具体是什么,都不清楚。有些事项与其说关系到贫困和剥夺,不如说关系到社会或文化方面的决策。即使有人选择吃素或不做早饭,又或者决定不经常社交,不外出度假,此人是否遭受贫困,倒也不是显而易见的。

当代的意义 文化角度的批评是非常重要的,但长远来看,汤森对贫困和剥夺的研究思路仍有其意义。事实上,它奠立了众多社会学研究的基础,它们都试图避免从文化角度针对汤森的最初研究的批评。基于特定的因素来构建某种剥夺指数,这样的尝试对于我们充分理解贫困和剥夺如何密不可分仍然富有价值。汤森的研究同样有助于推动当代关于贫困的辩论,使其重视社会排斥的潜在过程,后者拒绝赋予处在贫困中的人以完全公民权。

麦克和兰斯利基于汤森将贫困视为被剥夺的定义,对英国的相对贫困进行了两项颇具影响的研究,一次是在 1983 年,另一次在 1990 年(分别于 1985 年和 1992 年发表)。

谁是穷人?是这些难民营中的孩子?……

1983年,应一档叫《从救济队伍看英国》(*Breadline Britain*)的电视节目之需,他俩进行了一项民意调查,以确定人们认为一种“可以接受的”生活水准的“必需品”是什么。他们据此提出一份包括22项基本必需品的清单,有超过50%的被调查者相信这些东西对于正常生活来说是重要的。汤森最初的调查遭到批评,批评者指其选来测量被剥夺指数的事项未免任意武断。而麦克和兰斯利去询问被访者他们认为什么是必需品,以此避免了这种批评。1983年的调查估计,英国约有750万人生活在贫困之中,大致占总人口的14%。麦克和兰斯利在1990年重复了这一调查,发现历经20世纪80年代,贫困显著**增长**,生活在贫困中的人数达到1100万左右。

2000年,大卫·戈登(David Gordon)及其同事开展了一项类似的调查, 名为“贫困与社会排斥千年调查”(Millennium Survey of Poverty and Social Exclusion,又被称为PSE调查)。研究团队使用调查问卷以确定,在英国要达到一种可以接受的生活标准,人们所认为的“必需品”是什么。他们基于被访者的回答,总结出一份包含35个事项的清单,每一项都有超过50%的被访者认为属于正常生活所必需的(参见表13.2)。然后,研究团队基于是否被迫缺乏**两项或以上**的必需品,再加上低收入,设置了一个是否被剥夺的临界值。

……还是这些来自破败住区的孩子?

表 13.2　对于成年人必需品的认知以及有多少人缺乏这些东西(占成年人口的比例%)

	该事项被视为		就该事项而言,被访者	
	必需	不必需	没有,因为不想要	没有,因为支付不起
人人都有床和被卧等	95	4	0.2	1
家中生活起居区域有供暖设备	94	5	0.4	1
居所防潮	93	6	3	6
朋友或家人住院时前去探访	92	7	8	3
一日两餐	91	9	3	1
医生开的药	90	9	5	1
电冰箱	89	11	1	0.1
每日都有新鲜水果和蔬菜	86	13	7	4
温暖、防水的外套	85	14	2	4
坏的电器能够替换或修理	85	14	6	12
探望朋友或家人	84	15	3	2
庆祝圣诞节之类的特别时刻	83	16	2	2
有钱把家居装饰得体面一些	82	17	2	14
在运动会之类的日子探访学校	81	17	33	2
参加红白喜事	80	19	3	3
隔天吃一次肉、鱼或素食者的对应食物	79	19	4	3
家庭财产保险	79	20	5	8
消遣爱好或休闲活动	78	20	12	7
洗衣机	76	22	3	1
接孩子放学回家	75	23	36	2
电话	71	28	1	1
招聘面试时的合适着装	69	28	13	4
冷藏冰柜	68	30	3	2
起居室和卧室里铺上地毯	67	31	2	3
定期存钱(每月 10 英镑)以备不时之需或退休之虞	66	32	7	25
两双全天候可穿的鞋	64	34	4	5
与朋友或是家人一起聚餐	64	34	10	6
每周在家用之外有一点自己的零花钱	59	39	3	13
电视机	56	43	1	1
每周一次肉卷或素食者的对应食物	56	41	11	3
每年送朋友或家人一次礼物	56	42	1	3

（续表）

	该事项被视为		就该事项而言，被访者	
	必需	不必需	没有，因为不想要	没有，因为支付不起
每年一次外出旅游	55	43	14	18
更新旧家具	54	43	6	12
字典	53	44	6	5
出席社交场合的一套正装	51	46	4	4

资料来源：Gordon et al. 2000：14。

“贫困与社会排斥千年调查”发现，样本中28%缺乏两项或以上的必需品，尽管其中包含2%的收入足够高的人，意味着他们现在已经摆脱贫困，还有26%的调查人口可以被归类为处于相对贫困（参见表13.3）。由于“贫困与社会排斥千年调查”采用的方法与麦克和兰斯利用过的类似，因此团队可以用他们的数据来比较这段时间里英国的贫困水平有什么变化。缺乏三项或以上的社会公认必需品（这是麦克和兰斯利研究中设置的贫困临界值）的户数有了实质性的增长，从1983年的占14%上升至1990年的21%，再到1999年的24%。因此，尽管自20世纪80年代早期以来，英国人口整体而言变得更加富裕了，但是截至2000年，贫困程度也有了显著的上升。

表13.3　2000年度英国贫困与社会排斥调查结果

贫困分类	百分比（取近似整值）
贫穷	26
濒贫	10
脱贫	2
不穷	62

资料来源：Gordon et al. 2000：18。

2006年有一项研究重新分析了戈登的“贫困与社会排斥千年调查”里的数据（Palmer et al. 2006）。研究者合并了35个“基本事项”中的相似事项，发现大多数基本事项都是直接“与钱有关”。也就是说，被访者只是没有足够高的收入来支付它们（参看图13.2）。研究团队利用2004—2005统计年度的一项“家庭资源调查”（Family Resources Survey），能够针对选出的10个“基本事项”，比较低收入家户与平均收入家户（参看图13.3）。同样，有相当大比例的低收入家户报告说它们支付不了这些事项。几乎有60%的家户没法每个月存上10英镑或更多的钱，超过50%的家户无法支付一年度假一次的费用，三分之一的家户无法给家庭财产买保险。

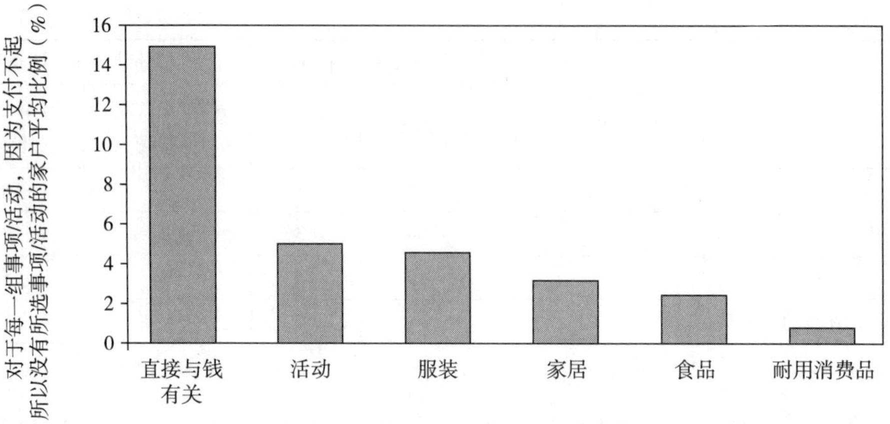

图 13.2 最常缺乏的基本事项分类统计

资料来源:Palmer et al. 2006。

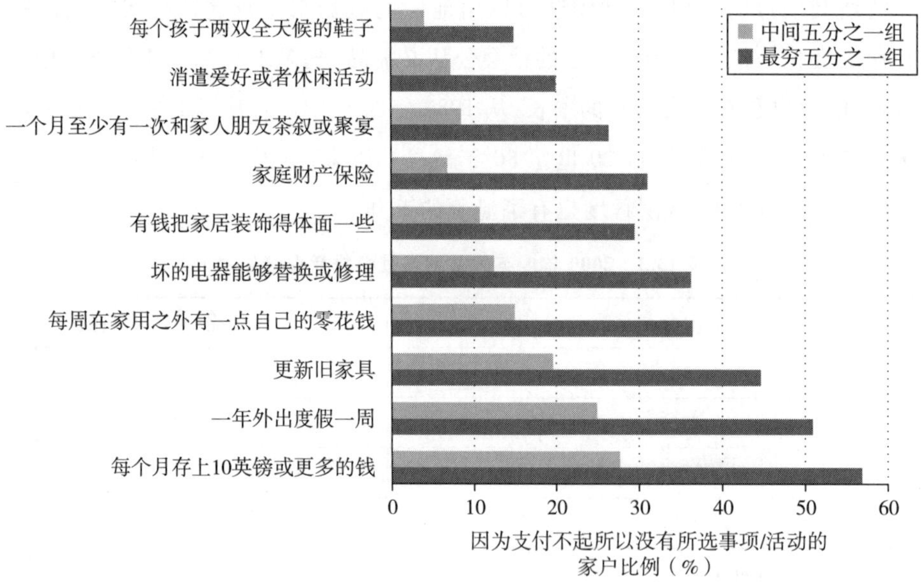

图 13.3 英国家户中无法支付所选“基本事项”的比例,以平均收入家户和低收入家户分类

资料来源:DWP 2005。

话说回来,帕尔默(Palmer)的研究团队也指出,即使是平均收入的家户,也同样有一部分支付不起这些事项。报告就此批评对于主观定义测量方法的运用,认为谈到提供一种可信而有效的方法去测量“真正的”贫困,这种方法的价值是有限的。比如说,如果连平均收入水平的人中都有几乎三分之一做不到“每个月存上 10 英镑或更多的钱”,有四分之一无法承担“一年外出度假一周”,这是否意味着他们同样生活在“贫困之中”？需要增加的是一些定性的信息,关于这些家户究竟**为什么**无法支付这些事项。这可以帮助我们做出评估,缺失某个事项是社会经济条件导致的“被迫贫困”的例证,还是纯属个人选择的结果,只不过是有其他优先考虑的事项。

> **批判性思考**
>
> “相对贫困”的概念是否准确把握了生活在多重劣势与剥夺中的人们的真实体验？要不然又该如何概括诸如此类的境况呢?

三　谁是穷人?

许多人终其一生会历经入贫和脱贫,或许这会让人觉得,贫困流变不居,难以概括模式。然而,我们同样知道,对于有些社会群体来说,陷于贫困的**风险**要高于其他群体。比如说,儿童、女性、某些少数族群以及老人都属于高风险群体。特别是在生活的其他方面处于劣势或遭受歧视的人,成为穷人的可能性也会增加。例如,最近来自欧盟以外地区的移民相比长期住在欧洲的人口,贫困率会更高。在比利时,50%以上的非欧盟居民生活在贫困中,而该项数据在法国和卢森堡是45%。移民不仅面临更大的贫困风险,在工作中也更可能遭到剥削(Lelkes 2007)。尽管本小节主要关注英国的情况,但这些模式也会在各发达社会以不同程度重演。

> 关于发展中社会的贫困与不平等,参看第十四章“全球不平等”。

(一)儿童　普拉特(Platt 2013:328)提出,“儿童不仅面临着更高的贫困风险,而且特别容易遭受其负面后果的影响,若这些后果长期延续则更是如此。(贫困)效应既是长期的(延续到成年),也已经被证明会在生命早期呈现”。譬如说,生活在贫困中的儿童,相比其他儿童,健康状况往往更差。他们更有可能出生时体重不足,在道路交通事故中受伤乃至死亡(因为他们通常是行人,并且不太可能享有安全的游乐区域或花园地带),遭受虐待或自残,以及尝试自杀。越穷的孩子越不容易在学校里表现出色,倒是更可能成长为新一代穷困的成年人(Lister 2004)。但是像在英国这样的发达国家中,儿童的贫困问题到了何种程度?

在英国,从1979年到1991—1992统计年度,生活在收入低于平均水平(扣除住房开支之前)的家户中的**总人数**比例稳步上升,达到22%。然而,1991—1992年度后,这种趋势转而下行,到2007—2008年度,这一数据跌至18%。1990—1991年度,生活在贫困中的**儿童**比例为27%,到了2004—2005年度,下滑到21%(ONS 2010a:71)。1997年当选的工党政府设立了雄心勃勃的目标:从1998年到2010—2011年度,要让儿童的贫困比例降低50%,并在"一代人时间内"彻底根除。但即便是前一项目标也尚未实现。2009—2010年度,儿童贫困率依然高达19.7%,离目标达成尚有90万名儿童的距离。

工党的2010年《反儿童贫困法案》(Child Poverty Act)设置了一项法律要求,即在2020年之前根除儿童贫困。尽管保守党与自由民主党联合政府(2010—2015)确认这仍是一项政策目标,但实际上它的各项社会政策并没有积极追求履行此项承诺(Lansley and Mack 2015)。新政策研究所的一项分析(Aldridge et al. 2015)指出,自2013年以来,贫困率一直在上升,贫困儿童实际增加了大约30万人,占英国生活在贫困中的儿童总数的29%。有些预测现在认为,到2020—2021年度,儿童贫困率很可能上升到大约25.7%(Browne and Hood 2016)。

到2020年彻底根除儿童贫困的目标固然雄心勃勃,但所有迹象都显示,这项目标无法实现。实际上,2015年当选的保守党政府宣布,它将取消(2010年设置的)截至2020年彻底根除儿童贫困的法律要求,替之以一项更为简单的职责,即就教育成就、失业和毒瘾的程度提出报告。2016年1月,上议院投票确认维持根除儿童贫困目标,敦促政府重新考虑其计划,本书写作之时,根除儿童贫困目标是否会维持尚不明朗(Cooper 2016)。我们只能说,要根除儿童贫困,短期的社会经济政策难以奏效,需要持之以恒的长期措施。但考虑到英国政治的五年选举周期,这似乎不太可能。

(二)女性 正如我们在本章读到的几处所示,女性比男性更容易成为穷人。戈登及其同事所做的"贫困与社会排斥千年调查"(Gordon et al. 2000)发现,女性占全体处于贫困的成年人口的58%。话说回来,导致这种局面的原因比较复杂,因为女性的贫困经常被那些聚焦于"以男性为户主的家户"的研究所遮蔽(Ruspini 2000)。这就使社会学家在试图利用这些研究的时候遇到困难。

一个重要的原因就是家庭内外基于性别的劳动分工。家务劳动的负担,养育子女、照顾亲属的责任,依然过多地压在女性身上。这对她们家庭之外的工作抱负和工作能力产生了重要的影响。这意味着她们投入非全日制有薪就业的可能性远比男性要高,结果就是挣的钱也少。例如,英国低薪委员会(Low Pay Commission 2009:15)发现,在全国最低工资(National Minimum Wage)涉及的全部工作岗位中,大概有三分之二(64.3%)是由女性占据的。尽管说目前英国进入有薪劳动队伍的女性之多是前所未有的,但在劳动大军中,将工作分为"男人的活儿"与"女人的事儿"的职业分隔依然根深蒂固。在收入不太高的行业中，女性的比例特别高，这对晚年的个人养老金收入也有负面的影响（Flaherty et al. 2004）。

（三）少数族群　在英国，对于所有黑人和少数族群来说，贫困的比例都要比白人多数人口为高（Barnard and Turner 2011）。英国的少数族群也更可能占据薪酬微薄的工作岗位，勉强对付学业，居住在贫困凋敝的区域，房屋破败失修，健康状况不佳（Salway et al. 2007）。

有关 2008 年经济衰退前后的贫困水平，最近有一项研究清楚地显示，在英国，族群之间各见差异。2008 年之前，相对贫困水平（在扣除住房开支之后，after housing costs，AHC）最高的是孟加拉裔（67%）、巴基斯坦裔（58%）和非洲裔黑人（47%），而最低的是白人多数人口（20%）、印度裔（27%）和其他白人群体（28%）（Fisher and Nandi 2015：25-28；参看图 13.4）。欧洲绝大多数的政府都更愿意采用扣除住房开支之前（before housing costs，BHC）的测量方法，从而更方便进行区域比较。不过，扣除住房开支之后的测量方法也是有用的，当各地区住房开支悬殊时尤其如此。比如说，在伦敦，一旦计入住房开支，生活在贫困中的人数几乎翻番（Tunstall et al. 2013：34）。图 13.4 包括两种测量方法，以体现不同测量方法对于贫困水平的影响。

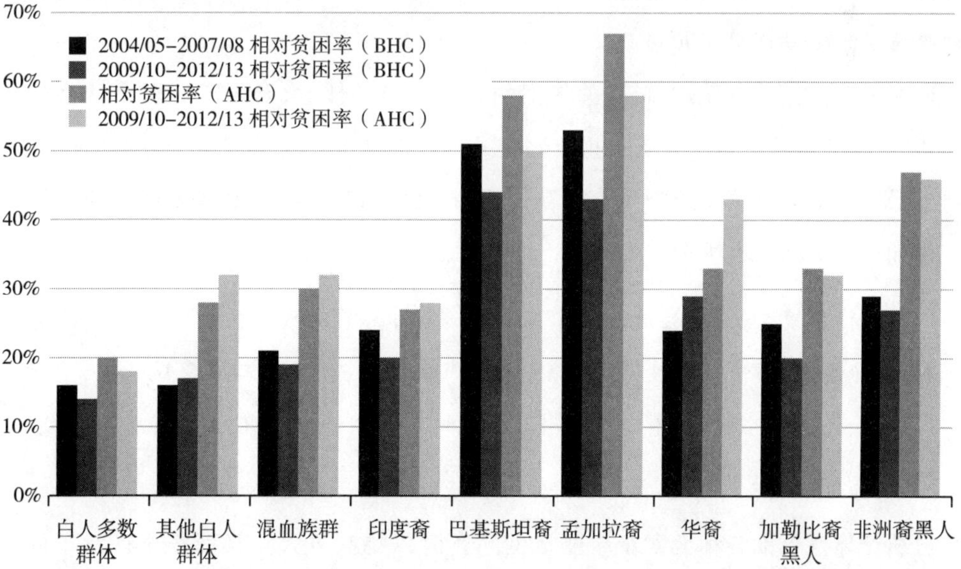

图 13.4　2008 年经济衰退前后英国各族群相对贫困水平变化（不包括北爱尔兰）

资料来源：Fisher and Nandi 2015：26。

2008 年的衰退对三个最为劣势的群体毫无影响。事实上，要论孟加拉裔、巴基斯坦裔和非洲裔黑人的相对贫困水平，还同白人多数人口、加勒比裔黑人这两个群体的相应比例一起下降了。不过,印度裔、华裔、其他白人群体及混血儿的贫困比例有所上升。

报告指出,从绝对水平来看,在金融风暴期间及其后,大多数劣势族群的位置都没有变化,而其他群体的处境则趋于恶化。但是,从 2009 年到 2012 年,巴基斯坦裔和孟加拉裔比起其他群体经历了更为持久的贫困(在所观测的三年中至少有两年处于贫困),而在同一时期,白人多数人口中有 72%从未被观测到陷入贫困。

至于收入贫困水平的族群差异,部分原因可以归于英国少数族群的失业率高、就业率低。2006 年,印度裔和加勒比裔黑人群体有相对较高的就业率,分别为 70.2%和 67.8%,而巴基斯坦裔和孟加拉裔群体的就业率在所有少数族群中最低,分别为 44.2%和 40.2%。而在同一年,像非洲裔黑人和巴基斯坦裔/孟加拉裔的失业率为 11.2%,相较之下,总失业率仅为 5.2%,少数族群失业的可能性仍然是白人的两倍(Ethnic Minority Employment Taskforce 2006)。

此外,劳动力市场高度隔离。巴基斯坦裔群体高度集中在从前的重工业制造区域和棉纺工业区,比如约克郡和伯明翰,而这些行业在 20 世纪 70 年代后期到 80 年代陷入了衰退。加勒比裔黑人男性在体力型职业中比例也很高,尤其是交通运输和通信行业。华裔和孟加拉裔在餐饮业中特别集中。某些职业分隔之所以会存在,是因为少数族群认为某些行业是“白人专有的”,或雇主是“白人”,虽然也有证据表明,在一些招聘过程中存在种族歧视(Wood et al. 2009)。

近些年来,要尝试理解人们有关贫困的各见差异的体验,乃至于对整个社会生活的不同体验,**交叉性**这个概念越来越重要。交叉性指的是个体身份的各个方面(比如阶级、族属、性别、身心障碍和地理区位)相互作用,产生了不平等、贫困和歧视复杂交错的模式。正如近期一项报道所指出的那样:

> 一位印度裔女性,生活在米尔顿·凯恩斯,属第三代移民,中产阶级,有学位,信印度教;另一位印度裔女性,生活在布拉德福德,属第二代移民,丈夫有身心障碍,还有两个孩子,有三级证书,穆斯林。她们的经验几乎没有相同之处。(Barnard and Turner 2011:4)①

分析个体身份的各种元素在涉及贫困问题时以哪些方式交叉而产生广泛不同的结果,可能成为社会学研究和政策研究中更为常见的主题。然而,也有必要记住,英国或者

① 米尔顿·凯恩斯(Milton Keynes)处于伦敦、牛津、剑桥、伯明翰四边形中心点,区位优势明显,系全新规划,大量新兴产业公司迁入。布拉德福德(Bradford)为历史悠久的老城镇,传统棉纺织业中心。三级证书(level three qualification)相当于高中毕业,而学位(degree)至少是大学预科。——译者注

其他地方的少数族群所面对的不利是有其结构化模式的，这会影响个体的生活机会，以及他们能够做出的可以塑造其未来的选择。

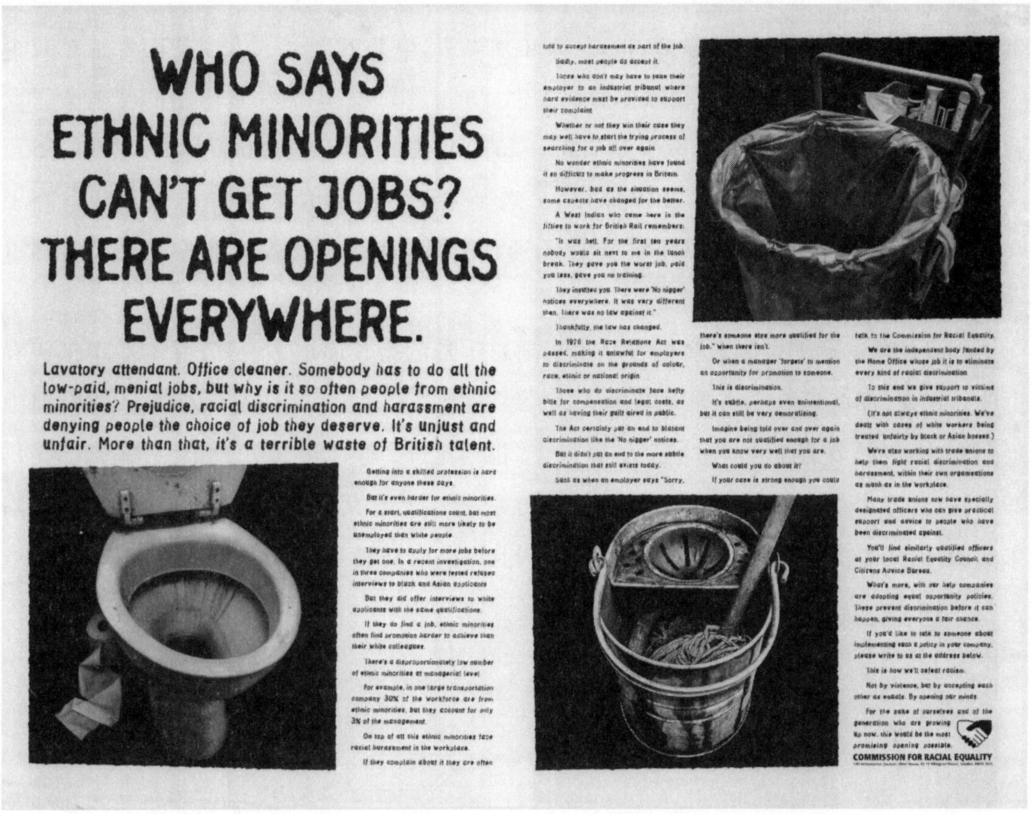

少数族群属于西方社会中最穷困之列，如种族平等委员会（Commission for Racial Equality）的这幅海报所示，这往往是由歧视和受限的工作机会导致的。

关于交叉性的讨论，详参第十二章“分层与社会阶级”。

（四）老年人　随着预期寿命的增长，人口中老年人的数量也在增多。从 1961 年到 2008 年，英国达到可申领养老金年龄（女性 60 岁，男性 65 岁）的人口比例翻了一番多，为 1180 万，大约占总人口的 19%（ONS 2010a：3）。然而，这种状况将会改变，因为到 2018 年，政府养老金申领年龄会提高至男女皆为 65 岁，最终要提高到 68 岁，未来可能还会更高。平均来说，65 岁的男性可以期望活到 81.6 岁，而同年龄女性可以达到 84.4 岁，这是历史最高水平（Palmer et al. 2007）。传统上，许多在工作生涯里薪资不错的人，退休后经历了收入锐减和地位骤降，很大一部分人陷入了相对贫困。然而，现在有越来越多的证据表明，这一旧行情已经有所改变。

关于全球平均预期寿命的讨论，详参第九章“生命历程”。

近年来,一些研究显示,自 20 世纪 90 年代以来,申领养老金的人中贫困者正在减少(参看图 13.5)。按照 HBAI(扣除住房成本之后)测量方法,生活在贫困中的养老金领取者已经从 1990 年的大约 40%减少到 2009—2010 年度的 15.6%(180 万)(IFS 2011:55)。从 1996—1997 年度到 2009—2010 年度,养老金领取者的贫困率急降,在此期间下降了 46%。这种稳步改善的主要原因似乎在于,通货膨胀长期保持在较低水平,而福利待遇也在不断增加。

收入较低的养老金领取者的数量也会随着年龄的增长而增多,尽管并不适用于所有群体。比如,那些另有私人养老金的人,不太可能陷入贫困,而且有一个明显的性别维度:只有 30%的女性有另外的私人养老金,相形之下,男性中该比例超过 70%(Wicks 2004)。近几十年里,老年女性和那些少数族群老年人比其他养老金领取者更有可能陷入贫困,诚如上文所述,这就需要在分析贫困及减贫时对涉及交叉性的议题保持敏感。

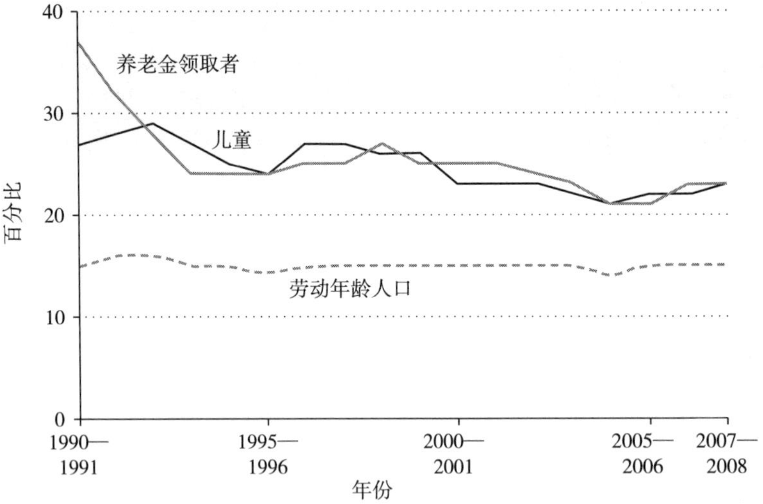

图 13.5　收入低于平均水平的英国家户中的个体

资料来源:ONS 2010a:71。

四　有关贫困的说明

有关贫困的说明可以归为两大主题:一些理论相信穷人要为他们自己的贫困负责,还有一些理论认为贫困是由社会的结构性力量生产和再生产出来的。这两种思路相互竞争,有时分别被说成“归咎于受害者”(blame the victim)与“归咎于体制”(blame the system)的理论。我们将依次简要考察这两种理论。

认为穷人要为自己的劣势位置负责这种社会态度由来已久。消除贫困影响的早期努力,比如19世纪的济贫院(workhouse),就是根植于这样一种信念,即贫困是个体的缺陷或病态造成的。穷人由于缺乏技能,在道德或身体方面有缺陷,缺少动机激励,或者能力低于一般水平,而无法在社会上取得成功。那些应该成功的人确实成功了,同时其他能力不足的人注定要失败。“胜利者”和“失败者”的存在被认为纯属生活的现实。

把贫困主要说成个体的失败,这样的阐述在20世纪中期变得不再流行,但到了20世纪七八十年代又卷土重来。关于这个命题,有一种说法很有影响,是由美国社会学家查尔斯·默里提出的。默里(Murray 1984)认为,存在一个逐渐兴起的底层阶级,其中的人必须为自己的贫困负责。这个群体参与构成了一种**依赖文化**(dependency culture),他们依靠政府的福利救济,却不进入劳动力市场。默里提出,福利国家的发展已经塑造出一种亚文化,削弱了个人的抱负和自助的能力。简言之,原本旨在提供一个安全网络的福利,反而侵蚀了人们工作的动力。不过,默里豁免了那些“自身没有过错”而成为穷人的人,比如鳏寡孤独或身心障碍人士。

默里的研究在第十二章“分层与社会阶级”中有更为详细的考察。

默里的观点在许多发达国家激起了共鸣,尤其是在英国。然而,这些观念并没有反映出许多人贫困的实情。我们已经看到,社会中最穷的人往往是年纪最大和最小的社会成员,他们要么无法参加工作,要么法律不允许他们那样做。很多接受福利补贴的人确实在工作,但是收入太少,不足以超出贫困的临界值(脱离贫困)。根本没有令人信服的证据支持将贫困关联到一个缺乏工作意愿的底层阶级。尽管如此,至少在英国和美国,关于底层阶级的观念根深蒂固。例如,2011年,在保守党大会上的一场演讲中,就业与养老金大臣伊恩·邓肯·史密斯(Iain Duncan Smith)谈及当年夏天英国骚乱的犯事者时,又重弹20世纪80年代的“底层阶级”的老调。

第二种视角强调,是更为广泛的社会过程生产出了个体难以摆脱的贫困处境。社会内部的结构性力量,例如社会阶级位置、性别、族群或职业地位等,塑造了资源分配的方式。有鉴于此,人们经常把穷人看似缺乏抱负的表象错视作一种“依赖文化”,其实这是他们受处境束缚的一种**后果**,而不是造成这种处境的**原因**。

持这类观点的一位早期代表人物是R. H. 托尼(Tawney 1964[1931]),他将贫困看作社会不平等的一个方面。对托尼而言,是社会不平等导致了巨富与赤贫,而这两个极端都在泯灭人性。极端的贫困会将生活局限在单纯的维持生存,而极端的财富致使富人肆意放纵。两者都应该受到斥责,但解决贫困问题的关键是减少结构性的社会不平等,而不是一味地归咎于个人,认为他们该为自己的处境负责(Hickson 2004)。减贫不单纯是改变个体的看法,它要求有特定的政策措施,旨在让全社会更公平地分配收入和资源。

威尔·赫顿(Will Hutton)的《我们生存的国家》(*The State We're In*, 1995)一书提出,20世纪七八十年代的经济重构过程塑造了新的社会分隔,涉及三个群体:一是**劣势**群体(disadvantaged, 没有工作, 但在找工作); 一是**边缘化无保障**群体(marginalized insecure, 有工作,但合同是有限制的或短期的,收入也低);一是**优势**群体(privileged,有更具保障的全时工作或者自我雇用,收入也高)。赫顿总结说,贫困的水平不能通过个体动机或个人态度来说明。相反,必须把贫困的水平看作与社会中结构性的社会经济变迁密切相关。由于资本主义工厂寻求降低生产成本,制造业已转移到全球其他地区,那里劳动力更为廉价,工会比较薄弱。随着新型全球劳动分工逐渐成形,旧有的劳动模式也发生了转变。

20世纪七八十年代制造业工作岗位减少,淘汰了很多传统上男性主导的工作形式。城市经济因此重组,贫困水平上升。

斯坦丁(Standing 2011)提出,2008年金融危机让人们注意到晚近出现了一群**不稳定无产者**(precariat),这是一个全球性的"形成中的阶级",不在社会学传统的社会阶级图式之内。这个术语的由来,是综合了**无产阶级**(proletariat),即马克思笔下的工人阶级,与一种愈益**不稳定**、无保障的处境,即许多工人群体发现自己置身于“弹性劳动”、新自由主义经济学和全球化的境况中。斯坦丁认为,不稳定无产者在许多国家中占成年人口的大约25%,他们身处产业经济,缺乏公民权所提供的保障感的若干乃至全部主要维度,包括充分的劳动力市场机会,就业保护(包括健康、安全、规章制度、免遭随意解雇),工作保障(包括晋升机会),获得技能的机会,收入保障,以及工会代表。

尽管产业工人阶级奋力抗争,依然享有这些机会和保护措施的许多便利,但那些基于短期合同甚或零时合同的人,那些间歇性就业、失业或就业不足的人,就无法得到这些机会和保护措施所带来的保障感与稳定感了。诚然,不稳定无产者也不是同质一体或统合一体的阶级。斯坦丁(Standing 2011:13-14)指出:

> 少年在网吧里晃来荡去,靠着打零工维持生存,移民想方设法找条活路,焦躁不安地拉帮结伙,一边还得提防警察,这俩可不是一回事。单身母亲四处找钱对付下一周的食品账单,六十来岁的男人接些零活儿添补医药费用,同样不是一回事。但他们都有一种感觉,自己的劳动是工具性的(要活下去),投机性的(来啥接啥),也是不稳定的(无保障的)。

斯坦丁和赫顿相仿,也从经济重构的角度来说明不稳定无产者的兴起与壮大。20世纪70年代初以来的全球化过程,将劳动力成本较低的那些新兴工业化经济体带进了全球市场,加剧了竞争压力,也导致了一场运动,开启了更具弹性的劳动力市场实践。后者要求对工会之类的集体团结纽带进行更为严格的管控,政府(以美国和英国等奉行新自由主义经济议程的国家为首)引入大量新的立法来实现这一目标。随着中国、印度、越南、泰国、印度尼西亚及其他一些国家被卷入全球经济体系,企业在这些国家建立起自己的生产设施,或转移到这些国家,全球劳动力供应有了巨大的增长。其关键后果之一,就是发达国家中工人的谈判地位被严重削弱,长期无保障感相应加剧。

本节开头的两大视角,即贫困是个体选择与贫困是结构导致的,代表了社会学中“行动—结构”争论的两方立场。然而,并不非得择一站队。正如第三章中的讨论所言,结构与行动不可避免地相互交织,而社会学家的任务则是通过具体的调查研究,探究它们各自的意涵。个体做出那些决定和选择,始终是在不完全由他们自己制造的社会背景下,如果我们想把握人类行动与社会结构在贫困生产过程中的相互作用,就需要理解那些“特定背景下的决定”。

五　贫困与社会流动

过去,对于贫困的大多数研究都集中于人们如何陷入贫困,以及逐年测量贫困的总体水平。传统上,人们很少关注贫困的“生命周期”,也就是人们随着时间变化而入贫、脱贫(并且往往返贫)的轨迹。斯蒂芬·詹金斯(Jenkins 2011)把收入分配比作一座多层公寓式建筑。最穷的人在地下室,而最富的人在顶层公寓,大多数人在中间的楼层。许多“快照式”的调查研究告诉我们,在特定时点,每个楼层各有多少人,但是它们并未给予我们任何层级流动的信息。

与此相仿,关于贫困还有一种广泛持有的常识性看法,认为它是一种约束性的状态,逃脱是不太可能的。然而,纵贯研究和追踪研究(长期跟踪同一家户或人)能够提供有用的信息,告诉我们人们是否会从地下室移出,如果出来了,他们是待在外面还是可能返回。当然,它们还可以告诉我们另一个方向的运动,就是从顶层公寓移向较低的楼层。“英国固定家户追踪调查”(British Household Panel Survey, BHPS)就属于这种纵贯研究,从 1991 年到 2008 年,该调查追踪了约 9000 个家户中的 1.6 万人。

“英国固定家户追踪调查”的数据表明,20 世纪 90 年代的十年中,以年收入来说,1991 年处于最低五分位组(quintile)的人,到了 1996 年,只有一半多一点还处于同一类别。但这并不一定意味着在这五年里,这些人始终处于该类别。其中一些人可能一直不变,而其他人则可能从最低五分位组脱离后又返回了。如图 13.6 所示,2004 年至 2007 年,曾待在最低五分位组的人中,大概只有 18%的人始终在该五分位组。在此期间,有四分之三的人一次或两次移进或移出这一类别。“英国固定家户追踪调查”表明,许多脱离贫困的家庭有较高风险再次返回该类别。这些发现引导人们重新理解颇具流动性的入贫与脱贫模式,其他发达社会同样发现了这些模式(Leisering and Leibfried 1999)。

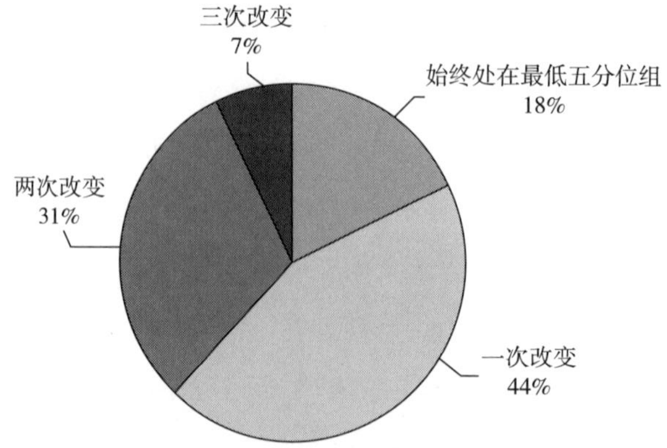

图 13.6　2004 年至 2007 年,至少有一年位于最低五分位组的人移进或移出此类别的数目

资料来源:The Poverty Site 2011,www.poverty.org.uk/08/index.shtml。

麦克奈特(McKnight 2000)利用“英国收入追踪新调查数据库”(UK's New Earnings Survey Panel Dataset)等资源来源的数据,分析了英国 1977 年到 1997 年的**收入**流动趋势。麦克奈特通过追踪低薪劳动者群体,发现低薪的持续性相当显著。她的研究表明,在最低收入四分位组中,大约有五分之一的雇员在六年之后依然留在那一组。她还发现,属于英国最穷群体的失业者即使真的找到工作,也最有可能是在薪酬最低的部门就业;而低薪的雇员比起高薪的雇员也更有可能经历失业。

詹金斯(Jenkins 2011:3)对“英国固定家户追踪调查”中有关贫困流动性的数据进行了分析,也得出了类似的结论:

> 每年在层级之间都有大量的流动,但是大多数居民只是短距离的移动。很少有人从地下室乘电梯直上顶层公寓,也很少有人完成相反的旅程。少于十分之一的人困在底部,成为地下室的长期居民。这一年在地下室的居民,大概有一半会在下一年搬出去,但他们也很有可能在搬出去的一两年内重返故居。获得一份新的工作或者涨了薪酬与从底层向上转换有着紧密关联,而丢了工作又与向地下室移动联系密切。人口变动事件,比如离婚,伴侣一方去世,或是生了个孩子,与命运的变迁也有着重要的相关关系,尽管它更可能与向下移动而非向上移动相连。

纵贯研究显示,贫困并不只是社会力量作用于消极被动的人的结果。即便是那些处于严重劣势的人,也可能抓住机会来改善他们的经济处境,体现出人类能动性带来变化的力量。但是,脱贫显然充满着挑战和障碍,长期远离贫困似乎尤为困难。尽管一时受穷未必意味着长久陷于贫困,但那些能让人的行动力最大化的有效社会政策,在任何解决方案中都将是一个关键的部分。

有关社会流动的讨论，详参第十二章“分层与社会阶级”以及第十九章“教育”。

第二节

社会排斥

政治家已经通过各种方法,用**社会排斥**(social exclusion)这一概念来构建各自的社会福利政策。例如,英国工党政府在 1997 年采纳了这个概念,建立了多学科交互的“反社会排斥工作组”(Social Exclusion Unit)。无论如何,这一概念起源于法国,并深植于欧盟的社会政策(Pierson 2010:8)。社会学家用这个概念来指称不平等的新来源,并始终启发着应用性社会研究去理解劣势的多重来源。

社会排斥指的是有可能阻隔个体全面参与广泛社会的那些方式。例如,生活在破败住区的人,由于该地区只有破落的学校和有限的就业机会,这些人可能实际上失去了社会上大多数人都拥有的自我改善的机会。社会排斥这个概念也暗示了它的反义词,即**社会融入**(social inclusion;亦有译为社会包容),如今努力扶持边缘群体融入社会已经成为现代政治议程的组成部分,尽管不同社会的具体做法不一样(Lister 2004)。

社会排斥引发了有关个人责任的问题。毕竟“排斥”这个词意味着有人正经受“冷落”(left out)的过程。个体会发现自己由于别人做出的决定而遭到排斥。银行可能拒绝给居住在某个区域的人提供活期账户或信用卡;保险公司可能依据申请人的个人历史或背景而拒绝一项投保申请;一个中年以后被裁员的人可能会因为其年龄而无法找到新工作。但是,社会排斥并不单纯是人们被排斥的结果,也可能是人们自我排斥所造成的。人们可以选择辍学,放弃就业机会,在经济上变得不活跃,或者在选举时不去投票。我们在研究社会排斥现象的时候,同样必须意识到人的行动与社会力量在塑造人们所处环境中的角色之间的相互作用。

有一种思考社会排斥的方式颇有裨益,就是区分这个概念的“强硬”版本与“温和”版本(Veit-Wilson 1998)。温和版本认为,核心议题无非是努力确保目前被社会排斥的人得以融入。而强硬版本同样寻求社会融入,只是除此之外,还力求应对一些特定过程——相对强势的社会群体正是借助这些过程“践习它们的排斥能力”(Macrae et al. 2003:90)。这种区分意义重大,因为政府采纳哪个版本,将影响其有关社会排斥的政策走向。

比如,在关于学校对不良行为的排斥水平上升的辩论中,温和的思路会聚焦于怎样重新将单个孩子带回主流的教育体系;而强硬的思路还会考虑教育体系本身存在的潜在问题,以及体系中拥有排斥能力的强势群体所扮演的角色。费尔克拉夫认为,究其根本,工党政府的思路就是一种“温和”版本:“在新工党的话语中,社会排斥是一个结果而非过程;是人们所处的某种境况,而不是对他们做了些什么。”(Fairclough 2000:54)这种版本的问题是它有风险,就像贫困概念一样,那些被排斥的人的处境将会被归咎于他们自己。

一　社会排斥诸维度

社会排斥关注的是妨碍个体或群体拥有对大多数人开放的机会的各式因素。利斯特(Lister 2004)提出,这个概念含义宽泛,对社会科学家来说颇有益处,只要不把它看成贫困概念的替代选择。她主张,要理解不平等与劣势,贫困依然是核心。2000 年的“贫困与社会排斥千年调查”区分了社会排斥的四个维度:贫困,或者说被排除于**充足收入**或资源之外(上文已有讨论);**劳动力市场**排斥;**服务**排斥;**社会关系**排斥(Gordon et al. 2000)。

对于个人而言,劳动之所以重要,不仅仅是因为它提供了充足的收入,而且因为参与劳动力市场是社会互动的重要领域。因此,劳动力市场排斥可以导致贫困、服务排斥和社会关系排斥。所以政治家已经看到,增加从事有薪劳动的人数是减少社会排斥的重要途径。尽管如此,待在“没有工作的家户”并不一定与失业联系在一起。在劳动力市场上不活跃的最大一群人,其实是退休人员。其他人群还包括从事家务劳动和照看活动的人,没有劳动能力的人——或许是因为身心障碍,还有就是学生。在劳动力市场上不活跃本身不能被视为社会排斥的迹象,但这种不活跃的确会显著增加广泛的社会排斥的风险。

社会排斥的另一个重要方面就是缺乏获得基本服务的渠道,无论这些基本服务是在家中(比如水电供应),还是家外(包括获取交通、购物或金融服务的渠道)。服务排斥可能是个体被排斥,比如一个人因为负担不起某项服务,或没有被告知其存在,而无法享用这项服务;也可能是集体被排斥,比如整个社区用不上某一项服务。后一种情况像是商店、银行和其他服务机构从条件不利的住区迁出,从而使该社区没有渠道获得大多数人享有的购物和金融服务。

人们被排斥出广泛的社会关系可以有许多种方式。个体可能无法参与日常的社会活动,比如走访亲友、年节志庆、朋友聚餐或休闲度假。他们可能与亲朋好友相隔绝,在需要的时候缺乏实际援助以及情感支持,比如有个人帮忙打理家居,心情抑郁时有个人说说话,或者面临人生重大转折时有个人给点建议。人们被排斥出社会关系,还会体现为缺乏**公民参与**(civic engagement),包括投票,参与本地政治或全国政治,或是为自己感触颇深的某项议题进行宣传。

人们向另一个国家而不是自己的国家寻求庇护,这个例子最有力地反映出社会排斥有着多重维度。近些年来,在有关该话题的耸人听闻的小报报道中,“寻求庇护者”(asylum-seeker)这个用语本身其实已经被污名化了。但是,即如皮尔森(Pierson 2010:7)所说,寻求庇护者面对“就业市场的阻碍,自身的支持网络薄弱甚或不存在,极难获取福利国家的安全网好处,儿童则面临贫困和在学校体系中被边缘化”。这个例子也说明,社会排斥并非“自然的”或不可避免的。政府、个人和社区都可以做很多事情来应对这些问题。

二　社会排斥的实例

社会学家探究了个体与社区经历排斥的不同形式。研究所聚焦的话题广泛多样,像是住房、教育、劳动力市场、犯罪、年轻人和老年人等。我们现在将简要考察英国的社会排斥的三方面实例。

(一)住房与住区　从住房供给领域可以清晰地看出社会排斥的本质。工业化社会里的许多人生活在舒适而又宽敞的住房里,而其他人则居住在拥挤不堪、供暖不足或结构不牢固的房子里。进入住房市场时,个体可以根据他们现有的和预期的资源来求取居所。因而,没有孩子的一对双收入夫妇将有更多机会获得抵押贷款。在人们倾向于买房而不是租房的国家里,近几十年来,房价的上涨要比通胀率高得多,这就确保了业主可以从其房产中获得丰厚利润。而那些尚未处在房产阶梯上的人,会发现越来越难以购买第一处房产了。与此相反,一家人里如果成年人失业,或者从事低薪工作,就可能不得不退而求其次,去租房子,或者住公租房。

住房市场内部的分层发生在家户与社区两个层面上。正如处于劣势的个体被排除在选择理想住房的机会之外,整个社区可能也无法企及社会当中其他社区所拥有的机会和活动。排斥可以表现出空间的维度:就安全、环境状况以及获取服务和公共设施的便利性而言,各住区之间的差异相当大。例如,低标准住区所拥有的银行、食品店和邮局等基础服务往往要比更为理想的住区少。公园、运动场所和图书馆之类的社区空间可能也非常有限。然而,生活在劣势场所的人经常只好依赖这些有限的可利用设施。不同于更富裕地区的居民,他们可能无法利用交通工具(或获取资金)以便到其他地方购物和享用服务设施。

在受到剥夺的社区,人们难以克服排斥和采取措施以更加充分地参与社会。这里的社会网络可能比较薄弱,因此减少了有关工作、政治活动以及社区事件的信息流通。高失业率和低收入水平给家庭生活带来了压力。犯罪以及青少年越轨破坏了住区的总体生活质量。低标准住宅区的住户周转率往往较高,因为许多居民试图搬到更好的房子里,与此同时,新进入住房市场的弱势者又会陆续到来。

(二)无家可归　无家可归是最极端的排斥形式之一(Tipple and Speak 2009:195)。缺乏稳定住所的人可能无法进行许多日常活动,比如上班、开银行账户、招待朋友,甚至是通过邮局收信。绝大多数无家可归者都住在某种形式的临时住所,或是与朋友及家人短期共居,或是睡旅店,去住夜间收容所(nightshelters),或是待在他们毫无法律权利逗留的地方,像是占屋(squats)。少数人选择露宿街头,无家产之系,无钱物之累。但大多数露宿街头者是出于各种原因被逼到无家可归的,如家暴、失业、丧失伴侣、遭到驱逐、军队复员或是刑满释放(Daly 2013)。

无家可归是社会排斥中一种极为复杂又往往很极端的形式。

在英国,是谁睡在大街上?答案非常复杂。多项调查不断表明,在露宿街头的人中,大约有四分之一曾经在精神健康机构待过一段时间,或者被诊断为患有精神疾病。因此,相关医疗保健政策的改变可能对无家可归现象的发生频率产生了不成比例的影响。然而,大多数无家可归者并没有精神健康方面的问题,也不是酗酒者或非法毒品的长期消费者。他们之所以流落街头,是因为经历了个人的危机。

沦为无家可归者很少是由于某种直接的"因果效应"。如果接二连三地发生一些不幸,就会导致一种难以遏制的向下漩涡。例如,一位女性可能离婚,而且在失去家的同时失去了工作。一个年轻人可能在家里遇到麻烦,在没有任何谋生途径的情况下闯进了大城市。最容易沦为无家可归者的人,是那些来自较低层工人阶级背景的人,没有特别的工作技能,收入也非常低。长期失业是一个主要的指标。家庭破裂、恋爱分手之类似乎也是重要的影响因素。

尽管大多数无家可归者能够在为他们提供的临时收容所里过夜,或是有暂时的栖身场所,但露宿街头的人常常处在危险之中。英国最主要的犯罪统计指标——“英国犯罪调查”(The British Crime Survey),并没有把无家可归者列为其目标对象。有一项调查(IPPR 1999)搜集了格拉斯哥、斯旺西(Swansea)和伦敦的无家可归情况后指出,每五个露宿街头者中就有四个曾是至少一次犯罪的受害者。他们当中几乎有一半人遭到过袭击,而其中只有五分之一的人选择向警察报案。由此可以看出,无家可归者是频繁的街头暴力的受害者,而且被本来有可能提供一些帮助的法律体系和警方保护所排斥。

研究这个问题的大多数社会学家都认为,提供更加合适的住房形式,不管是否由政府直接资助,即使不能完全解决问题,对于处理无家可归者所面临的多重问题仍然至关重要。正如詹克斯(Jencks 1994)所下的结论:“不管人们为什么流落街头,我们为改善他们的生活所能做的最重要的事情,通常就是给他们提供一处居住的地方,能够有一点点私密性和稳定性。没有稳定的住房,其他任何事情都不太可能起作用。”

其他的人则不同意,强调无家可归只有 20%与“砖瓦水泥”有关,而 80%与社工外展(social work and outreach)有关,要去对付家庭破裂、暴力与虐待、毒品与酗酒以及抑郁的种种影响。一个年近六十的男性无家可归者迈克(Mike)对此表示赞同:“我觉得对大多数人来说,情况要比它看起来复杂得多。问题经常关系到他们对自身、对自我价值的信念。流落街头的许多人都没啥自尊。他们不相信自己可以把啥事情做得更好。”(转引自 Bamforth 1999)

(三)犯罪与社会排斥 一些社会学家提出,在许多工业化社会中,犯罪与社会排斥之间存在着强关联。他们指出,现代社会中存在一种趋势,即偏离(基于公民权的)包容性目标,朝向承认甚至是助长对于某些公民的排斥的制度安排(Young 1998,1999)。犯罪率可能反映出,事实上,越来越多的人并没有感到自己为生活其间的社会所重视,或是感到他们对这个社会有一分投入。

柯里(Currie 1998)研究了美国的社会排斥与犯罪之间的联系,尤其是年轻人中的这种联系。他指出,年轻人受到市场与消费品的诱惑,同时却面临着能够维持生活的劳动力市场中的机会正在减少的趋势。事实上,经济重构导致年轻人产生了强烈的相对剥夺感,希望诉诸非法手段来维持中意的生活方式。

在最近一项对于英国北部某被剥夺社区的民族志研究中,罗伯特·麦考利(McAuley 2006)探讨了年轻人中社会排斥与犯罪之间的关联。麦考利指出,青年犯罪之所以难以消除,一种主导的说明是有些社区“不堪工作之累”,即许多论据显示,一个日益扩大的下层阶级,或者是社会排斥的经历,导致了贫困社区,在这里,人们为了得到他们想要的东西而求助于犯罪的手段。尽管如此,麦考利访问的大多数年轻人仍看重工作,只是觉得自己被社会中的其他人所抛弃,而且不管在学校里还是在求职中都有“受害感”,就因为他们生活的地方被贴上了污名标签。

麦考利认为,由于英国工业基础收缩,服务业提供了主要的工作岗位,英国和其他许多发达社会一样,变成了一个**消费社会**(consumer society)。事实上,麦考利说,正是消费社会而不是城市贫困使工作贬值,因为消费主义促使人们更注重物质商品的获得,而不是工作伦理。麦考利的研究指向那些在被剥夺社区中成长的年轻人所面临的一些后果,但对麦考利而言,这不仅仅是一个经济重构的时期,而且是富裕的消费社会本身有效地“从社会角度排斥”穷人。

发挥你的社会学想象力 13.1

顶层的社会排斥?

我们至今所考虑的排斥实例始终都是在关注这样一些个体或群体,无论出于何种原因,他们不能充分参与多数人所享用的制度或从事的活动。然而,并不是所有的排斥案例都与社会底层的劣势者相关。近年来,“顶层的社会排斥”的新动向逐渐显露。这指的是少部分在社会最高层的人,由于他们的财富、影响力和社会联系,可能会“主动退出”参与主流制度。

这种社会顶层精英的排斥可能有许多形式。富人可能完全退出公共教育和医疗服务领域,更愿意为私人服务和照顾付费。富人住区越来越与社会其他部分相隔绝,成为掩藏在高墙大院和安全检查点背后的所谓“门禁社区”(gated communities)。精心的管理以及私人金融顾问的帮助,可以大幅减少他们的纳税和财务义务。尤其在美国,精英不再主动参与政治,而是常常向被视为代表他们利益的政治候选人提供大批捐赠。顶级巨富可以摆脱他们的社会责任和财务责任,进入一个几乎与社会其他部分相分离的封闭的私人领域。正如“底层”所遭受的社会排斥毁坏了社会团结和凝聚力一样,“顶层”的排斥对一个整合的社会来说也是同样有害处的。

精英分子的社会排斥能够让富人与社会的其他人群相分离,免于接触。

批判性思考

对于社会“底层”和“顶层”而言，社会排斥方面主要的区别是什么？用社会排斥这个概念来描述富人小群体的行为是否合乎情理？你能用另外一个词来描述这些行动吗？

第三节

福利国家

在绝大多数发达国家,底层的贫困与社会排斥问题都通过**福利国家**(welfare state)得到一定程度的缓解。但是,福利国家是怎样发展起来的?我们如何说明各国福利模式的差异?各国的福利样貌皆有不同,而福利国家也因时而变。目前正是经济衰退后实施加强计划、削减开支、减轻债务的时期,各国政府都不得不重新思考应该建设怎样的福利国家,在某些个例中,还要考虑它目前的形式是否能负担得起。

一　关于福利国家的理论

当今之世,绝大多数发达国家和发展中国家都是福利国家。这么说就意味着国家在福利供给中扮演了核心角色,要通过一种体系提供某些服务和补贴,以满足公民对于医疗保健、教育、住房和收入等的基本需要。福利国家的一个重要角色就是负责管理、应对人们在其一生中所面临的种种风险:疾病、身心障碍、失业以及年老。福利国家所提供的服务种类以及开支规模各国皆有不同。有些国家具有相当发达的体系,把国民预算的很大一部分都投入这方面。例如,在2005年,瑞典的税款收入占GDP的51.5%,比利时的这一比例为45.4%,奥地利为49.7%。相较之下,其他工业化国家收的税要少得多。在英国,税款收入仅占GDP的37.2%,德国为34.7%,而美国只有26.8%(OECD 2006)。

为了说明福利国家的演进,已经发展出许多理论。马克思主义者认为,要确保存在一支身体健康、受过教育的劳动力队伍,从而维持一个以市场为基础的资本主义社会,福利是不可或缺的;而功能主义者则认为,在工业发展的条件下,福利体系有助于以有序的方式整合社会。尽管这些整体视角都提供了有益的导引，但对于福利国家理论特别有影响的贡献，要算是英国的 T. H.马歇尔和丹麦社会学家戈斯塔·埃斯平-安德森的观念。“经典研究 13.2”概述了马歇尔雄辩有力的论点，你应当先阅读这一部分，然后再了解之后关于福利和公民权的各种主张。

经典研究 13.2

T.H.马歇尔和英国公民权的演进

研究的问题　你可能被称为特定国家的“公民”，这意味着某种“归属”。但国家的“公民权”(citizenship)这一观念是什么时候出现的，又是怎么发展的呢？公民权究竟是什么含义，它赋予公民哪些权利和责任？公民权与国家的福利供给是如何联系到一起的？有一位处理这些问题的重要理论家，就是托马斯·汉弗莱·马歇尔(Thomas Humphrey Marshall, 1893—1981)，他的观点深深影响了有关福利与公民身份权利的辩论。马歇尔的写作始于 20 世纪 40 年代后期，他认为公民权与工业化相伴而生，一起作为现代社会的基本特征。

马歇尔的说明　马歇尔(Marshall 1973)采用历史的视角，回顾了他所称的英国(特别是英格兰)公民权的“演进”，并区分出三个关键阶段，每一阶段都扩大了“公民权”的含义。根据马歇尔的观点，18 世纪是获得民事权利(civil rights)的时代，主要包括一些重要的人身自由权利，比如言论自由、思想自由与宗教信仰自由，拥有财产的权利，以及得到公平的法律处置的权利。在此基础之上，19 世纪是获得政治权利(political rights)的时代，包括选举权，担任公职的权利，以及参与政治过程的权利。第三种权利即社会权利(social rights)，是在 20 世纪才获得的，尤其是公民通过教育、医疗保健、住房、养老金及其他服务得到经济保障与社会保障的权利，所有这些都在福利国家中赢得尊重。

社会权利融入公民权的概念，意味着不管在社会上的位置如何，每个人都有资格过上一种完整而又积极的生活，都有权获得一份合理的收入。就此而言，社会公民权所维系的权利大大推动了人人平等的理念，而马歇尔的阐述通常被描述为一种乐观的看法，看到了全体公民享有权利的范围的扩展。

批评的观点　马歇尔的说明直接引发一个问题，即它是基于单一个案(英国)的研究，批评者已经指出，这种演进思路不适用于其他国家的案例，比如瑞典、法国或德国(Turner 1990)。而且，马歇尔的“演进”说明还不完全清晰。它真的只是对于英国公民权实际如何发展的描述,而不是它为什么会如此的因果说明吧?批评者指明,马歇尔倾向于假设权利诸类型的渐进式发展,但并没有说明这些类型之间的关系,以及民事权利为什么不可避免地导向政治权利与社会权利。

再到晚近,批评者更是明确主张,对于全球化的意识使得马歇尔基于民族国家势力影响的理论颇为过时,因为它似乎假设,公民权是从各国社会的内生动力中发展出来的。然而,今天的社会学家会更关注世界各社会之间以至整个世界的相互关系与影响。最后,我们将在本章下文读到,马歇尔的演进理论受到了严峻的挑战,自20世纪70年代晚期以来,许多发达国家试图“削减”(roll back)福利供应,这种趋势似乎不符合他的历史命题。公民可能会发现,他们受到国家福利支持的权利会逐渐受到更为严格的限制,而不是见证权利的不断扩张。

当代的意义 马歇尔的观点影响了关于公民权本质的讨论,近些年来,也启迪了有关社会融入与排斥的政治追问和学术研究。他的核心观点,即权利和责任与公民权的观念密切交织,在关于如何促进“积极公民权”的讨论中正在受到新的追捧。他的说明显然有着浓厚的国家中心色彩,因此在一个全球化的时代无法完全令人满意。尽管如此,有关权利与义务逐渐演进的观念仍然启迪着我们对于公民权是什么的理解。比如,一种相对新型的公民权正在出现,即基于人们对自然环境的权利和责任而形成的环境公民权或生态公民权(M. J. Smith 1998; Dobson and Bell 2006)。因此,尽管有一些缺陷,马歇尔的整体思路或许仍有一些新的生命力。

关于环境公民权的概念,在第五章“环境”中有所讨论。

戈斯塔·埃斯平-安德森:福利的三个世界 戈斯塔·埃斯平-安德森(Gøsta Esping-Andersen)的《福利资本主义的三个世界》(*The Three Worlds of Welfare Capitalism*, 1990)一书,将比较视角融入了早前有关福利国家的理论。埃斯平-安德森这样做,即提出不同的国族社会将循不同的路径趋向公民权利,并由此创建不同的“福利体制”(welfare regimes),可谓重视了对于马歇尔的普遍演进视角的批评意见。在这本重要著作中,埃斯平-安德森比较了西方的一些福利体制,并提出了福利体制的三分类型。

埃斯平-安德森建构这个分类体系时,评估了福利的**去商品化**(decommodication)程度,这个术语的意思就是福利服务摆脱市场的程度。在一个高度去商品化的体系中,福利是以公共方式提供的，而且不以任何方式与个人的收入或经济资源相联系。而在商品化的体系中，对于福利服务的处置更类似于商品，也就是说，它们与其他任何商品或服务一样在市场上被售卖。埃斯平－安德森通过比较各国在养老金、失业及收入资助等方面的政策，区分了下面三类福利体制：

1. **社会民主主义（Social democratic）体制**　社会民主主义的福利体制是高度去商品化的。福利服务由国家予以补助，所有公民都可以获得（普遍补助）。绝大多数斯堪的纳维亚国家，如瑞典、挪威，都属于社会民主主义的福利体制。
2. **保守法团主义（Conservative-corporatist）体制**　在法国和德国这样的保守法团主义国家，福利服务可能是高度去商品化的，但它们未必具有普遍性。一个公民有资格获得的补助数额取决于他在社会中的位置。这种类型的体制可能并不是为了消除不平等，而是为了维持社会的稳定、家庭的牢固以及对国家的忠诚。
3. **自由主义（Liberal）体制**　美国是自由主义福利体制的最佳范例。福利是高度商品化的，通过市场售卖。对于急需的人，资产测查补助（means-tested benefits）可以用，但是会被高度污名化。这是因为，大多数人都要通过市场来购买自己的福利。

英国并不明确地属于这三种“理念型”中的任何一种。从前，它更接近于社会民主主义模式，但是20世纪70年代以来的一系列改革已经使它更接近具有较高商品化水平的自由主义福利体制，并且延续至今。这样的从一种类型转换到另一种的情况使英国成为一个有意思的案例。

二　英国的福利国家制度

各种福利模式之间的主要区别之一，就在于享受补助的资格标准。补助可以简单区分为普遍补助和资产测查补助。在提供普遍补助的福利制度中，福利被视为所有人都可以平等享有的一种权利，从而确保公民的基本福利需要可以得到满足。英国这方面的事例由来已久，就是提供儿童补助，向所有16岁以下儿童的父母或监护人给付，而不论其收入或储蓄水平如何。至于以资产测查为基础的体系，其设计宗旨就是面向那些置身困境的人、需要协助以渡过难关的人，提供某种基本的、往往是短期的安全网。在英国，作为联合政府压缩公共开支的组成部分，普遍的儿童补助其实在2013年已告终结，仅限于发放给那些年收入低于5万英镑的人。在瑞典的体系中,普遍补助的比例要高于英国,后者如今越来越多地提供资产测查补助了。

普遍补助与资产测查补助之间的这种区别,在政策层面上体现了两种针锋相对的福利思路。支持福利**制度论**(institutional)的人主张,获得福利服务应当是每个人的一种权利。而主张**剩余论**(residualist)的人则认为,福利应该仅提供给那些真正需要帮助且没有能力满足自身需求的人。制度论和剩余论这两派之间的争论也常常表现为关于税收水平的争论,因为福利服务是通过征税来募集资金的。

剩余论者倡导某种“安全网福利国家”(safety-net welfare state),即只有最需要的人(通过资产测查来证明),才应当接受补助。他们还指出,福利国家开支庞大,效率低下,而且太官僚化。与此同时,制度论者主张,因为福利国家需要充裕的资金,所以应该提高税收水平。他们认为,即使这意味着高税负,也应当维持甚至扩张福利国家,以便抵御造成严重两极分化的市场效应。他们相信,任何文明国家都有责任供养和保护它的公民。

自20世纪70年代中期以来,福利制度模式与福利剩余模式之间的差异始终处于英国有关福利改革的争论的核心。在所有的工业化国家中,福利国家的未来都面临着前所未有的深入审查,因为在2008年金融危机、经济衰退及其余波之后,各国政府都要处理巨额国债。与此相仿,由于全球化改变了国族社会,出现了新的迁移模式,以及家庭、个人生活和就业领域的转变,福利的性质也在发生变化。我们将简单回溯福利国家制度在英国的历史,以及近年来的改革尝试。

(一)英国福利国家制度的建立 英国的福利国家制度是在20世纪创建的,虽说其根源可以一直追溯到1601年的济贫法[①]及修道院的衰亡。修道院为穷人提供赈济,失去了这种供应,就会导致赤贫和病人几乎得不到丝毫照料。伴随着工业资本主义的发展,以及从农业社会向工业社会的转变,家庭与社区内部传统形式的非正式支持开始瓦解。

为了维持社会秩序,减少资本主义所带来的不平等,就有必要为那些发现自己处于市场经济边缘的社会成员提供帮助。这样就产生了1834年的《济贫法修正案》(Poor Law Amendment Act)。根据该法案,建造了一批济贫院,其所提供的生活标准低于外面可以达到的任何生活水平。之所以如此是基于这样的想法,即济贫院里的生活条件要使人们竭尽所能地避免贫困。随着时间的推移,也是作为国族建设过程的一部分,国家开始

① 请注意原文是“Poor Laws”,这实际上是伊丽莎白一世在1597年至1601年颁行的一系列法令的合称。——译者注

在对于贫困的管理中扮演更加核心的角色。到了 19 世纪后期，对教育与公共卫生的全国性管理的立法，成为将于 20 世纪问世的一系列更为广泛深入的法案的先导。

第一次世界大战之前，在自由党政府治下，福利国家继续扩大，创设了养老金及健康与失业保险等。第二次世界大战后的岁月里，福利体系的改革与扩展得到了进一步的有力推动。福利的焦点不再只集中于赤贫者与病人，而是扩大到所有的社会成员。对于整个国族来说，无论是穷人还是富人，这场战争已经成为一种强烈的创伤体验。它催生了一种团结的意识，令人认识到不幸和悲剧并不只限于弱势者。

从选择性福利观到普遍性福利观的这种转变，浓缩在 1942 年的《贝弗里奇报告》(Beveridge Report)中。这份报告常常被视为现代福利国家的蓝图。它致力于根除五大恶：贫(Want)、病(Disease)、愚(Ignorance)、脏(Squalor)、惰(Idleness)。二战后的工党政府通过一系列立法措施，开始把这个设想逐步转化为具体的行动。几项主要的法案构筑起新的普遍主义福利国家的核心。战时的全国政府已经于 1944 年提出了《教育法》(Education Act)，应对的是失学问题。1946 年的《国民健康法》(National Health Act)旨在提高人口的健康质量。“贫”的问题是由 1946 年的《国民保险法》(National Insurance Act)处理的。该法案设立了一项计划，用以防范由失业、健康不佳、退休或丧偶造成的收入损失。1948 年的《国民援助法》(National Assistance Act)为那些没有被《国民保险法》涵盖的人提供资产测查补助，最终废除了旧的济贫法。其他法律则力求满足家庭的需要——1945 年的《家庭补贴法》(Family Allowances Act)，以及改善住房条件的需要——1946 年的《新城镇法》(New Towns Act)。

1942 年的《贝弗里奇报告》确定了必须消除的五大恶：贫、病、愚、脏、惰。贝弗里奇的思想被视为英国现代福利国家制度的基石。

英国福利国家制度的确立,乃是基于一系列特定的条件,并伴随着关于社会性质的某些流行观念。福利国家的建立需要三个前提。首先,福利国家将工作等同于有薪劳动,并且以坚信有可能实现充分就业为基础。但是福利也会满足那些由于失业或身心障碍等不幸而处于市场经济之外的人的需要。与此相联系,福利国家的设想是以男权制的家庭观念为依据的,也就是男人赚钱养家,妻子则照料家务。各项福利计划都是围绕着这种传统家庭模式设计出来的。

其次,福利国家被认为促进了国民团结。通过把全体人口牵扯到一系列共同的服务中,也就整合了整个国族。福利是一条增进国家与其公民之间联系的途径。

最后,福利国家致力于应对作为生命历程的自然组成部分的风险。就此而言,福利被视为一种保险,可以用来抵抗不可预测的未来的潜在麻烦。由此能够管控在国家的社会经济生活中出现的失业、疾病与其他不幸。

在二战之后的三十多年里,这些原则支撑了福利国家的大规模扩张。随着制造业经济的发展,福利国家代表了一种成功的阶级之间的“讨价还价”。它既满足了工人阶级的需要,也满足了经济精英的需要,后者依赖于一支健康的劳动力队伍。然而,从 20 世纪 70 年代开始,政治意见分化成福利制度论与福利剩余论两大阵营。不过,到了 90 年代,无论是左派还是右派都承认,福利国家需要进行重大改革。

(二)改革福利国家:1979—1997　20 世纪 80 年代,有关福利的政治共识开始瓦解,而英国的玛格丽特·撒切尔和美国的罗纳德·里根两个政府都试图去“削减”福利国家。削减福利的尝试的核心在于几种主要的批评观点。第一种批评涉及日益攀升的财政开支。普遍的经济衰退、越来越多的失业,以及臃肿的福利官僚机构的出现,意味着福利支出持续稳步增长,并且超过总体经济增长的速度。有关福利开支的辩论引发了关于削减的倡议,针对的正是福利体系所面临的飞涨的财政压力。政策制定者强调“人口定时炸弹”给福利国家带来了潜在的巨大危害:随着整个人口的老龄化,依赖福利服务的人数不断增加,而处于劳动年龄的年轻人的数量却在减少,可正是这批人在为福利体系买单。这就预示了一场潜在的财政危机。

关于全球人口的“老龄化”的讨论,参看第九章“生命历程”。

第二种批评的路数与**福利依赖**(welfare dependency)的观念有关。批评现有福利体系的人,比如美国的查尔斯·默里(我们在上文讨论过其著作),认为人们开始赖上原本意在支持他们打造一种自立而有意义的生活的国家援助。他们变得不仅在物质上,而且在心理上依赖福利支付的到来，对生活采取一种被动消极的态度。默里以及其他人的研究指出，出现了一个不断壮大的依赖福利的底层阶级，这为20世纪八九十年代有关福利供应的政治争论和政策争论提供了框架。

保守党政府实行了一系列福利改革，把公共福利的责任逐步从国家转到私营部门、志愿组织以及地方社区。以前由国家以较高补助率提供的服务现在被私有化，或者需要经过更加严格的资产测查。20世纪80年代地方政府公租房的私有化进程就是一例。1980年的《住房法》(Housing Act)允许地方当局大幅提高政府公租房的租金，这为大规模出售存量提供了基础。在住房供给方面转向福利剩余论，对那些刚刚超过住房补贴的资产测查资格线的人尤其不利。因为他们不再能够获得公有住房，但又无力承担以市价出租的商品房。批评者提出，在20世纪八九十年代，政府公租房的私有化大大刺激了无家可归现象的增加。

另一项尝试是将市场原则引进公共服务的供应，以此减少福利开支，并提高其效率。保守党政府主张，在医疗保健和教育等福利服务中引入一定程度的竞争，将为公众提供更多的选择，并且确保高质量的服务。实际上，消费者可以通过选择学校或医疗服务提供者来"用脚投票"。机构提供的服务如果低于标准，将被要求改进或被迫关闭，就像企业一样。但是批评者指责，公共服务中存在的"内部市场"将会使服务质量不升反降，形成一种分层化的服务供应体系，而不是护卫为全体公民提供平等服务的价值观念。

20世纪80年代，保守党政府在削减福利国家开支方面取得了多大程度的成功呢？克里斯托弗·皮尔森(Christopher Pierson)在《取消福利国家?》(*Dismantling the Welfare State ?*, 1994)一书中，比较了英国和美国的福利"削减"过程，得出的结论是：经历了保守党时代的福利国家仍相对完整地保存了下来。皮尔森指出，尽管两个政府都是带着大幅削减福利开支的明确意愿上台执政的，但是面对的障碍最终还是超出了两个政府所能够克服的程度。之所以如此，是由于相关社会政策已经历长期铺展。自从实施以来，福利国家及其各项制度都孕育出了特定的选民群，比如工会和"儿童贫困行动小组"(Child Poverty Action Group)之类的志愿组织，积极地捍卫各自所获得的福利，以对抗减少福利的政治努力。社会开支保持了相当的稳定，而且福利国家的所有核心成分都得以保存。

支撑玛格丽特·撒切尔和前后几届保守党政府(1979—1997)的政策的理论，就是降低个人和企业的税率可以推高经济增长水平，而这些收益将对穷人产生"涓滴效应"(trickle down)。美国也实行了相似的政策。但实际证据并没有支持这种"涓滴效应"的论点。这样的经济政策或许可以加速经济发展，但它同样容易导致贫富差距的扩大，增加生活在贫困中的人数。

批判性思考

阅读至此，你认为大包大揽的福利国家是否容易产生一种依赖文化？比照(上文讨论的)埃斯平-安德森所划分的三类福利体制(**Esping-Andersen 1990**)，你预期哪类国家的福利依赖程度最严重？你能找到什么证据，说这些社会已经受到了国家福利的严重损害？

(三)改革福利国家:1997—2010 对于1997年上台执政的工党政府来说,福利改革是当务之急。“新”工党在某些方面与对福利的保守批评者取得了共识(从而与传统的左派政治分道扬镳),但仍提出,新福利政策除了改进医疗保健和教育之外,还需要处理贫困与不平等的问题。福利国家本身经常就是问题的一部分,它导致了依赖,伸出的是“施舍之手”(hand-out),而非“扶持之臂”(hand-up)。

相反,工党想从根子上解决贫困问题,声称正在遵循**第三条道路**(Third Way),既超越“旧”左派的政治,也超越撒切尔政府的“新”右派的政治。这样做的过程中(至少在最初的时候),工党采用了安东尼·吉登斯(Giddens 1994,1998)的一些观点,旨在面向全球时代,使左派政治现代化。这些观点包括:强化市民社会;推动民族国家权力去中心化;聚焦于社会排斥而非不平等;借助私营部门来为公共服务供应增添动力因素,以此创造一个“社会投资型国家”(social investment state)。

工党一开始拒绝旧左派的政策,认为其在个人主义、消费主义和全球化的时代已属过时,寻求创造一种“新左派”的政治立场和计划。比如,该党提出,福利体系所面临的主要困难之一,就是以往产生它的条件已经不复存在:它问世之时还是充分就业的时代,许多家庭可以依靠男性外出工作,挣回“养活全家的薪水”。但是,到了20世纪90年代,家庭结构发生了变化,男性赚钱养家的男权主义观念不再适用。大量女性进入劳动力市场,同时单亲家户的增加也对福利国家提出了新的要求。女性赚得的钱已经成为家户收入不可或缺的部分,其结果可谓举足轻重。事实上,双收入家户日子滋润,那些没有孩子的就更是如此,这正是收入分配模式转变的最重要因素之一。

起初,工党关注一种“积极福利”(positive welfare),包含同时基于权利**与**义务的国家与公民之间的一种新型“福利契约”(welfare contract)。这种政策认为,国家的角色就是帮助人们找到工作,并由此获得稳定的收入,而不只是在经济上支撑他们度过失业期。同时,它期望公民承担起责任,努力改变自身处境,而不是坐等施舍之手。就业成为工党社会政策的基石之一,因为人们相信,有工作是减少贫困的主要举措之一。工党领导下引入的最重要的改革之一,就是所谓的福利上岗计划(welfare-to-work programmes)(参见“发挥你的社会学想象力13.2”)。

发挥你的社会学想象力 13.2

评价福利上岗计划

1997年以来,工党政府推行了一系列政策,旨在将人们由福利推向工作。针对身心障碍人士、长期失业者、年轻人和50岁以上人群,已经设置了一批“新政”计划。类似的计划在美国同样存在了一段时间,其实施情况也得到了研究。

丹尼尔·弗里德兰德和加里·巴特莱斯(Friedlander and Burtless 1994)研究了四项不同的政府促动计划,它们都旨在激励福利接受者找到有薪工作。这些计划基本相似:除了求职技巧指导及教育和培训机会外,还为主动求职的福利接受者提供经济补助。目标人群主要是作为“受抚养孩童家庭援助计划”(Aid to Families with Dependent Children)受益者的单身户主,这是全国最大的现金福利计划。弗里德兰德和巴特莱斯发现,这些计划确实产生了效果。参与这些计划的人要比没有参与的人更快地就业或开始工作。四项计划所取得的收益是净成本的好几倍。然而,对于帮助那些最需要支持的人,即长期没有工作的人,所谓的长期失业者,它们基本没有效果。

一些统计数据表明,尽管福利上岗计划成功地将美国的福利申领人数减少了将近40%,然而结果并非都是正面的。在美国,不再领取福利的人中有将近20%不但没有工作,而且没有独立的收入来源;而那些找到工作的人中几乎三分之一在一年之内又回来申领福利。有了工作而不再依靠福利的人中有三分之一到二分之一发现,他们的收入还赶不上以前领取救济金的水平。

在威斯康星州,美国第一批实施福利上岗计划的州之一,不再领取福利的人中有三分之二生活在贫困线以下(Evans 2000)。针对这种发现,批评家提出,表面上看,这类措施成功地减少了福利个案的绝对数量,却掩盖了那些失去福利的人实际体验中一些令人困扰的规律。

还有人质疑地方赋权(empowerment)“特区”在与社会排斥进行斗争时是否有效。他们提出,贫困与剥夺并不只是集中在那些指定的地区,然而许多政府计划在确定目标群体时,却似乎觉得所有穷人都生活在一起。在英国,政府自己的“反社会排斥工作小组”(Social Exclusion Unit)的调查就发现:1997年工党上台时,有三分之二的失业人员并不居住在全国44个最受剥夺的市镇。质疑者指出,地方化的举措不能代替全国性的反贫困战略,因为有太多的人并不住在指定的赋权特区。

批判性思考

期望福利上岗计划帮助所有社会群体实现就业是否现实？在你看来，这些计划为什么没能支持长期失业者找到工作？列出那些超过一年没有被雇用的人在找工作时所面临的阻碍。政府能够做些什么清除这些障碍？

除了上面讨论的福利上岗计划,工党也采取了一些措施来提升那些从事低薪工作的人的收入。1999 年开始设立最低工资,承诺在 2010 年之前削减 50%的儿童贫困,到 2020 年彻底消灭儿童贫困。截至 2006 年,已有 60 万儿童实现脱贫。但是,我们在本章稍早前已经看到,到 2010 年,儿童贫困仅仅减少了四分之一。即使 2010 年儿童贫困减半的十年目标得以实现,贫困儿童的规模依然大于 1979 年撒切尔夫人成为首相之时(Flaherty et al. 2004)。显然,如果想达成 2010 年《反儿童贫困法案》的目标,需要采取更为彻底的措施。

即便是批评者也承认,工党的一些福利政策取得了一些成就:帮助许多人特别是年轻人找到了工作,扩大了公共服务资金规模。尽管如此,工党处理福利问题的思路仍然受到了尖锐批评。尝试让福利依赖者承诺积极寻找工作或者参加面试的做法,被称为“屈辱的条件限制”(creeping conditionality),被视为损害了公民“应得权利”的原则(Dwyer 2004)。工党的以工作为中心的计划(以及欧洲其他国家的一些计划)是通过“社会融入”的话语来推进的。但是,还不清楚排斥是如何与社会**不平等**的深层问题联系在一起的,而纵观历史,后者一向是工党执政时的政策方案的基础。

鲁思·莱维塔斯(Ruth Levitas)在《包容的社会》(*The Inclusive Society*, 2005)一书中,考察了 1997 年以来,工党讨论和框定福利政策的三种主要话语或曰方式。首先,工党接受了一种**再分配论**(redistributionist)的话语,认为社会排斥是贫困与社会不平等的**后果**而非原因。其次,她区分出一种关于底层阶级的**道德**话语(我们在前文对查尔斯·默里的讨论中已经看到)。这一话语往往归咎于那些被社会排斥的人,认为他们应该为自身的处境负责,有时候,他们就像是有特定特征的孤立自处的社会群体。最后,莱维塔斯还注意到了一种**社会整合论**的话语,把社会排斥和融入与就业紧密地联系在一起,以鼓励参与劳动力市场来作为解决社会排斥的一种方案。

名人的吸毒行为往往是通俗杂志娱乐版的素材。但人们通常认为穷人和被社会排斥的人更易吸毒成瘾,这也使得这些人成为警察搜索的目标。

莱维塔斯讨论的主要论题在于,工党的话语和政策逐渐偏离了该党历史上占主导地位的再分配福利思路,与保守党此前的思路没有多少分别。它所关注的焦点是那些处于社会底层的人要为自己的境况负责。如此将社会排斥与社会不平等区分开来,并聚焦于受排斥的人与融入的人之间的区分,而不是富人与穷人之间的区分,就使得富人有可能成功逃避他们对于广泛社会的责任。无独有偶,麦克格雷戈(MacGregor 2003:72)提出,工党主要应对的是穷人的不被接纳的行为,如在失业人群中区分出“值得帮助”和“不值得帮助”,分辨出真正的“寻求庇护者”和“经济移民”等:“这是把注意力集中在穷人的不良行为上,却忽视了那些富裕、小康或温饱之人的恶习,如吸毒、背信、欺诈之类的过失。”

(四)紧缩时期的福利国家:2010—　2010 年的英国大选并没有明显的赢家,因此产生了某种“悬峙”(hung)或“均势”(balanced)议会。不过,保守党拥有的议员席位最多。保守党和自由民主党就新政府的决策和关键政策的框架达成了共识,并在此基础之上组建了联合政府。首要议程就是削减政府债务,手段之一就是从根本上改革公共服务和福利供给。当然,福利改革也是前工党政府的核心政策,但是,2008 年的金融危机及其后的经济衰退,使得人们意识到需要迅速削减政府开支,这尤其刺激了联合政府开始重新思考福利国家。泰勒-古比(Taylor-Gooby 2013)指出,英国福利国家制度面临着双重危机,一是因为大力削减开支,一是因为重组计划导致服务碎片化,公共部门的私人供应也越来越多。

"工有其酬"这一核心理念,支撑着联合政府的系列改革。也就是说,人们如果在工作,相较于没有工作或是依靠福利补助过活,始终应该更加宽裕。就业与养老金大臣伊恩·邓肯·史密斯一直在通过他于 2004 年创立的一家智库——社会公正中心(Centre for Social Justice, CSJ),致力于福利改革。社会公正中心有一本出版物颇具影响,即《活力福利》(*Dynamic Benefits*, 2009),它帮助打造了新政府的福利政策(King 2011:105)。经过一段时间的征求意见(参看就业与养老金部 2010 年 7 月发表的《21 世纪福利》),邓肯·史密斯确定了他当前福利改革的核心——建立一种新的"统一福利"(Universal Credit)(DWP 2010)。

邓肯·史密斯认为,对于那些一心想工作的人,新的体系始终应当给予酬报而不是惩罚。"统一福利"允许由福利转向工作的人逐步减少其补助,从而确保收入增多。另外一个相关的目标是简化补助体系,使其更易于理解,降低管理成本。这样就能帮助人们得到自己有权获取的补助,同时减少了人们"钻体系的漏洞"或是骗补助的机会。为了实现这一目标,新的"统一福利"系统将取代 6 个与收入挂钩的补助项目,从 2013 年起分阶段向新申领人开放(DWP 2010:14)。因为"统一福利"与收入挂钩,政府认为它将降低有工作家庭的贫困水平。

2012 年的《福利改革法》(Welfare Reform Act 2012)中还有其他大量变动。它确定了每年 2.6 万英镑的补助上限,限制了每户人家所能拿到的补助总量。这一措施旨在保证每一户所领到的福利补助不多于那些工作的人的(税后)收入中位数。然而,如此封顶并没有考虑到全国不同地区的房租与生活开支成本差异,而伦敦尤其居高。即使有人年收入超过 5 万英镑,儿童补助也会继续发放给该家庭,但同时会上调个人所得税,因此实质上是"收回"了。间接而言,这一举措也结束了此项由来已久的补助的普遍性。身心障碍补助也有改变,2013 年起,新的个人自理款项(Personal Independence Payment, PIP)取代了身心障碍生活津贴(Disability Living Allowance)。个人自理款项仍旧无须经过资产测查,但申领人有必要接受对其个人需求的新的"客观评估"。

最具争议的新措施之一,是改变支付给政府公租房和住房协会租户的补助。政府认为,社会住房的租户如果有空闲卧室,其实就相当于领取了某种"空屋补贴"。因此,如果住户有"太多的"卧室,就要减少住房补助额度。比如说,多一个卧室,补助减少 14%,有两个或更多"空置卧室",补助减少 25%,以此强迫人们支付部分租金。批评者和工党的对手戏称这是一种不公平的“卧室税”,给老年人造成的后果尤其严重,因为他们的亲人可能会不时需要使用其空置的卧室。再有就是影响身心障碍人士,他们需要多余的卧室来储存相关器械设备,容留前来照看和援助的人过夜。

2015 年英国大选后,当选的保守党多数政府已经明确,不会改变此前联合政府所推行的福利改革的核心要旨。该届政府上台执政后,提出一项计划,再从福利预算中削减 120 亿英镑,继续收缩福利国家的战略。新政府大致勾勒其政策,允许私有住房协会的租户以低于市价的优惠购买其租住房产,并迫使地方政府出售其最有价值的居所,由此明确了与撒切尔夫人的私有化行动议程之间的承续关系。宣布提高最低工资标准,并重新冠名为“全国生活工资”(national living wage),要从每小时最低 7.2 英镑,提高到 2020 年的每小时 9 英镑,这同样延续了保守党“工有其酬”的核心意旨(Stewart 2015)。

第四节
重塑福利国家模式
▼

二战之后的现代福利国家,诞生于经济重建和工业发展的时期,当时男人还被视为“赚钱养家者”,得赚到“养活全家的薪水”。到了 21 世纪,欧洲社会已经远不是这般境况,其结果,它们的福利国家也加速变革了好一段时间。赫梅尔赖克(Hemerijck 2013: 15)提出,有五种社会经济重大变化正推动着政府寻求一种新的福利国家模式,以充分应对新型全球背景,分别是外生性、内生性、历史性、超国族性和政治性变化。

主要的**外生性**(exogenous)因素就是激化的国际竞争,尤其是来自新兴经济体的竞争,对欧洲的再分配性福利国家的稳定性构成了新的挑战。**内生性**(endogenous)因素包括从制造业向服务业的经济转型,劳动的“女性化”,高技能劳动力市场和雇佣关系的碎片化,预期寿命延长和老龄人口增长(这将推高对健康服务和长期护理的需要)。“旧式社会风险”还留有**历史性**(historical)遗产,意味着有大量公共资金依然投向失业保险、身心障碍补助和相对慷慨的养老金,从而限制了应对紧缩政治时代的新政策挑战的可用资源。欧盟设置的那些**超国族性**(supranational)制度/机构,也会影响国族性的福利国家管控其国内需求的能力。福利国家已经实实在在地变成了“半主权国”(Ferrera 2005)。**政治性**(political)的挑战则来自党派忠诚度的明确衰微,选举的变幻莫测,对于日益强化的欧盟一体化的反感愈益弥漫,连带着反移民的情绪,以上种种,都是推动英国 2016 年举行公投决定脱欧的重大因素。这些变化的结果之一,就是保卫国族性福利国家供应而对外界漠不关心的气候逐渐孕育而成。

这五方面要素合在一起,越来越强力地推动了对于福利国家的彻底改革。英国的案例生动地展现出,一种有关紧缩的政治与话语如何调动起广泛的公众支持,采取一系列措施,旨在削减福利开支,限制合格申领者的数量,推动人们摆脱福利救济,进入碎片化的、愈益不稳定的劳动力市场。话说回来,也有人指出,尽管福利改革在几十年里仿佛成了持续不断的过程,但事实证明,对于彻底的变革,福利国家却表现出令人瞩目的韧性(Pierson 2011)。这在很大程度上是因为,福利政策缔造了利益共同体,它们会捍卫现状,使得激进政策变革的试验在选举上充满风险,这正是一种内在固有的惰性。

不过,2008 年之后欧盟各民族国家的债务危机,以及普遍蔓延的政府岁入下降的趋势,创造出另一种政治话语的条件,它能直言不讳地批评国家福利,将福利"骗领者"(scroungers)妖魔化,偏好私有供应而贬低公共供应,积极倡导减少国家介入。利斯特(Lister 2011)认为,我们进入了一个"责任时代"(age of responsibility),在此期间,社会政策越来越被用于鼓励社会中的赤贫者了解并履行他们作为"有责任感的"公民的义务。或许我们正在见证这样一个历史时刻:当此福利国家对变革的抵御力最弱之时,像英国这样的国家正朝着一个全新的方向发展,"削减国家干预,甚至到了低于美国的水平——这是前所未有的"(Taylor-Gooby and Stoker 2011:14)。

本章要点

1. 解释**绝对**贫困与**相对**贫困的定义及其差异,并举一些现实世界的实例来具体说明。

2. **贫困线**是什么意思?比较欧盟和英国政府各自的定义,试述这个概念带来的一些问题。

3. 让公众成员来界定是什么构成了贫困,主要有哪些优点和缺点?我们能期望主观测量为我们对于贫困的理解增添些什么?

4. 儿童贫困已经被证明是个难以清除的社会问题。儿童期陷于贫困会造成哪些后果?为何它如此难以根除?

5. 概述当今在发达国家关于贫困的相互竞争的两大说明。有可能融合这些可相互替代的说明或其中的某些要素,打造一个更有解释力的框架吗?

6. 界定**社会排斥**,概述其主要特征。社会排斥是如何与贫困相关的?举例说明**交叉性**这一概念如何可能有助于我们更好地理解现实世界中的社会排斥。

7. 什么是"福利国家",为什么福利国家模式会普及?在有关福利国家的争论中,**制度论者**与**剩余论者**之间的分歧是什么?

8. 回溯福利国家制度在英国的形成与发展过程中的重大时刻。英国模式与欧洲其他形式有何不同?

9. 在 20 世纪 70 年代,1948 年后形成的福利共识趋于瓦解。自 1979 年以来,有关福利国家之未来的争论都在争些什么?

10. 鉴于 2015 年保守党赢得大选,聚焦于紧缩政治,我们现在能说剩余论视角已经确定赢下有关英国福利改革的争论了吗?

研究实践

正如我们本章所见,对于贫困主要有两种说明:个体层面的和社会结构层面的。然而,不是只有社会科学家会持有其中某一种观点。为什么有些人会受穷?能够做些什么,应该做些什么,来帮助他们脱贫?对于这些问题,社会中的每一个人都会有某种意见。不过,在公众对于穷人的整体态度和各国的福利国家体制类型之间,是否存在某种关联?下文就探讨了这一问题。阅读该文并试答所附问题:J. Kallio, and M. Niemelä, 2014,'Who Blames the Poor? Multilevel Evidence in Support for and Determinants of Individualistic Explanation of Poverty in Europe'(谁在归咎于穷人?对于欧洲贫困的个体层面说明的多层证据支撑与决定因素),*European Societies*, 16(1): 112-135。

1. 这属于哪一种研究?“多层证据”是什么意思?

2. 北美和欧洲一向被视为在对待贫困的态度上并不相同。那么在哪些方面有差异呢?作者们基于什么来批评这种标准观点?

3. 这里的“贫困”是如何测量的?贫困的定义中包含哪些因素?

4. 哪些国家最倾向于将贫困归咎于个体自身?哪些国家最不可能如此?舆论的这种跨国分布是否存在某种模式?

5. 作者说:“对待穷人的态度可以被视为福利国家道德经济的组成部分。”说明这句话是什么意思,试述为什么某些国家,像是意大利、西班牙和匈牙利,是此文中确立的模式的例外。

深入思考

自 2008 年金融危机以来,许多评论家和政治人物都提出,我们已经进入了一个“紧缩政治”的时代,其标志就是削减公共开支和服务,减少福利补助,着力于让失业的人从事有薪劳动。然而,在英国,与此携手并行的,却是要在 2020 年之前彻底根除儿童贫困。新政策研究所在 2015 年完成的一项分析表明,自 2013 年以来,贫困呈现上升趋势,贫困儿童其实增加了大约 30 万人,占英国生活在贫困中的儿童总数的 29%。现在有人认为,儿童贫困率到 2020 年会比现在还要高。到以下网址下载新政策研究所的报告:https://www.npi.org.uk/files/5214/3031/5186/What_happened_to_poverty_under_the_Coalition_FINAL.pdf。

针对这篇报告,为大臣们撰写一篇 1000 字的评估,重点是谈作者们如何界定并使用“贫困”这个概念,特别是要讨论相对贫困的学术定义怎样有可能不符合公众对所谓“陷于贫困”的理解。在你得出结论时,就政府该如何说明其 2020 年目标如今可能落空给出建议。

艺文探析

近些年来,一些政策研究者和社会学家提出,在视觉媒体上,尤其是电视上,很少重点刻画贫困的形象,即使出现,贫困和“穷人”的呈现都会符合懒惰的刻板印象。欧文·琼斯的《傻帽:工人阶级的妖魔化》(Owen Jones, 2011, *Chavs*: *The Demonization of the Working Class*, London: Verso)反驳了这种将工人阶级说成是未受教育、逃避劳动的福利领取者的充满愤恨的表征和讨论。阅读这本书第 1—13 页的“导言”。

尽管琼斯是在广泛论证关于无阶级社会的误导性认知,电视上家喻户晓的“傻帽”表征,比如《超能少年》(*Misfits*)里的凯利·贝利(Kelly Bailey)(四频道),《无耻之徒》(*Shameless*)里住在查茨沃斯的一家(Chatsworths)(四频道),《凯特秀》(*Catherine Tate Show*)里的劳伦·库珀(Lauren Cooper)(英国广播公司)等,主要都属于穷苦失业的底层阶级,都过着贫困的生活,但是这些有关贫困的表征真的比早期文学或艺术中的表现更糟糕吗?

你可以自行调查19世纪中期到晚期的绘画及小说人物所表现的穷人和贫困。那里运用了什么样的意象和图景呢?穷人被塑造成了一种令人同情的角色吗?运用例证构建一个论点,指出当代电视的性格塑造,诸如上文所指出的那些,在某些方面改进了早期对于穷人的表征。在哪些方面它们更为积极了?

阅读指津

关于贫困与社会排斥的议题的介绍,皮特·阿尔科克的《理解贫困(第三版)》(Pete Alcock, 2006, *Understanding Poverty*, 3rd edn, Basingstoke: Palgrave Macmillan)写得很好,颇为可信。鲁思·利斯特的《贫困》(Ruth Lister, 2004, *Poverty*, Cambridge: Polity)一书涵盖了所有基本要点,包括关于社会排斥与社会融入的讨论。最新的“从救济队伍看英国”调查,参看斯图尔特·兰斯利和乔安娜·麦克的《从救济队伍看英国:大众贫困的兴起》(Stewart Lansley, and Joanna Mack, 2015, *Breadline Britain: The Rise of Mass Poverty*, London: Oneworld),其对贫困及公众有关贫困的认知做了最新的阐述。

然后,还可以在安·塔科特等人合编的《社会排斥的理论阐述》中继续探索社会排斥的概念(Ann Taket et al., eds., 2009, *Theorising Social Exclusion*, London: Routledge),该书堪为各路理论的指南,并涵盖了许多类型的排斥。还有一本书很有用,运用了很多案例分析和情节设计,让理论变得有血有肉,即约翰·皮尔森的《把握社会排斥(第二版)》(John Pierson, 2009, *Tackling Social Exclusion*, 2nd edn, London: Routledge)。

关于英国的福利的发展,有一本书的介绍非常可靠并得到了广泛使用,即德里克·弗雷泽的《英国福利国家制度的演进(第四版)》(Derek Fraser, 2009, *The Evolution of the British Welfare State*, 4th edn, Basingstoke: Palgrave Macmillan)。然后,有关欧洲各福利国家的一种更为广泛的比较观照,参看梅尔·卡曾斯的《欧洲的福利国家:比较视角》(Mel Cousins, 2005, *European Welfare States: Comparative Perspectives*, London: Sage)。最后,是克里斯托弗·皮尔森、弗朗西斯·卡斯尔斯和英厄拉·瑙曼合编的《福利国家读本》(第三版)(Christopher Pierson, Francis G. Castles, and Ingela K. Naumann, eds., 2013, *The Welfare State Reader*, 3rd ed, Cambridge: Polity),这是一部非常有用的教辅读物。

网络导航

政体出版社有关本书的更多信息和支持：

www.politybooks.com/giddens

欧盟统计局关于贫困与社会排斥问题的资料(Eurostat on Poverty and Social Exclusion)——包括欧盟范围内贫困与社会排斥问题的统计数据：

ec.europa.eu/eurostat/statistics-explained/index.php/People_at_risk_of_poverty_or_social_exclusion

约瑟夫·朗特里基金会(Joseph Rowntree Foundation)——这家英国组织资助旨在理解和消除贫困与社会排斥的研究：

www.jrf.org.uk

设在英国布里斯托尔大学的汤森国际贫困研究中心(The Townsend Centre for International Poverty Research)——一些关于贫困和社会排斥的非常有用的资源：

www.bristol.ac.uk/poverty

英国儿童贫困行动小组(The Child Poverty Action Group, UK)——一个受尊重的活动组织;该网站拥有很多儿童贫困方面的信息和出版物：

www.cpag.org.uk

治理与社会发展资源中心(The Governance and Social Development Resource Centre)——由英国国际发展局(Department for International Development, DfID)于 2005 年建立,涵盖社会排斥的方方面面：

www.gsdrc.org/topic-guides/social-exclusion

OECD 社会与福利问题网页(OECD site on Social and Welfare Issues)——包含减贫计划和经合组织目标：

www.oecd.org/social/

世界银行减贫与公平网页(The World Bank's Poverty Reduction and Equity site)——包含很多阅读材料书单、信息及其他更多内容：

www.worldbank.org/en/topic/poverty

第十四章

全球不平等

2011 年,在韩国的“占领首尔”抗议者。标语牌上写着“向 1%征税,供 99%福利”。

在 2008 年金融危机的余波之中,从 2011 年 9 月美国的“占领华尔街”系列示威活动开始,许多国家爆发了自封的“占领”运动,抗议企业集团的贪婪和腐败。运动参与者占领了世界各地的城市中心,抗议的议题各式各样,但反复出现的核心主题就是财富分配的严重不平等,无论是在单个社会中,还是在全球层面上,都是如此。表达这一点的一种颇具象征意味的方式,就是“我们是 99%”的口号。全球不平等日益恶化,仅仅 1%的世界人口所拥有的财富,就要多过 99%的多数集体持有的总量。

发展慈善组织乐施会(Oxfam)完成了两份报告,分别于 2014 年和 2015 年发布,进一步支持了“99%”运动的说法。根据乐施会的估算,全世界最富的 85 个人所拥有的财富,相当于全球人口中后一半人的总额。而在过去三十年间,富人始终在变得更富(Oxfam 2014)。乐施会援用来自金融服务公司瑞士瑞信银行的数据指出,1%的人拥有全球财富中的 48%,而其他 99%的人仅拥有 52%。此外,“那 52%也几乎全部由最富的 20%的人所拥有,只留下区区 5.5%给全世界剩下的 80%的人”。报告预测,到 2016 年,最富裕的 1%的人所拥有的财富,将超过另外 99%的人的总和(Oxfam 2015:2)。

并不只是抵抗运动和国际发展慈善组织意识到,愈益恶化的不平等会造成社会不稳定和难以持续。沃伦·巴菲特(2014 年全球富豪榜第四位,拥有净资产 582 亿美元)同样认为,政府应当“停止骄纵富人”。他结合美国的情况指出:

> 我们的领导人已经呼吁“共同牺牲”。但当他们发出这样的呼吁时,是把我豁免在外的。我逐一问了我那些豪富朋友,了解他们在承受怎样的苦痛。但他们同样毫发无损。当穷人和中产阶级为我们在阿富汗战斗,当绝大多数美国人努力打拼以维持生计,我们这些豪富却还在享受我们非同寻常的减税……华盛顿的立法者向我们致以这样那样的祝福,他们觉得必须保护我们,好像我们是斑点猫头鹰或是别的什么濒危物种。有朋友身居高位真是太好了。(Buffett 2011)

巴菲特还指出,大富之人交的税反而少于中低收入的大多数人,这种现状不能再持续下去了。他提议,对于任何在美国收入超过 100 万美元的人(2009 年为 236 883 人),应当立即提高所得税率;而对于收入超过 1000 万美元的人(2009 年为 8274 人),还应当额外征税。然而,微软公司创始人、全球首富比尔·盖茨,2014 年的个人资产为 828 亿美元,据报道,他曾经(在 2010 年)说,“资本主义运转得非常好”。仅仅在 2013—2014 年度,盖茨的财富就增长了 90 亿美元之巨(*Forbes* 2014a)。

有关 2008 年危机的讨论,参见第七章“劳动与经济”;有关一些复苏政策,参看第十三章“贫困、社会排斥与福利”。

对于亿万富翁,也就是至少拥有 10 亿美元个人财富的人来说,21 世纪的资本主义当然是“运转得非常好”。2014 年,《福布斯》杂志发现,全世界 1645 名亿万富翁共拥有 6.4 万亿美元资产,比 2011 年多了几乎 2 万亿美元,比德国的 GDP 还高,是有记录可查的最高总额。美国依然统治着《福布斯》富豪榜,有 492 名亿万富翁,相比之下,排名第二的中国有 152 位,排名第三的俄罗斯有 111 位。但各大洲能找到的亿万富翁数量都有所减少。

批判性思考

1645 名亿万富翁的存在是否标志着全球经济的成功?如果许多发展中国家的人那种可怜的生活标准和工作标准能够改善,那么可以接受亿万富翁的数目及其财富总值持续增长吗?

寥寥可数的个人和家族是如何积累如此巨大的财富的？过去，贵族通过家族来继承财富与资产，但是当今靠这条路来致富的人少得多了。在 2014 年亿万富翁排行榜上，三分之二的人可以把自己的财产说成是“新创业财富”，这是在一个人一生中迅速积累起来的。有 13%的人是继承得来的财富，还有 21%是将自己接手的生意做大做强（*Forbes* 2014b）。许多新发家的亿万富翁得益于全球化和通信领域的数字革命。比如说，脸书的马克·扎克伯格、雪莉·桑德伯格、杰夫·罗斯柴尔德都上了亿万富翁榜，瓦次普（WhatsApp）的创始人简·库姆和布莱恩·阿克顿也是如此。像这样的互联网公司的成功生动诠释了盖茨的讲法。对于某些人来说，资本主义依然运转得非常好。

丹尼斯·科茨（Denise Coates）凭借其 2001 年创办的在线博彩网站 Bet365.com 的成功，积聚了 16 亿美元的财富。她是《福布斯》杂志 2014 年富豪榜上的少数女性之一，总共只有 172 名女性亿万富翁，虽说超级富豪中的女性数量正在增长。在 2014 年新入榜的 268 名亿万富翁中，有 42 名是女性。

然而，全球财富和收入的极端不平等已经导致一片惊愕。就在亿万富翁看着自己的财富迅猛攀升，似乎势不可当的时候，千百万劳动者进入发展中国家的全球劳动大军，以超时的工作换取微薄的报酬。根据 2014 年度联合国《人类发展报告》（UNDP 2014：19），大约有 12 亿人每天的生活费不足 1.25 美元。在比较富裕的国家，如此压迫性的条件简直令人难以置信。当全球经济中薪酬最高与薪酬最低的人之间存在着这般无法想象的鸿沟，该如何对个人的“公平”进行衡量？对于社会学家来说，这些议题事关结构化的社会不平等，单纯追踪巨富们的个人生平是无法理解的。

要温习“全球化”问题，参看第四章“全球化与社会变迁”是个不错的主意。

第一节

趋向平等?

▼

全球社会 14.1

最富的1%生活在哪里?

本周,政商精英齐聚达沃斯"世界经济论坛"(World Economic Forum),因此,日益加剧的不平等又成为热议。许多人提到了"最富的1%"。这个短语让人的脑海中浮现出这样的意象:一帮亿万富翁生活在各自的私人岛屿上。但究竟谁是这1%呢?

像比尔·盖茨、沃伦·巴菲特和马克·扎克伯格这样的亿万富翁,显然属于这1%。但还有谁?根据瑞士瑞信银行的报告,还有另外4700万人,他们每个人所拥有的财富都在798 000美元(折合53万英镑)以上。其中有许多人住在富国,可能并不觉得自己特别有钱,只不过不用分期付款就能拥有自己的住房,或是按揭款已经还了大半。在他们当中:

- 1800万人住在美国;
- 350万人住在法国;
- 290万人住在英国;
- 280万人住在德国;
- 400万人住在日本;
- 160万人住在中国。

但是瑞信的报告并没有讲出故事的全部。比如说,它没有考虑到各个国家购买物品的成本开支。50万英镑在伦敦中心区或许能买一套一居室公寓,但在其他国家,这笔钱能买下整栋楼。它也没有考虑收入。如此一来,西方国家许多薪酬优厚的年轻人就可能掉进财富的后50%,要么因为他们还有学生贷款要还,要么因为他们知道怎样过得舒服,把所有收入都花了。

如果说进入这1%并不能确保乘坐喷气飞机全球旅行这种阔佬生活方式,那么把分界线定在最富的10%就更是这样了,要跻身这个集团,你只需要资产达到77 000美元(折合5万英镑)。至于进入世界最富的前50%所需要的数字,只有区区3650美元(折合2400英镑)。

资料来源:摘自Moore 2015。

批判性思考

基于要进入世界最富10%所需要的财富水平，关于全球不平等，我们其实能了解到的是(1)世界各地个体之间的不平等，还是(2)较为富裕的国家与较为贫穷的国家之间的不平等？如果贫困与社会背景有关，那么财富是否也是如此？

在发达世界中有一种寻常的预设，即伴随着经济的扩张，每一代人都会比上一代更为宽裕。对于20世纪大部分时间来说，这个预设颇为准确。因此，我们或许会相信，工人阶级的生活业已显著改善，经济不平等也随之不断减少。然而，近些年来，对于如今所谓的“极端不平等”，尤其是（如上文所示）全球分配顶层的财富积累的迅猛增长，人们也表达了新的担忧。所谓的时代精神（Zeitgeist）被注入对极端不平等的关切，并成为其组成部分，而时代精神在很大程度上就是由对2008年金融危机的系列反应塑造的。

但这里有个悖谬之处。经济缓慢增长甚或零增长，公共开支厉行削减，生活水准停滞不前乃至有所下降，在这样的时期，为什么亿万富翁的数量不断增多，其个人财富也在持续积累？身处如此难挨的时代，这些人是如何不仅成功地守住了自己的财富，还使之迅速增长的？不妨说，至今最令人满意的答案来自法国经济史学家托马斯·皮凯蒂（Thomas Piketty），他那本厚达696页的书——《21世纪资本论》（*Capital in the Twenty-First Century*, 2014）出人意料地畅销。

皮凯蒂分析了18世纪以来各发达经济体中财富分配的长期趋势，尤其侧重那些可以利用的数据涵盖相当长时期的国家，像是英国、瑞典、法国、美国和德国。他这样做，等于是对当代经济学的做法提出了强烈批评，同时是就令人瞩目的不平等的长久持续给出了另一种描述与说明。皮凯蒂的研究聚讼不已，但它也重新塑造了有关资本主义及19世纪以来明显增进经济平等的表面动力的争论。

皮凯蒂对有关资本主义发展的两种对立的重要理论都持有不同意见，一是卡尔·马克思的“灾变论”版本，一是西蒙·库兹涅茨阐述的“丰饶论”版本。马克思置身19世纪中叶，把资本主义看成一个剥削性的经济体系，包含一种内在动力，将不可阻挡地导向阶级冲突。这是因为，工人阶级将越来越贫穷或“陷于贫困”，资本家则越来越富裕，更加有权势。发展到某个程度，会生出阶级意识，一场革命将推翻占据统治地位的资产阶级。马克思正确地指出了不平等愈益加剧这一长期趋势，但经济的增长和知识与技能的扩散大大抵消了任何革命的热情。另一方面，到了20世纪50年代，也就是战后经济强劲增长的时期，库兹涅茨主张，各工业资本主义经济体内起初确实产生了显著的不平等。但随着它们持续发展,平均收入提高,不平等会逐步减轻,欧洲与北美各社会的历史证明了这一点。他提出,这一发展进程也适用于发展中国家,因为它们走的是类似的道路(有关“库兹涅茨曲线”,参看第十二章“分层与社会阶级”)。尽管库兹涅茨的模型似乎非常契合20世纪50年代的经济发展,但皮凯蒂的数据并不支持库兹涅茨的命题,而是讲出了一个全然不同的故事。

资本主义经济体的确展现出显著的不平等,并且持续加剧直至20世纪早期,只是从第一次世界大战开始,到20世纪70年代中期,这段时期出现了一股逆向趋势,收入与财富的巨大差异趋向削平。不过,从20世纪80年代起,后一股趋势又出现了逆转,不平等现在再次趋于加剧(皮凯蒂称此为“趋异”[divergence])。那么,后者只是趋向更加平等的“正常”运动中的某种暂时性“杂音”(blip)吗?皮凯蒂说,并非如此。事实上,真正的“杂音”是20世纪趋向平等的运动(皮凯蒂称此为“趋同”[convergence]),这要归因于一些特殊的事件。两次世界大战造成的破坏,20世纪30年代的大范围破产,核心行业的国有化,以及工会力量的增强,这些合在一起压制了不平等。但是,到了20世纪80年代,资本主义回归其资本积累集中于顶层的长期趋势,可以预见这种趋势会继续下去,除非世界各国政府和民众采取协调行动。

顶层持续积累的关键原因之一,就在于经济增长率(g)与投资净回报(r)之间的差异。从长期视角来看,资本回报率始终会超出经济增长率,体现为简明的公式 $r > g$。这就意味着,过去积累起财富和资本的那些个体与家庭,比起那些纯粹通过收入获取财富的人,他们的财富会增长得更快。比如说,“从1990年到2010年,比尔·盖茨的财产从80亿美元增长到500亿美元。与此同时,欧莱雅(L’Oréal)的女继承人莉莉亚娜·贝当古的财产从20亿美元增长到250亿美元。扣除通胀因素,两人的资本实际回报都达到了每年10%到11%”。因此,“莉莉亚娜·贝当古这辈子一天都没工作过,却看着自己的财产增长得同高科技先驱比尔·盖茨的一样快,而后者自停止工作以来,他的财富也恰好增长得和此前一样快。一旦积聚起了一笔财富,资本就会根据其自身的某种动力增长”(Piketty 2014:439-440)。

某种意义上,皮凯蒂的研究为“钱能生钱”的通俗道理,或者按照他自己的说法,“货币倾向于自我再生产”,充入了鲜活的经验。那么,为何这会是个问题?皮凯蒂(Piketty 2014:1-2)表达了对于极端不平等的社会后果的深切不安。他指出,“当资本回报率超过了产出与收入的增长率(就像19世纪的情形,并似乎很可能在21世纪重演),资本主义会自动孕育出任意且难以维续的不平等,侵蚀民主社会赖以为基础的任人唯能的价值观”。当代资本主义这种体系号称根植于创造性、企业家精神和艰辛工作,其实却在奖赏闲散懒惰和继承财富。面对如此矛盾,99%还能忍耐多久?

不过,皮凯蒂还是提出了一些政策方案,或可遏制这种趋势,增进整体利益而不是个体获益。首先就是对全球财富(不是收入)征收累进年税,在全世界所有国家征收就最理想了。这种税的首要目标并不是要资助福利或社会服务(尽管它可能被用于这些目的),而是要终结全球不平等的无限扩张,更好地调控全球金融体系。但皮凯蒂也不是天真到会认为国际共识有可能达成,或是豪富们会自愿遵从。他的论点在于,无论这听起来有多么困难或空想,只有去应对财富的日益集中,才能避免有可能造成灾难的社会冲突。媒体评论人普遍认为,皮凯蒂的提议充满激进乌托邦色彩,但最好把它看成尝试去挽救资本主义,使其免于马克思所预见的那种社会暴动。

第二节

全球不平等

▼

皮凯蒂的研究颇具魅力,尽管主要是一部经济学著作,但在更广泛的有关以阶级为基础的不平等的社会学研究中,也有其一席之地。社会不平等是社会学的基本议题之一,古典社会学家集中关注的就是新兴的工业资本主义社会中的阶级、地位与权力不平等。然而,在全球层面上也存在有关阶级、地位与权力的类似议题,波及更为深广。我们能够谈论**单个国家内**的富人与穷人,地位高低,或者有权势者与无权势者;同样,我们可以在**作为整体的全球体系中**,看到这些不平等,并探究其原因。在本章余下部分,我们就来看看 20 世纪晚期与 21 世纪早期的全球不平等(有关更长时段的全球化,参看第四章)。

经济不平等是造成世界上的贫困、饥饿与健康等问题的主要原因之一,因此构成了本章的核心主题。然而,如前所述,无论民族国家内部还是民族国家之间,也存在社会地位的显著不平等和权力的全球不平等。而后者依然是造成许多根深蒂固的冲突的重要源泉,其中某些冲突会在第二十二章“民族、战争与恐怖主义”中讨论。至于对地位不平等和权力不平等的更广泛的分析,读者应当参考上述相关专章。

全球经济不平等(global economic inequality)首先指的是经济体**之间**在财富、收入和工作条件等方面存在的系统性差异。对于社会科学家来说,挑战不仅仅在于识别这些差异,而且要说明它们**为何**会发生,又会产生哪些社会后果。不过,首先,我们必须明晰该领域文献所使用的一些核心术语。

世界各地千百万的工人,其中许多还是孩童,受雇于工时长、报酬低的“血汗工厂”。全球化真的对这些人有益吗?

一　讨论全球不平等的词汇

讨论经济发展与全球不平等的语言富有争议,而且在过去一百年间几经更迭。在20世纪晚期之前,通常使用**三个世界模式**(three worlds model),即第一世界、第二世界、第三世界,这体现出一种观念:每个世界的发展都是相对分离的。这个模式作为对富裕的第一世界、中等收入的第二世界以及相对贫穷的第三世界的基本描述还算有用,但是这种分类体系仍然存有两大问题。

首先,今天大家普遍认可,存在一种全球层面的现实,它能涵盖全世界所有社会,也对所谓三个世界其实是各自分离的实体的观念构成了挑战。在一个全球化的世界中,第一世界、第二世界和第三世界紧密关联。不理解某一个“世界”在作为整体的全球体系中所处的位置,是根本不可能把握它的情形的。其次,给较为富裕的国家贴上“第一世界”的标签,已经被认为是一种价值判断,它将(较低等的)“第三世界”污名化,视之为一个不发达的经济停滞的区域。这种特性概括也“归咎于受害者”,因为它把较穷国家的民众与政府描绘成需要为自身往往令人绝望的处境负责。我们将在下文看到,三个世界的模型没有考虑到殖民政策以及西方跨国公司对“第三世界”自然与人力资源的剥削的影响。

考虑到三个世界模式的缺陷，社会科学家开始在讨论时把世界分为“发达”社会和“欠发达”社会，大致而言，发达社会位于北半球，而欠发达社会则处在南半球。然而，大多数社会学家放弃了“欠发达”这一概念，更偏向于用“发展中国家”，因为前者同样给人一种经济落后的印象，而后者是一个更具动态性质的概念，意味着运动及持续的经济进步，而不是难以转变的欠发达。只有那些坚守马克思主义传统的学者属于例外，他们将欠发达与南方相联系，将发展同北方联系起来。也就是说，富国被认为积极主动地让全球世界中的南方诸国处于欠发达的状态，以使西方资本主义继续扩张。这种视角下文将详细讨论。

然而，对于某些人来说，即便这样做，也依然过于接近西方对于经济发展实际意味着什么的理解。晚近一些学术研究已经采用**多数世界**（majority world）和**少数世界**（minority world）的术语，前者被用来描述（大致对应）相对较穷的南半球诸国，后者则被用来描述相对较富的北方国家。这样的概念表述有一个好处，能提醒我们，全球少数国家拥有的少数人口享受着舒适的生活方式，而同时全球民众的大多数仍然活在较为贫穷的条件下，严重局限了他们的生活机会。但是，它没怎么反映全世界不同区域的经济状况。

由于我们首要关注的是经济不平等（虽然并非只关注这一主题），所以本章中我们一般使用“发达的”来指称在收入与经济发展方面已经达到较高水平的国家，讨论那些目前收入水平较低但正处于发展过程中的国家时，则使用“发展中”这个词。在此意义上，“发展中国家”包括旧有模式中的大多数“第二”世界国家以及全部“第三”世界国家，不过前后的讨论将始终借鉴国别案例研究，说清楚正在讨论的适合哪些区域与国家。无论使用哪些概念，重要的是要理解，该如何把世界各国复杂多样的经济情形与这些分类图式相匹配。

二　测量经济不平等

从全球不平等的角度对国家（或地区）进行分类的一种方式，就是比较它们的经济生产力。而测量经济生产力的一个重要指标就是**国内生产总值**（gross domestic product, GDP），包括在某特定年份生产出来并得到记录的全部物品与服务。而个体或企业在国外（或地区外）赚得的收入则不计入其中。另一重要的替代测量方法是**国民总收入**（gross national income, GNI）。与国内生产总值不同，国民总收入包括个体和企业在国外（或地区外）赚得的收入。像 GDP 和 GNI 之类的经济活动测量指标，常常使用人均值，这样我们就可以对一国（或地区）之内普通居民的财富量进行比对。同时，为了比较不同国家

(或地区)的状况,我们需要使用某种通用货币,而绝大多数国际机构,像是世界银行和联合国,使用的都是美元。

世界银行是一个国际贷款组织,为较穷的社会的发展计划提供贷款。它使用人均国民收入,将经济体划分为高收入、中高收入、中低收入和低收入几个类别。这个分类体系将有助于我们理解不同经济体的生活水准为何存在着如此巨大的差异。为简单起见,我们通常将中高收入与中低收入合为一个类别:中等收入。

世界银行(World Bank 2011a)将 155 个经济体划分为三个经济阶级。另有 58 个经济体世界银行没有提供数据,要么是缺乏信息,要么是因为该经济体的人口少于 100 万。2013 年,人均 GNI 未能达到 1045 美元的经济体被归类为“低收入”,处在 1045 美元到 12 746 美元之间的被归类为“中等收入”,而人均 GNI 达到或超过 12 746 美元的则被归类为“高收入”。不过,我们必须记住,这种分类体系是基于各经济体的平均收入,因此并没有告诉我们每个经济体内部的收入不平等的状况。尽管我们本章的焦点不放在这类不平等上,但是这种不平等估计是非常显著的。比如,世界银行最近将印度从低收入调整到中低收入类别,因为其人均 GNI 已经从 1999 年的区区 450 美元提升到了 2009 年的 1220 美元(World Bank 2011a:11)。然而,尽管印度有数量庞大且在不断壮大的中产阶级,近来还提出了空间探索计划,但是仍有大量的民众生活在贫困之中。与此相似,中国在 1999 年由低收入被重新划分至中等收入类别,2009 年中国的人均 GNI 已经达到 3650 美元。

单单基于收入来进行比较可能会产生误导,因为 GNI 只考量生产出来投入现金销售的货物与服务。而低收入经济体的许多人是自给自足或以货易货的农牧民,并不使用现金交易,这些农作物和畜牧产品并未统计在内。各个社会各自拥有纷繁多样的独特语言和传统。穷者在历史和文化方面与其富裕邻居相比毫不逊色,即使其民众的生活可能更为艰辛。诸如社会团结、强大的文化传统、家庭或社区援助体系之类的社会文化资产,也都无法进行统计测量。

许多环保运动者提出,GDP 与 GNI 都是生硬的量化测量指标,根本没有告诉我们什么有关生活品质的信息。甚至是那些破坏自然环境的经济活动,也被计作某经济体总体经济产出的一部分,被视为有助于增进经济福祉。从环境长期可持续的视角来看,这种方法是完全不合理的。如果我们再将上文提到的生活的某些社会文化面向计算在内,再来看追求 GDP/GNI 持续增长的表面好处,可能会得出彻底不同的结论。

即使我们仅仅基于经济统计进行比较,选择用什么统计数据也可能会影响我们的结论。比如说,在研究全球不平等时,如果我们使用家户消费(包括食品、药品或其他产品的消费)而非 GNI 进行比较,就有可能得出另一种结论。同样,比较几个经济体的 GNI 也并未考虑到东西的实际成本。比如说,如果两个经济体的 GNI 大致相同,但是在第一个经济体,一顿家常便饭的开销是几便士,而在第二个经济体则需要花几英镑,那么再要说这两个经济体的富裕程度相当就是误导。第一个经济体的民众的钱更具购买力。因此,研究者往往会使用**购买力平价**(purchasing power parities, PPP)来消除经济体之间的价格差异。在本章中,我们一般会比较不同经济体的 GNI,但必要时也会使用 GDP 和购买力平价。

(一)高收入类别　**高收入经济体**一般是最先完成工业化的,大致在两百五十年前,这个进程始于英国,随后扩展到欧洲、美国和加拿大。仅仅在大约四十年前,日本才加入这一行列,而新加坡、中国香港和中国台湾只是到 20 世纪八九十年代才跻身此类别。至于这些亚洲后起之秀为什么能够获得成功,社会学家和经济学家多有争论。我们将在本章下文来看看这些争论。

高收入经济体的人口虽然仅占世界人口的 15%,但其每年财富生产总量却超过了全球的 75%。高收入经济体会提供体面的住房、充足的食物、干净的饮水,以及世界其他许多地方不曾感受到的舒适生活。尽管也会存在大量的穷人,但它们的绝大多数居民所享受的生活水准是世界上大部分人口所无法想象的。

(二)中等收入类别　**中等收入经济体**主要分布在东亚和东南亚,中东与北非的产油国,美洲地区(包括墨西哥、中美洲、古巴和加勒比海其他国家、南美洲),以及原苏联各加盟共和国及其东欧盟国。这些经济体大多在 20 世纪较晚时候开始工业化,因此工业化发达程度(或富裕程度)还不及高收入经济体。

尽管中等收入经济体中的许多人比低收入经济体的邻居生活要优裕得多,但他们还享受不到高收入经济体那种高水准的生活。2011 年,当拥有 13.4 亿人口的中国由于经济的迅速增长被重新归类,从低收入进入中等收入类别,世界上的中等收入经济体行列壮大了。但这种重新归类颇有些误导,因为中国在 2009 年的人均年收入为 3650 美元,属于中低收入,并且其人口的相当部分仍属于世界银行定义的低收入范畴(World Bank 2011a)。

(三)低收入类别　最后,**低收入经济体**包括:大部分东非、西非与撒哈拉以南非洲的区域;柬埔寨及其他一些东亚国家;南亚的尼泊尔和孟加拉国。这些经济体大多是农业型经济,只是最近才开始工业化。但是,如同巴基斯坦、印度以及中国的案例所示,随着它们融入全球经济体系,有些此前的低收入经济体的平均收入水平不断提升。

低收入经济体中的生育率比其他地方都要高,因为大家庭可以提供额外的农业劳动力,或者可以增加家庭收入。而在富裕的工业社会当中,孩子们更有可能去上学而不是务农,大家庭所带来的经济收益下降,因此人们也倾向于少生孩子。有鉴于此,在21世纪初期,低收入经济体的人口增长率比高收入经济体的高出三倍还多(World Bank 2004)。

有关城市化的更为广泛的讨论，参见第六章“城市与城市生活”。

批判性思考

生活中的哪些面向可以帮助我们理解“平均收入”的测量指标？ 这种方法又有可能忽视哪些面向？ 各个社会的文化、社会结构及经济体制如此多样，我们还能通过其他方法来比较它们的生活条件吗？

三　全球经济不平等正在加剧?

近年来,全球不平等是增加了还是减少了的问题,已经引发了两极化的意见分歧。认为全球不平等在加剧的人指出,自20世纪70年代中期以来,全球化已经使得这种始于资本主义工业化的不平等趋势愈发恶化。批评者援引2007—2008年度联合国《人类发展报告》的统计数据指出,40%的世界人口每天的生活费不到2美元,只占到全球收入的5%。尤其是撒哈拉以南非洲的人口有48%生活在贫困中,该地区占全球贫困人口的四分之一强(26%),而1990年时该比例为五分之一(UNDP 2007a:25;UNSDSN 2012)。但是最富的20%的人却占有全球收入的四分之三。无论在全球层面上,还是在许多国家内部,不平等都随着全球化的进程而加剧。

与此相反,其他人则指出,在过去的几十年间,全世界的生活水平整体上其实已经提高了。许多测量世界上最贫穷人口的生活水准的指数也有所改善。文盲率在下降,婴儿死亡率在下降,营养不良情形也在改进。人们更加长寿,全球贫困人口(通常被界定为每天生活费低于1.25美元)也在减少(参见表14.1)。不过,追溯纯粹的经济不平等并不能让我们充分认识到世界上正在发生的事情。

然而,经济体之间存在着实质性的差异。许多增益都属于高收入与中等收入经济体,而一些最贫困社会中的生活水准却在下降。实际上,尽管对于美国这个世界上最富裕的国家而言,20 世纪 90 年代是一个经济急速增长的时代,但与此同时,2003 年联合国《人类发展报告》(UNDP 2003)却发现,主要位于撒哈拉以南非洲的五十多个国家这十年承受了生活水准的下降,因为饥荒、死于艾滋病病毒/艾滋病等区域传染病、各种冲突,以及国内经济政策的失败。阿特金森(Atkinson 2003)提醒我们说,泛泛地诉诸迅猛的全球化,无法完整地说明这种愈益加剧的不平等,因为国内税收以及其他经济政策也扮演了重要的角色。比如,像瑞典这样的斯堪的纳维亚国家,其福利国家制度是以再分配的方式运作的,而英国等其他国家,采取了更具新自由主义色彩的自由市场思路来进行福利改革,因此,前一类国家相比后一类国家,更能有效遏制社会不平等扩大化这一全球趋势。

有关福利国家体制的讨论，参见第十三章“贫困、社会排斥与福利”。

这样的争论告诉我们,我们选择什么样的方式来测量全球不平等,将会大大影响我们可能得出的结论。经济学家斯坦利 · 菲舍尔(Stanley Fischer)比较了两种考察全球收入不平等的方式:第一种只是简单地比较国与国之间的收入不平等;第二种则将生活在这些国家的人口也考虑在内。第一种如图 14.1 的上图,它显示了 1980 年至 2000 年,选定的一些穷国与富国的平均收入,其中每个国家在图中都以一个标准的圆点来表示。该图显示,在这一时期,世界上最穷国家的收入平均值的增长速度远慢于最富国家的。因此,这个走势(以黑线标示)揭示了不平等的增加,因为富国的经济增长要快于穷国(位于黑线左侧)。如果最穷国家的增长比最富国家快,黑线所表示的走势将会是从左向右下倾的。所以说,世界各国中最富国家与最穷国家之间的差距看起来越来越大。

图 14.1 的下图则将人口考虑在内,呈现出另一种颇为不同的全球不平等场景。图的内容相同,但这一次,代表每一个国家的圆点是根据该国的人口规模按比例绘制的。世界上人口最多的两个国家——中国与印度合起来占到全球人口的三分之一强,它们的经济规模自 1980 年以来有了可观的增长。这两个国家体量庞大,由此绘制的经过人口加权的最佳拟合线(line of best fit)将会下倾,这意味着由于最穷国家的人口平均收入逐步增长,全球不平等正在减缓。1980 年以来经济上表现出色的那些国家,比如印度、中国以及越南,也往往是那些最成功地融入全球经济的国家。

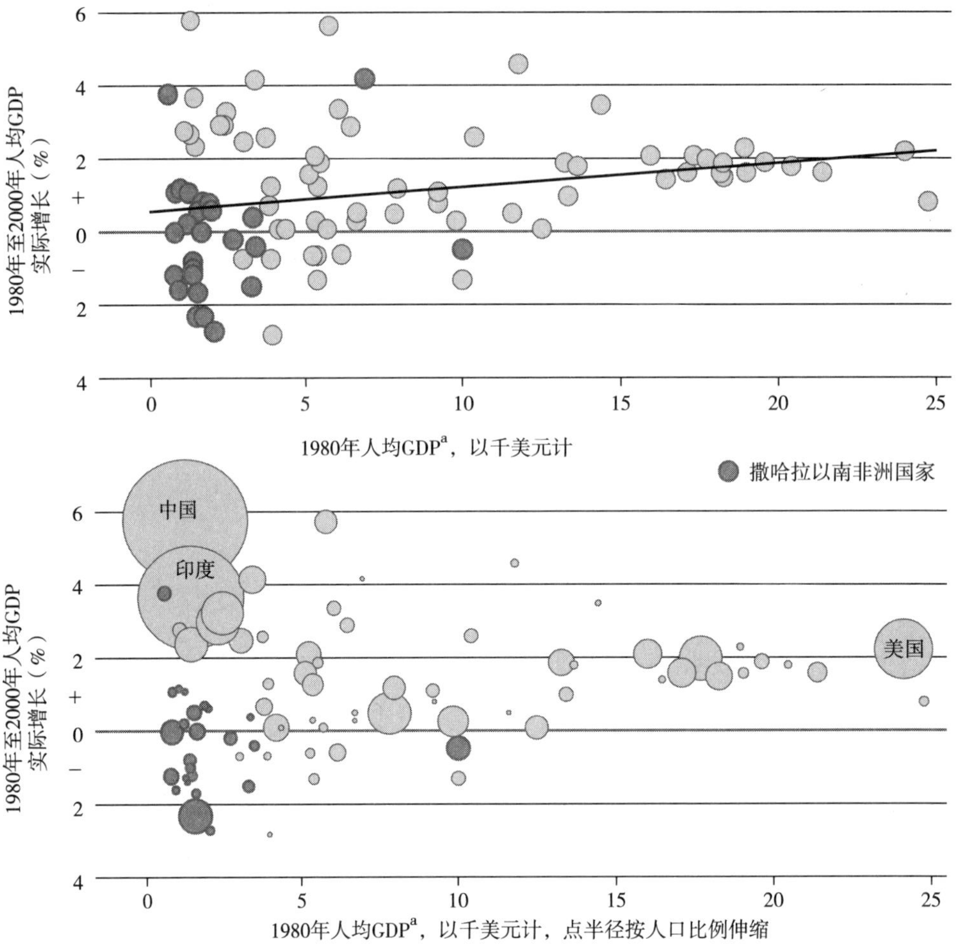

图 14.1　考察全球收入不平等的两种方式

注:a 以 1996 年价格折算。

资料来源:*The Economist* 2004b。© The Economist Newspaper Limited, London.

四　“人类发展指数”的演变趋势

生活水准方面的巨大鸿沟,分隔了富国中的大多数人同穷国中与他们相对应的人。财富与贫困从方方面面影响着生活。比如说,全世界的穷人中有大约三分之一营养不良,他们几乎都是文盲,缺乏接受基本的小学教育的渠道。这里还要考虑性别的面向,因为传统上认为女童没必要接受教育,或者说男童接受教育要得到优先考虑。尽管全世界大多数的人仍然生活在乡村,但在十年之内,城市穷人的数量很可能超过乡村穷人。

有关发展中国家的城市化的讨论，详参第六章“城市与城市生活”。

诚然,20 世纪 80 年代之后,在许多低收入与中等收入经济体,状况无疑有所改进。比如说,在 1990—1991 年度到 2004—2005 年度,全球的婴儿死亡率(每 1000 例活产儿)从 65 下降到 52,而有医护人员参与的生产比例从 47%上升到 59%。联合国开发计划署证实,其他一系列测量指标也都表明,情况在不断改善,尽管在 2008 年全球金融危机后,这种改善趋势的年增长率有所放缓(参见图 14.2)。

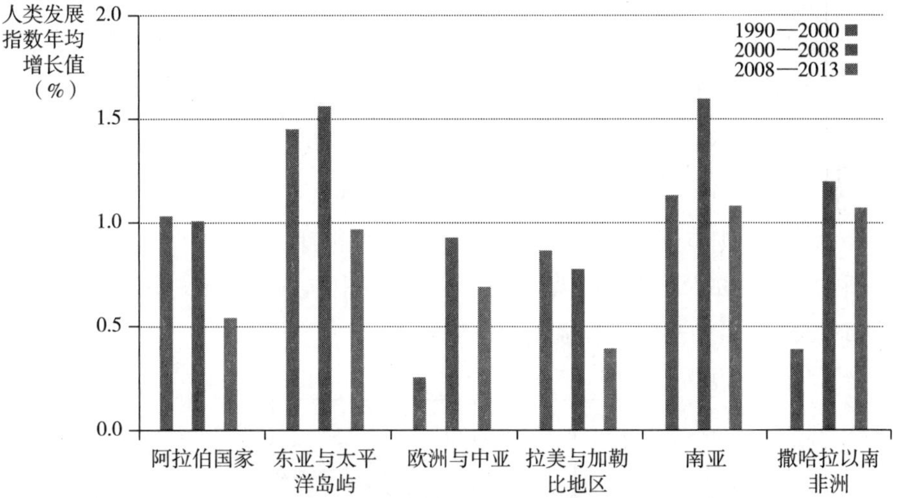

图 14.2　联合国"人类发展指数"中的生活质量提升趋势,1990—2013

资料来源:UNDP 2014:34。

联合国开发计划署(UNDP 2010)自己创设了"人类发展指数"(HDI),将"人类发展"的经济指标与非经济指标结合在一起,并以此为基础分析了四十年来的趋势。"人类发展指数"包含三个维度,即健康、教育以及生活水准;使用四项指标,即出生时预期寿命、平均受教育年限、预期受教育年限,以及人均 GNI(见图 14.3)。2010 年,又新加了三项指标,考虑了社会不平等、性别不平等的影响,以及一项多维贫困指标。

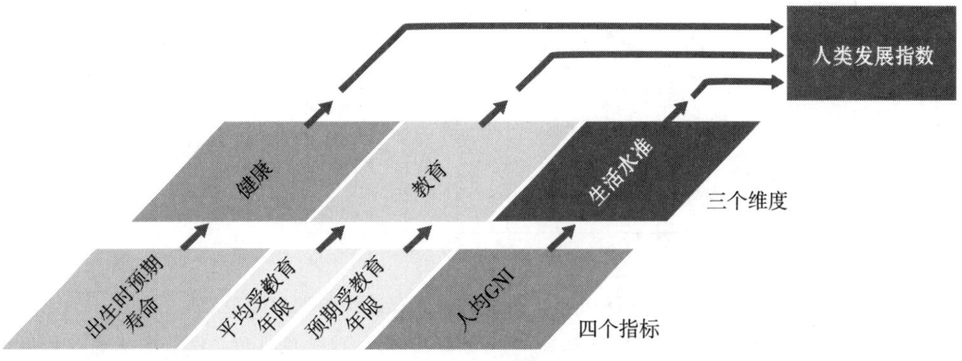

图 14.3　人类发展指数的构成

资料来源:UNDP 2010:13。

自从1990年《人类发展报告》首次发布以来,这些年度报告一直主张,在经济增长与人类进步之间并不存在某种“自动的关联”。更重要的是经济增长的好处如何被政府利用,如何在各国民众之间分享。一般而言,1970年到2010年,“人类发展指数”在全世界所有地区都有进步,尽管不是所有国家都如此。东亚显示出最快的增长,紧随其后的是南亚以及阿拉伯国家。

对135个国家进行比较,仅仅有三国的“人类发展指数”2010年反而比1970年低,它们是刚果民主共和国、赞比亚以及津巴布韦。图14.4勾勒了135国中的部分国家自1970年以来指数值的演变轨迹。其中阿曼(一个产油国)进步最快,紧随其后的是中国、尼泊尔和印度尼西亚。埃塞俄比亚排在发展速度国别榜的第11位,尽管其在人均GNI方面排在倒数第14位,这体现出宽泛定义的“发展”同单纯的经济测量相比,会产生非常不同的结果。表现优异的前10位国家,即阿曼、中国、尼泊尔、印度尼西亚、沙特阿拉伯、老挝、突尼斯、韩国、阿尔及利亚以及摩洛哥,其中只有中国的“人类发展指数”总体得分主要是以人均GNI衡量的经济增长成就的结果。

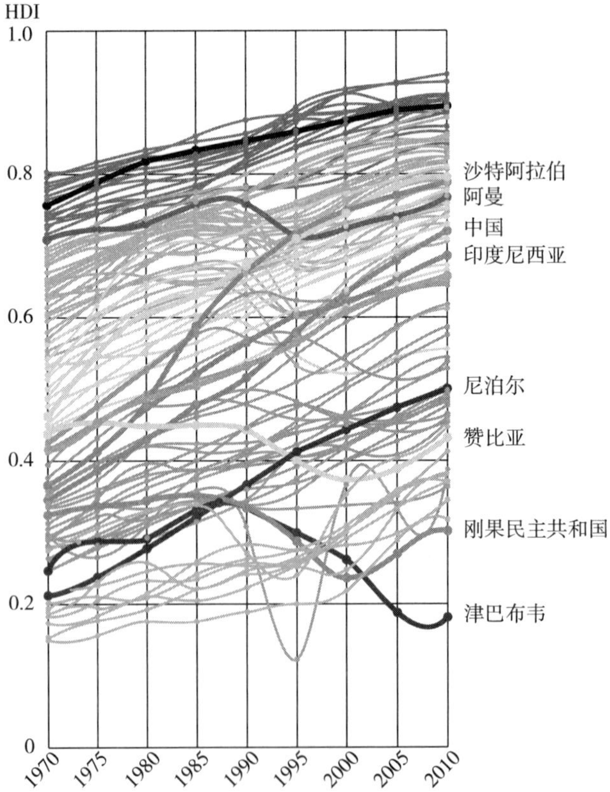

图14.4 1970—2010年人类发展指数在选定国家的国别趋势

注:增长表现最好的国家是阿曼、中国、尼泊尔、印度尼西亚、沙特阿拉伯。增长表现最差的国家有刚果民主共和国、赞比亚与津巴布韦。

资料来源:改编自UNDP 2010:27。

人类发展方面的进步表明,与1970年相比,当今发展中国家的生活整体上与发达国家的“更加相似”了。但是1970年时生活条件的巨大不平等也意味着,这种进步只是相对而言的,全球不平等依然是国际比较中最为突出的特点。比如,2010年报告(UNDP 2010:29)注意到,1970年,出生时预期寿命在挪威为74岁,在冈比亚只有41岁。到2010年,这一鸿沟缩小,挪威是81岁,而冈比亚为57岁,但如果预期寿命只有57岁,就会严重限制今天出生在冈比亚的人的生活机会和自由。所以,尽管整体上全球人类发展呈现出进步趋势,但事实上,发展中国家要“赶上”发达国家仍需很长的时间。

第三节

不平等的生活机会

▼

社会学家早就开始研究阶级、族属与性别方面的不平等是如何影响个体的总体生活机会的。出生时是男是女,是工人阶级还是中产阶级,是多数族群还是少数族群,这些都能够影响到我们的健康状况、我们所能达到的受教育水平,或者是我们所能期待的工作种类。对发达及发展中社会进行国际比较,结果显示,国家之间的不平等更甚于同一国家内部不同社会群体之间的不平等。本节我们将简要阐述一些健康、营养和教育方面的关键不平等,同时谈谈难以根除的童工问题。

一　健康

高收入经济体中的人一般要比低收入经济体中的同龄人更加健康。低收入经济体普遍存在卫生设施不足的问题,即使存在这类设施,也很少为最贫困者服务。生活在低收入经济体中的人也缺少合适的卫生盥洗设备,被迫使用受污染的水,为此感染传染性疾病的风险也更高。他们还更可能经历营养不良、饥饿乃至饥荒。这些因素都加剧了身体虚弱、健康不佳,使低收入社会中的人很容易染病。越来越多的证据表明,在许多非洲国家发现的艾滋病病毒/艾滋病感染高发率,有部分原因在于贫民的健康不良(Stillwaggon 2000)。

从1970年到1990年,全世界的健康状况趋于改善,截至2010年,即使是在全世界最穷的区域,即撒哈拉以南非洲地区的人们,预期寿命也比1970年时提高了8岁。在发展中国家,从1970年到2005年,婴儿死亡率(每1000例活产儿)下降了59,然而发达国家的下降比例更高,因此全球不平等的鸿沟还扩大了。2010 年,发展中国家的婴儿死亡率(每 1000 例活产儿)仍然是发达国家的 8 倍,在发达世界,儿童死亡率还不到 1%(UNDP 2010:32)。

孕产妇死亡率也有所改善,尽管速度要慢得多,并且 1990 年以后进步的趋势进一步放缓。艾滋病病毒/艾滋病这种全球传染病极大地影响了撒哈拉以南非洲各国,那里的艾滋病病毒感染率依然高于 15%,在程度最严重的那些国家,预期寿命仅为 51 岁,大致相当于英国在 18 世纪中叶工业革命开始之前的水平。

二　饥饿、营养不良与饥荒

饥饿、营养不良与饥荒是健康不佳的主要根源,当然这些都不是什么新问题,而是长久存在的问题。令人感到新鲜的好像是饥饿与营养不良的程度,事实上,当今世上仍有那么多人似乎正处于饥饿的边缘。联合国世界粮食计划署(UNWFP 2001)将"饥饿"界定为每天摄入热量不超过 1800 卡路里,而这个数量不足以提供成年人积极健康的生活所需的营养。自 1980 年以来,全球营养不良的人口始终相当稳定,大概有 8 亿人,尽管这个数字是从 21 世纪初年的巅峰值 10 亿人降下来的(UNDP 2010)。根据世界粮食计划署的研究,全世界饥饿人群中有 2 亿人是 5 岁以下的儿童,他们由于缺乏充足的食物而体重不足。每一年,饥饿夺去大约 1200 万儿童的生命。

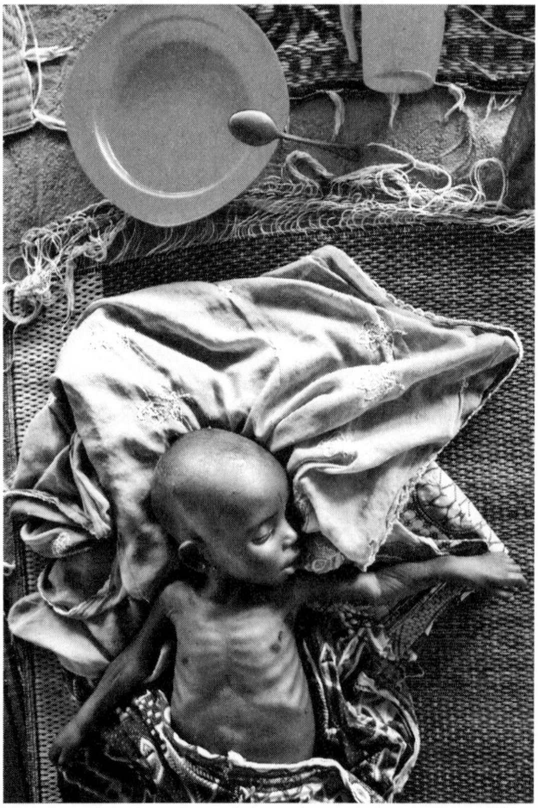

每年大约有 1200 万的儿童死于饥饿(自然和社会原因所致)、疾病,以及缺乏医疗保健。

在低收入或中等收入经济体中,超过四分之三的 5 岁以下营养不良的儿童,他们生活的地方其实粮食生产过剩(Lappe 1998)。然而,在发达国家,粮食过少不是问题,粮食过多倒逐渐成了问题,肥胖率已经发展成一种让人越来越担忧的事情。实际上,有学者预测,在美国,人们的预期寿命可能从 2050 年开始缩短,其原因就是与肥胖有关的健康问题，诸如糖尿病、中风和心血管疾病（Olshansky et al. 2005）。

饥荒与饥饿都是自然力量与社会力量的综合结果。当今世界，仅仅是干旱就影响到了大约1亿人。在苏丹、埃塞俄比亚、厄立特里亚、印度尼西亚、阿富汗、塞拉利昂、几内亚与塔吉克斯坦这些国家，干旱与内战共同作用，对粮食生产造成毁灭性打击，导致千百万人陷入饥饿乃至死亡。在21世纪初，在拉丁美洲与加勒比地区，有5300万人营养不良（占全部人口的11%），这个数字在撒哈拉以南非洲地区达到了1.8亿（占全部人口的33%），而在亚洲更高达5.25亿（占全部人口的17%）（UNWFP 2001）。

受饥荒与饥饿影响的国家基本上都太穷，以至于无法偿付新科技的费用，而这些技术原本可以增加这些国家的粮食产量。它们也负担不起从世界上其他地方进口充足粮食的费用。同时，与此相悖的是，世界的饥荒固然在不断加剧，粮食产量却也在不断增长。比如说，从1965年至1999年，世界谷物产量增加了一倍，即使考虑到全球人口在这一时期的显著增长，到1999年全球人均谷物产量也比三十四年前提高了15%。但是，这种增长在世界范围内并不是平均分配的。比如，在非洲的大部分地区，人均粮食生产量近年来呈下降趋势。同时，像美国这类高收入经济体固然粮食有盈余，但最需要这些粮食的国家很少买得起。

全球社会 14.2

世界吃什么？世界应该吃什么？

2000年，摄影记者皮特·门泽尔（Peter Menzel）同记者费斯·达卢西奥（Faith D'Alusio）开始记录世界各地的家庭一周内所吃的东西，展现其文化多样性，成果就是他们2005年出版的《饥饿星球：世界之所食》（*Hungry Planet: What the World Eats*）。他们访问了24个国家的30个家庭，探寻这些家庭的食品购置、花费以及食谱，并且将这些家庭同他们寻常一周的食物拍摄下来。下图复现了他们书中的两个例子：

批判性思考

比较两个家庭在饮食上的花费、食品数量、食物多样性，以及吃的是新鲜食品还是预制食品。是否可能判断出哪个家庭的饮食更健康？为什么有人会这样认为，即如果每个社会都吃得和美国的家庭一样，地球的自然环境将无法承载当今的全球人口（2016年为75亿）？

乍得共和国:布雷得津难民营(Breidjing Camp)的阿布巴卡尔(Aboubakar)一家

一周食品花费:685 中非法郎或折合 1.23 美元

喜欢的食品:新鲜羊肉汤

美国:北卡罗来纳州的雷维斯(Revis)一家

一周食品花费:341.98 美元

喜欢的食品:意大利面、土豆、芝麻鸡

三　教育、读写能力与童工

教育为经济增长贡献良多,因为接受了高等学校教育的人们可以为高薪行业提供必要的技能型劳动。而且,教育还是人们跳脱艰苦的劳动条件与贫困之循环的唯一可能,因为人要是没受过什么教育,就只能从事薪酬微薄的非技能型工作。同时,受过良好教育的人不太可能生养一大堆孩子,这样就减缓了全球人口增长,而这原本会加剧贫困。但在这一点上,发展中国家又一次处于劣势,因为它们很少能够负担得起高质量的公共教育体系。因此,发达国家中的儿童接受学校教育的可能性要远远大于发展中国家中的孩子,而高收入经济体中的成年人具备读写能力的可能性也高得多。

然而,自 20 世纪 80 年代以来,教育服务供给以及入学人数方面都有相当的改善。1990 年左右开始,发达国家以及发展中国家的初等教育入学已成规范,同时全球接受过某种形式教育的人口比例从 1960 年的 57%上升到 2010 年的 85%。由于平均就读年限的增长,发展中国家的青年识字率同样上升到超过 95%(UNDP 2010)。我们或可期待,其结果是未来对于发展中国家和个人而言,文盲已经远不是个问题了。

造成教育方面差别的原因之一在于,同低收入社会相比,发达国家的 GDP 中对于教育的投入比例要大得多,这意味着学生人均经费的巨大不平等(World Bank 2001)。比如 2010 年,发达国家的生均教育开支是撒哈拉以南非洲的 40 倍,后者仅为每年 184 美元。初等教育入学率当中还存在明显的性别差距。2010 年"人类发展指数"报告中调查了 156 个国家,仅有 87 个国家的男孩女孩初等教育入学率相当。在某些发展中国家的农村地区,中等教育适龄孩童的性别差距十分扎眼。比如,在玻利维亚和几内亚,仅有大约 35%年龄稍大些的农村姑娘入学就读,相较之下,城市男孩的入学率两国分别为 71%和 84%(UNDP 2010:36-38)。2007 年,发达世界中几乎所有中等教育适龄男女全都在接受全日制教育,而与此同时,发展中国家仅有 64%的儿童能享受到这一福利。在高等教育这个层面,情况甚至更加不平等,尽管整体趋势还是上升的(参见图 14.5)。

在发展中国家里,年轻人接受中高等教育的水平较低的主要原因之一,是他们都参加劳动。在家庭贫困、教育产品供给匮乏及对穷人或少数族群的困境一向无动于衷等因素的综合作用下,孩童们经常被迫参加劳动(UNICEF 2000a)。尽管在高收入经济体中童工已经被法律所取缔,但童工仍存在于世界上众多地区。根据联合国国际劳工组织(International Labour Organization, ILO)统计,2008 年,5 岁至 17 岁的童工数量约为 2.15 亿,这一数字比 2004 年减少了 700 万。其中,大约有 1.15 亿儿童的工作环境充满危险(ILO 2010:v)。童工问题在撒哈拉以南非洲地区发生率最高,而亚洲和太平洋地区的童工则

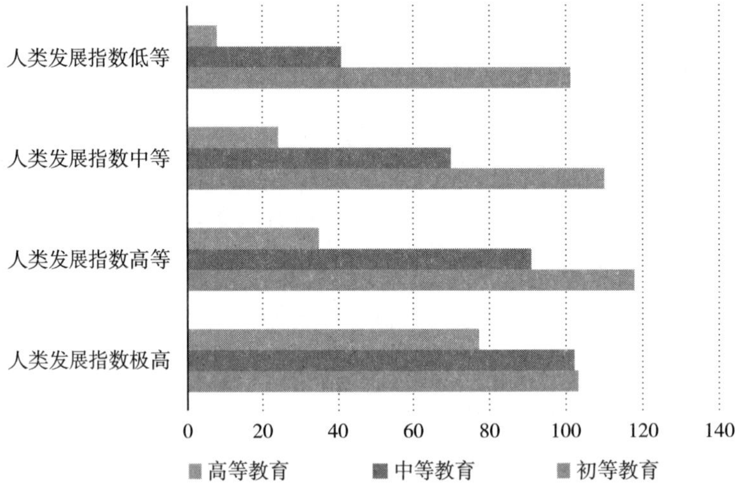

图 14.5 根据教育层次与人类发展指数分组的 2015 年总入学率

注:比率可能超过 100%,因为有些非适龄学生也注册入学(由于推迟入学及重复学习等)。

资料来源:UNDP 2015:245。

是数量最多。

2008 年,大约 68%的童工参与无薪家庭劳动,21%的是有薪雇用,5%则属于自雇;60%的童工分布在农业,7%在制造业,26%在服务业,诸如餐馆和旅店,以及给富人家当佣人(ILO 2010)。往好里说,这些孩子为获得微薄薪酬而劳动很长时间,不能上学读书,也无法发展可能最终使他们摆脱贫困生活的技能。不过,简单地立即强制禁止一切童工,就算能够做到,也可能适得其反。比如说,相对于儿童卖淫或者长期营养不良,童工或许是个更好的替代选择。挑战不仅仅在于终结童工,而且在于将孩子们从劳动推向教育,确保他们在学龄期间能够得到妥善的抚养。

今天有一种形式的童工几近奴役,那就是"抵押劳工"。在这种体制内,年仅八九岁的孩童被其父母抵押给工厂主,以换取小额借款。付给这些孩子的报酬非常低,以至于他们从没有成功地减轻这些债务,而注定终身被抵押。有一例抵押劳工的个案引起了国际社会的关注。一个叫伊克巴尔·马希(Iqbal Masih)的巴基斯坦小孩,年仅 4 岁的时候就被父亲出售为奴,只为得到 600 卢比(约 16 美元)的借款,以为自己的大儿子操办婚事。六年里,伊克巴尔绝大部分时间都被锁在一架制毯机前,从早到晚织着细结。直到 10 岁那年,他逃离了工厂,才向劳工组织与学校诉说了自己的经历。伊克巴尔为自己的直言不讳付出了惨痛的代价,13 岁时,他在家乡骑着自行车时被枪杀,而杀手被认为受雇于制毯业(Bobak 1996)。

要想废止如此剥削性的童工,就需要世界各国针对这类做法设立重法并厉行实施。国际劳工组织之类的国际组织已经概括了一套标准供此类法规遵循。1999 年 6 月,国际劳工组织正式通过了第182号公约(《消除最恶劣形式童工劳动公约》),呼吁废止"最恶劣的童工形式",包括奴役,出售或贩卖儿童,强制劳动,儿童卖淫,制作色情作品,毒品贩卖,以及从事有害于儿童健康、安全或道德的工作(ILO 1999)。各国还必须提供免费的公立教育,并要求儿童全日制入学就读(UNICEF 2000a)。但那些使用童工制造货品的全球企业,那些组织劳动力队伍的工会,那些其价值观反对童工的农业合作社,以及归根结底,那些购买货品的消费者,都该分担解决问题的责任。

全球社会 14.3

农业中的童工

在全世界的农村地区,有千百万女孩和男孩没去上学,反倒成了童工。他们随处可见,但是往往比较隐蔽,在农场里,在渔船上,在种植园,在山区,放牧牲畜,或是作为家仆忙个不停。童工延续着有关儿童、他们的家庭和社区的贫困循环。这些农村男孩女孩没有接受教育,极易成为未来的穷人。政策必须消除童工产生的根本原因,并且在农村地区推进为成年人提供正当工作。

超过1.29亿5岁至17岁的男女孩童从事农业劳动,大约占到童工总量的60%。在车间与血汗工厂艰辛工作的孩子,在城市里做家仆或街头小贩的孩子,他们并不是这世界上童工的大多数,大多数童工是那些在农场和种植园劳作的孩子,他们通常从日升干到日落,种植与收割庄稼,喷洒杀虫剂,以及在乡村农场和种植园牧养牲畜。这些孩子在种植业与畜牧业生产中扮演了重要角色,帮助提供部分我们所消费的饮食,以及我们用来制作其他产品的纤维与原材料。例如,可可/巧克力、咖啡、茶、糖、水果、蔬菜,以及其他农产品,像是烟草和棉花。

大约有7000万男女孩童在从事"有危害性的童工劳动",这种劳动会危及他们的生命、肢体、健康以及总体的幸福。如果不考虑年龄,农业与建筑业和采矿业一道,成了最危险的三大行业,在这些行业中,工作意味着与之相关的意外死亡、非致命性事故以及职业病。孟加拉国主要是一个农业国家,对于许多孩童来说,帮着耕作、收割、运输或售卖农产品,从童年伊始就是每天的常规工作。他们经常暴露在农机农具面前,往往会遭受毁灭性的伤害。每天大概有50名儿童为机器所伤,其中平均有3名因伤势严重而终身残障。

在津巴布韦,拖拉机停在原地过了一夜,轮子逐渐陷入泥沼。隔天一早,一名12岁的男孩启动拖拉机,重新点燃引擎,让轮子空转,试图将拖拉机向前开动一段(而安全的步骤本该是向后倒出去)。轮子依然陷在泥沼里,一动也不动,导致拖拉机后部翘起,以前轮为支点整个翻了过来,将压在底下的男孩碾死了。

2000 年,一名 11 岁的女孩,被南非西开普省克瑞斯(Ceres)的一家农场非法雇用,从拖拉机上摔下来,导致她左腿截肢。

1990 年,一名移民到美国的 15 岁的农场工人在搬一根 30 英尺长的铝合金灌溉水管时,水管碰到了头顶上的电线,他触电身亡。和他一起的另两名童工的四肢也遭到了严重的电击灼伤。

置身于同样的情境,儿童与成年工人相比,更容易遭受种种危害与风险。由于儿童的身体仍然在成长,心智和人格仍然在发展,工作经验还很缺乏,面临这些危险,他们的风险甚至更大。所以,穷人所面对的安全和健康防护的缺失,对童工而言往往更具有毁灭性与持续性。同时,农业的特点使得这些童工同其他大多数形式的童工相互分离,儿童通常住在他们所工作的农场或种植园中,这使他们暴露在额外的风险之中。

资料来源:节选自 ILO 2007b,2011b;以及 FAO/IFAD/ILO 2010。

批判性思考

是否应当将世界范围内的所有童工都禁止?如果禁止,有可能带来哪些后果(包括积极的和消极的)?哪些形式的“童工”在发达国家内仍被认为是可以接受的?是什么让后者相比于此文中国际劳工组织报告所讨论的那些形式的童工,显得更加可以接受?

第四节
变迁中的人口

据联合国估算，地球上的第六十亿位居民诞生于1999年1月20日，第七十亿位居民诞生于2011年8月26日。自1965年以来，全球人口翻了一番还多。保罗·埃尔里希(Paul Ehrlich)在20世纪60年代估算，如果当时的人口增长率持续下去，在900年后，地球表面将有60 000 000 000 000 000人(也就是六亿亿人)。物理学家J. H. 弗莱姆林计算出，要为此等规模的人口提供居所，需要在整个地球表面毫无缝隙地建造两千层的楼房(Fremlin 1964)。当然，这样一幅图景只是一个梦魇般的虚构，用以提醒人们注意，无限的人口增长将会带来多么灾难性的后果。

一些对于全球人口更具灾变论色彩的预测已经被证明是不准确的。在20世纪六七十年代，有预测说到2000年全球人口将增长到大约80亿，但实际的数字只有60亿。今天，联合国采用"中等水平变量法"(在极高水平和极低水平之间)预测的人口前景为，到2050年全球人口将达到93亿，其中大部分增长来自高生育率的地区：39个非洲国家、9个亚洲国家、6个大洋洲国家以及4个拉丁美洲国家(UN 2011)。而在低生育率国家(包括日本、中国、俄罗斯联邦和巴西)，预计的人口峰值将会在2030年之前出现，而后缓慢下降。到2100年，低生育率国家的人口将会比现在的少20%。而中等生育率国家(如美国、印度、孟加拉国以及印度尼西亚)的人口高峰预测将在2065年来临，到2100年，人口还在增长的就只有那些高生育率国家了(ibid.：1-2；参见图14.6)。

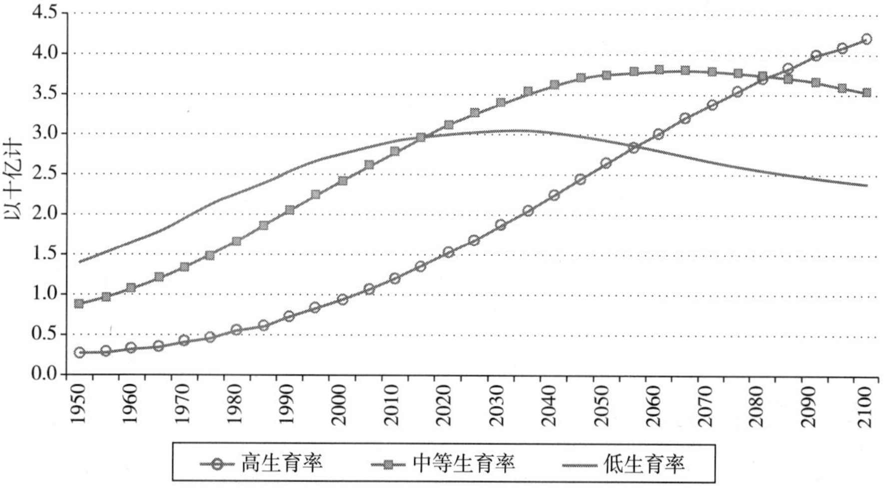

图14.6　1950—2100年，按生育率水平划分的国家组人口，中等水平变量法

资料来源：UN 2011：3。

联合国的最新预测就此指出,全球人口增长将开始放缓,而到 2100 年,这种增长趋势会逐渐消失,或许将导致22 世纪人口数量逐步减少。即便如此,人口从 19 世纪早期的大约 10 亿人,迅猛增长到当今的 70 亿人,仍然相当惊人。这个水平可能持续吗? 70 亿人能得到足够的饮食和居所吗? 或者他们中的大部分人注定要过一种贫困的生活吗? 如果西方的生活方式扩散到全球人口,对自然环境的状况意味着什么? 地球的生态系统能够处理全球消费主义产生的污染和废料吗? 生育水平的一点点变化将会产生严重的后果,如果某种更高水平变量的预测被证明更为精确,也不是不可想象的。果真如此,这些问题将会变得更加急迫。

一 人口分析:人口学

如果说当今人类面对的最重要问题之一是全球不平等,那么一个相关的议题就是全球人口的剧增。全球贫困与人口增长密切关联,因为全球一些最贫困的国家,人口增长也是最迅速的。我们现在就来讨论这个现象。

有关人口的研究被称为**人口学**(demography)。这个术语发明于大约一个半世纪以前,那时各国政府开始对各自人口的性质和分布进行官方统计。人口学关注的是测量人口的规模,并对人口的增减做出说明。人口模式受三个因素的支配:出生、死亡和迁移。人口学习惯上被当作社会学的一个分支,因为在一个给定的群体或社会中,影响其出生和死亡的水平以及人口迁移的因素主要是社会和文化方面的。

人口学工作往往首先立足于统计。所有的发达国家都通过实施人口普查(为摸清人口状况而设计的系统调查),收集并分析关于各自人口的基本统计数据。尽管当今的数据收集模式十分严格,但即使在这些国家,人口统计也并不完全精确。在英国,自 1801 年以来,就每隔十年进行一次人口普查,不过 2010 年选举上台的联合政府已经研发了可能更加便宜的替代方法,2011 年的普查或许将成为这个长久系列的最后一幕。人口普查力求精准,但是有些人没有进入官方统计,比如非法移民、无家可归者、临时工,以及其他出于种种原因逃避登记的人。而在许多发展中国家,特别是那些近年来人口增长率高的国家,人口统计更加不可信赖。

二 人口变迁的动力

人口增长率或者下降率的测算,是用每千人中出生人数减去每千人中死亡人数得到的,通常每年测算一次。一些欧洲国家已经出现了负增长,换言之,它们的人口在逐渐减少。几乎所有工业化国家的增长率都低于 0.5%。人口增长率在 18 世纪和 19 世纪很高，但是自那以后已经趋于平稳。今天，许多发展中国家的人口增长率在 2%到 3%之间。这些数据看起来与工业化国家的增长率没有多大区别，但实际上后果差异巨大。

究其原因，在于人口增长是指数式的。从一个单位开始翻番，其结果再翻番，一直进行下去，会很快得出巨大的数字，1 ：2 ：4 ：8 ：16 ：32 ：64 ：128，如此持续。同样的规律也完全适用于人口增长，我们能够通过**翻番时间**(doubling time)，即人口规模加倍所需的时间长度，来测量这种效果。1%的人口增长率在 70 年内会使人口翻一番。2%的人口增长率将使人口在 35 年内翻一番，而 3%的增长率则只需要 23 年就可翻一番。在整个人类历史上，直到 1800 年以后世界人口才达到第一个 10 亿。到 1930 年，人口翻番到了 20 亿，到 1975 年(仅仅 45 年后)人口就达到了 40 亿，而如今世界人口已经达到 74 亿。

发挥你的社会学想象力 14.1

人口学——核心概念

在人口学家使用的基本概念当中，最重要的是粗出生率、生育率、生育力和粗死亡率。所谓**粗出生率**(crude birth rates)，就是人口中每年每千人当中的活产数。之所以称为“粗”，是因为这些统计数据十分笼统。比如说，粗出生率并没有告诉我们人口中的男女比例，或者是年龄分布状况(人口中年轻人与老年人的相对比例)。如果在收集统计数据时将出生率和死亡率与这类范畴联系起来，人口学家就会说“特定”的比率而不是“粗略”的比率。比如说，特定年龄出生率就可以具体指明不同年龄组当中每千名女性的生产数。

如果我们希望更细致地理解人口模式，特定出生率所提供的信息通常都是不可或缺的。尽管如此，粗出生率对于在不同群体、社会以及地区之间进行整体比较还是有用的。所以说，澳大利亚 2006 年的粗出生率为 12.4(当年每 1000 人当中)，尼加拉瓜则为 24.9，莫桑比克为 39.5，而最高的刚果民主共和国为 49.6(UN 2006)。工业化国家的粗出生率比较低，而在世界其他许多地方，粗出生率则高得多。

出生率是女性生育率的一种表现。所谓**生育率**(fertility)是指女性的平均活产儿数。生育率通常以每千名育龄妇女生育的平均数目来计算。生育率不同于**生育力**(fecundity)。生育力指的是女性在生物意义上可能生育婴儿的潜在数目。一个正常的女性在其有能力怀孕的时期内，从生理意义上来说存在每年生育一个孩子的可能。生育力根据女性达到青春期和绝经期的年龄不同而有所差异，两者在不同国家和不同个体之间都不相同。虽然可能出现一个妇女生育 20 个甚或更多孩子的家庭,但由于社会和文化方面因素的限制,生育率实际上始终远远低于生育力。

粗死亡率(crude death rates,也称为“死亡率”)的计算方法类似于出生率,即人口中每年每千人的死亡数目。同样,各国之间存在着显著的差异,但在发展中世界的许多社会当中,死亡率正逐渐降低到同发达国家相当的水平。英国 2002 年的死亡率为 10‰,而印度为 9‰,埃塞俄比亚为 18‰。少数几个国家的死亡率要高得多。比如在塞拉利昂,死亡率为 30‰。像粗出生率一样,粗死亡率只能提供非常笼统的**死亡率**(mortality)指标(一定人口中的死亡数目)。特定死亡率给出的信息要精确得多。有一种特别重要的特定死亡率就是**婴儿死亡率**(infant mortality rate),即在任一年中,每千名活产儿在周岁内的死亡数目。支撑人口爆炸的关键因素之一,就是婴儿死亡率的下降。

婴儿死亡率的下降是使预期寿命不断提高的最重要因素。**预期寿命**(life expectancy)是指人们预期能够存活的平均岁数。2007 年,出生于英国的女性的出生时预期寿命为 81.3 岁,同时男性为 76.23 岁(CIA 2007)。这与上个世纪之交时女性 49 岁、男性 45 岁的预期寿命形成了鲜明比对。当然这并不是说,1901 年出生的人绝大多数在四十来岁就死了。如果婴儿死亡率较高,就像许多发展中国家的情形一样,那么平均预期寿命就会被拉低,因为这是一种统计上的平均。疾病、营养以及自然灾害都会影响到预期寿命的长短。预期寿命同**生命极限**(life span)不同,后者是指个体所能够存活的最长年限。尽管世界上绝大多数社会的预期寿命都在延长,但是生命极限始终没有什么变化,仅有极少一部分人能真正活到甚或活过百岁。

批判性思考

对于人口的总体趋势,人口学研究提供了非常有用的量化信息,这对于比较分析十分宝贵。但是在人口学中定性分析方法是否有用?回想下第二章当中的一些定性方法,谈谈它们可能对我们理解人口发展动力有何帮助。

马尔萨斯主义的关切 以当今发达世界的标准来看,前工业化时代的出生率是相当高的。然而,18 世纪以前,人口增长一直比较缓慢,因为出生数与死亡数大体平衡。总体趋势是在上升,有的时期也会出现人口显著增长,但随后便会有死亡率的上升。例如,在中世纪的欧洲,当收成不好的时候,人们往往会推迟结婚,受孕的机会减少,而同时死亡数也会增加。没有任何社会有能力摆脱这种自我调控的节律(Wrigley 1968)。

在工业主义的上升期,许多人盼望出现一个匮乏一去不复返的新时代。但托马斯·马尔萨斯(Thomas Malthus)在其名著《人口原理》(*Essay on the Principle of Population*,1976[1798])中批评了这类预设,引发了一场关于人口与食物资源之间关联的争论,并一直持续至今。1798年,欧洲人口急剧增长,马尔萨斯指出,人口的增长是指数式的,但食物的供应却依赖限定的资源,只能通过开垦新的土地来扩展。因此,人口增长往往会超出支撑手段,由此产生的不可避免的后果便是饥荒,其与战争和疫病的影响结合在一起,成为对于人口增长的自然限制。马尔萨斯预言,人类除非实行"道德约束",否则始终会生活在悲惨与饥饿的情形中。他为人口过度增长开出的药方就是严格限制性生活频率,因为他认为避孕是一种"邪恶"。

在发达国家,**马尔萨斯主义**(Malthusianism)被认为是过度悲观的,因为人口的动态变化遵循了一种与他的预测截然不同的模式。在19世纪晚期及20世纪,人口增长速度放缓了。实际上,在20世纪30年代,许多发达国家主要担心的是人口下降。20世纪全球人口的激增使得马尔萨斯的观点在一些人看来更合口味,尽管很少会有人支持他原初的说法。现代马尔萨斯主义者认为,发展中国家的人口扩张超出了那些国家为养活本国民众所能利用的资源限度,导致了营养不良以及普遍贫困。然而,正如我们所见,人类发展的诸多方面都在取得进步,甚至在最贫穷的国家也是如此。

三　人口转变

人口学家常常把工业化国家自19世纪以来在出生死亡比率上的变化叫作**人口转变**(demographic transition)。这一论点最早由沃伦·S. 汤普森(Thompson 1929)提出,他描述了一个由三个阶段组成的过程。在这个过程中,随着一个社会的经济发展到比较发达的水平,一种人口稳定类型将最终被另一种人口稳定类型所取代。"经典研究14.1"就来讨论这个命题。

人口转变理论乃是基于这一假设(这也是卡尔·马克思所持有的假设),即工业资本主义将会扩展到全世界。正因确实如此,经济增长,出生率和死亡率下降,经历了一段时间的人口激增,之后各国人口趋向稳定,甚至有可能减少。但是,如果经济发展是非均衡的,而且世界上的某些地区并没有遵循所说的各个阶段,那会怎样?全世界所有社会都将变得同等富裕,这种讲法切合实际吗?这个尤具争议的话题就是我们下一节的主题。

经典研究 14.1

人口转变理论

研究的问题 从18世纪中期以来,一些社会开始工业化,人口也迅速增长。但是大约一个世纪以后,人口增长放慢了,到了21世纪,许多发达社会几乎无法更替它们的人口。为什么会出现这种状况?这种长期转型是否存在某种模式?如果存在,那么它是否有可能被发展中国家所重复?它会如何影响未来的全球人口规模?美国人口学家沃伦·S.汤普森(Warren S.Thompson, 1887—1973)第一个从这类发展中捕捉到一种模式,其研究被后来的人口学家继续发展,将工业化与人口学趋势关联起来。

人口转变模型 汤普森(Thompson 1929)认识到,尽管出生率与死亡率形塑了人口增长及人口规模,但是这些比率会出现重要转变,并对一个国家的人口产生深远的影响。后来的人口学家将其观点进一步发展完善,形成一个模型,通常被称为**人口转变模型**(Demographic Transition Model, DTM),该模型分辨出社会经历工业发展时的一系列阶段(阅读下文时可参考图14.7所示模型)。

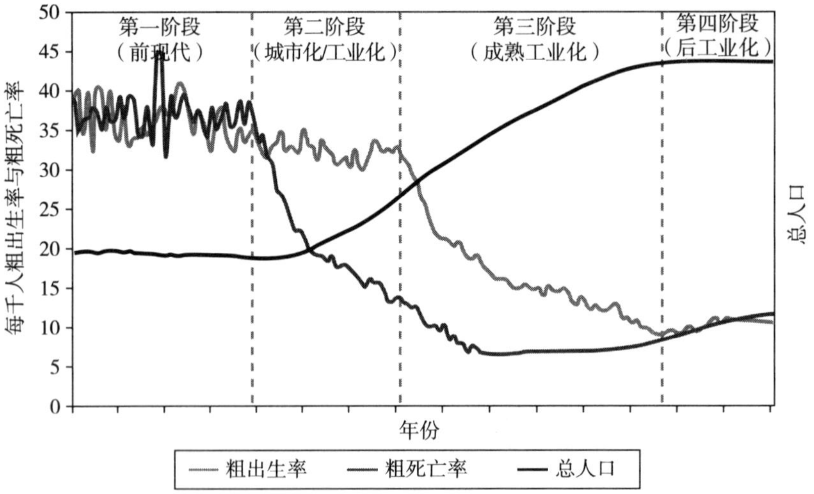

图 14.7 人口转变模型

资料来源:Wikimedia Commons。

第一阶段指的是绝大多数非工业社会特有的状况,在那些社会,出生率和死亡率都较高,而婴儿死亡率特别高。由于出生数多少被死亡数所抵消,人口即使增长也不会太多。这一阶段涵盖了人类历史的绝大部分,因为传染病、疾病以及自然灾害使得人口保持在低水平。**第二阶段**最早开始于19世纪早期的欧洲大部分地区以及美国,在该阶段中，死亡率下降，而生育率保持高水平。其结果，这是一个人口长期增长的阶段。食品质量提升，作物产量增加，安全的饮用水供给，以及更为有效的污水处理和废料处置，一起促成了死亡率降低和人口增多。在**第三阶段**，出生率同样下降，达到了一个使人口逐渐稳定的水平，虽然在绝对水平上还是要比第一阶段高很多。导致这种变化的原因可能有好几个，包括：读写水平的提高（特别是女性）使将女性单纯视为生养小孩的人的传统观念遭到挑战；义务教育帮助儿童脱离劳动力队伍；城市化消除了（农村地区）由田间劳动而产生的对大家庭的需求。

不久之后，避孕技术的改进也发挥了重要作用，使人们能够控制其生育。有些人口学家区分出了**第四阶段**，在该阶段，人口趋于稳定，因此完成了人口转变。但是，有些国家，包括希腊、意大利和日本，最近出现了生育率低于更替水平的情形，我们或可预测到了某个阶段，发达工业社会中的人口规模趋于下降。话说回来，这个阶段至今未成现实，还只是一种理论上的可能性。

批评的观点　尽管大众普遍认为，这样的序列准确地描述了现代社会人口特征的重大转型，但是各发达国家还是颇有差异。而当这个模型用于发展中国家时，批评者指出，20 世纪 80 年代出现的艾滋病病毒/艾滋病成了使某些国家进步放缓乃至停滞的重要因素，因为死亡率与婴儿死亡率没有下降反而上升了。由于艾滋病病毒/艾滋病的蔓延，撒哈拉以南非洲所遭受的这种情况最为严重（参见第十一章“健康、疾病与身心障碍”）。

人口转变模型被广泛视作带有反马尔萨斯主义的色彩。该模型认为，人口不会因为指数式的增长而陷入大规模饥饿与饥荒，而是有可能趋向让人放心的稳定。对于这样的乐观态度，有一种反对观点指出，西方式消费主义扩散到全球人口，将会严重威胁全球生态系统，基于目前的人口预测，事情只会变得更糟。一些环保主义者认为，我们不应该对绝对数量巨大的人口抱持乐观态度，而应该致力于成功减少全球人口。

当代的意义　人口转变理论可能是曾经提出的关于长期人口趋势的最具影响的视角，并继续启发着人口学领域的研究。虽然说，对于应该如何解释该模型所预测的变化序列，或者第三阶段可能怎样持续下去，人口学家并没有达成共识。不过，这个模型最大的价值就在于，它鼓励我们基于全球视角，以长远眼光来看待人类的发展，并提供了一个很好的出发点。

第五节

穷者何以富?

▼

发挥你的社会学想象力 14.2

让"底层十亿"脱贫

我们已经看到,许多发展中国家在解决劣势和贫困问题方面已经取得了长足的进步。即便如此,在整个发展中世界内部,这种进步的分布也是不均衡的。有些国家还在苦苦挣扎。保罗·科利尔(Paul Collier)在其《底层十亿》(*The Bottom Billion*, 2007)中主张,发展援助现在应当聚焦于那些最贫穷的发展中国家,它们近几十年来都没有取得坚实的经济进步。这个范围包括大约60个国家,总人口为十亿上下。然而,这个观点并非人人赞同,另有研究质疑了传统看法,即所谓处在绝对贫困线之下的人和家庭大多生活在那些最贫穷的国家。

比如说,提交给英国发展研究所(Institute for Development Studies)的一份报告指出,在每天生活费不足1.25美元的13.3亿人中,有72%其实生活在中等收入经济体(Sumner 2010)。印度和中国依然有相当多的人生活在贫困中(约占全球贫困人口总数的50%)。但是凭借过去二十年经济的迅速发展,这两个国家都被世界银行重新归类为"中等收入经济体"(Kanbur and Sumner 2011)。萨姆纳指出,印度、印度尼西亚、巴基斯坦和尼日利亚都经历了类似的重新归类,全球穷人中的绝大多数都在这些国家,但它们已经进入了中等收入的行列。

这样来解释数据意义重大,因为它等于是说,传统的发展援助形式,即以特定**国家**为目标的援助,其效果或许已经大打折扣了。相反,更好的援助是以**穷人**为目标,不管他们生活的国家经济情形如何。如果中等收入经济体有大量公民仍然生活在贫困中,那么解决它们内部的不平等问题就成为一项主要议题,无论对于其政府,还是对于外国援助者,皆是如此。

批判性思考

如果帮助底层十亿意味着向中等收入经济体的民众提供援助,你预见在富裕经济体募集资金会遇到哪些障碍? 如何可能克服这类障碍?

尽管印度是全世界增长最快的经济体之一，贫困却依然随处可见，乡村地区尤甚，城市贫民窟亦然。

旧有的“三个世界模式”对全世界各社会的分类之所以失去理据，原因之一在于它未能关注到全球一体化以及一些国家在“三个世界”之间的位置变动。到了 20 世纪 70 年代中期，这个问题愈发暴露出来，当时东亚有一批低收入经济体正经历一个快速工业化的进程(Amsden 1989;还可参阅第四章中有关这一发展的讨论)。这一进程开始于 20 世纪 50 年代的日本，但很快扩散到世界上的一些**新兴工业化经济体**，或称增长迅速的经济体，尤其是在东亚地区，不过拉美地区也有一些。东亚的新兴工业化经济体包括 20 世纪 60 年代的中国香港，20 世纪七八十年代的中国台湾、韩国和新加坡。到了 20 世纪 80 年代和 90 年代早期，一些亚洲经济体表现强劲，其中最值得一提的是中国，此外还有马来西亚、泰国与印度尼西亚。

图 14.8 比较了世界上低收入、中等收入和高收入经济体的平均经济增长率。经济学家往往会假设，就发展中世界而言，当它们开始赶超时，将会经历比发达经济体更高的平均经济增长率。然而，直到最近，实情常常并非如此，仅有几个发展中社会的平均增长率成功地超过了发达经济体。

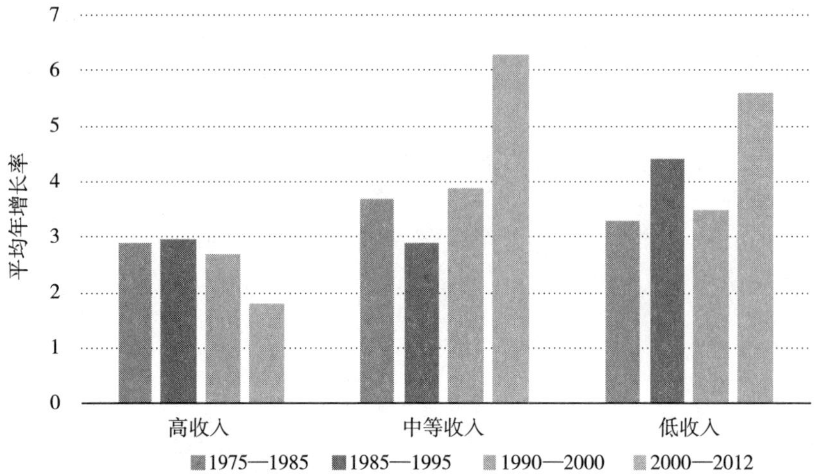

图 14.8　1975—2012 年低收入、中等收入、高收入经济体的平均经济增长

资料来源:数据综合取自世界银行《世界发展指标》系列报告。

不过,自 20 世纪 90 年代中期开始,这种状况发生了改变,中低收入经济体的**平均**增长率开始高于发达经济体。事实上,有 13 个经济体被世界银行改变分类列为“发达经济体”,它们的经济增长率已经把它们推进了相对富裕的行列:安提瓜和巴布达、巴林、希腊、关岛、马恩岛、韩国、马耳他、新喀里多尼亚、北马里亚纳群岛邦、波多黎各、沙特阿拉伯、圣马力诺和斯洛文尼亚(World Bank 2007)。[①] 这些地方在两代人以前还被认为是“穷”地方。到 1999 年,新加坡的人均 GDP 几乎与美国相当,而中国是全球增长速度最快的经济体之一。从 1980 年到 1999 年,中国经济年均增长率达到了 10%,总量翻了一番。[②]

基于平均收入水平来比较不同国家,可以看到巨大的差异,发达国家与发展中国家之间尤其明显。而在一国**之内**比较富人与穷人的收入也能表明,近些年来,一些国家经历了收入不平等的扩大化(如美国、英国、巴西),而另一些国家在这方面较为稳定(如法国、加拿大)。

如果我们不考虑所在国的因素,在**个体**层面测量 1970 年以来的全球不平等,可以发现,平均来说,“全球公民”变富了,全球收入分配也变得更加平等了(Loungani 2003)。但是,这一结论受到少数大国的快速增长的严重影响,即巴西、俄罗斯、印度和中国(合称“金砖四国”)。如果撇开中国、印度和越南,被世界银行重新归类为“发达经济体”的 13 个经济体的人口合计仅占全球人口的大约 2%,仅能代表广大发展中世界的少数。很明

① 目前,马恩岛为英国皇家属地,新喀里多尼亚为法国海外属地,关岛、北马里亚纳群岛邦、波多黎各为美国海外属地或自治邦。——译者注

② 原文如此,但名义 GDP 和实际 GDP 都远不止翻了一番。——译者注

显,经济增长率的分布还是极不均衡的。在 1995 年至 2005 年的十年间,大多数发展中地区在全球产出中所占份额并没有增加,东亚和太平洋地区是令人瞩目的例外(见图 14.9),其份额增加了大约 6%。

表 14.1　跨国、国内及全球的不平等

收入不平等的概念	跨国不平等	国内不平等	全球不平等
测量什么	各国的平均收入的不平等	一个国家内部富人与穷人之间的收入差异	富人和穷人的收入差异,无论其属于何国
证据显示	分化	许多国家(如巴西、中国、美国)的不平等有所增长,其他许多国家(如加拿大、法国、日本)则稳定保持低水平	趋同

资料来源:Loungani 2003。

东亚的经济扩张并非没有付出代价,包括对于劳工权利与公民权利的压制,有时甚至是暴力镇压,恶劣的工厂条件,对越来越多的女性劳动力和来自贫困邻国的移民劳工的剥削,以及日益蔓延的环境恶化。但不管怎么说,归功于过去数代劳动者做出的牺牲,这些国家中的大批民众正在走向富足。

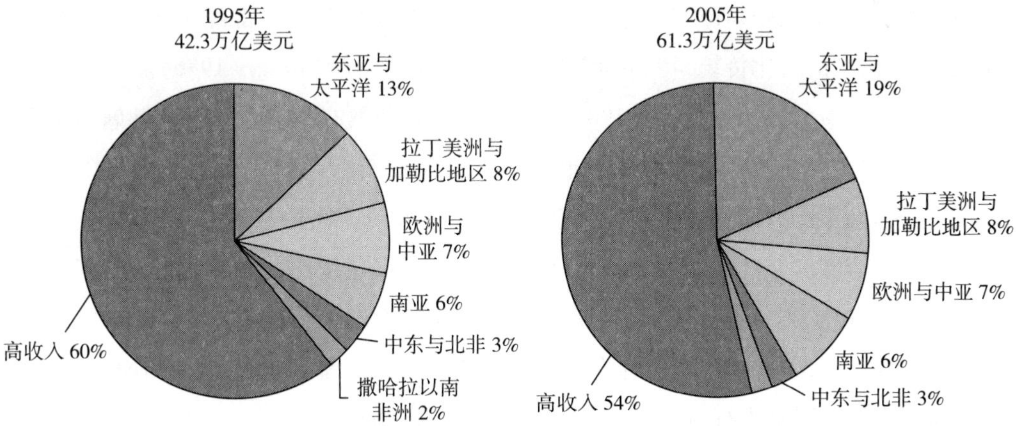

图 14.9　1995 年与 2005 年全球产出份额分地区对比图

资料来源:World Bank 2007。

对于东亚新兴工业化经济体的经济快速增长,社会科学家又有怎样的说法呢?这个问题的答案,可能会对其他希望追随这些经济体脚步的发展中经济体以一些关键启示。历史上,中国台湾、韩国、中国香港和新加坡都曾受到殖民统治,这种经历施加了诸多艰难困苦,却也为经济成长铺筑了道路。中国台湾与朝鲜半岛都曾被日本侵占;中国香港与新加坡则受到英国的殖民影响。日本消灭了反对工业化的大地主,英国和日本都扶持工业的发展,建造了道路和交通体系,并且确立了相对高效的政府科层机关。英国还积极将香港和新加坡这样的城市发展成为贸易中心(Gold 1986; Cumings 1987)。但在世界其他地方,比如说拉美和非洲,今天贫穷的国家在与更加富裕和强大的国家打交道时,遭际就没有这么好了。

东亚地区也受惠于世界经济的一段长期增长。从 20 世纪 50 年代直到 70 年代中期,欧洲和美国的经济增长为服装、鞋袜和电子产品提供了坚实的市场,而这些产品正逐渐转移到东亚生产,为该地区的经济发展创造了一个“不可错失的良机”。而美国与欧洲经济的周期性衰退,也迫使企业削减劳动力成本,刺激了工厂重新选点,迁往薪资较低的东亚(Henderson and Appelbaum 1992)。世界银行(World Bank 1995)的一项研究发现,1970 年至 1990 年,以向富裕国家出口产品为经济增长主导的发展中国家,工资年均增长 3%,而发展中世界的其他地方,同期工资并未增长。

东亚地区的经济是从冷战高潮时开始起飞的,当时的美国及其盟友正在建立一道抵御该地区共产主义扩张的壁垒,提供了大量的经济援助与军事援助。直接的援助和借款为晶体管、半导体及其他电子器件之类的新技术注入了充裕的投资,促进了当地的工业发展。军事援助也常常有利于强硬的(常常是军管的)政府,它们愿意使用压制手段来保持劳动力成本的低廉(Mirza 1986; Cumings 1987, 2005; Castells 1992)。

有些社会学家主张,日本与东亚新兴工业化经济体之所以取得经济成功,有部分原因在于它们内在的文化传统,特别是它们所共享的儒家哲学(Berger 1986)。一个多世纪以前,马克斯·韦伯(Weber 1992[1904-1905])提出,新教有关节俭、简朴、勤勉的信念有助于说明资本主义在西欧的兴起。韦伯的观点已经被用来说明亚洲经济史。儒家学说据说培养人尊老敬上、崇尚教育、辛勤劳作,并且将得到证明的成就作为出人头地的关键,同时心甘情愿以今日的牺牲来换取明日更大的回报。按照这种韦伯式的观点推演,这些价值观所造成的一个结果,就是亚洲的劳动者和管理者都非常忠于自己的公司,顺从权威、勤奋工作,并且以成功为导向。工人和资本家据说都很俭朴,他们不追求奢华的生活,而更可能将财富进行再投资,以求进一步的经济增长。

这种说明有其价值在,但是它忽视了一个事实:在亚洲,经商并不总是受人敬重的。在 20 世纪 50 年代晚期,日本的劳资双方发生过激烈的冲突,20 世纪 80 年代后期的韩国也是如此。东亚各新兴工业化经济体的学生和工人都曾反对过他们觉得不公正的那些政治经济政策,经常冒着被捕的风险,有时甚至搭上自己的性命(Deyo 1989; Ho 1990)。不仅如此,在日本与新兴工业化经济体,随着在近年的迅速繁荣中成长起来的年轻人越来越看重炫耀性消费,而不是艰苦朴素和生产投资,诸如节俭之类的儒家文化价值观似乎趋于衰微。

从韦伯式的视角来看，日本文化中对权威的服从与尊重的传统根深蒂固，有助于说明这个国家的经济发展史。

这些新兴工业化经济体的经济得以快速增长的最后一个因素，是东亚部分政府奉行有利于经济增长的强势政策，并采取了一系列意向明确的行动。政府积极发挥作用以保持低廉的劳动力成本，通过减税及其他经济政策鼓励经济发展，并提供免费的公共教育。我们将会在本章稍后再回来讨论东亚政府的政策。

1997 年至 1998 年，在糟糕的投资决定、腐败与世界经济环境综合作用之下，这些经济体的经济扩张戛然而止。它们的股票市场崩盘，货币贬值，并且危及整个全球经济。中国香港的经历颇为典型：经济在持续增长三十七年后陷入停滞，股票市场即恒生指数损失了一半多的市值。到 2004 年，经济学家注意到，香港的经济重新开始增长，地产市场开始上扬。

2008 年的金融危机和经济衰退，从美国开始扩散到大多数发达经济体，但在此后一段时期，东亚新兴工业化经济体也展现出了一定的弹性。尽管接连受到经济危机、2011 年日本大地震、源于中东的油价上涨等的影响，但到 2015 年，新加坡、泰国、马来西亚和菲律宾等东南亚经济体全都回归每年5%到7%的经济增长(Fensom 2015)。不过,中国和印度的经济增长趋缓,中国的房地产"泡沫"和债务负担加重(主要是地方政府基建项目开支所致)导致人们担忧出现一次新的崩溃,对东亚造成负面影响(Elliott 2013; Evans-Pritchard 2015),不过,我们还是可以得出结论:新兴工业化经济体并不只是昙花一现,而是会大体沿其经济发展的道路走下去。

一 关于发展的理论

描述全球不平等的轮廓和程度是有用的,但是说明其成因,讨论其能否被克服,就需要一些理论,也就是能够将不同社会类型、国际关系以及社会经济变迁的证据联系到一起的理论。本节我们将考察致力于说明经济发展的不同类型的理论:市场导向理论、依附与世界体系理论、国家中心理论,以及最近的后发展批评。如果我们需要理解取自世界范围内各个社会的海量数据,就必须有理论。

(一)市场导向的现代化理论 四十年前,英美两国的经济学家与社会学家提出了一些关于全球不平等的理论,其中最具影响的就是**市场导向理论**(market-oriented theories)。这些理论假设,如果个人能够不受任何形式的政府约束限制,自由地做出经济决策,就能获得最佳的经济结果。不受限制的资本主义如果被允许充分发展,据说将走上一条通往经济增长的大道通衢。政府科层机构不应对生产什么货物、该卖多少钱或者要付给工人多少工资之类的问题发号施令。根据市场导向理论家的看法,低收入经济体的政府对于经济的指导阻碍了经济的发展。有鉴于此,当地政府不应挡了发展的道(Rostow 1961; Warren 1980; Ranis 1996)。

经典研究 14.2

沃尔特·罗斯托与经济增长的阶段

研究的问题 为什么有些国家与地区经历了迅猛的经济发展,而其他地区却仍在苦苦挣扎?欠发达的问题本质上是内生的(根植于特定国家),还是外力驱动的结果?我们能从发达社会的发展过程中学到什么?沃尔特·罗斯托(Walt Rostow, 1916—2003)曾经担任美国总统约翰·F.肯尼迪的经济顾问,后来成为一名很有影响的经济理论家,他给出的答案塑造了美国20世纪60年代对拉丁美洲的外交政策。

罗斯托的说明　罗斯托给出的说明采用一种市场导向的思路，后来被称为**现代化理论**(modernization theory)。现代化理论认为，低收入社会只有放弃它们的传统方式，采纳现代经济制度、技术和文化价值观念，即强调储蓄与生产性投资，**才能**在经济上取得发展。根据罗斯托(Rostow 1961)的观点，低收入经济体中的传统文化价值观念与社会制度妨碍了它们的经济效率。比如说，他认为低收入经济体中的许多人缺乏一种强烈的工作伦理；他们宁愿把钱今天就花掉，而不愿意为未来投资。大家庭也被视为对所谓"经济落后"负有部分责任，因为如果一个挣钱养家者需要养活一大家子人，很难指望他把钱存下来用于投资。

不过，罗斯托与其他现代化理论家认为，低收入经济体还有更为深层的问题。这类社会的**文化**往往支持"宿命论"，而这种价值体系把受苦受难看作正常生活不可避免的组成部分。如此一来，如果一个人接受了自己的生活命运，就不能鼓起劲来辛苦劳动、勤俭节约，以求征服自己的命运。有鉴于此，一个社会之所以经济上欠发达，很大程度上是民众自身的文化缺陷所致。而政府限定工资，控制价格，从整体上干预经济运作，这类政策更是加剧了诸如此类的缺陷。那么低收入经济体又该如何摆脱自身的贫困呢？罗斯托认为经济增长会经历几个阶段，并将其比作飞机的航程(参见图 14.10)。

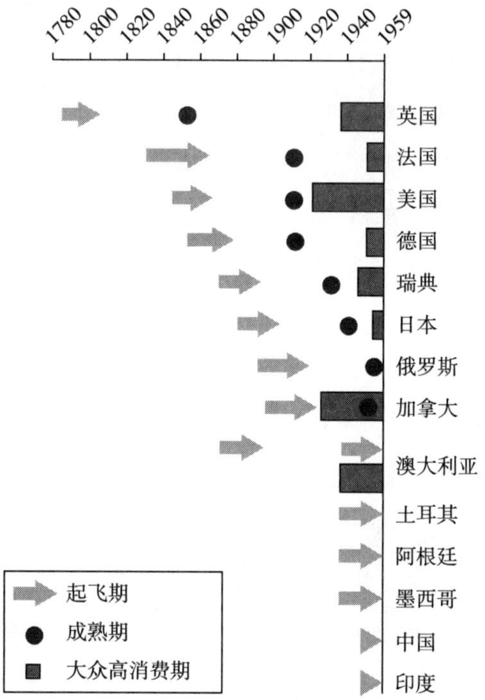

图 14.10　1750 年至 1959 年特定国家的罗斯托经济增长诸阶段

资料来源：www.agocg.ac.uk/reports/visual/casestud/southall/trajecto.htm。

1. **传统阶段**(the traditional stage)。就是上文所描述的阶段,其特征是储蓄率低,(据说)缺乏一种强烈的工作伦理,以及拥有所谓"宿命论"式的价值体系。我们可以说这一阶段飞机还堵在跑道上。
2. **经济增长的起飞**(take-off to economic growth)。传统阶段将让位于第二阶段,即经济起飞。当落后者开始抛弃其传统价值观念和制度,民众着手为未来储蓄和投资,这个阶段就到来了。而先进者的作用就是促进并支持这种起飞。它们可以通过资助生育控制方案,为电气化、道路建设和机场建设提供低息贷款,或者启动新兴产业等,来做到这一点。
3. **趋向技术成熟**(trive to technological maturity)。根据罗斯托的看法,有了高收入经济体的资金和建议助力,经济增长这架飞机将沿着跑道滑行,逐渐加速,并开始升空。落后者就此将趋向技术成熟。以航空学的比喻来说,飞机将缓慢攀升到巡航高度,改进其技术,把晚近所获得的财富再投资到新兴产业中,并采纳先进者的各项制度和价值观。
4. **大众高消费**(high mass consumption)。最后,将达到大众高消费阶段。现在民众有能力实现较高的生活水准,从而享受自己劳动的成果。飞机(也就是某一经济体)在自动导航状态下巡航飞行,进入高收入的行列。

罗斯托的观点依然具有影响力。事实上,当今经济学家中的流行观点,即**新自由主义**(neo-liberalism),就是生发于现代化理论。新自由主义者认为,尽量减少政府对于工商业的限制而释放出来的自由市场的力量,可以开辟通往经济增长的道路;他们还主张,全球自由贸易将使全世界所有国家都有能力走向繁荣。根除政府管制被视作推动经济增长之必需。话说回来,罗斯托的模型其实也允许政府采取行动,促进发展,而热情倡导自由市场的人们对此满怀疑虑。

批评的观点　支持现代化理论的人们指出,东亚新兴工业化经济体的成功足以证明,发展确实是向所有人开放的。然而,(如我们上文所见)也可以反驳说,这种成功在一定程度上属于偶然,涉及冷战的政治权宜以及殖民主义的历史遗产。诸般条件如此结合,并不太可能适用于后冷战世界中的其他低收入经济体。实际上,即使到了21世纪,许多低收入经济体尽管得到了外部的帮助,但并没有经历罗斯托笔下的诸阶段,与经济上变得发达仍然相距遥远。

更进一步的批评针对的是,罗斯托认为高收入经济体在帮助低收入经济体成长中扮演了关键角色。但罗斯托这么说并没有充分考虑殖民主义的长期后果,这有利于军事强大的欧洲国家,牺牲了亚洲和拉丁美洲那些社会,因此,后者在早期经受了毁灭性打击才换取到经济发展。最后,罗斯托认为"宿命论"式的文化价值观是欠发达的致因,因此可以被视为种族中心主义立场,以西方有关"进步"的价值、理念和模型为卓越样板。如同第五章"环境"所示,西方对不受节制的经济增长的追求已经破坏了全球自然环境,造成的很可能是无法挽回的损害,这就引发一些人去质疑,这种"进步"长期来看是否可持续。

当代的意义　罗斯托的理论认为,阶段的"演进"是朝向自我维持的经济增长,但全球贫困、饥饿与欠发展长期持续,导致许多人完全放弃了这种理论。事实上,在近乎半个世纪之后,任何历经罗斯托式阶段取得**不可避免的**进步的观念都没有找到多少证据支持,而罗斯托的《非共产党宣言》所激起的争论,也不少于马克思和恩格斯(Marx and Engels 1848)最初的《共产党宣言》。但是,如我们本章所见,晚近多项**全球性**指标确实呈现出一幅更加积极的图景,世界上中低收入经济体里的很多人,哪怕绝非全部人口,处境正趋于改善。这可能说明,经济发展并不是被高收入社会所独享的,并且如罗斯托所述,在这个迅速全球化与国际贸易密集化的时代,现代化进程给所有人都留下了一种可能性。

批判性思考

卡尔·马克思曾说,工业化的国家为那些不那么发达的国家展示出了一幅它们自己未来的图景。马克思版本的现代化理论与沃尔特·罗斯托的主要有何不同?如何可能,哪一种版本能得到至今为止的历史证据的最强支持?

(二)依附与世界体系理论　在20世纪60年代,一批理论家质疑了解释全球不平等的诸多市场导向理论,比如现代化理论。这些批评者中,许多是来自拉丁美洲与非洲的低收入经济体的社会学家与经济学家,他们借鉴了马克思主义者的观点,并不认为自己社会的经济**欠发达**(underdevelopment)是由于自身文化或制度上的欠缺。相反,他们依靠卡尔·马克思的理论,后者提出,世界资本主义将会创造出一个由更具强权的国家所操纵的国家阶级,就像各国内部的资本主义将导致对工人的剥削一样。这些被称为**依附理论家**(dependency theorists)的人认为,低收入经济体的贫困源于富裕经济体以及总部设在这些地方的跨国企业对其的剥削(Peet and Hartwick 2009:ch.5)。在他们看来,全球资本主义使得他们的国家深陷剥削与贫困的恶性循环。

根据依附理论的说法,这种剥削始于**殖民主义**(colonialism),在这种政治经济体系之下,强权国家出于自身的利益考虑,确立了对较为弱势的民众或国家的统治。强权国家对其他国家的殖民通常是为了获取自己工厂所需要的原材料,并且控制这些工厂所生产产品的市场。比如,在殖民统治之下,工业化经济所需要的石油、铜、铁以及食品,都是以高收入经济体为基地的工商业从低收入经济体攫取的。尽管典型的殖民主义包括欧洲国家在北美和南美、非洲和亚洲所建立的殖民地,但是一些亚洲国家(像日本)也进行过殖民统治。

即使 1945 年后殖民主义在全世界大部分地区宣告完结,剥削也并未停止:跨国企业继续从它们在低收入经济体的分支企业中抽取巨额利润。依附理论认为,这些全球企业常常得到强势的富国银行与政府的支持,在穷国设立工厂,使用廉价的劳动力与原材料,在没有政府干预的情况下,尽最大可能降低生产成本。进而,富国为劳动力和原材料设定的低价又使得穷国无法积累其自身工业化所必需的利润。本地工商业也无法放手与西方企业竞争。有鉴于此,穷国不得不向富国举债,从而更加剧了它们的经济依附地位。

因此,不应该把低收入经济体看作欠发展的,而应该是**误发展的**(misdeveloped)(Frank 1966; Emmanuel 1972)。小农被迫在两种出路之间做出选择:要么忍饥挨饿,要么以近乎挨饿的工资在外国控制的种植园、矿山与工厂里工作。由于依附理论家相信,这类剥削使得他们的国家无法实现经济增长,所以他们的典型呼吁就是进行革命性变革,将国外企业全部赶出他们的国家(Frank 1969)。

市场导向理论家常常忽视政治军事权力,而依附理论家则认为,权力的行使正是推行经济不平等关系的核心动力。无论本地领导人何时质疑这种不平等的安排,他们的声音都会被迅速压制,组建工会通常是被法律禁止的,而劳工组织者也会被捕,有时则被杀害。当民众选举出来的政府反对这些政策时,这些政府很有可能被该国的军队颠覆,后者常常得到工业化国家武装力量的支持。依附理论家举出了许多例子:1954 年推翻危地马拉的政府,1973 年颠覆智利的政府,还有 20 世纪 80 年代破坏尼加拉瓜左派政府的支持力量,美国中央情报局在具体过程中都扮演了重要角色。在依附理论家看来,全球经济不平等是由武力支撑的:穷国的经济精英得到了他们富国伙伴的支持,使用警察和军队的力量来维持他们对于本地人口的控制。

巴西社会学家费尔南多·恩里克·卡多索(Fernando Henrique Cardoso)曾经是位杰出的依附理论家,早在三十年前他就指出,其实还是能在某种程度上实现"依附式发展",不过只能凭借它们对富国的依附所塑造的方式来完成(Cardoso and Faletto 1979)。具体而言,这些国家的政府能够在驾驭依附与发展的进程中扮演关键角色(Evans 1979)。而当卡多索于 1995 年至 2003 年担任巴西总统时,他改变了想法,呼吁巴西更多地融入全球经济。

在过去的三十年间，社会学家越来越把世界看作单一的经济体系，虽说常常是冲突四起的。尽管依附理论认为单个国家在经济上彼此维系，**世界体系理论**（world-systems theory）则主张，资本主义经济体系不只是一个由一批在外交和经济上相互联系的独立国家组成的集合体，而必须将其理解为单一的体系。与世界体系思路关系最为密切的当属伊曼纽尔·沃勒斯坦及其同事的著述（Wallerstein 1974，1980，1989 等）。

有关沃勒斯坦对世界体系理论的开创性作用的相关讨论，参见第四章“全球化与社会变迁”中的“经典研究 4.1”。

沃勒斯坦指出，资本主义长久以来就是作为一个全球经济体系而存在的，其发端于15 世纪和 16 世纪欧洲的市场和贸易的扩张。世界体系被认为由以下四个相互交叠的要素组成（Chase-Dunn 1989）：

- 一个商品与劳动力的世界市场；
- 人口分化成为不同的经济阶级，尤其是资本家与工人；
- 在最有权力的国家之间形成由正式的和非正式的政治关系所组成的国际体系，这些国家之间的竞争关系有助于形塑世界经济；
- 世界被切分为三块不平等的经济地带，富裕的地带剥削贫穷的地带。

世界体系理论家把这三块经济地带分别称为“核心”、“边陲”与“半边陲”。资本主义世界体系中的所有国家都属于这三类范畴中的一种。**核心国家**（core countries）是那些最先进的工业化国家，在世界经济体系中攫取了最大份额的利润。这些国家包括日本、美国和西欧诸国。**边陲国家**（peripheral countries）包括发展中世界的大多数国家，大部分是农业经济体，受到核心国家基于自身经济优势的操纵。边陲国家遍布非洲，在拉丁美洲和亚洲也有一些。自然资源与利润一起从边陲流向核心，而核心反过来向边陲出售制成品，进而又赚取了一笔利润。

世界体系理论家认为，核心国家在这种不平等贸易中变得富有，同时却限制了边陲国家的经济发展。最后，**半边陲国家**（semi-peripheral countries）占据着中间位置。这些国家属于半工业化国家，收入中等，从边陲国家榨取利润，反过来又为核心国家生产利润。半边陲的例子包括墨西哥、巴西、阿根廷与智利等。尽管半边陲在一定程度上受到核心的控制，但是也有能力剥削边陲。而它的经济如此成功，也给边陲国家带来取得类似发展的希望。

尽管世界体系的变动往往非常缓慢，但曾经强势的国家最终会丧失其经济强权，被其他国家取而代之。大约五百年前,意大利的城市国家威尼斯和热那亚支配着世界资本主义经济。但首先是荷兰,然后是英国,现在是美国,相继超过了它们。如今,在一些理论家看来,美国的支配地位正让位于一种更趋“多极化”或“多面化”的情形,世界秩序由几个权力中枢共同塑造,包括美国、欧洲和亚洲(Acharya 2014)。

(三)国家中心理论 更为晚近的一些关于经济成功发展的说明,强调了国家政策在促进经济增长方面所扮演的角色。与市场导向理论截然不同,**国家中心理论**(state-centred theories)认为,政府采取适当的政策,并不会妨碍经济发展,反而能在促进经济发展方面发挥关键作用。现在已有大量研究表明,在世界上的一些地区,比如东亚,经济的成功发展一向是国家主导的。就连长期以来坚定倡导自由市场发展理论的世界银行,也改变了对于国家角色的看法。世界银行在1997年的报告《变迁世界中的国家》(*The State in a Changing World*)里,得出了这样的结论:如果没有一个有效的国家,“无论是经济方面还是社会方面的可持续发展都是不可能的”。

西方跨国公司经常被认为通过剥削最贫穷的国家和民众来增加其利润。依附理论则认为,这是一种制造欠发展的主动过程,旨在防止发展中国家与之平等竞争。

在20世纪八九十年代,强大的政府以多种方式促进了东亚新兴工业化经济体的经济增长(Appelbaum and Henderson 1992; Amsden et al. 1994; World Bank 1997):比如,有些东亚政府表现强势，以确保政治的稳定，同时保持低廉的劳动力成本。而实现这一点则是通过一些压制行动，诸如将工会定为非法，禁止罢工，囚禁工运领袖，并从整体上压制工人的声音。韩国和新加坡政府尤其屡屡这么做，以鼓励外来投资。

同样，东亚各政府还常常致力于以其设想的方向来引导经济发展。比如说，国家机构为投资优先发展产业的工商企业提供低息贷款和税收减免。有时候，这种战略也会适得其反，导致政府持有不良贷款，这正是 20 世纪 90 年代后期造成该地区经济问题的原因之一。有些政府阻挠企业将所获利润投资国外，强迫它们对国内的经济增长进行投资。在有些情况下，政府还拥有并控制核心产业。比如，日本政府就拥有铁路、钢铁和银行业，韩国政府拥有银行，而新加坡政府拥有航空、军工以及船舶修理产业。

东亚各政府还打造了廉价住房、普及教育之类的社会规划。例如，除了前社会主义国家，新加坡也有世界首屈一指的规模庞大的公屋体系，那里的政府补贴维持了相当低廉的租金。其结果是，工人不需要有很高的工资来解决住房问题，这样他们就可以在新兴全球劳动力市场上与欧美工人展开竞争。新加坡政府还要求企业和公民个人都要将其收入的相当大一部分用于储蓄，以便为未来的增长提供投资。

（四）后发展批评　在 20 世纪 90 年代早期，“发展”这一主导性概念已经受到来自学者以及激进分子的严厉批评，他们中有许多人是在发展中国家工作的。他们借鉴了福柯的相关观念——社会中有权力的**话语**（discourses）怎样限制并形塑了有关犯罪、精神健康以及性相的知识，在他们看来，1945 年以后确立起来的“发展话语”也限制了如何理解全球贫困与不平等。萨克斯（Sachs 1992：1）认为，“过去四十年可以被称为发展的年代。这个时代已经趋于终结，是时候来为它写讣闻了”。对于某些人来说，这种说法标志了一个新的**后发展**（post-development）时代的到来，它与后工业主义和后现代主义的观念有些相似之处。

1949 年，时任美国总统哈里 · S. 杜鲁门将非洲、亚洲和拉丁美洲归类为“欠发达”的，这种看法实质上贬低了这些区域中复杂多样的国家，把它们一概标示为比工业化社会低等（Esteva 1992）。在后发展理论家看来，如此归类，后续的发展话语就成了维持少数世界高于全球多数的权力的一个核心要素（Escobar 1995）。在 1945 年之后的一段时期，当殖民政权逐渐让位于所谓第三世界中的民族独立自主要求，发展话语、政策以及机构“帮助垂死的、过气的殖民主义摇身变为强势进取——有时甚至颇具魅力——的工具，有能力重新夺取新的地盘”（Rahnema 1997：384）。

后发展理论之所以能站稳脚跟，原因有以下几点。首先，“冷战”在 1989 年之后结束，改变了发展中国家同美国和苏联这两个相互竞争的超级大国之间的关系，而这两个国家都曾为了扩展地缘政治影响力输出“发展”。工业化文明看似明显的优越性也被不断壮大的环保主义批判所削弱,后者质疑,这种模式已经造成如此严重的生态破坏,为什么还要输出到发展中世界。最后,许多人还提出,四十年发展已经证明,全球不平等的鸿沟其实在加剧,就此而言,发展规划显然令其接受方失望了(Ziai 2007:4)。但是,如果现代性的工业化模式已经陷入困境,那么又该追求什么可替代的模式呢?

有些人认为,这纯属问错了问题。埃斯科巴(Escobar 1995)指出,后发展不是去寻找“发展的替代方案”,而是去关注**对于**传统定义的发展**本身**的替代。而且,在本土的地方文化、草根运动以及社区行动中,更有可能找到这些替代。后发展理论不是要成为另一种君临一切的话语,而更近于一种激励性的意识形态,将当地民众的实践方案予以合法化,因为当地人更贴近自己国家的社会经济问题。这样的思路看起来比仰赖对当地知识和传统殊少了解的发展“专家”更为可取。

也有批评者宣称,后发展理论如同后现代主义,批判的本事大大强过提供对变迁而言切实可行的建设性意见。并且,他们这样泛化地严厉抨击现代科学发展视角蕴含着风险,后者真正具有进步性的方面也将被一并摈弃。凯利(Kiely 1999:47)认为,只看发展方案的来源就拒绝接受,而看不到其在应对诸如高婴儿死亡率这种重大问题时的效力,“体现出的并不是什么始终如一的多元文化主义立场,而是一种屈尊附就式的观光客心态”。其他人则主张,后发展理论未能看出,断然拒斥现代性,可能会为父权主义的本土精英以及反民主的激进者开辟空间,让他们赢得政治权力(Nanda 2004)。

话说回来,尽管后发展批评并没有取代现存的发展视角,但仍成功地迫使所有从事发展工作以及发展研究的人增强对于自己的分析和实践的反思意识。

二　评估各种发展理论

上面讨论的各种发展理论都有其优缺点。但总体而言,它们可以帮助我们更好地把握全球不平等的形成原因及可能的解决之道。市场导向理论建议采取现代资本主义制度以促进经济发展,就像东亚新兴工业化经济体已经取得的成功那样。它们还认为,要想经济繁荣,就必须开放边界进行贸易。但是,市场导向理论未能考虑到先进者与落后者之间存在的经济纽带是多种多样的,有些可能阻碍经济发展,而有些则反之。它们往往怪罪低收入社会自身造成了贫困,而非诉诸外因的影响,比如更强势社会的商业运作。市场导向理论还忽视了政府有能力通过某些方式与私营部门展开合作,刺激经济发展。最后,它们还未能说明,为什么有些经济体在经济上成功起飞,而另一些则没有。

依附理论探讨了一些被市场导向理论忽略的议题,比如考察先进者(富)如何借助对落后者(穷)的经济剥削而取得发展。然而,依附理论并不能充分地说明巴西与阿根廷之类的低收入社会取得的成功,或是东亚各经济体的迅速扩张。实际上,有些经济体曾经位列低收入类别,但即使面对西方跨国企业,也依然能在经济上崛起。一些过去遭受殖民统治的地方,比如新加坡,曾依附于英帝国,也谱写了经济成功的故事。世界体系理论力求克服这些缺陷,为此将世界经济作为一个整体来分析,探求影响发展与不平等的那些政治经济关系组成的复杂的全球网络。

国家中心理论聚焦于政府在培育经济增长中所扮演的角色。因此,它们既有效地替代了盛行的强调国家是阻碍的市场导向理论,也有效地替代了依附理论,后者把国家看作全球工商精英的盟友。国家中心理论综合了其他理论,尤其是世界体系理论,有助于说明许多正在使世界经济发生转型的变革。

后发展批评的重要性在于提醒我们,“发展”这个概念本身就富有争议,有可能过于推崇相对富裕的国家的经验,从而导致只想着粗暴的经济措施而不计其余。诺贝尔经济学奖得主阿玛蒂亚·森(Amartya Sen)指出,如同理解全球不平等一样,发展理论必须承认,归根结底,“发展”事关人类的自由。倘若如此,个体的能动性就必须处在这个过程的核心位置。

阿玛蒂亚·森(Sen 2001:36)具体解释说,自由的扩张不但是发展的“根本目标”,也是“首要方法”。追求发展意味着努力摆脱“不自由”(比如专制、饥荒或贫困),而这些“不自由”阻止了个人做出真正的选择,去“做个人有理由珍视的那些事情”(ibid.:18)。更多的自由还意味着人们有能力自助,并因此对整个社会的发展有更多的影响力。

将关注点转向“作为自由的发展”,并不意味着忽视让全球更加平等所面临的真实障碍,也并不是说不关注比较人均 GNI 或其他经济标准之类的主流议题。聚焦于个体自由的扩张,的确需要政府以及多边组织,像是国际货币基金组织、世界银行和联合国,从自由的视角出发,重新评估其公共政策。简而言之,森的观点意味着,个体自由需要成为一种社会承诺,以便弥合结构与行动者之间的区隔,并赋予“发展”的进程以新的方向。

三 变迁世界中的全球不平等

当今之世,促成全球资本主义经济体的那些社会经济力量看起来不可阻挡。而对此结果的主要挑战,也就是社会主义/共产主义运动,在 1991 年苏联解体后陷入了低潮。世界上最大的社会主义国家,中华人民共和国,正在迅速成为全世界增长最快的经济体。

至于中国未来的领导人将会带领国家如何前进,目前下定论还为时尚早。

绝大多数的专家都同意说,随着中国继续融入全球经济体系,全世界将会越来越强烈地感受到其影响力。中国有庞大的劳动力队伍,其中大部分接受过良好的培训及教育,并且同发达国家从事相同工作的劳动者相比,薪资极其低廉,这样的中国极具竞争力,有可能逼迫富裕国家调低薪酬。

迅速的全球化对于全球不平等又意味着什么呢? 没有一个社会学家能够确知,不过存在着两幅对立的图景。其中之一,全球经济可能被大型的全球企业所主宰,工人们为了一份糊口的工资而相互竞争。基于这种图景我们可以预见,高收入经济体中会有大批民众的薪资要下降,而低收入经济体中的薪资水平将会上升。全球范围内的平均收入将大致拉平,只是要低于发达经济体目前所享有的水准。经济体内部的“阔佬”(haves)与“穷鬼”(have-nots)之间的两极化将会加剧,而整个世界也将进一步分化成为两部分:全球化经济的受益者与没有受益者。这或许会激化族群之间甚至是国族之间的冲突,因为那些承受经济全球化带来的苦难的人会把自己的困境归咎于其他人(Hirst and Thompson 1992; Wagar 1992)。

第二幅图景可能看到的是每个人都有了更多的机会,因为现代技术带来的好处刺激了世界范围内的经济增长。更显成功的东亚新兴工业化经济体,诸如中国香港、中国台湾、韩国和新加坡,只是预示了未来的可能。其他一些新兴工业化经济体,诸如马来西亚和泰国,也会和中国、印度尼西亚、越南等一起迎头赶上。印度这个世界人口第二大国家,如今已然自豪地拥有了大约2亿中产阶级,约占其总人口的四分之一,这表明对于有些国家来说,积极的发展已经被激发出来(Kulkarni 1993)。

然而,一个关键的因素可能使第二种图景的实现变得不那么可能,这就是先进者与落后者之间的技术鸿沟,这个鸿沟正在扩大,使得落后者更加难以赶超先进者。贫穷的落后者无法轻松负担起现代技术,但要是缺乏这些技术,它们又会在应对贫困时面临重大障碍,陷入恶性循环。杰弗里·萨克斯(Jeffrey Sachs)是位于纽约的哥伦比亚大学地球研究所所长,他宣称,这个世界正在被分割为三个等级:技术创新者(technology innovators)、技术采纳者(technology adopters)与技术脱节者(technologically disconnected)(Sachs 2000)。技术创新者是那些为世界提供了几乎全部技术创新的地区;而它们所拥有的人口总数不超过全球总人口的15%。技术采纳者是那些有能力采纳别处创造出来的技术并用于生产与消费的地区,它们的人口占了全球总人口的50%。最后是技术脱节者,即那些既无法创新技术也不能采纳别处发展出来的技术的地区,它们的人口占了世界总人口的35%。萨克斯用地区替代国家作为比较单位,是因为技术并不总是遵循国家边界。

萨克斯指出，技术脱节者包括墨西哥南部、中美洲的部分地区、安第斯诸国[①]、巴西热带地区、撒哈拉以南非洲、大部分的原苏联区域、亚洲内陆腹地、位于内陆的老挝和柬埔寨以及中国的内陆腹地（Sachs 2000）。这些贫困地区缺乏市场渠道，也没有重要的远洋贸易航线。它们深陷萨克斯所言的“贫困陷阱”，饱受疾病、农业生产率低下和环境退化等问题之苦。具有讽刺意味的是，这些问题都需要依靠技术性方案来解决（Sachs 2000）。

创新需要观念和技术的显著聚集，以便自我维续。位于美国旧金山附近的“硅谷”堪为佳例，表明技术创新如何更可能汇聚到拥有大量大学和高科技公司的地区。硅谷是围绕着坐落在旧金山南部的斯坦福大学以及其他一些教育科研机构发展起来的。发展中国家则缺少这样的条件以形成这类地区：这些地方太穷，难以进口计算机、移动电话、数控机床以及其他高科技。它们也负担不起从持有专利的外国公司那里购买技术许可的费用。萨克斯呼吁富裕国家的政府以及国际融资机构，为科学和技术的发展提供贷款和援助，以帮助弥合这种技术差距。

第六节

展望 21 世纪

▼

对于未来的展望通常被称作未来学（futurology），但回顾历史，其记录不佳。比如，在过去四十年间，持灾难论观点的人口学家反复给出预测，世界原油资源将在“下一个十年”耗尽。20 世纪 60 年代也有过相似的预测，说是因为人口增长，到 70 年代将会有数以亿计的人陷入大规模饥荒，这个预测同样没有变成现实，只是有些地区持续营养不良。未来学不断受挫的原因部分在于，预测依据的趋势在当下是变动的，同时会发生有意或无意的变革。齐格蒙特·鲍曼（Bauman 1982）曾经指出，社会科学一旦开始预测，即已宣告终结。尽管如此，我们至少可以概括出一些从本章中学到的东西。

来到 21 世纪，人类世界仍然是一个十分不平等的世界。在哪里出生或许是影响个体生活机会的最大因素。如果你碰巧生在一个相对富裕的发达国家，机遇于你就意味着不太可能承受挨饿的风险，未来将会住在比较舒适的居所，还拥有许多工作和成就事业的机会。你也会有体面的前景，成为地球上最富裕的那 1% 的人。而如果你生在一个较穷的国家，尤其还不是诞生在中产之家，那么接受教育就很可能需要付出艰辛努力，工作

---

① 指哥伦比亚、秘鲁、智利、玻利维亚、厄瓜多尔等国。——译者注

机会可能受限,预期寿命也较短。这就是全球不平等的确切意思,即截然不同的生活机遇就是根源于出生地这个简单的事实。也正是对这一点的认识,激励着一些人努力去更好地理解全球不平等是怎样被(再)生产出来的,也激励着另一些人努力去消除全球不平等。

但是,本章同样清晰地呈现了一些非常积极的事例,世界上最穷的一些国家和地区,同样取得了发展的成就。过去半个世纪,在健康、教育以及预期寿命方面,已经出现了切实且意义重大的全球进步。中国、印度、巴西以及俄罗斯取得了巨大的经济成就,而根据联合国开发计划署的更为广泛的“人类发展指数”,一大批国家,包括埃塞俄比亚、冈比亚、尼泊尔以及印度尼西亚等,也都实现了积极的改善。当然,如果发达国家能继续从世界经济当中收获更多报酬,那么尽管“人类发展指数”这一指标上体现的发展非常值得称道,但对弥合经济公平的鸿沟或许也是助力甚微。不过,这可能揭示了后发展理论家力图阐明的观点,即“发展”或“进步”的内涵不能简单地剥离发达国家的背景,用作一种普世的衡量尺度。

实际上,发达社会中涌现出的许多新趋势,像是对于工作与生活之间平衡的关切,节约资源(downsizing),简化生活方式,以及“善待地球”(treading softly on the Earth)等,都表现出人们越来越不满于以纯粹的经济标准来考量幸福。倘若如此,那么这些可能预示着一种共识,不断趋近联合国“人类发展指数”及其测量“发展”的多元指标。与五十年前相比,今天可以更清楚地看到,发达世界中的人们,可能要从某些发展中国家孜孜以求的人类发展替代形式中有所借鉴。

本章要点

1. “极端不平等”是什么意思？本章所界定的“全球不平等”与极端不平等如何区分？

2. 说明这几者之间的区别：(1)三个世界模式；(2)发达国家和发展中国家之间的差异；(3)多数世界和少数世界之分的观点。这些区别主要只是语义的，还是会产生实实在在的后果？

3. 高收入、中等收入和低收入的分类是对“三个世界”模式的某种改进吗？体现在哪里？

4. 联合国开发计划署所使用的“人类发展”概念由哪些因素组成？如果没有实质减少全球经济不平等，发展中国家可以实现“人类发展”吗？

5. 试开列如果出生在高收入社会，对于个人而言的一些实际优势。生活机会是怎样同出生地联系在一起的？

6. 从东亚新兴工业化经济体的经验中，能够学到哪些有关“发展”进程的教益？其他经济体要追随这条道路，可能会面临哪些阻碍？

7. 有关全球不平等的**市场导向理论**，比如现代化理论，怎样说明发展中国家中长期存在的贫困？

8. 什么是**依附理论**？沃勒斯坦的**世界体系理论**怎样摆脱了依附视角的某些假设？

9. **国家中心理论**强调政府在推动经济发展中扮演的角色。具体举例描述政府怎样实际推动了增长和发展，这些措施有多么成功。

10. 什么是人口学？它以哪些方式同有关全球经济不平等的研究相挂钩？如何能够说，马尔萨斯的观点在当今社会科学中仍有其针对性？

11. 21 世纪最快速的人口增长将会在发展中世界出现。为什么会如此？人口转变模型是否足以阐述发展中国家的人口动态变化？

研究实践

人们常常认为，世界上的亿万富翁与全球不平等问题脱不开干系，因为他们囤积了庞大的财富，而那些财富原本可以更有效地用来减轻贫困。然而，许多富人自认为是个慈善家，他们将自己的一部分财产用于慈善目的，以应对社会问题。下文考察了两家属于此类的基金会，以及它们在解决发展中国家的疟疾疫病方面所扮演的角色。阅读该研究并回答问题：J. Eckl, 2014, ‘The Power of Private Foundations: Rockefeller and Gates in the Struggle Against Malaria'(私人基金会的权力:抗击疟疾之战中的洛克菲勒基金会与盖茨基金会), *Global Social Policy*, 14: 91-116。

1. 你如何概括这项研究?它实际是如何实施的?

2. 作者如何为此研究而阐述权力这个概念?这两家私人基金会的权力基础是什么?

3. 文章给出了什么证据,以表明基金会有权形塑该领域的全球健康与社会政策?

4. 基金会如何处理有关它们所偏好的应对疟疾的思路的分歧与冲突?

5. 从材料中摘出一些例证来展现这一观点:两家基金会都在倡导有关健康的生物医学模式。对于它们开展工作的那些国家来说,这种理念为何可能出问题?

6. 整体而言,在私人基金会介入之后,发展中国家的情况是改善了还是更糟糕了?

深入思考

有关全球不平等的证据可能在一定程度上是相互矛盾的。一方面,发达国家与发展中国家之间的差距相当明显,尽管亿万富翁的数量在增多,但对于千百万民众来说,绝对贫困依然是一个实实在在的议题。不平等成了众多社会学研究的主题,同时有许多理论视角试图对这些不平等的模式及其成因做出解释。但另一方面,在过去大约三十年时间里,出现了一些重大的成功,变化的方向如今看来也是积极正面的。正如我们之前看到的,联合国开发计划署的报告显示,"发展"可以在健康、教育以及就业领域发生,与 GDP 的增长这类粗略的测量指标没什么关联。但是,发达世界中积极正面的"人类发展"又是如何与愈益极端化的全球财富不平等共存的呢?

运用本章出现的例证,撰写一篇 500 字的简报,旨在告知政府高官相关信息,概述全球发展的现况。最后,就皮凯蒂(Piketty 2014)的提议做出你的评估,他提议设立某种年度财富税,作为关键手段来遏制资本在一小群个体和家族内部失控般的积累。

艺文探析

观看下列影片:

- 《让·多米尼克》(*The Agronomist*, 2003),乔纳森·戴米(Jonathan Demme)导演。
- 《卢蒙巴》(*Lumumba*,2000),哈乌·佩克(Raoul Peck)导演。

《卢蒙巴》是一部传记电影,回顾了刚果(现刚果民主共和国)首任总理帕特里斯·卢蒙巴(Patrice Lumumba)的故事,始于 1960 年刚果从比利时独立出来前后,终于 1961 年他遭到暗杀。《让·多米尼克》则是一部纪录电影,展现的是让·利奥波德·多米尼克(Jean Leopold Dominique)这位海地电台主播和民权斗士在2000年被暗杀的故事。

结合两国的政治环境以及各自所处时代更广泛的国际背景,这些影片如何反映了美国以及其他发达国家在促进或约束独立运动与自主发展中所发挥的作用?比如,美国和比利时政府在刚果独立以及卢蒙巴被暗杀中扮演了什么角色?为什么多米尼克被海地的独裁者视为威胁?你觉得戏剧化的阐述和纪录片的记述哪种方式更为有力?为什么?

有关这些案例的更多信息,可参鲁多·德威特的《刺杀卢蒙巴》(Ludo de Witte, 2002, *The Assassination of Lumumba*, New York: Verso),以及杰布·斯普拉格的《海地与让·多米尼克调查:访马里奥·约瑟夫与布莱恩·康坎农》[Jeb Sprague, 2007, 'Haiti and The Jean Dominique Investigation: An Interview with Mario Joseph and Brian Concannon', *Journal of Haitian Studies*, 13(2): 136-150]。

阅读指津

杰弗里·海恩斯的《发展研究》(Jeffrey Haynes, 2008, *Development Studies*, Cambridge: Polity)涵盖广泛,探讨了全球化及其影响,是不错的出发点。戴维·赫尔德与艾谢·卡亚合编的《全球不平等:模式与说明》(David Held, and Ayse Kaya, eds., 2006, *Global Inequality: Patterns and Explanations*, Cambridge: Polity)恰如其名,讨论了不平等的各种模式,以及试图阐述不平等的说明与理论。

凯蒂·威利斯所著《发展的理论及实践(第二版)》(Katie Willis, 2011, *Theories and Practices of Development*, 2nd edn, Abingdon: Routledge)一书,是对当今以及过去的"发展"意涵的出色阐释,同时它也讨论了将理论融入实践的一些尝试。阿拉斯泰尔·格雷格、戴维·休姆与马克·特纳合著的《挑战全球不平等:21世纪的发展理论与实践》(Alastair Greig, David Hulme, and Mark Turner, 2007, *Challenging Global Inequality: Development Theory and Practice in the 21st Century*, Basingstoke: Palgrave Macmillan),提供了把握前沿的替代读本。

理查德·皮特与伊莱恩·哈特维克合著的《发展理论:现状、争论与选择(第二版)》(Richard Peet, and Elaine Hartwick, 2009, *Theories of Development: Conditions, Arguments, Alternatives*, 2nd edn, London: Guilford Press),对各种发展理论进行了全面介绍,并且吸收了晚近的后结构主义、女性主义以及批判现代主义的观点。如果对如何测量不平等的问题感兴趣,应当试试布兰科·米兰诺维奇的《分裂的世界:国际与全球不平等的测度》(Branko Milanovic, 2007, *Worlds Apart: Measuring International and Global Inequality*, Princeton, NJ: Princeton University Press),该书读来很能刺激思考。最后,请抓紧去读托马斯·皮凯蒂的《21 世纪资本论》(Thomas Piketty, 2014, *Capital in the Twenty-First Century*, Cambridge, MA, and London: Harvard University Press)。作者说这本书是面向广大读者写的,显然它做到了。

网络导航

政体出版社有关本书的更多信息和支持:

www.politybooks.com/giddens

不平等研究网站(Inequality.org)——设在美国华盛顿政策研究所(Institute for Policy Studies),该网站追踪不平等的发展趋势,富含有用的信息:

inequality.org/global-inequality

《福布斯》杂志(*Forbes* magazine)——你一直想了解的有关超级富豪的一切,包括他们是谁,他们拥有多少。资料大有可挖:

www.forbes.com/billionaires

国际货币基金组织(The International Monetary Fund)——国际货币基金组织官方网站:

www.imf.org

世界银行(The World Bank)——在此站点可搜索到最新的《世界发展报告》:

www.worldbank.org

消除贫困全球行动(Global Call to Action Against Poverty)——针对贫困与不平等议题的活动团体全球联盟:

gcap.global/

联合国开发计划署(United Nations Development Programme)——含有不平等领域的丰富信息,是人类发展指数系列报告以及千年发展目标的官网:

www.undp.org

第十五章

性别与性相

凯莉·马洛尼,之前是拳击赛推销商与经理人弗兰克·马洛尼。

弗兰克·马洛尼是一个颇受媒体关注的拳击比赛推销商与经理人,在职业拳击这个猛男(macho)世界里,他已经打出一片相当成功的职业天地。马洛尼结过两次婚,有三个孩子。但在2014年8月,时年61岁的他宣布自己正在变性成为一名女人,拳击界为之震动。如今她以凯莉·马洛尼行名于世。这个重新指定性别的过程,包含了大面积外科手术和医疗处置,至2015年中期方告结束。凯莉在其自传中,如此说明她做出这种转变的理由(Maloney 2015:12-13):

> 作为弗兰克·马洛尼,我把在拳击界生活的自己塑造成一名说话强硬、俏皮话连篇的推销商和经理人,一副东区土佬做派。我出身推崇猛男气概的工人阶级家庭,伦诺克斯·刘易斯成为世界重量级拳王的时候,我是他的经理人。我是男人中的男人,从不叽歪,随时准备和小伙子们出去消夜……但在公众形象背后,一直潜伏着另一个人:凯莉,我一直想成为的那个女人。事实上,这个她不仅仅是我一直想做的那个女人,毋宁说凯莉就是真实的我。真相是我一直就是个女人,困在男人的身体里,但是为了保护这个真相,掩藏这个真相,我这一生都活在一个谎言之中。

马洛尼描述的是她此前的性别焦虑(gender dysphoria),她作为女性的自我认同与一副男性的物质身体之间的脱节。凯莉的解决办法就是变性,成为一名变性女人,即出生时被指定为男性,但其自我认同为女性。**跨性别者**(transgender)这个术语涵盖了多种多样表现出“性别变异”的人,只要其性别认同和/或性别展演(performance of gender)不同于出生时被指定的归属,或是不同于有关女性特质(femininity)和男性特质(masculinity)的支配性社会规范的期待。而**顺性别者**(cisgender)这个术语往往用来描述这样的人,其出生时被指定的性别的确与其自我认同和性别展演相符。

2014 年欧洲电视歌唱大赛冠军肯奇塔·沃斯特

有一个性别变异的例子轰动一时,就是托马斯·诺伊维尔特,一个男同性恋者,也是“女装大佬”,他作为肯奇塔·沃斯特,为奥地利赢得了 2014 年欧洲电视歌唱大赛冠军。肯奇塔看起来身着女装、化妆,总体上是女性的举止做派,只是留着胡子,因此搅乱了人们习惯的男女二元区分(参看左图)。肯奇塔的参赛遭到了俄罗斯东正教会、总统弗拉基米尔·普京和其他许多东欧政治人物的反对,他们觉得这是一种“同性恋宣传”。有人组织了请愿,敦促俄罗斯全国各电视台剪掉比赛当晚的表演,不过此举未能成功。

肯奇塔的夺冠引起了强烈反响,被广泛视为象征着东西欧看待性相[①]问题的态度迥异,虽说我们也应当注意到,政治领导人和神职人员的看法并不一定反映广大民众的意见。有些人试图在莫斯科组织一场游行,以庆祝肯奇塔夺冠,但被官员们禁止,理由是安全原因,以及需要“尊重道德”。即便如此,比赛前后对于肯奇塔的支持的确显示出,不仅在西欧,也包括其他发达国家,对于性相与性别的态度已经发生了广泛和迅速的变化。

近年来,有一系列的电影和电视剧集把焦点对准了跨性别的角色和某些高曝光率的名人,包括凯莉·马洛尼,从而将跨性别问题带入了更广泛的公众的关注视野。奥运会十项全能金牌得主布鲁斯·詹纳变性成为凯特琳·詹纳[②],跨性别演员拉弗恩·考克斯

① “sexuality”这个词很难有统一的译名,包括性取向、性特征、性观念、性活动、性行为、性关系等,又不能像许多意涵丰富的英文术语转译成中文时那样方便地处理成“性性”。本书第五版中译者曾译为“性”,与“sex”(生理性别)和“gender”(社会性别)相区别。本版改译成性相,泛称有关性问题的各种面向,若干行文不顺处译成性问题,而“sex”和“gender”改译成性和性别。——译者注

② 美国十项全能选手,在 1976 年蒙特利尔奥运会上夺得金牌。——译者注

出演了网飞公司(Netflix)的热门剧集《女子监狱》(*Orange is the New Black*),而安德雅·佩芝则成为第一位登上《时尚》(*Vogue*)杂志作为时尚推介的跨性别模特。更广泛地说,在许多发达国家,到性别认同诊所求医问诊或是寻求性别重置手术的人数迅速增长。比如说,2009 年,英国性别认同研究与教育学会(Gender Identity Research and Education Society, GIRES)报告说,人数年均增长大约 15%,而在年轻人中年均增长更是接近 50%(*The Guardian* 2015)。

对于社会学家来说,凯莉·马洛尼的故事把我们带近了性、性别与性相研究中的一些关键议题的核心。生物意义上的性与认同为"男性"或"女性"之间的关系是什么?性相如何关联人们的生物特征和自我认同?是只存在两性,男性与女性,还是存在更多的种类?如果是后者,那么究竟有多少种?问出诸如此类的问题,就意味着我们个人认同中那些根本属性或许不再像许多人从前认为的那样固定不变或有确定保障。相反,性别和性认同都成了流动、多变、不稳定的范畴,本章将努力展示在这块领域,社会学的经验研究与理论概括是如何伴随着这一认知不断发展的。我们应当一开始就指出,这块研究领域非常复杂,充满重大争议,理论上和政治上皆是如此,并且研究基本上针对的是发达世界。

本章所讨论的许多主题,与第十章"家庭与亲密关系"引出的那些问题有所交叠,因为人的性、性别和性相,与爱、亲密关系和个人关系密切相关。本章我们首先来看看,我们说的性、性别和性相都是什么意思,并简要探讨对人们生活中如此高度个人性、私密性的面向实施研究会遇到的一些困难。然后,会对比当今社会学相关思路中彻底的**社会建构论**(social constructionism),与人们普遍持有的关于性和性相的生物学观念,其中有些也贯穿早期的社会学研究。再往后,我们会探讨有关性别认同的理论,以及所谓社会中存在某种被异性恋和异性恋规范支配的性别秩序的理论。然后,我们将概述女性主义社会运动和 LGBT 社会运动在文化转型方面所扮演的角色。最后,我们将阐述有关性别不平等的一些正在演变的理论,并考察全球化对于性贩卖的影响,以及当今的性工作的多样性。

全球社会 15.1

第八版中的性别与性相议题

人们已经认识到,社会科学调查与理论概括中始终存在顽固的男性偏见,几乎没有什么主题会不受影响。因此,有必要指出,我们不可能在本章涵盖所有与性别相关的议题。但读者可以借助下附导引查看其他相关章节。

第一章——介绍社会学中的女性主义理论概括。

第三章——详细讨论女性主义对于“男流(男性主流)社会学”的批评;性别不平等对于社会科学所具有的意涵。

第六章——城市中的性别不平等。

第七章——劳动的女性化;劳动中的性别不平等;女性就业的历史;家务劳动、家庭主妇的角色以及家庭内部劳动分工的变迁。

第八章——言语沟通与非言语沟通中的性别体现;性别认同与身体;社会互动情境中的性别不平等。

第九章——详细讨论性别社会化、刻板印象化以及晚年生活的女性化。

第十章——详细讨论性别不平等;劳动、家务劳动以及家庭内部劳动分工;亲人暴力与家庭生活的“阴暗面”;家庭研究中的女性主义思路。

第十一章——怀孕与分娩的医疗化;卫生领域的全球性别不平等;艾滋病病毒/艾滋病对性行为的影响。

第十二章——详细讨论性别不平等与分层;性别与社会流动。

第十三章——性别不平等与贫困;养老不平等。

第十七章——基督教、性别与性相。

第十八章——全球大众传媒中的性别表征。

第十九章——详细讨论学校中的性别不平等与异性恋主义性歧视;性别分化的再生产。

第二十章——犯罪与越轨的性别化模式;女性主义犯罪学;性别、性相与仇恨犯罪。

第二十一章——女性主义运动与 LGBT 运动。

第一节

性、性别与性相

▼

首先,我们必须从社会学中的性与性别这一基本区别开始。“性”(sex)是一个含混的术语。它可以指性活动,比如你说和某人“有了性的关系”。但它也可以指区分男性与女性的身体特征(比如女性的子宫和男女两性的外生殖器)。与此相反,性别(gender)是男人和女人在心理、社会和文化维度上的差异。性别关联着男性特质与女性特质这两个社会建构的观念,并不一定是或必然是生物意义上的性的直接产物。比如像我们在本章开头举的凯莉·马洛尼的例子所体现的那样,有些人觉得自己生在了“错误的”有形身体里,力求通过改变自己的有形身体,“矫正错误”。在社会学中,人们采取了对立的多种思路来说明性别认同的形成,其中有些学者比别人更加强调社会影响。

在许多国家,尤其是在发达世界,自20世纪60年代以来,人们的性生活的一些重要方面发生了根本的改变。此前的主导观念认为性相(sexuality)与生殖过程相维系,如今这种观念已被动摇,因为在许多人看来,性相与生殖显然不一定相关。性别与性相是供每一个体去探索、去塑造的生命维度,**异性恋规范**(heteronormativity)这个流行预设,即异性恋是“正常的”“正确的”,而其他性相属于某种方式上的越轨,正迅速丧失地盘。如果说性相过去是从婚姻关系语境中的异性恋和单偶婚角度来“界定”的,那么今天人们越来越接受形式多样的性相、性认同和性活动。尽管如此,许多关于性别差异和性相的讨论依然有着生物预设,即男人和女人之间有着基本的或“自然的”差异。

女人和男人之间可以轻易观察到的差异是否属于生物差异的结果?“男人来自火星,女人来自金星”的比喻是否成立(Gray 1993)?例如,进化心理学提请人们注意,事实上,在几乎所有文化中,参加狩猎和战争活动的都是男性而非女性。这是否意味着男性具备女性所缺乏的攻击性这种自然倾向?社会学家还没有被这些论点说服,因为这是倾向于还原论的说法,即将复杂的人类活动和社会关系简化为单一的生物“原因”。例如,不同文化中男性的攻击性程度相差甚远,而所谓女性被期待要温柔顺从,也是有些文化比另一些文化程度更深(Elshtain 1987)。人类学及历史学方面的证据其实揭示出,随着时间和地点的不同,有相当大的变异。即使有某种特性看起来多少带有普遍性,也并不能推出其具有生物上的起源。在大多数人类社会中,绝大多数女性都会把一生中相当一部分时间花在养育子女上,因而无法方便地参与狩猎或战争,但这并不意味着男人的攻击性是造成这一差异的原因。

尽管所谓生物性因素决定男女行为模式的假设仍然贯穿一些科学研究,但一个世纪以来,想要确定这种影响的生理起源的研究始终未能成功。没有任何证据表明,存在某些机制将生物性力量与人类所展现出的复杂社会行为相关联(Connell 1987)。有些理论认为个体顺从某种内在固有倾向,忽视了社会互动在形塑人类行为方面所扮演的关键角色。

批判性思考

如果说性别差异并非源于人的生物特征,那为什么大多数人都是异性恋?你能提出哪些社会文化因素,或可充当出发点,供我们探讨答案?

一 性别认同

鉴于异性恋是占多数的性取向,它往往会被视若无睹或想当然地接受。而大量的研究也是聚焦于为什么有些人不是异性恋。性别曾经被视为几乎纯属女性的体验(而男性代表着无性别色彩的正常/规范[norm]),其方式就类似于在有关“种族”和族属的社会学中,“白种人”根本不被视为一种族群认同形式(Back and Ware 2001)。有些学者认为,生物性影响预先决定了一小部分人一出生就是男同性恋或女同性恋(Bell et al. 1981)。从生物学上说明同性恋,有的说是男同性恋者的脑部特征有异(Maugh and Zamichow 1991),有的说是母亲怀孕期间宫内激素分泌对胎儿发育的影响(McFadden and Champlin 2000),等等。这类研究所依据的案例较少,结果并不等于确定结论,因为几乎不可能区分塑造一个人性取向的生物性因素与早期社会性影响(Healy 2001)。

在社会学中,早期有一种重要思路,就是研究**性别社会化**(gender socialization),即,人们通过家庭、政府、大众传媒等社会化中介,习得性别角色。这种思路区分了生物维度的性与社会文化维度的性别,婴儿出生时就有了性,然后发育出性别。经过与多种社会化中介的接触,包括初级社会化和次级社会化等阶段,孩童逐渐将依据主导观念可谓符合其生物维度的性的那些社会规范及期待内化。因此,性别差异并非在生物维度上确定的,而是从文化维度生产出来的,男性和女性是被社会化为不同角色的。

在性别社会化理论看来,男孩和女孩都在习得“两性角色”,以及与此配套的男性认同和女性认同,各自包含有关男性特质与女性特质的规范。在这个过程中,他们受到正向约制和负向约制的引导,即社会施加力量,对行为进行奖励或约束。例如,一个小男孩会因其行为而受到正向约制(“你真是个勇敢的男孩”),或者受到负向约制(“男孩子不要玩洋娃娃”)。这些正向或负向的强化帮助男孩女孩习得并遵从社会期望的两性角色。如果个体的实践活动不符合其生物意义上的性,则用社会化不够充分或不合常规来加以说明。

社会通过多种渠道影响性别认同,并且一般在很大程度上是间接的,不易被发现。父母就算下决心以“无性别歧视”的方式养育自己的孩子,也会发现难以抗拒既有的性别习得模式(Statham 1986)。有关亲子互动的研究已经表明,对待男孩和女孩的方式存在显著差异,哪怕父母自认是一视同仁的。幼童时期接触的玩具、绘本和电视节目都侧重强调男性特征和女性特征之间的差异。在大多数面向儿童的书籍、杂志、电视节目和电影中,男性角色一般都多于女性角色,并且往往更为积极主动、富于冒险,而女性角色则被描绘成消极被动,满怀期待,并以家庭为重(Zammuner 1986; Davies 1991; Grogan 2008)。

女性主义研究者已经证明，瞄准年轻受众的文化与传媒产品都体现着刻板印象式的性别化表征，表现女孩和男孩，以及他们各自被期许的抱负。例如，在四个同系列项目中，史密斯和库克（Smith and Cook 2008）就发现，对于男性角色与女性角色的表现方式有着一致的差异。在1990年至2005年间，大众级别的（G-rated，可供男女老少或“家庭”观看）电影中，说话积极主动的角色中只有28%是女性，而讲述者中85%是男性。另一项研究更为广泛，涵盖了各等评级的400部电影，也发现对于女性有两种对立的表征：一是忠于担当的传统父母；一是身形不真实的魅力女性，苗条、细腰和一副“沙漏”身材（ibid.：12–14）。

打破日常生活中的性别化期待会造成不体面。这幅景象有何“不妥”？

面向11岁以下儿童的电视节目和动漫中的女性卡通角色相比“实景真人”的角色，出现不现实的身体比例的可能性要大得多，“穿着性感暴露”（显露脖子与膝盖之间的身体部位）的情况也是如此。而男性卡通角色往往是胸膛开阔，腰身紧致，肌肉发达。所以说，即使到了21世纪，性别刻板印象依然是面向孩童的媒体产品中难以根除的特性。这被认为对年轻人看待自己身体的态度产生了显著影响。

越来越多的证据发现，女孩和年轻女性普遍不满意自己的身体，原因部分在于，她们将自身与在通俗杂志、电视或电影上大行其道的经过完美修饰的女性模特相比较（American Psychological Association 2010）。新型数字技术愈益普及，对相片和视频中的身体进行处理有了可能，意味着与之前的世代相比，如今的年轻人面临的传媒表征甚至更加理念化,愈发不现实。这个问题在杂志上尤其严重,因为杂志对忠实读者的态度有着强有力的影响(Grogan 2008: 108-109;亦可参阅 Wykes and Gunter 2005)。

有关性别社会化的讨论，详参第九章“生命历程”。

不过,性别社会化和两性角色的理论已经遭到猛烈抨击。许多持互动论立场的研究者主张,社会化并非一个平顺的过程;不同的“中介”,比如家庭、学校和同龄群体,可能会相互抵触,个人并不会产生同质化的社会化经历。同样严重的是,社会化理论低估了个体在实践当中抗拒或调整社会期待的能力(Stanley and Wise 1993,2002)。更准确地说,社会化中介为人们提供了参与性别化实践的机会,但这并不等于说性别认同就被决定了。孩童真的会抗拒这种压力:有些男孩兼具男性特质与女性特质的特性,而一些女孩一心追求竞技类运动,男孩和女孩在私下里的行为举止,都可能不同于他们在公共场合呈现的性别化形象(Connell 1987)。互动论的批评不容小觑。人类并不是不加质疑地被动接受性别的“编程”,而是积极介入其所处的社会世界,并且经常调整或拒绝被预先赋予的性别角色,无论这些角色看起来有多么强大。

有关身体的社会建构的讨论，参看第十一章“健康、疾病与身心障碍”。

那些基于性与性别分离的理论,等于间接接受说,在性别差异的表面之下,存在一种生物基础。在社会化的研究思路中,两性之间的生物性区分提供了一个框架,只是在社会中受到了“文化的雕琢”。与此相反,持社会建构论立场的理论家越来越反对说性别差异存在什么生物基础。性别认同的产生与社会中**所感受到的**两性差异有关,进而反过来有助于形塑那些差异。例如,如果一个社会里所认为的男性特质的特点在于身体力量与“强硬”态度,就会鼓励男性培育独特的身体性形象和一套举止做派,与持有其他男性特质规范要求的社会中的培育目标是不一样的。简言之,性别认同和两性差异在个体身体内相互关联,无法分解(Connell 1987; Scott and Morgan 1993; Butler 1990)。

不仅性别是一种社会创造,缺少限定的“本质”,而且人的身体本身也受制于个体的选择与社会的力量,它们会以多种多样的方式对人的身体加以塑造和改变。人们赋予自己的身体以意义,这些意义对通常被视为“自然的”东西提出了挑战。人们选择进行锻炼、控制饮食、人体穿孔、整形手术,以此建构与重构自己的身体。跨性别者可能还得接受一系列的性别重置手术,重塑物质性的身体,以促进自己性别认同的展演。医学上和技术上的干预模糊了物质性身体的边界,使人体可能经历十分彻底的变化。然而,这些个人选择表面上是“自由”的,其实依然关系到更广范围内有关理想身材的社会规范,关联着一些社会趋势,以及与市场营销和时尚产业相关的商业压力。

二　生物学、性相与性认同

性相一向被认为是一项高度私人化的主题。直到最近,有关性相我们所了解到的大部分知识均来自社会生物学家、医学研究者和所谓的“性学家”(sexologists)。戴维・巴拉什(Barash 1979)之类的社会生物学家提出,可以从进化论的角度来说明被广泛报道的男性乱交行为。男性一生当中会产出数以百万计的精子,不妨认为从生物学角度来看注定要使尽可能多的女性怀孕。而女性一生当中仅产出数百个卵子,又必须经历怀胎九月,巴拉什说,这就说明了女性为何更注重情感承诺,而不会像男人那样性乱交。这个观点在有关动物性行为的研究中得到了某种支持,后者宣称发现在同类物种中,雄性通常都会比雌性更倾向于乱交。

然而,许多学者对这种进化论思路不屑一顾。史蒂芬・罗斯等人(Rose et al. 1984: 145)就指出,与大多数动物不同,“人类婴儿出生时,业已确定的神经通路数量较少”,这说明人类行为更多地受到环境的塑造,而非由遗传编码的本能决定。无独有偶,诺贝特・埃利亚斯(Elias 1987a)提出,人类的学习能力**经历一种**进化式的发展,但在人身上,习得的行为已经逐渐比非习得行为更具意义。其结果,人类不仅比其他物种更**能**学习,他们也**必须**习得更多,以便更成功地参与日益复杂多样的社会。人类社会中先有生物进化,再覆上一层社会发展,诉诸生物进化来说明社会发展的所有尝试都有化约论的色彩,都是不充分的。

性取向(sexual orientation)关注的是一个人对于性魅力或浪漫魅力的追寻方向,是生物性因素与社会性因素之间复杂的相互作用的结果。或许最好认为,性相是性取向和性偏好在不同程度上的融合。最普遍的性取向形式是**异性恋**(heterosexuality),这表示人感受到的性魅力或浪漫魅力来自异性。而**同性恋**(homosexuality)则表示人感受到的性魅力或浪漫魅力来自同性。如今,人们也用**男同**(gay)这个词来指男同性恋者,用**女同**(lesbian)指代女同性恋者,使用“**双**”(bi)作为**双性恋者**(bisexuals)的简称,即能从两性身上感受到性魅力或浪漫魅力的人。

在一些非西方文化中,某些群体当中的同性关系是被接受的,甚至是被鼓励的。例如,苏门答腊岛北部的巴塔克人(Batak)就允许男性在婚前发生同性性关系。男孩在青春期离开父母的家,与十几位年长男性共同居住,年长者会引导新手进行同性性行为。但是,在许多社会中,同性性关系并不被公开接受,男女同性恋者面临偏见和歧视。在西方世界,性相与个体认同相关,对于“一个同性恋者”或“一个异性恋者”,流行的观念就是一个人的性取向在于其自身,是非常私人化的事情。

玛丽·麦金托什(McIntosh 1968)等人最早提出,同性恋并非一种普遍性的“医学症状”,而是一种社会角色,在一些社会甚至并不存在。例如,麦金托什认为,在英国,“同性恋角色”只是在17世纪末才形成的。她还提出,20世纪四五十年代,金赛主持了一系列项目,研究美国的成年人纷繁多样的性实践(参看“经典研究15.1”),收集到的证据表明,所谓“异性恋”与“同性恋”这些认同看似明确区分,其实并不像这一对比所意味的那么两极分化。例如,许多“异性恋”男性自述,他们也曾与其他男性一起进行同性活动。

米歇尔·福柯(Foucault 1978)在其对性相的研究中证明,18世纪之前,欧洲几乎不存在同性恋认同的概念。教会权威和法律明令禁止非自然性行为(sodomy),在英国及其他几个欧洲国家,有此行为者将被处以死刑。然而,非自然性行为并不只是被定义为一种同性恋犯罪行为,而是同样适用于男女关系或男性与动物之间的关系。19世纪60年代,出现了“同性恋”这一术语,从那时起,男女同性恋者日益被当成特殊类型的人,具有特定的性畸变(Weeks 1986)。

同性恋被纳入“医学化”的话语,从临床的角度,被说成精神上的失调或某种反常,而不是宗教意义上的“罪”(sin)。“同性恋者”与恋童癖(paedophiles)、异装癖(transvestites)等“越轨者”一起,均被视为源于某种生物性的病态,威胁到主流社会的健康。仅在几十年前,同性关系在几乎所有西方国家仍被视为犯罪行为。男女同性恋者从社会边缘走向主流的运动仍未完成,但是已经取得并还在不断取得很大进展。

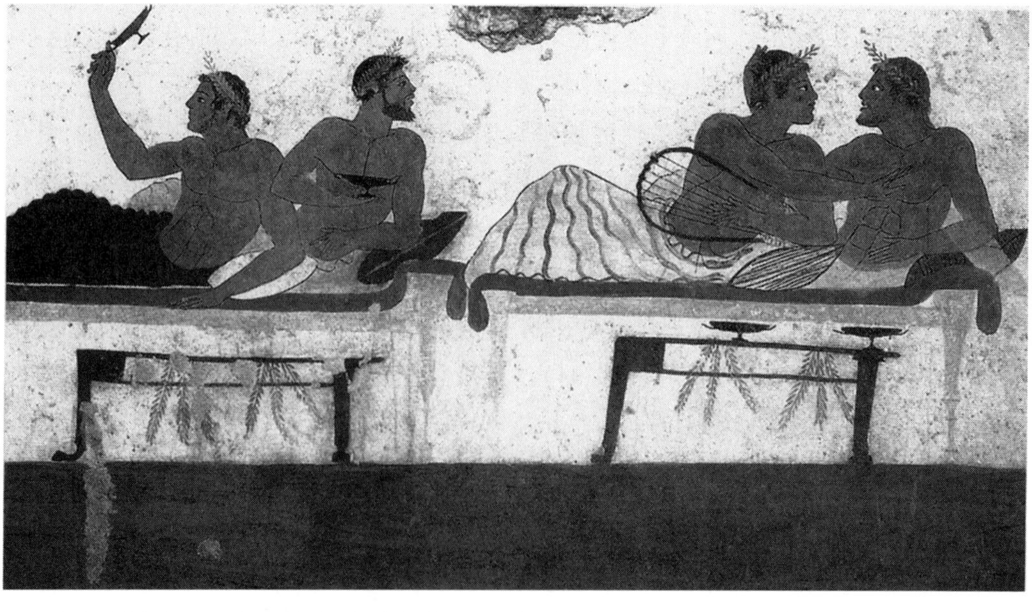

在古希腊,同性关系并不遭到禁止,虽说也受到社会准则的控制。只是自1967年以来,在遭受千百年的谴责之后,同性恋在英国才合法。

三　性相与性活动

直到20世纪四五十年代，也就是阿尔弗雷德·金赛(Alfred Kinsey)在美国进行研究之前，性相和性行为仍被视为私人事务，社会学家大多是忽略过去的。而金赛的研究发现震动了许多人，他们倍感惊讶，因为研究揭示了公共理解、社会规范与实际性活动之间存在着相当的歧异(参看“经典研究15.1”)。在性相问题上，与讨论相关的私人活动比起来，我们讨论有关的公共价值观会有把握得多，因为这些活动本质上几乎没有记录在册的。但是，同家庭关系之类的研究相比，为什么性相问题研究起来尤其困难呢?

经典研究15.1

阿尔弗雷德·金赛发现了性活动的多样性

研究的问题　有关性相的公共规范真的主宰着人们实际的性行为吗?性方面的“越轨”活动仅限于一小撮人吗?为了探讨这些话题，阿尔弗雷德·金赛(Alfred Kinsey，1894—1956)及其研究团队首先以20世纪40年代的美国白人群体为调查对象进行取证。研究团队遭到宗教组织的谴责，报纸乃至国会都斥骂其研究工作违背道德。但是，团队坚持不懈，最终获取了1.8万人的性生活史资料，作为美国白人人口的一份样本，具有充分的代表性(Kinsey 1948，1953)。

金赛的发现　金赛的研究发现之所以令人吃惊，是因为它们的确揭示出，在对于性行为的公共期待与样本中的人们所描述的实际性行为之间，有着较大的差异。调查发现，几近70%的男性曾经找过妓女，而84%的男性承认有婚前性行为经历(在那时候这个数字颇令人震动)。然而，受性方面的双重标准影响，40%的男性同时希望自己的妻子在结婚时仍为处女。超过90%的男性自述曾手淫，将近60%的男性曾有过某种形式的口交行为。在女性当中，大约50%的人有婚前性行为的经历，尽管其中绝大部分是和未来的丈夫;60%左右的人曾经手淫，相同比例的人曾有口唇—生殖器接触。研究还表明，男性的同性活动比例之高远超预期。

在公众接受的态度与金赛研究结果证明的实际行为之间存在着相当的差异，而这在第二次世界大战刚结束的那段时期尤为凸显。就在此前，20世纪20年代刚刚开始进入性自由化的阶段，当时有许多年轻人觉得可以摆脱那些曾经主宰此前世代的严厉的道德准则。性行为或许的确颇有改变，但是，人们并不会以今天我们熟悉的这些方式公开谈论有关性相的话题。个体参与的性活动如果摆到台面上依然会引发强烈反感,因此会遮遮掩掩,不会充分意识到有许多其他人也参与类似的活动。

批评的观点 金赛的研究在美国聚讼不已,遭到保守组织和宗教组织的攻击。例如,研究中有一个方面探究的是16岁以下儿童的性相。许多批评者反对将这个人群列为研究主体。另外,宗教领袖们认为,有关性行为的公开讨论会侵蚀基督教的道德价值观念。而学界批评者则指出,金赛遵循实证主义思路,收集了大量原始资料,但其研究并没有把握性欲的复杂性,正是后者支撑着他所揭示的那些多样化的行为;研究也没有把握人们赋予其性关系的具体意义。后来的一些调查也发现,同性性体验的比例低于金赛的调查结果,这意味着他的样本的代表性或许并不像团队最初所想的那么高。

当代的意义 金赛被广泛认为是有关性和性相的科学研究的奠基人之一。他的发现有助于挑战普遍流行的观点,即同性恋乃是一种需要治疗的精神疾病。只是到了20世纪60年代这个更加"宽容开放"的时代,公开表达的态度与实际的行为更为一致,人们才开始接受金赛的研究发现,认为其提供了更贴近现实的图景。1956年,金赛去世,但他领导的性研究所(Institute for Sex Research)仍继续进行调查工作,就同时代人们性行为的情况提供更具价值的信息。1981年,机构更名为"金赛性、性别与生殖研究所"(Kinsey Institute for Research in Sex, Gender and Reproduction),以此纪念金赛在这一领域的科学研究贡献。

在不久之前,性还是一个禁忌的主题,不适合在社会的公共场合讨论,对于很多人而言,甚至不适合在私下谈论。许多人,甚或可以说是绝大多数人,认为性行为纯属私人事务,不愿意与陌生人谈论这么私密的话题,或许相比生活中的其他任何领域更是如此。这也许意味着,那些准备好坦诚接受访谈的人,本质上属于自我选择的样本,因此并不能代表一般总体。

从20世纪60年代开始,一涉及性话题就畏缩难言的状况发生了一定程度的改变,在那个时代,社会运动与"嬉皮"生活方式及"自由爱情"的反文化观念维系一体,挑战了既有的态度,打破了确立的性规范。但我们也必须谨慎,不要夸大社会运动的影响力。一旦20世纪60年代的运动逐渐被主流社会同化,与性和性相有关的一些旧有规范也就继续发挥其作用。不管怎么说,有些人提出,20世纪80年代晚期,出现了一种"新型忠贞"(new fidelity),原因部分在于担心艾滋病病毒/艾滋病传播及其他性传播疾病所带来的风险(Laumann 1994)。但从金赛的研究中可以吸取一点重要教训:公开表达的态度可能反映了人们对通行公共规范的理解,而不是准确描述了他们私人的信念。

批判性思考

金赛的研究实施距今已经超过六十五年。以你不同年龄档的亲朋好友做样本,和他们讨论这项研究,测试一下他们的反应。是否年轻人不会像年长者那么惊讶?针对金赛的研究结论,你期望会有什么发现?

收集性活动的证据　性行为调查的效度一向是众多争论的焦点(Lewontin 1995)。批评者认为,这些调查根本不能形成有关性活动的可靠信息。比如说,在一项有关坦桑尼亚北部农村地区青年人性活动的调查中,研究者通过五种不同的方法收集数据并进行比较:生物标示,比如患有某种性传播疾病;面对面问卷调查;有协助的自填问卷;深度访谈;以及参与式观察(Plummer et al.2004)。研究发现,不同方法之间存在诸多不一致。例如,在深度访谈中,现患性传播疾病的六位年轻女性中有五位自述曾有过性行为,而在问卷调查中,她们当中只有一位承认有过。总的来说,在两种方法的问卷调查中,具有性活动的生物标示的对象里,年轻男性中只有58%,年轻女性中只有29%,自述曾有过性活动。

研究者发现,自述的数据"充满了不一致",虽然深度访谈似乎是在年轻女性中提取准确信息的最有效方法,但参与式观察才是揭示这个特殊人群中性活动的性质、种类和程度的最可用方法。话说回来,在许多发达国家,公开探讨性话题变得越来越可以接受,问卷调查法或许能获取更可靠的数据。

有关性行为的许多研究使用邮寄问卷或面对面访谈的方法,采取了态度与行为调查的形式。但要搜集该领域的证据,还可以借助分析与解读档案材料,比如个人日记、口述史、杂志、报纸及其他公开出版或未出版的史料。当然,这些研究方法并不是互相排斥的,而是像下面两项研究所显示的那样,可以相互结合,对社会中的性相做出更饱满的阐述。

莉莉安·鲁宾(Rubin 1990)做过一项大型调查,访谈了1000名13岁至48岁的美国人,想看看自金赛的系列研究之后,人们的性行为与性态度出现了哪些变化。鲁宾发现,已经发生了一些显著的变化。与前代相比,年轻一代普遍参与性活动的年龄提前,青少年的性活动也往往和成年人一样复杂多样。在性方面依然存在着性别化的双重标准,但已不像从前那么强大。

最重要的变化之一,就是女性开始期望并主动追求从关系中获得性愉悦。她们不仅提供性满足,也期望获得性满足。鲁宾发现,与以前相比,女性在性方面更加解放,但调查中的绝大多数男性却觉得,难以接受女性的这种积极自信,时常说自己“觉得力不从心”,担心自己会“没一次够劲”,发现“如今让女人满足已经不可能了”。这一调查结果似乎与我们对性别关系萌生的期待颇有矛盾。男性继续在多数领域占有主导地位,而且他们一般对女性都比女性对男性更具暴力性质。这种暴力实质上是要控制女性,使女性继续处于从属地位。然而,也有一批研究指出,男性特质既是一种褒奖,也是一种负担。如果男性不再将性相用作控制手段,不仅造福女性,自身也同样受惠。

鲁宾与沃特斯的研究(参看“全球社会 15.2”)颇有相似之处。两者都关注随着时间的推移,在性别关系、性行为规范、对于性相问题的私人态度和公众态度等方面,出现了哪些变化。鲁宾的研究有助于我们了解,人们**今天**是如何看待这类变化的,它们对于当下的生活方式产生了怎样的影响。而沃特斯通过分析原始档案,从历史视角与比较视角来看待当代的调查结果。将使用如此不同的方法获得的研究发现相融合,同时注重性行为变迁的不同方面,可以让社会学家在如此难以操作的研究领域概括结论时更有信心。

全球社会 15.2

比较视角下的性与礼仪

礼仪手册并不仅仅属于社会学家的历史兴趣。今天,专注于约会礼仪和“觅得良缘”的艺术的书籍、杂志、报章专栏和网站要多得多。

荷兰社会学家卡斯·沃特斯(Cas Wouters)所著《性与礼仪》(*Sex and Manners*, 2004),是应用文献材料探究性行为形式变迁的范例,对英国、德国、荷兰和美国的性别关系与性相的变迁进行了比较研究。沃特斯考察了19世纪末到20世纪末有关“得体举止”(good manners)主题的书籍,特别关注性别关系与“追求行为”方面的论述,即男女两性在见面和“约会”时所面临的机会与限制。谈论礼仪举止的书籍往往会给出在这类会面场合的举止建议,提供一些礼仪准则,指导如何与“异性”见面和相处。

例如,在英格兰,1902年出版了一本《女士礼仪》(*Etiquette for Women*),建议“如果女性不坚持自己买单,就该由男士支付酒水费用;而如果是他邀请女士共同前往某地喝点东西,那事情就很简单了”。但直到20世纪80年代,“AA制”,即分摊约会开支,才开始流行并成为规矩。1989 年出版的一本礼仪书籍讨论了男性始终要为女性付账的传统做法，指出“有些人还在这样做，但女性不能吃个没完却一毛不拔”（Wouters 2004：25－27）。这个例子看似颇为琐屑，其实表明了广泛社会中的性别关系的变化，随着更多的女性进入有薪就业乃至（更整体而言的）公共领域，男女两性之间的行为规范发生了变化。

沃特斯的研究提供了性行为及追求行为方面的许多实例。他通过分析一个世纪以来的礼仪书籍，将这些书中给出的建议与有关社会变迁的社会学理论相关联，认为四个国家均呈现出一种长期趋势，从非常正式、死板的礼仪准则，转向更加非正式的准则，从而容纳了更为宽泛的许多可以接受的追求方式。因此，那些对于 20 世纪 60 年代“性放纵”的批评，并没有注意到这类变迁乃是远为漫长和深远的社会转型过程的一部分。

第二节

性别和性相的社会建构

赞同“自然差异”的思想流派的学者往往认为，阶级、性别与“种族”等方面的社会不平等乃是源于生物差异。与此相仿，现存的劳动分工也必然是“自然”的，女人和男人各自从事那些自己最适合的事情。人类学家乔治·默多克（George Murdock）就认为，女性应该专注于家务和家庭责任，而男人在外工作，这既切合实际，也方便可行。默多克基于对 200 多个社会的一项跨文化研究，得出结论：两性劳动分工存在于所有文化之中（Murdock 1949）。尽管这并非生物“编程”的结果，却是社会最合乎逻辑的组织基础。

塔尔科特·帕森斯十分关注儿童的社会化，认为稳定的、支持性的家庭是成功社会化的关键（Parsons and Bales 1956）。在帕森斯看来，两性劳动分工明确，这样的家庭运转最有效率。其中的女性扮演**表达性**（expressive）角色，向孩子提供照看和安定感，并为其提供情感支撑。相反，男性扮演**工具性**（instrumental）角色，即负责赚钱养家。这种互补性的劳动分工源自两性之间的生物区别，将会确保家庭单元的团结。

针对所谓两性劳动分工有其生物基础的主张，女性主义者已经提出了猛烈批评，认为社会中的职能分配绝非自然形成或不可避免的。帕森斯关于“表达性”女性的观点同样遭到女性主义者以及其他社会学家的抨击，他们认为，这一观点是在为家庭中对女性的支配开脱。那种认为“表达性”女性对于家庭的平稳运作必不可少的观点毫无依据，相反，倡导这种社会角色在很大程度上是为了男性的方便。

如今,社会学家不再接受说,可以诉诸某种固定的“人类本性”或男女两性的生物“本质”,来说明复杂的人类行为。后面这类企图即所谓**本质论**(essentialism),从20世纪早期开始,社会学理论的历史就是在稳步摆脱本质论的假设。然而,本质论的观点仍然不时重新浮现在科学研究中。20世纪90年代,一项比较男“同性恋”、男“异性恋”与“女性”大脑的科学研究宣称已经发现,与异性恋男性相比,同性恋男性下丘脑四个前部区域之一往往更小,并类似于女性大脑(LeVay 1993)。这项研究被视为意味着同性恋有其生物基础,并被媒体广泛报道,也得到了一些同性恋权利活动分子的积极评价,认为这等于支持了他们争取平等公民权利的诉求。

拉赫曼和杰克逊(Rahman and Jackson 2010)提出,这项研究体现出本质论思维蕴含的深层缺陷。研究者是如何知道“异性恋大脑”是来自“异性恋男人”的呢?这似乎纯属假设,依据在于缺乏任何男性的相反自述,或其医疗记录提供的证据。然而,从20世纪50年代金赛的调查,以及劳德·汉弗莱斯(Humphreys 1970)对美国人“茶室”的研究(参见第二章),我们已经了解到,数量不容小觑的男性虽然在公开场合是“异性恋”,却也参与同性性活动,只是他们始终掩藏着进行:“基于经典的本质论思考模式,列维(LeVay)将认同与行为混为一谈,而对这些研究对象展示出来的实际行为一无所知。”(Rahman and Jackson 2010:121)与此类似,“同性恋”男性的那些大脑样本也是取自那些死于艾滋相关疾病的男性,研究者也无法知晓这些男性曾经的性行为模式。

存在两种生物意义上的性,男性与女性,这是表面上不容辩驳的“事实”,正是这奠定了理解性别差异和性相的基础,也使得本质论乍看起来貌似有理。但是,历史学家和社会学家已经表明,这个假设是错误的。在18世纪中期之前,西方文化所持有的预设是,只有**一种性**,沿循一个两端为女性特质和男性特质的行为连续统,各具变异。而两种不同性别的说法只是从18世纪中期才开始出现的(Laqueur 1990)。有些人具有某种间性人(intersex)的特征,其生殖解剖特征或性解剖特征“似乎不符合男性或女性的典型定义”(ISNA 2015)。然而,这些变异中哪些“算作”间性人,也是社会建构的产物,因此并不是纯粹生物性的,这些例证表明,所谓做一个“男人”或“女人”,做一个“同性恋”或“异性恋”,都不是生物上限定的。

一 性相、宗教与道德

世界上各个社会对待性行为的态度不尽相同,即使在同一国族社会中,也会随着时间的推移而经历显著变化。例如,近两千年来,西方对待性相的态度主要是由基督教塑造的。尽管基督教中的不同教派和宗派对于性相在生活中究竟应当占有什么样的地位意见不一,但主导的观点是,除非是与生育相关,其他一切性行为都是值得怀疑的。在一些时期,这种观点造成了整个社会的过分拘谨,而在另外一些时期,许多人就无视甚或反抗教会的教义,通常会做出一些被宗教权威禁止的事情(比如通奸)。

19 世纪,性相方面的宗教预设在一定程度上被医学预设所取代。早期由医生执笔的性行为主题著作大多像教会的观点一样严苛。有些人主张,任何与繁殖后代无关的性活动都会严重损害身体。据说,手淫会引起失明、癫狂、心脏病及其他疾病,而口交被认为会引发癌症。在维多利亚时代,充斥着性方面的假道学。人们认为,贞洁的女性会对性问题漠不关心,接受自己丈夫的宠幸也只是出于职责。然而,在蓬勃扩张的城镇都市中,卖淫盛行,并常常得到公开容忍,那些"放荡"的女人被视为与正派体面的女性完全不是一个类别。

维多利亚时代的许多男人,表面看来是节制有度、行为端正的公民,是忠于妻子的丈夫,但也常常出入妓院,包养情妇。这类行为被宽以待之。而"正派体面的"女人如果有情人,就会被视为丑闻,一旦其行为被曝光,在社交圈中会遭到排斥。对男性与女性的性活动的不同态度形成了一种双重标准,这种标准长久存在,至今仍挥之不去(Barret-Ducrocq 1992)。

如今,对于性与性相,传统的态度与自由开放意味强得多的思路并存,后者是从 20 世纪 60 年代开始强势发展起来的。在影视戏剧中出现了从前不被接受的性爱场景,而绝大多数有需要的成年人也能在网络上方便地获得色情材料。秉持虔诚的宗教信念的人仍然认为,婚前性行为是错误的,并对异性恋之外的任何形式的性行为一概不赞成。不过也有更多的人接受说,性爱愉悦是亲密关系中一种值得想望的重要特性。毫无疑问,自 20 世纪中叶以来,在大多数西方国家中,人们的性观念都变得更加自由开放,虽说在全球范围内仍有一些显著的差异。汹涌而来的现代性浪潮并没有径直涤荡有关性问题的宗教信仰与传统规范,这些仍继续影响着许多人的态度和价值观。

批判性思考

你对待性与性相的态度,与你的父母和长辈亲友的态度有哪些差异?这些态度与宗教信仰之间有什么关联?对待性问题的态度的变化是否证明了世俗化进程?

二　性相百态

在所有社会中,绝大多数人都是异性恋。异性恋在历史上就是养儿育女和家庭生活的基础。然而,也存在着众多性取向和性认同。朱迪斯·洛伯(Judith Lorber)就区分出多达十种的性认同(Lorber 1994):女异性恋者、男异性恋者、女同性恋者、男同性恋者、女双性恋者、男双性恋者、女异装癖者(经常打扮成男人模样的女人)、男异装癖者(经常打扮成女人模样的男人)、变性女性(由男性变成女性)和变性男性(由女性变成男性)。她还讨论了各式各样的性实践。比如说,一个男人或女人能与几个女人、男人或男女两性皆有性关系。可以是一对一,也可以同时玩三人行乃至群交。一个人可以跟自己发生性关系(自慰[masturbation]),或者不跟任何人发生性关系(禁欲①)。有人可以跟变性者发生性关系;或跟穿着情趣服饰的异装者发生关系;或利用色情作品或性器具;或者实施性虐(sado-masochism,即色情地使用捆缚和痛苦折磨);或者跟动物性交;等等(ibid.)。

在所有社会中,都存在一些性规范,认可上述做法中的某一些,不鼓励乃至立法取缔另一些。社会成员通过社会化过程习得这些规范。例如,最近几十年中,西方文化中的性规范已经与浪漫爱情和家庭关系的概念紧密相连。然而,在不同的文化之间,这类规范也有相当的差异。同性关系就是一个恰当的例子。某些文化会在特定背景下对同性关系表示宽容,甚至积极鼓励。例如,在古希腊,男性对男童的爱就被理想化为性爱的最高级形式。

肌肉紧致、强健性感的男性身体,越来越被用作时尚行业和广告营销的理想类型。这种发展趋势与当代社会中男女两性地位的变化可能有何关联?

① 原文此处用的是“celibacy”,但如今已非中世纪,简单的守单身或发誓不论婚嫁,并不意味着符合作者此处的意思。——译者注

六十多年前，福特与比奇（Ford and Beach 1951）做了一项极为广泛的研究，调查了两百多个社会中的人类学证据，发现在被视为"自然的"性行为和性魅力规范方面存在着惊人的差异。在西方世界，人们推崇苗条玲珑的身材，而在有些文化里，丰腴壮硕的体形才被认为最有诱惑力。一些社会十分注重脸型，而另外一些关注眼睛的形状和颜色，或者鼻子与嘴唇的大小和样式。绝大多数的性反应是习得的而非天生的，大众接受的性行为类型如此多样化就是一种重要的证据。

三　性别秩序

雷温·康奈尔（Raewyn Connell）在《性别与权力》（*Gender and Power*, 1987）、《男人与男孩》（*The Men and the Boys*, 2001）及《男性特质》（*Masculinities*, 2005）中对于性别的理论阐述，可谓最完整的说明之一，已经成为某种"现代经典"（参见"经典研究 15.2"）。她的思路把**男权制**（patriarchy）和男性特质概念整合为一套综合性的性别关系理论，因此特别有影响。所谓男权制，就是由社会组织起来的男性对于女性的支配。在康奈尔看来，男性特质是性别秩序的核心部分，不能单独理解，也不能脱离与之相伴的女性特质来理解。

经典研究 15.2

康奈尔论性别秩序的动力机制

研究的问题　为什么一些人成为男性角色榜样和女性角色榜样？角色榜样展现出哪些特征与行动？这些（而非其他）特征与行动是如何被广泛视为值得向往的？康奈尔（Connell 1987，2001，2005）考察了各类社会中的"性别秩序"，探讨了以上问题。尤值一提的是，她提出了一套性别阶序（gender hierarchy）的理论。

康奈尔的说明　康奈尔认为，男性特质和女性特质有许多不同的表达方式。在社会的层面上，这些不同的表达方式被排列成一套阶序，并围绕着一个确定的前提——男性对女性的支配（参见图 15.1）。康奈尔在这套阶序中使用了模式化的男性特质和女性特质的"理念型"。

在等级序列的顶端是**霸权式男性特质**（hegemonic masculinity），支配着社会上其他所有男性特质和女性特质。所谓"霸权式"，涉及霸权（hegemony）这一概念，即某一特定群体的社会支配地位，但其实施并非借助赤裸裸的强力，而是通过延伸到私人生活和社会

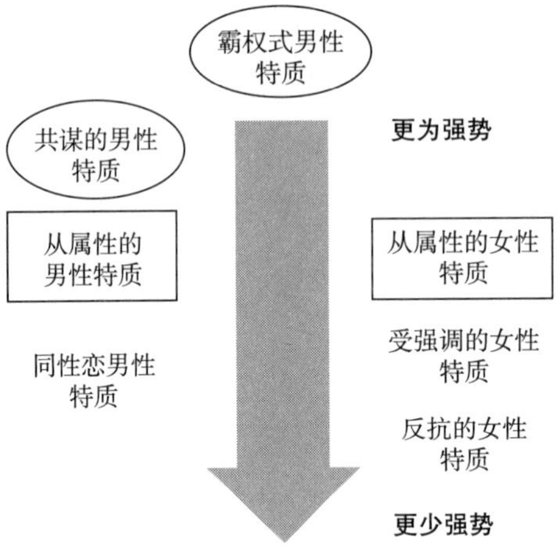

图 15.1　性别阶序

领域的文化动力。因此,传媒、教育、意识形态,甚至是音乐和体育,均可作为确立霸权的渠道。根据康奈尔的观点,霸权式男性特质首先关联着异性恋和婚姻,但也包含权威、有薪劳动、力量和强壮体魄等。体现出霸权式男性特质的男人的例子包括阿诺德·施瓦辛格这样的影星,“50 美分”这样的说唱乐手,以及企业家唐纳德·特朗普。

虽然霸权式男性特质被认为是男性特质的理想形式,但社会上能达到那样标准的男人却很少。然而,许许多多的男人仍然受益于霸权式男性特质在男权秩序中所占的主导地位。康奈尔称此为“男权制的红利”(patriarchal dividend),并认为那些从中获益的人体现出**共谋的男性特质**(complicit masculinity)。

与霸权式男性特质存在从属关系的是许多从属性的男性特质和女性特质。在从属性的男性特质(subordinated masculinities)中,最重要的是**同性恋的男性特质**(homosexual masculinity)。在霸权式男性特质主导的性别秩序中,同性恋者被视为与“真男人”(real man)截然不同,他们不符合霸权式男性特质的理想,并且往往体现出许多为霸权式男性特质所“摒弃”的特性。同性恋的男性气质蒙受污名,处在男性的性别等级的底端。

康奈尔认为,所有的女性特质都形成于霸权式男性特质的从属位置。**受强调的女性特质**(emphasized femininity)是女性特质的形式之一,也是霸权式男性特质的重要补充。它旨在满足男人的利益和欲望,以“低眉顺眼、关心体贴、善解人意”为特征。在年轻女性中它关联着性接受能力①,而在年长女性那里则意味着母性。康奈尔称玛丽莲·梦露为受强调的女性特质的“典型和讽刺”。她着重指出,受强调的女性特质形象在传媒、广告和市场营销中仍然广为流行。

① 此处原文为“receptivity”,如果说的是雌性动物,指的是处于发情期的可交配状态。——译者注

最后，从属性的女性特质中还有一些是拒斥上面勾勒的受强调的女性特质的。然而，总体来讲，人们把绝大部分注意力都放在了维持受强调的女性特质作为社会的传统规范上，这就意味着其他抗拒传统的从属性的女性特质不能发出声音。形成非从属性的认同和生活方式的女性包括：女性主义者、女同性恋者、老姑娘、接生婆、女巫、妓女和女性体力劳动者。然而，这些**反抗的女性特质**（resistant femininities）的体验在很大程度上“被从历史中隐去”。

批评的观点　一些批评者指出，霸权式男性特质虽然似乎显而易见，但康奈尔并未真的给出令人满意的阐述。这是因为，她没有具体指明哪些算作“对抗霸权式的”（counter-hegemonic）。例如，现在越来越多的男性也参与看护和教育孩子，这是属于霸权式男性特质的一部分，还是一种对抗霸权式男性特质的趋势呢？除非我们已明确哪些行动会挑战霸权式男性特质，否则如何可能知道，起初是哪些行动构成了霸权式男性特质？还有一些社会心理学家也很好奇，男性究竟**如何**“体现”出共谋的男性特质；如果他们本身没有达到霸权式男性特质的理想，那这种失败对他们的心理意味着什么，他们实际上又做了什么？简而言之，“所缺失的乃是更加细致地呈现，共谋与抵抗在实践当中是什么样子的”（Wetherell and Edley 1999：337）。最后，康奈尔并未在全球层面上阐述性别秩序理论，虽说这是某部后续著述的主题。

当代的意义　鉴于康奈尔的研究问世不久，社会学家还在研究其全面的影响。她早期的著述除了聚焦女性，还更广泛地关注男性和男性特质，并以此闻名于性别研究领域。不管怎么说，到目前为止，就塑造性别研究领域而言，尤其是我们理解特定的性别体制是如何固定下来，又是如何被撼动的，她已经产生了巨大的影响。康奈尔的观点显示，性别秩序永远不是稳固或静态的，她的观点不仅影响了社会学家，也同样影响着 LGBT 社会运动中的政治活跃分子。

康奈尔强调，关于性别的经验证据并不只是“杂乱无章的数据堆砌”，而是揭示了把女性维持在从属于男人的地位上的“人类实践和社会关系的组织化领域”的基础（Connell 1987）。在西方资本主义社会里，性别关系仍然是由男权制权力决定的。从个体层次到制度层次，各种类型的男性特质和女性特质的安排都是围绕着一个核心前提：男性对于女性的支配。性别关系是日常互动和实践的产物，虽说人们在其个人生活中的举止行为与社会中的集体性安排直接相关。这些安排贯穿人的一生，历经世世代代，被不断再生

产出来,但也会发生改变。

康奈尔提出,社会的三个方面——劳动、权力和心力投入(cathexis,私人关系/性关系)相互作用,构成了一个社会中的**性别秩序**,即社会中流行的男性特质与女性特质之间的权力关系模式。这三块领域相互区别,又相互联系,代表了建构和约束性别关系的主要场所。**劳动**是指两性劳动分工,既包括在家庭内部(比如承担家庭责任和养育孩子),也包括在劳动力市场(比如职业分隔和薪酬不平等一类问题)。**权力**是通过机构、国家、军队和家庭生活中的权威、暴力和意识形态之类的社会关系起作用的。**心力投入**是指婚姻、性问题、育儿等私密性、情感性的个人关系中的动力。

这三块领域中通行的性别关系,是于特定的性别秩序中,在社会层面上被结构化的。康奈尔用**性别体制**(gender regime)这一术语来指性别关系在较小范围情境中的作用,比如某一专门的机构内。因而,一户家庭、一片住区、一个国家都有各自的性别体制。(麦尔丹·麦克安海尔探讨了特定的性别体制,参看“发挥你的社会学想象力 15.1”。)

发挥你的社会学想象力 15.1

教育与男性特质和性相的形成

麦尔丹·麦克安海尔(Máirtín Mac an Ghaill)在《男人的形成》(*The Making of Men*, 1994)一书中,展示了一项民族志调查的发现。他研究了英国一所公立中学里的“性别体制”,即性别关系的表现方式。麦克安海尔借鉴了康奈尔的研究,关注学校如何积极地在学生中创造一系列男性特质和女性特质。虽然他尤其关心异性恋男性特质的形成,但也调查了一组同性恋男生的体验。他的研究结果揭示出,学校自身即是以性别化和异性恋模式为特征的机构/制度(institution)。

盛行的“体制”鼓励学生建构出与广泛的性别秩序相符合的性别关系,也就是说,在学校范围内也能找到由支配性与从属性的男性特质和女性特质组成的阶序。多种多样的社会影响和实践,包括纪律措施、课程安排、师生互动,以及监控,都有助于异性恋男性特质的形成。

麦克安海尔注意到,在学校的场景中出现了四类男性特质。一是**小男子汉**(macho lads),是一群工人阶级出身的白人男孩儿。他们无视学校权威,蔑视学习过程和学业优秀的学生。麦克安海尔的结论是,由于不再找得到曾被他们视为确定自己未来身份的体力活和非熟练技能/半熟练技能型工作,小男子汉们正在经历一场“男性特质的危机”。这导致这帮小伙子对于他们的未来陷入了心理和现实的困境,这种困境对于他们来说,既难于领会,更难以排解。

第二个群体是**学习尖子**(academic achievers),他们视自己为未来的专业人员。这些男孩儿被“小男子汉”(以及老师)赋予了娘娘腔、“书呆子”的刻板印象。麦克安海尔认为,尖子生对付恶意刻板印象化的最常用方法就是保持自信,相信他们的刻苦学习和学业文凭将保障他们有安全的未来。这奠定了他们男性特质认同的基础。

第三个群体是**新型创业者**(new enterprisers),即那些注重计算机科学和商业研究之类新职业课程的男孩儿。麦克安海尔认为,他们是撒切尔时代培育出来的新“创业文化”的孩子。这些男孩更重视市场和自己工具性的未来规划,因而认为高中课程考试相对来说没有什么用。

最后一个群体是**讲求实际的英国人**(real Englishmen)。他们是麻烦最大的中产阶级群体,他们对学业态度暧昧,却自视为“文化仲裁”,对老师提供的任何东西都不屑一顾。因为他们打算从事某种职业,因而“讲求实际的英国人”的男性特质就包括表现出轻松拿下学业的样子。

麦克安海尔在有关同性恋男生的研究中发现,在所有涉及性别或性问题的课堂讨论中,一系列明显属于异性恋立场的规范与价值观都被视为理所当然而接受,而它们都是建立在传统关系和核心家庭的基础上的。这导致同性恋男青年在建构性别和性认同时陷入“混乱与矛盾”的困境,既感到被他人视若不见,又觉得自己被他人分类标示。

批判性思考

从自身经验出发,你是否能看出这项研究中的那些亚文化?如果同性关系已经开始赢得社会中越来越广泛的认可,为什么在学校里异性恋规范依然如此牢固?教师个人能如何改变学校流行的性别秩序?

(一)性别秩序的变迁:危机趋势　虽然康奈尔提出了一个架构清晰的性别阶序,但性别关系是一个持续过程的结果,因此易于受到挑战,发生改变。康奈尔以动态的眼光看待性别秩序。如果性和性别**都是**社会建构的,那么人们必然有可能改变其性别取向。这么说并不一定意味着人们可以轻易转换其性相,而是说人们在不断地调整性别认同。曾经接受“受强调的女性特质”的女性,也有可能培养起一种女性主义的意识,促成认同和行为的改变。这种变化的可能性意味着,性别关系的模式容易受到干扰,受到人类能动作用的影响。

尽管有些社会学家相信,西方社会正在经历一场“性别危机”,但康奈尔认为,我们只不过是面临着强烈的危机**趋势**。其一，是**制度化的危机**(crisis of institutionalization)。传统上支持男性权力的一些制度,即家庭和国家,正在逐步瓦解。离婚,家庭暴力和婚内强奸,以及税收和养老金等经济问题,经由针对这些方面的立法,男性支配女性的合法性正在减弱。其二,是**性相的危机**(crisis of sexuality)。这一危机中,霸权式异性恋的主导地位不如从前了。女性性相和同性恋者性相的力量不断壮大,使得传统的霸权式男性特质承受着压力。其三,是**利益形态危机**(crisis of interest formation)。康奈尔认为,社会利益有了与现存性别秩序相矛盾的新的基础。已婚女性的权利,同性恋权利运动,还有男性中“反性别歧视”态度的增长,都对目前的秩序造成了威胁。

有关家庭生活中性别角色的变迁的讨论，详参第十章“家庭与亲密关系”。

当然,对于性别秩序的这些威胁并不一定就是对男性不利的。如今,更多的男性开始充分参与育儿,少数男性热情支持相对新鲜的社会角色——“家庭主夫”(house-husband)。与此类似,有关“新型男人”的观点为新型关系的出现创造了可能,新型男人自觉摈弃与霸权式男性特质相维系的老旧行为形式,支持更具关爱和情感开放意味的性情。可以利用现存秩序中已经有证据表明的危机趋势,来促进消除性别不平等(Connell 1987, 2005)。

尼日尔格莱沃尔节(Gerewol)上的这个沃达贝族(Wodaabe)男青年,正在参加一场正式舞蹈仪式。他的妆容,身着的盛装以及配饰,再加上脸上的表情,在沃达贝族女青年看来颇为性感。这种“表达出来的男性特质”与西方的规范有哪些不同呢?

(二)男性特质 从20世纪70年代起,社会学界的女性主义研究者进行了许多有关性别不平等的经验研究,揭露了社会中女性的不平等地位的实际程度。但是,却没有什么人努力去认识男性特质,即做一个男人的体验,或是了解男性认同的形成。不过,自20世纪80年代后期以来,这种情况发生了显著转变。在有薪就业和社会公共领域方面,女性的处境有了颇为根本的变化,再加上家庭的多样化,这些引发了有关男性位置的新问题。在21世纪,做一个男人意味着什么?在一个迅速变迁的时代,对于男性的传统期待是怎样发生转化的?有关男性特质的传统规范是否正在失去对于年轻世代的控制力?

近些年来,社会学家越来越关注男性在更大范围内的"性别秩序"中的位置与体验。研究性别与性相的社会学领域中的这场转变,使人们聚焦**性别关系**这一总体背景之下的男性与男性特质研究,关注男女两性之间社会模式化的互动。社会学家想要搞清楚,男性认同是如何建构起来的,社会指定的角色对男性的行为产生了怎样的影响。

再到晚近,康奈尔考察了全球化对于性别秩序的影响(Connell 2011)。她提出,性别本身已经开始全球化,既有先前各具特色的地方性别秩序彼此互动,同时,也创造出性别关系的新型竞争领域。康奈尔指明,性别关系有这么几块新型全球竞争领域:有着某种男性特质管理文化的跨国公司;同样性别化并主要由男性运营的国际非政府组织;传播对于性别的特定理解的国际传媒;最后是资本、商品、服务以及劳动力的全球市场,它们往往有着牢固的性别结构化意味,并且日益深入地方经济。因此,现在有可能来谈论一种"世界性别秩序"了,这为未来讨论性别与性相提供了一个背景。

第三节

性别不平等

▼

性别差异很少是中立的,性别是一种显著的社会分层形式。性别也是构造个体与群体所面临的各类机遇和生活机会的关键因素,并强烈影响着个体和群体在从家户到国家等社会机构/制度中所扮演的角色。通行的两性劳动分工导致男性和女性在权力、声望和财富等方面占据着不平等的位置。尽管女性已经在全世界许多国家获得成就,但性别差异仍是社会不平等的基础。调查和阐释**性别不平等**(gender inequality)已经成为社会学家的一个核心关注。人们提出了几种理论视角,以说明男性何以长期维持对于女性的支配地位。本节将集中讨论这些理论思路,而其他章节会涵盖性别不平等在特定背景和制度下的经验证据。

有关性别不平等的证据的介绍与讨论,参看第十二章"分层与社会阶级"、第十四章"全球不平等"以及第十六章"种族、族属与移民"。

一 女性主义思路

女性主义运动产生了大量试图说明性别不平等的理论。这些**女性主义理论**彼此之间有着显著分歧。相互竞争的各种流派都力图通过多种根深蒂固的社会过程,诸如性别歧视、男权制和资本主义,来解释性别不平等。我们首先来看看 20 世纪在西方世界流行的主要的女性主义派别——自由主义的女性主义、社会主义(或马克思主义)的女性主义、激进主义的女性主义。这样分类可以提供一种有用的引导,虽然这些派别之间从来没有非常明确的区分。最近几十年,还出现了一些新的形式,比如后现代女性主义,兼跨了此前的各个派别(Barker 1997)。

(一) 自由主义的女性主义 **自由主义的女性主义**(liberal feminism)从社会和文化立场来说明性别不平等。对于自由主义的女性主义的一项早期重要贡献,来自英国哲学家约翰·斯图尔特·穆勒(John Stuart Mill),他在论著《论女性的从属地位》(*The Subjection of Women*, 1869)中呼吁两性之间的法律平等和政治平等,包括投票权。不同于激进主义女性主义者和社会主义女性主义者,自由主义的女性主义者并不把妇女的从属性看作一个更大体制或结构的组成部分。相反,他们把注意力集中在许多分散的因素上。例如,自 20 世纪 70 年代早期以来,自由主义的女性主义者呼吁消除工作场所、教育机构和传媒中的性别主义和对女性的歧视。他们往往致力于通过立法和其他民主手段,确立并保护女性的机会平等。在英国,自由主义的女性主义者积极支持法律方面的改进,例如《同工同酬法》(Equal Pay Act, 1970)和《反性别歧视法》(Sex Discrimination Act, 1975)。他们认为,尊奉法律面前人人平等,对于消除加诸女性的歧视十分重要。自由主义的女性主义者致力于在现存体制内以渐进的方式进行改良。就此而言,他们的目标和方法要比许多激进主义女性主义者和社会主义女性主义者的更为温和,后两类人是号召推翻现存体制的。

虽然自由主义的女性主义者对 20 世纪的妇女进步做出了巨大贡献,但批评者指责说,他们没能成功地处理性别不平等的根本致因,没有意识到女性在社会中所受压迫的系统性质。由于把焦点放在女性所遭受的个别剥夺上,如性别主义、歧视、"玻璃天花板"[①]、同工不同酬等,自由主义的女性主义者所描绘出的性别不平等只是局部场景。激

① "glass ceiling":指没有实存外形但确实存在的上限,是女性、少数族群等在职业升迁等机会上似无还有的上升障碍。——译者注

进主义的女性主义者更指责自由主义的女性主义者,认为他们其实是在鼓励女性接受一个不平等的社会及其竞争性质。

(二)社会主义与马克思主义的女性主义　**社会主义的女性主义**(socialist feminism)是从马克思的冲突理论发展而来的,尽管马克思本人对于性别不平等几无着墨。自由主义的女性主义被批评说没有能力看到,社会中存在强有力的利益,极力排斥给予女性平等(Bryson 1993)。社会主义的女性主义者致力于与男权制和资本主义同时作战(Mitchell 1966)。马克思的朋友和合作者弗里德里希·恩格斯比马克思更多地从马克思主义视角阐述了性别不平等。

恩格斯认为,在资本主义制度下,物质因素和经济因素支撑了女性相对于男人的屈从地位,因为**男权制**(类似阶级压迫)的根源在于私有制。恩格斯主张,资本主义将财富和权力集中在少数男人手中,从而巩固了男权制。资本主义比此前的社会体制更加强化了男权制,因为它创造了巨大的财富,将权力赋予男性,他们既作为挣工资的人,也作为财产所有者和继承人。其次,资本主义经济要想成功,就必须把民众尤其是女性界定为消费者,说服她们,其需求只能通过无尽增长的商品货物消费来满足。最后,资本主义仰赖女性在家中无偿劳动,照料家人,整理家务。在恩格斯看来,资本主义不仅通过低工资来剥削男性,也通过不付工资来剥削女性。

> 为家务劳动付薪是许多女性主义者主张的重要内容,进一步的讨论详参第七章“劳动与经济”。

社会主义的女性主义者指出,自由主义的女性主义者的改良目标是不够的。他们呼吁重新调整家庭的结构,终结“家内奴役”,引入某种集体方式来养育子女、照料家庭和料理家务。许多人遵循马克思的立场,主张通过一场社会主义革命来实现这些目标,革命将会带来以国家为中心的经济,旨在满足全体人口的需求,并创造真正的平等。

(三)激进主义的女性主义　**激进主义的女性主义**(radical feminism)的核心是认为,男性导致了对女性的剥削并从中获益。这一女性主义派别的核心关注就是分析男权制,也就是男性对于女性的系统性支配。男权制被认为是跨越时代和文化而存在的一种普遍现象。激进主义的女性主义者经常把家庭作为社会对女性进行压迫的主要来源之一。他们认为,女性在家庭中提供了免费的家务劳动,而男性依赖于这种劳动,以此来剥削女性。作为一个群体,男性还剥夺了女性在社会中获得权力和影响力的途径。

激进主义的女性主义者对于男权制的基础的解释各不相同,但大多数人都认为,它涉及以某种形式占有女性的身体和性相。一位早期的激进主义女性主义学者舒拉米斯·费尔斯通(Firestone 1970)认为,男性控制了女性在生育和养育孩子上的角色。因为女性从生物机理上讲具有生育孩子的能力,所以在物质上要依赖男人以获得保护和生计。在社会层面上,这种"生物机理上的不平等"在核心家庭中被组织起来。费尔斯通提到了"性的阶级"(sex class),用来描述女性的社会位置,并且主张,只有废除家庭及作为其标志的权力关系,女性才能赢得解放。

其他的激进主义女性主义者指出,男性对女性的暴力是男性主导地位的核心。根据这种观点,家庭暴力、强奸和性骚扰都属于对妇女的系统化压迫的一部分,而不是有其自身的心理根源或犯罪根源的个别案例。甚至日常生活中的互动,比如非言语沟通,倾听和打断的模式,以及女性在公开场合如何才算得体,都助长了性别不平等。此外,这种观点还认为,关于美丽和性感的流行观念是男性强加给女性的,其目的是形成某种特定类型的女性特质。例如,有些社会和文化规范强调女性要身材苗条,对男性关心体贴,这样的规范有助于维持女性的从属地位。传媒、时尚和广告等对女性的"客体化",把女性变成了性对象,其主要角色就是娱悦男人。他们认为,因为男权制是一种系统化的现象,因此只有彻底颠覆男权制秩序,才能获得性别平等。

男权制的概念是否充分捕捉到了不同社会阶级和族群的女性复杂各异的经历和生活机会?"女性"这个范畴是否太笼统,在社会科学中无法做出什么有用的研究?

对于激进主义的女性主义,主要的异议或许在于,用男权制概念从整体上说明女性受到的压迫,尚不充分。激进主义的女性主义者往往认为,男权制的存在乃是自古就有,四海皆然,也就是说,它是一种普遍现象。这样的观念没有考虑到历史和文化上的变异。它也忽视了种族、阶级或族属对女性从属地位的性质所可能产生的重要影响。换句话说,不可能把男权制看成普遍现象,如果这么做就有陷入生物还原论的危险,即把性别不平等的所有复杂表现都归于男女之间的简单区别。

西尔维娅·沃尔比(Sylvia Walby)提出了关于男权制的一套重要的重新阐述(参见“发挥你的社会学想象力 15.2”)。她认为,如果以某些特定的方式来使用,男权制这个概念仍然是一种有价值、有效力的说明工具。

发挥你的社会学想象力 15.2

男权制的理论阐述

西尔维娅·沃尔比推论,男权制这个概念对于任何有关性别不平等的分析都是必不可少的,但她也同意说,对这个概念的批评很多是正确的。她在《男权制的理论阐述》(*Theorizing Patriarchy*, 1990)一书中,提出了一种比先前更为灵活的理解男权制的方式。它考虑到了一定历史时期的变化,以及族群和阶级方面的差异。

对沃尔比而言,男权制是“男性支配、压迫和剥削女性的各种社会结构和实践所组成的体制”(Walby 1990:20)。她把男权制和资本主义视为不同的体制,它们依据历史条件而以不同的方式相互作用,有时相互协调,有时则处于紧张状态。她认为,通过**两性的劳动分工**,资本主义一般能从男权制中获益。但有时候,资本主义和男权制会彼此抵触。例如,在战争期间,女性大量加入劳动力市场,资本主义和男权制的利益就不相吻合。

沃尔比认识到,早期女性主义理论有一个缺陷,就是往往集中在女性受压迫的某一个“本质”原因上,比如男性的暴力,或者女性在生育中的角色。因为沃尔比关注性别不平等的深层性和关联性,所以她把男权制看作是由既独立又相互作用的六种结构组成的。

1. **家户内部的生产关系** 女性承担无偿的家庭劳动,比如家务和育儿,被其丈夫(或同居者)占有。
2. **有薪劳动** 劳动力市场中的女性被排斥在某些类型的工作之外,薪酬较低,并且被隔离在技能水平较低的工种里。
3. **男权制国家** 国家在其政策措施和优先考虑上,系统性地偏向男权利益。
4. **男性暴力** 虽然男性暴力经常被视为由个人主义行为组成,却是模式化和系统化的。女性惯常地经受这种暴力,并以标准的方式受其影响。除了少数特例,国家一般采取不干涉的做法,实质上宽恕了这种暴力。

5. **性相中的男权关系** 这明确体现在“强迫性异性恋”(compulsory heterosexuality)和男女之间性的双重标准(对性行为采取不同的“规则”)上。
6. **男权制文化制度** 许多制度和实践,包括传媒、宗教和教育,都制造出了女性“处于男权凝视(gaze)下”的表征(representation)。这些表征影响了女性的认同,预先规定了行为举止的可接受标准。

沃尔比区分出两种不同的男权制形式。**私人男权制**(private patriarchy)是发生在由个别男性家长控制的家户内部的对女性的支配。这是一种排斥策略,因为女性基本上被禁止参加公共生活。另一方面,**公共男权制**(public patriarchy)在形式上更具集体性。女性可以涉足公共领域,比如政治和劳动力市场,但仍然被隔离在财富、权力和地位之外。沃尔比认为,至少在英国,从维多利亚时代至今,男权制无论在程度上还是形式上都有了某种转变。如果说从前对女性的压迫主要限于家里,那么现在已经遍布整个社会。正如沃尔比的讽刺:“女性从家里解放出来后,开始拥有整个社会,并在其中受其剥削。”

近几年来,沃尔比和其他一些女性主义理论家提出,男权制的概念越来越容易被女性主义的对手们错误地表征为一种缺乏历史意识、一成不变的男性支配理论。相反,她建议用“性别体制”(在“经典研究 15.2”中有所讨论)一词,其“与‘父权制’这个词意思一样”(Walby 2011:104),但更方便表示因时而变,可以用它来分析地方、国家以及国际各层面的制度,因此也不太可能被误解。

批判性思考

依次回顾沃尔比的六种“男权制的结构”,有什么证据显示正逐渐转向男权制的公共形式? 有什么证据证明女性进入公共领域的运动确实有益于大多数女性?

(四)黑人女性主义 上述各种版本的女性主义,对于白人女性和非白人女性的体验是否同样适用?许多**黑人女性主义者**(black feminists)和来自发展中国家的女性主义者宣称并非如此。他们认为,悖谬的是,主要的女性主义思想流派倾向于本质论,争论起“女性”的体验来,视之为一种普遍范畴,其实却定位于生活在发达社会的、主要是中产阶级的白人女性。基于特定女性群体的经历概括出女性总体上处于从属地位的理论,这是站不住脚的。不仅如此,认为所有族群和社会阶级的女性同样体验到“统一”形式的性别压迫,这样的观念也是有问题的。晚近的研究采取了一种交叉性思路,兼采性别、阶级和族群维度来研究不平等(Taylor and Hines 2012)。

对现有女性主义形式的不满促成了一种新的思想派别的兴起,关注黑人女性所面临的特殊问题。比如,美国黑人女性主义者贝尔·胡克斯(bell hooks;其姓名首字母小写)提出(1997):有些白人女性主义作者认为黑人女孩比白人女孩自尊心更强,证据在于黑人女孩的举止做派更为果敢自信。但是胡克斯指出,这些特性是父母和老师灌输给女孩们的,以此"提升种族素质"。我们不能推论说,看上去充满自信的黑人女孩,就不会因为自己的肤色或发质所附带的社会污名而自觉卑微。这种误解看似单纯,其实生动地体现了许多主流女性主义思考中的深层缺陷,而这正是黑人女性主义要矫正的。

黑人女性主义者的作品往往重视历史,过去的方方面面有助于人们了解黑人女性今天所面临的问题。美国黑人女性主义者的作品强调的是,奴隶制、种族隔离以及民权运动的强大遗产,如何影响了黑人社群中的性别不平等。他们指出,早期的妇女选举权论者中的黑人虽然支持争取妇女权利的运动,但也意识到种族问题不能忽视:黑人女性正经受种族和性别的双重歧视。近些年来,黑人女性已经不再是妇女解放运动的中坚,其原因部分在于,种族观念比"女性身份"更多地主导了她们的认同。

胡克斯认为,白人女性主义者所偏好的说明框架,例如视家庭为男权制的支柱,可能并不适用于黑人社群。黑人社群中的家庭代表了一种反抗种族歧视的团结核心。也就是说,黑人女性所受的压迫可能与白人妇女所受的压迫有不同的体现场所。

黑人女性主义者主张,任何性别平等理论若是不考虑种族歧视,就别指望能充分说明黑人女性所受到的压迫。对许多黑人女性而言,阶级维度是另一个不能忽视的因素。一些黑人女性主义者认为,黑人女性主义理论的长处就在于它内在的**交叉性**(Crenshaw 1991)。帕特里夏·希尔·科林斯(Collins 2000:18)把交叉性描述为"相互交织的多种压迫的特定形式。比如种族与性别的交织,或者性相与民族的交织"。交叉性也可以被视作一种方法论,把焦点放在种族、阶级、性别、失能等维度之间的相互作用,旨在更全面而有效地阐述位置各异的女性的多样化体验。因此,不妨把黑人女性看作因其肤色、性别和社会阶级位置而面临着多重劣势。当这三个因素交互作用时,它们会彼此加固和强化(Brewer 1993)。

二　后现代主义与酷儿理论

像黑人女性主义一样,**后现代的女性主义**(postmodern feminism)也质疑了认为有一种所有女性共享的认同与体验的统一基础的观念。这一流派的女性主义借鉴了艺术、建筑、哲学和经济学中的后现代主义这一文化现象,后者的根源可见于让-弗朗索瓦·利奥塔(Lyotard 1984)、雅克·德里达(Derrida 1978,1981)、雅克·拉康(Lacan 1995)等人的观念。后现代女性主义者拒绝承认,有一种宏大理论或包罗万象的理论可以说明女性在社会中的位置,或者存在一个普遍范畴的“女性”。因此,他们拒绝接受基于男权制、种族或阶级来阐释性别不平等的其他理论,视之为“本质论的”(Beasley 1999)。

对社会学中的后现代主义思路的介绍,参看第三章“理论与视角”。

事实上,后现代主义鼓励人们同时接受许多不同的立场,视之为同等有效。女性身份并不存在某种本质性的核心,而是有许许多多的个人和群体,有着各自不同的体验(异性恋者、同性恋者、黑人女性、工人阶级女性等)。在这些纷繁复杂的形式当中,不同群体与个人的“他者性”得到了倡扬。强调“他者性”的积极一面是一个重要主题。后现代女性主义接受说存在许多真理以及对于现实的社会建构。

除了承认差异,后现代女性主义者还强调“解构”的重要性。具体说来,他们致力于解构男性语言,解构男性特质的世界观。取而代之的是,尝试打造流变的、开放的术语和语言,能够更贴近地反映女性的体验。在许多后现代女性主义者看来,男人是从成对或二元对立的角度来看待世界的(比如“好与坏”,“对与错”,“美与丑”)。他们指出,男人把男性说成是正常的,而女性则是偏离的。比如说,西格蒙德·弗洛伊德认为女人其实就是男人少了阳具,因此他坚称女人对男人拥有阳具嫉羡不已。在这种男性特质的世界观里,女性始终被塑造成“他者”的角色。解构就是要攻击所有二元对立的概念,以新的积极的方式重塑它们的对立面。

弗洛伊德有关性别社会化的观点,参看第九章“生命历程”中的讨论。

从理论上是有可能把性别完全从性相当中分离出来的,这一观念标示了**酷儿理论**(queer theory)的开端。酷儿理论打破了许多有关认同的传统社会学观念。酷儿理论较多受到后结构主义思想的影响,特别是与朱迪斯·巴特勒(Butler 1990)以及米歇尔·福柯(Foucault 1978)有关的观念。具体而言,酷儿理论挑战了“认同”这个概念本身,即某种相对固定的东西,或是由社会化中介指派给人的东西。酷儿理论家借鉴了福柯的观点,指出性别与性相以及其他所有相关术语和概念构成一套独特的**话语**,而非指向客观实在的或“自然的”东西。

例如,在20世纪七八十年代,福柯在有关性史的研究中指出,今天,男性的同性恋认同跟男同性恋者联系在一起,但在19世纪或之前,这并不属于有关性相的主导话语。所以,对于人们来说,这种认同的形式此前完全不存在,一直要到它成了医疗话语以及精神病话语的一部分,或者在这些话语中被创造出来,才清晰可辨。因此,认同可以被看成是多元性的、不稳定的,会随时间的推移而发生改变的。

这个激进的视角同样被应用于"男同性恋"和"女同性恋"的认同,它们与其他所有形式的认同一样,也逐渐在社会中被"本质化"了。因此,酷儿理论挑战了所有固定的或看似"本真性的"认同,包括那些看起来与主导的异性恋规范相悖的各种认同。尽管"男同性恋"和"女同性恋"很可能会促进平权诉求,在政治上很有用,但酷儿理论家指明,这两个概念依然维系着二元对立,即相对于异性恋规范而言的"他者",依旧有利于社会中强有力的"异性恋规范话语"(Rahman and Jackson 2010:128)。

酷儿理论家也关注一切形式的非传统性相,包括卖淫、双性恋、跨性别等,其中大部分是"异性恋",而不是"同性恋",或者差不多。所以,酷儿理论是一种激进的社会建构论,探究与性相和性别有关的**认同创造**与再创造的过程。某些理论家更主张,每一项重大的社会学话题以及其他的主题,都应该将酷儿之声推向中心,从而挑战支撑着大多数当代思想的那些异性恋假设(Epstein 2002)。

社会学批评者则指出,酷儿理论往往研究文化文本(电影、小说等),缺少经验支持。它也未能说明,在男权制概念所表征的资本主义经济和男性支配创造出来的物质生活中,性与性别的范畴如何确立了社会结构的根基。杰克逊(Jackson 2001)指出,聚焦于社会结构、关系与实践的唯物主义的女性主义,其所提供的理解性别不平等的视角,仍然胜过文化取向的后现代主义或酷儿理论。也许很多人,甚至大部分人,对自身的认知体验并不像酷儿理论描述的那般流动和多变,相反颇为确定和稳固(Edwards 1998)。如果真是这样,那么酷儿理论家的激进建构论就可能是夸大了认同的开放与易变的程度。

与此类似,尽管有批评说男女两性这种基本区别是不准确的,理论上是难以为继的,但社会生活的许多领域依然以男女之别为根基。比如说,伍德沃德(Woodward 2015:50)指出,"在体育运动领域,还是有两性的"。她认为,体育运动是以性/性别体系来结构化的,这种体系影响着方方面面,从运动才能,到管理机关。绝大多数体育运动都分成男子比赛和女子比赛(包括网球单打、田径和高尔夫球),直到 2000 年,国际奥委会还在采用普遍的性别鉴定,旨在防止男选手冒充女选手的不公现象。2000 年以后,只要求任何"可疑的"运动员接受医学检查,作为"性别鉴定"过程的一个步骤。

伍德沃德提出,不符合传统女性外观、举止和运动表现的女性,就可能被视为"可疑的"。18 岁的南非 800 米赛跑选手卡斯特·赛门娅肌肉发达,赛绩强劲,就不符合这些标准,不得不接受一名妇科医生、一名性别专家、一名内分泌专家和一名心理学家的医学检查。检查结果由国际田联(International Association of Athletics Federations, IAAF)公之于世,令她倍感不适。赛门娅来自一个比较贫穷的村庄,没什么运动设施,她的同学坚称,她是个女孩这一点从来没有什么疑问。南非田协负责人认为,这个案例不仅事关性别,也涉及种族歧视:“白人有什么资格追问一个非洲女孩的身体构造?”(转引自 *The Guardian* 2009)伍德沃德(Woodward 2015:54)总结说,“性别鉴定在很大程度上未能认可女性取得竞技成就的可能性;如果她们表现很好,必然是个男人”。

今天当人们试图分解性与性别时,会牵扯到好多复杂的话题,性别鉴定就是一个很好的例子。一方面,它证明了单凭性/性别与男性/女性这样的二元对立,并不足以理解体育比赛中身体、社会和文化等方面因素的多样性;但另一方面,检测体制也表明,这些二元对立依然深深植根于许多社会制度,而这些社会制度还在形塑并再生产传统的社会规范和期待。

第四节

女性主义与 LGBT 运动

▼

并不是研究性别与性相的社会学为女性主义社会运动和 LGBT 社会运动铺筑了道路,反过来说才符合实情。长期以来,社会学对性别关系和性相殊少讨论,直到女性主义宣传攻势和运动开始提出新的议题,以及至关重要的,女性主义和 LGBT 的活跃分子努力进入大学院系,学科开始考察性、性别与性相的相关议题,殊少讨论的状况才有所改观。本节将点到即止地回顾 19 世纪晚期以来,女性主义与 LGBT 的行动主义的历史发展。

一　女性主义运动

力求促进女性权利的女性主义思想与社会运动的长期发展,传统上被视为经历了三“轮”抗议或三“波”浪潮(Whelehan 1999; Krolløke and Sørensen 2006)。第一波女性主义运动兴起于 19 世纪晚期到 20 世纪初期的工业化背景之中。第一波女性主义致力于扩大投票权,让女性享有与男性相同的投票权利,以此寻求获得政治权力的平等途径。第一波浪潮还包括为女性争取平等机会和途径进入所有社会机构,包括高等教育。第一波浪潮的观点和活动一直持续到 20 世纪中期。

第二波女性主义起源于 20 世纪六七十年代一系列更为广泛的民权运动,包括学生运动、黑人运动、同性恋者运动以及身心障碍人士运动(Valk 2008)。它主要关注女性“解放”与“赋权”的观念。如果说第一波运动受法律面前人人平等的自由主义和社会主义政治理想的影响,第二波浪潮就属于诉求变革的更加“激进”的运动。女性作为一个社会群体,受到所处的由男性支配的男权制社会的压迫,这种观点是一种激进转向。第二波女性主义中有一句奠定基调的口号,即“个人的就是政治的”,挑战了常识观念,认为家庭生活的私人世界其实与公共决策和正式政治的领域一样,都是政治竞争领域(David 2003)。

第二波女性主义与学院女性主义研究和理论阐述密切相关,孕育出一场生机勃勃的行动主义运动,活动者参与了许多公共示威游行。女性主义者尤其反对选美比赛、使用(异性恋)性别歧视语言、家庭内部及攻击性国家政治中的男性暴力,他们倡导为家务劳动付薪,将家务劳动视为一种对社会有价值的贡献。这种行动主义得到了一些女性主义核心著作的支撑,包括贝蒂·弗里丹(Betty Friedan)的《女性的奥秘》(*The Feminine Mystique*, 1963),朱丽叶·米切尔(Juliet Mitchell)的《女性的财产》(*Women's Estate*, 1971),以及舒拉米斯·费尔斯通的《性的辩证法:女性主义革命的理据》(*The Dialectic of Sex: The Case for Feminist Revolution*, 1970)。第二波浪潮还促使人们尝试将女性主义与社会主义、马克思主义以及自由主义等既有政治立场和意识形态相联系,并设法把女性主义议题带入阶级剥削、资本主义和法律平权等话语。

第二波女性主义浪潮关注所有女性的相似之处,倡导女性作为一个群体(或一个阶级),无论其社会阶级位置如何,也不管她身处世界何处,有着诸多共同之处。然而,从 20 世纪 80 年代早期开始,所谓女性拥有普遍体验的主张遭到了挑战,并且这个挑战就来自运动内部。开始出现对于差异的新关注,因为黑人女性、劳工阶级女性以及同性恋女性主义者开始追问,认为不同处境的女性群体真的能够分享本质上相似的利益/兴趣(interest),这种思维是否讲得通(hooks 1981)。早期的第二波女性主义被认为主要是白人中产阶级女性的产物,她们有着特定的世界观,不应当不合逻辑地把这硬说成是普遍的。加亚特里·斯皮瓦克(Spivak 1987)指出,不能天真幼稚地认为,发达国家相对富裕的女性可以宣称代表发展中世界远为贫困地区的女性发声。到了 20 世纪 90 年代中期,第二波女性主义早期的活跃分子和理论家的那种普遍性抱负实际上已告终结,取而代之的是一种新的认识,即全世界女性的体验的根本特征其实就是差异。

第三波(或“新”)女性主义发展所处的社会背景与第二波女性主义者当时面临的非常不同(Gillis et al. 2007)。从 20 世纪 90 年代中期到 21 世纪初期,世界经历的主要变化包括全球化、东欧剧变、多元文化主义、全球恐怖主义、宗教原教旨主义、沟通领域的数字革命、网络的普及,以及基因生物技术。与此前的世界相比,新一代女性成长于一个更缺乏秩序、更难以预见的世界,信奉文化多样性和差异性。

> 这种新兴的“新”女性主义以地方、国家以及跨国各层面的行动主义为特征,活跃的领域包括针对女性的暴力、贩卖人口、整形手术、自残以及媒体领域

的整体“色情化”。在新型全球世界秩序的影响下,女性的权利面临新的威胁,“新”女性主义对此深表关切,批评此前历次女性主义浪潮给出的是普遍性的答案或女性身份界定,将各自特殊的利益/兴趣发展成颇为静态的认同政治(Krolløke and Sørensen 2006:17)。

最近的一项主题是试图恢复曾用来描述女性的一些贬损性用语,比如“婊子”(bitch)或“荡妇”(slut),而非彻底阻止其应用。例如,2011 年,一名多伦多警官评论说,出于安全考虑,女性应当别再“穿得像个荡妇”,随后,被称为“荡妇游行”(SlutWalks)的一系列大规模抗议示威从加拿大蔓延到世界各地。抗议者在标语和标记中大量使用“荡妇”这个词语,实质上重新将该词表达为代表着独立的女性,她们宣称有权凭自己的喜好穿着而不遭性骚扰或强奸。活跃分子运用这种方式,旨在从根本上改变这个词语的社会意义,借此彻底颠覆它此前的负面意涵,并清除其污名化的影响。

与第二波浪潮晚期的各种形式相比,第三波女性主义更加多样化,但有必要承认,许多第三波女性主义者的成长受益于第二波运动的成就。就此而言,两股浪潮之间存在着发展的传承脉络。在英国、法国以及美国等发达国家,妇女运动在 20 世纪头两波滂湃浩荡的社会运动中取得了很多成就。但有些人认为,这些国家正在进入一个“后女性主义”的阶段(Tasker and Negra 2007),或者说女性主义正处于停滞状态(但并未消散),在此期间,运动维续自身的方式是积极参与教育和智识领域的相关行动,旨在稳固政治体系中的位置(Bagguley 2002; Grey and Sawyer 2008)。

然而,沃尔比宣称,这些都是误读了当前的女性主义行动主义。世界范围内有很多运动以及团体积极开展活动,促使性别平等变成政府政策的主流,即使其中有许多并没有自我认同为“女性主义者”。正因为如此,虽然它们往往颇具影响,但是与第二波女性主义吸人眼球的直接行动相比,相对不那么起眼。沃尔比(Walby 2011:1)主张:“女性主义没有死。这不是后女性主义的时代。纵然有各种宣称说它已过气,女性主义仍然生气勃勃。虽然还有许多性别不平等的现象,但女性主义仍称得上成功。女性主义正呈现出强劲有力的新形式,使得有些人认不出它了。”

沃尔比所指的这种女性主义的例证之一,就是设在英国的在线“日常性别歧视现象搜集计划”(http://everydaysexism.com/),让女性有可能张贴自己日常生活中遭遇性别歧视语言、行为和骚扰的个人经历。该网站发布女孩和年轻女性的许多帖子,发生的场合包括学校环境、公共交通、职场,甚至只是在居住地周边步行。该计划将日常的性别歧视归类整理,提请我们注意,纵然有诸多趋向形式上的性别平等的举措,也尚未彻底改变男性支配的现有性别歧视文化。无独有偶,英美大学校园内的男性对于女性的性骚扰和强奸,也成为学术研究和运动团体的关注焦点。2015 年的纪录长片《狩猎场》(*The Hunting Ground*)通过访谈美国几所教育机构中的受害者和大学管理人员,凸显了这些议题。影片引起了广泛争议,因为它反映出,面对强奸指控,有些大学反应迟缓。诸如此类的运动表明,第三波女性主义依然充满活力,继续关联着许多年轻女性,她们甚至可能并不认为自己及其活动属于某种传统意义上的“女性主义”。

女性主义观念和妇女运动在西方社会已经产生了深远影响,也逐渐对世界上其他地区的性别不平等发起挑战。女性主义不仅是一种学术实践,也并非仅限于西欧和北美地区。在当今日益全球化的世界里,对于那些活跃在英国妇女运动中的人而言,这是与国外推动其他女性主义斗争的女性相接触的有利时机。

有关妇女运动的讨论,参看第二十一章“政治、政府与社会运动”。

虽然妇女运动的参与者多年来已经建立了与其他国家积极分子的联系,但这类接触随着全球化而越来越频繁,并且越来越重要。确立跨国联系的主要论坛就是联合国世界妇女大会(UN World Conference on Women),自 1975 年以来已经举办过四届。大约有五万人,其中超过三分之二是女性,参加了 1995 年在中国北京举行的最近一次会议。来自 181 个国家和地区的代表,还有来自数千个非政府组织的代表,一同出席了会议。与会者之一玛丽卡 · 杜特(Mallika Dutt)在《女性主义研究》(*Feminist Studies*)杂志上撰文指出,“对于来自美国的绝大多数女性来说,北京之行大开眼界,傲气顿挫,耳目一新。来自世界其他地方的女性分析深刻,条理清晰,论调铿锵,让美国女性为之震撼”(Dutt 1996)。与会者最后一致通过行动纲要(Platform for Action),呼吁世界各国应对以下议题:

- 女性承受的持续存在且日益加剧的贫困重负;
- 针对女性的暴力;
- 武装冲突或其他形式的冲突对女性的影响;
- 在共享权力和决策方面的性别不平等;
- 对女性的刻板印象化;
- 在自然资源管理方面的性别不平等;
- 长期歧视与侵害女童的权利。

在 1995 年的会议上,世人听闻诸多事例,比如在中国,女性正努力确保平等权利、就业机会、参与生产、参政议政;在南非,女性在反对种族隔离方面扮演着重要的角色,同时正在积极为国家中最贫困的群体改善生存条件;秘鲁的活跃分子告诉会议代表,她们数十年如一日地为女性创造更多参与公共生活的机会;而在俄罗斯,女性的抗议阻止了相关立法获得通过,即支持女性留守家中,履行“为社会所必要的劳动”(Basu 1995)。

联合国的会议表明,各区域与社会之间发展的不均衡意味着,许多平等权利对于发达世界中的人们而言理所当然,而在发展中国家里,却尚未赢得。同时,这还展现出,当下社会生活的全球维度如何为各国妇女运动提供了新的机遇,让它们联合起来,共同参与争取性别平等的持久运动。

二 LGBT 公民权

尽管世人越来越能接受性少数群体的广泛多样,包括双性恋者及跨性别者,但是晚近的大量研究所探究的还是全世界各社会中,同性关系的社会地位与法律地位的转变。本节重点讨论20世纪60年代晚期以来,女同性恋和男同性恋群体的地位变迁,以及人们对待同性关系态度的变化。

肯尼思·普鲁默(Plummer 1975)把现代西方文化中的同性恋区分为四种类型。所谓**偶然同性恋**(casual homosexuality),是指一个人有过偶然经历,但并没有实质性地影响其整个性生活的结构。例如学校里男孩抱在一起相互手淫。所谓**情境性活动**(situated activities),指的是同性恋行为在特定的情景中定期发生,但并没有成为个人的首要偏好。在有些环境下,如在监狱或军营里,男人的生活中缺乏女性,因而这类同性恋行为相当普遍,并被当成异性性行为的替代,而非偏好前者。所谓**人格化同性恋**(personalized homosexuality),是指有些人对同性恋活动有偏好,但又与能轻松接受这类行为的群体相隔离。这一类同性恋是秘密活动,对朋友和同事都要隐瞒。而所谓**作为生活方式的同性恋**(homosexuality as a way of life),是指有些人已经“出柜”(come out),并且将与其他有类似“性趣”的人之间的联系作为自己生活的重要组成部分。这类人一般属于同性恋亚文化,在这种文化里,同性恋活动被整合为一种独特的生活方式。这些社群通常会促成集体性的政治行动,以增进同性恋者的权益。

有过同性恋经历或曾感受到强烈同性恋倾向的人口(无论男性还是女性),超过有公开**同性恋**生活方式的人口。在大范围使用的词语“男同和女同”(gay and lesbian)中,术语“gay”主要指男同性恋者,但它也开始逐渐用于形容女同性恋者。

批判性思考

你是一位女性主义者吗? 这个标签在21世纪意味着什么? 酷儿理论主张说,并没有什么普遍一致的“女性”体验或认同,而联合国世界妇女大会又展现出了实践当中的全球女性主义团结,这两者有可能相洽吗?

过去对男女同性恋的不容忍态度一直是非常鲜明的,直到近些年,有关这个主题的一些迷思(myth)才有所消散。**恐同症**(homophobia)这个词是20世纪60年代后期创造出来的,指的是对同性恋者及其生活方式的厌恶或憎恨,并伴随着由此而生发的行为。恐同症是一种偏见,不仅反映在憎恨和暴力等外在行为上,而且体现在言语谩骂上。比如说,在英国人们会使用“柴棍”“怪儿”之类的字眼①来辱骂异性恋男子。虽然男女同性恋关系越来越被人们所接受,但在西方社会的许多领域,恐同症仍然根深蒂固。暴力袭击乃至谋杀同性恋者的“仇恨犯罪”仍然频频发生。

亦参第二十章“犯罪与越轨”中“性取向仇恨犯罪”一节中提出的话题。

2008年有一项对英国老师的调查显示,“gay”这个词语是在所有年龄段学童中最常听到的骂人话,意思是“跛足的”(lame)或“垃圾”(rubbish)(BBC 2008a)。在最近几十年中,许多政府立法惩罚和禁止**仇恨犯罪**(hate crimes)。仇恨犯罪是对某些社会群体的攻击,包括男同性恋者、女同性恋者、身心障碍人士、无家可归者以及一些宗教群体,纯粹就是基于他们的群体成员资格(Gerstenfeld 2010)。一系列经验研究表明,“男女同性恋者都会经历形形色色的异性恋暴力,从身体攻击,到骚扰和日常言语辱骂”(Moran et al. 2004:1)。从前,这种程度的暴力大多不为人所瞩目,而仇恨犯罪的概念有助于提请人们关注恐同的态度和辱骂,而这是应对这个问题至关重要的第一步。

至于同性恋在何种程度上会受到法律的惩戒,各国之间有着巨大的差异。比如说,在非洲,男性的同性关系仅在极少数国家合法化,而女性的同性关系根本就很少在法律中提到。在亚洲和中东地区,情形大致相仿:男同性恋在绝大多数国家遭到禁止,包括所有伊斯兰教主导的国家。与此同时,欧洲具有某些全世界最为开明的法规:同性关系在几乎所有国家都已经合法化,许多国家在法律上承认同性之间的伴侣关系乃至婚姻关系。

批判性思考

相较于过去,如今的同性关系似乎得到了更为广泛的接受。就一场足球比赛或夜店或其他公共场所做一次参与观察,记录“男同”“女同”之类词语被用于辱骂的例子。你从自己有关同性关系接受度的证据中得出了什么结论?

---

① “柴棍”:“fag”或“faggot”,是对男同性恋者的蔑称,类似于“基佬”“玻璃”之类。“怪儿”:“queer”,本指变态、怪物、怪胎,以往是异性恋者贬损同性恋者的字眼。但自20世纪80年代起(比如1990年美国成立了同性恋组织“queer nation”),这个词成为对抗主流学者所挪用的意象,使用者以这个词自称,颠覆主流价值观对这个词的负面解释,译作“酷儿”。——译者注

如今,一场争取性少数群体权利的全球运动日益壮大。国际同性恋者、双性恋者、跨性别者与间性人联合会(International Lesbian, Gay, Bisexual, Trans and Intersex Association,ILGA)于 1978 年创立,目前在各大洲拥有超过 1100 个成员组织。联合会召开国际会议,为世界范围内各种男女同性恋社会运动提供支持,并对其他国际组织进行游说活动。比如说,它说服欧洲委员会要求其所有成员废除禁止同性恋的法规。整体而言,在那些强调个人权利和开明政策的国家,行动取向的男女同性恋者社会运动往往蓬勃发展(Frank and McEneaney 1999)。

有些种类的男同性恋行为可能被视为企图改变男性特质与权力之间通常的关联,这或许是异性恋社群经常视他们为威胁的原因之一。许多男同性恋者拒绝接受大众将他们与那种“娘炮”(effeminacy)形象相联系,并以两种方式来显得与其不同。一种是培养肆无忌惮的女性气质,即“扭捏作态的”男性特质(‘camp’masculinity),以戏仿(parody)刻板印象,这在世界各地的“骄傲”庆典中常常能看到。另一种是塑造“猛男”(macho)形象。这也并非通常意义上的男性特质;男人打扮成摩托骑士或牛仔的模样,再次以夸张的方式来戏仿男性特质,就像 20 世纪 70 年代的“村民”乐队及其全球传唱的圣歌 *YMCA*(Bertelson 1986)。

社会学家研究了艾滋病病毒/艾滋病流行的后果,认为这种传染病动摇了异性恋男性特质的一些主要的意识形态基础。从由政府基金支持的安全性行为宣传运动,到媒体的相关报道,性相和性行为已经成为公众讨论的话题。最重要的是,由媒体推波助澜的道德恐慌将艾滋病病毒感染与“同志生活方式”联系在一起,不管这多么具有误导性,与事实多么不符,也使得男女同性恋者愈发显眼。因此,这种传染病对异性恋的普遍性提出了质疑,并且表明传统核心家庭的替代形式是存在的(Redman 1996)。同性关系以许多方式成为日常社会中已被接受的组成部分,许多国家通过立法,保护 LGBT 人群的公民权利。

当南非 1996 年颁布新宪法时,就成为世界上少数几个在宪法上保护同性恋者权利的国家。时至今日,欧洲的许多国家都允许同性伴侣通过民事仪式登记注册其伴侣关系状态,而将婚姻权利扩展到同性配偶也是愈益普遍的趋势。这种权利非常重要,因为无论是民事伴侣关系还是婚姻,都能授予这些权利:社会保障和养老补贴,不动产租赁权,对于伴侣的子女所可能担负的亲责,对人寿保险资格的充分认可,有责任为伴侣及其子女提供适当的抚养，以及医院探视权。利用这类公共展示的机会表达个人承诺，这种做法已经流行开来。例如，2005 年，在英国民事伴侣关系立法通过后的十二个月内，共计有 18 059 对男同性恋或女同性恋配偶登记成为同性伴侣，虽说在最初这一热情迸发的阶段之后，民事伴侣关系登记数量逐年下降（参见图 15.2）。这一趋势似乎还将延续，随着 2014 年英格兰、威尔士和苏格兰立法核准同性婚姻，许多配偶现在选择婚姻而非民事伴侣关系。

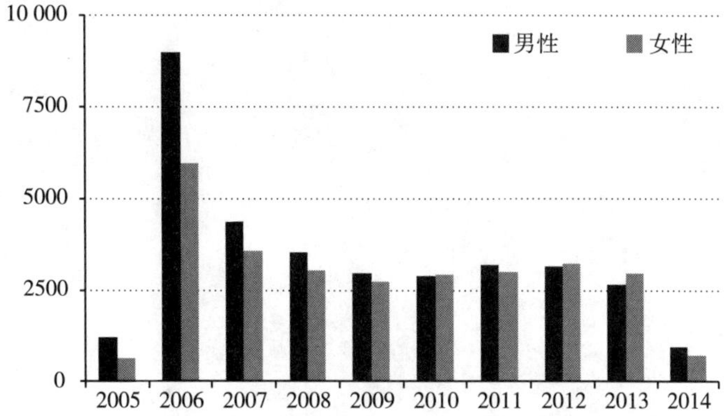

图 15.2　英国民事伴侣关系登记数，2005 年至 2014 年

资料来源：ONS 2015e。

然而，无论在世界范围内，还是各个社会内部，对于婚姻平权的公众态度都有很大分歧，甚至就在同一地理区域内，比如欧洲内部，各国的意见也存在相当的差异（参看图 15.3）。当“欧洲晴雨表”调查（European Commission 2006）询问被访人，是否赞同说“全欧洲应当允许同性婚姻”，在荷兰有 82% 的被访人表示赞成，瑞典为 71%，丹麦为 69%，比利时为 62%。但是，在东欧的大部分国家，只有少数人表示赞同，在罗马尼亚仅为 11%，保加利亚为 15%，波兰为 17%。在所调查的当时欧盟 25 国中，仅有 8 个国家对此主张的赞同率达到或超过 50%，在越来越多国家的政府推进婚姻平权的时期，这个发现可谓耐人寻味。

由于对性问题的“舆论”实际上存在相当的差异，不同的宗教信仰和政治信念也会孕育出强烈的分歧，所以立法变革与社会政策并非总能追随舆论，但也有助于改变之。对于许多 LGBT 人士来说，引入民事伴侣关系并不代表着进步，相反是巩固了异性恋伴侣关系与同性恋伴侣关系之间的区别。真正的进步要求所有人都能在平等基础上合法成婚，享有地位、权利和义务上的充分平等。截至 2015 年中段，有 22 个国家已经赋予同性配偶完整的婚姻权利，包括美国、西班牙、荷兰、挪威和瑞典等（Pew Research Center 2015）。

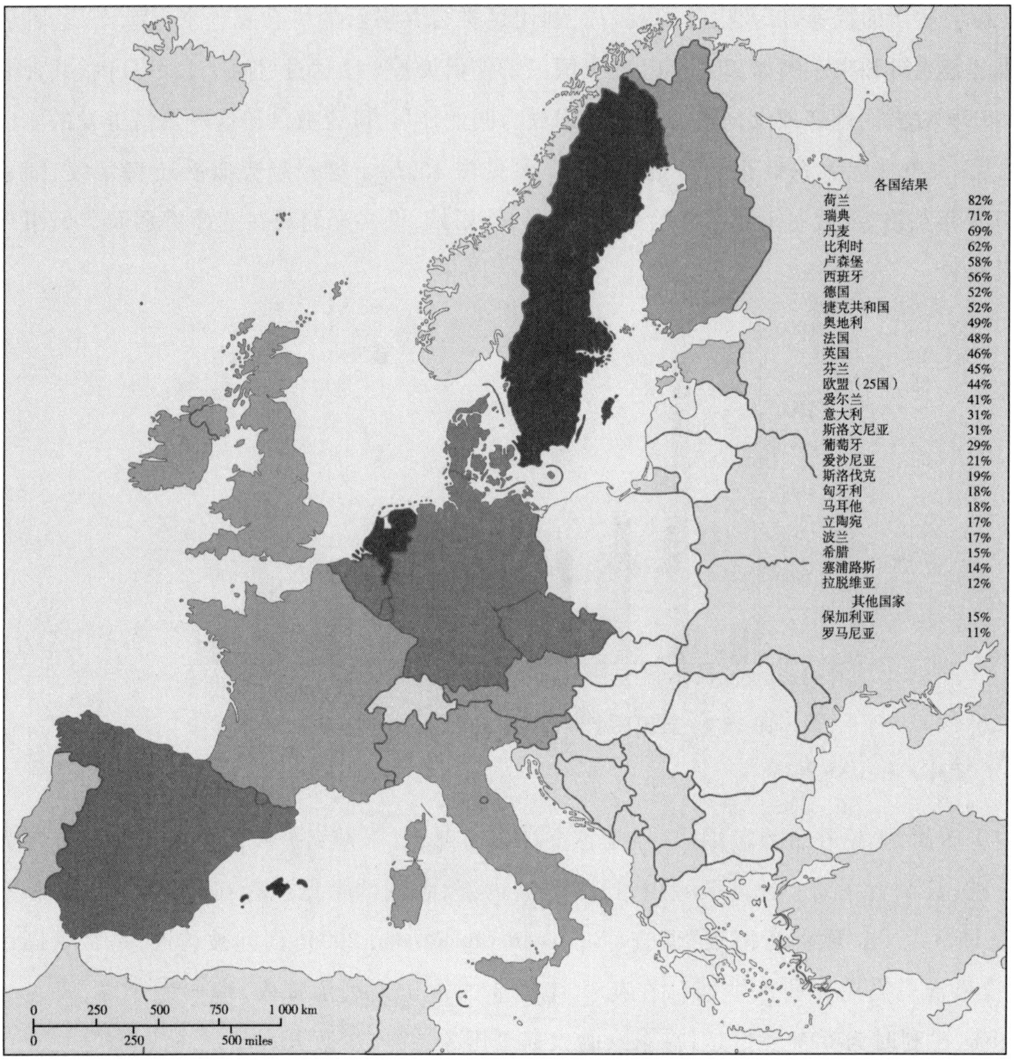

问题:QA47_11:对于下面每一项主张,请告诉我你的态度。
选项:全欧洲应当允许同性婚姻
回答:同意

71%—100%　51%—70%　31%—50%　21%—30%　0%—20%

图 15.3　2006 年欧洲各国对待“同性婚姻”的态度①

资料来源:European Commission 2006。

直到 20 世纪 60 年代后期,绝大多数男女同性恋者仍然隐瞒自身的性取向,担心“出柜”可能使他们失去工作、家庭和朋友,并容易招致歧视和仇恨犯罪。然而,自 20 世纪 60 年代以来,许多人公开承认了自己的同性恋认同。在有些地方,男女同性恋者的生活已经在很大程度上正常化了(Seidman 1997)。在曼彻斯特、纽约、旧金山、悉尼及许多大都市中,各种同性恋社群蓬勃发展。“出柜”不仅对于这么做的人十分重要,而且对更大范

① 由于保加利亚和罗马尼亚是 2007 年 1 月才正式加入欧盟,所以此表分两类统计口径。——译者注

围的社会中的其他人也很重要。此前“隐匿身份的”(closeted)男女同性恋者开始认识到，自己并不孤单；而异性恋者也被迫承认，自己或许敬仰和敬重的那些名人和朋友是男女同性恋者。

对于许多同性恋者、双性恋者、跨性别者和间性人(LGBTI)来说，歧视和毫不掩饰的恐同依然是他们所面临的严重问题，但显然已经有了显著的进步。

第五节
全球化、人口贩卖与性工作

在这一章中，我们的讨论大多聚焦于西方工业化社会里的议题。但是，在全球时代，社会运动正在锻造出国际网络和全球取向，以求保持有效性，与持续不断的剥削作斗争。在发展中世界的一些地方，女性主义意味着努力减轻绝对贫困，同时去改变传统的男性态度，即偏好大家庭以及反对避孕。而在发达国家，女性主义意味着坚持不懈地展开运动，争取平等就业、充足的育儿支持、终结男性对于女性的暴力。有一块领域融通了南方世界与北方世界的妇女运动各自的关切，就是全球性产业中对于女性特别是年轻女性的剥削。

一　全球性贩卖产业

在世界上的一些地区，包括泰国和菲律宾，存在着“色情观光业”(sex tourism)。远东地区的色情观光业的前身是朝鲜战争与越南战争期间为美军提供的妓女服务。在泰国、菲律宾、越南、韩国、中国台湾地区，都设立过“休闲娱乐”中心。有些地方，尤其是菲律宾，仍旧保留此类场所，不仅面向当地驻军，也面向定期到来的观光客，满足他们的需要。

如今，意在“买春”的旅行套餐将来自欧洲、美国和日本的男性吸引到这些地区，他们往往寻求与雏妓发生性关系。不过，英国、澳大利亚、加拿大、日本、美国等超过30个国家在法律上禁止此类旅行方式，依据“域外问责”的法律处理相关民众。但法律的执行力度却参差不齐，截至2004年，日本从未基于此法提出过起诉，而美国已就色情观光发起了至少20次的起诉(Svensson 2006)。

全球旅行的费用愈益低廉，加上亚洲货币与国际货币的汇率差异很大，使得色情观光对于外国人来说更加负担得起，也更具吸引力。一些走投无路的家庭强迫自己的子女卖淫，另一些年轻人天真无知，被广告中的“艺人”或“舞者”诱导而误入性交易。性产业发展还有一个重要原因,就是从农村进入城市的移民模式,许多女性渴望离开自己传统而压抑的家乡,会抓住任何机会争取成功(Lim 1998)。一项关于东南欧人口贩卖的调查发现,在 2003 年到 2004 年,虽然被贩卖的人口会沦为强制劳动力、乞丐、罪犯或者被收养,但大多数受害者都会受到性剥削(Surtees 2005:12)。

各国政府已经采取了一些措施,通过法律禁止人口贩卖。在英国,2002 年通过的《国籍、入境与庇护法》(Nationality, Immigration and Asylum Act)第一次将以卖淫为目的的人口贩卖归为刑事犯罪(2004 年进一步将为了家庭奴役或强迫劳动而贩卖人口也归为刑事犯罪)。显而易见,全球化使人们有可能更加迅速地跨越国界,同时出现了新的流动模式。相对富裕的西方人前往发展中国家进行短期旅行,从相对贫困的人群中购买性服务,而相对弱势的东欧女性在基本由男性构成的有组织的人口贩卖团伙操作下,被迫进入西欧国家从事"性工作"。许多受全球性产业影响的受害人的生活,其实与屡屡见诸通俗报章访谈的那些"得自由""被赋权"的脱衣舞者及其他类型的性工作者大相径庭。

二　卖淫与性工作

卖淫(prostitution)可以界定为为了挣钱而进行性活动。"娼妓"(prostitute)一词在 18 世纪晚期才开始广泛使用。现代卖淫的一个重要特性在于,女性与其主顾一般彼此不认识。尽管男人可能会成为"常客",但最初关系的建立都不是基于个人之间的相识。小型社区的解体,大型非人性化城市区域的发展,以及社会关系的商业化,都与卖淫有着直接的关系。在新兴城市地区,更加容易建立起匿名性的社会关系。

联合国 1951 年通过了一项决议,谴责那些组织卖淫或从妓女活动中牟利的人,但并没有禁止卖淫本身。有关卖淫的立法差异甚大。在有些国家,卖淫本身就是非法的;另有一些国家,仅仅禁止某些类型的卖淫,比如站街拉客或儿童卖淫。有些国家或地方政府准许官方认可的妓院或提供色情服务的发廊等场所营业,比如德国的"欲爱中心"(Eros centre)、阿姆斯特丹的性屋(sex house)等。1999 年 10 月,荷兰议会把卖淫定为正式职业,涵盖大约 3 万名从事性产业的女性。现在,所有售卖性的场所都要受到当地政府的管理、核准和监督。不过,仅有寥寥几个国家为男妓颁发许可。

反对卖淫的法律很少惩罚嫖客。在许多国家,那些购买性服务的人不会被逮捕或起诉,并且在法庭程序中他们的身份可以得到隐匿。不过,瑞典(1999 年后)、挪威和冰岛(2009 年后),已经制定法律惩罚**购买**性服务者、皮条客、妓院的获益方和经营者,但是并不惩戒出卖性服务的人员。此举旨在将污名负担从女性卖淫者转移到购买服务的男性身上,希望长远达成减少对卖淫的需求的目的。

与对出卖性服务一方的研究相比,对购买方的研究要少得多(不过请参看 Sanders 2008)。人们常常会或明确或含蓄地指出,妓女在心理上不太正常,但很少有人这么说嫖客。研究上的这种不平衡现象,显然体现了人们不加批判地接受了关于性相的正统刻板印象,依据这种刻板印象,男人主动寻求种种性宣泄都是"正常的",而那些迎合这些"需求"的女人却要受到谴责。

全球社会 15.3

女性性工作者的全球贸易

近些年来,国际**人口贩卖**(human trafficking),被贩卖的绝大多数是成年女性和女童,已经成为重要性大大提升的议题。例如,将女性卖入西欧作为妓女和性工作者的规模增长迅速。虽然无从确切得知有多少人成为人口贩卖的受害者,但据联合国毒品和犯罪问题办公室(UN Office on Drugs and Crime)的估计,2010 年在欧洲就有大约 14 万人口贩卖的受害者(UNODC 2010:4)。随着欧盟边界的外扩,保加利亚和罗马尼亚等新的国家加盟,有更多的转运通道可以到达富裕的西欧国家,或者新的边境国本身成为贩卖的最终目的地,性产业在那里日益繁荣。

人口贩卖的受害者可能也会经历"转手贩卖"(retrafficking),即在离开最初的位置之后,(多数在两年之内)再次被贩卖(Surtees 2005)。对转手贩卖的估算差异颇大,往往源自相对小规模的研究。斯蒂芬-史密斯(Stephen-Smith 2008)提出,2003 年,被贩卖到英国遭受性剥削的女性中被转手贩卖的比例是 21%,而在印度,可比较的数据是 25.8%(Sen and Nair 2004)。此外,其他研究发现,在东南欧的一些地区,转手贩卖的比例最低只有 3%,而在阿尔巴尼亚,以强制劳动为目的而贩卖的人口中被转手贩卖的比例高达 45%(Surtees 2005)。

转手贩卖可以发生在受害人正在离开或者已经逃脱被贩卖处境之后。这意味着跨境国际贩卖的第二阶段,或是受害人回归来源国后的内部贩卖。卓比(Jobe 2010:11-12)根据国际移民组织(International Organization for Migration, IOM)的"人口贩卖数据库",分析了 79 例被贩卖女性,发现女性、青年以及儿童最容易遭到转手贩卖。这项研究还发现,当受害人回到家乡并面临融入社会的相关问题时,转手贩卖更容易发生,尤其是以下情形:

- 被贩卖的人回到家乡,又是少数族群的成员,遭受歧视;
- 在来源国存在显著的性别不平等;
- 受害人来自的国家冲突不断或新近爆发了冲突,或者;
- 是难民或流离失所者,或者;
- 15 岁到 25 岁,同时缺少家庭支持,或者;

- 有酒精依赖或药物依赖问题,或者;
- 因为被贩卖的经历而产生心理或精神社会性问题。

尽管人口贩卖对男女两性都产生影响,但来自调查研究的可用证据却显示出一种清晰的性别化模式,其中绝大部分的受害者是年轻女性和女孩。这一领域还需要进行更多的研究,但似乎很明显,人口贩卖和转手贩卖是21世纪全球性别不平等中尤其严峻并具有伤害性的一面。

性工作　如今,卖淫被社会学家更宽泛地视为只是**性工作**(sex work)的一种形式而已。可以把性工作定义为知情同意的成年人在金钱交易背景下提供性服务,虽然可以肯定地说,儿童(和成人)历史上以及现在依然被迫从事性工作并遭受剥削。绝大多数性工作者是女性,比如妓女,而性工作至少包括这样几项:色情片演员、裸体模特、脱衣舞与贴身舞表演者、活春宫表演工作者、色情按摩师、电话性爱接线员、网络"视讯性爱"居家表演者。但凡这些服务与金钱交易相关,就属于性工作(Weitzer 2000)。

2012年,肯尼亚举行了一场要求性工作非罪化的示威游行,活动者认为,这是改善性工作者处境的关键。女性主义者会支持说卖淫和性工作属于"专门职业"吗?

20世纪70年代最初提出性工作者概念时，是为了消除有关妓女及性产业中其他女性的工作实践的污名。假如自由同意的成年人之间可以交换性服务，就可以认为，对这类工作及其他任何类型的工作应当一视同仁，尤其是卖淫应该非罪化。今天，世界各地的卖淫女主要来自相对贫困的社会背景，就像过去一样，然而，如今有数量可观的中产阶级女性加入了这一队伍，从事上文所述的各种性工作，其中很多人认为自己在做的就是提供有价值且值得尊敬的性服务。“罗娜”(Rona)是一名具有十年经验的性工作者，她认为：

> 是，它是门职业——我相信是门完全值得尊敬的职业，应该就像看待老师、会计或其他职业一样看待它。……我过去当过护士，后来选择做妓女，这都是事实，为啥考虑起来会不一样？就不该带上任何社会污名。我的工作环境整洁舒适，有定期的健康检查，又像其他人一样纳税。(‘Rona’ 2000)

为性工作者创建工会的想法或许显得奇怪，但是，确保工作中的健康和安全，对于有关薪酬和工作环境的争端的法律支持，以及为那些想要改行的人提供培训及再培训等，这些议题都属于主流的工会活动的核心。性工作者指出，工会集体化可能有助于根除剥削与虐待。例如，性工作者国际联盟(International Union of Sex Workers, IUSW)成立于2000年，总部设在伦敦，认为工会化是性工作迈向专门职业化的第一步。2002年，该联盟加盟英国总工会(GMB)，这是英国一家大型工会联盟。性工作者国际联盟的运动目标是知情同意的成年人所从事的性工作非罪化，以及性工作者有权利组建专业协会或工会。

然而，性工作这个概念是存有争议的，许多女性主义者积极活动，反对性产业，将其视为对女性的贬低，并且与性虐待和毒瘾密切相关，归根结底，还是源于女性相对男性的从属地位。不过，最近一些女性主义者重新评价性工作，她们提出，有许多女性性工作者好好赚钱谋生，享受自己所做的一切，并不符合穷困潦倒、遭受性虐、吸毒成瘾、环境所迫、被迫卖淫之类的刻板印象(O’Neill 2000)。对这些女性而言，性工作提供了一种收入不错的值得干的岗位。许多性工作者自认为是能够掌控自己生活的独立女性，与其他就业领域的成功女性没什么不同(Chapkis 1997)。

在一项有关英国贴身舞者的研究中，蒂拉·桑德斯和凯特·哈迪(Sanders and Hardy 2011)发现，在所有被调查者中，87%的人受教育程度至少是延续教育水平[①]，大约四分之一有大学文凭，三分之一还是学生。对于60%的被调查者而言，跳舞是她们单一的收入

① “further education level”，在英国的教育体系中，对应于16岁至18岁青少年的课程，相当于高中到大学预科程度。——译者注

来源,虽然将近40%另有其他工作和收入。桑德斯和哈迪报告称,工作的满意度“高得惊人”,多数女性(76.4%)表示,她们对工作感到“开心”或“非常开心”。超过70%的被调查者还提到工作的积极方面,包括能够灵活选择工作时间,比其他工作赚得多,直接拿到报酬,让她们实现独立并保持体形,是一份“劳”“逸”结合的工作。一位舞者这样总结收益:“收入更多,没有责任,想辞就辞,想喝就喝。”

话说回来,研究中也有相当比例的舞者提到工作的消极方面,比如收入不稳定、缺少职业前景、必须对工作保密、顾客粗鲁并骂人、失去对男性的尊重、自我感觉不好。有些人还发现,很难去控制工作时的情绪,一些俱乐部很危险或会遭到压榨。显然,贴身舞者的体验并非众人一致,也不是纯属正面,只是对于大多数人而言,积极方面似乎超过了消极方面,从而证明了这样的观点:至少在某些形式的性工作中,所谓来自贫困背景的年轻女性被迫参与有偿性活动的刻板印象,不再是一种准确的描述。

不管怎么说,贴身舞与卖淫不同,通常并不包括与顾客发生身体接触,因此可能无法代表其他性工作者的体验。实际上,考虑到性工作的纷繁多样,尝试将其表面上的剥削性或赋权性概而论之,并不明智。如果我们要更好地理解21世纪性工作的种种魅力和风险,研究者有必要对不同类型进行调查和比较。

批判性思考

如果女性性工作者对性工作表示整体上满意,请说明女性主义者为何有理由主张这是剥削,要积极组织运动加以反对?

小　结

今天,要把握有关性、性别与性相的诸多争论,无疑要比哪怕只是三十年前更为艰难。各种理论立场和主张似乎变动不居,性别研究领域内的语言和术语也是如此。对于社会学的新生来说,这种情形令人气恼。但我们必须记住,这块领域之所以变得如此复杂,并不是因为社会学家天生就是一群爱争论的学人(虽说他们的确爱争论),而是因为社会变迁步履不停,迫使社会学家搞出新的概念和理论,以求理解现实情境的变化。

仅举一例。性与性别的区分,是20世纪70年代第二波女性主义的典型特征,似乎彻底解决了纯粹基于出生时生物意义上的性而认定男性与女性的问题。认识到女性特质和男性特质的社会规范会因时而变，并在各社会之间互见差异，社会学家就可以追溯这些社会规范的发展轨迹，证明性别化的行为并不只是生物机理的产物。一段时间里，性与性别之分为研究者提供了确定的范式，产生了一些有价值的结论。然而，时至今日，此前尚属激进的这个思路本身也被视为落入本质论的窠臼，不加质疑地接受说，性是生物意义上给定的，而只有性别是会变化的。这个领域里的各种视角和概念似乎很快就过时了。

然而，我们最后介绍的性工作与人口贩卖的事例表明，在这个全球化的社会世界里，也不是什么事情都是流变不居的。男性的支配，对儿童和年轻女性的剥削，在21世纪依然携手并行，只是现在具备了真正全球性的规模。发达世界已经取得迈向性别平等和性平等的进步，这当然颇为可观，但整体而言，在发展中国家并未有相应的体现。如果我们要理解全球进程对于全世界富国与穷国的性别不平等的影响，有关性别和性相的理论就必须针对迅猛变化的世界做出调适，而经验社会学也需要继续聚焦于权力、不平等和歧视等相沿已久的议题。

本章要点

1. 性与性别有何差异?

2. “性与性别都是社会建构的,并且可以用多种方式来形塑与改变。”试举例说明人们的性别认同会产生什么后果。

3. 举例说明什么是性别社会化。有关性别社会化的传统阐述存在哪些问题?

4. 用你自己的话来说明康奈尔的性别秩序理论。有什么证据能够证明,在我们这个全球时代,这种秩序正在发生变迁?

5. “同性关系现在得到了社会的广泛接受。”本章中有何证据可以支持或反驳这一陈述?

6. 说明跨性别者与顺性别者之间的差别。跨性别人士公众形象的强化是如何挑战现代社会中根深蒂固的异性恋规范的?

7. 主流的女性主义思路都反对说,性别不平等在某种程度上是“自然的”。自由主义的女性主义、社会主义的女性主义以及激进主义的女性主义之间的主要区别是什么？这三种立场是怎样使用男权制这个概念的?

8. 为什么后现代主义和后结构主义的女性主义及酷儿理论会被视为与此前的性别与性别不平等理论有着根本差异?

9. 第二波女性主义与第三波女性主义之间的主要区别是什么？第三次浪潮是代表着“后女性主义”,还是女性主义行动主义的重焕生机?

10. 什么是“性工作”？请讨论女性主义内部的争论,即应该接受性工作,视之为一种工作形式,还是应该质疑它,因为它是对女性的剥削。

研究实践

性别不平等有一个长久延续的方面,已经被证明对变革极具抗拒力,那就是家庭劳动的性别分工。即使到了后女性主义的时代,家务劳动似乎仍被视为“女人干的活儿”。随着更多的女性进入有薪就业,有些人挣得比其男性伴侣还多,男性最终会承担自己那一份居家任务吗？阅读探讨这一议题的下文,并回答问题:C. Lyonette, and R. Crompton, 2015,‘Sharing the Load? Partners’ Relative Earnings and the Division of Domestic Labour’(分担？伴侣双方的相对收入与家务劳动分工),*Work*, *Employment and Society*, 29(1): 23-40。

1. 这属于哪一类研究？描述其所使用的研究方法。所选样本是否适合所问的问题？

2. 作者们从有关双方挣钱的配偶的收入与家务劳动之间关系的现有文献中得出了什么结论？

3. 有多少男性和女性自述说男性“主要负责家务劳动”？

4. 何谓“男性缺乏能力的迷思”(myth of male incompetence)和“性别本质论”？这些观念如何影响了性别的“有所不为”和“有所为”？

5. 作者们就女性收入与家务劳动的性别分工之间的关系得出了什么结论？

深入思考

后现代女性主义和酷儿理论的发展可以被看作社会学更广泛意义上的“文化转向”的一部分。在“文化转向”看来，激进形式的社会建构论的根源就在于，话语有力量塑造社会生活这一观念逐渐占领了马克思主义等过去的物质论社会学理论的地盘。然而，并非所有人都认为这种转向是积极正面的。史蒂夫·杰克逊在下文中提出，文化论视角在某种程度上不及物质论的分析。阅读此文，摘录文中对文化理论的主要批评：S. Jackson, 2001, ‘Why a Materialist Feminism is (Still) Possible-and Necessary’(物质论女性主义为何(仍然)可能——以及必需), *Women's Studies International Forum*, 24 (3-4): 283-293。

说明作者所说的“物质论女性主义”是什么意思，为什么她认为一种“社会学的视角”会富有裨益，她又是如何重新定义“社会建构论”的。总的来说，你认为这篇论文是否具有理论上的说服力？

艺文探析

1. 近些年来，聚焦或涉及跨性别人士或角色的电视节目蔚然成风，在美国尤其如此。表面上，这似乎象征着社会开始接受跨性别人士。然而，也有些批评的声音警告说，这些跨性别名人和演员与电视传媒的“联姻”，对于广大跨性别社群来说，或许完全没有助益。阅读该主题的这篇帖子：https://www.huffpost.com/entry/are-there-too-many-transg_b_7845150。

根据这位作者的意见，电视对于跨性别人士及有关议题的表现究竟有何问题？从所列多部剧集中选看一两集。社会阶级的议题是否被忽略？它们是否探讨了出于跨性别恐惧的仇恨犯罪，或是与非跨性别人士之间的冲突？有哪位跨性别演员出演吗？不同的剧集是否存在共同的主题？你对电视上表现跨性别人士的方式有何整体评价？

2. 观看纪录片《被误解的女性》(*Miss Representation*, 2011),由詹妮弗·西贝尔·纽森(Jennifer Siebel Newsom)执导。(优兔的官方预告片:https://www.youtube.com/watch?v=Nw_QEuAvn6I)。这部影片关注美国媒体和社会中的性别不平等,探问长期存在的片面女性意象和呈现的影响,以及女性在传媒业中代表比例不足的问题。写一篇1000字的观后感,并将影片中的主要观点与本章中的社会学理论相结合。确保结论能全面评价核心论题,即大众传媒对社会中性别不平等的再生产发挥了重要作用。情况真是这样的吗?

阅读指津

穆明·拉赫曼和斯特维·杰克逊合著的《性别与性相:社会学思路》(Momin Rahman, and Stevi Jackson, 2010, *Gender and Sexuality: Sociological Approaches*, Cambridge: Polity)介绍了社会学中的性别与性相研究,颇为可靠。艾米·沃顿的《性别社会学:理论与研究导论(第二版)》(Amy S. Wharton, 2011, *The Sociology of Gender: An Introduction to Theory and Research*, 2nd edn, Oxford: Wiley-Blackwell)从个体、互动和制度三重视角探讨了性别问题。维多利亚·鲁宾森与戴安娜·理查森的《性别与女性研究入门(第四版)》(Victoria Robinson, and Diane Richardson, 2015, *Introducing Gender and Women's Studies*, 4th edn, Basingstoke: Palgrave Macmillan)对性别议题乃至整个女性主义理论阐述进行了全面介绍,紧跟前沿。

朱迪斯·洛伯的《性别不平等:女性主义理论与政治(第五版)》(Judith Lorber, 2012, *Gender Inequality: Feminist Theories and Politics*, 5th edn, Oxford: Oxford University Press)就有关性别不平等的女性主义理论的发展给出了出色的编年阐述。雷温·康奈尔的《世界视角下的性别(第三版)》(Raewyn Connell, 2014, *Gender: In World Perspective*, 3rd edn, Cambridge:Polity)纵览了有关性别的社会科学研究,叙述严谨,但非常易懂。西尔维娅·沃尔比的《女性主义的未来》(Sylvia Walby, 2011, *The Future of Feminism*, Cambridge: Polity)对女性主义作为一种寻求变革的运动的主要成就和未来做出了启发心智的评价。

最后,任何想要寻找一部参考书的人,可以查考玛丽·埃文斯和卡洛琳·威廉斯合编的《性别的关键概念》(Mary Evans, and Carolyn H. Williams, eds., 2012, *Gender: The Key Concepts*, Abingdon: Routledge)。

关于社会不平等的原典文集,参阅辅助读物《社会学入门文选(第三版)》(*Sociology: Introductory Readings*, 3rd edn, Cambridge: Polity, 2010)。

网络导航

政体出版社有关本书的更多信息和支持：

www.politybooks.com/giddens

女性图书馆（The Women's Library）——有许多关于英国女性历史的电子资源及其他资源：

www.lse.ac.uk/library/collection-highlights/The-Womens-Library

妇女研究中心（The Centre for Women's Studies）——设在英国约克大学的一家研究中心：

www.york.ac.uk/inst/cws

酷儿资源指南（Queer Resource Directory）——有关宗教、青年、健康及其他领域的众多资源的入口：

www.qrd.org

Eldis——发展中国家的性别议题：

www.eldis.org/gender

飞梭之声（Voice of the Shuttle）——美国加利福尼亚大学的许多性别与性相研究资源：

vos.ucsb.edu/browse.asp?id=2711

ILGA——国际同性恋者、双性恋者、跨性别者以及间性人联合会：

www.ilga.org/

女性主义者网站（Feminist.com）——有丰富资源和观点的美国网站：

www.feminist.com

第十六章

种族、族属与移民

2015 年,20 岁的宫本艾莉安娜(Ariana Miyamoto,上图中间)开心摘得日本环球小姐(Miss Universe Japan)桂冠。艾莉安娜出生于日本,此后一直生活在那里,日语就是她的母语,但她的成功在日本并未赢得普遍欢迎。在许多日本人看来,她的肤色和外貌意味着她不是代表日本参加"环球小姐"竞选的合适人选。艾莉安娜的母亲是日本人,而她的黑人父亲来自美国堪萨斯州。在日本,这使她成了"混血"(hafu)或"混搭"(half)日本人,而不是"完完全全的"日本人。有些推特用户公开发问:"挑个混血儿当'日本小姐',这样真的没问题吗?"另一个人说:"我一想到她代表日本就不舒服。"艾莉安娜也说,自己更有可能被街上的非日本人游客祝贺,而不是本地的日本民众(Wingfield-Hayes 2015)。

加诸种族混血人士的贬损性用语并非不同寻常,在其他许多文化中也存在。比如说,在英国,20 世纪 70 年代以前,"混血儿"(half-caste)这个词一直被广泛用于指称父母分别为白人和黑人的孩子。混血儿在世界各地的英国殖民地也属常用词汇。在澳大利亚,这个词用来指白人殖民者与本地土著所生的孩子。尽管这些实例似乎纯属描述性用语,但它们都维系着种族纯洁的观念(“种姓”[caste]就源于拉丁语“castus”,意思是“纯洁”),觉得本应更为优越的白色人种由于种族混融被削弱了。因此,混血儿的概念被以消极的方式使用,种族混融的孩子被污名化,视为外来者。

宫本艾莉安娜自述,她在学校里最好的朋友,也是一名混血儿,自杀了。她说,原因部分在于,他的“外国人”外表意味着,他即使在自己的国家,也始终被视为一名外来者:“我们曾经聊了好多,做个混血儿有多么艰难。他去世前三天,还想和我聊为啥我们被其他人排斥。他曾经说过,对他来说,活着太难了。”尽管如此,艾莉安娜还是指出,在比较同质化的日本社会,混血儿这个概念仍使她能更好地理解并接受自己的身份认同:“日本之外,根本没有‘hafu’这样的词,但我觉得我们这里需要它。我们混血小孩儿要在日本生活下去,这个词是必不可少的,我珍视它。”我们也必须记住,她的确赢得了日本这场比赛,这意味着与混血儿身份相维系的污名或许开始消解了。

宫本艾莉安娜的经历生动地体现出,种族、族属、国籍和身份认同等观念在一个社会内部,以及各个社会之间,循环流通,复杂交错。她的混血儿身份被视为一个“问题”,但“日本人”究竟是一个种族范畴,某一族群,抑或就只是一类国籍?“种族”、“族属”和“国籍”之间的区别是什么?“hafu”似乎指的是同质性的多数人口中的种族混融人群,但真是这样吗?考虑到跨文化接触的漫长历史,以及各人群之间的不断混融,或许更准确的讲法该是——我们绝大多数人都在某种形式上属于“混血”,而种族纯洁的群体其实反倒是微不足道的少数?

本章我们将会看到,长久以来,基于“种族”或族属的歧视都是全世界的一项重大社会问题,无论发达国家还是发展中国家,概莫能外,至今依然如此。短短一章之内,要充分评述世界各地多种多样的族属与族群分割,并无可能。因此,我们把首要的焦点放在英国的情形上,虽说我们在有必要的地方,也会借取其他国家的诸多例证。我们先考察学院社会学及广大社会中应用种族和族属概念的多种方式,然后来谈谈偏见、歧视和种族主义,接着概述有助于说明这些现象为何持久存在的社会学理论。我们要探讨一个问题:为什么种族分裂和族群分裂会转化为冲突?再往下,本章将讨论族群多样性、包括多元文化主义在内的各种整合模式,以及族群冲突的例子。最后一节论及规模和意义都越来越大的全球移民和地理流动性,它们不断增加着社会的文化多样性,也持续重塑族群之间的关系(Vertovec 2007)。

第一节
核心概念

▼

一　种族

种族(race)是社会学中最复杂的概念之一,这在很大程度上是因为,如今绝大多数学者都拒绝接受其所谓的"科学"基础。尽管如此,该术语的日常用法依旧普遍流行,因为许多人仍然相信,人类可以按照生物特征划分为不同的"种族"。自18世纪晚期以来,政学两界都做过无数尝试,要基于肤色或种族类型来确立人的类别。这些方案从来都不是彼此契合的,一些人只确定了4个或5个主要种族,另一些人则提出了多达36个种族。这种多样性并不会为社会科学研究提供一个可靠的基础。

在许多古代文明中,人们常常根据外在可见的肤色差异,通常是看肤色的深浅,区分出不同的社会群体。后来一直到现代时期,更常见的是以部落联盟或亲属关系为依据做出可感知的区分。这些群体的数量很多,其分类的基础与现代种族观念相对无关,后者认为,种族具有生物性或基因性的内涵。相反,分类是以文化相似性和群体成员资格为依据的。在18世纪中后期到19世纪早期,出现了与所谓科学的方法相关联的种族差异理论。随着英国和其他欧洲国家成为帝国强权,统治臣属领土和海外人口,这些理论也被用来替新兴的社会秩序辩护。

约瑟夫·阿蒂尔·德·戈比诺伯爵(Count Joseph Arthur de Gobineau, 1816—1882),有时被人们称为现代种族主义之父,他提出只存在三个种族:白种人(高加索人种)、黑种人(尼格罗人种)和黄种人(蒙古人种)。根据戈比诺的观点,白种人有着更优越的智力、道德和意志力,正是这些遗传下来的素质,支撑着西方的影响传遍整个世界。与此相反,黑种人是最低能的,带有动物本性,缺乏道德,而且情绪不稳定。今天来看,这些粗糙的概括似乎站不住脚,有种族主义色彩,但它们深具影响。例如德国民族社会主义工人党,以及美国三K党之类的种族主义群体,其意识形态中都包含种族优越性的观念。种族作为一个科学概念,或许已经彻底丧失信誉,但人们对于不同种族的信念所产生的实际后果,有力地体现出W. I. 托马斯(Thomas 1928)的著名定理:"如果人们把某种情境定义为真实的,那么这种情境就会造成真实的影响。"

许多生物学家也报告说,在人类物种中,根本没有界限明确的种族,只有一定范围内的身体变异。体质类型上的差别源于种群近交,其根据不同群体之间的接触程度会发生变化。具有外在共同体征的种群**内部**的基因多样性与种群**之间**的基因多样性一样大。

基于这些事实,科学界基本抛弃了种族的概念。联合国教科文组织(UNESCO 1982:3)于1978年发表了《种族与种族偏见问题宣言》(Declaration on Race and Racial Prejudice),承认这些结论,并指出,“全人类属同一种类,均为同一祖先之后代。在尊严及权利上,人人均生而平等,所有人均为人类整体的组成部分”。

有些社会科学家主张,种族只不过是一种意识形态的建构,在学术界沿用这一概念只会延续种族具有现实基础这一普遍持有的观念(Miles 1993)。因此,它应该被抛弃。另一些人不同意,宣称“种族”对许多人来说仍有意义,不容忽视。纵观历史,“种族”是个极其重要的概念,被有权势的社会群体用作自身支配策略的一部分(Spencer 2014)。比如说,不结合考虑奴隶贸易、种族隔离和挥之不去的种族意识形态,就无法理解非洲裔美国人在当代美国的处境(Wacquant 2010)。种族区分并不只是描述人的差异,还是再生产权力与不平等模式的重要因素。因此,“种族”这个概念即使富有争议,也仍然至关重要,只要有使用它的地方,社会学家就必须一探究竟。有鉴于此,你会遇到许多社会学论文与著作使用“种族”这个词语,但是放在引号中以表明它是非科学的、有问题的,即便它在社会中依然得到广泛运用。

批判性思考

在你的社会中,是如何使用“种族”这个术语的? 检查一些报纸和其他传媒的内容,记录“种族”的使用方式。比如说,人们用它的时候,是指生物特征,还是特定文化的特性?

有关和平进程的讨论,详参第二十二章“民族、战争与恐怖主义”。

按照对种族的理解划分个体或人群的过程被称为**种族化**(racialization)。在历史上,某些人群被依据先天具有的体征而贴上独特的标签。15世纪以来,欧洲人越来越多地与世界各地的人打交道,也就屡屡尝试对自然现象和社会现象进行归类与说明。非欧洲人口被种族化,与欧洲“白人种族”相对立。在某些情况下,这种种族化采取法典化的制度形式,就像美国殖民地的奴隶制和南非的种族隔离制。不过,更为常见的是,日常社会制度以既成事实(de facto)的方式被种族化。

种族化同样出现在欧洲**内部**,譬如欧洲各民族国家内部对于罗姆人的歧视与排斥。在一个种族化的体系内,个人日常生活的所有方面,包括就业、个人关系、住房、医疗保健、教育和代表权,都被他们在那个体系中的位置所塑造和约束。

全球社会 16.1

南非种族隔离制度下的种族分离

从 1948 年直到 1994 年第一次多种族自由选举，南非实行的都是种族隔离制度（apartheid），即一种国家强制实施的种族隔离体制。种族隔离体制将人口分为四个类别：**白人**（欧洲移民的后裔）、**黑人**（当地的南非人）、**有色人种**（那些混血的人）以及**亚洲人**（来自中国、日本及其他地方的移民）。占总人口大约 13%的南非白人少数族群统治着非白人多数族群。非白人没有投票权，因而在国家一级中没有代表。种族隔离在 19 世纪晚期被引入，后来的实施延伸到社会所有层面，从卫生间、海滩和火车车厢这类公共场所，到住宅区和学校。数百万黑人被赶进远离主要城市的所谓“家园”①，作为移民劳动力在金矿和钻石矿中工作。

来自多种族的南非国家足球队的两位选手。举办 2010 年国际足联世界杯，选择今日的南非作为东道国是很自然的，它在平等的基础上欢迎来自全世界的不同球队。

虽然种族隔离制被编进法律，但却是通过残酷的暴力强推的。执政的国民党动用执法和安保机关来压制对于种族隔离体制的一切反抗。各反对团体均被宣布为非法，持不同政见者未经审讯即被拘禁，并经常遭受拷打。和平示威往往被暴力镇压。经过数十年的国际谴责、经济和文化制裁，以及日渐高涨的国内反抗，种族隔离体制逐渐衰落。当 1989 年德克勒克成为南非总统时，他接手的是一个已经深陷危机的国家。1990 年，德克勒克取消了对于主要反对党即非洲人国民大会（African National Congress, ANC）的禁令，并结束了该党领袖纳尔逊·曼德拉长达二十七年的囚禁生涯。随后进行了一系列复杂的谈判，1994 年 4 月 27 日，南非举行了第一次全民大选。非洲人国民大会获得了 62%

① “homeland”，在当地语言中为“Bantustan”，即分布于中部和南部非洲的班图人（Bantu）的家园。——译者注

的选票。纳尔逊·曼德拉成为南非种族隔离制度结束后的首任总统。

但是在几十年的白人统治之后,南非社会深陷分裂。暴力频发之下,族群紧张一点就着,国家亟须和解。失业和贫穷同样普遍:2000万人的生活中没有电,超过一半的黑人人口是文盲,黑人中的婴儿死亡率要比白人的高出十倍。1996年通过了一部新宪法,宣布基于种族、族群或社会出身、宗教和信仰、性取向、身心障碍或怀孕而歧视属于非法。新政府还让持不同政见的政治团体,像以祖鲁族为主的因卡塔自由党(Inkatha Freedom Party, IFP)进入政府,以缓解族群紧张与政治紧张。

从1996年到1998年,真理与和解委员会(Truth and Reconciliation Commission, TRC)在南非全国举行系列听证会,揭露和审查种族隔离制度下对人权的侵犯。整个过程记录下的证词超过21 000份,彻底暴露了残酷的种族隔离政权。不过,那些犯了罪的人只要诚实呈供并"彻底揭发"信息,作为回报,即可获得大赦。种族隔离政府被认定为侵犯人权的主要作恶者,但对包括非国大在内的其他组织的犯罪也都有所提及。虽然曼德拉在1999年下台,但是非国大赢得了接下来的四届全国选举,分别是1999年、2004年、2009年和2014年,该党自种族隔离制度结束后连续执政。

二 族属

种族的观念暗示了某些东西是固定的、生物性的,而**族属**(ethnicity)则是某种认同来源,其基础在于社会和文化。族属指的是某种关联着祖先(所认知的或实际的)与文化差异的社会认同类型,在特定的背景下,会变得有效或活跃。族属的历史比"种族"还要久远,这个概念与民族(nation)和"种族"密切相关,因为这三个概念都是指有关人类一个阶级或类别的某种观念(Fenton 2010:14-15)。族群(ethnic groups)类似于民族,属于"想象的共同体"(imagined communities),其存在有赖于自身成员的自我认同。族群的成员可能自视为在文化上与其他群体有所不同,反过来也被其他群体视为与己不同。在这个意义上,"族群始终与其他族群共存"(Pilkington 2015:73)。有若干特征可用来区分族群,但是最常用的是语言、对于共享历史或祖先的某种感知、宗教、服装或装饰风格。我们还应当指出,在一个社会中,无论是少数群体,还是多数群体,都属于"族群"。如果不承认族属的普遍性,就会导致更有权势的群体自视为"天然的"规范,而其他所有少数族群都有所偏离。

族群差异是习得的,这一点似乎不言自明,直到我们回忆起,一些群体是多么经常地被视为"生来就是统治者""天生懒惰""愚蠢弱智"之类的。事实上,当人们使用"族属"

这个术语，往往(和“种族”的用法一样)是指肤色、血缘或出生地之类的先赋性特征。然而，族属根本不是先天固有的；它是随着时间的推移被生产与再生产出来的一种社会现象。对许多人而言，族属是其个体认同和群体认同的核心所在，但对另一些人来说则无关紧要，还有一些人认为，族属似乎只在冲突或社会动荡时期才显得重要。族属可以提供一种由过去延续至今的重要脉络，并经常通过文化传统的实践而永葆活力。比如说，爱尔兰人移民美国，到了第三代，尽管他们毕生都生活在美国，但是仍然可能骄傲地自我认同为爱尔兰裔美国人。

社会学家更喜欢用“族属”这一概念而不是“种族”，因为它不承载任何不准确的生物指涉。然而，如果“族属”暗示着与某种“非族群性的”(non-ethnic)规范相对时，它也有可能出现问题。例如，在英国，报界和广大英国白人人口中，通常用“族属”来指称不同于“本土的”(“非族群性的”)英国习俗的那些文化习俗与传统。“族群性的”(ethnic)这个词就以这种方式被用于烹饪、服装、音乐和邻里住区，指称那些“非英国的”习俗。这样来使用族群性标签，就会产生“我们”和“他们”之间的分裂，人口的某些组成部分被视为“族群性的”，而另一些部分则不是。事实上，族属是人口中**所有**成员都拥有的一种属性，而非专属于某些部分。[①]

当族属这一概念被用于社会学，又带出了一个问题。尽管这一概念被广泛偏爱，但实际上，许多研究都使用实际存在的、可识别的“族群”(ethnic groups)这一观念。在族群冲突研究中尤其如此，如对原南斯拉夫地区塞尔维亚人、阿尔巴尼亚人及克罗地亚人之间的冲突的研究。这一“群体主义”(groupism)体现出，人们“倾向于把各自分离的有界限的群体看成社会生活的基本成分，社会冲突的核心主角，以及社会分析的基本单位”(Brubaker 2006:8)。它还意味着诸如此类的冲突事实上是由族群差异或文化差异**引起**的。

然而，如果族属真的完全是一种社会创造，只有在特定的情境、特定的时间才会产生效力，那么我们就不能接受说，族群是一种“原生的”或本质性的东西，凭其自身而存在，与社会背景无关(A. D. Smith 1998)。当然，在现实世界的冲突中，参与者很有可能认为，他们是在代表或者捍卫一个凝聚一体、客观真实的族群。然而，社会学家的任务不是接受这些认知的表面意义，而是去理解这种族群性认同的强化巩固是如何发生的，又为何会发生，是在什么环境下发生的，会有何后果。

有关“认同”概念的介绍和讨论，参看第八章“社会互动与日常生活”。

---

① “ethnic”这个词在英文中具有相互关联的多重意义，汉语单一译名不足以体现出这一段乃至这一章蕴含的意思：与生物性的种族相对之社会性的族属的；与基督教相对的异教徒的、非基督教的；与现代正统标准化文化相对的原始的、土著的；与本国人相对的外国人的；与主流民族相对的少数民族的。——译者注

三　少数族群

少数族群(minority ethnic groups,常常称作“族裔少数群体”[ethnic minorities])这一概念在社会学中被广泛使用,它并不仅仅是数量上的区分。在统计意义上,存在着许多少数群体,如那些身高超过6英尺的人,或者鞋码超过12号的人[①],但是根据社会学的定义,他们都不能算作少数族群。在社会学里,与拥有更多财富、权力与声望的主导群体相比,少数族群的成员处于不利地位,并且具有某种**群体团结**(group solidarity)感或共同归属感。作为偏见或歧视的承受者的经历往往会强化共同效忠和共享利益的感觉。

因此,社会学家经常以非字面的方式使用“少数”这一术语,用来指一个群体在社会中的从属地位,而非其数量表现。在许多情况下,“少数”实际上是数量上的多数。在内城区[②]之类的地理区域,少数族群虽然占人口的大多数,却被称为“少数群体”。这是因为,“少数”这个词捕捉的是他们所处的不利地位。女性有时被描述为少数群体,但在世界上的许多国家里,她们在数量上却是占多数的。不过,因为女性与男性(“多数群体”)相比往往处于不利地位,因而这个词也被用在她们身上。

一些学者喜欢用“少数群体”来泛指在由“多数群体”掌控的社会中遭受偏见的群体。“少数群体”这个术语通过强调社会中各种从属群体的经验的共同性,提请人们关注歧视的普遍存在。例如,歧视身心障碍人士的态度、反犹主义、恐同症和种族主义具有许多共性,并显示出对不同群体的压迫是如何能够采取类似的形式的。与此同时,笼统地使用“少数群体”也可能导致歧视和压迫的一般化,从而不能准确地反映特定群体的体验。在伦敦,虽然同性恋者和巴基斯坦裔都是少数群体,但他们在社会中感受歧视的方式却不尽相同。肤色之类的身体差异往往成为指称某个族裔少数群体的决定性因素。

发挥你的社会学想象力 16.1

“黑人”认同与“新族属”

自20世纪60年代以来,使用“黑人”这个词描述个体和人群的用法经历了根本性的转变,而且仍然充满争议。在英国,20世纪60年代以前,非白色人种的人群习惯上被称为“有色人种”。后来有一段时间,白人用“黑人”这个贬损性的标签作为骂人的用语。

① 折合为身高超过1.82米,鞋码超过47码。——译者注

② 如第六章所示,这里的市中心或内城区,在欧美发达国家往往是随着白人中产阶级不断迁居环境优美、人口适度的郊区,在城市中心逐渐形成的建筑破败、人口拥挤、就业无着、罪案频发的贫民区。——译者注

只是到了60年代中期,非洲裔美国人和非洲裔英国人才开始为自己找回“黑人”这个词。“黑即是美”的口号,触动人心的“黑人权力”概念,成为美国黑人解放运动的核心。这些观念都被用来抗衡“白”对于“黑”的符号支配。

在英国,“黑人”作为一种集体认同的概念,越来越多地用于非洲裔、加勒比裔和南亚裔等多种社群。霍尔(Hall 2006[1989])提出,采纳黑人认同,只是抵抗的文化政治的第一阶段,指涉英国各式各样的少数族群对于种族歧视的共同体验。这个“环节”或阶段生出体验的某种一体性,一种“必要的虚构”,在反对种族主义和歧视的斗争中,过去发挥过政治作用,并将继续如此。根据霍尔(Hall 1991:55)的讲法:

> 在20世纪70年代的反种族主义斗争中,(黑人认同)这一观念极其重要:在五六十年代,来自不同社会与文化的人们都来到英国,共同汇成巨大的迁移浪潮,他们从加勒比、东非、南亚次大陆、巴基斯坦、孟加拉国,从印度的不同区域而来,都从政治上把自己认同为黑人。

尽管如此,这种“黑人”概念就是一种虚构,无非颠倒了“白人好,黑人坏”的种族主义寓意,并没有超越这一两极分化(Procter 2004:123)。而穆多德(Modood 1994)就认为,“黑人”这个词使用得太随意,而且过于强调基于肤色的压迫,暗示着一种人们真实经验中并不存在的“本质”认同。20世纪80年代晚期以来,一些学者和少数族群成员提出,这种一体化的黑人认同等于是让南亚民众的体验无法获得关注,而后者致力于援用他们自身的传统和文化资源:“‘黑人’是一种政治上对抗敌手的利器,同样,如果没有恰当的理解,它也会让另一种政治无法发声。试图将黑人的观念视为一种本质论,这些就是其力量所在,但也是代价所在。”(Hall 1991:56)

霍尔(Hall 2006[1989]:200)看到,从20世纪80年代中期以来,出现了第二阶段或“环节”。在这一阶段,承认(recognition)有可能形成某种团结感,“而无须依赖某些有关种族认同和族群认同的固定观念”(Davis 2004:183-184)。在第二环节,“新族属”打破了此前整体性的表征,即白人文化与黑人文化各自对应好坏善恶。简而言之,在这个阶段,族群之间以及特定族群内部的差异获得承认,一系列新的声音都被听到。

例如,哈尼夫·库雷什1985年导演的电影《我美丽的洗衣店》(*My Beautiful Laundrette*),就拒绝接受黑人/白人以及好/坏的简单对立。相反,它展现了一些亚裔是追求物质、善于盘剥的商人,渴求中产阶级地位,其他人则是毒贩,这些亚裔可不是白人种族主义文化的典型受害者。电影“拒斥了一种积极正面、‘合乎时宜’(right-on)的版本的黑人文化”,展示了许多内部的分裂与差异(Procter 2004:129)。它还探讨了性相、性别以及阶级,将其处理成认同的多重来源,拒绝将任何单一的认同形式优先置于其他形式之上。诸如此类的文化产品就属于要建构一种更为多样化的族属观念,力求“在族裔社群的体验中将各种族群形式去边缘化并使之发挥效力,族属的力量正来源于此”(Rojek 2003:181)。

四 偏见与歧视

偏见与歧视在人类历史上十分普遍,所以我们必须明确区分这两者。**偏见**(prejudice)指的是一个群体的成员对另一个群体所持有的意见或态度。一个带有偏见的人所持有的先入之见往往是基于传闻,而不是直接的证据,甚至在面对新的信息的时候也顽固不变。人们可能会包容那些对于自己所认同的群体有利的偏见,以及对于其他群体的负面的偏见。对特定群体持有偏见的人,就不可能不偏不倚地对待其成员。

偏见常常源自**刻板印象**(stereotype),就是对某一社会群体的固定而僵化的特征概括。刻板印象常常用于少数族群,比如认为所有黑人都有运动天赋,所有东亚人学习都勤奋刻苦。有些刻板印象也包含一定的真实性,但其他的刻板印象则只是一种**移置**(displacement)机制,其中的厌憎或愤怒之情所指向的对象,其实并非那些情感的真正起源。刻板印象在文化理解中根深蒂固,即使明显歪曲了现实,也很难被侵蚀。认定单身母亲依赖社会福利,拒绝工作,其实就是缺乏经验根据却挥之不去的刻板印象的范例。相当多的单身母亲是有工作的,接受福利补助的人许多都宁愿去工作,只是因为找不到地方照看孩子。

当族群彼此竞争经济资源时,**寻找替罪羊**(scapegoating)是很常见的。比如说,将种族攻击的矛头对准少数族群的人,通常他们处于相似的经济位置。晚近一项民意调查发现,在所有感到“世道艰难”的人中,有一半的人相信,外来移民和少数族群正在拿走他们的好处,他们把怨气撒在少数族群身上,但其困境的真实起因却在别处(Stonewall 2003; *The Economist* 2004a)。寻找替罪羊通常指向那些与众不同或相对无力的群体,因为他们作为靶子比较好收拾。新教徒、天主教徒、犹太人、意大利人、非洲裔黑人、穆斯林、吉卜赛人等群体,在整个西方历史的不同时期中都曾不情愿地扮演了替罪羊的角色。

如果说偏见描写的是态度和意见,那么**歧视**(discrimination)则指的是针对另一个群体或个体的实际行为。欧盟基本权利机构(European Union Fundamental Rights Agency)发布的关于种族主义与仇外的报告(EUFRA 2007),列出了某些欧洲国家中歧视继续存在的大量例子,包括八个欧盟成员实体,丹麦、德国、法国、爱尔兰、波兰、斯洛伐克、芬兰,以及英格兰和威尔士,面向少数族群的住房供应很简陋,不能为许多罗姆人的孩子提供充分的教育，以及种族主义暴力与罪行不断升温。这一报告也确认了一个关键问题："缺乏充分可比较的官方统计数据或量化研究数据"，反歧视政策难以找到制定依据。诸如此类的证据包括各式各样的歧视：直接的（种族主义攻击），间接的（不适当的教育），结构性的（缺乏充足的住房）。

对德国一处犹太墓园的反犹攻击。

在使某一群体的成员失去向其他群体开放的机会的行为中，可以看到歧视；虽然偏见通常是歧视的基础，但两者也可能独立存在。比如说，白人购房者可能会避开购买以黑人为主的街区的产业，但并不是因为他们可能对住在那里的人抱有敌意，而只是担心产业贬值。在这个事例中，带有偏见的态度影响到了歧视与否，不过是以一种间接的方式。

批判性思考

人们有可能持有偏见却不以歧视的方式行事吗？如果偏见不转变成歧视，我们应该准备好接受偏见也属"正常"吗？

第二节

种族主义顽固延续?

▼

种族主义(racism)是一种普遍流行的偏见,是基于有社会显著意义的身体差异的偏见。所谓种族主义者,就是相信,由于种族化差异的存在,某些个体或群体优于或劣于其他个体或群体。种族主义通常被认为是某些个体或群体所具有的行为或态度。一个人可能只是宣称具有种族主义信念,或者是参加某个群体,比如白人至上主义(white supremacist)组织,以积极推进种族主义行动议程。然而,许多人指出,种族主义并非只是一小撮顽固分子所持有的观念。

制度性种族主义(institutional racism)的概念是由美国民权运动分子在20世纪60年代后期发展出来的,他们认为,种族主义不仅仅是代表了一小部分人的意见,而且支撑着美国社会(Omi and Winant 1994)。这一概念表明,种族主义以系统化的方式普遍渗透所有的社会结构。如此看来,警治(police)、医疗设施和教育体系之类的制度都在推行有利于某些群体而歧视另一些群体的政策。

对伦敦大都会区警察局(London Metropolitan Police Service)的警务惯例做的一项极具影响的调查(即斯蒂芬·劳伦斯调查,参看“经典研究16.1”),使用并完善了20世纪60年代美国民权运动者斯托克利·卡迈克尔(Stokely Carmichael)提出的制度性种族主义的定义:“一个组织的集体性过失,由于人们的肤色、文化或族裔背景而未能向他们提供适当而专业的服务,这在处置过程中可以看到或察觉;由不经意的偏见、无视、疏忽和不利于少数族群的种族主义刻板印象构成歧视的态度和行为。”(Macpherson 1999:6.34)麦克弗森调查发现,在警察队伍和刑事司法系统中,的确存在制度性种族主义。而在文化艺术方面,制度性种族主义也体现在电视广播(节目中对少数族群负面的或局限性的刻画)和国际模特行业(对非白人时装模特的全行业偏见)等领域。

经典研究16.1

制度性种族主义——斯蒂芬·劳伦斯调查

研究的问题 本书挑选的绝大多数“经典研究”都是由专业的社会学家进行的经验调查或理论研究的片段。然而有时候,由代表政府的公共团体或调查者实施的研究也有非常深远的影响,足以进入经典之列。由威廉·麦克弗森爵士(Sir William Macpherson

1999)主持的斯蒂芬·劳伦斯调查堪称佳例。

1993年,在伦敦东南部,一名黑人青少年斯蒂芬·劳伦斯和一个朋友一起等公共汽车的时候,在一场出于种族动机的攻击中被五名白人青年杀害。这些攻击者捅了劳伦斯两刀,任其在人行道上死去。当时,没有人被控谋杀。然而,在2011年11月,斯蒂芬·劳伦斯死后十八年,在发现了新的法庭证据后,有两人最终被判有罪。

麦克弗森的说明 由于斯蒂芬·劳伦斯的父母锲而不舍,犯罪嫌疑人中的三人在1996年受到审判,但因为法官裁决一名证人提供的证据不被采信而败诉。那时的内政大臣杰克·斯特劳在1997年宣布对劳伦斯案进行全面审查,审查结果就是1999年发布的《麦克弗森报告》。调查委员会总结说,对劳伦斯谋杀一案的警方调查从一开始就处置不当(Macpherson 1999)。

到达现场的警官不努力追捕攻击者,对他的父母也缺乏尊重,拒绝让他们获得其有权得到的有关案件的信息。他们做出错误的假设,认为劳伦斯卷入一场街头争吵,而不是把他当作一次无缘无故的种族主义攻击的无辜受害者。警方对犯罪嫌疑人的监视组织不力,执行起来“缺乏急迫性”,例如,尽管已有线索显示武器可能被隐藏,但对犯罪嫌疑人住所的搜查仍然不彻底。能够干预本案以矫正此类错误的高级警官却没有这样做。在调查和随后的审查期间,警方隐瞒重要信息,互相包庇,并拒绝为错误承担责任。报告的作者们(Macpherson 1999:46.1)对于他们的发现直言不讳:

> 基于与斯蒂芬·劳伦斯的种族主义谋杀调查相关的所有证据,可以得出明确的结论。毫无疑问,存在重大的错误。渎职,制度性种族主义,以及高级警官领导不力,这些合在一起,损害了这次调查。

这次审查最重要的成果之一,就是对**制度性种族主义**的指责。不仅仅是大都会区警察局,还包括刑事司法系统等其他许多制度/机构,都涉嫌这桩集体性的过错。《麦克弗森报告》(Macpherson 1999:46.27)得出结论说,“每一个制度/机构都有义务检查它们的政策及其后果”,以确保人群中没有任何一部分受到不利的对待。报告开列了70条建议,以求改进对种族主义犯罪的警治方式。其中包括训练警官的“种族意识”,强化警纪以清除种族主义警官,更清晰地界定是什么构成了种族主义事件,承诺增加警察队伍中黑人和亚裔警官的总人数。2015年,英国国家犯罪调查局(National Crime Agency)开始调查相关指控,关于腐化的警官包庇杀害斯蒂芬·劳伦斯的凶手们(Dodd 2015)。

批评的观点 尽管许多人对报告的结论表示满意,但也有些人觉得它还不够透彻。斯蒂芬·劳伦斯的母亲多琳·劳伦斯(Doreen Lawrence)表示,警察调查她儿子的谋杀案时就好像"奴隶制时期的白人主子"。虽然她对该报告诚实评价警方的过失表示肯定,但她认为,这只是触及了警察队伍中的种族主义的皮毛。该报告最具争议的部分是它的核心发现,即不仅仅是伦敦大都会区警察局,还有整个刑事司法系统,都是"制度性种族主义"的。警察投诉委员会(Police Complaints Commission, PCC)称,由警察实施的种族主义行为"毫无证据",在该报告对制度性种族主义的定义中,"不经意的种族主义"的观点被批评为过于宽泛。呼应警察投诉委员会的结论,迈克尔·伊格纳季耶夫(Michael Ignatieff)写到,这一案件中的真正议题并不是"种族"和"种族意识",而是"制度化无能"与"法律面前的司法公正"(引自 Green 2000)。

当代的意义 《麦克弗森报告》没有为斯蒂芬·劳伦斯带去正义。然而,它确实有助于改变英国和其他地方的人思考种族主义动机下的犯罪及其起诉的方式。20 世纪 60 年代晚期美国的民权斗争中提出的制度性种族主义这一概念,在由政府委任的一份官方报告中被接受,并给所有的公共机构增添了追求种族平等的法定责任。这样,劳伦斯调查并不只是给刑事司法体系强加了新的需求,它还标志着英国社会中种族话语的一个重大改变。

一 从"旧"式种族主义到"新"式种族主义

生物层面的种族概念已经名声扫地,无独有偶,在当今社会,基于体征差异的旧式"生物"种族主义也很少被公开表达。美国合法隔离状态的结束,南非种族隔离制度的解体,都是拒斥生物种族主义的重要转折点。以上两个个案都通过把体征与生物劣等性直接相连来表明种族主义的态度。今天,只有在暴力的仇恨犯罪中,或是某些极端主义群体的纲领中,才会偶尔听到这种露骨的种族主义观念。但这并不是说种族主义的态度已经从现代社会中消失了。相反,诚如一些学者所言,它们被一种更微妙、更高级的**新种族主义**(new racism,或曰**文化种族主义**[cultural racism])所取代,后者利用文化差异的理念来排斥某些群体(Barker 1981)。

那些认为一种"新种族主义"已经出现的人宣称,现在是采用文化论据而不是生物论据来歧视人口中的某些部分。根据这种观点,高等和劣等的等级是依据多数群体的文化价值观来构造的。那些远离多数群体的群体会因为拒绝同化而被边缘化或遭到贬损。据称,新种族主义有着明确的政治性。一些美国政客力推只说英语的官方语言政策,希望戴穆斯林头巾去上学的女孩在法国引起风波，都是这方面突出的事例。事实上，种族主义的实现越来越基于文化依据而不是生物依据，这使得一些学者指出，我们正生活在一个“多元种族主义”(multiple racisms)的时代。在这个时代中，人口的不同组成部分对歧视有着不同的体验(Back 1995)。

种族主义的持续　为什么种族主义延续到了21世纪？有多种可能的原因。导致现代种族主义的一个重要因素，其实正是种族概念本身的发明和扩散。准种族主义的态度已经存在了数百年。但种族作为一套固定的特征，这一观念则是随着上文讨论的“种族科学”的兴起而出现的。白种人优越性的观念虽然纯属无稽之谈，但一直是白人种族主义的关键成分。

第二个原因在于欧洲人建立起来的对非白人各民族的剥削关系。如果不是欧洲人广泛地相信黑人属于劣等种族，甚至是进化程度不如人类的种族，奴隶贸易或许不可能进行。种族主义有助于把对非白人的殖民统治正当化，并且否定他们参政的权利，而这是白人在他们的欧洲祖国正逐步赢得的。有些社会学家认为，不给予公民资格仍然是现代种族主义的核心特征之一。

第三点原因在于1945年之后的一段时间，像英国、欧陆和北美等国家鼓励移民进入，其内部一些社会群体做出的反应。随着二战以后的经济繁荣到20世纪70年代中期开始变得步履蹒跚，绝大多数西方经济体从劳动力短缺(以及相对开放的边界)变为大量人口失业，一些人开始认为，外来移民造成了工作紧缺，还非法地要求福利补贴。实际上，这种普遍怀有的恐惧是一种迷思。移民劳工往往做的是本地人拒绝干的工作，从而是在补充本地劳工，提供有价值的附加技能，创造新的工作岗位。与此相仿，移民劳工作为纳税人，一般还会给社会做出净贡献。

二　有关种族主义的社会学理论

上面所讨论的一些概念，比如刻板印象思维和移置，都有助于通过心理学机制来说明偏见与歧视。它们阐述了带有偏见与种族主义的态度的性质，以及族群差异为什么对人如此重要；不过，它们没能告诉我们多少种族主义当中涉及的社会过程。要想研究这些过程，我们必须利用社会学的观念。

(一)族群中心主义、群体封闭与资源配置　社会学家已经运用族群中心主义、群体封闭和资源配置等观念来理解为什么种族主义得以持续。所谓**族群中心主义**(ethnocentrism),就是对本群体之外的人满怀疑虑,并且倾向于从自身文化的角度来评价其他群体的文化。几乎所有的文化都带有一定程度的族群中心主义。而族群中心主义与上文讨论过的刻板印象思维之间有何密切关系,也是不难看出的。群外之人被视为异类,蛮族,或是道德低劣、心智低下。比如说,大多数文明都这样看待较小文化的成员,而正是这种态度引发了历史上无数的族群摩擦。

族群中心主义和**群体封闭**(group closure)或族群封闭往往同时出现。"封闭"指的就是各群体努力维持使自己与其他群体相分离的一些界限的过程。这些界限通过排斥的手段形成,后者加剧了各个族群之间的分裂(Barth 1969)。这些手段包括限制甚或禁止群体之间的通婚,限制群体之间的社会接触或贸易之类的经济交往,以及群体之间的物理分隔(比如族群聚居区[ethnic ghettos])。非洲裔美国人就经历了所有这三种排斥手段:有些州曾经宣布种族通婚为非法;南方制定了法律来保持经济分隔和社会分隔;在绝大多数大城市中至今仍有分离的黑人聚居区。

有时候,权力相当的群体也会相互封闭界限:两方成员各自保持分隔,但哪一方也不能支配另一方。不过,更为常见的是,一个族群占有凌驾于另一个族群之上的权力位置。在这种情况下,族群封闭是与**资源配置**(resource allocation)相符合的,确立了财富和物质分配方面的不平等。

族群之间发生的尖锐冲突,有些就是围绕着族群之间的封闭界限,正是因为这些界限标志着财富、权力或社会位置等方面的不平等。族群封闭的概念有助于我们理解那些使各人类社群相互分离的或明显或隐伏的差别,不仅仅是为什么一些群体的成员被谋杀、受攻击以及被骚扰,还有为什么他们不能得到满意的工作、良好的教育或体面的居所。财富、权力和社会地位都属于稀缺资源,某些群体获得的要比其他群体为多。为了维持这些与众不同的位置,占据优势的群体有时会诉诸极端暴力行为,以对抗其他群体。与此类似,处于劣势的群体也可能转而使用暴力,作为改善自身处境的手段。

(二)冲突理论　与此相反,冲突理论一方面关注种族主义与偏见之间的关联,另一方面也关注权力和不平等之间的关系。种族主义研究早期的冲突思路深受马克思主义思想的影响,后者将经济体制视为决定社会其他所有方面的因素。一些马克思主义理论家提出,种族主义是资本主义制度的产物,他们认为统治阶级以奴隶制、殖民主义和种族主义为手段来剥削劳动(Cox 1959)。

此后,新马克思主义学者感到,这些早期的论述过于僵硬和简单化,强调种族主义并不单单是经济力量的产物。英国伯明翰当代文化研究中心(Birmingham Centre for Contemporary Cultural Studies)在 1982 年发表了系列文章汇集而成的《帝国的回击》(*The Em-*

pire Strikes Back)，从一种更为宽广的视角探讨种族主义的兴起。作者们虽然承认，资本主义对劳动的剥削是一个重要因素，但同时指出，20 世纪七八十年代在英国出现的这种特定的种族主义，是形形色色的历史影响和政治影响合力塑造的。他们认为，种族主义是一种多侧面的复杂现象，涉及少数族群与工人阶级的不同认同和信仰的相互作用。种族主义绝不仅仅是权力精英加诸非白人人口的一系列压制性的观念(Centre for Contemporary Cultural Studies 1982)。

自 20 世纪 80 年代中期以来，美国的法律研究领域发展出了一种叫作**批判性种族理论**(Critical Race Theory, CRT)的新冲突视角，在 90 年代扩散到教育、族群关系及政治科学的研究，在 21 世纪头十年则渗透到体育研究(Hylton 2009)。批判性种族理论在一些重要方面偏离了早期的种族和族属理论。具体而言，批判性种族理论家不只是超然地分析“种族关系”，还是积极的行动者，致力于参与改变族群之间的不平等关系。这一视角是作为对主流法律理论的反应和批判而出现的，后者根植于一种广义的自由主义立场，认为法律和法制的发展呈现出稳步推进的平等趋势(Brown 2007)。批判性种族理论拒绝接受这一线性说法，指出 20 世纪 60 年代民权运动取得的成就很快就被侵蚀了，积极的法律判例并没有得到很好的遵循。

德尔加多和斯特凡契奇(Delgado and Stefancic 2001:7–10)概述了批判性种族理论的核心特点。首先，他们主张，种族主义并不是对非种族主义规范的背离：其实，种族主义是美国乃至于其他许多社会中“有色人种”日常的“正常”体验。因此，种族主义不是“例外的”，而是深植于法律系统和其他社会制度的，这就是它会持久存在的原因。有鉴于此，法律面前平等对待的正式观念只能应对非常直露的种族主义类型，而那些日常或微小的形式则继续存在，未有矫正。其次，无论是白人精英还是白人工人阶级，都能从这种“正常”的种族主义的运作中获得实实在在的好处，因此，人口的大部分并没有意愿来努力改变这种情形。这使得迈向平等的真正改变愈发难以实现。

批判性种族理论也具有强烈的**社会建构论**的色彩，认为“种族”(如我们上文所见)并不是一成不变的生物事实，而是维持不平等的社会创造。举例来说，在非熟练技能型或半熟练技能型劳动力短缺和鼓励移民的时期，黑人有可能被刻画成勤奋劳作，踏实可靠。而当失业水平居高，同一个“种族”群体就可能被大众传媒和政客描述为骨子里懒惰散漫，容易犯罪。如此**差别化的种族化**(differential racialization)体现出了权力是如何与族群关系交织在一起的。

最后，批判性种族理论家指出，考虑到少数族群的历史和体验，他们是唯一能够清晰表达种族主义对其受害者意味着什么的人。有鉴于此，批判性种族理论往往广泛运用叙述和传记的方法，让那些体验过种族主义的人发声，从而提请法律及其他学科的学者关

注(Zamudio et al. 2011:5;参看 Denzin et al.2008)。然而,批判性种族理论家的最终目标是非常实用的,即为所有试图让社会走向更大的社会平等的社会运动做出自己必要的贡献。

批判性思考

试举一些当代的例证,看看种族主义如何可能和群体封闭、族群中心主义、资源配置或社会阶级关联在一起。批判性种族理论的视角如何有助于丰富我们对于所选例证的理解?

第三节

族群多样性、整合与冲突

当今之世,许多国家都有多族群人口共处的特点。中东和中欧的一些国家,像土耳其和匈牙利,族群的多样化是长期边界变动、外国势力占领和地区移民的漫长历史造成的。而在另外一些社会,由于存在鼓励移民的政策,或者是殖民主义与帝国主义时代的遗产,更为迅速地形成了多族群共处。在全球化和社会快速变迁的时代,许多民族国家都面临着族群多样性所带来的丰厚利益与复杂挑战。国际迁移随着全球经济的进一步一体化而加速。在未来的一段岁月,人口的运动和混合看来肯定会加强。但与此同时,族群紧张与冲突在世界各地的社会中继续出现,有可能导致一些多族群国家分裂,而在另一些多族群国家,则预示着漫无宁日的暴力。

一　族群多样性

英国和大部分的发达国家相似,也是一个族群多样化的社会,是有着多种文化背景和族群背景的人们的共同家园。在许多发达社会,这种族群多样性是越来越常见的特性,如我们下文所见,也是理解多元文化主义政策的关键,众多政府已经采取这种政策,以确保少数族群能够享有公民权的全部福祉。英格兰和威尔士的人口已经稳步趋于多样化,20 世纪 90 年代早期以来尤其如此,在 2011 年的人口普查中,自认为“非白人”的大约有 14%(参看图 16.1)。1991 年的人口普查报告说,人口中有 94.1% 自认属于白人族群，而到了2001年的人口普查，这一比例降至91.3%，2011年更是降至86%。在白人族群中，“英国白人”也呈类似的下降态势，从2001年的87.5%下降到2011年的80.5%。

而在同一时期，“非白人”各族群都见证了人口的增长（参看表16.1）。比如说，从2001年到2011年，印度裔与巴基斯坦裔都增长了大约40万人，分别占各自总人口的2.5%和2%（ONS 2012b:1-5）。增长最多的是“其他白人”类别，从2001年到2011年，增长了1.8%，即110万人。这个群体的人主要来自欧洲其他国家，但也有来自澳大利亚、加拿大、新西兰和南非的。从2002年到2009年，增长最强劲的是华裔人口，以年均8.6%的速率增长（ONS 2011c）。

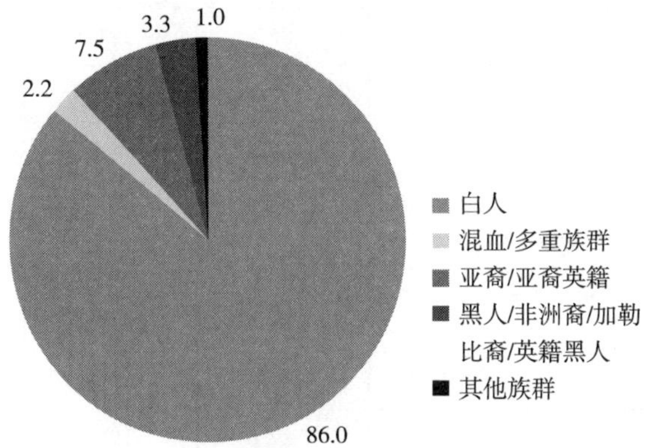

图16.1　2011年英格兰与威尔士的族群分布

资料来源：ONS 2012b:3。

有必要注意到，移民现在成了英国少数族群人口比例下降的原因。这标志着一个重要的转变，从“移民人口”转到有完整公民权的“非白种英国人”人口。由于1991年人口普查是第一次要求被访者用族群术语自我归类，比较不同研究的数据会很困难（Mason 1995）。表16.1列出了自我认同为属于各大少数族群的人数，尽管有必要谨慎对待这些估测数。比如说，被访者对于自身族裔的理解可能比提供给他们的选项更为复杂（Moore 1995）。对于那些认同属于“混合族群”的个体就更是如此，这类个体的增长颇为可观，2011年占到总人口的2.2%，很大程度上是因为更多的“族群混合”而不是因为出生率的提升。

表16.1　2001年到2009年，英格兰与威尔士的族群人口变化（以千计）

族群	2001年中期人口	自然变化	净迁移等变化	2009年中期人口	年均增幅
所有群体	52 360.0	1093.8	1355.3	54 809.1	0.6
白人：英国人	45 718.9	359.9	-396.7	45 682.1	0.0

(续表)

族群	2001 年中期人口	自然变化	净迁移等变化	2009 年中期人口	年均增幅
白人:爱尔兰人	646.6	-51.3	-21.1	574.2	-1.5
白人:其他白人	1379.7	38.6	514.3	1932.6	4.3
混血:白人和加勒比裔黑人	240.4	72.8	-2.6	310.6	3.3
混血:白人和非洲裔黑人	80.7	35.6	15.5	131.8	6.3
混血:白人和亚裔	192.3	82.8	26.5	301.6	5.8
混血:其他混血	158.6	61.8	22.2	242.6	5.5
亚裔:印度裔	1053.9	88.8	291.5	1434.2	3.9
亚裔:巴基斯坦裔	728.4	138.4	140.6	1007.4	4.1
亚裔:孟加拉裔	287.0	55.5	49.7	392.2	4.0
其他亚裔	247.3	35.5	102.9	385.7	5.7
加勒比裔黑人	572.4	22.3	20.5	615.2	0.9
非洲裔黑人	494.9	89.5	214.4	798.8	6.2
其他黑人	98.1	21.9	6.1	126.1	3.2
华裔	233.3	22.6	195.6	451.5	8.6
其他	227.6	19.1	175.9	422.6	8.0
非"英国白人"	6641.2	733.9	1752.0	9127.1	4.1

注:由于四舍五入,数据可能与总和不符。

资料来源:ONS 2011c:2。

英格兰和威尔士的"非白人"人口聚居在英国一些人口最稠密的城市地区。伦敦无疑是族群最多样的区域,虽说在过去十年左右的时间,众多少数族群血统的人口已经离开伦敦去了英国其他部分。其中一个原因是"非白人"群体的形态相对年轻,而年轻人往往会比那些过了二十五六岁的人更多地迁移,后者的就业和社区都开始固定下来。某些城市和区域也会聚集特定的少数群体。例如,在中东区的莱斯特市(East Midlands city of Leicester),亚洲印度裔人口占了总人口的 19%;在布拉德福德(Bradford),亚洲巴基斯坦裔人口占了总人口的 13%;而英籍非洲裔及加勒比裔人口则集中在一些伦敦自治市镇(如刘易舍姆[Lewisham])和伯明翰市(ONS 2011c)。

行文至此,有必要停下来考虑一下本节中我们使用的族群范畴,那都是为英格兰和威尔士 2001 年官方人口普查而设计的族群类别。都是些什么样的范畴呢? 将华裔、英国白人、加勒比裔黑人、非洲裔黑人、亚洲印度裔以及"混血:白人和亚裔"作为"族群"来讨论,是否具备合法性?华裔/中国人(Chinese)是一个族群,还是一种国籍身份?这样的分类图式是否混淆了“种族”和“族属”?还有,英国国家统计局的分类将“亚裔”分成巴基斯坦裔、孟加拉裔、印度裔和“其他人”,但是“混血”这一范畴(2001 年首次引入)却抛开了这些子类别,选择了简单直接的“白人与亚裔”。一些类别似乎轻率地基于肤色,一些基于地理区域,而其他的则基于国籍。为什么“英国白人”是涵盖“英国性”(Britishness)的唯一类别?我们如何看待这样一个表面来看不相一致的图式呢?

族群分类图式并不是简单地描述一个“外在”的外部社会世界,而是以某些方式协助“族属”和“种族”的社会建构,也会影响到我们对这些术语意味着什么的理解。政府官方图式就更是如此,它构筑了住房、福利、移民和就业等重要领域的政策制定的基础。当前有关移民的讨论充满火药味,频频涉及少数族群人口日益增长,消耗医疗服务与社会服务。因此,英国国家统计局的分类图式不只是反映出英格兰和威尔士人口的某些特征,也体现了当前关于移民与英国认同的争论的政治框架。

自 21 世纪头十年中期以来,有些社会学家和官方机构开始敏锐地意识到,族群多样性的状况已然改变。具体而言,已经不再能够假定(如果说过去可以的话),特定族群和社群的成员可以共享同样的生活机会。韦尔托韦茨(Vertovec 2006,2007)创造了**超级多样性**(super-diversity)这个用语,以描述英国目前出现的越来越复杂的多样性程度。他提出,英国的状况现在可以概括为“超级多样性,用这个概念是为了凸显超出国家曾经有过的那种复杂性程度和类型”(Vertovec 2006:1)。1945 年后迁入英国的潮流是由政府主导的,主要是为了吸引英联邦中的一些前殖民地,特别是南亚和非洲及加勒比等地社区的大规模群体,以填补劳动力市场的空缺。但晚近的人口变化和迁移模式变动使情形变得复杂得多,因为来自更广泛国家的规模较小的人群也出于各式各样的原因,迁离了自己的原籍国。

超级多样性的现象涉及多种因素的复杂组合,从原籍国、迁移渠道或路线、年龄与性别分布状况、法律地位(因此还牵扯到法律权利)、移民的人力资本(比如文凭和技能)、就业机会(与法律地位相关联)、地理位置、跨国性(与世界各地的人和地点的关联),到当局、服务供应方和本地居民对移民群体的反应(Vertovec 2006:31)。生活在英国的索马里人的事例就鲜明地展示了这一点。有些索马里人是英国公民,而其他的则是“难民、寻求庇护者、合法延长居留时间者、无证明文件移民,以及在另一国获得难民地位但随后迁往英国的人”(ibid.:18)。进入英国的途径多种多样,法律地位以及连带的权利各不相同,这些也影响到了就业、公共服务、住房、居住地乃至其他多个方面。超级多样性不仅涉及**跨越**不同族群的多种体验,还提请我们注意在特定族群**内部**的多样性。生活方式与体验正变得越来越多样化,能概括其特征的多种变量之间如何相互作用,正是社会学家要设法去探究、书写并理解的。

只要尝试讨论社会世界及其多样性,就必然要做出区分,并就此将现实切分成蕴含意义的类别。社会学家和政府统计学家都不能避免这一点。至于族群多样性,我们不得不承认这些类别捕获人类经验现实时的局限,并且努力避免将我们使用的类别与紧密结合的现有社会群体混为一谈。这样做将落入布鲁贝克(Brubaker 2006)所强调的“群体主义”的陷阱。越来越多的社会学家承认,族群的经验分殊,不仅群间愈益变异,群内也日趋多样,这使得笼统的概化表述不再那么有效。对这类问题有所意识,至少是迈出了第一步,从而能够更好地理解,在今天人们是如何应用、理解和体验“种族”与族属这些概念的。

发挥你的社会学想象力 16.2

族群多样性与社会团结相对立吗?

《前景》(*Prospect*)杂志的编辑大卫·古德哈特(David Goodhart)2004 年 2 月发表了一篇引起广泛争论的文章。文章指出,在一个族群多样化的社会和一个公民团结的社会(这样才能建立一套体面的福利制度,保护那些有需求的人)之间,存在某种权衡。在古德哈特看来,民众是愿意纳税的(比如为了养老金或失业补贴),前提是他们得相信,自己正在纳税以帮助那些在某种程度上与他们类似的人——至少共享相同的价值观和预设。古德哈特称这种权衡为“进步的两难”,这是那些想要社会多样和社会团结兼得的人必须面对的。

作为这种权衡的证据,古德哈特以斯堪的纳维亚国家为例,比如瑞典和丹麦,纵观历史,它们拥有全世界最慷慨的福利国家体制。但他认为,这些国家之所以有可能建立大规模的福利体制,是因为它们在社会和族群方面具有相当的同质性,因此人们乐于缴付重税。与此相反,在美国这样的更具族群分隔性的国家,福利国家体制就要脆弱得多。

古德哈特问,在英国的少数族群人口的比例与美国的这一比例之间,是否存在某个“引爆点”(tipping point),会创造出一个完全不同的美国式社会,即族群分隔明显、福利国家脆弱。他认为,要想避免这一引爆点,让团结感在面对新来者时不至于不堪重负,关键在于,允许进入国家的人数得有限制,提供庇护和移民的审核程序应被视为透明可控(Goodhart 2004)。

古德哈特的论点招来了猛烈批评。萨斯基亚·萨森(Sassen 2004)认为,移民的整合终究是会实现的,大致来说,移民今天面对的融入困难,与过去几百年并无二致。从历史的角度来看,欧洲所有社会都曾经长期吸收众多——哪怕不是全部——大规模的外来移民群体。过去的经验表明，往往只需花一两代人的时间，就能从“他们”转变为“我们”，即能够体验到古德哈特分析中的那种团结的共同体。

政治理论家巴哈库·帕雷库(Parekh 2004)也抨击了古德哈特的论点，认为古德哈特错误理解了团结与福利国家再分配之间的关系。古德哈特相信，团结是再分配的必要前提。但帕雷库认为，这话半对半错。如果说再分配产生忠诚、创造共同生活体验等，从而为团结铺路，这也同样站得住脚。这两者之间的关系远比古德哈特在其文章中提到的要复杂。

另一位政治理论家伯纳德·克里克(Crick 2004)也质问古德哈特：“是什么样的团结?”克里克指出，古德哈特讨论的是**英国**的团结，可是如果他说的是“联合王国”，原本该提醒他注意，我们早就是一个多民族、多族群的国家。在今天，做一个英国人，同时做一个苏格兰人、威尔士人、爱尔兰人或英格兰人，这种双重地位是一桩既成事实。问题并不在于团结，**也不**在于丧失认同，在一定程度上，认同就在于做不止一个群体的成员。

批判性思考

在你的经验里，克里克是对的吗？在英国和欧洲，双重认同是被广泛接受的吗？关于英国对双重民族身份的接受，苏格兰、爱尔兰和威尔士的民族主义又告诉了我们什么呢？

二　族群整合的模式

如何能够适应族群多样性，又如何能够避免爆发族群冲突呢？少数族群与多数人口的关系应该是怎样的？多族群社会为了应对这些挑战，已经采纳了三种主要的族群融合模式：一是同化，一是所谓“熔炉”，最后是文化多元主义或多元文化主义。不过，重要的是要认识到，这三种模式都只是理念型，实践当中并不容易实现。

有关马克斯·韦伯对于“理念型”的运用，参看第一章“什么是社会学?”中的讨论。

第一种途径就是**同化**(assimilation)，意思是外来移民放弃了他们原来的风俗习惯，根据多数群体的价值观和规范来塑造自己的行为。同化论思路要求外来移民整合到一种新的社会秩序中,包括改变他们的语言、服饰、生活方式和文化观点。在美国,一代又一代的外来移民受制于以此方式“同化”的压力,其结果,他们的子孙后代中有许多成了多少可谓彻头彻尾的“美国人”。英国的大多数官方政策也旨在将外来移民同化到英国社会之中。当然,即使少数群体一心想被同化,也有可能无力遂心,要么被种族化,要么遭受冷遇,大如就业,小如约会,抑或是其他什么场合。

第二种模式被称作**熔炉**(melting pot)。不是外来移民消解自身的传统,以迎合既有人口中占主导地位的群体,而是所有的人混合在一起,形成新的、不断演进的文化模式。美国被视为展现了与熔炉概念相维系的模式。不仅有纷繁多样的文化价值观和规范从外部“传入”一个社会,而且当各个族群适应了它们所在的更为广阔的社会环境,也同时缔造了多样性。关于熔炉文化,有一个如其字面的实例被广泛引述,就是咖喱香料鸡(chicken tikka masala)。据说这是英国的印度餐馆里的孟加拉裔大厨开发的一道菜。咖喱鸡(chicken tikka)是印度菜,而加入香料酱(masala sauce)则是即兴之作。2001 年,英国前外交大臣罗宾·库克(Robin Cook, 1946—2005)把这道菜说成是“英国国菜”(British national dish)。

许多人相信,熔炉模式是最值得向往的族群整合形式。移民人口的传统和习俗不被抛弃,而是有助于形成一种常变常新的社会氛围。混生形式的烹饪、时装、音乐和建筑都是熔炉思路的例证。这个模式在一定程度上准确体现了美国文化发展的许多方面。尽管“盎格鲁”文化依然是最有影响力的文化,但它的某些特征已经反映出目前构成美国人口的许多不同群体的影响。

第三种模式是**文化多元主义**(cultural pluralism)。其中各族群文化被赋予充分的资格以各自独立存在,同时参与广泛社会的政治经济生活。多元主义在晚近的一种重要发展就是**多元文化主义**(multiculturalism),它指的是鼓励各文化群体或族群和睦相处的国家政策。从许多方面来讲,美国和西方其他国家是多元主义的,但是族群差异在大多数情况下都与不平等相联系,而不是国民共同体中平等而独立的成员资格。看起来,至少有可能创造一个各族群独立并且平等的社会,瑞士已经证明这一点,在那里,法裔、德裔和意大利裔各群体共存于同一社会。

政治科学家巴哈库·帕雷库倡导多元文化主义,他如此阐述其核心主张(Parekh 2000:67):

> 不应当将一些群体(“少数群体”)的文化认同限制在私人领域,而让其他群体(“多数群体”)的语言、文化和宗教享有公共垄断权,并视之为规范。因为,如果得不到公共承认,会有损于人们的自尊,不利于鼓励每一个人充分参与公共领域。

帕雷库(Parekh 2000)提出,在多元文化的思维中有三点“洞见”。首先,人类嵌入一个结构化的文化世界,后者为人类提供了一个意义系统。即便个体不完全由他们的文化所决定,也是为文化所“深刻塑造”的。其次,文化包含关于何谓“善好生活”的想象。但是,如果文化不想变得僵化停滞或者无足轻重,那么每一种文化都需要其他的不同文化,有着不同的想象,这会促进批判性的反思与视野的拓展。最后,文化并不是铁板一块,而是内部多元的,并有着不同传统之间的持续争论。在帕雷库看来,进入21世纪,多元文化社会的关键任务就在于,“有必要设法调解统合一体与多元差异各自的合法要求,既实现政治上的统合一体,又不至于文化上千篇一律,同时在其公民中培育出共同归属感,乐于尊重和珍惜深层的文化差异”(Parekh 2000:78)。

阿玛蒂亚·森(Sen 2007)反对采取“单一主义思路”(solitarist approach)来理解人的认同。单一主义就像在某些宗教和文明的思路里看到的那样,认为一个人的国族、文明或宗教归属就是他们首要的认同形式,将人们归入仅仅一个主要的“认同群体”。然而,森(Sen 2007:xii)声称,这一思路导致了很多相互之间的误解。在现实中,我们把自己和他人都视为属于多种多样的认同群体,并且不会遇到什么问题:

> 同一个人可以毫无矛盾地既是一个美国公民,加勒比裔,祖上是非洲人,又是基督徒,自由主义者,女性,素食者,长跑运动员,历史学家,学校教师,小说家,女性主义者,异性恋者,男女同性恋权利信奉者,戏剧爱好者,环保运动活跃分子,网球迷,爵士乐手,她还可以是一个深信外太空存在着智慧生物的人,并迫切渴望与之交谈(最好是英语)。这个人同时拥有这一集合中的所有身份,每一个子集合都给予她一种特别的认同。这一集合中,没有哪一个可以拿来作为这个人唯一的认同或者单一的成员范畴。

假定人们只有一个独特的或原生性的认同,它支配着所有其他的认同,这会孕育出相互的猜疑,并往往发展成暴力。单一主义的认同催生某种“命运的幻觉”(illusion of destiny),比如一个民族享有独特的认同,这赋予他们拥有领土的古老权利,这些单一主义的认同会相互冲突。森主张,更为广泛地承认个体认同的多元性,才有希望实现真正的多元文化主义,对抗基于强加的单一认同的模式而造成的分裂。

至于批评多元文化主义的一方,则提请人们关注,如果政府推行各自分离的学校教育和课程体系之类的政策,有可能促成族群分离。法国、挪威和丹麦等一些国家已经从视多元文化主义为官方政策的立场上回撤,而且在大部分欧洲社会的一些领域,也出现了对这一立场的某种反对。2010年7月,经过一番有关外来文化与法国政治理念的各怀激情而刺激分裂的公众辩论,法国议员投票决定,禁止在公共场合穿戴波卡和尼卡布[①]。在荷兰,自由党(Party for Freedom)2006 年赢得了 9 个席位,而在 2010 年则一举拿下 24 席。该党党魁宣称,“更多安全,更少犯罪,更少移民,更少伊斯兰——这就是荷兰的选择”。无独有偶,2010 年 8 月,德国央行理事蒂洛·萨拉辛写了一本书(Sarrazin 2010),书中提出,外国人正在大生特生,而某些移民又和犯罪活动及福利依赖联系在一起。2010 年,德国总理安吉拉·默克尔指出,20 世纪 60 年代早期,德国鼓励外籍劳工来这个国家时,设想的是“他们不会留下来,有朝一日他们会再次消失。但现实并非如此”。

我们必须记住,所有这些社会都是由多种族群和文化构成的,在这个意义上,它们已经是“多元文化的”了。当前的争论真正关注的是“政治多元文化主义”,即促进和鼓励多元文化主义是否应该成为国策。在许多发达社会,尽管获致“独特但平等”的地位目前看来似乎遥不可期,但大部分少数族群的社群领袖都在强调文化多元主义的道路。少数族群仍被多数族群视为某种威胁,对他们的工作、安全以及“民族文化”都是如此,而让少数族群充当替罪羊的趋向也难以根除。当社会的主要特征是经济衰退和系列紧缩计划,又伴之以有关移民和国族认同的张力和焦虑,这种倾向将愈发加剧。

然而,许多人将多元文化主义和**文化多样性**混为一谈,他们谈论的是生活在一个“多元文化的社会”中,但实际上他们的意思是,社会是由来自不同族群背景的人组成的。另有些人认为,多元文化主义是有关分离主义的。根据这一观点,我们只能被迫承认,世界各地以及特定社会内部有着纷繁多样的文化,并且没有哪一种文化可以高于其他文化。这种幼稚的论调仿佛是说,所有社会群体都能任意追随自己喜欢的任何规范,而不管对更广泛的社会可能造成什么后果。

更为“成熟”的多元文化主义版本关注的是社会团结,而不是像批评者宣称的那样关注分离。在成熟的多元文化主义中,不同的群体地位平等,多样性应该得到公开尊重(Giddens 2006:123-124; Rattansi 2011:57)。然而,地位平等并不意味着不加批判地去接受所有的做法。查尔斯·泰勒(Taylor 1992)指出,社会中的所有人都有得到尊重的平等权利,但是如果他们拥有平等的权利,他们就也有责任,包括最基本的遵纪守法的责任。因此,尽管有些话题不是那么清楚分明,但培育公开的对话正是多元文化主义的重要成分。

批判性思考

如果在全球化的世界里，文化多样性势所难免，为什么“单一主义”认同依然会有影响力？具体说来，你能看到国族认同正趋于衰微的任何证据吗？

---

① 波卡(Burka)和尼卡布(Niqab)皆为许多伊斯兰国家妇女的服饰,前者是只露出眼前一小块的全身罩袍,后者是遮挡面部的面纱。——译者注

三　就业、住房与刑事司法

社会学家考察工作、住房和刑事司法这三块领域，以观测由性别、阶级和族属等主要社会不平等引起的社会经济劣势的实际影响。本节我们将结合不同族群在英国的体验，简略叙述一些相关的核心争论与主题。不过，我们也要描绘“种族”和族属是如何与其他形式的不平等相互交织，共同生产出就业机会、住房地位和刑事司法等方面的优势与劣势的多种模式的。

（一）就业趋势　关于英国的少数族群，最早的全国调查是20世纪60年代由政策研究所(PSI)开展的，其发现绝大多数的近期移民不成比例地集中在少数产业的体力劳动职业上。甚至那些在原籍国有资格证书的新移民，也往往从事与其能力不相称的工作。基于族群背景的歧视是一种普遍存在且不加掩饰的做法，有些雇主会拒绝雇用非白人劳动者，或者只有在适合的白人劳动者短缺时才同意雇用他们。

到了20世纪70年代，就业模式略有变化。虽然少数族群的许多成员继续占据半熟练技能型或非熟练技能型的体力劳动岗位，但越来越多的成员开始受雇于熟练技能型的体力劳动岗位。话说回来，出现在专业性和管理性岗位上的少数族群成员还是寥寥无几。社会科学研究发现，尽管立法上有所改变，以禁止公司在招聘实践中的种族歧视，但相比具有同样资格的非白人应聘者，白人应聘者总能获得更多的面试和工作机会。

1982年，政策研究所组织了第三次调查，发现除了亚非混血儿和印度裔男性，其他少数族群的失业率高达白人的两倍。这主要是由于经济衰退，它对很多少数族群工人就业的制造业部门造成强烈冲击。但是，英语流利、有资格证书的非白人正逐渐进入白领岗位，而且总体来说，少数族群和白人之间的工资差距日益缩小。越来越多的少数族群，特别是印度裔和亚非混血儿，采取自我雇用的形式，提高了收入，降低了失业率。

一些学者提出，20世纪八九十年代的去工业化对于少数族群的影响尤其显著(Iganski and Payne 1999)。然而，根据政策研究所系列调查的结果，以及对“劳动力调查”和人口普查统计数字的比较，这种传统的观点已经受到质疑。这些数据表明，一些少数族群其实已经取得高水平的经济和职业成就，其方式和成功的白人劳动者差不多。运用三十年来的“劳动力调查”与人口普查数据(1971年、1981年和1991年)，伊甘斯基和佩恩(Iganski and Payne 1999)发现，总的来说，少数族群所经历的工作岗位损失程度不及其余的工业劳动力。

1997 年政策研究所的第四次调查(Modood et al.1997)还发现,就业模式在非白人女性中也有所不同。加勒比裔黑人女性相比白人女性,从事体力劳动的可能性要小得多,而印度裔和巴基斯坦裔女性倾向于从事体力工作。加勒比裔黑人女性和印度裔女性的经济活动水平要高得多,而巴基斯坦裔和孟加拉裔的女性在劳动力市场中则没有那么活跃。虽然在印度裔女性中,收入较高者和较低者两极分化严重,但平均来说,加勒比裔女性和印度裔女性的全职收入比白人女性还稍高一些。图 16.2 显示了在不同的族群背景下,随着时间的推移,男性和女性的失业率差别有多么大。

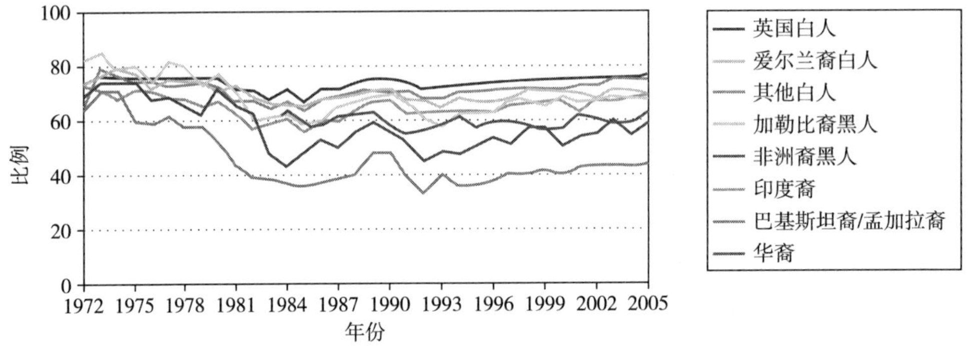

图 16.2　1972—2005 年英国各族群的就业率(16 岁至 64 岁的男性;16 岁至 59 岁的女性)

资料来源:Li and Heath 2007:2。

然而,不应当把一些少数族群的实质性获益误认为是职业劣势的终结。这样的“集体性社会流动”表明,后工业化结构重组的力量比种族歧视和持久劣势的力量更加强大。更为晚近的一些调查也显示出,不同族群在就业方面的演变轨迹各不相同。比如说,英国政府的战略资源室①(Strategy Unit 2003)发现,印度裔和华裔在劳动力市场上的平均表现比白人更优异。然而,其他群体的表现就不是那么好了:平均而论,巴基斯坦裔、孟加拉裔和加勒比裔黑人比起白人,所遭受的失业要多得多,薪资也要低得多。

2010 年,全国平等问题调查小组(National Equality Panel)报告称,大约 80%的白人和印度裔男性,以及 50%—70%的其他族群男性,从事有薪劳动(Hills et al.2010)。然而,非洲裔黑人、加勒比裔黑人和其他黑人群体的失业率相对较高(10%至 16%之间)。大约四分之一的巴基斯坦裔和孟加拉裔女性从事有薪就业,相较之下,其他所有群体中的女性的这项比例大约为 50%。

这一调查还发现,各族群在收入水平上也存在类似的差异。英国白人男性的每周净

① 为英国贸工部下属单位,主管经济统计数据等项事务。——译者注

收入中位数是 288 英镑,比黑人和英籍加勒比裔黑人男性高出 30%。英国白人收入最高的 10%要比黑人或英籍加勒比裔黑人最高的 10%的收入高出 22%(Hills et al. 2010:161)。与此类似,在总体收入分配中,白人比亚裔或英籍孟加拉裔高出大约 30%。显然,尽管各少数族群有着不同的体验,但是白人男性相较于英国大部分黑人和亚裔少数群体,继续享有显著的经济优势。

(二)住房　和发达世界的其他地方一样,英国的少数族群在住房市场上往往经受着歧视、骚扰以及物质剥夺。从早前呼吁控制移民开始,住房就成了族群之间资源争夺的焦点,而族群封闭的趋势也很明显。和就业模式一样,各个族群在住房的质量和类型上各见差异。虽然,总的来说,非白人在住房上相比白人处于劣势,但也有一些重要的例外。一些群体,如印度裔群体,拥有自有住房的比例很高,而其他少数族群挤在法定标准之下的住处的比例较高,在无家可归者(但不是露宿街头者)中人数尤其多(Law 2009:178)。

造成非白人和白人之间以及非白人群体内部在住房方面的差异的因素有很多。种族骚扰或暴力攻击在欧洲各国仍然频繁发生,这可能在一定程度上助长了族群隔离式的房产模式。在许多欧洲国家,有证据表明,在可以获得并负担得起的住房方面,罗姆人社群面临着最严重的歧视(EUFRA 2007)。非白人家庭即使有能力进入更加富裕的以白人为主的住区,也可能因为面临敌意而被劝告不要这么做。

另一个因素涉及住房的物质状况。很大一部分巴基斯坦裔和孟加拉裔住在过度拥挤的地方,部分原因在于家庭的平均规模较大;他们的住房也往往容易潮湿,更可能缺乏集中供暖。相反,印度裔就和白人一样,拥有独立或半独立的居所,而不太可能像其他族群那样居住在内城居民区。另一方面,非洲裔及加勒比裔家庭更有可能在公租房区域租房住,而不是成为房主。这可能和该族群内部单亲家庭比例较高有关。简陋的住房是导致一些少数族群中健康不佳者比例较高的重要因素,尽管这样的健康不平等是和社会阶级位置紧密相关的(Cockerham 2007)。

有关健康不平等的更广泛讨论,亦参第十一章"健康、疾病与身心障碍"。

对于阶级、族属和性别等维度交叉性的社会不平等的理解,已经成为最近的社会学研究的基础,而**交叉性**也启发人们努力改善提供给少数族群的公共服务。年龄、性相、身心障碍、阶级、族属和性别等维度的不平等复杂交织,在社会中产生了纷繁多样的社会位置与认同。社会学中的交叉性研究正有助于政策制定者更好地理解当代社会不平等的多样性,并制定出更加适应社会群体与个体的不同需求的社会政策。

有关交叉性的详细讨论,参看第十二章“分层与社会阶级”,而在第三章“理论与视角”、第七章“劳动与经济”、第九章“生命历程”、第十三章“贫困、社会排斥与福利”以及第十五章“性别与性相”中也都有所论及。

对于歧视的意识同样可以成为创造性行动的动力。这一点很重要,正如一份独立的医疗服务报告所言:“目前,来自黑人以及少数族群的民众……没有获得他们有权拥有的服务。坦率地说,这是一种耻辱。”(Blofeld 2003:58)诚如前文讨论的《麦克弗森报告》(1999)所示,对少数族群而言,一个额外的因素就是社会内部的种族主义态度,它们制度性地根植于许多公共服务(Karlsen 2007)。我们可以通过刑事司法体系的运作观察到这一点。

(三)刑事司法系统　自20世纪60年代以来,在刑事司法系统中,少数族群成员无论是作为罪犯还是作为受害者,都比以往更多。相较于他们在总人口中的分布,少数族群入狱的比例尤高。2008年,英格兰和威尔士11%的男性囚犯和9%的女性囚犯是“黑人或英籍黑人”,这一比例比他们在总人口中的比例高出大约5倍(ONS 2010a:134)。年轻的黑人男性比白人进入少管所的可能性也要大得多。2010年,黑人及其他少数族群的年轻男性占到英格兰和威尔士青年监狱人口的39%,相比于2006年的23%,呈现快速增长趋势(Travis 2011)。

完全有理由相信,少数族群成员在刑事司法系统内会受到歧视性对待。在1999年《麦克弗森报告》发布后,对黑人和少数族群应用“拦截与盘查”程序的数量下降了,但是因为警方对与基地组织网络有关的恐怖主义变得更加敏感,这一数量再次上升。这已经导致某些案件数量的攀升,英国的亚裔,其中有许多是穆斯林,被警察依据2000年《反恐法》授予他们的新权力实施拦截与盘查。

不管怎么说,黑人,尤其是年轻黑人男性,遭受拦截与盘查的比例畸高,在2009—2010年度,这一比例比白人的多7倍。与此同时,从2006—2007年度到2009—2010年度,尽管涉及白人的拦截与盘查比例有所下降,涉及黑人的拦截与盘查比例却从22%上升到33%。在非白人中,甚至在很少有或几乎没有前科的案例中,被判处监禁的比例也更高。少数族群成员一旦入狱,也更有可能遭受歧视或种族主义攻击。刑事司法系统的管理基本被白人主宰。2010年,警官中来自黑人或其他少数族群背景的还不到5%,而在司法系统方面也是类似的比例(Ministry of Justice 2011: 14-15, 19)。

在斯坦斯特德(Stansted)机场,正被警察询问的一名穆斯林男子。2015 年,英国的黑人被拦截与盘查的比例比白人的高 17.5 倍,其中在乡村地区而非城市地区差距最大。

少数族群容易受到各式各样的种族歧视,包括出于种族主义动机的攻击。虽然多数人脱此厄运,但对少部分人而言,这种经历是痛苦而残酷的。据估计,2002 年,在所有针对少数族群人口的犯罪中,有种族主义动机的事件占了 12%,相比之下,针对白人的只有 2%(ONS 2002b)。"英国犯罪调查"还发现,出于种族主义动机的事件所引发的情绪反应,通常会比非种族主义动机的事件所引发的更为激烈。

许多来自少数族群背景的人尤其是年轻男性都有这样的经验,在与白人以及在某种程度上与警察的接触中,他们才是"暴力对待的对象"。罗杰·格雷夫(Graef 1989)研究警方的做法后得出结论:警方"对所有少数群体都主动表现出敌意",在谈论少数族群时常常会使用刻板印象和种族诋毁。1993 年的斯蒂芬·劳伦斯种族主义谋杀案及后续调查发现,种族主义可以普遍渗透整个制度(参看"经典研究 16.1")。在报告发布后的头一年,超过三分之一的警队没有加雇任何黑人或亚裔警官,而在英格兰和威尔士,43 个警队中有 9 个警队的少数族群警官人数在下降。

我们如何解释犯罪和受害的这些模式？犯罪在人口中的分布并不均衡。那些遭受物质剥夺的地区通常犯罪率更高,居住在那里的人变成犯罪受害者的风险更大。受到种族歧视的人们所遭受的剥夺,既是造成内城区环境衰败的原因,也是这一过程的产物(亦参第六章"城市与城市生活")。在这些地区,"种族"、失业和犯罪之间存在着明显的相关关系,而焦点往往落在具有少数族群背景的年轻男性的位置上。通过政治或传媒方面制造的对于犯罪的**道德恐慌**(moral panic),确立了"种族"与犯罪之间众所周知的关联。

有关道德恐慌理论的讨论,参看第二十章"犯罪与越轨"。

四 族群冲突

族群多样性能够使社会丰富多姿。多族群国家在居民各式各样的贡献之下,常常生机勃勃,富有活力。但是,这样的国家也可能十分脆弱,在面临内部动乱和外部威胁时尤其如此。语言、宗教和文化等方面歧异多样的背景都可能成为导致公开对抗的断层线。一些社会能够在很长一段历史时期内实现族群宽容和融合,有时候却可能迅速陷入族群冲突,即不同族群或社群之间的敌意。原南斯拉夫地区以多族群的丰富遗产而著称,在20世纪90年代的情况就是如此。数百年来的人口迁移,走马灯式的帝国统治,产生了一种多元混合的人口,主要包括斯拉夫人(比如信奉东正教的塞尔维亚人)、克罗地亚人(信奉天主教)、穆斯林和犹太人。自1991年以来,伴随着政治与社会方面的重大转型,原南斯拉夫数个地区的族群之间爆发了致命的冲突。

这一地区的冲突包含**族群清洗**(ethnic cleaning)的企图,即通过大规模驱逐其他族群人口而创建族群同质性地区。[①] 再到晚近,2003年,苏丹西部的达尔富尔地区的一些黑人发生骚乱,此后,得到政府支持的民兵武装被指在苏丹进行族群清洗。民兵武装的报复导致至少7万人丧命,并使大约200万人无家可归。人们已经注意到,全球范围内的暴力冲突越来越基于族群分隔,战争中只有一小部分在国与国之间发生,大量的冲突都是带有族群色彩的内战。在一个日益相互依赖又相互竞争的世界里,国界之外很远处都能感受到"内部"族群冲突的影响时,国际因素在塑造族群关系方面变得格外重要。

战争形式的变迁的讨论,请参看第二十二章"民族、战争与恐怖主义"。

---

① 已经非常固定的日常用语和传媒用语一般称为"种族清洗"和"种族灭绝"。无论如何,要实施清洗乃至灭绝,关键都在于建构、凸显和延续群体之间的界限,从族群到种族,最终可以到"人"与"非人"之别。——译者注

我们已经看到，族群冲突吸引了国际关注，有时还会招来实际的干预。已经成立了多个国际战争罪法庭，调查和审判那些应该对发生在南斯拉夫和卢旺达的族群清洗和种族灭绝负责任的人。如何回应并且阻止族群冲突，不但是个别国家，而且是国际政治结构要应对的主要挑战之一。虽然对于族群冲突的体验、解释和描述常常是在地方层面上的，但这些问题却越来越具有国家维度甚或国际维度。

全球社会 16.2

卢旺达的种族灭绝

在 1994 年 4 月至 6 月，估计有 80 万卢旺达人在这 100 天的时间内被杀害。大部分的死者是图西族（Tutsis），而实施暴力的则大部分是胡图族（Hutus）。即使是像卢旺达这样一个有着如此动荡历史的国家，这一屠杀的规模和速度也令它的民众震惊不已。

这场**种族灭绝**（genocide）的导火索是，1994 年 4 月 6 日，卢旺达的胡图族总统朱韦纳尔·哈比亚利马纳乘坐的飞机在基加利（Kigali）机场上空被击落，其后他被证实死亡。一份法国官方报告谴责当时继任的卢旺达总统保罗·卡加梅。该报告——其摘要公开出现在《世界报》（*Le Monde*）这份日报上——指法国警方已经得出结论，是卡加梅先生直接下令发动火箭攻击。卢旺达拒绝接受这一报告，称之为“想入非非”。

攻击发生之后短短几个小时之内，一场暴力运动就从首都蔓延到整个国家，直到三个月后才平息下来。但是，总统之死绝不是现代非洲最大规模的种族灭绝的唯一起因。

暴力的历史　族群紧张在卢旺达根本不是什么新鲜事。多数族群胡图族和少数族群图西族之间一直存在着分歧，但是自殖民时期以来，两者之间的敌意大幅增长。这两个族群实际上十分相似，他们说同样的语言，居住在相同的区域，并且遵循一样的传统。

但是，1916 年比利时殖民者到来之后，视这两个群体为不同的实体，甚至在制作身份证时，根据人们的族属分别归类。比利时人认为，图西族要优越于胡图族。不出意料，图西族乐于接受这一观点，在接下来的二十年里，他们比邻居享受了更好的工作与受教育机会。胡图族的怨恨逐渐积聚，并在 1959 年的一系列骚乱里到达顶点。超过 2 万的图西人被杀害，还有更多人逃亡到邻国布隆迪、坦桑尼亚和乌干达。当 1962 年比利时交出权力并允许卢旺达独立时，胡图族代替了比利时人的位置。

酝酿种族灭绝　在种族灭绝爆发之前的几年，情况依旧如此。经济状况每况愈下，在任总统朱韦纳尔·哈比亚利马纳渐失人心。与此同时，流亡乌干达的图西族难民得到一些温和派胡图人的支持,正在组建卢旺达爱国阵线(Rwandan Patriotic Front, RPF)。他们的目标是推翻哈比亚利马纳政权,寻求回到祖国的权利。哈比亚利马纳选择利用这一威胁,作为将政见不同的胡图人拉回自己身边的方法,而卢旺达境内的图西族则被指控为与卢旺达爱国阵线相勾结。

1993 年 8 月,在若干次攻击和数月协商之后,哈比亚利马纳和卢旺达爱国阵线签署了和平协议,但是它对平息旷日持久的动荡基本无效。1994 年 4 月初,哈比亚利马纳的飞机被击落,成了最后的致命一击。和总统一起丧命的还有布隆迪总统和许多高级官员,到底谁是杀人凶手始终没有定论。但不管谁是幕后真凶,它的影响即刻生效,并且灾难深重。

大屠杀 在基加利,总统卫队立即发起了一场报复运动。政治反对派的首领被杀害,几乎是同时,对于图西族和温和派胡图族的屠杀也开始了。在几个小时内,新兵被派遣到全国各地,掀起屠杀浪潮。起初的组织者包括军队官员、政治家和商人,但很快,其他许多群体也加入这场暴力狂潮。

受到总统卫队和电台宣传的煽动,一个叫"联攻派"(the Interahamwe,意为"那些一起攻击的人")的非官方民兵团体被动员起来。该团体在巅峰时期人数超过 3 万。士兵和警官鼓舞普通市民参加。在某些情况下,胡图族的平民被军事人员逼迫去杀害他们的图西族邻居。参加者通常会得到一些激励,如金钱或食物,有些甚至被告知,他们可以占用自己杀死的那些图西人的土地。

至少在事件发生当时,卢旺达人基本未受国际社会的干预。联合国部队在他们的 10 名士兵被杀害后撤退。哈比亚利马纳死后次日,卢旺达爱国阵线重新开始攻击政府军,而联合国为了让双方协商停火所付出的无数努力最终都打了水漂。

后续 最终,到了 7 月,卢旺达爱国阵线占领了基加利。政府倒台,卢旺达爱国阵线宣告停火。一见局势明朗,卢旺达爱国阵线获得了胜利,估计约 200 万胡图人逃到扎伊尔(现在为刚果民主共和国)。联合国部队和救援工作者随后回到卢旺达,帮助维持秩序,恢复基础设施。

7 月 19 日,一个新的多族群政府组建完毕,承诺所有难民都能安全返回卢旺达。然而,尽管大屠杀结束了,种族灭绝的遗产还在,寻求正义则成为漫长而艰辛的旅程。大约 500 人被判处死刑,而另外 10 万人仍在监狱中。但是某些罪魁祸首却成功逃脱追捕,许多失去至爱亲朋的人依然在等待正义的到来。

资料来源:改编自 BBC 2011。

第四节

全球时代的移民

▼

虽然我们可能认为,移民是一种 20 世纪的现象,但这一过程的根源可追溯到书写历史的最早阶段。而且作为全球一体化进程的一部分,迁移正在不断加速。我们前文已经看到,晚近所谓“新型移民”已经使得无论是各族群共同体之间,还是它们内部,面临的处境和获得的经验都呈现出强劲的超级多样性。在有些地区,比如伦敦的哈克尼区(Hackney)或纽约的一些地方,文化多样性的体验是如此寻常,乃至于人们几乎不会多加注意。韦森多夫(Wessendorf 2014:3)指出,“所以说,这种司空见惯的多样性乃是源于差异的饱和,人们走出家门,随时可见”。在过去二十五年左右的时间里,新的移民模式促进了社会生活的转型,这正是各国之间经济、政治和文化的联系迅速发展的一个侧面。

据估计,当今之世,每 33 个人中就有一个是移民。2012 年,有 2.14 亿人居住在并非他们出生的国家,而据国际移民组织(International Organization for Migration 2012)估计,截至 2050 年,这一数量可能会几近翻番,达到 4.05 亿人,这也促使一些学者为之贴上“移民时代”的标签(Castles and Miller 2009)。本节我们将回顾移民进入英国的经历,无论在帝国扩张的时期,还是在衰落的时候,其都在人群的世界范围流动中扮演了关键角色。

移入(immigration),即人口迁入一国定居的运动;**移出**(emigration),即人口离开一个国家到另一个国家定居的过程。[①] 两者合在一起,就产生了把**原籍国**(countries of origin)和**目的国**(countries of destination)联系起来的全球移民模式。在许多社会里,移民运动加强了族群和文化方面的多元性,因而有助于增强人口、经济和社会等方面的活力。第二次世界大战以来,特别是最近几十年,全球移民的加剧已经使得外来移民成为一项重要而富有争议的政治议题。

为了描述 1945 年以来主要的全球人口运动,学者们归纳了四种移民模式。**经典模式**(classic model)适用于加拿大、美国和澳大利亚等国家,它们是作为“移民之国”发展起来的。在这类情况下,外来移民受到相当的鼓励,国家承诺给予新来者公民权,尽管也有一些限制和配额来帮助约束移民的年吸收量。法国和英国之类的国家实行的是**殖民模式**(colonial model),往往更多地接纳来自前殖民地而不是其他国家的移民。二战之后那些年迁入英国的移民中有大量来自英联邦国家,比如印度或牙买加,就反映了这种趋势。

---

① 这两个词在全文中具体指人时,一般译为“外来移民”和“外迁移民”。——译者注

德国、瑞士和比利时这类国家遵循的是第三种政策,即**客居劳工模式**(guest workers model)。在这一体制下,外来移民被临时允许进入这个国家。这往往是为了满足劳动力市场的需要,即便劳工长时间定居,也不能获得公民权。最后,**非法形式**(illegal forms)的移民也越来越普遍。秘密地或假托"非移民"身份进入某个国家的移民,经常能够在官方社会之外的非法地带生存下来。这种例子有如美国南部许多州中大量存在的墨西哥"非法侨民",以及日益增多的跨国界走私难民的国际生意。

工业化的扩张极大地改变了移民模式。乡村地区家户生产的衰落,城市地区工作机会的增加,推动了从农村到城市的迁移趋势。劳动力市场的需求也为国外来的移民提供了新的动力。虽然在工业革命以前,在英国早就有爱尔兰人、犹太人和黑人社群,但新机会的涌现使国际移民的规模和范围不同以往。荷兰人、华人、爱尔兰人和黑人移民的新浪潮改变了英国社会。

20世纪30年代早期,纳粹的迫害使得整整一代欧洲犹太人向西逃亡以求安全,引发了迁入英国的一轮大潮。据估计,在1933年至1939年间,大约有6万犹太人移居英国,但真实的数字可能远远不止于此。在同一时段,大约8万名来自中欧的难民抵达英国,战争期间则另有7万人到来。到1945年5月,欧洲面临着史无前例的难民问题:数百万人成为难民,其中数十万人定居在英国。

第二次世界大战之后,英国经历了规模巨大的移民迁入潮,政府鼓励来自英联邦国家①的民众迁入当时明显劳力短缺的英国,并为之提供便利。除了在战争破坏之后重建国家和经济,工业的扩张也使英国劳动者具备了空前的流动性,并创造出了对于非熟练技能型工作和体力劳动的职位需求。政府受到英帝国遗留观念的影响,鼓励来自西印度群岛、印度、巴基斯坦和非洲前英属殖民地的人定居英国。1948年通过的《英国国籍法》(British Nationality Act)赋予英联邦国家的公民优先移民权。

伴随着每一次外来移民潮,英国的宗教组成结构也有所改变。尤其是英国的城市,现在成了多族群、多宗教的地方。在19世纪,来自爱尔兰的移民使利物浦和格拉斯哥等城市的天主教徒人数陡增,许多人更是定居下来。二战之后,来自亚洲的大规模移民也带来了穆斯林人数的增加,其中许多人来自以穆斯林为主的巴基斯坦和孟加拉国,印度

① "Commonwealth countries",是包括英国及其以前一些属地在内的主权国家的自由联盟。这些国家选择维持友好关系和实际合作,并承认英国国王为联盟的名义元首。它是英帝国发展的结果,帝国殖民地中几个以习惯议会统治的欧洲人为主的附属国享有相当的主权,1931年《威斯敏斯特条例》中即有英联邦的提法。20世纪以来的民族解放运动,尤其是1947年印度独立这一标志性事件,导致联邦不断松散化、自由化。英联邦国家中除英国本身外,主要有加拿大、澳大利亚、新西兰、南非、印度、巴基斯坦、斯里兰卡、孟加拉国、加纳、马来西亚、尼日利亚、坦桑尼亚、新加坡,及众多非洲国家、加勒比海和太平洋岛国。由此可以把握本书许多章节中有关英国少数族群(尤其是南亚裔)问题的由来。——译者注

教徒也有增多，主要来自印度。移民导致了新的问题：做一个英国人意味着什么？族裔和宗教意义上的少数群体如何能够充分整合到英国社会中？

有关宗教的多样性的讨论，详参第十七章“宗教”。

第二次世界大战之后，英联邦移民来英国的人数增长，是为了应对国家的劳动力缺乏，但是他们经常会面临种族歧视。外来移民随后受到了限制。

一 移民与帝国的衰落：20 世纪 60 年代以来的英国

从 20 世纪 60 年代开始，主张英帝国的居民有权利定居英国并获得公民权的观念开始逐渐退缩。虽然新的限制可能与劳动力市场的变化有一定关系，但也反映了许多英国白人群体对于移民涌入的反对立场。特别是劳工民众生活在较为贫困的地区，而那里又是新移民为了工作近便聚集的地方，劳工民众对于移民给自己的生活带来的“干扰”十分敏感。对于新来者的态度经常是充满敌意的。1958 年，白人居民攻击黑人移民的诺丁山暴乱(Notting Hill riots)就证明了这种种族主义态度的力量。

许多反种族主义活动分子认为,英国的移民政策带有种族主义和歧视非白人群体的色彩。从1962年的《英联邦移民法》(Commonwealth Immigrants Acts)开始,英国批准了一系列法律措施,逐步限制非白人的入境权和定居权,同时却保证白人能够相对自由地进入英国。比如说,在英联邦成员国的公民内部,移民法也歧视以非白人为主体的“新英联邦”国家的居民,保护来自加拿大和澳大利亚等“老英联邦”国家的主要为白人的移民的权利。1981年通过的《英国国籍法》区分了“英国公民权”与英国附庸地的公民权。1988年和1996年的立法进一步强化了这些限制。

2002年的《国籍、入境与庇护法》(The Nationality, Immigration and Asylum Act)对申领英国公民身份的人提出了一系列要求,包括对英国生活的基本了解、入籍仪式和宣誓效忠。2008年,引入了一种新的积分制移民系统,赋予工作技能、年龄、受教育程度和英国生活经历等不同的点数。该系统的宗旨是要更好地管理移民,并使移民与经济需要挂钩。2010年,政府又对来自欧盟以外的移民实行了暂时性的迁入限制,从2011年4月起,设置了每年20 700名技术移民的长期配额限制。非常富有的个人和那些“特殊才能”人士(例如一些体育明星)仍然被允许迁入。

公开的目标是要将净迁入英国的移民数量减少到“以万计”而不是“以十万计”。然而,工商组织也明言,它们担心减少熟练技能型劳动者会有损于经济,人权组织则更反对收紧家庭成员移民相关规定的方案。实践当中,目标并未达成,当政府在2015年下台时,此前一年的长期移民净数目为31.8万人,显著多于2013年的20.9万人(ONS 2015b:1)。

许多欧洲国家减少了**寻求庇护者**(asylum-seekers)获准入境的可能性。为了获得庇护资格,个人必须宣称,一旦被强制离境,就会破坏政府基于联合国《关于难民地位的公约》及其议定书(Convention and Protocol relating to the Status of Refugees 1951)所应当承担的义务。1991年以来,针对申请难民地位的人设立了更为严格的审查,包括进行指纹鉴定,减少享受免费法律咨询的次数,对搭载无合法签证乘客的航空公司处以加倍罚款。随着更多的措施被引入,越来越多的申请遭拒绝,导致更多寻求庇护者长期被安置在拘留中心。

在过去二十年左右的时间里,对各发达社会的舆论调查表明,有关“种族”与外来移民的议题再次变得重要起来。尽管不时会有兴趣复燃的节奏,但在英国之前历次调查中,移民和种族关系很少被提及,一直到1993年左右,开始呈现出稳定的增长态势(Duffy and Frere-Smith 2014)。当然,关键事件同样可能影响舆论,在英国部分地区爆发的所谓种族骚乱也产生了一定的作用。2001年9月,基地组织袭击美国之后,人们愈发关注种族和族属问题,不仅在英国如此,在整个发达世界都是这样。

不过,正如图 16.3 所示,随着每年净迁入英国人数的增长,民意调查显示,移民问题上升为"关注话题"之首。而纵观欧盟其他各国,似乎根本不存在诸如此类的相关关系,这就表明,要形成对于特定话题的关切,各国的社会政治背景很重要。随着移民进入英国的机会被削减,寻求庇护的难民数量显著上升。关于"冒充的"寻求庇护者"吞没"英国的描绘,也有助于创造出有关移民和庇护的歪曲形象。2005 年 7 月 7 日,协调行动的恐怖分子在伦敦发动了自杀式系列爆炸袭击,52 名平民在灾难中丧生,700 人受伤,这导致英国报纸上出现耸人听闻的大标题,暗示恐怖主义和寻求庇护者之间存在直接关联。这些追求轰动效应的报道后来被证明完全失实。此外,英国独立党(United Kingdom Independence Party, UKIP)的崛起与选举成功(这一党派侧重欧盟成员资格的负面特性),以及全社会有关外来移民作为一个问题的政治讨论,都提供了解读移民统计数据的一个独特棱镜。2016 年 6 月,在移民成为"脱欧公投"运动中的一项核心议题之后,英国投票决定脱离欧盟。

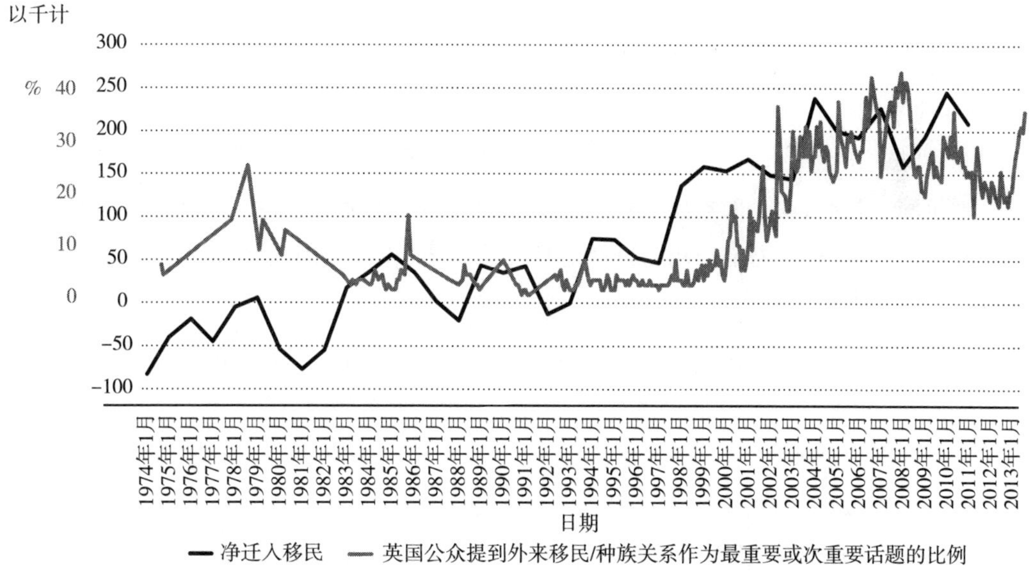

图 16.3　外来移民作为一项重要议题(相对 1974 年至 2013 年英国的净迁入移民)

资料来源:Duffy and Frere-Smith 2014:8。

在欧洲,对于"种族"与外来移民的关注也趋于增加,只是有一些各国之间的差异。在德国,只有少数人,即 34%的人,认为接收来自中东和北非的移民是"一件好事",而 57%的人认为它是"一件坏事";调查中有三分之二的德国人反对来自东欧的移民。在荷兰,舆论更加分裂,赞成与不赞成来自中东、北非和东欧的移民的比例大致相当(分别为 50%和 47%)。在法国,真正赞同来自这些地区的移民的人数勉强占到多数;在西班牙,

67%的人认为从中东和北非迁入人口是件好事,72%的人认可东欧移民(Pew Research Centre 2005)。

鉴于2008年的金融危机、2009年波及发达世界各国的全球衰退以及衰退之后的紧缩计划,不出意料的是,外来移民始终占据媒体评论和政治辩论的前沿。在这个考验人的经济阶段,有一种推卸责任的趋向,这通常意味着,眼前的少数族群成了方便可用的替罪羊。这个时候,对外来移民的利弊做出理性分析,往往需要努力才能赢得听众。尽管如此,进行这样的理性分析,以之作为政策制定的基础,这对于社会科学研究来说乃是根本要义,在未来的时日甚至比以往任何时候都更为重要。

批判性思考

鉴于全球时代流动性不断增强,在发达国家,对于外来移民的关切趋于上升是否势所难免? 这是否意味着持反移民立场的政治党派会增加胜算?

二 移民与欧盟

在20世纪,不仅是英国,其他大多数欧洲国家都被外来移民深刻改变了。二战之后的二十年间,欧洲出现了大规模的移民。地中海国家为北欧和西欧国家提供了廉价劳动力。有一段时期,这些面临劳动力严重短缺的接收国,积极鼓励土耳其、北非、希腊、西班牙南部与意大利南部等地的人口迁入。瑞士、德国、比利时和瑞典同样有规模可观的移民劳工人口。与此同时,昔日的宗主国也经历了来自前殖民地的移民潮,这主要适用于法国(阿尔及利亚人)和荷兰(印度尼西亚人),当然也有英国。

自东欧剧变以来,欧盟见证了**新移民**(new migration)浪潮,突出表现为两大事件。首先,1989年到1994年间,东西方之间的边境开放,促使数百万民众迁移进入欧盟国家;其次,原南斯拉夫地区的战争和族群争斗导致大约500万难民涌入欧洲其他区域(Koser and Lutz 1998)。欧洲迁移的地理模式亦已转变,原籍国和目的国之间的界限变得越来越模糊。南欧和中欧的国家也成了许多移民的目的国,这与早期的外来移民趋势显著偏离。作为欧洲一体化进程的一部分,许多先前妨碍商品、资本和雇员自由流动的壁垒已经被清除了。这推动了地区性移民的显著增长,欧盟国家的公民有权在其他任何欧盟国家工作。

随着欧洲一体化进程的深入,一些国家按照1995年生效的《申根协议》的部分约定,解除了与邻国之间的内部边界管制。截至2001年,已有25个国家执行该协议,只需要监视它们的外部边界,允许人员从相邻成员国自由进入。如此重塑欧洲边境控制,对进入欧盟的非法移民以及跨国界犯罪产生了重要影响。非法移民只要能够进入一个“申根”国家,就可以不受阻碍地通行于整个申根区域。从非欧盟国家迁入欧盟国家的移民已经成为一些欧洲国家面临的最急迫议题之一。在 2014—2015 年度,许多核心议题变得更加突出,当时成千上万的人从利比亚乘船渡海,抵达欧洲南部。有些移民是为了躲避叙利亚、伊拉克和非洲部分地区的冲突,而其他许多人则是试图改善自己的生活机会。贩卖人口团体也卷入其中,从世界各地的民众这种不顾生死的流动中牟利,不啻为火上浇油。欧盟的边界管理机构“国际边界管理署”(Frontex)估计,大约有 6.3 万名移民抵达希腊,6.2 万人在意大利,又有约 1 万人到了匈牙利与塞尔维亚的边界。这些数目相较于 2013 年,增加了几乎 150%(BBC News 2015a)。

许多移民在试图从利比亚渡过地中海到达欧洲时死在海上。2014 年,超过 3000 人以这种方式失去了生命,而 2015 年仅仅四个月的时间里,丧生的人数就超过 1700 人,往往是他们所乘坐的船严重超载,在海中倾覆并沉没。这些移民多数来自叙利亚和撒哈拉以南非洲一些最为贫穷的国家,包括马里、厄立特里亚、苏丹、冈比亚、塞内加尔和索马里,再加上少数巴勒斯坦人(Malakooti and Davin 2015)。欧盟的法规明确规定,那些寻求庇护的人应当在自己进入的第一个欧盟国家留下指纹并填报申请。这就意味着希腊和意大利之类的国家不仅吸收了数量庞大的移民,而且承担了整个管理责任。

2011 年后,利比亚的国家政府崩溃,使得人口贩子可以盘剥成千上万民众,后者是为了逃避叙利亚冲突,或是非洲某些地区的迫害与困苦。2014—2015 年度,意大利和希腊成为利比亚线路的主要进入点。

2015年6月,欧盟委员会提议设立配额体系,将大约4万名新移民在其他欧盟国家中进行分配,并制定了一项计划,要打掉人口贩卖网络。但在这两个方面都难以达成协议。有些欧盟国家反对强制性移民配额,而联合国授权在利比亚及其领海展开行动,又招致俄罗斯的抗议。这场危机鲜明地体现出移民和流动真正具有全球性质,意味着只要内部冲突和巨大的全球不平等继续作为全球各社会的典型特征,人类不规则的大规模运动就可能变得更为频繁。

三　全球化与移民

到目前为止,我们都侧重谈论晚近来到欧洲的移民,但是早在数百年前,欧洲的扩张就启动了人口的大规模运动,形成了当今世界许多多族群社会的基础。从全球移民的这些最初浪潮开始,人类各处人口在持续互动和融合,其方式从根本上塑造了许多国家的族群构成。本节中我们来考察一些与全球移民模式相关的概念。

早期许多研究移民的理论都聚焦于所谓的**推拉因素**(push and pull factors)。"推力"是指迫使人口外迁的原籍国的动力,诸如战争、饥馑、政治压迫或人口压力。与此相反,"拉力"是那些吸引外来移民的目的国的特征,例如繁荣的劳动力市场、更好的整体生活状况、较低的人口密度,都可能把移民从其他地区"拉过来"。

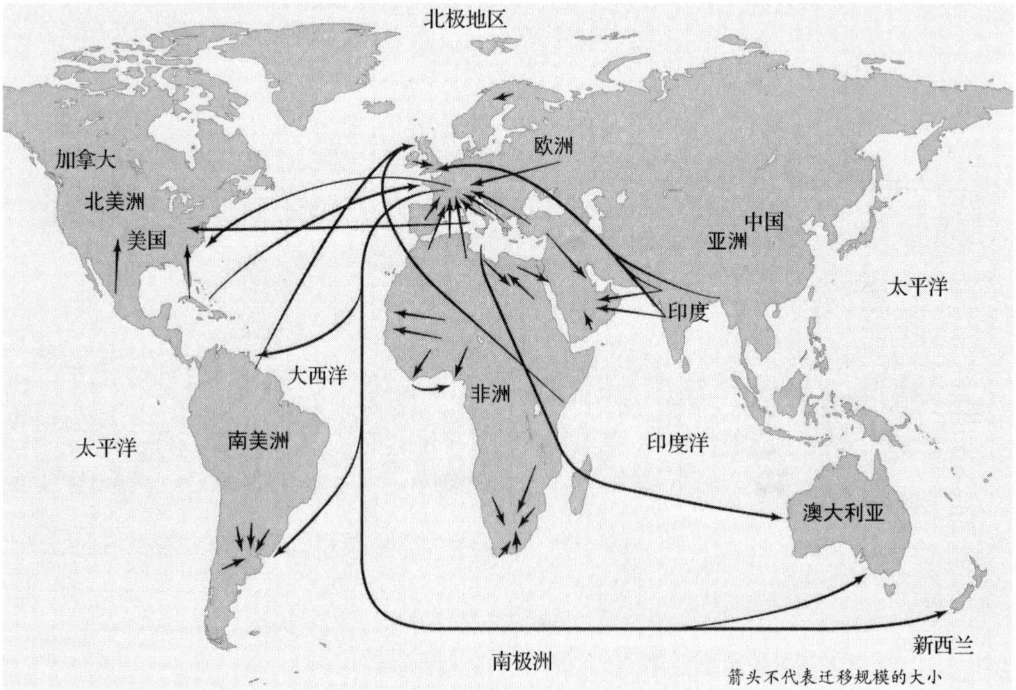

图16.4　1945年至1973年的全球迁移

资料来源:Castles and Miller 1993:67。

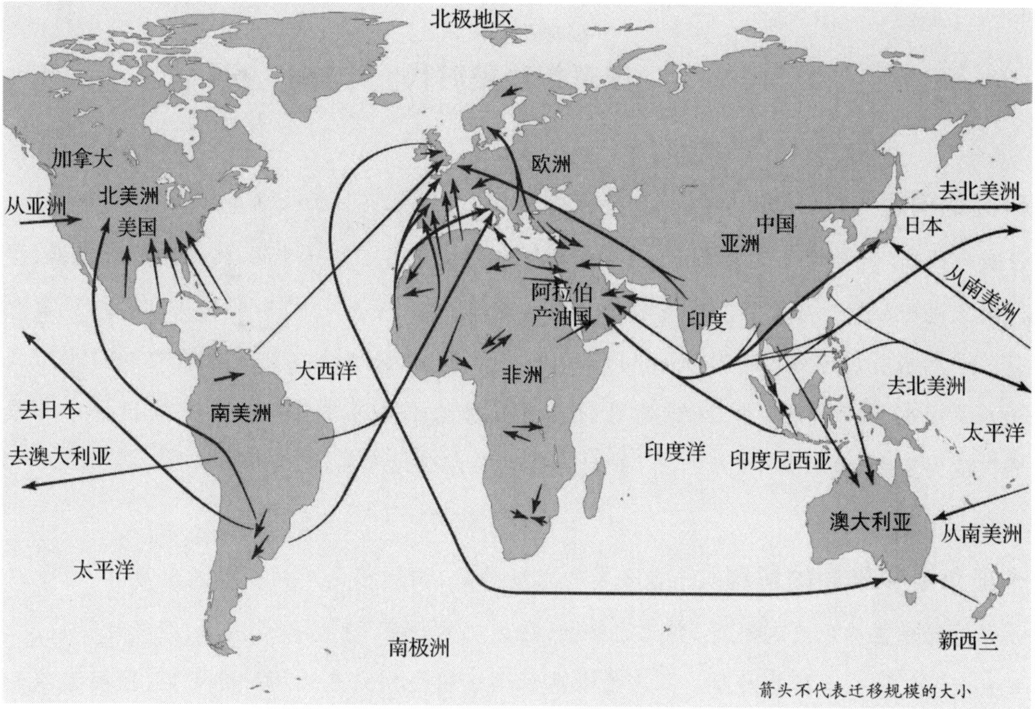

图 16.5　1973 年以来的全球迁移

资料来源：Castles and Miller 1993：67。

近来，关于移民的“推拉”理论被批评为对这个复杂多面的过程的说明过于简单化。相反，研究移民的学者越来越把全球移民模式看作“系统”，是宏观层面和微观层面多个过程互动的产物。宏观层面的因素指的是涵盖面广的问题，诸如某地的政治局势，控制移入和移出的法律规章，或者国际经济的变化。另一方面，微观层面的因素包括移民人口自身所具有的资源、知识和理解能力。

不妨以德国庞大的土耳其裔移民社群为例，来看看宏观过程和微观过程的交叉。宏观层面的因素包括德国经济对劳动力的需求，欢迎外国“客居劳工”的政策，以及土耳其的经济状况不能让许多土耳其人得到理想的报酬。而微观层面的因素则包括在德国的土耳其裔社群中的非正式网络和互助渠道，以及与留在土耳其的亲朋好友之间的紧密联系。在潜在的土耳其移民中，有关德国的知识和“社会资本”，即可资利用的人际资源或社群资源，使德国成为最受欢迎的目的国之一。支持移民系统论思路的人强调，任何单一因素都不足以说明移民过程。相反，每一项具体的移民运动，比如土耳其和德国之间的移民，都是宏观过程和微观过程互动的产物。

经典研究 16.2

理解新移民时代

研究的问题 人们一向会在世界范围内流动,以寻找更好的工作前景或者摆脱迫害。但在今天,伴随全球化的脚步,人们充分利用全球交通和旅游系统以及旅游的新机遇,移民模式也相应发生了改变。全球移民如何影响21世纪各社会的内部构成和团结?斯蒂芬·卡斯尔斯和马克·米勒(Stephen Castles and Mark Miller)有关该主题的书(1993)到2009年已经更新到第四版,意味着两位作者成功地框定并重新定义了移民研究这一领域。简而言之,他们关于"新移民"的分析已经成为现代经典。

卡斯尔斯和米勒的解释 卡斯尔斯和米勒承认,国际移民当然不是新鲜事物,而是从一开始就存在的现象。不过,今天的移民,在绝对的规模、速度和范围上,都发生了改变,并且有可能让社会发生转型。作者们考察了全球移民模式晚近的一些趋势,捕捉到四种趋向,宣称这几种趋向在未来一些年将成为迁移的显著特征。

首先,移民的数量比以往任何时候都多,跨越边界的移民也在**加速**(acceleration)。其次,是**多样化**(diversification)的趋势。如今大多数国家都在接收来自多个地方、出于多种动机的外来移民,相较而言,早先占主导的移民都有特定的模式,例如劳工移民或逃离迫害的难民。再次,是**全球化**(globalization)趋势。迁移以全球性为特征,所涉及的大量国家既是移民的"输出国",又是移民的"输入国"。最后,是移民的**女性化**(feminization)趋势。越来越多的移民是女性,使得当代的迁移与过去相比,男性主导的意味大大减弱。

综上所述,卡斯尔斯和米勒提出,在"新移民时代",人的流动会大大增多,其中包含更多的女性,特定国家将接收更为多样化的外来移民群体。移民也非常有可能常态化,成为我们所处世界的一个核心特征。民众、政府和国际组织(例如联合国)将不得不寻找新的方式加以应对。

批评的观点 有些人认为,卡斯尔斯和米勒所给出的分析依然相当传统,并不足以关联那些显现未久并有可能重叠的领域,例如对于流动的新型研究(参见 Sheller and Urry 2004; Larsen et al.2006)。另有些人则指出,他们的书都侧重国家及其在大众移民时代的命运,而不是超越国家去探究大城市区域。最后,在某些批评者看来,纳入对恐怖主义行动的讨论颇有些生拉硬拽,并非从其整体分析框架中自然推出的。

当代的意义　卡斯尔斯和米勒有效地展示了全球化怎样影响移民模式,移民又是如何有可能重塑社会的,从而为新移民研究做出了重要贡献。同时,他们采取了一种比通常更具比较意识的视角,除了其他流向,还探究了从发达国家到发展中国家的移民,由此重新塑造了移民研究领域。此外,他们成功地将移民模式和全球化理论联系起来,就此将移民研究带入社会学的主流研究。

批判性思考

卡斯尔斯和米勒提出,因为全球化,移民将"常态化"。运用本章的事例来说明,为什么他们说的可能是正确的。有什么反例意味着日益增加的移民有可能受到抵制吗?

四　全球流散

理解全球移民模式的另外一种方法是研究**流散**(diasporas)。这个词指的是一个族群的人口从祖国分散到外国,并且常常是在被迫的或受到创伤的情况下发生的。人们通常以犹太人和非洲人的流散为例,描述这些人是如何因为奴隶制和族群灭绝而在全球范围内重新分布的。虽然从定义上说,流散的成员在地理上散居各地,但共享的历史,对祖国的集体记忆,或是得到培育与维护的共同族群认同等因素,仍把他们维系在一起。

科恩提出,虽然我们更熟悉由迫害和暴力导致的人们不情愿的流散,但随着时间的推移,流散的主导意义也已改变(Cohen 1997)。科恩采取历史思路来研究人们的流散,区分出流散的五种类型。古希腊人使用这个词来描述**殖民化**(colonization)所造成的人口流散。也有**受害者**(victim)流散,诸如非洲奴隶贸易、犹太人和亚美尼亚人的人口流动,都属于被迫流亡,他们渴望回归祖国。**劳动力**(labour)流散的典型例证是英国殖民期间的印度契约劳工。科恩以华人向东南亚的流动作为**贸易**(trading)流散初创时期的例证,认为这是为了货物买卖而自愿移民,并不是某种创伤事件的结果。**帝国主义式的**(imperial)流散是伴随着帝国主义的扩张,人们来到新大陆,随后过上了新生活,英帝国可能是最广为人知的例子。最后,科恩将来自加勒比地区的民众的运动作为**文化**(cultural)流散的事例,"既通过永久迁移,也借助文学、政治观念、宗教信仰、音乐以及生活方式,加以巩固"(ibid.)。然而,科恩也承认,在现实中,这些类型往往重叠,流散的发生会出于各色原因。

犹太人社群是全球流散中最具历史性与离散性的例证之一。

然而,虽然形式多样,但所有的流散都具有某些核心特征。科恩认为,所有的流散都符合以下标准:

- 出于被迫或自愿,从祖国向一个或数个新地区迁移;
- 共享关于祖国的记忆,承诺要维护祖国的存在,坚信有可能重归故里;
- 跨越时空而维持的强烈的族群认同;
- 与生活在流散地区的同一族群成员保持团结感;
- 与寄居社会之间存在某种程度的紧张;
- 对多元主义的寄居社会有潜力做出有价值和创造性的贡献。

这种分类体系过于简单化(科恩也承认这一点),因此有可能被批评说不够精确。但是这项研究仍然很有价值,因为它展现出流散的含义不是一成不变的,而是在迅速全球化的背景下维持集体认同、保存族群文化的动态过程。“流散”的概念也被应用于数量迅速增加的可能案例,从苏格兰、爱沙尼亚或者伊拉克之类的国族群体的流散,到所谓“乡下人”(rednecks)的流散。这种扩张也使得有些人提出,“如果每个人都是流散的,那就没有人是独具特色的了。这个术语失去了它本身的辨识力,即筛选现象、做出区分的能力。悖谬的是,流散的普遍化反而意味着流散的消失”(Brubaker 2005:3)。布鲁贝克指出，有一种方法可以在社会科学研究中保留这一概念，就是将“流散”作为一种实践或者规划，而不是一种实存的“有界限的群体”。这样做能推动研究者去探究，任何一种流散“规划”究竟在何等程度上能得到据说是其成员的那些人的支持。

小 结

在我们这个全球时代，观念、物品以及人员都以前所未有的体量在跨界流动。这些过程深刻地改变了我们所生活的社会。许多社会第一次成为族群多样化的社会；另外一些社会则发现，现存的多族群模式发生了转型或者得到了强化。在所有社会中，个体都开始频繁接触到与自己思维不同、看法不一、活法有别的人。这些互动既是在个人层面，也会经由媒体特别是互联网传递的意象而发生。

社会学研究和理论阐述对“流动”的兴趣日益浓厚，而全球移民模式就是其中一大要素（Sheller and Urry 2004; Urry 2007; Benhabib and Resnik 2009）。**流动**（mobilities）研究的议程探究涉及相当广泛的社会现象的“运动”议题，包括货物的物理移动、人口在世界范围内的迁移、信息与货币在虚拟空间里的转移等，不胜枚举。该领域的核心人物之一约翰·厄里（Urry 2007:6）观察到：

> 有关运动的议题，有些属于微不足道的运动，有些属于规模浩大的运动，或者是方式错误的运动，或者是时间错误的运动，在许多人的生活当中，在大大小小公共或私人及非政府组织的各种运作中，似乎都是核心要素。从SARS（重症急性呼吸综合征）到飞机坠落，从机场扩建争论到发个手机短信，从奴隶贸易到全球恐怖主义，从“开车接送孩子上下学”引发的肥胖症到中东的石油战争，从全球变暖到在家办公，我所说的“流动”议题在许多政策与学术议程中都占据着核心位置。我们不妨说，空气中弥漫着一种“流动”的情感结构……

在厄里（Urry 2000）看来，聚焦于流动可能意味着我们需要一种新型的社会学，从而“超越社会”，即研究跨越民族国家边界的社会过程、网络与运动，并在实质上抛弃先前起到奠基作用的（国族性）“社会”这一概念本身。方兴未艾的流动范式以某种方式把握住了全球移民的一些关键动力。例如，今天许多移民并不只是离开一个家，在遥远的地方又打造出一个新家。出行更加方便、迅捷，费用相对也更低廉，意味着人们可以亲身重访故乡或参加家庭重聚，并通过电子邮件、社交网络和手机通信保持联系（Larsen et al.

2006:44-45)。对一些人来说,移出已经远不是什么去而无返、一锤定音的运动了。

然而,探究流动并不一定要认可这样的论点,即社会生活无可避免地变得越来越流变或曰液态,或者说运动和流动在未来一定会加剧。我们讨论围绕资源与领土的族群冲突,欧洲对于日益增加的外来移民的公开敌意,以及对于多元文化主义作为国策的反对,这些都在表明,不断增多的流动也激出了抵抗。借用卡尔·马克思的话来说,在一个愈益流动不居的世界里,“一切坚固的东西都烟消云散了”。正是因为人们不断感知到这一点,既会乐观地期待一种全球性或普适性的公民身份,又会担忧国族认同和族群认同消融在全球大熔炉中。

本章要点

1. “种族”在今天是什么意思？如果“种族”毫无科学依据，为什么社会学家会继续讨论它？

2. 族属的概念与“种族”有何不同？族群之间的边界是如何生成和强化的？

3. 举一些少数族群的例子，并描述它们面临的歧视的类型。种族偏见是否必然会导致歧视？

4. 什么是“种族主义”？所谓的新种族主义和旧的形式有何不同？它们给少数族群带来的后果有何不同？

5. 什么是制度性种族主义？试举数例，并说明它如何影响社会整合。

6. 描述三种主要的族群整合的模式：同化、熔炉与文化多元主义/多元文化主义。哪一种模式最符合英国、美国、德国和澳大利亚的不同情况？为什么多元文化主义仅得到一些欧洲政治领导人的消极回应？

7. 概述人们进入英国并构造其族群多样性现状的一些主要运动。相较于白人多数人口，哪类族群往往处于劣势，哪类族群则大致相仿甚或更好一些？我们如何说明这类差异？

8. 定义“移民时代”特点的主要模式是什么？列出全球移民在国家层面上的一些社会政治后果。

9. 什么是流散？概述其主要类型及社会后果。

10. 有关不断扩张的“流动”的观点如何有助于我们理解全球移民？

研究实践

外来移民和寻求庇护者常常成为社会灾祸和社会问题的替罪羊。在白人多数文化里，方便观察到的肤色差异是对黑人和亚裔群体的偏见与歧视的标识。但是，如果那些令人不安的社会规范并不能准确契合可辨识的族群类别，而是兼跨边界，又会怎样？社会如何把握表面的矛盾？2010 年，一个来自科索沃的难民在一家芬兰购物中心杀害了五个人，包括自己的前女友，然后自杀。请阅读下文，它分析了这一事件对于芬兰的自我形象的影响：S. Keskinen, 2014, ‘Re-constructing the Peaceful Nation: Negotiating Meanings of Whiteness, Immigration and Islam after a Shopping Mall Shooting’（重构安宁之国：购物中心枪击案后重新协调白人性、外来移民与伊斯兰教），*Social Identities*, 20(6): 471-485。

1. 该研究属于哪一类型？文中使用的证据的主要来源是什么？

2. 作者如何概括芬兰的“想象中的国族认同”?

3. 在媒体对于杀人案的报道中,“白人性”如何同时充当了差异和相似的源泉?

4. 作者提出,对于芬兰社会的暴力威胁最终被解除了。追踪这一过程的每个步骤,指出关键的转折点。

5. 在一个平和社会中出现极端暴力,试列出解决这种两难困境的社会过程的主要行动者。这一过程在哪些方面类似于“道德恐慌”,又在哪些方面有所不同?

深入思考

流动与迁移越来越常态化,引发了一个问题:在当今更具流变或“液态”性质的社会世界里,人们的认同是如何形成的。阅读齐格蒙特·鲍曼的理论文章《全球化世界中的迁移与认同》[Zygmunt Bauman, 2011, ‘Migration and Identities in the Globalized World’, *Philosophy and Social Criticism*, 37(4): 425-435],其讨论了在这种情况中,社会是如何维系一体的。

用你自己的话描述现代社会转型中的三个主要阶段。鲍曼所谓第一阶段的“园艺”(gardening)指的是什么?他是如何概括当代多元文化主义的特征的?说明“连续性”和“不连续性”会如何结合,为现代社会提供维系一体的黏合剂。在这一部分,针对鲍曼的观点可能会有什么样的批评?

艺文探析

电影和电视剧集中有许多族群、种族与文化之间关系的表征,有些直接基于真实的事件,还有一些则完全属于虚构。尼尔·布洛姆坎普(Neill Blomkamp)2009年执导的《第九区》(*District 9*)名义上是一部科幻电影,描述了外星人降临地球,受到了人类怎样的对待。不过,由于外星人被安置在南非一处肮脏的临时营地(第九区),影片也让人回想起种族隔离时代的区隔状况,以及世界各地多个场所人类移民与难民的处境。

观看电影,并结合外星人及现实世界中移民与难民的困境,记录所有相关的类似之处。比如说,是否存在对于外星人的偏见、歧视和种族主义?人类的行为中如何展现出这一点?外星人群体有何反应?故事重点描述了一个人类特工逐步变形为一个外星人。鉴于这则故事展开的方式,影片如果说有什么核心要义,究竟是什么?运用科幻片而非纪录片来呈现移民、隔离与避难等议题,有什么长短优劣?

阅读指津

你的一个好的阅读起点是史蒂夫·芬顿所著的《族属(第二版)》(Steve Fenton, 2010, *Ethnicity*, 2nd edn, Cambridge: Polity),这是一部难度合适的导论性教材。伊恩·劳的《种族主义与族属:全球争论、困境与趋向》(Ian Law, 2009, *Racism and Ethnicity: Global Debates, Dilemmas, Directions*, Harlow: Pearson Education)也非常出色。哈立德·科泽所著的《国际迁移极简导论(第二版)》(Khalid Koser, 2016, *International Migration: A Very Short Introduction*, 2nd edn, Oxford: Oxford University Press)也是介绍核心议题的入门作品。

以此为基础,你可以继续阅读斯蒂芬·斯宾塞的《种族与族属:文化、认同与表征(第二版)》(Stephen Spencer, 2014, *Race and Ethnicity: Culture, Identity and Representation*, 2nd edn, London: Routledge),该书涵盖面很广。关于围绕多元文化主义的争论和议题,可以参看迈克尔·墨菲的《多元文化主义:批判性导论》(Michael Murphy, 2011, *Multiculturalism: A Critical Introduction*, New York: Routledge)。斯蒂芬·卡斯尔斯、海因·德哈斯和马克·米勒合著的《移民时代:现代世界中的国际人口运动(第五版)》(Stephen Castles, Hein de Haas, and Mark J. Miller, 2013, *The Age of Migration: International Population Movements in the Modern World*, 5th edn, Basingstoke: Palgrave Macmillan)是关于移民的核心著作,现在更纳入了气候变迁的材料。

至于参考书,莱斯·巴克和约翰·索洛莫斯编的《种族与种族主义理论(第二版)》(Les Back, and John Solomos, eds., 2009, *Theories of Race and Racism*, 2nd edn, London: Routledge)是一部优秀的理论汇编。爱丽丝·布洛赫和约翰·索洛莫斯编的《21世纪的种族与族属》(Alice Bloch, and John Solomos, eds., 2009, *Race and Ethnicity in the 21st Century*, Basingstoke: Palgrave Macmillan)的编选同样非常有用和全面。那沙·米尔的《种族与族属核心概念》(Nasar Meer, 2014, *Key Concepts in Race and Ethnicity*, London: Sage)是一部内容全面的教材,远远超出本章所涉材料的范围。

关于社会不平等的原典文集,参阅辅助读物《社会学入门文选(第三版)》(*Sociology: Introductory Readings*, 3rd edn, Cambridge: Polity, 2010)。

网络导航

政体出版社有关本书的更多信息和支持:

www.politybooks.com/giddens

英国华威大学族群关系研究中心(CRER-Centre for Research in Ethnic Relations at the University of Warwick, UK)——多项主题的档案材料:

warwick.ac.uk/fac/soc/crer

欧盟基本权利机构(FRA-the European Union Fundamental Rights Agency)——包括少数群体、种族主义和仇外、罗姆人和游居者等主题:

fra.europa.eu

兰尼米德信托基金(The Runnymede Trust)——英国一家研究种族平等问题的独立智库,拥有许多有用的报告:

www.runnymedetrust.org

黑人历史(Black History Pages)——一个有着有用链接和新闻报道的美国网站:

blackhistorypages.com

联合国难民署(UNHCR-the United Nations Refugee Agency)——关于难民的新闻与资源:

www.unhcr.org/cgi-bin/texis/vtx/home

英国种族关系协会(IRR-the Institute of Race Relations, UK)——丰富的研究和图书材料:

www.irr.org.uk

英国牛津大学移民观察室(The Migration Observatory, University of Oxford, UK)——关于移民议题的新闻与资源:

www.migrationobservatory.ox.ac.uk

勇敢:欧洲民主与人权教育项目(DARE-Democracy and Human Rights Education in Europe),2003 年于比利时安特卫普创办——促进全欧公民参与:

www.dare-network.eu

第十七章 宗教

神创论博物馆(Creation museums)主要分布在美国,用《圣经》中的神创论来阐述地球生命的起源,反对达尔文的进化论和地质证据。

问:人类曾经和恐龙共同生存吗?答:“上帝在创造陆地动物的同一天创造了亚当和夏娃。所以,恐龙和人类生活在同一时代。”“柱牙象和猛犸象与现代的大象有关系,它们都是上帝在大约六千年前创造出来的那‘种’原初的象的后代。”这些讲法,还有许许多多类似的说辞,在肯塔基州神创论博物馆里的陈列中都是作为事实来展示的。这只是众多“神创论博物馆”中的一家,其中绝大多数位于美国。

在神创论者看来,生命如此复杂,人体尤甚,明显意味着这不是什么随意的变异或漫无导向的进化发展,而是一种智慧的设计。主张“智慧设计”(Meyer 2013)的论证之基础,在于批判查尔斯·达尔文开创性的著作《物种起源》(Darwin 2008[1859])中的某些方面,该书展示了达尔文认为地球上的生命经历非计划的自然进化的证据。

“年轻的地球”观念认为,这颗行星只有六千年的历史,人和恐龙同时存在。这在地质学家、生物学家和其他自然科学家听来,纯属臆想。进化生物学家理查德·道金斯(Dawkins 1986,2006)主张,“盲目”的进化过程的证据满目皆是,根本无需求诸某位智慧的设计师或上帝。他认为宗教信仰本质上是“一种谬见”,而他自己也成为无神论、世俗主义和理性主义思想的代言人。物理学家布莱恩·考克斯(Brian Cox)(转引自 Farndale

2011)甚至更加不留情面,断言“如果你像神创论者一样,相信世界是六千年前造出来的,那你就是白痴”。

科学的观点认为,地球这颗行星大约 45 亿岁,恐龙早在大概 6500 万年前即告灭亡,而人类物种最早的证据只能回溯到六七百万年前的非洲。地球非常古老,人类并没有和恐龙共存一世,要为这颗行星上千姿百态的生命形式的长期发展负责的,是进化过程,而不是上帝。

在大多数情况下,宗教和科学显得格格不入,神创论者和主流自然科学家之间的争论是尤其明显的例证。你可能会想,从医学到空间探索,现代科学在众多领域都取得了令人赞叹的成就,有鉴于此,采信神创论宇宙观的人必然寥寥无几。然而,在美国,1982 年以来的数次民意调查始终表明,超过 40%的美国成年人相信神创论的讲法,认为是上帝在过去一万年间的某个时点创造出了人类目前的形式(参看图 17.1)。只有 19%的人同意科学家的说法,即人是从较不发达的生命形式,历经千百万年进化而来的,并无上帝的介入(Gallup 2014)。不过,同样的民调也发现存在某种发展中的代际变化,18 岁到 29 岁年龄组中有 30%赞同科学观点,相比之下,55 岁到 64 岁年龄组的这一比例仅为 11%。

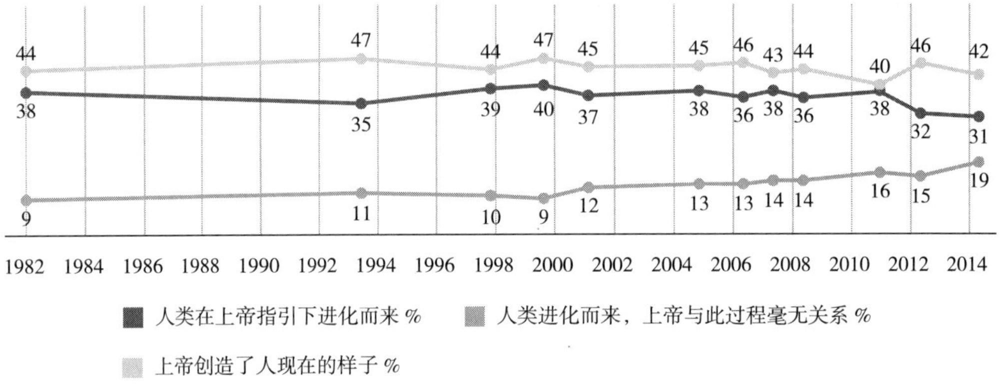

图 17.1 美国成年人中支持人类起源的神创论或进化论说明的比例

资料来源:Gallup 2014。

世俗的、科学的视角一向是现代性的扩张与深化趋势中的基本内容,但对于科学和理性主义思维的抗拒始终存在。有些人提出,这是因为,对于生命的意义与目的之类的根本问题,科学家和理性主义者始终未置一词。宗教依然是人类体验中的一个重要维度,并以这样或那样的形式存在于所有已知的人类社会中。即使是只留下考古证据的最早社会,也呈现出宗教符号和仪式的明确痕迹。洞穴岩画也表明,早在四万多年前,就存在宗教信仰和仪轨。纵观随后的历史,宗教始终在人间事务中居于核心地位。

但“宗教”究竟是什么?为什么它在人类社会中如此普遍?在什么情况下它将共同

体统合一体，又在什么情况下使之分裂瓦解？个体如何领会宗教，并将各自的信仰付诸实践？我们在这一章中就要来考察这些议题。为此，我们所探讨内容的选择范围不仅包括有关宗教的主要社会学理论，有关宗教习俗的主要经验研究，还包括纷繁多样的宗教信仰、仪轨和组织。我们在考察宗教的命运问题时，始终会主要（但不完全）结合发达国家的情况，因为据说在那里宗教处在长期衰微之中。两个关键的问题在于：发达世界是否真的正变成一个世俗空间；如果是这样，还会不会继续存在某种形式的宗教。

第一节 有关宗教的社会学研究

▼

研究宗教是一项富有挑战性的事业，对我们的社会学想象力提出了特殊的要求。在分析宗教仪轨的时候，我们必须领会在人类各种文化中出现的纷繁多样的信仰和仪式。这就意味着我们必须敏锐地看到在信徒心中激起深切执信的那些理念，同时要对它们保持不偏不倚的看法。我们必须面对追求永恒的观念，同时要认识到，宗教团体也在推进一些非常世俗的目标，比如获取资助或招揽信众。我们不仅要看到宗教信仰和行为模式的多样性，也要探究作为一种普遍社会现象的宗教的性质。

一 何谓宗教？

什么是宗教？对于大多数人来说，这是一个简单的问题，几乎不值得深入思考。人们在界定宗教时，常常诉诸对于上帝或神祇或来世的信仰，但它们也包括在基督教礼拜堂、犹太教会堂或者伊斯兰教清真寺等宗教建筑物中参与敬拜活动，以及履行祈祷、吃或不吃特定食物等“宗教事务”。不管怎么说，社会学家要想对自己的研究领域做出限定，就这样的基本问题达成大致共识，被证明是非常困难的。实际上，奥尔德里奇（Aldridge 2007：30）认为，“我们不能期望就一个定义达成一致意见，然后才开始讨论实质问题，因为任何定义都融入了实质问题。对于宗教，没有也永远不会有一个普遍赞同的定义”。但是，为什么没有呢？

原因之一在于，社会学包含众多整体理论视角，这些视角在如何解读社会实在的本质方面各持己见。其结果是，它们在可以怎样、应当怎样研究这种实在的问题上，意见也不一致。例如，许多宏观层面的研究采取一种实在论视角，将宗教看作一种根本性的社会制度，在世代之间传递价值观念、道德准则和行为规范。因此，“宗教”是客观存在的，并对个体产生实际的影响。与此不同,其他几种微观层面上的研究则立足更具社会建构论色彩的视角,集中考察构成“宗教”的东西通过哪些方式,在日常互动过程中被持续不断地再生产出来或者是发生改变。

有关社会建构论的讨论,详参第五章“环境”以及第十五章“性别与性相”。

总体来说,社会学中关于宗教的相互竞争的定义可以分为三种类型:**包容性定义**(inclusive definitions)、**排斥性定义**(exclusive definitions)以及**应用性定义**(definitions in use)。包容性定义往往具有功能主义取向,将宗教看作人类生活的中心,并在某些方面对社会发挥着不可或缺的功能。例如:“宗教是一整套信仰和仪轨,一群人借助这套体系来应对人类生活中的那些终极问题。”(Yinger 1970:7)另外一些人将宗教看作与形塑人类命运的力量有关的所有信仰(Lenski 1963)。基于这种观点,宗教为人们提供了始终萦绕于心的存在问题的答案,带来了希望,并且协助人们维系于团结之中。

包容性定义的主要问题在于,它们涵括的东西往往**太**多。也就是说,它们等于是说每个人都隐含宗教性,不论他们承不承认。由于所有的人都面临濒死、死亡以及对意义的追寻等“终极问题”,他们在某种程度上应当都“是”宗教性的。就连乍看上去世俗性的政治意识形态和体制,或者像爱好足球之类的休闲嗜好,都被解释为某种形式的“宗教”,因为它们体现了人们在世界中发现意义的成体系的信仰和实践。然而,批评者认为,这等于将宗教的定义延伸到了每个人,从而消除了一些关键性的问题,例如究竟是宗教在发展壮大,还是世俗化正在推进(Aldridge 2007)。

与此相反,**排斥性**定义拒绝了包容性定义的功能主义取向,而是在给各种宗教下定义时,诉诸其不同信仰的实质。具体而言,排斥性定义基于这种观点,即所有的宗教都要区分世俗的经验实在与“超经验的”或超验性的实在(Robertson 1970)。采取这种区分,就意味着有效排除了许多群体和制度,例如球迷或者世俗的政治意识形态,因为它们根本不涉及超验性实在。这有助于限定什么算得上是宗教,使社会学家能够通过经验研究来探讨世俗化的程度。然而,要想打造出一个能涵括所有已知宗教的单一定义,依赖一个更为宽泛的“超经验”概念,这种概念要是应用于一些东方宗教,或者某些新兴宗教运动,就不那么合适了。如此区分经验实在和超经验实在,其源头正在于西方的社会科学。

第三种类型的定义被描述为“应用性定义”,类似于今天我们所说的社会建构论。对许多社会学家而言,采取社会建构论思路来研究宗教,找到了比前两种类型更好的出发点。建构论没有假设存在被称为宗教的实存现象,然后探究它显现于社会的多种方式,而是认为更有益的路数在于考察人们都是在哪些情境下,诉诸“宗教”或“宗教意义”,并投入自我定义的“宗教实践”。这就意味着，社会学家不需要再费力琢磨如何设计出他们自己的通用定义，只需要考察在过去和现在，宗教是如何被各种各样的个体、群体和组织所使用，这些用法又是如何受到挑战的。建构论的研究关注，宗教的含义如何随着时间的推移而发生变化，人们如何出于自己的目的而使用这个概念，以及那种用法是日益壮大还是渐趋衰微。

然而，与所有“应用性定义”相关联的一个问题在于，它们没有在宗教现象和非宗教现象之间确立一个清晰的界限，所有人们自己认为是“宗教性”的事物，都被当作合法的研究对象。然而，对于社会建构论者而言，这种定义明晰性的缺乏并不会削弱经验性的社会学研究。相反，贝克福德（Beckford 2008：21）认为：

> 关于宗教究竟是什么的不确定性，并不会给社会科学家带来问题：它只会激励他们去搞清楚，如此多的人在对宗教或宗教议题无法确定的情况下，如何仍能掌控生活……因此，社会科学家要为他们在某些案例中发现的那些强烈的宗教信念寻找清楚确凿的原因。无论是宗教的混淆，还是宗教的确定，都不能被认为是自然的，或是在事物本质中给定的。

随着时间的推移，在对宗教的研究中，包容性定义和排斥性定义都输给了更具社会建构论色彩的思路。当你阅读本节下文概述的不同理论时，考虑一下使用的是三种定义中的哪一种。你还应当思考，对于我们对宗教现象本身以及不同种类宗教的整体理解，不同的视角分别做出了什么样的贡献。

社会学家与宗教　社会学家在研究宗教的时候，是作为职业社会学家，而不是作为信徒或者非信徒来研究的。这就意味着，作为社会学家，他们并不关心特定的宗教信仰是真是假。例如，他们会问，宗教是如何组织起来的，它首要的信仰和价值观是什么，宗教组织与更广大的社会是怎样联系在一起的，如何说明他们在招揽和维系信众方面的成败得失。至于特定的信仰是否“好”或“真”的问题，无论它对于所涉及的那些人而言可能会多么重要，都不是社会学家能够讨论的问题。当然，作为个人，他们完全可以持有坚定的意见，但作为社会学家，他们努力不让这些观点影响他们的研究及其发现。

实际上，社会学家尤其关注宗教的社会组织，那是社会中最重要的组织形式之一。在基督教和犹太教中，宗教仪轨往往发生在正式组织当中，即教堂（church）或会堂（synagogue）[①]，然而印度教和佛教等亚洲宗教却并不必然如此，那里的宗教仪轨同样可能发生

---

① 这两个词根据行文突出的是仪轨发生的空间地点，还是组织共同体的意涵，或有不同的译法。——译者注

大量聚集的球迷,像是这些曼联球迷在 2008 年欧冠联赛的一场比赛中所展现的那样,体现出某些归于宗教的特征。但是,球迷行为如何有别于宗教?

在家中或其他非正式场合。在今天的发达社会中,许多宗教通过科层组织确立。我们稍后也会看到,一些社会学家将宗教看作本质上类似于工商组织,为信徒和资源展开竞争(Warner 1993)。

社会学家常常把宗教看作社会团结的主要源泉。宗教的信仰、仪式和集体敬拜有助于创造一个“道德共同体”,里面的所有成员都懂得彼此之间如何相处。然而,宗教也是破坏性社会冲突的一个因素,例如印度的锡克教徒、印度教徒与穆斯林之间的斗争,波斯尼亚的穆斯林与基督徒之间的冲突,在美国和欧洲发生的针对犹太教徒、穆斯林以及其他宗教少数团体的“仇恨犯罪”。对于当代的社会学家而言,宗教本身是造就和谐还是孕育冲突这一问题,既是历史性的探察,也是经验性的追问,经典时代的创建先贤首先用社会学的方式探讨了这些问题。

批判性思考

宗教社会学应该致力于对相互竞争的信仰做出裁断吗?给出原因说明社会学家为何不能或不应承担这种角色。

二　古典社会学论宗教

社会学对于宗教的研究思路受到了马克思、涂尔干以及韦伯的观点的影响。他们三位没有一个虔信宗教，并且都认为，当科学和理性有效地"让世界祛魅化"时，传统的宗教将会被削弱。然而，他们对于祛魅（disenchantment）如何以及为何会不断推进的具体说明却明显不同。下文将依次概述他们的核心观点。

（一）卡尔·马克思：宗教和不平等　卡尔·马克思并未对宗教进行过任何细致的研究，他的相关观点主要来源于19世纪早期的几位神学和哲学作者。其中之一是路德维希·费尔巴哈（Ludwig Feuerbach，1804—1872），他最著名的作品被译成《基督教的本质》（*The Essence of Christianity*）出版（Feuerbach 1957[1853]）。费尔巴哈认为，宗教包含了人类文化发展过程中所产生的观念和价值观，但是这些观念和价值观被错误地投射到了神圣力量或者神祇身上。由于人类不能充分理解自己的历史，往往会将长久确立的、社会创造的价值观和规范归因于超自然存在或者"精灵"的活动。例如，在基督教中，上帝将十诫授予摩西的故事，就是主宰犹太教徒和基督教徒生活的道德戒律之起源的一种神话变体。

但是，费尔巴哈指出，如果我们不能理解我们创造出来的宗教符号的起源，就注定沦为我们所不能控制的力量的囚徒。费尔巴哈用**异化**（alienation）这个术语来指有别于人类社会的神祇或神圣力量的创生。其结果，人类的价值观和理念被转置到神祇及精灵的身上。在费尔巴哈看来，将宗教理解为某种形式的异化，就给未来许下了巨大的希望。一旦人们意识到宗教力量其实就是他们自己的力量，那些价值观在此世就可以实现，而不必推迟到来世。

马克思接受了费尔巴哈的观点，即宗教代表了人类的自我异化。人们往往认为马克思蔑视宗教，其实远非如此。他曾写到，宗教是"无情世界的心境"，也就是远离资本主义残酷的日常现实的一处庇护所。在马克思看来，传统形式的宗教将会消失，而且应当消失；不过，这并不是因为宗教中的那些理念和价值观本身是错误的，而是因为体现在宗教中的积极价值可以在此世成为改善人类命运的指导性理念。

马克思有一句名言，称宗教是"人民的鸦片"。基督教之类的宗教教诲人们，要顺从地接受此世的既有状况，并把幸福和报答推到来生。由于有来生的许诺，人们的注意力就从现实世界的不平等和不公平上移开。宗教因此带有强烈的意识形态色彩：宗教的信仰和价值观经常被用来为财富和权力的不平等做正当化辩护。例如,“温柔的人将承受地土”①的教义就蕴含要对此世的压迫采取谦恭和不抵抗的态度。

批判性思考

你能在世界各地找到一些宗教反对而非支持居于主导地位的社会秩序的例子吗? 针对马克思看待宗教的视角,这类例证能够告诉我们什么?

(二) 埃米尔·涂尔干:功能主义与宗教仪式 与马克思相反,埃米尔·涂尔干将学术生涯后期很大一部分时间都用于研究宗教。涂尔干有关宗教的社会学理论就像他有关自杀的研究一样(参阅第一章),在确立社会学这门学科的过程中有着极为重要的意义。它表明了任何主题都能够从社会学视角来进行研究,而且意味着,没有社会学,我们可能会对社会生活产生误解。有关宗教的这一视角在“经典研究 17.1”中有所讨论。

涂尔干的功能主义思路把我们的注意力聚集到宗教与其他社会制度之间的关系上,而这一点在 20 世纪被结构功能主义的奠基人塔尔科特·帕森斯发扬光大。帕森斯对于宗教在现代社会中的角色和命运饶有兴趣,他的核心观念参看第三章“理论与视角”。

经典研究 17.1

埃米尔·涂尔干论宗教的基本形式

研究的问题 世界上存在很多宗教,有些非常古老,比如基督教和印度教,有些是最近才发展出来的,例如只能回溯到 20 世纪 50 年代的“山达基科学论”(Scientology)。如果它们之间存在共同点的话,那会是什么呢? 是什么让我们将其作为“宗教”而非其他事物比如哲学来讨论呢? 我们该如何从社会学的角度回答这些问题呢? 埃米尔·涂尔干(Durkheim 1965[1912])认为,要想揭示宗教的本质特征,最有效的方法是在小规模的传统社会中考察其最简单的形式。因此就有了他的经典研究的标题《宗教生活的基本形式》(*The Elementary Forms of the Religious Life*, 1912),这是宗教社会学领域最有影响的著作之一。

涂尔干的说明 涂尔干不同于马克思,没有主要将宗教关联到社会不平等或权力,而是

① 《新约·马太福音》5:5“温柔的人有福了,因为他们必承受地土。”——译者注

视之为与一个社会中各项制度的整体本质相联系。他的论述乃是基于对澳大利亚土著社会的**图腾崇拜**(totemism)的研究,认为图腾崇拜代表了宗教最“基本”的形式。在这种明晰的形式中,更容易分辨出宗教关键的规定性特征。

“图腾”最初是指对一个社会群体具有特别的符号意义的动物或植物。图腾属于神圣事物,受到敬畏,社群以其为中心组织各种仪式活动。涂尔干从**神圣的**(sacred)和**凡俗的**(profane)这一区分的角度来定义宗教。他认为,神圣的物体和符号被视为有别于常规的生存维度,而后者构成了凡俗的领域。除了在特殊的仪式性场合,吃图腾动物或植物通常是被禁止的,并且人们相信,图腾作为神圣事物,拥有一些神圣性质,因此有别于其他能被捕猎的动物,或者能被采集和食用的作物。

但**为什么**图腾是神圣的呢?按照涂尔干的讲法,这是因为,它是代表社会群体本身的一种符号,体现了共同体的核心价值观。人们敬畏图腾,其实是源于人们对社会的核心价值观的尊重。在宗教中,实际崇拜的对象正是社会本身。

涂尔干强调,宗教绝不只是一个信仰的问题。所有宗教都包括定期的典礼和仪式活动,在这些活动中,信众群体聚集到一起。在集体庆典中,会出现涂尔干所说的**集体欢腾**(collective effervescence),即在集体的集会和事件中产生的高度兴奋感,一种群体团结感就在其中得到强化和确认。庆典使个体摆脱了对于凡俗的社会生活的关切,进入一个更高的领域,在其中人们会感到自己接触到了更高的力量。这些力量被归诸图腾、神力或神祇,实际上表达的是集体对于个体的影响。尽管如此,人们的宗教**体验**不应该被贬为区区自我欺骗,因为它其实就是对于社会力量的**真实**体验。

在涂尔干看来,要将社会群体的成员维系一体,典礼和仪式不可或缺。因此,它们不仅出现在定期的膜拜场合,也出现在经历生老病死、婚丧嫁娶等重要社会过渡期的各种生命危机时刻。在几乎所有的社会,在这些场合都能看到仪式和典礼过程。涂尔干推断说,当人们被迫对自己生活中的重要变化做出调适时,集体典礼会重新确认群体团结。丧葬仪式表明,群体的价值观和群体本身超越了具体个人的死亡,从而为丧亲者适应变故后的环境提供了一条途径。尽管对于那些身受死亡影响的人来说,哀悼当然是悲伤的自发流露,但它不单如此,也是群体所强加的一项义务。

涂尔干认为,在小规模的传统文化中,生活的几乎每个方面都被宗教所渗透。宗教典礼既创造了新的观念和思维范畴,又重新确认了现存的社会价值观。宗教不只是一系列情感和活动,它实际上在传统文化范围内限定了思维方式。即使是最基本的思维范畴,包括时间观和空间观,也首先是用宗教的术语来构造的。例如“时间”的概念,就是起源于在宗教典礼中计算间隙的长短。

随着现代社会的发展,传统宗教的影响开始衰微。科学说明逐渐取代宗教说明,而

涂尔干认为,像佛教的卫塞节①典礼之类的仪式,标志着灵性超离于日常,但这么做的同时也是在强化社会核心价值观。

典礼和仪式活动也趋于缩减,占据人们生活的份额大大减少。涂尔干同意马克思的看法,也认为古旧形式的宗教正慢慢消亡。他写道,“古旧的神祇已经僵死”。不过,他也指出,宗教很可能会以某种程度上不同的形式继续存在下去。即使是现代社会,为了自身的统合(cohesion),也得依靠仪式来重新确认社会的价值观,可以期待有新的仪式活动出现。至于这些新的仪式会是什么样的,涂尔干语焉不详,不过在他脑子里,似乎是在自由、平等和协作之类的人文主义政治理念中对于个体的颂扬。

批评的观点　在对涂尔干的观点的批评中,有一种主要抨击其这一主张:通过从寥寥数个小规模社会概括出来的东西,就能理解所有宗教的本质特征。批评者指出,原始图腾崇拜不可能充分代表大规模的、跨国家的世界性宗教,那么通过研究前者能获得多少对后者的认知就颇为可疑。历经20世纪,世界上的很多社会在文化上变得更加多元,在单一的国族社会中存在着各色各样的宗教。有些人认为,涂尔干将宗教看作社会团结持续再创造的源泉,这种观点在多信仰的社会中说服力要打折扣,也不能恰当地阐释涉及相互竞争的宗教信仰的社会内部冲突。

最后,我们不妨反驳一个基本观念,说宗教本质上崇拜的是社会,而不是神祇或精灵。这可能被看作还原主义的论点,即宗教体验可以被归结为社会现象,由此甚至拒绝认为有可能存在一个“灵性”层面的现实。因此,对持有强烈的宗教信仰和担当的人来说,涂尔干的观点或许始终都会显得不够确凿。

① 卫塞节(Wesak或Vesak等),梵文意为“月圆”,公历每年五月第一个月圆之日,把佛陀诞生、成道、涅槃集于同一日纪念。——译者注

当代的意义　涂尔干将宗教牢固地置于社会领域**之内**而非之外，以此有效地将宗教体验去神秘化，并为后续对宗教的经验研究铺筑了基础。我们将在本章后文看到，新兴宗教运动以及灵性信仰替代形式的兴起，证明了功能主义理论的观点，古旧的神祇或许已经僵死，但是当社会经历剧变时，会创生出新的神祇。如果是这样，我们或许会相当认同涂尔干的这一观点："宗教中某些永恒的东西，注定会超越宗教思想相继采取的所有特定符号，长久延续下去。"(Durkheim 1965[1912]:427)

批判性思考

涂尔干对宗教的定义是包容性的、排斥性的，还是社会建构论的？他所预言的"古旧的神祇［传统的世界性宗教］已经僵死"有多么准确？有什么例证可以说明"古旧的神祇"存活得比他曾经认为的要好吗？

(三) 马克斯·韦伯:世界宗教与社会变迁　涂尔干的论证只是基于数量非常有限的案例，相反，马克斯·韦伯着手开展的是一项浩大的计划，研究世界范围内的各大宗教。其任务之艰巨，在学界前无古人，后无来者。他的兴趣大部分集中在他所称的**世界宗教**上，这些宗教都吸引了大批信徒，并对全球历史的进程具有决定性的影响。他对印度教、佛教、道教和古代犹太教都进行了细致研究(Weber 1951,1952,1958,1963)。而在《新教伦理与资本主义精神》(Weber 1992［1904-1905］)等著述中，他全面论述了基督教对于西方历史的影响。不过，他没有能够完成计划中对于伊斯兰教的研究，这项工作被后来的韦伯派学者所接续(Turner 1974,1993)。

韦伯的著述聚焦于宗教与社会变迁的关系，而涂尔干对于这一点殊少关注。韦伯也不赞同马克思的观点，认为宗教并不主要是或不必然是一种保守性的力量。相反，由宗教所激发的运动经常使社会发生剧烈转型。比如说，正是新教，特别是其清教形式，最初孕育了现代西方所具有的资本主义立场，以及其对于营利和传统的革命性态度。早期的企业家大部分都是加尔文派教徒。他们渴求成功的动力有助于启动经济发展，而这最初就是由侍奉上帝的渴望所激励的。对他们来说，物质上的成功只是蒙上帝恩宠的一个迹象。

韦伯把他对于诸世界宗教的研究看成同一项计划。关于新教影响了西方发展的讨论只是他包罗广泛的研究中的一部分，最终他要做的是理解宗教在不同文化中对于社会和经济生活的影响。韦伯在分析了东方宗教之后得出结论:东方宗教给工业资本主义的发展设置了不可逾越的障碍。这并不是因为东方文明是“落后的”;它们只是发展出了某些价值观,不同于那些逐渐在欧洲占据支配地位的价值观。

韦伯指出,在传统中国和印度,在特定的一些时期,也曾经有过商业、制造业和城市化的显著发展,但这些并没有催生像西方工业资本主义兴起过程中的那些彻底的社会变迁模式。因此,抑制这种变迁的一个主要影响因素就是东方的宗教,比如在印度教里看到的情况。韦伯称印度教为“来世”的宗教,也就是说,它的最高价值观强调摆脱物质世界的羁绊,进入一个更高层次的精神存在。印度教培育出的宗教感情和动机并不关心控制或塑造物质世界。相反,印度教把物质现实看作一道帷幕,遮蔽了应当引导人类真正去关心的东西。而儒教则像西方后来理解的那样,也是让人不要致力于经济的发展,强调与世界保持和谐的关系,不提倡积极地去主宰它。虽然在很长一段时间里,中国都是世界上最强大的、文化最发达的文明,但占支配地位的宗教价值观却牵制着人们不能坚定地投身纯粹的经济发展。

韦伯把基督教看作一种“救赎宗教”(salvation religion),它包含这样的信仰:人类如果接受了这些宗教信仰,并遵循它的道德信条,他们便能得到“救赎”。在这里,重要的是罪和蒙上帝恩宠而得以赎罪的观念。它们催生了一种东方宗教所缺失的张力和情感动力。救赎宗教具有“革命性”的一面。东方宗教在信徒中培养了一种对于现存秩序的消极态度,而基督教则包含了与罪的持续争斗,从而激发了对事物的现存秩序的反抗。由此,像耶稣这样的宗教领袖出现了,他以挑战通行权力结构的方式来重新解释既有的教义。这个结论与马克思关注基督教在资本主义体制下的意识形态角色的视角大为不同。

(四)对古典理论的批判性评价 马克思、涂尔干和韦伯各自指出了宗教本身的一些一般性特征,今天的大多数宗教社会学家会认为这样的努力颇有些误入歧途。不过,我们还是可以从这三位奠基者那里学到关于宗教的一些很整体性的东西。马克思认为宗教经常带有意识形态的内涵,为统治集团的利益提供正当化理据,却以其他群体的利益为代价。基督教对于欧洲殖民主义的影响即为明证。基督教的传教士力图使“异教”民众皈依基督教信仰,他们的动机无疑是真诚的,但他们传教的效果却加速了传统文化的解体,强加了殖民统治。直到19世纪,对于美国和世界其他地区的奴隶制,基督教各大宗派几乎都持宽容态度,乃至于表示支持。甚至有人发展出这样的教义,声称奴隶制乃是基于神法,奴隶如果不服从,则罪孽深重,不仅冒犯主人,更是冒犯上帝。

然而，韦伯所强调的观点也是正确的：宗教理想对于既定的社会秩序会产生不确定而且经常是革命性的影响。尽管教会在早期支持美国的奴隶制，但后来很多教会领袖在废奴斗争中扮演了关键性的角色。宗教信仰激励人们投身社会运动，旨在推翻不公正的权威体系。在20世纪60年代美国的民权运动中，在20世纪80年代波兰的团结工会运动中，宗教都扮演了显著角色。

涂尔干的著作中最有价值的部分之一，就是他对于仪式和典礼的强调。所有宗教都包括信徒的定期集会，参加集会时人们要遵守相应的仪式和规则。他正确地指出，仪式活动也标志着生命的重要过渡——出生、进入成年（在很多文化中都能找到与青春期有关的仪式）、结婚和死亡等。而在世俗性的事件或场合中，比如议会的开幕式或者大学的毕业典礼，也能看到在许多方面运用了仪式和典礼。

这三位古典奠基者都预测说，宗教，或者至少是传统的世界性宗教，将会随着时间的推移而趋于衰落，现代世界会变得越来越世俗。然而，我们下文将会看到，这个简洁的陈述被证明过于简单，带有欺骗性，“世俗化之辩”经过一个多世纪的研究和理论阐述都还没个定论。

三　进入世俗时代？

社会学论辩中的**世俗化**（secularization），指的是宗教在社会生活多个领域逐渐丧失其影响力的单个或多个过程。例如，世俗化的一个看似简单的指标，就是每周参加教堂礼拜的人数的下降。尽管在英国、法国和荷兰，这一指标在20世纪持续而显著地下降，但是似乎稳定在了全国人口的5%左右（Kaufman 2007）。大部分欧洲国家的大多数人自述，除了婚丧嫁娶之类的特殊场合，他们从不参加教堂仪式（参看图17.2）。另一方面，大量调查不断表明，宗教信仰的衰落并不如教堂出席率那样显著，这或许能支持把西欧概括为一个“信而不属”（believing without belonging）的区域（Davie 1994）。

然而，戴维后来指出，当一个活跃的小规模少数群体得到不活跃的大多数的默许，代表他们进行宗教活动，将其描述为**代理型宗教**（vicarious religion）更合适。代理型宗教描述了北欧国家的情形，这些国家传统上教会成员众多，但礼拜参加率较低（Bäckström and Davie 2010：191）。但是这个概念也遭到了批评。布鲁斯和沃斯（Bruce and Voas 2010）主张，关于那些没参与组织化宗教（也谈不上“支持”还是“反对”）的人究竟是如何看待宗教的，这个概念并没有提供任何洞见。他们还指出，代理型宗教虔信（religiosity）并没有挑战不断增多的世俗化证据。

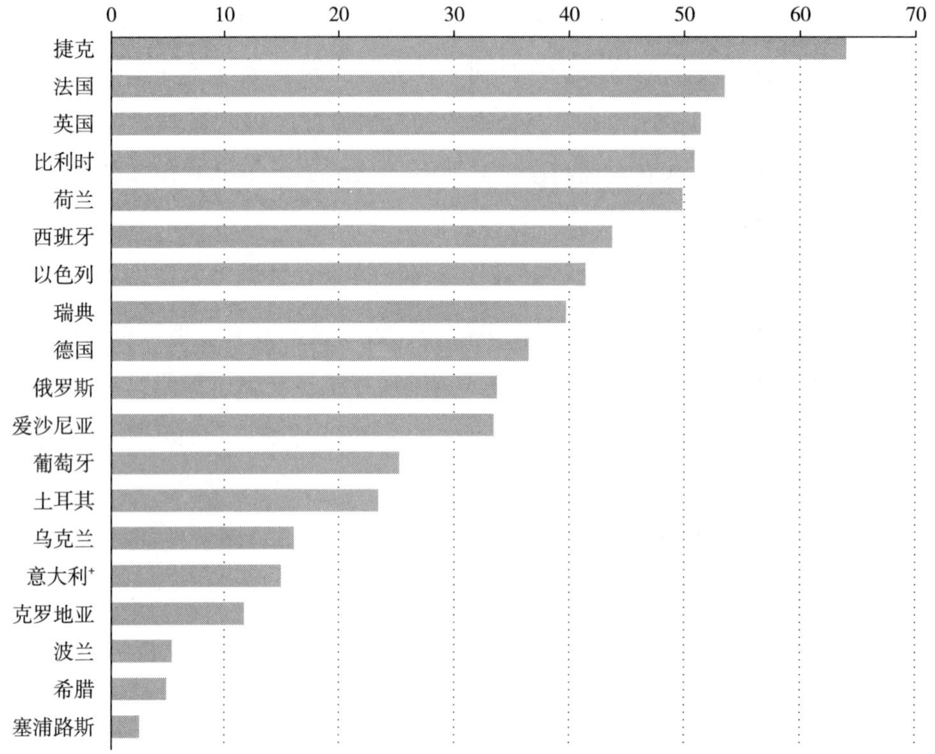

图 17.2　部分国家中从未参加过教堂仪式的回答者占比

+2008 年数据。

资料来源:*The Economist* 2010。

这些证据如此歧异,往往还相互矛盾,我们能得出什么结论呢?从最基本的层面来看,对每周教堂礼拜参加率的争论代表了世俗化命题的支持方和反对方之间的分歧,前者认为宗教的权力和重要性正在衰退,后者则认为宗教仍不失为一股重要的力量,尽管表现形式常常是新的、不常见的。下一节将更详细地展现这场争论。

社会学角度之辩　世俗化是一个复杂的概念,其原因部分在于,究竟该测量什么,如何测量,对于这些基本没有什么共识。我们应该关注教堂礼拜参加率,人们表达出来的宗教信仰,教会领袖的权力和影响力,还是别的什么东西?怎样对这些进行精确测量?不仅如此,我们已经看到,社会学家所使用的宗教定义也各不相同。这些必然会影响到支持还是反对世俗化的命题。

可以从多个方面或维度来评估世俗化。其中一些是定量的测量,比如宗教组织的**成员规模**。统计数据和官方记录可以表明,有多少人属于某个教会或其他宗教团体,又有多少人在积极参加礼拜或其他宗教典礼。根据这一指标,除了美国,绝大多数工业化国家都在相当程度上经历了世俗化。在英国出现的宗教衰落模式亦见于大多数西欧国家，包括法国或意大利这样的天主教国家。意大利人比法国人更多地定期去教堂，参加重大的宗教仪式，比如复活节圣餐仪式。但在这两个国家，宗教仪式式微的整体模式却是相似的。

世俗化的第二个维度关注的是，教会和其他宗教组织能在多大程度上维持它们的**社会影响**、**财富**和**声望**。以前，宗教组织可以对政府产生相当大的影响，并在共同体中获得高度的尊重。历经20世纪，宗教组织逐渐失去了它们曾经拥有的大部分社会和政治影响力，而且这一趋势是世界性的，只是有一些例外。教会领袖不再能假定自己的观点会影响到有权势的政治群体。虽然一些悠久的教会依然富有，新兴宗教运动也可能迅速集聚财富，但是，许多老资格的宗教组织的物质状况还是颇不稳定。随着教堂礼拜参与率和教会成员数量的下降，教堂及其他敬拜场所可能被拿来出售，要不就是年久失修。

世俗化的第三个维度涉及信仰和价值观。我们可以称此维度为**宗教虔信**(religiosity)。去教堂的频率多少，教会的社会影响程度大小，并不一定直接表现出大多数人所持的信仰或理念。许多有宗教信仰的人并不会定期去做礼拜或参加公共典礼；反过来说，即使定期去做礼拜或参加公共典礼，也并不是总能表明一个人抱有强烈的宗教信念。人们去教堂，可能只是出于习惯，加入社交网络，或是顺应家人和所在共同体对他们的期望。

随着社会经济发展不断抬高生活水准，宗教虔信往往会走向衰微，反过来，宗教信仰在贫困和艰苦的环境下仍然较为牢固。我们可以从表17.1和表17.2中看到这一点，表中呈现了在57个国家(不包括英国)的样本中，有多少比例的人自认是“有宗教信仰的人”或“坚定的无神论者”。一些宗教性最强的国家也是最贫穷的国家，而最具无神论色彩的人大多身处世界上某些最富裕的发达经济体(WIN-Gallup 2012:3)。

表17.1　以自我认同为“有宗教信仰的人”来衡量的最具宗教信仰的人口

国家	有宗教信仰的人	不是有宗教信仰的人	坚定的无神论者	不知道/无回答
加纳	96%	2%	0%	1%
尼日利亚	93%	4%	1%	2%
亚美尼亚	92%	3%	2%	2%
斐济	92%	5%	1%	2%
北马其顿	90%	8%	1%	1%
罗马尼亚	89%	6%	1%	3%
伊拉克	88%	9%	0%	3%
肯尼亚	88%	9%	2%	1%
秘鲁	86%	8%	3%	3%
巴西	85%	13%	1%	1%

资料来源：WIN-Gallup International 2012:4。

表 17.2　以自我认同为“坚定的无神论者”来衡量的十大最具无神论色彩的人口

国家	有宗教信仰的人	不是有宗教信仰的人	坚定的无神论者	不知道/无回答
中国	14%	30%	47%	9%
日本	16%	31%	31%	23%
捷克	20%	48%	30%	2%
法国	37%	34%	29%	1%
韩国	52%	31%	15%	2%
德国	51%	33%	15%	1%
荷兰	43%	42%	14%	2%
奥地利	42%	43%	10%	5%
冰岛	57%	31%	10%	2%
澳大利亚	37%	48%	10%	5%
爱尔兰	47%	44%	10%	0%

备注:此表列出 11 个国家,因为有四个国家的“坚定的无神论者”比例均为 10%。

资料来源:WIN-Gallup International 2012:4。

至于世俗化的其他维度,我们需要对过去有准确的了解,以便知道宗教虔信已经下降了多少。支持世俗化命题的人认为,过去宗教在人们的日常生活中远比现在更重要,教会/教堂(church)就是地方生活的中心。而批评世俗化命题的人则反对这种说法,认为在中世纪的欧洲,人们对宗教信仰的投入可能并没有此前所设想的那么强烈,宗教在日常生活中也没那么重要。例如,有关英国历史的研究表明,普通人对于宗教普遍抱着一种不冷不热的态度。在大部分文化中,尤其是较大的传统社会中,似乎都能发现宗教怀疑论者(Ginzburg 1980)。

不过,也有大量证据表明,今天宗教观念的控制力要弱于过去大致属实。如果我们把全部超自然和巫术范畴都归入宗教,情况就更是如此。发达世界中的大多数人都不会再感觉到,日常环境充满了神灵或精灵,会直接干预他们的生活。泰勒指出,一些发达社会可能正在步入一个真正的世俗时代,社会中的许多人甚至大多数人对宗教或灵性毫无需求。用泰勒(Taylor 2007:19)的话来说,“在世俗时代,可以想见,所有超出人的兴旺发达的目标都黯然失色;或者更准确地说,目标落在大众可以想象的生活范围之内”。然而,看起来,大众似乎不太可能从宗教信仰直接转向世俗的无神论。相反,转向全盘世俗的时代或许还包含一个时期,传统宗教处在衰微之中,但人们依然会隐约感到,“远方有些什么”。

希勒斯(Heelas 2002)研究了英国、瑞典和美国的基督教信仰与无神论的情况,发现无神论者和不可知论者分别只占这几个国家成年人的 24%(1990)、15%(2000)和 6%(1986)。英国只有 10%、瑞典只有 2%、美国只有 20%(2000)的成年人定期上教堂。这两个极端之间的大多数人，希勒斯称之为“模棱两可者”（betwixt and between），包括那些相信“某种更高力量”的人，持有“新纪元”信仰的人，或只是对宗教信仰问题无所谓的人。处在这种中间地带的人，充其量可以被描述成展现出对于基督教信仰和传统的某种“模糊的忠诚”（Voas 2009）。不过，这些“立场模糊的人”完全有可能持有对世界的意见，但不是可以辨识的宗教信仰。如果是这样，那么不同于戴维（Davie 1994）的观点，即英国是一个“信而不属”的国家，情况可能是英国及欧洲其他地方的民众大多数属于不信不属（Voas and Crockett 2005：14）。

批判性思考

设计一项小型研究，目的是检验所谓人们不会直接从宗教信仰转向无神论的理论。你的抽样总体是什么？你会怎样招募被试？你会向你的参与者提哪些问题以搜集相关数据？

四　超越世俗化

尽管从理论上和经验上看，世俗化的命题在欧洲及其他发达国家得到了充分支撑，但它仍然遭到了很多批评。比如，有人提出，社会学往往忽略世俗化的分析性概念，替之以预测性的讲法，认为这属于不可避免的全球性过程。尽管分析性概念依然有用，但看到众多经验例证表明宗教联系强力延续，美国的情况尤其如此，预测性讲法已开始动摇（Pérez-Agote 2014）。

在此，我们介绍两种可供替代的视角，它们既不质疑也不重新诠释统计证据。相反，两者都认为社会学过于注重建制宗教的正式的、制度化的方面，因此往往会忽视或轻视在日常生活中被实践、被体验的宗教和灵性。一旦我们将关注焦点转向后者，就会浮现出一幅十分不同的“宗教”图景。看看志愿团体和个体的“宗教实践”，就会对支撑宗教社会学的一些基本假定产生怀疑，并以一种不同的方式来思考宗教是什么。

（一）部落的兴起？　法国社会学家米歇尔·马费索利（Michel Moffesoli）提出了对于世俗化的另一种评估。马费索利借鉴涂尔干将宗教看作对社会及其道德规则的一种崇拜形式的观点，给出了自己的理论阐述（Maffesoli 1995），即尽管传统宗教可能正在衰落，但大都市地区的人们越来越生活在一个“部落时代”（time of the tribes）。

马费索利反对吉登斯和贝克作品中认为个体化日益增长的社会学理论。个体化指的是这样一个过程,人们越来越少地认同于集体,而与工会、社会阶级甚至家庭等社会结构“切断联系”。在这一情形下,个人选择成了核心价值,个体性得到珍视,这正如在消费主义的实践中所看到的,人们购买服装、音乐和室内装潢等形式的“认同装备”(identity kits),这些都有助于他们打造一种个体认同(Bauman 2007)。

然而,马费索利也反对有关大众社会的一些陈旧理论,它们认为社会一致性愈益加强,个体差异趋于丧失。相反,他指出,现代社会有一大特点,自愿结合的小型群体迅猛增长,而它们结合的基础就是共享的音乐品味、观点、消费偏好、休闲兴趣等。他称这些群体为“新部落”(neo-tribes)。它们共享认同,所以和传统的部落群体颇为相似;但它们不会长久持续,所以与传统部落群体又有所不同。人们对新部落的忠诚往往相当薄弱和短暂,这使得它们成为极具流动性和脆弱的社会实体。

马费索利的观点在于,层出不穷的新部落表明,人们仍然强烈地需要并追求密切的社会交往和互动,这既不支持过度个人化的理论,也不支持那些有关大众社会的理论。用涂尔干的话来说,这种对人类社会性的根本性的深切探寻,相当于一种宗教性的探寻。马费索利也赞同这种想法,他认为古旧的神祇或许已经僵死,但是正如涂尔干(Durkheim 1965[1912]:427)所言,“宗教中某些永恒的东西”仍然存在。马费索利的观点意味着,关于世俗化的争论不必像从前那般两极分化。世俗化似乎确实影响到了古旧的世界性宗教,但是如果社会学家懂得将目光投向何处,新形式的宗教表达也方兴未艾。

滑板在年轻人中已经成为一项很流行的活动,但是根据马费索利的看法,不妨把它所孕育的亚文化看成一个“新部落”,它满足了其成员对于社交的需求。

（二）日常“鲜活的宗教”　大多数研究和理论阐述都聚焦于组织化宗教及其在社会中的功能。对这部分作品的讨论会贯穿本章余下的部分。然而，晚近有关个体宗教实践的一些经验研究表明，社会学家在探究宗教的类属定义和理论时，可能在很大程度上忽视了个体为了把握自身在世界上所处的位置，创造性地融合了“宗教的”和“世俗的”因素。社会学家在考察个体的宗教实践时，往往将他们看似相互矛盾的内在多样性视为反映了社会中的过度个人主义所带来的问题。

这类研究中被引用最多的是罗伯特·贝拉及其同事（Bellah et al. 2008［1985］）对美国的“私人化”宗教所做的调查。他们认为，美国经历了一场长期的运动，从统合性的、公共形式的宗教（有助于将人们维系一体），转向纷繁多样的、私人形式的宗教。后者反映了一个更为宽泛的社会过程，即个体化。这项研究呈现了一个叫作希拉·拉尔森的年轻护士的个案，将其作为这场宗教实践转变的例证。希拉说她个人的“信念”（faith）对她来说非常重要，但它不是我们所能料想的那种统合一体的、以教会为导向的宗教。她说：“我相信上帝。但我不是一个宗教狂热者。我记不起我最后一次去教堂是啥时候。我的信仰已经带我走了很远。它是希拉主义。就是我自己微小的声音……它就是让我们要爱自己，对自己好一点。你知道，我想，就是说要彼此照顾。我想上帝让我们彼此照顾。”（ibid.：221）

贝拉等人指出，基于对信仰的这种个体化表达，会有“2.2 亿种美国宗教”。然而，他们认为，这种彻底私人化的情形无助于社会团结，也不能支撑起一个统合一体的公共领域。其危险在于，它将会产生一些非常抽象和肤浅的宗教生活形式。但这个评价是否受到了传统的宗教社会学对制度化的关注的影响呢？梅雷迪斯·马奎尔（Maguire 2008）认为，的确如此。具体而言，这一批评有一个潜在预设，即认为宗教是或者应该是统合一体、组织有序的，体现出一套连贯的信仰和仪式。马奎尔强调，这属于西方人对于宗教是什么的想象，令社会学家难以恰当地理解那些表面上随机选择的各类信仰和实践的拼贴，而这正是许多个体生活的特点，就像“全球社会 17.1”中的“劳拉”。

马奎尔（Maguire 2008）指出，对一个旁观者来说，劳拉的选择或许显得缺乏任何内在的逻辑或者宗教连贯性。但是对当事人来说，每一个元素都合乎逻辑地契合对个人富有意义的整体。例如，细究希拉·拉尔森的“希拉主义”的实质，显然关联着与其健康以及她作为一名照顾临终病患的护士的体验有关的个人危机。例如，在重大手术之前，希拉声称听到了直接来自上帝的安慰，结合这样的信息，就能搞清楚，为何在她的信念中，“彼此照顾”会至关重要。对于马奎尔（和其他人）来说，我们如果要把握宗教、社会和个体之间变动不居的关系，就需要注意这些日常鲜活的宗教的复杂性。

全球社会 17.1

个体生活中的宗教实践

来看看下文这位“劳拉”的例子。她是一位年近四十的女性,受过良好教育,居家写作,并在左近学校兼职阅读辅导。劳拉是梅雷迪斯·马奎尔(Maguire 2008:9-11)访谈的个体之一,属于在美国考察宗教实践和信仰的一个经验研究项目的一部分。

劳拉 劳拉……是作为天主教徒被抚养大的,她也自认是一名天主教徒,只是很少去望弥撒,只在一年中母亲来探望她时,为了让母亲高兴才去几次。不过,与此同时,她也提到了丰富自己的灵性生活,描述自己如何每天至少腾出一个小时来冥想,这是早晨孩子们上学之后她的第一要务。

她家中的神台上供着几样传统的宗教物件,包括一个三代之前从墨西哥带来的祖传十字架,几幅已故的或者远在他乡的所爱之人的照片,18 支大大小小的蜡烛,一小束野花,以及祖母相框上的护身符(milagro)……也有很多明显是非传统的物件:用于治疗式冥想的紫水晶,亚洲香和西藏金刚铃,一幅硕大鲜艳的福瑞达·卡罗(Frida Kahlo,一个墨西哥画家)的三联画,一幅把瓜德罗普圣母(Virgin of Guadalupe)绘成一个穿着跑鞋的奇卡诺[①]女青年的现代画……

劳拉详细描述了那些让她认同中的不同要素和谐融合的重要实践。例如她解释说,自己尊重母亲更为传统的墨西哥裔美国人的宗教实践,包括大众化的宗教实践,如对圣母的虔敬,但是她以一种变化的形式认同它们……

然而,与此同时,劳拉自己的宗教和她母亲的很不一样……她是一个公开立场的女性主义者,自傲于她的墨西哥传统以及流利的双语,与其扩大家庭保持密切联系,她非常关心孩子(她自己的孩子、她的学生,还有读她书的人)的生活和教育。所有这些担当与关切都紧密融入她的宗教实践,在家中,在教堂,或者她的日常活动,包括她的写作以及与其扩大家庭的频繁互动。

批判性思考

劳拉的宗教实践仍然属于“一名天主教徒”吗?如果她对多种信仰和实践如此混合感到完全自在,那么有关制度化、组织化的宗教与个体宗教担当之间的关系,这个案例能给我们什么启发?

① 奇卡诺人是指墨西哥裔美国人,或在美国生活并操西班牙语的拉美裔。——译者注

（三）评估世俗化命题 社会学家几乎没有什么争议地认为，就长期趋势而言，大多数西方国家中，传统教会形式的宗教都衰落了，只有美国是个明显的例外。从世俗化的三个维度来看，这些国家中宗教的影响均告衰微，这跟19世纪社会学家的预测大抵相同。然而，我们已经看到，个体和群体依然在实践“宗教”，只不过其方式在很大程度上为社会学调查中占主流的定量研究方法所忽视。

因此，我们能得出的结论是，宗教在发达国家的地位比世俗化命题原本认为的要复杂得多。尽管很多人不再选择依循传统教会组织的框架来参与正式的敬拜活动，但在他们的生活当中，宗教和灵性的信仰仍然是强大而令人鼓舞的力量。许多人的确具有宗教信仰，却更愿意在制度化形式的宗教之外实践和发展他们的信仰。而且，即使世俗化能够仅依照会员数量来衡量，也应考虑到非西方的信仰以及新兴宗教运动所扮演的角色正变得越来越重要。譬如在英国，虽然传统教会的活跃成员数量在减少，但是穆斯林、印度教徒、锡克教徒、犹太教徒、福音派“再生”信徒的活动参与仍然充满活力。

在发达社会之外，好像也没有什么世俗化的证据。在中东、亚洲、非洲和印度的许多地区[①]，原教旨主义群体对西化形成了挑战。罗马教皇巡游南美，那里数百万天主教徒满怀热诚地追随他的行程。在东欧的一些国家，即使教会已失势数十年之久，东正教也重新赢得了众多民众的拥戴。世俗化命题最可着力之处，似乎就是说明传统教会在社会中的权力和影响趋于衰落，正竭力适应平权运动。

总之，应当在全球化、变动性以及不断增加的多样性的背景下，来评估当代世界中的宗教。那么，在一个快速变迁的时期，许多人在宗教中寻求并最终找到答案也就不足为奇了。原教旨主义也许是最明显的例证。然而，宗教对变迁的反应越来越呈现为陌生的新形式：新兴宗教运动、新部落、膜拜团体（cults）、“新纪元”运动乃至个人“自我拼装”（bricolage）。尽管这些大部分看上去不怎么像传统形式的宗教，但它们或许更准确地反映了当今宗教信仰与实践所发生的一些重大转型。

第二节

宗教组织与运动

▼

尽管发达世界的宗教信仰和实践可能发生了一些重要的变化，但大部分对于宗教的

① 吉登斯此书通篇屡屡出现这类中国读者很不习惯的地理分区方式。——译者注

社会学研究关注的是宗教的功能，以及宗教群体和组织所扮演的角色。因此，重要的是来看看社会学家如何理解根植于宗教信仰的不同类型的组织和运动。

发挥你的社会学想象力 17.1

移民和宗教？

“在英国人丧失信仰之时，移民填满了教堂的空长凳。”

礼拜出席率的下降被一个出人意料的因素减缓了，那就是从非洲和欧洲涌入的基督徒。对全英 3.7 万家教堂所做的最大规模的调查之一……发现，移民主导的教会的增长在一定程度上抵消了其他地方教堂会众数量的缩减（Brierley 2006）。这个消息会让教会领袖们高兴。坎特伯雷大主教罗恩·威廉斯（Rowan Williams）博士认为，这个现象对主流教会正在产生有益的影响。

但是，调查也显示，教堂会众正趋于老龄化，因为年轻人不断退出集会，这将在未来十年造成灾难性的后果。独立组织“基督教研究”（Christian Research）实施的 2005 年“英国教会普查”（English Church Census）表明，从 1998 年至 2005 年，有 50 万人不再在礼拜日去教堂。这个数字低于预期，因为在过去的九年中有 100 万人辞世。

调查发现，1998 年以来，移民社区由黑人主导的五旬节教会增加了大约 10 万信徒。尽管所有宗派的教会不论大小都遏制了自身信徒的流失，但是更大的灵恩派和福音派教会的增长最为显著。研究表明，在英格兰，如今周日上教堂的人中，黑人占了 10%，而其他非白人的族群又占了 7%。在伦敦内城，做礼拜的人中白人不到一半，黑人基督徒占了上教堂的人的 44%，其他非白人族群占了 14%。信奉罗马天主教的克罗地亚人和波兰人以及信仰东正教的俄罗斯人和希腊人发挥了重要的影响。

这些发现给了教会以希望，它们有望走出持续了几十年的衰落之势。然而，总体来看，它们失去的远比它们得到的多。尽管每周有 1000 人新加入教会，却也有 2500 人退出。虽然更多的人在周中去做礼拜，但是每周日上教堂的人 1998 年还有 7.5%，相比之下，现在只有 6.3%。

威廉斯博士为研究报告撰序，称这项研究最令人瞩目的发现之一，在于移民社区所创立的活跃教会的数量。“这对我们的大城市产生了重大影响，黑人为主的教会在这些地方发展很快。”他说道。“少数族群的人们也给英国国教会[①]等固有宗派带来了新的生活和活力。这就是伦敦的国教教区现在稳定发展的原因之一。”然而，大主教也承认，随

---

① 英国国教会（Church of England），亦称英国圣公会，是基督新教的教派，圣公宗（安立甘宗）的教会。英王亨利八世创始并作为英国的国教，由英国国王担任教会最高首脑。“安立甘”为英文“Anglican”（英国的）的音译。不过此处的英国为习称，实际只包括英格兰。——译者注

着信徒的老龄化，主流的宗派正面临着严重问题。

这项研究基于对1.9万家教会的问卷调查，发现29%的礼拜参加者年龄在65岁以上，而在总人口之中，这个比例仅为16%。研究还发现，有9%的教会在会众集会时没有11岁以下的参加者。“1998年进行的最新一轮‘英国教会普查’数据表明，儿童和青年人参加教会的数目下降惊人，令人担忧。”威廉斯博士说道，“这些最新的结果说明，我们尚未扭转这一趋势，但我们至少让变化速度放缓了。”

资料来源：Petre 2006。

批判性思考

为什么移民群体往往会比其他人口表现出更高水平的宗教虔信以及教堂礼拜出席率？哪些因素可以说明“儿童和青年人参加教会的数目下降惊人，令人担忧”？

一　宗教的组织过程

尽管宗教社会学家对非欧洲的宗教感兴趣，但常常有一种倾向，即透过从分析欧洲的经验中生发的概念和理论来看待所有的宗教。例如**宗派**（denomination）和**教派**（sect）之类的观念，就预设了存在正式组织化的、建制完备的宗教制度。一些学者由此指出，这类概念的使用范围是有限的。近几十年来，有些学者努力打造一种更具系统性和比较性的宗教社会学，力求透过各宗教传统自身的参照框架来理解它们（Wilson 1982; Van der Veer 1994）。

早期的理论家，像马克斯·韦伯（Weber 1963）、恩斯特·特洛尔奇（Troeltsch 1981［1931］）以及理查德·尼布尔（Niebuhr 1929），都根据各种宗教组织的建制完备程度和遵循传统程度，将它们描述成一个连续统：一端是教会，遵循传统，建制完备；另一端是膜拜团体，既非遵循传统，也无完备建制；教派则居于两者之间。这些区别是建立在对欧洲和北美宗教的研究基础上的，至于它们对非基督教世界是否适用，则是聚讼不已。

尽管我们在下文的历史概述中会引入**教派**和**膜拜团体**的概念，但这些术语是早期宗教社会学家所使用的；今天它们在社会中具有负面的意涵，当代大多数社会学家会努力避免使用它们。替代的趋势是使用**新兴宗教运动**（new religious movements）这个短语，来概括那些新冒出来的宗教组织，它们缺乏那种由于建制悠久而产生的正派地位（respectability）（Hexham and Poewe 1997; Hadden 1997）。

> **批判性思考**
>
> 社会学家是否应当仅仅因为“膜拜团体”和“教派”在社会中有负面意涵，就避免使用这两个概念？“宗派”或“教派”之类的术语合适吗？社会学家在研究过程中是否有可能避免做出价值判断？

(一) 教会与教派 所有的宗教都有一个信众的共同体,但这些共同体的组织方式是多种多样的。韦伯和他的同行宗教史学家特洛尔奇首先提出了宗教组织的一种分类模式。韦伯和特洛尔奇区分了教会与教派。**教会**(church)是一种规模较大、建制完备的宗教实体,比如普世教会或英国国教会。**教派**(sect)是一种较小的、组织化程度不高但信徒立场坚定的群体,通常被建立起来以反对某个教会的现状,就像加尔文派教徒(Calvinists)或循道派教徒(Methodists)所做的那样。一般来说,教会具有一套正规的科层结构,神职人员品等有序,并且往往代表了宗教保守的一面,因为它们已经融入社会的现存制度秩序。大多数追随者会成为教会的成员。

教派的规模相对要小;它们的目标往往是去发现并追随“正道”(the true way),通常会脱离它们周围的社会,以进入它们自己的共同体生活。教派的成员把建制守成的教会看成一种堕落。大多数教派只有很少或者根本没有神职人员,所有成员都被视为平等参与者。很少有人一生下来就属于某个教派,大多数人都是主动加入的。1993 年,在美国爆发了一起悲剧性的事件,以一个善于蛊惑人心的首领为核心而建立的教派开始大白于天下。大卫・考雷什(David Koresh)领导着大卫庄园教,自称是“弥赛亚”。据说他还在得克萨斯州韦科镇(Waco)的该教聚居地私藏了大量非法武器。在双方长时间的武装对峙之后,美国政府派出的公务人员进攻了该建筑群,随即大火吞噬了整个大院,多达 80 名大卫教徒(包括 19 名孩童)葬身火海。至于究竟是考雷什下令纵火(据报道他选择集体自杀而不是投降),还是联邦当局的行动导致了这场悲剧,至今存有争议。

(二) 宗派与膜拜团体 其他学者进一步发展了教会/教派这一分类。霍华德・贝克尔(Becker 1950)增加了另外两种类型:**宗派**和**膜拜团体**。宗派(denomination)是指已经“冷静下来”并且成为制度化实体的教派,而不再是积极对抗的群体。教派在经历了一段时间得以存活下来后,往往都会成为宗派。尽管并非始终如此。所以说,加尔文派和循道派在形成之初,激起了信徒的极大狂热,那时还属于教派;但多年以后,它们就变得更加“正派”(respectable)了。宗派被教会视为具有一定的合法性,还经常和它们合作无间。

膜拜团体跟教派类似,但着重点有所不同。膜拜团体的成员拒绝接受他们所认为的广大社会的主要价值观,因此在所有宗教组织中关联最松散,形态也最多变;它们关注的是个体体验,把思维相近的人集合在一起。人们不是正式加入一种膜拜团体,而是追随特定的理论或预先规定的行为方式。它通常允许其成员与其他宗教保持联系。跟教派一样,膜拜团体大多是围绕着一位富有感召力的或克里斯玛式的领袖而形成的。在当代西方,这类膜拜团体的例子包括相信通灵术、占星术或超验冥想的信徒群体。

必须指出,在一个国家被视为膜拜团体的组织,到了另一个国家就很可能成了建制化的宗教实践。当印度教的古鲁(gurus,即宗教导师)到欧洲传播信仰,这一宗教在印度被视为建制化宗教,到了英国就被视为膜拜团体。基督教最初就是古代耶路撒冷的一个本地膜拜团体,而在今天的许多亚洲国家,新教福音派(Evangelical Protestantism)被视为从西方舶来的膜拜团体。因此,我们应当努力避免把膜拜团体本身视为奇特的、异己的东西。杰弗里·K. 哈登(Jeffrey K. Hadden)是一位顶尖的宗教社会学家,他(Hadden 1997)就指出,人类曾经创设的**全部**大约 10 万个宗教,都一度是新兴的;即使不是全部宗教,绝大部分宗教最初都是当时的正派宗教信仰所蔑视的膜拜团体。毕竟,耶稣之所以被钉上十字架,就是因为他的观念极大地威胁了古代犹太王国(Judaea)由罗马人主导的宗教建制的既定秩序。

二 宗教运动

所谓宗教运动,就是一群人聚在一起,传播一种新宗教,或提倡对于一种既有宗教的新解释。我们可以将其看作一种特殊形式的社会运动。宗教运动比教派规模更大,在成员资格方面排外意味也要弱一些,不过,这些运动和教派(或膜拜团体)之间并不总是有明确的分别,就像教会与教派之间一样。事实上,所有的教派与膜拜团体都可以被归类为宗教运动的不同类型。宗教运动的实例包括:在公元一世纪最初创立并传播基督教的那些群体;在大约 1500 年以后分裂了欧洲基督教的路德改革运动;再到晚近,是伊斯兰革命运动中的有关群体(详参本章下文)。

宗教运动往往要经历某些特定的发展阶段。在第一个阶段,运动会从某位强有力的领袖那里获得生命力与统合力。马克斯·韦伯把这类领袖归为**克里斯玛**类型,也就是极具感召力,有能力抓住追随者的想象力并激发他们的献身精神。在韦伯的阐述中,克里斯玛型领袖除了宗教人物,如耶稣和穆罕默德,还可以包括政治人物,如革命中国的毛泽东。宗教运动的领袖们常常对宗教建制持批判立场,并力求宣扬一种新的预言。宗教运动诞生伊始,总会灵活可塑,并不具备固定的权威体系。它们的成员通常能直接接触到克里斯玛式领袖,齐心协力,共倡新说。

而在领袖去世之后,就开始了第二个发展阶段。很少会从大众中涌现新的克里斯玛式领袖,因此这个阶段非常关键。运动现在面临着韦伯所称的“克里斯玛的例行化”(routinization of charisma),这个过程往往始于最初的克里斯玛式领袖尚在人世之时。要想维持下去,它就得设立正式的规章制度,因为它不能再仰赖领袖的个人素质来组织追随者。许多运动就是由于在其领袖去世后无法实现这一点,逐渐衰微。如果一个运动存活下来并获得了持久的特性,就往往会发展成教会。换言之,运动将成为信徒们的正式组织,有稳固的权威体系,固定的符号和仪式。而教会本身又会在日后某一时节成为其他运动反对的固定规范,后者质疑其教义,奋起对抗,乃至彻底分裂。就这样,我们可以看到宗教发展的一种动态循环。

有关社会运动的讨论，详参第二十一章“政治、政府与社会运动”。

新兴宗教运动 虽然在最近的数十年中,传统教会的成员数量正在减少,但我们在下文会看到,其他形式的宗教活动却呈上升势头。社会学家用**新兴宗教运动**(new religious movements)这个术语来统称西方国家出现的、与较大的主流宗教并存的各色宗教群体与灵修群体(spiritual groups)、膜拜团体以及教派。新兴宗教运动涵盖的群体五花八门,从**新纪元运动**(New Age movement)中的灵修与自助群体,到诸如黑天会(全称为国际黑天觉悟会)这样的排他性教派。后者敬拜印度教的神祇黑天,视之为所有形式的“上帝”的源头。

新兴宗教运动中有很多来源于印度教、基督教和佛教等主要传统,不过还有一些却来自西方此前几乎一无所知的传统。一些新兴宗教运动本质上是领导这些运动的克里斯玛式领袖的新创造。文鲜明所领导的“统一教”就属其中一例,其支持者视之为弥赛亚,而其教团则号称有 450 万信众(尽管更有可能是几十万人)。新兴宗教运动中的信众大多数都是皈依者,而不是自幼成长于特定信仰中。在西方世界,他们大多都受过良好的教育,出身中产阶级。

新兴宗教运动可以分为三大类:入世型(world-affirming)、拒世型(world-rejecting)和顺世型(world-accommodating)(Wallis 1984)。它们都是基于个别团体与更大的社会世界之间的关系,虽然与世界性宗教相比,它们的规模较小,但是这些运动的兴起可以被看作反映了更为广泛的社会变迁的某些特点,比如年轻世代不再那么自动遵从专家和既定权威。社会学对新兴宗教运动的兴趣肇始于 20 世纪六七十年代,当时它们被视为挑战了社会的主流价值观。具体来说，青年人往往更多地为新兴宗教运动所吸引，这一事实与忧心社会中的青年人被“洗脑”的**道德恐慌**有关，其论调类似于对令人瞩目的青年亚文化的恐慌。

有关青年文化，详参第九章“生命历程”。

1. 入世型运动

入世型运动(world-affirming movements)更像是自助性或疗治性的群体，而不是传统的宗教群体。这些运动往往缺乏仪式、教会和正统的神学理论，而是把焦点放在成员的精神健康上。顾名思义，入世型运动并不拒斥外部世界或其价值观，而是力求释放其追随者的潜力，以提高他们在外部世界积极行动并赢得成功的能力。

山达基科学论教会(Church of Scientology)就是这样一种运动，因为演员汤姆·克鲁斯的加入，如今它广为人知。山达基科学论教会由 L. 罗恩·胡巴德(L. Ron Hubbard)，一个成功的科幻小说家，在 20 世纪 50 年代早期创建，从加利福尼亚的策源地发展壮大，在世界各地拥有大量的信徒。科学论教徒认为，我们均是灵性的存在，但都忽视了自己的灵性。通过训练，人们会领悟到自己真正的灵性能力，就可以恢复已经被遗忘的超自然力，使自己的头脑清醒，实现全部的潜能。

所谓的**新纪元运动**的很多分支都可以归入入世型运动。新纪元运动始于 20 世纪六七十年代的反文化思潮，涵盖了形形色色的信仰、实践和生活方式。异教徒的教义(凯尔特人的、督伊德教徒的[Druidic]、印第安人的等)、萨满教、各种亚洲神秘主义、巫术仪式(Wiccan rituals)，还有禅修，这些仅仅被视为“新纪元”活动的一小部分。

表面上看，新纪元运动的神秘主义似乎与它流行于其中的现代社会形成鲜明的对比。不过，不应当把新纪元运动简单地解释成跟当下社会或主流宗教的彻底决裂。它们属于一条更广阔的文化演变轨迹。在发达社会，个体拥有前所未有的自主和自由来勾画自己的生活。马奎尔(Maguire 2008)通过其广泛的访谈发现，现在有许多人进行新纪元灵性修行及冥想和治疗等实践，又将之与从基督教、佛教和其他世界性宗教中获得的传统宗教信条相结合。从这个意义上说，新纪元运动的目标跟现代非常贴近：人们受到鼓励去超越传统的价值观和期望，积极主动而不断反思地过自己的生活。

2. 拒世型运动

与入世型运动相反，**拒世型运动**(world-rejecting movements)严厉地批评外部世界。它们往往要求追随者的生活方式做出显著改变，有可能期望其成员过禁欲苦行的生活，改变自己的装束或发式,或者按一定的规定进食。与本质上倾向于包容性的入世型运动相反,拒世型运动常常是排他性的。一些拒世型运动表现出类似于总体性制度/机构(total institution)的特征;其成员被要求将个体的认同归于集体的认同,遵守严格的伦理准则或规章,并停止在外部世界中的活动。

很多拒世型膜拜团体和教派都处于政府当局、媒体和公众的严密审视之下。一些极端教派已经引起广泛的关注。比如说,1995 年,日本团体奥姆真理教(Aum Shinrikyo,"最高真理")向东京地铁系统施放了致命的沙林毒气,致使成千名通勤乘客中毒,其中 12 人不治身亡。其首领麻原彰晃于 2004 年因指使这次袭击而被日本法庭判处死刑,许多国家现在将这个团体定性为恐怖组织。①

3. 顺世型运动

第三类新兴宗教运动跟传统宗教更为相似。**顺世型运动**(world-accommodating movements)强调,内在的宗教生活比世俗的关切更为重要。这类群体的成员力图恢复他们相信已经在传统的宗教框架中失落的精神纯洁。入世型团体和拒世型团体的追随者会改变他们的生活方式,以符合他们的宗教活动,而顺世型运动的许多追随者在他们的日常生活和职业生涯中却看不出什么显著的变化。五旬节教派就是顺世型运动的一例,它强调个人从上帝那里获得直接的经验。五旬节教派教徒相信,可以从那些被赋予了"说别国的话"(speaking in tongues)之天赋的个体那里听到圣灵(Holy Spirit)的声音。

批判性思考

以上所讨论的宗教运动与社会主义、女性主义以及环保主义等世俗社会运动之间有何差别?在这些世俗的社会运动中,是否有一些"宗教"要素?

关于新兴宗教运动的盛行,已经有多个理论试图予以说明。一些研究者认为,应当把新兴宗教运动看作对自由化和世俗化进程的一种反应。有些人觉得,传统宗教已经陷入仪式主义,缺乏精神意义,而在规模较小、非人化意味也较少的宗教运动中,却可以找到慰藉和更强烈的共同体感知。另一些研究者则提出,新兴宗教运动是社会急剧变迁的产物(Wilson 1982)。随着传统的社会规范被打破,人们既要寻求说明,又要重建信心和勇气。比如,许多强调个体灵修的群体之所以兴起,表明很多个体在面对不稳定、不确定时,感到需要与其价值观或信仰紧密联系。

① 原文数据如此。1995 年东京地铁事件造成 13 人死亡,6300 人受伤。随后该组织又在横滨站等地释放毒气,造成数百人入院。麻原彰晃直至 2018 年 7 月才被执行死刑。——译者注

新兴宗教运动是一种新近的发展,但并非唯一的新趋势。在许多国家,由于宗教原教旨主义,全球化及文化多元主义,性别平等与性相平等的国内运动,当然还有世俗化等带来的新挑战,宗教信仰和实践均已经历变化。下一节将追踪其中的一些转变,主要关注欧洲和北美。

第三节 当代宗教的趋势

▼

在欧洲作为一个政治单位的演进过程中,基督教的影响力是一个关键的要素。我们现在界定为欧洲的区域的一种可能边界,就是 11 世纪基督教思想第一次重大分裂所划出的界限,即基督教中的天主教与东正教之间的界限。在许多东欧国家,包括保加利亚、白俄罗斯、塞浦路斯、格鲁吉亚、希腊、罗马尼亚、俄罗斯、塞尔维亚和乌克兰,东正教依然是主导宗教。①

一 宗教在欧洲

在西欧,16 世纪时这块大陆再一次分裂为天主教区域和新教区域,这是基督教思想的第二次重大分裂。这个过程被称为宗教改革运动。西欧被分割成相对稳定的一系列现代民族国家,杂然相陈,成了我们今天依然能够在地图上看到的这个样子,与这个运动是分不开的。大致来说,西欧被分割为新教的北方(斯堪的纳维亚诸国与苏格兰)和天主教的南方(包括西班牙、葡萄牙、意大利与法国,以及较北方的比利时和爱尔兰),还有几个多少有些宗派混杂的国家(包括不列颠与北爱尔兰、荷兰和德国)。宗教改革运动在不同国家所采取的形式也是不一样的,却都齐心协力,力求摆脱教皇与罗马天主教廷的控制。在欧洲出现了形形色色的新教宗派,也出现了五花八门的政教关系。

北欧国家(挪威、丹麦、芬兰、冰岛)有一个国教会(北欧信义宗国教会[the Lutheran State Church of Northern Europe])。人口中属于教会成员的比例很高,但参与宗教活动和

① 这里的希腊虽然与其他几个国家同位于巴尔干半岛,但传统上却划归南欧。作为原苏联加盟共和国的格鲁吉亚是亚洲国家,只是正好位于作为欧亚分界线的高加索山脉以南。塞浦路斯是地中海东北部的岛国,岛上居民分属希腊和土耳其两大民族,前者(占总人口的 70%)信奉东正教,后者为逊尼派穆斯林。吉登斯的这些"低级错误",不妨归因为当今国际关系、地缘政治和文化形态已非传统分区所能适用。——译者注

接受基督信仰的比例都较低。因此,这些国家都被描述成“属而不信”(belonging without believing)(Skeie 2009:7)。而在瑞典,信义宗教会与国家之间的密切关系在20世纪后半叶遭到严重质疑。2000年,国家与教会正式分离,结束了469年的结合。许多人觉得,在一个族群和文化都越来越多样化的国家里,政府给予某一个教会特别优遇的观念是不合适的。

德国仍然可以说明显表现出天主教与新教之间的分割,尽管这种情况正在发生变化,因为穆斯林人口愈益增长,自称不效忠任何宗教的人也越来越多。造成后一种状况的原因有很多,包括1989年柏林墙倒塌之后的两德统一,以及东欧原社会主义国家对基督教的冷遇。

法国基本上是个天主教国家,但它非常类似于北欧各新教国家,都体现出较低的宗教信仰和实践活动水平。在西欧各国中,法国的政教分离最为严格。法国政府严守世俗,拒绝优遇任何宗教或宗派。这包括在所有国家机构中都不得谈论宗教,禁止在公立学校中进行宗教教育以及穿戴宗教服饰和象征。这种严格的政教分离导致2004年9月出台禁令,不允许在法国学校中出现“显眼的”(conspicuous)宗教物品。此项禁令引起广泛争议,尤其影响到那些穿戴头巾的穆斯林女孩。在2010年9月,法国参议院还批准了一项规定,禁止在公共场所穿戴遮住全脸的伊斯兰面罩——波卡和尼卡布。

英国是一个新教占主导的国家,2011年对英格兰和威尔士进行的人口普查报告说,大约59%的人依然说自己是基督徒(3300万人),相比2001年的71.7%有所下降。伊斯兰教是第二大宗教,有4.8%的人口(270万人)宣称自己是穆斯林。其他比较重要的群体有印度教徒(1.5%)、锡克教徒、犹太教徒和佛教徒等,它们各自占总人口的比例都不超过1%。不过,有25%的人(1400万人)说自己“不信任何宗教”,相比2001年的14.8%,有显著的增长(ONS 2012a)。尽管英国人口中有59%的人说自己是基督徒,但是经常上教堂做礼拜的人数要少得多。1851年的宗教统计数据显示,英格兰和威尔士大约40%的成年人每周日都参加礼拜,但是到了1900年,这一数字下降到了35%,1950年下降到了20%,2000年则到了区区8%。现在有迹象表明,这个下降趋势正在放缓,而且上教堂的总体下降趋势的分布是不均衡的。在少数族群人口中,教堂礼拜和宗教仪式的参与率有所上升,而不少“新兴宗教运动”也在英国吸引了很多追随者。

意大利、**西班牙**和**葡萄牙**基本上属于天主教国家。它们所展现出来的宗教信仰和实践活动的水平,要高于其他大多数欧洲西部的国家,特别是高于那些北方国家。天主教廷的大本营就在意大利境内①,对这几个国家都有强大的影响力。在意大利,相比其他

① 梵蒂冈城国虽然被罗马城环绕,但毕竟是一个政教合一的微型国家。——译者注

宗派和宗教，天主教享有特权待遇。在西班牙，国家政府与天主教会之间并无任何正式联系，但天主教会以其成员数量上的绝对优势而得享优遇。在葡萄牙，尽管在 20 世纪 70 年代进行了某种宪政改革，但天主教会在法律上依然享有一定的影响力（Davie 2000）。

宗教少数群体　欧洲也是规模可观的非基督教宗教少数群体的家园。尽管犹太人在欧洲已经存在了千百年，但他们的晚近历史却充满了反犹歧视乃至种族灭绝。

第二次世界大战期间，欧洲的犹太人遭遇了大规模屠杀，1945 年之后，许多在大屠杀（Holocaust）中幸存下来的犹太人离开了欧洲，去往新创立的以色列国。这就意味着在欧洲生活的犹太人数量锐减，从 1937 年的 960 万下降到 20 世纪 90 年代中期的不到 200 万（如表 17.3 所示）。

有关种族主义和歧视的讨论，参看第十六章“种族、族属与移民”。

在 20 世纪，部分由欧洲的殖民历史塑造的全球移民，也导致规模可观的非犹太—基督教少数群体第一次在整个欧洲大陆蓬勃发展。其中，伊斯兰教显然是最大的一种非基督教信仰，2009 年在欧盟中有 1500 万到 2000 万穆斯林（Open Society Institute 2010）。法国与北非之间历史上存在的殖民关联，造成法国的穆斯林人口蔚为可观，达到 300 万至 400 万的规模。与此截然不同，德国的大量穆斯林移民劳工则来自土耳其和东南欧。英国的穆斯林人口大部分来自印度次大陆上原属英帝国的一些国家（Davie 2000）。

表 17.3　欧洲的犹太人口，1937—1994 年

	1937	1946	1967	1994
奥地利	191 000	31 000[a]	12 500	7 000
比利时	65 000	45 000	40 500	31 800
保加利亚	49 000	44 200	5 000	1 900
捷克斯洛伐克	357 000	55 000	15 000	7 600[b]
丹麦	8 500	5 500	6 000	6 400
爱沙尼亚[c]	4 600	—	—	3 500
芬兰	2 000	2 000	1 750	1 300
法国	300 000	225 000	535 000	530 000
德国	500 000	153 000[a]	30 000	55 000
英国	330 000	370 000	400 000	295 000
希腊	77 000	10 000	6 500	4 800

(续表)

	1937	1946	1967	1994
匈牙利	400 000	145 000	80 000	56 000
爱尔兰(共和国)	5 000	3 900	2 900	1 200
意大利	48 000	53 000[a]	35 000	31 000
拉脱维亚[c]	95 000	—	—	18 000
立陶宛[c]	155 000	—	—	6 500
卢森堡	3 500	500	500	600
荷兰	140 000	28 000	30 000	25 000
挪威	2 000	750	1 000	1 000
波兰	3 250 000	215 000	21 000	6 000
葡萄牙	n/a	4 000	1 000	300
罗马尼亚	850 000	420 000	100 000	10 000
西班牙	n/a	6 000	6 000	12 000
瑞典	7 500	15 500	13 000	16 500
瑞士	18 000	35 000	20 000	19 000
土耳其[d]	50 000	48 000	35 000	18 000
苏联/独联体[d]	2 669 000	1 971 000	1 715 000	812 000
南斯拉夫[e]	71 000	12 000	7 000	3 500[e]
总和	9 648 100	3 898 350	3 119 650	1 980 900

说明:这些数据是根据多种资料来源汇编而成的,信度不一,有些数据的误差幅度和解释空间较大。这一警示尤其适用于1946年的数据,该年的犹太人口流动规模可观。还必须记住,从1937年到1946年,许多欧洲国家的边界发生了变化。

n/a=无数据

a 包括"难民"。

b 捷克共和国与斯洛伐克共和国合计。

c 1941年至1991年,波罗的海诸国数据计入苏联。

d 亚洲区域数据扣除。

e 前南斯拉夫地区合计。

资料来源:Wasserstein 1996。

全球社会 17.2

犹太文化在波兰复兴——只是没有犹太人

波兰,克拉科夫(Krakow)。这个古老的国家,曾被纳粹的死亡集中营所残害,被大屠杀所洗劫,被苏联僵化的体制所笼罩,现在又发生了一桩有意思的事情:犹太文化开始重新繁荣起来。

“犹太风味”餐馆供应着一盘盘的波兰饺子(pirogis),克莱兹梅尔乐队[①]演奏着悲伤的东方旋律,荒废的犹太会堂逐渐修复。每年6月,这里有一个犹太文化节,吸引成千上万的人来到这儿唱犹太歌曲,跳犹太舞蹈。事实上,唯一缺的就是犹太人。“这是对曾经住在这儿的人表达敬意的一种方式,他们对波兰文化贡献卓著”,贾努斯兹·马库齐(Janusz Makuch)如此说。他是年度节庆活动的发起者和组织者,可他自己却是个天主教家庭的孩子。

随着犹太学校为新一代引入以前被压制的仪式和信仰,犹太社区在东欧逐渐重新兴起。在夏令营期间,成千上万来自原苏联阵营各国的犹太青少年聚集在一起,参加犹太文化的速成班,庆祝逾越节(Passover)、光明节(Hanukkah)和普林节(Purim)——这些节日都是在7月。

这是在纽约的一场婚礼上拍摄的哈西德派(Hasidic)“欢乐之舞”,这也是每年克拉科夫犹太节日上的主要活动之一,后者庆祝的是在大屠杀之前生活在波兰的350万犹太人的音乐和文化传统。参加的人成千上万,但其中没多少犹太人。

……在波兰,现在有两所犹太学校,在几个主要城市中都有犹太会堂,并且有至少四位拉比。但是犹太人却很少,波兰的犹太文化正在被年轻人和追求时尚的人所热衷和推进。在希特勒的恐怖统治之前,波兰曾经拥有欧洲最多的犹太人口,大约有350万。10个波兰人中就有1个是犹太人。超过300万的犹太人在大屠杀中丧生。战后,又有部分

① “klezmer”由希伯来语中的“kley”(乐器)和“zemer”(歌)组成,意思是“犹太音乐家”。——译者注

幸存者被迫离开。

世界上大约70%的欧洲犹太人或者阿什肯纳兹犹太人(Ashkenazi)都可将他们的祖先追溯到波兰,这是由于14世纪的国王卡齐米日三世(Casimir Ⅲ, the Great),将欧洲各地的犹太居民聚集起来,并宣布将他们作为“国王的子民”来保护。但如今,在这个有3900万人口的国家中,只有1万人称自己是犹太人。

资料来源:节选自Smith 2007。

二 宗教在美国

与其他发达国家相比,美国人的宗教情怀之强烈异乎寻常。除了极少数的例外,“合众国是基督教世界中最虔信上帝、最遵行宗教、最恪守教旨、最具宗教传统立场的国度,(在这里)孕育出的新宗教也多于……其他任何国家”(Lipset 1991:187)。尽管在欧洲各国社会之间,以及美国不同的州和地区之间,各见其异,但是有大量证据表明,美国人在整体上比欧洲人更具宗教情怀(Berger et al. 2008)。

每五个美国人中会有三个说宗教在自己的生活中“非常重要”,在任何给定的时间,都会有大约40%的人在前一周去过教堂(Gallup 2004)。不过也有其他的估计指出,真实的数据可能差不多只是一半,不到22%(Hadaway and Marler 2005)。2010年对3412名成年人的调查发现,86%的美国人说,他们相信上帝或者“一种更高的力量”(Grossman 2010)。然而,有迹象表明,事情正在起变化。2010年一项针对18岁和19岁群体即所谓千年一代(Millennial Generation)的调查显示,这一群体与其父母相比,恪守某种信仰的可能性更小,其中25%的人没有归属于任何教会,声称他们是无神论者,不相信“任何特定的东西”。在对待同性恋的态度上,他们也更为开放,并将达尔文的进化论看作“对生命的最佳说明”。虽然如此,他们仍然对上帝、天堂和地狱保持强烈的信念,其人数与前几代人相近(Pew Forum on Religion and Public Life 2010)。这或许算是“信而不属”的又一例证?

大约有51%的美国人将自己归为新教徒,另有25%将自己归为天主教徒。其他不容忽视的宗教群体还包括摩门教徒、穆斯林和犹太教徒(Kosmin and Keysar 2009)。天主教会目前是成员规模增长幅度最大的一个,其原因部分在于从墨西哥和中南美洲迁入了大批天主教徒。不过,近年来天主教会成员的增长势头也有所放缓,因为有些教众流失。一项调查表明,50%的美国天主教徒现在拒绝认为,教皇在诸如生育控制和堕胎等事务上的立场绝对正确(Gallup 2004)。

最近几十年来,美国新教教会的构成发生了某种变化。那些开明的或主流的美国教会,比如信义宗、新教圣公会(安立甘宗)、循道宗和长老宗,其成员人数都趋于下降。而比较保守或非传统的新教教会的成员,比如五旬节教派成员和南方浸信会成员,人数却在上升(Roof and McKinney 1990; Jones et al. 2002)。保守派新教徒强调严格遵照经文解释《圣经》,在日常生活中谨守道德,通过福音传道使人皈依。

美国新教教会也见证了**福音派**(evangelicalism)的大规模兴起,即信仰精神重生,所谓"再生"。福音派在一定程度上可以被看作是在回应愈益加剧的世俗主义和宗教多样性,整体而言,也就是在美国人生活中一度居于核心的新教价值观的衰微(Wuthnow 1988)。许多新教徒明显是在寻求福音派宗派所承诺的那种更具直接性、私人性和情感性的宗教体验。福音派各组织擅长动员各方资源以协助实现其在宗教和政治上的各项目标。借用宗教经济学家比拟做生意的语言,它们已经在"宗教市场"上证明自己是极具竞争力的"灵性企业家"(参看"发挥你的社会学想象力 17.2")。广播和电视都已成为重要的市场营销新技术,有些福音派人士用它们来触及宽广得多的受众,其规模是从前不可能指望的。

有些牧师之所以被称为"电视福音布道者"(televangelists),就是因为他们在电视上履行其布道的职责。这些牧师与先前许多福音派人士分道扬镳,因为他们宣讲的是"富足福音"(gospel of prosperity):相信上帝希望信徒在经济上兴旺富足,而不是牺牲受难。这种思路截然不同于传统保守派新教信仰,其以苦行的立场强调日常生活中的辛勤劳作和自我弃绝(Bruce 1990)。宣讲神学与募集资金是电视福音的基本内容,不仅要支撑进行电视布道的牧师本人,而且包括中小学、大学、主题公园,有时还有其布道者奢侈的生活方式。电子化的宗教布道在拉丁美洲已经变得特别流行,那里能收看北美的电视节目。其结果是,大部分属于五旬节教派的一些新教运动对智利和巴西这样盛行天主教的国家产生了重大影响(Martin 1990)。

在有关世俗化的争论当中,对于宗教在发达世界趋于衰微的观点,美国代表了一个重要的例外。美国是"现代化"最彻底的国家之一,但它同时以跻身全世界宗教信仰程度最高、人数最多之列而著称。我们该如何解释美国的这种例外?斯蒂夫·布鲁斯(Bruce 1996)提出,宗教在美国之所以持续强盛,可以从**文化变迁**(cultural transition)的角度来理解。在发生急剧而深刻的人口或经济变迁的社会中,宗教所扮演的角色就是协助人们调节自身以适应新环境。工业化在美国起步较晚,发展却非常迅速,并且是在纷繁复杂的族群所组成的人口中成长起来的。因此,宗教对于稳定人们的认同发挥了重要作用,也促成了一种更为顺利的文化变迁,以融入新兴的美国"熔炉"。

福音派在美国有了巨大的发展,被广泛认为帮助乔治·W.布什在2000年和2004年两度当选总统。共和党总统候选人竭力赢得福音派基督教团体的拥护。

发挥你的社会学想象力 17.2

宗教经济的竞争?

对于宗教社会学,晚近有一种颇具影响的思路是为西方社会量身定做的,因为西方社会提供了众多不同的信仰以供人们挑选。喜欢**宗教经济**(religious economy)思路的社会学家借鉴了经济学理论,认为如果将宗教理解为彼此竞揽追随者的组织,会大有裨益(Stark and Bainbridge 1987; Finke and Stark 1988, 1992; Moore 1994)。

这些社会学家就像研究工商业的当代经济学家一样,也认为要想确保宗教的活力,竞争优于垄断。这种立场与经典理论家恰恰相反。马克思、涂尔干和韦伯都认定,如果宗教受到不同的宗教立场或世俗立场的挑战,就会遭到削弱。而宗教经济学者则认为,竞争会提升社会的宗教参与的整体水平。为何会如此?其一,竞争使得每一个宗教群体都更难赢得追随者。其二,宗教林立的局面意味着每一个人都有可能找到适合自己的信仰。在文化多样化的社会里,单一宗教将只可能吸引到非常有限的追随者,不过,一些比较传统的教会,以及印度教的古鲁和原教旨主义的(fundamentalist)布道者,很可能促成更高水平的宗教参与。

这种分析是基于工商界的情形并有所调整,在工商界,竞争被认为有助于形成高度专业化的产品,以迎合非常专门的市场。事实上,宗教经济学者借用了工商业的语言,用来描述决定特定宗教组织成败的具体条件。根据芬克和斯达克(Finke and Stark 1992)的观点,一个成功的宗教群体,必然组织有素以利竞争,其布道者口才出众,足称得力的“推销员”,只不过传播的是口号,提供包装成有吸引力的产品的信仰和仪式,并且摸索出一些卓有成效的市场营销技术。由此看来,宗教就是一种和别的工商业没太大不同的生意。

因此,宗教经济学者并不认为竞争会破坏宗教信念,进而助长世俗化。相反,他们提出,现代宗教通过积极主动的市场营销和成员招募,不断地自我更新。尽管有越来越多的研究支持所谓竞争有利于宗教这一观念(Stark and Bainbridge 1980, 1985; Finke and Stark 1992),但也不是所有的研究都得出了这一结论(Land et al. 1991)。

宗教经济思路高估了人们在不同宗教中进行挑选时的理性程度,仿佛他们是在选购一辆新车或一双鞋。对于那些具有深切担当的信徒,宗教并没有明确表现为一种理性选择。即使是在孕育出宗教经济思路的美国,社会学家也有可能忽视了宗教的精神面向。对于美国的婴儿潮一代——也就是第二次世界大战结束后二十年里出生的那一代——的研究发现,其中有三分之一依然恪守自己儿时的信仰,另有三分之一虽然已经不再归属某一个宗教组织,但还继续承认自己儿时的信念。因此,只有剩下的三分之一还在积极寻求做出宗教经济思路所假定的那种选择(Roof 1993)。

批判性思考

宗教经济思路对于我们理解工业化世界的世俗化过程有何帮助?如果有的话,宗教经济就灵性在人类生活中的作用究竟告诉了我们什么?

三　基督教、性别与性相

教会和宗派是具有明确权威体系的宗教组织。同社会生活中的其他领域一样,女性在这些等级体系中基本上被排斥在权位之外。这一点在基督教中很明显,不过也是其他主要宗教所共有的特征。

美国女权运动分子伊丽莎白·卡迪·斯坦顿(Elizabeth Cady Stanton, 1815—1902)曾经提出,神是把男人和女人作为同等价值的存在创造出来的,《圣经》应该充分表现这一事实。她认为,《圣经》中的“男性特质”的意味并没有反映上帝的真言,而只是反映出《圣经》由男人们写成这一事实。1870年,英格兰圣公会成立了一个修订委员会,来修订和更新《圣经》文本。但斯坦顿指出,委员会中没有一位女性。她强调,既然《圣经》中清楚写明,所有的人都是按照上帝的形象塑造出来的,那么就没有任何理由认为上帝是男性。在一次女权会议上,斯坦顿的一位同事以“吾主天母”(God, our Mother)的祈祷作为开场,引来教会当局的猛烈反对。但斯坦顿不为所挠,在美国另组了一个女性修订委员会,由23名女性组成,帮助她一起完成了《女性的圣经》,并于1895年出版。

一百多年之后,安立甘教会①依然在很大程度上为男性所主导,虽说这一局面在最近已经开始转变。从1987年到1992年,英格兰圣公会允许女性担任教堂会吏②,但还不能担任司铎③。尽管她们是神职人员的正式组成部分,但仍不被允许主持一些基本的宗教仪式,譬如祝福和婚配。1992年,在压力渐增之下,尤其是受到英格兰圣公会内部的女性的压力,教务会(Synod,即管理裁决会议)投票决定,允许女性担任司铎。1994年第一批女性司铎产生了。但圣公会中许多保守分子依然反对这一决定,认为全面接受女性是对神启圣经真理的背离,而且这离与普世教会(Catholic Church)的最终复合又远了一步。有些教会成员退出了英格兰圣公会以示抗议,一些人改宗天主教。

截至2009年,英格兰圣公会中大约有五分之一的司铎是女性,并且数量似乎还会上涨。2005年7月,英格兰圣公会投票决定启动进程,逐步允许女性担任主教(bishops),不过,这个决定遭到圣公会中几位资深要人的强烈反对。2008年7月,负责管理的总教务会拒绝了为挽留传统主义者而设分立机构的提议,并在2010年允许女性担任主教。2015年1月,终于委任了第一位女主教。

罗马天主教会对于女性的态度要更为保守,一直公开支持社会性别的不平等。有关授予女性圣职的呼吁不断遭到天主教廷当局的拒绝。1977年,罗马的天主教信理部④正式宣布,不允许女性担任天主教会中的司铎之职。所给出的理由是:耶稣从未选召任何女性做他的使徒。2004年1月,由反叛的阿根廷主教罗慕洛·安东尼奥·布拉斯基授予

---

① 安立甘教会(Anglican Church):新教圣公会的别称,起初单指英格兰圣公会,后亦泛指各国圣公会。——译者注

② 会吏(deacon,女性为deaconess):弥撒时可协助神父主持一定的礼仪,经过一定时日的历练,多数(这里默认指男性)皆可升为神父。天主教称助祭,圣公会称会吏。“执事”系新教某些派别对于相应职事的称法。——译者注

③ 司铎(priests):又称“司祭”,“神父”系尊称,非正式品名。天主教和东正教中协助主教管理教务,通常负责一个教堂。“牧师”系新教一些教派中对于相应职事的称法。圣公会虽系新教宗派,但基本保留了天主教教制。——译者注

④ 信理部(Sacred Congregation for the Doctrine of the Faith):罗马教廷下设九圣部之一,前身为名声不佳的罗马异端裁判所。现主要从正面宣传正统教义并保护被控偏离正统者的权利。——译者注

莉比·莱恩(Libby Lane)在约克大教堂被授予圣职,成为英格兰圣公会第一位女主教。

司铎的7位女性,被天主教廷处以绝罚[①],其圣职亦被梵蒂冈废除。教皇约翰·保罗二世(John Paul Ⅱ, 1920—2005)鼓励女性回归贤妻良母的传统角色,抨击那些主张男女并无本质不同的女性主义意识形态,支持给女性自由加上新枷锁的禁止堕胎和避孕政策(Vatican 2004)。

近些年来,安立甘教会中的争议已经从性别问题转向同性恋和司铎职位的问题。男同性恋者长期以来就在基督会[②]中任职,但其性向要么被压制,要么被忽视,或是未被发现。天主教会依然坚持1961年所阐明的立场:那些受到(对同性恋的)“变态倾向影响”的人,必须禁止其发愿或获授圣职。其他新教宗派已经对同性恋者采取开明政策,在一些较小的宗派里,公开同性恋身份的神职人员也被允许担任牧师。1972年,在欧洲各基督教宗派中,荷兰的福音信义会(Evangelical Lutheran Church)率先决定,男女同性恋者皆可任职牧师。加拿大联合教会(United Church of Canada)(于1988年)和挪威信义会(Norwegian Church)(于2000年),也紧随其后。

2003年6月,有关是否允许男同性恋者担任司铎职位的争论在英国走向前台。杰弗

① 绝罚(excommunication):教会制裁的一种形式,将某人从信徒团契中革除,不许参加教会圣礼,不得领受圣体,死后不得按教礼殡葬。——译者注

② 基督会(Christian Church):基督教保守派别,主要存在于美国中西部和西南部。——译者注

里·约翰博士已经公开了自己的同性恋身份,过着独身生活,这时被任命为雷丁(Reading)主教。他的任命引发了国际圣公会内部的激烈争论,最终他拒绝履职。2003 年 8 月,美国圣公会的基层教众投票选出了一位公开的男同性恋者为主教,他就是新罕布什尔的吉恩·罗宾逊神父。一个持保守立场的院外集团“圣公宗主流”(Anglican Mainstream)已经创立,进行游说活动,反对任命同性恋神职人员。此议题仍在争议之中。

在安立甘宗及其他传统宗教内部晚近的一些争论中,性别和性相的问题一直处于核心。我们从这些争论中能够得出的结论是,宗教不能忽视它们所身处的更广大社会的社会变迁。平等是现代性的一项核心特征,走向平等的推动力会使得同性恋和性别平等愈益赢得容忍和接受,宗教组织正在做出相应的回应。同时,随着现代性的文化在全球扩散,我们可以预见,发展中国家的宗教也将面临类似的挑战。

有关性相及认同的广泛讨论,参看第十五章“性别与性相”。

四　原教旨主义

宗教原教旨主义的兴起又一次表明,我们尚未进入一个世俗时代。**原教旨主义**(fundamentalism)[①]这个概念可以用在很多不同的情境中,说的是严格奉行一套规则或信仰。所谓宗教原教旨主义,指的是呼吁对基本经文或文献做字面解释,并且应当将从中获得的教义运用于社会、经济和政治生活的方方面面。

宗教原教旨主义者相信,只有一种关于世界的观点是正确的,因此没有丝毫模棱两可或多重解释的余地。在宗教原教旨主义运动中,接触确切经义的渠道被限制在一批享有特权的“释经者”手中,比如祭司[②]、神职人员或其他的宗教领袖。于是这些领袖就获得了极大的权威,并且不限于圣事,更延至俗务。无论在反对运动中,在主流政党内,甚或作为国家领袖,宗教原教旨主义者都成了强有力的政治人物。

宗教原教旨主义是一种相对较新的现象,它的兴起很大程度上是对自 20 世纪 70 年代以来的全球化的回应。随着现代化的力量一步步侵蚀社会世界的传统要素,比如核心

① 在基督教中译为基要主义。——译者注

② 这里的“祭司”(priest)具体指精通并掌管宗教知识特别是礼仪知识(后来发展为关于经文的书面知识)的人,在各宗教中具体名目不同。天主教各会中有司铎、司祭等称呼,宗教改革后新教更有“凡人皆为祭司”的主张。在犹太教和伊斯兰教中,该职务更多地强调对于专门经文知识的掌握与传播(宗教教师),如拉比和阿訇之类。——译者注

家庭和男人对女人的支配，原教旨主义起而捍卫传统的信仰。在一个正在经历全球化并需要理性思考的世界里，原教旨主义坚持以信仰为基础的答案和诉诸仪式中的真理：原教旨主义就是以传统的方式来捍卫传统。

原教旨主义虽然把自己置于现代性的对立面，但它也使用现代的手段来宣扬自身的信仰。比如说，美国的基督教基要主义者就是最先利用电视作为媒介来传播教义的团体之一。“印度教徒主义”好战分子则用互联网和电子邮件来强化对于“印度特性/认同”（Hindu identity）的感认。在这一节当中，我们将讨论两种最突出的宗教原教旨主义：伊斯兰教的和基督教的。在最近三十年中，这两方面势力皆有增长，塑造了国内政治和国际政治的格局。

（一）伊斯兰原教旨主义　在早期的社会学思想家中，只有韦伯可能预见到，像伊斯兰教这样一个传统的宗教，会经历一场重大复兴，并会在 20 世纪晚期成为一些重要政治发展的基石。“伊朗革命”（1978—1979）之后，这种局面确确实实出现了。这场革命结束了君主统治，建立了以阿亚图拉霍梅尼为最高领袖的伊斯兰共和国。近些年来，伊斯兰复兴运动（revivalism）广泛传播，并对其他国家产生了重大影响，包括埃及、伊拉克、叙利亚、黎巴嫩、阿尔及利亚、阿富汗和尼日利亚。这一规模浩大的伊斯兰教复兴趋势该如何说明？

要理解这个现象，我们既要关注作为传统宗教的伊斯兰教的各个方面，也必须看到深受其影响的那些现代国家所经历的众多世俗变迁。伊斯兰教同基督教一样，也是一种不断激发人们积极行动的宗教：伊斯兰教的圣典《古兰经》中，遍布要求信徒们“为安拉之道而战”的教诲。这场战斗既发生在个体内心，也是针对不信（伊斯兰教）者（unbelievers），以及那些将腐化带入穆斯林共同体的人。许多世纪以来，穆斯林改革者前赴后继，而伊斯兰教也像基督教一样内部派别林立。

公元 632 年，先知穆罕默德去世，**什叶派**（Shia Islam）与**逊尼派**（Sunni Islam）相分离。从 16 世纪起，什叶派就一直是伊朗（早先称为波斯）的国教，而且是伊朗革命背后的思想源泉。什叶派将其起源追溯到伊玛目阿里（Imam Ali），这是 7 世纪的一位宗教和政治领袖，人们相信在当时的世俗统治者中他表现出全心奉神的品质，德行卓尔不凡。阿里的后裔被视为伊斯兰教的合法领袖，因为人们坚信，他们属于先知穆罕默德的家族，而不同于实际掌权的王室。

什叶派相信，穆罕默德的合法承袭者的统治最终会确立，并且要废除现有政权的暴政和不公。穆罕默德的后继者将是一位直接受神指引的领袖，其统治符合《古兰经》的经义。在中东其他国家也有大量的什叶派教徒，包括伊拉克、土耳其和沙特阿拉伯，还有印

伊朗伊斯兰革命三位最显要的领袖,阿亚图拉霍梅尼(最前端)、阿亚图拉阿里·哈梅内伊以及时任总统哈希米·拉夫桑贾尼,从德黑兰街头的一幅招贴画上俯视着人们。

度和巴基斯坦。然而,在这些国家中,伊斯兰教的领导权掌握在多数派即逊尼派的手中。

过去三十年,据说最重要的发展趋向就是**萨拉菲主义**(Salafism)的传播。这是一场复兴主义的逊尼派改革思潮,致力于以穆罕默德去世后前三代穆斯林领袖所确立的样板为基础,来奠立伊斯兰教规(Wiktorowicz 2006)。具体而言,萨拉菲主义主张,当今的穆斯林的言行举止,应当尽可能效仿伊斯兰教早期黄金时代的“虔诚的先人”,以求净化宗教。就此而言,萨拉菲主义属于“原教旨主义”(寻求回归原初准则),但绝非必然带有暴力色彩。

梅杰(Meijer 2009:2-6)提出,不妨把萨拉菲主义看作伊斯兰教的“新兴宗教运动”,尽管它并不是一个统合一体的运动,包含许多支脉和内部分歧。其中最主要的在于,一方面是彻底遵奉真主的教义,另一方面是信徒应当遵循这一要求行事,但又身处并非源于伊斯兰教法[1]的社会,两者之间存在张力。对于某些萨拉菲主义者来说,在这种情形下,重点应当是劝说、教育及传播伊斯兰教信仰。而在另一些萨拉菲主义者看来,这还不够,信徒必须准备好提出批评,寻求和平变革。一些萨拉菲主义者更是主张,对于那些不遵行沙里亚教法的领袖和政权,必须起而反抗。

萨拉菲主义的行动主义解读融合了沙特的**瓦哈比主义**(Wahhabism)及其他一些意识形态,影响了与极端主义活动有关的一些运动,从而得到了更多的关注。瓦哈比主义起源于18世纪,经由穆罕默德·伊本·阿卜杜勒-瓦哈卜的思想流传。他最初聚焦于改革穆斯林社会,认为这些社会已经偏离了真正的逊尼派,迷失了方向(DeLong-Bas 2004)。他还将什叶派视为异端,因为它在个体和真主之间置入了“不会犯错的”伊玛目,并且拒

① “Sharia law”,或直接音译“沙里亚”,是有关穆斯林的宗教、政治、社会、家庭和个人生活法规的总称。目的在于使信仰和礼仪同民法、刑法和国家法相结合,从而成为穆斯林的宗教职责。因此,其对非穆斯林不具约束力。逊尼派和什叶派虽然有各自的宗教法规,但在这方面差别不大。——译者注

绝接受四位正统哈里发(史称拉什顿[Rashidun])中的三位,而这四位都曾是穆罕默德的紧密追随者。瓦哈比主义认为,所有不相信真主唯一性(严格的一神论)的人都是背教者或不信者,对他们发动强制的并往往是暴力的**圣战**是正当的。

一些具有全球扩张目标的团体,像是“基地”组织(al-Qaeda)和“伊斯兰国”(IS),它们的暴力和极端主义吸引了最多的公众注意力,并因此增强了公众意识。尽管如此,我们必须记住,萨拉菲主义依然是一种多样化的宗教运动,也包含许多寂静主义、非政治化的成分。将所有萨拉菲主义者统一起来的是一种核心信仰:如果伊斯兰教要在未来继续发扬光大,穆斯林应当以伊斯兰教最早期的倡导者为楷模。

(二)伊斯兰教与西方 在中世纪,欧洲基督教控制地区和穆斯林国家之间的大小战争几乎不断。这些穆斯林国家控制着后来成为西班牙、希腊、南斯拉夫、保加利亚和罗马尼亚的广大区域。欧洲基督徒后来收复了被穆斯林征服的大部分土地。而且事实上,在18世纪和19世纪,随着西方力量日益强大,穆斯林在北非的许多土地也成为西方的殖民地。这些倒转趋势对于伊斯兰的宗教和文明来说是灾难性的,穆斯林领袖曾经坚信其宗教和文明至高无上,最为发达,要超出其他所有的文明。到19世纪晚期,穆斯林世界已经无力有效地抵挡西方文化的扩张,这刺激了一些改革运动,试图恢复伊斯兰教最初的纯洁和强大。一个核心观念是,伊斯兰教必须通过确认其自身信仰和实践的特性,来回应西方的挑战(Sutton and Vertigans 2005)。

在20世纪,这个观念通过多种方式取得了发展,并形成了1978—1979年伊朗的伊斯兰革命的一个背景。这场革命最初肇始于国内反对国王(Shah)的运动,因为他接受并试图推行以西方为样板的一些现代化模式,比如土地改革、扩大选举权到女性、推广世俗教育等。这场颠覆国王的运动让利益各异的人联合起来,可以肯定,并不是所有人都跟伊斯兰原教旨主义有关,但这中间有一位主导人物——阿亚图拉霍梅尼,他对什叶派的思想做了一种激进的新解释。

在革命之后,霍梅尼根据传统的伊斯兰教法组建了政府。正如教法对《古兰经》的解读所具体规定的那样,宗教成为政治和经济生活的直接基础。根据复兴了的伊斯兰教法即沙里亚的规定:男人和女人要严格地隔离开来,女性在公共场合必须把自己的身体和头部遮住;有同性恋行为者会被交给行刑队处死;通奸者则会被用石块砸死。伊朗伊斯兰共和国的目标是使国家伊斯兰教化,即组织政府和社会,让伊斯兰教的教义在各个领域都占据主导地位。不过,这个过程还没有完成,而且冒出一些与之相对抗的力量。

目前有三大群体相互争斗(Zubaida 1996)。**激进派**(radicals)希望继续贯彻并深化伊斯兰革命,并相信,这场革命应该积极地向其他伊斯兰国家输出。**保守派**(conservatives)

基本上都是宗教神职人员,他们认为这场革命已经走得够远了。革命给予了他们所期望拥有的权势地位。**实用派**(pragmatists)则热衷于市场改革,主张经济向外资和外贸开放。他们往往会反对有关女性、家庭和法律体系的伊斯兰教规的苛刻规定。

1989年霍梅尼去世,这对伊朗的激进势力和保守势力都是一个打击;他的继承者阿亚图拉阿里·哈梅内伊继续得到伊朗有势力的毛拉(宗教领袖)的坚定支持,但他却渐渐失去了伊朗国民的支持,他们对强力的政权统治和延续不绝的社会病患表示反感。在穆罕默德·哈塔米贯彻改革思维的总统任内(1997—2005),伊朗社会中实用派与其他派别之间的种种分歧大为凸显。在哈塔米任内,政府与保守派争论不休,后者成功阻挠了哈塔米改革伊朗社会的种种尝试。

极端保守的德黑兰市市长马哈茂德·艾哈迈迪-内贾德[①]于2005年当选伊朗总统,缓解了这个国家的宗教领袖与政治领袖之间的紧张关系,然而,尽管内贾德于2009年在一片怀疑舞弊的抗议声中再次当选,他执政期间却充满了跟西方的矛盾,这不仅仅是因为他对伊朗核能计划的坚持。2013年,他被新当选的总统哈桑·鲁哈尼所取代,后者对内贾德的拥核立场持批评态度,被广泛视为一位温和派与实用派。鲁哈尼更公开声明自己的目标是终结伊朗的国际孤立处境。为此,在2015年达成了一项协议,世人将看到伊朗以削减核计划换取逐步解除对于该国的经济制裁(Graham-Harrison 2015)。

(三)伊斯兰复兴主义的传播 尽管支撑伊朗革命的思想据称是要把整个伊斯兰世界统一起来对抗西方,但在什叶派教徒占少数的国家,那些政府并没有紧跟伊朗的局势。不过,伊斯兰原教旨主义在其他许多国家仍然吸引了众多的信徒,别的地方出现的多种形式的伊斯兰复兴运动也是受到了它的刺激。

虽然伊斯兰原教旨主义运动在北非、中东和南亚的很多国家中产生了影响,但只是在另外两个国家成功掌握政权。苏丹在1989年以后被全国伊斯兰阵线(National Islamic Front)所控制,而塔利班政权则在1996年巩固了他们对阿富汗这个四分五裂的国家的掌控,不过在2001年末,又被阿富汗反对力量和美国赶下了台。在其他很多国家,伊斯兰原教旨主义团体都颇具影响,但都受阻而没能掌权。举例来说,埃及、土耳其和阿尔及利亚的伊斯兰原教旨主义者的起事就被国家或军队扑灭了。最近兴起的团体"伊斯兰国"已经夺取了伊拉克和叙利亚的一些领土和几座城市,有充裕的资金和充足的武器。2014年,"伊斯兰国"宣布建立新的世界范围的"哈里发国",鼓励世界各地的人们前往旅行,并加入他们的运动。不过,再往后,无论在伊拉克还是在叙利亚,随着政府军在多国空中

---

① 伊朗革命以来的历任最高领导人中,内贾德罕见地不曾担任宗教职务。——译者注

力量打击的支援下收复失地,该团体已经逐步丧失地盘。

一些学者担心,“伊斯兰世界”正越来越与世界上不信伊斯兰教的那些地区形成对抗。其中最值得一提的是政治科学家塞缪尔·亨廷顿(Huntington 1996),他提出,随着冷战的结束和全球化的扩张,西方文化和伊斯兰文化之间的斗争可能会成为一场世界范围的“文明的冲突”(clash of civilizations)的一部分。根据亨廷顿的看法,民族国家不再是影响国际关系的主要因素;相反,较大的文化或文明之间将会产生各种对抗和冲突,他将这些文化或文明看作人们的基本认同和忠诚的基础。亨廷顿特别指出,宗教是区分和分隔文明的最重要的维度。

伊兹密尔市支持世俗化的土耳其人在一次集会中反对伊斯兰主义背景的政府。土耳其的人口中98%是穆斯林,尽管其独立宪法为一个世俗国家奠定了基础。

世人已经看到,20 世纪 90 年代在原南斯拉夫地区的波斯尼亚和科索沃所发生的冲突即可为证。在那里,波斯尼亚的穆斯林和科索沃①的阿尔巴尼亚人与代表东正教文化

① 科索沃当时作为塞尔维亚共和国的一个自治省,其居民中有 90%是阿尔巴尼亚人,大部分是穆斯林。——译者注

的塞尔维亚人展开斗争。这些重大事件使穆斯林更强烈地意识到自身作为一个世界共同体的存在。正如一些观察家所言:"波斯尼亚已经成为整个穆斯林世界中穆斯林的汇聚点……(它)创造并凸显了各穆斯林社会对于两极分化和激进化的认知,同时增强了作为一个穆斯林的意识。"(Ahmed and Donnan 1994)

有关原南斯拉夫地区的战争的更为详细的讨论,参看第二十二章"民族、战争与恐怖主义"。

无独有偶,2003 年以后,美国主导的入侵(invasion)伊拉克也成为激进穆斯林的汇聚点。2001 年 9 月 11 日针对纽约和华盛顿的恐怖袭击,美国决定推翻阿富汗伊斯兰政权,以及 2003 年后美国在伊拉克的势力存在(presence)遭到重整旗鼓的宗教抵抗,作为对于这些事件的起因的一种说明,亨廷顿的命题赢得了传媒的广泛关注。

然而,批评者指出,在文明内部也有很多政治与文化的分隔,而有关整体文明之间的冲突的预言是不太可能的,属于危言耸听。例如,1990 年,萨达姆·侯赛因的伊拉克逊尼派政权入侵了科威特,而后者的人口大多数也是逊尼派;在 1980 年至 1988 年,伊拉克和伊朗(两个国家都以什叶派人口为主)卷入了彼此之间的武装冲突。过去发生过的"文明之间的冲突"的数目也很容易被夸大,因为许多冲突表面看起来是文化之争,实际上更为核心的焦点在于获取稀缺资源,以及争夺政治权力和军事支配(Russett et al. 2000; Chiozza 2002)。不论是过去还是现在,在这些冲突中更为常见的是跨越大型文明的边界而形成的联盟。

有关恐怖主义的现象的讨论,详参第二十二章"民族、战争与恐怖主义"。

(四)基督教基要主义 过去几十年来最值得注意的现象之一,是基要主义立场的基督教宗教组织在欧洲迅速增长,而在美国则尤为显著。基要主义者相信,圣经能够指导社会生活的方方面面,从家庭和工商,到政治和政府管理(Capps 1995)。圣经被视为绝无谬误,其内容表达的是神圣真理,我们在本章开篇有关创世论主张的例子中即可看到。基要主义基督徒信奉基督的神性,相信个人的灵魂通过接受基督作为肉身救世主而有可能得到救赎。他们承诺要传播他们的信念,并让那些尚未接受这些信念的人皈依他们。

基督教基要主义所针对的是自由神学和支持"世俗人文主义"的人,他们"主张解放理智、欲望和本能,这一切跟信仰和遵守上帝的训诫截然相对"(Kepel 1994:133)。基督教基要主义反对现代化所造成的所谓道德危机，即传统家庭的衰落，个人道德面临的威胁，以及人与上帝之间关系的弱化。

在美国，以20世纪70年代杰里·福尔韦尔（Jerry Falwell）牧师领导的“道德多数”运动（Moral Majority）为起点，一批基要主义群体开始愈益深入国家政治中所谓的“新基督教右翼”[1]运动，尤其是共和党的保守一翼（Simpson 1985；Woodrum 1988；Kiecolt and Nelson 1991）。福尔韦尔确定了要应对的五项议题：堕胎、同性恋、色情作品、人文主义和破裂的家庭（Kepel 1994）。持基要主义立场的宗教组织是美国的一股强大力量，已经在里根政府和布什父子政府期间，协助塑造了共和党的政策与辞令。

福尔韦尔一开始是把“9·11”恐怖袭击归咎于美国国内的“罪人”。他在电视直播中如此评论：

> 我确实相信，异教徒、保护堕胎权利者、女性主义者，还有那些正在积极尝试搞成另一种可替代的生活方式的男女同性恋者，“美国公民自由权利联盟”（American Civil Liberties Union），“争取美国道路民众联盟”（People For the American Way）（两个都是自由派的组织），它们都在竭力使美国世俗化。我要当面指责它们，说“这事的发生也有你们的份”。（CNN 2001）

尽管他后来道歉了，但又公开说“穆罕默德就是个恐怖分子。我读过很多穆斯林和非穆斯林的东西，足以（判断）他是个嗜好暴力的人，一个嗜好战争的人”（BBC 2002）。这番言论引出了更多的争论。他又一次为自己的言论道歉，但为时已晚，未能阻止因抗议其主张，在印度西部绍拉布尔（Solapur）的印度教徒与穆斯林之间爆发的教派骚乱。自然，他的言论招来了全世界伊斯兰领袖的广泛谴责。另外一位基督教基要主义的宣传者，来自佛罗里达州的牧师特里·琼斯（Terry Jones），在2010年的“9·11”纪念日试图组织一个国际性的“焚烧古兰经”日，但由于奥巴马总统和国防部长施加压力，这一设想未能实现。然而，在2011年3月，这位牧师举办了一场模拟审判，并在盖恩斯维尔（Gainesville）他自己的教堂前，当着一小群人的面焚烧了他自己的一本《古兰经》。

美国很多最为著名、最具影响的福音派人士的基地都在南部和中西部一些州，比如弗吉尼亚、俄克拉荷马和北卡罗来纳。美国最有影响的基要主义团体是南方浸礼联会（Southern Baptist Convention）、神召会[2]和基督复临安息日会[3]。新基督教右翼运动中的

---

① “new Christian right”：是指美国宗教特别是基督新教中一些积极参与政治事务和社会事务的宗教保守派及其活动，属于基要主义中的激进派。——译者注

② 神召会（Assemblies of God），五旬节教派最大教会。于1914年在美国成立。——译者注

③ 基督复临安息日会（Seventh-Day Adventists），为基督复临派和安息日派的综合派别，19世纪40年代产生于美国。——译者注

一些重要布道者已经在美国建立了一些大学,以此来培养新一代的“反对派精英”,接受基要主义基督教信仰的培育,并且能够在传媒、学界、政界和文艺界占据要职。自由大学(Liberty University,福尔韦尔创办)、奥罗·罗伯茨大学(Oral Roberts University)、鲍博·琼斯大学(Bob Jones University)等学校都可以授予规范学科的学位,而这些学科是在认定“圣经无谬误”的框架内讲授的。在校园里,学生在私人生活中恪守严格的道德标准(公寓是男女分开的,学生有可能因为非婚性行为被开除),只能通过婚姻来疏导性的问题(Kepel 1994)。

批判性思考

在这个快速全球化的时期,宗教原教旨主义却似乎加剧了。这两个现象之间会有何种关联?有什么证据能表明,宗教原教旨主义可能成为现代社会的持续特征?

小 结

在需要相互理解和对话的全球化时代,宗教原教旨主义也许是一种破坏性的力量。原教旨主义的吸引力之一就在于,它能够确定地告知信众,如何基于明确的宗教文本和教义过一种有道德的生活。这种明确性据说是世俗的观念和科学所缺乏的,因为它们认为,知识始终会随着新的发现而不断变化。即使泰勒(Taylor 2007)所言不虚,随着传统宗教趋于衰微,一个世俗时代正逐步兴起,也有一个问题将会变得更加重要,即人们如何可能或是否应当过上有成就感的生活。一种世俗的视角真的能够主导这样的探询吗?

希勒斯(Heelas 2015:442)也表达了严重的怀疑:“世俗性完全不是所向披靡的。无神论尚未主宰一切。”他还指出,有些人会对宗教漠不关心,而不是明确反对,但这种人不太可能成为多数。近些年来,有些哲学家和社会理论家引入了一个概念叫“后世俗社会”(post-secular society),这个观念的目的是要反映一种趋势:在大多数发达国家的公共生活中,对于宗教和宗教相关议题,公共意识趋于上升。哈贝马斯(Habermas 2008)提出,与这种上升的意识有关的,是将宗教与全球冲突挂钩,是形形色色的宗教“声音”卷入关于民事话题和政治话题的辩论,以及在政治上聚焦于以移民规模不断扩大为核心的议题。综合观之,这些都是在质疑社会学长期以来的预测,即世俗性最终将有可能占据支配位置。

如果大家接受说这个预测是错误的，那么社会学家就不得不重新思考宗教在现代社会中所扮演的角色（Moberg et al. 2014）。

不过，迄今为止，后世俗主义的命题并没有直接指涉社会生活的当前状况，或是一种新型社会的兴起。相反，只是在学术上讨论宗教视角和世俗视角共存需要哪些条件、在什么范围内双方可以平等接受彼此的时候，才会出现后世俗的观念。这些争论本质上是哲学性的，社会学家能带去的是经验性的聚焦，考察这两种视角在社会生活各个领域中共存的具体背景和实践。将哲学性和理论性的思辨转为经验性的研究，这一向是社会学所扮演的角色中的关键内容。只有这样，才能立足现实，评估在一个据称是后世俗的社会里，宗教群体与世俗群体之间实现任何“新型调和”的前景。

本章要点

1. 分析埃米尔·涂尔干对宗教的著名定义,指明它包含哪些要素。基于这个定义,球迷活动是否带有“宗教性”? 如果不是,为什么?

2. 简要概括关于宗教的三种经典理论。从世界范围内选取一些当代例证,以证明马克思、涂尔干和韦伯关于宗教的观点依然富有针对性。

3. 世俗化过程是什么意思? 列举三种测量这一过程的办法。本章有哪些反面证据? 综合可利用的证据,在 21 世纪我们是否会进入一个“世俗时代”?

4. 解释“新部落”以及“日常鲜活的宗教”的含义。这类研究是挑战还是支持了世俗化命题?

5. 印度教、犹太教、基督教、儒教和伊斯兰教中哪一个是一神论宗教? 不是一神论的宗教你会如何归类?

6. 教会是一种大型的、建制化的宗教组织,有着正式的科层结构以及神职人员的等级阶序。但我们如何概括教派、膜拜团体和宗派的特点呢?

7. 写一篇五百词的摘要,谈谈过去五十年左右时间里欧洲的宗教习惯的主要变化趋势。要谈及宗教多样性、性别、性相及移民的影响等话题。

8. 什么是新兴宗教运动? 说明入世型运动、拒世型运动以及顺世型运动在强调重点和实践方面的差异。

9. 宗教“原教旨主义者”相信,要回归宗教教义和实践的根本原则。原教旨主义的兴盛在哪些方面依赖现代科学技术?

研究实践

从经典理论家到泰勒,后者的观点体现在《世俗时代》(*A Secular Age*,2007)中,社会学家似乎确信,现代性、资本主义、科学技术必然会在某个时点上孕育出相当程度的世俗化,使宗教化减为人们日常生活中一个相对无足轻重的维度。然而,近些年来,却出现了众多宗教“复兴”的现象,甚至在发达社会中,也不断浮现出新形式的“宗教探求”。原因何在? 社会学家在这一点上完全搞错了?

马克·詹宁斯的《兴奋异常:涂尔干、集体欢腾与五旬节对于世俗化的胜利》一文,为这一议题的讨论提供了一种洞见。参见 Mark Jennings, 2014, ‘An Extraordinary Degree of Exaltation: Durkheim, Effervescence and Pentecostalism’s Defeat of Secularisation’, *Social*

Compass, 62(1):61-75。阅读此文并尝试回答下列问题:

1. 什么是五旬节教派? 简括其核心要义和历史流变。

2. 涂尔干所称的"集体欢腾"是什么意思? 他为何觉得现代社会会把这种现象用作世俗目的?

3. 五旬节教派以哪些方式利用"欢腾",这对其扩张影响有多重要?

4. 基于这篇论文的观点,其他宗教对于膜拜活动是否有可能采取类似的思路?

5. 你是否赞同作者的看法,认为五旬节教派确实"抵御"了世俗化趋势? 你能给出什么证据反对这一主张?

深入思考

一些科学家也持有某种宗教信仰。而许多宗教人士也赞成这样的立场,比如说达尔文的进化论是我们对地球上生命的发展的最佳说明。但另一方面,像理查德·道金斯这样的科学家又提出,科学必须是一项世俗的事业,科学家应当是无神论者,至少是不可知论者。宗教在科学文化中毫无位置。

在优兔上观看 2012 年 12 月这场半岛电视台对道金斯的访谈:https://www.youtube.com/watch?v=U0Xn60Zw03A。

1. 道金斯如何界定"宗教"? 这个定义与本章开头那些定义在多大程度上相符? 他的定义是否令人满意?

2. 列出道金斯对于宗教和宗教信仰的主要批评。看看本章中的证据,这些批评是合法正当,还是失之偏颇?

3. 道金斯花了不少时间来讨论伊斯兰教和基督教之类宗教信仰体系的**内容**。如前所示,社会学家往往不这么做。但道金斯这样是否正确? 如果社会学家对于宗教的内容抱持"不可知论"的立场,他们的评价是否永远只能是有失公允的? 社会学家之所以不应当纠缠于所有宗教的真理主张,是否有强制性的理由?

艺文探析

科幻作品这一体裁将最新近的科学发明和理论与最古老的一些宗教理念和主题融合在一起。然而,科幻作品往往将科学技术置于前台,而将宗教的或灵性的层面藏匿于表面之下。这使得有人提出,科幻作品并不"探讨"宗教,因为宗教与定义这一体裁的基本的科学根据相冲突。

- 《星球大战:原力觉醒》(*Star Wars: The Force Awakens*, 2015),J. J. 艾布拉姆斯(J. J. Abrams)执导
- 《阿凡达》(*Avatar*, 2009),詹姆斯·卡梅隆(James Cameron)执导
- 《2001:太空漫游》(*2001: A Space Odyssey*, 1968),斯坦利·库布里克(Stanley Kubrick)执导

观看上述影片中的一部或多部,要特别注意信念、信仰、仪式、救赎和超自然等宗教主题。基于你的观察,这些科幻作品在"探讨"科学的同时,是否也在"探讨"宗教?科幻作品是否例证了科学与宗教属于两种各具特色的文化?

阅读指津

宗教社会学是社会学中历史最久的分支领域之一,因此有很多不错的入门级教科书。无论如何,艾伦·奥尔德里奇的《当代世界中的宗教:社会学导论(第三版)》(Alan Aldridge, 2013, *Religion in the Contemporary World: A Sociological Introduction*, 3rd edn, Cambridge: Polity)编写得极其出色。还有一部编选全面的当代文集,即彼得·克拉克编的《牛津宗教社会学手册》(Peter B. Clarke, ed., 2011, *The Oxford Handbook of the Sociology of Religion*, Oxford: Oxford University Press)。两本书更细致地介绍了本章所讨论的全部议题,让读者可以更深入地了解这一学科。在这之后,格雷斯·戴维的《宗教社会学:批判性研究议程》(Grace Davie, 2013, *The Sociology of Religion: A Critical Agenda*, London: Sage)出自知名专家之手,所做评价富有见地。

斯蒂夫·布鲁斯的《世俗化:捍卫一种不再时兴的理论》(Steve Bruce, 2013, *Secularization: In Defence of an Unfashionable Theory*, Oxford: Oxford University Press)一书名副其实。有关替代性观点,可以参见彼得·伯格的《信仰的问题:基督教疑证论》(Peter Berger, 2003, *Questions of Faith: A Skeptical Affirmation of Christianity*, Oxford: Blackwell)。由于伯格认为自己早先对世俗化命题的支持是个错误,这是一个信奉宗教的社会学家所写的意味深长的书。

最后,由宗教学者编辑的两部文集篇幅较大,但很有用。一是布莱恩·特纳编的《新布莱克维尔宗教社会学指南》(Bryan S. Turner, ed., 2016, *The New Blackwell Companion to the Sociology of Religion*, Oxford: Blackwell),二是詹姆斯·贝克福德和N. 杰伊·德默拉斯三世编的《赛奇宗教社会学手册》(James Beckford, and N. Jay Demerath Ⅲ, eds., 2007, *The Sage Handbook of the Sociology of Religion*, London: Sage)。

关于社会制度的原典文集，参阅辅助读物《社会学入门文选（第三版）》(*Sociology: Introductory Readings*, 3rd edn, Cambridge: Polity, 2010)。

网络导航

政体出版社有关本书的更多信息和支持：

www.politybooks.com/giddens

《宗教社会学》(*Sociology of Religion*)——有许多涵盖此领域文章的匿名评审季刊：

http://socrel.oxfordjournals.org

宗教研究计划(The Religious Studies Project)——一个覆盖有关宗教的多项社会科学研究的跨国计划,包含众多访谈和其他有意思的材料：

www.religiousstudiesproject.com

宗教社会学资源库(Sociology of Religion Resources)——名副其实,设在英国阿伯丁大学：

www.sociologyofreligion.net

英国社会学会宗教社会学研究分会(Sociology of Religion Study Group of the British Sociological Association)——非常有用的“信仰指南”,以及其他众多资源：

http://socrel.org.uk

宗教与社会研究项目(Religion and Society Research Programme)——英国研究项目,有关于社会与宗教之间关系的75项研究计划的信息：

www.religionandsociety.org.uk

BBC宗教(BBC Religion)——英国广播公司在英国设立的涵盖所有宗教事务的网页：

www.bbc.co.uk/religion

英国宗教数据(British Religion in Numbers)——正如你所料,包含英国宗教状况的大量定量数据：

www.brin.ac.uk

宗教数据档案馆协会(The Association of Religion Data Archives)——致力于“将有关宗教的最佳数据获取渠道民主化”的美国网站：

http://www.thearda.com

永恒框架(The Immanent Frame)——发表有关世俗主义、宗教与公共领域以及其他很多方面文章的美国网站：

https://tif.ssrc.org/

第十八章 传媒

2015 年 7 月，希腊政府赢下全民公投，拒绝一项新的经济援助成套方案中的苛刻条件，而财政部部长雅尼斯·瓦鲁法基斯（Yanis Varoufakis）也在推特上宣布自己将辞职。他发推说："部长不干了！"2015 年 4 月 12 日，希拉里·克林顿在优兔上发布了一段视频，并发推宣布，正如许多人所预测的那样，她**将**参加 2016 年总统大选的角逐。2010 年 5 月，正值保守党与自由民主党之间进行微妙的同盟谈判，前保守党领袖威廉·黑格连续发推，更新两党讨论的进展。今日的政客运用社交媒体来宣布重大决定，就如同他们上电视讲话，预告新闻发布会，或是接受纸媒记者的访谈——这只是现代沟通领域中的巨大变迁的小小迹象。

在线社交媒体即时可抵，全球可及，而受众也有能力做出评论，与讯息发送者直接展开互动，这都与此前的传媒形式有天壤之别。1865 年，演员约翰·威尔克斯·布思在华盛顿一家剧院里刺杀了美国总统亚伯拉罕·林肯。过了整整 12 天，携带讯息的轮船才抵达伦敦。轮船从美国东行，在爱尔兰岛南岸遇上一艘小船，消息通过电报，从科克[①]传到伦敦，比大船最终到达伦敦快了三天。这个事例独特而极端，不过，正如我们将在本章中看到的那样，互联网和新兴数字媒体已经改变了人们日常沟通的方式。

21 世纪，通信技术使信息能够在几乎分布于世界各地的千百万人中实现即时共享。

① 科克（Cork）：爱尔兰南端港口城市。——译者注

传播(communication)[①],即信息从一个人或群体传递到另一个人或群体,可以通过言说,也可以通过传媒。对于任何一个社会,传播都是至关重要的。今天,存在着形形色色的**大众传媒**(mass media),包括广播、电视、报纸、杂志、电影和互联网等。这些之所以被称为"大众"传媒,是因为它们与数量庞大的受众相沟通。

加拿大传媒理论家马歇尔·麦克卢汉(McLuhan 1964)有一个著名的主张,即各种形式的传媒对社会有非常不同的影响。他的名言是"媒介即讯息"(the medium is the message)。也就是说,传媒的类型比它所传播的内容或讯息更能影响一个社会。相较于依赖马匹、轮船或电报线的社会,在一个互联网和社交媒体使地球一端与另一端即时沟通的社会里,日常生活的体验是不同的。

麦克卢汉预测,现代电子传媒正在创造一个**地球村**,我们大多数人都能够见证事件的逐步发展。在这一点上,他确实说中了。全球化以及信息通信技术(ICT)的强大,使得五洲四海的人们可以接收到相同的音乐、新闻、电影以及电视节目。24 小时新闻频道实时报道事件,好莱坞或中国香港制作的电影在全世界都拥有观众,而像尤塞恩·博尔特(Usain Bolt)和塞蕾娜·威廉姆斯(Serena Williams)这样的体育明星在全球早已家喻户晓。人类世界正愈益整合为一个"命运共同体"。

世界上有多少人不知道这些人是谁呢?

甚至只是在三十年前,各种形式的传播还是相对独立自足的领域,但是现在,它们在很大程度上已经交织在一起了。人们往往把这说成是**媒体融合**(media convergence),指一些表面看似各具特色的传媒形式以新的方式融合的过程。由于技术的进步和互联网的迅速普及,电视、广播、报纸以及电话都经历了深刻的转型。报纸可以在网上阅读,广播电台可以通过数字电视收听,智能手机促成了移动上网。随着语音识别、宽带传输、网络播放以及光缆接入的发展,互联网或许已经成为发达国家中传输信息、娱乐、广告以及商业的首要渠道。

① "communication"这个词在本书不同地方,根据具体行文,亦译作"沟通""通信""交流"等。——译者注

我们首先以互联网和万维网为重点，谈谈这场相对晚近的数字革命。然后，我们来简单地介绍几种大众传媒形式，包括电影、电视、音乐和报纸。接下来，我们将考察研究传媒及其在社会中的（多种）角色的主要理论思路。再往后，是传媒对于不同社会群体的表征形式，以及大众传媒对于受众所产生的效应。最后，本章将讨论全球传媒的所有权集中化趋势，以及新涌现出来的替代和抵抗。

第一节

全球时代的传媒多样性

▼

在人类历史的绝大多数时间里，传播的主要方式就是言谈，面对面沟通才是正常状态。在诸如此类的口传文化中，信息、观念和知识都是通过口口相传而世代相承的，我们所习惯的各种储存有用知识的方式，比如书籍、图书馆和档案馆，根本不存在。一旦言谈可以被写下来并得以储存（一开始是在石头上），最初的书写文化就诞生了，它最早出现在大约 3000 年前的中国。在传播的发展历程中，各种宗教扮演了重要角色，它们都想方设法制作手稿和经籍，以供学习和传输，即字面意义上的“传言”①。

现代大众传媒的一个重要前兆，就是 15 世纪中期古腾堡活版印刷机的发明，实现了文本的高速复制。古腾堡利用了已有的技术，即纸版印刷和木版印刷，这在亚洲早已有之。然而，尽管技术的进步和旧式工艺的新用法对大众传媒的发展起了至关重要的作用，但也必须将社会、文化和经济等方面因素的影响考虑在内。比如说，只有当社会中有相对廉价的大众纸媒形式，以及一定数量有能力利用传媒的受教育人口，大众纸媒形式才能够发展起来。

20 世纪后期，数字技术推动了**新媒体**（new media）的发展，比如移动电话、智能手机、电子游戏、数字电视和互联网，这些都使互动性和用户参与成为可能。我们首先来看看这场“数字革命”，然后考察数字化对于电影、电视、音乐和报纸等其他旧式传媒的影响。

关于互联网和手机的更多内容，详参第四章“全球化与社会变迁”。

① “传言”（spread the word），“word”即圣言，即“道”，传播经文，即为传道。——译者注

一　数字革命

信息或数据的数字化被广泛认为对现代传播起了革命化作用。数字化是多媒体发展的基础。过去不同的传媒需要不同的技术(例如视像与声音),现在它们可以被整合成单一媒介(数字化视频光盘[DVD]、个人计算机[PC]等)。计算机的处理能力持续提高,互联网的速度也越来越快,因此,现在有可能通过互联网播放或下载音乐、电影和直播赛事。数字化也促成了博客和社交媒体之类互动式媒体的发展,人们可以主动参与或自行架构他们的视听内容(Negroponte 1995)。

传媒最为根本的属性之一就是信息传播和交换的基础设施。20 世纪下半叶的一些重要的技术进步彻底改变了**电信/远程传播**(telecommunications)的面貌,即在相当距离内传送信息、声音和图像。比如说,是信息通信技术支撑了世界货币体系和股票市场的深远变化。货币不再是你口袋里有形的支票或现金,它已经逐渐电子化,"储存"在世界各地银行的计算机里。你实际拥有的无论何种现金的价值,取决于以电子形式相互联结的货币市场的交易者的活动,而这类市场不过是过去几十年的产物,是计算机和卫星通信的联姻。

四种技术趋势促成了这些发展:第一,**计算机**能力的不断提升以及成本的日益降低;第二,**数据的数字化**使计算机和通信技术的整合成为可能;第三,**卫星通信**;第四,**光纤技术**,使各种各样的信息通过一条光纤传输。近年来通信业的爆炸式发展毫无放缓的迹象。事实上,自本书 2008 年第六版以来,无线技术(Wi-Fi)的普及使互联网接入几乎随处可得,促成(当时而言的)新型智能手机和平板电脑迅速占据地盘。智能手机(比如 iPhone、HTC、黑莓)——将计算机的功能整合到了小巧的掌上设备中,已经普遍流行,并被用于越来越广泛的活动。2007 年,智能手机的销售量第一次超越了笔记本电脑,尽管笔记本电脑和上网本依然是除社交媒体之外的绝大多数上网操作的首选设备(参看图 18.1)。

英国通信管理局(Ofcom)是英国通信领域的管控机构,据它报告(Ofcom 2015:8-9),大约 66%的成年人在家内家外都使用智能手机,而 39%的成年人用笔记本电脑上网。在 25 岁到 34 岁的人当中,有 88%的人报告说拥有一部智能手机(ibid.:28)。2011 年,通信管理局还发现,37%的成年用户和 60%的青少年用户坦承对自己的智能手机"高度沉迷",全体用户中有 81%的人一天 24 小时保持开机状态(Ofcom 2011)。

智能手机和平板电脑以令人瞩目的迅猛之势攻城略地,表明计算(computing)已经走了多么远的历程。最初的计算时代始于占据整间屋子的大型主机。第二个时代见证了个人计算机成为工作场所和家庭内部的固定设备。而目前的计算机微型化将我们带入

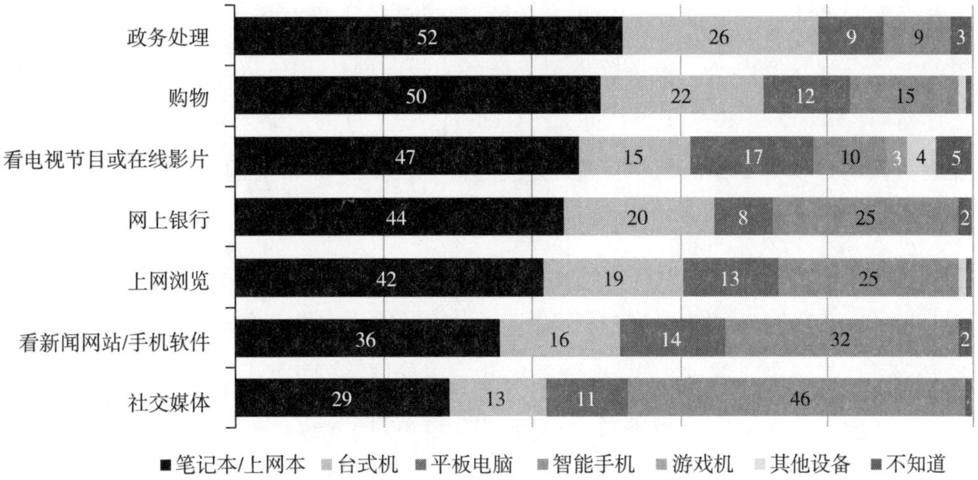

图 18.1 特定上网操作最常使用的设备

资料来源:Ofcom 2015:74。

了第三个时代,即“普适计算”时代,在这个时代中,计算机是可移动的,是几乎每一个社会环境的组成部分(Maier 2011:143-144)。正如通信管理局的调查所示,数字技术正迅速常态化,无论在线上,还是在使用这些技术的有形环境中,都在逐渐形成新的社会规范。而所有这一切变化的根本前提,就是互联网。

批判性思考

对智能/移动电话的使用情况进行超过一周的参与式观察,注意人们在公共场合是如何使用它们的。在公共空间使用手机的社会规范,如果有的话,是什么样的?

二 互联网与万维网

在 20 世纪 90 年代早期,情况渐趋明朗:未来并不在于个人计算机,而在于一个计算机相互连接的全球系统,即**互联网**(Internet)。尽管许多计算机用户当时可能并没有意识到,但个人计算机慢慢变成差不多只是一个覆盖整个星球的网络的接入节点,这个网络不为任何个人或公司所拥有。

关于互联网对国际政治行动主义增长所具有的潜力,参看第二十一章“政治、政府与社会运动”的相关探讨。

互联网起源于冷战时期,从 1969 年开始,基于美国武装力量的总指挥部五角大楼所使用的一个系统发展而来。该系统最初被命名为阿帕网(ARPA net),即五角大楼的高级研究计划局(Advanced Research Projects Agency, ARPA)的网络。阿帕网希望让散布美国各地的为军方项目工作的科学家能汇聚各自的资源,共享昂贵的设备。几乎是事后的额外想法,阿帕网的创始人想到了一种传送信息的新方式,于是电子邮件(electronic mail),即所谓"电邮"(email),诞生了。随后,大学开始出于各自的目的使用这一系统。到了 1987 年,互联网已经扩展到包括 2.8 万台主机,这些主机分布于众多大学和实验室。截至 1994 年,工商企业超过大学,成为发展壮大中的网络的主要用户。

互联网最广为人知的应用就是万维网(World Wide Web, WWW),它其实是一个全球性的多媒体图书馆。它是由蒂姆·伯纳斯-李(Tim Berners-Lee),一名在瑞士物理实验室工作的英国软件工程师,于 1990 年发明的。用户一般借助某种"网络浏览器"(web browser)浏览①网络。但是所谓"apps",即主要适配智能手机的软件应用程序,越来越普及,完全不需要浏览器了。网站越来越精致完善,许多网站现在将图像、照片、视频和音频文件整合一体,网络也成了线上商业交易即所谓"电子商务"(e-commerce)的主要界面。

随着更多的人拥有智能手机及其他移动设备,互联网使用持续增长。英国国家统计局估计,2010 年,60%的英国成年人每天都会接入互联网,比 2006 年翻了一番(ONS 2011a)。全部家户中大约有 73%(1920 万户)拥有自家的互联网接入点。越来越多的人开始网上购物,62%的成年人(3100 万)过去一年里曾在网上买过东西或服务。社交网络化迅猛增长,社交媒体在 16 岁至 24 岁群体中最受欢迎。通过互联网来看电视和听广播也渐成潮流,2010 年,有 1740 万成年人选择这种方式,相较之下,2006 年只有 640 万成年人这样做。调查表明,更多的人在接入并使用互联网,并借助它来进行更为多样化的活动。

有关线上社交网络与社交媒体的讨论,参看第八章"社会互动与日常生活"。

然而,英国国家统计局的数据也显示,互联网的接入和使用有明显的不平等性,也就是今日所谓数字鸿沟(digital divides)(Andreasson 2015; Ragnedda and Muschert 2013)。英国范围内,大概 870 万人(占 17.5%)从未使用过互联网。在这些人当中,510 万是女

① "浏览"的英文"navigate"本意是"导航",也就是通过搜索定向自由航行/飞翔,或许读者早已忘了互联网初期的一个时髦用语——网上冲浪。——译者注

性,360 万是男性;三分之二是 65 岁及以上的老人,接近一半(48.3%)是身心障碍人士。事实上,身心障碍人士中超过三分之一的人从来没有上过网,而无障碍人群中仅 11.9%的人没有上过。这一现象还有明显的区域差异。在北爱尔兰、默西赛德郡(Merseyside)、苏格兰西南部、诺森伯兰郡(Northumberland)、泰恩-威尔郡(Tyne and Wear)等地有超过五分之一的人从来没上过网,而在伯克郡(Berkshire)、白金汉郡以及牛津郡这些富裕的城镇,没有上过网的人只占 10.2%(ONS 2011b)。

我们不能确定,在全球范围内有多少人连接到互联网。但是在 2015 年,最乐观的估计就是刚过 30 亿(Internet World Stats 2015)。接入状况依然在地域分布上不均匀,反映了全球不平等。2014 年,非洲人口中大约 27.5%属于互联网用户,亚洲为 34.8%,相较之下,北美为 85.9%,而欧洲为 70%(参见图 18.2)。有一种发展可能会推动互联网加速普及,就是**云计算**(cloud computing)的问世。实质上,云计算使得计算机运算作为一种服务而非产品提供给终端用户,个人再也不必在自己的设备上安装相同的平台和软件了。这也许看起来并不特别意义重大,但许多专家坚信,“虽然云计算所依据的技术是渐变的,但它本身却是革命性的”(Sosinsky 2011:3)。

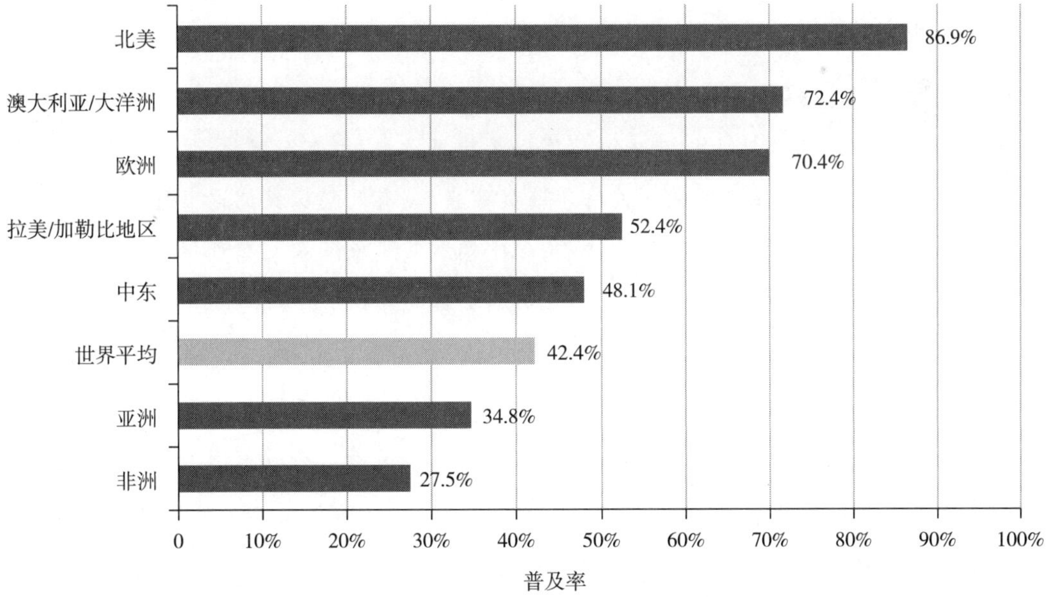

图 18.2　2014 年按地理区域划分的全球互联网普及率

注:普及率的依据是 2014 年 12 月 31 日估计的世界人口(7 264 623 793 人)以及互联网用户数(3 079 339 857 人)。

资料来源:Internet World Stats 2015。

云计算革命性的一方面就是,它将潜在无限的计算资源变得普遍且可持续利用。应用、程序、文件存储以及操作系统都是基于巨大的数据中心,终端用户并不知晓其具体坐落,通常可以基于“随用随付”(pay-as-you-go)的原则使用。个体可以通过他们所拥有的任一设备,比如笔记本电脑①、平板电脑或者智能手机,获取所需服务,不需要在每件设备上安装软件。但也存在隐私、机密和数据安全的问题。随着更多的信息通过无线连接传送,以及更多的材料在数据中心存储,用户失去了对云供应商的控制。不过,我们可能正在趋向某种“互联云”(intercloud),即一个相互连接的全球性“云际云”(cloud of clouds)(Rothenberg 2010)。这听起来可能有些虚幻,但如果“随用随付”的效用计算在全球范围内迅猛发展,互联云可能会变得像互联网一样寻常。

互联网的影响 许多人认为,互联网是一个方兴未艾的网络化全球性社会的典型例证(Castells 2006)。互联网上的互动发生在网络空间的虚拟世界中。**网络空间**(cyberspace)②指的是组成互联网的全球计算机网络所形成的互动空间。在网络空间里,我们并不能确切知道人们的身份细节,不知道他们是男是女,也不知道他们置身何处。事实上,网络空间往往让人觉得就像是另一种形式的现实,并且这种媒介相比先前的传媒形式而言,赋予使用者更多的控制。科尔克尔(Kolker 2009:253)指出:

> 在我们与传统媒体的关系中,我们总是意识到,我们之所读、所听、所见,在其后面都有某种作者创作:有人在撰写和编辑报章专栏;有人制作、编辑和传播唱片、广播、电视节目或电影。广告不断提醒我们,有人想从我们这里得到些什么……但是,在键盘上,在网络上,我们似乎是和某事或某人处在可控制的并且是私密的关联中,所置身的世界同时兼具内在性和外在性。

关于互联网的影响,意见大致可以归为两类。有些人认为,网络世界孕育了电子关系,增进或者补充了既有的面对面式互动。比如说,当在国外旅行或工作的时候,个人可以使用互联网与在家的亲朋好友联系。纵然相隔遥远,也更可以忍受了。互联网还促进了新的关系类型的形成。“匿名的”网上用户可以在社交网络、聊天室和博客网站见面,讨论共同感兴趣的话题。许多互联网用户融入了生机勃勃的网上社群,迥异于他们在有形世界中所属的那些社群。有些学者相信,互联网对人类生活具有积极的补充作用。他们提出,互联网扩大和丰富了我们的社交网络。

① 原书此处并举“laptop”和“notebook”,无从分辨。——译者注

② 大量以“cyber”为前缀的词伴随互联网的兴起开始大举进入汉译,此词乃是控制论(cybernetics)的简写。本书其他地方或采“赛博”之译。——译者注

另一方面，有些人的态度就不是那么热诚地欢迎。如果人们把更多的时间用于网上交流，在网络空间处理日常事务，就会减少在有形世界里与其他人互动的时间。一些社会学家担心，互联网技术的发展将会强化社会隔离(social isolation)。他们认为，随着越来越多的家户接入互联网，就会产生一种效应，人们与亲朋好友待在一起的"优质时间"①就会减少。随着工作与居家之间的界限变得模糊，互联网逐步侵入家庭生活：许多雇员下班后在家里继续工作，比如查阅电邮，或者做完他们在白天没有完成的任务。人际关系受到损害。看戏和读书之类传统的娱乐形式也被挤到一边，社会生活的构造被削弱了。针对电视，人们也表示过类似的担心。大卫·里斯曼(David Riesman)及其同事在《孤独的人群》(*The Lonely Crowd*, 1961)一书中，就电视对于家庭和社群生活的影响表达了关切。尽管他们的担忧有一些确有道理，但电视确实通过多种方式丰富了社会世界。

霍华德·莱茵戈德(Howard Rheingold)在《虚拟社区》(*The Virtual Community*, 2000)中提出，既要承认以计算机为媒介的沟通的积极面，也要接受它不能够被排除的阴暗面。莱茵戈德(Rheingold 2000:5)对**虚拟社区**(virtual communities)尤其感兴趣，他将其定义为"从网络中浮现出来的社会聚合体，只要有足够多的人……进行足够长时间的公共话题讨论，承载足够多的人类情感，并且形成了一种网络空间中的私人关系网"。他广泛描述并分析了"WELL"("全球畅链", Whole Earth 'Lectronic Link)上的一个虚拟社区，即一次育儿交流会，这个电脑会议系统可以让世界各地的人们参与公共讨论，交换私人电邮。莱茵戈德认为，作为"全球畅链"的一部分，同作为现实有形世界的一部分非常相似，但却是以一种非具身化(disembodied)的形式。

> 虚拟社区的人们，利用屏幕上的文字来相互调侃，彼此争论，组织思想对话，生意往来，交流知识，分享情感支持，制订计划，进行头脑风暴，传播八卦，解决仇怨，陷入恋爱，交友或断交，玩游戏，调情，创造一点高级艺术，也制造大量闲聊扯淡。人们会在真实生活里做的几乎所有事情，虚拟社区中的人们都在做，只是我们脱离了自己的身体。你不能一吻倾情，也没人能揍你一顿，但是在这些界限之内，还是有很多可以发生的。(www.rheingold.com/vc/book/intro.html)

虽然如此，互联网同样存在不那么讨喜的一面。例如，所谓的暗网(dark web)，即万维网中隐藏并加密、接入需要授权的那部分，被用来传播儿童色情制品和进行其他犯罪

① "quality time"，是指为了培养感情、加深关系而与他人相处的时间，尤指与家人共度的时光。——译者注

活动。互联网也可能被工商企业所支配,它们将与社交媒体和社交网络服务(social networking services, SNS)相伴随的虚拟社区视为商品,搜集并出售个人具体信息给任何有需要的人以求牟利,也为不断强化的政府监控和监督提供了机会。这种“噩梦图景”在一定程度上源于福柯(Foucault 1975)有关18世纪全景敞视监狱(Panopticon)的观点,这种监狱的设计就是基于看守对囚犯进行持续不断的监管的原则(有关全景敞视监狱的讨论,参看第二十章“犯罪与越轨”)。根本不存在立竿见影的解决办法,但是莱茵戈德建议,所有热诚支持互联网的人,只要想努力打造一个以人为中心的虚拟世界,就必须牢记这些批评。

关于个人身份/认同和新型社区/共同体的讨论,参看第八章“社会互动与日常生活”。

曼纽尔·卡斯特(Castells 2001)认为,互联网将有利于工作与自我雇用、个人表达、协作和社交等方面的新型结合。而对于政治活跃分子,互联网使各种个人组成的网络有可能实现融合与协作,并将它们的讯息传遍世界。2010年到2012年的所谓“阿拉伯之春”,不妨就算一桩例证,活跃分子以全球皆可接入的博客和社交媒体为平台,分享他们的观点、关切和经验,并使用社交媒体来组织抗议。主流的新闻渠道也依赖公民对于迅速变化的情势的报道,实质上是将公众转变成公民记者和实地参与者,共同生产新闻。无独有偶,维基解密(WikiLeaks)将告发者提供的秘密或机密级的政治、经济、军事文件完整无遗地公布上网,从而以戏剧性的方式,开启了关于信息完全自由的程度与合法性的争论(参看本章末尾的“艺文探析”)。

推特、拼趣、照片墙和脸书之类的社交媒体,以及优兔这样的视频分享网站,都显示出对于所有年龄群体来说,基于网络的沟通是何等流行,尽管受过更多教育、属于较高社会经济地位群体的人更有可能涉身其间(Kagan 2011)。借用麦克卢汉“媒介即讯息”的观念,卡斯特主张,当今之世,“网络即讯息”(the network is the message)。

批判性思考

如果说电视上的讯息只能消极被动地接收,当人们无休止地观看网上的视频和在线内容时,互联网讯息是否也属于这种情形?我们还能如何阅读“网络”上的讯息呢?

三 电影

第一部为购票观众放映的影片出现在1895年的法国巴黎,是吕米埃兄弟(Lumière brothers)执导的《火车进站》(*Arrival of the Train in La Ciotat Station*)。放映时,当一辆慢慢驶近的蒸汽机车出现在屏幕上,并渐渐占满整个屏幕,观众纷纷逃离座位。数十年来,纸媒缓慢前进,电影及电影院的发展则要快很多。1896年英国的第一家电影院开张,到1914年,仅伦敦的电影院就超过了500家。各个阶级都买得起电影票,而到了20世纪20年代后期,工作时间的减少和失业人数的增多都意味着,在发达国家,去电影院看电影的人很快就形成了大众观众。

到1925年,在商业上取得成功的影片绝大多数都产自美国,至今依然如此(见表18.1)。美国的制片厂逐渐控制了电影院,因为它们拥有影片发行权。制片厂可以强迫电影院批量购买它们未来一段时间内制作出的电影成品,从而有效地淘汰了竞争者。正如同纸媒的情况,所有权不久便集中到少数大公司的手中。显而易见,美国电影生产取得了支配地位,其原因部分在于庞大的国内市场,但随着美国的价值观、产品以及文化通过电影的全球发行而得到推广,也引发了有关“文化帝国主义”的问题。

印度宝莱坞电影每年卖出的票要比好莱坞大片多出大约10亿张。然而,美国电影在全球更具知名度,并创造了更多的收入。

表 18.1 世界电影历史总票房排行榜(截至 2015 年 8 月 9 日)

名次	片名	年份	原产地	票房总收入(美元)
1	《阿凡达》(*Avatar*)	2009	美国	2 783 918 992
2	《泰坦尼克号》(*Titanic*)	1997	美国	2 207 615 668
3	《侏罗纪世界》(*Jurassic World*)	2015	美国	1 565 122 588
4	《复仇者联盟》(*The Avengers*)	2012	美国	1 519 479 547
5	《速度与激情 7》(*Fast and Furious 7*)	2015	美国	1 513 906 673
6	《复仇者联盟 2:奥创纪元》(*The Avengers: Age of Ultron*)	2015	美国	1 398 442 728
7	《哈利·波特与死亡圣器(下)》(*Harry Potter and the Deathly Hallows: Part 2*)	2011	美国	1 341 511 219
8	《冰雪奇缘》(*Frozen*)	2013	美国	1 274 234 980
9	《钢铁侠 3》(*Iron Man 3*)	2013	美国	1 215 392 272
10	《指环王:王者归来》(*The Lord of the Rings: Return of the King*)	2003	美国	1 141 408 667

资料来源:The Numbers 2015。

评价电影的全球化有不同的方法。一种方法是考虑电影在哪里生产,以及支持它们的资金来自哪里。根据这些标准,毫无疑问在电影工业中存在着一个全球化的过程。根据联合国教科文组织的研究,许多地方都具有生产电影的能力。然而,只有屈指可数的经济体,即美国、印度、尼日利亚和中国香港,占据了全球电影出品的主导地位(UNESCO 2009b)。

评价电影全球化的另一项标准是一个国家生产的电影**出口**到其他国家的程度。在 20 世纪 20 年代,好莱坞(Hollywood)生产的电影占全世界上映电影的五分之四。而到 2006 年,随着宝莱坞(Bollywood)电影产量的增加,印度制作的电影已经多于其他任何国家(1091 部),尼日利亚的“诺莱坞”(Nollywood)产量紧随其后(872 部),美国位居第三(485 部)(UNESCO 2009b)。然而,尽管印度和尼日利亚的政府的确提供了资助以扶持本国的电影工业,但它们的许多影片并没有走向国际。美国依旧是电影的最大输出国。如表 18.1 所示,全球史上最高票房榜上的影片,全部产自美国。

好莱坞各大制片厂获得的收益中,来自海外电影发行的部分已经远超 50%。为了进一步扩大海外观众的规模,这些制片厂在世界各地参与建设多厅影院(multiplex cinemas)。随着观众数量的增加,全球票房收入在 2010 年上升到 318 亿美元,比 1995 年的总数翻了将近一番(Bloomberg 2011)。而录像机、影碟机和视频点播的普及也让经常看电影的人越来越多。

数字革命正在迅速转变电影制作和发行的过程。传统上,制作电影,要先将图像及相应的声音以模拟制式录制到胶片上,然后再在剪辑室里对胶卷进行剪切和拼接从而形成最终版本。今天,更多的电影是录制存储为数字文件,可以方便地进行操作和修改,但影片也容易被泄露或窃取,在互联网上广泛流传。电影院逐渐变成数字放映,最终将结束此前的胶片时代。电影导演乔治・卢卡斯指出,在他的电影《星球大战前传 3:西斯的复仇》(*The Revenge of the Sith*, 2005)中,大约 95%的部分是由电脑设计和加工的(Kolker 2009:249)。

随着数字技术的进步,电影制作对于更多的业余爱好者而言变为了可能,他们可以创作属于自己的电影,编辑并通过优兔之类的视频分享网站发布,使它们可以被在线观看。评论人可能会质疑这种"自行制作"(do-it-yourself)产品的水准。但是,与其他形式的传媒领域正在进行的数字革命相一致,技术可以让此前或许始终被动的消费者变成主动的生产者与消费者,即所谓"产消合一者"(prosumers)(Bruns 2009),这些事在仅仅二十五年前还是无法想象的。

四　电视

电视与观众的互动方式不同于电影与观影者的。电视以一种电影所不能的方式进入千家万户,而且不需要同样水平的注意力集中。电视还有一种电影所不具备的即时性,因为它能够从全世界几乎任何地方向大众观众现场报道事件。

20 世纪 50 年代之后,在发达国家,电视台的数目以及人们花在看电视上的时间都有了巨大增长。如果目前观看电视的趋势继续下去,今天出生的孩子到 18 岁的时候,看电视的时间要超过除睡觉以外的其他任何活动的时间。现在几乎家家户户都拥有一台电视机。在英国,绝大多数人每天都看电视,平均每台电视机每天打开 3 小时到 6 小时(见图 18.3)。

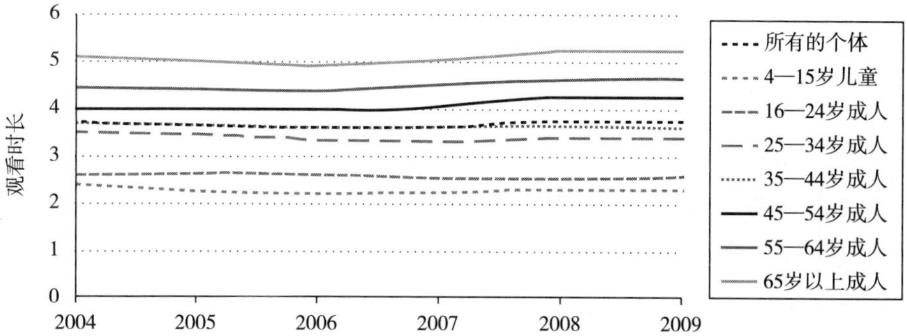

图 18.3　2004—2009 年全英家庭每日收看电视平均时长(以年龄分组)

资料来源:Ofcom 2010:160。

(一)电视与社会生活 电视已经深深融入日常生活;我们看电视,和亲朋好友聊电视,并将电视收看活动融为我们日常生活的例行常规。我们干着别的事情,让这个"角落里的盒子"开着,仿佛它为我们提供了某种生活中不可或缺的背景。正如罗杰·西尔弗斯通(Silverstone 1994:3)所给出的说明:

> 电视伴随我们起床,陪我们吃早饭,和我们一起喝下午茶或是夜里泡吧。它在我们孤单时给予安慰,助我们在无眠时入睡。它让我们欢喜,让我们烦忧,有时还会质疑我们。它赋予我们机会,既能与人社交,又能孤零自处。当然,它不总是这样,我们也已经认识到该如何让媒介走入我们的生活。纵然如此,我们现在完全将电视视为理所当然了。

电视有利于人们情感上与认知上的满足,并帮助他们设计自己的例行常规和习惯,也因此塑造了一种更强烈的"本体性安全感",即人们在日常生活中能感受到有秩序与延续性。这也有助于说明它为何长盛不衰。然而,这并不意味着电视的主导地位是势所必然的或不可撼动的。电视的技术维度不能决定其社会文化维度上的接受状况。正如"发挥你的社会学想象力 18.1"所示,当今年轻人的例行常规和习惯很可能与他们的父母大不相同,这对电视的未来会产生显著的后果。

几位传媒理论家已经就看似无限增长的重复单调的电视内容提出了严厉批评。尼尔·波兹曼(Neil Postman, 1931—2003)所著《娱乐至死》(*Amusing Ourselves to Death*, 1986),书名一语中的。他认为,电视之所以无法提供或探讨严肃的议题,是因为"形式排斥内容"。他这么说的意思是,电视这种媒介没有能力支撑严肃的内容。在波兹曼看来,理性的论证最好是以印刷文字的形式来呈现,后者能承载复杂而严肃的内容。他回顾了19世纪,将其看作"理性的时代",当时书面文字占据主导地位。对于波兹曼来说,印刷的媒介创造了理性的人群,而电视媒介创造了娱乐的人群。因此,正如书名所言,当新闻、教育和政治都被化约为电视娱乐,我们也就只能"娱乐至死"。

无独有偶,帕特南(Putnam 1995)则指出,在美国,社会资本即相互义务与信任呈现出显著下降趋势,并且与电视的兴起密切相关。他认为,观看电视与信任和群体成员身份之间有着强烈的负面关联。之所以如此,原因之一就在于电视节目内容对观看者的影响。比如说,看电视上瘾的人会对别人的善意抱持怀疑态度,例如会高估犯罪率。帕特南得出结论认为,美国社会资本的逐步销蚀过程早已开始,只是在数十年后才得到确认。

话说回来,随着"点播"(on-demand)服务逐渐流行,互联网使用增长,以及视频分享网站提供互动式的观看方式,电视观看习惯正在发生变化,在青年人当中尤其如此。许多社交网络平台,像是推特和脸书,或许也能证明帕特南的观点过于悲观。还有一些证据表明，青年人偏好互动形式的传媒，果真如此，可能意味着电视的生产和输出方面都要有一些变革。

对帕特南关于社会资本下降的观点的细致考察，参看第八章“社会互动与日常生活”。

另一方面，电视依然非常流行。利文斯通和博维尔（Livingstone and Bovill 1999）调查了英国的孩子们对于传媒的使用情况，这是四十年来对于该主题的第一次调查。结果发现有一种发展中的“卧室文化”，即三分之二的工人阶级孩子以及54%的中产阶级孩子在自己的卧室中有一台电视机。截至2009年，5岁到16岁的全体孩子中大约有77%在卧室里有自己的电视，其中56%都是多频道的。儿童的这类个人设备并不仅限于电视，有73%的孩子有自己的手机，69%拥有影碟机、MP3或游戏机，55%有自己的笔记本电脑或台式机（Livingstone 2009）。与此相反，在欧洲的其他地方，拥有自己的电视机的孩子很少。不过，电视之所以流行，似乎源于它有能力提供广泛的“满足感”：令人兴奋，摆脱无聊，放松身心，以及克服对于“被抛弃”的忧惧。

发挥你的社会学想象力 18.1

互联网在扼杀电视吗？

2010年8月，据我们所知，这是被广泛预测的电视时代终结点。美国的付费电视市场遭遇了前所未有的订购户数下滑。最终，大家都归咎于经济，因为很多家庭不得不勒紧裤带，只好牺牲掉有线电视套餐。但也有些评论员指出，这是互联网上可以利用的点播和直供服务的增长所带来的必然结果。

那么，技术是不是正在扼杀我们所理解的传统电视，并把付费电视运营商也拖下水呢？目前的情形令人困惑。尼尔森公司在监测美国电视用户使用习惯的过程中，发现电视拥有率下降，虽然只是从98.9%降至96.7%。影碟机的销量正在下落，而网飞公司最近超越了有线电视运营商康卡斯特（Comcast），一跃成为北美最大的付费视频服务商。不过，信息管理系统（IMS）研究所却预测，有线数字电视的订购户数将在2010年至2015年间增加780万。

优兔、葫芦（Hulu）、iPlayer、网飞以及其他的“直供”（OTT）服务商，更遑论非法下载等，为用户提供了多种可替代选择。苹果和谷歌都推出了能让消费者在电视上播放网络资源的直供服务，不过谷歌的直供服务仅针对美国用户。通过这种方式，我们得以利用空前丰富的视频资源。但我们也看了更多的电视。我们不太清楚的是广播电视业最终会走向何方。

问问专家 那么,那些业内人士认为前景如何呢? 尼尔·盖登是付费电视技术开发公司佩斯(Pace)的总经理。该公司为一些世界顶级的有线电视和卫星电视运营商生产电视机顶盒以及提供其他相关技术。他指出,最近两个季度订购量上升,证明付费电视产业正处于前所未有的繁荣发展状态。他说:“近来所有证据都表明是零退订(zero cord-cutting)(用笔记本电脑或平板电脑取代了电视机),事实上直供服务无非是提供了其他服务。如果你观察一下电视收视率就会发现,它正处于空前的高峰。”他还以自己眼中苹果电视和谷歌电视的受挫为据:“付费电视所面临的挑战被严重夸大了,直供服务无疑只是针对那些渴望随时观看自己想要看的内容的人。”

盖登先生并不认为付费电视业已经停滞不前。在他看来,直供服务的出现是在提醒运营商们要开发一些混合式的业务。他说:“机顶盒将演变为某种媒体网关(media gateway),如果你按下快进键,设想未来的居家环境,你必须拥有一个集线器,一个媒体网关,某种形式的设备,能管理一组服务。”

点播 并非所有人都非常自信,觉得机顶盒能挨过变革。素兰加·钱德拉蒂拉克是视频搜索引擎及聚合器(aggregator)布林克斯(blinkx)的创建者。他表示:“每一样设备的标配,都应该包含一个网络连接口,这一点日益成为一种现实。我认为机顶盒只是目前阶段的临时生意。”尽管如此,钱德拉蒂拉克先生也并未像我们所知道的那样预测电视时代的终结。“我想设备会存活下去,我们仍将拥有大屏设备,无论是否还管它们叫电视机。尽管直播①会继续流行,但我认为你会看到点播方面有巨大的增长。我不知道在多大程度上这两者会争个你死我活。”

他指出,网飞公司之类的服务商取得成功,证明消费者愿意为定价合理的服务买单。“我认为,一方面,我们将通过小幅增加卫星、有线以及宽带费用来分担。另一种方式是通过广告,你使用的软件或云服务很多都是免费的,但在使用过程中会看到一些广告。我想,直播消费的某些成分将保留下来,我们依然会在同一时间观看世界杯决赛。”

资料来源:改编自 Fiona Graham 2011。

批判性思考

你在哪里看电视? 怎么看? 是看实时直播还是“点播”? 在什么设备上看? 列出一些理由来证明为什么电视机还有可能长期存在。

---

① “linear”,指电视台放什么我们就得看什么的传统收看方式。——译者注

(二)数字电视 自21世纪初以来,电视播放技术经历了一场革命,节目传输由模拟制式转为数字制式。模拟电视制式是一种"古老的"播放系统,从20世纪40年代起,一直被用于向电视机传送信号。它将声音和图像转换成波,通过空气传送,并由装在房顶或电视顶部的天线接收。而数字电视的工作原理则是将图像和声音转变为可以被计算机理解的信息。

数字传输有三种接收方式:通过电视天线以及解码器(通常是一个机顶盒),借助圆盘式卫星电视天线,或者是电缆。电视就像一台计算机一样工作,将信息转换回图像和声音。数字电视使互动电视、互联网、居家购物和家庭银行都变成了可能。

在大多数发达国家,数字电视已经在相当程度上取代了模拟电视,模拟电视的终结之日正迅速到来。随着卫星、电缆以及数字技术等领域的进步,可观看的电视频道越来越多。人们现在习惯于看到数字服务供应商提供月度订购套餐,让观看者能够在令人难以置信的200多个电视、电台和数据频道中进行选择。英国的模拟电视只提供五个频道。这种增长为内容供应商尤其是广告商提供了更多的机会,而按次计费和按月订购服务也会增加消费者的开支。当然,他们所看到的东西的原创性、新颖性以及质量就完全是另一回事了。

五 音乐

有了人类社会便有了音乐,其在社会中的应用也早于复杂语言的发展。最初的音乐据说来自人声,后来伴随着不同形式的物质文化,才有了乐器的发展。在印度和中国的某些地方,发现了一些最古老的乐器,而音乐最早期的一些功能用途涉及宗教仪式以及仪轨。尽管这些仪式和仪轨在现代社会中逐渐消亡,音乐却继续蓬勃发展。

西奥多·阿多诺(Adorno 1976[1950])属于批判理论中的法兰克福学派。他提出,音乐形式往往反映了它们所处的那个社会。例如,在工业资本主义社会,许多音乐形式呈现出可预期的结构,提供容易获得的满足。它们训练人们去期待一致性和重复性,作为享受音乐的听众,并不需要费什么力气。阿多诺认为,在自己所处的时代,爵士和其他流行音乐难辞其咎。然而,尽管音乐可以促进一致性,它同样会孕育批判性启蒙,因此至少是社会生活中潜在的一种积极力量。"进步"音乐的一些形式(比如勋伯格的实验音乐)蔑视标准化的音乐惯例,并通过"破坏规矩"挑战人们的预设,迫使他们进行更具批判性的思考。

有关法兰克福学派的讨论,参看第三章"理论与视角"。

与阿多诺相似,音乐理论家雅克·阿塔利(Attali 1985)提出,音乐就像是社会的一面镜子,因为它的社会组织和形式反映了社会的组织模式。例如,在工业化社会中,人们欣赏录制音乐主要是通过黑胶唱片、CD 和数字下载等形式。因此,在这类社会中,音乐的标志就是重复的大规模生产以及差异性的消解。在超市、地铁、餐馆以及其他很多公共空间及私人空间,音乐都成为背景噪声。阿塔利与马克斯·韦伯对科层制时代音乐的评论遥相呼应,他指出,这种录制音乐无休无止地重复,反映了促成这一特性的工业化社会。

然而,阿塔利的观点还要更进一步。他主张,音乐不仅**反映**了社会结构,还**预示**着未来。他表示,音乐之所以能够如此,是因为音乐家在给定的符码(code,就像是"游戏规则")中迅速探索,穷尽所有可能,其速度比其他形式的文化产出要快得多。音乐的变化更加迅速,不那么受到放映机、电视机之类物品的束缚。当音乐的组织架构被推向其内在的限制,它就必须突破现存系统的界限,以求继续推进。当前关于受版权保护的音乐的下载与免费分享问题的论战即为例证。音乐制作的商业成分正在竭力挣扎,以跟上音乐新兴形式的步伐,后者不断推进,打破现存的商业"游戏规则"。

在阿塔利看来,从工业化的音乐中浮现出一种特别的音乐制作形式,作曲家、表演者和听众之间的边界被消解了。事实上,人们开始为自己或者朋友的乐趣制作音乐,没有多少甚或丝毫没有商业动机。音乐再次逐渐变成本土性的,为更小的共同体制作。与阿塔利的观点相矛盾的是,音乐本土化的运动发生之时,我们似乎正陷入世界各社会更为快速的全球化。

与这种视野宏阔的社会结构理论形成鲜明对比的是,20 世纪七八十年代,出现了一种新的思路,即所谓"文化生产"的视角(Peterson 1976; Becker 1982)。在这里,音乐和其他文化作品都被视为社会活动,在分析时必须结合其生产的过程和背景。

例如,彼得森和伯格(Peterson and Berger 1975)通过考察 1948 年到 1973 年美国音乐排行榜的"冠军"单曲,对比表演者的数量和歌词,来研究流行音乐。他们发现,大唱片公司与小唱片公司在音乐生产方面的竞争是说明音乐革新的一项重要因素。在市场高度集中的时期(仅仅四大公司就生产了几近 75%的热门单曲),没有什么革新,因为毫无必要去寻求新奇或者引入新产品。然而,随着大公司失去了它们对音乐的电台推广的垄断,小公司有了立足之地,革新就变多了。

彼得森和伯格细心分析了流行音乐**实际是如何生产出来的**(文化的生产)之后,即可揭示,市场集中程度的变化会**带来**流行音乐的革新和不断增长的多样性,而不是后者引领前者。因此,革新并不归因于富于创造的个人天才或者消费者对于新音乐的强大需求,而是更多地牵涉到音乐工业的通行状况(亦可见 Negus 1999)。

音乐也是人的自我认同的组成部分,这在粉丝亚文化中很容易看出来。将从披头士到单向组合(One Direction)的流行音乐的粉丝活动贬低为琐碎无聊、一时云烟,这很容易。但对于“粉丝圈”(fandom)的研究表明,“网络上有成千上万的粉丝讨论群组、网站和邮件列表,风头之盛,只是略逊于色情作品(当然,后者自有其兴旺的粉丝基础)”(Gray et al. 2007:7)。在这些网络论坛和线上活动中,涉入其间的粉丝亚文化蓬勃发展,充当了认同和归属感的牢固源泉。上网浏览也能证明,不能把粉丝贬低为没文化的无脑盲从者,他们完全有能力参与创造性的实践和有智慧的对话。达菲特(Duffett 2014:4)主张,“粉丝圈似乎引领着某种视野敏锐、技术精熟的消费文化”。

对大多数人来说,音乐塑造了其个人认同的关键维度。

蒂亚·德诺拉(Tia DeNora)所著《日常生活中的音乐》(*Music in Everyday Life*, 2000),采取互动论的研究思路,探索个体如何用音乐来建构自我和个人体验。该书乃基于对美国和英国一些女性的深度访谈,以及对有氧操课中的“运动音乐”、卡拉 OK 之夜、音乐治疗课程和购物环境中的背景音乐的参与观察。根据德诺拉的看法,音乐不仅仅是被使用,它还能够影响人们的行动。例如,一次例行常规的驾车购物之旅,很容易转而变成享受车载音乐的衍生目的。听到一段特别的和弦或旋律,人们有可能重新定向自己的行动,偏离此前的趋向。

德诺拉提出,人们对待自我,往往像 DJ(disc jockeys,唱片骑师)一样,挑选音乐来创造或者改变自己的情绪,转变自身体验社会生活的方式。尽管在对于音乐的学术研究方面,社会学已经落后于其他的学科,但德诺拉(DeNora 2000:x)指出,音乐是“一种充满活力的素材,一种用来形成、维持并改变社会世界及活动的媒介”,不过这无法在抽象中领会,而必须在音乐得到运用的不同背景中加以探究。通过这种方式,经验研究能够把有关音乐的结构性社会理论与个人的音乐体验结合在一起,以增进我们对于音乐的“社会力量”的理解。

音乐的全球化与数字化 戴维·赫尔德及其同事指出,“相比其他形式,音乐更有效地走向了全球化”(Held et al. 1999:351)。这是因为,音乐有能力超越书面语言与口头语言的限制,触及并吸引庞大的受众。由少数跨国公司支配的全球音乐工业的立业之本,就是它有能力面向世界各地的受众,对数千名音乐人的音乐能力进行挖掘,进而生产、营销与发行音乐产品。近几十年来,作为音乐的全球营销和发行的一部分,形成了涉及多个公司的“机构复合体”(institutional complex)。通过互联网直接下载音乐,就是当下最时尚的做法,其典型代表是“声破天”(Spotify)、苹果音乐及其他流媒体服务。

唱片制品的全球工业是集中程度最高的行业之一。四大公司,百代(EMI)、环球(Universal)[①]、华纳(Warner)、索尼/BMG(Sony/BMG)[②],控制了国际音乐销售总额的80%到90%(Herman and McChesney 1997)。在20世纪90年代中期,全球音乐工业经历了巨大的增长。发展中国家的销售表现尤其强劲。这促使许多一线公司与更多的本地音乐人签约,以期推动市场成长。二战以后,全球音乐工业的发展主要得益于流行音乐的成功(大多源自美国和英国),还有认同流行音乐的青年文化的传播(Held et al. 1999)。因此,全球化进程是在各国受众中推广英美音乐风格的主要力量之一。

但是,“世界音乐”(world music)日渐流行,例如拉丁风的音乐在美国取得巨大成功,表明全球化可能带来的文化扩散不止一个方向。与此类似,韩国流行音乐(K-pop)日益走红,其因朴载相(PSY)2012年的单曲《江南 Style》(*Gangnam Style*)大获成功而广为人知,这要更多地归功于社交媒体上的社群网络,而不是传统上自上而下的企业营销(Jung and Shim 2014)。尽管音乐工业的集中程度越来越高,但事实证明,它非常容易受到网络文件分享和非法下载的伤害。如果互联网分发不需要由商店、工厂和仓库组成的复杂的生产与发行网络,那音乐行业还剩下些什么呢?

在2000年,唱片工业发起了几桩法律诉讼,控告纳普斯特(Napster)背后的小公司,强迫其停止提供这一软件,这是一款可以让人们在互联网上交换文档的软件程序。2003年,全美唱片业协会(Recording Industry Association of America, RIAA)因为音乐版权侵害

---

① 1998年它兼并了宝丽金(Polygram)。——译者注

② BMG 即“Bertelsmann Music Group”,系贝塔斯曼旗下音乐子公司,与索尼于2005年合并。——译者注

控告了261人,发现每人平均下载了大约一千首歌曲。2007年出现了一桩里程碑式的案例,来自明尼苏达州的杰米·托马斯-拉塞特因为在线分享音乐而被告上了法庭,并被罚款22.2万美元。2009年,她又被发现侵害了24首歌的版权,所涉及的公司可获赔192万美元。2012年,又恢复到最初的罚款。尽管托马斯-拉塞特向最高法院提出请愿,但后者在2013年拒绝了重新聆讯,不过全美唱片业协会表示,它对寻求罚额大为降低的解决方案持开放态度。早在2008年,全美唱片业协会就撤回了针对其他35人的指控,声称将会与服务供应商达成协议,劝它们取消非法共享文件的用户的账号,以此来控制版权侵害行为(Biagi 2011)。

维克斯特伦(Wikström 2009)认为,数字音乐革命有三大核心特征,一是连通性,一是音乐作为一种服务,一是业余生产。第一,"旧的"音乐工业的核心是企业控制音乐以求收入最大化,而新型数字行业事关**连通性**(connectivity),即生产者与听众之间的联系。互联网(潜在地)让每个人都处在生产者—听众网络中,可以上传音乐,而不仅仅是被动地接收它。这就意味着新型工业有高度的连通性,而生产者的控制度则较低。第二,旧的工业是基于黑胶唱片、盒式磁带和光盘之类物质产品的销售,而数字工业转向提供**获取音乐服务的渠道**。音乐一旦被传到网络上,就成为免费可用的,从而降低了它的商业价值。话说回来,人们依旧要做好购买特定服务的准备,帮助自己从海量线上音乐中找到想要的资源。

第三,如今的音乐听众可以成为**业余生产者**(amateur producers),创造性地将他们最爱的那些专业录制的音乐重新混录,然后在线上发布。如果这些业余生产者也参加音乐会并购买相关商品,那么符合唱片公司利益的并不是去挑战他们或他们的做法,而是与他们合作并加以鼓励(Wikström 2009:7-8)。维克斯特伦(以及"发挥你的社会学想象力18.2")所描述的,是伴随着数字化推动音乐工业转型而出现的一些现实、冲突和协调。

目前音乐工业正努力应对数字化的后果。全球音乐销售额一直在下滑:从2000年到2009年,唱片年销售额已经从400亿美元(约合220亿英镑)降至170亿美元(Gammons 2011:xix)。整个行业经历了大规模裁员,不得不进行重组。音乐工业中的许多人声称,音乐文件(MP3之类)在互联网上的传播是造成收入流失的主要原因之一。尽管各方多加尝试,企图更严格地控制对合法购买的音乐制品进行复制,但是技术变迁的步伐削弱了音乐工业打击盗版的能力(参见"发挥你的社会学想象力18.2")。

在广播里播放音乐,最初也被音乐工业说成是"侵害版权"。唱片厂牌[①]担心,如果人们能从电台听到最新发行的音乐,就不会再去购买唱片,整个行业将遭到破坏。最终,各大厂牌并没有坚持直接对抗,而是将电台对版权产品的使用结合到自身的商业模式中,

① "Record labels",即唱片公司。——译者注

由电台来支付版税(Marshall 2015)。与此类似,今天的音乐工业也开始提供**合法的**下载服务,“声破天”就是迄今为止最令人瞩目的实例。因为向唱片厂牌和音乐人支付了版税,所以这种下载是合法的。截至2004年底,付费合法下载歌曲超过1.25亿次,与此同时,官方的“音乐下载排行榜”也已设立(BBC 2004)。音乐工业起初拒绝互联网,但现在已经成功做出调适,这对其未来而言至关重要。

发挥你的社会学想象力 18.2

互联网时代的“免费”音乐与侵害版权

由于互联网的存在,音乐可以在一瞬之间全球共享,这对音乐人和消费者都是极大的利好。但互联网也使音乐盗版变得非常方便,乃至于许多人觉得这种行为并无损害,但这对录制唱片的音乐人的经济影响是实实在在的。2007年,全美唱片业协会估计,单单由于非法的音乐下载,全行业的收入损失就将近10亿英镑。2009年,该协会宣布,从2007年到2008年,音乐销售额在全球范围内下跌18%,创历史新低。2010年,据该协会估计,“全球每二十次音乐下载中只有一次是得到授权的,并且许多市场的网络盗版率近乎99%”。

没有一个行业可以在收入下降如此迅速的情况下长久存活。所以唱片公司别无选择,只能去投诉自己发现的任何版权侵害。具有版权的音乐是受各国乃至国际版权法保护的,唱片业继续积极寻求一切可以采取的法律补救措施,以遏制美国的非法音乐下载,并减少盗版,尤其是在海外。当然,该行业也鼓励一切合法的音乐下载服务,比如苹果音乐下载(iTunes)以及“声破天”之类的订购网站。

截至2008年4月,苹果音乐商店已经成为美国最大的音乐零售商。到2010年,根据苹果公司统计,用户下载歌曲达到100亿首(次)。在英国、西班牙、法国、瑞典、挪威和芬兰,“声破天”拥有700万用户。因为有了互联网,通过音乐下载和订购服务,今天的音乐人能找到比托马斯·爱迪生(1877年发明了留声机或“录音机”)所能想象的更大范围的受众。然而,音乐生意无法摆脱互联网的挑战。唱片公司必须学会利用消费者愿意购买的格式和/或服务,制作出他们想听的音乐。

资料来源:Biagi 2011:106。

批判性思考

鉴于有那么多的人曾经非法下载音乐,你能给出什么理由来解释他们为何不觉得自己犯了罪? 对待侵害音乐版权,是应该非罪化,更有效地打击,还是有其他的解决方法?

六　报纸

报刊是在19世纪发展起来的，当时的欧洲正处在政治多变、社会动荡的时代。例如，英国政府为了防止政治上的不安定，制定了有关诽谤和煽动的严格法规，以此对新兴的报业实施控制。与此同时，为了确保只有有钱人才能买得起报纸，又加征了印花税。但征收印花税也产生了意外后果，冒出了许多非法而廉价的小册子，比如威廉·柯贝特（William Cobbett）的周刊《政治纪事报》①，在新兴产业工人阶级当中传播激进观念（Dyck 1992）。

尽管网络新闻和体育网站如同汪洋大海，但有形的报纸依然颇为流行。

反对印花税的人谴责它等于“知识税”（tax on knowledge），这个税在经过一连串的减税之后，终于在1855年废止了。这使得众多笔杆子欢呼英国新闻业的黄金时代的到来，

---

①　威廉·柯贝特（1763—1835）是英格兰深受欢迎的新闻记者，提倡保持传统乡村风貌，反对产业革命带来的社会巨变。1802年创办《政治纪事报》（*Political Register*），提倡新闻自由，抨击印花税法，不断揭露政府营私舞弊、卖官鬻爵等腐败行为，为此曾被以诽谤罪判刑两年，并课以巨额罚款。但在狱中继续指导周报工作，使该报坚持出版。《政治纪事报》是英国早期重要的政治性廉价报纸。它以劳工大众为对象，宣传议会改革，售价仅为两便士，凡成批购买报纸的可获优惠。当时报纸全国发行量超过4万份（1817年《泰晤士报》发行量才7000份）。——译者注

而其标志便是“从官方控制转向民众控制”(Koss 1973)。而柯伦和西顿(Curran and Seaton 2003)提出了另一种观点,他们认为,印花税的废止恰恰是要瓦解激进报纸的流行局面,刺激由私人业主和广告商资助的更为“正派”的报纸的销量。印花税的废止并没有开启一个报业自由的新时代,而是一段充满压制和意识形态控制的时期,只是这个时期实施控制的是市场力量,而不是政府。

在现代传媒的历史上,报纸是一种至关重要的发展,因为它以篇幅不大而容易复制的版式,容纳了各式各样的信息,将有关时事、娱乐和消费品的各类资讯合并打包。廉价的日报首先出现在美国,即纽约的“每日一美分”的日报。廉价新闻纸的发明是 19 世纪晚期以来报纸大规模普及的关键。

到了 20 世纪早期,英国报业的大部分所有权都集中到少数富裕的企业家手中。到了 20 世纪 30 年代,比弗布鲁克男爵、凯姆罗斯勋爵、凯姆斯利勋爵和罗瑟米尔子爵①就拥有英国 50%的全国性和地方性日报,以及 30%的周末报纸。批评者指出,这些时人所称的“报业大亨”(press barons)利用他们所拥有的全国性报纸,推进自己的政治事业和野心(Curran and Seaton 2003)。

报纸在半个多世纪的时间里,一直是向公众迅速而全面地传递信息的首要方式。但随着广播、电影以及更为重要的电视的兴起,再加上互联网的日益普及,报纸的影响力也就衰落了。关于报纸读者群的统计数据表明,在英国,自 20 世纪 80 年代初以来,阅读某一份全国性日报的人数比例业已大幅下降。到 20 世纪末,在男性中,日报读者的比例从 1981 年的 76%下降到 1998—1999 年度的 60%;在女性中,读者群的规模本身就要小些,但仍出现了类似的比例下降,从 68%降到 51%(ONS 2000)。

报纸,尤其是**通俗小报**(tabloid press,它所瞄准的是大众,与所谓的**严肃大报**[broadsheets]形成对照),已经不太将注意力集中在提供新闻上,而是更侧重报道、创造并维持某种名人(celebrity)文化,以对抗发行量的下跌(Cashmore 2006)。报纸和电视扮演了重要角色,参与营造一种让名人文化繁荣兴旺的气候,这提醒我们注意一些社会学家根据“文化生产”思路(下文会讨论)提出的“名人产业”(Turner 2004)。但什么是名人?在 20 世纪 60 年代初,丹尼尔·布尔斯廷(Boorstin 1961:58)指出,“名人就是因其知名而闻名的人”。尽管今天的许多名人都是电影明星或体育明星,但他们更出名的或许是他们的

---

① 比弗布鲁克男爵(Beaverbrook, 1879—1964)是加拿大金融家,英国政治家和报业主,在两次世界大战期间均任职内阁大臣。拥有《每日快报》、伦敦《星期日快报》等。罗瑟米尔子爵(Rothermere, 1868—1940)与其兄诺思克利夫子爵(Northcliff)共建了英国历史上最成功的报业王国,拥有《每日邮报》《每日镜报》《星期日画刊》等。贝里(Berry)兄弟于 1901 年创办《广知世界报》,接着买下《星期日泰晤士报》,后取得原属罗瑟米尔报团的最大杂志公司,并购得《每日电讯报》。1937 年兄弟分家:哥哥 W. 贝里受封凯姆罗斯勋爵,旗下《每日电讯报》等组成凯姆罗斯报团;弟弟 J.贝里受封凯姆斯利勋爵,旗下《星期日泰晤士报》等组成凯姆斯利报团。——译者注

媒体人格以及私人生活,而非他们的成就。而另一些人之所以成为名人,恰恰是因为常常出现在报章杂志上或者现身电视屏幕。

当然,报纸或者电视上的名人文化需要有懂得欣赏及有所要求的受众。作为消费者,我们也参与了名人文化的生产,并且是用一些老于世故的方式(Gamson 1994)。我们很清楚,我们眼中的许多名人其实都没有什么重大成就拿得出手,同时,他们的名声有可能只是昙花一现。当我们对他们感到厌倦了,很容易转而关注另一个名人。就这样,名人经由媒体的表征,已经成为我们用来消费的商品。不过,尽管表面上公众沉迷于名人,但是报纸销量的持续下滑表明,名人新闻本身可能并不足以拯救传统的报纸。

实际上,网络沟通可能更深远地影响了报纸发行量。新闻信息以及名人八卦可以通过数不胜数的网站实现几乎算是即刻的在线阅读,并且在一天当中不断更新。许多报纸自身也允许读者在网络上免费获取并阅读,虽说有些也在尝试付费阅读和订阅服务。长远来看,专营纸质报纸的时代即将终结,各大企业为了生存,已经在开发多样化的新媒体形式的产品。

报业承受的压力表明,数字革命正在使现代沟通发生转型。报纸如果能针对在线新闻服务做出调适,或许能存活到未来,但互联网、万维网和数字化往往会分流早前的传媒形式,破坏此前的商业模式。得出如此结论,现在该来谈谈有关传媒的一些理论,它们将帮助我们在更为宽广的视角下定位所讨论的这些变迁。

批判性思考

基于纸张的报纸能否在互联网革命中生存下来? 报业会如何变化，可以采取哪些新举措，以尽可能增加它们触及并抓牢读者的机会?

第二节

有关传媒的理论阐述

在这一节中,我们要考察在大众传媒研究中颇具影响的四种理论思路,即功能主义、冲突理论、符号互动论以及晚近的后现代传媒理论。我们将看到,对于传媒在社会中的角色和功能,各种理论之间存在广泛的分歧,我们在这里所介绍的四种思路并没有完整概括传媒研究领域。

一 功能主义

在20世纪中期,功能主义理论家集中考察了媒体以哪些方式促进了社会的整合与维系一体。根据传媒理论家丹尼斯·麦奎尔(McQuail 2000)的说法,我们可以识别出传媒有助于稳定社会系统的几种重要的社会功能:

1. **信息**(Information)传媒为我们提供持续不断的信息流,从提醒我们注意交通拥堵的网络摄像头和电台广播,到滚动式的天气报告、股票行情以及涉及社会政治话题的新闻报道。
2. **关联**(Correlation)传媒协助我们理解它们所提供的信息的意义。它们由此支持了既定的社会规范,并在儿童社会化过程中扮演了重要角色,为事件的解释提供了共享框架。
3. **延续**(Continuity)传媒的功能亦在于表达主导文化,认识社会发展新趋势,塑造共同价值观。
4. **娱乐**(Entertainment)传媒提供工作之外的娱乐消遣,从而减少社会张力。娱乐充当了社会的各种问题和冲突的某种"安全阀"。
5. **动员**(Mobilization)传媒可用来说服和鼓励人们为经济发展做贡献,支撑道德规则,以及在战时动员人口。要发挥这一功能,不仅可以通过直接的公共宣传,还可以用更加微妙的方式,比如利用肥皂剧或者电影中的道德故事。

功能主义的传媒理论连同整体上的功能主义思路已经衰微。社会学家之所以不再坚守功能主义,有如下几点原因。首先,它似乎仅限于对传媒当下的角色进行描述,但并未说明这些角色为什么会存在。其次,功能主义者的阐释在观众对传媒产品的接受上所言甚少,甚至不置一词,往往假定人们相对消极被动地接受传媒讯息,而非积极主动的解释者。最后,以上提到的功能似乎都是全盘正面的,但其他的人则认为,传媒远不是那么良性的力量。尤其是受马克思主义影响的冲突论思路,指责现代大众传媒破坏了社会的文化生命力。

有关功能主义,参看第一章"什么是社会学?"的介绍,以及第三章"理论与视角"中的讨论。

二 冲突理论

在欧洲,大众传媒的冲突研究思路比功能主义更具影响力。我们来了解一下其中两种基于广义马克思主义立场的最为重要的传媒理论:一是政治经济学思路,集中研究传媒的所有权和控制;二是批判理论中的法兰克福学派的"文化工业"思路。英国格拉斯哥大学传媒研究小组的重要研究也根源于马克思主义理论,随后亦将讨论。

(一)政治经济学思路 政治经济学的研究思路将传媒视为一门工业(industry),并考察主要的传播手段是如何被私有股权逐渐控制的。传媒的所有权经常集中在极少数富有的传媒巨头手中。在战前的大众读报时代,屈指可数的"报业大亨"拥有大多数报纸,有能力设置新闻议程并左右新闻解读。而在我们这个愈益全球化的时代里,传媒的所有权跨越了国家边界,传媒大亨现在拥有跨国传媒集团,他们因此具有国际知名度和影响力。其中最出名的或许就是出生在澳大利亚的鲁珀特·默多克(Rupert Murdoch),他是数字天空(Sky Digital)、福克斯广播公司(Fox Broadcasting Company)及其他传媒机构的所有者。

倡导政治经济学观点的人会认为,传媒所有权的经济利益会发挥作用,排除掉那些较为弱势的声音。不仅如此,那些**确实**存活下来的声音也就是最不可能批判通行的财富分配与权力分配的声音(Golding and Murdock 1997)。美国语言学家兼激进作家诺姆·乔姆斯基(Chomsky 1991)明确倡导这种观点,影响广泛。乔姆斯基大力批判大公司对于美国乃至全球传媒的主宰,以及其严格控制提供给公众的信息。比如说,在冷战期间,这些公司控制了信息,在西方世界制造一种恐惧苏联的气氛。而根据乔姆斯基的主张,在苏联解体之后,这些被大公司掌控的媒体又进一步夸大了人们对于全球恐怖主义的忧惧。这就使其他议题难以得到公开乃至恰当的讨论,而这些议题据说更为重要,比如大公司的不负责任,或是民主的缺失。乔姆斯基将大众传媒看作是在散布宣传舆论以支持统治集团。

传媒中的意识形态与偏见

有关传媒的研究与社会中意识形态的影响紧密相关。意识形态是指观念对于人们的信念和行动的影响。这个概念在传媒研究中被广泛应用。该术语最早由法国作家德斯蒂·德·特拉西(Destutt de Tracy)在18世纪晚期提出。他用这个词来指"观念的科学",认为这将成为知识体系的一个分支。德·特拉西的观点曾被看作是有关意识形态的一种“中立”观念。中立观念在讨论现象时,会认为这些现象具有意识形态性质,但这并不意味着它们具有误导性或偏见,以有利于特定的社会阶级或群体。

而在后来的作者那里,“意识形态”的用法更具批判意味。比如说,卡尔·马克思就认为,在阶级支配关系的再生产中,意识形态发挥了重要作用。权力集团可以控制社会中流传的支配性观念,使自己的地位正当化。因此,根据马克思的想法,宗教往往具有意识形态的意味:它教导那些穷人安于自身的命运。而社会分析家应该揭露意识形态所带来的扭曲,让缺少权势者能够对自己的生活有真实的认识。有关意识形态的批判性观念“传达了一种否定的、批评的或贬抑的意思”,并带有“一种隐含的指摘或谴责”(Thompson 1990:53-54)。

汤普森认为,批判性观念更值得推崇,因为它将意识形态同权力联系在一起。意识形态关乎符号权力的行使,即观念如何被用来隐藏社会秩序中支配集团的利益,并使其正当化或者合法化。格拉斯哥大学传媒研究小组进行了众多研究,其中就探讨了电视新闻报道的意识形态特性,分析报道是如何系统性地引发偏见的。例如,有关劳资纠纷的新闻报道往往有利于政府和资方,而不是罢工的工人。总之,汤普森认为,大众传媒,不仅包括新闻,还包括各种不同内容和体裁的节目,大大扩展了现代社会中意识形态的范围。它们触及大众受众,并且基于他所称的“准互动”(quasi-interaction),即受众不能以直接的方式做出回应。

在传媒和传播研究中,有一种特别的分析类型,即**话语分析**(discourse analysis),已经被广泛用于研究传媒产品。话语分析的出发点是这一预设,即语言是社会生活中不可或缺的组成部分,并且与其他所有方面都有关系(Fairclough 1992)。话语分析虽说有许多不同的形式,但主要被用来考察多种类型的文本(van Dijk 1997)。例如,一些研究致力于对文本与文献做细节分析,而另一些研究则借鉴福柯的观念,将文本与有关社会的理论联系起来,探索话语是如何建构及形塑社会生活本身的。费尔克拉夫提出,“文本分析是话语分析的基本组成部分,但是话语分析并非仅仅是对文本的语言分析”(Fairclough 2000:3)。

所谓**文本**(text),可以是报纸文章和个人日记,也可以是访谈记录、民族志会话及焦点团体、电影、电视节目乃至网页。所谓**话语**(discourse),是“思想系统”(systems of thought),或者是在一个特定框架中思考和讨论世界的方式。话语围绕主题设立边界,限制哪些相关言论属于明智之谈。

而晚近关于“伊斯兰极端主义”的话语就为针对这一现象的讨论设置了辩论的角度/术语(terms),将涉入其中的人的替代性观念排斥在外,比如称这些人为“自由战士”或“用伊斯兰教来为自己的行为辩护的极端分子”。在**批判性话语分析**中,这样的话语实践关联到更为广泛的不平等和权力关系的社会结构，人们由此能够识别出意识形态特性，找到考察的切入点。费尔克拉夫认为，“语言通过成为意识形态的首要领域，通过成为权力争夺的场所及目标，与社会相关联”（Fairclough 1989:15）。我们在“经典研究 18.1”中将会看到，格拉斯哥大学传媒研究小组的研究表明，批判性内容分析可以增进我们对冲突场景下的新闻报道的理解。

经典研究 18.1

格拉斯哥大学传媒研究小组带来的“坏消息”

研究的问题 我们已经看到，有相当比例的人已经不再读报纸。不过，对很多人来说，电视新闻依然是他们了解世界的主要信息来源。能相信它会给出有关事件的真实而准确的描述吗？为什么新闻**不会**提供准确的消息？如果它不能，会造成怎样的后果？

英国的格拉斯哥大学传媒研究小组（Glasgow University Media Group, GMG）做了一些关于电视新闻的研究，在这个领域中最为著名。该小组出版了一系列研究成果，严厉批评新闻的报道方式。他们早期的研究，包括《坏消息》（*Bad News*, 1976）、《更多的坏消息》（*More Bad News*, 1981）、《真正的坏消息》（*Really Bad News*, 1983）、《战争与和平的消息》（*War and Peace News*, 1985），都具有很大的影响力，为批判性内容分析设置了一套研究策略。虽然他们调查研究的焦点有所变换，但这些研究的策略本质上是一致的。

格拉斯哥小组的说明 《坏消息》（1976）是格拉斯哥小组问世最早也最具影响的一部著作。该书分析了英国 1975 年 1 月至 6 月可以看到的所有三个地面频道①的电视新闻广播。这一研究旨在对新闻的内容及其报道方式进行系统的、不带感情色彩的分析。《坏消息》集中考察新闻报道是如何描述劳资纠纷的。以后的著作则更多地集中于政治新闻，包括 1982 年福克兰群岛（阿根廷称为马尔维纳斯群岛）战争。

《坏消息》得出的结论是，有关劳资关系的新闻报道具有典型的选择性和倾向性。所使用的诸如“麻烦的”、“过激的”以及“目标不清的罢工”这类措辞，都显示出反工会的态度。传媒更多的是报道罢工的效果，即给公众造成的混乱不便，而很少提及罢工的深层原因或直接起因。所使用的画面片段常常使抗议者的活动显得缺乏理智并富于攻击性。例如，罢工者阻挡人们进入工厂的镜头出现时，总是重点捕捉任何可能发生的对峙，尽管这种对峙并不常见。

① “terrestrial channel”，专业上译作“陆上信道”，与卫星电视频道相对。——译者注

《坏消息》还指出,电视新闻的制作者担任的是“看门人”的角色,他们决定让什么进入议程,换言之,就是公众到底能知道些什么(McCoombs 2014)。例如,劳资双方激烈对峙的罢工才可能得到广泛报道,而那些影响更深远、更持久的劳资纠纷却往往在很大程度上被媒体忽略了。作者们认为,新闻记者的立场往往反映了他们的中产阶级背景,支持了社会中的支配群体的观点,从而必然将罢工者视为危险并且不负责任的人。

近些年来,格拉斯哥传媒研究小组的成员进行了一系列更为深入的研究。《来自以色列的坏消息》(*Bad News from Israel*; Philo and Berry 2004)考察了有关巴以冲突的电视新闻报道。研究进行了两年,得到了几位资深电视新闻播报员和新闻记者的支持,他们和一个受众样本(800人)的成员一起进行小组讨论。作者们观看了有关冲突的电视报道及其制作过程,关注的是报道与观众的理解、信念和态度之间有什么样的关联。

研究得出的结论是:有关冲突的电视新闻报道迷惑了观众,大大凸显了以色列政府的立场。很少有媒体专门报道原本可以提供相关背景的冲突的历史或根源,存在一种倾向官方的“以方视角”的偏见,英国广播公司一套节目(BBC1)尤其如此。在那个频道,对以方的访问或报道是对巴方的两倍多。此外,支持以方的美国政界人士也常常成为主角。研究还发现,相对于巴方的死伤情况,新闻非常强调以方的死伤情况(尽管巴勒斯坦的死亡人数比以色列的多两到三倍)。

记者在描述以方和巴方的攻击时,所使用的语言也有差异。记者常常把巴方的举动说成是“恐怖主义”,但在报道一个以色列小组企图对一所巴人学校实施炸弹袭击时,却说他们是“极端分子”或“私刑分子”(vigilante)(Philo and Berry 2004)。这项研究传递出的讯息是,绝不要认为新闻报道是中立的或“客观的”。相反,它反映了其所处的那些不平等的社会,因此应当被视为具有系统性偏见。

批评的观点 格拉斯哥大学传媒研究小组的研究在学术界乃至传媒圈都引起了广泛讨论。一些新闻制作人指责这些研究者也有他们自己的偏见,即站在劳方以及罢工者的角度,而非政府和资方的立场。他们指出,《坏消息》包含了名为“工会与传媒”的一章,却没有关于资方与媒体的章节。这一点应该有所讨论,因为新闻记者经常被资方指责在纠纷报道中有失公允,但不是偏向他们,而是偏向罢工者。

学术界的评论者也有类似的观点。马丁·哈里森(Harrison 1985)获得了英国独立电视新闻公司(ITN)的新闻文字稿(涵盖1976年最初研究考察的时段),然后提出,研究的那五个月并不具有代表性。因为劳工行动(尤指罢工)而损失的工作日之多异乎寻常,新闻本来也不可能报道所有这一切,所以侧重那些更具戏剧性的情节片段也是可以理解的。

在哈里森看来，格拉斯哥大学传媒研究小组错误地声称，新闻报道过分关注罢工的影响。不管怎么说，受到罢工影响的人要多于亲身参与罢工的人。有时候，数以百万计的公众会发现，自己的生活被一小撮人的行动所扰乱。最后，根据哈里森的分析，研究小组的一些断言根本就是错误的。例如，与传媒小组的陈述恰好相反，新闻报道者通常都会指明纠纷涉及的工会组织，而且也会说明罢工是官方的还是非官方的。

当代的意义 格拉斯哥大学传媒研究小组的中心思想就是，新闻从来不仅仅是描述"真正发生的"事情，它是一种复杂的建构，其建构过程有规律地影响所谓"新闻"的内涵。比如说，当一名政界人物现身一档新闻节目，并且评论某个有争议的问题，比如经济现状和针对它应该采取什么行动，那么这些评论本身就会在随后的节目中成为"新闻"。

约翰·埃尔德里奇(John Eldridge)曾经编辑过格拉斯哥大学传媒研究小组的一部研究报告，他(1993)指出，新闻报道中哪些算作客观，这一直很难辨别。后现代主义声称，客观性观念没有意义。埃尔德里奇反对这些人的观点，肯定了继续用批判性的眼光来审视传媒产品是很有意义的。对于新闻报道的准确性，我们能够去研究，也必须去研究。格拉斯哥大学传媒研究小组的工作迫使我们牢记，新闻报道始终涉及事实真相以及真实性的问题，而后者当然是值得社会学研究去关注的主题。

(二) 文化工业 批判理论的法兰克福学派的成员(参看第三章的讨论)，诸如西奥多·阿多诺(Theodor Adorno, 1903—1969)，就批判过大众传媒对于人口以及文化所造成的影响。法兰克福学派创建于20世纪二三十年代，是受马克思启发的一些理论家组成的松散群体，不过他们都认为马克思的观点需要进行修正。尤值一提的是，他们主张，马克思并未对现代资本主义社会中文化的影响给予足够的关注。

法兰克福学派的成员认为，休闲时间实质上已经实现了工业化。他们深入研究了所谓的"文化工业"(culture industry)，诸如电影、电视、流行音乐①、广播、报纸以及杂志之类的娱乐业，这些成果在文化研究领域中深具影响(Horkheimer and Adorno 2002[1947])。他们指出，在大众社会中，文化生产已经变得标准化，且如同其他工业一样，受着逐利欲望的支配。在一个大众社会里，休闲工业被用来在公众当中诱发适切的价值观：休闲不再是工作的暂歇，而是为工作做准备。

法兰克福学派的成员主张，文化工业带着它那些粗制滥造的标准化产品不断扩散，

---

① 被阿多诺视为流行音乐(或通俗音乐)的主要组成部分并重点分析的爵士乐，而今已然成为众多标榜远离流行音乐(通俗音乐)的人的重要文化资本。这种转变蕴含诸多文化传媒社会学的研究主题。——译者注

破坏了个人的批判性独立思考的能力。艺术消失了,被商业化所吞噬,比如“莫扎特金曲精选”,或是艺术杰作的学生仿作海报,文化退位,简单将就的娱乐上位。

批判性思考

为什么达·芬奇的《蒙娜丽莎》或凡·高的《星夜》的一份海报会被描述成“粗制滥造”,而原作就不会? 这种形式的大规模复制/大众再生产(**mass reproduction**)是否有其积极的一面?

大规模复制/大众再生产等同于文化的破坏吗?

冲突理论在传媒研究中仍旧流行,尽管它们受到了与功能主义理论同样的一些批评。有学者倾向于假定,人们无法抵抗传媒的宣传,很容易被其俘获。和功能主义者类似,早期的批判理论家也很少关注甚至根本不关注受众对于传媒讯息的接收,而是聚焦于文化的生产。法兰克福学派之所以会猛烈抨击大众文化,也被认为是因为他们要捍卫高雅文化,包括古典音乐、歌剧、绘画以及人文学科,这些都为社会精英所偏爱(Swingewood 1977)。当然,考虑到批判理论的马克思主义根源,这里颇有些自相矛盾。下文我们将会看到,如此明确地区别高雅和“低俗”或者流行文化,到了 20 世纪八九十年代,就被后现代传媒理论家抓住不放,展开抨击。

尤尔根·哈贝马斯等几位理论家主张,社会中的公共领域面临困局(参见“经典研究

18.2”中有关哈贝马斯观点的讨论)。理查德·桑内特(Richard Sennett)在《公共人的衰落》(*The Fall of Public Man*, 2003[1977])一书中,力求说明公共领域与私人领域相区分的起源。他提出,这两块领域已经失去了关联,在物理意义上,是房地产业、工作场所、休闲开发(包括购物商场)的独立发展,在哲学意义上,是我们思考各自私人生活的方式。然而,长远来看,私人领域已经倾向于接管公共领域,例如,人们评价政界人物,更多的是针对他们的个人品格,比如诚实和真诚,而不是他们扮演公共角色的能力。现代视觉传媒尤其是电视的出现,导致政界人物充分发展自我呈现的方式,以期配上这样的期待。桑内特认为,这等于破坏了有效的政治生活,体现了尽职尽责的公共官员的衰落。

经典研究 18.2

尤尔根·哈贝马斯论公共领域的兴衰

研究的问题 现代民主的发展是与大众传媒相伴随的,尤其是报纸和其他类型的出版物。确切地说,是大众传媒实现并促进了民主。然而到了现在,大众传媒却往往被视为负面的,因为它使民主进程变得琐碎无聊,营造出一种普遍敌视政治的氛围。这种彻底的转变是如何发生的?它是否会被逆转,或者说大众传媒是否必然会挫败民主?德国哲学家和社会学家尤尔根·哈贝马斯(Jürgen Habermas, 1929—),是法兰克福学派最后一批深具影响力的知识分子之一,通过一系列作品探讨了这些问题。

哈贝马斯的说明 哈贝马斯(Habermas 1981,1985,1989[1962])基于其对语言与民主进程的坚定兴趣,从多个方向发展了法兰克福学派的研究主题。他分析了从 18 世纪早期到现在的大众传媒的兴起与发展,回溯了“公共领域”的创生与随后的衰败。对哈贝马斯而言,**公共领域**(public sphere)乃是一个公共论辩的竞技场,可以在里面讨论人们普遍关切的各种议题并形成意见,这对于行之有效的民主参与来说不可或缺,也会推动民主进程加速前行。

根据哈贝马斯的讲法,公共领域发端于 17 世纪和 18 世纪伦敦、巴黎以及其他欧洲城市的沙龙和咖啡馆。人们聚集在那里讨论时下话题,其中政治辩论是尤其重要的事情。尽管沙龙文化只与少数有人关,但哈贝马斯认为,沙龙对于民主的早期发展至关重要,因为它们引入了一种新观念,即通过公共讨论来解决政治的问题。公共领域至少在原则上意味着,个体可以平等地聚在某个论坛进行公共辩论。

然而,公共领域的早期发育所给出的承诺并没有充分兑现。民主辩论如今被文化工业的发展所扼杀。大众传媒和大众娱乐的扩散使得公共领域不断收缩,名不副实。在议会以及大众传媒中,政治如同被幕后操控,商业利益战胜了公共利益。“舆论”不再产生于公开而理性的讨论,而是被操纵和控制,比如广告中的操作。另一方面,全球传媒的扩展也对威权政府施加了压力,使它们放松了对于政府控制的传播渠道的掌控,许多“封闭”社会正逐步发现,传媒能够成为支持民主的一种强大力量。

随着全球传媒愈益商业化,它们也侵蚀着公共领域。商业化传媒受制于广告收益的威力,只得偏向能确保高收视和高销量的内容。其结果,娱乐消遣必然打败争议和辩论,削弱公民对于公共事务的参与,使公共领域逐渐萎缩。传媒曾有过很多承诺,如今却成了民主问题的一部分。然而,哈贝马斯依旧保持乐观。他认为,在单个的民族国家之上,仍有可能建立一个政治共同体,可以在里面公开辩论话题,而所形成的公众意见也将影响到政府。

批评的观点 哈贝马斯的观点已经遭到严厉批评。他所提出的沙龙文化作为文明化、理性化辩论的竞技场,被严格限制在较高等的社会阶级,非劳工阶级之所能及。简言之,它只是一种精英主义的娱乐消遣,与大众民主参与的需求相去甚远。哈贝马斯关于现代大众传媒给公共领域造成破坏的观点也被认为具有误导性。我们下面将会看到,约翰·汤普森(Thompson 1995)认为,媒体可以通过传播多种公共话题,鼓励更广泛的讨论,来实现更多的公共辩论。有无数博客、论坛和聊天室的互联网便是这方面最新的例证。

当代的意义 哈贝马斯的观点激起了众多讨论和不少争议。目前看来,有些人坚决主张,整体而言,大众媒体依然是社会中一股积极的力量。在他们的批评之下,哈贝马斯的观点失去了一些地盘。而另一种批评来自后现代思想家,他们认为哈贝马斯是在老旧的法兰克福传统中展开研究的,而该传统对“大众”公众既不信任又感恐惧。诸如此类的批评意见的确有些道理。不过,哈贝马斯依然强有力地提醒我们,我们能够回溯到启蒙运动的那种理性的现代主义规划,对于有关传媒的社会学理论或社会理论依然大有裨益。

然而,在这些阐述中,对于“(作为特称的)公共领域”(the public sphere)的理想化表达方式存在一些问题。公共领域的构成排除了特定群体,尤其是女性、少数族群以及无产者,如此限定之后,公共领域的观念就使中产阶级的男性把自己以及自己扮演的角色领会为普遍的,并依此呈现给其他人。女性主义学者提出,哈贝马斯没有充分重视公共领域的**性别化**本质。将公共领域与家庭的、私人的领域相分离,许多对于女性而言很重要的论题就径直被排斥在外了。正如南希·弗雷泽(Nancy Fraser)所言,“女性被排斥于公共领域之外,这种立场最终表现出其意识形态性质……事实上……资产阶级口中的公

共从来都不是公共的”(Fraser 1992:116)。

这就提醒我们注意到另外一点要害之处,即有些“公众”,诸如女性,其参与是被**有意**阻止的,这就表明,充满冲突的社会关系支撑着共同公共领域的理想化观念。因此,有些评论家认为,公共领域这一“资产阶级概念”是由男性支配的,有助于将系统化的社会不平等合法化。

批判性思考

推特或脸书之类的社交网络网站与桑内特和哈贝马斯所讨论的沙龙文化在哪些方面是相似的,又在哪些方面不同?社交媒体上的“公众”代表性如何?谁可能被包括在内或排斥在外?

三 符号互动论

尽管互动论者的传媒研究近年来有所增加,但仍然不如功能主义理论和冲突理论那样丰富。赫伯特·布鲁默(Herbert Blumer)在 20 世纪 30 年代就研究了电影对于受众的作用,属于让人们自己提供信息以增进对于传媒影响的社会学理解的早期努力。布鲁默请了 1500 名美国高中生和大学生,以“自传”的形式,记录他们观看电影的体验,并在其所著《电影与行为》(*Movies and Conduct*, 1970[1933])一书中予以呈现。该研究尽管在某种程度上属于先驱之作,但仍被认为比较幼稚,因为它相信被调查者能够“直抒本意”,而处理电影“文本”的思路也颇为粗糙。

最具影响力的互动论传媒研究思路,或许要算是道德恐慌理论(moral panic theory),源于查尔斯·勒默特(Charles Lemert)和霍华德·贝克尔(Howard Becker)的标签理论视角。斯坦利·科恩(Cohen 2003[1972])关于英国摩登族(Mods)和摇滚客(Rockers)之间的冲突的经典研究,展现了夸张耸动的传媒表征是如何导致社会中反复出现道德恐慌的。这样的恐慌有助于将某些社会群体塑造为替罪羊,包括外来移民和少数族群,并将人们的注意力从失业和贫困之类的结构性问题上移开。

有关标签理论视角的讨论,以及你可能想了解的道德恐慌理论的详细讨论,参见第二十章“犯罪与越轨”。

汤普森在一定程度上借鉴了哈贝马斯的研究,分析了传媒与工业社会之间的关系,从早期的印刷形式一直到现在的电子通信(Thompson 1990,1995)。他指出,社会学的主要奠基者,包括马克思、韦伯和涂尔干,都不怎么关注传媒在塑造现代社会的发展甚至是早期发展中所起的作用。汤普森虽然对哈贝马斯的一些观点表示理解,但也对其进行了批评;至于法兰克福学派和鲍德里亚的后现代主义观点,他采取的也是同样的态度。汤普森说,哈贝马斯与法兰克福学派相似,也往往将人们当成传媒信息的被动接受者,而非积极的能动者(Thompson 1995:42-43):

> 人们在接收传媒讯息的过程中以及在此之后,一般都会对其有所议论……[这些讯息]在讲述与复述、解释与重新解释、评论、嘲笑和批评的持续过程中发生转型。……通过获取讯息并习惯成自然地将它们融入我们的生活……我们不断地塑造和重新塑造我们的技能与知识储备,检验我们的情感和品味,拓展我们的经验视野。

汤普森的传媒理论乃是基于他区分出的三种互动类型(参见表 18.2)。一种是**面对面式**互动(face-to-face interaction),比如人们在聚会上的谈话。在这种互动中,每个人都要利用大量线索来理解别人在说什么。第二种是**中介式**互动(mediated interaction),即使用纸张、电路连接、电子脉冲等技术。中介式互动能跨越远距时空,大大超越面对面式互动的背景。它是个体之间的直接互动,例如两个人通过电话进行交谈,不过,这种方式用不上非言语线索。

第三种类型是**中介式准互动**(mediated quasi-interaction)。它是指由大众传媒创造的一种社会关系。这种互动也能超越时空,但它并不直接联系个体,所以才会用"准互动"这个词。前两种类型是"对话式"的(dialogical),即个体之间可以进行直接沟通。而中介式准互动是"独白式"的(monological),比如电视节目就是一种单向的交流方式。当人们在看电视时,也许会对电视节目进行讨论,甚至对着电视机发表意见,但电视机并不会应答。

表 18.2　互动的类型

互动的特征	面对面式互动	中介式互动	中介式准互动
时空构成参照系	共同在场的情境 共享同一时空参照系	情境分离 扩大的时空可得性 (availability in time and space)	情境分离 扩大的时空可得性
符号性线索的范围	符号性线索丰富多样	符号性线索有限	符号性线索有限
行动取向	指向特定的他者	指向特定的他者	指向不确定的潜在接收者
对话式/独白式	对话式	对话式	独白式

资料来源:Thompson 1995:465。

汤普森的观点就是，这三种互动类型交融共存于我们今天的生活，传媒改变了公共性与私密性之间的平衡关系。不同于桑内特和哈贝马斯，汤普森认为这种转变使得**更多的**领域进入了公共范围，而不是更少，这就常常引发辩论和争议。后现代理论家的看法颇为不同，一些人就主张，中介式准互动支配着另外两种类型，对社会生活产生了戏剧性的、消极的影响。

如今，有更多的人会现身电视屏幕，在观众讨论节目中热议道德和政治议题，比如美国的奥普拉·温弗里或英国的杰瑞米·凯尔主持的节目，以及《老大哥》(*Big Brother*)等众多所谓“电视真人秀”节目(reality television)。[①] 不仅如此，数百万的人在家里观看这些节目，还在办公室、咖啡馆、酒馆里以及其他社会聚集场所讨论节目的相关内容。拿全球热播的《老大哥》来说，观众与电视节目展开互动，为淘汰哪一位参与者投票，在网络论坛和衍生节目中发表评论。但是，这些节目是否确实提供了新的公共空间，让人们投身充满活力的公共领域？抑或只是为大众提供了廉价的劣质电视节目？

利文斯通和伦特(Livingstone and Lunt 1993)对观众讨论节目进行了一项经验研究，运用多种研究方法，包括焦点小组讨论、个人访谈、对节目的文本分析，以及调查问卷，收集现场观众和家庭观众的观点。他们认为，这样的节目在影响人们的日常体验的同时，也的确探讨了当下论题，但它们并不是真实的“纪录片”，而是倾向于将观众构造成共同体成员罢了。由此，这类节目并不能轻易贴合任何现存的电视节目体裁(Gregori Signes 2000)。因为参与的类型很大程度上依赖相关体裁的惯常风格，它们尤为开放灵活。在有些节目中，业余人士和专业人员同席而坐，主持人拿着话筒到处走动，专家可以被质疑和挑战，以担负自己的责任。从这种意义上讲，它们是民主操练的公共空间，通过系统性地偏向业余人士而不是专家的视角，民主得到进一步强化(Livingstone and Lunt 1993)。

话说回来，这一积极正面的结论也是值得怀疑的，因为研究并没有探究实际讨论过程的“互动动力学”(Hutchby 2005)。这点批评不容小觑，因为“是**谁**讲的，什么时候讲的”这一问题是塑造会话的特定走向的关键。例如，观众讨论遵循某种程序化步骤，一般由主持人支配和引导，这也就意味着，这些节目不可能像观众和参与者所描述的那样，是开放的公共论坛(Tolson 2005)。

还出现过一些指控，说有的节目花钱雇演员参与讨论，例如美国的杰瑞·斯普林格(Jerry Springer)和英国的凡妮莎·菲尔茨(Vanessa Feltz)的节目。后者于 1999 年被取

---

① 奥普拉·温弗里(Oprah Winfrey, 1954—　)，所主持的《奥普拉·温弗里秀》(1986—2011)是美国的高收视率脱口秀节目。杰瑞米·凯尔(Jeremy Kyle, 1965—　)，2005 年开始在英国 ITV 主持《杰瑞米·凯尔秀》，2011 年开始有美国版。《老大哥》是 1999 年首播于荷兰的电视真人秀节目，陆续在全球众多国家和地区有多个版本，以多人共同生活、完成任务、展开竞争和淘汰、协调人际关系并合作为主题。——译者注

消,因为它被揭露说曾借助中介寻觅一些观众演员。这些情节都让我们想到尼尔·波兹曼的观点,即电视主要是一种**娱乐**媒体,其他功能或许有益,但都从属于此。

批判性思考

汤普森的三重图式是否令人满意？是否可以说，在数字时代，电视正变得不那么独白式，更具有对话性？

四 后现代理论

自让-弗朗索瓦·利奥塔(Jean-François Lyotard)的《后现代状况》(*The Postmodern Condition*, 1984)一书问世以来,社会学就不得不应对关于科学、知识和文化的一系列新观点,它们与启蒙运动以降的进步主义、现代主义的现代生活理念多有抵触。利奥塔认为,现代性的宏大元叙事(great meta-narratives),如科学真理、人类进步以及历史的发展等,都处于衰落的状态。科学还在持续,但在全球变暖和核武器的影响之笼罩下,现在谁还相信科学必然给所有人带来更好的生活呢?技术还在发展,更多的人拥有了智能手机和数字电视,但看到晚近的恐怖主义、战争以及难以消除的营养不良与饥荒,现在还有人相信人类的持续进步吗?对后现代思想家来说,元叙事的衰亡或许算是一种积极的进展,因为这就意味着,我们生活在这样一个时期,人们被迫直面现代性,不再抱有任何宏大的幻念。我们生活在这样的时代,它属于"自觉的现代性"(self-conscious modernity),或者说是**后现代性**(postmodernity)(Bauman 1992,1997)。

后现代世界的标志是缺乏确定性,是多种风格与体裁的混合与搭配,以及对文化产品的戏谑。在流行音乐领域,有取样节录(sampling),有将原初音轨与新的节奏以及说唱混合,或是集锦混编(mash-ups),即将两首或更多的歌曲录音重组,还有其他许多混杂(hybrid)形式。在影视界,大卫·林奇(David Lynch)的《蓝丝绒》(*Blue Velvet*,1986)天衣无缝地混合了多个时间段与历史时代,20 世纪 50 年代、60 年代、70 年代的车轮同时行驶在 80 年代的大街小巷。而在艺术中,后现代潮流抵制进步主义的"先锋派"思潮,以一种戏谑的"后进步主义"方式,将高雅形式与流行形式混融一体。利奥塔认为,这种戏谑式的混搭标志着特定类型(genre)的终结。他指出,由于西方文化已经陷入困境,唯一能做的事就是"把玩碎片"。

鲍德里亚与过度现实　法国后现代主义思想家让·鲍德里亚(Jean Baudrillard，1929—2007)是当代最具影响力的传媒理论家之一，他的著作深受马歇尔·麦克卢汉思想的影响。鲍德里亚认为，现代大众传媒与之前任何传媒技术相比较，其效果大有不同，影响也更为深远。大众传媒的降临，尤其是像电视这类电子传媒的出现，使我们生活的本质发生了转型。电视不再只是为我们"再现"(represent)世界，还越来越多地界定我们生活的世界。

鲍德里亚的后现代思想不易把握，不过下面这种方法相对简单。曾几何时(离现在并不久远)，还可能将现实或者说各种事件发生于其中的真实世界，与传媒对于那个世界的表征(representations)相分离。因此，比如说，在现实世界中爆发了一场战争，给卷入其中的战斗人员和广大平民带来了实实在在的可怕后果。而传媒报道这场战争，告诉我们正在发生的事情。现实与表征这两个维度被视为相互分离的两件事情。

不过，鲍德里亚(Baudrillard 1983)主张，现实与其表征之间的边界已经崩塌；我们不再可能将现实与表征相分离。但为什么不能呢？说到底，仍旧有战争，同样会有报道者发回相关的影像和报道。鲍德里亚认为，事实上，传媒的表征乃是过度现实的世界的一部分，不能将其看作是从中分离出来的。鉴于绝大多数人对于海外的战争、名人、政客乃至其他许多事情的所谓"了解"，从来都只是通过传媒对它们的表征，它们的现实是为传媒表征所形塑甚至决定的。**过度现实**(hyperreality)是这样一个世界，其中本真性(authenticity)与实在性[①]的终极保障正是我们在电视或其他传媒上看到的世界的样子，这就使得世界"比现实更真实"。这或许也能拿来说明名人文化何以兴盛，在名人文化中，显著性(significance)唯一可被接受的符号(sign)就是上电视、登报纸或上杂志。

就在1991年第一次海湾战争爆发前夕，鲍德里亚写了一篇报刊文章，题为《海湾战争不会发生》('The Gulf War Will Not Take Place')。而当战争宣告打响，流血冲突发生，看上去似乎很明显，鲍德里亚错了。然而根本不是这样。战争结束后，鲍德里亚却写了一本书，叫《海湾战争并未发生》(*The Gulf War Did Not Take Place*, 2004[1991])。他的意思可能是什么呢？他的观点是说，这场战争和历史上发生过的其他战争都不一样。这是一场传媒时代的战争，是一种电视传播的景观(a televisual spectacle)。在这场战争中，美国总统乔治·布什(老布什)和伊拉克总统萨达姆·侯赛因与世界各地的千百万观众一样，通过观看"美国有线电视新闻网"(CNN)的报道，知晓实际"发生"了什么。

鲍德里亚认为，在这个传媒无所不在的时代，一种由人的行为与传媒表征混融构成的新型现实被创造出来，即过度现实。这个过度现实的世界是由拟像(simulacra)构筑

① "reality"，即"现实"。——译者注

2003 年对伊拉克的入侵在什么角度上是一桩过度现实的事件?

的,这是一些只能从其他意象中获得意义的意象,因此在"外部现实"中没有任何根基。比如说,保险比较网站(Comparethemarket.com)的系列冗长广告中几乎没提到什么保险,只暗含以前出现过的广告片段,甚至主要角色和故事情节也围绕着拟人化的猫鼬家族来打造。与此类似,今日无论哪一位政治领导人,如果不在电视上频频露面,就别指望胜选:领导人的电视形象是绝大多数观众所知道的那个人,即"比现实更真实的"那个过度现实的人。

在全球大众传媒的时代,鲍德里亚的理论充满诱引,也肯定需要得到认真对待。然而,它也遭到类似论调的反对,认为它将大众视作传媒讯息的被动接受者而不是主动参与者,没有能力参与其中甚至予以抵制。许多社会运动组织,比如绿色和平组织,的确力图与大众传媒展开竞争,以创造另一种可供替代的(过度)现实,以期刺激那些尚未有明确立场的人投身环保行动。还存在另一种情况,就是现实世界中的许多冲突、饥荒与事件并未吸引到足够的西方传媒的关注,因此逸出了过度现实的范围。简言之,在后现代理论的过度现实之外,依然存在着一个现实的世界。

以上讨论的理论中有许多未能充分认识到,受众在接受传媒内容和形式时,也发挥着主动的作用。因为它们试图从理论上阐述"传媒",所以往往会看低甚至忽视,受众会以多种方式领会并利用不同的传媒产品。不过,受众研究领域中的学者已经多少改变了这种倾向,下一节我们就来看看这类研究中的一些核心观念。

批判性思考

列出三例最近的“过度现实”例证。说明究竟是什么使得每个例证“过度现实”。如果说我们只能通过全球大众传媒的透镜来理解世界，为什么“过度现实”很关键？

第三节

受众与传媒表征

▼

单凭各种传媒理论，并不能推断出传媒表征对于受众可能产生什么影响，而需要广泛的经验研究。下一节将简要概述这方面的一些研究，回顾受众研究的发展流变。

一　受众研究

皮下注射模式(hypodermic model)是最早出现也最直接易懂的受众反应模式之一。它把传媒讯息比作通过皮下注射器注入体内的药品。该模式基于一种假设:受众被动且直接地接受了讯息，没有对其做批判性的处理。它还假定，社会全体成员接收和解释讯息的方式，大致都是相似的。基于这种观点，传媒被视为“麻痹”受众，破坏其对广阔世界进行批判性思考的能力(Marcuse 1964)。如今，皮下注射模式已被认为过于简单化，往往只是早期研究中未经明言的假设。然而，在当代一些过度批评传媒对于社会的效应的理论中，仍能发现这种模式的预设，比如认为充满暴力的电子游戏直接导致暴力行动。

批评皮下注射模式的人指出，它根本没有考虑到，受众对于传媒的反应是非常不同的。现在大家一般都认为，受众反应会经过多个阶段。卡茨和拉扎斯菲尔德(Katz and Lazarsfeld 1955)借鉴了美国总统选举期间政治广播的有关研究，认为受众反应是历经二级传播(two-step flow)而形成的:讯息触及受众，是为第一步;受众通过与有影响的人之间的社会互动来解释讯息，是为第二步。这些有影响的人即所谓的“意见领袖”(opinion leader)，能够进一步塑造受众反应。

后来的一些理论开始承认，受众扮演了积极的角色。**满足模式**(gratification model)关注的是，不同的受众实际通过哪些方式利用传媒来满足各自的需求(Lull 1990)。受众

认为电视对儿童产生负面影响的观点往往隐含皮下注射模式。

可能利用媒介更多地了解世界,比如查看天气状况或股市。其他受众则可能借助传媒来改善他们的人际关系,或是自感属于一个虚构的共同体(比如通过看电视肥皂剧),抑或跟上看同样节目的朋友和同事谈论的话题。这是对皮下注射模式的某种推进,只不过假定受众的“需求”业已存在,而批评者认为,事实上,传媒可以创造出新的“需求”。

接受理论(reception theory),比如斯图尔特·霍尔提出的那种(Hall 1980),聚焦于受众群体成员所在的阶级与文化背景如何影响他们领会不同传媒“文本”的方式,“文本”这个术语涵盖了各式各样的媒介,从书籍到电影和音乐。有些人可能只是简单接受了由生产者编入某个文本的“倾向性解读”(preferred reading),比如新闻快报的处理。而这种倾向性解读很可能反映出支配性的或者主流的立场或意识形态。不过,霍尔也提出,对于一个文本的理解也依赖文化和阶级背景。受众群体的其他成员会对一个文本采取“对抗性”(oppositional)解读,因为他们的社会地位将他们摆在了与主流解读相冲突的位置上。比如,一名参与罢工的工人,或者少数族群的成员,更有可能对劳资关系或者种族关系的新闻报道做出对抗性解读,而不是接受支配性解读。

受众也往往会借由自己的生平经验过滤信息,可能会将不同的传媒“文本”(比如不同的节目或类型)联系在一起,或者将一类媒介与另一类相关联,查问他们从电视上得到的信息与报纸上的相比如何(Fiske 1989)。在这种**解释模型**(interpretative model)看来,受众反应通过参与或拒绝传媒的产出,塑造着传媒。这时的受众扮演了更强有力的角色,与早期的皮下注射模式相去甚远,几乎是对后者要旨的彻底逆转。

近些年来,传媒理论家和研究者开始关注**参与性文化**(participatory culture)的兴起,在伴随着数字技术和社交媒体长大的年轻人当中尤其如此。参与性文化可以被界定为

“艺术表达和公民参与的门槛较低，强力支持创造并分享个人作品，有某种类型的非正式指导，最富经验的人所知晓的东西可以由此传承给新手……成员在这种文化中会相信自己的贡献值得重视，彼此之间能感受到一定程度的社会关联”(Jenkins et al. 2016:4)。在此之前，一方是积极主动的文化生产者，另一方是消极被动的传媒受众/消费者，而参与性文化往往会打破这种分离。相反，人们有许多新的机会，在遍及世界的兴趣共同体中，同时成为生产者与受众/消费者，即所谓产消合一者。

参与性文化帮助其成员以多种多样的方式积极参与，互联网、数字媒体和移动设备都使得这种参与比过去容易得多。詹金斯(Jenkins 2009:xi-xii)提出，诸如此类的参与包括**加入**(affiliations，即脸书和推特之类的网络社群、游戏网站和留言板的成员资格)、**表达**(expressions，包括音乐、视频、图像、集锦、数字取样等的创造性生产和分享)、**合作解决问题**(collaborative problem-solving，通过咨询指导和团队协作以拓展知识或完成任务，例如维基百科或侵入式虚拟现实互动游戏[alternative reality gaming，ARG]的情形)，以及**流传**(circulations，通过播客或博客塑造传媒流)。基于这样的概括，本书的许多读者可能会意识到，自己的活动也属于参与性文化的组成部分。

有关参与性文化对个体、群体、共同体和社会的影响，经验研究和理论阐述的尝试正不断积累。比如说，这类文化如何容易受到商业化和企业利益主导的系统性数据采集的侵害？“降低艺术创造的门槛”是会改善我们的生活，增进理解，还是会导致现代文化的所谓浅薄化(dumbing down)？这些问题，乃至更多的问题，将会是该领域下一轮学术研究的主题所在。

从对于受众研究的这段简短勾勒中，我们可以看出一种趋势，由对传媒产出与受众之间关系的简单化理解，稳步转向愈益成熟精致的模式，更为注重积极主动的受众的参与。我们也能看到从单向模式(从传媒到受众)到双向模式的转变，后者使受众有更多空间去塑造传媒的产出，而非仅仅是消极被动的海绵，不管被投喂什么讯息都一概吸纳。事实上，有关新兴参与性文化的理论，与有关受众接受的早期皮下注射模式已是天壤之别。

二　对于阶级、性别、族属与身心障碍的表征

有一项议题在传媒研究中备受关注，那就是传媒表征的问题，尤其是电视剧中的传媒表征。大众传媒应该表现哪些社会群体，又有哪些群体没有出现在我们的电视屏幕上呢？我们将简略地看一下有关社会阶级、性别、族属以及身心障碍人群的表征是如何有助于强化刻板印象的，并举出一些更为晚近的证据，表明目前可能正有所变化，至少在某些案例中是这样。

在英国的电视上,关于工人阶级的表征似乎无处不在(Kendall 2005),从一些电视连续剧(肥皂剧),比如长播不衰的《加冕街》(*Coronation Street*, 1960 年到现在)、《东区人》(*EastEnders*)(1985 年到现在),到探索工人阶级生活的电影《跳出我天地》(*Billy Elliott*, 2000)或者《维拉 · 德雷克》(*Vera Drake*, 2004),以及系列剧《打卡》(*Clocking Off*, 2000—2003)和《幸福谷》(*Happy Valley*, 2014)。有些人认为,肥皂剧为人们提供了一种逃避世俗生活的方式,不过这一点并不那么让人信服,因为许多肥皂剧塑造的人物角色,生活同样平凡无奇。另一种说明更为可信,即认为肥皂剧探索了任何人都有可能面临的困境,有助于观众以新的眼光看待自己的生活。肥皂剧并不是提供一种逃避,事实上,如果要成为大热之剧,它们必须扣合受众的经历(D. Hobson 2002)。

尽管如此,也不妨反驳说,这些表征大多数反映的是中产阶级眼中工人阶级生活的样子。这主要是因为,影视剧的制作主要由属于中产阶级的专业人员把持,因而会表达他们自己的理解。在作品中,工人阶级通常生活在北部工业城市,人们从事体力劳动(或者失业),几乎没有其他的谋生方式,他们生活的环境大多艰苦恶劣,但悖谬的是,往往会有牢固的共同体,展现出社会团结。这种带有刻板印象的呈现令人瞩目,十分顽固,一直持续到 21 世纪。因此,尽管工人阶级的生活得到了表征,但这些刻画的准确性却成了争议的焦点。

学术研究已经反复证明,大众传媒中对于女孩子和成年女性的表征大多带有关于性别角色的传统刻板印象。人们看到,女性要么承担居家角色(作为家庭主妇,打理家务),要么作为男性性欲的客体对象,要么在职场环境中延续居家角色(诸如护士、看护人员、办公室职员)。总体观之,此类表征在新闻报道、影视剧和娱乐节目中颇为一致,以至于盖伊 · 塔奇曼(Tuchman 1978)称之为电视上“女性的符号性湮灭”(the symbolic annihilation of women)。比如说,1973 年,美国黄金时段电视上的所有人物大约有 72% 为男性,到了 1993 年,这一比例下降到只有 65%,还是占大多数(Gerbner 1997)。

更为晚近的研究得出结论认为,事情正在起变化,哪怕非常缓慢,女性角色越来越多样化,包括强硬而独立的女性(Glascock 2001; Meyers 1999)。《吸血鬼猎人巴菲》(*Buffy the Vampire Slayer*)、《尼基塔女郎》(*La Femme Nikita*)、《古墓丽影》(*Lara Croft*)等影视作品中的新型女主角,还有一些电视剧集中强硬的女性角色,如大权在握的律师——出自《皇家律师》(*Silk*, 2010—2014),警察局长——出自《谋杀》(*The Killing*, 2011—2014),以及其他职业类别,都证明了对于女性的表征在发生变化。不过,这些人物角色中有许多依然遵从一些长期延续的女性特质规范。巴菲和《古墓丽影》中的罗拉 · 克劳福特仍旧是年轻苗条、富有传统魅力,吸引着主流的“男性凝视”。而大龄的职场女强人有不少其个人生活也是惨淡空虚,这印证了苏珊 · 法卢迪(Faludi 1991)的论点:打破传统性别角色的女性,(无论在现实生活中,还是在虚构作品里)都会遭遇微妙的反制——一切最终归于泪水。

关于性别论题的详细讨论,参见第十五章“性别与性相”。

少数族群与身心障碍人群的传媒表征被认为是在强化而不是在挑战刻板印象。非洲裔和亚裔在主流电视节目中明显缺席,直到最近才有所改观;即使出现,比如在新闻报道和纪录影片中,也往往被表征为成问题的社会群体。比如20世纪70年代由黑人青年“袭劫”[1]引发的道德恐慌(Hall et al. 1978),还有80年代以及21世纪早期内城区的“种族”骚乱,传媒都有连篇累牍的报道。

杰克·沙欣(Jack Shaheen)所著《电视上的阿拉伯人》(*The TV Arab*, 1984),以及《胶片上的坏阿拉伯人:好莱坞如何抹黑一个民族》(*Reel Bad Arabs: How Hollywood Vilifies a People*, 2001),分别审视了电视和好莱坞电影对阿拉伯人的描绘(绝大多数为美国出品)。1984年的研究分析了1975年到1984年的一百余部以阿拉伯人物为主角的电视节目。沙欣认为,关于阿拉伯人的电视描绘基于四种神话:“[阿拉伯人]都富得流油;他们野蛮,没有文化;他们是性爱狂,喜欢白人奴仆;他们以恐怖主义行为为乐”(Shaheen 1984:179)。通常,他们穿着怪异,因而在外表和行事上都与美国人不同。在儿童卡通和教育节目中也很容易发现这类描绘,虽然近期的纪录片尝试给出更准确的刻画。

沙欣发现,在绝大多数好莱坞电影的人物刻画中,阿拉伯人总是扮演“坏人”的角色。在大约1000部影片中,只有12部出现正面描写,52部正反相当,余下的900多部影片都对阿拉伯人有负面的描绘。这一研究并没有考虑电影是票房大片还是低成本影片,饰演的人物是主角还是配角。沙欣指出,对阿拉伯人的刻板印象自1896年起就一直存在,并且一般都会把阿拉伯人描绘成“残忍、无人性、未开化的宗教狂,嗜钱如命的文化‘他者’,给文明开化的西方人尤其是基督教徒和犹太教徒造成恐怖威胁”。沙欣认为,这种刻板印象对于剧作家和电影制片人很有用,大大简化了他们的工作。他提出,只有当阿拉伯裔美国人社群像过去的女性以及非洲裔美国人所做的那样,力量强大到可以影响电影工业时,这种情况才会改变。

少数族群文化通常被呈现为不同于英国本土白人文化,而且往往会给后者制造麻烦(Solomos and Back 1996)。近来,人们试图塑造更具代表性的新形象,如《东区人》中的刻画,这或许指出了一条新路。这一剧集提供了一个范本,让各式各样的少数族群成员在

① “mugging”,在此特指从后面以兜头、掐脖等方式袭击路人,将其击昏后实施抢劫,路人多不知行凶人面目,危险随时从背后袭来,故此远比正面或前方而来的拦路抢劫更令人心慌。——译者注

剧中扮演社会普通成员,过着和所有人类似的生活,有着类似的个人烦恼。通过这种平凡化的表征,未来或许能够避免刻板印象。

如果说少数族群被界定为在文化上有差异,那么,传媒对于身心障碍人士的表征大多是基于身心障碍的“个人悲剧”模式,即在**生理上**或**身体上**有差异(Oliver 1990;亦可参见第十一章)。在涉及身心障碍人士的新闻报道中,如果故事符合这种主导框架,报道就更有可能播出。这通常意味着把身心障碍人士表现为依赖他人,而不是独立自主地生活(Karpf 1988)。

在电视剧和娱乐节目中,几乎看不到身心障碍人士,即使有,也往往是罪犯和精神不稳定的角色——“坏人、疯人、可怜人”(the bad, mad and sad)。这种情形由来已久,想想《彼得·潘》(*Peter Pan*)里邪恶的胡克船长,《巴黎圣母院》中悲剧性的卡西莫多,或者《象人》(*The Elephant Man*)里的约翰·梅里克(John Merrick),身心障碍角色出现在故事情节中从来不是偶然的,他们之所以会出现,正是因为他们的障碍。康伯巴奇和内格林(Cumberbatch and Negrine 1992)分析了英国六周之内的电视内容,发现只有0.5%的虚构角色是身心障碍人士,并且这些人几乎都坐轮椅,而这并不是英国身心障碍人士的真实写照,因为他们中绝大多数并不使用轮椅。

20世纪90年代出现了一些更加正面的表征,试图将身心障碍人士描述为过着“正常”的生活,淡化其损伤本身。美国的电视剧集尤其如此。不过,巴恩斯(Barnes 1991:19)认为,单单是忽略损伤并不能解决问题。相反,他主张:

> 要想成功地解决这一问题,唯一的办法是让所有的传媒机构提供这样一种信息和形象:首先,要承认并探究身心障碍的体验及身份认同的复杂性;其次,促进全体身心障碍人士有意义地融入共同体的主流经济社会生活。

传媒表征并不是歧视和排斥的直接致因。但刻板印象的表征能够强化有关社会群体的既有负面观念,因此同样属于更广泛的社会问题的一部分。虽然有迹象表明,近些年来,人们愈益意识到这一点,也有一些积极改变的证据,但要让媒体表征为真正挑战破坏性的社会刻板印象做出显著贡献,还有一段路要走。

第四节

全球性传媒的所有权、权力及其替代

▼

有关传媒的社会学理论告诉我们,从来就不能假设,传媒形式在政治上是中立的,或者是对社会有益的。关键的问题在于,不同类型的传媒的所有权越来越集中于那些被称为“巨头”的大型企业集团手中。如果政治家对某个出版业大亨独占一家全国性报纸感到不安,那么,占有跨国传媒企业又该比这严重多少呢?我们在本书中自始至终不断读到,互联网既是全球化当前进程的主要致因之一,也是其外在表现之一。然而,全球化正在彻底改变其他传媒形式的国际影响力及其后果。

尽管传媒一直都有国际化的维度,比如采集新闻故事和发行海外电影,但直到20世纪70年代,大多数的传媒企业还是遵照各国政府的条例,只在国内市场中运作。传媒工业也分化为不同的部门,通常有电影、纸媒、广播和电视,各自独立运行。不过自那以后,发生了重大转型。流动的全球市场已经取代了国内市场,同时,各种新技术使以前彼此独立的传媒形式发生融合。到21世纪初,全球传媒市场被大约20个跨国企业所支配。几乎在全世界的每一个国家,都能够感受到这些跨国企业在新闻和娱乐的生产、发行以及市场营销方面所扮演的角色。

戴维·赫尔德及其同事(Held et al. 1999)在关于全球化的研究中,指出了有助于形成全球传媒秩序的五种主要转变:

1. **所有权的日益集中** 全球传媒现在被为数不多的势力强大的集中化传媒集团所支配。小规模的、独立的传媒公司逐渐被兼并到高度集中化的传媒集团当中。
2. **所有权从公有到私有的转变** 传统上,传媒和电信企业都是部分或全部为国家所有的。但工商环境的自由化与管制的渐趋宽松推动了传媒企业的私有化以及商业化。
3. **跨国企业结构** 传媒企业不再严格限于国境之内展开运作。同样,对于传媒所有权的管控也有所放松,允许跨国投资和并购。
4. **传媒产品经营的多样化** 传媒工业已经变得多样化。巨型传媒集团制作并发行多种传媒内容,包括音乐、新闻、纸媒以及电视节目等。
5. **日益增加的传媒公司合并** 分处传媒工业不同部门的公司之间的合并已经蔚然成风。电信公司,计算机硬件和软件制造商,以及传媒“内容”生产商,都日益参与到企业合并中来。

如果说传统的传媒形式能够确保传播以“纵向传递”的方式发生在民族国家的范围内,那么全球化则正在引导传播的横向整合。现在,传播和传媒可以更方便地跨越单个国家的疆域而扩展(Sreberny-Mohammadi et al. 1997)。然而,新的信息秩序的发展也不平衡,同样体现出发达社会与发展中社会之间的分隔。一些评论者提出,新的秩序不如形容为“传媒帝国主义”。

一　传媒帝国主义?

工业化国家,尤其是美国,在传媒的生产和扩散中占据霸主地位。这使得很多观察家开始谈论所谓**传媒帝国主义**(media imperialism)(Herman and McChesney 2003)。根据这种观点,一个文化帝国已经确立。欠发达国家据说特别容易受到侵害,因为它们缺乏资源来维护自身文化的独立性。然而,其他一些人则认为,所谓美国的传媒支配并不像上文描绘的那么简单。传媒帝国主义**究竟**是指什么?当来自其他文化的人观看渗透着西方价值观念的西方文化产品,甚至认为它们更高级,就是所谓的传媒帝国主义吗?或者,输出特定的科技产品,比如电视机和手机,扰乱并转变了当地文化,就体现出传媒帝国主义吗?又或者,一个国家或地区的传媒业强大到可以接管当地的传媒渠道或使其无处生存,属于传媒帝国主义吗?当世界各地的人们选择购买电视机和智能手机,并觉得它们有用和有趣时,我们能说这属于支配吗?(Tomlinson 1991)

智能手机是否有助于在全世界传播西方文化?

全世界最大的二十家传媒集团的总部都设在工业化国家,而其中大多数是在美国。像时代华纳(Time Warner)、迪士尼/美国广播公司[①]以及维亚康姆(Viacom)等传媒帝国

① "Disney/ABC",迪士尼公司于1996年用190亿美元收购了美国广播公司。——译者注

的总部均在美国。其他大的传媒企业还包括旗下拥有众多唱片公司和独立厂牌的索尼音乐娱乐公司(Sony Music Entertainment,“四大”唱片公司之一);以及蒙达多里(Mondadori)出版社,这是由意大利前总理西尔维奥·贝卢斯科尼所有的电视集团控股的意大利最大的出版社。

通过电子传媒,西方的文化产品广泛扩散到全球。我们已经看到,美国电影和西方流行音乐无处不在。2005年,中国香港特别行政区新开了一家迪士尼主题公园,大部分都是复制了美国景观,而不是反映本土风情。比如,香港的“主题乐园”包括“小镇大街”(Main Street)(美国)、“探险世界”(Adventureland)、“幻想世界”(Fantasyland)、“明日世界”(Tomorrowland),以及米老鼠、唐老鸭、小熊维尼和巴斯光年等一干常见角色。然而,引起争议的不仅仅是比较通俗化的娱乐形式。还有人指出,西方各大通讯社控制着世界的新闻,这意味着信息的传递会以“第一世界的观点”为主导。发展中世界只有处于灾难、危机或军事对抗的时候,才会受到关注,并且对于发展中国家及其前景,也依然持有消极负面的论调。

虽然如此,也有一些反向的趋势可能会支持用一种更为多元主义的立场,来阐述全球层面上的传媒理论。其中一种趋势就是“逆向流动”,比如前殖民地的传媒产品十分流行,被销售到先前的宗主国。逆向流动证明了传媒帝国主义不是绝对至上的,也不是不受挑战的。以孟买为大本营的印度语宝莱坞电影大获成功,就是逆向流动的范例。它在英国(前殖民强权)、美国和俄罗斯大卖,并且在澳大利亚仅次于好莱坞影片。

第二点批评就是,传媒帝国主义的观点潜在地依赖“皮下注射”模式(如前所述),假设带有西方价值观念的西方文化产品会“注射”到全球各地消极被动的消费者的脑子里。然而,我们已经看到,消费者是主动而非被动的受众,会拒绝、修改或者重新解释媒体产品传递的讯息。例如,利贝斯和卡茨(Liebes and Katz 1993)研究了以色列的几类亚文化观众对美国电视剧《达拉斯》(*Dallas*)的反应。生活在以色列的俄罗斯人认为,这个节目体现了资本主义试图操纵观众的一种形式,儿童不宜观看。对以色列的阿拉伯人来说,影片中的性主题有可能让人难堪,因此不应男女同时观看,此外,他们将剧中盛气凌人的反面角色,如尤因(J.R. Ewing),看作反映了以色列统治集团中的相应人物。

与此类似,罗兰·罗伯逊(Robertson 1995)也提出,要理解全球化的进程,用**全球地方化**(glocalization,全球化和地方化力量的混合)这一概念要好于全球化(globalization,相关讨论参见第四章)。这是因为,美国企业若想在其他国家成功地推广自己的产品,就必须了解当地文化。它们当然不能无视各种地方性文化。在此过程中,这些产品通常会经历相当程度的改造。全球地方化这一观点意味着,传媒帝国主义所暗示的单向流动过程更可能是例外,而不是通则。

杰里米·滕斯托尔(Jeremy Tunstall)的两项研究相隔三十年,但讲述了类似的故事。在《传媒是美国人的》(*The Media Are American*, 1977)一书中,他指出,美国大众传媒的工业化使它可以支配全球传媒生产。但到了《传媒曾是美国人的》(*The Media Were American*, 2007),他的观点变成了:美国已经丢掉了其全球支配地位。印度和中国作为传媒生产和消费大国的崛起,伴随着国家文化和传媒体系的强化,削弱了美国在世界其他地方的相对位置。即使如此,资本积累的逻辑依然是一种有实效的力量:“在全球传媒体系中,只要说出来有利可图,那么不管什么事情,不管用什么语言,不管在什么地方,都能说。”(Hackett and Zhao 2005:22)就此而言,传媒产品交易的特点,并不在于美国的国家价值观,而在于资本主义的价值观。

批判性思考

“传媒帝国主义”是否准确地描述了西方的传媒与文化的全球影响?传媒帝国主义与利奥塔所谓西方文化崩溃的后现代主义论题是如何契合的呢?证据更为支持哪一论点?

二 传媒“巨头”的所有权

2000年1月,两家最具影响力的传媒企业合并,这是有史以来最大的一宗公司并购。在这一价值3370亿美元的交易中,全球最大的传媒企业“时代华纳”,以及全球最大的互联网服务供应商“美国在线”(America Online, AOL),宣布它们意欲缔造“全球首家为‘互联网世纪’而生的完全一体化的传媒与通信公司”。然而,比企业规模更为重要的是,这是“旧媒体”和“新媒体”之间的第一场重大结盟,这一交易引发了广泛关注。

“时代华纳”的历史可以追溯到1923年,当时,亨利·卢斯(Henry Luce)创建了《时代周刊》(*Time*)。该杂志获得巨大成功之后,商业杂志《财富》(*Fortune*)于1930年创办,图片杂志《生活》(*Life*)于1936年面世。在整个20世纪,时代公司成长为一家巨大的传媒企业,拥有电视台、广播电台、音乐产业、“华纳兄弟”(Warner Brothers)这一大型影视动画帝国,以及全世界第一家24小时播出的新闻频道——美国有线电视新闻网(Cable News Network, CNN)。

“美国在线”的崛起是信息时代“新媒体”的典型代表。它创立于1982年,最初提供按小时收费的拨号上网服务。到1994年,它已经拥有100万缴费用户;在1996年,实行了缴纳标准月租费即可无限制上网的包月政策后,它的用户猛增到450万人。随着用户数量的持续上涨,到1997年,有800万人在使用“美国在线”的服务,该公司随后进行了一系列合并、收购及结盟,以巩固它作为互联网服务提供商龙头老大的位置。

两家企业的合并创造了一家价值3500亿美元的传媒巨头——“美国在线—时代华纳”(AOL-Time Warner),将2400万“美国在线”缴费用户、1.2亿杂志读者以及电视频道CNN、HBO连同“华纳兄弟”等囊括到一家企业旗下。然而,并购失败了。“美国在线”未能实现它雄心勃勃的用户或收益目标,而融合电影与互联网技术的技术重组也未能迅速落实。2002年,公司公布了接近1000亿美元的亏损,导致在2003年从公司名称中去掉了“美国在线”的字号。2007年提出了出售“美国在线”的计划,2009年12月9日兑现。获得成功的并不是那些试图结合旧媒体与新媒体的企业,而是像谷歌一样的其他企业,它们明确聚焦于万维网及其巨大的全球潜力。

并不是每个人都赞同传媒巨头的观念值得推崇。热心支持者所寄望的美梦,批评反对者却只感到是噩梦一场。随着传媒企业变得越来越集中化、集权化和全球化,人们有理由担心,传媒作为自由言谈、自由表达、自由论辩之论坛的重要角色会被削弱。如果一家公司不仅控制内容(包括电视节目、音乐、电影以及新闻来源),同时控制发行渠道,那么它就会大权在握。它可以推销自己的人才(它捧红的歌手与名人),可以进行自我审查(删掉那些有关其控股公司或企业支持者的负面新闻报道),而且可以让帝国内部的产品“相互认证/背书”(cross-endorse),而牺牲帝国外部产品的利益。互联网的愿景掌握在少数几家传媒集团手中,这种看法与仅仅数年前互联网的热心支持者所持有的观点形成鲜明对比。后者认为,互联网是一个自由的/免费的(free)、不受拘限的电子世界。

可是有必要记住,在社会世界中,几乎没有什么是不可避免的。企图完全控制信息来源以及传播渠道是几乎不可能成功的,因为有致力于阻止垄断的反托拉斯立法,或是努力寻求可替代的信息来源的传媒用户始终在以创造性的方式做出反应。传媒消费者并不是可以被企业利益轻易操纵的“文化傀儡”(cultural dopes)。随着传媒形式与内容的范围和容量的扩大,个体在解释和评价他们所接触到的讯息和材料时,只会变得愈益熟练,而不是日趋笨拙。

三 对于全球性传媒的抵抗与替代

尽管全球传媒的力量和影响不可否认,仍有人运用新技术以促进新闻采集的替代形式,意图制衡全球传媒帝国。其中比较成功的是“独立传媒中心”(Independent Media Centre),或称“独立传媒”(Indymedia),这是一个由多家独立传媒渠道组成的全球集体组织,与反全球化运动密切相关。“独立传媒”源于1999年在西雅图爆发的反对世界贸易组织的游行,自创立以来,始终致力于建立开放的在线平台,使政治活跃分子和公民能够上传自己的视频、图片和报道,并可以在线直播抗议事件。据说,它已在30个国家建有大约150个本地中心。

“独立传媒”力求打破传媒专业人员和公众之间的壁垒,鼓励人们积极参与新闻制作,而不是消极被动地去消费企业和政府播放的新闻。互联网显然是“独立传媒”计划的核心阵地,但地方性群体也可以经由公共可及的渠道,制作出版物、社区电台节目、视频,运营邮件组、维基网站甚至是电视台。不过,个人博客(“独立传媒”创建时尚不存在)的出现和日益流行,在某种程度上挫败了其原创性和功能(Ritzer 2011:142-143)。如今,任何人都能创建并经营自己的博客——去中心化的终极形式——并在线发表他们的观点和看法。

半岛电视台尽管在一些中东国家被禁播,在阿富汗和伊拉克的播映中心也遭到了美军攻击,但在数字时代里,它仍在持续蓬勃发展。

悖谬的是,“独立传媒”也苦于自身民主开放的访问方式,这种方式意味着各色人等和组织都可以利用这一网络,有时引来政府的密切监视和介入调查。2004年,它的网络供应商应美国联邦调查局的要求,从服务器上卸除了两块硬盘,有效地关闭了13个国家的20个网站。美国联邦调查局收到来自意大利博洛尼亚(Bologna)检察院的一份请求,称一个意大利无政府暴力组织涉嫌设置炸弹，向政界人士寄送炸弹邮件，并利用“独立传媒”宣布对袭击事件负责。事实上，并不清楚这一消息是否真实，但它的确暴露了“独立传媒”这一松散网络模式的弊端，也就是它似乎缺乏手段以抵制来自政府以及安全部门的要求（Mueller 2011：18-22）。

宗教、传统以及公众的认识都有可能构成传媒全球化的掣肘。同时，地方管制以及国内传媒机构也对限制全球传媒的影响发挥一定的作用（参看“全球社会 18.1”）。中东的新媒体就是有趣的例证。阿里·穆罕默迪调查了伊斯兰国家对于传媒全球化势力的反应（Mohammadi 2002），发现对于外部传媒各种形式的侵入的抵抗也是多种多样的，从温和的批评，到明令禁止西方卫星传播。各国对于传媒全球化的反应以及所采取的行动，在很大程度上体现了它们对于西方殖民主义遗产以及现代性入侵的总体回应。

全球社会 18.1

传媒帝国——新闻集团

鲁珀特·默多克是一个出生于澳大利亚的企业家，执掌世界上最大的传媒帝国之一。新闻集团（News Corporation）旗下，拥有分布在六大洲的九种不同传媒。2001 年，新闻集团的年营业额为 165 亿英镑，雇员达 3.4 万人（BBC 2001）。2004 年 10 月，美国广播公司新闻频道（ABC News）报道，该集团年营业额为 290 亿英镑。

在 20 世纪 60 年代进入英美市场之前，默多克就已经在澳大利亚建立了他的新闻集团。他最初是于 1969 年收购了英国的《世界新闻》（*News of the World*）和《太阳报》（*The Sun*），又在 70 年代中期收购了美国的《纽约邮报》（*New York Post*）。这些举动为集团日后在一系列收购中迅猛扩张铺平了道路。默多克改变了其中许多报纸的新闻报道风格，转而追求轰动效应，主打性、犯罪和体育三大主题。比如《太阳报》就获得了巨大成功，是全世界所有英语日报中发行量最大的。

20 世纪 80 年代，默多克开始进军电视领域，创建了“天空卫视”（Sky TV），这是一个卫星加有线的电视联营机构，最终在商业上大获成功。默多克还拥有总部设在中国香港的“星空卫视”（Star TV）网络的 64% 股份。其宣扬的战略是通过卫星传送来“控制天空”，覆盖了从日本到土耳其的广大区域，进入了印度和中国的巨大市场。它传输五个频道，其中一个就是 BBC 世界新闻频道（BBC World News）。1985 年，默多克收购了 20 世纪福克斯电影公司（20th Century Fox）的一半股份。1987 年，他的福克斯广播公司（Fox Broadcasting Company）开播，成为美国的第四大电视网。

近些年来,默多克大力投资获利丰厚的数字卫星电视产业,特别是通过他对“天空卫视”的所有权以及篮球和英超联赛等体育赛事的直播报道。在默多克看来,体育报道是新闻集团“撞开”新媒体市场的“重槌”(Herman and McChesney 1997)。因为体育赛事最好是观看现场直播,适合“按次付费”的模式,这既使得默多克大有钱赚,也便于广告商有的放矢。

2011年7月13日,在警方和议会介入调查《世界新闻报》涉嫌雇用记者和私人侦探非法窃听手机一事的影响下,默多克的新闻集团放弃了价值80亿英镑的完全控股“英国天空广播公司”(BSkyB)的竞标。窃听丑闻导致这一报纸在刊行168周年的前三天关张。然而,詹姆斯·默多克(James Murdoch)指出,《世界新闻报》只占新闻集团业务量的不到百分之一,反映了数字时代报纸读者数、获利性和影响力的颓势。7月19日,鲁珀特·默多克和詹姆斯·默多克共同出席了下议院文化、传媒与体育委员会的现场听证会,回答了有关非法窃听手机的问题。英国首相下令对该丑闻进行司法调查,这一事件被广泛视为不断扩张的默多克帝国遇到过的最大挫折。

政府能够给默多克制造麻烦。这是因为,它们至少可以在本国范围内通过立法,限制传媒领域的跨行业产权,即同一家公司拥有好几家报纸和电视台的情况。欧盟也表示了对于一些巨型传媒企业把持支配地位的关切。但是,默多克的权力在全球扩张,要想限制谈何容易。他的权势已经足以影响政府。不过,电信产业的特点就是既无处不在,又无处可寻。默多克的权力基础既是庞然大物,却又难以捉摸。

有一段时间,默多克执掌着世界上已知最大的传媒机构。不过,在1995年,迪士尼公司和美国广播公司宣布合并,取代了他的龙头地位。当时的迪士尼公司总裁迈克尔·艾斯纳明确表示,他要在迅速膨胀的亚洲市场与默多克一争高低。而默多克对这次合并的反应是:“它们现在是我公司的两倍大。”但他接着补充道:“这是一个更大的赶超目标。”迪士尼、时代华纳和维亚康姆的公司总裁们都认为,默多克是他们最为敬佩和畏惧的传媒业者。他的一举一动都会受到他们细致入微的研究(Herman and McChesney 1997)。

在20世纪80年代中期以前,伊斯兰世界的绝大部分电视节目都是在本国境内或者通过阿拉伯卫星通信组织(Arab Satellite Communications Organization, Arabsat)制作和放送的,该组织是由21个国家组成的泛阿拉伯地区卫星放送网络。而广电放送的自由化以及全球卫星电视的力量已经改变了伊斯兰世界的荧屏形态。1991年,海湾战争使中东

成为全球传媒业的关注中心，也对该地区内电视节目的播放与收看产生了深刻影响。到1993年，卫星电视迅速普及，巴林、埃及、沙特阿拉伯、科威特、迪拜[①]、突尼斯以及约旦都开设了卫星频道。而到90年代末，绝大多数伊斯兰国家都既能接收全球传媒节目，也建立了自己的卫星频道。

半岛电视台（Al Jazeera）是中东规模最大的阿拉伯语新闻频道，一天24小时提供新闻报道。它创办于1996年，总部设在卡塔尔，在阿拉伯各共同体中，在世界各地阿拉伯语族群中，它是发展最为迅速的新闻网。有些西方批评者认为，半岛电视台过于追求轰动效应，展现了太多暴力和情感冲动下的战地实况，对宗教激进分子和极端主义团体的报道过多（Sharkey 2004）。它的政论节目收视率最高，不过也有文化、体育和健康等方面的节目，有助于提高频道的收视率。但是，很多或者说绝大多数电视台都会追求具有轰动效应的报道以吸引观众，而且你可能会反对说，半岛电视台不过是像西方电视台所做的那样，反映自己受众的利益。

近期的学术研究认为，半岛电视台在打破中东传媒受到的政府控制中发挥了重大作用，鼓励人们公开讨论如美伊战争、巴勒斯坦局势以及阿拉伯认同之类的重要论题（Lynch 2006；Zayani 2005；Miles 2005）。这一新闻频道有助于改变政治与社会领域的辩论，不仅在中东，也包括西方，那里的数字观众可以看到全球事件的另一种视角。半岛电视台如今不仅在多哈和吉隆坡[②]播出，也在伦敦和华盛顿特区播出。

在一些伊斯兰国家，西方电视呈现的主题和内容制造了一些张力。有关性别与人权的节目尤其具有争议；比如，沙特阿拉伯就曾经因为“BBC阿语频道”关于人权问题的报道而不再支持它，伊朗、沙特阿拉伯以及马来西亚这三个伊斯兰国家已经禁止收看西方电视的卫星接入。伊朗反对西方传媒的态度最为坚决，视之为一种“文化污染”源，是在倡导西方消费价值观。

然而，做出这种强硬反应的国家毕竟还是少数。穆罕默迪（Mohammadi 2002）的结论是，尽管伊斯兰国家已经通过抵制或提供替代选择，对传媒全球化做出了反应，但是大多数国家发现，为了保护自身的文化认同，有必要接受这些文化的某些改变。伊朗和沙特阿拉伯所偏爱的那种“传统主义思路”正逐步让位于以调适和现代化为基础的反应。

---

① 迪拜是阿拉伯联合酋长国的一个成员国，面积、人口均居第二位。但迪拜作为经济、旅游和国际航空中心，已成为中东最富裕的城市。——译者注

② 多哈是电视台所在的卡塔尔的首都，而吉隆坡是马来西亚首都，这个多元文化和多民族的国家与阿拉伯半岛相隔遥远，但以伊斯兰教为国教。——译者注

小 结

当代大众传媒包含了复杂各异的多种形式,从出版物和报纸,到广播影视、智能手机和互动网络空间。对社会学家而言,了解数字新媒体的社会影响是一项重要任务。特别是在新媒体陪伴下经历社会化过程的新一代,他们更有可能领悟到,传媒是如何深深嵌入日常生活的例行常规的。不过,这项任务仍旧需要同时追求社会学的超然以及方法论上的严谨,这些是这门学科最佳学术研究的特点。

作为个体,我们无法掌控技术的变革。一些评论者认为,当下变迁步伐迅疾,蕴含威胁,可能导向一个全面的监控国家,抑或带来社会的混乱。毫无疑问,互联网、无线网络、智能手机等确实推动了行为的改变,但它们并非完全起决定作用。至少,迄今为止,怀疑论者预测的过于消极的图景并未变成现实。不仅监控国家没有出现,而且与此相反,互联网已经促成了更多的分权和新型社交网络联系,为普通民众制造了新的机会,他们现在可以制作属于自己的音乐、电影、新闻以及其他许多内容。传统的书籍以及其他“前电子时代”传媒也似乎并不可能消失。你正在读的书固然笨重,但其实比数字化版本用起来更方便,也更灵活便携,不需要任何电源。即便是电子阅读器,比如 Kindle、Nook、Cybook 等新型电子阅读器,仍需要电源,也不能像传统纸质书一样标注与操作。

另一方面,新媒体正在对旧式传媒逐步进行导流或“指明方向”。报纸逐渐转为在线阅读,并且正在尝试新的订阅和支付方法,以抵御销量的持续下滑。音乐下载已经对音乐 CD 的销售造成致命打击,未来某个时候还可能影响电影 DVD 的销售。就连电视,作为如今最为成功的全球传媒,其未来也不会幸免。在过去十年中,通过互联网来点播电视的技术发展很快,订购增长迅速,表明举国观看电视节目以及赛事“直播”的时代或许已告终结。

革命性的变迁往往更易于从远处欣赏,那时它的后果早已为人知晓,也因此得到了证明。然而,可以有把握地说,生活在今天的我们,当下正经历着一场数字革命,它将永久地改变传媒的景致。但是这一革命并不只是“外在地”发生在某个地方。我们都是其中的一部分,并且,我们如何应对、如何利用新型的技术以及传媒渠道,会和确定它们的社会影响一样重要。

本章要点

1. 社会学家所说的“大众传媒”是什么意思？它们的核心特征是什么？

2. 数字化在哪些方面成为一场“革命”？从数字革命中涌现出了哪些技术和设备？

3. 互联网与旧式的传媒有哪些不同？互联网对于人际关系、共同体和全球不平等可能产生哪些影响？

4. 人们已经发现电视具有哪些利弊？数字电视服务与模拟电视服务有哪些不同？

5. 在互联网上分享音乐文件导致了哪些争议？企业和管理机构是如何处理这些问题的，或者它们未来能如何更好地处置？对于听众来说，音乐的共享有哪些短期和长期益处？

6. 人们已经提出了多种传媒理论。简要概述主要的四种理论，梳理其异同。

7. 法兰克福学派曾将现代大众传媒看作“文化工业”的一部分。文化工业是指什么，为什么将其看成一种负面的发展？

8. 约翰·汤普森所称的“中介式准互动”是什么意思？试举数例。

9. 对比哈贝马斯（论公共领域的衰落）和鲍德里亚（论过度现实）的理论。你认为哪一种更符合当代的传媒形式的融合及其社会后果？

10. 我们从受众研究中了解到有关传媒讯息及其接受的哪些事情？

11. 传媒的所有权越来越集中在大型传媒集团的手中。你认为这种集中化如果有弊端，是什么？目前的替代选择真的能挑战这种所有权模式吗？

研究实践

关于数字新媒体有多少潜力，能够转变人们制作、传播和消费音乐、视频、电视与新闻的方式，不乏各种预言或假设。但是，文化生产者和受众群体利用了互联网的颠覆性潜力，就真的能挑战大型传媒企业的支配地位吗？

阅读 Sun Jung, and Doobo Shim, 2014, ‘Social Distribution: K-pop Fan Practices in Indonesia and the “Gangnam Style” Phenomenon’（社会传播：印尼的 K-pop 粉丝的表现与“江南 Style”现象），*International Journal of Cultural Studies*, 17(5): 485-501。该文探讨的实例或许有助于人们结合流行音乐，洞察这种挑战会如何发展。

1. 该研究属于什么类型？作者如何实施对于粉丝行为的研究？

2. 运用文中的例证，试说明“社会传播网络”是什么意思。

3. K-pop 粉丝是如何强有力地将该现象塑造成某种全球成功的?试以文中例证来说明。

4. 自上而下的企业利益在 K-pop 的创作和传播中扮演了什么角色?在韩国流行音乐的生产、传播与消费中,这类利益有可能取得支配地位吗?

深入思考

社会学家长期致力于理解新技术的兴起与传播同它们的社会背景之间的关系。某些技术“蔚然流行”,是因为它们确实满足了一种需求,还是它们被设计出来并推向市场,以**创造出**新近被察觉到的“需求”呢?是技术设计塑造并转变了社会,还是社会在特定的时期促成了适当的技术呢?

阅读 Ben Agger, 2011,‘iTime: Labour and Life in a Smartphone Era’(智能时间:智能手机时代的劳动与生活),*Time and Society*, 20(1):119-136。文中探讨了智能手机的兴起。注意作者探讨并解答上述问题的方式。文章如何从理论上阐述智能手机的社会影响?得出了什么结论?你认为这属于哪种理论立场?文中讨论智能手机的使用以及这种设计在社会中的“转化潜力”,你对讨论是否满意?

艺文探析

互联网最具争议的用法之一,就是维基解密放出政治军事方面的海量密级文件。维基解密这样的团体,使告密者能够以匿名的方式,将秘密信息泄露给公共领域。其共同创建者,澳大利亚计算机程序员朱利安·阿桑奇(Julian Assange)于 2012 年获得厄瓜多尔驻伦敦大使馆的庇护,以避免因被指控性侵而引渡到瑞典。

由比尔·康顿(Bill Condon)执导的电影《危机解密》(*The Fifth Estate*, 2013),详细描述了维基解密的创建与发展。观看电影,然后回答下列问题:

- 维基解密是如何问世的?创建者的“原初意图”是什么?
- 看看它放出的材料,维基解密是否有某种政治哲学?如果有,是什么?
- 在讨论布拉德利·曼宁(Bradley Manning)的伊拉克战争日志与阿富汗战争日记时,维基解密与主流报纸之间的关系是什么?新闻记者在多大程度上影响了被放出的材料?
- 你自己考察一下维基解密。阿桑奇说电影“是对维基解密的一次宣传攻击”。列出电影中有可能支持他看法的那些方面。总体看来,电影是保持公允还是有所偏向?

阅读指津

丹尼埃尔·阿尔贝塔齐和保罗·科布利合著的《传媒导论(第三版)》(Danielle Albertazzi, and Paul Cobley, 2009, *The Media: An Introduction*, 3rd edn, Harlow: Longman),条理清晰,文笔颇佳,是一部出色的入门级教材。詹姆斯·斯莱文的《互联网与社会》(James Slevin, 2000, *The Internet and Society*, Cambridge: Polity)讨论了互联网的社会影响。有关传媒的新形式,不妨看看马丁·利斯特、约翰·达维、赛斯·吉丁斯、伊恩·格兰特和基兰·凯利合著的《新传媒:批判性导论》(Martin Lister, John Dovey, Seth Giddings, Iain Grant, and Kieran Kelly, 2008, *New Media: A Critical Introduction*, London: Routledge),可谓名副其实。

在传媒理论方面,丹·劳希的《传媒理论核心主题》(Dan Laughey, 2007, *Key Themes in Media Theory*, Maidenhead: McGraw-Hill)是不错的起点,考察全面,超出本章范围所及。接下来,可以在大卫·赫斯蒙德夫和杰森·汤因比合编的文集《传媒与社会理论》(David Hesmondhalgh, and Jason Toynbee, eds., 2008, *The Media and Social Theory*, London: Routledge)中找到有用的讨论。

约翰·沙利文的《传媒受众:效应、用户、制度与权力》(John L. Sullivan, 2012, *Media Audiences: Effects, Users, Institutions and Power*, Thousand Oaks, CA: Sage)是对该领域的前沿考察。有关全球传媒所有权的问题,吉利恩·多伊尔的《传媒所有权:英国和欧洲传媒趋同与集中背后的经济与政治》(Gillian Doyle, 2002, *Media Ownership: The Economics and Politics of Convergence and Concentration in the UK and European Media*, London: Sage)是一部出色的指南。

那些想要进一步探寻传媒研究的人,不妨读读吉尔·布兰斯顿和罗伊·斯坦福德合著的《传媒专业学生手册(第五版)》(Gill Branston, and Roy Stafford, 2010, *The Media Student's Book*, 5th edn, London: Routledge)。要想设计自己的传媒研究,大卫·迪肯、迈克尔·皮克林、彼得·戈尔丁和格雷厄姆·默多克合著的《传播研究:传媒与文化分析中的方法实用指南(第二版)》(David Deacon, Michael Pickering, Peter Golding, and Graham Murdock, 2007, *Researching Communications: A Practical Guide to Methods in Media and Cultural Analysis*, 2nd edn, London: Hodder Arnold)很有用处。

关于传播与传媒的原典文集,参阅辅助读物《社会学入门文选(第三版)》(*Sociology: Introductory Readings*, 3rd edn, Cambridge: Polity, 2010)。

网络导航

政体出版社有关本书的更多信息和支持：

www.politybooks.com/giddens

格拉斯哥大学传媒研究小组(Glasgow University Media Group)**官网：**

www.glasgowmediagroup.org

英国通信管理局(Ofcom)——英国的独立传媒监管网站,有一些有用的调查：

www.ofcom.org.uk

信息政策研究基金会(The Foundation for Information Policy Research)——设在英国的研究信息通信技术同社会之间互动的智库：

www.fipr.org

经济合作与发展组织(OECD)**信息通信技术主页**——有关"互联网经济"的大量比较数据：

www.oecd.org/internet/ieconomy

英国独立传媒(Indymedia UK)——设在英国的"草根"网站,提供主流新闻之外的另类平台：

www.indymedia.org.uk

英国广播受众研究委员会(Broadcasters' Audience Research Board, BARB)——有很多对受众的研究和调查：

www.barb.co.uk

第十九章 教育

在一间学校教室里，女孩们留下了这幅图像，看起来或许平淡无奇，也没啥争议，但在世界上的某些地方，让女孩受教育被视为不必要的，甚至在道德上是错误的。马拉拉·尤萨夫扎伊（Malala Yousafzai）生活在巴基斯坦西北部的斯瓦特（Swat）河谷，曾经为女孩上学受教育的权利站出来说话。2009 年，年仅 11 岁的她就为英国广播公司匿名撰写博客。当时，塔利班正试图占领河谷地区，禁止女孩上学受教育。当政府军进入河谷地区清剿塔利班武装人员时，后者已经破坏了大批学校，而马拉拉一家也暂时搬出该地区以躲避冲突。当他们家最终搬回来之后，马拉拉上了一所由她父亲创办的学校，但那时她已成了一个扎眼的靶子，面临塔利班活跃分子的威胁，在他们眼里，马拉拉就是在提倡巴基斯坦人接受世俗教育（BBC News 2014c）。

2012 年 10 月 9 日，15 岁的马拉拉像往常一样，和小伙伴们一起坐巴士去上学。学校本身经过掩饰，没有任何明显记号能让塔利班支持者察觉到它的存在。放学回家的路上，巴士在离一个军队检查站不远处被拦下，一个小伙子上了车。马拉拉的自传里如此描述接下来发生的一切（Yousafzai 2013：6）：

> “谁是马拉拉？”他查问道。没人吱声，可有几个女孩看着我。我是唯一头上啥都没戴的女孩。就在那一刻，他举起了一把黑色手枪。后来我才知道，那

是一支柯尔特45半自动手枪。有些女孩尖叫起来。莫妮巴(Moniba)告诉我,我掐着她的手了。我朋友们说,他接连开了三枪。第一枪穿透了我的左眼窝,从左肩下穿出来。我往前倒向莫妮巴,鲜血从我的左耳涌出,另两发子弹击中了我旁边的女孩们。一发子弹射中了沙齐娅(Shazia)的左手,而第三发子弹穿透了她的左肩,射进了凯纳特·丽雅兹(Kainat Riaz)的右上臂。朋友们后来告诉我,枪手在开枪时手抖个不停。等我们到医院时,我的长发和莫妮巴的膝盖上满是鲜血。

马拉拉活了下来,被转运到英国接受手术和康复治疗。全家人现在住在伯明翰,只是马拉拉总在说,很想有一天能回到巴基斯坦的普什图(Pashtun)地区,她现在正运作一笔以自己名字命名的基金,帮助世界各地的孩子们接受教育。2014年10月,她(和印度儿童权利活动家凯拉什·萨蒂亚尔希一起)获颁诺贝尔和平奖。

2014年,马拉拉在奥斯陆领取诺贝尔和平奖,身边是凯拉什·萨蒂亚尔希(Kailash Satyarthi)。

马拉拉的个人经历显然非同寻常,但它也凸显了一个事实:“受教育”被赋予什么样的价值观念,不仅在政治上充满争议,从文化角度和社会角度来看也是多有差别的。在乡村贫困程度较为严重的农业社区,什么类型的教育更为合适?教育系统是应当挑战传统的性别分隔和性别角色,还是该致力于再生产出它们?学校教育是否始终是教导年轻人最合适的形式?

在有些国家和地区,大批儿童根本不曾进入学校。尤其是撒哈拉以南非洲地区,占到全球此类儿童总数的大约52%,有22%的小学就学年龄儿童失学。在世界上所有国家里面,尼日利亚的儿童失学率最高,几乎有三分之一的小学学龄儿童(6—11岁)和四分之一的初中学龄孩童(12—14岁)没有接受正规的学校教育。2008年,尼日利亚有超过1000万的儿童没有接受基础教育(UNICEF 2012:vi-xii)。不过,在乡村地区,还存在明显的性别差异。按照马拉拉的记述(Yousafzai 2013:9):

> 我是个女孩,而在我生活的这块土地上,生儿子会鸣枪庆贺,生女儿就默然藏匿,她们一辈子的角色就只是一日三餐、生儿育女……对于绝大多数普什图人来说,生出来的是个女儿,那就是阴郁压抑的一天。我父亲那边一个亲戚……是来庆贺我出生的寥寥数人之一,甚至送了一个不小的红包。不过,他还带来一张巨大的家谱图,上面是我们的达洛克尔·尤萨夫扎伊(Dalokhel Yousafzai)家族,一直上溯到我的曾曾祖父,但只有男性这一线。

非常贫困的乡村家庭往往会选择让家里的男孩而不是女孩接受教育。行动援助(ActionAid)这一慈善组织的戴维·阿彻(David Archer)指出,他们会出于诸多原因选择这样做:

> 有的是出于传统思想,认为花钱让女孩受教育不值得,因为她们以后不能像男孩那样给家庭带来经济回报,而且她们终究会出嫁,离开原来的家庭;还有各种各样的麻烦,比如早早怀孕,上学路上和在学校里害怕被欺负,教的东西不得体,缺乏女厕之类的基础设施。如果家里很穷,需要帮手,那送孩子上学就像一场赌博,而出局的往往是女孩。(*The Independent* 2007)

而在比较富裕、城市化和工业化程度也较高的国家,比如瑞典、加拿大和英国,情况就大不相同了。父母操心的主要问题不是自己的孩子——无论男孩女孩——**是否能够**上学,而是自己的孩子会接受**哪种类型**的学校教育。能不能进入名校?是上宗教学校、公立学校,还是付费的私立学校?发达国家的教育系统能提供多样化的学校教育,意味着教育涉及相当程度的消费者选择。然而,尽管各国具体背景千差万别,但教育与阶级、性别、族属、身心障碍等方面的社会不平等之间存在的关联,始终是世界各地教育系统的要害之处,也一向是社会学中大量研究与争论的主题。

教育作为社会学的基本研究主题之一,被认为在将社会的价值观念和道德准则传递给新成员的过程中至关重要。事实上,埃米尔·涂尔干的首个教授席位就是在巴黎的索邦大学担任教育学教授。鉴于教育是历史最悠久的社会学主题之一,该主题的学术研究和已有成就都蔚为大观,我们显然不能指望在此涵盖全部相关研究,但本章会提纲挈领地梳理一些参与塑造教育社会学面貌的最重要的研究主题与常见议题。

我们首先面临一个貌似简单的问题:教育是为了什么?答案并不像看起来那么一目了然。举例来说,“教育”与“学校教育”是一回事儿吗?它与经济有怎样的联系?回答这些问题有好些方式,这并不让人惊奇。我们会谈谈一些有影响的社会学理论。然后,我们会探讨教育中阶级、性别和族属等主要社会分隔之间的关联,并评价围绕智力和智商而产生的激烈争论。后面几节将考察世界各地的教育与识字率水平,以及数字技术对于课堂教学的影响,并基于英国的教育系统,探讨消费主义之类的社会变迁,以及对于父母能做出更多选择的要求。全章最后是高等教育阶段中的数字技术发展。大学负责满足全球知识经济的各种要求,但是在许多国家,大学似乎处在危机之中,因为政府的赤字削减计划意味着公共开支严重缩减,学生债务水平提高。虚拟大学(e-university)是否提供了一种可能的解决之道?

第一节

教育、学校教育与文化

▼

教育就像健康一样,常常被视为一种毫无争议的社会公益,人人都有资格享有它。谁会不喜欢它呢?事实上,只要经历过某种教育系统,变得识文断字、能数会算、颇有见识,绝大多数人都可能赞成说,教育大有裨益。然而,教育与学校教育是不同的。**教育**(education)可以被定义为一种允许并促进人们掌握技能、获取知识、开拓个人视野的社会制度。教育可以发生在许多不同的社会环境中。而**学校教育**(schooling)指的是传授特定类型的技能与知识的正式过程,通常是通过专业化环境即学校中的一套预先设定的课程系统来实现的。在大多数国家中,学校教育通常分为不同的阶段,比如初等教育和中等教育,并且对所有达到特定年龄的青少年都有强制接受教育的要求。

有些社会学家认为,教育对于个体实现自身潜力至关重要,但他们也指出,教育并不仅限于或取决于学校里面教授的东西。据说,马克·吐温讲过:“我从没让我的学校教育妨碍我的受教育之路。”言下之意,学校并不是最好的教育者,甚至可能阻碍有益的学习渠道,比如从睿智的成年人身上、在家庭里或者基于个人经验所能学到的东西。本章中,我们既会讨论教育,也会探究学校教育,并且往往认为后者发生在有组织的“教育系统”内,以体现习惯用法。

教育是一项牵涉政治、经济、社会和文化的复杂议题。是教育系统应该由政府通过税收来资助,然后面向全民免费提供服务,还是我们得直接为自己家庭的教育买单？这些都是重要的**政治经济**决策,也是持续引发公共争论的议题。应当推行**什么样的**教育？应该如何推行？比如,是否应该涵盖历史学、政治学或占星术？我们应该致力于通过综合全面的教育系统,向所有人提供相同的基础教育,而不考虑财富、性别或族属方面的不平等吗？或者,是否应该允许有钱人在国家系统之外为他们的孩子购买更好的教育？学校是否可以根据学生的能力进行筛选？在越来越复杂的争论中,这些社会议题跟政治经济议题交缠在一起。教育应该包括强制性的宗教教育吗？基于信仰的教育应该被允许甚至鼓励吗？支撑教育系统的应当是怎样的价值观？在多元文化社会里,这些**文化**议题也具有显著的政治意涵。

教育已不仅仅是关于在学校里面发生的事情,而成为方方面面争论的一个重要聚合点。这些讨论关涉社会自身的方向,以及我们如何能够帮助年轻人做好最充分的准备,应对在一个越来越全球化的世界中的生活。自 19 世纪晚期涂尔干的研究开始,社会学家就涉足有关教育的争论,我们也以之为起点评述有关教育的各种理论。

一　作为社会化的教育

在埃米尔·涂尔干看来,教育在儿童社会化过程中发挥了重要作用,因为他们在此过程中理解了社会共有价值观,大量分散的个体凭此整合到了一起。共有价值观包括宗教信仰、道德信念,以及自我纪律感。涂尔干认为,学校教育使儿童能够将社会规则内化,从而有助于社会的功能运作。他尤其关注 19 世纪晚期法国的共享道德价值观,因为他看到,普遍渗透的个体主义日益兴起,威胁到社会团结。他认为,学校在相互责任和集体善好价值观的教育中扮演着关键角色。学校作为一种"微型社会",能够传授纪律和对权威的尊重。

涂尔干(Durkheim 2011[1925])写说,在工业社会中,教育具有另一项社会化功能:教授孩子在愈益专门化的职业中胜任角色所需的技能。而在传统社会中,职业技能在家庭里就能学到。但分工的加剧导致社会更加复杂,发展出了一套教育系统,能够传承扮演各种专门化、职业性的角色所需的技能。

关于涂尔干的功能主义社会学思路,参看第一章"什么是社会学?"以及第三章"理论与视角"的介绍。

发达社会中的教育系统提倡个体成就。

在20世纪中期的美国,塔尔科特·帕森斯勾勒了另一种结构功能主义的思路来讨论教育。帕森斯不像涂尔干,并不担忧日益加剧的个体主义,而是主张教育的一项核心功能就在于向学童灌输个体成就的价值观。这对于工业化社会的正常运作至关重要,但它无法在家庭中学到。一个孩子在家庭中的地位是先赋的,即一出生就限定了的。与此不同,孩子在学校里的地位很大程度上是获致的。在学校,评估学生主要依靠测验、考试等普遍标准。在帕森斯看来,教育的主要功能是使孩子摆脱家庭中的特殊主义标准,转向现代社会所应用的普遍标准。根据他的说法,学校就像广阔的社会一样,是基于能力至上的准则来运作的,孩子们获致他们的地位,依据的是能力或价值,而不是他们的性别、种族或者阶级(Parsons and Bales 1956)。然而,我们将会看到,所谓学校基于能力至上的准则运行的观点已经饱受抨击。

毫无疑问,功能主义理论的确告诉了我们一些关于教育系统的重要事情。教育系统确实旨在为个体提供进入社会所需的技能与知识,学校也确实教给孩子们更广大社会中的一些价值观和道德。然而,功能主义理论似乎夸大了维持全社会单一价值观的理由。在一个社会中会存在很多文化差异,那种应该教给所有人同一套核心价值观的观念可能并不那么精确,也不怎么得到广泛认可。这里凸显了功能主义阐述内部反复出现的一个问题,那就是“社会”这个概念本身。功能论者认为,教育系统为整个社会履行了好几项功能,但问题在于,这种讲法假设了社会是相对同质的,所有社会群体都有相似的利益。真的是这样吗?来自社会学冲突论传统的批评者指出:在存在严重社会不平等的社会中,支持这些社会的教育系统也必然会巩固那些社会不平等。就此而言,学校教育就是服务于统治集团的利益。

关于教育和同伴关系在社会化过程中的重要性,参看第九章“生命历程”中的进一步讨论。

二 支撑资本主义的学校教育?

鲍尔斯和金蒂斯曾对美国的教育做过一项深具影响的研究(Bowles and Gintis 1976),他们的结论是:学校是社会化的"中介",但这只是因为它们有助于生产出适合资本主义工商业的劳动者。他们基于马克思主义的立场认为,劳动领域和教育领域存在紧密联系,这不仅仅意味着学校课程系统会教授雇主需要的知识和技能。教育系统还有助于塑造整体的人格。

> 教育中的社会关系结构不仅使学生适应劳动场所中的纪律,还培养出各类个人行为举止、自我表现、自我形象以及社会阶级认同,这些正是胜任岗位与否的关键要素。尤其是教育中的社会关系,包括行政管理人员与教师、教师与学生、学生与学生之间的关系,以及学生与其学业之间的关系,都复制了等级性的劳动分工。(Ibid.:131)

鲍尔斯和金蒂斯主张,学校教育的结构是基于"对应原则"的,即学校生活的结构**对应于**劳动生活的结构。无论是学校还是工作场所,遵从规则都会受到奖励,教师和管理者发号施令,学生和劳动者执行任务;与公司管理相同,学校的职员也是按照等级序列组织起来的,人们必须视之为势在必然而加以接受。鲍尔斯和金蒂斯的理论挑战了当时普遍流行的观点,即教育是一台"巨型校平机"(a great leveller),对待所有人一视同仁,从而拓宽所有人的机会。他们认为,事实上,资本主义制度下的教育更像是一台再生产出社会不平等的巨型区分器(divider)。

在某种程度上,这套正统的马克思主义理论代表了一种"冲突论功能主义",认为社会被冲突所撕裂,而社会中的教育系统履行着重要的功能,有助于维持不平等。其他的马克思主义者则认为,这种观点的主要缺陷就在于对应原则,它过于简化,还原论意味太强。例如,它依赖塑造和决定个体的社会结构,但没有充分挖掘积极主动的学童及学生抵抗的可能性所具有的意涵(Giroux 1983; Brown and Lauder 1997)。这一观点也过于泛化,而且并非源于学校自身内部的经验研究。后来的研究者发现,学校里面的具体做法多种多样,并且在很多情况下,学校领导和老师有可能创造出一种氛围,鼓励工人阶级出身的学生表现出比理论所考虑到的更多的抱负。不管怎么说,在当今的很多资本主义国家,雇主都会抱怨学校其实**未能**生产出具备他们所需要的技能和知识的劳动者。

批判性思考

根据鲍尔斯和金蒂斯的阐述，成功的中产阶级儿童在学校里是否也受制于“等级性的劳动分工”？如果学校所在地区以中产阶级为主，“对应原则”能通过哪些方式发挥作用？

三　隐性课程

鲍尔斯和金蒂斯关注的不仅是学校教育的内容,还有它的**结构**,他们揭示了藏在教育系统内的**隐性课程**(hidden curriculum)。学生从中学会接受纪律、等级以及顺从现状。奥地利的无政府主义者和哲学家伊凡·伊利奇(Ivan Illich, 1926—2002)研究隐性课程,是最具争议也最耐人寻味的教育理论家之一。伊利奇因其坚定反对工业资本主义的文化而闻名,他认为这种文化使人们逐渐**丧失技能**(deskilling),因为人们越来越多地依赖工业产品,越来越少地依靠自己的创造性和知识。比如在卫生领域,当科层制的卫生系统迫使人们倚赖医生和医院,传统的治疗方法和实践就消失了。而这种模式在包括教育的所有领域中重复展演。

伊利奇(Illich 1971)认为,强制性学校教育的观念本身就应该接受挑战。根据他的讲法,学校已经发展到满足四项基本功能要求:提供监护,给人们分配职业角色,习得主导价值观,以及获取社会认可的技能和知识。学校就像监狱一样,成了监管组织,因为上学是义务性的,年轻人从幼年直到走上工作岗位,在此期间都得“远离街区”。在学校可以学到很多跟课程正式内容毫无关系的东西。学校凭借它们涉及的纪律和管制的本质,灌输被伊利奇称作“被动摄取”(passive consumption)的东西,即不加批判地接受既存的社会秩序。隐性课程教导年轻人,他们在生活中的角色就是“搞清楚自己的位置,老老实实待在那里”(Illich 1971:74)。

伊利奇提倡**社会的非学校化**(deschooling of society)。既然学校并不能促进平等或个体创新能力的发展,那为什么不全盘抛弃学校呢?但伊利奇的意思并不是说应该废弃一切形式的教育组织,而是说每一个想要学习的人,在他生命中的任何时候,都应该有机会获取可用的资源,而不仅仅是在童年。这样的系统应当使知识可以广泛传播和共享,而不是局限于专业人士。学习者不必屈从于标准课程体系,而是能够对自己之所学做出个性化选择。

至于这些说法在实践中意味着什么,还不完全清楚。然而,伊利奇提出了代替学校的几类教育框架。正规学习的物质资源都将保存在图书馆、租赁机构、实验室和信息存储银行中，任何学生都可以使用。将建立“沟通网络”，提供有关信息，了解不同的人所具备的技能，以及他们是否愿意培训他人或互帮互学。还将向学生提供教育券（voucher），使他们能够随时随意使用教育服务。

这些提议都不现实吗？很多人会说是的。然而，如果未来很有可能大幅度减少或重组有薪劳动，并可通过互联网远程传递课程（或许还不收费），那么这些提议看起来似乎现实很多，甚或颇具吸引力。教育将不再只是专门机构里的一种早期培训形式，而是谁想从中受益就都可以利用的东西。随着数字技术的兴起，以及终身学习观念的普及，伊利奇在 20 世纪 70 年代的观点魅力再现。本章末尾，我们会回来谈谈这些晚近的发展趋势。

约翰·泰勒·加托（Gatto 2002），一位有三十年教龄的退休教师，也得出了相似的结论，认为美国的隐性课程教授七项基本内容。这套课程涉及的主题多样，各种信息相当随机地混合在一起，制造出**困惑**，而不是真正的知识和领悟。学校教育孩子们要接受现状，知道自己在**阶级等级序列**上的位置，遵从上级。上下课铃的规则教会了**冷漠**；没有一节课是如此重要，可以在铃响之后继续下去。学生被教导成在**情感上和智识上都依赖**权威人物，也就是告诉他们该想些什么、该如何去感受的教师。学生还学习到，自己的**自尊**只是暂时的，有赖于行政管理人员对他们的看法，而这种看法又是基于一系列的测验、成绩单和分数。最后一点是，**时刻处于监控之下**实属正常，家庭作业的文化便是例证，它有效地将学校的纪律转移到家庭环境中。加托得出结论说，美国（其实也包括其他任何地方）的公立义务教育系统传递出一种“针对所有人的强制从属关系”，并且是“在结构上不可改造的”。取而代之，他提出了一种儿童能够控制自己学习的家庭教育，凭借父母或其他成人的帮助，但他们不是作为教师，而是作为“辅导者”（facilitators）。

四 教育与文化再生产

许多社会学研究业已揭示，教育与不平等紧密关联。本节将评述社会学理论家尝试阐明教育系统中的社会不平等的一些思路。巴希尔·伯恩斯坦（Basil Bernstein）的经典研究强调语言的重要性（参看“经典研究 19.1”），保罗·威利斯（Paul Willis）着眼于文化价值观在塑造对于教育与劳动的态度方面的效果，而皮埃尔·布尔迪厄研究校园文化与家庭生活文化之间的关系。所有这些关键性研究都关注**文化再生产**（cultural reproduction），即文化的价值观、规范和经验的代际传递，以及实现这种传递的机制与过程。

经典研究 19.1

巴希尔·伯恩斯坦论社会阶级与语言使用

研究的问题 有一项得到公认的研究发现,即工人阶级家庭的孩子在学校的表现往往不如他们那些中产阶层家庭的同学。但这种讲法带有欺骗性,需要更详细的解答。为什么工人阶级的孩子表现得不尽如人意?是他们整体平均而言不那么聪明?是他们缺乏求学上进的动力?还是他们没有得到父母的足够支持?或者说,是学校中的某些因素阻碍了工人阶级的孩子表现出色?

伯恩斯坦的说明 英国社会学家巴希尔·伯恩斯坦(Basil Bernstein, 1924—2000)关注阶级不平等与教育之间的关联。他借鉴冲突理论,通过分析孩子的语言技能来考察这个问题(Bernstein 1975)。他发现,不同社会背景的孩子在他们的早期生活中就已经发展出了不同的**语言符码**(language code),或者说是言语的形式,而这会影响他们以后的学校体验。但他并不关心词汇或言语技能上的差别。相反,他的兴趣在于使用语言的方式上存在的系统性差异。

伯恩斯坦认为,工人阶级孩子的言语代表的是一种**有限符码**(restricted code),也就是一种特定的语言运用方式,包含说话者预期他人已经知道的许多未经言明的假设。有限符码作为一种言语类型,维系着说话者自身的文化背景。工人阶级中的许多人生活在亲密的家庭或邻里文化中。在这种文化里,价值观和规范被视为理所当然,不需要挑明。父母往往通过奖励或惩罚,直接对孩子的行为进行矫正,以使孩子社会化。一种有限符码中的语言更适合有关实际经验的沟通,而不是讨论更加抽象的观念、过程或者关系。因而,有限符码的言语指向的是群体的规范。没有任何一个人能够说明为什么他们要遵循自己这种行为模式。

中产阶级孩子的语言发展则与此相反,包括习得一种**精致符码**(elaborated code),这种言说风格使词语的意义个别化,以适应特定情境的要求。来自中产阶级背景的孩子,学习使用语言的方式较少受到专门情景的限制。他们能够更容易地概括并表达抽象观念。因此,中产阶级的母亲在管教自己的孩子时,经常会对孩子说明,自己之所以对孩子的行为有这种反应,是出于哪些原因和原则。工人阶级的父母在制止老想吃糖的孩子时,可能只是简单地说"再没有糖给你吃了!"。而中产阶级的父母就可能会说明,糖吃得太多对一个人的健康和牙齿都不好。

孩子如果习得了言语的精致符码,相比那些只会运用有限符码的孩子,更可能应对学术性学校教育的要求。这并不是说工人阶级的孩子使用的是“低等的”言语类型，或者说他们的语言符码是“受剥夺的”，而是说他们使用言语的方式同学校的学术文化是相冲突的。而那些已经掌握精致符码的人，融入学校环境就要容易得多。

琼·图赫（Tough 1976）发现，工人阶级的儿童缺少在家里自己的问题得到解答的经验，并且在课堂情境中也不太有能力提问题。芭芭拉·蒂泽德和马丁·休斯所做的研究（Tizard and Hughes 1984）也得出了相似的结论。人们普遍认为，伯恩斯坦的命题富于启发（Morais et al. 2001）。他的观点帮助我们理解为什么来自某些社会经济背景的孩子在学校里会成绩不佳。工人阶级的孩子发现教室环境难以应付，当中产阶级的孩子看上去如鱼得水时就更是如此。大部分的教师来自中产阶级背景，他们的语言使用会使精致符码显得规范，而有限符码则属于低等。孩子们或许会尝试将老师的语言转译为自己所熟悉的语言来应对局面，但这样做又可能无法把握教师希望表达的原理。尽管工人阶级家庭的孩子在死记硬背或“填鸭式”的学习方面不会遇到多少困难，但他们在把握包含概括和抽象的概念区分时就可能感到很吃力。

批评的观点　一些批评伯恩斯坦论题的人认为，这只是几个“缺陷假说”理论之一，就是认为工人阶级文化缺乏某种关键的东西（Boocock 1980; Bennett and LeCompte 1990）。而在这一个案中，缺少的是精致符码，它能让中产阶级子弟更充分地表达自己。在这些批评者看来，伯恩斯坦认为中产阶级的符码具有优越性，所以这个理论是一种精英论。这不仅仅是像许多意识形态支配学说所认为的那样，工人阶级出身的人在某种程度上将较高的社会阶级**视为**自己的上级；在伯恩斯坦的理论中，精致符码**在客观上**优越于有限符码。批评者也指出，语言符码的理论所得到的经验研究的支持，尚不足以使其被认可，因为有关学校里的生活实情，它所告诉我们的并不充分。

当代的意义　在教育社会学领域，伯恩斯坦的语言符码理论具有巨大的影响力。已经实施的许多研究都大力借鉴了他的方法（Jenkins 1990）。更为晚近的研究则把他的观点带入性别与教学之类的新领域，而他作为教育理论家的声名也已传遍世界（Sadovnik 1995; Arnot 2001）。伯恩斯坦的研究成功地将语言、言语与教育系统以及整个社会中更广泛的权力关系关联起来。他拒绝有关精英论的指责，指出自己的论题“提请人们关注这样几方面之间的关系：宏观权力关系，传递、获取和评估等微观实践，以及这些实践所引发的定位与对抗过程”（Bernstein 1990:118-119）。通过更好地理解这些关系，他期望设法防止工人阶级孩子的能力被浪费。

(一) 学做工——通过在学校中受挫? 保罗·威利斯在英国伯明翰的一所学校中做的研究,距今已有四十年,但仍是基于调查的社会学的经典研究(Willis 1977)。威利斯为自己设定的研究问题是:文化再生产究竟是如何发生的。或者,按照他一语中的的表述,“工人阶级的孩子是如何走上工人阶级的岗位的”。人们往往认为,在接受学校教育的过程中,来自工人阶级或少数族群背景的许多年轻人开始意识到,他们就是不够聪明,未来无法获得高报酬或高地位的工作。学业受挫的经历教他们认识到自己智力上的局限,接受了这种“差等”生的定位之后,他们就会进入前途有限的岗位。

威利斯指出,这种解释根本就不符合人们生活和经验的现实。来自贫困住区的人的“街头经验”和学业成就可能没什么关系,但是,其中所涉及的一系列能力,其精细、娴熟和复杂,与学校里所教授的知识技能不相上下。年轻人离开学校时,即使真的有人会认为“我太笨了,成天在工厂里糊纸盒对我来说倒也公平,正合适”,这样的孩子也是很少的。因此,如果来自不太优越的家庭背景的孩子接受了体力劳动岗位,却没有感到自己很失败,那么一定另有原因。

威利斯考察了伯明翰学校里一个特别的男生群体,花费了大量的时间同他们在一起。这个团体的成员都是白人,他们自称为“弟兄们”(lads),尽管学校里也有许多加勒比裔和亚裔的年轻人。威利斯发现,“弟兄们”对于学校权威系统的理解敏锐而深刻,却把这种知识用来同权威系统做斗争,而不是与其合作。他们把学校看作一个异己的环境,但也可加以操纵,以利自身。他们与教师之间有着持续的冲突和小摩擦,并从中得到快乐。他们敏于发现教师诉求权威时的弱点,以及教师作为个人的软肋。

例如,孩子们在教室里被要求端坐不动,保持安静,专心功课。但是“弟兄们”都动个不停,只有教师的瞪视会使他们当中的某一个人暂时收敛;他们可能会偷偷地说闲话,或者公开地讲一些处于反抗边缘的话语,不过一旦受到质问,也都可以搪塞过去。“弟兄们”也认识到,未来的工作场所将会同学校非常相似,但是他们仍积极地盼望着工作。他们并不指望从工作中获得直接的满足,只是迫不及待地想要挣得薪水。他们绝不因为自己所从事的工作,例如装轮胎、铺地毯、修管道、刷油漆以及搞装修等而感到低人一等,他们对工作满不在乎,正像他们对学校那样。他们享受工作所带来的成人地位,但是对为自己“打造职业生涯”不感兴趣。根据威利斯的说法,蓝领环境中的工作所包含的文化特征,常常与“弟兄们”在其反学校文化中创造出来的特征非常相似:相互逗笑,抖机灵,颠覆权威人物的要求的技巧。

威利斯以此揭示说,“弟兄们”在主动与学校规范和纪律机制打交道的过程中,创造出了自己的亚文化,也映射了他们期望进入的工作领域的工人文化。只有在往后的生活中,他们才可能发现,自己已经陷于艰苦乏味而薪酬微薄的劳动。结婚成家以后,他们可能会回过头来追忆教育,并把它看作唯一的解脱之路,虽然并无多少希望。不过,即使他们试图把这种权衡告诉自己的孩子,孩子们也很可能并不比自己的父母做得更成功。威利斯的研究成功论证了文化再生产的过程,呈现了不平等如何与教育系统相关联。他的研究还展示出,教育研究既可以是经验导向的,也可以深具理论意识。话说回来,它的焦点显然是在白人工人阶级男孩的教育体验上,并不可能由此推及其他社会阶层、女孩或少数族群的体验。

(二)再生产性别分隔 在20世纪70年代之前,性别议题并不是教育社会学的核心问题,关于女孩体验的研究也很有限(Gilligan 1982; Griffin 1985)。这种情况并非不同寻常,因为其他大部分社会学研究主题也都缺乏一种女性视角。有些社会学家基于女性主义理论视角展开研究,探索了女生在校求学期间习得女性特质的规范的社会化过程,也有一系列研究证实,学校对于来自不同社会阶级的女孩有着系统性的不利。

安吉拉·麦克罗比(McRobbie 1991)和休·利斯(Lees 1993)认为,英国的学校教育有助于在女孩中再生产出“合适的”女性特质的规范。学校视自己的任务为帮助女孩为家庭生活和承担相关责任做好准备,帮助男孩为未来的就业做好准备,从而巩固了更广大社会中传统的性别刻板印象(Deem 1980)。米切尔·斯坦沃思(Stanworth 1983)研究了综合学校中一组混编学生的课堂体验,发现尽管综合学校旨在为学生提供平等的机会,但女孩得到的来自老师的关注往往比男孩要少。她总结说,这种有差异的教学方式削弱了女孩对于自己能力的信心,为她们的学业表现不佳出了力。这是一种自我实现预言(self-fulfilling prophecy),老师最初的期望(男孩会比女孩表现更好)塑造了他们面对学生时的行为表现,而这又促成了他们最初(或许是错误的)假定的结果。

研究发现,学校文化中渗透着一种普遍的异性恋视角的性别歧视,尤其是在操场上、走廊上和其他教室外空间(Wood 1984)。就像威利斯(Willis 1977)发现的那样,男孩习惯性地使用性别歧视的语言,并以贬损性用语指称女孩。这就营造出一种攻击性男性特质的氛围,贬低了女孩和成年女性的地位,也将可以接受的男孩特征限定在非常狭隘的男性特质范围内。其结果之一就是同性恋变得不可见了,年轻的男女同性恋者发现,学校环境不允许他们公开表达自己正在崛起的认同。如果他们公开表达,会有遭到嘲笑、骚扰甚至身体攻击的风险(Burbridge and Walters 1981;参看第十五章“性别与性相”中对于性相的更为广泛的讨论)。

女性主义学者也考察了学校课程的**内容**。澳大利亚社会学家达尔·斯彭德(Spender

悖谬的是,看似反叛的反学校反文化却有助于生产出对待工作的合适态度,那正是单调重复、薪酬微薄的工作岗位所需要的。

1982)指出,许多科目彻底地渗入了不自觉的性别歧视,因此对女生没有吸引力。例如说,科学教材通常会忽略女性科学家取得的成就,她们也就不为学生所知。这样一来,科学没有给女孩提供任何积极的角色榜样,不能激励她们积极学习这门科目。休·夏普(Sharpe 1994)也看到,学校将女孩的选择引向更显“女性特质的”科目,例如健康研究和艺术,而偏离更具“男性特质的”学科,例如数学和信息通信技术。

尽管如此,我们在下文将会看到,近些年来,这种不利与排斥的传统模式发生了重大改变。其中最突出的一点就是,如今在几乎所有科目和所有阶段的教育中,女性青少年的表现都要好于男性青少年的。这种变化已经引发了有关男孩面临明显的“男性特质危机”的问题的新论争(Connell 2005)。

发挥你的社会学想象力 19.1

学不做工(Learning *not* to labour)

在威利斯对伯明翰的“弟兄们”进行研究二十多年后,麦尔丹·麦克安海尔(Mac an Ghaill 1994)在同样位于西米德兰兹[1]的帕奈尔学校(Parnell School),调查了来自工人阶

① 原文为“West Midlands”,既指英格兰的“中西区”,也指该区的都市郡“西米德兰兹郡”,该区和该郡的中心都市正是世界最大、历史最悠久的工业中心之一,也是威利斯研究的所在地——伯明翰。——译者注

级家庭的男青年的经历。麦克安海尔尤其感兴趣的是,这些男生是如何在学校中形成了特定形式的男性特质的,作为其向成年男人过渡的一部分。与威利斯笔下的“弟兄们”不同,帕奈尔学校的男孩们的成长伴随着失业率居高不下,地区制造业萎靡不振,提供给年轻人的政府补贴屡遭削减。

麦克安海尔发现,向成年人过渡比20世纪70年代威利斯笔下的“弟兄们”所体验到的更为破碎。从学校到有薪劳动不再有明显的转变轨迹。许多男生都发现,离开学校以后的日子的特点就是依赖别人(尤其是家人),接受“没什么用的”政府培训项目,进入不利于年轻体力劳动者的、缺乏稳定的劳动力市场。许多学生都很迷惘,不知道教育与他们的前途有什么关系。而这种迷惘又表现为多种多样的反应,当一些男性同龄人试图以学习尖子或“新型创业者”的身份奋力向上流动时,其他一些人则公开表示对于整个学校教育的敌意。

麦克安海尔在学校里划分出了四个同龄群体。其中,“小男子汉”是最具传统色彩的工人阶级群体。“小男子汉”在刚成为青少年时就抱成一团;这一群体的成员在所有科目上都处于学习成绩最差的两“档”。他们对教育公开表现出敌意,都认为学校属于威权系统的一部分,向自己管理的学生提出许多毫无意义的学习要求。威利斯笔下的“弟兄们”找到了操纵学校环境的办法,以使其有利于自己;而“小男子汉”却是向自己在学校中的角色发出挑战。

在帕奈尔学校中,“小男子汉”被学校管理层看作最“危险的”与学校作对的同龄群体,并鼓励教师们使用不加掩饰的威权手段对付他们。“小男子汉”对于工人阶级男性特质的符号展示,例如特定的服饰、发型和耳饰,均遭禁止。教师们参与对学生的“监控”,不断地在过道里监督他们,训导他们“我和你说话的时候,你要看着我”,告诉他们“顺着走廊好好走”。

对于“小男子汉”来说,中学就是他们学习粗犷强健的“学徒期”。学校不仅是有关三个“R”(读书[reading]、写字[writing]和算术[arithmetic])的,还是有关三个“F”(打架[fighting]、泡妞[fucking]与踢球[football])的。“罩着哥儿们”和“抱团”是核心价值观。学校宛如街头,正是你争我夺的地盘。“小男子汉”看待教师就像看待警察,公开表示厌恶,并且相信教师就是学校里主要的冲突根源。他们拒绝承认教师的权威,而且确信自己一直是由老师“立起来的”,供惩罚、规训(disciplined)或者羞辱的目标。

与威利斯笔下的“弟兄们”类似,“小男子汉”也把学习和成绩看成低等的、娘娘腔的。那些学习成绩优秀的学生被贴上“书呆子”(dickhead achievers)的标签。学校作业被径直拒绝,因为真男人不合适做这个。正如“小男子汉”的一员莱昂(Leon)所言:“你在这儿做的是女孩儿的活儿,那不是真正的工作。它是给小孩儿干的。他们(老师们)就想让你把你怎么想的写下来。这关他们什么事儿?"(Mac an Ghaill 1994:59)

麦克安海尔的研究揭示,"小男子汉"经历了一场特殊的"男性特质危机"。这是因为,他们积极地培养一种"过时的"工人阶级男性特质,以有薪体力劳动者为核心。可到了这时候,体力劳动者已经完全不再具备有保障的未来。"小男子汉"继续幻想着他们父辈曾经生活在其中的那个"充分就业"的社会。因此,虽然他们的某些行动让人觉得过分男人气,显得戒心重重,但事实上,他们深陷于从前辈那里继承下来的工人阶级世界观。

关于男性特质的形式变化的讨论,可参阅第十五章"性别与性相"。

批判性思考

威利斯和麦克安海尔的研究都聚焦于工人阶级出身的"弟兄们",但是,你见过学校中的女生的亚文化吗? 女性青少年当中发现的那些排斥与小团体形成过程,与男性青少年相比,可能有哪些不同?

(三)教育、文化资本与"惯习"的形成 迄今为止,最系统的有关文化再生产的整体理论,大概是法国社会学家皮埃尔·布尔迪厄(Pierre Bourdieu, 1930—2002)的理论。布尔迪厄(Bourdieu 1986,1988; Bourdieu and Passeron 1977)设计了一套格局宽广的文化再生产理论,将经济位置、社会地位和符号资本与文化知识及技能联系在一起。教育是这一视角的核心要素,但是有必要先概述布尔迪厄的资本形式理论,以把握它对于教育社会学的重要意义。

布尔迪厄理论的核心概念是**资本**,这是他从马克思有关资本主义的观念中借取的。马克思认为,生产资料所有权是社会中至关重要的分隔(division),它赋予资本家许多优势,他们有能力将工人置于臣属地位。但对于布尔迪厄来说,这种**经济资本**(economic capital)只是个体和社会团体用来获取优势的几种资本形式之一。除了经济资本之外,布尔迪厄还定义了社会资本、文化资本和符号资本。**社会资本**(social capital)指的是在精英社会网络中的成员身份和活动参与,或者是进入联系密切且影响力大的社会群体。**文化资本**(cultural capital)是在家庭环境中及通过教育获得的,它可以带来知识与技能的增长,以及学位或其他证书之类的资格认证。**符号资本**(symbolic capital)指的是声望、地位和其他形式的社会荣誉,这使得地位高的人可以支配地位较低的人。

这一图式有一个重要特性,就是各种形式的资本可以相互转化。例如,拥有较多**文化资本**的人也许能够用它来换取**经济资本**。在高薪职位的面试中,他们高人一等的知识和证书能让他们比其他面试者更具优势,而这些主要是他们在学校教育过程中获得的。与此类似,那些具有较多**社会资本**的人也许能"通晓门路"或"进入合适的社交圈",并且有效地将这种**社会资本**转化为**符号资本**,即来自他人的尊重和社会地位的提升,这又会增加他们在与其他人交往时的权力机会。

布尔迪厄讨论的第二个概念是**场域**(field),即发生竞争性斗争的各式各样的社会场所或竞技场。社会生活的组织和权力关系的运作都是通过场域实现的。而且,每一个场域都有它自己的"游戏规则",不能移植到其他场域。例如,在艺术和审美场域,文化资本最受推崇,那些对艺术史或音乐史如数家珍的人,会在这一场域享有权力。文学或电影评论者就是这样享有了推高或打压一本书或一部电影的权力。但这些标准并不适用于生产领域,在那里经济资本大行其道。

最后,布尔迪厄使用了**惯习**(habitus)的概念,它可以被描述为习得的性情倾向(dispositions),包括人们根据自己所处的社会环境采取的言谈举止、思维和行动的方式等。伯恩斯坦分析的语言符码,麦克安海尔笔下"小男子汉"对于工人阶级男性特质的展示,都例示了惯习的特性。惯习这个概念很重要,因为它使我们能够分析社会结构与个体行动及其人格之间的关联。

但是,这一切和教育又有什么关系呢?布尔迪厄(Bourdieu 1986)的文化资本概念是这个问题的核心,他区分了文化资本的三种存在形式。文化资本能以一种**具身化状态**(embodied state)存在,即我们思考、言谈和举止的方式所承载的东西。它也能以**客体化状态**(objectified state)存在,例如艺术品、书籍或者服饰等方面的物质财产。最后,文化资本还会体现为**制度化形式**(institutionalized forms),例如持有教育方面的资格证书,在全国范围内都被认可,在劳动力市场上能方便地转化为经济资本。不难看出,人们通过教育获得具身化和制度化形式的文化资本,并形成可在社会生活某些专门领域使用的资源。这样一来,教育就可以成为文化资本的丰富源泉,为很多人带来利益。

然而,正如伯恩斯坦、威利斯和麦克安海尔所认为的那样,教育系统本身不单是脱离了更广阔的社会的一个中立场域。事实是,教育系统中的文化和标准也反映着其所在的社会,在此过程中,学校系统性地有利于那些已经在家庭中及通过自己嵌入的社会网络(社会资本的一种重要形式)获得文化资本的人。中产阶级出身的孩子们能够轻松融入校园文化,他们言谈得体,举止有礼,考起试来成绩也好。但是,由于教育系统被描绘成并且被广泛认为是面向所有人的,以能力为基础,很多工人阶级出身的孩子慢慢认识到,自己在智力上低人一等,承认自己的失败该归咎于自己,而不是系统本身。教育系统就这样在社会不平等的文化再生产中扮演了关键角色。

(四)获得文化资本 安妮特·拉鲁(Lareau 2003)在对美国 12 个不同家庭进行民族志研究时,使用布尔迪厄的观念,特别是文化资本的概念,对社会各阶级的父母之道进行了"深入的'自然主义式'观察"。在工人阶级家庭和较为贫穷的家庭,父母并不试图和孩子讲道理,而只告诉他们做什么不做什么。父母还希望孩子自己寻找消遣的方式,而不是依靠父母为他们创造。工人阶级的孩子不会顶嘴,并且意识到家庭的经济状况限制着自己能有什么渴望。工人阶级的父母认为成人与孩子之间有明显差别,不需要关注孩子们的情感和意见,而更乐于促成某种"自然成长"。拉鲁说,这种父母之道与当前社会制度的标准"不同步"。但是,工人阶级的父母与孩子仍得和学校之类的社会制度打交道,因此,孩子开始越来越强烈地感到"距离、不信任和约束"。

另一方面,该研究中,中产阶级的孩子表现得很健谈,善于交流,熟习各种社交礼节,比如握手和谈话中的眼神交流。他们还非常善于让其他家庭成员尤其是父母满足他们的需要,同成人或权威人物相处时也应对自如。拉鲁认为,中产阶级的父母总是很关注孩子的情感和意见,并参与组织他们的消遣娱乐,而不是让孩子们自己去玩。父母与孩子之间长时间的讨论是中产阶级父母之道的一大特色,而这样做的基础就是**对孩子的协力培养**。其结果,中产阶级的孩子对自身应得的权利有着清醒的认识,而不是感到有隔膜、受约束。拉鲁的研究向我们展示了文化资本代际传承的一些实际方式,以及父母之道与社会阶级之间是如何紧密关联的。

拉鲁指出,两种父母之道各有其优点,但她研究的一些中产阶级家庭,因为不断努力满足孩子的需求而被折腾得够呛,孩子却比工人阶级的孩子更加焦虑紧张,因为在工人阶级家庭里,家庭成员关系更密切,兄弟姐妹之间的竞争也少得多。拉鲁的结论是,父母之道受到社会阶级的影响往往要比受族群划分的影响更大,而且,我们已经看到,该研究里中产阶级的孩子比起来自工人阶级家庭的孩子,在学业成功方面的准备条件要充分得多。

(五)小结 布尔迪厄的理论激发了许多对于教育、不公平和文化再生产过程的社会学研究。尽管如此,它也引发了一些批评。争议之一在于,工人阶级要想在中产阶级的教育系统中获得成功似乎几无可能，不过，也有相当一部分人的确获得了成功。在高等教育大众化的时代，更多的工人阶级出身的人进入了大学，而且获得了使其能与中产阶级相竞争的制度化文化资本。然而，我们也不应该将工人阶级的孩子对于自身处境的顺从接受，误当作对于学校及自身结局的正面合法化。毕竟，有大量证据表明，工人阶级出身的学生的抵抗和反叛方式有逃学、上课捣乱、组织校园帮派等，而这些都产生了可供替代的成功标准。尽管如此，对于理解学校教育在社会不平等的再生产中所扮演的角色，布尔迪厄的理论框架仍然是目前最系统的综合论述。

布尔迪厄关于阶级与社会资本的观点，在第十二章“分层与社会阶级”中有更为详细的讨论。

（六）评价　本章中所探讨的社会学理论阐明了教育的两个重要方面。一方面，高品质的教育可以改善人们的生活，在世界上的许多地区，像马拉拉及其小伙伴这样的孩子渴望接受学校教育，作为通向更好的生活的途径。教育是人们大力追求的目标，也往往需要排除对抗奋力争取。然而，社会学研究也不断发现，教育系统并不只是创造新的机会，也给不同社会群体的人带来了不同的体验。教育系统属于其所根植的社会的一部分，当社会充斥着不平等，学校也会帮助再生产出不平等，即使这违背了在其中工作的人的美好愿望。伯恩斯坦、威利斯和布尔迪厄等人的研究成果证明，不平等社会中的文化再生产导致了反复再现的教育不平等模式。下一节会着眼于这些模式，看看晚近它们已经有了多大程度的变化。

发挥你的社会学想象力 19.2

英国的公学

英国的公学（public schools）在不少方面有些怪异。这些机构根本就不是“公”立的，相反，是私立的、收费的。它们高度独立于教育系统的其他组成部分，并在整个社会中扮演着关键角色，这使它们明显有别于其他国家的学校。在西方各个社会，都有一些往往同宗教相维系的私立学校，但是没有任何社会的私立学校像英国这样排他，又如此重要。

公学名义上归国家管理，但实际上几乎没有什么重大教育法规会影响到它们。1944年的《教育法》对它们没有触动，综合学校的设立也没有波及它们。而且直到最近，大多数公学仍然是男女分校的。在英国大约有2300所收费学校，为约6%的人口提供教育。

伊顿公学的男孩们身着非常传统的校服。

它们的组织形式多种多样,从伊顿、拉格比或切特豪斯①之类久负声望的机构,到大多数人不曾听闻的所谓小(minor)公学。

一些教育学家认为,“公学”这个词只限于指称一组重要的收费学校。它们是1871年最初形成的校长联合会(Headmasters' Conference, HMC)的成员学校。这个联合会最初只有50所学校,现在已经扩展到超过240所。直至今日,校长联合会成员校的毕业生往往还在英国社会中占有较高的位置。社会流动与儿童贫困问题委员会所做的一项研究发现(Social Mobility and Child Poverty Commission 2014: 10),71%的高级法官,62%的高级军官,55%的高级公务员,50%的上议院议员,36%的内阁成员,以及53%的高级外交官,都上过收费学校。当时的保守党首相戴维·卡梅伦(David Cameron)就上过伊顿公学,而他在2014年的副手尼克·克莱格(Nick Clegg)曾在威斯敏斯特学校读书,这两个学校都是校长联合会成员校。社会流动与儿童贫困问题委员会指出,调查发现,“精英主义如此不加掩饰,乃至于可以称之为‘社会工程’”。

批判性思考

从布尔迪厄的理论来看,英国的公学传递给它们的学生什么类型的文化资本?针对英国教育系统中的学生大众,公立学校曾经发挥过同样的功能吗?

---

① 伊顿学院(Eton College)又译伊顿公学,是英格兰最大也最有名望的公学之一。建于1440年,创立者亨利六世还创办了剑桥大学国王学院,因此伊顿毕业生可以径往深造。伊顿的学生一般来自英格兰最富有、最知名的家庭,其中许多是贵族。拉格比(Rugby)也是英格兰著名公学,系创立于1567年的男校,也是橄榄球发源地。切特豪斯(Charterhouse)是英格兰著名的学校和慈善机构,创建于1611年,为穷苦但有天资的年轻人提供教育。英国有代表性的大的公学通常系中世纪或文艺复兴晚期由某个捐助人创建的学校演变而来。一般认为,公学培养的是预备升入牛津或剑桥的学生,将来可以担任政府公职,这是公学名称的另一来源。公学所培养和传播的精神气质并不限于学术性,而是在行为、言谈和仪表方面,注重其合乎阶级意识的规范,对于英国影响深远。最著名的九所公学除了上述三所,还包括温彻斯特、圣保罗(女中)、什鲁斯伯里、威斯敏斯特、麦钱特·泰勒斯、哈罗。——译者注

第二节

社会分隔与教育

▼

行文至此，我们关于教育与不平等的讨论聚焦于社会阶级与教育的关系。之所以如此，原因很简单，就是长期以来，有大量经验研究不断报告在社会阶级与教育成就之间存在清晰的关联，而社会学家也寻求多种理论来说明这一现象。位于社会经济等级较低端的孩子与位于较高端的孩子比起来，在教育系统各个层级的学校中都表现较差，获得的资格证书也较少。这个结果说起来非常直白，却可能是教育社会学领域最确凿的发现。

有一项英国研究是这类研究的典型代表，它使用社会经济地位测量标准（由父母收入、社会阶级、住房产权、自述财政困难等构建而成），以考察直至16岁的学业成绩差异。该研究发现，在仅仅三岁大的幼儿身上，以阶级为基础的认知能力差异就已经很大了，到了五岁则更加显著（Goodman and Gregg 2010：5-6）。这个差距将在小学年龄阶段继续扩大（参看图19.1）。到孩子上中学时，成就差距似乎已经根深蒂固，结果是在最贫穷的五分之一（或五分位组）孩子中，只有21%在16岁时拿到五个A到C等成绩，而最富裕的五分之一孩子中该比例为75%（参看图19.2）。这就意味着，在最高与最低的社会经济阶层之间的差距高达54个百分点。

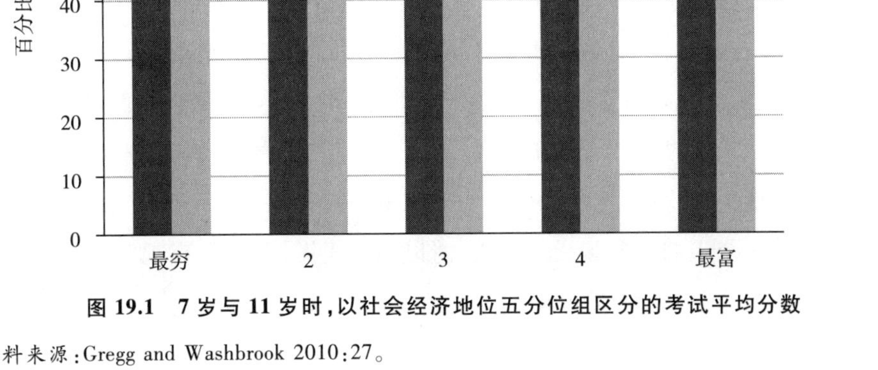

图19.1　7岁与11岁时，以社会经济地位五分位组区分的考试平均分数

资料来源：Gregg and Washbrook 2010：27。

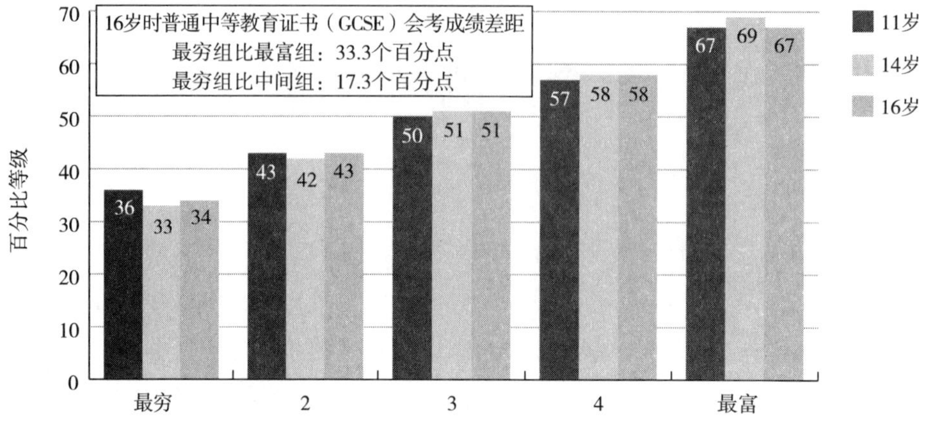

图 19.2　11 岁、14 岁与 16 岁时,以社会经济地位五分位组区分的关键阶段考试分数

资料来源:Chowdry et al. 2010:35。

作者指出,来自较贫穷背景的孩子相较于来自富裕背景的孩子,体验到的健康幸福水准更低,家庭“学习环境”更为不利,一起读书之类的亲子互动更少,“母子亲近”也更少。他们还强调,对于教育的价值的态度各不相同,教育抱负也互有差异。简言之,正如其他许多研究,该研究同样发现,孩子出生时的社会阶级位置对于其受教育机会和生活机遇会产生广泛的影响。用布尔迪厄的话来说,诸如此类的发现表明,即使到了 21 世纪,文化(及经济)资本的代际传承依然塑造着学业成绩的结构。

不过,社会阶级并不是影响教育成就的不平等的唯一形式。本节下文将探讨关于智商和人的智力的旷日持久的激烈辩论,然后考察性别与族属方面的教育不平等。这将有助于我们看到,在社会本身经历显著重构的时候,教育系统是如何随之变化的。

一　智商之辩

心理学家已经讨论了许多年,是否存在可被称为**智力**(intelligence)的单独一项人类能力。而且,如果存在的话,这种能力又在多大程度上依赖天生的差异。之所以很难给智力下定义,是因为它包括许多不同(往往互不相干)的素质。例如,我们可以假设,智力的“最纯粹的”形式是解决抽象数学问题的能力。然而,非常擅长解决这种问题的人,有时在其他领域的能力却很低,比如在领会历史叙事或者理解艺术方面。由于这个概念已被证实难以得到一个人们普遍接受的定义,所以不妨假设,可以径直把智力看作由“智商测验测量出来的东西”(智商[IQ],即智力商数[intelligence quotient])。

(一)“钟形曲线”　智商测试的分数的确和学业成绩关联很大,这并不令人惊讶,因为最初设计这些测试,就是用来预测学业成功与否的。测试结果与社会、经济和族群差异也密切关联,因为这些差异和教育成就高低相关。一般来说,白人学生比黑人或者其他弱势少数族群的学生得分更高。这就导致一些人认为,智商差别一定程度上是因为基因变异(Jensen 1969,1979)。但是,要给教育成就低下的原因下定论,必须把教育系统本身的影响也纳入考虑,因为教育系统并不是中立的场所,智力最高的人并不一定表现最出色。

赫恩斯坦和默里(Herrnstein and Murray 1994)以一种有争议的方式,重新揭启了一场有关智商和教育问题的讨论。他们提出,智力在人口中是“正态分布”的,呈现为一条钟形曲线,各种族和族群之间的平均智商差异,能以环境和遗传方面的因素来说明。例如,亚裔美国人,尤其是日裔和华裔,往往比白人的智商高,尽管差距并不大。然而,亚裔和白人的平均智商又显著高于黑人。作者们主张,这种遗传性的种族差异加剧了社会中的社会分隔。站到社会顶层的人,一定程度上是因为他们比人口中的其他成员智力更高。而位于底层的人之所以在那里,是因为平均来说他们的智力不够。但也有批评者否认各种族和族群之间的智商差异有遗传成分,认为这些差异是社会和文化影响的结果。

社会心理学的研究已经发现,“刻板印象威胁”(stereotype threat),即担忧一种负面的社会刻板印象得到确证,成为自我特征,这种心理有损于人们在智力测验中的表现(Steele and Aronson 1995; Steele 1997)。斯蒂尔和阿伦森测试了学生中的白人和非洲裔美国人,且每个族群中各有一半被告知他们正在接受智力测试。白人学生的表现没有受到明显的影响,而想到自己的智商正在被测试的非洲裔美国人的表现则大不如自己此前的水准。由于担忧所谓非洲裔美国人的智商低于白人的刻板印象得到确证,他们的焦虑程度上升,导致表现更差。对性别刻板印象化与考试成绩之间的关系进行类似的研究,也找到了压力和焦虑的生理证据,比如说体表温度和舒张压的变化(Osborne 2007)。在测试环境中,社会和文化方面的刻板印象会对人们的表现产生很大的影响。

一些学者把这个钟形曲线的论点看作一种危险的“种族主义伪科学”形式(Fraser 1995)。生物学家斯蒂芬·杰伊·古尔德(Stephen Jay Gould, 1941—2002)指出,赫恩斯坦和默里在四个主要论点上是错误的。单一的智商测试分数不能描述智力;无法按照一种智力等级对人们进行有意义的排序;基因遗传对于智力的影响并不显著;“智力”也会随着年龄的增加而变化或提高。古尔德的结论是:

> 我们之所以必须同“钟形曲线”的学说作斗争,既因为它是错误的,也因为如果它被付诸实践,就将切断根据每个人的智力进行适当培养的一切可能。当然,我们不可能都成为航天科学家或脑外科医生,但是那些不可能成为这类人的人却有可能成为摇滚乐手或者专业运动员(并因此获得更高的社会声望和薪酬待遇)。(转引自 Fraser 1955:22)

(二)“新智商歧视” 根据吉尔伯恩和扬代尔(Gillborn and Youdell 2001)的观点,尽管测量智商在今天很少使用,但教育工作者却以一种非常相似的方式使用“能力”(ability)这个术语。20 世纪 90 年代中期,两位作者在伦敦的两所学校进行了调查,对中学三年级和毕业年级的师生进行了访谈和观察。两所学校都致力于尽可能提高学生在普通中等教育证书考试(GCSE level)中五门及以上科目获得 A 到 C 等分数的比例。这是政府设立的基准,是官方排行榜给学校评级时的一项关键指标。尽管这个目标合法正当,但吉尔伯恩和扬代尔却看出,它迫使老师在压力之下,花费更多时间去关注那些他们认为有能力达到目标成绩的学生。其结果,教员的时间和精力的分配就是按照每个学生被感知到的能力。吉尔伯恩和扬代尔基于他们的采访和观察发现,在老师看来,“能力”是限定不变的,它决定了学生的潜力。一位校长就说:“你不能把能力给某个人,不是吗?你不能完成超出自己能力的事情,不是吗?”

老师们往往相信,能力可以被客观地测量。在一所学校,学生入校的时候会接受一次“认知能力”的测试。老师将此看成预测未来普通中等教育证书考试成绩的一项不错的指标。而拥有最高“能力”的学生通常来自白人和中产阶级家庭,这并不令人意外。作者也指出,在很多场合中,黑人学生在班上会受到差异性的消极对待。就这样,认为学生有能力的信念,构成了对于黑人以及工人阶级家庭孩子的不自觉的歧视。

这种“新智商歧视”的主要后果就是,能在普通中等教育证书考试中五门科目得到 C 等以上成绩的黑人以及工人阶级家庭的学生越来越少。这就强化了老师对于“限定能力”的信念。在一所学校中,在普通中等教育证书考试中五门或更多科目获得 C 等的黑人学生比例为 16%,而白人学生的该项比例为 35%。这样的结果也是英国全国模式的典型体现,黑人和工人阶级家庭的学生被认为在学业上比平均水平更差一些。吉尔伯恩和扬代尔的结论就是,尽管绝大多数教育工作者反对智力具有遗传性种族差异的观念,但英国教育系统却接纳了赫恩斯坦和默里提出的那类假设,只不过是乔装成看重“能力”而非“智力”罢了。

批判性思考

智商测验的批评者认为,这些测验并不能真正地测量“智力”。如果确实如此,那么它们是在测量什么,为什么会得出如此不同的结果?智商测验是否有内在的种族歧视性质?政府在今后是否应该为其提供资助?

（三）情商 从20世纪90年代开始，就有很多大众书籍和心理学研究致力于在我们对于何谓“智力”的理解中，添加情感方面的意识和能力。这个观念是随着丹尼尔·戈尔曼（Daniel Goleman）的畅销书《情商》（*Emotional Intelligence*，1996）而流行开来的。戈尔曼认为，在决定人们的生活机会时，情商与智商一样重要。情商（Emotional Intelligence，EI；亦称情绪智力）被视为这样一种能力，即可以识别自己及他人的情绪，在情绪出现时能够做出评估并加以管理。不过，与智商不同，情商素质不被认为得自遗传，而且儿童在这方面所受的教育越多，他们利用自身智能的机会也就越多。根据戈尔曼的观点，“我们中间即使是最聪明的人，也有可能因为抑制不住巨大的热情和冲动而遭受失败。而高智商的人在私人生活中，也可能是个非常糟糕的舵手”（Goleman 1996：34）。

经由与此相关的“情感素养”（emotional literacy）概念，情商理论在教育工作者当中蔚为流行，“情感素养”这个术语意味着情感能力可以教授给学生，以此赋予他们一些情感资源，以应对各种社会压力。由于“智力”这一概念拓展到智商、情商和人际因素，学校教育逐渐不再狭隘聚焦，而是寻求塑造具备多样化的社会技能和生活技能的全面发展的个体。不过，学校中的成功机会还受到更大范围内社会不平等模式的很大影响，而这些模式深植于各个社会的社会结构之中。

发挥你的社会学想象力 19.3

教授情感素养？

为青少年准备的礼仪课程 中学准备开设“情商”课程，试图改善课堂行为……“学习的社会和情感维度”计划（social and emotional aspects of learning，SEAL）将在英国的中学推行。它将教授诸如解决冲突、掌控怒气、尊重他人以及公平竞争的技能。

英国教育与技能部表示，试行方案已经在小学获得了非常积极的效果。该部一位发言人说，如果中学打算通过这种方法改善孩子的行为举止，会获得支持。

交锋 在复活节召开的教师联合会会议上，人们听到了一系列警告，教师面临来自举止不端的学生的暴力和辱骂的程度加剧。设计这项“学习的社会和情感维度”计划，就是为了教育学生需要尊重他人，并教授他们避免侵犯和对抗的技能。

英国教育与技能部表示，那些已经开设情商课程的小学已经报告，霸凌和打架之类的问题业已减少。所涵盖的主题领域包括培养同情心，例如展示别人可能有何感受或者另一种观点，掌控诸如怒气之类的强烈情绪，认可他人的权利等。

坎布里亚郡(Cumbria)肯达尔(Kendal)的维克里奇公园(Vicarage Park)小学是试行计划的小学之一,该校校长安妮·哈勒姆(Anne Hallam)认为,方案对于帮助男孩清楚表达自己的情感产生了“重要影响”。她说,学生越是高兴,“就越可能专心学习”。

位于温布尔顿的佩勒海姆小学(Pelham Primary School)也引入了情商课程,该校报告说,课程有助于平息日常争执,否则它们会不断升级。教师贾斯汀·格林(Justine Green)表示,“我们在课上做的事情好像延伸到了操场上。问题还是会出现,但现在孩子们更能清楚表达,更能从别人的角度来看问题了”。

资料来源:BBC 2007a。

批判性思考

你能看到你和朋友身上的情商吗? 是否能够说,我们的情感能够完全被理性控制?

二　性别与学校教育

在发达社会,教育与正式的学校课程在性别维度上长期存在差异。比如,在19世纪晚期的英国,女孩被教授料理家务的技能,男孩则学习基础数学,被寄望掌握工作所需的技能。同样,女性进入高等教育的步伐非常缓慢,在1878年之前,都无法获得学位证书。即便在此之后,攻读学位的女性人数也始终很少,这种状况直到20世纪六七十年代才开始明显转变。而在当今的高等教育大众化时代,这样的局面已经有了彻底转变。

今天,中学课程除了体育活动,不再以任何系统性的方式公开区分男孩和女孩。然而,仍然存在其他“入口”,使教育中的性别差异得以发展。其中包括教师的期望、学校的礼仪,以及隐性课程的其他特性。尽管这些规定渐趋宽松,但是强制女生穿连衣裙或裙子的规定,也是产生性别类型化的更为明显的方式之一。后果并不只是区区外表。如此穿着的结果,是女生缺乏自由,不能随意坐下、参与激烈的游戏或尽情飞奔。

学校教科书也延续着性别化的形象。直到最近,小学的故事书中仍然一般把男孩描述为具备创新精神和独立意识的,而女孩即使出现,也要消极被动得多。专门写给女孩子的故事往往也会包含冒险元素,但是通常表现为在家庭或学校环境中的计谋或谜团。

而男孩的冒险故事则更加宽泛，有游历远方的英雄，或者以其他形式体现出坚毅果敢的人物形象。在中学时期，女性在大多数自然科学和数学教科书里往往就“不见”了，暗示这些其实属于“男性的科目”。

至于学校中的科目选择，教育中的性别差异也很明显。认为一些科目更适合男孩或女孩的观念依然相当普遍。贝姬·弗朗西斯（Francis 2000）曾经指出，相比男孩，女孩更有可能被鼓励选择那些学术声望较低的科目。男女生在选择科目上具有明显的差异，高年级更是如此。在 2013 年，参加英国 A-level[①] 或相当水平考试的学生中，选考计算机科目的超过 90%是男性，而选考物理和自然科学科目（生物学除外）的男生比例几近 80%。与此相反，选考表演艺术、心理学、社会学、艺术与设计的大多数是女性（参见图 19.3）。尽管在过去二十年里，英国政府和工商组织都在鼓励女生报考“STEM”科目（科学、技术、工程、数学），但 A-level 考试中依然存在着显著的性别差异。相似的性别化模式在欧盟 28 国中都可以找到。男性在工程、自然科学和计算机专业本科毕业生中占主导地位，女性则构成了社会科学、健康与福利以及人文学科中的主体（参见图 19.4）。不过，我们将会看到，在世界各地的教育系统中，女孩以及成年女性的实际成就在所有层次上现在都超过了男性。

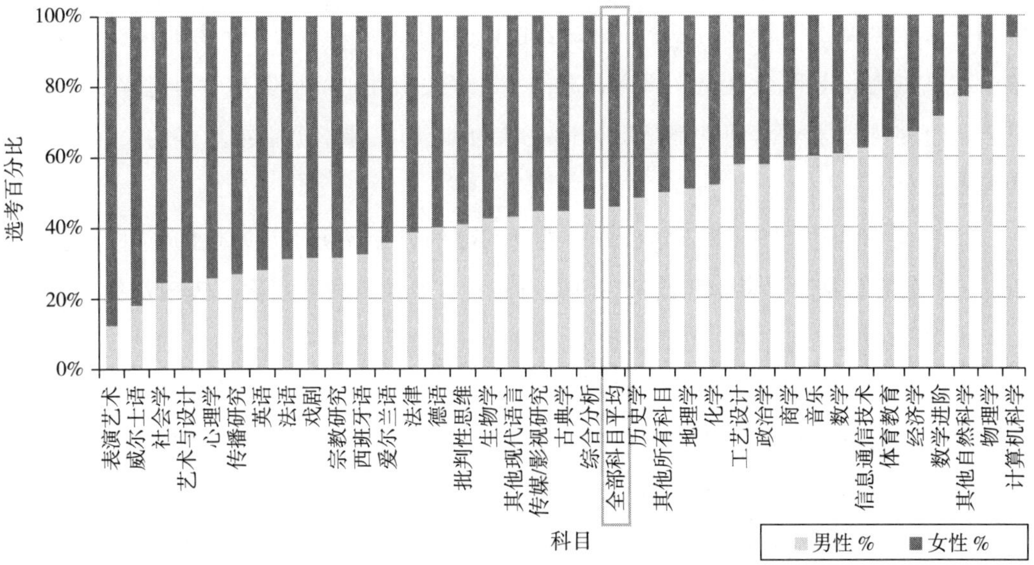

图 19.3　2013 年参加 A-level 考试的学生选考科目的性别差异

资料来源：Joint Council for Qualifications 2013。

① 相当于高中毕业进入大学的程度。——译者注

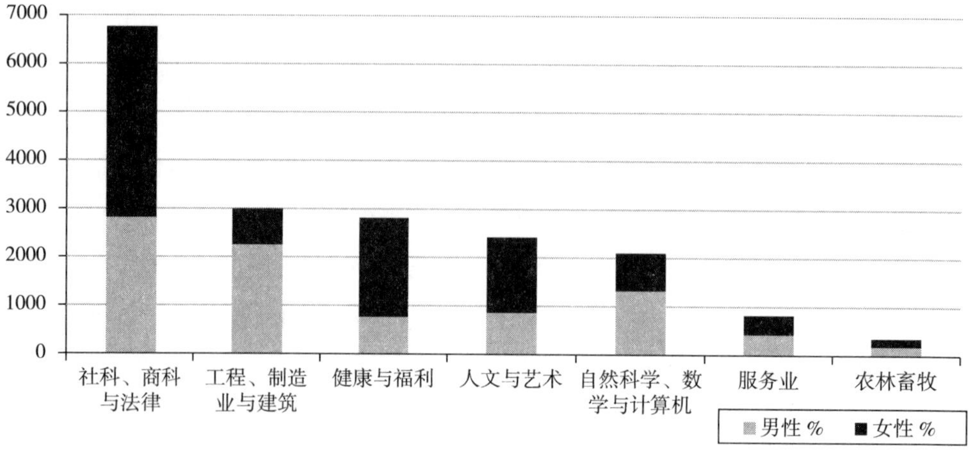

图 19.4　2011 年欧盟 28 国按教育领域和性别划分的高等教育学生统计

资料来源:Eurostat 2014。

(一) 性别与学业成绩　历经 20 世纪,女生通常在学业成绩上表现优于男生,直到中学教育的中间阶段。然后,她们就开始落后了,到了 16 岁到 18 岁[①]阶段以及大学阶段,男孩稳定地表现更好。例如,在英国,直到 20 世纪 80 年代后期,女生比男生更不太可能拿到进入大学所必需的三门 A-level 科目合格证书,进入高等教育的人数也要少于男生。鉴于结果如此不公平,女性主义研究者进行了许多关于性别如何影响学习过程的重要研究。她们发现,学校课程通常都是由男性主导的,老师在课堂上也把更多的关注放在男生而不是女生身上。

20 世纪 90 年代以来,关于学校中的性别问题的讨论经历了戏剧性的意外反转。随着女生开始在包括自然科学和数学在内的所有科目及所有教育层次上表现都优于男生,"学业不佳的男生"现在成了教育工作者和政策制定者的主要关切之一。表 19.1 清晰地显示了英格兰 5 岁到 14 岁(从关键阶段一到关键阶段三)[②]学生的这种趋势。尽管男生在关键阶段的很多科目上的成绩已经提高,但女生也是如此。只是在关键阶段二,从 1999 年到 2009 年,数学的性别化成绩差距是被抹平的。美国和其他许多发达国家也报道了相似的结果。在美国,年轻女性比年轻男性更有可能在学业上走得更远,上大学,并继续攻读研究生学位。

"失败的男生"的问题看起来牵涉到一系列的社会问题,比如犯罪、失业、吸毒和单亲

---

① 对应于 A-level 课程及准备该考试的阶段。——译者注

② 英国的课程质量委员会把学生教育分为四个关键阶段:5—7 岁是关键阶段一(Key stages 1),7—11 岁是关键阶段二(Key stages 2),11—14 岁是关键阶段三(Key stages 3),14—16 岁是关键阶段四(Key stages 4)。——译者注

家庭,凯迪和米尔斯(Keddie and Mills 2007)称之为政策话语中的“男孩转向”(the boy turn)。综合看来,下述因素促成了所谓的“男性特质危机”(参见第十五章“性别与性相”的讨论)。很早离开学校的男生或者学习成绩很差的男生不容易找到好的工作,创建稳定的家庭。因为在发达世界的后工业化经济中,年轻男性要是没有过硬的教育背景和资格证书,能找到的非熟练技能型体力劳动岗位就更少了。与此同时,由迅速增长的服务行业创造出来的工作岗位,很大比例(高达70%)被女性所占据。尽管如此,麦克安海尔(Mac an Ghaill 1996)也指出,虽然越来越多的女性实现了就业,但她们承担的工作根本无法稳定提供薪酬优厚的职业前程。事实上,在兼职劳动者中女性仍然占大多数,她们所从事的服务性工作待遇往往较差,并且地位较低。

表19.1　英格兰1999年与2009年达到或超过预期水准的学生比例,以关键阶段和性别分组的教师评估(%)

	1999		2009	
	男生	女生	男生	女生
关键阶段一				
英语				
阅读	78	86	81	89
写作	75	85	75	87
数学	84	88	88	91
自然科学	85	88	87	91
关键阶段二				
英语	62	74	75	84
数学	69	70	80	80
自然科学	75	76	85	87
关键阶段三				
英语	55	73	71	84
数学	63	66	79	80
自然科学	59	62	76	79

资料来源:ONS 2010a:37。

(二)说明性别鸿沟　为什么男生如今在教育系统中没有比女生做得更好?人们已经提出了好几种说明,尽管没有哪一种理论得到了广泛认可。其中一个重要因素就是妇女运动对于青少年女性自尊和自我预期的影响。现在正在求学的许多女孩子在成长时,周遭都是离家工作的女性榜样。在社会化过程中接触到这些正面的角色榜样,增进了女孩

在教育的每个层级上,在绝大多数科目中,女孩的表现都优于男孩。

对于自身机会的认识,挑战了妇女应当是家庭主妇这一传统的刻板印象。教师和教育工作者也更加意识到性别歧视,很多学校已采取措施,避免教室中的性别刻板印象化,鼓励女生探索传统的"男性"科目,推荐没有性别偏见的学习材料。

一些理论把焦点放在男女生之间学习风格的差异上。女生通常被认为比男生更容易组织,更容易激励,并且成熟得更早些。表现之一就是女生大多通过交谈和运用言谈技巧彼此联系,这或许也是情商的一个方面。相反,男生参加社交活动的方式则更具行动性,例如体育运动、电脑游戏,或在学校操场上游荡、在大街上闲逛;在教室里男生也往往更具破坏性。这些大体而言的行为模式似乎在课堂上得到了教师们的重新确认,他们对男生的期望不如对女生的高,而且由于更多地关注男生而助长了他们的破坏活动。

其他一些学者则质疑,给予成绩不佳的男孩如此之多的关注以及资源,简直相当于某种**道德恐慌**,而对这样的事实却视而不见,即在学校之外,"男性身份"仍然赋予男青年经济上和文化上的显著益处,非女性所能享有(Keddie and Mills 2007)。实际上,语言技能方面的性别差距长期存在,在全世界都能发现,但这种差异过去被归因于男孩"无伤大雅的懒散"(healthy idleness),只是现在引起了争论,有些人拼命努力要提升男孩的表现。作为国家教学成绩的目标,各种学校排行榜以及国际读写能力比较层出不穷,把这些差异带向教育中公开敞明的“结果平等”已经成为第一要务。

批评者认为，都去关注男孩子，有助于掩盖教育中其他形式的不平等。虽然女孩在许多领域都稳步前进，但相较于男孩，她们在学校里依然不太可能选择那些通往科学、技术、工程或数学等职业生涯的科目。男孩11岁左右就在自然科学方面领先，并且直到大学都比女孩子的成绩好。在化学和计算机科学等科目中，男孩继续占据主宰地位。因此，尽管越来越多的女性开始接受高等教育，但是与拥有同等水平资格证书的男性相比，她们在就业市场上仍然处于劣势（Epstein 1998）。

一些学者也提出，阶级与族属之类的因素导致了教育系统中最大的不平等。例如，在英国，比较来自各社会阶级的学生的成绩，可以看到，70%来自高级专业人员阶级家庭的孩子能够考过五门或更多科目，相比之下，工人阶级家庭的孩子这一比例只有14%。因此，把注意力集中在“失败的男生”身上带有误导性，因为男性仍然主宰着社会中的权势位置。工人阶级家庭的男孩之所以成绩不佳，与其说与性别有关，不如说与他们所属阶级的位置劣势有关。

（三）性别与高等教育　高等教育扩张的一个显著特征就是女生数量的增加。例如，从20世纪70年代开始，在英国，女生进入延续教育[①]和高等教育的增长率大大超过男生（见表19.2）。到了1990年，延续教育中的女生要比男生多，到了2005年，连高等教育也变得如此。这就逆转了20世纪70年代时的情形，那时高等教育中的男生要远远多于女生。到2007年，处于延续教育和高等教育阶段的女生是1970年时的7倍，但对于男生来说只有2.5倍。话说回来，科目的选择仍旧显著体现出传统的性别期待（欧盟的数据参看图19.4）。

表19.2　1970—2008年，以课程类型和性别分组的英国延续教育与高等教育学生数（千人）

	男性				女性			
	1970—1971	1980—1981	1990—1991	2007—2008	1970—1971	1980—1981	1990—1991	2007—2008
延续教育								
全时制	116	154	219	520	95	196	261	534
非全时制	891	697	768	984	630	624	986	1432
延续教育合计	1007	851	986	1503	725	820	1247	1966

① 16岁（义务教育结束）到18岁（高等教育开始），相当于高中或大学预科班的阶段，主要准备A-level考试。——译者注

(续表)

	男性				女性			
	1970—1971	1980—1981	1990—1991	2007—2008	1970—1971	1980—1981	1990—1991	2007—2008
高等教育								
本科生								
全时制	241	277	345	574	173	196	319	717
非全时制	127	176	148	255	19	71	106	422
研究生								
全时制	33	41	50	124	10	21	34	125
非全时制	15	32	46	109	3	13	33	150
高等教育合计	416	526	588	1063	205	301	491	1414

资料来源:ONS 2010a:32。

在发达国家,早先科目选择的模式是女性攻读教育和卫生等专业学位,相比计算机科学和工程之类由男生主宰的专业,她们的职业生涯收入要低一截。女性已经在后面这些专业中占据了一定位置,但它们在今天依然是男性主导的。另一方面,许多之前为男性主导的学位专业,包括社会科学、历史、生命科学和工商管理,已经成为“女性”主导的专业。而男性学生涌入之前被视为“女性的”大学专业的现象似乎**并未**发生。

在学院和大学的学术人员中,尤其是在高级职位方面,女性所占的比例仍然严重偏低。比如,在2010—2011学年,尽管女性学术人员占英国所有学术人员的44.5%(80 775人),但教授当中仅有20%是女性(3790人),而在高级讲师和研究员中的比例也只有38.6%(HESA 2010)。无独有偶,高级管理人员中男性占到大约72%,而大学校长和副校长中有80%是男性(Parr 2014)。相比其男同事,更多的女学者属于非全时制。2013年,在所有非全时制学术人员中,女性占到几乎55%(Equality Challenge Unit 2013:34)。尽管如此,性别平等程度不断提升仍然是高等教育领域的长期趋势,女教授的数目虽然还比较少,也已经处在历史最高位。女学者和女教授的数目正在增长,尽管速度不是特别快。

考虑到合同类型、年资以及高层提拔的可能性等方面的不平等情形,高等教育领域的女性平均薪酬要低于男性。即使在同一专业位置上,薪酬水平也不平等。据英国高教统计局(Higher Education Statistics Agency, HESA)报告,2008年,男教授的薪酬要比女教授的高13.9%。

我们可以从这项简要调查得出结论,即在过去三十年里,女孩和成年女性在教育系统中已经取得了显著进展。但是,当受过高等教育的女性进入劳动力队伍,而男性仍旧维持着他们传统上更高的收入和更好的晋升前景,显著的不平等还在延续。即使在21

世纪的高等教育机构中，男性似乎仍有能力维持其对于高级职位和高等地位的长期稳固支配。

批判性思考

试举一些理由，说明为何发达国家中男孩的学业成就现在落后于女孩。对于未来的共同体而言，这种现象可能会造成什么样的社会后果？我们真的应该为此担忧吗？如果应该，我们可以做些什么来改变这种情况呢？

三　族属与教育

社会学家对少数族群的教育轨迹问题进行了大量研究。政府也基于社会阶级、性别和族属等维度监测教育发展趋势，并出钱自己进行了一系列调查。比如，1985 年的《斯旺报告》(Swann Report)发现，不同族群背景的群体，在教育成就的平均水平上存在着显著的差别(Swann Committee 1985)。不过，到了 21 世纪初，从整体上看，少数族群的成员在英国高等教育中所占的比例并不低。

与来自其他族群背景的人相比，出身印度裔和华裔家庭的人拥有学士及以上学位证书的可能性大大提高。自述为"混血"的男性及自述为"黑人/英籍黑人"和"亚裔/英籍亚裔"的女性，获得学士及以上学位证书的可能性要略低于全国平均水平(ONS 2004b:46-47)。

2010 年，慈善机构"企业社会联盟"(Business in the Community)发布了一份题为《高等教育中的种族状况》(*Race into Higher Education*)的报告，分析了 1995—1996 年度和 2007—2008 年度英国高教统计局的学生登记统计数据。报告发现，英国籍学生中，来自少数族群的学生比例从 1995—1996 学年的 8.3%上升到 2007—2008 学年的 16%，或者说大约占英国学生总数的六分之一。这大体上符合该时段内少数族群人口的增长，从 1995—1996 学年的 7.7%到 2007—2008 学年的 14.2%。不过，在各少数群体之间，还有一些很大的差异(参看图 19.5)。英籍印度裔、混血族属以及英籍非洲裔黑人在大学里的人数占比相较于其人口比例表现最好，后者的大学在读人数十二年里增加了两倍。在 20 世纪 90 年代，英籍孟加拉裔和英籍巴基斯坦裔在大学中的人数占比低于其人口比例，到 2007—2008 学年依然如此。在教育机构的类型和地位、地区分布和专业选择等方面，也存在许多差异。除此之外，黑人、亚裔和其他少数族群在劳动力市场中遇到的困难更多，毕业一年后只有 56%就业，而白人学生是 66%(Business in the Community 2010:5)。

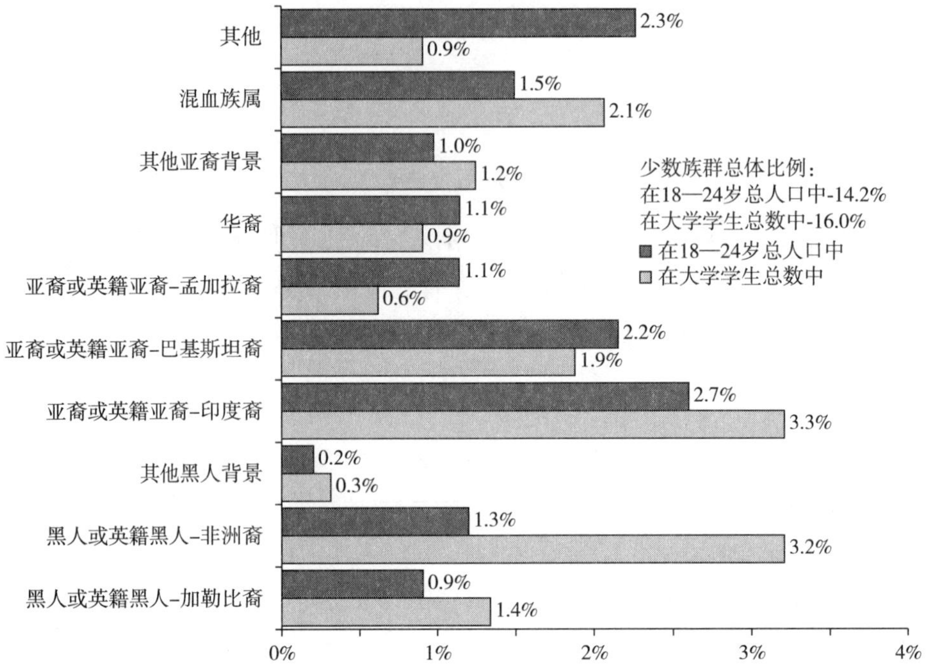

图 19.5 2007—2008 年度,少数族群在英国大学及 18—24 岁人口中所占比例

资料来源:Business in the Community 2010:6。

在少数族群的学术人员群体中,不平等也是十分明显的。比如说,在 2011—2012 学年,尽管在英国的华裔学术人员中有 13.8%是教授,但在黑人学术人员中只有 4.1%获得了教授身份,是所有族群中比例最低的。在全时制学术人员中,英国的白人教员里有 24.5%年收入超过 5 万英镑,相形之下,来自英国各少数族群的教员中该项比例只有 13.6%。相较于其他少数族群背景的学术人员,英国白人学术人员获得无条件合同或永久合同的比例更高(81.4%)。全时制的亚裔学术人员持有无条件合同或永久合同的比例最低(69.7%)(Equality Challenge Unit 2013:72-80)。族属不平等模式与女性在高等教育领域的情形有些相似。不过,在各族群中,体验也是多种多样的。有些族群所享有的就业条件、薪酬和晋升前景比其他族群的更好。

学校排斥与族群 社会排斥已经成为过去二十五年社会学家最关注的话题之一,他们探究了有些人是怎样被排斥在主流社会生活的关键领域之外的。一个更为具体的问题是不在正式教育系统内的年轻人的数量,其中有许多是来自少数族群的孩子。人们往往将受到学校排斥的学生联系到逃学、少年犯罪、贫困、父母监管缺失以及对教育认同淡漠。

对于社会排斥的讨论,参见第十三章“贫困、社会排斥与福利”。

在英国，就像其他许多发达国家一样，被学校永久排斥[①]的情形在20世纪90年代快速增长，并在1996—1997学年到达顶峰，多达12 668人（每万名学生中就有12名被开除）（ONS 2007：29）。到了21世纪，被开除学生的数目不断减少，在2007—2008学年降到每万名入学者中有11名被开除，到了2012—2013学年，每万名入学者中仅有6名被开除（ONS 2010a：31；DfE 2014a：1）。在被开除的学生中，绝大多数是男生，约占78%，不同族群的比例也有所不同。重要的是考察学校排斥比率如何可能反映社会中更广泛的排斥与劣势模式。许多年轻人在极具挑战性的条件下长大，比较缺乏成年人的指导和支持。而有关男性特质的传统规范正在经历改变，导致了不确定与失范，这对于工人阶级的男性青少年来说尤其严重。在这种社会环境下，学校可能显得毫无意义，蛮横专制，而不是提供机会和进步的可能性的场所。

在2009—2010学年，英国被开除率最高的学生群体，是来自爱尔兰裔传统流动群落[②]、加勒比裔黑人和吉卜赛人/罗姆人家庭的学生。话说回来，出自爱尔兰裔流动群落和吉卜赛人/罗姆人家庭的学生人数很少，这意味着我们基于这些数据概括结论时要谨慎。而来自华裔和印度裔家庭乃至所有亚裔群体的孩子最不可能被学校开除（参看图19.6）。源自美国的研究结果也表明，在黑人学生与其他族群背景的学生中存在类似的模式。那为什么来自某些族群背景的学童比其他孩子更有可能被排斥呢？

教育系统像其他的机构和组织一样，也可能带有**制度性种族主义**（Rattansi 1992）。在教育系统里，人们用这个概念来分析学校生活是如何结构化的，着装守则是如何被视为得体的，课程又是如何被推行的。教师可能认为黑人学生的行为举止和服饰打扮证明了他们的“破坏性”行为，这会导致更多的暂时停学和永久开除。但是，仍有一些非白人族群，包括华裔和印度裔的学生，被学校开除的比例较低。在某些人看来，这种经验差异意味着，**族群中心主义**（ethnocentrism），即只关注自身熟悉的文化，缺乏对其他文化的兴趣，而不是制度性种族主义，或许能更好地概括学校中某些形式的歧视，即便不是所有形式（Mason 2000）。

“制度性种族主义”的概念，在第十六章“种族、族属与移民”中结合斯蒂芬·劳伦斯一案有所介绍（Macpherson 1999）。

① 本节其他部分直接译成“开除”。——译者注

② “Irish traveller heritage”，所谓爱尔兰吉卜赛人，有流浪群居传统的爱尔兰人，一般用露营车游牧式扎营群居，操边缘职业。亦称游居者。——译者注

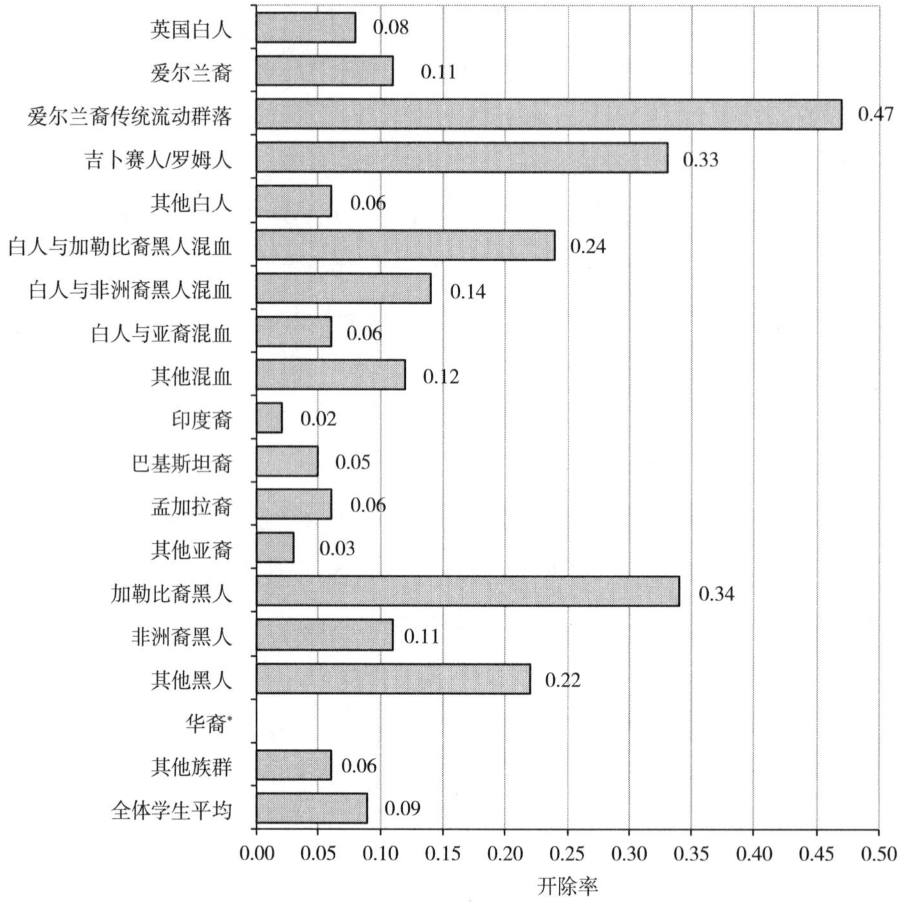

图 19.6 2009—2010 年,英国以族群分类的开除率统计

注:* 有些数据因为非常小,不显著,业已省略。

每万名义务教育学龄孩童中,在小学、中学和特殊学校,每个族群被开除的数量(滤除在特殊学校双重注册的学生数)。双重注册是指一名学生在不止一所学校注册。

资料来源:DfE 2012:32。

学校中的种族主义可能是造成混血及黑人学生被开除率较高的一大因素。在英国一项针对小学中种族关系的研究中,塞西尔·赖特(Wright 1992)对四所内城区的小学进行了为期三年的考察。她发现,教师往往假设非洲裔及加勒比裔的男孩更具破坏性,会迅速加以斥责并控制他们的行为。而亚裔学生被认为可能会在语言技能方面有困难,但是有学习意愿并能听从老师教导。社会刻板印象导致教员队伍产生一定程度的担忧,而这又反过来使刻板印象更为牢固。赖特承认,老师也是想要平等对待所有学生的,只不过深陷导致歧视的更广泛的社会过程。

种族骚扰属于黑人学生和亚裔学生的日常体验,他们经常沦为白人孩童行为的受害者,而在更广泛社会里导致种族主义和歧视的那些社会过程,在学校里也能发现。赖特如此说明(Wright 1992:103):“教员会像其他大多数人一样,基于所理解的‘种族’特征有差别地对待学生。不仅如此,许多幼儿园和小学的老师仍然不愿意承认,那么小的孩子就会持有萌芽中的种族主义态度,并对其他群体的成员展现出敌意。”

然而,最近的社会学研究表明,尽管教育政策制定者敏锐地意识到了某些少数族群成绩不佳的问题,但是占据主导位置的说明框架却是将族群差异“自然化”,并把责任归到个人头上。比如,对于加勒比裔黑人和亚裔穆斯林学生的学业不佳,就会从族群文化、家庭实践以及个人信仰等方面来说明,而英籍华裔的相对成功则在于他们的个人努力或是父母的寄望。就这样,政策话语回避了学校系统中更具争议性的种族主义问题及其影响,尽管许多学生报告说他们在日常求学中都体验过种族歧视(Archer and Francis 2007)。

诸如此类的研究发现促使一些人提倡多元文化形式的教育,要求调整课程体系,将目前被忽略的国族历史、宗教和文化带进课堂(Mahalingam and McCarthy 2000; Race 2010)。在宗教教育方面,这种变化在一定程度上发生了,学生们接触到了多种多样的宗教信仰与实践。然而,这种多元文化倡议也存在一些问题。历史事实从来不会“自己说话”,历史依然有待解释。怎样教授殖民主义和帝国扩张的历史?重点应当放在哪些地方?

有一种替代性思路就是纳入反种族主义教育。反种族主义教育包含多元文化教育,但要更进一步,同时针对教员(在教员培训时)和年轻人,帮助他们理解种族主义的态度和刻板印象是如何形成的,在出现种族歧视时可以怎样处置,以此挑战不平等。反种族主义教育积极尝试识别并挑战学校中的歧视性语言、行动和政策。而批评者提出的主要问题在于,这样的教学反而有可能强化分隔,并促使学校社区里的冲突“种族化”。尽管多元文化思路和反种族主义思路有一定的差异,但也有人主张,“批判性多元文化主义”的思路或许提供了最佳的推进方向(May and Sleeter 2010)。

有关社会学中的批判性种族理论(**critical race theory**, **CRT**)的讨论,参看第十六章“种族、族属与移民”。

批判性思考

在你的经历中,是否有证据表明学校里存在着制度性种族主义,或者更准确地说,学校里有种族歧视吗?你的学校开设了反种族主义的课程吗?如果有,它包含哪些内容,如何有助于反对种族主义?如果没有,有必要新开一门吗?

社会的刻板印象可能会影响教师对待不同族群的孩子的方式。比如,非洲裔及加勒比裔的孩子经常被假定具有“破坏性”。

四　评价

教育系统中的不平等已被证明是相当顽固的,就社会阶级的分隔而言尤其如此。甚至在 21 世纪,“社会阶级是预测教育成就最强有力的因子”的讲法仍然成立(Perry and Francis 2010:6)。但是,阶级也会同性别和族属交叉,产生相当复杂的不平等和“成功”的模式。例如,最近一项探讨超过 14 500 名 11—14 岁学生的成绩和进步程度的研究就表明,尽管社会经济变量可以说明非洲裔黑人、巴基斯坦裔和孟加拉裔学生与英籍白人学生之间的成绩差距,但是无法解释加勒比裔黑人的情况(Strand 2011)。与之相似,在每一个社会阶级群体内,女孩都比男孩表现出色。

至于性别不平等方面,我们看到,也出现了相当彻底的转变。在 20 世纪下半叶,女性的受教育机会大大增加,但是这种趋势确实需要一定时间才能站稳脚跟。经济结构调整减少了对于繁重的体力劳动的需求,而是更偏向后工业化服务部门的就业,这是有利于受过良好训练和教育的女性劳动力的重要结构性因素。尽管如此,不同族群的教育经历差异也表明,教育不平等与社会因素和文化因素之间的关联,就像与经济因素的关系一样紧密。

第三节
全球背景下的教育

▼

在19世纪中期之前(在某些区域甚至延续到晚近),富裕人家的孩子是延请私人家教的。有些人家现在依然如此。绝大部分人从来不曾接受任何正规学校教育,直到19世纪最初几十年才有所改观,当时小学教育系统开始在欧洲和北美创立。工业化和城市的发展刺激了对于专门化学校教育的需要。人们工作的职业领域五花八门,劳动技能无法再由父母直接传给子女了。知识的获取越来越基于数学、自然科学、历史和文学之类科目的抽象学习,而不是具体技能的实践传承。在现代社会,人们必须具备像读、写、算之类的基本技能,以及对于自己所处的物理环境、社会环境以及经济环境的大体知识。而且,知道**如何学**变得非常重要,因为这使我们能够掌握新式的且往往技术性很强的信息形式。

在我们今天愈益全球化的背景下,世界各地的教育供给显著体现出多样化的特征。我们在章首已看到,发展中国家的许多人要努力奋斗去赢得受教育的机会,文盲现象很普遍,而在发达国家,选择与消费主义的论题更可能考验父母和政府。如果说国家**内部的**不平等难以解决,那么发达世界与发展中世界**之间**的不平等就是一个更大的挑战。

有一种比较世界各国教育系统的方法,就是看国家对教育的投入。但是,由于各地货币各不相同,比较各国开支并不是一项简单的任务。为了比较生均开支以及国民教育预算的规模,必须把各地货币转换为一种标准尺度。根据联合国教科文组织统计研究所(Institute for Statistics)的看法,“购买力平价”(purchasing power parities, PPPs)是政府与家庭教育投入的实际价值的最佳反映。购买力平价是一种货币转化的等值系数,用以消除各国价格水平之间的差异。所以,一笔钱,按购买力平价汇率兑换成美元后,就可以在所有国家买到同样的一篮子的货品与服务。

表19.3纳入购买力平价后比较了世界各地区,显示在2011年,各国政府将全球GNP的5.1%用于教育,相较1999年的4.6%有所提升。教育开支比例最高的是北美和西欧,用了地区GNP的6.2%。南亚与西亚以及撒哈拉以南非洲地区的开支比例最低。不过,联合国教科文组织报告说,从1999年到2011年,有30个中低收入国家在教育开支的比

例上其实增长了至少1%。但在150个国家中,只有41个达到了教科文组织设定的目标,即划拨GNP的6%作为教育经费。这就意味着,以目前的比例来看,还有漫长的路要走。在阿拉伯国家以及南亚和西亚,从1999年到2011年,教育开支占GNP的比重其实是下降了。

表19.3　1999年与2011年世界分区域的教育领域公共开支

	教育领域公共开支					
	占GNP的比例		教育费用在政府开支中的比例		(初等教育)生均经费(2010年,购买力平价,美元)	
	1999	2011	1999	2011	1999	2011
世界平均	4.6	5.1	15.0	15.5	2149	3089
低收入地区	3.1	4.1	16.4	18.3	102	115
中低收入地区	4.6	5.1	15.9	16.9	356	545
中上收入地区	4.8	5.1	15.8	15.5	1117	1745
高收入地区	5.3	5.6	13.3	13.2	4752	6721
撒哈拉以南非洲地区	4.0	5.0	17.1	18.7	345	468
阿拉伯国家	5.3	4.8	21.0	18.1	822	1338
中亚地区	3.4	4.1	15.4	12.3	…	…
东亚及太平洋地区	3.9	4.4	15.0	16.6	2216	3245
南亚和西亚地区	3.9	3.7	14.5	15.0	297	573
拉美和加勒比地区	5.0	5.5	14.4	16.2	1142	1753
中东欧地区	4.8	5.2	12.4	12.2	1813	3845
北美和西欧地区	5.6	6.2	13.3	13.1	5990	8039

资料来源:UNESCO 2014:111。

对于发展中国家而言,它们历经2003年到2008年的世界粮食价格飞涨,之后又是2008年的信贷危机以及全球经济下行。其结果是,贫困家庭被迫削减孩子的教育开支以购买食物。例如,在孟加拉国,大约三分之一的贫困家户报告说真的这样做了(UNESCO 2010:7)。发达国家已经推出复苏计划,旨在恢复经济增长,这就有可能优先考虑和保护中小学教育方面的公共开支。但在发展中国家,短期之内"财政空间"扩展的主要来源取决于外国援助的规模。然而,联合国教科文组织的报告指出,2005年在苏格兰鹰谷(Gleneagles)举行的"八国峰会"所承诺的援助规模并未兑现,短缺大约200亿美元,其中有180亿美元是答应给非洲的。从2010年到2011年,对于基础教育的援助减少了6%,而最贫困国家所受的打击恰恰最重。在教育援助被削减的 19 个国家中,有 13 个位于撒哈拉以南非洲地区(UNESCO 2014a:111)。显然,除非国际援助显著增加,否则发达国家与发展中国家教育支出的全球差距似乎注定越来越大(UNESCO 2010:32)。

批判性思考

教育支出与识字率水平和教育成就直接相关。在一个整体上不平等的世界,对于最贫困国家来说,外国援助是提高教育开支水平的唯一现实途径吗?能否认为富裕国家会从贫困国家的高文盲率中获益?

一　全球小学入学状况

全球教育的一个重要方面是以某种形式接受初等教育的儿童数量。这方面有一种简单而有用的测量指标,就是小学注册人数。从 1999 年到 2004 年,该指标有显著提高,达到大约 86%,其中最大的增长来自撒哈拉以南非洲地区(27%)以及南亚和西亚地区(19%)(UNESCO, 2008)。不过,截至 2007 年,仍然有 7200 万小学适龄儿童没有接受任何形式的教育,其中四分之三生活在撒哈拉以南非洲地区以及南亚和西亚地区。然而,这个数字必然是被低估的,因为并非所有注册的人都会真的按时上学,甚至根本就没有入学,这是布鲁福思(Bruneforth 2006)针对某些面临最大挑战的国家的分析(参看图 19.7)所表明的。

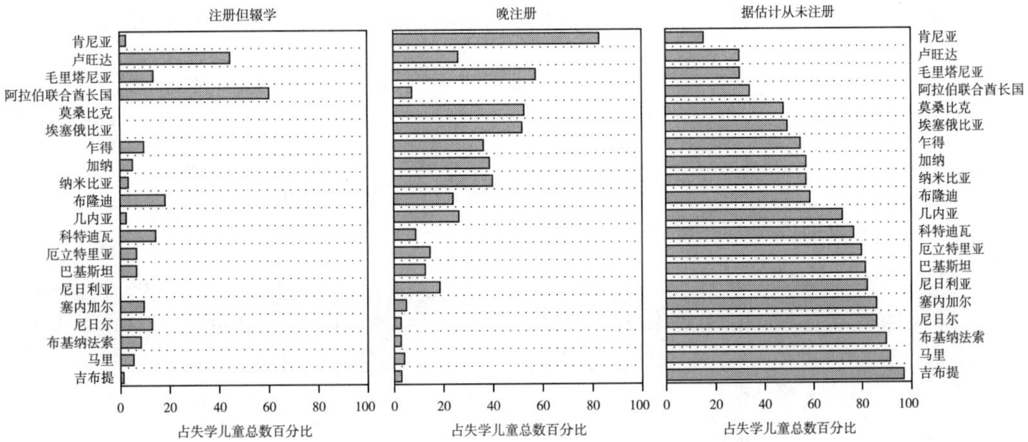

图 19.7　注册问题最严峻的一些国家的失学儿童情况分布

资料来源:Bruneforth 2006。

有关成因的分析揭示了为何失学的男孩略多于女孩,但性别差异并不是关键因素。重要的是居住地:18%的小学适龄儿童处于失学状态,但是其中近乎三分之一(30%)是乡村儿童。家户财产也很重要:在最贫困的五分之一家户的孩子中,有38%没有接受初等教育,相较之下,居中五分之一家户的孩子该比例为25%,而最富有的五分之一家户的孩子该比例则仅为1%。再一次,我们可以看到,这里出现了社会阶级与教育不平等的论题,但这是在全球层次上出现的。最后一个因素是母亲本人是否受过教育。如果母亲受过一定教育,孩子中只有16%没上小学,而母亲如果没有受过任何教育,那么这个比例就会达到38%(UNESCO 2008)。这可能表明,家庭赋予教育的价值,以及存在正面的角色榜样,乃是提高入学水平的关键要素。很明显,要想提高基本识字率的全球水平,小学入学至关重要。

二 识字与文盲

2012年,全世界有大约7.81亿成年人连基本的识字能力都不具备,其中几乎三分之二是女性,而大多数人居住在撒哈拉以南非洲地区、南亚和西亚地区以及东亚地区(UNESCO 2014b)。然而,文盲存在于每个社会,包括发达世界的那些国家。例如,在英格兰,16—65岁的成年人中,大约有5%的人识字能力低于7岁儿童的平均水平。国民识字率低于60%的国家有22个,其中有14个位于撒哈拉以南非洲地区。孟加拉国、中国、印度和巴基斯坦,光这四个国家的成年文盲人数就超过了世界人口中成年文盲的一半。在摩洛哥、埃塞俄比亚、巴基斯坦和孟加拉国,虽然识字**率**在上升,但由于这些国家人口的增长,成年文盲的**绝对数量**也在增加。而印度的情况已经相对平稳。随着人口的不断扩张,又有数量庞大的成年文盲,这些国家在全球经济竞争中面临着巨大障碍。在21世纪,全球识字率不断提升,但不识字的女性的比例依然在64%左右,居高不下(UNESCO 2014b)。

有些人还指出,随着信息技术在工作环境中愈益普遍,可能会出现一种新型的文盲。我们会看到,大批人无法经常接触信息技术或者接受相关使用培训,不熟悉计算机的专门语言,从而以新的方式沦为劣势。我们会在本章最后一部分回到这个话题。

有关信息通信技术的全球传播,详参第四章“全球化与社会变迁”。

营造读写环境 在教育经费支出、小学入学率以及读写能力之间,存在着明显的联系。政府及其他渠道的教育支出水平不仅可以给青少年带来免费的学校教育,而且有助于营造“读写环境”(literate environments)。所谓读写环境,是指为读写新手创造大量演练技能的机会的特别空间,比如:提供书刊报纸等一系列印刷与影视材料;易于接受继续教育,如进入学校以及培训中心等机构;有机会参与能运用读写技能的组织,例如本地政府或者农业合作社;以及有可能去可以锻炼读写技能的工商企业或者非营利组织工作(Easton 2006)。很明显,小学及其他学校就属于读写环境,对少年儿童和青年人都有好处,除此之外,在图书馆以及其他公共空间,在工作场所,甚至在私人家中,都可以营造读写环境。

除了提供锻炼读写技能的机会,读写环境的重要意义可能在于其对人们识字或是提高自己读写水平的**动机**的影响。然而,今天越来越清晰的是,如果在未来要成功解决文盲的问题,除了更为传统的沟通形式,读写环境还必须提供接触电子沟通形式的渠道。

全球社会 19.1

殖民政权中读写能力的威慑

在殖民主义时期,殖民政府会带着几分疑虑不安来看待教育。在20世纪以前,绝大多数人还认为土著人口太过原始,不值得教育。再往后,教育被视为一种手段,让本地精英更加受到欧洲人的兴趣和生活方式的影响。但是,在一定程度上,教育的结果却是孕育不满和反叛,因为反殖民主义运动和民族主义运动的领袖大多来自受过教育的精英群体,上的正是欧洲的中小学或大学。他们能够对欧洲各国民主制度与各自出生地的民主付之阙如的状况做直观比较。

殖民者所引入的教育往往是适用于欧洲的,而不是与殖民地本身的情况相适应的。在英属殖民地受过教育的非洲人知道英格兰的国王和女王,读过莎士比亚、弥尔顿及一干英国诗人的作品,却对自己国家的历史或往昔的文化成就几乎一无所知。而在殖民主义终结以后,甚至到了今天,教育改革的各项政策也尚未彻底改变这种状况。

殖民教育并非针对人口的大多数,作为其遗产的一部分,许多发展中国家的教育系统显得头重脚轻:相对于初等教育和中等教育,高等教育的规模过于庞大。其结果便是,一群读过大专院校的人教育资历过高,找不到白领或专业性工作岗位。鉴于工业发展水平较低,绝大多数薪酬优厚的职位是在政府部门,明显僧多粥少。

近些年来,一些发展中国家认识到殖民主义传承下来的课程体系有所欠缺,已经尝试以乡村穷人为对象,重新确定其教育方案的方针。但它们取得的成就有限,因为通常缺乏充裕的资金以支持必不可少的大规模创新。其结果是,像印度这样的国家已经开始实行自助教育方案。各社区依靠现有的资源,而不产生高额资金需求。那些具备读写能力,或许还拥有工作技能的人,都被鼓励招收其他人作为学徒,利用空闲时间教授所学。

有关读写能力与发展之间的关联,参看第十四章“全球不平等”的讨论。

批判性思考

殖民政权下的教育机会受限将以何种方式影响未来的经济发展? 在今天全球化经济之下,先前的殖民大国应该如何帮助原来的殖民地追赶上来呢? 它们可以提供哪些切实可行的帮助呢?

三　教室中的技术

信息技术的传播已经在影响学校的教育。知识经济需要的是会运用计算机的劳动力,而且越来越明显的是,在满足这一需求的过程中教育将发挥关键作用。近些年来,虽然家户电脑拥有量在急剧增加,但还是有很多孩子在家里不能接触到电脑。有鉴于此,学校就成为年轻人了解并熟练掌握计算机及在线技术的重要平台。

我们在前文业已看到,教育系统的兴起同19世纪发生的其他一些重大变迁相关联。其中之一就是印刷业的发展和“书籍文化”的出现。同机器和工厂一样,书籍、报纸和其他印刷媒体的大规模传播,也是工业社会发展的一个显著特征。教育提供读写和计算的技能,使人们能够进入印刷媒体的世界。再没有什么能比学校课本或曰教材更具学校特征的了。

在许多人看来,随着教育中越来越多地使用计算机和多媒体技术,所有这些都注定要发生变化。诸如平板电脑、电纸书阅读器以及智能手机之类的数字媒介会取代学校课本吗?学校还将以今天这样的形式存在吗?据说,新的技术并不只是补充现有的课程体系,它们还将破坏并且改变后者。如今的年轻人是在信息时代成长起来的,因此相比绝大多数成年人,包括他们的老师,他们对于信息通信技术更加得心应手。

经济合作与发展组织在2003年做了一项研究,评估了15岁学生的学业成绩,发现经常使用计算机会提高成绩,在数学上尤为明显。一般来说,那些使用了几年计算机的学生在数学上的表现优于经合组织平均水平,而那些不经常接触或仅仅短时间用过计算机的学生,成绩落后于同年级组(OECD 2005)。在学生样本中,10%的人使用计算机的时间少于一年,而且他们的数学平均成绩远低于经合组织平均成绩。经合组织成员国的全体学生中几乎有四分之三经常在家使用计算机，然而只有44%的人在学校也如此。在一些社会科学家看来，这些数据证明了信息技术富裕家户与信息技术贫困家户之间的分隔愈益扩大。如果学校没有提供更好的接触计算机的渠道，那么教育领域中的社会阶级分隔似乎会变得更大。

最近几年，技术在教育中的应用发生了彻底转变。在绝大多数发达国家，教育系统已经实现了现代化和计算机化。现在，一些观察家正在讨论一场“教室革命”，即“桌面虚拟现实”以及没有围墙的教室时代的到来。计算机扩展了教育中的机会，这一点基本没有疑问。它们使孩子们有机会独立探索，借助在线资源研究话题，并受惠于允许使用者按照自己的步调前进的教育软件。然而，这种孩子们完全通过个人计算机学习的教室图景尚未实现。事实上，“没有围墙的教室”看上去还有一段距离。

尽管经常接触计算机的学生人数正在增加，但景象却是非常失衡的，即使是在比较富裕的经合组织国家内部亦是如此（参见图19.8）。学生可以在标准课程范围内利用计算机完成任务，例如设计研究方案或者调查当前事件，但是很少有老师会认为，信息技术作为一种媒介，可以代替向真人教师学习，与真人教师互动。教师所面临的挑战在于，要学会以一种在教育上既扎实又有意义的方式，把新的信息技术融入课堂。可以说，能否上网已经成为划分贫富的新界线。

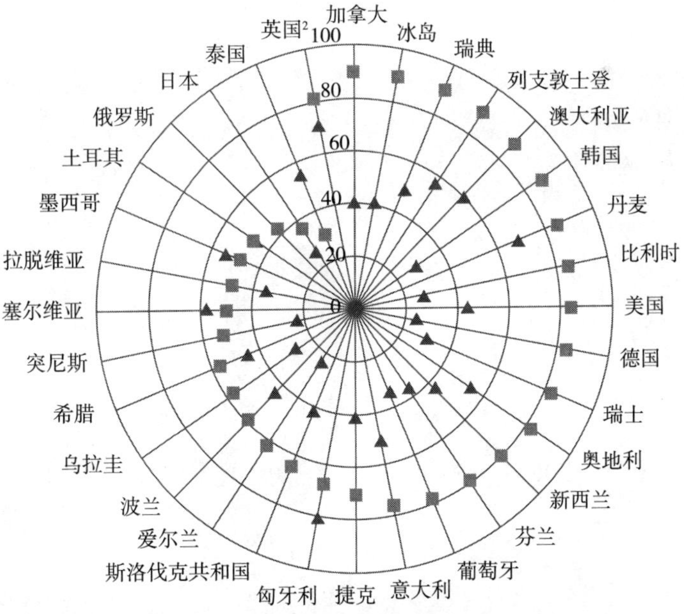

图19.8 经合组织国家中在家或者在校经常使用计算机的学生比例(基于2003年数据)

注：按照学生在学校使用计算机的频率的百分比大小将不同国家降序排列。

[2]应答率过低，无法确保可比性。

资料来源：OECD 2005。

全球社会 19.2

终身学习的环境

新技术与知识经济的崛起改变了关于工作与教育的传统观念。技术变革步履迅疾，工作岗位的更替前所未有。培训和资格证书的获得现在成了贯穿人们一生的事情，而不仅仅是出现在早年生活中，因为处在职业生涯中途的专业人员正在选择通过继续教育计划和基于互联网的学习，更新自己的技能。现在有许多雇主都允许员工参加在职培训，以此巩固忠诚，增进公司的技能储备。

社会在不断变革，支撑它的传统信念和制度也经历着转型。学校教育的观念，即在正规机构里进行的结构化的知识传递，开始让位于发生在多种背景和不同时间中的更为宽泛的“学习”概念。由“教育”向“学习”的转变并非无关紧要。学习者是积极、好奇的社会行动者，能够从多种资源中收获见识。学习者可以从各种各样的接触中获得技能与知识，如与朋友和邻居的交往，在研讨会或者博物馆里，于本地小酒吧里的闲聊中，通过互联网和其他媒体，如此等等，不一而足。

即使在学校内部，也已经能够看到将重点转向终身学习的趋势，学生在课堂之外进行学习的机会越来越多。学校与外部世界之间的界限正在坍塌，不仅经由网络空间，

职业发展继续教育(Continuing professional development, CPD)以及终身学习可以贯穿一个人的一生。

而且在现实世界当中也是如此。例如“服务性学习”(service learning)已经成为许多美国中学的主要内容。作为学生毕业要求的一部分,学生需要投入一定的时间参与社区志愿者工作。在许多国家,与地方企业之间的合作关系也已成为寻常之事,促进了成年专业人士与学生之间的互动和指导关系。

在向知识型社会的转变当中,终身学习应当扮演某种角色(Longworth 2003)。它不仅是训练有素、动力充足的劳动力所不可或缺的,而且我们应当结合更广泛的人类价值观念来看待学习。对于推动一种全面而自主的自我教育,以促进自我发展与自我理解,学习既是手段,也是目的。在这一观念上,并不存在丝毫的乌托邦成分。事实上,它反映了教育哲学家所提出的人文主义教育理念。一个已有的实例是英国的“第三龄大学”(university of the third age),这种老年大学为退休人士提供了选择自我教育的机会,他们可以发展自己想培养的任何兴趣。

批判性思考

如果认为正式的学校教育将让位于不那么正式和非结构化的终身学习，这种主张是否现实？ 雇主们真的会支持终身学习这一理念并促进它的发展吗？ 如果这样做，对他们而言能产生什么益处呢？

第四节

教育与学校教育的未来

▼

今天,全世界的教育系统都在发生迅疾的转变。原因之一就在于数字革命和信息通信技术的扩散。然而,教育系统同样面临着其他挑战,比如如何顺应教育领域中愈益注重消费主义和自主选择的形势,未来应当怎样资助学校。在公共开支削减、盛行紧缩政治的时期,这些问题尤其切要。为了理解发达国家教育系统在20世纪的变迁轨迹,我们将对英国教育的发展过程做一简要梳理。虽然教育系统多种多样,但一个个案能够揭示不同历史环节上出现的一些核心议题。

一　教育变革——以英国为例

英国的教育系统,更准确地说是英格兰和威尔士的系统(苏格兰自成体系),历经几个发展阶段。在其早期发展阶段,教育的供给颇为分散,且具有很强的宗教取向。1945年之后,国家开始成为核心参与力量,整个系统也逐步转变为面向所有人的普遍义务教育,首先是基于可感知的智力建立了由三部分组成的系统,后来是一套全面综合的教育系统。不过,20世纪90年代以来,已经从统一的供给稳步转向消费选择模式,学校类型愈益多样化,优先考虑父母的选择而不是地方当局的控制。下文的简要勾勒会凸显该过程中的一些关键发展。

在1870年(开始实行义务教育)和第二次世界大战之间,历届英国政府都增加了教育投入。法定离校年龄①从10岁提高到14岁,并且建立了越来越多的学校,但是教育并没有被看作政府干预的一块重要领域。在地方政府委员会的监督下,私营或教会机构管理着学校,其中绝大多数放到今天会被描述成"信仰学校",宗教成分浓厚。第二次世界大战(1939—1945)改变了这种状况,因为军队征召的新兵所展现出的教育技能之低令当局大为震动。政府对战后重建的前景颇感忧心,开始重新思考教育的供给,着手建立一种三重系统,包含文法学校、技术中学和现代中学②,学生在11岁时要参加一次考试来决定去处(Halsey 1997)。

到了20世纪60年代,人们清楚地认识到,1947年创立的这一系统,即在学生11岁时挑选更为聪明者送入文法学校接受教育的制度,并未实现预期效果。只有12%的学生会在学校里待到17岁,而较早离校的儿童也更多的是因为阶级背景而不是学业成绩(CACE 1959)。1965年,工党政府开始转向更为标准化和统一化的公立综合教育(comprehensive education)。从20世纪70年代早期开始,整个战后阶段表现出的教育显著扩张突然被经济收缩以及削减政府开支的种种努力所取代。

长期以来,教育始终是一块政治的战场,围绕着综合学校教育及其结果的影响,辩论可谓旷日已久。综合教育的设计者相信,新型学校将能提供更多的平等机会。但到了1979年,撒切尔夫人执掌下的保守党政府对综合学校教育提出了批评,认为应当挽救筛选性的文法学校。20世纪80年代晚期,政府谋求拆分综合教育系统,并且减少负责运行

① "minimum school-leaving age",即受完义务教育可离校就业的最低合法年龄。——译者注

② 文法学校(grammar school)提供更具学术取向的课程,现代中学(secondary modern school)兼有通识学习和职业学习性质。英国人多认为后者缺乏特色和明确培养目标,入学者是考不上文法学校和技术中学的孩子。——译者注

该系统的地方教育当局的权力。1988 年的《教育法》为公立教育引入了全国通用课程体系,并且开始推行学校的本地管理,下放行政权力,以平衡全国通用课程体系不可避免的集权趋势。

同期得到推行的,还有一批新式的城市技术学院(city technology colleges, CTCs),以及由政府拨款补助的学校(grant-maintained schools)。后者可以“选择脱离”地方当局的控制,直接接受国家的拨款补助,实质上变成了受中央政府资助的企业,也有权根据学生的能力自主选择最多达 50%的学生。政府希望所有学校都能选择脱离,最终成为受拨款补助的学校。然而,截至 1995 年,在总数为 2.3 万所的公立学校中,只有 1000 所学校这么做了。格维尔茨及其同事(Gewirtz et al. 1995)发现,对许多父母而言,学校的选择受到了严重限制,择校的真实余地在很大程度上取决于父母的社会阶级位置。

1997 年上台的工党政府把教育置于其行动议程的首位。在白皮书《追求卓越的学校教育》(*Excellence in Schools*, 1997)里,工党承诺要捍卫综合学校,并且使之现代化。白皮书还号召,对被评估为表现长期低于标准的各类学校进行干预。政府强调,良好的教学方法非常重要,强有力的领导则是教育改革的关键。在小学,开始引入读写计算计划,并扩展形成初等教育战略,针对英语、数学以及自然科学科目制定出标准。比如,受拨款补助的学校变成“基金学校”,保持高度的独立性,各自侧重科技、人文或数学。这些学校还被允许根据学生在这些专业领域的能力,自主招收最多达 10%的学生。

(一)多样化与选择权　在一些贫困地区,还创办了一批城市学院(city academies),选读人数大大超额。来自私营部门或慈善团体的捐助者负责提供学院开办费用的 20%,具体数额最多达 200 万英镑,然后国家负责其余部分的费用。批评者则宣称,慷慨资助这类学院,也就相当于抽取了其他学校的资源。工党还严格执行督学政策。一旦学校被评估为差校,政府机构可以直接干预,接管学校运营。在有些情况下,差校会作为城市学院重新开办。在一些非常贫困的地区,设立了教育行动特区(education action zones),调用政府和私营部门的资金,招揽教师,应对社会排斥。截至 2005 年,在全英格兰已经设立 73 处教育行动特区。

2010 年,以保守党为主组建的联合政府提出了对于英国教育的新思路,重点之一就是回归“传统的”教育价值观,提倡“休闲西装加领带”式制服,遵守纪律,以及出色的拼写和文法。全国通用的义务课程规模被削减。校长被赋予更多权力,而学生则被鼓励去修习传统上更为“严格”的 STEM 科目,即科学、技术、工程和数学。

还设立了一项“学生补贴”(pupil premium)。按照固定的生均年度总额(2014—2015 年度每名小学生 1300 英镑,每名中学生 935 英镑)拨付给相关学校,接受补贴的学校提供在校免费餐食,用这样的额外资源来帮助比较穷困的学生提升其学业成就(DfE 2014b)。政府还鼓励所有学校成为脱离地方当局控制的学院制学校(academy schools)。截至2013年,这类学校共有3 613所。公立中学中大约有56%已经成为学院制学校,不过在小学层面,比例要小得多,只有11%。2014年的报告提出,相较于其他学校,转型成为学院制学校的公立学校更有可能将自身的整体等级从“优良”提升到“杰出”,并有更多的学生在普通中等教育证书考试中取得更高的分数。话说回来,批评者认为,学院制学校削弱了民主问责能力,是在推行公立系统的逐步私有化(BBC News 2012b)。

而联合政府最有争议的改革是“自主学校”(free schools)政策,效仿美国的“特许学校”(charter schools)和瑞典自己的自主学校。自主学校是由私人管理但由国家资助的学院制学校,由家长、慈善团体、工商企业、教师或宗教团体建立并运营。据估计,截至2015年,大约有25万名学生就读于自主学校(高于2010年时的预测),从2014年以来,有102所此类学校获准开办,其中46所位于伦敦(*The Guardian* 2014)。批评者认为,这类学校对比较富裕的中产阶级群体最具吸引力,将会制造出某种双层系统,金钱和名师将向自主学校倾斜,留下公立学校像“穷亲戚”一样。比如说,初步数据表明,自主学校的学生中接受免费校餐的只有9.4%,相比之下,全国平均比例是16.7%(Florack 2014:220-221)。

由于自主学校能够选择限制其招生数量,以形成较小的班级规模,所以有些批评者关注其成本代价,这既是指严格的财政意义上的成本,也是就整体层面的教育系统而言的。2012年,影子教育大臣如此挑明萨福克(Suffolk)一家自主学校存在的问题(转引自Florack 2014:221):“向这所学校投入了200万英镑,但它只服务37名学生,而它所在的地区中学学位缺额超过1万。有3000人签署请愿书,抵制这所学校。”也有人开始担忧全国教育系统趋于分裂,以及在某些自主学校中出现的问题。比如,2014年,“E-Act”,一组自主学校的私人赞助者,因为担忧达不到标准而选择退出。

关于自主学校,以及它们是否会繁荣发展和广为普及,目前要得出确凿的结论,为时尚早,因为几乎还没有任何专门的研究。不过,可以明确的是,二战后全国教育系统曾经趋向一体化的综合学校教育,这种趋势已告终结。自20世纪90年代中期以来,历届政府相继推行了多项改革,导致供给形式愈益多样化,地域差异愈益明显,消费选择模式愈益凸显,地方当局的控制和问责能力也被逐步削弱。事实上,有一种情形渐露端倪,更接近1870年《教育法》之前的局面,供给方多种多样,彼此关联相对松散。

随着责任逐渐转为父母的选择,现有的社会不平等似乎会进一步巩固,因为中产阶级家庭有更好的谈判地位,而就自主学校而言,它们也促成了分裂化的教育景观:

> 不是所有家庭都拥有相关的技能、时间或资源，去搞清楚系统的规则并加以利用；有些家庭就是经济上承担不起，只好让自己的孩子去离家很远的地方上学。坦白讲，这种模糊系统的供给既不明确也不均衡，就是给那些信息全面、资源丰富、充满自信也富有耐心的父母提供了机会，为自己的孩子寻求社会优势。而他们当中许多人是中产阶级。(Ball 2013)

(二）高等教育　就像其他许多国家一样，英国的高等教育(higher education，HE)系统自20世纪80年代以来迅速扩张。在20世纪50年代，英国有21所大学，但以今日的标准评判，其中的大多数都非常小。从1945年到1970年，英国的高教系统规模扩大了三倍。古老的大学扩大了规模，而被冠以“红砖”(red-brick)大学之名的新大学陆续建立，比如苏塞克斯(Sussex)、斯特林(Stirling)以及约克(York)等大学。随着侧重职业课程的理工专科学校(polytechnics)的创立，也形成了高等教育的双重系统。今天，英国的高等教育机构已经有了某种“标准铸造”(standard coinage)，至少在理论上，莱斯特(Leicester)或利兹(Leeds)大学的学位水平，与剑桥、牛津或伦敦大学的学位水准相当。然而，牛津和剑桥以严格挑选学生著称，大约有一半学生来自私立学校。比起从其他大多数大学拿到一张文凭，牛津或剑桥的学位获得者更可能赢得收入可观的职业生涯。显然，重大的社会分隔并不仅限于义务教育部门。

在1900—1901学年，英国只有2.5万名学生接受全日制高等教育。但是到1971年，这个数字增长到了45.7万人，而到了2008—2009学年，则超过了150万人(Universities UK 2010:7)。社会阶级背景影响了接受高等教育的可能性。尽管工人阶级出身的人进入高等教育的人数有所增加，但还是远不及来自非体力劳动阶级家庭的学生数量。关于工人阶级家庭的孩子接受教育的渠道的争论，已经成为目前如何以及未来应当如何资助高等教育的相关争论中的核心焦点。

尽管高等教育中的学生人数增量惊人，但政府的支出并没有按照同样的速度增长。从1976年到1989年，以实际价值计算，生均经费下降了29%，而从1989年到1999年，又下降了38%。国家高教调查委员会(National Committee of Inquiry into Higher Education 1997)的结论是：在现有资金安排下，高等教育不可能扩张和改进。其结果就是，高等教育的资金危机，由于英国政府应对2008年以来的全球经济衰退而采取的削减债务措施，问题愈发尖锐。那么，到底要由谁来买单呢？

有关**2008**年信贷危机和经济衰退的讨论，参看第七章“劳动与经济”。

对大学的大规模投资的两个主要来源,一是税收,一是那些上过大学并从中获益的人,也就是学生本身。有些人主张,考虑到大学给社会带来的好处,应该由纳税人来资助大学。如果没有医生、教师及其他专业群体,我们会怎样?而另一些人则认为,没有上大学的纳税人并不需要为那些上大学的人交税。大学毕业生享有很多职业优势,平均而言,终其一生的收入也会比非大学毕业生多得多。期望非大学毕业生为其他人的回报而纳税并不公平。现在,人们似乎普遍认为,学生应该为他们的大学费用支付更大的份额。

2010 年,《布朗报告》(Browne Report)公开发布。这是受前工党政府委托,对英格兰和威尔士的高等教育进行的独立评估。在这份题为《确保高教的可持续未来》(*Securing a Sustainable Future for Higher Education*)的报告中,布朗勋爵建议削减教学预算约 80%,并通过大幅提高学费将开支转嫁给学生。政府对于艺术、人文与社会科学的资助将几乎全部取消。报告指出,增加的学费会促使大学部门开放,各个学科和机构之间展开竞争,资源因此有可能投向更好的机构和“更为重要的”学科。

新的联合政府接受了这份报告的主要建议,到了 2010 年 12 月,下议院投票决定,学费从每年刚过 3000 英镑提高到每年 6000 英镑,而如果满足扩招的特定标准,上限还可以提升到 9000 英镑。这项政策已经招致大学里出现大规模的学生游行和静坐,在伦敦还爆发了学生与警方的冲突。学生领袖指出,是银行家和政客的鲁莽行动导致了 2008 年金融危机,不该由学生们来承受后果。

批评者指出,学费如此激增,会阻碍本来就代表比例不足的群体,比如工人阶级家庭的学生,他们看到背负一大笔债务的前景就会犹豫不前。不过,这种情形并未发生,学生人数,包括来自工人阶级群体的学生人数,并没有下降。在毕业生收入达到每年 21 000 英镑之前,不是非得偿还学生贷款;而如果达不到这一薪资标准,根本就不用还款,因为三十年后债务就一笔勾销了。迄今为止,新的系统似乎尚未构成接受高等教育的阻碍。

第二点批评是担忧对于大学自身的影响。社会学专业系主任与教授委员会主席约翰·霍姆伍德(John Holmwood)就指出,可能会出现一种三层体系。规模比较小的上层是研究密集型大学,会继续表现出色;比较大的中层是教学型大学,会奋力求存;而第三层同样是教学型大学,会被迫合并,甚至会彻底关停(Holmwood 2010)。虽说我们也再次看到,绝大多数大学都选择收取 9000 英镑的上限学费,这或许能保护大学的资金周转,从而避免拆分和关停等最坏状况。话说回来,有些人也质疑新的系统是否能够长期持续,如果大多数学生贷款最终都一笔勾销,情况就更是如此(Higher Education Commission 2014)。

在英国,削减高教资金和提高学生学费引发了学生抗议。然而,政府的政策仍然延续,到目前为止,提高学费并未导致申请入学的学生数量减少。这是否证明,在英国,人们对于教育的态度发生了变化?

在英国的案例中,我们可以看到,教育系统可谓面目多变。20 世纪见证了学校义务教育在整个发达世界得以确立,所有社会阶级受教育的年限都有所增加。在 20 世纪六七十年代,基于测验的严格选拔制度逐渐让位于更加综合的学校教育模式。但是,到了 20 世纪 90 年代,趋势发生了逆转。在高等教育中,大学慢慢地向人口中更为广大的部分敞开大门,但是,随着一个精英系统转变成大众系统,由谁来付钱这个棘手问题已经变得事关重大。教育系统面对的下一个大挑战,将是怎样有效利用数字技术创造的新的可能性。下面我们就来谈谈这项话题。

二 数字时代的高等教育

回到 1971 年,英国的开放大学(Open University)率先将电视用于远程教育。它的课程节目由英国广播公司在早间和夜间播出。学生把这些节目与书面材料相结合,通过函授方式进行学习,与个人导师会面,并在暑期课程中和其他学生见面。经由这种方式,他们可以在家里修习高质量的学位课程(往往也是在职学习)。现在,开放大学已经成为英国规模最大的大学,并且纳入网络教学,但依然保留了与学生见面的内容。今天,许多大学,或许是绝大多数大学,都会提供一些远程教学课程,依托互联网进行邮件交流、聊天室讨论、网上评估或获取基于网络的课程材料,比如播客和在线视频。

而现在的互联网对于教育的转型作用,比起电视更为深刻。这种思路的开路先锋过去是,现在仍然是美国的凤凰城大学(University of Phoenix)。该大学始建于 1989 年,是一家私营机构,在全美认证合格的大学中规模居第二位。然而,与绝大多数其他大型的美国大学不同,它既没有绿草如茵的校园、规模庞大的图书馆可以自诩,也没有足球队或者学生活动中心据以自傲。在这所大学注册的 42 万名学生的见面和互动主要是通过互联网,即凤凰城大学的“网上校园”(eCampus),或者是在坐落于全美 40 个州的“学习中心”。

凤凰城大学提供了十几个完全可以在网上完成的学位项目,从而使学生们实际所在的地理位置变得无关紧要。网络上的“公邮”代替了有形的教室:学生不再需要亲自出场做口头报告或讨论问题,而是在电子课堂上发布作业,以便其他学生和导师阅读。还有一座电子图书馆,可供学生们完成研究和阅读作业。每周开始时,该门课程的导师就以电子方式公布本周的阅读书单和讨论主题。学生们按照自己的时间表,一天二十四小时可以随时进入“电子教室”,完成所布置的作业,而导师会批改作业,并且连同评语一起反馈给学生。

在凤凰城大学,别具特色的不仅仅是学习的媒介。这所大学只招收年龄在 23 岁以上且在某一工作场所就业的在职人员。这所大学所提供的教育,从结构到内容都是面向某些成年专业人员的,他们需要新的技能和资格证书,但在完成这种继续教育的时候,又不能与其繁忙的个人生活和职业生活相冲突。因此,各门课程都集中为五到八周的强化学习板块,并且全年滚动进行,而不是按照通常的校历授课。

凤凰城大学与传统大学相比,还有一个更为重要的不同之处——它是一所营利性机构,为一家名叫阿波罗传播(Apollo Communications)的公司所拥有。创办十年后,凤凰城大学每学季的平均利润已经高达 1280 万美元。越来越多的教育机构开始依托私人运营,而非公共管理。拥有管理、技术生产及传播等方面专家的外部组织,作为咨询顾问或者管理者,越来越深入地参与教育系统。

基于互联网的学习既灵活又便利,这不可否认,但是这种方式仍不乏批评的声音。许多人都认为,没有什么形式可以替代与其他学生共处真正的互动环境中的面对面式学习。未来各代的学习者是否只是知道自己同学在网上的用户名,而不再了解这些同学的其他情况?技能取向的实用性学习是否会削弱抽象推理和“以学习本身为目的”的学习的重要性?

全球化与技术进步促成了高等教育领域的全球市场,以及大型开放式网络课程即

“慕课”(Massive Open Online Course, MOOC)顺理成章的发展。这些网络课程人人可用,通常免费,并有能力导向大型网络学习社区。目前,慕课尚处于实验阶段,它们未来是否能够提供完整的学位方案或大学认证,究竟如何获得长远的资金支持,还不明朗。

诚然,由于留学生、跨国研究项目与国际学术会议发挥的作用,高等教育向来具备国际维度,但是,全新的机会正在大量涌现,让分散在全球各地的学生、教研人员以及教育机构实现合作。通过基于互联网的学习,以及慕课和“网络大学”的构建,全球受众都能够更方便地获取教育与资格证书。现在,文凭、证书以及学位都可以在具体有形的教室和传统教育设施之外获得。一些有竞争力的机构和公司,其中部分是以商业目的为基础进行运作的,正在涌入全球教育市场。知识与学习前所未有地“方便易得”。

即使是传统的大学,也正在采取步骤向“网络大学”迈进,机构组建的联合体正通过网络共享学术资源、研究设施、教学队伍和学生。世界各地的大学都逐渐认识到,与存在互补优势的其他机构保持这些伙伴关系大有裨益。学术知识和技术革新日新月异,即使是最为精英的院校,也不可能在所有学科上始终处于最前列。通过在线合作,它们可以把各自的专长集中共享,并且向联合体内的学生和研究者提供这些资源。例如,布里斯班(Brisbane)的学生可以访问旧金山的在线图书馆①,给其他地方的专业教研人员发送电子邮件以澄清问题,并且在研究项目上进行合作。

小　结

新兴传播技术在教育领域创造出巨大的新可能。它们使正规教育有可能摆脱教室或讲演厅的局限,触及世界任何地方的新学生,无论其年龄大小、性别男女、阶级高低。尽管如此,仍有批评者指出,新兴的信息通信技术并不是一种给人们带来解放和平等的力量,而是会强化教育中的不平等。除了物质剥夺和不平等,教育还有可能再生产出信息贫困。技术变迁步伐迅猛,雇主愈益需要掌握计算机技术的劳动者,这或许意味着技术能力较强的人可以“蛙跳般地超越”其他缺乏计算机经验的人。技术能力上合格的人和不合格的人有可能形成截然区分,这种危险使得人们更有必要投入终身学习,以应对信息时代生活的新挑战。

---

① 布里斯班和旧金山隔着太平洋遥遥相对。——译者注

而热情支持信息技术的人则认为,数字技术的力量在于能够把人们聚集到一起,从而开拓新的机会。亚洲和非洲那些缺乏教材和合格教师的学校,据说可以从网络交流中受益。远程学习项目,以及与海外同事的合作,都会成为克服贫困与弱势的关键手段。他们相信,技术一旦被富有才智和创造性的人所掌握,就会迸发无限的潜力。

但是,也有一些人开始担心,会出现所谓"计算机底层阶级"(computer underclass)。随着全球经济越来越以知识为基础,信息富裕与信息贫困国家之间的鸿沟会使较为贫困的国家更加边缘化。与此类似,在发达国家内部,鉴于所需的资金投入,信息技术也很可能加深中产阶级与工人阶级之间的成就差距。

虽然新兴技术一定能给一些人提供机会,但是必须认识到,对于世界各地教育系统面临的问题,根本不存在"技术解决一切"[①]之类的捷径。许多发展中国家正在努力应对文盲率居高不下、电话线和电力供应匮乏的状况。在真正从促成远程学习项目的新兴技术中受益以前,它们首先需要改善自己的教育基础设施。

正如我们在本章通篇所见,教育系统也参与了文化再生产的过程,再生产出种种社会不平等并加以强化。新型信息通信技术可能激化这些分隔,同时创造出新的不平等。不过,如果处置得当,新型技术仍能为世界各地的教育系统提供新的可能,它们令人振奋,不断趋向解放与平等。

---

① "techno-fix",兼有"fix"的"应急措施""灵丹妙药""补救方法"等意涵。——译者注

本章要点

1. 现代教育系统是如何发展的？为何如此发展？列举工业资本主义要求受过更好教育的劳动力队伍的主要原因。

2. 比较关于教育与学校教育的功能主义理论与马克思主义理论的主要特征。说明学校教育的“对应理论”和“隐性课程”分别是什么意思。

3. 何谓“文化再生产”？借鉴威利斯、麦克安海尔以及伯恩斯坦的作品，用有关性别与社会阶级的例证加以阐述。

4. 阐述皮埃尔·布尔迪厄关于各种“资本”形式的一般理论，包括他有关“场域”和“惯习”的观点。试举两例，说明该理论与教育研究有何关联。

5. 追溯教育中性别差异的历史模式，并说明为什么女孩现在的学业表现会优于男孩。

6. 哪些少数族群在英国教育系统中做得最差？哪些表现最好？这种不平等和差异性应该如何说明？

7. 你会怎样概括识字率、文盲率和公共教育投入等方面的**全球**状况？2008 年的经济衰退如何影响发展中国家的教育发展？

8. 通过本章对英国的个案研究，可以从发达世界教育的整体趋势中学到什么？

9. 高等教育自第二次世界大战以来有了显著的扩展，而且现在许多社会拥有学生数量庞大的大众高等教育。这种扩张引发了哪些争议和问题？

10. 用具体实例说明终身学习的理论和实践意味着什么。这是否标志着传统教育和学校教育的终结？

11. 信息技术正以多种方式和在各个层次上融入教育过程。数字革命如何有可能影响大学部门的就业？

研究实践

只要经历过正规学校教育，人人都知道，学校是一些学生遭受其同伴霸凌的关键场所。为什么是某些学生而不是另一些学生遭到霸凌呢？是什么使一些学生成为同伴眼中“合法的”目标呢？下文探讨了受害者化的问题：B. Lehman，2014，‘Gender Differences in Bullying Victimization：The Role of Academics and School Context’（霸凌受害者化的性别差异：学术角色与学校场景），*Sociological Spectrum*，34：549-570。

1. 这项研究使用了哪些研究方法？你会如何概括这项研究的特点？

2. 作者说霸凌是“一种多面向的现象”，指的是什么？试举数例予以说明。

3. 具体而言,智力至上、刻苦学习或“成为‘书呆子’”的哪些特性导致学生成为霸凌的受害者?这些因素如何影响男孩与女孩的不同体验?

4. 根据论文的分析与结论,学业出色的学生如何可能在学校场景中应对霸凌?

5. 设计一项小型质性研究,旨在从霸凌他人的那些学生的角度来理解霸凌受害者化。在伦理和操作上,你预计可能出现哪些问题?你会怎样克服它们?

深入思考

所有的社会学研究都有一个核心的议题,就是平衡社会结构和个体行动的相关影响,也就是所谓的“结构—行动”问题。这个议题也明显体现在本章介绍的有关教育与学校教育的一些理论中:

- 鲍尔斯和金蒂斯关于学校教育的马克思主义立场的对应理论;
- 布尔迪厄有关文化资本的获得与使用的理论框架;
- 女性主义者有关学校中性别不平等的再生产的理论。

比较这些理论,阐明它们是如何处理结构与行动之间的关系的。它们能够有效结合两者吗?它们分析的领域有重叠吗?它们是否成功地连接了教育系统与更广泛的社会及其转变中的社会结构?哪一种理论视角在处理结构—行动问题的方式上最令人满意?

艺文探析

1. 观看 2009 年出品的电影《珍爱人生》(*Precious*)(由李·丹尼尔斯[Lee Daniels])执导,并且/或者阅读萨法尔(Sapphire)1996 年所著小说《推》(*Push*, Chicago: Alfred A. Knopf),电影是依据这部小说改编的。这部小说/电影刻画了克拉丽丝·珍爱·琼斯(Claireece Precious Jones)的生平,这是一个生活在美国一处贫民区的 16 岁黑人女孩。“珍爱”遭受了父母的性虐待、身体虐待和情感虐待,并具有多重劣势,这些严重限制了她的生活机会。影片描写了她如何努力改变自己的处境。

写一篇 1000 词的影评。请你用阶级、贫困、族属、性别和交叉性之类的社会学概念,以及马克思主义、互动论、女性主义和文化再生产等理论,讨论影片中的事件与议题。你在结论中应当思考,诸如此类基于某一个体生活的虚构表征,对现有关于教育和劣势的社会学研究有何助益。

2. 有许多电影和小说描写了深陷困扰的青少年,其生活被一位不同寻常的教师彻底改变,教师给予他们关爱,引领他们追梦。这类故事有助于倡导这样的观念:学校教育是幸福成长之路,自我成就之途。然而,诚如本章所示,有大量的社会学研究证明,学校教育也会再生产不平等,既能给人力量,也会束缚人。

带着这种思维,观看戴维斯·古根海姆(Davis Guggenheim)2010年导演的纪录片《等待超人》(*Waiting for 'Superman'*)。影片记叙了美国几名学生如何努力进入备受追捧的"特许"学校。这样的学校接受政府的补助,但也有很大的组织独立性。影片中对于美国的公立教育系统主要有哪几点批评?这些批评中哪些能从本章描述的有关学校教育的社会学理论和批判中找到支持?影片提供了什么解决办法?这些办法的现实可行性如何?

接着来看一部对立的纪录片《难以忽略的真相——关于"等待超人"》(*The Inconvenient Truth about Waiting for Superman*),它是由"草根教育运动"(Grassroots Education Movement)制作的,作为对古根海姆影片的批评,可在以下网址观看:http://gemnyc.org/our-film/。这部纪录片意在捍卫公立教育,使其免受政商两界的利益群体的影响,制作者指出,这些利益群体就想着侵蚀教育,将教育私有化。列举对于古根海姆影片的主要批评。你在多大程度上赞同这些批评?潜在可能的教育私有化为何会激化阶级、种族和族属等维度交织而成的社会不平等?"草根"的分析是否契合本章中讨论的某一种社会学视角?

阅读指津

想深化对于教育社会学的了解,你可能希望从一本优秀的导论性教材开始,比如罗布·摩尔的《教育与社会:教育社会学的议题与说明》(Rob Moore, 2004, *Education and Society: Issues and Explanations in the Sociology of Education*, Cambridge: Polity)。沙伦·格维尔茨和艾伦·克里布的《理解教育:一种社会学的视角》(Sharon Gewirtz, and Alan Cribb, 2009, *Understanding Education: A Sociological Perspective*, Cambridge: Polity)同样出色地阐述了社会学对于该领域的既有看法,在教育的不平等问题上尤其如此。

教育社会学已经是这门学科中成熟确立的一个分支,因此钻研一部针对具体话题的文集是个不错的想法。为此,你可以试读迈克尔·阿普尔、斯蒂芬·鲍尔以及路易斯·阿曼多·甘丁编的《劳特里奇教育社会学国际手册》(Michael W. Apple, Stephen J. Ball, and Luis Armando Gandin, eds., 2011, *The Routledge International Handbook of the Sociology of Education*, London: Routledge),该文集包含的主题相当全面,从各种理论到男性特质与不平等。瑞秋·布鲁克斯、马克·麦考麦克与卡旺特·博帕尔合编的《教育社会学的当代论争》(Rachel Brooks, Mark McCormack, and Kalwant Bhopal, eds., 2013, *Contemporary Debates in the Sociology of Education*, Basingstoke: Palgrave Macmillan),涵盖关键议题,选文犀利,紧扣前沿。

有关过去几十年英国的教育转型,参看肯·琼斯的《英国的教育:1944年至今(第二版)》(Ken Jones, 2015, *Education in Britain: 1944 to the Present*, 2nd edn, Cambridge:

Polity)。身处全球时代,休·劳德、菲利普·布朗、乔-安妮·迪拉博夫以及哈尔西合编的《教育、全球化与社会变迁》(Hugh Lauder, Phillip Brown, Jo-Anne Dillabough, and A. H. Halsey, eds., 2006, *Education, Globalization and Social Change*, Oxford: Oxford University Press)有效地汇编了古典与当代的选读文献。弗兰克·布莱斯·麦克拉斯基与梅拉妮·林恩·温特合著的《数字大学理念:古代传统、颠覆性技术与高教灵魂之战》(F. Bryce McCluskey, and Melanie Lynn Winter, 2012, *The Idea of the Digital University: Ancient Traditions, Disruptive Technologies and the Battle for the Soul of Higher Education*, Washington, DC: Westphalia Press)探讨了数字大学的概念。有关数字化对于教育的影响,尼尔·塞尔温的《技术造福教育?》(Neil Selwyn, 2016, *Is Technology Good for Education?*, Cambridge: Polity)的讨论富于启发。

关于社会制度的原典文集,参阅辅助读物《社会学入门文选(第三版)》(*Sociology: Introductory Readings*, 3rd edn, Cambridge: Polity, 2010)。

网络导航

政体出版社有关本书的更多信息和支持:

www.politybooks.com/giddens

教育社会网(Sociosite on Education)——有大量教育资源链接,并不都是社会学方面的:

www.sociosite.net/post/education#education

全球教育运动(The Global Campaign for Education)——大量有用的教育资源:

www.campaignforeducation.org

21世纪学习行动计划(21st Century Learning Initiative)——设于英国的教育新观念档案库:

www.21learn.org

联合国教科文组织教育主页(UNESCO Education Homepage)——联合国教育、科学及文化组织:

https://en.unesco.org/themes/education

终身学习网(Lifelong Learning)——一家倡导这一概念的英国网站:

www.lifelonglearning.co.uk

第二十章

犯罪与越轨

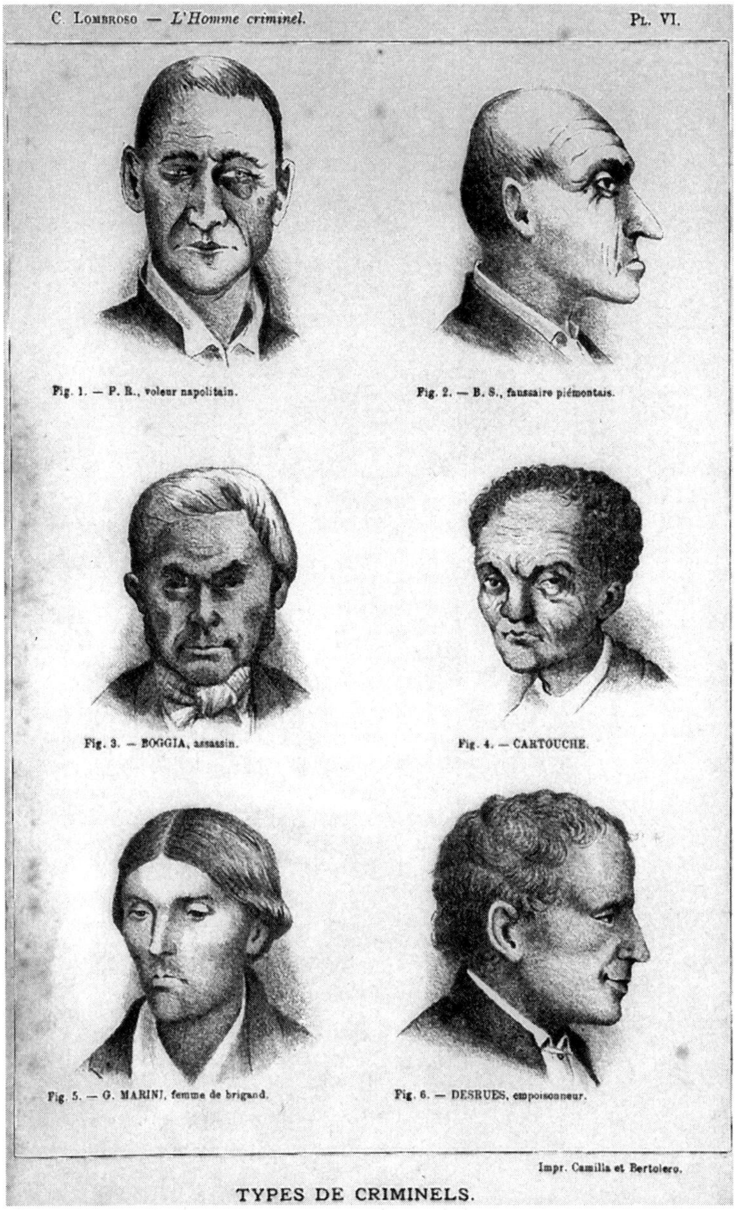

切萨雷·龙勃罗梭(Cesare Lombroso,1836—1909)在其《犯罪人论》(*L'uomo delinquente*)一书法文版中展示的犯罪类型：一个来自那不勒斯的盗贼，一个来自皮埃蒙特的造假者，一个刺客，卡图什——对其犯罪倾向未做具体描述，一个强盗的妻子，以及一个投毒犯。

在电影、戏剧和电视等视觉传媒中，罪犯和歹徒常常很容易发现。比如，在好莱坞西部片中，坏人往往穿戴黑色，并且有一些突出的特征，像是身上刺青，脸上有疤。罪犯看上去就是与守法良民不一样。但在现实世界中，要是说我们可以纯粹通过人们的外表来辨识其犯罪的倾向,可谓荒唐可笑。或者,这并非无稽之谈?

在2010年末到2011年初,警方调查乔安娜·耶茨命案期间,英国通俗小报似乎确信,他们笔下那个“奇特的”“怪异的”男人,那个65岁的退休教师,也是受害者的房东,就是首要嫌犯。《太阳报》(还有其他一些报纸)用了克里斯托弗·杰弗里斯30岁时的照片,想突出他“特立独行,染了一头蓝发”(Cathcart 2011)。可杰弗里斯先生是无辜的。邻居文森特·塔巴克后来承认犯有过失致死罪,但在2011年10月的庭审中,他被发现构成故意杀人罪,判处终身监禁,最低刑期为二十年。《每日镜报》和《太阳报》因为在案件报道中藐视法庭,被分别罚款5万英镑和1.8万英镑。而杰弗里斯先生获得了八家报社因其失实报道造成的伤害而缴纳的可观的诽谤赔偿。

所以说,即便到了21世纪,那种罪犯必然会在某个方面不像守法良民的观念依然挥之不去。这一观念可谓根深蒂固。意大利科学家切萨雷·龙勃罗梭在其所著《犯罪人论》(1876)一书中提出,**可以**根据某些可见的身体结构特征来识别罪犯类型。他调查了监狱中一些已被定罪的犯人的体质特征,诸如颅骨和前额的形状,下巴的大小,手臂的长度,以及刺青之类的皮肤标记。他的结论是,罪犯展现出明显的**返祖**(atavism)迹象。也就是说,他们呈现了人类进化早期阶段的特征,而这是“文明化的”人类所没有的。罪犯本质上是不文明的,进化上返祖的,因为他们的犯罪行为是遗传的,所以不能为其穷凶极恶的倾向负责。

在后来的一本讨论女性罪犯的书中,龙勃罗梭(与古列尔莫·费雷罗合著)只能依靠照片,因为男性不允许进入女子监狱。批评者抨击他的作品缺乏可靠的证据,方法也值得质疑,但在当时,它实际上富有新意,因为龙勃罗梭主张,对于犯罪的研究,可以运用且应该运用科学的方式,从而奠定了犯罪学这门学科的基础。对于犯罪和越轨的生理学与生物学说明不断卷土重来。

比如,威廉·谢尔顿(Sheldon 1949)的“体型”(somatotypes)理论,区分了三种主要的人类体型,每一种类型都关联着一种个体人格,其中就有一种是与过失行为(delinquency)和犯罪联系在一起的。肌肉活跃型(中胚层体型)往往更为粗蛮有力,易于攻击,因此比起那些体型瘦削(外胚层体型)或者体型丰满(内胚层体型)的人,更可能成为犯过失者。[①] 谢尔顿也是通过研究照片来形成他的理论的,只是这次比较了大约4000名年轻男性的体型。批评谢尔顿的人认为,即使体型与过失行为之间确实存在相关关系,也未必能证实遗传的决定性影响。肌肉发达类型的人之所以更可能参与犯罪活动,或许是因为

① 中胚层型(mesomorphs):又译体育型、粗壮体型,肌肉发达,超出常人,头部方大,胸肩宽厚,与通过健身使肌肉发达者显著不同。外胚层型(ectomorphs):又译颀长体型,瘦脸高额,胸腹瘦窄,四肢瘦长,即使长胖也保持比例。内胚层型(endomorphs):倾向圆型,头圆腰圆,四肢较短,臂股多脂,腕踝纤细,即使节食也保持体型。——译者注

这种活动可为其提供展示运动天赋的机会。没有任何决定性的证据表明，有什么人格特质是以这样的方式遗传的。而且，即便它们是以这种方式遗传的，它们与犯罪行为至多也只是一种间接的联系。

但科学家继续被生物学观念所吸引。2011 年，有研究者声称，他们的孪生子研究表明，年仅四岁的孩子，就会由于某种异常脑部结构而存在犯罪倾向。在非常小的婴儿身上就能捕捉到“冷酷无情特质”，可以预测其未来成年后的犯罪行为。因此，早期筛查或能提供干预的机会，例如以药物之类改善脑部。有位研究者说，“我相信，我们必须既在社会层面上，也在生物和基因层面上，探究犯罪的致因”（转引自 *The Telegraph* 2011）。

生物学的思路，以及许多心理学的思路，都假定犯罪和越轨是个体身上有什么地方出了“问题”的迹象。相反，对于社会学家而言，要想令人满意地阐述犯罪的本质，就必须说清楚，一些行动起初是如何被归类为“犯罪”的。涂尔干在 19 世纪 90 年代将其关注点转至犯罪和越轨，自那以后，社会学理论就聚焦于犯罪发生的社会和文化背景。因此，要完整解答人为何会犯罪这一问题，首先必须质疑这个问题本身：我们所谓的“犯罪”和“越轨”究竟指的是什么？

第一节

基本概念

▼

越轨（deviance）可以被定义为对某一社群或社会中大多数人所接受的一套既有规范的不遵从（non-conformity）。没有哪一个社会可以通过一种简单的方式，区别出哪些是偏离规范的人，哪些是遵从规范的人。大部分人在大多数时间里都会遵循社会的规范，这是社会化的结果，我们习惯于这么做。但我们当中绝大多数偶尔也会逾越或者说偏离那些被普遍接受的行为规则。例如，我们年轻时可能会在商店里顺手牵羊，或是把工作场所的文具带走。有些人可能会超速行驶，打恶作剧电话，或是尝试非法毒品。我们会看到，社会学家区分了**初级越轨**（primary deviance）和**次级越轨**（secondary deviance），前者指的是最初的偏差行为，后者涉及某种偏离或犯罪身份的发展，以及潜在的犯罪“生涯”。

所有的社会规范都伴随着促进遵从及预防不遵从的约制。所谓**约制**（sanction），是指其他人为了保证个人或群体遵从某项特定的规范，而对该个体或群体的行为做出的任何一种反应。约制可以是肯定的（为遵从行为提供酬报），也可以是否定的（对不遵从行为施加惩罚）。约制的施加可以是正式的，也可以是非正式的。**非正式约制**（informal sanction)是对不遵从行为做出的组织性较弱、自发性更强的反应。比如,一个好学的学生会因为拒绝晚上外出而被同学取笑为“书呆子”,这个学生所经历的就是一种非正式约制。再如,当某人发表性别歧视或种族歧视言论时,朋友或同事会有不认同的反应,这也属于非正式约制。

正式约制(formal sanction)由特定的一群人或一个机构执行,以确保某一套规范被遵从。在现代社会,正式约制主要是指以法庭和监狱为代表的那些类型。法律是由政府制定的正式约制,作为公民必须遵守的规则或原则,它被用来对付那些不遵从的人。

批判性思考

你或你的朋友有没有破坏社会规范或法律的行为? 你之后会认为自己是“越轨者”吗? 为什么我们绝大多数人不会这样看待自己?

在西班牙布诺尔(Buñol)每年举行一次“番茄节”(Tomatina),这是在小镇中心进行的一场番茄大战。尽管是一种明显的越轨行为,但它却作为一种地方传统和旅游亮点,得到了当局的提倡。

虽然越轨和犯罪在很多情况下有所重叠,但它们并不完全等同。越轨的概念比**犯罪**(crime)宽泛得多,因为后者仅指对于法律的触犯。许多形式的越轨行为并不会受到法律的约制。所以,越轨研究考察的现象五花八门,从天体主义,20 世纪 90 年代的锐舞(rave)文化,到“新纪元”驴友(New Age travelling groups)的生活方式。犯罪学中,在研究犯罪的模式时,**犯罪化**(criminalization)这个概念也至关重要。当某个社会群体或特定活动成为靶子,被强化监管,重新界定,最终遭到指控,这个过程就叫作犯罪化。比如说,跟踪骚扰(stalking)、仇恨犯罪,以及故意传播艾滋病病毒,都经历了犯罪化的过程。近些年来,网络盗版遭到了越来越多的审查和监管,而有些类型的反社会行为也已经犯罪化了(Croall 2011:5)。

有两门各具特色但亦有关联的社会科学学科在研究犯罪和越轨。**犯罪学**(criminology)

是“对于犯罪的科学研究”，尽管这个定义可能过于宽泛。更精确地说，犯罪学“研究犯罪、控制犯罪的尝试以及对于犯罪的态度”（Walsh and Poole 1983:56）。犯罪学家感兴趣的是衡量犯罪的技术，犯罪率的变化趋势，以及旨在减少犯罪的政策。而**越轨社会学**（sociology of deviance）借鉴犯罪学的研究，同时考察超出刑律范围的行为。社会学家之所以研究越轨，是为了理解**为什么**某些行动一开始就会被认为是越轨，而有关越轨和正常（normality）的观念又是如何被社会建构出来的。对于越轨的研究引导我们关注有关权力的议题，以及社会阶级和贫富分化。当我们考察对于社会规则或规范的越轨或遵从时，我们必须始终牢记一个问题：它们属于**谁的**规则？

第二节

犯罪与越轨的相关理论

▼

在有关犯罪与越轨的社会学中，没有哪一种理论可以一统天下，在今天依然有多种多样的理论视角切合时宜，发挥用益。话说回来，有这么四种社会学整体思路在犯罪和越轨社会学中影响很大：**功能主义理论**、**互动理论**、**冲突理论**和**控制理论**。应当指出，女性主义理论的发展也对该领域的研究产生了显著影响，而这些通常都被归到广义的“冲突理论”范畴。具体而言，女性主义研究探索了犯罪与越轨的性别模式，以及有关男性特质和女性特质的社会规范是如何影响刑事司法系统的运作的。由于我们在本章后文详细讨论了“性别与犯罪”，所以会在那一节里展现女性主义理论阐述，而不是在下面将其作为冲突理论的例证之一。

一　犯罪的功能

功能主义理论认为，犯罪和越轨是社会中的结构性张力和缺乏道德调控的结果。如果个体和群体的抱负与社会中现有的回报存量不符，这种欲望和满足之间的差距将体现为一些社会成员的越轨动机。

（一）犯罪与失范：涂尔干与默顿　失范（anomie）这个概念最初是由埃米尔·涂尔干引入的，用来描述在现代社会，传统的规范和标准遭到了破坏。在社会生活的特定领域中，如果没有任何明确的标准来指导行为，失范就会出现。在这种情况下，人们可能深切感到迷失方向,焦虑不安;生活在现代的人相比往昔,受的约束要少些,有了更多的个人选择空间,也就难免会出现不遵从或越轨的现象。在任何社会中,对支配社会的规范和价值观达成完全共识的可能性极小。

但涂尔干更进一步。他宣称,越轨对于社会来说其实是必要的,因为它履行了两项重要功能。首先,越轨具有一种**调适**功能。越轨把新的观念和挑战引入社会,从而使其成为一种创新的力量,促成了社会文化变迁。其次,越轨促进了“好”行为和“坏”行为的**界限维持**。一种越轨或犯罪的行为能激发集体反应,从而强化群体内部团结,阐明社会规范。

尽管涂尔干被认为是典型的“保守的”功能主义思想家,但我们应当记住,他的观点的重要之处,就在于点明了个体层面说明的局限,因此需要对社会力量及社会关系做充分的社会学研究。涂尔干有关犯罪和越轨的观点当时被认为是激进的,有悖于保守主义见解的气质。事实上,即便放到今天,他建议说一定程度的越轨是发挥功能的,有用的,也会引起政治上的广泛争议。

在 20 世纪中期,默顿分析了美国的阶级与犯罪,尝试对涂尔干有关犯罪的观点进行更新。他借鉴失范这个概念揭示出,美国所谓的相对开放、任人唯能、没有阶级差异的社会的自我形象,远非准确现实。“经典研究 20.1”详细讨论了他的研究。

继默顿的研究之后,阿尔伯特 · 科恩(Albert Cohen)也将美国社会内部的矛盾视为贪婪型犯罪的主要结构性原因。但是,默顿强调的是个体的调适性反应,科恩则将这种犯罪视为通过**亚文化**(subculture)的形成而集体发生的。科恩在《不法男孩》(*Delinquent Boys*, 1955)一书中提出,处于较低层的工人阶级中的一些男孩,对自己的生活处境灰心丧气,经常会一起加入不法亚文化,比如帮派。这些亚文化拒绝接受中产阶级的价值观,取而代之的规范鼓励挑衅和不遵从的行为。

经典研究 20.1

罗伯特 · 默顿与破碎的美国梦

研究的问题 为什么发达社会的犯罪率仍然居高不下?走向富裕会不会使犯罪减少?为了回答这些问题,美国社会学家罗伯特 · K.默顿利用涂尔干的失范概念,构建了一套颇具影响力的理论,在美国社会的社会结构内发现了犯罪的源头(Merton 1957)。默顿试图对从当时的官方统计数据中得出的一种牢固看法做出说明,即在那些谋取直接经济收益的犯罪中,很高比例是由所谓“底层工人阶级”,即来自体力劳动蓝领家庭的人所实施的。为什么会是这样?

默顿的说明　默顿用“失范”这个概念来描述，当广为接受的文化价值观与人们生存的社会现实发生冲突时，所产生的**张力**。在美国社会（也可以推及类似的发达国家），人们普遍持有的特定价值观，强调通过自律、教育以及辛勤劳动来获得物质上的成功。与之相应，不论人生的起点如何，人只要辛勤劳动，就可以取得成功。这种观念就是人们熟知的“美国梦”，它已被证明对于移民群体来说非常具有吸引力。默顿认为，对于许多社会群体而言，这真的仅仅是个梦而已。因为弱势群体只能得到有限的常规上升机会，甚或毫无机会。但那些没有“成功”的人会发现，自己因为无法取得物质上的进步而受到指责。在这种情况下，就会有巨大的压力或“张力”，要不择手段地努力争先。犯罪与越轨就是文化价值观与合法机会的不平等分配之间的张力的产物。

所谓美国梦，即美国是一个开放的社会，身处其中的人总是可以凭借自身的努力取得成功。这样的观念激励着世界各地的人来美国居住和工作。

对于社会所认可的价值观与实现它们的有限手段之间的张力，默顿区分出五种可能的反应（详见表 20.1）。**遵从主义者**（conformists）既接受人们普遍持有的价值观，也接受实现这些价值观的惯常手段。大多数人都属于这一类型。**革新主义者**（innovators）也接受社会所认可的价值观，但是一旦发现合法途径受阻，便采取不合法的手段来追求这些价值观。通过非法活动获取财富的罪犯就是这类人的典型。**仪式主义者**（ritualists）遵从社会价值观，尽管并非十分成功，纯粹为了遵守规则而遵守规则。有些人投身枯燥的工作,即使它毫无职业前景,也没有多少报酬,就是范例。**退却主义者**(retreatists)放弃了社会价值观及合法手段,实质上是“退出”了主流社会。最后,**反叛主义者**(rebels)抵制现有的价值观及合法的手段,但他们不是退出社会,而是积极活动,改造系统,树立新的价值观。激进政治群体的成员就属于这一类型。

表 20.1　对于社会张力的调适性反应

	社会认可的价值观	合法的手段
遵从	+	+
革新(犯罪)	+	−
仪式主义	−	+
退却主义	−	−
反叛	替代	取缔

默顿设计出这一图式,旨在把握社会群体对于它们在社会结构中的不同定位的一些主要反应。尤值一提的是,这意味着“底层工人阶级”群体深切感受到的**相对剥夺**(relative deprivation),能说明这个群体为何在监狱人口中比例畸高。

批评的观点　批评者指出,默顿过于关注个体的反应,而未能意识到**亚文化**在维持越轨行为方面所具有的显著意义。不过他后来在论述**参照群体**(reference groups)时努力弥补了这一疏漏。他对于官方统计数据的依赖同样是成问题的,因为这些数据有其不可避免的片面性,可能告诉我们的更多的是收集的过程而非犯罪的真实程度。此外,默顿的论点似乎高估了“底层工人阶级”的犯罪行为数量,言外之意,这个阶级群体中的每一个人,都承受着走向犯罪的压力。但是这个群体中的大多数人从未涉足犯罪,我们不得不发问:为什么没有呢?无独有偶,这个模型还低估了中产阶级的犯罪。更为晚近的研究发现,白领犯罪和企业犯罪的数量之多出人意料,这是默顿的模型未能预测到的。

当代的意义　默顿的研究至今仍有其重要意义,因为它提出了一个核心研究问题:当整体社会越来越富裕,为什么贪婪型犯罪(谋取金钱或物质收益)并没有迅速减少?默顿强调日益增长的欲求与难以根除的结构性社会不平等之间的社会张力,并据此指出,体力工人阶级当中那种相对剥夺感是越轨行为的一个重要动力。他的研究也从社会学角度出发,有效地批判了生物学和心理学对犯罪与越轨的说明。他揭示出,个体的选择和动机总是在更为广泛的社会背景中形成的,后者根据社会群体可利用的不同机会,塑造这些选择和动机。

有关相对剥夺的观念,参看第十三章“贫困、社会排斥与福利”中的讨论。

(二)使越轨正常化 如前所见,埃米尔·涂尔干提出,越轨在一个秩序良好的社会中发挥着重要作用。通过界定什么是越轨,我们意识到什么不是越轨,从而熟习社会的共享标准。社会需要的不是杜绝越轨,更可能的是保持在可接受范围内的一定程度的越轨。

莫伊尼汉(Moynihan 1993)在《定低越轨》('Defining Deviancy Down')一文中提出,美国的越轨规模已经超过社会可以承受或接受的临界点。但是,人们并没有强化社会控制的机构,努力降低越轨水平,而是选择重新定义越轨,因此,之前不能接受的行为被“正常化”了。从20世纪50年代开始的精神病患者去机构化(deinstitutionalization)就是一个例子。精神病患者不再被强制送进治疗机构,而是在服用安定药以后放回去。其结果是,纽约的精神病人由1955年的9.3万名下降到了1992年的1.1万名。许多之前的病人变成无家可归者,在纽约到处流浪,露宿街头,被重新定位为没钱找到居所的人。

与此同时,犯罪的“正常的”或可接受的程度提高了。莫伊尼汉指出,在1929年的圣瓦伦丁节血案中,7名帮派分子被杀,事后,公众和政府都义愤填膺。而今天,在美国,杀人案的数量远超20世纪20年代,媒体经常报道以至于它们很难再引起什么反应。莫伊尼汉也将犯罪漏报看成另一种将其“正常化”的方法。然而,他并未将定低越轨行为当成一种积极的发展:相反,他认为许多被正常化的行为对个人和社会整体都有负面的影响。

(三)评价 功能主义理论正确地强调了在不同社会背景中遵从与越轨之间的联系。缺乏成功的机会是区分从事犯罪活动的人与未犯罪的人的关键性因素。然而,我们也不应当贸然认为,较贫困社群中的人渴望达到像较富足的人那样的成功。绝大多数人往往根据他们对现实处境的认识,来调整自己的抱负,只有少部分人转向犯罪。而如果认为欲求与机会不相匹配的情形只发生在较为弱势的人群之中,那也是错误的。在其他群体中同样存在着趋向犯罪活动的机会,从我们在本章后文探讨的贪污、欺诈和逃税这些所谓的“白领犯罪”中就能看出这一点。

二　互动论视角

秉承互动论视角的社会学家关注对于犯罪和越轨的社会建构,拒绝认为某些类型的行为属于内在固有的或客观的“越轨”行为。互动论者会问,这些行为是如何被定义为越轨的,以及为什么某些群体而非其他群体被贴上了越轨的标签。比如,近年来,人们越来越关注福利补贴领取者,可以说几近于重新定义他们在社会中的地位,从合法申领者变成非法申领者。犯罪学家设计了犯罪化这个概念,就是要捕捉这种定义和重新定义犯罪和过失行为的过程。

(一)标签视角　互动论最重要的思路之一就是标签视角。标签理论家将越轨行为解释为越轨者与非越轨者之间互动过程的产物。因而,如果我们要理解越轨的本质,就必须揭示为什么一些人会被贴上“越轨者”的标签。

贴标签的过程往往反映社会的权力结构。总的来说,定义越轨的那些规则,是富人为穷人,男性为女性,年长者为年轻者,多数族群为少数族群制定的。例如,在西方,许多年轻的大学生会试用合法和非法的毒品,而当局会予以接受,视之为进入成年的“正常”环节。然而,年轻人在贫困破败的内城区房屋中吸食毒品,就可能被视为偏离行为和潜在犯罪的证据。初始行为都是一样的,但根据具体情境,却被赋予了不同的意义。

霍华德·贝克尔(Becker 1963)的作品展现了越轨身份是如何经由贴标签过程而非越轨动机产生的。贝克尔认为,“越轨行为就是人们贴上标签的那种行为”。他猛烈抨击那些认定“正常”与“越轨”之间泾渭分明的犯罪学思路。对贝克尔来说,越轨行为并非人们开始具备“越轨者”身份的决定性因素。恰恰相反,是由一些更有影响的过程来决定一个人是否会被贴上这样的标签。一个人的着装、谈吐或者国籍都可能成为决定是否施用越轨标签的关键因素。

标签理论让人想到贝克尔关于大麻吸食者的研究(Becker 1963)。20 世纪 60 年代初,吸食大麻是不少亚文化中的一种临界性(marginal)行为,而不像现在这样只是生活方式的选择。贝克尔发现,变成大麻吸食者,取决于他对亚文化的接受程度,即与经验老到的吸食者关系密切,后者会教新成员如何使用并享受毒品,并采取群内一致的态度对待非吸食者。它不仅仅取决于吸食这个客观行为。

批判性思考

这两种都是越轨行为。其中哪一个人更有可能被贴上“越轨者”的标签呢？列举个体被贴上这种标签后可能面临的后果。

贴标签不仅影响其他人对某一个体的看法，也会影响到个体的自我认同意识。埃德温·勒默特(Lemert 1972)创建了一个模型，来理解越轨如何能与个人认同共存，或成为其认同的核心。勒默特认为，与常识相反，越轨实际上相当普遍，绝大多数人通常能够逃脱处罚。诸如交通违章很少被曝光，而小偷小摸也时常被容忍或“忽略”。

勒默特把最初的逾越(transgression)行为称为**初级越轨**(primary deviance)。在大多数情况中，这些行为对个人的自我认同而言仍然是“临界性的”，越轨行为会被正常化。但在另一些情况中，正常化并没有发生，这个人就被贴上了罪犯或越轨者的标签。勒默特使用**次级越轨**(secondary deviance)这个术语来描述个体逐渐接受自己身上的越轨者标签的情形。随后，新的标签可能变成某种**主导身份**(master status)，重要性超过其他任何身份指标，成为个人对于身份认同的感受的核心，并导致其越轨行为延续或强化。

关于“犯罪生涯”发展的纵向研究，使得人们越来越关注对于儿童和年轻人的早期干预。这些干预旨在应对一系列的违法风险因素，以预防发展成深度的次级越轨。法灵顿

(Farrington 2003:2)就认为,开始出现违法行为的典型年龄是8岁到14岁之间,较早出现这类行为是长期犯罪生涯的很好预示。早期干预也许可以防止年轻人踏出他的第一步。法灵顿和韦尔什(Farrington and Welsh 2007:4)报告说,有充分证据表明,学前增益活动(preschool enrichment programmes)、儿童技能训练和父母教育方案可以有效预防之后的违法行为。

监狱及其他控制机构也可能强化这种"学习越轨"(learning to be deviant)的过程,而正是这些组织在负责矫正越轨行为。在标签理论家看来,这显然证明了"社会控制的悖论"。威尔金斯(Wilkins 1964)称此为**越轨放大**(deviancy amplification)。威尔金斯感兴趣的是,越轨身份如何被"管理",整合到日常生活中。他认为这个过程的结果通常就是越轨放大。它指的是某种意外后果,即起初的控制行动却激发了更多它原本要阻止的越轨行为。如果被贴上标签的人通过次级越轨将标签融入自己的身份认同,这可能会激起控制机构更多的回应。换句话说,被视为不可取的行为变得更加普遍,而那些被贴上越轨者标签的人会变得更加抗拒改变。

(二)评价 标签视角之所以重要,是因为它们的出发点是假设:没有任何行为具有内在的"越轨"性质,而是通过法律制定,以及警察、法庭和矫正机构对于法律的解释,才获得这种性质的。而批评标签理论的人则提出,某些行为,诸如杀人、强奸和抢劫等,在所有的社会都是普遍而又一贯被禁止的。但是这个观点肯定是错误的。以杀人为例,它并非总是被当成谋杀。战争时期,杀死敌人是受到积极赞许乃至奖励的。与此类似,直到20世纪下半叶,在欧洲和北美的大多数地方,法律都不会将丈夫强迫妻子性交认定为"强奸"。显然,同样的行为可以被重新贴标签,它在社会中的意涵也可能发生变化。

不过,我们可以基于更令人信服的理据来批评标签理论。首先,标签理论家注重次级越轨,却轻视了初级越轨的重要性,并且无法说明这些初级越轨行为。将某些活动贴上越轨的标签,也并非全然任意;社会化、态度以及机会方面存在的差异,都会影响人们从事被贴上越轨或犯罪标签的行为的可能性。其次,贴标签的过程是否确实具有助长越轨行为的效果,这一点还不清楚。越轨行为往往会升级成此后的定罪行为,但这是贴标签的过程本身导致的结果吗?其他因素,比如与别的不法分子互动增加,或是了解到新的犯罪机会,可能也与此有关。尽管标签视角不是一种全面的阐释,但要令人满意地说明为何会获得越轨身份,仍须纳入这一视角。

经典研究 20.2

斯坦利·科恩的民间恶魔与道德恐慌

研究的问题　青年亚文化可以丰富多彩、蔚为可观，而对于当局来说，也可能相当令人忧虑。但它们是如何被创造出来的？社会对于充满青春活力的创造性又是如何做出反应的？斯坦利·科恩进行的一项研究颇有影响，考察了**越轨放大**的过程，并在1972年出书，题为《民间恶魔与道德恐慌》(*Folk Devils and Moral Panics*)。科恩结合英国青年文化的兴起与对它的控制，考察了贴标签过程。1964年，科恩作为一名年轻的研究生，实地观察了克拉克顿(Clacton)海边小镇中的“摩登族”与“摇滚客”之间的一些小冲突，却无法把自己的见闻与次日所见的报纸报道联系起来。是他恰好错过了它们报道的暴力行为，还是另有说明？

科恩的说明　诸如“飞车党制造的恐怖一日”“飞车党侵入海边”之类耸人听闻的报纸大标题，将聚集在克拉克顿的年轻人描述为“失控”。尽管科恩指出这种说法与事实相距甚远，但基调却就此设定。科恩从报纸、法庭报告和逮捕记录中仔细筛选书面证据，重构了克拉克顿发生的一系列事件，然后得出结论，除了零星小冲突，并没有发生什么异乎寻常的事情。实际上，在“摩登族”和“摇滚客”出现之前的那些年，所发生的骚乱要恶劣得多。新闻界以如此耸人听闻的方式呈现年轻人的活动，强化了担忧和恐慌的氛围，仿佛整个社会的道德规则都受到了威胁。

对于20世纪60年代英国青年亚文化进行控制的种种尝试，只是成功地引起了人们对它们的关注，反而使它们更加流行。在控制它们的尝试中，给某个群体贴上**局外人**或者“民间恶魔”的标签，往往适得其反。日后的海边聚会吸引的人数大大增多，包括一些只想找人打架的年轻人，从而给执法潜在地制造了更大的麻烦，诚可谓社会控制悖论的典型例证。夸张的媒体报道是新型**道德恐慌**的一部分，社会学家用这个概念来描述社会针对某个社会群体或者行为类型的过度反应。道德恐慌通常会围绕着那些被当成普遍社会失序症状的公共议题而出现。

批评的观点　批评者指出，这个理论的主要问题在于，该如何区分被夸大的道德恐慌与严重的社会问题。比如说，对于近期的恐怖分子行为的社会反应，是属于道德恐慌，还是这个问题确实如此严重，以至于广泛的媒体报道和出台新的法律法规都并无不妥？不必要的恐慌与合理反应之间的分界线在哪里？与此类似，在纷繁多样的多元文化社会里，是否依然存在界定明晰的共享价值观,能区分正常/规范(normal)行为与越轨行为?进一步的批评是,近些年来,在“吃福利白食者”(welfare scroungers)、移民、青少年犯罪、吸毒之类的问题上,道德恐慌愈演愈烈。这就导致一些人提出,道德恐慌不再仅限于突发性的激烈活动,而是成为现代社会日常生活的长期特征,因此已经“制度化”了。

当代的意义 科恩的早期研究成功地将越轨标签理论与社会控制及越轨身份创建的观念相结合,因此特别重要。这样做,为富有成效的越轨社会学研究议程创造了一套框架,以阐明围绕着“黑人犯罪”、“吃福利白食者”、难民与寻求庇护者、年轻人吸毒等问题的道德恐慌(Cohen 2003; Marsh and Melville 2011)。科恩的研究也提醒我们,作为社会学家,不能只看事件的表面价值,或者认为新闻记者的报道准确无误。相反,如果要更好地理解社会和社会过程,我们就必须由表及里,挖掘深层。

批判性思考

针对媒体报道的移民统计数据和网络儿童“性诱拐”,进行你自己的研究。这两例中有哪一个符合道德恐慌的标准吗?

三 冲突理论

1973年,《新犯罪学》(*The New Criminology*)一书出版,标志着对于此前的犯罪与越轨理论的重大突破。泰勒、沃尔顿和扬(Taylor, Walton and Young 1973)引述马克思主义理论,提出越轨是被有意选择的,其本质常常是政治性的。他们拒绝接受说,越轨是由诸如生物特征、人格、失范、社会解组或者贴标签之类的因素所“决定”的。人们积极地选择参与越轨行为,是对资本主义制度下的不平等所做出的回应。因此,诸如“黑人权力”(Black Power)运动或同性恋解放运动之类被视为“越轨”的反文化群体的成员,就是在参与挑战现存社会秩序的政治活动。这种**新犯罪学**(new criminology)的理论家从社会结构和维护统治阶级权力的角度出发,构造他们的分析。

这种广义的马克思主义视角亦由其他学者继续发展。斯图尔特·霍尔及其在英国伯明翰当代文化研究中心的同事开展了一项重要研究,考察了20世纪70年代看似新鲜的不法行为——“袭劫”。实际上,袭劫(mugging)是传媒报道使用的一个术语,特指有暴力威胁的街头抢劫。数起袭劫案件被大众传媒广泛宣传,引起了公众对于街头暴力犯罪骤然频发的普遍关注。劫匪绝大多数被描述为黑人男青年,更加使人们认定,移民应该为社会的崩溃负责任。

霍尔及其同事(Hall et al. 1978)在《治理危机》(*Policing the Crisis*)一书中提出,黑人男青年的犯罪化就是一场道德恐慌,无论政府还是传媒都在推波助澜,这是为了转移人们的注意力,使他们不再关注不断攀升的失业率,日益下降的工资,以及社会中其他深层的结构性缺陷。我们将在下文关于受害者化的章节中看到,犯罪和越轨模式有一个显著特点,就是有些社会群体,比如黑人和南亚社群中的年轻人,比其他人更可能成为犯罪的受害者或者被视为社会问题。大约在同一时期,其他持冲突论立场的犯罪学家也考察了法律的形成与运用,认为法律是权势群体用来维持自身特权地位的工具。随着统治阶级和工人阶级之间越来越不平等,法律作为权势群体维持秩序的工具也愈发重要。从刑事司法系统的运作方式中就可以看到这一动力机制,该系统愈益压迫来自工人阶级的"违法者";或者也可以看看特别有利于富人的税收立法。

有权势的个体也会触犯法律,却很少被监控和抓获。比如,相较于极受关注的日常犯罪和过失,企业犯罪在经济上的危害可能要大得多。但是,由于担心追捕企业违法者困难重重,牵连甚广,执法机关将其重点放在了较没有权势的社会群体上,比如妓女、吸毒者和小偷(Pearce 1976; Chambliss 1978; Box 1983)。

这些研究以及与"新犯罪学"相关的其他一些研究,对于把关于犯罪和越轨的争论扩大到包括相对危害、社会公正、权力和政治等问题非常重要。它们强调,犯罪发生在社会的各个层面上,必须结合不平等与利益竞争的背景来理解。实际上,新犯罪学引出了一块新的分支领域,即所谓**危害学**(zemiology),研究社会危害(social harm),重点是社会经济不平等及其不良后果。对于遵循该视角的学者而言,社会危害比犯罪或越轨更重要(Hillyard et al. 2004)。

批判性思考

假设有人赞助你针对所谓合法吸食毒品及其伤害开展学术研究,你怎样去衡量这类物品对于个体、社区和社会造成的伤害程度呢?

左派现实主义　到了20世纪80年代,一定程度上为了回应新犯罪学的不足,又出现了一种新的视角,后来被称为"新左派现实主义",或简称"左派现实主义"(Left Realism)。左派现实主义吸收了来自"新犯罪学"的一些观点,但其倡导者要与所谓的左派理想主义者(left idealists)保持距离,认为后者将越轨浪漫化为反抗的一种形式。在左派现实主义者看来,犯罪是一个实实在在的问题,对于工人阶级社群尤其有害,其重要性不能被低估。许多在政治上持左派立场的犯罪学家往往极力淡化官方犯罪统计数据的重要性,认为这些数据并不可靠,而是被大众传媒用来制造忧惧,让工人阶级青少年和少数族群充当替罪羊。

但左派现实主义者并不认同。他们强调,有确凿证据表明,犯罪率确实上升了,公众的担忧也是合情合理的。左派现实主义者认为,犯罪学应该多关注犯罪控制与社会政策的"实际"议题,而不是把重点放在理论争论上(Lea and Young 1984; Matthews and Young 1986)。他们尤其关注犯罪的受害者,而不仅仅是犯罪的施害者。他们主张,受害者调查可以比官方统计数据更有效地刻画犯罪的程度(Evans 1992)。接连数次调查发现,犯罪确实是一个严重问题,在贫困的内城区尤其如此。左派现实主义者指出,犯罪和受害者化集中在边缘化的住区,社会中较为贫困的社会群体沦为犯罪受害者的风险,要比富人的大得多。

左派现实主义者强调,犯罪对于社会中最贫困的人和社区的影响实实在在、极为有害。

左派现实主义借鉴了默顿有关社会张力的研究以及一些亚文化理论,随后提出,犯罪亚文化是在内城区发展起来的。不过,犯罪亚文化并非直接源于贫困境况本身,而是来自政治边缘化和**相对剥夺**。所谓相对剥夺，即人们体验到，所有人都有资格拥有的东西，自己却被剥夺了。自20世纪90年代以来，人们讨论这类观念的时候，越来越多地采用**社会排斥**这个概念，指的是通过特定过程的有效运作，否定一些社会群体享有完整公民权。以犯罪化的青年群体为例，他们处于"体面社会"的边缘，并与之势不两立。事实上，近年来由黑人青年所实施的犯罪比例增加，就被归因为种族融合政策业已失败。

有关相对剥夺与社会排斥的观念，参看第十三章"贫困、社会排斥与福利"中的讨论。

左派现实主义者针对警务的变化，提出了他们眼中的"现实主义"建议，让执法部门更敏锐地回应各个社区，而不是一味依赖会使公众撤回对警方支持的"武力治理"技术。他们提出了"极小治理"(minimal policing)策略，即由当地选出的警察当局向市民负责，使市民在确定本地治安轻重缓急的问题上有更大发言权。此外，警方可以多花些时间调查犯罪、清理积案，少花些时间处理日常行政，从而可以重新获得当地社区的信任。总的来说，左派现实主义与此前的许多犯罪学视角相比，代表了一种更为注重实效和政策导向的思路。

话说回来，批评者纵然承认，强调受害者化很重要，但是他们也指出，在受政治和传媒驱动的有关"犯罪问题"的讨论中，如果只是聚焦于受害者个体，未免格局狭隘。也就是说，只关注最为可见的那些犯罪形式，比如街头犯罪，却忽视了其他违法行为，比如政府或大企业实施的那些不那么可见的违法行为(Walton and Young 1998)。就此而言，许多马克思主义者认为，左派现实主义向主流犯罪学让步太多，从而使这种新犯罪学的所谓"激进主义"成了问题。

四　控制犯罪

控制理论认为，犯罪的发生是倾向犯罪活动的冲动与遏止它的社会控制或物理控制之间不平衡的结果。控制理论家对犯罪的个人动机不怎么感兴趣。他们假定，人们的行为具有理性和工具性，因此，如果越轨行为能让个体受益，那么，只要有机会，绝大多数人都会犯罪。它认为，许多类型的犯罪都是"情境决策"(situational decisions)的结果，一个人看到有机会，就会受到动机激发，抓住机会行动。

特拉维斯·赫尔斯奇(Travis Hirschi)是一位早期的控制理论家，他主张(Hirschi 1969)，人类从根本上讲是自私的生物，通过权衡如此行事的潜在利益和可能风险，精心计算,以做出是否实施犯罪行为的决策。赫尔斯奇提出,有四种社会纽带将人们与社会相维系,从而与守法行为相维系:依附(对于父母、同辈和机构)、担当(约定俗成的生活方式)、参与(主流活动)与信念(对法律和权威的尊重)。如果这些纽带足够强韧,会将人们维系于遵从行为,从而有助于维持社会控制。然而,如果人们与社会之间的纽带比较脆弱,就会产生过失行为和越轨行为。赫尔斯奇的思路意味着,违法者(通常指年轻的)往往是因为在家里或在学校社会化不充分而自控能力低的人(Gottfredson and Hirschi 1990)。

赫尔斯奇的控制理论将关注点从追问人们为什么犯罪,转到探究人们为什么不违法。对于这个问题,塔尔科特·帕森斯(Parsons 1937)已经提供了一个社会学式的答案:绝大多数人积极遵从,希望成为守法公民,这是社会化的结果,也源于他们对社会交往的渴望。而汤姆·泰勒(Tyler 2006)用他在美国进行的人们为何遵守法律的经验研究充实了这种观点。

泰勒认为,人们对于法律的顺从,与个人道德观和认为法律本身就是合法的这种感觉有紧密关系。例如,人们可能依据他们个人的道德准则来评估每一项法律。如果是这样的话,他们会遵循那些符合自己道德观的法律,不遵循那些背离自己道德观的法律。比如,许多中产阶级通常是守法的,但也可能吸食大麻,驾车超速,从办公地点顺走文具。他们之所以做这些事情,是因为并未将其中任何一件当成"不道德的"。与此同时,他们又可能会严厉指责其他在公共场合顺手牵羊或在街头涂鸦的人为缺乏道德准则的罪犯。

另一方面,人们遵守法律,也可能是因为他们相信,立法机构和执法机构是合法的,是有权制定和执行法律的。如果情况是这样,人们往往会遵守所有的法律。但泰勒指出,如果曾有与警察或法院接触的负面经历,比如黑人男青年被反复拦截盘查,这可能会挑战人们对于合法性权威的态度。不过,无论是依循个人道德观还是合法性而遵从,在这两种情况下,人们之所以遵守法律,都是因为他们内化了公平和公正的规范,而不是因为他们害怕受到惩罚。这种"程序正义"视角意味着,就算人们不赞同某些决定或结果,但只要所用程序被视为公正的,那么权威就应该保有它们的合法性。

泰勒的研究表明,延长监狱刑期,或把更多的年轻人送进监狱,都极有可能无法阻止未来的违法行为。当局能做的是确保在刑事司法系统中程序的操作是公正的,这样可以让公众保持对于法律的尊重。然而,在20世纪80年代,另有一种颇具影响的研究犯罪的视角,同样聚焦于个体和家庭的道德观,但致力于通过加强治安、从严量刑以解决犯罪问题。这种思路就是所谓的"右派(翼)现实主义"(Right[-wing] Realism)。

(一)右派现实主义 20世纪70年代后期,撒切尔夫人在英国、罗纳德·里根在美国接连胜选，他们在这两个国家促成了针对犯罪的强有力的“法律与秩序”(law-and-order)思路，通常被描述为**右派现实主义**。在这种思路看来，犯罪与过失行为据认为不断增加，其实牵涉到道德沦丧，福利依赖及自由教育造成的个体责任感的淡化，核心家庭模式的去中心化，以及传统价值观的广泛削弱(Murray 1984)。公共论辩及传媒的广泛报道的焦点都在于，暴力与非法活动已成危机，危及社会秩序。

对于右派现实主义者来说，越轨属于个体问题，是个体**选择**了破坏性的非法行为，缺乏自控力和道德感。右派现实主义轻视其他“理论”思路，尤其是那些将犯罪同贫困及阶级不平等联系起来的思路。英美两国的保守派政府开始加强执法活动：强化警力，充实刑事司法系统的资金，建造新的监狱，并且更多诉诸长期监禁作为震慑犯罪的最有效手段。

20 世纪 90 年代，美国各州政府引入“三振出局法”(three strikes laws)来对付“惯”犯。第三次犯罪的人被施以强制性监禁，以保障公众安全。诚然，这类政策的主要后果之一就是在押人口剧增。在美国，监狱人口翻了一倍还不止，从 1990 年的大约 77.4 万人，到 2008 年的超过 160 万人(US Census Bureau 2011)。在英格兰和威尔士，1990 年在押人口为 46 400 人，这个数字到 2015 年 5 月增长到 85 590 人(Ministry of Justice 2015)。在押人口的增加或许可以被认为是件好事，它让罪犯不再在街上活动。然而，这也可以被视为政策的失败，意味着不得不承认，更多的人必然转向犯罪。

(二) 环境犯罪学　现代控制理论认为，犯罪之所以增多，是因为当代社会中犯罪机会和犯罪目标日益增加。随着人们越来越富裕，消费主义成为人们生活的中心，越来越多的人拥有电视机、影碟机、电脑、汽车及高档时装等商品。由于越来越多的女性离家就业，更多的住家在白天空无一人。如此一来，一心想犯罪的“伺机而动的违法者”(motivated offenders)就有了广泛的“合适目标”可供选择下手。

自 20 世纪 80 年代以来，出现了大量旨在“设计遏制犯罪”(designing out crime)而非改造罪犯的务实措施。合而观之，这类措施被称为**环境犯罪学**(environmental criminology)。尽管环境犯罪学似乎很新颖，但不妨视之为 20 世纪 20 年代及 30 年代美国社会学芝加哥学派的“生态学”观念的进一步拓展。芝加哥学派的社会学家认为，现代城市会促成“社会解组”(social disorganization)，即由于贫困和人口流动，首属社会关系趋于弱化，而犯罪会在这样的环境中滋长，因为街区居民不能有效地自我防御。在环境犯罪学中就可以看到这种思路的回响。

有关芝加哥学派的观念，参看第六章“城市与城市生活”中的讨论。

英国政府最近遏制犯罪的政策聚焦于限制犯罪发生的机会,这种思路被称为**情境犯罪预防**(situational crime prevention, SCP),它是环境犯罪学的一种类型(Hughes 1998; Colquhoun 2004)。情境犯罪预防和其他环境犯罪学的特点在于,关注的重点是改变环境,而不是试着去改造违法者。承认多年以来尝试的种种改造方案收效甚微,为这种转向提供了正当理由。从改造人到改造人居住的环境,这样的转变被看成一种富有新意的举措。

这类政策的核心就是**监控**以及**目标加固**(target hardening)的观念。监控包括社区通过邻里联防(Neighbourhood Watch)计划来进行自我"警治",并往往在城市中心和公共空间安装闭路电视监控摄像(CCTV)系统,以遏制犯罪活动。改造当地环境已成为一项更为普遍的技术,直接干预潜在的"犯罪情境",使犯罪更难以发生。

目标加固涉及潜在目标安全性的强化,使它们更难以被窃取。例如,汽车出厂时装配发动机防盗锁止系统、警报器以及更牢靠的锁,都是为了减少偷车贼的机会,而在游戏机上装上更坚固的投币箱,是为了阻止投机取巧的破坏者。情境犯罪预防的理论家之所以这么想,依据就是大家普遍感到,此前试图改造罪犯的那些政策全都落空了。

近些年来,目标加固技术,配合"零容忍"治安,赢得了政界人士的支持,而且在某些情况下也成功减少了犯罪。在美国,"零容忍"针对的是轻微犯罪和各种破坏行为,比如损坏他人或公共财物(vandalism)、游荡(loitering)以及在公共场所醉酒,以免其演变成更为严重的形式。尽管这种"零容忍"言论在英国的实践中很受欢迎,在政界人士中尤其如此,但是英国的治安状况并没有因此发生重大改观(Jones and Newburn 2007)。

目标加固和"零容忍"治安都没有触及犯罪的深层致因,但的确为特定的社会群体提供了保护和防卫。私人安保服务、汽车报警器、住宅报警器、看门狗以及封闭式社区越来越普遍,使得一些人认为,我们正走向一种"装甲社会"(armoured society)或"军事化城市风格"(military urbanism),在其中,某些群体不得不防备其他群体(Graham 2010)。随着最为富有之人与最受剥夺群体之间的鸿沟愈益加深,上述趋势不只是发生在英国和美国,在原苏联地区、南非以及巴西也是非常明显,在那些地方,特权群体当中出现了一种"堡垒心态"(fortress mentality;Davis 2006)。

这类政策还产生了另一个意外后果:当热门的犯罪目标得到"加固"时,犯罪模式可以从一个领域转移到另一个领域。例如,强化新车的安全性,就使老款车型更可能被窃。其结果,窃车贼从偷新款车转为偷老款车。目标加固和"零容忍"的思路存在将违法犯罪由保护较好的地区引向防范较差的地区的风险。就像左派现实主义者所指出的那样,更为贫穷的社区可能会受到更多的伤害。当富裕地区成功地做到了自我防御,贫穷或缺乏社会凝聚力的街区就很可能经历犯罪和不法行为的增长。

目标加固与“零容忍”治安乃是基于一种所谓的“破窗”(broken windows)理论(Wilson and Kelling 1982)。这种理论的基础是菲利普·津巴多(zimbardo 1969)在20世纪60年代做的一项研究。他把汽车的牌照取下,引擎盖打开,分别丢弃在加州帕洛阿尔托的富人社区和布朗克斯的穷人街区。① 在这两个街区,一旦行人路过,无论其阶级或种族如何,要是觉得这车被废弃了,“没人在意”,就会肆意破坏它。作者们提出,只要出现社会失序的微小迹象,哪怕只是一扇破窗,就会刺激更为严重的犯罪大量滋生。其结果是,轻微的越轨行为导致犯罪和社会败坏的螺旋递进(Felson 1994)。

城市环境中(以及其他任何地方)广泛使用闭路电视监控摄像,是情境犯罪预防行动中典型的强化监控的一大例证。

自20世纪80年代晚期以来,“破窗”理论已经对某些地区的治安策略产生了一定影响,这些策略把重点放在公共场合酗酒或吸毒、交通违章之类的“轻微”犯罪上。在英国,出台了一些针对反社会行为的规定和命令,以处置一系列程度轻微的失序。而在美国,开始采用一些新的控制措施,比如“禁毒区”(Stay Out of Drug Areas, SODA)和“禁入令”(Off-limits Orders),将那些乱丢废弃物、在公共场所酗酒及从事其他不受欢迎活动的个体驱出公园或购物中心。这种空间排斥已经被说成是将古老的驱逐(或流放)惩罚手段重新引入当代刑事司法系统(Beckett and Herbert 2010)。

“破窗”理论的一个缺陷在于,警方可以比较随意地定义“社会失序”,以及什么行为可能导致“社会失序”。由于没有一个系统性的共享界定,各式各样的行为都可以被解释成对于社会秩序的威胁。事实上,在历经20世纪90年代犯罪率下降的同时,对于警方滥权和骚扰的投诉数量却上升了,而投诉主要来自符合潜在罪犯形象的城市黑人男青年。

① 帕洛阿尔托(Palo Alto)位于美国西海岸,为斯坦福大学所在地,是电子和计算机产业集中地。布朗克斯(Bronx)位于美国东海岸,纽约五区之一,黑人、波多黎各人等聚居,族群冲突频繁,贫民区随处可见。——译者注

(三)理论总结 我们可以从对于各类犯罪理论的这次综述中得出什么样的结论呢?首先,我们必须回想一下前文的一个观点:尽管犯罪只是越轨行为当中的一种类型,但它包含的活动形式五花八门,小如在商店里顺走一块巧克力,大如有计划的蓄意谋杀,所以任何一种理论都不太可能阐释所有的犯罪行为。有关犯罪的社会学理论强调了犯罪行为与“正常”行为之间的连续性。某些类型的活动是否会被法律认定为犯罪并施以惩罚,其具体的背景差异很大,并且关联到犯罪化过程中的权力和不平等之类更为宽泛的问题,这就使某些社会群体不成比例地更多落入刑事司法系统。

尽管如此,从20世纪60年代后期以来,犯罪学的成长也支撑了许多更具实用取向和政策导向的视角,不仅寻求理解犯罪或说明其发生的原因,而且开始进行干预以防止犯罪。这个更具应用性的关注点已经在社会科学中取得主导地位,时至今日,已然在很大程度上使之前的越轨社会学黯然失色。犯罪学现在是一项采用了社会学观点的独特事业,但又不仅是社会学的另一脉专门分支。犯罪学的调查研究通常由政府机构赞助,它现在成了社会中犯罪“话语”的一种关键成分,塑造着理解这些现象的具体方式。

“我们发现,这应该归咎作为一个社会的我们所有人,但只有被告是有罪的。”

接下来我们会考察晚近的犯罪趋势,讨论有关犯罪数据的棘手议题,正是这样的议题奠定了有关犯罪程度及犯罪究竟是在增多还是减少的政治争论的基础。我们将会看到,这些问题看似十分简单,但要找到答案却绝非易事。

第三节

英国的犯罪模式

▼

根据警方接报的罪案数量估测,发达国家的犯罪率在整个20世纪呈现出巨大的增长,但自20世纪90年代以来,这种趋势开始逆转。政界人士和媒体评论者常常讨论犯罪率的上升或下降,仿佛统计数据能准确反映社会中的犯罪状况,但社会学家看待这些数据却非常谨慎。我们必须牢记,对于犯罪的记录方式,根本不存在统一的国际标准,各国法律体系千差万别,没有给直接比较犯罪率留下什么余地。在社会研究中,犯罪统计数据已被证明是最不可信、最具争议的一类信息。事实上,有些人提出,这些数据完全无用,应当彻底抛弃(Box 1983)。本节将聚焦于英国,主要是英格兰和威尔士,以求通过单一国家个案,考察与犯罪统计数据相关的一些整体议题和问题。

在20世纪20年代以前,英格兰和威尔士每年接报记录的违法行为不到10万起。到了1950年,这一数字上升到50万起,并在1992年达到560万起的峰值(ONS 2014a)。从1977年到1992年,报案数翻了一番多。不过,自20世纪90年代中期以来,英格兰和威尔士的案件总数似乎已趋稳定。无论是警方记录,还是"英格兰与威尔士犯罪调查"(Crime Survey for England and Wales, CSEW),都显示有显著下降(参看图20.1)。这也符合其他大多数欧洲国家的趋势。到了21世纪,在英格兰和威尔士,成为犯罪受害者的风险处在至少二十年来的最低水平(Clegg et al. 2005)。犯罪数据的攀升势头终告结束,使许多专家大跌眼镜。至于这背后的原因,则尚不清楚。但是,我们能够如其表面地接受这种统计变化吗?

尽管犯罪统计数据显示出下降,但公众仍然普遍觉得,犯罪其实越来越多发(Nicholas et al. 2007)。尽管对于警方记录的一些犯罪类型的担忧业已减弱,但对于乱丢废弃物、青少年团伙闲荡和毒品交易等反社会行为的忧虑仍然相当稳定(ONS 2014d:112-113)。在20世纪50年代的战后时期,犯罪被看成是处于人们日常生活的边缘,但今天它已经成为许多人的显著关注。已有大量调查表明,现在人们对于夜间外出、家中失盗或遭受暴力侵害的焦虑不减反增。

有多少犯罪行为真正存在?人们有多么容易成为犯罪的受害者?该做些什么来遏制犯罪?在过去的几十年间,随着公众对犯罪越来越愤慨,媒体对犯罪的报道越来越多,以及历任政府都做出"严打犯罪,严厉整治犯罪致因"的承诺,人们对这些问题的争论也变得极具政治性。但事实已经证明,要搞清楚犯罪的性质和分布绝不是一件简单的事情,更不要说制定解决它的政策了。我们在讨论相关问题之前,首先需要看看犯罪是如何被报告和记录的。

解读犯罪统计数据

我们如何能够确定犯罪的程度,哪些犯罪形式最为常见?有一种答案显而易见,就是去考察警方记录的罪案数的官方统计数据。由于这类记录在案的犯罪统计数据是定期公布的,因此像是方便可得、值得信赖的信息来源,使我们得以评估犯罪的真实程度。但这个假设大错特错。所有这类官方统计数据都有重大局限。

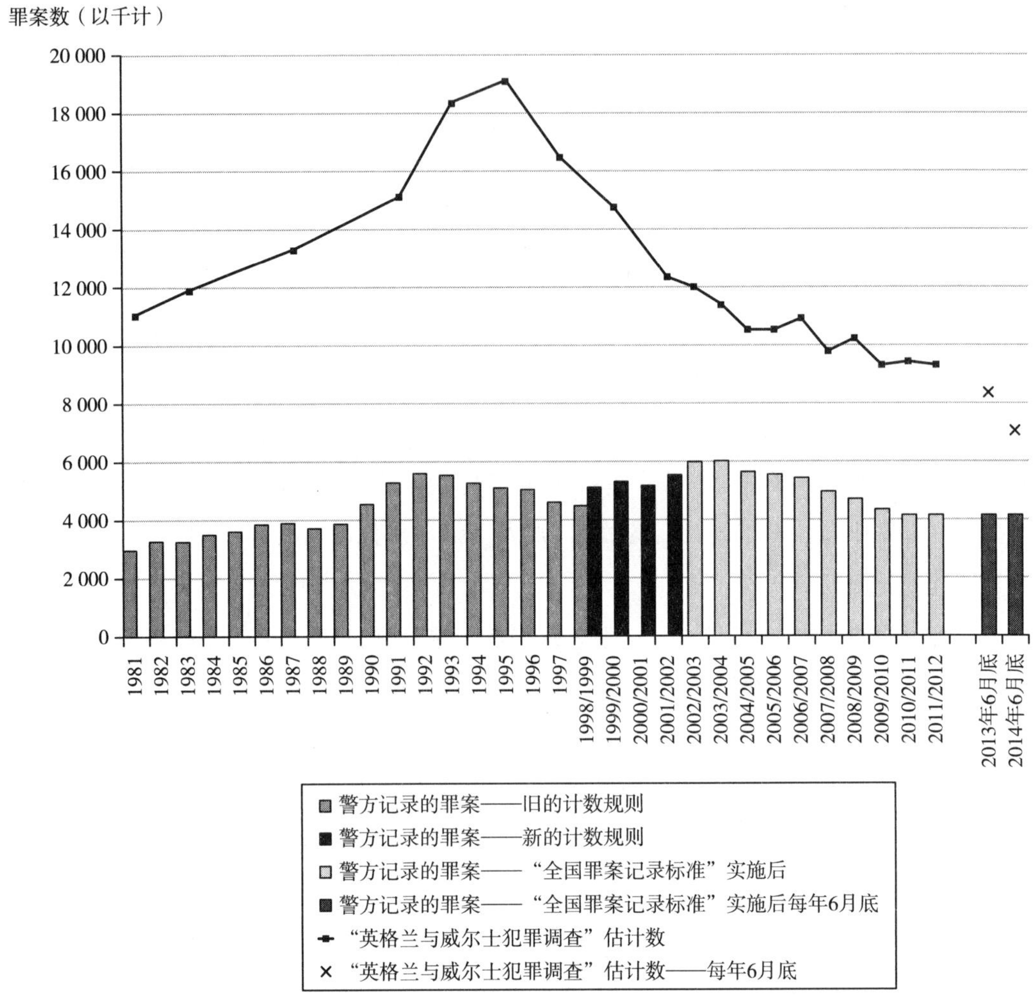

图 20.1　1981 年至 2014 年 6 月,警方记录罪案及“英格兰与威尔士犯罪调查”数据的变化趋势

注:2002 年开始设立“全国罪案记录标准”(National Crime Recording Standard, NCRS),通过对受害者报告采用标准化的法律定义,来增强各警队之间的一致性。

资料来源:ONS 2014b:6。

基于报警罪案的统计数据最根本的局限在于,大部分犯罪行为从未向警方报告过。比如说,在 2009—2010 年度,由受害人报告给“英国犯罪调查”(British Crime Survey, BCS)的全部罪案中,只有 43%为警方所知晓,也就是说,其他 57%根本没有引起他们的关注。人们之所以决定不报案,原因有很多(参见表 20.2)。受害者可能认为这属于私事,他们得自行应对,或是觉得自己的阐述不会被采信。即使在受害者受到身体伤害的情况下,也有一半以上的案例没有向警方报告。

表 20.2　2009—2010 年度，英格兰和威尔士按犯罪类别划分的不报案理由(%)

	蓄意破坏他人或公共财物	入室行窃	盗窃车内财物或未遂[a]	其他入室盗窃	其他人身盗窃	所有暴力行为[b]	类似犯罪行为[c]	“英国犯罪调查”所列行为
轻微/无损失/警方会无动于衷或无能为力[d]	85	67	88	84	67	52	74	75
私人事务/自行应对	8	14	8	8	10	36	16	15
不方便报警	4	7	6	7	9	4	5	6
向其他权威机关报告	3	4	1	2	17	9	4	6
习以为常	2	1	1	2	1	3	2	2
担心遭报复	2	6	0	3	1	4	2	2
对警方感到讨厌或担心/从前与警方或法院打交道有过不良体验	2	2	1	1	1	2	2	2
其他[e]	4	10	5	3	9	8	6	6
未加权基数	2006	280	932	1260	492	633	4522	6274

a 窃车案未显示，因为极少有案例不报警。可以提供多个原因。

b 所有暴力包括伤害、致轻微伤的殴打、未致伤的殴打，以及抢劫(在以前的出版物中视同为类似暴力)

c “类似犯罪”行为包括蓄意破坏他人或公共财物、入室行窃、窃车、偷自行车、人身盗窃、伤害、致轻微伤的殴打，以及抢劫。

d 轻微/无损失/警方会无动于衷/警方无能为力/犯罪未遂是根据它们定义的相似性而合并的，例如，一个答卷人觉得这起事故程度轻微，可能会选择“轻微，无损失”或“警方会无动于衷”，因为这两个选择可能被理解为是一个意思。

e 这个类别包括：工作时发生的事情；部分是我/朋友/亲人的错；犯事者不负行为责任；以为其他人已经上报了这起案件/类似案件；试图报案但没办法联系上警方/警方没有兴趣；其他。

数字相加可能超过 100，因为可以给出不止一个理由。

资料来源：Flatley et al. 2010：44。

不报警还可能有别的原因。比如有些形式的违法暴力相比其他更为“隐蔽”。身体虐待和性虐待往往是在家里、看护机构或监狱里关起门来进行的。受害者可能害怕警方不会相信他们，或者报案后虐待会变本加厉。比如说，家庭暴力的受害者，其中大部分是女性，在向警方报案时，往往犹豫再三，因为她们可能担心虐待者会报复，或者警方不当回事儿。在英国,前主持人吉米·萨维尔爵士(Sir Jimmy Savile)所犯下的性侵罪行中的许多受害者在他生前并不敢站出来,大部分人认为警方和公众永远不会相信,这样一个德高望重的人物也会是个系列性侵犯(Gray and Watt 2013:5)。对于其他某些类型的犯罪,人们可能假定它太过轻微而无法立案,或者认为警方反正也是无能为力。不过,几乎所有的窃车案都会报案,因为车主需要这么做,以便诉求保险赔付。

其次,即使那些**确实**报告给警方的犯罪行为,其中也有许多其实并未记录在案。据估计,在英国,尽管大约有43%的犯罪行为确实**报了**警,但只有29%**记录在案**;话说回来,这个数字根据罪行的类型不同而有相当差异(Simmons and Dodds 2003)。警方可能怀疑所提供的信息的有效性,或者受害者在报告事情之后决定不正式提告。只有部分犯罪行为报了警,其中又只有一部分被记录在案,这样做所造成的总体效果,就是官方犯罪统计数据只能反映一小部分的违法犯罪。

官方统计数据未能捕捉到的违法行为被统称为未记录罪案的**隐性数据**(dark figure),通常被描述成“犯罪冰山”被有效遮蔽的绝大部分。不过,在英格兰和威尔士,2002年设立了“全国罪案记录标准”,旨在增强各警队记录罪案的一致性。自那以后,警方记录数据和“英格兰与威尔士犯罪调查”数据的变化趋势已经非常契合了。

对于犯罪的更为精确的描绘,或许来自每年一度的“英格兰与威尔士犯罪调查”(在2012年4月之前,被称为“英国犯罪调查”)。它通过直接询问人们的经历,来估测犯罪的程度。这样一来,“英格兰与威尔士犯罪调查”就包括了那些没向警方报告或者没被警方记录在案的犯罪行为,成为重要的数据来源。该调查(自2013年开始)访问16岁及以上住在私人住所中的35万人,询问他们在过去十二个月里经历过什么样的犯罪。尽管不同类型的违法行为涨跌互见,幅度不一,但无论是“英国犯罪调查”和“英格兰与威尔士犯罪调查”,还是记录在案的犯罪数据,自20世纪90年代中期以来,整体皆呈下降趋势。

像“英格兰与威尔士犯罪调查”这类调查被称为**受害研究**(victimization studies)。虽然这些是很有价值的测量指标,并且不易出现警方记录操作中的那些变化,但来自这些调查的数据也必须谨慎对待。所有的犯罪统计数据都有其长短优劣(参看表20.3)。在某些情况下,研究方法本身可能会导致严重漏报。“英格兰与威尔士犯罪调查”采取的是在被访者家中进行访谈的方式。这可能会导致许多意外,比如说,家庭暴力的受害者如果碰到施暴者在场,或者就在虐待发生的地点,可能不会举报暴力事件。

表 20.3　“英格兰与威尔士犯罪调查”与警方记录犯罪数据的优劣比较

“英格兰与威尔士犯罪调查”	警方记录犯罪
长处	**长处**
• 全国范围的大型抽样调查，提供有关犯罪类型及其覆盖人口（家户成员）的长期趋势的上佳测量指标 • 方法长期稳定一致 • 涵盖未向警方报案的犯罪，不受警方记录操作变化的影响，因此能够更好地测量长期趋势 • 独立搜集犯罪数据	• 比“英格兰与威尔士犯罪调查”涵盖的违法行为和人口更广泛 • 能够很好地测量向警方准确报告的违法行为 • 是本地犯罪统计数据及低频犯罪（如杀人案）信息的首要来源 • 提供完整计数（而不是受制于抽样差异的估测） • 犯罪发生与报案结果之间的时间差往往较短，能显示萌芽趋势
局限	**局限**
• 调查受制于与抽样方法及回想过去事件的应答者有关的谬误 • 排除了针对工商企业的犯罪以及不住在家户中的人（如住在机构中的人或到访者） • 标题总结式的估测排除了那些难以确凿估测的违法行为（比如性侵），或是没有受害者可以访谈的违法行为（例如杀人案或毒品案）	• 排除了未曾向警方报案或未被警方记录在案的那些违法行为，也不包括由治安法院①处置的不那么严重的违法行为（例如交通违章） • 记录操作或警方活动的变化可能影响趋势 • 由于 1998 年和 2002—2003 年度引入的记录操作变化，不可能做长期比较

资料来源：ONS 2014a：124。

调查也排除了那些 16 岁以下的人。从 2009 年 1 月开始，每年一度的“英格兰与威尔士犯罪调查”访问 4000 名 10 岁到 15 岁的儿童（从 2013 年开始是每年 3000 名），但是这些数据被认为是“实验性的”。调查也忽略了那些无家可归者，或者在家庭护理或配备护理的疗养院之类机构中生活的人。这类人非常重要，因为这些群体特别容易成为犯罪的受害者。同样影响显著的是，“英格兰与威尔士犯罪调查”没有包括工商企业或工作场所，也就遗漏了企业犯罪，欺诈之类的白领犯罪，以及包括信用卡诈骗在内的大部分网络犯罪。这就意味着，我们要了解这些犯罪类型的程度与重要性，相关信息还是要依赖警方记录的犯罪统计数据。

关于犯罪的另一个重要的信息来源是自我报告研究（self-reporting studies），人们被询问是否**干过**什么违法的事情，可以通过匿名方式予以承认。2003 年开始，在英格兰和

① 治安法院（magistrates courts）属于下级法院，负责按简易程序审理案件，并有权主持刑事案件预审以决定是否交付刑事法院按正式起诉程序审理。同时还负责青少年犯罪、婚姻家庭案件及许可证案件。——译者注

威尔士进行了“违法、犯罪与司法调查”(Offending, Crime and Justice Survey, OCJS),访谈了10岁到65岁的12 000人。随后,2004年、2005年和2006年的调查,目标集中在10岁到25岁的年轻人,旨在揭示违法、反社会行为和吸毒的程度。这类调查是对于受害情况研究和警方记录的有益补充。当然,它们也会遭遇漏报,因为参与者可能担心后果而不愿自认违法行为。而多报的情况也是有可能发生的,或许因为记忆有误,或是想要自我炫耀。

我们也许有理由从这个简短的综述中得出结论,即犯罪统计数据对于社会学家来说非常有用。我们可以了解到有关犯罪类型、其历时变化以及哪个群体更可能成为受害者的丰富信息。然而,我们应当时刻铭记,官方公布的犯罪统计数据只是一个漫长生产过程的终点,而这个过程同样需要调查研究。

第四节 受害者与犯罪者

是否有些个体或者群体更可能犯罪,或是成为犯罪的受害者?社会科学研究和犯罪统计数据表明,犯罪和受害在人口总体中并不是随机分布的。例如,男性比女性更可能实施犯罪,年轻人往往比年长者更易卷入犯罪,无论是作为犯罪者还是受害者。

一个人成为犯罪受害者的可能性与其生活的区域有着紧密的联系。物质剥夺越严重的区域,通常犯罪率也越高,而且住在这类区域的少数族群的比例也往往更高。居住在内城街区的人相较于较富裕城郊地区的住户,成为犯罪受害者的风险要大得多。而少数族群不成比例地集中在内城区,似乎也是其受害比例较高的一个显著因素。

一 性别、性相与仇恨犯罪

20世纪70年代之前,犯罪学的研究通常忽视了半数的人口。女性主义者批评这门学科是一项以男性为主导的事业,无论是在理论考虑上,还是在经验研究中,女性在很大程度上都是“不可见的”。20世纪70年代以来,许多重要的女性主义研究提醒人们注意,女性是如何在不同于男性的背景下违法犯罪的,而女性对于刑事司法系统的体验,又是如何受到某些关于男性和女性“得体”角色的性别化假定的影响的。女性主义者还扮演了关键角色,彰显家庭内部及公共场合针对女性的暴力何其普遍。

批判性思考

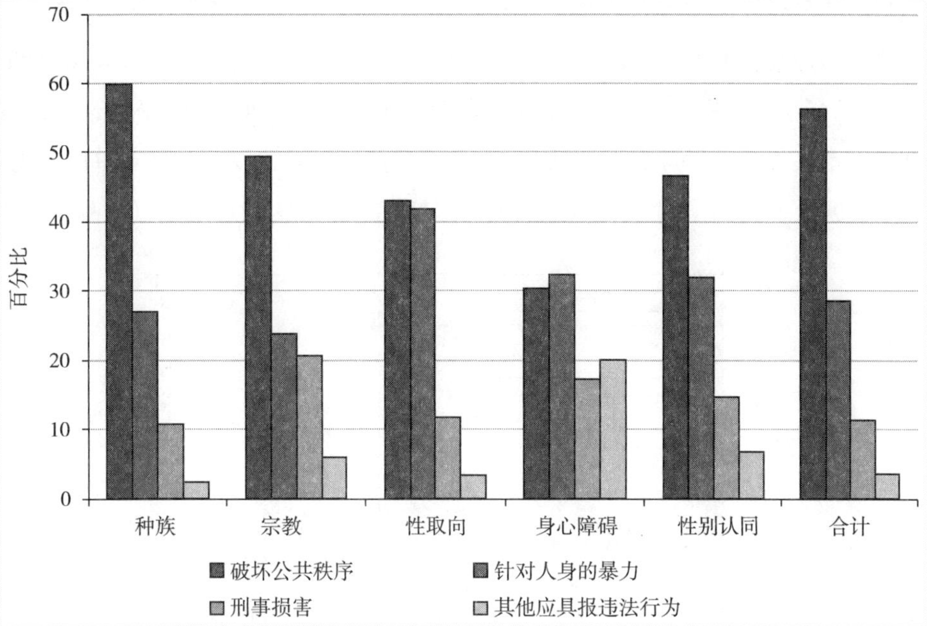

图 20.2 2012—2013 年度,英格兰与威尔士 17 个警队记录的仇恨犯罪比例,按所记录的违法类型统计

资料来源:Home Office, ONS and Ministry of Justice 2013:20。

图 20.2 呈现了英格兰与威尔士仇恨犯罪的类型与分布的“快照”。宗教性仇恨犯罪及针对身心障碍人士的仇恨犯罪相比于其他类型,为何涉及的刑事损害[1]比例会更高?是否存在其他类型的仇恨犯罪是此图尚未列入的?

有关种族歧视,以及刑事司法系统中的少数族群问题,可见第十六章“种族、族属与移民”中的详细讨论。

(一)男性和女性犯罪率 统计证据稳定显示,纵观所有发达国家与发展中国家,最清晰可辨、牢固确立的犯罪模式就是:刑事犯罪绝大部分是由男性施行的。例如,2014 年 11 月,在英格兰和威尔士的监狱中,有 81 959 名男性,却只有 3943 名女性(Ministry of Justice 2014)。在所有的工业化国家中,都存在类似的男女囚犯比率失衡。但是,近些年

① 刑事损害:“criminal damage”,指无合法理由而损毁他人财产,或意图损毁他人财产,或对会造成财产损毁的后果疏于注意。——译者注

来,英国监狱中的女犯人数快速增加,从1993年的平均1560人,至2004年5月达到4672人的史上峰值。尽管如此,女性仍然只是构成囚犯总数的极少一部分:2014年底,只占监狱总人口的4.5%。

而男女两性的犯罪类型也颇有不同。如图20.3所示,女性犯罪很少涉及暴力和入室盗窃,更多的是小偷小摸,通常是在商场里顺手牵羊。另一方面,无论是男性还是女性,偷窃和销赃都是最常见的可起诉违法行为,占所有男性违法行为的31%,占所有女性的53%。对于男性来说,第二常见的违法行为涉及毒品,而对于女性来说,则是暴力侵害。

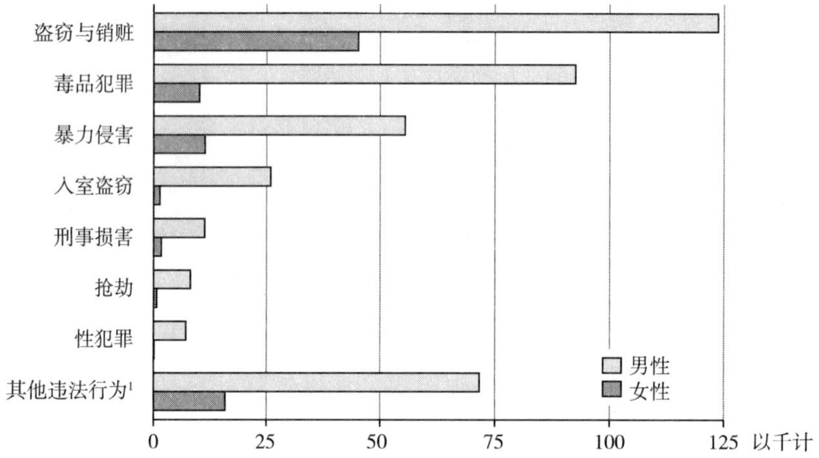

图20.3　2010年,英格兰与威尔士以性别和违法类型分类的被定罪、被警告或可起诉的违法行为

注:[1]"其他违法行为"一项包括诈骗、伪造及可起诉的违章驾驶行为。

资料来源:ONS 2011f:13。

当然,在犯罪率上真实的性别差异**可能**远远小于官方统计数据所显示的程度。早在20世纪中叶,奥托·波拉克(Pollak 1950)就有类似的主张。他指出,女性以居家为主的角色为其在家中实施投毒之类的"隐秘"犯罪提供了机会。波拉克认为女性"天性"善于欺骗,在掩盖自身罪行方面很有一手。她们早就从向男人隐瞒例假疼痛及不适中学会了这种本领。波拉克还提出,警方和法庭对待女性违法者会更为宽容,因为相关的男性会以一种"骑士风度"(chivalrous)对待她们。波拉克关于女性的刻板印象描绘在调查研究中毫无依据,今天看来似乎可以一笑置之。然而,女性可能更容易被刑事司法系统从轻发落的讲法却引起了更多的重视。

首先,警方和其他司法部门的官员可能认为,女性违法者不像男人那样危险,因而有一些事,如果男性做了就会被逮捕,而女性做了却会被放过。其次,对罪犯判刑的研究表明,女性被判入狱的可能性要低于男性。量刑差别的一个可能原因,或许只是相较于男性女性所犯的罪行,不那么严重,不那么暴力。如果是这样,那么性别维度显然是存在的，但是与官员的“骑士风度”无关。另一个重大难题在于，如何评估性别相较于年龄、阶级和种族等其他因素的影响大小。例如，老年女性违法者似乎往往比老年男性违法者所受到的处置更为宽容。但也有其他研究显示，黑人女性受到的警方处置要比白人女性糟糕（Player 1989；Britton 2011：66-68）。这种证据形象地说明，要厘清现实中交叉的多种社会不平等的独立效应，殊非易事。

女性主义犯罪学家也考察了有关何为适宜的“女性特质”的那些通行观念，是如何影响女性在刑事司法系统中的经历的。弗朗西丝·海登松（Heidensohn 1996）就认为，女性如果被指偏离了女性特质的规范，就会受到更为严厉的处置。例如，就性乱交而言，年轻女子相比同样情况的男青年更可能被拘押。在这类案例中，女性被视为“双重越轨”，不仅违犯了法律，也是对“得体的”女性行为规范的藐视。

海登松和其他人都指出，刑事司法系统存在双重标准：男性的攻击和暴力被视为自然的或“正常的”现象，而在寻求说明女性的违法行为时，却往往求诸“心理的”失衡。为了使女性犯罪更加“可见”，女性主义者针对女性罪犯进行了许多详细调查，从少女团伙、女性恐怖主义者到监狱中的女犯。这些研究显示，暴力并非只是男性犯罪行为的特征。女性参与暴力犯罪的可能性**的确**远比男性要小，但也**的确**会有类似的暴力行为。

那么，为什么女性的犯罪率要比男性的低得多呢？有一些证据表明，违法的女性常常能够免于上法庭，因为她们能够说服警方或其他权威机关，以某种特别的方式解读她们的行为。她们会诉诸所谓的“性别契约”（gender contract），这是一种刻板印象化的假设，即作为女性，一方面反复无常，易于冲动，而另一方面又是需要保护的（Worrall 1990）。根据这一观点，警方和法庭**的确**是以骑士风度行事，有些在男性那里被视为不可接受的行为，在女性身上就不会施以惩罚。另有研究表明，某些不符合女性特质规范的女性，比如说被视为“坏妈妈”，就可能受到法庭**更为**严厉的量刑，因为她们没有履行性别契约中自己的那部分条款（Carlen 1983）。

然而，法庭和警方的差别对待还是无法阐释男女两性犯罪率之间的巨大差异。几乎可以肯定，解释这个问题的理由同样可以说明其他领域的性别差异。当然，也有一些犯罪被认为是特有的“女性犯罪”，最显著的就是卖淫。这是因为，女性会由于卖淫而被判有罪，她们的男性顾客却不会。“男性犯罪”之所以一直是“男性的”，是因为社会化的差异，以及相比女性，男性的活动和参与通常属于非居家性的。在20世纪五六十年代，犯罪方面的性别差异被人们用生物或心理方面的固有差异来说明，例如男女体力上有大小、被动性有强弱或女性更执着于生育等。

时至今日，与“男性特质”的那些特征一样，“女性特质”的属性也被认为是在社会中生成的。许多女性在社会化的过程中，注重不同的品质，比如关照他人和培养人际关系。

同样重要的一点是,由于意识形态和其他因素(比如关于何谓“乖女孩”的观念)的影响,女性的行为常常会受到男性活动不会面临的约束与控制。甚至从 19 世纪末开始,犯罪学家就已经预言,性别平等将会减少或消除男女之间在犯罪行为上的差异。但到目前为止,这种情形尚未发生,犯罪仍然是个性别化的现象。

(二) 针对女性的犯罪 在某些类型的犯罪中,绝大多数情况下男性是攻击者,而女性是受害者。家庭暴力、性骚扰、性侵犯和强奸都是男性利用其社会地位和身体力量而对女性实施的犯罪。尽管“英格兰与威尔士犯罪调查”发现,有一小部分男性也经历过某种非性的家庭虐待。在 2012—2013 年度,大约有 30%的受访女性和 16%的受访男性报称,从 16 岁以来经历过某种形式的家庭虐待。据“英格兰与威尔士犯罪调查”估计,这相当于几乎 500 万女性和 270 万男性在 16 岁之后受过家庭虐待。最常见的报案类型是伴侣施行的非性行为虐待,女性报案的比例(23.8%)是男性(11.1%)的两倍(参见图 20.4)。女性主义社会学家指出,男性实施的身体暴力和亲密性暴力是一种持续存在的威胁,影响着所有女性,不论她们是否直接经历过这样的事情。

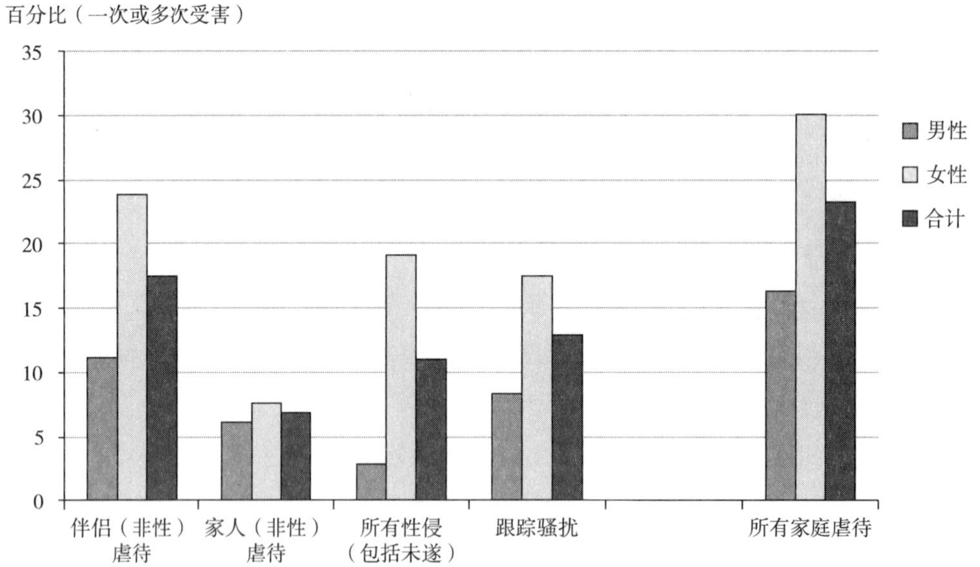

图 20.4 2012—2013 年度,16 岁至 59 岁成年人中自 16 岁以来遭受亲密暴力的比例,按性别及类型分组

资料来源:ONS 2014c:5。

不管怎么说,2012—2013 年度的“英格兰与威尔士犯罪调查”发现,报告说经历过性侵的女性远远多于男性,这个发现与此前的历次报告保持一致。大约有 19%的女性报告说曾是性侵的受害者,相比之下,男性的这一比例仅为 2.7%(ONS 2014c:4-5)。许多年来,这些类型的违法行为在很大程度上都没有引起刑事司法系统的重视,受害者不得不坚持不懈地去赢得其对于违法者的追诉权。直到 1991 年,英国才承认婚内强奸的罪名。在 1736 年发布的一项裁决中,马修·黑尔爵士宣布丈夫“不可能对自己合法的妻子犯下强奸罪,因为根据他们相互的婚姻承诺与契约,妻子在这类行为方面已委身于丈夫,这是她所不能反悔的”(转引自 Hall et al. 1984:20)。[①] 这种说法一直保留在英格兰和威尔士的法律中,直至 1994 年,一项修正案才将“婚内强奸”(以及“强奸男性”)引入法律框架。即使在今天,尽管女性主义犯罪学已经做了很多工作,提高人们对相关犯罪的意识,并将这类犯罪纳入关于犯罪的主流争论,但要起诉针对女性实施的亲密暴力犯罪也远不是那么简单。本节我们将集中考察英国背景下的强奸罪,把关于家庭暴力和性骚扰的讨论放在其他章节。

有关家庭暴力的更广泛的讨论,参看第十章“家庭与亲密关系”。

对于究竟有多少强奸,很难进行精确的估计,因为其实只有一小部分强奸案件会报案并被警方记录。尽管警方的统计数据表明,自 20 世纪 90 年代中期以来,犯罪数量整体呈下降趋势,但性侵案却是例外。2009—2010 年度,警方记录在案的过去 12 个月内发生的最严重级别的性侵案件增长了 7%。在同一时期,严重性犯罪案件占了性违法记录总量的 80%,强奸女性案件上升了 15%(几近 1.4 万宗)(Flatley et al. 2010:57)。在 2012—2013 年度,英格兰与威尔士警方记录了大约 1 万宗成人强奸案,6000 宗儿童强奸案,而性违法(包括强奸)案件总量上升了 9%。警方督察指出,2008 年以来,记录的强奸案数量稳步增长(HMIC 2014)。而对 2001 年“英国犯罪调查”的一项详细分析估计,过去一年中强奸或者强奸未遂的女性受害者大约有 4.7 万名(Walby and Allen 2004)。因此,出于种种原因,警方记录的数据严重低估了强奸女性案件的频发程度。

从 2008—2009 年度到 2009—2010 年度,强奸男性的案件也增长了 22%,尽管因为报案和记录的基数较小,所涉及的数量要少得多(共 1174 起案件)。分析 2009 年到 2012 年的“英格兰与威尔士犯罪调查”的结果,估计每年大约有 8.5 万名女性沦为强奸或插入性侵的受害者,相较之下,有此经历的男性为 1.2 万名(Ministry of Justice 2013:6)。值得一提的是,自《性犯罪法》(Sexual Offences Act, 2003)于 2004 年 5 月实施以来,对于所有

---

① 马修·黑尔爵士(Sir Matthew Hale, 1609—1676)是研究英国习惯法历史的杰出学者,以维护司法公正著称,曾任财政大臣和英国高等法院首席法官,公平对待罪犯,对宗教问题持宽容态度。吉登斯在此犯了一个错误,此语出自 1736 年黑尔身后刊行的《刑事诉讼史》,而不是他生前发布的裁决。——译者注

性犯罪的警方记录方式有了一些改变,促成了对其定义的重新厘定,也使得人们更难以准确勾勒长期趋势(Flatley et al. 2010)。2012年末开始的"紫杉行动"(Operation Yewtree),即警方对吉米·萨维尔的性犯罪及相关性犯罪历史积案展开的调查,也让受害者愈发愿意站出来报告性犯罪。显然,要搞清楚性犯罪的真实程度,远比许多媒体标题所可能意味的来得复杂。

女性之所以选择不向警方报告性暴力事件,可能有许多原因。大部分遭到强奸的女性,要么希望把此事彻底忘记,要么不愿意经历医疗检查、警方问询和法庭盘诘这整个流程。法律流程常常要花费很长时间,并且会令人生畏。审判程序是公开进行的,受害者必须直面被告。插入行为的证据,强奸者的身份,以及这种行为是在没有得到女方同意的情况下发生的事实,都必须得到确证。女性可能会觉得,自己也是受审的人,尤其是在她自己的性生活史受到公开审查的时候,而在这类案件中,这种情况经常发生(Soothill and Walby 1991; Abbott et al. 2005:291-295)。

女性团体已经施加压力,要求法律和公众改变对于强奸的看法。她们强调,不应把强奸看成一种性犯罪,而应该看成一种暴力犯罪。它不仅仅是一种身体攻击,而且是对一个人的人格完整与尊严的侵犯。显然,强奸与男性特质同权力、支配及强壮相维系有关。强奸在很大程度上并不是因为性欲不可遏制,而是由于性相与权力感和优越感相维系。这一宣传攻势在改变立法方面已经产生了一些实际效果。现在,强奸在法律上一般被认为是一种特定类型的暴力犯罪。不过,晚近的一些研究表明,迄今为止,这些变化的效果尚不显著,20世纪90年代以来的强奸报案比例尚未明显增加(Wolitzky-Taylor et al. 2010)。

从某种意义上说,所有女性都是强奸的受害者。即使是从未受到强奸的女性,也经常能体验到与遭到强奸的女性相类似的焦虑感。她们或许不敢晚上独自外出,即使是到人群拥挤的大街上去,而独自在家或在公寓时,她们可能同样感到害怕。布朗米勒(Brownmiller 1975)强调,强奸与正统的男性性相之间有着紧密联系。她认为,强奸是男性威胁体系的一部分,使得所有女性在日常生活中都比男性更加小心谨慎。

(三)针对性取向的仇恨犯罪 女性主义者已经指明,对于暴力的理解高度性别化,并且受到关于风险和责任的"常识"观念的影响。因为女性一般被视为没有能力保护自己,所以常识认为,她们应该调整自己的行为,以降低成为暴力受害者的风险。例如,妇女不仅应该避免晚上独自在"不安全"的街区行走,而且要小心避免穿着惹火或行为举止有失检点,引起男性误读。达不到上述要求的女性就会被指责为"咎由自取"。在法庭上,当考虑犯罪者的暴力行为时,这些女性的行为会被当作减刑因素(Dobash and Dobash

1992；Richardson and May 1999）。

有人指出，类似的“怪罪受害者”逻辑也应用于针对男女同性恋者、双性恋者和跨性别者（LGBT）的暴力行为。理查德森和梅（Richardson and May 1999）提出，由于同性恋者仍然被污名化和边缘化，所以更有可能被当成“活该”遭受犯罪侵害的人，而不是无辜的受害者。同性恋关系仍被视为属于私人领域的事情，而异性恋则是公共空间中的规范。根据理查德森和梅的观点，男女同性恋者在公开场合显示其同性恋者身份，从而与这种公私分隔的约定相偏离，经常会被指责说是在给自己招惹犯罪。

受害研究揭示，同性恋者经历暴力犯罪和骚扰的发生率很高。20 世纪 90 年代中期，英国有一项全国性调查访问了 4000 名男女同性恋者，发现在过去的五年中，33%的男同性恋者和 25%的女同性恋者曾经至少一次成为暴力攻击的受害者。占总数三分之一的人经历过某种形式的骚扰，包括威胁或蓄意破坏财物行为。多达 73%的人曾在公开场所受到辱骂（Mason and Palmer 1996）。

在 2009—2010 年度，男女同性恋者和双性恋者在过去一年里遭受过家庭虐待的可能性也更高（达 13%，而异性恋者为 5%），17%的女同性恋者或女双性恋者报告了家庭虐待，而男同性恋者或男双性恋者的这项比例只有 9%（Roe 2010:63）。造成这种差异的原因之一或许在于，更为年轻的男女同性恋者和双性恋伴侣的该项比例更高（为 37%，而异性恋伴侣的这一比例为 21%）。而据发现，亲密暴力与 16 岁到 24 岁这个年龄群体的联系尤其紧密（Povey et al. 2009）。

在英国，针对男同性恋者的犯罪促使多方呼吁着手“仇恨犯罪”的立法，以保护社会中依然被污名化的那些人的人权。根据 2003 年颁布的《刑事司法法》（Criminal Justice Act），在攻击是出于“恐同症”（对同性恋者的仇恨或恐惧）的情况下，英格兰和威尔士的法官可以从重量刑。针对极端的反同性恋网站和一些宣扬暴力攻击男同性恋者的歌词，2003 年法案扩充为 2010 年的《平等法》（Equality Act），宣布煽动恐同仇恨为非法。无论如何，自 2004 年开始引入同性民事伴侣关系，以及在电视节目中对同性关系更为正面的刻画，或许表明社会态度正在发生变化。

二　青少年作为犯法者与受害者

在发达国家中，公众对犯罪的担忧集中在盗窃、入室盗窃及攻击这类违法行为上，也就是主要被视为工人阶级年轻男性实施的“街头犯罪”。媒体有关犯罪率的报告常常会聚焦于年轻人的“道德崩坏”，并且突出破坏公私财物、逃学及吸毒之类的问题。但是，这种将年轻人同犯罪与越轨关联的话语并不新鲜。

早在16世纪,英格兰就有了少年违法行为(delinquency)的观念,并在17世纪和18世纪反复出现。在19世纪早期,一份报告指出,伦敦的青少年违法行为“增长惊人”。报告认为,主要的原因包括父母疏于管教,缺乏教育和合适的就业,以及“不守安息日规矩”(Muncie 2009)。不考虑最后这一点,其他种种原因在当下似乎都明显存在,这生动说明了社会始终对年轻人在社会和道德维度上的发育抱有关切。工业化导致城市里许多贫困家庭生活在肮脏破败之中,无论小偷小摸还是涉及财产的犯罪都越来越多。19世纪中叶也兴起了“救救孩子”(child saving)运动,参与者主要是中产阶级的慈善人士,致力于管束年轻人的行为,以应对逃学和越轨问题。犯罪学家提出,19世纪对于青少年犯罪的关注并不只是在回应犯罪规模的扩大,也是对待年轻人态度的变化所致,现在该由家庭之外的机构来管理他们了(Banks 2013:3)。

如前所示,到了20世纪中叶,年轻人又一次成为一系列道德恐慌的焦点,而这些道德恐慌的核心,就是消费主义以及令人炫目的各种亚文化,涉及流行音乐、服装样式与时尚、对待性与性相的态度,以及越来越常见的吸毒取乐(Muncie 2015)。更为晚近的关切之一则是关于年轻人对于数字设备的使用,以及在网络社交媒体上的面貌,后者已经被呈现为不健康的、反社会的,并且蕴含着潜在的危险。在传媒报道和政治评论中,作为一种社会问题的年轻人成为反复出现的主题,这表明,年轻人的状况往往被视为社会本身健康状况的一项指标。

官方统计数据确实反映出年轻人中的犯罪率很高,自认有过违法行为的女孩也要少于男孩。从2003年到2006年,在英格兰和威尔士,针对5000名年龄在10岁至26岁的年轻人进行了“违法、犯罪与司法调查”,形成了小组研究,在这段时间内对该组做了四轮访问。大约有49%的样本报告说,在四年间有过一次或多次违法行为,27%使用过毒品,72%承认他们曾有某种形式的有害行为或反社会行为(Hales et al.2009)。无论对于男性还是女性,做出违法行为的高峰年龄都是在青春期后期,至于暴力违法行为,则是在14岁至15岁时(参看图20.5)。

根据这一数据,年轻人的违法犯罪似乎已是一个重大社会问题。但我们提出这一假设时必须多加小心。“违法、犯罪与司法调查”分析只是识别出了一小部分“频频违法者”,其违法行为占所报告总数的很大比例,而超过半数的样本并不承认在这四年里有过任何违法行为。芒西(Muncie 2009)指出,涉及年轻人和犯罪的一个孤立事件,像是1993年两个10岁男孩合伙谋杀了两岁大的詹姆斯·巴尔杰的事件,就可以将人们的注意力从更大的社会议题上移开。

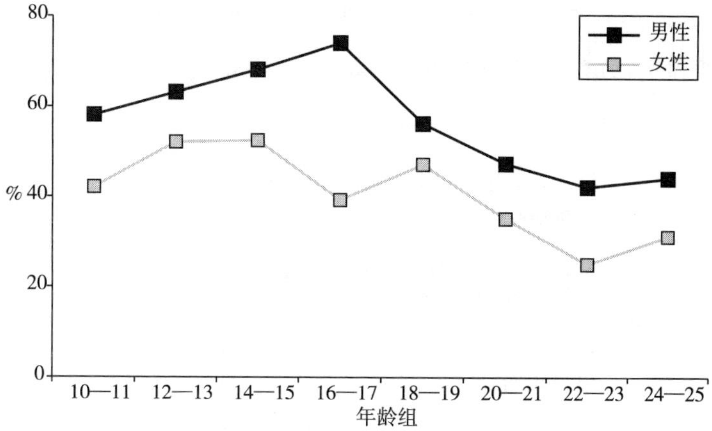

图 20.5　按性别和研究启动时的年龄分类的四年间年龄组别违法比例

资料来源：Hales et al. 2009：9。

人们普遍认为，发达国家中绝大多数青少年犯罪都与毒品有关，对于这一流行之见，也不妨抱以同样的谨慎态度。2006 年，英国卫生部调查了 1 万余名年龄在 11 岁至 15 岁之间的在校学生，发现 9%的调查对象经常吸烟，25%的人在过去一周喝过酒，21%在过去一年内吸过毒，4%的人使用过可卡因或海洛因这样的“A 类”毒品（DoH 2006）。然而，毒品的使用趋势已经从海洛因这类“烈性”毒品转向安非他明、“合法致幻药品”（legal highs）、酒精和摇头丸（Ecstasy）之类的合成毒品。尤其是摇头丸，已经成为和夜店亚文化相维系的一种代表“生活方式”的药物，而不再是某种昂贵的成瘾行为的基础，这种行为会将年轻人推向犯罪生涯。

年轻人和犯罪之间的关联的另一面，是年轻人比年长的年龄组更容易沦为犯罪的**受害者**（参看图 20.6）。政治上越来越关注受害者，以及“受害者学”（victimology）成为一块专门的研究领域，都有助于人们从更为平衡的视角来理解年轻人卷入犯罪与越轨的状况。2013—2014 年度，在英格兰与威尔士的 16 岁至 24 岁的年轻人中，有 25%在过去一年里至少一次沦为犯罪行为的受害者，相形之下，45 岁至 54 岁年龄组中该比例为 17%，而 55 岁至 64 岁年龄组中仅为 14%（ONS 2014h）。与此类似，16 岁至 24 岁的人比其他任何年龄组都更有可能成为暴力犯罪的受害者，其中，年轻男性最可能沦为暴力的受害者，而年轻女性最有可能沦为性侵的受害者（ONS 2015d）。

在英国，近些年来，成人对于儿童和青少年的虐待已经成为一项重大话题。电视名人吉米·萨维尔犯下的严重性虐行为被揭露后，受害者现在更愿意站出来了。此前，儿童的声音在很大程度上被忽略了，他们对于成人行为的指控不被采信。比如，系列调查揭示，在 20 世纪七八十年代，护理中心及其他机构环境中的儿童普遍遭受虐待。其中最严重的事件之一，就是在 20 世纪七八十年代，北威尔士的克卢伊德（Clwyd）和格威内思

(Gwynedd)两郡,许多护理中心里的儿童遭到虐待。截至 2014 年中期,283 人提出虐待指控,11 人被控违法,另有 56 人被警方定为嫌疑人(Wales Online 2014)。

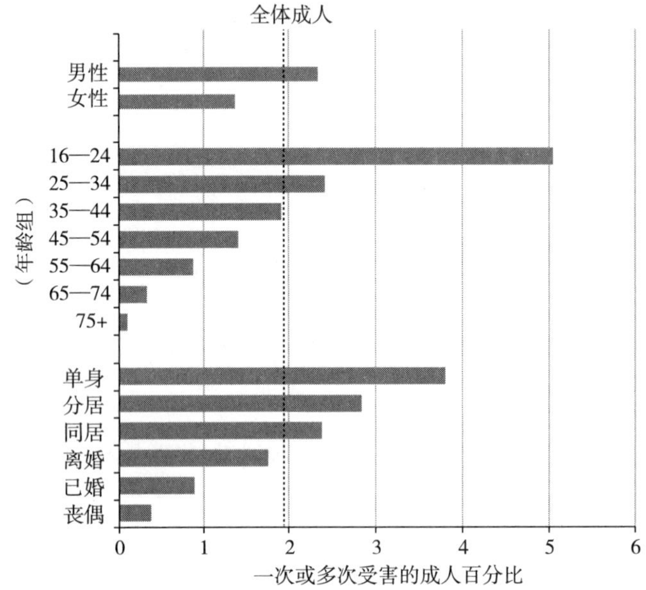

图 20.6　与沦为暴力受害者有关的特征("英格兰与威尔士犯罪调查",2013—2014 年度)

资料来源:ONS 2015d:19。

成人对于儿童和青少年的有组织性虐不能被归为历史积案。2012 年,在英国罗奇代尔(Rochdale),9 名男性被控性犯罪,包括强奸和贩卖儿童。这些行为发生在 2008 年到 2009 年,警方确定有 47 名易受伤害的女孩沦为性诱拐受害者。交易团伙的成员彼此相识,若非案发,会被看成本地社区的"寻常"成员。他们大多已婚,自己也有孩子。而在德比、牛津、布里斯托尔等地,也都发现有类似的性交易团伙在活动。

在罗瑟勒姆(Rotherham),从 1997 年到 2013 年,至少有 1400 名 10 岁到 16 岁的孩子(其中绝大部分是女孩),受到了某个有组织的性交易团伙的性虐待(Jay 2014)。虐待规模之大,手段之残忍,令人震惊:

> 她们被多个犯罪分子强奸,贩卖到英格兰北部的其他城镇,遭到诱拐、殴打和恐吓。有些孩子曾经被浇上汽油,威胁会被点燃,或被枪指着,被强迫目睹野兽一般的暴力强奸,并被警告说,如果她们告诉别人,自己就会是下一个。有的女孩年仅 11 岁,就被好些男罪犯强奸。这种虐待并不仅限于过去,时至今日,仍在发生。(Ibid.:1)

发生在罗瑟勒姆的虐待案凸显了社会监护系统和治安的许多失败之处。尤值一提的是,尽管大多数受害者描述说犯罪者是"亚裔",但护理人员告诉调查者,她们对于谈论犯罪者的族属“深感不安”，害怕被视为“种族主义者”，而议员们只想着“问题”赶快平息。

常识中的青少年与违法行为之间的关联显然是不准确的。正如性虐案所表明的那样，年长的成人所犯下的罪行，会比年轻人参与的那些严重得多。青少年犯罪常常涉及一些严格来讲不属于真正的“犯罪”的活动。反社会行为、亚文化活动和不遵从行为皆有可能被视作青少年违法行为，但都不是真正的犯罪行为，或许会被看成相当寻常的临界行为，对许多年轻人来说，属于“成长”的一部分。只是到了近些年，年轻人作为“民间恶魔”的形象才成了刻板印象，具有很大的误导性。我们已经看到，要分析青少年对于犯罪的参与，无论是作为犯罪者还是受害者，都很难做到清楚明白。

三　“白领”犯罪、企业犯罪与国家犯罪

白领犯罪（white-collar crime）这个术语最初是由埃德温·萨瑟兰（Edwin Sutherland）在1949年提出的，指的是社会中比较富有的那些人所从事的犯罪活动，往往与他们为之工作的企业的利益相悖。克罗尔（Croall 2001：17）将其定义为“对于受法律管制的某个合法职业角色的滥用”。因此，白领犯罪涵盖了许多类型的活动，除了赤裸裸的盗窃，还包括税务欺诈、非法销售、有价证券和土地交易欺诈、侵占公款，以及制造或销售危险产品。

世界最大的能源贸易公司安然（Enron）在被揭露做假账以掩盖巨额债务之后，于2001年宣布破产。公司的破产导致世界各地数以千计的工作岗位消失。它的几名高级职员，包括公司创办人肯尼斯·雷（Kenneth Lay）被拘捕。2002年，通信巨头世通公司（WorldCom）又爆出另一桩丑闻，表明那些有钱有势的人也会从事犯罪活动，而其影响范围远比穷人的犯罪活动广，危害也要大得多。当然，绝大多数的白领犯罪并不像安然公司或世通公司那样规模惊人。

与其他类型的犯罪行为相比，白领犯罪的分布甚至更难测量，因为白领违法行为有许多根本不会在官方统计数据中出现。我们可以在白领犯罪与权势群体犯罪之间做出区分。白领犯罪主要是指利用中产阶级或专业人员的位置，从事非法活动，谋取个人私利。而权势群体犯罪是指以犯罪的方式利用其职位所赋予的权威，比如一名官员接受贿赂以支持某一政策，就属于此类犯罪。

尽管有些白领犯罪得到了企业的容忍，警方也不经常介入可能发生犯罪的场所，但白领犯罪的代价却是巨大的。至于针对这一主题所开展的研究，美国要远远多于英国及欧陆。据估计，白领犯罪（包括保险欺诈、雇员偷窃和侵占公款）的概约经济成本每年至少是2000亿美元，远远超过抢劫、盗窃、非法侵占财产、伪造制假和窃车之类的“街头”犯

罪,后者根据美国联邦调查局计算,经济成本每年在100亿到135亿美元之间(Potter and Miller 2002:2-3)。

埃里克·伊尔斯利(Eric Illsley)成为第一个由于2011年开支丑闻而被判罪的议员。掌握大权的工商领袖和银行老板却很少会出庭受审,哪怕他们的所作所为能够造成相当严重的后果。

(一)企业犯罪 **企业犯罪**(corporate crime)不同于谋求个人私利的白领犯罪,指的是大企业实施的违法行为,包括非法污染、产品标识错误以及违反卫生和安全条例。大企业的权力和影响不断增长,并向全球扩张,意味着它们可以通过多种方式触及我们的生活。我们开的汽车,吃的食物,其生产过程都有企业的参与。它们还对自然环境和金融市场有着巨大的影响力。企业犯罪告诉我们,犯罪并不都是某一个体针对其他个体所犯下的罪行。

斯蒂芬·博克斯(Box 1983)提出,在资本主义经济体系中,企业彼此竞争,天生就有"犯罪基因",也就是说,如果犯罪行为能带来竞争优势,它们一定会予以考虑,并且往往只是对财务风险做简单估算,认为这就是它们可能造成的全部危害。加里·斯莱泼和史蒂夫·图姆斯(Slapper and Tombs 1999)回顾了关于企业犯罪的定量研究和定性研究,得出的结论是,有大量企业并未遵守适用于它们的法律条规。他们像博克斯一样认为,企业犯罪并非仅限于少数"害群之马"(bad apples),而是普遍渗透,广泛流传。其他研究也揭露了六类与大企业有关的违规行为:行政方面的(伪造文书或违约行为)、环境方面的

(污染、许可证违规)、财务方面的(税收违规、非法支付)、劳工方面的(工作条件、用工制度)、制造方面的(产品安全、标识),以及不平等贸易实践方面的(反竞争、虚假广告)。

批判性思考

尽可能多地列出你可以想到的,使警方很难对企业犯罪活动进行监控、侦查和起诉的因素,并在此基础上,撰写一份政策简报,就如何消除这些障碍给出建议。

人们对企业犯罪的影响的感受往往是不均等的。由于其他类型的社会经济不平等而处于劣势的人们,往往会受到更深重的伤害。例如,工作场所中的安全与健康风险往往在低薪酬职业中最高。而许多保健产品和药品的风险对女性的危害要大于男性。藐视有关新药研制、工作场所安全或环境污染方面的法规,可能会给大批人带来身体上的伤害甚或死亡。尽管很难得到有关工伤事故的精确统计数据,但是工作地的危险导致的死亡人数要远远超过被谋杀的人数。当然,我们也不能径直假定,这些伤亡事故都是或大多是雇主疏失的直接结果。但是,还是有些依据推测说,许多伤亡是由雇主或管理者忽视具有法律约束力的安全条规造成的。

企业犯罪中的受害模式并不是很清楚明了。有时会有"明显的"受害者,如印度博帕尔化工厂内及周边工人与居民所遭受的气体中毒[①],或者硅胶隆胸术对妇女健康造成危险等系列事件。最近在英国,火车相撞事故的受伤者或死者亲属要求负责轨道和火车的

---

① 这个案例涉及环境保护、企业犯罪、赔偿追责、国际经济法中的平等与不平等等诸多问题。1984 年 12 月 3 日午夜,印度中央邦博帕尔(Bhopal)市郊的联合碳化杀虫剂厂发生甲基异氰酸盐剧毒气体泄漏事故。1 小时后,有毒烟雾袭向这个城市(当时人口约 80 万),形成方圆 25 英里的毒雾笼罩区。近邻两个小镇首当其冲,数百人在睡梦中死亡。随后,火车站里的一些乞丐死亡。一周后,有 2500 人死于这场事故。有 15 万人因受污染危害而陆续入院就诊,最终这次事故使二十多万人双目失明,近二十年后导致 2 万人死亡[各种数字逐年增长]。该化工厂由美国联合碳化公司的印度子公司直接所有和经营。最初受害者索赔 31.2 亿美元,而印度子公司全部净财产只有 9530 万美元。印度政府遂出面代表所有原告向美国法院提起诉讼,要求美国联合碳化公司对印度受害者承担直接赔偿责任。该公司当时仅不动产就约有 65 亿美元,但它声称印度子公司是独立的有限责任公司,一切法律责任以及赔偿义务只能由它承担。1987 年,博帕尔地方法院要求美方支付临时救济金 2.7 亿美元,美方提起上诉。1989 年美国联合碳化公司与印度政府达成赔偿协议,以支付 4.7 亿美元作为事故最后处理办法,并得到印度最高法院确认。大多数幸存者只得到 25 000 卢比(约合 580 美元),有的受害者至今仍未得到任何赔偿。在事故责任人处理方面,除 9 名低层管理人员(都是印度本地人)被判刑外,美方在博帕尔的高层管理人员无一人坐牢。几年后,该公司被美国陶氏化学公司购并,成为世界上最大的化学联合企业,仍然拒绝为以前的过失承担责任。印方认为博帕尔事件是发达国家为洁净自身环境而提高环保标准,致使跨国公司将危险品生产转移到第三世界国家的典型案例,谴责美国联合碳化公司一个企业两个标准:它设在美国弗吉尼亚州的化工厂远离人口稠密区,并有电脑监控设施,而设在博帕尔的工厂却只有一般设备,且没有对工人进行系统的应急安全教育。——译者注

企业的高层出庭受审,因为这些企业玩忽职守。

但是,很多时候,企业犯罪的受害者根本不认为自己是受害者。这是因为,在“传统”的犯罪中,受害者与违法者之间的距离要近得多——遭到了袭劫你还浑然不知,这是很困难的!而在企业犯罪的情况中,受害者与犯罪者之间的时空距离要远得多,这就意味着,人们可能意识不到自己已经受到伤害,或者不知道如何去寻求犯罪的赔偿。当做出有危害的决定的是董事会成员集体,而不是某一个体,就更难知道应该去责怪谁了。对基于个人责任的原则而建立的法律体系来说,企业犯罪造成了一些被证明难以解决的具体问题。

(二)国家犯罪 还有一种形式的犯罪活动,所引发的关注不像其他类型那么多,就是**国家犯罪**(state crime),即“由国家及以国家利益的名义实施的犯罪”(Doig 2011)。这种简洁有力的操作定义看上去是如此简单明了,其实却掩盖了一些棘手的界定问题。比如说,我们说的“国家”指的是什么?而国家的错误作为真的是“犯罪”吗?对这两个部分都存有异议。

有些研究者认为,所谓“国家”,就是政府、警方、军方及各种“国家资助的”公共机构。但是,这类机构应不应该包括那些履行政府资助合同(如军品制造和私人军事任务等)的企业呢?同样,“国家”这个概念是不是也太笼统和单一了?鉴于国家的不同部门,其内部的决策过程相对自主,以及官员、管理者和指挥者基于各自立场做出决定,要剥离出最终决策者并非易事。

与此类似,不妨把国家**犯罪**限定于那些违犯本国法律或国际法的国家和国家官员。比如说,针对荷兰参与2003年入侵伊拉克的一项官方调查得出结论说,荷兰政府**已经**违背了国际法。在英国,有人主张,时任首相托尼·布莱尔将国家拖入了伊拉克的一场“非法战争”,他因此成了一个战争罪犯,也应当依此受审。而在英国国内,1998年开始的“萨维尔调查”(Saville Inquiry),针对的是“血色星期天”,即1972年在北爱尔兰德里(Derry)发生的对参加一场抗议游行的英国公民开枪的事件。这是当天负责的某个高级官员做出的开枪决定,还是属于高层政客设计的一项深思熟虑的国家政策?在所有这些事例中,焦点都在于,究竟有没有违背国内法或国际法。

但是,由于国家本身就是犯罪与合法之间界限的看护者,能够界定和重新界定什么构成“犯罪”,上述定义或许过于狭隘。因此,有些犯罪学家寻求扩展定义。罗斯(Ross 2000:5-6)将国家犯罪定义为“掩盖、腐败、造谣、失职,以及破坏国内法或国际法。还包括一些特别的做法,尽管尚未被官方宣布为非法,但被人口中的大多数视作非法或有社会危害(比如剥削劳动者)”。这一定义将“不作为”(比如未执行工作场所条规)和主动的犯罪行为相提并论，并涵盖了公众界定的“危害”和犯罪。

另有人认为，这种界定太过宽泛，无法应用。沙尔坎斯基（Sharkansky 2000：39）提出，“国家犯罪”被研究者随意使用，已经成为“又一个形容**不受欢迎之举**的词语了”。这些定义之争困扰着有关国家犯罪的研究，束缚了这块分支领域的成长。按照多伊格（Doig 2011：44）的主张，“诚然，有关国家犯罪的研究依然是一种小众活动（niche activities），但即使在这一小块范围内，在不少议题上也存在分歧”。

第五节

监狱、惩罚与改造

▼

行文至此，从我们的讨论来看，显然，为了控制和减少违法行为，人们付出了很多努力。然而，当预防失败时，社会便会惩罚违法者，在绝大多数法律体系中，监禁仍然是一种广泛使用的正式惩罚方法，违法者在监禁期间被剥夺之前享有的自由。本节探讨利用监狱作为控制和改造罪犯并使之重返社会的机构/制度（institutions）的问题。

一　监狱何为？

现代监狱的根本原则是“改进”或改造个体，使他们出狱后能在社会上扮演健康、适当的角色。监狱（监禁），以及依赖长期徒刑，也被视为对其他人的有力震慑。因此，很多急欲“强硬”对待犯罪的政治家支持增强司法体系的惩罚性，扩充监狱设施。那么，监狱确实起到了“改造”被判刑的罪犯和遏制新的犯罪的作用吗？这是一个复杂的问题，但似乎有证据表明，大体上并非如此。

自 20 世纪 80 年代以来，英格兰与威尔士的刑事司法系统的惩罚性大大提升，当时的内政大臣声称“监狱能够奏效”，它将违法者清出社会，又让其他人不敢犯罪。而到 2013 年 1 月，英格兰与威尔士的监狱设施关押了 84 430 人，达到历史最高值。比起西欧其他任何国家，英格兰和威尔士的在押人口比例都更高，每 10 万人中就有 148 人，不过比起某些东欧国家就要低得多。波兰的在押人口比例为每 10 万人中有 217 人，而俄罗斯是每 10 万人中有 475 人。相较之下，德国的在押人口比例仅为每 10 万人中有 79 人，挪威则为每 10 万人中有 72 人（参见表 20.4）。比起其他欧洲国家的法庭，英格兰与威尔士的法庭也倾向于判处更长的刑期。一些批评人士担心，英国正在紧步美国的后尘，到目前为止，后者在发达国家中是最具惩罚性的。

表 20.4　2013 年世界部分国家的在押人口

大洲	国家	在押人口 (含在押候审者)	在押人口比例 (全国每 10 万人口)
非洲	南非	156 370	294
	津巴布韦	16 902	129
	肯尼亚	452 000	121
	阿尔及利亚	60 000	162
	埃塞俄比亚	112 361	136
	尼日利亚	54 144	32
	布基纳法索	4899	28
美洲	美国	2 239 751	716
	墨西哥	246 226	210
	巴西	548 003	274
	牙买加	4201	152
	哥伦比亚	118 201	245
	海地	9936	96
亚洲	以色列	17 279	223
	伊朗	217 000	284
	泰国	279 854	398
	中国	1 640 000[a]	121[a]
	印度	385 135	30
	日本	64 932	51
欧洲	俄罗斯联邦	681 600	475
	波兰	83 610	217
	英格兰与威尔士	84 430	148
	意大利	64 835	106
	德国	64 379	79
	挪威	3649	72
大洋洲	新西兰	8597	192
	斐济	1537	174
	澳大利亚	29 383	130
	汤加	158	150
	巴布亚新几内亚	3467	48

注:a 只是被判刑的囚犯。

资料来源:改编自 Walmsley 2013。

以前囚犯经常遭受身体虐待，现在不会再这样了，但他们的确受到了其他许多类型的剥夺。他们不仅被剥夺了自由，也被剥夺了挣钱的手段、亲友的陪伴、异性关系、自己的衣物和其他个人物品。他们或许被迫住在拥挤的环境里，而且不得不接受严格的纪律程序，以及对于其日常生活的严密管制（regimentation）（Stern 1989）。生活在这样的条件下，在押犯人往往会与外部社会产生隔阂，因为他们无法调整行为以适应社会的规范。

囚犯不得不应付与“外部社会”相当不同的环境。例如，他们可能会对普通公民产生怨恨，学会将暴力行为视为正常，与惯犯密切接触（并在获释后仍与之保持联系），以及获得他们以前所知甚少的犯罪技能。有鉴于此，监狱有时被称为“犯罪大学”。因此，以前坐过牢的人又一次违法，**累犯**（recidivism）的比例高得令人不安，也就不足为奇了。在英国，那些刑满释放的男性中，有超过 60%的人在四年内再次被捕，对于那些至少坐过两次牢的人而言，这个比例上升到 70%（Councell and Simes 2002）。

尽管似乎有证据表明，监狱在改造违法者方面并没有取得成功，但仍旧存在着巨大的压力，要求增加监狱的数量，并且从重严判。然而，批评家指出，监狱建设计划不仅给纳税人带来了过分沉重的负担，而且新监狱并不会对犯罪率产生什么影响。

二　恢复性司法运动

一些倡导刑罚改革的人认为，应该由惩罚性司法转向**恢复性司法**（restorative justice）。恢复性司法寻求通过在社区内“服刑”，使违法者更深刻地认识到自己的犯罪行为对于受害者的影响。违法者可能会被要求为社区服务项目出力，或者同受害者及其家庭一起参与调停和解的讨论或“会议”（Rossner 2013）。不是让罪犯与社会隔离开来，看不到其犯罪行为的后果，而是要让他以有意义的方式直面犯罪的代价，帮助他们重新融入主流的社会关系（Graef 2001）。

约翰·布雷思韦特（Braithwaite 1999）主张，恢复性司法最有效的形式，其核心就是“明耻重融”（reintegrative shaming）的原则和做法。也就是说，那些犯下罪行的人要面对的不仅是受害者，而且是整个社会对他们行为的不赞同，其方式是让他们感到羞愧，乃至于“自主选择遵从”。他提出，“这个理论所构想的明耻（shaming），是一种促使公民积极承担责任的手段，要让犯罪者了解到，自己的公民同胞对伤害他们的犯罪行为的憎恨是多么正当”（Braithwaite 1999：10）。

但是，布雷思韦特敏锐地指出，明耻的过程可能发展为污名化的过程，会将罪犯转变为“局外人”，把他们推入越轨亚文化中的犯罪生涯。因此，重要的是必须尊重犯罪者，建立一种相互依赖的关系，以使明耻变得有效，促进刑事司法系统的社区参与（Strang and

Braithwaite 2001)。以诸如耻感这样的情绪作为犯罪预防的工具,或许更适用于某些类型的犯罪者,比如顺手牵羊的窃贼及“偷车兜风者”,而不是匪徒或强奸犯?尽管如此,布雷思韦特的理论建议,考虑到累犯程度严重,在压制性手段以及监狱都未能奏效的地方,这种“道德化社会控制”更有可能成功。

监狱是否“有效”,关于这一争论,无法轻易作答。虽然那些被监禁的人在获释后似乎没有被镇住,但监狱生活的不舒适却可能会对其他人起到很强的威慑作用。对狱政改革者来说,这里有一个几乎难以处理的问题:把监狱变成彻底令人不舒服的地方,可能有助于震慑潜在的违法者,却使得监狱的改造目标极难实现;但另一方面,监狱的条件越不艰苦,监禁就越有可能失去它的威慑力。

关于犯罪的社会学解读清楚地说明,不存在什么一招见效的方法。犯罪的原因与社会的结构状况有关,包括贫困、内城区的情况,以及许多年轻人日趋恶化的生活处境。虽然有必要进一步研究短期的措施,例如把监狱变成康复之地,试验社区服务计划之类的替代方式,但要保证这些解决方案卓有成效,就必须有长远的考虑(Currie 1998)。

发挥你的社会学想象力 20.1

监狱中的自杀:亚当·雷克伍德的例子

一个少年成为英国最年轻的死在狱中的囚犯,调查得知,他在死前给母亲留下了一封绝笔信。验尸法庭(coroner's court)被告知,14 岁的亚当·雷克伍德(Adam Rickwood)来自兰开夏郡的伯恩利(Burnley),据说过去曾有自残行为,并威胁要自杀。2004 年 8 月,在达勒姆郡的哈索克菲尔德(Hassockfield)安全培训中心,人们发现亚当吊死在他的房间里。

他在给母亲的绝笔信中说,会在囚室结束自己的生命。他描述自己是如何没有能力应对囚室中的生活,如何想回到 150 英里外的家。在陪审团面前宣读的这封信写道:“我需要待在家里,和您一起。我需要待在家里,睡我自己的床,要不然我的头就要炸裂。我可能会想着结束自己的生命,这一次我或许会成功。我在这里待不下去了。”

问询是在达勒姆郡切斯特勒街(Chester-le-Street)的地方法庭上进行的,陪审团的 11 名成员被告知,他们必须对这个少年是怎样死的做出裁决,但不需要具体归责。

“最充分的审查” 达勒姆郡的验尸官安德鲁·特威德尔(Andrew Tweddle)说:“监狱高墙后究竟发生了什么,是在普通公众成员的审查视线之外的。如果高墙之内发生了一起死亡事件,就需要进行最充分的审查以查明真相,这是适当而正确的。这里没有人受审，我们在此也不是要归责于任何人。亚当只有 14 岁，并且据我所知，是到目前为止死于某种监狱机构的最年轻的一个。”

这个少年的母亲，来自伯恩利的卡罗尔·庞德尔(Carol Pounder)，讲述了自己的儿子如何曾是一个“健康强壮的小伙子”，只是在他爷爷去世后才开始脱离正道。她补充道：“在我知道亚当是怎么死的之后，我惊呆了，但紧接着又很恶心，因为我提醒过狱卒，亚当有自杀倾向。狱卒说亚当处在持续的密切监视之下，但我要控告他们说谎。”

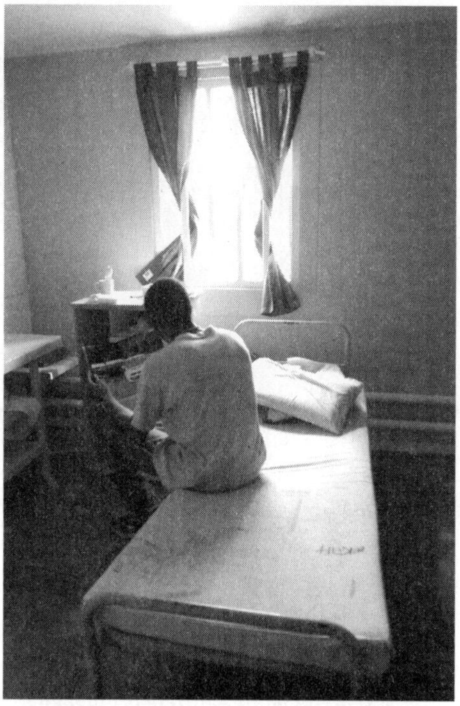

人们普遍认为，监狱以及少年犯管教机构，像此图刻画的费尔塔姆(Feltham)少年犯管教所，其管教都太“软”。然而，在 2013 年，英格兰与威尔士的监狱里就有 70 例自杀。

陪审团问询了解到，亚当曾经长期接受社会服务，一直到他被送进达勒姆郡的这一机构，但是狱卒却并没有感觉到他有什么自杀的危险。来自兰开夏郡政务委员会的吉尔·里格(Gill Rigg)表示：“亚当是一个很脆弱的年轻人，深陷困扰，也有各种各样的迹象，但是我原本以为他还不至于走到这个极端。”她补充说，先前在 2002 年就有一次自杀未遂，但更多的是被看作一种求助。

安全的住所　内政部的病理学家马克·伊根(Mark Egan)博士说，死亡的原因是上吊对于颈部的压力，并告诉陪审团：“没有任何迹象表明，他这么做不是出于自愿。”这个年轻人的亲朋好友在庭询开始之前举着标语牌和旗帜在法庭外示威。他的 19 岁的姐姐莎朗(Sharon)说：“我们在这里，就是希望看到天底下有正义，并且确保这种事情不会再次发生。”

安全培训中心属于私营的少年犯监狱，它跟代表内政部的青少年司法委员会签订了合约，并在其监督之下为少年儿童提供安全的住所。哈索克菲尔德的安全培训中心(Secure training centres, STC)是 1999 年 9 月在达勒姆郡的梅多姆斯利(Medomsley)创办的，并由“高等培训服务公司”(Premier Training Services Ltd, SERCO)负责运营。

资料来源：BBC 2007c。

批判性思考

对于脆弱的年轻违法者，应当使用监禁这一手段吗？能够考虑什么样的恢复性司法方案作为替代，这些方案如何有可能减少累犯？

第六节

全球背景下的犯罪

一 有组织犯罪

有组织犯罪(organized crime)是指具有许多正统生意特征的非法活动形式。它包括走私、非法赌博、毒品交易、卖淫、大规模盗窃以及收取保护费等行为,并往往依赖暴力或者暴力威胁。虽然从传统上看,有组织犯罪是在单个国家中以特定的文化方式发展起来的,但现今在空间范围上已经越来越超越国界了。

现在全世界许多国家都能感觉到有组织犯罪的存在,但是回顾历史,它只是在屈指可数的几个国家特别盛行。以美国为例,有组织犯罪是规模庞大的生意,可以与经济产业中任何主要的正统行业相匹敌。全国性和地方性的犯罪组织为大量消费者提供非法物品与服务。在美国,针对赛马、彩票、体育赛事的非法赌博是有组织犯罪的最大收入来源。有组织犯罪在美国社会中之所以如此重要,可能是因为它早先与19世纪末的工业"强盗大亨"①的活动有关系,而且是对这种活动某种程度上的模仿。许多早期的实业家通过剥削移民的劳动赚取了大量财富,他们基本上无视有关工作条件的法律规定,经常利用贿赂与暴力相结合的手段来建立自己的产业帝国。

尽管我们对英国的有组织犯罪没有什么系统性的信息,但我们知道,在伦敦的某些区域和其他大城市存在着触角广泛的犯罪网络。其中有一些还具有国际性的联系。尤其是伦敦,是世界范围内犯罪活动的一个中心。"三合会"(Triads,源自中国香港地区和东南亚的华人帮派)和"亚迪"(Yardies,与加勒比裔有联系的毒品贩子)这两个就属于最

① "robber baron",这里指19世纪后期美国靠强取豪夺和残酷剥削迅速致富的强盗资本家,包括所谓钢铁大王、石油大王、铁路大王等。——译者注

大的犯罪网络，但是其他来自东欧、南美和西非的有组织团体也卷入了洗钱、毒品贸易以及诈骗活动。

今天的有组织犯罪要复杂多了，哪怕只是和三十年前相比。虽然没有单一的全国性组织把不同的犯罪团伙联系起来，但有组织犯罪现在的老练程度可谓前所未有。尽管设立了旨在阻止洗钱的程序，一些较大的犯罪组织仍然能够通过大型的清算银行来洗钱，然后再把"洗干净了"的钱投到合法的生意中。警方认为，每年有25亿—40亿英镑由犯罪活动带来的钱流经英国银行。

全球社会 20.1

墨西哥的反毒品"战争"

墨西哥的毒品问题愈益严重，而联邦政府也并不是没有努力应对。三年半以前，费利佩·卡尔德隆（Felipe Calderon）宣誓就任总统，并立即向毒品"宣战"（他的原话）。自那时开始，大约有2.3万人在与毒品有关的暴力中丧生，并且，依据调查，大多数墨西哥人认为，他们的总统正在输掉这场战争。尽管把数量庞大的联邦部队派到了贩毒集团运作的城市中……尽管创立了一些社会规划，试图以此向推动许多人加入有利可图的毒品贸易的贫困处境开战。而且，尽管军队几乎每天都在执行根除毒品的任务。

…………

数十亿美元的产业　军方坚称清除毒品的努力初见成效。他们说，今年（2010年）到目前为止，在这个区域，他们确切摧毁了28 321株大麻和总计10 466株罂粟。

在一家仓库，士兵们展示了一堆冷箱，里面装满了刺鼻的半固体/半液体化学混合物，那都是可以制成冰毒在街上兜售的。而塑料桶装着价值1700万美元（折合1170万英镑）的鸦片，同样有些呛人的气味。这样的截获尽管鼓舞人心，但与数十亿美元的毒品产业相比，不过是沧海一粟。而要去对付那个产业，已被证明确实相当困难。前外交部长豪尔赫·卡斯塔涅达（Jorge Castaneda）表示，"正如政府自己所言，贩毒集团可能比任何人所想的都要更为强大"。

…………

政府的策略　到目前为止，这场战争已经发展到派遣军队和警察到像华雷斯（Juarez）这样的城市去，它位于进入美国的主要走私通道上。这可以被看成一种"敲山震虎之策"，总统的意图是要让谋杀率降下来。有官员说，贩毒集团已经被逼得去寻找其他的走私通道。即便如此，华雷斯市市长何塞·雷耶斯·弗里斯（Jose Reyes Ferriz）仍在使用重装甲车。仅此一年，在这座城市——墨西哥的"谋杀之都"，就有超过1000人在与跟毒品有关的暴力中被杀害。弗里斯市长说:“我们已经损失了一代人。现在被杀害的人中,大致有60%到70%的人处在14岁到24岁。”

至于原因,弗里斯认为,“全都怪社会”。失业在持续增加。他说,当地毒枭帮会每周向杀手支付45美元,“这不会变富,仅仅是为了糊口”。墨西哥政府坚持认为,自己的做法正在发挥作用,并且在警察和军队中遏制腐败的计划也已奏效。但人们似乎越来越认识到,要击败贩毒集团,或许是一个雄心太大的目标。弗里斯先生指出,在华雷斯市的做法是简单化的,这是试图把毒枭赶到其他地方去,赶到墨西哥的其他城市去,甚至是赶到国外去。也就是说,让它成为其他人的问题。

他还发出了如下警告:“如果墨西哥成功地把毒品流,特别是可卡因的流动,赶到美国去,赶到其他国家去,那么它将影响到许多小国,比如危地马拉、萨尔瓦多、洪都拉斯、哥斯达黎加,它们并没有墨西哥这样的经济,并且很可能无法成功地在它们的领土上阻止毒品的流动。”

资料来源:摘自 Price 2010。

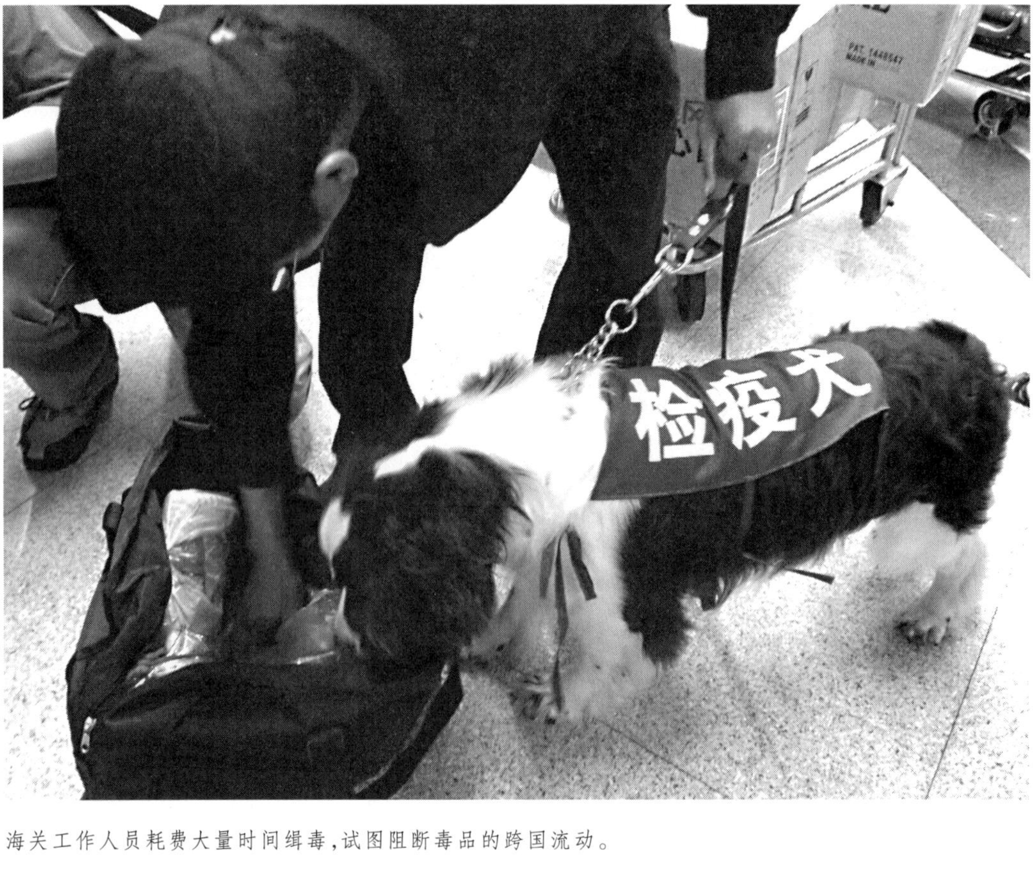

海关工作人员耗费大量时间缉毒,试图阻断毒品的跨国流动。

有组织犯罪的改头换面　曼纽尔·卡斯特(Manuel Castells)在《千年终结》(*End of Millennium*,1998)一书中提出,有组织犯罪集团的活动在空间范围上已经国际化了。他注意到,在新兴信息技术的帮助下,跨境犯罪活动的协同合作正成为新的全球经济的一个核心特征。有组织犯罪集团现在是在机动灵活的国际网络中运作的,而不仅仅是在其所属的领土范围内,所涉及的活动从毒品贸易到制造假币,再到走私移民和人体器官。

根据卡斯特的看法,犯罪集团建立起了战略联盟。国际毒品贸易、武器贩运、核原料销售和洗钱都跨越了国界,将犯罪集团"联系了起来"。犯罪组织往往将"低风险"的国家作为活动基地,在那里它们的行动较少受到威胁。原苏联地区已经成为国际有组织犯罪的主要集中地之一。这种网络化犯罪机动灵活,使犯罪集团能够比较容易地逃避执法行动的打击。如果某个犯罪"安全港"风声趋紧,"组织构造"就会发生变化,形成一种新的模式。

尽管政府和警方频频开展禁毒运动,但毒品贸易仍然是扩张最为迅速的犯罪行业之一,在 20 世纪 80 年代和 90 年代早期,它的年增长率超过了 10%,2009 年据联合国估算,全球毒品贸易额大约为 3220 亿美元(UN 2009)。海洛因网络一直延伸到远东,尤其是南亚,而且在北非、中东和拉美也有网点。供应路线也经过巴黎和阿姆斯特丹,一般是从那里向英国供应毒品。

二　网络犯罪

不仅信息技术的新近发展便利了国际上的有组织犯罪,而且,信息和电信革命也正在从根本上改变犯罪的面貌。技术进步带来了激动人心的新机会和新收益,但也增加了遭受犯罪侵害的可能性。网络犯罪(cybercrime),即在信息技术的协助下实施的犯罪行为,其程度难以量度,尽管如此,仍然可以概述它似乎正在采取的一些主要形式。格拉博斯基和史密斯(Grabosky and Smith 1998)分辨出基于技术的犯罪的九种主要类型:

1. 电信系统的非法拦截表明,窃听变得更加容易了。从"配偶监控"到间谍活动都有所体现。
2. 人们更容易遭受电子破坏行为和恐怖主义活动的影响。对计算机系统的干扰,比如黑客攻击或电脑病毒之类,会形成严重的安全隐患。
3. 盗用电信服务的能力意味着人们可以在不被察觉的情况下开展非法业务,或者仅仅是通过操纵电信和手机服务,以获得免费或打折的通话。
4. 电信隐私问题越来越严重。通过拷贝素材、软件、电影和唱片,侵犯版权变得比较容易。

5. 直露的涉性材料、种族主义的宣传以及制作纵火装置的指南,都可以通过互联网上传与下载。“网络骚扰”既能给网民带来虚拟的威胁,也能带来真实的威胁。

6. 人们已经注意到了电话推销欺诈行为的增多。欺诈性的慈善计划和投资机会难以管制。

7. 人们面临着更大的电子转账犯罪的风险。由于广泛使用自动取款机、电子商务模式和“电子货币”,增加了一些交易被中途拦截的可能性。

8. 为了掩饰其来源,来自某一犯罪行为的非法收益可以通过电子洗钱进行“转移”。

9. 犯罪阴谋可以利用电信不断推进。因为有了精密的加密系统和高速数据传输,执法机构很难截获关于国际犯罪活动的信息。

一些迹象表明,尽管很难得出确凿结论,但网络犯罪已呈上升之势。2005 年,“舆观”(YouGov)针对英国网络用户所做的一项民调显示,每二十人中就有一个曾经在网络诈骗中有过金钱损失,而 2001 年的另一项调查则发现,被访企业中有 52%认为,对它们而言,网络诈骗已经构成了真正的问题(Wall 2007)。自 20 世纪 90 年代以来,信用卡和借记卡诈骗迅速增加,并在 2008 年达到峰值,金额几近 6.1 亿英镑。不过,随着由销售商提供的新型诈骗监控工具和增强版在线验证程序的推广,这一类诈骗的损失金额大幅下降,到 2011 年降至 3.41 亿英镑,随后又再次上升(参见图 20.7)。

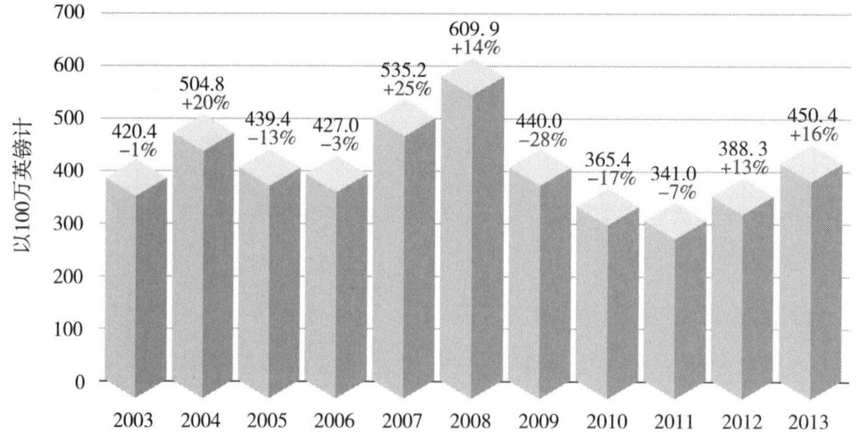

图 20.7　2003 年至 2013 年英国发行的卡的诈骗损失(总额)

资料来源:Financial Fraud Action UK 2014:8。

随着工商企业逐步采取措施预防已知的卡片诈骗,犯罪分子也谋划出新的方法。比如说,“欺诈”(deception fraud)行为大幅增加,即通过电话或面对面的方式,诱使持卡人提供卡片的安全信息细节,甚至伪装成银行职员或警员骗取持卡人的卡片和密码。其他趋于增多的类型还有“无卡”诈骗,即盗取持卡人的信息细节,并通过网络、电话或邮件“远程购物”;再有就是恶意软件对个人电脑和智能手机的攻击。随着越来越多的人在网上购物和使用网上银行,这类诈骗的可能性看来会持续增加。

戴维·沃尔(Wall 2007)提出,网络犯罪经历三个连续的阶段,与通信技术的发展有着紧密的联系。**第一代网络犯罪**是利用计算机协助传统类型的违法行为。以毒品贩子为例,他们利用任何已有的通信形式,即使在没有计算机的情况下,也可以继续买卖毒品。与之类似的是,在网上更易找到如何制造武器和炸弹的指南,但是无论过去还是现在,同样能利用传统的来源。**第二代网络犯罪**是指互联网为比较传统的犯罪开辟了新的全球机遇,例如网络色情的全球交易,跨国诈骗和盗窃,以及通过拍卖网店设下的骗局。因而,第二代网络犯罪是“混合型的”,是在一个新型全球化网络环境中的传统违法行为。

第三代网络犯罪,或者说**“真正的”网络犯罪**,是指那些纯属互联网的产物、只能在网络空间中发生的犯罪,例如非法下载影视和音乐,恶意破坏虚拟环境,以及发送包含病毒附件的“钓鱼”邮件或垃圾邮件。最后这个是网络犯罪自动化的一个例证,其中的“僵尸网络”(botnets)可以对中毒的电脑进行控制,从而收集个人信息以备将来的身份盗窃。更快、更便宜的宽带互联网接入,使人们长时间保持在线,并且开辟了新的犯罪机会,从而极大地促进了第三代网络犯罪。

批判性思考

将格拉博斯基和史密斯(Grabosky and Smith 1998)列出的九类网络犯罪,分别归入戴维·沃尔(Wall 2007)的网络犯罪三阶段。九类网络犯罪中有多少属于“纯粹的”或“第三代”网络犯罪?后者与传统犯罪有哪些迥异之处?

电信犯罪的全球泛滥对执法提出了特别的挑战。发生在一个国家的犯罪行为,其受害者有可能遍及全球,这对侦查和起诉犯罪有不利的影响。来自多个相关国家的警察必须确定行为发生在哪个管辖区域,就引渡违法者和为起诉提供必要的证据达成一致意见。虽然随着网络犯罪的增加,警方可能会改进跨国界合作,但在目前阶段,网络犯罪分子仍然有大量的活动空间。

当今之世,世界各国的金融、商业和生产系统走向电子一体化,互联网欺诈,未经授权的电子侵入,以及挥之不去的电脑病毒的威胁,这些风险愈益加剧,有力地警示了现有计算机安全系统的脆弱。从美国联邦调查局,到日本政府的反黑客警队,各国政府都在努力应对难以捉摸的新型跨国计算机活动。

发挥你的社会学想象力 20.2

犯罪与犯罪学的未来?

想象这样一个世界,在那里,不再存在有形货币,所有的个人财产均带有电子芯片,你的个人身份/ID(identity)是你最有价值的资产。根据英国贸工部(British Department of Trade and Industr, DTI)发表的一份题为《行将到来》(*Just Around the Corner*, 2000)的报告,技术进步很快会彻底改变犯罪。报告认为,在二十年之内,诸如汽车、相机和电脑之类的许多物品对盗贼来说将变成没多大吸引力的目标,因为这些东西的程序设计使它们只有在合法主人的手里才能工作。诸如计算机芯片、个人识别密码(Personal Identification Number, PIN)和安全代码之类的个人化"身份"会变得无所不在。如果要进行在线交易、使用"智能卡"(虚拟货币)和通过安全系统认证,这些东西都是至关重要的。根据这份报告,随着生活中越来越多的方面逐渐以高技术为基础,"身份欺诈"和偷窃个人身份的案件将大量出现。

2007 年 3 月,世人见证了戏剧性的一桩事件,拥有时尚连锁店 TK Maxx 的美国零售商 TJX 声明,电脑黑客窃取了其顾客使用的至少 4570 万张支付卡的信息。据 TJX 所说,尚不能充分掌握这次偷盗的程度及其对顾客账户的影响,但是已有数据显示,自 2005 年 7 月以来的 16 个月中,信息一直在被窃取。随着最近"芯片和密码"新型卡的引入和推广,由于实体卡不再存在,英国发行的卡的许多被盗细节就没有意义了。然而,这次事件也凸显了在全球化信息时代中,"虚拟"偷盗和身份诈骗有着潜在的巨大规模。

诸如此类的发展也促使人们重新思考主流的犯罪学,按照贾伊尚卡尔的概括(Jaishankar 2011:411):

> 网络空间为新千年的社会展示出纷繁多样的潜在机会。在 20 世纪 90 年代,新的时代逐渐到来,互联网技术开始统领天下。然而,网民的增多却使得技术相形见绌,沦为区区媒介。不仅如此,以机器攻击机器的那些犯罪者也开始通过机器攻击真正的人。这种激进发展趋势引领犯罪学家去探讨,这门学科需要去研究和分析网络空间里的犯罪行为。需要从一种社会科学的角度,而不是技术的视角,去研究网络空间中的犯罪、违法行为和受害。因此,作为一门学术性的学科,网络犯罪学就此诞生……

批判性思考

完成于 **2000** 年的这份报告所预测的那些变化，如今看来有多么准确？ 列举一些理由，说明网络犯罪为何需要一门新的学科，即网络犯罪学。或者，试着谈谈这门拟议中的新学科为何可能无法真的顺利起步。

小结：越轨、犯罪与社会秩序

如果完全从消极的角度来看待犯罪与越轨行为，将是错误之见。任何社会只要认识到人类具有多种多样的价值观念与兴趣关注，就必须为那些其活动与大多数人所遵从的规范不符的个人或群体留下空间。在政治、科学、艺术或其他领域中提出新观点的人，常常会被因循守旧的人投以怀疑或敌视的眼光。例如，在法国大革命中发展起来的政治理念，即个人自由与平等，曾经受到激烈抵制，但现在已经为世界各地的人所广泛接受。与主流规范相偏离需要勇气和决心，但是为了确保推动日后看来对大众有利的变革进程，这样的举动常常是不可或缺的。

那么，社会倘若给不循规蹈矩的人提供相当的自由，就必须同时承受“有害越轨行为”的代价吗？如果允许公民享有大量的个人自由，高暴力犯罪率就是不可避免的吗？有人确实提出了这样的观点。他们认为，发达国家也许变得太自由了。但是，这种观点经不住仔细推敲。在一些承认广泛的个人自由并容忍越轨活动的社会（如荷兰）中，暴力犯罪率很低。相反，在另一些个人自由范围受到限制的国家（如一些拉美社会）里，却存在着较高的暴力水平。

一个对越轨行为宽容的社会，并不一定会经历社会的严重混乱。然而，只有在个人自由权利与社会公正相结合的社会，才有可能得到好的结果。在这种社会秩序中，不平等状况不那么悬殊，所有人都有机会过上充实而满意的生活。如果自由与平等之间并未取得平衡，如果许多人发现自己的生活很大程度上缺乏自我实现，那么，越轨行为就可能朝着破坏社会的犯罪方向发展。

本章要点

1. 有关犯罪与越轨的社会学和犯罪学之间的主要区别是什么？如果学者乐于使用“越轨”和“犯罪”的概念,为什么他们对于使用“正常”这一概念小心谨慎？

2. 针对有关犯罪和越轨的生物学及个体主义的理论和说明,列出一些社会学角度的批评。

3. 涂尔干提出,某种程度的越轨不仅是不可避免的,而且对社会具备一定的功能。可以使用什么标准来评估,越轨达到何等规模就会变得“功能失调”呢？

4. 概述罗伯特·默顿的犯罪“张力理论”,说明他如何通过这个理论来修正涂尔干的失范概念。

5. 说明初级越轨和次级越轨的区别。贴标签的视角关注的是哪一种类型？为什么？描述塑造越轨自我认同和犯罪生涯的互动过程。

6. 为什么有些马克思主义者将犯罪视作工人阶级的反抗？哪些类型的犯罪可能支持这一立场？“新犯罪学”给犯罪学研究带来了哪些创新？

7. 环境犯罪学聚焦于打造抗御犯罪的环境。如果在对于犯罪的研究和预防中,人的意图不再居于核心位置,社会学是否已经变得多余？

8. “英格兰与威尔士犯罪调查”属于什么类型的调查,它是如何实施的？这个调查是否比警方记录的犯罪统计数据更为可靠？列举人们遭遇犯罪却不报案的主要理由,并说明为什么警方不记录一些接报的案件。

9. 如何从社会学角度说明犯罪实施中显著的性别差异？运用犯罪统计数据所呈现的证据,描述过去三十年左右时间里犯罪的性别化模式。

10. 说明白领犯罪与企业犯罪的差别。为何有人认为,企业犯罪比“街头犯罪”对社会的危害更大？我们如何界定“国家犯罪”？

11. 目前有什么证据表明监狱有效,或是监狱无效？说明恢复性司法的内涵,以及为什么它的倡导者相信它能更好地降低再犯率。

12. 定义何谓“真正的网络犯罪”,并举几个例子。全球化是如何促进有组织犯罪的增长的？

研究实践

虚构作品中对于犯罪的表现无处不在,纷繁多样。但侦探的类型就有限得多,他们似乎总是在通过辛苦细致的稽查工作抓捕罪犯，恢复社会秩序，让读者们重新安心，恶有恶报。下文提出，晚近有些“黑色电影套路”（noir procedurals）已经打破了这种表现手法，侦探们成了当时社会政治议题的批评分析家：A. Macleod，2014，‘The Contemporary Fictional Police Detective as Critical Security Analyst：Insecurity and Immigration in the Novels of Henning Mankell and Andrea Camilleri’（作为安全问题批判分析家的当代虚构作品中的警探：亨宁·曼凯尔和安德烈亚·卡米莱里小说中的不安全感和移民），*Security Dialogue*，45：515-529。

阅读论文并回答下列问题：

1. 社会学家为何应当研究犯罪小说之类的通俗文化形式？作者们给出了哪些理由？

2. 小说中的维兰德（Wallander）与蒙塔尔巴诺（Montalbano）通过哪些方式，“修改警方套路的内在脉络，拒绝让人重新安心”？

3. 两人的小说都探讨了移民和边界安全的话题。小说家是怎样说明，他们各自国家里的人为何会对移民抱有强烈的恐惧？

4. 在这些书中，居于核心位置的犯罪问题依然是靠多少属于传统的方式解决的。不过，文章也提出，这些书并没有让人像往常那样重新相信警方的标准套路。为什么没有？

深入思考

绝大多数既有的刑罚系统都是基于报复性司法的原则的。近些年来，人们倡导并践行了恢复性司法，作为对于报复性司法的补充与替代。这两种思路能够共存吗？抑或恢复性司法只是对于既有系统的一种不重要的点缀？阅读探讨这一议题的文章：J. Armstrong，2014，‘Rethinking the Restorative-Retributive Dichotomy：Is Reconciliation Possible?’（重审恢复性—报复性二分：调和是否可能?），*Contemporary Justice Review*，17(3)：362-374。

1. 作者对调和恢复性与报复性这两套不同的观念体系的可能性表示悲观。请用文章给出的例证说明，这样的悲观论调为何可能理据充分。

2. 恢复性司法的实践应用“超前于”对这个术语的清晰界定。阿姆斯特朗（Armstrong）认为这是个问题，他想搞清楚恢复性司法究竟是“对惩罚的一种替代”，还是“一种替代性的惩罚”。借鉴本章及其他地方取自现实世界的例证，撰写一篇短文，就恢复性惩罚思路的深层观念体系做出自己的梳理。

艺文探析

1. 19岁的亚裔英国人扎希德·穆巴雷克(Zahid Mubarek),在2000年1月被判送进伦敦费尔塔姆青少年拘留所(Feltham Young Offenders Institute)三个月,因为他偷了价值6英镑的剃须刀片和用摩托车妨碍公共秩序。他被安排与罗伯特·斯图尔特(Robert Stewart)一个牢房,而狱方管理人员知道,这个白人光头党是个有种族主义倾向的很危险的精神变态。在穆巴雷克获释的前一晚,他被斯图尔特袭击,后来死于拘留所的医院。一项官方调查发现,本案中存在186处细节缺陷,费尔塔姆拘留所弥漫着**制度性种族主义**。在以下链接可以查阅调查报告:https://www.gov.uk/government/publications/report-of-the-zahid-mubarek-inquiry。

观看描写本案的影片《人怪》(*We Are Monster*, 2014),其由安东尼·佩特罗(Antony Petrou)执导。影片集中叙述了罗伯特·斯图尔特如何成为这桩谋杀般的仇恨犯罪的实施者。考虑下列议题:

- 为斯图尔特打造某种第二自我,这样的设计是有助于还是有碍于理解他的动机?
- 有关监犯评估过程和命案的制度背景,我们了解到什么?
- 鉴于已能看到调查报告,为何可能觉得,这种戏剧化的版本能增加我们对于本案的理解?

2. 观看彼得·穆兰(Peter Mullan)2010年公开的电影《阿飞物语》(*NEDS*),影片讲述了约翰·麦克吉尔(John McGill)在20世纪70年代的格拉斯哥内城区长大的故事。麦克吉尔的人生旅程将他从学校里的“书呆子”(swot)变成了帮派成员,参与暴力活动、砍砍杀杀、犯罪以及今天所谓的反社会行为。有关下述主题,影片有何表达:

- 由反社会行为造成的伤害的严重性
- 警察和社会控制机构在预防或助长犯罪及越轨行为方面所扮演的角色
- 监狱系统对于年轻人的选择和决定所发挥的威慑作用
- 贴标签的互动过程以及它在创造越轨身份认同中扮演的角色
- 有关年轻人犯罪与越轨的理论

这部据称为“社会现实主义”的电影真的得到了犯罪学和越轨社会学领域的研究证据的支撑吗?

阅读指津

本主题初学者的出色起点,是托尼·劳森和蒂姆·希顿的《犯罪与越轨(第二版)》(Tony Lawson, and Tim Heaton, 2009, *Crime and Deviance*, 2nd edn, Basingstoke: Palgrave Macmillan),或者罗兰德·阿特金森编写的《越轨面面观:犯罪、越轨与社会危害入门读本》(Rowland Atkinson, ed, 2014, *Shades of Deviance: A Primer on Crime, Deviance and Social Harm*, London: Routledge),许多章节颇有助益。桑德拉·沃克莱特的《犯罪学要义(第三版)》(Sandra Walklate, 2016, *Criminology: The Basics*, 3rd edn, Abingdon: Routledge)是一本讨论犯罪学理论与研究的很有用的教科书。罗伯特·雷纳的《犯罪》(Robert Reiner, 2016, *Crime*, Cambridge: Polity)简明扼要地介绍了"犯罪"的不同意涵与解释,以及它给社会造成的种种后果。

有关英国背景下的犯罪,黑兹尔·克罗尔的《英国的犯罪与社会(第二版)》(Hazel Croall, 2011, *Crime and Society in Britain*, 2nd edn, London: Longman)出色地综述了本章涵盖的各项议题。埃蒙·加勒宾、帕梅拉·考克斯、皮特·法西、迪克·霍布斯、奈杰尔·索思、达伦·蒂尔与雅姬·特顿合编的《犯罪学:社会学角度的导引(第三版)》(Eamonn Carrabine, Pamela Cox, Pete Fussey, Dick Hobbs, Nigel South, Darren Thiel, and Jackie Turton, eds, 2014, *Criminology: A Sociological Introduction*, 3rd edn, London: Routledge)从社会学角度全面论述犯罪学,富有价值。

如果你想进一步了解犯罪与越轨的研究,那么戴维·唐斯、保罗·罗克与尤金·麦克劳林的《理解越轨(第七版)》(David Downes, Paul Rock, and Eugene McLaughlin, 2016, *Understanding Deviance*, 7th edn, Oxford: Oxford University Press)尽管颇具难度,但相当出色。还有两部参考书值得推荐。一是尤金·麦克劳林和约翰·芒西编辑的《赛奇犯罪学辞典(第三版)》(Eugene McLaughlin, and John Muncie, eds., 2012, *The Sage Dictionary of Criminology*, 3rd edn, London: Sage),名副其实。最具权威性的文献则是迈克·麦圭尔、罗德·摩根和罗伯特·雷纳合编的必备文选《牛津犯罪学手册(第五版)》(Mike Maguire, Rod Morgan, and Robert Reiner, eds., 2012, *The Oxford Handbook of Criminology*, 5th edn, Oxford: Oxford University Press)。

关于犯罪与越轨的原典文集,参阅辅助读物《社会学入门文选(第三版)》(*Sociology: Introductory Readings*, 3rd edn, Cambridge: Polity, 2010)。

网络导航

政体出版社有关本书的更多信息和支持:

www.politybooks.com/giddens

《英国犯罪学杂志》(*The British Journal of Criminology*)——世界顶级的犯罪学期刊之一:

bjc.oxfordjournals.org

批判犯罪学(美国)(Critical Criminology)——“新”犯罪学及其之后的发展:

www.critcrim.org

总部设在英国伦敦的一家促进社会公正中心地位的独立“公益慈善机构”:

www.crimeandjustice.org.uk

世界监狱简讯(World Prison Brief)——目前设在伦敦大学:

www.prisonstudies.org

霍华德刑罚改革联盟(The Howard League for Penal Reform)——英国一家刑罚改革慈善机构:

www.howardleague.org

NACRO——关注犯罪预防和违法者福利的英国慈善机构:

www.nacro.org.uk

联合国毒品和犯罪问题办公室(United Nations Office on Drugs and Crime)——覆盖国际范围内的犯罪:

www.unodc.org

第二十一章

政治、政府与社会运动

2011 年利比亚的暴动结束了卡扎菲四十二年的统治，而这只是席卷中东和北非的大范围动荡的一部分。

2011 年 8 月，狂喜的叛军进入了利比亚领导人卡扎菲在首都的黎波里的军事基地。大多数人不敢相信他们确实到了那里。政权曾经显得如此稳固而有力，自 1969 年起就岿然不动。在电视直播画面中，叛军在被赶下台的领导人留下的防御坚固的房屋和花园里里外外欢呼庆祝，成为一桩富有象征意义的事件，表明卡扎菲的统治终结了。

班加西（Benghazi）和东利比亚一带的民众暴动在联合国批准的北约空袭和情报的支持下，席卷全国，最终终结了穆阿迈尔·卡扎菲的威权统治体系。到 2012 年，一个新的过渡统治机构，即国家过渡委员会（National Transitional Politics, Government and Social Movements Council），有效控制了利比亚的大部分地区，并承诺要重建国家及其政府机构。

但是，到了 2015 年，为了各自的利益和对该国石油资源的控制，一大堆部落武装团体还在相互争战。“伊斯兰国”（IS/Daesh）势力推进到德尔纳（Derna），吸引了许多年轻的好战者。更存在两个彼此竞争的政府。一个在的黎波里，包括“利比亚黎明”（Libya Dawn），是一个由穆斯林兄弟会、柏柏尔人和其他武装军事组织组成的伊斯兰主义者联盟。另一个政府于 2014 年由选举产生，被国际社会承认为利比亚政府，以图卜鲁格（Tobruk)和贝达(Beida)为基地,得到“尊严”军事攻势(Operation Dignity)的支持(Al Jazeera 2015)。显然,民众革命的乐观情绪早已远逝,利比亚已经陷入一场错综复杂、血腥暴力的内战。

恐怖主义及相关议题,参看第二十二章“民族、战争与恐怖主义”的讨论。

利比亚革命属于所谓“阿拉伯之春”(Arab Spring)的系列抗议活动的一部分,这些活动遍及突尼斯、埃及、巴林、叙利亚和其他中东及北非国家,呼吁政治自由、民主、经济发展、减少贫困以及消除腐败。埃及总统穆巴拉克、突尼斯总统本·阿里以及利比亚的卡扎菲都被赶下了台,这些长期稳固的政权土崩瓦解,让许多人大跌眼镜。但是在叙利亚、巴林、阿尔及利亚和也门,在政府施压之下,浪潮最终被扑灭。叙利亚也沦为多个反对组织的战场,它们都力求推翻阿萨德总统的统治,接手掌控国家。

本章将讨论利比亚革命及其余波中所浮现出的许多政治主题。例如,全球化过程正如何改变国家政治和政府事务,以及政治社会学的理论和概念?影像的全球迅速交流和传播深刻影响了埃及、突尼斯、利比亚、巴林和叙利亚。但数字革命是否也影响了“正常”的政治行为,而不仅仅是“革命”的政治行为?卡扎菲政权的垮台引发了有关权力的问题,而权力正是政治社会学中最具争议也最为基本的概念之一。权力究竟是什么,它如何运作?什么是社会运动?它们在今天比在过去能产生更多的影响吗?

在利比亚,对于民主参与的愿望和需求并非异乎寻常。事实上,在过去大约三十年间,伴随着苏联解体及冷战结束,民主体制呈现出令人瞩目的全球扩散。威权体制能否抵御这种看似无法阻挡的民主化趋势?另一方面,在业已确立的民主政体中,如今为什么有那么多选民对民主参与漠不关心?发达世界的民主出了什么问题?被选举出来的政治家是否已经丧失了民众对他们的信任?

支持利比亚反对组织的法国、英国和其他国家所实施的军事干预,也使全球治理的相关议题成为关注焦点。在没有一个全球政府的情况下,国际事务和冲突该如何处理?打个比方,为什么对于利比亚的干预被认为是正确的,而同一时期对于叙利亚或巴林的干预则不是?所有这些乃至其他更多议题,就是本章和第二十二章的核心。合而观之,这两章介绍了政治社会学的一些核心主题,我们首先来概述一下这一领域中的几个关键概念。

第一节

政治社会学

▼

在许多人看来,政治要么是离他们的生活太遥远,要么是没什么意思,但也可能两者都是。直到最近,正式的政治似乎还是中产阶级中年男性的专属之地,他们支配着世界各地的国会或议会。时至今日,随着更多的女性和少数族群人士成为议会机构和政府内阁的成员,情况发生了相当显著的变化。但政府和政党竞争构成了所谓**政治**(politics)的主要领域,这个观念依然稳定不变。

然而,政治是一个有争议的概念,而且所谓"政治性"的恰当范围大大超过了政府和党派选战等正式过程。2003 年,英国的反战运动动员了超过 100 万人,他们的抗议具有明确的政治目标,即阻止政府入侵伊拉克。同样,本书其他地方讨论的很多群体、网络和组织也可以看成是"政治性"的。无论是在哪里,只要人们联合起来改变社会,修订或者维护现有法律,或者通过其他方式施加某种影响,我们都可以说他们的活动是政治性的,至少在一定程度上如此。

无论我们是否喜欢,甚至无论我们是否意识到,我们所有的生活都为这个政治领域中发生的事情所触动。即使从狭义上看,政府的决策也对十分私人化的活动产生了影响,而在战争时期,甚至会命令我们为了他人认为必要的目的而牺牲生命。**政府/治理**(government)是国家权力得以实施的领域,尽管更一般意义上的政治生活是与权力相关的:谁掌权,他们如何做到这点,以及他们用权力做了些什么。

一旦有一架政府治理的政治机器,具备国会之类的机构,加上一套行政机构(或公务员队伍),统治一块给定的领土,其权威受到法律系统和实施武力的能力的支撑,我们就可以说存在一个**国家**(state)。现代社会中的大多数国家都是**民族国家**(nation-states),其大部分公民自视为属于单一民族(nation)。世界各地不断缔造出民族国家,比方说 1776 年的美国,1993 年的捷克共和国,以及 2011 年的南苏丹。民族国家的主要特点如下:

- **主权**(sovereignty)　在民族国家兴起之前,统治政权所管辖的领土总是界定模糊。中央政府的控制力比较薄弱。而民族国家则是对一块边界更为明确的独特地域拥有至高权威的主权国家。
- **公民权**(citizenship)　早前国王或皇帝治下的大多数人对统治者很少有自觉意识,也没有任何政治权利或影响力。只有居于支配地位的阶级或比较富裕的社会群体归属于某个政治共同体。而在民族国家中,在某个政治体系的边界内生活的人都是具有共同的权利和义务的公民。当今之世,几乎每个人都属于某个国家的政治秩序。

- **民族主义**(nationalism)　民族国家同民族主义的兴起有关。**民族主义**是一系列的符号和信念,它缔造出一种自觉意识,即认为自己属于一个共享的政治共同体。一个人对于作为法国人、加纳人、俄罗斯人等会有一种自豪感和归属感。民族主义是对于一个大型文化主权共同体即民族的认同的主要表达。

在第二十二章“民族、战争与恐怖主义”中,我们会详细探讨民族主义的现象,而公民权问题请参看第十三章“贫困、社会排斥与福利”。

一　权力

权力(power)的意义、性质和分配是政治社会学家的核心话题。马克斯·韦伯(Weber 1979 [1925]:53)将权力界定为:“处在一种社会关系中的一个行动者即使遭遇抵抗,也有能力贯彻自己的意志,无论这种可能性依赖于何种基础。”在韦伯看来,权力就是即使遭到别人的反对,你也能按照自己的方式行事。许多社会学家追随了韦伯的思路,区分了**强制性**(coercive)权力形式和具有**权威**的权力形式。比如说,质疑 2003 年伊拉克战争的人批评由美国主导的侵入,因为它并没有得到联合国的明确授权,所以这些人认为这场战争是不合法的,也就是说,这是强制使用权力。

韦伯在讨论时区分了三类不同的权威类型或者说是“理念型”:传统型权威、克里斯玛型权威和法理型权威。**传统型权威**(traditional authority)就是通过敬重长久确立的文化模式而合法化的权力,比如在中世纪的欧洲,贵族们的世袭家族统治。与此相反,**克里斯玛型权威**(charismatic authority)往往会破坏传统。这种权威源于相信某位领袖拥有一些非凡特性的人对于该领袖的忠诚奉献。耶稣基督和阿道夫·希特勒常常被用作拥有克里斯玛型权威的个人范例。不过,还有许多更为凡俗的形式:学校里某些老师的权威可能在一定程度上具有克里斯玛性质。在韦伯看来,过去绝大多数社会的特征就是传统型权威结构,不时被克里斯玛的爆发打断。

韦伯提出,在现代世界,**法理型权威**(rational-legal authority)正在逐渐取代传统型权威。这是一种通过依法制定的规章条令而合法化的权力。它存在于现代组织、科层机构以及政府,韦伯把这些说成是引导一个社会的政治生活方向的正式组织(Weber 1948)。

福柯论权力　法国历史学家和哲学家米歇尔·福柯（Michel Foucault, 1926—1984）也提出了一种极具影响的权力论述，与韦伯更为正式的界定相去甚远。福柯认为，权力并不集中于某一种制度/机构（institution），比如国家，或是由哪一群人所占有。这些旧有的权力模式，包括卢克斯（Lukes）的权力模式，都依赖固定的身份认同。占有权力的群体，其身份是很容易识别的，比如说某个统治阶级、某个政府或整体而言的男性。福柯则主张，权力的运作体现在社会互动的所有层面，渗透所有的社会制度/机构，经由所有的人。

福柯的观点在第三章“理论与视角”中曾有介绍。

权力与知识密切维系，相互巩固。比如说，一名医生对于知识的诉求也就是对于权力的诉求，因为这些知识会在某个制度/机构背景（像是一家医院）下被付诸实践，得到运用。有关健康和疾病的知识的增长也就赋予了医生更多的权力，可以宣称对患者拥有权威。福柯描述了**话语**（discourse）的发展，话语提供了思考和讨论犯罪、健康或福利之类议题的方式，它有效地为这些议题如何被“知晓”设立了界限。比如说在健康领域，我们可能会谈论一种基于科学的医学及医学专业人员实践的医疗话语，而排斥既有的民间实践和替代疗法。就这样，话语创造出占据支配地位的意义，支持某些群体对于知识和权力的诉求，对抗替代性的意义和权力形式。

随着政治社会学逐渐摆脱传统的冲突理论，尤其是马克思主义，转而趋向以性别或性相等方面的认同为基础的政治斗争形式，福柯的观念也就广为流行（Foucault 1967, 1978）。福柯的论述打破了权威性和强制性这两种权力形式的简单区分，因为权力存在于所有社会关系中，而不只是由支配群体行使。因此，他的观念有效地扩展了“政治范畴”这个概念。

尽管福柯细致入微地刻画了日常社会互动中的权力，但这个术语的概念语意含糊，低估了权力在军事武装、政治精英或“高等”社会阶级之类结构中的集中程度。例如，福柯的概念能否充分说明卡扎菲如何得以在利比亚成功掌权四十二年？在这个（以及其他）事例中，卡扎菲之所以成功，或许是因为将权力集中于一小部分政治和军事精英手中，能够压制所有的对抗。这场争论在下一节会更充分地展开，我们将从讨论权力理论，转向讨论对立的政治体系中的权力运作。

经典研究 21.1

史蒂文·卢克斯——一种“激进的”权力观

研究的问题 社会学中的一些研究问题理论性超过经验性。社会学家经常需要系统地思考他们所用的核心概念,以求澄清它们,并扩大它们的运用范围。例如,权力这个概念就曾引发争议,激起很多分歧。权力是像其他物质财富一样,属于人们能够拥有的某种东西?还是可以共享的东西?或者它更多的是被间接观察到,只存在于人们的关系之中?史蒂文·卢克斯(Steven Lukes)试图深入思考权力概念,以求涵盖它所有可能的经验实例。

卢克斯的说明 对于政治社会学家来说,韦伯的权力视角仍然是一个大有裨益的出发点,但是史蒂文·卢克斯(Lukes 1974)提出了一种替代性的“激进的”权力观。在其经典论述中,卢克斯构造了他所谓的权力“三维观”(three-dimensional view)。一维(one-dimensional)研究聚焦于在可观察到的冲突中按自己的方式做决策的能力。例如,如果英国政府改变了军事干预伊拉克的策略,以回应2003年2月的反战抗议,这就证明了抗议者拥有权力。一维分析关注参与者在做决策时的行为,尤其是有利益冲突的时候。那么在做决策时,哪一方是“有权力的”,就变得可以观察到了。卢克斯认为这是一种颇有局限的权力观。

二维(two-dimensional)视角是在此基础上发展完善的,着眼于社会行动者和群体控制就哪些议题做决策的能力。卢克斯这么说,意思是群体或个体也可以通过限制他人能获得的选择来行使权力。例如,威权政府行使权力的方式之一,是对媒体可以报道什么进行限制。通过这么做,它们能够防止不满成为政治过程中的议题。在二维权力观上,我们不应该仅仅考察可以观察到的决策和政策,也应该考察决策议程本身是如何产生的。哪些议题被排除在议程之外了呢?

卢克斯认为,基于前两种类型继续推进,还有一种三维视角,形成了“激进的”权力观。他将此称为“欲望的操纵”(manipulation of desires),并问道:“让另外一个人或者一些人产生你想让他们拥有的欲望,即通过控制他们的思想和欲望来确保他们的顺从,这难道不是最高级的行使权力的方式吗?”(Lukes 1974:27)这并不一定意味着人们被“洗脑”了。我们的欲望也可以通过非常微妙的方式加以操纵。

例如,新马克思主义者,像是赫伯特·马尔库塞(Herbert Marcuse)等批判理论的法兰克福学派成员，宣称资本家通过传媒或者其他社会化中介，塑造工人承担劳动者和消极被动消费者的角色的欲望，以此对其施加权力。卢克斯的观点在于，这种对权力的“意识形态式”运用难以观察和测量，但是当人们按照违背自身利益的方式行事时，就可以推断出来。卢克斯在对权力的理论分析中，得到了一个比韦伯更为宽泛的定义：“当甲方以某种有违乙方利益的方式影响了乙方，就对乙方行使了权力。”(Lukes 1974:37)

有关批判理论的讨论，参看第三章“理论与视角”。

批评的观点　卢克斯的作品对社会学家探究权力议题的方式产生了显著影响，但也不乏批评者。这种激进观点有一个缺陷，它留下了一个悬而未决的问题，即我们作为社会学家，如何知道人们的“利益”究竟是什么。激进观点是否充分有赖于我们如何解答这一问题，但事实表明，要令人信服地予以回答是非常困难的。

第二个相关的问题在于，这种三维视角要求我们去研究决策之外的东西，研究意识形态对人们欲望的无法观察到的影响。但是社会学家如何研究没有发生或者他们不能观察到的事情？最后，人们可能提出反对意见，说卢克斯的三维观点其实根本不是关于权力的理论，而是承认社会结构对个体产生的影响。如果是这样，那么这套理论顶多是关于结构的决定作用，而不是权力的行使。

当代的意义　卢克斯1974年的作品还是颇为简要的分析性著述，2004年出版的第二版则收入了两篇新文章，更新了他的观点。卢克斯特别讨论了福柯的权力理论，维护自己的三维观点，反对认为权力以同等程度在所有社会关系中运作的更为一般性的(福柯式)权力观。卢克斯借鉴了女性主义者关于如何通过禁锢女性的期望来确立男性支配的理论，以及阿玛蒂亚·森(Sen 1999)对于“发展”这一概念的研究，森认为发展在于人们“过一种他们所看重并且有理由看重的生活”的能力。卢克斯指出，权力类似于一种“能力”(capacity)，或者一组人的“能力”(capabilities)，应关注这些能力如何遭到剥夺或者得到提升。他倡导激进权力观的观点颇具影响，仍旧是有关这一主题的争论的标准参照。

批判性思考

想出一些现实世界政治中在不使用强力的情况下行使权力的事例。如果人或者群体毫无强力或者暴力手段，能被称为“有权力的”吗？

二　威权主义与民主政治

纵观历史,人们建立过各式各样的政治体制。时至 21 世纪,世界各地的社会也是根据不同的模式和构造来组织的。虽然现在绝大多数社会都自称是民主社会,也就是说,它们在决策时涉及作为公民的大批民众,但政治统治的其他形式仍旧存在。我们在这一小节将简要描述政治体制的两种基本类型:民主制与威权制。

朝鲜的某次"五一节"游行中对军事力量的展示。这个国家或许是世界上政治最为孤立的。

(一) 威权制　如果说民主制是鼓励公民积极参与政治事务的,那么,在**威权制国家**,民众参与则被否定或受到严格限制。在这些社会中,与普通公民的需要和利益相比,国家的需要与利益被优先考虑,而且没有建立任何用来反对政府或者罢免领导人的法律机制。

今天,许多国家都存在威权制政府,其中一些还自称是"民主"国家。2003 年以前,萨达姆·侯赛因领导下的伊拉克就是威权制国家的一个典型。在这个国家,持不同政见者会受到压制,特定的少数人为了自己的利益,不加节制地攫取国家资源。沙特阿拉伯与科威特的强势王室以及缅甸的领导人严格限制公民的自由权利,不让他们切实参与政府事务。2010 年,遭软禁的反对派领袖昂山素季被释放,此后,缅甸有了重大变化,显示出威权政权不再享有全面控制。

2015 年,昂山素季所在的政党,全国民主联盟(National League for Democracy),在全国选举中赢得 80%的席位,在 478 个席位中拿下 387 个(BBC News 2015b)。登盛总统承诺将和平移交权力,尽管宪法为军人留出了 25%的席位。军方依然是缅甸的一支重要力量,仍葆有对未来所有宪制改革的否决权。这一点至关重要,因为宪法目前禁止任何有外籍配偶或子女的人当选总统。由于昂山素季属于此项规定的范围,一旦她成为事实上的领导人,很可能再起冲突。

新加坡经常被作为所谓温和威权制(soft authoritarianism)的一个例证。这是因为,执政党——人民行动党(People's Action Party)虽然牢牢掌握着权力,但通过干预社会几乎所有的方面,为本国公民提供了一种高质量的生活。新加坡以其安定、文明的秩序和对所有公民的社会包容而著称。新加坡经济成功,街道整洁,就业充分,贫困几乎闻所未闻。不过,尽管生活水准很高,但即使像乱扔垃圾或在公共场所抽烟这种轻微违规,也要被处以高额罚款,对传媒、互联网接入和装配卫星接收天线严格管制,警察的权力特别大,可以拘留被怀疑违法的公民,肉刑和死刑的司法处罚也很常见。

尽管存在着这种威权主义的控制,公众对政府的满意度却比较高,而且与其他许多国家相比,社会不平等程度非常低。虽然新加坡可能缺少民主制的自由,但这个国家的威权风格不同于那些更加独裁的政权,小说家威廉·吉布森把新加坡称为"有死刑的迪士尼乐园"(Gibson 1993)。显然,经济上成功的威权政权并不一定会激发大众的不满乃至反叛,尽管说相较于民主政体,它们还是少数。

(二)民主政治　**民主制**(democracy)一词起源于希腊语"demokratia",由"demos"(民众)和"kratos"(统治)两部分组成。因此,民主制的基本含义是由民众而不是王室或贵族进行统治的一种政治体制。这听起来简单明了,其实并非如此。民主统治在不同时期和不同社会中形式迥异。例如,对于何谓"民众"(the people)就有各式各样的理解方式,可以指所有男性、全体有产者、一切受过教育的白人男性,或是全部成年男性与女性。在某些社会,官方接受的民主制只限于政治领域,而在其他社会,民主制则扩展到更广泛的社会生活领域。

在特定情境中采取的民主制形式,很大程度上取决于如何理解其价值观和目标,如何权衡其轻重缓急。民主制通常被看作在所有政治体制中,最能够确保政治平等,保障公民权利与自由,捍卫共同利益,满足公民需要,促进道德发展和有效决策的体制(Held 2006:2-3)。这些不同目标孰轻孰重,会影响到民主制是被视为一种公众权力(自我治理与自我调控)的形式,还是被视为支持由其他人(比如一群选出的代表)做出决策的一种结构。

在**参与民主制**(participatory democracy,或“直接”民主制)中,决策是由全体受决策影响的人共同做出的。这是在古希腊实行的民主的原初形式。公民(社会中的少数人)定期聚会商议政策,并且做出重大的决策。但是,在人口规模庞大的现代社会中,参与民主制的重要性有限,虽说有些方面的特性仍然发挥着一定作用。

美国东北部新英格兰的小型社区仍然延续着一年举行一次“市镇会议”的传统做法。在这些指定的日子里,居民们聚集在一起,就地方事务进行商议并投票表决。参与民主制的另一个例子是为了让人们就特定议题表达意见而举行的公民投票。比如说,2014 年 9 月,苏格兰举行全民公投,以决定苏格兰是否应当从英国/联合王国(United Kingdom, UK)中独立出来。而在 2016 年 6 月,英国也就欧盟成员资格问题举行全国公投,结果是脱欧。公投也被用来决定民族主义高涨的族群地区内富有争议的分离问题,比如加拿大主要操法语的省份魁北克。

批判性思考

能否更多地运用公投来决策? 信息技术是否可以促进公投的推广? 你能预见到哪些隐患?

代议民主制

当今更为普遍的形式是**代议民主制**(representative democracy)。在这种政治体制下,决策是由出于这个目的被选举出来的人做出的,而不是由所有成员直接做出。在国家政府的层面上,代议民主制以选举的形式选出代表大会、议会或类似的机构。代议民主制也存在于其他层面,比如省区、城市、郡县、市镇乃至更小的区域。许多大型组织也采用代议民主制,选出一个小型的执行委员会来做出核心决策,以此管理其事务。

在一些国家中,选民可以在两个或更多政党之间进行选择,并且大多数成年人拥有投票权,这样的国家通常被称为自由民主制(liberal democracy)国家。英国和其他西欧国家,以及美国、日本、澳大利亚和新西兰,都属于这种类型。发展中世界的许多国家,例如印度,也拥有自由民主制的体制。下文我们将会看到,这类国家还在不断增多。不过,在我们探讨民主制的扩散之前,还是先来谈谈精英理论,以及科层制在号称民主的体制里所扮演的角色。

三　精英与对抗民主的科层制?

民主政治似乎是当今世界的主导形式,政治人物就是服务自己选民和公民群体的公共官员,这仿佛成了显而易见之事。但这是否只是表面形象?在某些人看来,无论外在表象如何,社会依然是由少数精英统治的;而在另一些人看来,民主制被大型科层组织破坏了,这些科层组织所行使的权力,远远超过"中立"管理机构这种常见观念可能具有的意味。本节我们就来谈谈精英理论与科层支配的观念。

(一)精英与精英理论　有一种讨论政治的视角颇具影响,也是对民主理念的一种批评,来自有关政治精英和社会精英的一些理论。在精英理论家看来,民主就是虚伪的幻象,掩盖了一桩基本事实:少数人统治多数人,过去如此,现在如此,未来依然如此。尤需指出,与马克思主义的立场截然不同,他们认为统治社会的并不是一个统合一体的经济统治阶级,而是强有力的政治精英。

古典的精英理论可见于加埃塔诺·莫斯卡(Gaetano Mosca, 1858—1941)、维尔弗雷多·帕累托(Vilfredo Pareto, 1848—1923)以及罗伯特·米歇尔斯(Robert Michels, 1876—1936)等人的著述(Berberoglu 2005:29)。他们的核心作品出版于19世纪晚期到20世纪早期,正是工会及其他工人阶级组织在处于工业化进程中的国家里兴起的时候。精英理论在不同程度上受到这种发展趋势的影响,有些人看到这些倍感惊惧,另有些人则觉得这是民主制未来的一种图景,虽然如乌托邦一般予人希望,却全然不切实际。

帕累托用"精英"这个概念来描述统治集团(governing or ruling groups),认为社会区分为两大部分:小部分的精英与大部分的"非精英"或"大众"。但精英群体又分为两类,一类人负责统治,另一类人虽然属于精英,但在实际的统治中不起任何作用。在帕累托看来,精英的特点在于,组成精英集团的个体在智力、知识和技能上都具有优势。因此,统治精英要想获得成功,必须吸收不同阶层的人,包括大众。精英集团如果对成员资格做出限定,比如只吸收某些社会阶级的男性,就不能利用既有的人力资源,无法使自身永葆活力。精英与非精英之间的顶层个体循环流转,有助于维持精英集团的活力,也能避免挑战者。不过,历史表明,尽管特定的统治精英可能统治一时,但它们最终不可避免会被取代:"历史是贵族的坟场。"(Pareto 1935 [1916]:1430)

这就是所谓"精英循环"的第二个特点,即地位确立的精英势必逐渐堕落或僵化,让位于新兴群体。在这个过程中,整个精英集团会发生变化,但始终不变的是精英统治的原则本身。有关"民治民享"、权力分立、社会平等的所有观念皆为白日幻梦。现实当中,权力始终被一小群高度组织化的精英所垄断。再者,即使某群精英有可能瓦解或被推翻,结果也将是一群更具统治力的新精英上台并确立地位。

莫斯卡(Mosca 1939[1896])的观点与帕累托的具有家族相似性。他也认为社会分为两大阶级:小规模的统治阶级与大规模的被统治阶级。事实上,尽管他使用了"阶级"这个术语,但他的观点与马克思主义或社会学的定义相去甚远,倒是与广义上的精英理论的概念接近许多。就此而言,他的理论在时间上属于帕累托的先导(Marshall 2007:10)。莫斯卡提出,精英统治势所难免,马克思预想的那种无阶级社会难以实现,历史的事实已经证明了这一点。统治阶级本质上是由来自军队、宗教组织、学界及其他社会群体的人组成的联盟,他们各自有特殊的才干或权力基础。因此,精英就是一群垄断权力、支配大众的政治精英。对于莫斯卡和帕累托来说,"大众"构成了一个内在并不统合的多数群体,很容易随简明的观点和理念(比如"平等"或"自由")摇摆,受制于精英群体的操纵。这两位理论家也都认为像马克思所预测的那样爆发一场工人阶级革命的可能性不大。

英国议会开幕大典。这个群体属于某个统治阶级,还是本身就是一群政治精英?

讨论精英的第三位理论家是罗伯特·米歇尔斯(Michels 1967[1911])。他的观点与韦伯的构成对辩。米歇尔斯曾经是德国社会民主党(SPD)的党员,后来幻梦破灭,意识到不仅精英的确上升到国家机器的顶层,而且这个过程同样在遍及社会的所有组织中运作(Slattery 2003:52-53)。尤值一提的是,米歇尔斯指出,即使貌似激进的政党、工会及其他受民主理念激发的组织,也是由一小群精英支配的,精英依循自身的利益进行统治。他把这个过程称为**寡头统治铁律**(iron law of oligarchy),即不可避免的"少数人的统治"。权力向顶层的流动不过是我们这个日益组织化、科层化的世界的一个维度。但米歇尔斯说的对吗？

当然，确实可以说许多大型组织包含权力的集中趋势，由少数人把持例行决策。但是，完全有理由假定，所谓的“寡头统治铁律”并不像米歇尔斯（或莫斯卡和帕累托）想的那样颠扑不破。首先，随着组织规模的扩张，权力关系也会更趋松散。那些处在中层和低层的人或许对顶层制定的整体政策施加不了什么影响，但是，鉴于企业领导者为了协调事务、应付危机和分析预算等忙得焦头烂额，没什么时间进行原创性思考，权力往往被下放。许多企业领导坦承，在大多数情况下，他们径直接受被告知的结论。

自 20 世纪 70 年代以来，社会学家认识到，在经济、政治和社会生活中，那些所谓的“弱关系”（weak ties），以及技术发达的松散关联的社会网络，越来越重要（Granovetter 1973；Castells 1996）。在数字时代，全球化不断重塑工商组织和政治决策的面目，权力似乎变得更具流变性，强有力的网络潜在地向来自整个社会光谱的更为广泛的个体开放。因此，由一小群精英来把握并维持权力可能变得更加困难了。

另一方面，晚近有研究揭示，英国社会中的权势位置，包括顶层法官、下院议员、内阁成员、上院成员、高级军官等，依然被那些在寥寥几所独立学校接受私立教育的人所占据（Social Mobility and Child Poverty Commission 2014）。20 世纪 50 年代以来的多项社会学研究也已发现，美国（Mills 1956）、法国和英国（Maclean et al. 2006; Scott 1991），乃至国际层面（Carroll 2004），都可见到精英形成。

尽管新型社会网络愈益显赫，对于某些有权势的人群，“精英”似乎仍然是最准确的描述。不过，要评估这些精英是否真的统合一体，或者是否真像过去（比如 19 世纪时）那样，能够强有力地塑造今天的社会生活，这是留待经验研究者完成的持续任务。

有关社会网络的讨论，参看第七章“劳动与经济”。

（二）反对民主制的科层制？　科层制（bureaucracy）这个词是法国经济学家让·克劳德·玛丽·文森特·德古尔奈（Jean Claude Marie Vincent de Gournay）在 1745 年发明的。他把（既指办公室又指写字桌的）“bureau”和希腊语中的“kratos”合在一起，后者的意思是“统治”（to rule）。因而，科层制指的就是“职员的统治”。从一开始，这个概念的使用就带有贬义。法国小说家奥诺雷·德·巴尔扎克（Honoré de Balzac）把科层制看作“侏儒挥舞着巨人之权力”。捷克作家弗朗兹·卡夫卡（Franz Kafk）在其小说《审判》（*The Trial*, 1925）中，刻画了一种噩梦般的场景：缺乏人性、不可理解的科层制。这种观点一直延续到今天。科层制被广泛视为强大有力却缺乏理性，而“千人一面的科层官僚”（faceless bureaucrat）的形象，说的就是这些人麻木呆板，缺乏同情心（Lune 2010：5）。在社会学中,马克斯·韦伯最为清晰地揭示了科层制侵害民主制的潜在可能。

如果想让事情顺利运转,现代生活就需要某种正式组织。但是,现在许多人却以负面的眼光看待组织,认为它窒息个体的创造性,当人们需要组织帮助时,又层层设障。组织是怎么变成既被视为必不可缺,又被看作无助于事的呢?这属于感受差异之类的比较轻微的问题,还是某种远为深层和严重的问题?马克斯·韦伯第一次系统地解释了现代组织的兴起,强调组织依赖信息的控制,并特别指出书写在这个过程中的重要性。组织需要**成文的**规章制度以发挥功能,也需要存储组织"记忆"的文档。不过,韦伯既看到现代组织与民主制之间的关联,也觉察到其间的冲突,这对社会生活产生了深远的影响。

传统文明中存在的科层组织数量有限。例如,在古代中国,有一个科层官僚体系,负责政府的全面事务。但只是到了现代,科层制才得以充分发展。根据韦伯的观点,在现代社会中,科层制的扩大趋势不可避免。科层制权威是回应大规模社会系统的行政管理要求的唯一方式。然而,韦伯还提出,科层制也有一些缺陷,对自由与民主产生了重要的后果。

为了研究科层组织之扩张的根源和性质,韦伯建构了一种合乎理念型的科层制。这里的"理念"(ideal)并不是指最值得向往的东西,而是指一种"纯粹"形式。[①] 所谓**理念型**(ideal type),就是强调实际个案的某些特性,由此建构某种抽象描述,以便凸显实际个案之最本质的特征(参看第一章)。关于科层制的理念型,韦伯列举出下列几项特点(Weber 1979[1925]):

1. 有一个界限明确的权威等级,使得组织中的各项任务都作为"公务"被分派。科层制体系仿佛是一座金字塔,享有最高权威的位置在塔尖。每一个更高一级的岗位控制和监督它下一级的岗位。
2. 在组织的各个层次上,都有成文的规章制度主导着职员的行为。但这并不意味着科层制的职责只是例行常规。职位越高,规章制度涵盖的情况往往越为广泛,在解释上需要更为灵活。
3. 职员全职工作,领取薪俸。每一个工作岗位都有同它相联系的明确、固定的薪俸。个体被期望在组织中打造职业生涯。晋升或基于能力高低,或基于资历深浅,或者两者结合。
4. 职员在组织内的任务与其在组织外的生活两相分割。职员的家庭生活与他在工作场所的活动是分开的,并且在物理空间上也是分离的。
5. 组织中的任何成员都不拥有他们所调配的物质资源。职员并不据有他们在其间工作的办公室、所使用的桌椅或者办公设备。

---

① 故此不采用常见的"理想类型"的中译。——译者注

韦伯常常将科层制比喻为依据**理性**(rationality)[①]的原则运作的复杂机器。但他也认识到科层制可能效率低下,并承认许多科层制工作单调乏味,几乎没有机会发挥创造力。尽管韦伯担心社会的理性化(rationalization)会造成消极的结果,但他的结论却是,科层制的例行常规,以及官僚体系对于我们生活的权威,是我们为了科层组织的技术效率而付出的代价。另一方面,科层制组织的发展所带来的民主式微令韦伯极为担忧。面对科层制组织在社会中的力量日渐增长,民主除了变成一个毫无意义的标语,还能成为什么呢?

一些人认为,韦伯的阐述是**片面的**。它只关注组织的正式维度,对于组织的非正式生活却很少提及,而这样的生活会给体系带来颇受欢迎的灵活性,否则它们可能变得刻板僵化(Blau 1963)。梅耶和罗恩(Meyer and Rowan 1977)则主张,正式规则常常只是"神话",在现实中殊无实效。这些规则的作用是使执行任务的方式合法化,哪怕这些方式偏离了规则对于"应当如何做"事情的设定。与此类似,劳动者进入组织环境,需要"学习门道"(learn the ropes),随着新成员逐渐调整理想主义的期望,以适应各自所处位置的复杂而凡俗的现实,非正式的方法可能比培训更为重要(Watson 2008:213)。

另有人提出,韦伯对科层制的处理有些轻描淡写,其后果实际上比他认为的**更具**破坏性。比如说,无论是乔治·瑞泽尔的社会麦当劳化的命题,还是齐格蒙特·鲍曼对于整个二战期间犹太人及其他群体遭到大规模杀戮的阐述,都以不同方式表明,科层体系的破坏性以及潜在的毁灭性,都远甚于韦伯曾经以为的程度。最后,还有一些人感觉韦伯的视角**太过消极**。通常归咎于"科层制"这个抽象概念的许多问题,实际上是企图**绕开**或回避科层管理的规则和方针的具体尝试造成的。科层规则如果遵行不悖,可能包含许多重要的预防措施,防止而不是助长政治领导人滥用权力。

我们不能期望韦伯预见到科层化带来的所有后果。有关社会变迁方向的一些批评不妨接受。但是,韦伯身后的科层制研究大多数都不得不要么与其影响深远的解释一辩高下,要么尝试去推进他的观点。这或许能证明,对于生活在现代世界的可能意味,韦伯所指,直击要害。

即使是在民主国家,政府组织也拥有关于民众的海量信息,从我们的出生日期、中小学到大学的受教育经历和工作履历等方面的记录,到征税用的收入资料,颁发驾照及分配国民保险号码时所需的有关信息。既然我们并不总是了解自己的什么信息被保存,又是哪些机构在保存这些信息,人们就会担忧这样的监控会破坏民主制的原则。正是这些担忧构筑了乔治·奥威尔的名著《一九八四》,在这部小说中,国家科层体系,即"老大哥"(Big Brother),通过监控,压制在任何民主制度下都属于正常的内部批评和意见分歧。

---

① 原文格式如此,但书后术语表的词条是"理性化"。——译者注

引入身份证的那些提议就是聚焦于这些关切,这在一定程度上有助于应对全球恐怖主义,保护公民免遭身份信息窃取。身份证(ID)卡片通常包含持证者的照片、姓名、住址、性别以及出生日期,现在还嵌入一个微型芯片,储存生物特征信息,比如指纹、虹膜图像或面部尺寸。批评者已经表达了他们的担忧,认为收集民众身份信息的国家中心信息库存在隐患,会威胁到民众的隐私权和免遭歧视的自由。而身份证制度的支持者则认为,实施某些类型的监控其实能保护民主制度的原则,因为更方便监控那些试图破坏民主制度的人。

像奥斯威辛这样的纳粹集中营,是以科层化为依靠,还是颠覆了科层化的公共精神?

(三)捍卫科层制　保罗·杜盖伊(Paul du Gay)承认,“科层制的黄金时代已经过去”。我们看到,“科层制”依然承载着负面的意涵。杜盖伊在其颇有影响的《赞美科层制》(*In Praise of Bureaucracy*,2000)一书中坚决反对这种概括。他固然看到科层制可能有并且确实有某些缺陷,但力求捍卫科层制,反击最常见的一些批评意见。

首先,杜盖伊拒绝认同这种观点,即科层制“千人一面”,只有行政性质,缺乏伦理基础。他挑出齐格蒙特·鲍曼的《现代性与大屠杀》(*Modernity and the Holocaust*, 1989)一书,作为这种观点的重要示例。鲍曼主张,正是现代科层制度的发展,才使二战中的大屠杀有了实践的可能。纳粹对数以百万计的人进行了有计划的种族灭绝,而这只有在使人们远离为自己的行动承担道德责任的组织到位之后,才有可能发生。鲍曼提出,大屠杀并不是现代文明化行为举止的一场野蛮崩溃，它之所以发生，只是因为现代性的理性科层制度将各自分解的任务与其后果相分离。德国的科层官吏们遵循命令，竭尽全力地执行分配给他们的任务，比如确保把铁路线造好，或是把一群人从国家的一个地区迁移到另一个地区，而不会质疑整个体系的宗旨。

而杜盖伊则反驳，实情恰恰相反。他主张，要使大屠杀发生，纳粹其实必须**战胜**科层制运作不可或缺的那些合乎法律与伦理的程序。其中一个方面，就是要求不加质疑地效忠元首(Führer，即“领袖”)，而不是遵循科层制的客观规则。杜盖伊认为，科层制有一种重要的公共精神，包括对所有公民都平等相待、不偏不倚。对杜盖伊来说，当纳粹的种族主义信念**战胜**了无所偏倚的规则运用，才可能发生大屠杀。

杜盖伊还针对第二种攻击来为科层制辩护，反对在他看来当下很流行的一种论调，即需要对科层机构特别是公共服务部门进行企业化改革。他强调，科层制的这种无所偏倚的精神，正在遭到越来越政治化的公务员队伍的破坏，他们做事情时热衷于取悦政客。但科层制框架本身是要确保对公共利益和宪政合法性的行政责任。总之，真正威胁民主制的并不是科层制，而是非法凌驾于传统科层规范之上。

批判性思考

设想某次你和某种科层制度/机构打交道，可能是大学入学申请系统，医疗服务，移动电话供应商，或是银行。列举这次遭遇中积极和消极的方面。任务的组织方式是否能比借由科层制更具效率?

四　政治意识形态

政治社会学有一个方面无法绕过，那就是研究各种政治观念、意识形态与政治理论，以及它们怎样影响社会的面貌塑造。人们会以各种各样的方式，运用平等、正义、自由与个体权利之类的**政治观念**与概念，甚至那些从不觉得自己关心“政治”的人也是如此。**政治理论**其实非常古老，可以追溯到古希腊及其哲学家，他们不仅试图理解世界，还处理一些棘手的道德性、规范性的问题。比如，哪些行动构成一种好的道德生活？什么要素能成就一个“好社会”？我们如何能够知道行动是“公正的”“合适的”？今日的政治理论家问的还是这类问题。“意识形态”显然与政治观念和政治理论有关，但它的含义更为复杂。

当一种观念或表述被说成具有“意识形态”性质,意思就是说,它在某种层面上是虚假的、误导的或片面的,而不是“真实的”。这种意涵通过马克思及后世的马克思主义者的著述流行开来。在马克思眼里,意识形态是统治阶级生产出来的,他们以此为手段,将社会生活神秘化,从而歪曲臣属阶级所面临的剥削性现实。这就是“消极的”意识形态概念。马克思有一段著名的论述(Marx and Engels 1970 [1846]:64):“支配着物质生产资料的阶级,同时也支配着精神生产资料,因此,那些没有精神生产资料的人的思想,一般地是隶属于这个阶级的。”

但是,这种意涵与该术语的原初之义已相去甚远。“意识形态”最初出自18世纪晚期处于革命动荡中的法国,由德斯蒂·德·特拉西发明,用来描述有关观念与知识的一种潜在可能的科学。[①] 德·特拉西所构想的意识形态,就是对观念进行系统研究和比较,其方式非常类似于其他科学研究各自主题的方式。这种版本就是所谓的“中立的”概念,即不意味着观念是有所偏倚或有误导性的(Heywood 2012:5)。

20世纪三四十年代,当卡尔·曼海姆(Karl Mannheim)发展出一种知识社会学,将特定的思维类型与其阶级基础相关联,这种中立观念也就重振活力。曼海姆提出,人们看世界时,都是基于某种特别的视角,而后者又根植于他们的物质生活,因此,他们生产出来的观念和知识就只能是片面的。而知识社会学会将彼此歧异的视角解读归拢起来,生产出一种更为综合全面的对于整体社会的理解。随着时间的推移,曼海姆的讲法输给了消极版本的意识形态观,后者自20世纪50年代以来支配了社会学研究。

或许最好是把政治意识形态看作一系列内在统合的观念,既是对现存社会的说明,也包括对某种更好的未来社会的展望,还涉及实现这种社会的手段。就此而言,意识形态就是包含了政治行动指南的世界观。绝大多数意识形态其实是对现存社会秩序提出批判,不过也有一些力求捍卫现存社会秩序,驳斥这类批判。本节所讨论的大多数意识形态会在书中其他地方详论。

保守主义、自由主义和社会主义这三种“古典”政治意识形态,之所以发展起来,就是18世纪晚期美国革命和法国大革命的结果。它们都尝试探讨封建社会关系的瓦解,工业社会的兴起,以及随之而来的诸般社会问题。海伍德(Heywood 2012:16)注意到,保守主义者致力于捍卫现状,抵御激进变革;自由主义者倡导个体主义、自由市场与小政府;而社会主义者展望一个基于合作和共同体的新社会。用曼海姆的话来说,保守主义是陷于困境的贵族制的意识形态,自由主义是冉冉上升的资产阶级群体的意识形态,而社会主义是迅速壮大的工人阶级初露端倪的意识形态。

---

① 意识形态的英文“ideology”,字面意思就是“观念学”。——译者注

究其根本，这些群体之间的分隔主要是经济上的，基于它们看待社会财富的创造与分配的思路。左翼的群体传统上推崇平等与共同体，对受到管理的进步的可能性保持乐观态度（因此往往被称为“进步主义者”），准备好利用政府的资源实现他们的目标。而右翼的群体珍视秩序与稳定，对所谓人性可变的观念心怀疑虑，也认为自由市场优于政府干预，至少在经济层面上。以这样的意识形态定位为基础，确立起政治上的左右之别，一直延续至今，只是形式有所调整。随着共产主义和法西斯主义这两种意识形态在19世纪和20世纪兴起，可以勾勒出一种线性的政治光谱（参见图21.1）。

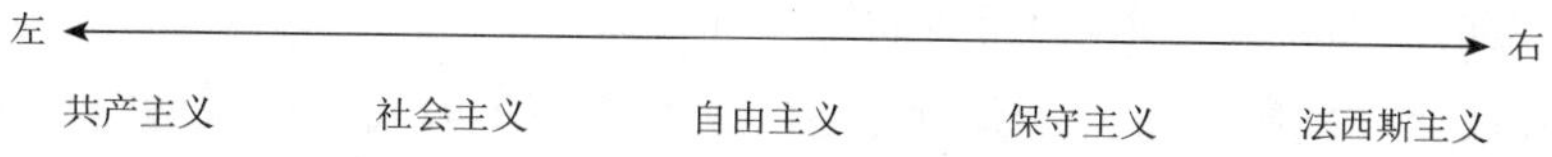

图 21.1　线性政治光谱

资料来源：Heywood 2012：16。

这个图式并没有穷尽社会中所有的意识形态种类，因为像是无政府主义和民族主义也都有漫长的历史。它也未能充分重视这些基本立场自身的内部差异。比如说，社会主义有多种形式，彼此之间具有家族相似性，但也有着关键性差异。其中包括基督教社会主义、乌托邦社会主义、民主社会主义（democratic socialism）、社会民主主义（social democracy）和生态社会主义。但是，透过这个图式，我们的确可以看懂一些事情，比如，20世纪90年代中期，为了将在野十五年的工党带回英国政坛的中心，托尼·布莱尔提出了“新工党”竞选纲领，以求吸引更多的中产阶级选票，这是为何。与此类似，从左到右的线性光谱也能帮助人们理解，2015年，当更为左倾的杰里米·科尔宾在一场灾难性的大选挫败后成了新党魁，工党内部为何会出现一些分立。相较于科尔宾自己的立场，下议院中许多在位的工党议员要右得多，因此觉得自己与科尔宾所希望采取的导向会产生冲突。在绝大多数政党里都存在类似的左右分立。

20世纪60年代以来，有几种意识形态展现峥嵘，却不那么容易在左右光谱上精准定位。其中最重要的，不妨说是女性主义、环保主义（也称为“生态主义”）和有着明确的政治宗旨与纲领的各种宗教原教旨主义。这些意识形态是否都能说成是“新兴”的尚待商榷，因为显然可以找到一些更古旧形式的女性主义、环保主义和宗教原教旨主义。不过，人们认为，它们在当前时期产生了新的影响。

为何会涌现出新兴意识形态？原因有几点。首先，随着工业社会进入后工业阶段，既有意识形态的经济基础渐趋消逝，一系列“新兴”社会运动（下文讨论）兴起，其基础既在于财富的创造与分配，也同样在于文化和认同。比如，女性主义意识形态聚焦于性别平等、同工同酬、子女抚育和打破企业“玻璃天花板”，但也倡导以“女性”范畴作为一种根本认同，挑战大众传媒中成年女性及女童形象的“色情化”，以及男性在公共场所对于女性的日常性骚扰。与此类似,环保主义意识形态强力抨击资本主义经济及其追求持续经济增长的精神,但也倡导动物的福利与权利,倡导地方主义,视之为无所羁绊的全球化的一种替代选择。

其次,自从苏联于20世纪90年代早期解体,全球化快速推进,社会主义与共产主义意识形态的力量减弱。当代反全球化与反资本主义运动在批判资本主义方面,或许与社会主义运动有几分类似,但前两者并不必然接受社会主义或共产主义这两种替代选择。社会主义作为对于资本主义的"天然"替代选择的地位受到挑战,这对社会运动和政治意识形态所产生的影响十分深远,尚未得到充分的理解。

再次,全球化已经使不同的社会和文化以更加系统的方式彼此接触。随着西方的文化产品、旅游者和价值观流动到全世界,以及从发展中国家移民到发达国家的人越来越多,原教旨主义宗教群体那里出现了对于现代生活已被察知的衰败和道德衰落的抵御,而这些群体的意识形态的根源就在于对宗教经籍的特定解释。在这些群体中,最令人瞩目的就是瓦哈比/萨拉菲,它们牵扯到一批激进主义团体,包括阿富汗的塔利班、"基地"组织及其附属团体,以及最近的"伊斯兰国",它旨在依靠其在叙利亚和伊拉克的基地,创建一个世界范围的"哈里发国"。而美国的这类人,基于对圣经的特定解读来确立自己的信仰,拒绝接受有关地球生命的进化理论。他们反对现代生活的各种特性,像是同性恋和堕胎,对计划生育诊所实施了暴力攻击。

最后还有一点要说明。曼海姆主张,各种意识形态并非孤立存在,而是在相互关联中发展和变化的。在任何给定的时点上,意识形态的景观形貌,以及特定意识形态的内容,都会在一定程度上由各种社会运动与其意识形态之间的关系所决定。历史悠久的社会主义意识形态即为佳例,它从女性主义那里借来了性别平等议题,从环保主义那里借来了针对工业给地球造成的危害的担忧。在此过程中,社会主义意识形态有所调整,有所拓展。其他大多数意识形态也牵涉到调和、吸收与变革的类似动态过程。

小结 时至今日,意识形态这个概念在社会学中的流行程度已经比不上20世纪90年代前的状况。社会学家要是对观念的力量/权力(power)感兴趣,更有可能借鉴福柯有关**话语**及其效应的概念,后者已经将关注焦点从观念与信念转到语言、言说和文献来源。回顾历史,"意识形态"让人想到的是马克思主义,但自20世纪80年代以来,苏联解体,以及新自由主义的**资本主义**看似大获全胜,这个概念似乎渐失魅力。我们还应当记住,从20世纪70年代起,一批论家相继宣告,我们处在后工业社会、消费者导向社会中,见证了"意识形态的终结"。不过,意识形态这个概念却惯于伴随每一股兴起的社会运动卷土重来,看起来,它在一段时间里仍会充当政治社会学大厦的组成部分。

第二节
民主的全球扩散

▼

20 世纪 80 年代以后,凸显了一股政治发展趋势:世界上许多社会的民主化。自那时起,许多拉丁美洲国家,比如智利、玻利维亚和阿根廷,经历了从威权制的军事统治到繁荣的民主制的转变。与此类似,随着社会主义阵营的瓦解,许多东欧国家,像俄罗斯、波兰和捷克斯洛伐克,引入了西式民主制。在非洲,一批从前不民主的国家,包括贝宁、加纳、莫桑比克和南非,逐渐接受了民主的理念。

在 20 世纪 70 年代中期,世界上所有社会中超过三分之二可以被认为是威权制的。自那之后,情况发生了显著的改变,如今属于威权性质的社会还不到三分之一。民主制不再主要集中在西方国家,而是在世界上大多数地区得到认可,被视为值得向往的政府形式,至少在原则上如此。2010—2012 年的“阿拉伯之春”证明,对于民主以及大众政治参与的渴求或许已经成为 21 世纪政治合法性的主要标准。

本节我们将思考民主制的全球扩散,并就民主体制的流行给出一些说明,然后考察民主制在今天面临的一些主要问题。

一　共产主义运动的低潮

在 20 世纪的大部分时间里,世界人口中的很大一部分(主要是在苏联、中国和东欧),生活在共产主义或社会主义取向的政治体制之下。马克思在 1883 年逝世,此后的一百年,似乎证实了他关于社会主义和工人革命在世界范围内扩散的预测。社会主义国家认为自己是民主国家,尽管它们的体制运作并不基于自由民主原则。部分共产体制是一党制。选民在同一个党派即共产党的不同候选人之间做出选择。在苏联式社会中,共产党领导国家,不仅控制着政治体系,也控制着经济。

西方世界几乎每一个人都曾相信,共产体制根基深厚,并已成为全球政治的一个永久特点。极少人预测到了自 1989 年起一连串事件的戏剧性进程,一系列所谓“天鹅绒革命”(velvet revolutions)动摇了既存的政权。在整个东欧,一个看似坚固确立的统治体系迅速瓦解。

1989 年分隔两德的柏林墙倒塌是富有象征意义的一刻,它预示着自由民主制度史无前例的扩散。

在管理了半个世纪的国家里,从匈牙利、波兰、保加利亚、民主德国、捷克斯洛伐克到罗马尼亚,共产党人在一系列愈益加速的事件中失去了政权。最终,苏联自身内部的共产党失去了对权力的掌控,当苏联的 15 个加盟共和国在 1991 年宣布各自独立,米哈伊尔·戈尔巴乔夫,最后一位苏联领导人,成了一名"没有国家的总统"。

进入 20 世纪 90 年代,民主化的进程持续扩散。甚至在世界上曾经最具威权性的一些地区,也可以探察到民主化的迹象。1979 年苏联军队进入之后,阿富汗就为苏联所控制。但在圣战者(mujahidin,即穆斯林游击战士)的猛烈抵抗之下,十年后苏联从阿富汗撤军。在 20 世纪 90 年代早期,该国处在由圣战者不同支派组成的军阀的混战之中。到了 1996 年,**塔利班**(Taliban)控制了该国大部分地区,并开始打造一个"纯粹伊斯兰国家"。他们引入了对伊斯兰教法的一种极端阐释,带来了公开行刑和截肢的刑罚,禁止女孩上学,不许成年女性工作,取缔一切"轻佻"的娱乐。

2001 年,美国领导多方力量推翻了塔利班政权,因为认为它与基地组织的恐怖分子训练营有关。2002 年 6 月,哈米德·卡尔扎伊成为总统,开始为新宪法争取支持。这部宪法在 2004 年 1 月获得签署通过,它设定了一个强有力的行政机构,赋予伊斯兰教一种温和的角色,并提供对人权的基本保护。当年 10 月,阿富汗举行了第一次选举,结果是卡尔扎伊赢得了五年总统任期。然而，到了2007年，塔利班重聚势力，袭击美军和其他一些外国军队，以及阿富汗政府官员。一直到2015年，塔利班领导人才同意进行有实质意义的和平对话。因此，尽管阿富汗的民主制度已初具规模，却尚未成为一个有生命活力的民主国家。

近些年来，一些威权的亚洲国家，例如缅甸、印度尼西亚和马来西亚，也经历了逐渐壮大的民主运动。这些寻求更大自由的呼吁遭遇了暴力的回应。尽管民主的扩散仍在持续，但走向民主的整体趋势并非势所必然。不过，鉴于民主化与全球化过程紧密联系，它似乎还将持续一段时间。

发挥你的社会学想象力 21.1

“历史的终结”之时的政治？

有一位学者从理论上阐述了资本主义民主制度在冷战中取得胜利，进而论证了“历史的终结”，他就是弗朗西斯·福山（Fukuyama 1992）。紧随着东欧剧变、苏联解体以及向多党民主制发展的运动，福山提出，意识形态之战业已告终。他说，历史的终结是替代选择的终结。不再有人捍卫君主制，法西斯主义这种现象已属过去，长期以来一直是西方民主主要对手的共产主义也是如此。他认为，与马克思的预言相反，资本主义在它与社会主义的长期斗争中获胜，自由民主制的地位已经不受挑战。福山断言，我们已经到了人类意识形态进化的终点。

福山的论点激发了很多批评。这个观点透着胜利者的洋洋自得，主要是基于冷战后的情形，而非真正的历史比较研究。它也关闭了未来发展的任何可能性。但至少在理论上，全球经济危机、核冲突或者自然灾害有可能破坏民主政治，并导致更加威权的政府体制。

然而，福山显然凸显了我们这个时代的一个关键现象。2010—2012年，中东和北非许多国家的动荡倾向于支持他的一点主张，即民主的政治体系为非民主的政治体系提供了一个进行评估和努力追求的标准。在所谓“阿拉伯之春”之前很久，福山（Fukuyama 1992：xiii）就看到了威权政权的弱点：

> 20世纪最后二十五年最显著的发展，就是世界上看似强大的独裁政权，其核心暴露出巨大的弱点……从拉美到东欧，从苏联到中东和亚洲，威权政府在过去二十年中接连失败。尽管并非在所有例子中，它们都让位于稳定的自由民主体制，但在全球众多地区和文化中，自由民主体制仍然是唯一一致的政治追求。

但是,人们为什么会冒着巨大的风险去追求民主制度呢?福山认为,民主给平常人带来了他们所渴求的东西:简言之,就是承认(recognition)。人们不再作为消极被动的接受者,而是变成积极主动的公民,对民族国家如何行事有自己的发言权。这样基本的要求不应当被低估。然而,如果说历史已经走向终结,意味着所有替代选择都已消失,那这种讲法是值得怀疑的。谁能说出将来可能出现什么经济、政治或者文化秩序的新形式呢?就像中世纪的思想家对18世纪中叶出现的工业社会一无所知,我们也不能对新世纪可能发生的变化有任何确定的预见。

批判性思考

政党政治中是否有证据能证明福山可能所言不虚,即资本主义、共产主义和社会主义之间旧的意识形态之战如今已告终结?取而代之的又是什么?

二 民主化及其引发的不满

民主制为什么会广为流行?有一种说法是其他类型的政治统治均已被尝试并流于失败。似乎很清楚,相比威权制,民主制是一种"更好的"政治组织形式,但仅凭这一点还不能充分解释晚近的民主化浪潮。要想做出充分的说明,就必须细致分析每个国家的社会政治状况,尽管如此,基本不需要怀疑的是,全球化的进程发挥了重要的作用。

首先,跨国文化接触愈益增多,鼓舞了许多民主运动。全球化媒体以及通信技术的改进,使许多非民主国家的居民接触了民主理念,增加了要求政治精英举行选举的内部压力。当然,民众主权的理念的传播并不会自动产生这样的压力。更重要的是,伴随着全球化,民主革命的消息和引发革命的动员过程的相关报道得以在区域层面迅速传播。

其次,联合国、欧盟等国际组织已经对非民主国家施加了外部压力,推动它们趋向民主。在有些情况下,这些组织有能力通过运用贸易禁令,有条件地提供经济发展贷款,以及各种形式的外交运作,来促进威权政体的解体。例如,联合国开发计划署和联合国刚果民主共和国特派团支持一个新的"独立选举委员会"(Independent Electoral Commission),来监督和组织2006年的全国大选,得到了80%的投票率。刚果社会历经内战,业已造成大约400万人死亡,并且四十年没有举行过选举,这的确算是实实在在的成就。联合国开发计划署尤其着力于在科威特、摩洛哥和毛里塔尼亚之类的国家,提升作为投票人和候选人的女性的参与率(UNDP 2007b)。

最后,民主化受益于资本主义的扩张。尽管跨国企业因为与独裁者做交易而声名狼藉,但企业通常更喜欢在民主国家做生意,这不是因为它们珍视自由与平等,而是因为民主政体一般更加稳定,对于利益最大化而言,稳定是必不可少的条件。由于精英集团常常渴望提升国际贸易规模,鼓励跨国公司在本国落户,他们有时也会通过巴林顿·摩尔(Barrington Moore)所说的"自上而下的革命"(1966),推行自己的民主议程。

毋庸置疑,如果全球化是引发最近一波民主化浪潮的唯一原因,那么当今所有国家都将是民主的。像在古巴、尼日利亚、越南和其他国家,带有威权色彩的政权的持续意味着全球化的力量并不总是足以促成向自由民主制的转变。但是在这些国家中,有许多已经存在民主运动,这让一些社会学家认为,更多的国家在不远的将来会民主化。

民主制陷入困境?　1974 年到 2000 年,很大程度上由于许多新独立的国家引入了民主体制,世界上民主制国家对非民主制国家的比例由 27%上升到 62%(Linz 2000)。截至 2009 年,全球人口超过半数生活在民主国家中,具有高度的政治自由和公民自由(Nobelprize.org 2012)。然而,民主制在世界范围内看起来不可阻挡的扩张趋势,在最近几年似乎被遏制了。即使是长期确立的民主体制,也面临着选民淡漠和政治腐败的问题。

2005 年,以美国为基地的一家很有影响力的非政府组织"自由之家"(Freedom House)做了一项评估,在全世界找到了 123 个"选举民主体制",是有史以来的最高数目。但是,到了 2010 年,这个数字降回到 1995 年的水平,即 115 个国家。菲律宾、坦桑尼亚和汤加由于晚近的选举结果,跻身选举民主制的行列,但是其他一些国家,像是布隆迪、几内亚比绍和海地,则因为恐吓、腐败、选前滥用国家资源以及迫害反对派候选人,退出了这个类别(Puddington 2011)。然而,即使在有着长期确立的民主体制的那些国家,民主也并未受到普遍的珍视,越来越多的证据表明,投票的选民漠不关心,对当选的政治人物普遍不抱信任。

对既有民主体制不满的一个标志,就是投票率的下降。在欧洲议会的选举中,整个欧盟的平均投票率从 1979 年的 62%下降到 2014 年的区区 42.6%。然而,这里有个限制条件。1979 年只有 9 个国家参加选举,而 2014 年则有 28 个,包括一些东欧国家,它们录得的投票率极低,把平均水平拉了下来。2014 年,斯洛伐克的投票率仅为 13%,捷克共和国为 18.2%,波兰为 23.8%,斯洛文尼亚则为 24.5%(European Parliament 2014)。不过,在这期间,大多数老资格的欧盟成员国的投票率也显著下降,包括德国、法国、意大利和荷兰。而传统上对欧洲更为半心半意的英国,同一时期的投票率无论哪一次都是勉强维持在三分之一左右(参见表 21.1)。

2014 年在苏格兰举行的全民独立公投吸引了大量民众,当天的投票率达到 84.6%,是自设立普遍投票权以来的最高数值。而在 2011 年,苏格兰议会选举的投票率却只有 50.6%(Denver 2011:1)。差异如此之大,可以由哪些因素来说明?

表 21.1　1979—2014 年欧盟各成员国的欧洲议会选举投票率(%)

	1979 年	1984 年	1989 年	1994 年	1999 年	2004 年	2009 年	2014 年
比利时*	91.4	92.1	90.7	90.7	91.0	90.8	90.4	89.6
卢森堡*	88.9	88.8	87.4	88.5	87.3	91.3	90.8	85.5
马耳他						82.4	78.8	74.8
希腊*		77.2	79.9	73.2	71.5	63.2	52.6	60.0
意大利	84.9	83.4	81.0	73.6	69.8	71.7	65.1	57.2
丹麦	47.8	52.4	46.2	52.9	50.4	47.9	59.5	56.3
爱尔兰	63.6	47.6	68.3	44.0	50.2	58.6	57.6	52.4
瑞典					38.8	37.9	45.5	51.1
德国	65.7	56.8	62.3	60.0	45.2	43.0	43.3	48.1
立陶宛						48.4	21.0	47.0

（续表）

	1979 年	1984 年	1989 年	1994 年	1999 年	2004 年	2009 年	2014 年
奥地利					49.0	42.4	46.0	45.4
塞浦路斯*						72.5	59.4	44.0
西班牙			54.6	59.1	63.0	45.1	44.9	43.8
欧盟平均	61.8	59.0	58.3	56.7	49.5	45.6	43.0	42.6
法国	60.7	56.7	48.7	52.8	46.8	42.8	40.6	42.4
芬兰					30.1	39.4	40.5	41.0
荷兰	58.1	50.6	47.2	35.7	30.0	39.3	36.8	37.3
爱沙尼亚						26.8	43.9	36.5
保加利亚							38.9	36.1
英国	32.5	32.6	36.2	36.4	24.0	39.2	34.5	35.4
葡萄牙			51.2	35.5	39.9	38.6	36.8	33.7
罗马尼亚							27.7	32.4
拉脱维亚						41.3	53.7	30.2
匈牙利						38.5	36.3	29.0
克罗地亚								25.2
斯洛文尼亚						28.4	28.3	24.5
波兰						20.9	24.5	23.8
捷克共和国						28.3	28.2	18.2
斯洛伐克						17.0	19.6	13.0

注：*属于强制投票（在意大利，1979 年、1984 年和 1989 年的选举也属于强制投票）。

资料来源：European Parliament 2014。

我们可能预估像欧洲议会这样的地区权威机构，相关投票率会低于各国选举，因为这个议会常常显得颇为遥远。然而，英国的经验表明，国家层面的投票率也一直趋于下降，自 20 世纪 90 年代早期以来尤其如此（参看图 21.2）。这个数字从 20 世纪 50 年代早期超过 80%的最高值，下降到了 2001 年的低于 60%，直到 2005 年和 2010 年选举才有所回升。2015 年，投票率为 66.2%（Rallings and Thrasher 2015）。似乎有一种代际变化使得投票率下降。在 2015 年的英国选举中，65 岁以上的选民中大约有 78%参与投票，55—64 岁年龄组的投票率是 77%，相比之下，18—24 岁年龄组的投票率只有 43%（Ipsos MORI 2015）。这种淡漠与最近创立的民主体制中的选民表现出的热情形成了鲜明对比。

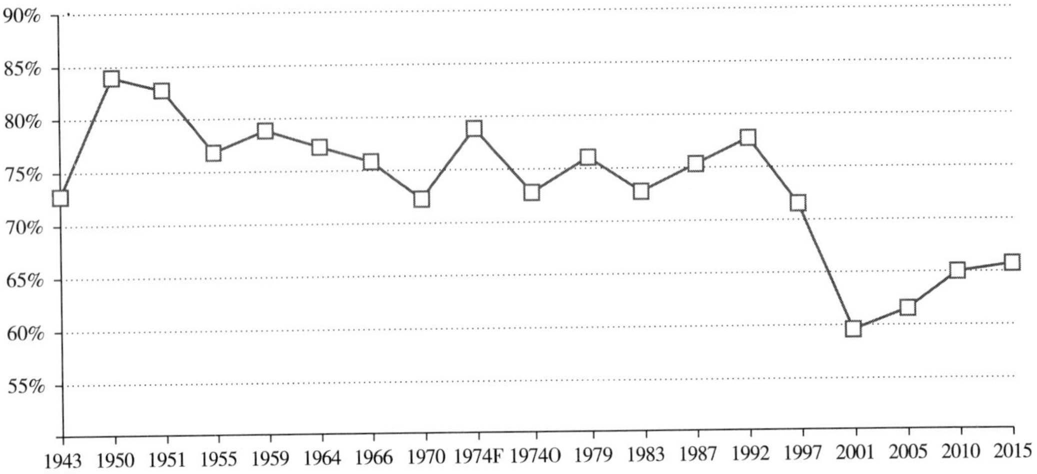

图 21.2　1945—2015 年英国历次大选投票率(%)

注:1974 年举行了两次选举,分别在 2 月和 10 月(记为 1974F 和 1974O)①;2015 年数据为资料来源之外的添加。

资料来源:UK Political Info 2010。

尽管自 20 世纪 80 年代中期以来,投票率出现了全球性的普遍下降,但其在世界各地的具体图景却是千姿百态的。据说,所采取的投票体制的类型或许可以说明国家层面上的差异(参见表 21.2)。比如,可能在实行强制投票的那些国家里有最高的投票率,而投票完全自愿的地方投票率最低。在欧洲的一些地方,这个论点可能成立。列支敦士登 1945 年以来的平均投票率将近 93%,这在一定程度上可以归因于这个国家的强制投票体制,而瑞士的投票体制是自愿的,平均投票率低至区区 56.5%。然而,这不能完全说明不同国家的投票模式。例如巴哈马,在一个**非强制性的**体制中,1945 年以来的平均投票率接近 92%。显然,必定还有其他的因素在发挥作用。

表 21.2　1945—2001 年,世界各地部分国家的投票/选民登记比率排名:按照平均投票率排序(%)

大洋洲		中南美洲	
澳大利亚(22)	94.5	圭亚那(7)	88.5
新西兰(19)	90.8	智利(11)	78.9

① 1974 年非常特殊。1973 年 1 月 1 日,英国第三次申请加入欧共体终获批准,但就在这一年冬季,爆发了二战后席卷西方世界的最为严重的一次经济危机,英国经济蒙受重大打击。1973 年 10 月的能源危机,使保守党的希思政府陷入空前危机,失业人数创二三十年代大萧条以来的最高纪录,英镑贬值到二战后的最低点。希思政府被迫于 1974 年 2 月宣布解散国会,提前举行大选。大选结果,保守党只领先工党 4 票。希思原想与自由党领袖谈判筹组联合政府继续执政,但遭到自由党拒绝,只好向女王递交辞呈,工党领袖哈罗德·威尔逊夺回 1970 年失去的执政权。1974 年 10 月,英国举行当年第二次大选,结果工党再次以 3 席的微弱多数险胜保守党,威尔逊第三次出任首相。——译者注

（续表）

大洋洲		中南美洲	
斐济(3)	81.0	尼加拉瓜(6)	75.9
汤加(4)	56.3	哥伦比亚(18)	47.6
平均	83.1	平均	71.5
西欧		亚洲	
列支敦士登(17)	92.8	新加坡(8)	93.5
瑞典(17)	87.1	日本(22)	69.6
英国(16)	75.2	印度(13)	59.4
瑞士(14)	56.5	巴基斯坦(6)	45.3
平均	82.6	平均	74.0
北美		中东	
巴哈马(6)	91.9	以色列(15)	80.3
加拿大(18)	73.9	伊朗(1)	77.3
美国(17)	66.5	约旦(3)	51.8
海地(3)	47.1	黎巴嫩(3)	39.5
平均	69.6	平均	72.2
非洲		中东欧	
布隆迪(1)	91.4	乌兹别克斯坦①(3)	93.5
摩洛哥(5)	71.2	捷克共和国(4)	82.8
津巴布韦(3)	48.7	俄罗斯(3)	58.4
马里(2)	21.3	波兰(5)	50.3
平均	64.5	平均	71.9

注:括号里面是选举的次数

资料来源:Pintor and Gratschew 2002。

有关各国内部的民主状况,投票率的统计数据比较本身并不能告诉我们什么。这些单调的数字无法揭示形成这些投票率数据的各国情境差异。当我们对比通常处于相当不同的政治环境的“新兴”与“传统”民主体制时,这一点尤其切中要害。例如,在许多老牌的民主体制中,像是美国,民众可以通过其他方式来表达自己的利益诉求,比如基于平权立法的法庭等(Pintor and Gratschew 2002),这也许能在一定程度上说明选举中的低投票率。因此,尽管投票率给了我们一种基本的导引,去观察世界各地人们在选举中的投票比例,但是,考察在特定国家环境下投票模式历时而变的模式,也许能得到更多信息,

① 原文如此,乌兹别克斯坦属于中亚地区。——译者注

例如表 21.1 中英国的例子。研究人们为什么投票或不投票这一重要问题,需要获得与政治发生于其中的社会环境相关的统计数据。

有人提出,人们对一切固有形式的权威都越来越怀疑,因为在民主国家中,政治价值观经历了一场转型,从“稀缺价值观”转到“后物质价值观”(Inglehart 1997)。这意味着经济繁荣达到特定水平之后,选民变得更少关心经济的论题,而更多关心他们(与集体相对立的)个体生活方式的质量。其结果是,选民一般对国家政治不太感兴趣,除非是与个人自由有关的议题。

许多学者和政论家现在认为,投票人数的下降表明,发达国家的民众正逐步丧失对于政治人物乃至所有身居权位的人的信任。奥诺拉·奥尼尔(O'Neill 2002:9)将此看作对于西方政治领袖以及其他权威的信任危机:

> 不信任和怀疑已经蔓延到了生活的所有领域,并且似乎理由充分。据说,公民不再信任政府、政客、官员、警察、法院和监狱系统;据说,消费者不再信任商家,尤其是大企业或者它们的产品;据说,我们没有人再信任银行、保险商或养老金提供方;据说,病人不再信任医生……特别是不信任医院及其会诊医师。简言之,所谓“信任的丧失”,成了我们这个时代的老生常谈。

调查证据似乎证实了对政治人物和正式的政党政治的信任流失,而处理欧元区经济体的金融危机及减持国家债务的种种政治尝试更凸显了这一点。2011 年,《卫报》联合艾森公司(ICM)针对五个欧盟国家,即波兰、英国、法国、德国和西班牙,做了一项舆情调查,询问人们是否相信政治人物“行事诚实正直”。总体来说,只有 9%的人表示,他们的确相信政治人物如此行事,其中英国为 12%,德国为 10%,法国为 11%,西班牙为 8%,而在波兰仅为 3%。该民调还询问人们是否信任他们的政府“能够处理国家的问题”。总体来说,78%的人说他们并不信任自己的政府,其中英国为 66%,德国为 80%,法国为 82%,西班牙为 78%,波兰则为 82%(Glover 2011)。

在日益被描述为经由民主选举产生的“政治阶级”或者“精英”一方与他们所服务的公民之间,裂痕愈益加深,并在 2009 年英国国会议员卷入的一次费用丑闻中得到戏剧性的体现。《每日邮报》(*Daily Telegraph*)率先刊载了泄露出来的国会议员申请费用报销的一些细节,这进一步破坏了人们对于政治人物的信任。议员们被允许报销来回选区的差旅费、雇员开支、在伦敦必要的居住费用,以及其他与其角色相关的合法开销。但将公款用于各种小的个人用品(例如巧克力棒或者影碟),或者大笔开支(例如等离子电视、抵押贷款以及飞涨的居住费用),引起了公愤。一些议员试图回避《信息自由法案》(Freedom of Information Act, 2000)公开费用的要求,也被看作意图掩盖错误,这让他们声名扫地。

“显然，我不能申报这辆推车了。”

丑闻发生后，经费体制做出了调整，有一些民调显示，“对于国会运作的信心”的舆论很快回到了丑闻发生前的水平（Bartle and Allen 2010：132－133）。然而，对政治人物的态度或许从未如此糟糕。自金融危机以来，欧盟各地爆发了大规模的公众抗议，反对腐败和无能的政客及其紧缩计划。希腊、意大利、爱尔兰、葡萄牙和英国都见证了工会、学生和其他社会团体举行的示威。

下一节，我们将来看看民族国家处境的变化。有人认为，在我们这个全球时代，民族国家不再能够维持其显要的政治地位。这或许是民主参与对于年轻世代似乎不那么至关重要的另一个原因。

三　全球治理：前景与现实

美国社会学家丹尼尔·贝尔（Bell 1987）注意到，国家政府在应对全球经济竞争的冲击或世界环境的破坏之类的大问题时显得**太小**，但要说到应对一些小问题，比如影响特定城市或地区的议题，又显得**太大**。这等于是说，国家政治受到全球化和地方化的夹击，这也在某种程度上说明了为什么如前所见，许多人对参与政治并不那么热衷。

国家政府没有什么权力控制大型工商企业这一全球经济主要行动者的活动。例如，一家英国的公司可能决定关闭它在英国的生产车间，而转到马来西亚继续生产，2002 年，吸尘器生产商戴森（Dyson）公司为降低成本，更有效地与其他公司展开竞争，就是这么做的。在这种情形下，丢了工作的英国工人可能要求政府“做点事情”。但国家政府并不能控制全球化过程。它们所能做的就只是通过提供失业补贴或者再就业培训来减小冲击。

全球化造成了新的风险，例如大规模杀伤性武器的扩散、污染、恐怖主义，以及国际金融危机。这些议题单凭民族国家无法处理,人们创造了国际政府间组织(IGOs),例如世界银行、世界贸易组织以及联合国,以统筹应对全球风险。这些组织奠立了讨论**全球治理**(global governance)的基础。全球治理不是要在全球层面上建立一个政府,它关注的是解决全球问题所需的规则框架,以及保障规则框架所需的包括国际组织和国家政府在内的各式各样的机构。

在 2008 年初,金融危机几乎让英国一家著名的大型银行倒闭。这样的危机使赞成全球调控的观点更有说服力。

许多既存的处理这些问题的国际组织或全球组织缺乏民主问责能力。例如,联合国安理会有 15 个成员国,包括五大常任理事国,美国、英国、法国、中国和俄罗斯,它们正是世界上最有权力的几个国家。要想通过任何决议,安理会需要有 9 票赞成,包括全部五大常任理事国的赞成票。例如,联合国在 2003 年并没有明确支持允许对伊拉克动武的议案,因为法国威胁说要投否决票。这是那些反战批评者援引的主要根据之一,他们谴责战争行径属于非法滥用权力。而在辩论当中,世界上大部分较为贫穷的国家的意见基本无足轻重。

作为一个地区合作与一体化的正面例证,欧盟常常被看作成功的国际政治与全球治理的一个潜在样板。欧盟通过扩张,在同一个制度和法律框架内,将 28 个成员国整合成一个合作联盟,这与过去的毁灭性冲突形成了鲜明对比。它也被看作或许是战后欧洲政治取得的最大成就。欧盟的历史要追溯到第二次世界大战。之所以构想出欧洲一体化的理念,就是为了防止诸如此类的破坏再度发生。英国战时首相温斯顿·丘吉尔在1946年呼吁建立“欧洲合众国”(United States of Europe)。1950年5月9日,法国外长罗伯特·舒曼(Robert Schuman)在一次演讲中最先提出了欧洲联合的实施步骤。每年的这一天都被作为“欧洲日”(Europe Day)来庆祝。不过,在2016年的公投中,英国成为首个投票表决决定脱离欧盟的欧盟成员国,使欧盟减至27国。其结果是,荷兰、法国及欧盟其他地方的许多民族主义运动大受鼓舞,纷纷呼吁本国公民提出诉求,来一场类似的关于“留下还是退出”的公投。

最初,欧盟[①]只包括6个国家:比利时、德国[②]、法国、意大利、卢森堡和荷兰。1973年,丹麦、爱尔兰和英国加入;1981年,希腊加入;1986年,西班牙和葡萄牙加入;1995年,奥地利、芬兰和瑞典加入。历史上最大的一次扩张发生在2004年,当时有10个国家新加入:8个来自东欧,即捷克共和国、爱沙尼亚、拉脱维亚、立陶宛、匈牙利、波兰、斯洛文尼亚和斯洛伐克,再加上塞浦路斯和马耳他。2007年,保加利亚和罗马尼亚加入。2013年,克罗地亚加入,使得成员国总数达到了28个(European Commission 2015b)。

早些年,欧盟成员国之间的合作大多属于经贸往来,但是现在,欧盟也要处置其他许多直接影响到日常生活的主题。欧盟各机构要应对的领域五花八门,从公民权利、安保、增加就业、区域发展到环境保护。在英国的公投中,有人声称,欧盟成员身份会破坏国家主权,也就是说,破坏独立性和自我治理能力。这正是“脱欧运动”(Vote Leave campaign)提出的关键主张。有些人,尤其是英国的一些人,担心欧盟成员身份会破坏国家主权,也就是说,破坏独立性和自我治理能力。[③] 而其他人则认为,欧盟不过是另一个国际机构,类似于联合国或者世贸组织(*The Economist* 2005)。不过,在欧盟的维护者看来,这两种讲法都是不准确的。他们提出,在欧盟这样的组织里,其成员国设立了共同机构,并将自身的一些权力委托于后者,以便在欧洲层面上,以民主的方式对涉及共同利益的特定问题做出决策。所有决策和程序都是基于全体成员国同意的条约。这种主权的集合也被称作“欧洲一体化”。

欧盟的支持者说,欧盟在过去的半个世纪带来了稳定、和平与繁荣,帮助提高了公民的生活水平,建立了欧洲单一市场,发行了欧洲单一货币(欧元),并且增强了欧洲在世界

① 准确地说,1957—1958年建立欧洲经济共同体(European Economic Community, EEC),1967年欧洲经济共同体与欧洲煤钢共同体、欧洲原子能共同体合并组成欧洲共同体(European Community, EC)。1992年2月《欧洲联盟条约》(《马斯特里赫特条约》)正式签订,1993年11月起该条约生效,欧共体发展成为欧盟。——译者注

② 这里其实仅指联邦德国。——译者注

③ 这几句前后重叠,原文如此。由于英国脱欧公投的落实,作者新版行文有所修改,但编辑此处应该是出现了失误。——译者注

上的声音。然而,自 2009 年开始的主权债务危机,不仅引出了超国家治理的议题,也让一些人严重怀疑,一种泛欧货币能否真的长久维续。

批判性思考

为什么在全球时代里,像欧盟这样的机构可能比民族国家更有能力应对政治问题? 如果民族国家促进国族认同,欧盟要想成功,是否必须挑战国族认同?

席卷欧元区国家(使用欧洲单一货币的国家)的经济危机,使得人们对全球经济治理的欧盟模式的适用性提出了尖锐的质疑(Della Salla 2011:152)。尤其是像麦克纳马拉(McNamara 2010:22)所称:

> 究其根本,问题很简单:欧盟在政治史与经济史上是个特例,市场不知道该如何应对单一货币和各自分离的民族国家的独特结合。欧元区的危机揭示出欧盟自成一类的政治地位所面临的挑战——它不再仅是民族国家的一种集合,但也不是一个充分发育的联邦实体。

对希腊、爱尔兰和葡萄牙的巨额一揽子经济援助方案,看上去像是跨国协调政治行动的范例。然而,除了普遍认为目前需要一个更好的金融监管体系外,在欧盟应当如何改善其治理结构以防止类似危机再次发生上,几乎没有什么政治共识。一些领导人相信,迫切需要增进政治(和财政)联盟,而其他领导人,尤其是在单一货币区之外的领导人,却认为这次危机证明更紧密的一体化不值得向往。欧盟该如何发展,现在还不确定,但是在有效的地区和全球治理缺失的情况下,经济市场和评级机构(其评估影响国家政府的借款能力)可能会继续对事态产生强力的影响。

有关 2008 年金融危机及其后果,参看第七章“劳动与经济”中的讨论,而在第四章“全球化与社会变迁”、第六章“城市与城市生活”及第十三章“贫困、社会排斥与福利”中,也有一些相关材料。有关欧元区危机,参看第七章“劳动与经济”。

那么,在一个民族国家层面的民主治理似乎无力应对事件的时代,民主的命运会是怎样呢?前后数任英国保守党领袖和一些经济学家都认为,能做的事情很少,政府不能指望掌控我们周围发生的急剧变化,最谨慎的做法是减少政府的作用,允许市场力量来引领道路。然而,全球金融危机已经表明,这条道路具有潜在的危险。布特尔指出,“自 2007—2009 年那一系列事件以后,似乎已经很清楚,金融市场没有增进共同的福祉,是它们导致了而非消纳了混乱和不稳定。具有讽刺意味的是,政府不得不救助它们"(Bootle 2011:3)。

戴维·赫尔德(Held 2004)认为,在全球时代,我们需要更多的治理,而不是更少。然而,有效的治理要求不仅在民族国家的层面上,而且在超越民族国家和民族国家内部的层面上,全面深化民主。这意味着要让全球组织担负起责任,就像民选政府要在国家选举中对它们的选民负责一样。起诉和审理犯下种族灭绝罪、危害人类罪、战争罪的那些人的国际刑事法院①,以及联合国,都提供了很好的基础。在这些机构所倡导的世界图景中,基本人权得到保护,而通过和平程序解决分歧也成为共识。

在赫尔德看来,可以通过多个组织在不同层面协同运作的多层治理,来实现全球社会民主,包括地方、国家以及全球等层面。国家曾是国际政治中的主要行动者,而现在则包括各种行政机构、法院和立法机构。例如,联合国前秘书长科菲·安南在国际政治中深具影响。非政府组织,以及各种社会运动,也都扮演着重要角色。下面我们会更为细致地考察社会运动不断增长的重要性,以及社会学家如何理解它们。

第三节
社会运动与社会变革

就像我们在上文所讨论的那样,政治生活绝不仅仅发生在政党政治、投票体系以及政府机构的正统框架内。尽管民主制在扩散,但一些威权政体的持续存在却提醒我们,要在现存政治结构中推行变革,并不总是容易的或可能的。有些时候,要实现变革,只能求助于革命或者社会运动等非正统形式的政治行动。

一　何为社会运动?

在非正统政治行动中,最具有戏剧性、影响最为深远的例子就是革命,即利用通常包含暴力的大众运动,推翻一个现存的社会政治秩序。革命是让人紧张、兴奋和迷醉的事

① 国际刑事法院(International Criminal Court)是根据联合国1998年通过的《国际刑事法院规约》(又称《罗马规约》)于2002年7月正式成立的,将对(规约)批准国及联合国安理会移交的案件进行审理,但只审理成立日以后发生的案件。该机构为永久性国际司法机构。有权对种族灭绝罪、战争罪、危害人类罪和侵略罪进行审判,但是只追究个人的刑事责任,而且是在各个国家所属的法院不能自主审理的情况下才可介入。设在荷兰的海牙,其最高刑罚是无期徒刑。——译者注

件;不难理解,它们会非常令人瞩目。然而,革命纵然高潮跌宕,却只是偶尔发生。

> 有关西达·斯考切波对于社会革命的著述,参见第二章“社会学的提问与解答”中的讨论。

最常见的非正统类型的政治活动就是**社会运动**(social movement),即通过既定制度/机构范围之外的行动来促进共同利益或实现共同目标的集体努力。现代社会中存在各式各样的社会运动,有的经久不衰,有的短暂即逝。一些社会运动活跃于它们所属社会的法律之内,另有些社会运动则是以非法网络或地下群体的形式运作的。然而,抗议运动的特征就是,它们在任何特定的时间和地点,都是在政府所界定的法律许可的边缘进行活动的。社会运动兴起时的宗旨,常常是就某一个公共议题推动变革,例如扩大一部分人的公民权。作为回应,有时候也会出现对抗运动(counter-movements),以捍卫现状。例如,女性堕胎权运动就受到主张堕胎违法的反堕胎运动者即“支持生命权者”的强烈反对。

法律或政策经常因为社会运动的行动而发生改变。例如,过去工人群体号召其成员罢工是非法的。由于工会的行动,法律最终得以修订,并让罢工成为一种得到许可的解决劳资冲突的策略。同样,男女同性恋运动在提出平权议题方面也相当成功,并且,世界上许多国家都对异性恋者和同性恋者的法定性行为年龄作出了平等的法律规定。美国的民权运动成功地推动了禁止学校和公共场合种族隔离的重要立法。女性主义运动在女性的经济与政治平等方面也取得了重大进展。而环保运动一直在以非传统的直接方式进行活动,促进可持续发展,改变人们对自然界的态度。

> 有关环境议题的更为宽泛的讨论,参阅第五章“环境”。

社会运动和它们经常反对的正式科层组织一样,也是当今世界的一个明显特征。一些学者指出,我们正在进入一个全球“社会运动社会”(social movement society),它为这种类型的集体行动(collective action)提供了肥沃的土壤。有鉴于此,我们需要探讨一下有关社会运动的各种社会学理论。

二　社会运动的相关理论阐述

在20世纪的大部分时间里,社会学家都把社会运动看作一种很不寻常的现象。与骚乱、聚众和革命等其他形式的集体行为一样,社会运动似乎处于这门学科的边缘

(Tarrow 1998)。随着20世纪60年代新一轮社会运动浪潮的兴起,这种情况开始改变,这一浪潮吸引了新一代社会学家去理解和说明它们。而当他们这样做的时候,就发现既有的理论似乎不足以完成任务。想知道为什么,我们必须浏览一番社会运动理论的领域。

(一)集体行为与社会不安　社会学的芝加哥学派常被认为是第一个系统地勾勒了各种形式的**集体行为**(collective behaviour)的学派,并且从20世纪20年代起,把这些形式发展成为一块专门的研究领域(Della Porta and Diani 2006)。芝加哥传统中的学者,包括罗伯特·E. 帕克、欧内斯特·W. 伯吉斯以及赫伯特·布鲁默,都把社会运动看成社会变革的**行动者**,而不仅仅是它的产物。在这个意义上,他们开始以更有成效的方式从理论上阐述社会运动。

赫伯特·布鲁默是芝加哥传统中的符号互动论领域首屈一指的社会运动分析家。他提出了一种关于**社会不安**(social unrest)的理论,来解释社会运动这种在正式的党派政治和利益表达领域之外的非常规性抗议活动。究其根本,布鲁默认为,所有形式的社会运动都是由人们对当下社会某些方面的不满驱动的,他们试图予以矫治。而他们这么做的时候,也是在努力打造一种“新型生活秩序”。布鲁默(Blumer 1969: 8)指出:

> 社会运动可以被看成建立一种新型生活秩序的集体事业。它们肇始于一种不安的状况,其动力一方面来自对当下生活样式的不满,另一方面源于对新的生活图景的憧憬和希望。一股社会运动的演变轨迹,描画了一种新型生活秩序的兴起。在起始阶段,社会运动缺乏轮廓,组织薄弱,没有形式;集体行为尚处初始水平……随着社会运动的发展,它显现出一个社会的特征。它获得了组织和形式、一套惯例和传统、确立的领导、稳定的劳动分工、社会规则与社会价值观——简言之,一种文化,一个社会组织,一幅新的生活图景。

布鲁默将社会运动视为社会不安的理论有几个重要论点。他认识到,运动可以是“行动性的”或者外向发展的,以改变社会为目标,也可以是“表意性的”或内向发展的,试着改变参与其中的人。前者可以劳工运动为例,它试图用平等主义的方式彻底改变资本主义社会,而后者则包括“新纪元”运动,鼓励人们改变内在的自我。事实上,大多数社会运动兼具行动性与表意性的要素,因为在改变社会的运动中,运动的积极分子和支持者的自我认同也会产生变化。例如,许多环保运动的目的在于防止对环境的破坏,但它们往往使人们对自然界的认同感不断增强,从而转变了人们对于自我的感知。

布鲁默还认为,社会运动有一个“生命周期”,包括四个接续的阶段。首先是“社会发酵”(social ferment),在这一阶段,人们对某项议题产生不安,但相对缺乏焦点,也没有什么组织。它会发展到“大众兴奋”(popular excitement)阶段,不满的源头得到更为清晰的界定和理解。在第三阶段,通常会建立起正式的组织,带来更高水平的协调和更有效的运动结构。最后到来的是“制度化”(institutionalization),运动开始被接受,成为更广阔的社会和政治生活的一部分。当然,有些运动部分成功了,也有些运动完全失败了。有些持续了很长一段时间,也有些纯粹由于资金或者热情耗尽而结束了它们的生命周期。关于生命周期的理论已被证明大有裨益,并且是近来很多研究的核心,在美国尤其如此,这表明布鲁默的作品还在对社会运动研究发挥影响(Goodwin and Jasper 2002)。

这种互动论路数有一个问题,就是它虽然认为运动是富有意义的现象(这在当时已属明显突破),但是它的研究没有去探讨运动积极分子的理性决定和策略。这个面向留给了后来的学者去探索。此外,批评者指出,虽然这种路数产出了一些关于特定运动的详细的个案研究,但是大多属于描述性叙述,并未给予能将社会运动的活动与社会结构的改变联系起来的说明足够的重视(Della Porta and Diani 2006)。

(二)资源动员 美国和欧洲的社会运动研究传统往往颇为不同。在美国,社会运动的研究采用的是某种形式的理性选择理论,这一理论假定个体权衡他们面对的各种选择而做出理性的决策。然而在欧洲,像我们稍后将看到的一样,注意力更多地集中于社会运动与社会阶级之间的关联。有人提出,美国的路数主要(尽管绝非只是)关注运动是怎样被组织起来的,而欧洲的路数考虑的是为什么社会运动会在那个时候兴起(Melucci 1989)。

最有影响力的美国视角之一是**资源动员理论**(resource mobilization theory, RMT)。资源动员理论产生于20世纪60年代晚期和70年代,在一定程度上是对将社会运动描绘为“非理性的”现象的社会不安理论的回应。为反对这种观点,资源动员理论的倡导者认为,运动参与者以理性的方式行动,并且运动是有目的而不是混乱无序的(Oberschall 1973; Tilly 1978; Zald and McCarthy 1987)。资源动员理论家提出,资本主义社会在部分公众中引发了长期的不满,这使得社会不安理论很成问题。如果社会不安始终存在,就不能诉诸它来说明运动何以兴起。不满转化为动员和社会运动的关键在于,是否能够获取必要的资源来发动有效的运动。施托尔很好地刻画了这一点(Storr 2002:82):

> 资源动员理论的核心见解其实非常简单:社会运动需要资源。假设你和我是一场社会运动的成员。如果我们想要召开会议,我们需要有地方举办它。如果我们想要宣传一场抗议行动,比如一场示威游行,我们要能够制作传单、海报或广告,然后大量复印并广为散发。如果我们想预定聚会场所或联系印刷方,

我们可能需要一部电话，以及支付所有这一切的经费。除了这些物质资源，如果我们能利用其他不那么有形的资源，比如一本记满有用联系方式的通讯簿，海报设计或网站建设的实用技巧，甚至仅仅是投身我们的活动所花的时间和精力，我们就更有可能成功。按照资源动员理论，我们能够动员的资源越多，在推动社会变革时，我们就越有可能获得成功。

依据资源动员理论，政治上的不满本身不足以引发社会变革。没有资源，不满不会变成社会中的一种行动性力量。资源动员理论的确有经济主义的味道，看到了社会运动和竞争性市场经济的相似之处。也就是说，这个理论将社会运动描绘成在一个包括各种运动的竞争性领域内运作，即“社会运动产业”，在其中它们彼此竞争稀有的资源，特别是成员和活跃分子。因此，社会运动组织会发现，它们与其他社会运动组织处于竞争之中，其中有些看起来似乎有着相同的目标。

尽管资源动员理论有助于填补社会不安理论留下的空白，产出了关于运动和运动组织如何获取资源以及动员宣传的详细研究，但批评者仍然认为，这些阐释并不全面。尤值一提的是，资源动员理论未能充分认识到，后工业趋势或全球化过程等宏大的社会变迁对社会运动产生了深广的影响。例如，日益全球化的政治环境意味着，英国传统的保护组织，比如“国民托管组织”(National Trust)，受到“绿色和平”等新环保组织的挑战，后者的意识形态以及国际性宣传攻势似乎更加契合变化中的环境。

对于那些凭借非常有限的资源取得成功的社会运动，资源动员理论也没有什么说明。皮文和克洛尔德(Piven and Cloward 1977)分析了美国的“穷人的运动”，比如20世纪30年代的失业工人、50年代的黑人民权、60年代末和70年代的福利运动。令人称奇的是，他们发现这些运动的主要成就是在其形成阶段取得的，在它们被很好地组织起来之前。这是因为，早期阶段的积极分子非常热情，参加了罢工和静坐之类的许多直接行动。然而，一旦它们被更有效地组织起来，直接行动就变少了，(马克斯·韦伯及罗伯特·米歇尔斯所描述的那种)“科层制的流弊”(dead hand of bureaucracy)占了主导，运动失去了势头和影响。这与我们基于资源动员理论产生的预期完全相反，表明有时资源的缺乏可以转化为一场运动的优势。

批判性思考

从行文至此讨论过的社会运动中选择一个，考察它的历史、发展和成功之处。运用资源动员理论去分析这些材料，说说这场运动是怎样被组织起来的，其成功或失败的原因又是什么。哪些方面是资源动员理论没有述及的？

经典研究 21.2

尼尔·斯梅尔塞论理解社会运动

研究的问题 社会运动已经变得十分普遍,你自己也可能参加了一个或更多的社会运动。它们常常不期而至,让社会学家感到惊讶,但是它们也可能以大致相同的方式消散。这是否意味着它们的兴起纯属随机,是凑巧和不可预测的情境的产物?它们可能与更为广泛的社会变革有怎样的关联?我们能否提出一套关于运动兴起与发展的一般理论,来帮助我们更好地理解这一过程?社会学家尼尔·J. 斯梅尔塞与塔尔科特·帕森斯合作,从结构功能主义的视角研究了集体行为,目的就在于建立这样一种有关社会运动的一般理论。

斯梅尔塞的说明 斯梅尔塞(Smelser 1962)提出了结构性紧张(structural strain)的理论,来阐释社会运动的兴起,尽管其视角的独特之处在于它相当于一种"**增值模型**"(value-added model)。这种想法来自经济学理论,认为社会运动产生于一个具有一系列可识别阶段的过程,每个接续的阶段都呈现出"值的增加"。该模型认为,每个阶段都为集体行为或者社会运动的发生增添了一分可能性。就此而言,斯梅尔塞的观点是多因论的,反对所有认为由单一原因导致社会运动的观点。这是社会运动研究中一个非常重要的时刻。

斯梅尔塞提出,要想发展成一股社会运动,有六个"增值"因素是必需的。

1. **结构性有利条件**(structural conduciveness) 所有社会运动都发生于一个更广阔的社会环境,而这种结构性环境必须有助于运动的形成。例如,在威权社会中,人们可能很少有机会大规模地聚集在一起,或者合法地抗议他们所反对的事物。所以,政权的反对者或许会寻找另一种不那么公开的方式去推动变革。这种情境对于社会运动的活动就并非结构性有利条件。

近年来,社会运动学者运用"政治机会结构"(political opportunity structure)的概念,来描述政治体制如何创造或者剥夺运动的发展机会(Tarrow 1998),而这个概念显然对斯梅尔塞早前的观点多有借鉴(Crossley 2002)。

2. **结构性紧张**(structural strain) 如果社会结构有利于集体行为,那么在人们的期望与社会现实之间就需要存在某种紧张。当人们期待或者受引导去期待社会的特定事物,而这些期待又不能实现时,挫败感就出现了,人们开始寻求其他的途径来达成愿望。

3. **概化信念**(generalized beliefs)　斯梅尔塞认为,如果前两个条件都得到满足,为了使人们相信需要加入或形成一场社会运动,就必须发展并传播关于紧张的致因的概化信念。他认为这样的概化信念常常是很基本的,基于愿望的实现,而不是经过理性思考得来的。

4. **触发因素**(precipitating factors)　这些事件本质上就是引燃抗议行动烈火的火花。这方面的一个范例就是,在1955年的美国,罗莎·帕克斯被从一辆种族隔离的巴士上带走,这个行动触发了一系列抗议,成为黑人民权运动的一个关键事件。触发因素有助于潜在的支持者更为直接地看到社会性紧张。没有它们,运动的形成过程或许会拖延很长的一段时间。

5. **动员行动**(mobilization for action)　见证了触发事件后,下一个要素就是通过建立一个活跃的社会网络进行有效的沟通,使积极分子能够开展一些活动,比如撰写和分发小册子、组织示威游行、收取会费等,这些是成功抗议和组织建设所必需的。所有这些活动,都需要更高水平的沟通和社会联络。

6. **社会控制的失败**(failure of social control)　在斯梅尔塞的模型中,最后的决定性因素是社会控制力量的反应。是封杀一场方兴未艾的社会运动,还是创造机会让它发展,当局的反应可谓至关紧要。有时当局的过度反应可能会鼓舞其他人去支持这项运动,在我们这个受媒体支配的时代就更是如此。例如,1972年,绿色和平运动的积极分子登上"绿色和平第三代"的彩虹勇士号,遭到了重拳打压,传媒大面积报道,给人们留下一种大卫与歌利亚对抗的印象,这让很多人加入了受压迫的一方。然而,如果人们感觉继续下去风险太大,严酷的镇压措施有时可能使初兴的社会联络终止。

批评的观点　斯梅尔塞的理论遭到了抨击。他的模型集中关注概化信念,意思是说,个体会出于非理性的原因而发动一场社会运动,而这源于他们对周遭情境的误解。这便重新落入将运动视作不正常或边缘现象的窠臼。斯梅尔塞之后的社会运动研究已经转向把积极分子看作权衡行动成本与收益的理性行动者(参阅 Olson 1965),而社会运动则是社会生活的重要部分,并非边缘性的。斯梅尔塞的理论在取向上也是结构功能主义的,就是说对社会运动的讨论限定于在迅疾的社会变革时期,其具有怎样的适应性功能。这些运动使人们确信,一些措施正被引入以处理他们所担心的事情。但是这种理论间接承受了针对帕森斯功能论的抨击,或许有欠公允,直到最近才有进一步的发展。

是激励还是打压进一步的行动,政府以及权威部门对于社会运动抗议的反应可谓至关重要。

当代的意义 斯梅尔塞有关社会运动的研究,近些年受到了应有的更多关注,正在经历某种复兴。它毕竟提供了有关运动形成的一种多因模型,就连批评者从中也有所借鉴,比如资源动员理论、政治机会结构以及框架分析中的一些观念,这些都被证明大有裨益(Crossley 2002)。同样,他的模型将运动的行动主义与社会结构相关联,并且可以深刻洞察新兴社会运动的崛起。我们早该重温这些富有启发的观点。

(三)新兴社会运动 20 世纪 60 年代晚期以来,全球各地的社会运动呈现爆炸式增长。其中,有 20 世纪 60 年代的学生运动、60 年代和 70 年代的民权运动和女性主义运动、80 年代的反核运动和生态运动、90 年代的同性恋权利运动,以及其他很多运动。这些运动常被欧洲学者统称为**新兴社会运动**(new social movement, NSMs)。这是因为,它们被视为开创了一种新的社会运动**类型**(Touraine 1971,1981)。新兴社会运动理论试图解答它为什么会发生的问题,这种路数在某些方面与资源动员理论形成了互补,后者研究运动如何筹集并利用资源。然而,此语境中的"新兴"并不仅仅意味着"当代"。据说,新兴社会运动与"旧式"运动主要有四个方面的不同,我们现在将予以概述。

1. 新的议题

新兴社会运动将一些新的议题引入了政治体系,其中许多是与单纯物质方面的自我利益相对无关的。这些议题关心的是“生活质量”，包括全球环境状况，动物福利和动物权利，和平（无核）的能源生产，以及与同性恋权利和身心障碍人士运动有关的“认同政治”。

对于新兴社会运动的理论家来说，这些运动反映了一场非常宏大的从工业社会迈向后工业社会的社会转型。工业时代的政治关心财富的创造及其分配，而后工业时代的政治则聚焦于后物质（post-material）的议题。罗纳德·英格尔哈特（Inglehart 1977，1990）在超过 25 个工业国家中做了有关社会价值观的调查，发现年轻世代展现出了后物质价值观。也就是说，他们将维持舒适生活的某种物质标准视为理所当然，更可能关心生活品质而不是生活水准。

英格尔哈特认为，这种价值观上的“缓慢的”代际转变，能用几个因素来说明。1945 年以后出生的一代人，没有经历过父母辈的萧条与艰辛，也没有对于战争的亲身体验。他们习惯于战后的和平与富裕，在一种“后稀缺的社会化”环境中长大，在这样的环境下，食物匮乏的历史性难题至少看起来已经永远解决了。随着不断增长的服务业部门替代了旧的工业车间，这一代人对于劳动也有不同的体验。这些巨大的社会变革导致了“旧式”政治的死亡，迅速让位于一种“新式”的后工业的政治。

2. 新的组织形式

新兴社会运动在组织方式上似乎也有所不同。它们中有许多都采用了一种宽松的形式，拒绝了早期社会运动理论家所认为的对于成功来说必不可少的正式组织形式。新兴社会运动看起来更像人们的松散网络。除此之外，它们似乎没有单一的中心或总部，更喜欢一种多中心的或者“多头的”结构。这就意味着，如果一个地方性团队违法并且面临起诉，网络的其他部分仍能继续运行，但是这种结构也适应了积极分子的情感需求，他们往往更加年轻，并且有着后物质主义的价值观和认同。

在阿尔贝托·梅卢奇（Melucci 1989）看来，这种组织形式本身就传递出某种讯息，即在象征意义上抛弃了具有侵略性男性特质的科层权力政治，此类政治的代表就是工会和党派政治。捷克共和国首任总统瓦茨拉夫·哈维尔（Havel 1988）将此描绘为一种反等级的、“反政治的政治”。使这种新形式与众不同的是一种自我设限（self-imposed limitation）。新兴社会运动并不寻求掌控国家，或是运用国家权力来变革社会；相反，它们直接诉诸公众。这种策略被称为“自限性激进主义”（self-limiting radicalism），它与以国家为中心的社会主义政治和劳工运动形成了鲜明的对比（Papadakis 1988）。

3. 新的行动剧目

跟其他所有社会运动一样，新兴社会运动也采用了多种形式的抗议行动，从政治游说到静坐以及替代性节日庆典等,但是它们的“行动剧目”(action repertoire)的标志之一,就是非暴力、象征性的**直接行动**(direct action)。许多行动的目标在于将社会之前不为人所见、不为人所知的一些方面展现给公众。例如,在英国的反对倾倒有毒废料的运动,在纽芬兰的反对宰杀小海豹的运动,反对为了修公路而破坏森林的运动,或者反对出现障碍环境(disabling environment)的运动,所有这些都向人们展示了他们可能尚未意识到的问题。新兴社会运动利用新兴数字媒体来赢取支持,比如拍摄抗议活动,将视频传到网上,借助社交媒体和发送短信组织运动,鼓励普通人参与政治。这些努力很好地阐明了梅卢奇(Melucci 1985)的观点:新兴社会运动是一些沟通形式,即向社会传递某些“讯息”,对现存的政治体制提出象征性的挑战。

4. 新的社会支持者

最后,有关新兴社会运动积极分子的许多研究业已表明,1945 年之后,占据主导地位的是一群“新型”中产阶级,他们工作于福利国家科层机构,创意性和艺术性领域,以及教育领域(也包括许多学生)。这个发现使得一些人将新兴社会运动的行动主义说成是某种形式的“中产阶级激进主义”(middle-class radicalism)(Cotgrove and Duff 1980)。许多大型的游行,像反对核武器或保护动物等,吸引了退休人士、学生、初次抗议者、女性主义者、无政府主义者、社会主义者、传统的保守派以及其他各式各样的人,组成了“彩虹联盟”[①]。然而,似乎工人阶级并没有大量参与。这再次表明,相对于工业时代以工人阶级为基础的运动,已经出现了显著的变革(Eckersley 1989)。

许多观察者认为,新兴社会运动是后工业社会的独特产物,并且与早前的集体行动有根本差异。我们可以从“民主的悖论”(paradox of democracy)的角度来看待新兴社会运动。尽管对传统政治的信任似乎渐趋衰微,但新兴社会运动的增长证明,人们并非像有些时候说的那样对政治无动于衷或不感兴趣。相反,他们有一种信念,认为直接的行动和参与比依赖政客更为有用。人们正前所未有地支持社会运动,认为通过这种方式,可以凸显复杂的道德议题,并把它们置于社会生活的中心。就此而言,新兴社会运动或许正在重振民主的活力,处于强健的公民文化或市民社会的核心(Habermas 1981)。

新兴社会运动理论已经引来一些尖锐的批评。所有以上被确定为所谓“新兴”社会运动的特征,都能在“旧式”社会运动中找到。例如,后物质价值观明显存在于 19 世纪的一些小型公社中(D'Anieri et al. 1990)。对缔造认同的关注也是所有民族主义运动与早期妇女运动的一个关键维度,或许还是决定性的维度。这些历史证据使得卡尔霍恩(Calhoun 1993)辛辣地将这些旧式社会运动说成是“19 世纪早期的新兴社会运动”。

---

① “rainbow coalition”,这里并非特指同性恋者权益组织,而是泛指少数派联盟。——译者注

其他人则认为,新兴社会运动的理论家操之过急,想从薄弱的经验证据中得出激进的结论。随着时间的推移,一些新兴社会运动已经发展出正式的组织,并变得愈发科层化,超出了理论的容纳程度。绿色和平组织就是一个极为显著的例子。绿色和平组织最初是一个由志同道合的人组成的松散网络,参与各式各样的直接行动,后来成为一个规模相当大的类似企业的组织,拥有大批成员与巨额资金。事实上,它似乎更加符合布鲁默和资源动员理论所捕捉到的那种长期演变过程。最后,甚至一些表面看似"新兴"的议题也被认为由来已久。例如,生态政治可以追溯到19世纪中期欧洲与北美的自然保护组织,或许最好把它理解成一种持久的社会运动,经历了不同的成长和衰退阶段(Sutton 2000; Paehlke 1989)。

发挥你的社会学想象力 21.2

同性恋解放运动的诞生

下面这篇庆祝同性恋解放运动三十年的文章发表于2000年。

1970年,"同性恋解放阵线"(Gay Liberation Front, GLF)在伦敦成立,这是酷儿历史上决定性的转折时刻。有史以来第一次,成千上万的男女同性恋者不再隐匿身份,默然承受痛苦。我们挺身而出,在街道上游行,宣告我们以作为同性恋者为骄傲,并且要求完全的平等。这样的事情以前从未发生过。1970年,许多同性恋者都对自己的同性恋取向感到羞耻,深藏不露。他们希望自己是异性恋者。一些人去冒牌医生那里寻求"治疗"。许多人接受了"酷儿"是次等公民的偏见。

三十年前,政府给同性恋的性行为贴上"反自然、下流的、犯罪的"标签,教会谴责同性恋为"不道德的和有罪的",医学界将我们划归为"有病的",并且需要"治疗"。同性恋者会被解雇,因为在街上接吻而被逮捕,被剥夺对孩子的监护权,在影视戏剧中被描绘为娘里娘气的滑稽人物,这些都是家常便饭,就算出现在新闻中,也只是作为谋杀者、卖国贼和娈童者。异性恋者诽谤中伤我们,把我们当作替罪羊,对我们视若无睹,并且不受惩罚。几乎没有同性恋者胆敢质疑异性恋霸权。

的确,在"同性恋解放阵线"之前,绝大多数同性恋权利活动者都伪装成异性恋,并且是请求"容忍"而不是接受。一些人宣称我们需要"帮助",而不是定罪。他们敦促异性恋者对那些被"同性恋病""折磨"的人表现出"同情"。这种满怀歉疚的自卫心态,被"同性恋解放阵线"击得粉碎。它转变了对于同性恋的态度,包括同性恋群体中的态度,也包括异性恋群体中的态度。

受"黑人权力"(Black Power)的口号"黑就是美"的启发,"同性恋解放阵线"想出了属于自己的小口号,也产生了巨大影响力:"同性恋是好的!"(Gay Is Good!)回头来看,宣称做个同性恋者也有可取之处,绝对是惊人之语。

就连思想开明的异性恋者,支持我们也大多是出于“同情”和“怜悯”。当“同性恋解放阵线”宣告“2—4—6—8! 直的弯的一样棒!”(Gay is just as good as straight!)的时候,许多人的反应是反感和恐惧。这些措辞,对各地的同性恋者来说是如此令人鼓舞,却把那些自以为是、自大傲慢的异性恋者的魂儿都吓掉了,他们总以为自己高人一等。

这种对于异性恋霸权的挑战发动了一场仍在持续的文化价值观革命。“同性恋解放阵线”颠覆了在性和人权上的传统认识。它欢乐地庆贺同性恋身份,与已经统治世界许多个世纪的异性恋道德观针锋相对。人们的常识,不加质疑的假设,总是认为同性恋者就是坏的、疯的和可怜的(bad, mad and sad)。所有那些胡言乱语的偏见在1970年被完全颠覆了。当政治家、医生、牧师和记者都把同性恋视为一个社会问题时,“同性恋解放阵线”说,真正的问题是社会的恐同症。我们要求憎恶同性恋的人去证明他们的偏见是正当的,而不是我们不得不去证明我们的存在是正当的。

跟我这一代的其他许多人一样,“同性恋解放阵线”把我变得更好,并且永不回头。当我听说“同性恋解放阵线”成立了,我迫不及待地想加入。在我从澳大利亚赶到伦敦的五天内,我就参加了自己的第一次“同性恋解放阵线”集会。一个月之后,我协助组织了它的许多机智有趣、不守虔敬、意带挑衅的抗议行动。作为“同性恋解放阵线”的一员,这是一次深层的个人解放,可以说是我生命中最激动人心、最具影响力的一段时期。

“同性恋解放阵线”独特的“抗议即表演”风格,不仅出乎意料的有效,而且非常有趣。我们收藏了一批滑稽道具和服装,包括满衣橱的警察制服以及主教的法袍和主教冠。我们的示威游行富于想象,勇敢无畏,幽默风趣,光鲜时尚,又敢于挑战,可谓寓教于乐。我们用刻薄的讽刺愚弄和嘲笑恐同者,使得即便表面上最死硬的异性恋者也意识到偏见的愚昧。

当大卫·鲁本博士的恐同性爱手册《关于性你一直想知道的一切》(*Everything You Always Wanted To Know About Sex*)出版时,作为抗议,一根12英尺长的纸糊黄瓜被送到了潘出版社(Pan Books)的办公室,该书暗示男同性恋者迷恋于用某些蔬菜塞屁股。一群同性恋修女闯入了基督教道德运动人士玛丽·怀特豪斯在威斯敏斯特中央大厅组织的灯节(Festival of Light),当其中一名演讲者马尔科姆·马格里奇贬低同性恋者,说“我不喜欢他们”(这种感觉是相互的)时,她们开始互相亲吻。而在皇家阿尔伯特音乐厅(Royal Albert Hall)举行世界小姐比赛的当晚,“同性恋解放阵线”传奇的街头戏剧组在外面的街道上演了一场替代性庆典,扮演了“被使用小姐”(Miss Used)、“被怀孕小姐”(Miss Conceived)以及“被代表小姐”(Miss Represented),加上一位挨饿的“孟加拉国小姐”和一位流血绑着绷带的“北爱尔兰小姐”。

“同性恋解放阵线”的一次示威游行。

面对有歧视行为的人，我们采取更严厉的公民不服从行动。我们在拒绝服务“男同性恋”(poofs)和“女同性恋”(dykes)的酒吧组织自由之行[①]和静坐抗议。当精神病学家汉斯·艾森克教授宣传用电击疗法来“治疗”同性恋，我们去砸了他讲座的场子。

“同性恋解放阵线”除了进行富有战斗精神的抗议，还开创了许多我们现在认为理所当然的同性恋社群机构。它建立了第一条由同性恋者运营并且为同性恋服务的帮助热线(后来成为“同性恋热线”［Gay Switchboard］)，第一项支持同性恋者的心理咨询服务(“破冰者”［Icebreakers］)，第一份同性恋报纸(《同志新闻》［*Gay News*］)。这些机构和许多其他先驱机构协力塑造了我们今天所知的同性恋社群，使男女同性恋者的生活产生了巨大的积极变化。

三十年过去了，朋友们，我们已经走过了一段漫长的路！当我们回顾自1970年以来男女同性恋者在自由方面取得的巨大进步时，让我们也骄傲地牢记，“同性恋解放阵线”是一切开始的地方。

资料来源：Tatchell 2000。

① “freedom rides”，原指为争取公民权利，民权活动者去美国南方各州乘坐实行种族隔离的交通车辆作示威性旅行。——译者注

批判性思考

在彼得·塔切尔的叙述中，有哪些证据表明“同性恋解放阵线”属于一场新兴社会运动？回想布鲁默对“行动性的”和表意性的运动的区分，你会如何概括男女同性恋运动的特征？

三　全球化与“社会运动社会”

尽管对新兴社会运动理论的批评接连不断,但很显然,当今的社会运动所处的历史情境与此前的非常不同。尤值一提的是,全球化进程意味着有可能建立跨越国界的、更为直接的系统性关联,有了这一点,真正的跨国社会运动或全球社会运动才有了可行性。

新兴社会运动的崛起也反映了人类社会面临的一些变化不定的风险。社会运动的条件正在成熟,因为传统政治制度越来越无力应付它们面临的挑战,比如气候变化。现存的民主政治机构似乎没有能力应对这些新的问题和挑战,因此,它们常常遭到忽视,直到危机充分酝酿,迫在眉睫。

这些新型挑战与风险的效应逐渐累积,可能使人们愈益感到,置身迅疾的变革,自己正在“失去对生活的控制”。个体会感觉更加缺乏保障,更加孤立,两者结合在一起便导致了一种无力感。相比之下,企业、政府和媒体似乎支配了人们生活中越来越多的方面,使人们愈发觉得身处一个失控的世界(runaway world; Giddens 2002)。人们越来越意识到,如果任由全球化以其自身的逻辑发展下去,将会给公民的生活带来更大的风险。

处在数字革命之中,社会运动能够在巨大的地区性和国际性网络中联合起来,这些网络包括非政府组织、宗教与人道主义团体、人权协会、消费者保护倡导者、环保积极分子,以及其他推行公共利益的组织。当事件发生时,这些电子网络具备空前的立即做出反应的能力,获取并分享信息资源,与此同时,作为它们运动策略的一部分,会对企业、政府以及国际机构施加压力。

例如,2003 年 2 月,世界各地多座城市爆发了声势浩大的反对入侵伊拉克的抗议活动,这些活动很大程度上是经由基于互联网的网络(Internet-based networks)组织起来的,类似的还有 1999 年在西雅图举行的反对世界贸易组织的抗议活动,2001 年在热那亚发生的针对世界首脑峰会的场外抗议。同样,2001 年在巴西阿雷格里港(Porto Allegre)召开的“世界社会论坛”(World Social Forum,参看“全球社会 21.1”),是促成一种“更具新意的社会运动”的因素之一(Crossley 2003),论坛旨在提供一个全球空间,讨论进步的政治在当下意味着什么。更近一些的是,埃及积极分子阿斯马·马赫福兹制作了一个如今已经走红的脸书视频播客,在 2011 年 1 月成千上万的埃及人占领解放广场一周之前上传,被认为鼓动了很多年轻人参与运动。

西德尼·塔罗(Sidney Tarrow)拒绝接受新兴社会运动理论所宣称的一些新特点,但他指出,“所谓新,在于它们拥有更多可以自由支配的资源,更容易接触到传媒,能更加经济便捷地进行空间流动与文化互动,还可以号召与运动相关的不同类型的组织彼此协作,以利于迅速组织起来的议题宣传活动”(Tarrow 1998:207-208)。承认这些变革,给我们带来了一幅“社会运动社会”的前景,在这样的社会中,过去有国界之分的社会运动正逐步被无国界之分的运动所取代(Meyer and Tarrow 1997)。

全球社会 21.1

“世界社会论坛”的三个面向

以下是安东尼·巴尼特 2007 年发表在“开放民主网”(openDemocracy)上的文章。

一个法国年轻人告诉我,“世界社会论坛”与三件事情有关。我们当时正一起从肯尼亚回国。自 2001 年 1 月在巴西阿雷格里港召开首次会议以来,他参加了论坛的绝大多数会议。他告诉我,这三件事是抗议、联络以及建议。

抗议强权　在论坛创办初期(“9·11”事件发生之前),抗议所针对的是在达沃斯举行的“世界经济论坛”(World Economic Forum, WEF),后者似乎是在赞颂政府治理的终结,市场驱动的“新自由主义”资本主义的胜利,以及它所导致的不受约束的不平等。这是 1999 年 11 月破坏世界贸易组织西雅图会议的战斗的余波。为对抗达沃斯论坛而创立的“世界社会论坛”,在世界人民反对世界经济秩序预设的名义下,确保了新世纪以一种多国立场揭开序幕。

自 2001 年起,直至今年(2007 年),“世界社会论坛”日益壮大,而且无疑已经转变了议程,以确保权势集团不会一统天下。它的成就令人瞩目。2004 年,“世界社会论坛”在孟买举办,并动员了大量的印度组织。2005 年,它重返阿雷格里港。2006 年,论坛转为区域性或者说是“多中心”的:委内瑞拉的加拉加斯、巴基斯坦的卡拉奇以及马里的巴马科。造成这一状况的原因之一是,下一轮完整的世界论坛已经决定在肯尼亚召开,这样可以给组织者充足的时间做好准备,改进其落后的基础设施……不同于 1999 年在西雅图进行的纯粹抗议动员(或计划中的针对 2007 年 6 月在德国偏远的波罗的海度假胜地海利根达姆举行的八国集团会议的抗议动员),“世界社会论坛”是一种积极的抗议形式,它给“贫民”以发言权,是团结贫困者共同斗争的典范平台。

…………

联络非洲 令我印象深刻的是第二种角色,即作为交往联络的盛会。泛非新闻网站“潘巴祖卡新闻”(*Pambazuka News*)的费罗兹·曼吉(Firoze Manji)感到,这里缺少一种政治的力量,这让他有些失望,也令他怀疑肯尼亚内罗毕的“世界社会论坛”是否“只是另一场非政府组织集会”。但是,还有什么别的地方,可以让致力于建造一个更美好的世界的各界人士聚集在一起呢?组织者事先声称会有15万人参加论坛。但当论坛正式召开时,组织者说只有5万人与会。我怀疑,包括肯尼亚人(但不包括卖水的小贩)在内,是否有超过2万人参加了论坛。

但是,让世界各地的2万人来到赤道非洲,仍旧是一个成功。各种看法、观点、服饰、兴趣、信仰和背景在众多对话中汇聚碰撞,令人赞叹,气氛友好,正如苏珊·理查兹(Susan Richards)和索拉娜·拉森(Solana Larsen)在“开放民主网”报告和博客中所描述的前几次“世界社会论坛”那样。

…………

思及长远 这让我们触及了“世界社会论坛”的第三种角色。发起抗议和建立联络之后,它又会提出什么样的建议呢?托马斯·彭尼亚(Thomas Ponniah,他2003年2月接受了“开放民主网”有关“世界社会论坛”本质的一次采访)在关于政治的未来的小型讨论会上提出了这样的问题:“我们花七年时间形成了一种全球意识。但问题在于:下一步怎么办?”

…………

但是,彭尼亚的问题仍然没有一个答案。在不同的专业领域都有战略性的思考。在小型讨论会中存在关于参与程度的争论。华盛顿政策研究所的艾米拉·伍兹(Emira Woods)主张,“草根运动、国家运动以及全球性运动都可能对政府产生影响”。在一次关于贯彻联合国第1325号决议以提升女性地位(我曾在博客中提到)的专门讨论会中,科拉·韦斯(Cora Weiss)呼吁“紧密扣合议题的参与、批判性思考以及整体性思路”。在内罗毕便有“参与”。所谓“整体性思路”,往往只是不假思索的“反对所有形式的剥削”。在那种总体的运动层面上,是几乎没有战略性思考的。

…………

《卫报》的经济编辑拉里·埃利奥特(Larry Elliott)觉察到,在“达沃斯论坛”上,“未来的倒退已不仅仅是些微迹象:掠夺非洲,排挤市民社会,对地缘政治的关切凌驾于人权之上”。如果真是这样,“世界社会论坛”就需要继续以一种能引起世界关注的方式,对全球未来发出自己不同的呼吁。它的国际委员会应会非常关注这种呼吁渐遭冷落的趋势。

资料来源:Barnett 2007。

批判性思考

“世界社会论坛”被认为在抗议和联络方面比在提出建议方面做得更为成功。为什么会这样? 有什么证据能表明,“世界社会论坛”是超越民族国家的全球性民主的先兆?

“世界社会论坛”凭其民主原则给了我们实现这种可能的一个示例(参见“全球社会 21.1”),但重要的是要认识到,基地组织作为一个恐怖主义的社会运动组织,其全球网络也给出了另一种示例(Sutton and Vertigans 2006)。我们完全无法确知,这个方兴未艾的社会运动社会是否会广泛采用非暴力形式,后者是 20 世纪 60 年代至 70 年代工业化世界中那些新兴社会运动浪潮的特点。事实上,更易获得自身发展所需的武器以及信息所展示出的是一种更为可怕的前景:一个暴力性的社会运动社会。

有关人类事务中的暴力的更为广泛的讨论,参见第二十二章“民族、战争与恐怖主义”。

近年来的社会运动发生了根本的转变。卡斯特(Castells 1997)考察了三宗社会运动的实例,尽管它们各自的关注点和目标完全不同,但都因为有效地利用了信息技术,引起了国际社会对其事业的关注。墨西哥的“萨帕塔运动”(Zapatista)、美国的“民兵”(militia)运动以及日本奥姆真理教都使用了传媒技巧,来传播自身反对全球化影响的讯息,表达失去对自己命运的控制的愤怒。

如果没有互联网,萨帕塔运动就还是墨西哥南部一股孤立的游击活动。然而,1994 年 1 月,在他们发起武装起义的数小时之内,本地、国内乃至国际上各种声援群体纷纷现身网络以推动他们的事业,并谴责墨西哥政府对其的严酷镇压。萨帕塔主义者利用无线电通信、录像以及传媒访谈来表达他们对北美自由贸易协定(North American Free Trade

Agreement, NAFTA)等贸易政策的反对意见,因为这将使瓦哈卡(Oaxaca)和恰帕斯(Chiapas)两州身陷贫困的印第安人进一步被排斥在全球化的好处之外。最终,他们迫使墨西哥政府与之展开谈判,并提请国际社会关注自由贸易给当地人造成的危害(Castells 1997)。

小 结

在最近几十年,政治领域显然发生了一些重大变化。民主制在世界范围内变得更为广泛,但在很多早已确立代议制民主的国家中,许多选民的参与热情却逐渐冷却。而在另一方面,社会运动蓬勃发展,给主流的运动带来了新的议题与运动手法。传统的左右政治划分现在也模糊了许多。出于环保的考虑而反对修桥筑路,这种立场算右翼还是左翼?而主张动物拥有权利的人,在政治上是左还是右呢?这些议题似乎打破了旧有的政治分野,特别是在环保事例中,它们越来越关乎年轻世代,而非基于工作场所的旧式物质主义政治。

2008年开始的金融危机使我们认识到全球经济一体化的程度之深。但它也暴露出,政治协调和全球治理大大落后于现实。即使在欧盟这样的区域集团中,逢到困难时期,国家利益往往占据主导,而恰恰是在这样的时候,亟需为了集体利益展开协调行动。例如,如何才能最好地援助严重负债的希腊,又该由谁来提供救助资金,在这样的问题上,欧元区国家陷入了严重分歧。要设计出一套全欧范围的计划,在行动路径上达成共识,并协力予以贯彻实施,这一过程可谓一波三折,并给全球金融市场带来了更大的不确定性。这个世界要建立起切实有效的全球治理形式,似乎还有漫长的道路要走。

然而,全球危机及其后续影响也可能产生某种意外后果。它无疑表明,在一个逐渐全球化的世界中,我们需要重新梳理“国家利益”的概念。国际合作不再是可有可无,也不再是与国家利益对立的。与此类似,越来越多的人为气候变化证据表明,要想以最佳方式服务国家的自我利益,就必须达成全球共识。今天,追求“国家利益”越来越要求各国政府共同努力,创造能够更为有效地管理集体事务的全球治理形式。

本章要点

1. 什么使政治社会学成为一块独特的专门研究领域？

2. 是什么将公民与民族国家相维系？为什么民族国家成为最常见的政府管理舞台？

3. “权力是即使面对其他人的抵抗也能实现自己目标的能力。”这是谁的权力观点？概述斯蒂文·卢克斯讨论的权力的另外两个维度。

4. 在威权制国家，你会如何概括政府和民众之间关系的特点？

5. 在代议制民主的体制下，“人民”如何切实地“统治”自身？

6. 老牌的民主体制面临的主要问题是什么？这些问题是否可能得到解决，或者你认为它们在未来还会恶化？

7. 请概述科层体系可能给民主政治带来的问题。

8. 何为精英理论？它对于说明当代社会有多大意义？

9. 在过去大约四十年间，以阶级为导向的政党政治体系发生了什么样的变化？选择一个国家为例，有哪些证据表明，阶级和政党之间的关联被削弱了？

10. “全球治理”的含义是什么？它的可行性怎样？实行起来面临哪些障碍？

11. 什么是社会运动？给出一些旧时的以及晚近的例子，看看它们如何寻求社会变革与政治变革。

12. 描述关于社会不安、社会紧张以及资源动员的社会运动理论。利用这些视角的概念“工具箱”来分析一次社会运动。

13. 列举“新兴社会运动”与“旧式”社会运动有哪些方面的差异。“社会运动社会”的含义是什么，全球化对实现这一点会起什么作用？

研究实践

从历史上看，欧盟只是一种相当晚近的政治实验。时至今日，作为一个由 28 个民族国家组成的联盟，欧盟尽管存在各式各样的问题，但也许看起来还算个成功的故事。然而，始终有那么一批“疑欧派”（Eurosceptics），反对欧盟将各国主权归拢一处，建立统管全局的法律体系，开放边界，以及其成为一个欧洲“超级国家”的雄心。这种怀疑论最强劲之处莫过于英国。英国独立党（UK Independence Party, UKIP）已经取得选举胜利，而 2016 年，投票选择脱欧的人也超过了半数。疑欧论现在是否已经“成熟”？阅读 Nicholas Startin, 2015, ‘Have We Reached a Tipping Point?’（我们是否已经抵达临界点？），*Interna-*

tional Political Science Review, 36(3):311-323。该文探究了英国的疑欧派从英国政坛的局外人成为主流的演变历程。然后回答下列问题:

1. 作者如何界定"疑欧论"?

2. 英国是怎样为自己赢得了欧盟中的"尴尬伙伴"的名声?

3. 论文如何说明这一事实:反对欧盟一体化的人,在 20 世纪 70 年代主要是政治上的左派,到了 80 年代却主要是右派? 今天的立场又如何?

4. 有哪些因素可以说明疑欧论为何在英国渐趋主流?

5. 作者认为,某些全国性报纸在鼓吹疑欧论中扮演了关键角色。这种观点为何易被误解?

深入思考

时至今日,核心的政治议题在左右光谱上究竟居于何处,已然更加模糊,左与右这种根本性的政治分立也就不那么有用了。如果我相信气候变化乃是人为所致,我是左还是右呢? 如果我希望留在欧盟,我处在光谱的何处? 如果我支持全球化,又当如何? 当今之世,对于左派与右派的立场,还有哪些议题属于试金石? 甚至说,透过左与右的旧式透镜来看政治观念与意识形态,是否还讲得通?

2001 年,"政治指南针"(Political Compass)开始上线,使人能够对自己的政治态度做一番"测试"。请前往这一网址进行测试:www.politicalcompass.org/。这个指南针将人们定位在左右政治尺度和从威权主义到自由主义的尺度上。你位于何处? 你同意测试结果吗? 这些轴线在何种程度上涵盖了你的政治态度? 比照当代的各种政治观点与价值观念,诸如此类的测试有何缺失? 可以对测试做怎样的调整,以使其更为全面?

艺文探析

1. 有一句旧时的无政府主义口号,说"别投票,那只会鼓励他们"。正如我们本章所见,有证据表明,民主政治精英与他们所代表的公民之间的分歧正在增长。但是,如果大部分人真的都不出来投票,那么会怎样? 那些当权者可能会如何回应?

这一幕是葡萄牙小说家若泽·萨拉马戈的《复明症漫记》(José Saramago, 2007, *Seeing*, London: Vintage Books)一书的设定,人们大部分交了空白的选票。选举重新举行,但是同样的事情发生了,拒绝投票的人更多了。阅读小说,想想你的政府的反应是否会和小说中的类似。你认为推进什么样的改革可以避免在将来发生这样的事情?

2. 观看柯蒂斯·汉森(Curtis Hanson)导演的电影《大而不倒》(*Too Big to Fail*, 2011)。这部戏讲的是2008年金融危机如何出现,美国政府又是如何试图避免银行倒闭的。"大而不倒"是许多评论家对一些大银行的评语,政府相信它们必须出手施救,因为任由这些银行倒闭会对全球经济造成严重危害。

考虑一下电影中描绘的政府、政治家以及大公司之间的关系。电影认为谁在"掌权"?美国政府对大公司有什么权力?是否有证据表明,正如马克思(Marx 1848)曾经说过的,"现代的国家政权不过是管理整个资产阶级的共同事务的委员会罢了"?

阅读指津

凯特·纳什的《当代政治社会学:全球化、政治与权力》(Kate Nash, 2010, *Contemporary Political Sociology: Globalization, Politics and Power*, Oxford: Wiley-Blackwell)是一部出色的入门教材,会让你尝到政治社会学的滋味。迈克尔·德雷克的《面向全球化世界的政治社会学》(Michael Drake, 2010, *Politics Sociology for a Globalizing World*, Cambridge: Polity)尤其长于介绍理论。

要想获得对政治意识形态的全面介绍,安德鲁·海伍德的《政治意识形态导论(第五版)》(Andrew Heywood, 2012, *Political Ideologies: An Introduction*, 5th edn, Basingstoke: Palgrave Macmillan)写作用心,值得信赖。有关民主化,戴维·赫尔德的《民主的模式(第三版)》(David Held, 2006, *Models of Democracy*, 3rd edn, Cambridge: Polity),考察了这个概念的历史及其在现实世界中的呈现。

格雷格·马丁的《理解社会运动》(Greg Martin, 2015, *Understanding Social Movements*, London: Routledge)读来生动鲜活,有许多社会运动的当代实例,能具体展现多种理论学说。杰夫·古德温和詹姆斯·贾斯珀编的《社会运动读本:案例与概念(第三版)》(Jeff Goodwin, and James M. Jasper, eds., 2014, *The Social Movements Reader: Cases and Concepts*, 3rd edn, Oxford: Blackwell)是一部根据运动的生命周期过程精心汇编的文选。

最后,由托马斯·亚诺斯基、罗伯特·奥尔福德、亚历山大·希克斯以及米尔德丽德·施瓦茨合编的文集《政治社会学指南:国家、市民社会与全球化》(Thomas Janoski, Robert Alford, Alexander Hicks, and Mildred Schwartz, eds., 2005, *The Handbook of Political Sociology: States, Civil Societies, and Globalization*, Cambridge: Cambridge University Press)涵盖面广,足资参考。

关于政治社会学的原典文集,参阅辅助读物《社会学入门文选(第三版)》(*Sociology: Introductory Readings*, 3rd edn, Cambridge: Polity, 2010)。

网络导航

政体出版社有关本书的更多信息和支持：

www.politybooks.com/giddens

美国社会学协会(ASA)政治社会学分会——美国社会学协会自己的资源：

asapoliticalsoc.org

外交政策——设在华盛顿特区的美国网站，包含许多政治类文章与评论：

foreignpolicy.com

开放民主网(openDemocracy)——设在英国伦敦的网站，发表有关人们被如何治理的博客与争论：

www.opendemocracy.net

国际民主与选举援助研究所(The International Institute for Democracy and Electoral Assistance)——设在瑞典斯德哥尔摩的网站，提供支持民主化的信息及分析：

www.idea.int

《世界政治评论》(*World Politics Review*)——"一份每日提供外交政策、国家安全及国际事务相关讯息的网络出版物"：

www.worldpoliticsreview.com

社会运动研究网络(Social Movement Study Network)——设在美国的网站，拥有丰富资源和链接：

www.socialmovementstudy.net

第二十二章

民族、战争与恐怖主义

2015 年,美国实施空中打击之后,库尔德人“自由斗士”(peshmerga)武装力量将“伊斯兰国”武装分子赶出伊拉克辛贾尔(Sinjar)。2014 年,“伊斯兰国”宣布在该地区创立一个新的“哈里发国”。

2014 年 6 月,武装团体“伊斯兰国”,亦称“达伊沙”(Daesh),宣布创立一个新的“哈里发国”,即依照“沙里亚”或伊斯兰教法统治的国家。而该团体领袖阿布·贝克尔·巴格达迪(Abu Bakr al-Baghdadi;化名,非其真名)则成为哈里发。新的“国家”的领土包括伊拉克和叙利亚的部分地区,至少在一开始是这样的,并意欲将“哈里发国”扩展到整个中东乃至更大范围,以创立一个全球性的穆斯林共同体,或称“乌玛”(ummah)。在世界范围内,“伊斯兰国”积极分子实施了许多恐怖行动,也获得了很多支持。不过,创立一个“永续壮大的”伊斯兰国家才是主要目标(Lister 2015)。

这个团体是在 2003 年萨达姆·侯赛因的政权被推翻之后,于伊拉克最初成形的。2004 年,它与奥萨马·本·拉登的基地组织结盟。当时它被称为伊拉克基地组织(al-Qaeda in Iraq, AQI),由阿布·穆萨布·扎卡维领导。2006 年,扎卡维被杀死,新的组织成形,被称为“伊拉克伊斯兰国”(Islamic State in Iraq, ISI)。但它面临逊尼派穆斯林部落的对抗,力量遭到了侵蚀,后者反对它的暴力手段。只是在 2010 年巴格达迪成为领袖之后,“伊拉克伊斯兰国”才开始重建其武装。巴格达迪在相邻的叙利亚创建了努斯拉阵线(al-Nusra Front),并于 2013 年合并了两国的各种武装行动。他不顾基地组织和努斯拉阵线两方领导人的反对,将团体更名为“伊拉克与黎凡特伊斯兰国”(Islamic State in Iraq and the Levant, ISIL)①。

截至 2014 年中段,“伊拉克与黎凡特伊斯兰国”发动了一系列残酷袭击,占据了伊拉克的一些领土,包括费卢杰(Fallujah)和摩苏尔(Mosul)这两座城市,随即再次更名,成为“伊斯兰国”(但在许多穆斯林看来,这个团体既不“伊斯兰”,也不“国”,他们更愿意使用贬称“达伊沙”)。新的“哈里发国”宣布成立,巴格达迪要求其他所有武装团体和穆斯林宣誓效忠于作为哈里发的他本人(Burke 2015)。“伊斯兰国”在武装行动中使用极端暴力,残酷杀戮军警人员、宗教少数群体(比如伊拉克的雅兹迪人[Yazidis])、男同性恋者,以及所谓的叛教者,强迫女孩和成年女性做性奴,在摄像机前斩首西方人质,毁坏古代建筑和遗址(Byman 2015:175-177)。它广泛利用社交媒体和数字技术,从世界各地招募积极分子,奔赴叙利亚参加战斗。一位分析家指出,“没有数字技术,‘伊斯兰国’是否能问世都非常可疑,更不要说有能力存活下来并发展壮大了。因此我选择把这个新型实体称为‘数字哈里发’”(Atwan 2015:1)。“伊斯兰国”夺取了银行和石油生产设施,征税,掳夺军火,因而资源丰厚。

“伊斯兰国”作为一个逊尼派圣战组织,与基地组织在意识形态上有共同之处,但也有明显的差异。基地组织明确地将注意力集中在对“远方的敌人”即美国和欧洲实施恐怖袭击上,而“伊斯兰国”则聚焦于“近旁的敌人”,即中东各国和非穆斯林,以期“纯洁”该地区的伊斯兰教,清除外国影响。2015 年以来,“伊斯兰国”的战略已经发生转变,该团体也开始组织并协调针对欧洲各目标的攻击。团体的路数植根于萨拉菲主义(Salafist)对伊斯兰教的解读,主张穆斯林应该回归伊斯兰教最初的教义与规范,各国应当施行沙里亚教法(“salaf”的意思就是“先辈”或“先人”)。“伊斯兰国”也受到沙特的瓦哈比主义的影响,这种特定形式的伊斯兰教源于 18 世纪穆罕默德·伊本·阿卜杜勒-瓦哈卜的理念,拒绝宗教多元主义,提倡强行实施沙里亚教法。比如,在叙利亚受“伊斯兰国”控制的部分地区,基督徒被告知,他们必须转而皈依伊斯兰教,缴纳一笔特别的税,或者被杀掉。

截至 2015 年底,随着美国的空中打击协助库尔德人“自由斗士”的成员在地面收复一些领土,“伊斯兰国”在伊拉克的扩张之势已被遏制,甚至在某些地区遭到逆转。在叙利亚,以美国为首的包括法国、英国、卡塔尔和澳大利亚在内的多国部队,集中打击“伊斯

① 即“伊拉克和大叙利亚伊斯兰国”(Islamic State of Iraq and al Shams,缩写为 ISIS)。黎凡特是历史上一个边界相对模糊的区域,意为“日升之地”,包括现今的叙利亚、黎巴嫩、约旦、以色列、巴勒斯坦等地。——译者注

兰国”,消耗其资源,防止其进一步迅速扩张。在“伊斯兰国”声称击落了一架俄罗斯民航飞机之后,俄罗斯也开始打击该组织的目标,尽管它的主要目的在于支持阿萨德总统的政府对抗叙利亚内战中的其他反叛力量,而不是清剿“伊斯兰国”。2015 年,在伊拉克和叙利亚还有 20 000 名到 32 000 名“伊斯兰国”武装分子,据估计,其中多达 5000 名来自西方各国(BBC News 2015c)。“伊斯兰国”的连串成功也激发了世界范围内的许多袭击,其中包括突尼斯、土耳其、埃及、巴黎、也门、黎巴嫩和美国加州,仅 2015 年就造成了大约 1000 人死亡。

尽管遭到主流伊斯兰学者、评论家和政界人士的批评,“伊斯兰国”仍在努力创立一个新的“哈里发国”或“伊斯兰国家”,哪怕是通过极端暴力、践踏人权和恐怖主义。它或许是采用了带有基地组织风格的恐怖主义手法,但它企图进行政权建设,作为创立一个全球性哈里发国的第一阶段,这使其与过去二十五年左右涌现出的诸多圣战组织中的绝大多数都截然有别。该组织征税,有自己的军事武装,更在其夺取并控制的领土上运行沙里亚法律体系。用阿尔贝托 · 梅卢奇的话来讲(Melucci 1989),“伊斯兰国”推行自身激进主义版本的伊斯兰教,“像个国家那样做事情”,在当前实践着其期望在未来促成的变革。对巴格达迪来说,“伊斯兰民族”需要自有的国家,而“伊斯兰国”的目标就是先在伊拉克与叙利亚深耕经营,之后再向外扩张。

“伊斯兰国”的种种活动表明,世界的政治版图可谓流变不居。今天各民族国家的地图看起来跟 1945 年甚至是 1975 年的都大为不同。不管世界各国看上去可能多么牢固、“自然”或者持久,事实上,它们是人类存在(human existence)中较具流变性的方面之一。民族国家不时被创造,不时被毁灭;内战分割了既存的民族,从而导致了它们的分裂,而此前分离的众多民族国家又会组建区域集团。本章探讨民族主义、社群暴力、战争、恐怖主义以及和平进程。这些议题促使社会科学家去研究各式各样的冲突,例如发生在苏丹的冲突(南苏丹于 2011 年变成了一个独立的国家),还有以色列和巴勒斯坦之间的长期冲突。为什么以民族国家的形式寻求民族独立的欲望是如此强大?民族主义与民族内部和民族之间的战争有着怎样的关联?战争究竟是什么?是否真的存在战争“规则”,支配着可以接受的行为?

革命这一主题主要见于第二十一章“政治、政府与社会运动”,不过在以下几章中也有一些有益的简要讨论,如第一章“什么是社会学?”,第二章“社会学的提问与解答”,第三章“理论与视角”,第四章“全球化与社会变迁”,第十二章“分层与社会阶级”,以及第十七章“宗教”。

我们首先讨论民族与民族主义,看看全球化如何可能改变人们对于自身民族身份的认识。然后,我们来谈谈冲突,尤其是战争以及与之密切相关的种族灭绝,重点关注那些涉及现代民族国家的冲突。由于战争合乎逻辑地蕴含它的对立面,所以我们在本节最后,将简略回顾有关和平进程的近期学术成果。接着我们要探究一种看似在现代社会中挥之不去的现象,即恐怖主义,然后就冲突、战争与和平的未来前景得出一些尝试性的结论。

第一节

民族与民族主义

▼

历史上最为重要的社会运动中,有一些就是民族主义运动,但或许令人奇怪的是,早期的社会学家对于民族主义却兴趣索然。马克思和涂尔干都把民族主义首先看成一种具有破坏性的趋向。涂尔干主张,由现代工业引起的经济整合愈益加深,会使民族主义迅速衰弱;而马克思则认为,民族主义将会在社会主义制度下逐渐衰微。只有马克斯·韦伯投入了大量时间去分析民族主义,或者准备宣布自己就是一名民族主义者。

到了 21 世纪,民族主义不仅还活着,而且在蓬勃发展。尽管人类世界变得愈加相互依存,尤其在过去的三四十年里表现得更为明显,但这种相互依存并不意味着民族主义的终结。在某些方面,它可能还有助于深化民族主义。至于为什么会这样,晚近的学术争辩已经提出了许多对立的观点。有关民族主义、民族与民族国家的形成是在哪一个历史时期,也存在着分歧。在有些人看来,这些事情的起源要比其他人所认为的早得多。

有关原南斯拉夫地区民族主义的回潮,参看第十六章“种族、族属与移民”中的讨论。

一　民族主义与现代社会

民族主义最主要的理论家之一厄内斯特·盖尔纳(Ernest Gellner, 1925—1995)认为,**民族主义**(nationalism)、**民族**[①](nation)以及**民族国家**(nation-state)都是现代发展的产

① 个别地方译成“国族”。——译者注

物,起源于18世纪晚期的法国大革命和工业革命。民族主义,以及与之相联系的感情(feelings)或情感(sentiments),并没有深植于“人性”的根源。它们是工业主义创造出来的新兴大规模社会的产物。在盖尔纳看来,正如“民族”的观念一样,民族主义在此前的社会形式中是不曾听闻的(Gellner 1983)。

现代社会的几个特征导致了民族现象的出现。首先,现代工业社会是与经济的迅速发展以及复杂的劳动分工联系在一起的。盖尔纳指出,现代工业主义需要远比此前更为有效的国家与政府体系。其次,在现代国家,社会的基础不再是地方村落或城镇,而是一个大得多的单位,所以个人随时要与陌生人打交道。大众教育建立在学校教授的“官方语言”之基础上,是大规模社会得以组织起来并保持统一的主要手段。

盖尔纳的理论不止在一个方面遭到批评。它是一种功能主义理论,认为教育有助于造就社会一体。和更一般性的功能主义思路类似,这种观点往往会低估教育在制造矛盾与分隔上的作用。盖尔纳的理论并没有对民族主义能够引起并且确实常常引起的那些激情(passions)真正做出说明。民族主义的力量可能不仅与教育有关,而且与为人们创造一种认同的能力有关,没有这种东西,个体便活不下去。就此而言,觉察到的对于民族利益的威胁,也会被理解为是对人们自我认同的完整性的威胁。

旗帜是民族共同体及其自豪感的有力象征。然而,旗帜也会被对手愤怒地烧毁,以象征性地攻击一个民族。图为丹麦一家报纸刊登了一组讽刺先知穆罕默德的漫画后,巴基斯坦卡拉奇的穆斯林在焚烧丹麦国旗。

对于**认同**(identity)的需要当然不仅仅是随着现代工业社会的出现才产生的。因此,盖尔纳如此明确地把民族主义和民族与前现代时期分开是错误的。虽然民族主义在某些方面是相当现代的,但是它也吸收了不少可以追溯到很久以前的符号体系的情感和形式。根据当代最著名的民族主义学者之一安东尼·史密斯(Smith 1986)的看法,民族往往是直接源于早期的族群共同体,或他所称的**族类**(ethnies)。所谓“族类”,就是共享关于共同祖先、共同的文化认同以及与特定的家园相联系等的观念的群体。

史密斯指出,许多民族确实具有前现代的连续性,而且在先前的历史时期,也已经存在类似于民族的族群共同体。例如,两千多年前,犹太人就已成为一个独特的族类。在某些时期,犹太人集中聚居,形成具备某些民族特征的共同体。只是到了 1948 年,即犹太人在第二次世界大战中遭到种族灭绝以后,才创立了以色列国,标志着犹太复国主义运动达到巅峰,这股运动的宗旨就是要给散居全世界的犹太人创建一个家园。而住在以色列的巴勒斯坦少数群体,则将自身的起源追溯到十分不同的族群背景,声称以色列国的创立把巴勒斯坦人赶出了他们的古老家园。这也造成了他们与以色列的犹太人之间持续的紧张关系,以及以色列与周围大多数阿拉伯国家的紧张局势。

在与族类的关系上,不同民族(国家)遵循不同的发展模式。在一些国家,包括西欧的大多数国家,单一的族类通过扩张除掉早期的对手。因而,在法国,直到 19 世纪,人们还说着好几种语言,关联着不同的族群历史。法国政府强制学童们学习法语,如果他们说本族语言就会受到处罚。就这样,到了 20 世纪早期,法语成为占主导地位的语言,大部分作为竞争对手的语言基本上消失了。

但其中有些残存的语言坚持了下来,并且有许多还得到了官方的再次鼓励。一是法国和西班牙交界地区的巴斯克(Basque)语。巴斯克语与法语和西班牙语都大有不同。巴斯克人声称具有自己独立的文化历史。有些巴斯克人希望拥有自己的民族国家,从法国和西班牙中完全分离出去。虽然尚未达到我们在东帝汶、俄罗斯南部的车臣(Chechnya)等地区看到的那种暴力程度,但在巴斯克分离主义组织“埃塔”长达四十年的炸弹攻势中,共有大约 800 人丧生。不过,在 2011 年 10 月,“埃塔”宣布其武装斗争“最终停止”,并表示他们将转向以和平手段谋求独立。①

经典研究 22.1

诺贝特·埃利亚斯论国家形成与文明化进程

研究的问题 有些民族是如何将自身看成“文明化的”(civilized),而把其他民族看成“未开化的”(uncivilized)的呢?那些自称的“文明民族”,是如何在做出包括极端暴力和大规模杀戮这样的战争行径之后,还能保持他们文明化的自我形象的?德国出生的社会

① “埃塔”(ETA)是巴斯克语“巴斯克祖国与自由”(Euskadi Ta Askatasuna, ETA)的缩写,成立于 1959 年,原为佛朗哥时代巴斯克地区的地下组织,佛朗哥独裁统治结束后,逐渐发展成为主张暴力的分离主义组织。从 1968 年起,“埃塔”制造了一系列恐怖活动,造成大量伤亡。2011 年 10 月,“埃塔”通过媒体宣布永久停火,并强调这是“明确、坚定且永久性放弃武装对抗的承诺”。——译者注

学家诺贝特·埃利亚斯(Norbert Elias, 1897—1990)的两卷本《文明的进程》(*The Civilizing Process*)初版于1939年(Elias 2000),其中就探讨了这些议题。问世之年,并非谈论“文明化行为”的合宜之机,因为恰好此时,在短短二十五年时间里欧洲爆发了第二次战争。结果,只有当《文明的进程》英文版在1969年面世时,社会学家才开始谈论此书的深远意义。

埃利亚斯的说明　埃里亚斯的《文明的进程》开篇便是这样一种观察:文明这个概念“表达了西方人的自我意识。甚至可以说是一种民族的意识”。他继续写道:

> 总括而言,西方社会在过去两三个世纪里会相信,自身要优越于早期的社会或者同时代其他“更为原始的”社会。西方社会试图通过这个术语,去描述其特殊的性质、其引以为傲之处:技术的水平、礼仪的本质、科学知识或者世界观的发展,如此等等,不胜枚举。(Elias 2000[1939]:5)

简言之,现代西方各民族中的人们开始认为,自己的社会为文明化的行为举止确立了标准,并因此比其他类型的社会更为优越。

《文明的进程》第一卷比较了英国、法国和德国之间的异同,考察了典型的现代心理结构以及礼仪规则的发展历程。埃利亚斯使用了许多历史上的行为礼仪手册中的例证,以展示餐桌礼仪、身体功能(诸如吐痰和如厕)、性的表达以及暴力相关的行为标准是怎样缓慢变化的。他特别论证了自中世纪以来,变迁的方向是逐渐提高厌恶和羞耻的阈限水平,有许多行为先前被认为是“正常的/合乎规范的”(normal),都逐渐被看成是不可接受的。人们发展出了更为严格的内化了的自我约束,并展现出对于自己情绪的远为稳定的控制。

在第二卷中,埃利亚斯构造了一套理论来说明这些变化。他发现,关键因素在于现代初期国家形成的过程,以及日益延伸且复杂的互赖关系网络。在欧洲各宫廷中,廷臣相互竞争,要赢得声望与影响力,加诸他们身上的新的行为规则也就此以更为严密、更为持恒的方式,控制他们的情绪与暴力的骤然迸发。就这样,在廷臣中间发展出了一种更为个体化的人格类型,使他们成为第一代“现代人”(Korte 2001:29)。廷臣的这种文明化、精致化的行为举止,为上升中的资产阶级设定了标准,并最终扩散到其他社会群体。这种更为持恒、均衡和严密调控的自我控制类型,成了“第二天性”,在他人眼里,就显得颇为冷静超脱,精于计算。

17世纪和18世纪欧洲的绝对主义王朝,典型地体现出社会的愈益集中化。在对立的地区、城镇以及社会群体中的权力竞争,往往导致暴力冲突,以及最弱小的或是组织不善的群体被淘汰。其结果是,借助埃利亚斯所说的“垄断机制”(monopoly mechanism)的逻辑,发展出数量更少但是规模更大的社会单元。这类机制形成了“这样一种国家,其中所有的机会都由单一权威控制:一个机会开放的体系已经变成一个机会封闭的体系”。埃利亚斯就是这样说明现代民族国家的兴起,以及其对于武力和征税手段的垄断的(引自 Van Krieken 1998:101)。

埃利亚斯在《文明的进程》中告诉我们,民族国家的形成,以及与之相伴的日益紧密的社会关系网络,同典型的现代人格类型的出现密切相关。只有在国家对于武力的垄断化相对稳固和安全时,个体才能从婴儿期开始逐渐适应一种程度更高的新型自我控制,然后它会变成“第二天性”。

批评的观点 埃利亚斯的著作在今天已经赢得了现代经典的地位,但也受到了不少批评。理由有几点。首先,有人认为埃利亚斯夸大了现代个体与其他社会的人之间的差异。德国民族学家汉斯·彼得·杜尔(Hans Peter Duerr)提出,文明的进程的观念乃是“一个神话”。今天的人与过去的人本质上是相似的;根本不存在“未开化的”或者“原始的”人。比如,杜尔(Duerr 1988)就声称,在公共场合“裸体”从来都是引起羞耻的原因,而不是“文明”的产物。

其次,在埃利亚斯看来,究其根本,社会的过程是许多意向性行动的非计划性结果。但是批评者指出,这一假设需要经受对立面的特定案例证据的考验,并且似乎忽略了“文明的攻势”(civilizing offensives),就像那些有权势的社会精英所实施的那样(Van Krieken 1998)。最后,埃利亚斯聚焦于文明的进程,可以批评这样做是忽略了这类进程的“阴暗面”,或是相关理论阐述不足。西方的文明化并非一个没有痛苦的过程,并且恰如福柯已经揭示的,对于许多社会群体而言,它让人感受到的远非“文明化”。鲍威尔(Powell 2011)提出,西方文明的“正常/规范”运作也能够产生种族灭绝,20 世纪的冲突历史即为明证。因此,文明与野蛮并非截然两立,局内人群体的“文明行为”可能与针对局外人的“野蛮行径”有密切关联。

当代的意义 埃利亚斯的观念在许多领域产生了影响,尤其是历史社会学、身体社会学以及有关人的情绪的研究。他的著作之所以持续吸引学者,是因为它聚焦于动态的社会过程,从而使宏观层面和微观层面得以紧密关联。鉴于目前大家都很关心社会中的暴力程度,关注恐怖主义和种族灭绝,当社会学尝试去理解为什么诉诸身体暴力依然会导致那么多的人类苦难,有关文明化及**去文明化**的过程的研究将会是其中重要的一面。

批判性思考

最近的战争以及冲突中存在什么样的证据足以证明，埃利亚斯所指出的那种文明的进程在 21 世纪还会继续？ 面对全球化，民族国家缓慢消亡可能会有什么后果？

没有国家的民族　在既有民族中，如果有界定鲜明的族类持久存在，就会导致**没有国家的民族**(nations without states)这一现象。在这些情境中，民族的许多基本特征都会呈现，但组成这个民族的那些人缺乏一个独立的政治共同体。类似于车臣和巴斯克地区的那些分离主义运动，以及世界上其他许多地区的分离主义运动，比如印度北部的克什米尔地区的情形，都是受到建立一个自主和自治的国家的愿望驱动的。

以色列与巴勒斯坦之间修造的安全隔离墙上的涂鸦。以色列人与无国家的巴勒斯坦民众之间的冲突旷日持久，促使以色列修造了富有争议的安全隔离墙。如涂鸦所示，有关民族与国家的那些无法解决的问题，使得和平至今无法实现。

根据族类与它置身其中的更大的民族国家之间的关系，我们可以确认几种不同类型的没有国家的民族(Guibernau 1999)。首先，在某些情况下，一个民族国家可能会接受可见于国内一个或多个少数族群的文化差异，并且允许它们有某种程度的积极发展。因而,在英国,苏格兰和威尔士就被承认具有在一定程度上不同于英国其他地区的历史和文化特征,因而拥有自己的一些制度/机构。

例如,在苏格兰就有基督教长老宗(Presbyterianism)的传统,体现为苏格兰长老会(Church of Scotland),而且该地区的教育体系和法律体系与英格兰和威尔士是分离的。1999年,随着苏格兰议会(Scottish Parliament)和威尔士国民议会(Welsh Assembly)的成立,苏格兰和威尔士在作为整体的联合王国内部获得了进一步的自治地位。矢志谋求独立的苏格兰民族党(Scottish National Party, SNP)于2007年通过选举进入政府,并于2011年大获全胜。尽管苏格兰民族党在2014年输掉了"脱英"独立公投,但在2015年英国大选中拿下了几乎全部苏格兰席位,只丢了三席。与此类似,巴斯克地区与加泰罗尼亚(Catalonia,西班牙北部巴塞罗那附近的区域)在西班牙都被承认为"自治共同体",拥有自己的议会,并具有一定的权利和权力。然而,无论是在英国还是在西班牙,大部分权力仍旧掌握在分别坐落于伦敦和马德里的国民政府和议会手中。

第二类没有国家的民族拥有更高程度的自治权。在魁北克(Quebec,加拿大的法语省份)和弗兰德斯(Flanders,比利时北部的荷兰语地区),地区性政治机构有权做出重大决策,但实际上并没有完全独立。如前面第一类中提到的那些民族一样,它们也容纳了鼓动彻底独立的民族主义运动。

第三,有一些民族几乎完全没有得到容纳他们的多数人口或国家的承认。在这种情况下,为了拒绝承认少数族群,较大的民族国家会使用武力。巴勒斯坦人的命运就是其中一例。其他例子还有散布在土耳其、叙利亚、伊朗和伊拉克的库尔德人(Kurds)等。库尔德人把自己的文化史追溯到好多个世纪以前。在库尔德人当中,主要以海外为基地的几股独立运动宣称要以暴力为手段来实现其目标。库尔德人在布鲁塞尔设有"流亡议会",但它并没有得到全体分离主义运动的支持。在1990—1991年第一次海湾战争之后,联军建立了一个"安全区",并给予伊拉克北部的库尔德人一定程度的自治权,他们在2003年推翻萨达姆政权后得以扩展和巩固自己的地盘。

在一些例子中,国内少数族群有可能选择在所在的国家里实现自治,而不是完全独立。比如在巴斯克地区、加泰罗尼亚和苏格兰,人口中仅有一小部分现在仍支持完全独立。在魁北克,1995年就是否从加拿大独立举行的全省公投未能获得必要的多数票,就此流产。

批判性思考

民族被描述为"想象的共同体"(**Anderson 2006 [1983]**),因为没有人能认识一个民族的所有成员,因此其一体性是被假定的或被想象出来的。哪怕在没有国家存在的情况下,是什么样的实际行动使这样的想象的共同体世世代代鲜活存在?

对于欧洲各国的少数族群来说，欧盟起着重要的作用。欧盟是经由西欧主要国家所缔造的联盟形成的。然而，欧盟哲学中关键的一点在于，将权力下放到各地方和区域。它的一个明确目标就是，创造一个“由区域组成的欧洲”(Europe of the regions)。这种强调得到绝大多数巴斯克人、苏格兰人、加泰罗尼亚人以及其他少数族群的热烈支持。他们有权直接与欧洲议会或欧洲法院等欧盟组织联系，这可能会使他们有足够的自治权来控制自己的命运。因而，或许可以认为，少数族群会谋求在欧盟内部的独立，同时也接受与自身所属的更大的国家保持合作关系。

有关欧盟的基本角色和功能，参看第二十一章“政治、政府与社会运动”。

二　发展中国家的民族与民族主义

与各工业社会相比，在发展中世界的大多数国家，民族主义、民族以及民族国家的发展历程是不同的。绝大多数发展中国家都被欧洲人殖民过，并且在 20 世纪后半叶的某个时候才获得独立。在许多这类国家，殖民地当局之间的边界是在欧洲随意协商确定的，并没有考虑人口中既有的经济、文化或族群分隔。殖民大国战胜或征服了非洲次大陆[①]、印度以及亚洲其他地区既存的王国和部落群体，成立了自己的殖民管理机构或保护国。其结果是，每一个殖民地都是“各类人群与旧有国家的集合或碎片，并在共同的边界内聚在一起”(Akintoye 1976:3)。大多数殖民地区是由斑驳繁杂的族类以及其他各类群体组成的。

昔日的殖民地一旦独立，往往会发现很难形成一种民族意识和民族归属感。尽管民族主义在谋求殖民地独立方面起了很大作用，但它在很大程度上只局限于来自城市精英和知识分子的小群体。不过，民族主义观念的确影响了大批民众，虽然常常围绕着族群差异而体现为政治差异，比如卢旺达或肯尼亚的情况。甚至今天，许多后殖民国家还在不断受到威胁，来自内部对抗和谋取政治权威的众多彼此竞争的诉求。

殖民化最彻底的大陆就是非洲。第二次世界大战以后，非洲支持独立的民族主义运动致力于让殖民地摆脱欧洲的统治。这个目标实现后，新的领导人处处面临努力实现民族统一的挑战。这并不容易，因为 20 世纪五六十年代的许多领导人是在欧洲或美国接受教育的，与其国民之间存在着巨大的鸿沟。在殖民统治下，一些族群要比其他族群更

① 即撒哈拉以南非洲。——译者注

为繁荣。这些群体的利益和目标不同,并理所当然地相互视同敌人。

苏丹、扎伊尔和尼日利亚都爆发了内战,同时,在非洲和亚洲的其他许多后殖民国家,族群纷争与对抗也成了典型特征。以苏丹为例,大约40%的人口(主要在北部)属于阿拉伯族群背景的穆斯林。而在该国的其他地区,尤其是南方,绝大多数的人是黑人,信奉传统宗教(比如万物有灵论),也有少数基督徒。民族主义者掌握政权后,就制订了一项方案,要以阿拉伯语为国家语言,并在此基础上谋求国家整合。这种努力只在一定程度上取得了成功,因为许多南方人认为,新政府在强加伊斯兰教和阿拉伯的身份认同。

苏丹南部与位于北部的政府之间的内战于1955年爆发。1972年的和平协议给了南部一些新的权力和自治权,不过,政府于1983年废除了这些协议,苏丹人民解放军再度起义。继之而起的冲突一直持续到2005年,当年达成一项全面和平协议,给予南部区域性自治权。2011年7月举行了全民公投,最终让南苏丹彻底从苏丹独立了出来(后者仍然叫作苏丹)。然而,即便在独立之后,内部的冲突和边界领土争端依然延续。

当非洲国家试图摆脱殖民统治的遗产而前行时,所涉及的种种议题的又一例证,就是尼日利亚。该国拥有大约1.2亿人口,差不多每四个非洲人中就有一个是尼日利亚人。尼日利亚以前是英属殖民地,在1960年10月1日获得独立。全国包括许多族群,但有三个居于主导地位:约鲁巴族(Yoruba)、伊博族(Ibo)和豪萨族(Hausa)。1966年,不同族群之间爆发了武装战斗,该国陷入军管政府的统治,直到1999年举行选举。

接连几届政府都尝试围绕“尼日利亚祖国”这一主题,打造更为明确的民族认同意识,但是建立国家统一和共同事业的有关意识仍然比较困难,威权主义在政治文化中依然挥之不去。不过,2011年的总统大选被广泛视为普遍公正,摆脱了暴力。在2015年的大选中,穆罕默杜·布哈里获胜,尼日利亚见证了第一次民主权力交接,民主未来的希望大增。

总之,发展中世界的大多数国家的民族形成过程与工业化世界中的民族形成过程有所不同。许多国家是由外部强加给此前毫无文化一体性或族群一体性的地区的,有时更导致了独立之后的内战。要么在从未完全殖民化的地区,要么在文化一体化程度较高的地区,比如日本、中国、韩国或泰国,现代民族的兴起最有成效。

全球社会 22.1

自由市场民主与族群仇恨

许多评论者提出,要想减少族群冲突,比如前文所讨论的那些,最好的办法就是建立民主体制,引入自由市场。他们认为,这样人人皆在国家管理中有发言权,共享贸易往来所创造的繁荣,从而促进和平。但是,蔡美儿所著《起火的世界:输出自由市场民主制度是如何孕育族群仇恨和全球动荡的》(*World on Fire: How Exporting Free Market Democracy Breeds Ethnic Hatred and Global Instability*)一书,力驳此见(Chua 2003)。

蔡美儿的出发点是,在许多发展中国家,一个少数族群会具有与其人数不成比例的经济力量。在南非实施种族隔离政策时期,白人少数族群对于非白人族群的剥削即为明证。蔡美儿提出,无论是1994年卢旺达的胡图人对图西人的大屠杀,还是原南斯拉夫地区的塞尔维亚人对克罗地亚人的仇恨,都在一定程度上与图西人和克罗地亚人在各自国家所享有的经济优势地位有关系。蔡美儿常常援引的另一个例子就是印度尼西亚的华裔少数族群。①

前印度尼西亚独裁者苏哈托将军(General Suharto)推动了支持市场的系列改革,这对该国的华裔少数族群尤为有利。因此,印尼华人往往支持其政权。② 1998年爆发了支持民主的大规模示威抗议,迫使苏哈托下台。而此时印尼华人控制着印尼70%的私有经济,却仅占其总人口的3%。随苏哈托政权的终结而来的是对于华裔少数族群的暴力攻击,华裔被视为"窃取"了国家的本土财富。蔡美儿写道:"在本土(pribumi)③多数(族群)中盛行这样的观点,宁可丧失十年的成长,也要一劳永逸地解决华人问题。"

随着苏哈托政权的解体,美国和其他西方国家开始呼吁引入民主选举。然而,蔡美儿指出,如果把民主引入"少数族群在市场上占主导地位"的国家,比如印尼华人的情形,不太可能带来和平。相反,蔡美儿认为,民主政体下对于票数的竞争很可能导致该国多数族群的强烈反弹。政治领导人将出自这样一群人,他们力求以遭怨恨的少数族群为替罪羊,怂恿多数族群为国家的"真正"主人"拿回"国家财富,就像印尼的本土多数族群对华裔少数族群的所作所为一样。

蔡美儿的阐述告诉我们,尽管在许多人看来,民主制度和市场经济在原则上是善意的力量,但必须根植于有效力的法律体系和市民社会。如果没有这些条件,那就有可能孕育出新的尖锐的族群冲突。

---

① 蔡美儿是美籍华裔女学者,父母是菲律宾华侨,后移居美国。——译者注

② 当然,苏哈托也曾颁布条例,禁止华裔参政参军,关闭华文学校,限制华裔进大学,严禁使用华文;华裔要放弃华文姓名,用印尼文改名换姓,并在华裔居民证上打上"非原住民"记号;等等。但正因为华裔在报考大学、成为公务员、军职晋升时均受到歧视,故多以经商为业。——译者注

③ 印度尼西亚直到1998年才废除"pribumi"和"non-pribumi"的称呼。——译者注

三　民族国家、民族认同与人权

全球化是如何影响民族主义和民族认同的？皮尔金顿(Pilkington 2002)指出，民族主义其实是一种相当新的现象，尽管许多倡导民族主义的人确实宣称，自己所属的民族其历史之久远渺不可考。但从历史的角度来说，直到晚近，人们长期生活在较小的聚居住区，对于自己群体之外的事态基本无所听闻，至于作为一个较大的民族的成员，这种观念对他们而言似乎是十分陌生的。只是到了后来，从 18 世纪开始，随着大众传播和媒介的成长，民族共同体的观念才得以发展和扩散。在皮尔金顿看来，正是在这一时期，民族认同被“建构”出来了。

有关社会建构论，更详细的讨论参看第二章“社会学的提问与解答”、第五章“环境”以及第八章“社会互动与日常生活”。

要培养出一种关于民族性(nationhood)的感觉，关键是某种“他者”(Other)的存在，民族认同就是针对这种“他者”形成的。例如，在形塑(新教的)英国认同时，关键在于(天主教的)法国的存在。皮尔金顿记录了有关英国性的感觉是如何随着全体人口中读写能力的普及，以及通信技术使观念的传播成为可能，自上而下，从这个国家的精英扩散到社会中其他人群的。如果民族认同是社会建构的产物，那它就有可能继续变化和发展，并且当今改变民族认同的主要因素之一就是全球化。

全球化导致了集中化与分散化之间相互冲突的诸多压力，并因此给民族认同带来了双重威胁：集中化形成了自上而下的压力，欧盟权力的不断壮大尤以为甚；而分散化则通过族群认同的强化，施加了自下而上的压力。皮尔金顿提出，在英国一些少数族群的成员中，也能发现类似的反应，他们觉得被某种英国认同所排斥，于是强化自身的局部认同，确认自身与其他族群之间的差异。皮尔金顿确信，对于全球化的第二种反应更为健康。它承认多重认同的存在，比如认为可以同时作为英格兰人(English)、英国人(British)和欧洲人。在英国的少数族群中可以找到这种“混合认同”(hybrid identities)，比如英籍亚裔以及其他一些“归化认同”(hyphenated identities)。

批判性思考

为什么民族认同在全球化的未来其实可能变得更强而不是更弱？存在区域性认同在力量上不断增强的例证吗？

在非洲的一些地区，还没有充分形成民族与民族国家。然而，在世界的其他地区，一些学者已经开始探讨全球化形势下的“民族国家的终结”。根据日本学者大前研一（Kenichi Ohmae）的看法，由于全球化的力量，我们越来越生活在一个“没有边界的世界”里，民族认同正趋于衰弱（Ohmae 1995）。这种观点在多大程度上站得住脚？确实所有国家都正在受到全球化进程的影响。然而，所谓我们正在见证民族国家的终结，这种讲法并不准确。

在全球化过程中出现的多元文化社会里，混合的社会认同，比如英籍亚裔，可能会提供一种建构民族认同的方式。

今天，世界上的每一个国家要不就是民族国家，要不就是渴望成为民族国家。但在20世纪的大部分时间里，殖民地区和帝国与民族国家并存于世。1991年，苏联解体。苏联曾经是包含其东欧各卫星国的联盟的有效中心。现在，所有这些地区，再加上原先属于苏联的许多地区，都已经独立。话说回来，俄罗斯军队实质上控制了乌克兰的克里米亚地区。2014年，在一次匆促的公投之后，“克里米亚共和国”加入俄罗斯联邦，给乌克兰的独立地位造成了沉重打击。在乌克兰南部和东部一些地区的冲突中，大约9000人丧生。而欧盟则因为俄罗斯的介入对其实施了经济和军事制裁。

实际上，当今世界所拥有的主权国家要比二十五年前多得多。在人类经历过的最为残酷、最具毁灭性的冲突中，核心的行动者就是民族国家。但民族国家作为政治体，也有能力赋予本国公民权利并加以保护,并增进更一般意义上的个体权利。下一节我们将来看看,在国族公民权(national citizenship)与人权这两个概念之间,有哪些重要的差异。

人权——普遍性与特殊性 个体人权这个概念与战争、种族灭绝和恐怖主义之类的有组织暴力截然相对,这一点似乎显而易见,但回顾历史,并非如此。马莱舍维奇(Malešević 2015:560)指出,对于承认基本人权的要求,最初是在12世纪和13世纪出现的,其背景是基督教内部的冲突,是对波兰境内犹太人的歧视。但直到法国大革命和美国革命才促成了阐述人权的正式文件的问世,即美国《独立宣言》(Declaration of Independence)和《弗吉尼亚权利宣言》(Virginia Declaration of Rights, 1776),以及法国的《人权宣言》(《人权和公民权宣言》,Declaration of the Rights of Man and the Citizen, 1789)。

全球性的人权概念肇始于第二次世界大战的余波,生命的大规模丧失和蓄意针对平民的攻击,刺激了它的诞生(Turner 2006)。1948年,联合国在《世界人权宣言》(Universal Declaration of Human Rights)中阐述了这个概念。这份文件共计三十条,涵盖生命、自由、隐私、安全等方面的权利,以及奴役、折磨、酷刑、逮捕与囚禁、婚姻与财产等特定议题(UN 1948)。尤值一提的是,这种现代的人权观念适用于每一个人,只凭其作为人的地位,就此而言,它具有普遍适用性。但特纳也指出,尽管如此,这样的人权观也没什么意义,除非那些权利可付诸实施。国族公民身份与普遍权利之间的对立表明这一见解是多么意义重大。

民族国家赋予生活在其领土内的全体民众公民权,而国家可以使用自身的全部力量,从警力、军队、司法体系,到地方政府和全国政府,来保障各项公民权利。公民权也包含公民的贡献,比如纳税和遵守国法,他们因此才有资格获得保护和国家补贴。但是,根本不存在类似的全球性实体或一系列机构,有能力在世界范围内落实人权,而人权也没有关联到任何对应的个体责任或义务。

"伊斯兰国"施诸平民的暴力可谓毫无底线,国际非政府组织,以及世界各地的政府与个体,对此都表现出强烈的憎恶与恐惧。联合国2015年通过一项决议,宣告各成员国只要有能力,都应当"采取一切必要措施",将"伊斯兰国"从伊拉克和叙利亚清除出去。但这项决议的通过所依据的并非伊拉克人和叙利亚人的个体人权,而是国家自卫。诚如特纳所言(Turner 2006:5),在"公民的社会权利与个人的人权"之间有着明确的区别,公民权是支撑民众权利的更有效的基础。

在一些社会学家看来,以单纯"作为人"为理据的普遍权利,并不是一个好的出发点。本杰明·格雷格(Gregg 2011)指出,人权是社会建构的产物,是共同体局部发展并实现的结果,并非"自上而下"强加的。所有认为普遍人权可以直接适用于各个文化和社会的观念，都是无法实现、不切实际的。比如说，何谓生命权？格雷格提出，这一点并不像乍看起来那么明确："它的意思是说一个人类胚胎对其所具备的生命拥有权利吗？'它所具备的生命'意味着有权进行基因操作吗？它可以代表一个试管胚胎有权被植入子宫吗？……这是一种获得生命机会的权利吗？"（Gregg 2011：3）如果这样基本的一项权利都成问题，其他的人权该是多么具有文化多样性，多么聚讼不已？

不过，适用于全世界所有人的普遍人权的概念，依然激励着各式各样的人、组织和社会群体，去保护和捍卫那些遭受歧视与迫害的人，无论他们身在何处。看起来，普遍人权的观念似乎就像其他难以确定的概念，比如社会主义或可持续发展，是一种"积极的乌托邦"（Bauman 1982）。也就是说，尽管大多数人可能会承认，要想实现普遍性或许不太实际，但致力于此的过程本身更为重要，这一过程可使那些切实可行、确能实现的权利真正为人们所享有。即如弗雷佐（Frezzo 2014：xxi）所言，"我们不能把普遍主义看成一种既成事实（*fait accompli*），而应视之为一个有待持续推进的规划"。

第二节
战争、种族灭绝与和平进程

▼

社会学中的一个重要理论传统就是冲突论传统，包括马克思主义者、女性主义者以及韦伯主义学者的重要研究（参见第一章）。然而，这些研究大多聚焦于社会中长期存在的社会冲突，比如涉及社会阶级、性别关系以及族群冲突的那些，它们并没有爆发为公开的暴力。甚至当社会学家研究跨国冲突时，也常常会从类似的角度切入。譬如，一些马克思主义者从本质上的经济角度出发，来说明 2003 年的入侵伊拉克事件，认为这是美国及其盟友试图确立有保障的石油供应。关于冲突，诸如此类的研究和说明会告诉我们很多东西，但是，作为一门学科，社会学并没有给予有关战争和暴力冲突的研究以原本能有的充分关注，宁愿把这个主题留给历史学家和军事理论家。

之所以如此，一个重要的原因在于，人们普遍认为，战争不是一种"正常"的事态，在社会学理论和说明的发展中并非至关重要。说到底，把一般性的社会理论建立在极其异常或是非常特殊的事件之上，没有太大意义。但是这种假设并不正确。战争和人类社会一样历史悠久，在整个人类历史进程中，发生了 14 000 多场战争（Roxborough 2004）。要估算出历史上的战争直接或间接造成的死亡人数，可谓困难重重。一些人提出，总的数目或许高达 40 亿人，但考虑到大部分战争缺乏适当的记录，而且什么样的冲突可算作

“战争”也存有分歧,所以要想得出确凿的结论,极具挑战性。即使是晚近的事例,也没有达成共识。据说20世纪的战争造成“超过1.1亿人”死亡(Malešević 2010:7),或者还有一个更为明确的数字,是“2.31亿人”丧生(Leitenberg 2006:1)。不管准确的数字可能是多少,关键在于,战争并不是“异常的”事件。

从全球的视角来看,与此相反的预设倒是有很好的理由:在人类事务中,战争的存在是正常的,而实实在在的和平时期才是相当罕见的。1945年之后,发达国家就经历了这样一段时期。或许正是这种状况使人们认为战争颇为异常(Inglehart 1977)。然而,正如上文的数据所示,大规模的生命丧失,人类所历经的苦难,要求社会学家去探究战争的原因与后果。不仅如此,约阿斯与克内布尔(Joas and Knöbl 2012:5)所言甚是:“如果我们未能充分考虑战争,就既不能理解现代性的构成为何是经由**民族国家**,而非跨国过程,也不能理解现代时期所发生的许多社会文化变迁。”

一 战争与种族灭绝的相关理论阐述

什么是**战争**?马丁·肖(Martin Shaw)把它定义为“两个有组织的军事力量之间的对抗,主要通过杀害敌方的成员,意图摧毁对方的力量,尤其是其抵抗意志”(Shaw 2003:5)。这个定义使有组织的杀戮成为战争实际操作的核心,事实上,20世纪的两次世界大战,全世界各社会大多牵连其中,造成大量生命丧失,就印证了这一定义。这个定义同样明确了战争的核心意图是“摧毁敌人的力量”,以此使其不能抵抗。我们将会在“经典研究22.2”中看到,卡尔·冯·克劳塞维茨(Carl von Clausewitz)的经典论述就表达了这一观念,“战争是政治交往通过另一种手段的延续”(Clausewitz 1993[1832])。

克劳塞维茨认为,国家参战并打下去,是因为对打赢的可能性已有政治上的估算,领导者也做出了决定。它们需要经济资源的投入,通常还要利用实际的、感知到的或者制造出来的文化差异,以便从情感上动员人口。因此,战争是一种社会现象,其性质会因时而变。

纵观历史,在战争中被杀死的人往往是武装的战士,而不是平民百姓,这就表明,战争并不只是混乱的、任意的杀戮;因此也就有了“战争规则”的观念,即规制对立各方在战斗中以及战后做什么才是合法的。然而,在交战状态下,这样的规则常常遭到破坏。在20世纪的许多冲突中,蓄意针对平民发动攻击作为“破坏敌人抵抗意志”的另一种手段的情况时有发生。肖把蓄意将目标延伸到没有武装的平民描述为不正当的战争或“堕落的战争”。1937年,日本军队屠杀了超过26万的中国平民,英国军队用燃烧弹和凝固汽油弹轰炸德国城市,包括1943年轰炸汉堡,1945年轰炸德累斯顿,以及1945年美国军队用原子弹轰炸日本的广岛和长崎两座城市,即是这样的战争。

发挥你的社会学想象力 22.1

使用原子弹

投放广岛核弹的飞行员享年 92 岁

在日本广岛投下第一颗原子弹的 B-29 轰炸机的指挥官去世了。小保罗·沃菲尔德·蒂贝茨(Paul Warfield Tibbets Jr)于俄亥俄州哥伦布市的家中去世,享年 92 岁。1945 年 8 月 6 日上午,一枚代号为“小男孩”的 5 吨重炸弹被投放,致使大约 14 万日本人丧生,后来还有更多的人因此而死亡。在核爆六十周年之际,艾诺拉·盖伊(Enola Gay)轰炸机(以蒂贝茨母亲的名字命名)上的三位幸存机组成员表示,他们“毫不后悔”。

“不立墓碑”　这名退役陆军准将的一位朋友告诉美联社,保罗·蒂贝茨在经历了两个月身体健康状况恶化后去世。友人杰瑞·纽豪斯(Gerry Newhouse)说,蒂贝茨将军要求一不行葬礼,二不立墓碑,因为他担心那些反对投放原子弹的人会利用它作为抗议场所。广岛原子弹爆炸标志着太平洋战争的结束进入倒计时。三天后,第二颗原子弹在长崎投下。不久,日本投降。

在广岛原子弹爆炸六十周年纪念日,“艾诺拉·盖伊”轰炸机机组幸存成员——蒂贝茨将军、西奥多·J.“荷兰人”范柯克(Theodore J.‘Dutch’ Van Kirk,导航员)以及莫里斯·R. 杰普森(Morris R. Jeppson,武器测试官)说:“使用核武器是历史的必然环节,我们对此毫不后悔。”蒂贝茨将军随后说:“成千上万的退伍士兵及其家属已经表达了他们发自肺腑、令人深受触动的感激之情,表示如果为了结束战斗而不得不进攻日本本土,他们可能活不到今天。”①

资料来源:BBC 2007d。

批判性思考

鉴于使用核武器的正当性——它使日本更快放弃抵抗,从而挽救了许多生命——“堕落的战争”中的任何情节都可被认为是具有合法性的吗?

① 2014 年 7 月,在广岛投弹七十周年前夕,12 名机组成员中的最后一名幸存者范柯克逝世,享年 93 岁。对广岛实施核平之前,由于美军在塞班岛、硫磺岛、冲绳岛等逐步逼近日本本土的看似范围狭小、实则战况惨烈的战役中,付出了动辄数万人丧生的代价,综合评估日本方面的抵抗意志和“玉碎”路线,认为如果最后需要直接进攻日本本岛,盟军方面要做好百万人阵亡的准备,而这是完全无法承受的。《波茨坦公告》的被拒绝、日本寻求苏联调停的失败等,甚至是广岛核爆后日本军方坚持认为美国只有一颗原子弹的顽抗,最终促成了广岛和长崎两颗原子弹的投放。——译者注

经典研究 22.2

卡尔·冯·克劳塞维茨的《战争论》(1832)

卡尔·冯·克劳塞维茨(Carl von Clausewitz, 1780—1831)是经典的军事理论家,曾是普鲁士军队的军官,参加过法国大革命战争和拿破仑战争(1793—1815)。他曾在军校任教,在此期间撰写了《战争论》(*On War*),这部著作在他去世后出版。如果社会科学家充分认识到战争在现代社会中的核心位置,克劳塞维茨的这部作品将会在社会思想的范典中占据显要地位,与以下这些几乎同时代的人的作品比肩而立:哲学家康德、格奥尔格·威廉·弗里德里希·黑格尔,社会学家奥古斯特·孔德,以及革命家卡尔·马克思等。

克劳塞维茨的书包含许多创见:

1. 他最有名的格言是“战争是政治交往(也译为政策或政治)通过另一种手段的延续”。这通常被解释为意味着战争进程是由其政治目标决定的。然而,克劳塞维茨真正的原创性在于他对军事手段的“他者性”的探索。
2. 他强调战争是“一种强力行动”,旨在强迫敌人顺从,因此“逻辑上毫无限制”。他就此总结道:逐渐升级成为一项战争法则,战争的普遍倾向就是走向不受限制。受限制的政治目标只能在一定程度上限制战争升级,因为武装对抗总是有可能超出预定的政治限制,因此本质上变得不可预测。
3. 战争可能由于**阻力**而遭到遏制,比如恶劣的气候和地形,以及远距离部署军队时的后勤供给困难,这些给战争升级设置了障碍。
4. 战争可以作为一个社会过程而与贸易做比较。以此观之,战斗就是战争的最终落实环节,是所有活动维系于斯的终结,类似于商贸中的交易环节。
5. 战争就是政策(政府的职权)、军事艺术(将官的事情)以及不加掩饰的暴力(由民众来提供)的**三位一体**。因此,现代战争相较于早期阶段尤具破坏性,在一定程度上该归咎于民众的参与(全民皆兵)。

现代战争有时被描述为“克劳塞维茨式的”,这种描述的主要问题在于,工业社会为战争提供的破坏手段,不仅是武器,还有军事和政治组织,其力量无比强大,远超克劳塞维茨的预见。现代的总体战争是全面的社会动员与无限制的破坏性相结合。从19世纪中叶开始,杀戮的程度大大加深,超过了克劳塞维茨当时的情况。这一进程的合乎逻辑的结论,就是在核战争的威慑之下,造成的破坏真正具有总体性、同时性以及相互性。

资料来源:Shaw 2003:19-20。

批判性思考

如今，克劳塞维茨的主要观点如何能站得住脚，尤其考虑到核武器的发展和扩散？“相互保证毁灭”（**mutually assured destruction，MAD**）的学说破坏了他的理论的哪些方面？

二 战争性质的演变

在 20 世纪以前，绝大多数战争都会广泛使用雇佣兵，或者征召男人入伍。武器包括刀剑，后来是火器，军事运输主要依赖马匹、马车以及帆船。甚至在第一次世界大战期间（1914—1918），马匹仍然是一种主要的运输方式。到第二次世界大战时，武器和运输方式已经发生了显著变化。机枪、坦克、化学武器和飞机使军队更容易进行大规模杀戮，而后者也成为如今战争的标志。

常识性的观点可能会把战争看作民族国家为了争夺支配地位而发生的冲突，并且，直到最近，许多社会科学家还可能同意这种观点。然而，国与国之间的战争似乎越来越不常见了。从 1989 年至 1992 年，世界范围内共发生了 80 次冲突，其中只有 3 次是国与国之间的战争，其余的都是发生在国家内部的社群冲突（Malcolm 1996）。另一方面，内部冲突似乎也越来越多。1816 年至 1997 年的一百八十一年间，共发生了 213 次内战，其中 104 次发生在最近的四十三年间，即从 1944 年到 1997 年（Hironaka 2005）。国家之间的战争和国家内部的战争之间的平衡看来已经发生了重大转变。

另外，肖（Shaw 2005）指出，在许多影响西方国家的当代战争中，比如发生在伊拉克和阿富汗的那些战争，都涉及美国及其盟国，它们现在都想方设法保护西方军人的生命，以避免具有潜在破坏性的媒体报道，后者可能给本国政府带来政治上和选举上的负面后果。晚近的西方介入之所以往往优先使用无人轰炸机和大规模空中打击，原因之一即在于此，因为这能将军队面临的风险减至最低。但是，这其实等于将战争的风险转嫁给地面的平民，他们的死亡成为“附带损害”或“战争中不可避免的意外”。这种新型的“风险转移”（risk transfer）的战争有可能破坏由规则管控的旧式战争，从而使西方国家以及其他所有人面临更多的风险。当平民遭受蓄意的攻击，这是否等于犯下了“种族灭绝”罪行的问题如今被反复提出。

种族灭绝（genocide）这个术语在大众传媒以及政治话语中的使用已经越来越寻常

了。比如,人们用它来描述塞尔维亚人政权对科索沃地区的阿尔巴尼亚人的攻击,以及卢旺达的胡图人政权对图西人的攻击。拉斐尔·莱姆金(Raphael Lemkin)在其所著《欧洲沦陷区的轴心统治》(*Axis Rule in Occupied Europe*, 1944)一书中率先使用这一术语,到1948年,联合国大会的《防止及惩治灭绝种族罪公约》(Convention on the Prevention and Punishment of the Crime of Genocide)也采纳了这一术语(第二条),其中提到:

> 本公约内所称灭绝种族系指蓄意全部或局部消灭某一民族、人种、种族或宗教团体,犯有下列行为之一者:
>
> (a) 杀害该团体的成员;
>
> (b) 致使该团体的成员在身体上或精神上遭受严重伤害;
>
> (c) 故意使该团体处于某种生活状况下,以毁灭其全部或局部的生命;
>
> (d) 强制施行办法,意图防止该团体内的生育;
>
> (e) 强迫转移该团体的儿童至另一团体。①

这属于界定种族灭绝的最初尝试之一,并且明显基于纳粹针对欧洲人口中许多群体的种族政策,包括第二次世界大战期间(1939—1945)清除犹太人的企图。在这里,种族灭绝被认为是和战争相分离的。然而,在战争中杀人可以被认为是合法的(如果战争的规则不被破坏的话);而由定义可知,种族灭绝总是错误的。联合国的定义是将意图置于判断是否属于种族灭绝的核心。如果认定发生了种族灭绝,并不一定意味着某一社会群体实际上遭到清除;重要的是实施者的**意图**是要消灭敌方。

于是问题就成了揭示意图,以便证明确实发生了种族灭绝。杀戮的命令或许从未被记录下来,证据可能不完整或不存在,许多事情的完成既可以是受命之举,也可能是无心之失。也就是说,对某一个社会团体的毁灭之所以发生,既可以是蓄意攻击,也可能是疏忽懈怠或心存冷漠。同样,内战中的非参战人员也不能仅仅被视为国家协调策划的大规模政治暴力的被动受害者。在许多内战中,平民会借用暴力的情境来解决自己面临的局部争议或人际纠纷。实际上,卡尔瓦斯(Kalyvas 2006)就认为,分析引发冲突的政治议题以哪些方式与诸如此类的局部争议相互作用,就提供了一种建设性的方式,弥补了战争的宏观与微观水平研究之间的鸿沟。

肖(Shaw 2003,2007)拒绝将种族灭绝与战争分开。如其所言,绝大多数种族灭绝都发生在国家之间或国内的战争之中。历史上的大多数种族灭绝事例中,国家(或国家内部的权力中心)就是犯罪者,国家军队、警察部队和政党组织就是实施者,这些事例都发

① 此处采用通行中译,个别用语与本书译法不尽一致。——译者注

卢旺达的胡图人政权在1994年的种族灭绝中夺去了80万以上图西人的生命。

生在战争的情境中。因此,不妨更为准确地把种族灭绝定义为“把某些社会群体视为敌人的一种战争形式”(Shaw 2003:44-45)。假如种族灭绝是一种战争形式,就会引出一个问题:战争的主导形式是否在发生变化。

三　旧式战争与新式战争

战争始终是要基于可以利用的资源、社会组织以及社会技术发展水平。最近一些理论指出,我们正在见证一场军事变革(revolution in military affairs, RMA),它基于日益增加的信息技术应用,后者正在成为军事策略的核心。例如,在伊拉克(1990—1991年,以及2003年)、阿富汗(2001年至今)和利比亚(2011年)等历次冲突中,卫星定位系统、无人机和计算机就发挥了关键性的作用。显然,进行战争的方式从来不是一成不变的,而是会随着社会的经济、社会与政治的发展而发生变革。

与此类似,20世纪初的工业化**总体战争**和早期的冲突是完全不同的,前者动员全国人口投入战事,而后者只包括规模小得多的军队,也不会有大部分平民人口参与的情况,很多人根本不受战争影响。一些战争学者已经指出,在过去三十年左右时间里,战争的性质再次发生了相当显著的变化,因为新的战争类型已经脱颖而出,与20世纪的民族国家战争形成了鲜明对比。

“旧式”战争在相互敌对的民族国家之间进行,与之不同,“新式”战争有可能侵蚀民族国家作为基本“生存单元”(survival unit)的地位(Elias 1991:205),后者原本要确保个体公民的安全。而“新式”战争做到这一点,主要是通过挑战民族国家的核心特征之一:国家对于有组织暴力的垄断。新式战争涉及的跨国关联“自上而下”考验了国家垄断,而准军事组织中“暴力的私有化”以及有组织犯罪的卷入则“自下而上”威胁到了国家垄断。有一些关于战争和战事的理论,包括社会生物学、文化主义、经济主义、组织的物质论,本节限于篇幅我们无法尽述。对于那些想要探究战争理论的人来说,马莱舍维奇已经讨论了这些理论,并做了有益的比较(Malešević 2010,2011)。然而,我们现在要来谈谈对于“新式战争”的一种极具影响的阐释,那就是玛丽·卡尔多(Mary Kaldor)的《新式战争与旧式战争》(*New and Old Wars*, 2006)。

卡尔多指出,从20世纪晚期开始,一种新式战争开始出现于非洲和东欧。有一种描述这类新式战争的方式是视之为“低强度冲突”(low-intensity conflict),本质上类似于小规模的游击战,甚至是恐怖主义。低强度冲突包括局部化的暴力,其中有许多也可称为特定民族国家域内的内战。然而,卡尔多反对为这类冲突贴上“内战”标签。她指出,尽管这些战争通常是局部的,但也包括许多跨国的关联,这使得外来侵略和内部镇压这种旧式区分不可能沿用下去。新式战争也会侵蚀国与国之间的战争、有组织犯罪以及对基本人权的侵犯三者之间的边界,因为这些已经变得相互关联了。

比如,1992—1995年的波斯尼亚战争(波黑战争)期间,一场塞尔维亚、克罗地亚和波什尼亚克各民族主义群体之间带有种族灭绝性质的冲突,导致了至少10万人丧生。无论是其中哪一方,在企图创建族群“纯洁”区的过程中,都出现了侵犯人权的状况。波斯尼亚地区的塞尔维亚人获得了塞尔维亚的财政和后勤支持(塞尔维亚在当时覆盖了南斯拉夫联邦共和国的大部分地区),并在冲突中开始发动针对非塞尔维亚人的“族群清洗”运动(试图把一个族群从某一地区清除出去)。这涉及许多严重侵犯平民人权的行为,包括有系统地大规模强暴妇女以及屠杀平民。

1995年7月发生在斯雷布雷尼察(Srebrenica)的大屠杀,致使大约8000名青少年和成年男性死亡。这一行为被海牙的一个特设“国际刑事法庭”(International Criminal Tribunal)定性为种族灭绝。法庭公告说:

> 波斯尼亚的塞族武装试图清除波斯尼亚的一部分穆斯林,犯下了种族灭绝罪。他们的目标就是消灭居住在斯雷布雷尼察的4万名波斯尼亚穆斯林,这一群体可以被视为全体波斯尼亚穆斯林的象征。他们剥夺了所有男性穆斯林俘

> 虏的个人财产和身份证明，无论军人还是平民，无论老人还是青年，一概蓄意而有条不紊地将其杀害，仅仅是基于这些人的身份。（Traynor 2004）

然而，在 2007 年，“国际刑事法庭”宣布，塞尔维亚**国家政府**并没有直接犯下种族灭绝罪（只是有些个体受到了指控），但是，国家没有去阻止这种行为，确实违反了国际法。作为一个国家面临种族灭绝的指控，这尚属首次。卡尔多指出，这样大规模的侵犯人权使得新式战争变得不合法，并且必须要找到办法加以遏止。

卡尔多主张，“冷战”的结束是新式战争兴起的一个原因。但更为重要的原因在于 20 世纪 70 年代以来加快的全球化进程，以及与之相伴的新型信息技术浪潮。她强调，全球化处在新式战争的核心：

> 在这些战争中，全球化的存在可能包括：国际记者，雇佣军队和军事顾问，以及海外志愿者；除此以外，还有由形形色色的国际机构组成的名副其实的“军队”，其中既有非政府组织，例如乐施会、救助儿童会（Save the Children）、无国界医生（Médecins Sans Frontières）、人权观察组织（Human Rights Watch）及国际红十字会，亦有一些国际机构，比如联合国难民事务高级专员办事处（United Nations High Commissioner for Refugees，UNHCR）、联合国儿童基金会（UNICEF）、欧洲安全与合作组织（Organization for Security and Cooperation in Europe，OSCE）、非盟，以及联合国本身，包括其维和部队。确实，战争成为一种新式全球/地方区分的缩影。一方是某种全球阶级的成员，会讲英语，能发传真、上网、看卫星电视，使用美元、欧元或信用卡，可以自由流动；而另一方则是被排除在全球进程以外的人，他们维持生活靠的是自己可以出售的东西，或以物易物，又或是所得到的人道主义援助，他们的行动被路障、签证和旅行成本所牵制，并且容易遭受袭击、人为饥荒、地雷等的威胁。（Kaldor 2006：4-5）

卡尔多的观点似乎在暗示，我们也许会见证一场诺贝特·埃利亚斯和马克斯·韦伯所确认的国家形成进程的逆转。在现代国家兴起的过程中，随着暴力手段变得越来越集中，**向心性**力量占据了优势地位。但是从 20 世纪晚期开始，由于暴力手段在人口中的分布变得更为广泛，**离心性**力量逐渐占据了上风。紧随“冷战”的结束，新式战争越来越多，旧的世界秩序的终结或许创造出了一种气候，让新式战争繁荣滋长。东欧剧变、苏联解体遗留的遗产除了权力真空，还有大量剩余武器，地方军事组织和军队都可以拿来使用以图私利。

对于新式战争论持批评态度的人说，其中的一些关键论点夸大其词，民族国家在战争和冲突中可能仍是核心行动者。有一群批评家声称，近期的战争中看似新鲜的要素，从前也可以看到。例如,历史学家安东尼·比弗(Beevor 2007)就指出,把平民作为目标可见于过去的许多冲突。特别是在第二次世界大战期间,在东部前线,各方都以平民为目标就是战事的一个显著特点。

保罗·赫斯特(Hirst 2001)认为,在1921—1922年的希腊—土耳其战争以及1936—1939年的西班牙内战中,武装民兵的行为本质上类似于卡尔多所说的更晚近的那些低强度冲突。同样,在发展中世界,当前的战争与其说更近于低强度冲突,倒不如说更近于传统战争。早期的欧洲战争同样包括利用饥荒作为战争的一部分,外加掠夺资源以及避免直接对抗的游击战术——这些都属于晚近发展的新式战争论所描述的特征(Angstrom 2005)。

卡尔多对于快速全球化论题的依赖也受到了批评。赫斯特(Hirst 2001)就提出,新式战争论未能充分重视"旧式"国家间战争的持续意义,例如伊朗和伊拉克之间或者阿拉伯国家和以色列之间的战争。对于赫斯特来说,新式战争理论太过倚赖"全球化改变了一切"的观念,然而有证据表明,民族国家仍然是人们愿意付出忠诚,并且最终依靠它来保护自身利益的机构。这一点很重要,因为它动摇了卡尔多所说的国际机构对于解决冲突的重要性。考虑到"旧式"民族国家在历史上的结盟和敌对因素,就像联合国在(前文所述)波斯尼亚战争中发挥的作用一样,国际人道主义干预既有可能提出持久性的解决方案,也有可能重新激活旧有的问题。

要说新式战争会成为未来主导的战争类型,或许为时过早。但是,假如当前的趋势持续下去,我们是否应该乐见传言中的国家间战争的慢慢衰亡呢?当然,新式战争不太可能像20世纪的国家间战争那样造成大规模的死亡和破坏。但是,新式战争可能孕育出更为有害的暴力手段私有化,这会挑战国家可以为其公民确保一个相对安定的内部环境的假设,从而有可能使社会"去文明化"(Fletcher 1997)。当代世界必须设法应对未来那些局部的但长期不稳定的冲突。

批判性思考

原南斯拉夫地区的系列冲突震惊了"文明的"欧洲人,他们原本以为这种种族灭绝式的暴力已经一去不复返了。是否存在任何证据显示,当代"没有国家的民族"可能会朝类似的方向发展?国际组织可以做些什么来阻止未来发生更多的"新式战争"呢?

发挥你的社会学想象力 22.2

现代性与大屠杀

“大屠杀”(Holocaust)这个术语,被用来描述种族灭绝的一个特定事例:第二次世界大战期间,阿道夫·希特勒领导的德国民族社会主义工人党人(纳粹),试图系统地消灭欧洲的犹太人。德国以及德军入侵的其他国家的犹太人遭到了迫害,被迫挤进隔离区,被运往集中营,在毒气室里遭到大规模的屠杀。在短短几年中,作为纳粹“对于犹太人问题的最终解决”(Final Solution of the Jewish Question)的一部分,大约600万犹太人遭到杀害。尽管其他许多社会团体,包括东欧的罗姆人、身心障碍人士、男同性恋者和共产党人,也被挑出来施以迫害,但是传统上对这些人的迫害不被定义为“大屠杀”。

齐格蒙特·鲍曼(Bauman 1989)就发现,有关大屠杀及其对于社会科学的影响,社会学家所谈甚少。他指出,造成这种情形的原因部分在于,大屠杀被看作犹太历史的一个特定方面,对于其他时代和地方没有什么普遍性的经验教训。其次,关于大屠杀有一种被广为接受的解释,即视之为现代文明社会的一个偏差,一段可怖而独特的野蛮插曲,否则,社会生活会岁月静好。鲍曼认为,我们不能让现代社会如此轻易地推卸责任。他说,大屠杀正是对现代性的终极**测试**。

鲍曼指出,实际上,正是典型的现代元素使大屠杀成为可能。现代科技的应用加速了大规模杀戮的进程,行政科层体系则确保采用最有效的方法来处理“人类科层目标”,加上让犹太人非人化的科层心态,使个体得以避免为自己的行动承担道德责任。鲍曼还研究了种族主义意识形态所扮演的角色,以及在清除过程中,受害者通过对每个阶段的生存机会的理性计算,逐渐沦为默然顺从。现代科技、科层体制、种族主义和理性计算,所有这些元素,都是现代社会“正常的”或是普通的方面。

而在大屠杀中,这些元素以一种独特的方式汇聚一处。按照鲍曼的理论阐述,随着德国这个国家开始系统性地拆解和破坏那些志愿组织,工会,以及筑造强健市民社会的其他组织,也就使得大屠杀变为可能。留下的是一个集权化的民族国家,垄断了暴力手段,可以任意实施其社会工程项目,不受任何控制,也不会遇到任何反制势力。简言之,现代性为大屠杀的实现提供了**必要**资源,但是如果国家没有从社会整体所施加的限制中解放出来的话,仅凭这些资源是不够**充分**的。

对于鲍曼而言,从大屠杀中可以得到两大经验教训。其一,就是“大多数人有一种天赋,一旦被置于某种特别的情境,不能做出好的选择,或做出这样的选择需要付出很大的代价,就会说服自己摆脱道德责任的议题(或是无法说服自己直面这样的议题),转而采取合理利益和自我保全的准则。**在一个理性与伦理背道而驰的系统内,人性就是主要的输家**"(Bauman 1989:206;着重格式为原文所有)。但第二点教训则是:"**有多少人选择道德责任而不是自我保全的理性,这并不重要——重要的是,确实有人这样做了。邪恶并不是万能的,它可以被抵制。**"(ibid.;着重格式为原文所有)当然,我们可能会同意鲍曼的观点,人们旨在自我保全的行为确实是一种选择,而不是一种必然。但是,做出这类选择的背景的确在很大程度上形塑了整体性的结果。正像历史学家E.H.卡尔曾经指出的那样,"数字在历史中有意义"(Carr 1962:62)。

批判性思考

犹太人面对远为强大的力量时做出的反抗是否支持了鲍曼的这样一种观点,即关于道德责任,是我们所有人都要面临的一种选择,甚至在最糟糕的时候? 在个人自我保全与对他人的道德责任之间的选择,为什么可能不完全像鲍曼的结论所暗示的那样简单?

犹太人在第二次世界大战期间尝试过数不清的反抗,包括1943年特雷布林卡(Treblinka)集中营的反抗,以及在犹太隔离区的几次反抗。1943年1月,在华沙犹太人隔离区的起义中,数千名犹太人和纳粹党卫军作战,杀死了数百名德军士兵。他们最终寡不敌众,被德军镇压,1.3万名犹太人丧生。

四　和平进程

社会学对于社会冲突的研究兴趣一直存在,并且近年来,有更多的社会学研究聚焦于战争、种族灭绝以及恐怖主义,而与此同时,诚如此言,“对于和平研究的学术兴趣向来微不足道”(Chatterjee 2005:17)。这或许可以部分归因于这样的常识性假设,即冲突是一种需要予以说明的越轨现象,而和平在某种程度上说是社会生活的“正常”状态。另一方面,也有许多生物学和动物行为学的研究推测,攻击性和暴力是以某种方式内在于人类本性的。然而,社会学的研究回避了这些过分哲学化的议题,而是把注意力放在从比较性、历史性和经验性的个案研究中提取一些一般性的结论(Das 2005)。

在这里,我们的出发点就是,在人类关系中,战争与和平都是可能的。而且,许多的精力都被花在理解战争和社群暴力的起因上,但是尚未有与此相称的有关**和平进程**(peace processes)的研究。所谓和平进程,即旨在预防未来暴力、确保冲突后情境中资源分配公正平等的所有官方和非正式的活动。在这里,社会学的视角扮演了十分重要的角色,因为社会学所提供的分析关注的是和平进程在整个社会的运行状态。除了构成其他大多数研究之基础的专业协商者、政治家和官方倡议,它还包括评估组成市民社会的许多团体和组织所发挥的作用。

和平进程牵涉到此前发生的暴力的类型,并且被认为会经历四个阶段。**前协商**(pre-negotiation)阶段通常涉及旨在达成停止暴力的共识条款的秘密协商。紧接着的第二个阶段是**正式停火**(formal ceasefire),第三个阶段往往是艰辛漫长的**协商**(negotiation),在协商过程中,敌手之间达成政治共识,或许会借助某个中立的调停者。在最后的阶段,即**解决后的和平建设**(post-settlement peacebuilding),武装人员重新融入社会,受害者参与和解进程(Darby 2001)。

在暴力冲突之后,一些社会达成了某种“积极和平”,在这种状态下,多少能实现公正,实现平等的资源分配。然而,另一些社会不得不去应对一种“消极和平”,在这种状态下,身体上的暴力虽然被消除和控制了,但是深层的张力,以及不平等和缺乏公平等议题依旧如故。所谓**后暴力社会**(post-violence societies),是指那些已经摆脱了战争或社群暴力从而走向非暴力的社会,诸如卢旺达、南非、斯里兰卡以及北爱尔兰。布鲁尔(Brewer 2010:19-27)识别出三种基本类型:“征服型”、“绘图型”以及“妥协型”。

征服型(conquest)的后暴力社会主要指那些受到民族国家之间战争影响的社会,虽然这一类型也包括那些以征服的方式结束国内社群暴力的社会,就如内战或殖民战争中的情形。在**绘图型**(cartography)的后暴力社会中,和平主要是通过变更国界、缔造新的国家或是将权力转移到新的区域性管理机构等方式,从物理角度来分开此前的敌对方。最后,**妥协型**(compromise)的后暴力是指所有既不可能凭借强力又不可能进行物理分割的事例。相反,以前的争斗者被迫进行谈判,并达成某种协议,包括停火和就什么是对各方都“公平”的解决办法取得共识。

布鲁尔还指出,对于决定后暴力和平的形式和前景,有三点因素至关重要。首先是此前的对手分享共同的价值观、规范和传统的程度,他称之为“关系远近”(relational distance-closeness)。当先前的对手“关系相近”,比如在北爱尔兰,后暴力的重建可能更为简单,因为共享的传统构成了重新定位人们的视角的基础。而在关系疏远的地方,比如斯里兰卡或者西班牙的巴斯克地区,或许有必要保持社会的分隔,寻找政治调处的途径,以防止未来暴力的发生。

其次是此前的对手是分开居住,还是在同一块土地上聚居,共享国族身份(一种由“空间分割—领土整合”组成的轴线)。在一些后暴力社会中,尤其是在那些关系相近的地方,领土的整合或许不会引发难以克服的问题,而之前的敌对者也可以比邻而居。但是,在另一些社会中,暴力的程度就会极具破坏性,致使空间的分隔变成了长治久安的必要之策。原南斯拉夫地区以及印巴分治即为明证。

最后,布鲁尔给出了后暴力社会中的第三条轴线:“文化资本或文化灭绝”(cultural capital or cultural annihilation)。先前的敌手,尤其是失败的一方,是保留了他们的文化资源和历史记忆,还是说这些已经在实质上被灭绝了。在某些情况下,被击败者由于扮演了重要的经济角色,或者能够接受教育,或者只是因为数量比较庞大,还可能保留自己的文化资本,使得冲突的最初根源仍然活跃。例如,巴勒斯坦在与以色列的冲突中仍然保留了自己的文化资本,而南非的非洲人在白人少数族群统治时期也依旧保持了自己的文化资本。然而,被击败的人也可能无力抵抗,就像澳大利亚土著与北美原住民群体,因此面临的是卓有成效的“文化灭绝”。这并不意味着被击败的社会群体会彻底消失,但的确点出了他们在后暴力情境下的文化臣属地位。

布鲁尔这种鲜明的社会学思路所促成的,是以现实主义的姿态,评估当前世界范围内各种冲突与和平进程的和平前景。更具体地讲,它提供了一种图式,可以用于研究后暴力时期的和平进程。不过,类似的思路也可以帮助那些致力于和平进程的人更好地理解他们所面对的某些障碍与机遇。

批判性思考

使用布鲁尔有关三类后暴力社会的框架,探讨北爱尔兰、南苏丹与斯里兰卡的当下形势。这些国家分别属于哪一类?这三个案例中的哪一个最有可能实现某种“积极和平”,哪一个可能不得不生活在“消极和平”之中?

第三节
恐怖主义

21 世纪的头十年或许会被视为全球恐怖主义的十年留在世人记忆之中。它开始于2001 年 9 月 11 日上午 8 点 45 分左右,美国四架民航客机被**基地组织**的恐怖分子所劫持,他们声称行动是为了捍卫全球的穆斯林。一架客机撞入纽约世贸中心的北塔,另一架又撞入南塔。短短一个小时之内,两栋燃烧的大楼坍塌,数以千计刚刚开始上班的人丧生。大约一个小时以后,第三架飞机撞进了华盛顿特区附近的美国军事总部五角大楼,又夺去了许多人的生命。第四架飞机据说正飞往白宫,在乘客制服了劫机者之后,飞机坠毁在宾夕法尼亚州乡下的一块田地里。这些飞机(都属于美国航空公司),以及袭击的目标——世贸中心、五角大楼和白宫,都是特意选择的,是要极具象征意义地打击美国的经济、军事和政治的权力中心。

这些袭击后来被统称为“9·11”(九月十一日),美国总统乔治·W. 布什的回应就是宣布展开“反恐战争”。一个月以后,第一次重大军事反击就是多国部队攻击了阿富汗。当时统治阿富汗的是持激进主义立场的伊斯兰政权,即塔利班,它为恐怖分子在该国的训练营大开方便之门,以此支持**基地组织**及其领导人奥萨马·本·拉登。在北美的袭击之后的几年里,世人又见证了更多的恐怖袭击行动,基地组织宣称对此负责。2002 年 10月,在印度尼西亚的巴厘岛,一家夜总会遭到袭击,超过 200 人死亡,其中许多是从相近的澳大利亚过来度假的年轻游客。2004 年 3 月,在西班牙马德里的一列火车上,早高峰时的炸弹爆炸造成大约 200 名通勤者丧生。而在伦敦,2005 年 7 月,三列地铁和一辆公交巴士上发生了协调行动的系列爆炸,造成 52 人死亡,另有几百人受伤。

全球恐怖主义十年在 2011 年 5 月 1 日象征性地结束了,在那一刻,为期十年的围猎基地组织首领的行动宣告终结。新任美国总统巴拉克·奥巴马下令突袭巴基斯坦的阿伯塔巴德(Abbottabad)的一处大院,情报来源显示,本·拉登可能藏身于此。美军特种部队袭击了该大院,并且杀死了可能在这里潜藏了五年之久的本·拉登。然而,虽然自2001 年开始,基地组织网络遭受了一系列反击,但是在东非、北非、阿富汗、巴基斯坦以及印度尼西亚,依旧活跃着许多团体。而在西欧,也已经侦破了几起爆炸阴谋。自其在2009 年形成以降,阿拉伯半岛的基地组织,即也门和沙特阿拉伯激进分子的合并,已经被视为全球基地组织网络中最具能力也最为活跃的分支之一。

尽管恐怖主义的概念几乎变得与基地组织全球网络的组织模式和活动同义了,但事实上,如果比照恐怖主义团体的历史记录,基地组织并不是典型的。为了领会这一点,我们首先需要尝试搞清楚,当我们使用“恐怖主义”一词时,它究竟意味着什么。

一　何为恐怖主义?

恐怖主义(terrorism)这个词起源于1789年法国大革命。数以千计的人,一开始基本都是贵族,不过后来也有越来越多的平民,遭到政治当局的追捕,并被送上了断头台。“恐怖”这个词并不是由革命党人自己发明的,倒是由反对革命的人创造出来的,他们厌憎法国大革命及其意蕴,相信流血杀戮的持续就是使全体人口陷入恐怖的一种方式(Laqueur 2003)。就使用暴力来恐吓这个意义来说,“恐怖”在20世纪得到了广泛的使用,比如德国的纳粹。然而,这种对于暴力的使用要早于法国大革命时这个术语的缘起。

尽管人们直到18世纪才创造出“恐怖”这个词,但诉诸暴力来恐吓民众的现象却是由来已久。在古代文明中,一旦一支军队攻入敌方城池,往往会屠城焚池,将全城男女老少统统杀光。这种举动的关键并不仅仅在于从身体上消灭敌人,而是要在那些生活于其他城市的人当中制造恐怖。显然,使用暴力来恐吓民众的现象要比“恐怖主义”这个词更为古老。

社会科学家不仅对“恐怖主义”的定义意见不一,而且对这一概念是否有用也存在分歧。也就是说,能否以合理客观、不存偏见的方式来使用这个词呢?争论之一在于,人们对于恐怖主义和恐怖分子的道德评价变来变去。常常有人说,“某人眼中的恐怖分子,却是他人眼中的自由斗士”。同样,持有激进信念的人并不会全部加入恐怖组织,而加入这类组织的人也绝非都持有激进信念(Crenshaw 2011:6)。有人加入是图钱财,有人加入是出于友谊,或是追随亲友。曾经是恐怖分子的人,有的后来也会以同样的激情谴责恐怖主义。例如,或许可以说,犹太复国运动的早期历史中不时会有恐怖主义活动,但到了21世纪,以色列领导人自称已加入国际“反恐战争”,并将恐怖分子视为敌人。曾几何时,南非前领导人纳尔逊·曼德拉被众多人斥为暴力恐怖分子,时至今日,他已经成为我们这个时代最受尊崇的政治人物之一。

第二个议题是关于国家的角色。能不能说国家在实施所谓的“国家恐怖主义”(state terrorism)?或者说,这个术语本身就是矛盾的?说到底,纵观历史,国家所造成的人员死伤比其他任何类型的组织都要多。国家残酷地杀害了大量平民,有些行径堪比传统文明中所发生的那些屠城事件。如前文所述,在第二次世界大战行将结束时,英国皇家空军(RAF)和美国陆军航空队(USAAF)的大规模空袭摧毁了德国城市德累斯顿,成千上万的平民死于轰炸。① 一些历史学家认为，这次行动不能给盟军带来任何战略上的好处，其目的仅仅是要制造恐怖和惊惧，削弱德国国民继续战斗的决心。这种行为算是国家恐怖主义吗？

尽管如此，除非我们将恐怖主义这个概念限定于国家之外的群体与组织，否则它就会变得太接近战争概念了。就我们在本节的宗旨而言，有一个蛮不错的操作定义，就是"（由非国家组织实施的）任何行动……旨在造成平民或非作战人员的死亡或严重身体伤害，而这类行为的目的，就其性质或背景而言，就是恐吓特定民众，或迫使某个政府或国际组织做或不做某件事情"（Panyarachun et al. 2004）。换言之，恐怖主义就是"出于政治目的而有明确目标与意向地使用暴力"（Vertigans 2008：3）。

最后需要记住一点，将"恐怖分子"作为独特的一类人来讨论，在绝大多数事例中会有误导性。韦尔蒂甘斯（Vertigans 2011）指出，更有成效的一种方式是认识到，对于大多数卷入恐怖主义的人来说，先有进入恐怖主义活动的路径（比如经由同龄群体、亲朋好友或传媒讯息），再有身处恐怖主义组织时的活动（组织、招募和执行），最后往往还有脱离恐怖主义的路径（比如信念弱化、厌倦暴力、与外界结成新的友谊，或是恐怖团体自行瓦解）。这样来看恐怖分子的参与，视之为以一系列阶段为特征的社会过程，就避免了进一步宣传媒体上的刻板印象，提供真正具有社会学特色的思路以切入主题。

二　新旧恐怖主义

正如上文所述，可以把恐怖主义与此前各历史时期的暴力行径区分开来，比如古代的屠城。要想恐吓分布广泛的人群，暴力相关信息就必须非常迅速地传递到有关人群。只是在 19 世纪晚期现代通信兴起之后，才能做到这一点。随着电报的发明，超越时空限制的即时通信成为可能。而在此之前，信息的传播扩散可能耗时几天乃至数月。比如我们在讨论传媒的第十八章中所看到的事例，亚伯拉罕·林肯遭暗杀的消息花了许多天才传到英国。一旦即时通信成为可能，颇具象征意义的恐怖主义暴力行为就可能远距传播，而不仅仅是当地人才知道（Neumann 2009）。

（一）旧式恐怖主义　我们可以区分出旧式恐怖主义与新式恐怖主义（Laqueur 2000）。

---

① 1945 年 2 月 13 日至 14 日，英美空军出动 800 架飞机对德累斯顿进行大规模轰炸，空袭持续到 4 月 17 日。结果，这座欧洲文化古城，德国巴洛克建筑集中地，同时是德国的重要军工基地和交通中心，基本被毁，死难人数在 3.5 万人到 13.5 万人之间，但事后看来军事意义甚微。——译者注

旧式恐怖主义在20世纪的绝大部分时间都很盛行,今天也依然存在。民族主义的兴起,民族(国家)作为主权独立、领土分明的实体的创立,是欧洲18世纪后期以来的现象,旧式恐怖主义基本上与这些趋势是分不开的。在所有民族中,边界的划定都带有一定的任意性,要么只是像西方殖民者在非洲和亚洲曾经做过的那样,凭着地图画一些界线,要么是通过殖民征服或大大小小的战争。以爱尔兰为例,它于1800年被纳入联合王国,引发了独立斗争,并导致这个国度在20世纪20年代初分裂为南北两部分。殖民官员通过地图划线或武力创建的国家如同百衲拼贴,导致许多民族不拥有自己的国家,也就是说,一个民族声称拥有共同的文化认同,却没有民族国家通常应当拥有的领土和国家机器。绝大多数的旧式恐怖主义都与没有国家的民族有关系。

许多旧式恐怖主义的宗旨就在于,要在民族对于该领土内的国家机器没有控制权的地方创建国家。比如爱尔兰民族主义者就是这样,像"爱尔兰共和军"(Irish Republican Army,IRA),还有巴斯克民族主义者,像西班牙的"埃塔"组织。主要的争议存在于在国家的形成中确立领土的一体性和认同。在没有国家的民族那里,在恐怖分子准备以暴力手段实现其目标的地方,就会发现旧式恐怖主义。但究其根本,旧式恐怖主义还是地方性的,因为它的企望就是地方性的。它只是希望在一块特定的民族区域创建一个国家。不妨认为,"伊斯兰国"的行动主义就是旨在创建一个国家,以适应其对于"穆斯林国族"的解释,虽说这个组织的手法中,既有旧式的要素,也有相当新颖的、它们特有的"国族"观,涵盖了全世界的穆斯林。

近些年来,随着旧式恐怖主义寻求外界支持,展开宣传攻势以壮声威,也常常带上国际性的成分。比如说,利比亚、叙利亚和一些东欧国家,以及美国国内的一些群体,都不同程度地支持北爱尔兰的爱尔兰共和军与西班牙的巴斯克分裂主义者的恐怖主义活动(Thompson 2015:46,395)。然而,尽管旧式恐怖主义可能会有一个广泛的支持者网络为其提供资金,或者透过该网络输送武器或毒品以换取军火,但它的企望肯定还是地方性或民族性的。

旧式恐怖主义不仅企望有限,而且在暴力的使用上也是有所节制的。比如说,尽管北爱的冲突已经导致许多人丧生,但从20世纪70年代重新抬头的"暴乱"①以来,恐怖主义活动所造成的死亡人数,包括英军阵亡数,其平均比例尚不及道路交通事故的死亡率。就旧式恐怖主义而言,尽管死伤人数颇为可观,但暴力的使用却还算有限,因为这种恐怖主义的目标也比较有限,当然,这种暴力依然是令人生畏和可怖的。

---

① "暴乱"(Troubles):特指1919—1923年发生在爱尔兰及20世纪70年代初发生在北爱尔兰的接二连三的暴力事件。——译者注

（二）新式恐怖主义　在旧式恐怖主义与新式恐怖主义之间，可以做出某种根本性的区分（Tan and Ramakrishna 2002）。新式恐怖主义之所以可能，靠的是推动全球化的数字革命。这种恐怖主义密切关联着伊斯兰激进主义的“基地”组织网络，以及“伊斯兰国”在社交媒体上的存在，虽然绝不仅限于这些团体。不管怎么说，理解“基地”组织网络有助于我们看清楚旧式和新式恐怖主义之间的主要差异。

“基地”组织（Al-Qaeda，the base）是在1989年苏联撤出阿富汗之后形成的，奥萨马·本·拉登为其创立者和领导人。该组织由阿拉伯的志愿者组建而成，他们奔赴阿富汗，要将苏联驱逐出穆斯林国家。这些战士身经百战，立场坚定，而且在与世界超级大国的战斗中取得过重大胜利。在1996年左右，“基地”组织的训练营由苏丹搬到了阿富汗，在这里，塔利班政权为其提供支持。但在2001年对美国的袭击之后，美国的反击推翻了塔利班政权，并迫使“基地”组织活跃分子四处逃散。尽管自2001年起，本·拉登和其他许多“基地”组织领导人都遭到追捕并丧生，但是这个网络的许多团体和活跃分子仍继续在全世界展开活动。

“基地”组织不同于过去那种组织致密、军团主义的团体，例如意大利的“红色旅”或北爱尔兰的“爱尔兰共和军”。它的运作宛如一个全球性的“众网之网”，大致符合卡斯特所谓新兴网络社会的观念（Sageman 2004；亦参第十八章）。但是，在这一结构中，地方性团体有高度自治权。在有些人看来，这些非常松散的组织形式印证了西方学者和评论家的讲法，即“基地组织”其实更像是一种共享的观念或意识形态，具有共同的策略以及方法（Burke 2004）。新式恐怖主义在其组织结构上也不同于旧式的形式。卡尔多（Kaldor 2006）指出，新式恐怖主义组织与一些非政府组织，如乐施会和地球之友（Friends of the Earth），在基础结构上颇多相似。新式恐怖主义组织和一些非政府组织都是被某种使命担当感所驱使，这样的使命担当感能使一个相当松散的全球组织蓬勃发展（Glasius et al. 2002）。

萨顿和韦尔蒂甘斯（Sutton and Vertigans 2006）认为，“基地”组织展现出与20世纪七八十年代的新兴社会运动的许多相似之处。尤其是它松散的组织形式以及跨国的网络，也堪比环保主义和那些反对全球化的非暴力新兴社会运动。而“基地”组织所使用的极端暴力往往是针对极具象征意义的场所，以显示西方尤其是美国的虚弱。这些袭击也会鼓励其他人加入他们的战斗。当新兴社会运动诉诸象征性的、非暴力的直接行动时，“基地”组织则使用具有象征意义的暴力推进其事业。

有关新兴社会运动的更多讨论，详参第二十一章“政治、政府与社会运动”。

2015 年 11 月,恐怖分子袭击了巴黎的巴塔克兰(Bataclan)剧院及其他一些地方。图为对受害者的纪念仪式。在这些袭击之前,整个 2015 年,巴黎经历了一系列恐怖袭击事件。人们对于这类袭击的回应渐趋坦然,是否反映出人们愈益觉得,城市恐怖主义如今已成“正常”现象?

新式恐怖主义与旧式的形式还有其他一些方面的差异。“基地”组织的一个独特性质就在于,它有着全球地缘政治的目标,寻求重构世界社会。其部分领导人希望,重新建立起从印度次大陆一直延伸到欧洲的一个伊斯兰社会。这将包括在整个中东地区建立伊斯兰政府,并再次征服北非。“基地”组织的活跃分子认为,在过去这个千年,西方把伊斯兰群体驱赶出了他们本来合法占有的地区,比如巴尔干半岛,以及西班牙那些曾被摩尔人(Moors,最早从北非迁来的穆斯林,在 8 世纪到 15 世纪控制了西班牙的大片区域)统治的区域。我们现在认为是欧洲的这片土地,有大片区域曾经属于伊斯兰世界,由奥斯曼帝国或来自北非的力量所统治。“基地”组织的宗旨就是要在这些区域和地区重新创建伊斯兰教的全球角色。

在“基地”组织和其他类似团体的世界观中,存在着现代主义与反现代主义之间的鲜明张力。它们力图在欧洲、中东和亚洲的广阔区域里重新确立伊斯兰教的支配地位,在此过程中,广泛利用数字传媒来批判现代性,采取暴力来扭转它们眼中西方社会的道德堕落趋势(Gray 2003)。有些团体不仅制造了大规模死伤,而且似乎比从前更渴望这样做(Crenshaw 2011)。例如,“基地”组织的网站上不加掩饰地宣称,实施恐怖主义行动时,应当尽可能杀死更多的人。“基地”组织1998年的创立宣言就明确表示：

> 杀死美国人及其盟友，无论平民还是军人，这一规定是每一个穆斯林的个人义务，无论身处何国，只要有可能履行，就要去履行，以便将（穆斯林圣地）阿克萨清真寺（al-Aqsa Mosque）和圣寺（Holy Mosque，在麦加）从他们的手里夺回来，将他们的军队赶出所有伊斯兰的土地，彻底击溃它们，让它们再也没有能力威胁任何穆斯林。（引自 Halliday 2002:219）

这就截然有别于旧式恐怖主义所特有的那种对于暴力手段更为有限的使用，尽管有些情况下二者也会有所重叠。原苏联地区的车臣即为明证，起初的一场分离主义抗争，转变成不断孕育更新式的恐怖主义行动的策源地。

批判性思考

“伊斯兰国”、“基地”组织和许多圣战组织的兴起，是否证明了“文明的冲突”就在眼前（**Huntington 1996**）？你能举出什么可能反驳这一命题的反面证据？有关亨廷顿的观念，参看第十七章“宗教”。

小　结

▼

联合国多国集团和国际组织应该怎样应对新式恐怖主义以及局部战争的威胁呢？2001年攻击阿富汗的联军的确部分摧毁了基地组织的恐怖主义网络。然而，纵然取得了如此成功，它们所针对的恐怖主义群体仍截然有别于敌对的民族国家之类的传统意义上的敌人。这一点导致一些社会学家以及政治科学家开始质疑“反恐战争”这一概念（Rogers 2008）。

2003年占领伊拉克采取的传统军事路数成功地推翻了萨达姆·侯赛因的政权，但后来又面临新的战争与恐怖主义形式：一种旷日持久而且充满血腥的后暴力情境，以及“伊斯兰国”的兴起，后者夺取了费卢杰、摩苏尔及其他一些地区，并扩散到叙利亚，在那里实施了可怖的暴行。2011年，英国对利比亚冒出来的内战进行了干预（通过空中打击），清除了卡扎菲的政权。但在那之后，该国见证了派系之间的大规模暴力冲突、地方武装民兵以及相互竞争的几个权力中心,实质上就是第二场内战。发达国家对于伊拉克和叙利亚的干预是带来了一种“积极和平”,还是有可能导致更多的内部混乱、分隔与流血?

有关恐怖主义是否能通过常规战争来解决的论争,又进一步引出了有关恐怖主义与阿富汗之类支持它的民族国家之间关系的更为棘手的问题。反过来,这又牵涉到有关全球治理的问题。在全球时代,需要什么样的国际支持和证据,才能采取行动以遏制一种已经觉察到的威胁呢?能够应对全球恐怖主义威胁的最佳制度又是什么呢?

今天有许多学者认为,要用一种“世界主义的”(cosmopolitan)路数来解决由新式战争和恐怖主义引发的问题。世界主义的思想家就像倡导普遍人权的人一样相信,在理想状态下,不管人们生活在世界上的什么地方,每个人都应当得到平等的对待。当然,在一个民族国家强盛的时代里,这种想法被认为是一种乌托邦式的梦想,用来对抗潜在威胁的是巩固国家边界。然而,随着民族国家开始失去其核心位置,也许有一天,一套能够让世界主义的民主成为现实的国际机制真的会出现。

在维和使命、救济工作和交战各方谈判调停者等方面,联合国、非盟、欧盟等的参与,使我们看到了上述机制正在浮现的证据。但是,这种努力仍然停留在早期历史发展阶段,而且迄今为止,还往往只是在冲突业已发生甚或结束**之后**才介入。利用这样的制度来**防止**战争以及恐怖主义是一项值得称道的目标,但才刚刚起步,仍然属于一项长期的规划。

本章要点

1. 何为民族主义？它与民族和国家如何联系在一起？为什么民族主义在21世纪仍旧是一种驱动力？

2. 试举一些“没有国家的民族”的实例，并推测其未来。在接下来三十年左右的时间里，这些民族中有哪一个会变成国家吗？

3. “所谓普遍人权的观念是荒谬之谈。”为什么有些学者会赞同这种说法？怎样为这种说法辩护？

4. 克劳塞维茨说战争是“以另一种方式延续的政治”。你同意这种表述吗？还是说战争仅仅是人类原初的攻击欲望的延伸？哪一种立场最能说明20世纪的“总体战争”？

5. 何为“新式战争”？这些战争在哪些方面有别于先前的冲突形式？

6. 什么是“和平进程”？试用本章中的例子来评估布鲁尔在有关和平进程的比较性研究中所使用的核心概念。

7. 埃利亚斯所说的“文明的进程”是什么意思？“新式战争”是否意味着我们处于一个“去文明化”(decivilization)的时期？

8. 种族灭绝与战争区别何在？种族灭绝是一种晚近出现的现象，抑或始终是战争中的一种趋势？

9. 请界定“恐怖主义”。这个定义是否既“契合”基地组织的松散网络，又“契合”更具组织化的“伊斯兰国”群体？

10. “新式恐怖主义”在范围、组织、结构以及手段上与旧式恐怖主义有哪些区别？

研究实践

在2015年英国大选选战中，一个工党议员在自己的推特账户上发布了一张照片，照片里的房子悬挂着英国国旗，屋外车道上停着一辆白色厢式车，由此招来批评。她就此辞去了自己影子大臣的位置。工党面临着来自右翼持疑欧派立场的英国独立党的强劲挑战，许多人认为，这张照片意味着悬挂英国国旗的工人阶级民众更有可能支持英国独立党的民族主义观点。可果真如此吗？澳大利亚的研究者就澳大利亚日[①]悬挂国旗的行

---

① 澳大利亚日(Australia Day)是澳大利亚的国庆日，纪念当年第一批欧洲人的到来。1788年1月26日，英国船长亚瑟·菲利普带着一班英国囚犯到达今日的悉尼港。——译者注

为提出了类似的问题。阅读下文,并回答后面的问题:F. Fozdar, B. Spittles, and L. K. Hartley, 2015, 'Australia Day, Flags on Cars and Australian Nationalism'(澳大利亚日、车插国旗与澳大利亚民族主义),*Journal of Sociology*, 51(2): 317-336。

1. 研究是怎么进行的?你会如何概括这项研究的特点?

2. 作者所说的"排他性民族主义"(exclusionary nationalism)是什么意思?

3. 在车上插国旗和澳大利亚民族主义之间如果存在关联,是什么关联?

4. 有关民众对于少数族群和"白澳"政策[①]的态度,研究有何发现?

5. 有关公共场所中的国旗展示问题,这项研究告诉了我们些什么?这项发现是澳大利亚所特有的,还是可以推广到其他国家?

深入思考

21世纪会和20世纪一样血腥吗?随着民众和政治领导人从过去的错误中汲取教训,民族国家之间发生战争的可能性是否会降低?还是说这只是一厢情愿?有些学者声称,就人们对于战争和冲突的态度而言,能够感知到一种全球性的转变,意味着可能提供一种更为和平的未来的愿景。

其中一例可见于:Ari Sitas, 2011, 'Beyond the Mandela Decade: The Ethic of Reconciliation?'(超越曼德拉的十年:和解伦理?),*Current Sociology*, 59(5): 571-589。阅读此文,并指出文中所记录的"初露端倪的和解伦理"的四种来源。逐一分析每一种,在本章以及第二十一章中有什么证据支持西塔斯的观点?这里有什么证据表明,面对顽固的民族利益、族群仇恨和恐怖主义时,这样一种伦理可能被证明不起作用?关于所谓的"初露端倪的和解伦理",你自己有什么结论?

艺文探析

在艺术中表现恐怖主义是一项棘手的任务。电影、戏剧和电视中的绝大多数实例都极为严肃,聚焦于现代恐怖主义对安全和普通人造成的威胁。或许不难理解,它们也往往会将恐怖分子描述为非理性的、狂热的,或者是极其聪明、能力不凡的人。晚近的一个例子是《猎杀本·拉登》(*Zero Dark Thirty*, 2012;由凯瑟琳·毕格罗[Kathryn

---

① 白澳政策(White Australia Policy)是澳大利亚联邦反亚洲移民的种族主义政策。1901年,白澳政策被正式确立为基本国策,只许白人移居境内。——译者注

Bigelow］执导），影片戏剧化地刻画了美国政府如何追捕并最终杀死基地组织领导人奥萨马·本·拉登。

然而，由克里斯托弗·莫利斯（Christopher Morris）执导的《四头狮子》（*Four Lions*，2010）却别具一格。在这部喜剧中，几名原本想充当人肉炸弹的英国圣战分子将这个计划变成了一场闹剧。

观看这两部影片，然后思考下列问题。

- 恐怖分子得到了怎样的呈现，比如说，聪明过人、平凡无奇、足智多谋、精神变态/反社会人格，如此等等？
- 法律的力量是否被表现为"规范"和"正确"？
- 影片所描绘的恐怖分子是让人觉得"骨子里就是恐怖分子"，还是说电影把他们处理成普通人，只是逐渐卷入恐怖行径？
- 电影就恐怖主义和国家的行动而言主要传递出怎样的讯息？
- 在这些彼此迥异的电影风格里，哪一种最"契合"社会科学已经告诉我们的恐怖主义这种现象的性质？

阅读指津

安东尼·史密斯的《民族主义（第二版）》（Anthony D. Smith，2010，*Nationalism*，2nd edn，Cambridge：Polity）介绍全面，是进入民族与民族主义相关讨论的上佳门径。克莱尔·萨瑟兰的《21世纪的民族主义：挑战与回应》（Claire Sutherland，2011，*Nationalism in the Twenty-First Century：Challenges and Responses*，Basingstoke：Palgrave Macmillan）涵盖广泛，实属上选。接下来，有关各种理论思路，可参乌穆特·厄兹克林里的《民族主义理论种种：批判性导论（第二版）》（Umut Özkirimli，2010，*Theories of Nationalism：A Critical Introduction*，2nd edn，New York：St Martin's Press）。马克·弗雷佐的《人权社会学》（Mark Frezzo，2014，*The Sociology of Human Rights*，Cambridge：Polity）是该领域的几部出色引论之一。

有关战争的社会学研究，可见西尼沙·马莱舍维奇的《战争与暴力的社会学》（Siniša Malešević，2010，*The Sociology of War and Violence*，Cambridge：Cambridge University Press），该书涵盖大量领域，比较了各种战争理论。亚当·琼斯的《种族灭绝综论（第二版）》（Adam Jones，2010，*Genocide：A Comprehensive Introduction*，2nd edn，London：Routledge）名副其实。然后是有关和平构建的议题，可参约翰·布鲁尔的《和平进程：一种社

会学的思路》(John D. Brewer, 2010, *Peace Process: A Sociological Approach*, Cambridge: Polity),富于启发。

对于社会学的初学者,最好从对于恐怖主义现象的整体介绍开始,例如查尔斯·汤森的《恐怖主义极简入门(第二版)》(Charles Townshend, 2011, *Terrorism: A Very Short Introduction*, 2nd edn, Oxford: Oxford University Press)。而有关恐怖主义类型的争论,可参彼得·诺伊曼的《新旧恐怖主义》(Peter R. Neumann, 2009, *Old & New Terrorism*, Cambridge: Polity),以及斯蒂芬·韦尔蒂甘斯的《恐怖主义社会学》(Stephen Vertigans, 2011, *The Sociology of Terrorism*, Abingdon: Routledge),它采取急需的社会学思路讨论了这一主题。

关于政治社会学的原典文集,参阅辅助读物《社会学入门文选(第三版)》(*Sociology: Introductory Readings*, 3rd edn, Cambridge: Polity, 2010)。

网络导航

政体出版社有关本书的更多信息和支持:

www.politybooks.com/giddens

美国福特汉姆大学线上现代史(Internet Modern History at Fordham University)——有关民族主义非常有用的历史资料:

sourcebooks.fordham.edu/halsall/mod/modsbook17.asp

民族主义项目(The Nationalism Project)——有关民族与民族主义的学术信息资源库,包括该领域一些核心人物:

www.nationalismproject.org

英国苏塞克斯大学战争与社会史中心(Centre for the History of War and Society, University of Sussex)——有关战争对社会影响的有用资料:

www.sussex.ac.uk/chws

位于英国西英格兰大学(University of the West of England)的种族灭绝线上文献中心(The Web Genocide Documentation Centre)——有关种族灭绝、战争罪行以及大规模屠杀事件的档案资源:

www.phdn.org/archives/www.ess.uwe.ac.uk/genocide

挪威奥斯陆和平研究所(The Peace Research Institute, Oslo)——从事有关各国家、人民以及群体之间和平共处方面的研究:

www.prio.org

CSTPV(**苏格兰圣安德鲁斯大学半田恐怖主义与政治暴力研究中心**,Handa Centre for the Study of Terrorism and Political Violence, University of St Andrews in Scotland)——恐怖主义相关网址及其自办期刊的许多链接:

www.st-andrews.ac.uk/~cstpv

GTReC(**澳大利亚莫纳什大学全球恐怖主义研究中心**,Global Terrorism Research Centre, Monash University, Australia)——多种学术研究、项目及其他资源:

www.monash.edu/arts/social-sciences/gtrec

人名对照

A

阿伯,S.　Arber, S.
阿伯拉罕森,M.　Abrahamson, M.
阿伯特,P.　Abbott, P.
阿卜杜勒-瓦哈卜,穆罕默德·伊本　Abd-al-Wahhab, Muhammad ibn
阿查里亚,A.　Acharya, A.
阿彻,D.　Archer, D.
阿彻,L.　Archer, L.
阿彻,玛格丽特　Archer, Margaret
阿多诺,西奥多 Adorno, Theodor
阿尔布劳,M.　Albrow, M.
阿尔温,D.F.　Alwin, D.F.
阿杰曼,J.　Agyeman, J.
阿金托耶,S.　Akintoye, S.
阿克顿,布莱恩　Acton, Brian
阿拉塔斯,S.F.　Alatas, S.F.
阿里,鲁莎娜　Ali, Rushanara
阿里耶斯,菲利普　Ariès, Philippe
阿伦森,J.　Aronson, J.
阿明,A.　Amin, A.
阿姆斯登,A.H.　Amsden, A.H.
阿纳布尔,J.　Anable, J.
阿诺特,M.　Arnot, M.
阿帕杜莱,A.　Appadurai, A.
阿佩尔鲍姆,R.P.　Appelbaum, R.P.
阿奇利,R.C.　Atchley, R.C.
阿萨德总统　Assad, President
阿什沃思,A.E.　Ashworth, A.E.
阿斯克威思,R.　Askwith, R.
阿塔利,雅克　Attali, Jacques
阿特万,A.B.　Atwan, A.B.
埃布拉德,马塞洛　Ebrard, Marcelo
埃伯利斯,R.　Abeles, R.
埃伯施塔特,N.　Eberstadt, N.
埃德尔,G.H.J.　Elder, G.H.J.
埃尔,K.　Ell, K.
埃尔德里奇,约翰　Eldridge, John
埃尔金,D.　Elgin, D.
埃尔里希,保罗　Ehrlich, Paul
埃尔斯坦,J.B.　Elshtain, J.B.
埃弗龙,S.　Efron, S.
埃克斯利,R.　Eckersley, R.
埃里克森,R.　Ericson, R.
埃利奥特,C.　Elliott, C.
埃利奥特,R.　Elliott, R.
埃利亚斯,诺贝特　Elias, Norbert
埃伦赖希,B.　Ehrenreich, B.
埃伦赖希,J.　Ehrenreich, J.
埃普利,N.S.　Epley, N.S.

埃斯蒂斯,C.L.　Estes, C.L.
埃斯科巴,A.　Escobar, A.
埃斯平-安德森,戈斯塔　Esping-Andersen, Gøsta
埃斯特瓦,G.　Esteva, G.
埃文斯,D.J.　Evans, D.J.
埃文斯,P.　Evans, P.
艾布尔-艾贝斯费尔特,I.　Eibl-Eibesfeldt, I.
艾哈迈德,A.S.　Ahmed, A.S.
艾哈迈迪-内贾德,马哈茂德　Ahmadinejad, Mahmoud
艾克曼,保罗　Ekman, Paul
艾伦,N.　Allen, N.
艾森克,汉斯　Eysenck, Hans
艾斯纳,迈克尔　Eisner, Michael
爱德华兹,R.　Edwards, R.
爱德华兹,T.　Edwards, T.
爱迪生,托马斯　Edison, Thomas
爱泼斯坦,D.　Epstein, D.
爱泼斯坦,S.　Epstein, S.
爱因斯坦,阿尔伯特　Einstein, Albert
安德烈亚松,K.　Andreasson, K.
安德鲁斯,丹　Andrews, Dan
安德森,M.L.　Andersen, M.L.
安德森,R.　Anderson, R.
安德森,伊莱贾　Anderson, Elijah
安纳代尔,E.　Annandale, E.
安南,科菲　Annan, Kofi
昂山素季　Aung San Sun Kyi
昂斯特伦,J.　Angstrom, J.
奥伯沙尔,A.　Oberschall, A.
奥布莱恩,M.　O'Brien, M.
奥德姆,E.P.　Odum, E.P.
奥多查泰,N.　Ó Dochartaigh, N.
奥尔德里奇,A.　Aldridge, A.
奥尔德里奇,H.　Aldridge, H.
奥尔尚斯基,S.　Olshansky, S.
奥尔森,M.　Olson, M.
奥尔韦,J.　Alway, J.
奥克利,A.　Oakley, A.
奥利弗,M.　Oliver, M.
奥曼,K.　Ohmae, K.
奥米,M.　Omi, M.
奥尼尔,J.　O'Neill, J.
奥尼尔,M.　O'Neill, M.
奥尼尔,O.　O'Neill, O.
奥萨勒,P.　Osalor, P.
奥斯本,J.W.　Osborne, J.W.
奥斯本,M.A.　Osborne, M.A.
奥威尔,乔治　Orwell, George

B

巴巴,霍米　Baba, H.
宝宝 P(彼得·康纳利)　Baby P(Peter Connelly)
巴德,J.W.　Budd, J.W.
巴蒂,E.　Batty, E.
巴恩斯,柯林　Barnes, Colin
巴尔特斯,P.B.　Baltes, P.B.
德·巴尔扎克*,奥诺雷　de Balzac, Honoré
巴菲特,沃伦　Buffet, Warren
巴格达迪,阿布·贝克尔　al-Baghdadi, Abu Bakr
巴克,L.　Back, L.
巴克,M.　Barker, M.
巴克,R.　Barker, R.
巴拉什,戴维　Barash, David
巴雷特-迪克罗克,F.　Barret-Ducrocq, F.
巴里,J.M.　Barry, J.M.
巴纳德,A.　Barnard, A.
巴纳德,H.　Barnard, H.
巴尼特,安东尼　Barnett, Anthony
巴思,F.　Barth, F.

* 一部分法国人的名姓之间带有介词或冠词,如 de,le;汉译时,de,le 习惯上与后面的姓连写。本书人名对照的编排仍依据通行的汉译。——编者

巴塔查里亚,S. Bhattacharya, S.
巴特尔,J. Bartle, J.
巴特莱斯,加里 Burtless, Gary
巴特勒,T. Butler, T.
巴特勒,朱迪斯 Butler, Judith
拜瑟韦,B. Bytheway, B.
班布里奇,W.S. Bainbridge, W.S.
班福思,A. Bamforth, A.
班克罗夫特,A. Bancroft, A.
班克斯,C. Banks, C.
鲍尔,S. Ball, S.
鲍尔,安妮 Power, Anne
鲍尔斯,S. Bowles, S.
鲍曼,齐格蒙特 Bauman, Zygmunt
鲍姆勒,阿克塞尔 Baeumler, Axel
鲍威尔,C. Powell, C.
贝茨,劳拉 Bates, Laura
贝当古,莉莉亚娜 Bettencourt, Liliane
贝丁顿,约翰 Beddington, John
贝尔,M.M. Bell, M.M.
贝尔,丹尼尔 Bell, Daniel
贝尔贝奥卢,B. Berberoglu, B.
贝尔斯,K. Bales, K.
贝格斯,C. Beggs, C.
贝居姆,N. Begum, N.
贝克,J.P. Beck, J.P.
贝克,乌尔里希 Beck, Ulrich
贝克尔,H.S. Becker, H.S.
贝克尔,霍华德 Becker, Howard
贝克福德,J.A. Beckford, J.A.
贝克-格恩斯海姆,伊丽莎白 Beck-Gernsheim, Elisabeth
贝克汉姆,大卫 Beckham, David
贝克斯特伦,A. Bäckström, A.
贝克特,K. Beckett, K.
贝拉,罗伯特 Bellah, Robert
贝拉斯克斯,莉齐 Velásquez, Lizzie
贝雷斯福德,P. Beresford, P.
贝里,M. Berry, M.
贝利,R. Bailey, R.
贝卢斯科尼,西尔维奥 Berlusconi, Silvio
贝姆,N.K. Baym, N.K.
贝农,H. Beynon, H.
贝奇曼,约翰 Betjeman, John
贝特尔松,D. Bertelson, D.
本·阿里总统 Ben Ali, President
本·拉登,奥萨马 bin Laden, Osama
本迪克斯,莱因哈德 Bendix, Reinhard
本顿,T. Benton, T.
本哈比卜,S. Benhabib, S.
本内特,K. Bennett, K.
本特森,V.L. Bengtson, V.L.
比尔,D. Beer, D.
比尔,乔 Beall, Jo
比弗,安东尼 Beevor, Antony
比格斯,梅 Biggs, Mae
比伦,J.E. Birren, J.E.
比奇,F.A. Beach, F.A.
比亚吉,S. Biagi, S.
彼得,J. Petre, J.
彼得森,A. Petersen, A.
彼得森,K. Peterson, K.
彼得森,P.G. Peterson, P.G.
彼得森,R.A. Peterson, R.A.
宾纳,J. Bynner, J.
波尔布特 Pol Pot
德·波伏瓦,西蒙娜 De Beauvoir, Simone
波拉德,A. Pollard, A.
波拉克,O. Pollak, O.
波勒特,A. Pollert, A.
波普尔,卡尔 Popper, Karl
波森,R. Pawson, R.
波特,G.W. Potter, G.W.
波特斯,A. Portes, A.

波维,D.　Povey, D.
波兹曼,尼尔　Postman, Neil
伯布里奇,M.　Burbridge, M.
伯恩斯坦,巴希尔　Bernstein, Basil
伯尔曼,马歇尔　Berman, Marshall
伯格,M.T.　Berger, M.T.
伯格,P.L.　Berger, P.L.
伯贡,J.K.　Burgoon, J.K.
伯吉斯,欧内斯特　Burgess, Ernest
伯吉特,I.　Burkitt, I.
伯克,J.　Burke, J.
伯罗斯,R.　Burrows, R.
伯纳斯-李,蒂姆　Berners-Lee, Tim
伯切尔,B.　Burchell, B.
伯绍德,R.　Berthoud, R.
伯特,R.S.　Burt, R.S.
博巴克,L.　Bobak, L.
博登,D.　Boden, D.
博恩,J.D.　Bone, J.D.
博尔特,尤塞恩　Bolt, Usain
博尔雅,H.　Borja, H.
博费,D.　Boffey, D.
博格,J.　Borger, J.
博克斯,斯蒂芬　Box, Stephen
博纳西奇,E.　Bonacich, E.
博内,N.　Bonney, N.
博斯韦尔,J.　Boswell, J.
博维尔,M.　Bovill, M.
博耶,R.　Boyer, R.
布尔,P.　Bull, P.
布尔迪厄,皮埃尔　Bourdieu, Pierre
布尔斯廷,丹尼尔　Boorstin, Daniel
布哈里,穆罕默杜　Buhari, Muhammadu
布科克,S.　Boocock, S.
布拉德,R.D.　Bullard, R.D.
布拉克斯特,M.　Blaxter, M.
布莱恩特-沃,R.　Bryant-Waugh, R.
布莱曼,A.　Bryman, A.
布赖森,V.　Bryson, V.
布兰登,约　Blanden, Jo
布兰肯霍恩,大卫　Blankenhorn, David
布兰嫩,朱莉娅　Brannen, Julia
布朗,B.　Braun, B.
布朗,C.　Brown, C.
布朗,K.　Browne, K.
布朗,P.　Brown, P.
布朗米勒,S.　Brownmiller, S.
布劳,P.M.　Blau, P.M.
布劳纳,罗伯特　Blauner, Robert
布雷弗曼,哈里　Braverman, Harry
布雷思韦特,约翰　Braithwaite, John
布里顿,D.　Britton, D.
布林,R.　Breen, R.
布林德,艾伦・S.　Blinder, Alan S.
布林克利,L.　Brinkley, L.
布鲁贝克,R.　Brubaker, R.
布鲁尔,J.D.　Brewer, J.D.
布鲁尔,R.M.　Brewer, R.M.
布鲁福思,M.　Bruneforth, M.
布鲁默,赫伯特　Blumer, Herbert
布鲁斯,S.　Bruce, S.
布伦伯格,琼・雅各布斯　Brumberg, Joan Jacobs
布伦斯,A.　Bruns, A.
布伦特兰,吉洛・哈莱姆　Brundtland, Gro Harlem
布罗伊宁,沃尔特　Breuning, Walter
布洛维,M.　Burawoy, M.
布什,乔治・W.　Bush, George W.
布思,A.　Booth, A.
布思,约翰・威尔克斯　Booth, John Wilkes
布特尔,R.　Bootle, R.
鲍德里亚,让　Baudrillard, Jean

C

蔡美儿　Chua, Amy

蔡斯-邓恩,C.　Chase-Dunn, C.
查尔斯,N.　Charles, N.
查普基斯,W.　Chapkis, W.
查普林,E.　Chaplin, E.
查特吉,P.　Chatterjee, P.
查特吉,S.　Chatterjee, S.
查特斯,A.　Charters, A.

D

达比,J.　Darby, J.
达尔文,查尔斯　Darwin, Charles
达菲,B.　Duffy, B.
达菲特,M.　Duffett, M.
达夫,A.　Duff, A.
达克-弗洛伊德曼,A.　Dark-Freudeman, A.
达尼埃尔,M.　Duneier, M.
达尼涅利,P.　D'Anieri, P.
达文,E.　Davin, E.
达西,C.　D'Arcy, C.
戴克,I.　Dyck, I.
戴维,G.　Davie, G.
戴维,M.E.　David, M.E.
戴维斯,B.　Davies, B.
戴维斯,J.B.　Davies, J.B.
戴维斯,K.　Davis, K.
戴维斯,S.M.　Davis, S.M.
戴维斯,迈克　Davis, Mike
丹佛,D.　Denver, D.
丹尼斯,A.　Dennis, A.
丹尼斯,K.　Dennis, K.
丹尼斯,N.　Dennis, N.
道格拉斯,M.　Douglas, M.
道金斯,理查德　Dawkins, Richard
德尔贝斯,C.　Delbès, C.
德尔加多　Delgado
德怀尔,P.　Dwyer, P.
德克勒克,F.W.　DeKlerk, F.W.
德克鲁兹,P.　De Cruz, P.
德拉赫,D.　Drache, D.
德拉萨拉,V.　Della Salla, V.
德朗蒂,G.　Delanty, G.
德雷弗,F.　Drever, F.
德里达,雅克　Derrida, Jacques
德隆-巴斯,N.J.　DeLong-Bas, N.J.
德伦蒂,P.　Drentea, P.
德莫特,E.　Dermott, E.
德诺拉,蒂亚　DeNora, Tia
德斯万,A.　De Swaan, A.
德瓦尔,B.　Devall, B.
德威特,K.　De Witt, K.
德沃尔,L.　De Vore, I.
德沃斯,D.　De Vaus, D.
登盛总统　Thein Sein, President
邓津,诺曼　Denzin, Norman
邓肯,奥蒂斯·达德利　Duncan, Otis Dudley
邓拉普,R.E.　Dunlap, R.E.
迪尔,M.　Diehl, M.
迪肯斯,P.　Dickens, P.
迪姆,R.　Deem, R.
蒂利,C.　Tilly, C.
蒂普尔,G.　Tipple, G.
蒂泽德,B.　Tizard, B.
杜尔,H.P.　Duerr, H.P.
杜盖伊,保罗　Du Gay, Paul
杜甘,K.　Doogan, K.
杜鲁门,哈里·S.　Truman, Harry S.
杜特,玛丽卡　Dutt, Mallika
多巴什,R.E.　Dobash, R.E.
多巴什,R.P.　Dobash, R.P.
多布森,A.　Dobson, A.
多德,J.　Dowd, J.
多尔蒂,P.C.　Doherty, P.C.
多亚尔,L.　Doyal, L.
多伊格,A.　Doig, A.

多兹,T.　Dodds, T.

E

厄尔多斯,G.　Erdos, G.
厄里,J.　Urry, J.

F

法恩代尔,N.　Farndale, N.
法拉赫,莫　Farah, Mo
法莱托,E.　Faletto, E.
法灵顿,D.P.　Farrington, D.P.
法吕迪,S.　Faludi, S.
法伊特-威尔逊,J.　Veit-Wilson, J.
法因斯坦,S.　Fainstein, S.
范戴克,T.A.　Van Dijk, T.A.
范德维尔,P.　Van der Veer, P.
范克瑞肯,R.　Van Krieken, R.
范肯彭,R.　Van Kempen, R.
菲尔斯特德,A.　Felstead, A.
费尔斯通,舒拉米斯　Firestone, Shulamith
菲尔逊,M.　Felson, M.
菲拉尼,P.　Fihlani, P.
菲洛,G.　Philo, G.
菲舍尔,C.S.　Fischer, C.S.
菲舍尔,斯坦利　Fischer, Stanley
菲斯克,J.　Fiske, J.
费尔巴哈,路德维希　Feuerbach, Ludwig
费尔克拉夫,N.　Fairclough, N.
费雷拉,M.　Ferrera, M.
费雷罗,古列尔莫　Ferrero, Guglielmo
费瑟斯通,M.　Featherstone, M.
费舍尔,P.　Fisher, P.
费耶阿本德,保罗　Feyerabend, Paul
芬顿,S.　Fenton, S.
芬克,R.　Finke, R.
芬克尔斯坦,V.　Finkelstein, V.
芬奇,J.　Finch, J.
芬索姆,A.　Fensom, A.
韦尔蒂甘斯,S.　Vertigans, S.
弗拉特利,J.　Flatley, J.
弗莱彻,J.　Fletcher, J.
弗莱厄蒂,J.　Flaherty, J.
弗莱明,戴维　Fleming, David
弗莱姆林,J.H.　Fremlin, J.H.
弗兰克,A.G.　Frank, A.G.
弗兰克,D.J.　Frank, D.J.
弗朗西斯,贝姬　Francis, Becky
弗雷,C.B.　Frey, C.B.
弗雷泽,S.　Fraser, S.
弗雷佐,M.　Frezzo, M.
弗里丹,贝蒂　Friedan, Betty
弗里德兰德,丹尼尔　Friedlander, Daniei
弗里尔-史密斯,T.　Frere-Smith, T.
弗里森,W.V.　Friesen, W.V.
弗里斯,J.F.　Fries, J.F.
弗里斯比,D.　Frisby, D.
弗卢里,E.　Flouri, E.
弗洛拉克,F.　Florack, F.
弗洛伊德,西格蒙德　Freud, Sigmund
弗尼斯,戴维　Furnish, David
弗思,D.　Firth, D.
福尔曼,L.　Forman, L.
福尔韦尔,杰瑞　Falwell, Jerry
福柯,米歇尔　Foucault, Michel
福山,弗朗西斯　Fukuyama, Francis
福特,C.S.　Ford, C.S.
福特,亨利　Ford, Henry
富勒,理查德·巴克敏斯特　Fuller, Richard Buckminster

G

盖登,尼尔　Gaydon, Neil
盖尔纳,厄内斯特　Gellner, Ernest
盖利斯,R.J.　Gelles, R.J.

甘布尔,A.　Gamble, A.
甘蒙斯,H.　Gammons, H.
甘斯,赫伯特　Gans, Herbert
冈特,B.　Gunter, B.
高尔兹,A.　Gorz, A.
德·戈比诺,约瑟夫·阿蒂尔　de Gobineau, Joseph Arthur de
戈德沙伊德,F.K.　Goldscheider, F.K.
戈德史密斯,爱德华　Goldsmith, Edward
戈德索普,约翰　Goldthorpe, John
戈登,D.　Gordon, D.
戈尔巴乔夫,米哈伊尔　Gobrachev, Mikhail
戈尔德,T.　Gold, T.
戈尔丁,P.　Golding, P.
戈尔曼,丹尼尔　Goleman, Daniel
戈尔什,K.　Golsh, K.
戈夫曼,欧文　Goffman, Erving
戈特迪纳,M.　Gottdiener, M.
戈特弗雷德松,M.R.　Gottfredson, M.R.
格布纳,乔治　Gerbner, G.
格尔苏尼,J.I.　Gershuny, J.I.
格拉博斯基,P.N.　Grabosky, P.N.
格雷厄姆,F.　Graham, F.
格雷厄姆,H.　Graham, H.
格雷厄姆,S.　Graham, S.
格兰诺维特,M.　Granovetter, M.
格拉切夫,M.　Gratschew, M.
格拉斯,D.　Glass, D.
格拉斯科克,J.　Glascock, J.
格拉西乌斯,M.　Glasius, M.
格拉泽,B.G.　Glaser, B.G.
格兰德,E.　Grande, E.
格雷,J.　Gray, J.
格雷夫,R.　Graef, R.
格雷格,M.　Gregg, M.
格雷格,P.　Gregg, P.
格雷格,本杰明　Gregg, Benjamin
格里德,C.　Greed, C.
格林,C.　Grin, C.
格林,D.G.　Green, D.G.
格林,L.　Green, L.
格林特,K.　Grint, K.
格鲁斯基,D.B.　Grusky, D.B.
格罗夫,I.　Glover, I.
格罗根,S.　Grogan, S.
格维尔茨,S.　Gerwirtz, S.
葛兰西,安东尼奥　Gramsci, Antonio
宫本,亚莉安娜　Miyamoto, Ariana
古德哈特,大卫　Goodhart, David
古德曼,A.　Goodman, A.
古尔德,斯蒂芬·杰伊　Gould, Stephen Jay
古兹布洛姆,约翰　Goudsblom, Johan
圭德罗兹,K.　Guidroz, K.
古根海姆,戴维斯　Guggenheim, Davis
广中,A.　Hironaka, A.

H

哈贝马斯,尤尔根　Habermas, Jürgen
哈比亚利马纳,朱韦纳尔　Habyarimana, Juvenal
哈达韦,C.K.　Hadaway, C.K.
哈登,J.K.　Hadden, J.K.
哈迪,K.　Hardy, K.
哈尔西,A.H.　Halsey, A.H.
哈费尔蒂,F.W.　Hafferty, F.W.
哈克特,R.A.　Hackett, R.A.
哈拉宾,R.　Harrabin, R.
哈拉维,唐娜　Haraway, Donna
哈里根,J.　Halligan, J.
哈里森,P.　Harrison, P.
哈里森,马丁　Harrison, Martin
哈里斯,J.R.　Harris, J.R.
哈里斯,M.　Harris, M.
哈利迪,F.　Halliday, F.
哈曼,S.　Harman, S.

哈曼,V.　Harman, V.

哈梅内伊,(阿亚图拉*)阿里 Khamenei, Ayatollah Ali

哈珀,D.　Harper, D.

哈钦森,E.D.　Hutchinson, E.D.

哈斯,J.K.　Hass, J.K.

哈特威克,E.　Hartwick, E.

哈维,D.　Harvey, D.

哈维,R.　Harvey, R.

海登松,F.　Heidensohn, F.

海曼,R.　Hyman, R.

海伍德,A.　Heywood, A.

海因斯,S.　Hines, S.

汉弗莱斯,劳德　Humphreys, Laud

汉密尔顿,M.C.　Hamilton, M.C.

汉尼根,J.A.　Hannigan, J.A.

汉斯林,J.　Henslin, J.

豪泽,丹　Houser, Dan

豪泽,山姆 Houser, Sam

豪泽尔,R.M.　Hauser, R.M.

赫伯迪格,D.　Hebdige, D.

赫伯特,S.　Herbert, S.

赫顿,W.　Hutton, W.

赫恩,J.　Hearn, J.

赫恩斯坦,R.J.　Hernstein, R.J.

赫尔德,戴维　Held, David

赫尔曼,E.S.　Herman, E.S.

赫尔斯奇,T.　Hirschi, T.

赫尔佐格,M.　Herczog, M.

赫勒敦,伊本　Khaldun, Ibn

赫里蒂奇,J.　Heritage, J.

赫梅尔赖克,J.　Hemerijck, J.

赫普沃思,M.　Hepworth, M.

赫奇比,I.　Hutchby, I.

赫斯特,R.　Hirst, P.

黑尔爵士,马修　Hale, Sir Matthew

黑尔斯,J.　Hales, J.

黑格,威廉　Hague, William

亨德里克斯,J.　Hendricks, J.

亨德森,J.　Henderson, J.

亨利,W.E.　Henry, W.E.

亨特,C.　Hunter, C.

亨特,P.　Hunt, P.

亨特,S.　Hunt, S.

亨廷顿,塞缪尔　Huntington, Samuel

侯赛因,萨达姆　Hussein, Saddam

胡巴德,L.罗恩　Hubbard, L.Ron

胡塞尔,埃德蒙德　Husserl, Edmund

华康德,L.　Wacquant, L.

怀南特,H.　Winant, H.

怀斯,S.　Wise, S.

怀特,C.　White, C.

怀特,H.C.　White, H.C.

怀特海,M.　Whitehead, M.

怀特豪斯,玛丽　Whitehouse, Mary

怀特洛,D.M.　Whitelaw, D.M.

惠兰,I.　Whelehan, I.

惠勒,D.L.　Wheeler, D.L.

惠特利,P.　Wheatley, P.

霍布森,B.　Hobson, B.

霍布森,D.　Hobson, D.

霍布斯,托马斯　Hobbes, Thomas

霍顿,G.　Haughton, G.

霍恩,丹尼斯　Hone, Dennis

霍尔,E.T.　Hall, E.T.

霍尔,R.　Hall, R.

霍尔,斯图尔特　Hall, Stuart

霍华德,J.H.　Howard, J.H.

霍华德,M.　Howard, M.

霍克海默,马克斯　Horkheimer, Max

* 阿亚图拉为与宗教有关的尊称,和姓名连写在一起。——编者

霍克希尔德,A.　Hochschild, A.

霍利,A.H.　Hawley, A.H.

霍利克-琼斯,T.　Horlick-Jones, T.

(阿亚图拉)霍梅尼　Khomeini, Ayatollah

霍姆斯,M.　Holmes, M.

霍姆伍德,约翰　Holmwood, John

霍珀,P.　Hopper, P.

J

基奥扎,G.　Chiozza, G.

基尔明斯特,R.　Kilminster, R.

基萨尔,A.　Keysar, A.

基辛,B.　Geesin, B.

吉布森,W.　Gibson, W.

吉布斯,洛伊丝　Gibbs, Lois

吉登斯,安东尼　Giddens, Anthony

吉恩,J.　Ginn, J.

吉尔伯恩,D.　Gillborn, D.

吉利尔德,C.　Gilleard, C.

吉利根,卡罗尔　Gilligan, Carol

吉利斯,J.　Gillis, J.

吉鲁,H.　Giroux, H.

吉伦,S.　Gillon, S.

吉廷斯,D.　Gittins, D.

吉韦尔瑙,M.　Guibernau, M.

加伯,J.　Garber, J.

加德纳,卡罗尔·布鲁克斯　Gardner, Carol Brooks

加芬克尔,哈罗德　Garfinkel, Harold

加里奥赫,D.　Garrioch, D.

加姆森,J.　Gamson, J.

加托,约翰·泰勒　Gatto, John Taylor

贾米森,L.　Jamieson, L.

贾奇,K.　Judge, K.

贾斯珀,K.　Jasper, K.

贾伊尚卡尔,K.　Jaishankar, K.

杰弗里斯,S.　Jeffreys, S.

杰弗里斯,克里斯托弗　Jefferies, Christopher

杰克逊,M.　Jackson, M.

杰克逊,S.　Jackson, S.

杰伊,A.　Jay, A.

金,C.E.　Kim, C.E.

金,P.　King, P.

金,Z.　King, Z.

金蒂斯,H.　Gintis, H.

金赛,阿尔弗雷德　Kinsey, Alfred

金兹伯格,C.　Ginzburg, C.

津巴多,P.G.　Zimbardo, P.G.

K

卡茨,E.　Katz, E.

卡茨,J.　Katz, J.

卡茨,S.　Katz, S.

(小)卡顿,W.　Catton, W. Jr

卡多索,F.H.　Cardoso, F.H.

卡多索,恩里克·费尔南多　Cardoso, Enrique Fernando

卡尔,E.H.　Carr, E.H.

卡尔多,玛丽　Kaldor, Mary

卡尔弗特,E.　Calvert, E.

卡尔霍恩,C.　Calhoun, C.

卡尔芒,让娜　Calment, Jeanne

卡尔森,S.　Karlsen, S.

卡尔瓦斯,S.N.　Kalyvas, S.N.

卡尔扎伊,哈米德　Karzai, Hamid

卡夫卡,弗朗兹　Kafka, Franz

卡根,M.　Kagan, M.

卡加梅,保罗　Kagame, Paul

卡拉尼克,特拉维斯　Kalanick, Travis

卡拉韦,T.L.　Caraway, T.L.

卡里奥蒂斯,G.　Karyotis, G.

卡伦,P.　Carlen, P.

卡罗尔,W.K.　Carroll, W.K.

卡迈克尔,斯托克利　Carmichael, Stokely

卡梅伦,戴维　Cameron, David
卡明斯,B.　Cumings, B.
卡明,E.　Cumming, E.
卡佩利尼,B.　Cappellini, B.
卡普夫,A.　Karpf, A.
卡普斯,W.H.　Capps, W.H.
卡山伟华　Saro-Wiwa, Ken
卡什莫尔,E.　Cashmore, E.
卡思卡特,B.　Cathcart, B.
卡斯泰拉尼,B.　Castellani, B.
卡斯特,曼纽尔　Castells, Manuel
卡斯特利,N.　Castree, N.
卡斯尔斯,斯蒂芬　Castles, Stephen
卡斯滕,J.　Carsten, J.
卡瓦纳,M.　Cavanagh, M.
卡希尔,斯宾塞　Cahill, Spencer
卡扎菲,穆阿迈尔　Gaddafi, Muammar
凯迪,A.　Keddie, A.
凯顿,H.　Cayton, H.
凯恩斯,约翰·梅纳德　Keynes, John Maynard
凯尔,杰里米　Kyle, Jeremy
凯利,G.　Kelly, G.
凯利,M.P.　Kelly, M.P.
凯利,R.　Kiely, R.
凯佩尔,G.　Kepel, G.
坎贝尔,金　Campbell, Kim
坎贝尔,柯林　Campbell, Colin
坎布尔,R.　Kanbur, R.
坎宁安,K.　Cunningham, K.
康伯巴奇,G.　Cumberbatch, G.
康德,伊曼纽尔　Kant, Immanuel
康拉德,P.　Conrad, P.
康奈尔,R.W.　Connell, R.W.
康奈尔,雷温　Connell, Raewyn
康塞尔,R.　Councell, R.
考茨基,J.　Kautsky, J.
考夫曼,E.　Kaufman, E.
考克斯,O.C.　Cox, O.C.
考克斯,布莱恩　Cox, Brian
考克斯,拉弗恩　Cox, Laverne
考雷什,大卫　Koresh, David
考伊,J.　Cowie, J.
柯,D.　Quah, D.
科恩,R.　Cohen, R.
柯克伍德,T.　Kirkwood, T.
柯里,E.　Currie, E.
柯林斯,J.　Collins, J.
柯林斯,帕特里夏·希尔　Collins, Patricia Hill
柯伦,J.　Curran, J.
科茨,丹尼斯　Coates, Denise
科恩,阿尔伯特　Cohen, Albert
科恩,斯坦利　Cohen, Stanley
科尔,T.R.　Cole, T.R.
科尔宾,J.　Corbin, J.
科尔克尔,R.　Kolker, R.
科尔萨罗,W.　Corsaro, W.
科尔特,H.　Korte, H.
科夫曼,E.　Kofman, E.
科克拉姆,W.　Cockerham, W.
科里,斯蒂芬　Corry, Stephen
科利尔,保罗　Collier, Paul
科洛克,P.　Kollock, P.
科塞,L.A.　Coser, L.A.
科斯,S.E.　Koss, S.E.
科斯明,B.A.　Kosmin, B.A.
科特格罗夫,S.　Cotgrove, S.
科沃德,R.　Coward, R.
克拉克,D.　Clark, D.
克拉克-斯图尔特,A.　Clarke-Stewart, A.
克莱伯,I.　Craib, I.
克莱格,M.　Clegg, M.
克莱格,尼克　Clegg, Nick
克朗普顿,R.　Crompton, R.
克劳瑟,D.　Crowther, D.

克劳特,R.　Kraut, R.
克里克,伯纳德　Crick, Bernard
克里斯蒂娃,茱莉亚　Kristeva, Julia
克利弗,E.　Cleaver, E.
克林,G.L.　Kelling, G.L.
克林顿,希拉里　Clinton, Hilary
克林比埃,维多利亚　Climbié, Victoria
克鲁佩特,E.　Krupat, E.
克伦肖,K.W.　Crenshaw, K.W.
克罗尔,H.　Croall, H.
克罗克特,A.　Crockett, A.
克罗洛克,C.　Krolløke, C.
克罗斯利,N.　Crossley, N.
克罗斯利,R.　Crossley, R.
克洛尔德,R.A.　Cloward, R.A.
克内布尔,W.　Knöbl, W.
克诺尔-塞蒂纳,K.　Knorr-Cetina, K.
肯德尔,D.　Kendall, D.
孔茨,S.　Coontz, S.
孔德,奥古斯特　Comte, Auguste
库恩,托马斯　Kuhn, Thomas
库尔卡尼,V.G.　Kulkarni, V.G.
库克,C.A.　Cook, C.A.
库克,K.S.　Cook, K.S.
库雷什,哈尼夫　Kureshi, Hanif
库姆,简　Koum, Jan
库珀,C.　Cooper, C.
库珀,H.　Cooper, H.

L

拉波波特,R.N.　Rapoport, R.N.
拉德威,J.A.　Radway, J.A.
拉尔森,J.　Larsen, J.
拉尔森,希拉　Larson, Sheila
拉赫曼,M.　Rahman, M.
拉克尔,T.　Laqueur, T.
拉克尔,W.　Laqueur, W.
拉林斯,C.　Rallings, C.
拉鲁,安妮特　Lareau, Annette
拉明勋爵　Laming, Lord
拉纳马,M.　Rahnema, M.
拉尼斯,G.　Ranis, G.
拉涅达,M.　Ragnedda, M.
拉斯克,B.　Lask, B.
拉斯特,J.M.　Last, J.M.
拉斯廷,R.L.　Rusting, R.L.
拉西特,B.M.　Russett, B.M.
拉扎斯菲尔德,P.　Lazarsfeld, P.
莱昂,C.　Lyon, C.
莱比斯,T.　Liebes, T.
莱布弗里德,S.　Leibfried, S.
莱弗恩,A.　Lev-On, A.
莱曼-巴库斯,L.　Rayman-Bacchus, L.
莱姆金,R.　Lemkin, R.
莱维塔斯,R.　Levitas, R.
莱因戈德,H.　Rheingold, H.
莱泽林,L.　Leisering, L.
赖克,R.　Reich, R.
赖利,M.W.　Riley, M.W.
赖特,C.　Wright, C.
赖特,埃里克·奥林　Wright, Erik Olin
兰德,K.C.　Land, K.C.
兰德斯,D.　Landes, D.
兰斯利,S.　Lansley, S.
劳,I.　Law, I.
劳德尔,H.　Lauder, H.
劳森,N.　Lawson, N.
劳森,尼格尔　Lawson, Nigel
劳伦斯,多琳　Lawrence, Doreen
劳伦斯,斯蒂芬　Lawrence, Stephen
劳曼,E.O.　Laumann, E.O.
勒尔,J.　Lull, J.
勒孔特,M.　LeCompte, M.
勒鲁,B.　Le Roux, B.

勒默特,埃德温　Lemert, Edwin
勒默特,查尔斯　Lemert, Charles
勒普顿,D.　Lupton, D.
雷克,K.　Rake, K.
雷斯,R.　Race, R.
雷斯尼克,J.　Resnik, J.
雷斯尼克,P.　Resnick, P.
雷维尔,J.　Revill, J.
李,D.　Lee, D.
李,R.B.　Lee, R.B.
李,S.　Lee, S.
李,尼克　Lee, Nick
李,H.　Li, H.
李普塞特,S.M.　Lipset, S.M.
利斯特,C.R.　Lister, C.R.
利斯特,R.　Lister, R.
里格利,E.A.　Wrigley, E.A.
里奇,A.　Rich, A.
里斯曼,D.　Riesman, D.
理查德森,D.　Richardson, D.
利,A.　Leigh, A.
利,J.　Lea, J.
利奥塔,让-弗朗索瓦　Lyotard, Jean-François
利德比特,C.　Leadbeater, C.
利斯,L.　Lees, L.
利斯,休　Lees, Sue
利维-巴奇,M.　Livi-Bacci, M.
利文斯通,S.　Livingstone, S.
列昂季耶夫,瓦西里　Leontief, Wassily
列维,S.　LeVay, S.
林,L.L.　Lim, L.L.
林茨,J.J.　Linz, J.J.
林肯,亚伯拉罕　Lincoln, Abraham
林奇,M.　Lynch, M.
林奇,大卫　Lynch, David
刘易斯,M.W.　Lewis, M.W.
刘易斯,P.　Lewis, P.
刘易斯,伦诺克斯　Lewis, Lennox
龙勃罗梭,切萨雷　Lombroso, Cesare
隆博格,B.　Lomborg, B.
卢德,G.　Rudé, G.
卢卡斯,K.　Lucas, K.
卢卡斯,维基　Lucas, Vicky
卢克斯,史蒂文　Lukes, Steven
鲁本,大卫　Reuben, David
鲁宾,L.B.　Rubin, L.B.
鲁茨,C.　Rootes, C.
鲁哈尼,哈桑　Rouhani, Hassan
拉塞尔,M.　Russell, M.
鲁斯,亨利　Luce, Henry
路易,M.C.Y.　Louie, M.C.Y.
伦特,P.　Lunt, P.
伦威克,A.　Renwick, A.
罗伯逊,R.　Robertson, R.
罗布森,G.　Robson, G.
罗恩,B.　Rowan, B.
罗杰克,C.　Rojek, C.
罗杰斯,P.　Rogers, P.
罗克斯伯勒,I.　Roxborough, I.
罗思曼,R.A.　Rothman, R.A.
罗斯,J.I.　Ross, J.I.
罗斯,S.　Rose, S.
罗斯柴尔德,杰夫　Rothschild, Jeff
罗斯纳,M.　Rossner, M.
罗斯索恩,S.　Rawsthorne, S.
罗斯托,沃尔特　Rostow, Walt
罗滕伯格,C.E.　Rothenberg, C.E.
罗西瑙,J.N.　Rosenau, J.N.
洛伯,朱迪斯　Lorber, Judith
洛克,J.　Locke, J.
吕克,N.　Lykke, N.

M

麻原彰晃　Shoko Asahara

马蒂奥利,G.　Mattioli, G.
马丁,D.　Martin, D.
马尔根,G.　Mulgan, G.
马尔科姆,N.　Malcolm, N.
马尔库塞,赫伯特　Marcuse, Herbert
马尔托奇,L.　Martocci, L.
马费索利,米歇尔　Maffesoli, Michel
马格里奇,马尔科姆　Muggeridge, Malcolm
马圭尔,J.　Maguire, J.
马圭尔,梅瑞迪斯·B.　Maguire, Meredith B.
马赫福兹,阿斯马　Mahfouz, Asmaa
马克思,卡尔　Marx, Karl
马库斯,A.D.　Marcus, A.D.
马拉库蒂,A.　Malakooti, A.
马莱舍维奇,S.　Malešević, S.
马勒,P.L.　Marler, P.L.
马林,C.A.　Mallin, C.A.
马林,L.　Marin, L.
马伦,P.　Mullan, P.
马洛尼,凯莉　Maloney, Kellie
马莫特,M.　Marmot, M.
马什,I.　Marsh, I.
马特尔,L.　Martell, L.
马西,D.　Massey, D.
马歇尔,A.J.　Marshall, A.J.
马歇尔,G.　Marshall, G.
马歇尔,L.　Marshall, L.
马歇尔,T.H.　Marshall, T.H.
马修斯,R.　Matthews, R.
玛蒂诺,哈丽雅特　Martineau, Harriet
玛哈林伽,R.　Mahalingam, R.
迈尔斯,H.　Miles, H.
迈尔斯,I.D.　Miles, I.D.
迈尔斯,R.　Miles, R.
迈尔斯,S.　Miles, S.
迈耶,D.S.　Meyer, D.S.
迈耶,S.C.　Meyer, S.C.
迈耶斯,M.　Meyers, M.
麦基翁,T.　McKeown, T.
麦金尼斯,T.　MacInnes, T.
麦金托什,M.　McIntosh, M.
麦卡锡,C.　McCarthy, C.
麦卡锡,J.　McCarthy, J.
麦凯,L.　McKie, L.
麦考利,R.　McAuley, R.
麦克,J.　Mack, J.
麦克安海尔,麦尔丹　Mac an Ghaill, Máirtin
麦克法兰,A.　MacFarlane, A.
麦克法兰,C.　McFarlane, C.
麦克弗森爵士,威廉　Macpherson, Sir William
麦克格雷戈,S.　MacGregor, S.
麦克莱恩,M.　Maclean, M.
麦克劳德,J.　McLeod, J.
麦克雷,S.　Macrae, S.
麦克卢汉,马歇尔　McLuhan, Marshall
麦克伦南,G.　McLennan, G.
麦克罗比,安吉拉　McRobbie, Angela
麦克迈克尔,P.　McMichael, P.
麦克纳马拉,K.R.　McNamara, K.R.
麦克奈特,A.　McKnight, A.
麦克尼科尔,J.　Macnicol, J.
麦克尼尼,E.H.　McEneaney, E.H.
麦克切斯尼,R.W.　McChesney, R.W.
麦肯纳,H.　McKenna, H.
曼德拉,纳尔逊　Mandela, Nelson
曼海姆,卡尔 Mannheim, Karl
芒西,J.　Muncie, J.
梅,H.　May, H.
梅,S.　May, S.
梅,V.　May, V.
梅多斯,D.H.　Meadows, D.H.
梅尔,E.　Maier, E.
梅尔维尔,G.　Melville, G.
梅加,V.　Mega, V.

梅杰,R.　Meijer, R.
梅杰爵士,约翰　Major, Sir John
梅卢奇,A.　Melucci, A.
梅森,A.　Mason, A.
梅森,D.　Mason, D.
梅-沙哈尔,C.　May-Chahal, C.
门内尔,S.　Mennell, S.
门塞尔,P.　Mensel, P.
米德,M.　Mead, M.
米德,乔治·赫伯特　Mead, George Herbert
米尔斯,C.　赖特　Mills, C. Wright
米尔斯,M.P.　Mills, M.P.
米尔扎,H.　Mirza, H.
米勒,K.S.　Miller, K.S.
米勒,M.L.　Mueller, M.L.
米勒,T.　Miller, T.
米勒,马克　Miller, Mark
米切尔,J.　Mitchell, J.
米歇尔斯,罗伯特　Michels, Robert
明克勒,M.　Minkler, M.
摩尔,B.　Moore, B.
摩尔,K.　Moore, K.
摩尔,L.R.　Moore, L.R.
摩尔,R.　Moore, R.
摩根,D.　Morgan, D.
摩根,D.H.J.　Morgan, D.H.J.
摩根,P.　Morgan, P.
莫博格,M.　Moberg, M.
莫尔,A.P.J.　Mol, A.P.J.
莫兰,J.　Moran, J.
莫兰,L.J.　Moran, L.J.
莫雷斯,A.　Morais, A.
莫里斯,L.　Morris, L.
莫伦-克罗斯,J.L.　Moren-Cross, J.L.
莫洛奇,H.　Molotch, H.
莫斯卡,加塔诺　Mosca, Gaetano
莫特,M.　Mort, M.
莫特纳,M.L.　Mauthner, M.L.
莫伊尼汉,D.P.　Moynihan, D.P.
莫泽利斯,N.P.　Mouzelis, N.P.
墨菲,J.　Murphy, J.
墨菲,R.　Murphy, R.
默顿,罗伯特·K.　Merton, Robert K.
默多克,G.　Murdock, G.
默多克,鲁珀特　Murdoch, Rupert
默里,C.　Murray, C.
姆瓦纳瓦萨,利维　Mwanawasa, Levy
穆巴拉克总统　Mubarak, President
穆多德,T.　Modood, T.
穆罕默迪,阿里　Mohammadi, A.
穆勒,约翰·斯图尔特　Mill, John Stuart
穆斯凯特,G.W.　Muschert, G.W.

N

纳吉姆,A.　Najam, A.
纳赛尔,M.　Nasser, M.
南达,M.　Nanda, M.
南迪,A.　Nandi, A.
内格拉,D.　Negra, D.
内格林,R.　Negrine, R.
内斯伦,A.　Neslen, A.
内特尔顿,S.　Nettleton, S.
尼布尔,理查德　Niebuhr, Richard
尼尔,B.　Neale, B.
尼格斯,K.　Negus, K.
尼克尔斯,T.　Nichols, T.
尼克松,D.　Nixon, D.
牛顿,艾萨克　Newton, Isaac
纽比,H.　Newby, H.
纽伯恩,T.　Newburn, T.
纽曼,K.S.　Newman, K.S.
纽曼,P.R.　Neumann, P.R.
努恩爵士,吴拉姆　Noon, Sir Gulam
诺伍德,G.　Norwood, G.

诺伊维尔特,托马斯(肯奇塔·沃斯特) Neuwirth, Thomas (Conchita Wurst)

O

欧文,A. Irwin, A.

P

帕丁顿,A. Puddington, A.
帕尔,C. Parr, C.
帕尔,J. Pahl, J.
帕尔莫尔,E.B. Palmore, E.B.
帕尔默,A. Palmer, A.
帕尔默,G. Palmer, G.
帕尔默,M.A. Palmer, M.A.
帕克,A. Park, A.
帕克,R.D. Parke, R.D.
帕克,S. Parker, S.
帕克,罗伯特·E. Park, Robert E.
帕克斯,罗莎 Parks, Rosa
帕库尔斯基,J. Pakulski, J.
帕雷库,B. Parekh, B.
帕累托,维尔弗雷多 Pareto, Vilfredo
帕帕扎基斯,E. Papadakis, E.
帕森斯,塔尔科特 Parsons, Talcott
潘戈萨帕,P. Pangsapa, P.
潘基文 Ban Ki-moon
佩恩,C. Payne, C.
佩恩,G. Payne, G.
佩勒克,R. Paehlke, R.
佩雷兹-阿戈特,A. Pérez-Agote, A.
佩里,E. Perry, E.
佩伊奇,安德烈亚 Pejic, Andreja
皮奥里,M. Piore, M.
皮尔彻,R. Pilcher, R.
皮尔金顿,A. Pilkington, A.
皮尔斯,F. Pearce, F.
皮尔斯,J.L. Pierce, J.L.
皮尔逊,C. Pierson, C.
皮尔逊,L.J. Pearson, L.J.
皮凯蒂,托马斯 Piketty, Thomas
皮克特,K. Pickett, K.
皮特,R. Peet, R.
彼得斯,N. Pieterse, N.
皮文,F.F. Piven, F.F.
皮亚杰,让 Piaget, Jean
皮亚肖,D. Piachaud, D.
平洛特,B. Pimlott, B.
平托尔,R.L. Pintor, R.L.
珀尔马特,H.V. Perlmutter, H.V.
普尔,A. Poole, A.
普拉特,L. Platt, L.
普莱尔,G. Prior, G.
普莱斯,M. Price, M.
普莱耶,E. Player, E.
普劳特,A. Prout, A.
普鲁默,K. Plummer, K.
普鲁默,R. Plummer, R.
普罗克特,J. Procter, J.
普斯陶伊博士,阿帕德 Pusztai, Dr Arpad
帕特南,R. Putnam, R.

Q

齐美尔,格奥尔格 Simmel, Georg
齐佩尔,K.S. Zippel, K.S.
齐泽克,斯拉沃热 Žižek, Slavoj
奇利斯,D.P. Chiles, D.P.
恰佩克,卡雷尔 Čapek, Karel
钱伯利斯,W.J. Chambliss, W.J.
钱伯斯,D. Chambers, D.
钱伯斯,P. Chambers, P.
钱德拉蒂拉克,素兰加 Chandratillake, Suranga
乔布林,R. Jobling, R.
乔杜里,H. Chowdry, H.
乔多罗,南希 Chodorow, Nancy

乔姆斯基,诺姆 Chomsky, Noam
琼斯,C. Jones, C.
琼斯,菲尔 Jones, Phil
琼斯,特里 Jones, Terry

R

热罗蒂莫斯,R. Gerodimos, R.
容格,S. Jung, S.
瑞泽尔,乔治 Ritzer, George

S

撒切尔夫人 Thatcher, Margaret
萨贝尔,查尔斯 Sabel, Charles
萨蒂亚尔希,凯拉什 Satyarthi, Kailash
萨顿,P.W. Sutton, P.W.
萨多夫尼克,A.R. Sadovnik, A.R.
萨尔韦,S. Salway, S.
萨克斯,M. Saks, M.
萨拉辛,蒂洛 Sarrazin, Thilo
萨姆纳,A. Sumner, A.
萨穆迪奥,M.M. Zamudio, M.M.
萨瑟兰,埃德温 Sutherland, Edwin
萨森,萨斯基亚 Sassen, Saskia
萨斯,A. Szasz, A.
萨特尔,S. Satel, S.
萨维尔,吉米 Savile, Jimmy
萨维奇,M. Savage, M.
萨义德,E. Said, E.
塞德曼,S. Seidman, S.
塞古拉,D.A. Segura, D.A.
塞拉西,海尔 Selassie, Haile
塞曼亚,卡斯特尔 Semenya, Caster
塞奇曼,M. Sageman, M.
塞耶斯,J. Sayers, J.
赛奇,G. Sage, G.
桑德伯格,雪莉 Sandberg, Sheryl
桑德斯,P. Saunders, P.
桑德斯,蒂拉 Sanders, Teela
桑德斯夫人,塞西莉 Saunders, Dame Cicely
桑迪兰兹,C. Sandilands, C.
瑟伯恩,G. Therborn, G.
瑟蒂斯,R. Surtees, R.
森,阿玛蒂亚 Sen, Amartya
桑内特,理查德 Sennett, Richard
沙利文,O. Sullivan, O.
沙欣,杰克 Shaheen, Jack
沙伊,K.W. Schaie, K.W.
莎士比亚,T. Shakespeare, T.
舍贝里,G. Sjoberg, G.
沈,D. Shim, D.
圣雄甘地 Gandhi, Mahatma
施米德克,F. Schmiedek, F.
施奈贝格,A. Schnaiberg, A.
施特劳斯,A.L. Strauss, A.L.
施托尔,M. Storr, M.
施瓦茨,J. Schwartz, J.
施瓦茨,M.S. Schwartz, M.S.
史密斯,伊恩·邓肯 Smith, Iain Duncan
史密斯,A.D. Smith, A.D.
史密斯,C.S. Smith, C.S.
史密斯,D. Smith, D.
史密斯,K. Smith, K.
史密斯,M.J. Smith, M.J.
史密斯,P. Smith, P.
史密斯,R.G. Smith, R.G.
史密斯,S.L. Smith, S.L.
舒茨,阿尔弗雷德 Schutz, Alfred
舒曼,罗伯特 Schuman, Robert
斯里夫特,N. Thrift, N.
斯宾塞,S. Spencer, S.
斯宾塞,赫伯特 Spencer, Herbert
斯蒂尔,C.M. Steele, C.M.
斯蒂尔瓦贡,E. Stillwaggon, E.
斯蒂芬-史密斯,S. Stephen-Smith, S.

斯蒂芬斯,P.　Stephens, P.
斯金纳,Q.　Skinner, Q.
斯卡曼,理查德　Scarman, Richard
斯考切波,T.　Skocpol, T.
斯科特,A.　Scott, A.
斯科特,J.　Scott, J.
斯科特,S.　Scott, S.
斯克格斯,贝弗利　Skeggs, Beverley
斯库,A.　Skew, A.
斯拉舍,M.　Thrasher, M.
斯莱特里,M.　Slattery, M.
斯雷伯尼-穆罕默迪,A.　Sreberny-Mohammadi, A.
斯利姆,卡洛斯 Slim, Carols
斯利特,C.E.　Sleeter, C.E.
斯马特,C.　Smart, C.
斯梅尔塞,N.J.　Smelser, N.J.
斯密,亚当　Smith, Adam
斯姆斯,W.G.　Smooth, W.G.
斯彭德,达尔　Spender, Dale
斯皮克,S.　Speak, S.
斯皮瓦克,G.　Spivak, G.
斯塔克,R.　Stark, R.
斯泰瑟姆,J.　Statham, J.
斯坦丁,G.　Standing, G.
斯坦顿,伊丽莎白·卡迪　Stanton, Elizabeth Cady
斯坦利,L.　Stanley, L.
斯坦沃思,M.　Stanworth, M.
斯特恩,V.　Stern, V.
斯特凡契奇　Stefancic
斯特兰德,G.　Strand, G.
斯特兰德,S.　Strand, S.
斯特兰格曼,T.　Strangleman, T.
斯特劳,杰克　Straw, Jack
斯特劳布里奇,M.　Strawbridge, M.
斯特劳斯,M.A.　Straus, M.A.
斯通,L.　Stone, L.
斯托尔,C.　Stoll, C.
斯托克,G.　Stoker, G.
斯威德伯格,R.　Swedberg, R.
斯温杰伍德,A.　Swingewood, A.
松浦,杰弗里　Matsuura, Jeffrey
苏恩博士,威利　Soon, Dr Willie
苏西尔,K.　Soothill, K.
索恩,B.　Thorne, B.
索伦森,A.S.　Sørensen, A.S.
索南菲尔德,D.A.　Sonnenfeld, D.A.
索撒尔,R.　Southall, R.
索辛斯基,B.　Sosinsky, B.
索伊卡,P.A.　Soyka, P.A.

T

塔巴克,文森特　Tabak, Vincent
塔夫,琼　Tough, Joan
塔库尔,R.　Thakur, R.
塔伦蒂诺,昆廷　Tarantino, Quentin
塔罗,S.　Tarrow, S.
塔奇曼,G.　Tuchman, G.
塔切尔,P.　Tatchell, P.
塔斯克,Y.　Tasker, Y.
泰勒,C.　Taylor, C.
泰勒,I.　Taylor, I.
泰勒,M.W.　Taylor, M.W.
泰勒,T.R.　Tyler, T.R.
泰勒,Y.　Taylor, Y.
泰勒,弗雷德里克·温斯洛　Taylor, Frederick Winslow
泰勒-古比,P.　Taylor-Gooby, P.
坦皮斯特,R.　Tempest, R.
汤姆林森,J.　Tomlinson, J.
托尼,T.H.　Tawney, T.H.
汤普森,G.　Thompson, G.
汤普森,J.B.　Thompson, J.B.

汤普森,沃伦·S.　Thompson, Warren S.
汤森,P.　Townsend, P.
唐南,H.　Donnan, H.
特拉维斯,A.　Travis, A.
德·特拉西,德斯蒂　de Tracey,Destutt
特雷纳,I.　Traynor, I.
特雷斯,J.　Treas, J.
特洛尔奇,恩斯特　Troeltsch, Ernst
特纳,B.S.　Turner, B.S.
特纳,C.　Turner, C.
特威格　Twigg
滕尼斯,费迪南德　Tönnies, Ferdinand
滕斯托尔,杰里米　Tunstall, Jeremy
通金斯,F.　Tonkiss, F.
图海纳,A.　Touraine, A.
涂尔干,埃米尔　Durkheim, Émile
托尔森,A.　Tolson, A.
托克,D.　Toke, D.
托马斯,C.　Thomas, C.
托马斯,K.　Thomas, K.
托马斯,W.I.　Thomas, W.I.
托马斯-拉塞特,加米涅　Thomas-Rasset, Jammie

W

瓦尔克,A.M.　Valk, A.M.
瓦尔拉斯,S.P.　Vallas, S.P.
瓦加尔,W.　Wagar, W.
瓦克曼,R.　Wachman, R.
瓦鲁法基斯,雅尼斯　Varoufakis, Yanis
瓦斯瓦尼,K.　Vaswani, K.
威尔,C.M.　Will, C.M.
威尔金森,H.　Wilkinson, H.
威尔金森,R.　Wilkinson, R.
威尔金斯,L.T.　Wilkins, L.T.
威尔莫特,P.　Willmott, P.
威尔逊,B.　Wilson, B.
威尔逊,E.　Wilson, E.
威尔逊,J.Q.　Wilson, J.Q.
威尔逊,W.J.　Wilson, W.J.
威克斯,J.　Weeks, J.
威克斯,M.　Wykes, M.
威克斯,R.　Wicks, R.
威利斯,保罗　Willis, Paul
威廉姆斯,塞雷娜　Williams, Serena
威廉斯,C.D.　Williams, C.D.
威廉斯,D.　Williams, D.
威廉斯,R.　Williams, R.
威廉斯,S.J.　Williams, S.J.
韦伯,马克斯　Weber, Max
韦策,R.　Weitzer, R.
韦尔,V.　Ware, V.
韦尔什 Welsh
韦尔托韦茨,S.　Vertovec, S.
韦弗,M.　Weaver, M.
韦森多夫　Wessendorf
韦斯,T.G.　Weiss, T.G.
韦斯顿,B.　Western, B.
韦斯特加德,J.　Westergaard, J.
韦特,L.J.　Waite, L.J.
维达尔,J.　Vidal, J.
维果茨基,列夫　Vygotsky, Lev
维克多,C.　Victor, C.
维克斯特伦,P.　Wikström, P.
维斯比里奥,G.R.　Visbilio, G.R.
魏茨曼,L.　Weitzman, L.
温伯格,S.　Weinberg, S.
温伯格,T.　Weinberg, T.
温弗里,奥普拉　Winfrey, Oprah
温格尔德-海耶斯,R.　Wingeld-Hayes, R.
文森特,J.　Vincent, J.
文森特·德古尔奈,让·克劳德·玛丽　Vincent de Gournay, Jean Claude Marie
文鲜明　Sun Myung Moon
沃茨,M.　Watts, M.

沃顿,A.S. Wharton, A.S.
沃恩,D. Vaughan, D.
沃尔,D. Wall, D.
沃尔,M. Wall, M.
沃尔比,西尔维娅 Walby, Sylvia
沃尔顿,P. Walton, P.
沃尔夫,N. Wolfe, N.
沃尔杰,T. Volgy, T.
沃尔克拉夫特,J. Wallcraft, J.
沃尔什,D. Walsh, D.
沃尔特,A. Walter, A.
沃尔特斯,J. Walters, J.
沃格尔,P. Vogel, P.
沃格勒,C. Vogler, C.
沃克,C. Walker, C.
沃勒尔,A. Worrall, A.
沃勒斯坦,伊曼纽尔 Wallerstein, Immanuel
沃利茨基-泰勒,K.B. Wolitzky-Taylor, K.B.
沃伦,B. Warren, B.
沃洛斯马蒂,C.J. Vörösmarty, C.J.
沃姆斯利,R. Walmsley, R.
沃纳,S. Warner, S.
沃瑟斯坦,B. Wasserstein, B.
沃森,N. Watson, N.
沃森,T.J. Watson, T.J.
沃什布鲁克,E. Washbrook, E.
沃思,路易斯 Wirth, Louis
沃斯,D Voas, M.
沃特斯,M. Waters, M.
沃特斯,卡斯 Wouters, Cas
沃伊库,B. Voicu, B.
伍德,M. Wood, M.
伍德沃德,K. Woodward, K.

X

西顿,J. Seaton, J.
西尔弗曼,B. Silverman, B.
西尔弗斯通,R. Silverstone, R.
西尔克,F.K. Cylke, F.K.
西考雷尔,阿隆 Cicourel, Aaron
西克苏,埃莱娜 Cixous, Hélène
西梅斯,J. Simes, J.
西蒙斯,J. Simmons, J.
西摩尔,J. Seymour, J.
西涅斯,格里高利 Signes, Grigori
西亚伊,A. Ziai, A.
希尔顿,K. Hylton, K.
希尔斯,J. Hills, J.
希菲,B. Heaphy, B.
希格斯,P. Higgs, P.
希克森,K. Hickson, K.
希勒斯,P. Heelas, P.
希利,M. Healy, M.
希利亚德,P. Hillyard, P.
希思,A. Heath, A.
希思,S. Heath, S.
希思科特,J. Heathcott, J.
希特勒,阿道夫 Hitler, Adolf
希瓦,万达娜 Shiva, Vandana
夏尔马,U. Sharma, U.
夏基,H.J. Sharkey, H.J.
夏坎斯基,I. Sharkansky, I.
夏皮罗,罗伯特 Shapiro, Robert
夏普,休 Sharpe, Sue
肖,M. Shaw, M.
小何塞·卡洛斯·多斯·雷斯·梅雷勒斯 Jose Carlos dos Reis Meirelles Junior
谢尔登,威廉 Sheldon, William
谢勒,M. Sheller, M.
辛格,法亚 Singh, Fauja
休伯,P.W. Huber, P.W.
休森,C. Hewson, C.
休斯,E.C. Hughes, E.C.
休斯,M. Hughes, M.

Y

亚科沃,M.　Iacovou, M.

亚历山大,杰弗里　Alexander, Jeffrey

扬,J.　Young, J.

扬,M.D.　Young, M.D.

扬代尔,D.　Youdell, D.

耶茨,L.　Yates, L.

耶茨,乔安娜　Yeates, Joanna

伊甘斯基,P.　Iganski, P.

伊格纳季耶夫,迈克尔　Ignatieff, Michael

伊利奇,伊凡　Illich, Ivan

伊曼纽尔,A.　Emmanuel, A.

英格尔哈特,R.　Inglehart, R.

英格尔,J.M.　Yinger, J.M.

尤萨夫扎伊,马拉拉　Yousafzai, Malala

约阿斯,H.　Joas, H.

约恩松,O.D.　Jónsson, O.D.

约翰,M.T.　John, M.T.

约翰,埃尔顿　John, Elton

约翰森,B.　Johnson, B.

Z

扎穆纳,V. L.　Zammuner, V.L.

扎布,G.　Zarb, G.

扎尔德,M.　Zald, M.

扎卡维,阿布·穆萨比　al-Zarqawi, Abu Musab

扎亚尼,M.　Zayani, M.

詹金斯,C.　Jenkins, C.

詹金斯,H.　Jenkins, H.

詹金斯,P.　Jenkins, P.

詹金斯,R.　Jenkins, R.

詹金斯,S.P.　Jenkins, S.P.

詹克斯,C.　Jencks, C.

詹克斯,C.　Jenks, C.

詹克斯,M.　Jenks, M.

詹姆斯,A.　James, A.

詹姆斯,E.　James, E.

詹纳,布鲁斯(凯特琳)　Jenner, Bruce(Caitlyn)

詹森,A.　Jensen, A.

珍特,克里斯　Gentle, Chris

朱克伯格,马克　Zuckerberg, Mark

朱利安尼,鲁道尔夫　Giuliani, Rudolph

卓比,A.　Jobe, A.

兹纳涅茨基,弗洛里安　Znaniecki, Florian

祖贝达,S.　Zubaida, S.

祖波夫,S.　Zuboff, S.

祖马,雅各布　Zuma, Jacob

佐尔法加里法尔德,E.　Zolfagharifard, E.

术语汇编[①]

A

安乐死(Euthanasia):为了解除某人的极端痛苦而有意终结其生命。

B

霸权式男性特质(Hegemonic masculinity):在 R.W. 康奈尔的著述中,指性别阶序(性别等级序列)中男性特质的支配形式。在当今绝大多数西方国家,霸权式男性特质与白人、异性恋、婚姻、权威、身体强健等特性联系在一起。

罢工(Strike):一群劳动者出于特定目的而停止劳动/撤回劳动力。

白领犯罪(White-collar crime):由那些在白领或专业岗位工作的人施行的犯罪活动。

半边陲国家(Semi-peripheral countries):这些国家向核心工业化国家和世界经济体提供劳动力和原材料,但本身并未充分工业化。

本质主义(Essentialism):假设可以通过诉诸某种固定的"人性",或其他不变而普遍的生物性要素,对人类行为和/或社会现象做出说明。

比较性问题(Comparative questions):出于社会学理论或研究的目的,抽取同一社会中的不同情景或不同社会中的实例进行比较而提出的问题。

比较研究(Comparative research):将一个社会中的一系列研究结论与另一些社会中的同类研究结论相对比的研究。

边陲国家(Peripheral countries):在世界经济体中扮演边际角色,因此依赖于同核心生产性社会保持贸易关系。

变量(Variable):收入或者身高之类的维度,能够据之对某一事物、个体或群体进行分类,并使同类之间或不同时间之间的特定比较成为可能。

标签理论(Labelling theory):一种研究越轨的思路,认为人们之所以成为"越轨者",一定程度上是因为被他人贴上了标签。

---

① 原书的术语汇编以英文首字母为序编排,为了方便读者查阅,本版延续第五版中译的做法,改以术语中译首字汉语拼音为序重新编排。——译者注

标准差(Standard deviation):一种用来计算一组统计数据的差异幅度的方法。

病理(学)(Pathologies):字面意思是指对于疾病的性质、起因、过程、发展及后果的科学研究。

病人角色(Sick role):与塔尔科特·帕森斯有关的一个术语,用以描述病人所采取的行为模式,目的是尽可能减少其疾病对他人造成的干扰。

剥削(Exploitation):一种社会关系或制度关系,关系中的一方通过不均等的权力,牺牲另一方而获取利益。

不稳定无产者(Precariat):21 世纪的一个新兴社会阶级,包括各式各样的社会群体和个体,他们的生活机会的特点就是不安定、难预测和不稳定。

C

参与观察(Participant observation):广泛应用于社会学和人类学的一种研究方法,其中,研究者要参与被研究群体或社区的活动。

参与民主制(Participatory democracy):一个群体或社区的所有成员集体参与重大决策的民主制度。

参与性文化(Participatory culture):这种文化对艺术表达和公民参与设置的壁垒较少,包含共享也支持共享,销蚀了积极主动的生产者与消极被动的消费者之间的界限。

参照群体(Reference group):其他群体或个体出于评估目的将自身与该群体相比较。

差别化的种族化(Differential racialization):由于社会中的支配群体在不同时期对各族群的刻板印象化和特征概括有差异,这些族群所分别拥有的历史与经历。

常人方法学(Ethnomethodology):研究在日常社会互动中,人们如何领会他人言行的意义。常人方法学探讨的是"常人方法"(ethnomethods),人们借此维持彼此之间有意义的交流。

场域(Field):在皮埃尔·布尔迪厄的著述中,指一些社会场景,人们在其中运用各式各样的资本,力求竞争性的优势与支配。每个场域都有自己的一套准则。比如说,艺术和艺术鉴赏的准则就与商界的大为不同。

超级多样性(Super-diversity):有关一个社会中的种族多样性与族群多样性的研究所使用的一个概念,用来描述复杂程度前所未有。

臣属(Subaltern):在西方帝国主义殖民强权的支配下,在这种强权将"他者"贬为低等存在的话语建构中,被放逐边缘、归于沉默的所有群体。

城市(City):在现代,是人类定居点的最大形式。在社会学理论中,指"空间上形成的某种社会学实体",特点是松散的社会纽带,以及其居民理性和务实的态度。

城市带(Megalopolis):这个术语源于古希腊的"众城之城",是指规划出来让所有文明都羡慕的城邦。而在现代则用来表示庞大乃至臃肿的城镇密集区。

城市风格(Urbanism):路易斯·沃思用来标定城市社会生活的明显特征的一个术语,如城市生活的非人性化。

城市更新(Urban renewal):通过循环利用土地和现有建筑,改善城市环境,在本地居民的参与下提高当地的管理水平,以及利用公共基金振兴该地区和进一步吸引私人投资等办法,改善日渐衰败的住区。

城市化(Urbanization):城镇和城市的发展。

城市生态学(Urban ecology):一种研究城市生活的思路,其基础是与植物和有机体同物质环境求得调适的特点加以类比。根据生态学理论家的观点，城市中形形色色的住区和区域都是城市人口在竞争资源时的自然调适过程的结果。

城市再造(Urban recycling)：通过鼓励更新旧建筑和在已经开发的土地上建造新建筑，来修复日益恶化的住区，而不是扩展到新场地。

城镇密集区(Conurbation)：将一些城镇或城市聚合起来形成连片的城市环境。

冲突理论(Conflict theories)：这类社会学理论关注的是，在所有人类社会中，由于各群体会为获得和控制稀缺资源展开斗争，社会呈现出的张力、分隔和竞争性利益。

重组家庭(Reconstituted family)：在这样的家庭中，父母至少有一方在以前的婚姻里有孩子，他(她)或住在家里，或住附近。重组家庭也常被称为"继亲家庭"。

抽样(Sampling)：从一个更大的总体中抽取一定比例的个体或事例作为整个总体的代表来进行研究。

仇恨犯罪(Hate crimes)：以特定社会群体的成员为目标的(攻击之类)犯罪行为，纯粹只是因为其成员身份。仇恨犯罪包括攻击宗教群体或族群的成员、男女同性恋者、身心障碍人士等等。

初级社会化(Primary socialization)：孩童通过这个过程了解他们出生的社会的文化规范。初级社会化主要发生在家庭里。

初级认同(Primary identity)：早年形成的诸如性别和族属之类的认同。

初级越轨(Primary deviance)：犯罪或越轨的初始行为。根据勒默特的观点，初级越轨程度的行为尚处于个体自我认同的边缘。

传播(Communication)：信息从一个人或群体向另一个人或群体传递，包括面对面的谈话，使用语言和身体线索，印刷品，以及互联网聊天室和智能手机等电子传媒。

传媒帝国主义(Media imperialism)：由传播技术的发展促成的一种帝国主义模式。有些人宣称已经形成了一个文化帝国，它把工业化国家生产的媒体内容强加给缺乏资源来维护其文化独立性的欠发达国家。

传媒管制(Media regulation)：运用法律手段控制媒体的所有权和媒体传播的内容。

垂直流动(Vertical mobility)：在一个社会分层系统的位置等级序列中的上升或下降运动。

纯粹关系(Pure relationship)：具有性方面和情感上的平等的关系。

次级越轨(Secondary deviance)：与勒默特有关的一个观念。次级越轨涉及把一个标签贴到做出某种行为的个体身上，如从商店偷东西的人就被标定为"商店扒手"。

次级认同(Secondary identity)：习得的那些认同，包括角色和自致地位。

从夫居(Patrilocal)：妻子预期会住在丈夫父母邻近处的家庭体制。

从妻居(Matrilocal)：丈夫预期会住在妻子父母邻近处的家庭体制。

粗出生率(Crude birth rate)：一种基本的统计测量，反映给定人口的每年出生人数，通常计算的是每千人中的出生人数。

粗死亡率(Crude death rate)：一种基本的统计测量，反映给定人口的每年死亡人数，通常计算的是每千人中的死亡比例。

D

大规模客户定制(Mass customization)：通过应用新技术大批量生产为特定客户设计的产品。

大规模生产(Mass production)：运用机械力长期生产产品。大规模生产是工业革命的一个产物。

大数据分析(Big data analytics):分析海量数据集,揭示各种模式、趋势与相关。

大社会(Big Society):英国首相戴维·卡梅伦采用的一种观念,认为扩大和增强市民社会,能孕育个体责任与社群结合,促成国家减少对社会的介入。

大众传媒(Mass media):报纸、杂志、广播和电视等可以通达大量受众的大规模传播形式。

代表性样本(Representative sample):取自较大总体的一个样本,它对于总体来说具有统计上的代表性。

代际流动(Intergenerational mobility):从一代人到另一代人的在社会分层等级上的上升或下降运动。

代理型宗教(Vicarious religion):在这种情形下,积极主动的少数人定期上教堂,代表不积极主动的多数人,并得到后者的默认。

代内流动(Intragenerational mobility):一个人一生中在社会分层等级上的上升或下降运动。

代议民主制(Representative democracy):一种政治制度,其中影响整个共同体的决策并非由该共同体全体成员作为整体来做出,而是由全体成员为此选出的成员代表来做出的。

单偶婚(Monogamy):一种婚姻形式,婚姻当事人在任何时候都只能有一个配偶。

党派(Party):基于共同的背景、目标或利益而在一起工作的一群个体。根据韦伯的观点,党派同阶级、地位一样,都属于塑造社会分层模式的因素。

道德共识(Moral consensus):功能论者强调的共享价值观念,他们认为这是一个秩序良好的社会之不可或缺。

道德恐慌(Moral panic):由斯坦利·科恩推广的一个术语,用来描述社会范围内的某种过度反应,把某个群体或某类行为看作社会普遍失序的症候。

等级制(Estate):与法律上所确立的不同人群之间的不平等有关的一种分层形式。

低信任体制(Low-trust systems):一种不允许个体对工作任务负多少责任或有多少控制的组织或工作框架。

底层阶级(Underclass):位于阶级体系底层的那些个体组成的阶级,其成员往往是来自少数族群背景的人。

地球村(Global village):由马歇尔·麦克卢汉提出的一种观念。他认为电子沟通(比如电视和互联网)的传播将世界结合成统合一体的单一社区。

地位(Status):某个人或特定群体为社会其他成员认可的社会荣誉或声望。一般说来,地位群体有其独特的生活方式,也就是该群体的成员所遵循的行为模式。地位特权既可以是积极的,也可以是消极的。

地位丛(Status set):个体所享有的一组社会地位。

第三龄(Third age):是指人们的晚年,这时人们已经摆脱了为人父母的责任和正式的劳动。在发达社会,第三龄要比以往更长,使得老年人可以积极独立地生活。

第三条道路(Third Way):一种政治哲学,由新工党提倡,并得到其他奉行中间路线的民主领袖的赞同,致力于在认可创造财富、削减不平等的市场导向政策的同时,维护社会主义的价值观。

电信/远程传播(Telecommunications):通过技术媒介实现信息、声音或影像的远距离传播。

读写能力(literacy):阅读和写作的能力。

对话分析(Conversation analysis):运用取自常人方法学的技术而对会话进行的经验研究。对话分析试图揭示交谈的组织原则,以及它在社会秩序中所扮演的角色。

多边的(Multilateral):涉及许多不同的立场或派别,通常用来描述涉及一批国家政府的关系和会议。

多媒体(Multimedia):将过去常常需要不同技术的不同媒体(例如视像与声像)集成为单一媒介,例如可以在计算机中播放的光盘。

多偶婚(Polygamy):一种婚姻形式,其中一个人可同时拥有两个或多个配偶。

多神教(Polytheism):信仰两个或更多的神。

多数/少数世界(Majority/minority worlds):这两个集合术语分别统指全球南方与全球北方,前者构成了世界人口的多数,而后者构成了少数。这是对通常使用的"发达"国家与"发展中"国家的替代性概括。

多元文化主义(Multiculturalism):国家采取政策,鼓励并促进文化多元主义,使得各族群在经济政治生活中平等共享。

多中心式跨国公司(Polycentric transnationals):跨国企业的行政管理结构是全球性的,但企业运作根据当地情境灵活调适。

E

儿童期(Childhood):一个人一生的早期,通常划分为几个阶段(比如婴儿、孩童、青少年),通向成年期。儿童期始终受到社会结构的影响。

二手材料(Secondary source):对早前生成的素材进行讨论、解释或重新呈现的任何材料(与一手材料相对而论)。

二元论(Dualism):字面上讲,就是被分成两部分的状况。在社会学的理论阐述中,二元论包括心与身、个体与社会、结构与行动、微观与宏观。

F

发达国家(Developed countries):业已经历工业化过程、人均 GDP 与生活水准都较高的那些高收入国家。

发展性问题(Developmental questions):社会学家力求理解从过去到现在的社会制度的起源与发展路径时所提出的问题。

发展中国家(Developing countries):人均 GDP 较低、尚未像发达社会那样充分工业化的低收入国家。

法人团体(Corporation):一种组织类型,属于独立自主的法律实体,有其权利与责任。工商法团是由股东群体打造的,他们拥有该法人团体,并组织起有效管理。

翻番时间(Doubling time):一定水平的人口增加一倍所需要的时间。

凡俗(Profane):属于尘世、日常世界的东西。

反功能(Dysfunction):在一个社会系统中发起挑战或制造张力的那些社会生活特性。

反抗的女性特质(Resistant femininity):与 R. W. 康奈尔的著述有关的一个术语。体现反抗的女性特质的女性拒绝接受社会中关于女性特质的传统规范("受强调的女性特质"),奉行解放洒脱的生活风格和身份认同。例如女性主义和女同性恋关系都是反抗的女性特质的表现形式。

反身性(Reflexivity):在社会学的学术研究中,研究者自觉意识到自身的族属、阶级、性别或政治观点如何有可能影响研究操作,并采取一些策略减少或消除这类影响。

反应性惊呼(Response cries):个体在吃惊、不小心掉了东西或表达愉快时仿若不由自主的喊叫。

返祖(Atavism):在犯罪学中,有一种 19 世纪的理论,认为罪犯展现出的某些特征是人类进化史上遗留下来的,这能说明他们的犯罪倾向。

犯罪(Crime):指任何触犯由某个政治当局设置的法律的行动。

犯罪化(Criminalization):特定的个体、群体或行为被归类为犯罪的并因此受到法律制裁的过程。

犯罪学(Criminology):对于受刑律和司法体系制裁的行为模式的研究。

范式(Paradigm):在科学中,有关世界的一套理论预设框架,科学实践和新科学家的培训都在框架内进行。

方便抽样(Convenience sampling):纯粹基于机会,而不是严格追求代表性,任意选择研究的应试者,往往用以考察难以接触的社会群体。

访谈法(Interviews):旨在探出有关社会生活某个方面信息的一对一会话。访谈可以是结构式、半结构式或开放式的,取决于致力了解的信息类型。

非言语沟通(Non-verbal communication):个体之间的沟通乃是基于面部表情或身体姿势,而不是使用语言。

非正式关系(Informal relations):群体和组织中基于私人往来发展起来的关系;其行事方式不同于正式程序。

非正式经济(Informal economy):在正规的有薪就业范围外进行的经济交易。

非正式化(Informalization):经由这一社会过程,作为早前特点的礼仪和行为的正式准则失去了控制力,导致更为宽泛的可接受行为。

分工(Division of labour):把生产系统或经济系统划分成专门化的工作任务或职业,从而创造出经济上的相互依赖。

风险社会(Risk society):与乌尔里希·贝克有关的一个命题。贝克认为,发达工业社会制造了许多在以往各时期不曾听闻的新型灾难或人为风险,比如全球变暖。

符号(Symbol):用以代表或表征另一事项的某一事项,比如用一面旗帜作为符号来象征一个国家。

符号互动论(Symbolic interactionism):由 G. H. 米德提出的一种理论思路,强调符号和语言作为所有人类互动的核心要素的作用。

符号资本(Symbolic capital):在皮埃尔·布尔迪厄的作品中,指那些将较高地位、区隔、荣耀和社会声望等赋予人们的资源。比如说,志愿慈善劳动可以使一个人赢得较高赞赏,是他们从正式就业或工商产业所有中不可能获得的。

福利国家(Welfare state):一种为公民提供广泛多样的福利补助的政治体制。

福利依赖(Welfare dependency):指福利待遇的享受者,如领取失业救济金的人,将享受福利作为一种"生活方式",而不再努力求取一份有薪工作。

福利资本主义(Welfare capitalism):大企业保护其雇员不受市场变幻影响的措施。

福特制(Fordism):由亨利·福特所开创的生产与消费体系,涉及引入流动装配线,把大规模生产的方法与为所生产的物品开发大规模/大众市场相联系,比如福特 T 型汽车。

福音派(Evangelicalism):新教的一支,其特点是信仰精神重生("再生")。

抚养比(Dependency ratio):处于受抚养年龄的人(孩子和老人)与处于经济活跃年龄的人的比率。

父权制/男权制(Patriarchy):一种社会组织类型,基于父亲在家庭中的核心权威,也包含男性对女性的一般化支配。

父系的(Patrilineal):通过父方谱系关联到、建基于或追溯祖先世系。

复合型劳动者(Portfolio worker):拥有多种技能或素质,因而能够方便地转换工作的人。

G

概化他人(Generalized other):在乔治·赫伯特·米德的著述中,指个体在社会化过程中接受了特定群体或社会的一般价值观。

感觉运动阶段(Sensorimotor stage):根据皮亚杰的理论,儿童在这个人类认知发展阶段,对于其所处环境的意识主要是知觉和触觉。

岗位无保障感(Job insecurity):雇员对于其工作位置的稳定性以及在工作场所中所发挥的作用感到忧虑。

高等教育(Higher education):中学水平以上的教育,在大学或学院中进行。

高信任体制(High-trust systems):允许个体对工作任务有极大的自主性和控制度的组织或工作框架。

革命(Revolution):一种政治变迁过程,涉及对于大众社会运动的动员,成功地推翻现存政权。革命有别于军事政变,因为它们包括群众运动。革命也涉及暴力,但在晚近,有些革命本质上是和平的,或所谓"天鹅绒革命"。

个人空间(Personal space):个体与他人之间保持的物理空间。

工人阶级(Working class):大致是由那些从事蓝领或体力劳动的人构成的社会阶级。

工业革命(Industrial Revolution):围绕着18世纪中叶到19世纪早期现代工业形式的发展而发生的社会、经济与技术上广泛多样的转型。

工业化(Industrialization):用机器取代人力畜力的过程,始于现代工业形式即工厂、机器和大规模生产过程的发展。

工业社会(Industrial societies):大多数劳动力参与工业生产或进入相关就业部门的社会。

公共领域(Public sphere):与德国社会学家尤尔根·哈贝马斯有关的一个观念。公共领域就是在现代社会中展开公共论辩和商谈的领域。

公民(Citizen):一个政治共同体的成员,拥有与其成员资格相维系的权利和义务。

市民社会(Civil society):国家与市场之间的活动领域,包括家庭、学校、社群结社和非经济机构。

功能主义(Functionalism):一种理论视角,其基础在于,认为要想说明社会制度,最好的切入点是根据它们所履行的功能,即为一个社会的延续所做出的贡献。

共产主义(Communism):理论上,指以生产资料和分配的公有制为特征的社会。通常与卡尔·马克思联系在一起。

共谋的男性特质(Complicit masculinity):R. W. 康奈尔的一个术语,有许多男性都体现出这种共谋的男性特质,他们并不符合"霸权式男性特质"的理念,却受益于其在性别阶序中的支配地位。

共享理解(Shared understandings):人们所持有的共同假设,使他们得以用一种系统化的方式互动。

寡头垄断(Oligopoly):在特定产业中少数公司取得支配地位。

寡头统治铁律(Iron law of oligarchy):由罗伯特·米歇尔斯创造的术语,指的是大型组织始终把权力集中在少数人手中。

管理资本主义(Managerial capitalism):由经营管理人员而非所有者负责日常运作的资本主义企业。

惯习(Habitus):在皮埃尔·布尔迪厄的著述中,指特定社会群体和社会阶级的成员由于生活在类似客观条件下而大多无意识地获得的一套性情倾向(包括思维方式和行为方式)。

规范(Norms):反映或体现一种文化的价值观的行为规则,规定或是禁止特定类型的行为。

归纳(Induction):一种科学操作模型,设定科学家基于可以观察到的模式采集证据。随后可能产生一般理论,为观察和模式提供说明。

滚雪球抽样(Snowball sampling):一种搜集样本以供研究的方法,依赖于研究参与者招募亲友熟人接受研究。

国际非政府组织(International non-government organization, INGO):依照作为其成员的个体或私人组织之间的协定建立的国际组织。

国际政府间组织(International government organization, IGO):依照政府之间的条约建立的国际组织,旨在处理其成员国家之间的事务。

国家(State):统治一个特定地域的政治机器(政府机构加上公务员),具有受到法律支撑的权威和使用强力的能力。并不是所有社会都表现出国家的特征。国家的兴起标志着人类历史的显著转型,因为国家形成中包含的政治权力集中化为社会变迁进程提供了新的动力。

国家中心理论(State-centred theory):这种发展理论主张,适度的政府政策并不属于干预经济发展,而是能在促进经济发展中扮演关键角色。

国民总收入(Gross National Income, GNI):GDP 加上来自国外(或地区外)的净资产收入(利息、租金、股息、利润)。国民总收入这个术语现在比国民生产总值(Gross National Product,GNP)更常用,后者是一种比较陈旧的测量指标。

国内生产总值(Gross Domestic Product, GDP):一国(或地区)经济在某一年中生产的所有物品与服务。

过度现实(Hyperreality):“比现实更真实”的过度现实乃是源于电子沟通的普及,表征不再指涉一个单独的“现实”。

H

合法性(Legitimacy):被统治者接受某种情境是公正有效的。

和平进程(Peace processes):旨在防止后冲突情境中的暴力的所有活动,无论是专业人员的官方努力,还是市民社会中各类群体的非正式行动。

核心国家(Core countries):根据世界体系理论,最为发达的工业化国家就是核心国家,占据了世界经济体中的利润的最大份额。

核心家庭(Nuclear family):由父母(或其一)和受抚养子女组成的家庭群体。

黑人女性主义(Black feminism):女性主义思想的一支,强调是性别、阶级和种族等多重劣势塑造了非白人女性的经历。黑人女性主义者拒绝认为所有的女性都同样经历单一的性别压迫。

宏大理论(Grand theories):试图对社会生活和/或整体社会发展做出全面说明的那些理论。卡尔·马克思有关阶级冲突作为历史推动力的理论就是范例。

宏观社会学(Macrosociology):关于大规模群体、组织或社会系统的研究。

后暴力社会(Post-violence societies):经历了战争或内部社群暴力、正在走向非暴力的那些社会。

后发展(Post-development):对于主流发展理论的一种批判视角,寻求在发展中国家推广替代性进步模式,替换占据支配地位的有关资本主义和工业化的西方观念。

后福特制(Post-Fordism):这个通用术语描述了从福特制方法所代表的大规模/大众化工业生产,转到强调创新的更具弹性的生产形式，旨在适应利基市场对于客户定制产品的需要。

后工业社会（Post-industrial society）：后工业社会建立在信息而非物质产品的生产与服务的基础上。绝大多数发达社会在这个意义上都属于后工业社会。

后结构主义（Poststructuralism）：社会科学中的一种思路，源于语言学领域，借助米歇尔·福柯的作品在社会学中流行。后结构主义者拒绝认为可以揭示有关世界的绝对真理，而是主张对于现实势必会有多元解释。

后台区域（Back region）：是远离“前台区域”表演的区域（比如餐厅里的员工休息间），个体在这里可以得到放松，并以一种非正式的方式行事。

后现代女性主义（Postmodern feminism）：后现代女性主义包括对抗性别研究中的本质主义，坚信多元化的知识类型。

后现代主义（Postmodernism）：这种视角的基础就是，坚信社会不再被历史或者进步所统领，而是高度多元、高度离散的，没有任何“宏大叙事”（grand narrative）引领其发展。

后殖民理论（Postcolonial theory）：这种社会理论力求揭示深植于主流社会理论与概念的暗含的殖民遗产，并纳入有关被殖民者的那些遭遗忘的声音和阐述，朝鲜明的后殖民方向转型。

互联网（Internet）：由计算机连接的全球性/全局性（global）体系，它使人们能相互沟通，并且在万维网上通过视频、音频以及文本的形式找到信息。

话语（Discourses）：社会生活特定领域中的思维框架。例如，关于犯罪的话语是指思考和谈论犯罪的主导方式。

话语分析（Discourse analysis）：有关语言在社会中的影响的几种研究思路的统称。绝大多数社会学思路都力求理解语言在具体的社会历史语境中的用法。

环境（Environment）：非人的自然世界，人类社会存在其中。就其广义而言，环境就是行星地球。

环境犯罪学（Environmental criminology）：预防和减少犯罪的一种思路，侧重设计出遏制犯罪的环境，而不是试图改造罪犯。

环境议题（Environmental issues）：社会当中所有同时涉及社会关系与非人的自然现象的议题，也就是说，兼具社会与自然的成分。

环境正义（Environmental justice）：这种观念认为，所有人都有权享有健康而可持续的环境。相关运动聚焦于消除贫困社区所承受的过多的环境风险。

恢复性司法（Restorative justice）：刑事司法的一个分支，它拒绝使用惩罚手段而赞成基于社区的审判，意在提高罪犯对其行为后果的认识。

婚姻（Marriage）：两个人之间被社会认可的性关系。婚姻一向限于异性之间，但是在一些文化中，也容忍某些类型的同性婚姻。近些年来，有许多发达社会逐渐趋向接受同性婚姻。

混合方法（Mixed methods）：同时采用质性和量化研究方法作为一项学术研究的组成部分。

混合家庭（Blended family）：至少有一个成年人带着来自前一段关系的孩子的家庭。通常也被称为“继亲家庭”或“重组家庭”。

J

“基地”组织（Al-Qaeda, the base）：恐怖主义活跃分子的一个全球网络，其公开陈说的意识形态是“伊斯兰激进主义”，致力于创立一个伊斯兰哈里发国，清除穆斯林国家中的外国势力。于 1988—1989 年在阿富汗创立,领导人为奥萨马·本·拉登,直至其2011年被击杀。

基于互联网的学习(Internet-based learning):以互联网为媒介连接的教育活动。

激进主义的女性主义(Radical feminism):一种女性主义理论形式,认为性别不平等是由男性在社会和经济生活中各个方面占据支配地位造成的。

机械团结(Mechanical solidarity):根据涂尔干的看法,是社会团结的一种早期形式,以相似性和个体主义归拢到集体中为特征。

寿命(Life span):某一物种的成员在生物学角度上最大可能的生命长度。

集体欢腾(Collective effervescence):集体集会和仪式中创造出的强烈能量感,涂尔干用这个概念来说明,宗教体验本质上是社会性的。

集体消费(Collective consumption):曼纽尔·卡斯特所用的一个概念,表示由城市促成的对公共物品进行消费的过程,例如交通服务和休闲设施等。

集体行为(Collective behaviour):通常属于自发兴起的群体活动,比如人群聚集、骚乱、狂热、恐慌。

集中趋势测量(Measures of central tendency):计算平均数的几种方法,其中三种最常见的是均数、中位数和众数。

技术(Technology):知识在物质世界生产中的运用。技术包括创造出人类与自然互动过程中所使用的物质工具(如机器)。

家户(Household):生活在一个房屋单位里的共享起居房间、共同安排食物等必需品的所有人。

家庭(Family):以个体之间的血缘、婚姻或收养关系联系起来的群体。他们形成了一个经济单元,其中的成年人有责任抚养儿童。

家庭实践(Family practices):人们认为与家庭生活有关联而参与的所有活动。

家庭展示(Family displays):人们用来向他人证明自己参与适宜的"家庭"实践与关系的所有方式。

家务(家务劳动)(Housework, domestic labour):通常由女性在家中付出的无薪酬劳动,包括做饭、打扫、购物等家务杂事。

家族资本主义(Family capitalism):创业家族所占有并管理的资本主义企业。

价值观(Values):人类个体或群体所秉持的,确定什么是可取的、恰当的、好的或者坏的之观念。不同的价值观是人类文化差异的核心表现。个体奉行的价值观受到他们恰巧生活于其中的特定文化的强烈影响。

假设(Hypothesis):关于某种事态的一种观点或有根据的猜测,以精确用语表述出来,为经验检验提供一个基础。

假设—演绎法(Hypothetico-deductive method):一种科学操作模型,设定科学始于有关世界的某种一般假设或理论,可以由此演绎出可检验的具体假设,并基于可观察的证据加以检验。

监控(Surveillance):由他人对一些个体或群体的活动进行监管以确保行为顺从。

监控社会(Surveillance society):个体受到定期监察、其活动被记录的社会。在公路、街道和商业中心普遍设置摄像头就是监控延伸的一种表现。

健康技术(Health technologies):物质性的(比如义肢和超声波扫描)和社会性的(比如禁食和控制饮食)干预措施,旨在实现一种社会定义的"健康良好"状态。

健康转型(Health transition):在一个社会里,造成死亡的主要原因从急性传染病转向慢性非传染性疾病。

交叉性(Intersectionality):对于多重压迫及其影响的研究。比如说,当阶级与族属或性别与阶级交叠时,人们可能面临更为深层、更为复杂的不平等形式。

交谈(Talk):日常社会生活中谈话或言语交流的实际开展,社会学家尤其是常人方法学家越来越把交谈看作需仔细考察的对象。

郊区化(Suburbanization):在郊区即内城区之外的低层住宅区的发展。

焦点小组(Focus group):从大样本中选取一小群人参加一场围绕研究者感兴趣的话题的讨论。

教会(Church):属于一个地位已然确立的宗教组织的一大群人。教会一般有某种正式结构,包括宗教人员教阶制度在内。

教派(Sect):从正统宗教中脱离出来的一种宗教运动。

教育(Education):一种社会制度,推动并促成知识和技能在世代之间传递。

阶级(Class):马克思认为,阶级是指与生产资料有着共同关系的一群人,作为占有者或非占有者。韦伯也把阶级看作一种经济类别,但是强调它与社会地位以及“党派”归属之间的相互影响。更为晚近的一些定义强调职业,财产和其他财富的所有权,或是生活方式。

阶级意识(Class consciousness):资本主义社会中的工人阶级开始意识到自身臣属性的、被剥削的阶级位置的过程。在马克思主义学说中,这是朝向革命的必要步骤。

接触(Encounter):两个及更多个体在一个面对面互动的情境中的会面。在现代社会中,许多接触涉及的是陌生人而非家人朋友。

接近的冲动(Compulsion of proximity):在面对面的场景中,个体所体验到的同他人互动而不是保持距离的需要。

解释社会学(Interpretative sociology):有关社会的研究的几种思路,包括符号互动论和现象学,考察社会生活对于其参与者蕴含意义的特征。

结构化(Structuration):一种双向过程,一方面我们作为个体的活动塑造着我们所处的社会世界,另一方面我们自己又被社会再塑造。

结构功能主义(Structural functionalism):源于塔尔科特·帕森斯的作品的一种理论视角。结构功能主义的分析将社会视为社会系统,其中各种关联的社会制度履行特定的功能,确保整个系统顺利运作。

紧缩政治(Austerity politics):2008 年全球金融危机后发展出来的一套讨论或话语框架,强调通过削减公共开支和增加税收的组合手段来减少政府预算赤字。

经合组织(OECD,即经济合作与发展组织[Organization for Economic Cooperation and Development]):1961 年创建的一个国际组织。经合组织旨在协助其成员国实现“可持续的经济增长”与就业。

经济(Economy):为生活于某个社会中的个体提供可满足其物质需要的生产与交换体系。各种经济制度差异甚大。资本主义已经成为当代世界中具有活力且被广泛采用的制度。

经济互赖性(Economic interdependence):这是专业化和分工的结果,此时人们开始相互依赖,以得到维持自身生存所需的东西。

经济社会学(Economic sociology):运用社会学理论和概念来研究经济现象,包括市场、企业、金融和劳动。

经济衰退(Economic recession):一般指接连两个月或更长时间内经济活动的衰减,往往以 GDP 来测量。

经济资本(Economic capital):在皮埃尔·布尔迪厄的著述中,指货币、财产或土地之类的资源,成为物质交换体系的一部分。

经验调查(Empirical investigation):在一个社会学研究领域中进行的事实性考察。

精英(Elite):一个社会中具有一定结合力的小型社会群体,统治着大多数人。

精致符码(Elaborated code):一种典型的中产阶级言说形式,在词语的使用上精心构建,以指称精确意义,适应多种文化框架。

精神变态(Psychopathic):一种特殊的人格类型,这类个体缺少大多数正常人所拥有的道德感和对于别人的考虑。

巨型都市(Megacities):曼纽尔·卡斯特喜欢用这个术语来描述那些在全球经济中处于枢纽位置的高度密集的大型都市空间。

拒世型运动(World-rejecting movements):一种宗教运动,本质上具有排他性,对外部世界持强烈的批判态度,对其成员要求严苛。

具身性(Embodiment):在社会学中,这种观念认为,自我体验和认同都受到个人身体的约束,身体表达着并在一定程度上塑造着自我认同。

具体运算阶段(Concrete operational stage):在皮亚杰的理论中,这是认知发展的一个阶段,儿童在这一阶段的思维主要基于对于世界的物理感知,而不是抽象概念或假设情境。

绝对贫困(Absolute poverty):以维持健康生存所必需的最低要求来界定的贫困。

君主制(Monarchies):由一个人领导的政治制度,权力在家族中世代相传。

均数(Mean):一种对于集中趋势或平均水平的统计测量,即用总数除以个案的数目。

K

科层制(Bureaucracy):一种基于权威金字塔的等级组织形式。依据韦伯的观点,现代科层制是最有效的一种大规模人类组织,因此很可能不断扩散。

科学(Science):科学,以及作为一项科学事业的社会学,是指对经验数据进行有规则的整理,并同可以阐明或说明这些数据的理论的建构相结合。

科学哲学(Philosophy of science):哲学的一脉分支,关注科学相较于其他知识形式而言的基础与实践。

可持续城市(Sustainable city):一种城市类型,旨在尽可能减少能源及其他资源的投入,降低包括二氧化碳和污染物在内的垃圾产出。可持续城市的宗旨是在可行范围内尽量减少其生态足迹。

可持续发展(Sustainable development):这一观念认为,推动经济成长,应当让自然资源能够循环使用而不是被耗尽,生物多样性得到维持,清洁的空气、水以及土地受到保护。

可塑之性(Plastic sexuality):摆脱生育需要、由个体自主形塑的人类性相。

刻板印象(Stereotype):对于一群人的一种固定而不易改变的特征概括,并且没有什么甚至根本没有证据。

恐怖主义(Terrorism):通常指出于政治目的向特定人群灌输恐惧的暴力行为。

恐同症(Homophobia):对于同性恋者的一种非理性的恐惧或仇恨。

控制(Controls):一种统计方法或实验方法,为了检查其他变量的因果性影响,而使一些变量保持恒定。

控制理论(Control theory):这种理论认为,犯罪是趋向犯罪行为的冲动与遏制犯罪冲动的控制之间失衡的结果。罪犯被视为有理性的人,会使自己的回报最大化,除非通过社会控制或物理控制使其无法如此行事。

口述史(Oral history):对人们就其生活中早先见证或经历的事件进行访谈并由此搜集信息。

库兹涅茨曲线(Kuznets Curve):由经济学家西蒙·库兹涅茨提出的一个公式,表明在工业资本主义发展的早期阶段,不平等的程度先是增长,然后下降,最终在一个较低水平上趋于稳定。

酷儿理论(Queer theory):该理论不预设异性恋属于正常/规范。酷儿理论主张,必须将非异性恋者的声音带到社会学及其他社会科学的前台,以便驱除那些异性恋至上主义者的假设。

跨国企业(Transnational corporations, TNCs):设立在两个或更多国家的工商企业。即使跨国公司明确以一个国家为基地,也是面向全球市场追求全球利润的。

跨性别者(Transgender):这个术语涵盖了各式各样展示出"性别差异"的人群,他们的性别认同及/或性别展演有别于其出生时被指定的性别,或是不符合有关女性特质和男性特质的支配性社会规范的期待。

扩大家庭(Extended family):这种家庭群体包括超过两代的近亲,生活在同一家户,或者彼此保持经常性的密切关系。

L

滥伐森林(Deforestation):往往由商业性砍伐导致的林区被破坏。

浪漫之爱(Romantic love):浪漫之爱的观念肇始于 18 世纪,认为婚姻的基础是相互吸引,而不是经济方面的好处。这是纯粹关系的观念的序曲,但也与该观念有所冲突。

劳动(Work):人类利用自然世界生产出有用的东西并以此维持自身生存的活动。在现代社会中,仍然有许多类型的劳动不涉及工资或薪水的直接酬付,包括家务劳动。

老龄化(Greying):人们用这个术语来表示一个社会的人口中老年人的比例越来越高。

老年化(Ageing):随着人们年龄的增长而影响他们的生物过程、心理过程与社会过程的综合。

累犯(Recidivism):有犯罪前科的人再次犯罪。

类型化(Typification):阿尔弗雷德·舒茨使用的一个概念,用来描述人们如何基于此前有关各类人群的典型特征和行为的预设,对个体做出判断。

冷战(Cold War):指 20 世纪 40 年代末到 1990 年,美国和苏联及其各自盟国之间的冲突关系。这段时期之所以被称作"冷战",是因为双方之间从未爆发直接的军事对抗。

离散度(Degree of dispersal):一组数字的范围或者分布。

理论(Theory):尝试通过概括一般特性来说明有规律地观察到的事件。尽管理论往往与更为宽泛的理论思路相联系,但也受到它们推动产生的经验研究结果的强烈影响。

理论性问题(Theoretical questions):社会学家试图说明特定范围内观察到的事件时提出的问题。理论性问题的提出对于我们概括社会生活的本质至关重要。

理念型(Ideal type):一种"纯粹类型",通过强调特定社会现象的某些特质而构造出某种分析模型,这种类型并不必然存在于现实中的某个地方。马克斯·韦伯的科层组织的模型即为一例。

理性化(Rationalization):马克斯·韦伯所用的一个概念,是指各种精确的计算和组织(包括抽象规则和程序等),日益支配社会世界的过程。

量化研究方法(Quantitative research methods):允许使用数学模型和统计技术测量并分析社会现象的那些社会学方法。

"零容忍"治安(Zero tolerance policing):预防和控制犯罪的一种思路,主要针对轻微犯罪和较小妨害,以此遏制更为严重的犯罪。

另类全球化运动(Alter-globalization movements):各种反对支配性新自由主义全球经济的群体与抵抗网络的某种国际性或全球性联盟,它们都以“可能有别样的世界”为口号,倡导替代性的合作性全球化形式。

流动(Mobilities):一种社会学视角,分析物品、人员与信息的运动,而不是聚焦于静态的各国社会之间的关系。

流散(Diaspora):某一族群从最初的家园分散到异国他乡的过程,经常是被迫的,或者遭受创伤。

流行病学(Epidemiology):关于疾病在特定人口中的分布和发生的研究。

垄断(Monopoly):单一企业主导某一产业的情形。

乱伦(Incest):近亲之间的性活动。

伦理宗教(Ethical religions):这些宗教依赖“大师”(像佛陀或孔子)的伦理感召力,而不是对于超自然体的信仰。

逻辑实证主义(Logical positivism):一种科学哲学,强调演绎推理和经验证实,并采纳真理符应说,限定科学陈述只有在确切符合现实世界的现象时才是“真实”的。

M

马尔萨斯主义(Malthusianism):这一观念由托马斯·马尔萨斯在 1798 年首次提出,认为人口增长往往会超出可利用资源的支持能力。马尔萨斯提出,人们必须减少性生活,以避免充满灾难和饥饿的未来。

买春观光(Sex tourism):以买春和获取性服务为目的的国际旅游。该术语通常用以描述来自发达国家的男性为了获得与女性及孩童进行性交往的机会而旅游。

卖淫(Prostitution):为获取金钱而提供性服务或性照顾。

没有国家的民族(Nations without states):当一个民族的成员对他们宣称属于自己的区域缺乏政治主权(一个国家)时即属此例。

媒体融合(Media convergence):此前彼此分离、各具特色的传媒形式逐渐关联交缠。

民事伴侣关系(Civil partnership):同性两人之间的某种受法律认可的关系;它给予同性伴侣法律上的承认,以及已婚伴侣的部分或全部权利。

民主制(Democracy):允许公民参与政治决策的一种政治制度,其渠道常常是选举代表进入统治机构。

民族(Nation):一群人对于共享价值观、语言和宗教之类的文化特性、据认为的共有历史等具有强烈意识,以此维系一体。

民族国家(Nation-state):特有的一类国家,其中政府在一块限定的领土上享有主权,而其属民大众则是自知属于单一民族共同体的公民。

民族志(Ethnography):通过参与观察或访谈对人进行第一手的研究。

民族主义(Nationalism):表达认同特定民族共同体并追求该共同体之利益的一套信仰、政治观念和运动思潮。

膜拜团体(Cult):一种零散的宗教集合,个体松散地依附于它,缺乏任何持久的结构。膜拜团体经常是围绕着一个富有感召力的领袖而形成的。

母爱剥夺(Maternal deprivation):孩童在生命早期与其母亲之间缺乏一种稳定而深情的关系。约翰·鲍尔比认为,母爱剥夺会导致孩童在日后的生活中产生精神疾病或越轨行为。

母国中心式跨国公司(Ethnocentric transnational):一种国际性企业,以源发国为基地,其业务运作遍及世界,是母公司的文化延伸。

母系的(Matrilineal):通过母方谱系关联到、建基于或追溯祖先世系。

目标加固(Target hardening):遏制犯罪发生的技术,目的在于通过直接干预潜在的犯罪条件,使得犯罪更难发生。发动机防盗锁止系统和闭路电视监控摄像系统皆为例证。

N

男权制/父权制(Patriarchy):一种社会组织类型,基于父亲在家庭中的核心权威,也包含男性对女性的一般化支配。

男性表达无能(Male inexpressiveness):男性在向他人表达或谈论自己的感情时存在困难。

男性特质危机(Crisis of masculinity):这种观念认为,男性特质的传统形式正在被削弱,年轻男性对自己以及在社会中的角色都不确定。

男性主流社会学(Malestream sociology):在20世纪60年代及此后的女性主义干预之前,绝大多数的社会学理论和研究对女性或性别关系议题殊少考虑。

男性赚钱养家者(Male breadwinner):直到最近,在许多发达社会中,男性的传统角色仍然是有份家庭之外的工作以养活全家。随着进入劳动力市场的女性人数稳步增长,这种"男性赚钱养家模式"已经显著衰弱。

内生性的(Endogenous):在社会学中,指从所研究的社会内部发展出或孕育出的东西,而非从外部引入的东西(外生性的)。

拟剧论分析(Dramaturgical analysis):戈夫曼的基于运用源自戏剧的比喻来研究社会互动的一种思路。

拟像(Simulacra):在由让·鲍德里亚引出的过度现实的理论中,拟像就是没有母本的摹本。

年龄等级(Age-grade):在小型文化中可以发现这种体制,其中年龄相仿的人被划归一类,具有类似的权利与义务。

年龄歧视(Ageism):因为年龄而对一个人产生的歧视或偏见。

农耕社会(Agrarian societies):维持生存的方式基于农业生产(作物种植)的社会。

奴隶制(Slavery):社会分层的一种形式,其中一些人实际上将另一些人当作自己所拥有的财产。

女同性恋(Lesbianism):女性之间的同性恋活动或依恋。

女性主义理论(Feminist theories):这些理论强调,在任何有关社会世界的分析中,性别都有其核心地位。女性主义理论有许多分支,但都希望说明社会中的性别不平等,并致力于克服这些不平等。

P

批判实在论(Critical realism):看待科学的一种思路,主张存在某种宜于考察的客观外在的现实(与社会建构论截然相反)。批判实在论者力求揭示可观测事件的深层原因,而这些原因通常不能直接观察到。

批判性种族理论(Critical race theory, CRT):关于族群关系的一种视角,其出发点是设定种族主义根植于法律体系及其他社会制度之中,是许多少数族群寻常的日常体验。

偏差(Bias):泛指某种偏向或倾向,特指有碍于公正无偏的评判的因素。在统计抽样或检验中,指系统地偏好某类结果而导致的某种谬误。

偏见(Prejudice):对一个人或群体持有先入之见,即使面对新的信息也抗拒改变。偏见可能是正面的,也可能是负面的。

贫困化(Pauperization):字面意思就是制造贫困或使之陷入贫困。马克思用这个术语来描述工人阶级愈益陷入贫困的过程。

贫困文化(Culture of poverty):该命题认为,贫困并不是个体匮乏的结果,而是接受更大文化的社会化的结果,它会传承生活在物质剥夺条件下的人们所共有的价值观、信念、生活方式、习惯与传统。

贫困线(Poverty line):政府使用的一种官方测量方法,将收入在特定水平以下的人界定为生活贫困。

破窗理论(Theory of broken windows):认为窗户破碎或者恶意破坏之类的无序表象与实际的犯罪水平之间存在某种关联。

普遍补助(Universal benefits):无论收入水平或经济地位如何,所有公民都可以平等享受到的福利,与资产测查补助相对。

Q

歧视(Discrimination):阻止特定群体的成员分享多数人可以获得的资源或报酬的行动。

企业犯罪(Corporate crime):社会上的大企业所犯的罪行和造成的重大伤害,包括污染、虚假广告,以及违反卫生与安全条例等。

企业家(Entrepreneur):创办或拥有一家工商企业并对相关风险与潜在获益担负个人责任的人。

企业社会责任(Corporate social responsibility):公司有责任参与基本法律要求之外的社会活动和环保活动,旨在满足消费者及公众的期望。

企业文化(Corporate culture):管理理论的一个分支,它致力于通过创造涉及公司全体成员的独特的组织文化,提高生产力和竞争力。

前台区域(Front region):一种社会活动的场景,在这里个体力图为他人进行特定的"表演"。

前运算阶段(Pre-operational stage):在皮亚杰的理论中,处于这个认知发展阶段的儿童已经充分发育,可以把握基本的逻辑思维类型。

欠发达(Underdevelopment):社会科学中使用的一个概念,用来描述遭受西方国家当下剥削及/或从前殖民的那些社会的经济状况。欠发达的发展进程意味着拥有强大权力和财富的国家积极剥削贫困而弱势的国家。

亲属关系(Kinship):通过血缘、婚姻或收养把个体联系起来的关系。亲属关系体现在婚姻和家庭中,但远远超出了它们的范围。

青年文化(Youth culture):与给定时期的青年人相联系的特定文化形式。青年文化涉及行为规范、服装惯例、语言使用及其他一些特性,其中有许多往往有别于同时代的成年文化。

青壮期(Young adulthood):介于青春期与壮年期之间的一个生命历程阶段。青壮期并不被视为一个普遍存在的生命历程阶段,但这个概念在发达社会颇为流行。

情感个体主义(Affective individualism):相信浪漫依恋是结成婚姻纽带的基础。

情境犯罪预防(Situational crime prevention):犯罪预防的一种思路,聚焦于打造不利于犯罪的环境和社区,减少人们实施犯罪的机会。这种思路乃是基于监控和目标加固的原则。

情商(Emotional intelligence):个体运用自己的情感来培养同情、自控、热情以及恒心等素质的能力。

区域传染病(Epidemic):一种在特定社区迅速扩散的传染性疾病的暴发(流行病)。

区域化(Regionalization):划分时间与空间,可以用来在地方或国内层面上为活动"分区",或者将较大范围内的社会经济生活,在大于或小于民族国家规模的层面上,划分成区域框架(settings)或分区(zone)。

去机构化(Deinstitutionalization):由政府设施照料的个体重新回到他们的家庭或基于社区的住所的过程。

去技能化(Deskilling):劳动者的技能逐渐退化或最终消失而被机器及/或管理者取代的过程。

去科层化(Debureaucratization):韦伯式科层制度作为现代社会典型组织形式的主导地位的衰落。

去商品化(Decommodification):在福利供给的语境里,指福利服务在一定程度上摆脱了市场原则。在商品化体制中,福利服务被作为商品在市场上出售。

全球变暖(Global warming):地球表面平均温度逐渐升高。尽管"温室效应"属于自然现象,但全球变暖却意味着人类活动所导致的温室效应的加剧。

全球传染病(Pandemic):根据世界卫生组织的定义,当区域传染病在世界范围内或相当广泛的地区内暴发,跨越国际边界,影响人口众多,即属于全球传染病(大流行病)。

全球地方化(Glocalization):全球化过程和地方情境的混合,往往促使地方性和区域性文化增强而非衰微。

全球化(Globalization):随着社会和经济联系延伸到世界各地,不同的人群、地区和国家之间越来越相互依赖。

全球经济不平等(Global economic inequality):世界上各个民族国家之间收入与物质性生活水准方面的不平等。有关全球经济不平等的许多研究都聚焦于发达国家与发展中国家之间的差异。

全球商品链(Global commodity chains):产生最终产品的劳动与生产过程的世界网络。

全球性城市(Global city):像伦敦、纽约或者东京等城市,它们已经成为新型全球经济的组织中心。

全球治理(Global governance):统管国际事务的各种准则与规范的框架,以及确保这套框架正常运转所需的各式制度。

全球中心式跨国公司(Geocentric transnationals):以分散在多个国家的一种国际性管理结构为特征的跨国公司。

权力(Power):权力是一个富有争议的概念。在韦伯看来,权力是个体或群体即使面对反抗也能实现其目的或增进其利益的能力。另有人认为权力是普遍渗透到所有人类关系的一种特性,既可以是破坏性的,也可以是生产性的(参看福柯)。

权威(Authority):依照马克斯·韦伯的讲法,就是一个人或群体对于另一个人或群体所享有的合法权力。权威依赖于下属接受上级有权对他们发号施令。

缺席父亲(Absent father):由于离婚或其他原因,与子女几乎没有或完全没有联系的父亲。

群体封闭(Group closure):指一个群体为自身确立明显的界限从而同其他群体隔离开来的各种手段。

群体生产(Group production):以小群体而非个体的形式组织的生产。

R

人格稳定化(Personality stabilization):根据功能主义者的观点,传统核心家庭可以为构成它的成年个体提供感情上的安定感。

人口贩卖(Human trafficking):人员被强迫跨越国境或在国家内部移动,贩卖者往往以性剥削、强制劳动、乞讨、收养或犯罪为目的。绝大多数被贩卖的人是女性、青年与孩童。

人口学/人口统计学(Demography):关于人口特征的研究,包括其规模、构成以及变化机制。

人口转变(Demographic transition):对于人口长期变迁的一种解释,认为在出生率与死亡率的比率方面会经历一系列阶段,直至经济繁荣到一定程度,实现人口稳定。

人为的气候变化(Anthropogenic climate change):完全或部分由人类活动造成的那些全球气候显著变化(主要是全球变暖)。

人为风险(Manufactured risk):人类的知识和技术对自然界的影响所造成的危险。全球变暖、转基因食品皆为例证。

人造环境(Created environment):由于应用技术而创造出的物质世界的特性,比如城市和市镇,包括公路、铁路、工厂、办公楼、私宅和其他建筑物等。

认同/身份(Identity):一个人的特征中,关系到他们是谁、什么对他们来说有意义的那些独特属性。认同的一些主要来源包括性别、性取向、国籍或族属,以及社会阶级。

认知(Cognition):人类的思维过程,包含感知、推理和记忆。

任人唯能(Meritocracy):根据个人品质或成就,而不是继承的财产或者社会背景等先赋标准,来确立社会位置的一种体制。

熔炉(Melting pot):一种移民模式,其基础在于,认为可以融合族群差异,通过丰富多彩的文化源泉铸造新模式。

入世型运动(World-affirming movement):一种宗教运动,力求通过帮助信徒释放自身潜能,提高信徒在外部世界获得成功的能力。

S

撒切尔主义(Thatcherism):同英国前首相玛格丽特·撒切尔相关的政策主张,包括给工商企业松绑,国家后撤,改革福利。

萨拉菲主义(Salafism):伊斯兰教逊尼派的一个学派,有各种分支,但都主张穆斯林的行为应当尽可能遵照先知穆罕默德去世后头三代贤者的模式。

萨满(Shaman):据信拥有特殊魔力的个体,如巫师或巫医。

三个世界模式(Three worlds model):一种旧时的模型,将世界区分为第一世界、第二世界和第三世界。属于第一世界的国家具有较高的经济发展水平,属于第二世界的是新兴经济体,而第三世界则包括南半球那些很少甚至根本没有工业发展的贫困国家。

三角测量法(Triangulation):运用多重研究方法,较之单一方法可以获得更值得信赖的经验数据。

沙漠化(Desertification):严重的土地退化,导致大面积区域出现类似沙漠的状况。

上层阶级(Upper class):大致是由社会上较为富裕的成员组成的社会阶级,尤其是那些继承财产、拥有大生意或持有大量股票和股份的人。

少数族群(Minority ethnic group):由于自身的体质或文化特征而面临歧视或不平等的处境的一群人。少数族群并不一定在数量上是少数。

社会(Society):一个结构化了的社会性和制度性关系体系。社会可能规模很小,仅有几十人;也可能非常庞大,包括几亿人。

社会变迁(Social change):社会群体或社会的基本结构的转变。社会变迁是社会生活中始终存在的一种现象,但是在现代时期变得尤为剧烈。

社会不安(Social unrest):对于现存社会的不满的一个阶段,可能触发更为聚焦的集体行为和社会运动。

社会反身性(Social reflexivity):人们愈益和持续反思自己生活的周遭环境及自己必须做出的选择。

社会分层(Social stratification):就获得物质报酬或者符号报酬的渠道而言,社会中各群体之间存在着结构性的不平等。尽管所有的社会都会有某些形式的分层,但在现代社会中,最突出的分层形式牵涉阶级分隔。

社会互动(Social interaction):个体之间任何形式的社会接触。社会互动是指人们谋面的正式与非正式情境。学校教室就是社会互动的正式情境的一个例证;而街上或派对上相遇的两个人就属于非正式互动。

社会化(Socialization):儿童培养出对于社会规范与价值观的意识并获得一种独特的自我感的社会过程。尽管社会化过程在婴儿期和儿童期格外重要,但在一定程度上是延续一生的。

社会化中介(Agencies of socialization):发生社会化过程的社会场景。例如家庭、同龄群体、学校、传媒以及工作场所都属于关键的社会化中介。

社会建构论(Social constructionism):社会学研究的一种思路,认为社会现实是诸个体或群体之间相互作用的创造物。

社会角色(Social role):占有特定社会位置的个体符合期待的行为。在每一个社会中,根据人们活动场景的变化,每个人都在扮演许多不同的社会角色。

社会结构(Social structure):个体、群体和制度/机构之间的互动模式。我们的大部分活动都是结构化的:它们以一种有规律、有重复的方式组织起来。

社会进化(Social evolution):最初由 19 世纪一些学者采用的一种理论,他们力求用取自生物学的进化学说来研究社会的长期发展。

社会老年学(Social gerontology):关于老年化和老年人的研究。

社会理论(Social theories):有关社会的理论,并不一定是从社会学内部发展出来的,往往包含对于现存社会秩序的规范性或政治性批评。

社会流动(Social mobility):个体或群体在不同的社会经济位置之间的运动。垂直流动是指在一个分层体系的等级序列中上升或下降的运动。而水平流动是个体或群体从一个区域到另一个区域的物理运动。

社会年龄(Social age):在文化上与特定的时序年龄相维系的规范、价值和角色。

社会排斥(Social exclusion):是多重剥夺的结果,使得个体或群体无法充分参与其所处社会的经济、社会和政治生活。

社会嵌入性(Social embeddedness):经济社会学的一个概念,用来指看似工具性的经济行动始终嵌入稠密的社会网络。

社会群体(Social group):彼此以系统的方式互动的个体之集合。群体的规模各异,从非常小的结合到大规模的组织或社会。但无论规模大小,群体的一个规定性特征是其成员意识到某种共享认同。

社会事实(Social facts):根据埃米尔·涂尔干的观点,它是指社会生活中塑造我们作为个体的行动的那些特性。涂尔干认为,可以科学的方式研究社会事实。

社会位置(Social position):个体在特定群体或社会中所拥有的社会身份。社会位置可以是一般性的(与性别角色有关的那些社会位置),也可以是特殊性的(职业位置)。

社会行动(Social action):主观上有意义、以他人为取向的行动。

社会学(Sociology):关于互动、人群和社会的研究,社会学是社会科学中的一门,该领域还包括人类学、经济学、政治学和人文地理学。

社会学的想象力(Sociological imagination):运用想象思维提出和解答社会学问题。社会学的想象力要求一个人"在思考的时候摆脱"他所熟悉的日常生活惯例。

社会学理论(Sociological theories):从专业社会学中发展出来的有关社会或社会特征的理论,使用科学方法,旨在避免规范性偏差。

社会约制(Social constraint):这个术语指的是,事实上,我们所处的群体和社会对于我们的行为产生了一种调节性影响。社会约制被涂尔干看作"社会事实"的特性之一。

社会运动(Social movement):通过既有政治制度领域之外的行动,增进某种共同利益或求取某种共同目标的集体努力。社会运动致力于促进或抵制社会变迁,其存在往往同目标和观点通常与己对立的组织有冲突。

社会运动的增值模型(Value-added model of social movements):尼尔·斯梅尔塞有关社会运动发展演变的阶段模型,其中前后接续的各阶段都为运动整个的发展演变"增值"。

社会再生产(Social reproduction):一个社会通过这种过程,再生产出其制度与结构的长期延续性。

社会主义的女性主义(Socialist feminism):相信女性被视为男权制资本主义社会中的二等公民,生产资料的所有制以及女性的社会体验都需要转变。

社会资本(Social capital):使人得以实现其目标并扩展其影响的社会知识与社会关系。

社会自我(Social self):根据 G. H. 米德的理论,是人类个体自我意识的基础。社会自我是指他人的反应赋予某人的身份。

身体社会学(Sociology of the body):社会学的一个分支,关注我们的身体如何受到社会作用的影响,而具身性又是如何影响个体的生活的。

身心障碍的个体模式(Individual model of disability):这种模式认为,个体的局限是身心障碍人士所经历的问题的主要原因:身体方面的"不正常"被视为导致了一定程度的"身心障碍"或功能局限。

身心障碍的社会模式(Social model of disability):这种理论将身心障碍的致因归为社会而不是个体。导致身心障碍的并非个体的局限,而是社会对身心障碍人士的充分参与设置的障碍。

身心障碍研究(Disability studies):一块研究领域,考察身心障碍人士在社会中的位置,包括其经历、历史与运动、组织等。

绅士化(Gentrification):新搬入某个地区的富裕人群重新整修衰败的老房屋的城市更新过程。

神圣(Sacred):在特定的宗教观念中激发信仰者敬畏或崇敬的态度的东西。

生产方式(Mode of production):在马克思主义学说里,指一个社会基于其主导性的社会经济体制,比如资本主义、封建主义或社会主义,所具有的构成性特征。

生产资料(Means of production):在一个社会中进行物质资料生产的方式,不仅包括技术,而且包括生产者之间的社会关系。

生活方式选择(Lifestyle choices):个体就其商品、服务和文化方面的消费做出的决定。许多社会学家将生活方式选择看作阶级位置的重要反映。

生活史(Life histories):对于个体总体生活的研究,常常基于自述和信件、日记等文献。

生活世界(Lifeworld):属于例行常规的生活经验的日常世界。这是阿尔弗雷德·舒茨提出的一个概念,构筑了现象学社会学的基本研究主题。

生命历程(Life course):人在其一生中所经历的各种转变。这类转变随着历史和文化的不同而有相当差异,因此,生命历程既在生物维度上,也在社会维度上受到塑造(与生命周期相对)。

生命周期(Life cycle):一种常识观点,认为所有人都会经历从出生到死亡的同样一系列生物阶段(与生命历程相对)。

生态公民权(Ecological citizenship):公民权相对晚近的一种延伸,包括人们对于自然环境或"自然"的权利与责任。

生态现代化(Ecological modernization):结合环境保护的经济发展。生态现代化的支持者主张,经济成长与生态保护并非不相容。

生态效益(Eco-efficiency):既能促进经济增长又对自然环境损耗最小的技术的发展。

生物多样性(Biodiversity):构成行星地球的生命物种的多样性。

生物医学模式(Biomedical model):它是一组支持西医体系和实践的原理。生物医学依照被承认的症状的呈现,客观地确定疾病,并基于科学的原则治疗疾病。

生育力(Fecundity):对于一位女性从生物机理上说可能生育的子女数量的测量指标。

生育率(Fertility):特定社会中育龄妇女活产子女平均数。

生殖技术(Reproductive technology):干预人类生育过程的技术。

剩余价值(Surplus value):在马克思主义理论中,是指雇主付清成本(包括雇用劳动者)之后,个体劳动力"剩存"下来的价值。

失范(Anomie):"缺乏规范的状态",或社会规范的缺失。涂尔干使用这个概念来描述社会剧变所引发的茫然感和绝望感,这种绝望的感觉会导致既有规范的控制松弛。

失业(Unemployment):指不处在正式有薪就业之中。失业率测量的是那些"经济活跃",也有能力工作,却找不到有薪工作的人的比例。"没有工作"的人并不一定属于失业。比如家庭主妇,虽然没有薪酬,但通常辛苦劳作。

实验(Experiment):一种研究方法,在研究者建构的人工情境中,或是在自然发生的框架下,以系统性的有控制的方式检验假设。

实证主义(Positivism):在社会学里,指对社会世界的研究应该根据自然科学的原则来进行的观点。社会学的实证主义思路主张,客观知识可以通过细致观察、比较和实验获得。

世代(Generation):出生并生活在同一时期的个体之整体。世代诞生于特定的社会,其经历也受该社会的塑造。

世界体系理论(World-systems theory):由伊曼纽尔·沃勒斯坦开创的这种理论,强调国与国之间基于资本主义世界经济扩张的相互联系。世界体系包括核心国家、半边陲国家和边陲国家。

世界主义的/普世主义的(Cosmopolitan):该术语用来描绘不再囿于以民族国家为基础的思维方式,趋向将人类世界作为单一共同体来分析。

世俗化(Secularization):宗教在社会中的影响逐渐衰落的过程。世俗化可以指参与宗教组织的程度,宗教组织具有的社会影响力与物质影响力,以及人们持有宗教信仰的程度。

市场导向理论(Market-oriented theories):关于经济发展的理论,假定如果个体能够自由地做出自己的经济决策,不受政府约束的限制,就有可能获得最佳的经济结果。

事实性问题(Factual questions):引出事实性议题而不是理论性或道德性议题的问题。

试点研究(Pilot studies):在调查研究中进行的先期尝试。

受害研究(Victimization studies):这种调查研究旨在揭示一定时期内受到犯罪侵害的人口比例。受害者调查试图通过直接关注人们实际的受害经历,补充"未报案的隐性数据"。

受强调的女性特质(Emphasized femininity):在 R. W. 康奈尔的著述中,受强调的女性特质是霸权式男性特质的一个重要补充,因为它倾向于适应男性的兴趣和需要。传媒中有关女性的许多表征都体现了受强调的女性特质。

狩猎—采集社会(Hunting and gathering societies):以打猎、捕鱼和采集可食植物为生存方式的社会。

双边的(Bilateral):"两方都有的",用来描述两方之间的政治协商。

双核家庭(Binuclear families):一种家庭结构,即某个孩子的父母在分开后各有其家,但仍然共同负责抚养孩子。

双性的(Bisexual):对男女两性都会产生性趣或情感的取向。

水平流动(Lateral mobility):个体从国家的某地移动到另一地或者是跨国的运动。

顺世型运动(World-accommodating movements):一种宗教运动,强调内在的宗教生活及精神的纯洁比世俗的关怀更重要。

顺性别者(Cisgender):这个术语所指称的那些人,其性别认同与/或性别展演符合出生时被指定的性别,或符合有关男性特质与女性特质的主导规范。

死亡率(Mortality):一个社会中的死亡比率,通常表述为每千人中的死亡数。

死刑(Capital punishment):是一种针对所犯罪行值得以剥夺生命作为惩罚手段的人的刑罚,得到国家的许可。通常被称为"处死"。

随机抽样(Random sampling):一种保证总体中全体成员都有同样的被选可能性的抽样方法。

T

塔利班(Taliban):一个伊斯兰军事组织。1996 年塔利班控制了阿富汗,并建立了一个伊斯兰政府,推行严苛的行为守则。在允许设立"基地"组织恐怖分子训练营后,2001 年,被以美国为首的国际联盟所推翻。

泰勒制(Taylorism):由弗雷德里克・温斯洛・泰勒提出的一套观念,也被称作"科学管理"。根据这套观念,通过将工业生产任务分解为一系列简单操作,可以精确测时,实现优化配合,从而大大提高生产率。

弹性生产(Flexible production):借助计算机设计面向大众市场的定制产品的过程。

替代医疗(Alternative medicine):存在于正统的生物医学操作之外的形形色色的疗法,往往对健康与疾病采取一种整体思路。

同化(Assimilation):是指一个少数群体被多数人口接纳。在此过程中,少数群体接受了主导文化的价值观念和规范。

同居(Cohabitation):两个人没有结婚就生活在一起,维持某种相对持久的性关系。

同期群(Cohort):一群人分享特定时期里的共同经历,通常体现为“出生同期群”,即同一年或前后几年出生的人。

同龄群体(Peer group):由年龄和社会地位相仿的个体组成的朋友群体。

同性恋(Homosexuality):在性活动或性情感上倾向于同性。

同性恋的男性特质(Homosexual masculinity):根据康奈尔的讲法,即与同性恋男性相维系的男性特质形式,被污名化,定位于男性的社会性别等级秩序的底层。

图腾崇拜(Totemism):一种将神圣属性归于特定类型的动物或植物的宗教信仰体系。

土壤退化(Soil degradation):由过度使用、干旱或施肥不当等导致地土质量恶化、有价值的天然成分流失的过程。

团结(Solidarity):涂尔干眼中促成社会结合的内部力量,可以分为“机械”形式和“有机”形式。

推拉因素(Push and pull factors):在有关全球移民的早期研究中,人们认为会影响移民模式的内部力量和外部力量。“推动因素”指原籍国的推动力,例如失业、战争、饥荒或者政治迫害。而“拉动因素”是指目的国的特性,例如兴旺的劳动力市场、较低的人口密度以及较高的生活水准。

退隐理论(Disengagement theory):一种功能主义的老年化学说,认为当人们步入老年,便移除其传统角色,就此将角色转移给别人,这对一个社会来说是发挥功能的。

W

外包外购(Outsourcing):公司将从前内部执行的劳动任务通过合同外包出去,从生产某个产品的某一部件之类的简单任务,到整个部门的业务。

外部风险(External risk):指那些源于自然世界且与人类行动没有联系的危险,比如旱灾、地震、饥荒或者风暴。

万物有灵论(Animism):认为世间万物都受神灵的活动驱使的一种信仰。

网络(Network):将人们联结起来的一系列非正式和正式的社会纽带。

网络霸凌(Cyberbullying):通过数字技术,包括社交媒体、聊天室、电子邮件和短信等,对人们进行定位、骚扰和威胁。

网络犯罪(Cybercrime):借助电子网络或者应用新型信息技术进行的犯罪活动。网络犯罪类型包括电子洗钱、盗窃个人身份、电子黑客等。

网络空间(Cyberspace):处在不同计算机终端的个体之间进行互动的电子网络,在跨越空间和地域界限的层面上将人们联系起来。

网络礼仪(Netiquette):萌生未久的一套建议、准则和规范,用于统管线上沟通,尤其是电子邮件和社交网站上的交流。

威权制国家(Authoritarian states):一种视国家的需要和利益优先于普通公民的需要和利益的政治制度,严格限制乃至拒绝民众参与政治事务。

微观社会学(Microsociology):有关面对面互动情境中的人类行为的研究。

危害学(Zemiology):在犯罪学中,研究社会危害的各种起因,而不只是犯罪和犯罪行为造成的那些危害本身。

唯物史观(Materialist conception of history):马克思提出的观点,根据这种史观,“物质”因素或者说经济因素在决定历史变迁中起到首要作用。

温室效应(Greenhouse effect):在地球大气中吸收热量的气体的积聚。“自然”产生的温室效应能使地球的温度保持在适宜的水平上,但是人类活动导致的高密度温室气体的增加则与全球快速变暖有关联。

文化(Culture):一个统合一体的社会群体所特有的价值观、规范、习惯和生活方式。

文化多元主义(Cultural pluralism):在某一社会中众多文化共存。

文化再生产(Cultural reproduction):文化价值观和规范的代际传递。文化再生产指的是使文化经验在不同时期保持延续性的机制。

文化资本(Cultural capital):那些能赋予获得者好处的知识、技能与教育类型。文化资本可以是具身化的(言谈举止等形式)、客观化的(艺术品之类的文化产品)或制度化的(教育资格证书)。

文明化进程(Civilizing process):诺贝特·埃利亚斯的著述中有关社会变迁的一套理论,将欧洲民族国家的形成联系到社会的和平化,个体内化的情感控制的变化,以及有关礼仪的社会准则的改变。

问卷调查(Survey):社会学研究的一种方法,通常包括把问卷分发给被研究的人群,对他们的回答进行统计分析,并从中找到模式或规律。

污名(Stigma):任何被认为具有贬损意义的生理特征或社会特征。

无产阶级(Proletariat):在卡尔·马克思看来,资本主义体制下的工人阶级就是无产阶级。

无家可归者(Homeless people):这类人没有任何固定居所,不在家人和好友那里过夜,由国家提供临时居处,抑或睡在免费的栖身之处或公共场所。无家可归者中有一小部分属于“露宿街头者”。

无焦点的互动(Unfocused interaction):在同一环境中的人们之间发生的互动,但他们并不进行直接的面对面沟通。

X

先赋地位(Ascribed status):基于种族、性别或年龄之类生物因素的社会地位。

先知(Prophets):通过解释圣籍文本来动员信徒的宗教领袖。

显功能(Manifest function):参与某类社会活动的个体知晓并意欲的此类活动的功能。

现代化理论(Modernization theory):一种市场导向的发展理论,主张低收入的社会只有采纳现代经济制度、技术,以及注重储蓄和生产性投资的文化价值观念,才能取得经济上的发展。

现代奴隶制(Modern slavery):当代世界中常见的各种类似奴隶制的实践形式,包括性贩卖、强制家内劳动、强迫婚姻和债务抵押。

现代性(Modernity):18 世纪中叶欧洲启蒙运动之后的一段时期,其特点是世俗化、理性化、民主化、个体主义的融合以及科学思维的兴起。

现象学(Phenomenology):一种社会学视角,聚焦于理解被视为理所当然的社会世界如何在个体层面上有各式各样的体验。

相对剥夺(Relative deprivation):人们对于剥夺的主观感受并非绝对的,而是与他们比照其他人对自身做出的评估有关。

相对贫困(Relative poverty):参照特定社会中的总体生活标准而界定的贫困。

相关(Correlation):通常从统计角度来表达的两个维度或变量之间的规律关系。相关可以是正的,也可以是负的。当一个变量的增加有规律地伴随着另一个变量的增加,两个变量之间就存在正相关。反之,当一个变量的增加有规律地伴随着另一个变量的减少,就存在负相关。

相关系数(Correlation coefficient):对两个变量的相关程度的一种量度。

汇流之爱(Confluent love):积极主动、偶遇而生的爱,与浪漫之爱的“永恒”性相对而论。

消费社会(Consumer society):这种社会类型提倡对于大规模生产的产品的消费,在一定程度上借助了消费主义这一意识形态,意味着大众消费的增加能造福所有人。

协助死亡(Assisted dying):相关运动的积极分子所致力于推动的一种选择方案,允许(符合特定标准的)身患绝症者采用预先确定的终结生命的医疗手段。

新儿童社会学(New sociology of childhood):晚近出现的一种范式,源于这样的预设,即儿童期是一种社会建构,不同社会各见其异。

新犯罪学(New criminology):20 世纪 70 年代的“新犯罪学家”主张,只有结合社会中的权力和不平等的背景,才能理解犯罪和越轨行为。因此,犯罪往往带有政治性质。

新工党(New Labour):指 20 世纪 90 年代中期改革后的英国工党,改革废除了第四条款,该条款声明工党奉行社会主义和产业公有制政策。

新纪元运动(New Age movement):指称形形色色趋向内心灵修的信仰和实践,包括异教信仰、东方神秘主义、萨满教、替代治疗形式以及占星术等。

新居制(Neo-local residence):子女结婚或成年,在经济上变得自主活跃时,就分家创立新户。

新媒体(New media):所有基于数字技术和数字化的媒体形式,包括移动电话和智能手机、互联网、数字电视、电台和电子游戏。

新兴社会运动(New social movements, NSMs):20 世纪六七十年代在西方社会兴起的一系列社会运动,包括学生运动、第二波女性主义运动、环保运动、反核运动以及“反全球化”示威等。新兴社会运动展示了新的社会议题、松散的组织形式、新的中产阶级基础,以及非暴力的行动剧目。

新兴宗教运动(New religious movements, NRMs):形形色色与主流宗教并存的宗教与灵修群体、膜拜团体与教派。

新移民(New migration):这个术语被用来指称柏林墙倒塌和冷战结束以后欧洲移民模式的变化,这些事件改变了传统的“原籍国”和“目的国”之间的动态关系。

新种族主义(New racism):基于据认为的文化差异或宗教差异而不是生物差异的种族主义观点,也称作文化种族主义(cultural racism)。

新自由主义(Neo-liberalism):一种经济信念,认为如果政府尽量减少对于工商企业的限制,自由市场的力量将成为经济成长的唯一途径。

信贷紧缩(Credit crunch):在 2008 年创造出来的这个术语,描述的是由于美国及其他地方史无前例的抵押贷款违约,全球经济中信贷可用性和货币出现严重短缺。

信息技术(Information technology):基于处理和获取信息的微电子系统的技术形式。

信息贫困(Information poverty):“信息穷人”是指很少乃至没有机会接触计算机之类信息技术的人。

信息社会(Information society):这样一个社会不再主要基于物质产品的生产,而是基于知识的生产;与信息技术的兴起密切相关。

形式运算阶段(Formal operational stage):根据皮亚杰的讲法,在认知发展的这个阶段,正在成长的儿童开始有能力处理抽象概念和假设情境。

型构(Figurations):在型构社会学中,不可避免处于互赖状态的人交织形成的社会模式。

型构社会学(Figurational sociology):一种理论视角,源于诺贝特·埃利亚斯的著述,抛弃了哲学性的思考方式,主张社会学是一门独特的学科,研究人们及其彼此形成的互赖关系。

性(Sex):界定男性和女性的身体结构差异。社会学家常常将性和性别做对照,后者是习得的。

性别(Gender):社会对两性成员的恰当行为的期望,通常被称为男性特质和女性特质。

性别不平等(Gender inequality):在群体、集合体和社会中,女性和男性在地位、权力和声望等方面的差异。

性别关系(Gender relations):男性与女性之间社会模式化的互动。

性别角色(Gender roles):赋予男女两性的社会角色,被标定为带有男性特质和带有女性特质。

性别社会化(Gender socialization):在社会化历程中,个体通过一些过程发展出不同的性别特征。

性别体制(Gender regime):学校、家庭、住区等特定框架内的性别关系的构形。

性别秩序(Gender order):与 R. W. 康奈尔的著述相联系的一个术语,指的是社会中存在的男性特质与女性特质之间的结构化权力关系。

性工作(Sex work):涉及在达到性同意年龄的成人之间的金钱交易中提供性服务的所有劳动形式。

性取向(Sexual orientation):某人对于性魅力或浪漫魅力的倾向。

性骚扰(Sexual harassment):一个人针对另一个人的非后者所愿的性挑逗、言论或行为,即使此类举止明显不受欢迎,前者却仍坚持进行。

性相(Sexuality):泛指人类的性特征以及性活动的一个术语。

虚拟社区(Virtual community):基于互联网的群体,依靠长期的公共讨论,容纳充分的人类情感,以构筑网络空间的人际关系。

蓄意破坏互动(Interactional vandalism):蓄意打破谈话的默含规则。

学校教育(Schooling):一种正式的教学过程,通常在专门化的组织环境即学校中进行。学校教育通过指定的课程体系,传承技能与知识。

血汗工厂(Sweatshop):对于工厂或工场的负面指称,其中的雇工工时长、报酬低、劳动条件差。

寻求庇护者(Asylum-seeker):由于担心在祖国遭到宗教或政治迫害而向外国申请庇护的人。

寻找替罪羊(Scapegoating):将自己感受到的整体上源于社会经济变迁的不好的事情归咎于某个个体或社会群体。

Y

亚文化(Subculture):人口中某一部分以其文化模式有别于更大范围的社会。

研究方法(Research methods):用以搜集经验性(事实性)信息来进行考察的各种方法。社会学中使用许多研究方法,目前有采用“混合方法”的趋势。

样式(Genre):在传媒研究中表示传媒产品或文化项目的一种独特类型,例如在电视业中,包括肥皂剧、喜剧、新闻节目、体育和戏剧等。

一夫多妻制(Polygyny):一种婚姻形式,其中的男性可以同时拥有不止一个妻子。

一妻多夫制(Polyandry):一种婚姻形式,其中的女性可以同时拥有两个或多个丈夫。

一神教(Monotheism):只信仰一个神。

一手材料(Primary source):在研究者致力于研究期间最初产出的任何材料(与二手材料相对而言)。

医学凝视(Medical gaze):在现代医学中,医学专家在观察和治疗病人时采取的超然与价值无涉的路数。

医疗化(Medicalization):儿童多动之类的“正常的”行为被界定为医学病况并加以治疗的过程。

医源病(Iatrogenesis):即“医师导致的疾病”。伊凡·伊利奇分出了临床性、社会性和文化性三种形式。临床性医源病指人们因为接受医学治疗而染病。当医学愈益强大而取得支配地位,削弱了普通人的技能,使后者依赖医学专业人员,就会出现社会性医源病和文化性医源病。

依附理论(Dependency theory):源于马克思主义的经济发展理论,认为低收入国家的贫困的直接起因就在于受到富裕国家及以富裕国家为母国的跨国公司的剥削。

依赖文化(Dependency culture):由查尔斯·默里推广的一个术语,用来描述对于福利补贴的依赖如何侵蚀了个体自谋生路的能力。

仪式(Rituals):一个群体或共同体的成员定期参与的正式化的行为形式。宗教是举行仪式的主要背景之一。但是仪式行为的范围还扩展到其他许多生活领域。

移出(Emigration):为了到另一个国家定居,人们从一个国家迁出的运动(移民出境)。

移入(Immigration):人们进入另一个国家以求定居的运动(移民入境)。

移置(Displacement):观念或感情从其真正的起源转移到另一个对象上。

异化(Alienation):感觉到我们正逐渐丧失对于自己作为人类所具有的能力的控制。卡尔·马克思看到了资本主义体制下的异化,认为劳动者丧失了对其劳动任务、对其劳动产品、对其他劳动者、对他们的本质“类存在”的控制。

异性恋(Heterosexuality):在性活动或性情感上倾向于异性。

异性恋规范(Heteronormativity):在一个社会中有一套支配性的预设与态度,认为存在两种性别(男性与女性),异性恋是“正常”规范。

意识形态(Ideology):旨在为支配群体的利益提供正当化论证的共享观念或信仰。

意外后果(Unintended consequences):人、组织和政府的有意行动导致的未曾预料的结果,尤其是那些有悖相关行动者原初目标的结果。

因变量(Dependent variable):受另一个变量或因素(自变量)的因果性影响的一种变量或者因素。

因果/因果机制(Causation):一种因素对另一种因素的因果性影响。社会学上的因果性因素除了影响个体行为的外部力量,还包括个体就其行动给出的理由。

因果关系(Causal relationship):指一种事态(果)是由另一事态(因)引起的这种关系。

隐性功能(Latent functions):社会系统所产生的其成员并不想要或并未认识到的功能后果。

隐性课程(Hidden curriculum):在学校中不经由正式课程而习得的行为或态度特质。隐性课程属于“未予明言的议程”,比如传递性别差异的特性。

印象管理(Impression management):人们试图通过有选择的隐藏或表露来“管理”或控制他人对自己的印象。

婴儿死亡率(Infant mortality rate):每千例活产儿中,在出生第一年死亡的婴儿数。

应用性社会研究(Applied social research):研究的目的不仅在于理解或说明社会问题,而且致力于解决这些问题。

优生学(Eugenics):通过选择性生育方法来增进人种健康的尝试。

游牧社会(Pastoral societies):这类社会以饲养家畜维持生计,并常常需要根据季节变迁而迁移。

有机团结(Organic solidarity):根据埃米尔·涂尔干的观点,当一个社会的各个部分整合为一体而发挥功能,尤其是通过扩大的劳动分工来实现这一点,就会促成这种社会结合形式。

有焦点的互动(Focused interaction):参与共同活动或直接交谈的个体之间的互动。

有礼貌的不关注(Civil inattention):处于同一现实场景中的个体,借此过程向他人表明已经注意到对方的存在,但并不相互威胁或过分友善。

有神论(Theism):对于一神或多神的信仰。

有限符码(Restricted code):以高度发达的文化理解为基础的一种言说模式,使得许多观念并不需要也确实没有用语词来表达。

有组织犯罪(Organized crime):某些类似于正经生意却属于非法的活动类型,包括贩卖人口、非法赌博、毒品交易、卖淫、大规模盗窃和收保护费。

右派现实主义(Right realism):在犯罪学中,右派现实主义将人们意识到的犯罪和越轨行为的激增联系到个体责任的衰微和道德堕落。右派现实主义者认为,犯罪和越轨是一种个体病态,是个体由于自私、缺乏自控和道德感而主动选择并实施的一系列破坏性的违法行为。

预防原则(Precautionary principle):一种假设,认为只要对可能出现的风险有足够的怀疑,那么最好是保持现状而不是改变之。

预期寿命(Life expectancy):人们可以预期存活的平均时间长度(年数)。具体而言,假设某新生儿出生时的通行死亡模式在其一生中保持不变,其预期能够存活的年数。

元叙事(Metanarratives):有关社会运行和社会变迁性质的总体性的宏大理论或信念。

原教旨主义(Fundamentalism):一种回归经籍原文字意的宗教信仰,也用来描述基于这种信仰的运动。[1]

约制(Sanction):某种奖赏或惩罚,可以强化社会所期望的行为形式。

越轨(Deviance):不遵从一个群体或社会中的大部分成员所接受的规范或价值观的行动。对于何谓"越轨",各个社会的定义各有差别。

越轨放大(Deviancy amplification):当某种控制行为无意中激发了更多的(放大了)越轨行为时的后果。

越轨社会学(Sociology of deviance):社会学的一门分支,致力于研究越轨行为,以理解为何有些行为被确定为越轨。

越轨亚文化(Deviant subculture):其成员在价值观念上迥异于社会中大多数人的一种亚文化。

云计算(Cloud computing):经由储存、管理和处理数据的远程数据中心而不是个别设备,使用互联网上的某种服务。

Z

战争(War):至少两股有组织的武装力量之间的冲突,它们主要借助杀戮对立武装的成员,力求摧毁对方的力量,尤其是抵抗的意志。

正式关系(Formal relations):群体和组织中按照"官方的"权威体系的规范或准则建立起来的关系。

政党(Political party):某种组织,旨在通过选举赢得政府权力,并使用这种权力来落实特定规划。

政府/治理(Government):我们可以将"government"视作一个过程(治理),或者是视作官员监督其政策

① 在基督教中译作基要主义。——译者注

实施的政治权威(政府)。在大多数现代社会中,政治当局经由选举产生,其官员是基于专长和资历而被任命的。

政治(Politics):通过运用或抵抗权力来影响政府活动的性质和内容的手段。“政治的”领域既包括政府的活动,也包括社会运动及其他群体的活动。

政治经济学(Political economy):研究政府的政治制度与经济体系如何相互影响。

知识经济(Knowledge economy):一个社会不再主要以物质产品生产为基础,而是以大学和研究机构里的知识生产为基础,后者又应用于实际生产。

知识社会(Knowledge society):信息社会的另一个常用术语,指一个社会以知识和信息的生产和消费为基础。

知识社会学(Sociology of knowledge):社会学的一门分支,研究人类知识及其源出和发展的社会背景之间的关系。

职业(Occupation):个体以常规方式参加劳动并获得某种薪酬的就业形式。

职业性别隔离(Occupational gender segregation):根据对分别适合“男性”和“女性”的工作的通行理解,将男性与女性汇聚于不同类型的劳动岗位上的方式。

直接行动(Direct action):一种政治行动形式,与新兴社会运动相联系,其中的活跃分子在所争论议题的实际现场实施抗议,比如,气候变迁问题的活跃分子不是在议会里进行游说,而是把自己绑到停在跑道上的飞机上。

殖民主义(Colonialism):西方国家在世界上远离其母国界域的地方确立其统治的过程。

制度性种族主义(Institutional racism):组织在集体层面上未能向某些人提供服务,只因为这些人的肤色、文化或族群背景。这可能涉及一系列过程、态度和行为,可以是有意或无意地形成偏见、忽视、草率和种族主义刻板印象,使少数族群处于不利境况。

制度资本主义(Institutional capitalism):基于制度性股权而组织起来的资本主义企业。

质量管理小组(Quality circle, QC):工业化群体生产类型,其中的工人运用自己的专业技能积极参与决策。

质性研究方法(Qualitative research methods):搜集细节丰富的素材、旨在更好地理解所研究的社会现象的方法。

智力(Intelligence):思维能力的水平,尤其以智商(智力商数)测验来测量。

智商(IQ):“智力商数”(intelligence quotient)的简称,就是在包括概念性问题和计算性问题的测验中获得的分数。

中产阶级(Middle class):从事专业性、管理性以及行政性职业的各色人群,具备相关的规范、价值观与生活方式。

中观层面(Meso level):微观与宏观之间的一层社会现实。往往被认为包括家庭、群体与组织。

中位数(Median):居于一系列数值的中间位置的数值,系计算集中趋势的方法之一,有时比计算均数更有效。

终身学习(Lifelong learning):这种观点认为,知识的学习和技能的掌握不仅存在于正规义务教育体系中,而且应该贯穿个体一生的各个阶段。成人继续教育计划、在职培训、基于互联网的学习机会和以社区为基础的“学习银行”,都是人们进行终身学习的方式。

钟表时间(Clock time):用钟表计量的时间,即用时、分或秒来估算的时间,而不是根据日升日落来测量。

种姓制(Caste):使一个人的社会位置在其出生伊始就固定下来且不可变易的一种分层形式。印度的种姓体制确立的历史最为长久。

种族(Race):在生物性确定特征之基础上确立的一组社会关系,使个体和群体得以定位并被赋予各种品性或能力。

种族隔离(Apartheid):1948—1994 年在南非建立的一种官方的种族分离制度。

种族化(Racialization):按照对于“种族”的理解,对个体或者群体进行分类的过程,以有利于某些而不利于另一些个体或群体。

种族灭绝(Genocide):有计划地系统毁灭一个种族群体、政治群体或者文化群体的努力。

种族主义(Racism):对共同具有某些生理遗传特征——往往是肤色——的人群进行优等和劣等的属性划分。种族主义观念确立于西方殖民扩张时期,但也有赖于其他许多人类社会中常见的偏见与歧视的机制。

众数(Mode):在给定的一组数据中出现频率最高的数,它有时是描述集中趋势的一种有效方法。

主导地位(Master status):通常优于其他社会地位指标且决定个体在社会中的总体位置的一个或几个地位。

主权(Sovereignty):一个君主、领袖或政府对具有明确边界的一块领域享有至高权力的资格。

专业服务与公务人员阶级(Service class):约翰·H. 戈德索普所使用的一个术语,用来描述那些受雇是基于服务规则而不是劳动契约的人,其劳动也因此包含高度的信任与自主。专业服务与公务人员阶级指的是专业人员、高级行政人员和高级管理雇员。

转基因生物(Genetically modified organisms):指通过操纵构成植物或作物的基因而生产出来的植物或作物。

转世(Reincarnation):灵魂借由另一个身体或形式重生。这种信念最常与印度教徒和佛教徒相关。

传记研究(Biographical research):以个体生命或生活史为焦点的研究。口述史、生活故事、自传与传记都属此列。

壮年期(Mature adulthood):在现代社会,这是个体生命中从三四十岁到退休年龄之间的一段时期,其典型特征是正式就业和成家生子。

资本家(Capitalists):那些拥有公司、土地、股票和股份等生产资料,并用它们来产出经济回报的人。

资本主义(Capitalism):建立在追逐利润和市场交换之基础上的经济体制。“资本”指的是包括货币、财产和机器等在内的任何形式的资产。它可以用来生产销售的商品,或投资于市场,都是为了获取一定利润。

资产测查补助(Means-tested benefits):这类福利服务只适用于某些公民,获取服务的资格标准不仅基于需要,而且基于收入和积蓄水平。

资产阶级化命题(Embourgeoisement thesis):中产阶级的生活欲求与生活方式逐渐在工人阶级中制度化的过程。

资料来源(Source):一份文献、出版物中的一段行文或其他信息。

资源配置(Resource allocation):不同的社会资源和物质资源如何在各社会群体或者其他社会元素之间分享和利用。

资源动员理论(Resource mobilization theory, RMT):社会运动研究中的一种美国思路,始于这样的预设,即运动要想成功,就需要有资源。这个理论的基础就在于研究运动如何在竞争性场域中募集资源。

自变量(Independent variable):对另一个变量或因素(因变量)产生因果性影响的变量或因素。

自动化(Automation):由机器监视并控制的生产过程,人的监督管理被减至最低限度。

自然(Nature):如今通常被视为由动物植物、大地海洋组成的非人类环境。

自然的社会化(Socialization of nature):我们通过这一过程,对被视为“自然”的现象比如生育实施控制。

自我认同(Self-identity):实现自我的发展和确定个人的身份,从而形成一种关于自身的独特感觉的持续过程。

自我意识(Self-consciousness):觉察到某人独特的社会身份,即自己是一个不同于他人的人。自我意识并不是与生俱来的,人们通过早期社会化获得了对于自我的觉知。

自我中心性(Egocentric):自我中心性思维就是仅仅从幼儿自身的位置出发来理解环境中的客体和事件。

自由民主制(Liberal democracy):以议会制度为基础的一种民主制度,并在经济生产领域同自由市场体系相配合。

自由主义的女性主义(Liberal feminism):女性主义理论的一种形式,认为导致性别不平等的是成年与未成年女性享有平等权利的渠道减少。自由主义女性主义寻求通过立法变革来解决问题。

自致地位(Achieved status):基于个体努力而不是生物因素所指定的属性而获得的社会地位,退伍军人、研究生或医生等皆属此类。

宗教(Religion):由一个共同体的成员所追随的一套信仰,包括令人畏惧或惊叹的象征符号,伴之以仪轨。

宗教经济(Religious economy):一种理论框架,主张宗教可以被有效地理解为彼此竞夺资源和信徒的组织。

宗派(Denomination):失去其奋兴动力的宗教派别,已经成为一个制度化的团体,要求数量可观的追随者遵从。

总和生育率(Total fertility rate, TFR):几个国际机构使用的测量手段,以预测人口趋势。它指的是,如果现有出生率维持不变,一名妇女在整个育龄期间生育的平均数。

总体(Population):在社会研究语境下,指作为研究调查对象的人群。

总体性制度/机构(Total institutions):由欧文·戈夫曼推广的一个术语,指的是诸如收容所、监狱、修道院之类的机构。这些机构强加给其居住者一套强力管制的生活体制,完全独立于外部世界。

族类(Ethnie):安东尼·史密斯使用的一个术语,用来描述共享有关共同祖先、共同文化认同以及同特定家园相联系的观念的一个群体。

族内婚(Endogamy):禁止与某人所属社会群体之外的人通婚或发生性关系。

族群清洗(Ethnic cleansing):通过大量驱逐其他族群人口而人为创造族群同质区域。

族属(Ethnicity):与“血统和文化差异”相关联的某种社会认同形式,在特定的社会背景下会很有效或很活跃。

族群中心主义(Ethnocentrism):根据自己文化的观念或实践理解另一种文化的观念或实践。族群中心主义会基于与宿主文化的比较,对其他文化做出负面判断。

组织(Organization):权威关系确定、宗旨明确、目标清晰的一大群个体。组织的发展与科层制的趋势之间有着十分紧密的联系。

左派现实主义(Left Realism):犯罪学的一支,20 世纪 80 年代由利和扬的著述所推广,注重研究犯罪的受害者,吁求一种社会主义犯罪学研究,介入犯罪控制和社会政策的议题。

参考文献

Abbott, D. (2001) 'The Death of Class?', *Sociology Review*, 11 (November).

Abbott, P., Wallace, C., and Tyler, M. (2005) *An Introduction to Sociology: Feminist Perspectives* (3rd edn, London: Routledge).

Abeles, R., and Riley, M. W. (1987) 'Longevity, Social Structure and Cognitive Aging', in C. Schooler and K. W. Schaie (eds), *Cognitive Functioning and Social Structure Over the Lifecourse* (Norwood, NJ: Ablex).

Abrahamson, M. (2014) *Urban Sociology: A Global Introduction* (New York: Cambridge University Press).

Acharya, A. (2014) *The End of American World Order* (Cambridge: Polity).

Acheson, D. (1998) *Independent Inquiry into Inequalities in Health* (London: HMSO).

Acker, J. (1989) 'Making Gender Visible', in R. A. Wallace (ed.), *Feminism and Sociological Theory* (London: Sage): 65–81.

Adorno, T. (1976 [1950]) *Introduction to the Sociology of Music* (New York: Seabury Press).

Agyeman, J., Bullard, R. D., and Evans, B. (2003) *Just Sustainabilities: Development in an Unequal World* (London: Earthscan).

Ahmed, A. S., and Donnan, H. (1994) 'Islam in the Age of Postmodernity', in A. S. Ahmed and D. Hastings (eds), *Islam, Globalization and Postmodernity* (London: Routledge).

Akintoye, S. (1976) *Emergent African States: Topics in Twentieth Century African History* (London: Longman).

Al Jazeera (2015) 'Libya: A Tale of Two Governments', www.aljazeera.com/news/2015/04/libya-tale-governments-150404075631141.html.

Alanen, L. (2015) 'Are We All Constructionists Now?', *Childhood*, 22(2): 149–153.

Alatas, S. F. (2006) 'Ibn Khaldun and Contemporary Sociology', *International Sociology*, 21(6): 782–795.

Albrow, M. (1997) *The Global Age: State and Society Beyond Modernity* (Stanford, CA: Stanford University Press).

Aldridge, A. (2007) *Religion in the Contemporary World: A Sociological Introduction* (2nd edn, Cambridge: Polity).

Aldridge, H., Kenway, P., and Born, T. B. (2015) *What Happened to Poverty under the Coalition?* (London: New Policy Institute); http://npi.org.uk/files/5214/3031/5186/What_happened_to_poverty_under_ the_Coalition_FINAL.pdf.

Alexander, J. C. (1985) *Neofunctionalism* (London: Routledge).

Alexander, J. C. (ed.) (1997) *Neofunctionalism and After: Collected Readings* (Oxford: Blackwell).

Alexander, Z. (1999) *The Department of Health Study of Black, Asian and Ethnic Minority Issues* (London: Department of Health).

Alway, J. (1995) 'The Trouble with Gender: Tales of the Still-Missing Feminist Revolution in Sociological Theory', *Sociological Theory*, 13(3): 209–228.

Alwin, D. F., McCammon, R. J., and Hofer, S. M.(2006) 'Studying the Baby Boom Cohorts within a Demographic and Developmental Context: Conceptual and Methodological Issues', in S. K. Whitbourne and S. L. Willis (eds), *The Baby Boomers Grow Up: Contemporary Perspectives on Midlife* (Mahwah, NJ: Lawrence Erlbaum): 45–71.

American Psychological Association (2010) *Report of the APA Taskforce on the Sexualization of Girls*, www.apa.org/pi/women/programs/girls/report-full.pdf.

Amin, A. (ed.) (1994) *Post-Fordism: A Reader* (Oxford: Blackwell).

Amin, A., and Thrift, N. (2002) *Cities: Reimagining the Urban* (Cambridge: Polity).

Amsden, A. H. (1989) *Asia's Next Giant: South Korea and Late Industrialization* (New York: Oxford University Press).

Amsden, A. H., Kochanowicz, J., and Taylor, L. (1994) *The Market Meets its Match: Restructuring the Economies of Eastern Europe* (Cambridge, MA: Harvard University Press).

Anable, J. (2005) 'Complacent Car Addicts or Aspiring Environmentalists? Identifying Travel Behaviour Segments Using Attitude Theory', *Transport Policy*, 12(1): 65–78.

Andersen, M. L., and Collins, P. H. (eds) (2009) *Race, Class, and Gender: An Anthology* (7th edn, Belmont, CA: Wadsworth).

Anderson, B. (2006 [1983]) *Imagined Communities: Reflections on the Origin and Spread of Nationalism* (rev. edn, London: Verso).

Anderson, E. (1990) *Streetwise: Race, Class, and Change in an Urban Community* (Chicago: University of Chicago Press).

Anderson, R. (2011) 'Masters of the Universe: Meet the World's Best-Paid Men', BBC News, 2 February, www.bbc.co.uk/news/business-11942117.

Anderson, S., and Cavanagh, J. (2000) *Top 200: The Rise of Corporate Global Power* (Washington, DC: Institute for Policy Studies); www.ips-dc.org/reports/top_200_the_rise_of_corporate_global_power.

Andreasson, K. (ed.) (2015) *Digital Divides: The New Challenges and Opportunities of e-Inclusion* (Boca Raton, FL: CRC Press).

Andrews, D., and Leigh, A. (2009) 'More Inequality, Less Social Mobility', *Applied Economics Letters*, 19: 1489–1492.

Angstrom, J. (2005) 'Introduction: Debating the Nature of Modern War', in I. Duyvesteyn and J. Angstrom (eds), *Rethinking the Nature of War* (London and New York: Frank Cass).

Annandale, E. (2009) *Women's Health and Social Change* (London: Routledge).

Appadurai, A. (1986) 'Introduction: Commodities and the Politics of Value', in A. Appadurai (ed.), *The Social Life of Things* (Cambridge: Cambridge University Press).

Appelbaum, R. P., and Christerson, B. (1997) 'Cheap Labor Strategies and Export-Oriented Industrialization: Some Lessons from the East Asia/Los Angeles Apparel Connection', *International Journal of Urban and Regional Research*, 21(2): 202–217.

Appelbaum, R. P., and Henderson, J. (eds) (1992) *States and Development in the Asian Pacific Rim* (Newbury Park, CA: Sage).

Arber, S., and Ginn, J. (2004) 'Ageing and Gender: Diversity and Change', *Social Trends* 34 (London: HMSO).

Arber, S., and Thomas, H. (2005) 'From Women's Health to a Gender Analysis of Health', in W. Cockerham (ed.), *The Blackwell Companion to Medical Sociology* (Oxford: Blackwell).

Archer, L., and Francis, B. (2007) *Understanding Minority Ethnic Achievement: Race, Gender, Class and 'Success'* (London: Routledge).

Archer, M. (1995) *Realist Social Theory: The Morphogenetic Approach* (Cambridge: Cambridge University Press).

Archer, M. (2003) *Structure, Agency and the Internal Conversation* (Cambridge: Cambridge University Press).

Ariès, P. (1965) *Centuries of Childhood* (New York: Random House).

Arnot, M. (2001) 'Bernstein's Sociology of Pedagogy: Female Dialogues and Feminist Elaborations', in K. Weiler (ed.), *Feminist Engagements: Reading, Resisting and Revisioning Male Theorists in Education and Cultural Studies* (New York: Routledge).

Ashton, D. N. (1986) *Unemployment under Capitalism: The Sociology of British and American Labour Markets* (London: Wheatsheaf).

Ashworth, A. E. (1980) *Trench Warfare, 1914–1918* (London: Macmillan). Askwith, R. (2003) 'Contender', *The Observer*, 6 April.

Atchley, R. C. (2000) *Social Forces and Aging: An Introduction to Social Gerontology* (Belmont, CA: Wadsworth).

Atkinson, A. B. (2003) *Income Inequality in OECD Countries: Dataand Explanations*, CESifo Working Paper no. 881 (Hamburg: Centre for Economic Studies/Institute for Economic Research).

Atlantic Cable (2010) 'Cable Signalling Speed and Traffic Capacity', www.atlantic-cable.com/Cables/speed.htm.

Attali, J. (1985) *Noise: The Political Economy of Music* (Minneapolis: University of Minnesota Press).

Atwan, A. B. (2015) *Islamic State: The Digital Caliphate* (London: Saqi Books).

Baba, H. (2013) 'Slim in Sudan: Female Fleshiness Loses its Allure', 14 May, www.bbc.co.uk/news/magazine-22455559.

Back, L. (1995) *Ethnicities, Multiple Racisms: Race and Nation in the Lives of Young People* (London: UCL Press).

Back, L., and Ware, V. (2001) *Out of Whiteness: Color, Politics and Culture* (Chicago: University of Chicago Press).

Bäckström, A., and Davie, G. (2010) 'A Preliminary Conclusion: Gathering the Threads and Moving On', in A. Bäckström and G. Davie (eds), *Welfare and Religion in 21st Century Europe*, Vol. 1: *Configuring the Connections* (Farnham: Ashgate): 183–192.

Bagguley, P. (2002) 'Contemporary British Feminism: A Social Movement in Abeyance?', *Social Movement Studies*, 1(2): 169–185.

Bailey, R. (2011) *Letting Children Be Children: Report of an Independent Review of the Commercialisation and Sexualisation of Childhood* (London: Department for Education).

Bales, K., Trodd, Z., and Kent Williamson, A. (2009) *Modern Slavery: The Secret World of 27 Million People* (Oxford: OneWorld).

Ball, S. (2013) 'Free Schools: Our Education System has Been Dismembered in Pursuit of Choice', *The Guardian*, 23 October, www. theguardian. com/commentisfree/2013/oct/23/education-system-dismembered-choice.

Baltes, P. B., and Schaie, K. W. (1977) 'The Myth of the Twilight Years', in S. Zarit (ed.), *Readings in Aging and Death: Contemporary Perspectives* (New York: Harper & Row).

Bamforth, A. (1999) 'The Restive Season', *The Guardian*, 15 December.

Bancroft, A., Zimpfer, M. J., Murray, O., and Karels, M (2014) 'Working at Pleasure in Young Women's Alcohol Consumption: A Participatory Visual Ethnography', *Sociological Research Online*, 19(3): 20, www.socresonline.org.uk/19/3/20.html.

Banister, D. (1992) 'Energy Use, Transport and Settlement Patterns', in M. Breheny (ed.), *Sustainable Development and Urban Form* (London: Pion): 160–181.

Banks, C. (2013) *Youth, Crime and Justice* (Abingdon: Routledge).

Barash, D. (1979) *The Whisperings Within* (New York: Harper & Row).

Barker, M. (1981) *The New Racism: Conservatives and the Ideology of the Tribe* (Frederick, MD: University Publications of America).

Barker, R. (1997) *Political Ideas in Modern Britain* (London and New York: Routledge).

Barnard, A. (ed.) (2004) *Hunter-Gatherers in History, Archaeology and Anthropology* (Oxford: Berg).

Barnard, H., and Turner, C. (2011) *Poverty and Ethnicity: A Review of the Evidence* (York: Joseph Rowntree Foundation).

Barnes, C. (1991) *Disabled People in Britain and Discrimination* (London: Hurst).

Barnes, C. (2003) 'Disability Studies: What's the Point?', paper given at a conference at the University of Lancaster, 4 September, www.lancs.ac.uk/fass/events/disabilityconference_archive/2003/papers/barnes2003.pdf.

Barnett, A. (2007) 'The Three Faces of the World Social Forum', 30 January, www.opendemocracy.net/globalization-protest/wsf_faces_4297.jsp.

Barret-Ducrocq, F. (1992) *Love in the Time of Victoria: Sexuality and Desire among Working-Class Men and Women in Nineteenth-Century London* (Harmondsworth: Penguin).

Barry, J. M. (2005) *The Great Influenza: The Story of the Deadliest Pandemic in History* (New York: Penguin).

Barth, F. (1969) *Ethnic Groups and Boundaries* (London: Allen & Unwin).

Bartle, J., and Allen, N. (eds) (2010) *Britain at the Polls 2010* (London: Sage).

Basu, A. (ed.) (1995) *The Challenge of Local Feminisms: Women's Movements in Global Perspective* (Boulder, CO: Westview Press).

Bates, L. (2014) *Everyday Sexism* (London: Simon & Schuster).

Batty, E., Beatty, C., Foden, M., Lawless, P., Pearson, S., and Wilson, I. (2010) *The New Deal for Communities Experience: A Final Assessment* (London: HMSO).

Baudrillard, J. (1983) *Simulations* (New York: Semiotex(e)).

Baudrillard, J. (2004 [1991]) *The Gulf War Did Not Take Place* (Sydney: Power Publications).

Bauman, Z. (1976) *Socialism: The Active Utopia* (New York: Holmes & Meier).

Bauman, Z. (1982) *Memories of Class: The Pre-History and After-Life of Class* (London: Routledge & Kegan Paul).

Bauman, Z. (1989) *Modernity and the Holocaust* (Cambridge: Polity).

Bauman, Z. (1992) *Intimations of Postmodernity* (London: Routledge).

Bauman, Z. (1997) *Postmodernity and its Discontents* (Cambridge: Polity).

Bauman, Z. (2000) *Liquid Modernity* (Cambridge: Polity).

Bauman, Z. (2003) *Liquid Love: On the Frailty of Human Bonds* (Cambridge: Polity).

Bauman, Z. (2007) *Liquid Times: Living in an Age of Uncertainty* (Cambridge: Polity).

Baym, N. K. (2015) *Personal Connections in the Digital Age* (2nd edn, Cambridge: Polity).

BBC (2001) 'Murdoch Heads Media Power List', 16 July, http://news.bbc.co.uk/1/hi/entertainment/1441094.stm.

BBC (2002) 'Falwell "Sorry" for Mohammed Remark', 13 October, http://news.bbc.co.uk/1/hi/world/americas/2323897.stm.

BBC(2003) 'Why I Want You to Look Me in the Face', 6 August, http://news.bbc.co.uk/1/hi/magazine/3128203.stm.

BBC (2004) 'Official Downloads Chart Launches', 28 June, http://news.bbc.co.uk/1/hi/entertainment/music/3846455.stm.

BBC (2007a) 'Behaviour Lessons for Teenagers', 30 April, http://news.bbc.co.uk/1/hi/education/6607333.stm.

BBC (2007b) 'Berlin Integration Plan Attacked', 12 July, http://news.bbc.co.uk/1/hi/world/europe/6294832.stm.

BBC(2007c) 'Inmate Sent Mother Suicide Note', 1 May, http://news.bbc.co.uk/1/hi/england/lancashire/6611603.stm.

BBC (2007d) 'Hiroshima Bomb Pilot Dies Aged 92', 1 November, http://news.bbc.co.uk/1/hi/world/americas/7073441.stm.

BBC (2007e) 'Cambodia's Brutal Khmer Rouge Regime', 19 September, http://news.bbc.co.uk/1/hi/world/asia-pacific/7002629.stm.

BBC (2007f) 'Offshore Boost for Finance Sector', 22 June, http://news.bbc.co.uk/1/hi/business/6229164.stm.

BBC (2008a) 'How "Gay" Became Children's Insult of Choice', 18 March, http://news.bbc.co.uk/1/hi/7289390.stm.

BBC(2008b) 'Isolated Tribe Spotted in Brazil', 30 May, http://news.bbc.co.uk/1/hi/world/americas/7426794.stm.

BBC (2010) 'Q & A: Professor Phil Jones', 13 February, http://news.bbc.co.uk/1/hi/sci/tech/8511670.stm.

BBC(2011)'Rwanda: Howthe Genocide Happened', 17 May, www.bbc.co.uk/news/world-africa-13431486.

BBC News (2011) 'World's Oldest Man Walter Breuning Dies in US Aged 114', 15 April, www.bbc.co.uk/news/world-us-canada-13090291.

BBC News (2012a) 'Life Term for Cambodia Khmer Rouge Jailer Duch', 3 February, www.bbc.co.uk/news/world-asia-16865834.

BBC News (2012b) 'Teachers Warn on Rise of Academies', 7 April, www.bbc.co.uk/news/education-17637793.

BBC News (2014a) 'Ebola: How Bad Can it Get?', 6 September, www.bbc.co.uk/news/health-29060239.

BBC News (2014b) 'Ebola: Kofi Annan "Bitterly Disappointed" by Response to Ebola', 16 October, www.bbc.co.uk/news/health-29654784.

BBC News (2014c) 'Profile: Malala Yousafzai', 10 December, www.bbc.co.uk/news/world-asia-23241937.

BBC News (2014d) 'Sir Elton John and David Furnish Marry', 21 December, www.bbc.co.uk/news/entertainment-arts-30568634.

BBC News (2015a) 'EU Leaders Agree to Relocate 40,000 Migrants', 26 June, www.bbc.co.uk/news/world-europe-33276443.

BBC News (2015b) 'Myanmar's President Promises Smooth Transfer of Power', 15 November, www.bbc.co.uk/news/world-asia-34825998.

BBC News (2015c) 'What is "Islamic State"?', 2 December, www.bbc.co.uk/news/world-middle-east-29052144.

BBC News (2016) 'Islamic State and the Crisis in Iraq and Syria in Maps', 18 October, www.bbc.co.uk/news/world-middle-east-27838034.

Beall, J. (1998) 'Why Gender Matters', *Habitat Debate*, 4(4).

Beasley, C. (1999) *What Is Feminism? (Thousand Oaks, CA, and London: Sage)*.

Beck, U. (1992) *Risk Society: Towards a New Modernity* (London: Sage).

Beck, U. (1999) *World Risk Society* (Cambridge: Polity).

Beck, U. (2002) *Ecological Politics in an Age of Risk* (Cambridge: Polity).

Beck, U. (2006) *Cosmopolitan Vision* (Cambridge: Polity).

Beck, U. (2009) *World at Risk* (Cambridge: Polity).

Beck, U., and Beck-Gernsheim, E. (1995) *The Normal Chaos of Love* (Cambridge: Polity).

Beck, U., and Grande, E. (2007) *Cosmopolitan Europe* (Cambridge: Polity).

Becker, H. (1950) *Through Values to Social Interpretation* (Durham, NC: Duke University Press).

Becker, H. S. (1963) *Outsiders: Studies in the Sociology of Deviance* (New York: Free Press).

Becker, H. S. (1982) *Art Worlds* (Berkeley: University of California Press).

Beckett, K., and Herbert, S. (2010) *Banished: The New Social Control in Urban America* (New York: Oxford University Press).

Beckford, J. A. (2008) *Social Theory and Religion* (Cambridge: Cambridge University Press).

Beer, D., and Burrows, R. (2007) 'Sociology and, of and in Web 2.0: Some Initial Considerations', *Socio-*

logical Research Online, 12(5): 17, www.socresonline.org.uk/12/5/17.html.

Beer, D., and Geesin, B. (2009) 'Rockin' with the Avatars: "Live" Music and the Virtual Spaces of Second Life', in D. Heider (ed.), *Living Virtually: Researching New Worlds* (New York: Peter Lang): 111–130.

Beevor, A. (2007) *Berlin: The Downfall 1945* (London: Penguin).

Beggs, C. (2009) *Energy: Management, Supply and Conservation* (Oxford: Butterworth-Heinemann).

Begum, N. (2004) 'Characteristics of the Short-Term and Long-Term Unemployed', *Labour Market Trends*, 112: 139–144.

Bell, A., Weinberg, M., and Hammersmith, S. (1981) *Sexual Preference: Its Development in Men and Women* (Bloomington: Indiana University Press).

Bell, D. (1987) 'The World and the United States in 2013', *Daedalus*, 116(3): 1–31.

Bell, M. M. (2004) *An Invitation to Environmental Sociology* (2nd edn, Newbury Park, CA: Pine Forge Press).

Bell, M. M. (2011) *An Invitation to Environmental Sociology* (4th edn, Thousand Oaks, CA: Sage).

Bellah, R. N., Madsen, S., Sullivan, W. M., Swidler, A., and Tipton, S. M. (2008 [1985]) *Habits of the Heart: Individualism and Commitment in American Life* (Berkeley: University of California Press).

Bengtson, V. L. (2001) 'Beyond the Nuclear Family: The Increasing Importance of Multigenerational Bonds', *Journal of Marriage and Family*, 63(1): 1–16.

Benhabib, S. (2006) *Another Cosmopolitanism: Hospitality, Sovereignty and Democratic Iterations* (New York: Oxford University Press).

Benhabib, S., and Resnik, J. (eds) (2009) *Migrations and Mobilities: Citizenship, Borders and Gender* (New York and London: New York University Press).

Bennett, K., and LeCompte, M. (1990) *How Schools Work: A Sociological Analysis of Education* (New York: Longman).

Benton, T. (1994) *Natural Relations: Ecology, Animal Rights and Social Justice* (London: Verso).

Benton, T., and Craib, I. (2001) *Philosophy of Social Science: The Philosophical Foundations of Social Thought* (Basingstoke: Palgrave).

Berberoglu, B. (2005) *An Introduction to Classical and Contemporary Social Theory: A Critical Perspective* (Lanham, MD: Rowman & Littlefield).

Beresford, P., and Wallcraft, J. (1997) 'Psychiatric System Survivors and Emancipatory Research: Issues, Overlaps and Differences', in C.Barnes and G. Mercer (eds), *In Doing Disability Research* (Leeds: Disability Press).

Berger, M. T., and Guidroz, K. (eds) (2009) *The Intersectional Approach: Transforming the Academy through Race, Class, and Gender* (Chapel Hill: University of North Carolina Press).

Berger, P. L. (1963) *Invitation to Sociology* (Garden City, NY: Anchor Books).

Berger, P. L. (1986) *The Capitalist Revolution: Fifty Propositions about Prosperity, Equality, and Liberty* (New York: Basic Books).

Berger, P. L., Davie, G., and Fokas, E. (2008) *Religious America, Secular Europe? A Theme and Variations* (Aldershot: Ashgate).

Berman, M. (1983) *All That Is Solid Melts into Air: The Experience of Modernity* (London: Verso).

Bernstein, B. (1975) *Class, Codes and Control*, Vol. 3: *Towards a Theory of Educational Transmissions* (London: Routledge).

Bernstein, B. (1990) *Class, Codes and Control*, Vol. 4: *The Structuring of Pedagogic Discourse* (London: Routledge).

Bertelson, D. (1986) *Snowflakes and Snowdrifts: Individualism and Sexuality in America* (Lanham, MD: University Press of America).

Berthoud, R. (1998) *The Incomes of Ethnic Minorities*, ISER report 98-1 (Colchester: University of Essex, Institute for Social and Economic Research).

Berthoud, R. (2000) *Family Formation in Multi-Cultural Britain: Three Patterns of Diversity*, Working Paper

2000-34 (Colchester: University of Essex, Institute for Social and Economic Research).

Beynon, H., and Nichols, T. (eds) (2006) *Patterns of Work in the Post-Fordist Era: Fordism and Post-Fordism*, 2 vols (Cheltenham: Edward Elgar).

Bhambra, G. K. (2007) 'Sociology and Postcolonialism: Another "Missing" Revolution?', *Sociology*, 41(5): 871-84.

Bhattacharya, S. (2003) 'Global Warming "Kills 160,000 a Year"', *New Scientist*, 1 October; www.newscientist.com/article/dn4223-global-warming-kills-160000-a-year.html.

Biagi, S. (2011) *Media Impact: An Introduction to Mass Media* (10th edn, Boston: Wadsworth).

Birren, J. E., and Schaie, K. W. (eds) (2001) *Handbook of the Psychology of Aging* (5th edn, San Diego and London: Academic Press).

Björnberg, U. (2002) 'Ideology and Choice between Work and Care: Swedish Family Policy for Working Parents', *Critical Social Policy*, 22(1): 33-52.

Blanden, J., Goodman, A., Gregg, P., et al. (2002) *Changes in Intergenerational Mobility in Britain* (London: Centre for the Economics of Education, London School of Economics and Political Science).

Blankenhorn, D. (1995) *Fatherless America* (New York: Basic Books).

Blau, P. M. (1963) *The Dynamics of Bureaucracy* (Chicago: University of Chicago Press).

Blau, P. M., and Duncan, O. D. (1967) *The American Occupational Structure* (New York: Wiley).

Blauner, R. (1964) *Alienation and Freedom* (Chicago: University of Chicago Press).

Blaxter, M. (2010) *Health* (2nd edn, Cambridge: Polity).

Blinder, A. S. (2006) 'Fear of Offshoring', *Foreign Affairs*, 85(2).

Blofeld, J. (2003) *Independent Inquiry into the Death of David Bennett* (Cambridge: Norfolk, Suffolk and Cambridgeshire Strategic Health Authority).

Bloomberg (2011) 'Global Box Office Sales Rose 8% in 2010 to Record $ 31.8 Billion', 23 February, www.bloomberg.com/news/2011-02-23/global-box-office-sales-rose-8-in-2010-to-record-31-8-billion. html.

Blumer, H. (1969) *Symbolic Interactionism: Perspective and Method* (Englewood Cliffs, NJ: Prentice-Hall).

Blumer, H. (1970 [1933]) *Movies and Conduct* (New York: Arno Press).

Boatcă, M., and Costa, S. (2010) 'Postcolonial Sociology: A Research Agenda', in E. G. Rodríguez, M. Boatcă and S. Costa (eds), *Decolonizing European Sociology: Transdisciplinary Approaches* (Farnham: Ashgate): 13-32.

Bobak, L. (1996) 'India's Tiny Slaves', *Ottowa Sun*, 23 October.

Boden, D., and Molotch, H. (1994) 'The Compulsion to Proximity', in R. Friedland and D. Boden (eds), *NowHere: Space, Time, and Modernity* (Berkeley: University of California Press).

Boffey, D. (2011) 'Lord Lawson's "Misleading" Climate Claims Challenged by Scientific Adviser', *The Guardian*, 27 March; www.guardian.co.uk/environment/2011/mar/27/lord-lawson-climate-scientific-adviser.

Bonacich, E., and Appelbaum, R. P. (2000) *Behind the Label: Inequality in the Los Angeles Garment Industry* (Berkeley: University of California Press).

Bone, J. D. (2009) 'The Credit Crunch: Neo-Liberalism, Financialisation and the Gekkoisation of Society', *Sociological Research Online*, 14(2), www.socresonline.org.uk/14/2/11.html.

Bonney, N. (1992) 'Theories of Social Class and Gender', *Sociology Review*, 1(3): 2-5.

Boocock, S. (1980) *Sociology of Education: An Introduction* (2nd edn, Boston: Houghton Mifflin).

Boorstin, D. (1961) *The Image: A Guide to Pseudo-Events in America* (New York: Vintage).

Booth, A. (1977) 'Food Riots in the North-West of England, 1770-1801', *Past and Present*, 77: 84-107.

Bootle, R. (2011) *The Trouble with Markets: Saving Capitalism from Itself* (London: Nicholas Brealey).

Borger, J. (2008) 'They Think it's All Over', *The Guardian*, 6 December; www.theguardian.com/football/2008/dec/06/football-brand-globalisation-china-basketball.

Borja, J., and Castells, M. (1997) *Local and Global: The Management of Cities in the Information Age* (London: Earthscan).

Boseley, S. (2006) 'Ritalin Heart Attacks Warning Urged after 51 Deaths in US', *The Guardian*, 11 February; www.guardian.co.uk/society/2006/feb/11/health.medicineandhealth.

Boswell, J. (1995) *The Marriage of Likeness: Same-Sex Unions in Pre-Modern Europe* (London: Fontana).

Bourdieu, P. (1986) *Distinction: A Social Critique of the Judgement of Taste* (London: Routledge & Kegan Paul).

Bourdieu, P. (1988) *Language and Symbolic Power* (Cambridge: Polity).

Bourdieu, P. (1990) *The Logic of Practice* (Cambridge: Polity).

Bourdieu, P. (1992) *An Invitation to Reflexive Sociology* (Chicago: University of Chicago Press).

Bourdieu, P. (2001) *Masculine Domination* (Cambridge: Polity).

Bourdieu, P., and Passeron, J. C. (1977) *Reproduction in Education, Society and Culture* (London: Sage).

Bowles, S., and Gintis, H. (1976) *Schooling in Capitalist America: Educational Reform and Contradictions of Economic Life* (New York: Basic Books).

Box, S. (1983) *Power, Crime and Mystification* (London: Tavistock).

Boyer, R., and Drache, D. (1996) *States against Markets: The Limits of Globalization* (London: Routledge).

Braithwaite, J. (1999) *Crime, Shame and Reintegration* (Cambridge: Cambridge University Press).

Brannen, J. (2003) 'The Age of Beanpole Families', *Sociology Review*, 13(1): 6-9.

Braun, B., and Castree, N. (eds) (1998) *Remaking Reality: Nature at the Millennium* (London: Routledge).

Braverman, H. (1974) *Labor and Monopoly Capital: The Degradation of Work in the Twentieth Century* (New York: Monthly Review Press).

Breen, R., and Goldthorpe, J. H. (1999) 'Class Inequality and Meritocracy: A Critique of Saunders and an Alternative Analysis', *British Journal of Sociology*, 50: 1-27.

Brennan, T. (1988) 'Controversial Discussions and Feminist Debate', in N. Segal and E. Timms (eds), *The Origins and Evolution of Psychoanalysis* (New Haven, CT: Yale University Press).

Brewer, J. D. (2010) *Peace Processes: A Sociological Approach* (Cambridge: Polity).

Brewer, R. M. (1993) 'Theorizing Race, Class and Gender: The New Scholarship of Black Feminist Intellectuals and Black Women's Labor', in S. M. James and A. P. A. Busia (eds), *Theorizing Black Feminisms: The Visionary Pragmatism of Black Women* (New York: Routledge).

Brierley, P. (2006) *Pulling out of the Nosedive: 2005 English Church Census*, Religious Trends 6 (London: Christian Research).

Brinkley, I., and Lee, N. (2007) *The Knowledge Economy in Europe-A Report Prepared for the* 2007 *EU Spring Council* (London: Work Foundation).

Britton, D. (2011) *The Gender of Crime* (Lanham, MD: Rowman & Littlefield).

Brown, C., and Jasper, K. (eds) (1993) *Consuming Passions: Feminist Approaches to Eating Disorders and Weight Preoccupations* (Toronto: Second Story Press).

Brown, D. A. (2007) *Critical Race Theory: Cases, Materials and Problems* (2nd edn, Eagan, MN: Thompson West).

Brown, P., and Lauder, H. (1997) *Education: Culture, Economy, Society* (Oxford: Oxford University Press).

Browne, J., and Hood, A. (2016) *Living Standards, Poverty and Inequality in the UK: 2015-16 to 2020-21* (London: Institute for Fiscal Studies).

Browne, K. (2005) *An Introduction to Sociology* (3rd edn, Cambridge: Polity).

Brownmiller, S. (1975) *Against our Will: Men, Women and Rape* (London: Secker & Warburg).

Brubaker, R. (2005) 'The "Diaspora" Diaspora', *Ethnic and Racial Studies*, 28(1): 1-19.

Brubaker, R. (2006) *Ethnicity without Groups* (Cambridge, MA: Harvard University Press).

Bruce, S. (1990) *Pray TV: Televangelism in America* (New York: Routledge).

Bruce, S. (1996) *Religion in the Modern World: From Cathedrals to Cults* (Oxford: Oxford University Press).

Bruce, S., and Voas, D. (2010) 'Vicarious Religion: An Examination and Critique', *Journal of Contempo-*

rary Religion, 25(2): 243–59.

Brumberg, J. J. (1997) *The Body Project* (New York: Vintage).

Bruneforth, M.(2006) 'Interpreting the Distribution of Out-of-School Children by Past and Expected Future School Enrolment', Background paper for *EFA Global Monitoring Report 2007* (Paris: UNESCO).

Bruns, A. (2009) *Blogs, Wikipedia, Second Life, and Beyond: From Production to Produsage* (New York: Peter Lang).

Bryman, A. (2015) *Social Research Methods* (4th edn, Oxford: Oxford University Press).

Bryson, V. (1993) 'Feminism', in R. Eatwell and A. Wright (eds), *Contemporary Political Ideology* (London: Pinter).

Buckingham, D.(2000) *After the Deathof Childhood: Growingupinthe Age of Electronic Media* (Cambridge: Polity).

Budd, J. W. (2011) *The Thought of Work* (Ithaca, NY: Cornell University Press).

Buffett, W. E. (2011) 'Stop Coddling the Super-Rich', *New York Times*, 14 August 14; www.nytimes. com/2011/08/15/opinion/stop-coddling-the-super-rich.html.

Bull, P. (1983) *Body Movement and Interpersonal Communication* (New York: Wiley).

Bullard, R. D. (ed.) (1993) *Confronting Environmental Racism: Voices from the Grassroots* (Cambridge, MA: South End Press).

Burawoy, M. (2005) 'For Public Sociology: 2004 Presidential Address', *American Sociological Review*, 70: 4–28.

Burbridge, M., and Walters, J. (1981) *Breaking the Silence: Gay Teenagers Speak for Themselves* (London: Joint Council for Gay Teenagers).

Burchell, B., et al. (1999) *Job Insecurity and Work Intensification: Flexibility and the Changing Boundaries of Work* (York: York Publishing Services).

Burgoon, J. K., Buller, D. B., and Woodall, W. G. (1996) *Nonverbal Communication: The Unspoken Dialogue* (2nd edn, New York: McGraw-Hill).

Burke, J. (2004) *Al-Qaeda: The True Story of Radical Islam* (New York: I. B. Tauris).

Burke, J. (2015) *The New Threat from Islamic Militancy* (London: Bodley Head).

Burkitt, I. (1999) *Bodies of Thought: Social Relations, Activity and Embodiment* (London: Sage).

Burkitt, I. (2008) *Social Selves: Theories of Self and Society* (2nd edn, London: Sage).

Burt, R. S. (1982) *Toward a Structural Theory of Action* (New York: Academic Press).

Business in the Community (2010) *Race into Higher Education: Today's Diverse Generation into Tomorrow's Workforce* (London: BitC).

Butler, J. (1990) *Gender Trouble: Feminism and the Subversion of Identity* (London: Routledge).

Butler, J. (1993) *Bodies that Matter: On the Discursive Limits of 'Sex'* (New York: Routledge).

Butler, J. (1997) *Excitable Speech: A Politics of the Performative* (London and New York: Routledge).

Butler, J. (2004) *Undoing Gender* (London: Routledge).

Butler, T., with Robson, G. (2003) *London Calling: The Middle Classes and the Re-Making of Inner London* (Oxford: Berg).

Butler, T., and Savage, M. (1995) *Social Change and the Middle Classes* (London: UCL Press).

Byman, D. (2015) *Al Qaeda, The Islamic State, and the Global Jihadist Movement: What Everyone Needs to Know* (Oxford: Oxford University Press).

Bynner, J., Ferri, E., and Shepherd, P. (eds) (1997) *Twenty-Something in the 1990s: Getting on, Getting by, Getting Nowhere* (Aldershot: Ashgate).

Bytheway, B. (1995) *Ageism* (Buckingham, and Bristol, PA: Open University Press).

CACE (Central Advisory Council for Education) (1959) *15 to 18* (London: HMSO) [Crowther Report]; www.educationengland.org.uk/documents/crowther/.

Cahill, S. E., Distler, W., Lachowetz, C., Meaney, A., Tarallo, R., and Willard, T. (1985) 'Meanwhile Backstage: Public Bathrooms and the Interaction Order', *Journal of Contemporary Ethnography*, 14(1):

33–58.

Calhoun, C. (1993) '"New Social Movements" of the Early Nineteenth Century', *Social Science History*, 17 (3): 385–427.

Calhoun, C. (2005) 'The Promise of Public Sociology', *British Journal of Sociology*, 56(3): 355–363.

Campbell, C. (1992) *The Romantic Ethic and the Spirit of Modern Consumerism* (Oxford: Blackwell).

Cantle, T. (2001) *Independent Report of the Community Cohesion Review Team* (London: Home Office).

Capps, W. H. (1995) *The New Religious Right: Piety, Patriotism, and Politics* (rev. edn, Columbia: University of South Carolina Press).

Caraway, T. L. (2007) *Assembling Women: The Feminization of Global Manufacturing* (Ithaca, NY: Cornell University Press).

Cardoso, F. H., and Faletto, E. (1979) *Dependency and Development in Latin America* (Berkeley: University of California Press).

Carlen, P. (1983) *Women's Imprisonment: A Study in Social Control* (London and Boston: Routledge & Kegan Paul).

Carr, E. H. (1962) *What is History?* (New York: Alfred A. Knopf).

Carroll, W. K. (2004) *Corporate Power in a Globalizing World: A Study in Elite Social Organization* (Oxford: Oxford University Press).

Carsten, J. (ed.) (2000) *Cultures of Relatedness: New Approaches to the Study of Kinship* (Cambridge: Cambridge University Press).

Cashmore, E. (2006) *Celebrity Culture* (London: Routledge).

Castells, M. (1983) *The City and the Grass Roots: A Cross-Cultural Theory of Urban Social Movements* (London: Edward Arnold).

Castells, M. (1991) *The Informational City: Economic Restructuring and Urban Development* (Oxford: Blackwell).

Castells, M. (1992) 'Four Asian Tigers with a Dragon Head: A Comparative Analysis of the State, Economy, and Society in the Asian Pacific Rim', in R. P. Appelbaum and J. Henderson (eds), *States and Development in the Asian Pacific Rim* (Newbury Park, CA: Sage).

Castells, M. (1996) *The Rise of the Network Society* (Oxford: Blackwell).

Castells, M. (1997) *The Power of Identity* (Oxford: Blackwell).

Castells, M. (1998) *End of Millennium* (Oxford: Blackwell).

Castells, M. (2001) *The Internet Galaxy: Reflections on the Internet, Business, and Society* (Oxford: Oxford University Press).

Castells, M. (2006) *The Network Society: From Knowledge to Policy* (Baltimore: Johns Hopkins University Press).

Castles, S., and Miller, M. J. (1993) *The Age of Migration: International Population Movements in the Modern World* (Basingstoke: Palgrave Macmillan).

Castles, S., and Miller, M. J. (2009) *The Age of Migration: International Population Movements in the Modern World* (4th edn, Basingstoke: Palgrave Macmillan).

Cathcart, B. (2011) 'The Ordeal of Christopher Jefferies', *FT Magazine*, 8 October; www.ft.com/cms/s/2/22eac290-eee2-11e0-959a-00144feab49a.html.

Catton, W., Jr., and Dunlap, R. E. (1978) 'Environmental Sociology: A New Paradigm', *American Sociologist*, 13: 41–9.

Cavanagh, M. (2011) 'Youth Unemployment Must be Addressed', *New Statesman*, 10 August; www.newstatesman.com/blogs/the-staggers/2011/08/youth-unemployment-police-long.

Cayton, H. (2000) 'Alzheimer's: Looking Ahead in the Twenty-First Century', from personal correspon d-ence, Buckingham Palace.

Centers for Disease Control (2014) 'Severe Acute Respiratory Syndrome', www.cdc.gov/sars/about/faq.html.

Centre for Contemporary Cultural Studies (1982) *The Empire Strikes Back: Race and Racism in 70s Britain* (London: Hutchinson).

Centre for Social Justice (2009) *Dynamic Benefits: Towards Welfare that Works*. London: CSJ.

Chamberlain, M. (1999) 'Brothers and Sisters, Uncles and Aunts: A Lateral Perspective on Caribbean Families', in E. B. Silva and C. Smart (eds), *The New Family?* (London: Sage).

Chambers, D. (2006) *New Social Ties: Contemporary Connections in a Fragmented Society* (Basingstoke: Palgrave Macmillan).

Chambers, D. (2012) *A Sociology of Family Life: Change and Diversity in Intimate Relations* (Cambridge: Polity).

Chambers, P., Allan, G., and Phillipson, C. (2009) *Family Practices in Later Life* (Bristol: Policy Press).

Chambliss, W. J. (1978) *On the Take: From Petty Crooks to Presidents* (Bloomington: Indiana University Press).

Chapkis, W. (1997) *Live Sex Acts: Women Performing Erotic Labour* (London: Routledge).

Chaplin, E. (1994) *Sociology and Visual Representation* (London: Routledge).

Charles, N., and James, E. (2003) 'The Gender Dimensions of Job Insecurity in a Local Labour Market', *Work, Employment and Society*, 17(3): 531-552.

Charlton, J. I. (1998) *Nothing about Us without Us: Disability Oppression and Empowerment* (Berkeley: University of California Press).

Charters, A. (ed.) (2001) *Beat Down to your Soul: What was the Beat Generation?* (New York: Penguin).

Chase-Dunn, C. (1989) *Global Formation: Structures of the World Economy* (Oxford: Blackwell).

Chatterjee, P., Bailey, D., and Aronoff, A. (2001) 'Adolescence and Old Age in 12 Communities', *Journal of Sociology and Social Welfare*, 28(4): 121-159.

Chatterjee, S. (2005) 'Introduction', in S. K. Das (ed.), *Peace Processes and Peace Accords* (New Delhi: Sage India): 17-19.

Chen, X. (2009) 'Introduction: A Globalizing City on the Rise: Shanghai's Transformation in Comparative Perspective', in X. Chen (ed.), *Shanghai Rising: State Power and Local Transformations in a Global Megacity* (Minneapolis: University of Minnesota Press): xv-xxxv.

Chiles, D. P. (2013) *Principles of Netiquette* (CreateSpace Independent Publishing).

Chiozza, G. (2002) 'Is there a Clash of Civilizations? Evidence from Patterns of International Conflict Involvement, 1946-1997', *Journal of Peace Research*, 39(6): 711-734.

Chodorow, N. (1978) *The Reproduction of Mothering* (Berkeley: University of California Press).

Chodorow, N. (1988) *Psychoanalytic Theory and Feminism* (Cambridge: Polity).

Chomsky, N. (1991) *Media Control: The Spectacular Achievements of Propaganda* (New York: Seven Stories Press).

Chowdry, H., Crawford, C., and Goodman, A. (2010) 'Outcomes in the Secondary School Years: Evidence from the Longitudinal Study of Young People in England', in A. Goodman and P. Gregg (eds), *Poorer Children's Educational Attainment: How Important Are Attitudes and Behaviour?* (York: Joseph Rowntree Foundation): 34-43.

Chua, A. (2003) *World on Fire: How Exporting Free Market Democracy Breeds Ethnic Hatred and Global Instability* (New York: Doubleday).

CIA (2007) *The World Factbook*, www.umsl.edu/services/govdocs/wofact2007/index.html.

CIA (2012) *The World Factbook* 2012, www.cia.gov/library/publications/the-world-factbook/index.html.

Cixous, H. (1976) 'The Laugh of the Medusa', *Signs*, 1(4): 875-893.

Clark, D. (ed.) (1993) *The Sociology of Death: Theory, Culture, Practice* (Oxford: Blackwell).

Clausewitz, C. von (1993 [1832]) *On War* (London: Everyman's Library).

Clegg, M., Finney, A., and Thorpe, K. (2005) *Crime in England and Wales: Quarterly Update to December 2004* (London: Home Office).

CNN (2001) 'Falwell Apologizes to Gays, Feminists, Lesbians', 14 September, http://archives.cnn.com/

2001/US/09/14/Falwell.apology/.

Cockerham, W. (2007) *Social Causes of Health and Disease* (Cambridge: Polity).

Cohen, A. (1955) *Delinquent Boys* (London: Free Press).

Cohen, R. (1997) *Global Diasporas: An Introduction* (London: UCL Press).

Cohen, S. (2003 [1972]) *Folk Devils and Moral Panics: The Creation of the Mods and Rockers* (Oxford: Martin Robertson).

Cole, T. R. (1992) *The Journey of Life: A Cultural History of Aging in America* (Cambridge: Cambridge University Press).

Collier, P. (2007) *The Bottom Billion: Why the Poorest Countries Are Failing and What Can be Done about It* (Oxford: Oxford University Press).

Collins, J. (2000) 'Quality by Other Means', Unpublished manuscript, Department of Sociology, University of Wisconsin-Madison.

Collins, P. H. (2000) *Black Feminist Thought: Knowledge, Consciousness and the Politics of Empowerment* (New York: Routledge).

Colquhoun, I. (2004) *Design out Crime: Creating Safeand Sustainable Communities* (Amsterdam: Elsevier).

Connell, R. W. (1987) *Gender and Power: Society, the Person and Sexual Politics* (Cambridge: Polity).

Connell, R. W. (2001) *The Men and the Boys* (Berkeley and Los Angeles: Allen & Unwin).

Connell, R. W. (2005) *Masculinities* (2nd edn, Cambridge: Polity).

Connell, R. W. (2011) *Confronting Equality: Gender, Knowledge and Global Change* (Cambridge: Polity).

Conrad, P. (2002) 'A Mirage of Genes', in S. Nettleton and U. Gustafsson (eds), *The Sociology of Health and Illness Reader* (Cambridge: Polity): 76-87.

Cook, K. S., Snijders, C., Buskers, V., and Cheshire, C. (eds) (2009) *eTrust: Forming Relationships in the Online World* (New York: Russell Sage Foundation).

Coontz, S. (1992) *The Way We Never Were: American Families and the Nostalgia Trap* (New York: Basic Books).

Cooper, C. (2016) 'Government Loses Major House of Lords Vote to Redefine Child Poverty', *The Indepen d-ent*, 26 January; www.independent.co.uk/news/uk/politics/government-loses-vote-to-keep-child-poverty-numbers-secret-a6833156.html.

Cooper, H. (2002) 'Investigating Socio-Economic Explanations for Gender and Ethnic Inequalities in Health', *Social Science & Medicine*, 54(5): 693-706.

Corbin, J., and Strauss, A. (1985) 'Managing Chronic Illness at Home: Three Lines of Work', *Qualitative Sociology*, 8(3): 224-247.

Corrigan, P. (1997) *The Sociology of Consumption: An Introduction* (London: Sage).

Corsaro, W. (2005) *The Sociology of Childhood* (2nd edn, Thousand Oaks, CA: Pine Forge Press).

Coser, L. A. (1977) *Masters of Sociological Thought: Ideas in Historical and Social Context* (New York: Harcourt, Brace, Jovanovich).

Cotgrove, S., and Duff, A. (1980) 'Environmentalism, Middle Class Radicalism and Politics', *Sociological Review*, 28(2): 333-351.

Councell, R., and Simes, J. (2002) *Projections of Long Term Trends in the Prison Population to 2009*, Research Report 14/02 (London: Home Office).

Council of Europe (2005) *Reconciling Labour Flexibility with Social Cohesion-Facing the Challenge* (Strasbourg: Council of Europe).

Council of Europe (2006) *Campaign to Combat Violence against Women, including Domestic Violence*, Fact sheet, www.coe.int/t/dg2/equality/domesticviolencecampaign/fact_sheet_en.asp.

Coward, R. (1984) *Female Desire: Women's Sexuality Today* (London: Paladin).

Cowie, J., and Heathcott, J. (eds) (2003) *Beyond the Ruins: The Meanings of Deindustrialization* (Ithaca, NY: Cornell University Press).

Cox, O. C. (1959) *Class, Caste and Race: A Study in Social Dynamics* (New York: Monthly Review Press).

Cox, O. C. (1964) 'The Pre-Industrial City Reconsidered', *Sociological Quarterly*, 5: 133–144.

Crenshaw, K. W. (1991) 'Mapping the Margins: Intersectionality, Identity Politics and Violence against Women of Color', *Stanford Law Review*, 43(6): 1241–1299.

Crenshaw, M. (2011) *Explaining Terrorism: Causes, Processes and Consequences* (Abingdon: Routledge).

Crick, B. (2004) 'Is Britain Too Diverse? The Responses', www.carnegiecouncil.org/media/replies.pdf.

Croall, H. (2001) *Understanding White Collar Crime* (Buckingham: Open University Press).

Croall, H. (2011) *Crime and Society in Britain* (2nd edn, London: Longman).

Crompton, R. (2006) *Employment and the Family: The Reconfiguration of Work and Family Life in Contemporary Societies* (Cambridge: Cambridge University Press).

Crompton, R. (2008) *Class and Stratification: An Introduction to Current Debates* (3rd edn, Cambridge: Polity).

Crompton, R., Brockmann, M., and Lyonette, C. (2005) 'Attitudes, Women's Employment and the Domestic Division of Labour: A Cross-National Analysis in Two Waves', *Work, Employment and Society*, 19 (2): 213–233.

Crossley, N. (2002) *Making Sense of Social Movements* (Buckingham: Open University Press).

Crossley, N. (2003) 'Even Newer Social Movements? Anti-Corporate Protests, Capitalist Crises and the Remoralization of Society', *Organization*, 10(2): 287–305.

Crossley, R. (2014) 'Will Workplace Robots Cost More Jobs Than They Create?', www.bbc.co.uk/news/technology-27995372.

Crothers, C. (1996) *Social Structure* (London: Routledge).

Crowther, D., and Rayman-Bacchus, L. (eds) (2004) *Perspectives on Corporate Social Responsibility* (Aldershot: Ashgate).

Cumberbatch, G., and Negrine, R. (1992) *Images of Disability on Television* (London: Routledge).

Cumings, B. (1987) 'The Origins and Development of the Northeast Asian Political Economy: Industrial Sectors, Product Cycles, and Political Consequences', in F. C. Deyo (ed.), *The Political Economy of the New Asian Industrialism* (Ithaca, NY: Cornell University Press).

Cumings, B. (2005) *Korea's Place in the Sun: A Modern History* (rev. edn, New York: W. W. Norton).

Cumming, E., and Henry, W. E. (1961) *Growing Old: The Process of Disengagement* (New York: Basic Books).

Cunningham, K. (2011) *The Bubonic Plague* (Edina, MN: ABDO).

Curran, J., and Seaton, J. (2003) *Power without Responsibility: The Press, Broadcasting and New Media in Britain* (London: Routledge).

Currie, E. (1998) *Crime and Punishment in America* (New York: Metropolitan Books).

Cylke, F. K. (1993) *The Environment* (New York: HarperCollins).

Daly, G. (2013) *Homeless: Policies, Strategies and Lives on the Streets* (3rd edn, Abingdon: Routledge).

Damaske, S. (2011) *For the Family? How Class and Gender Shape Women's Work* (Oxford: Oxford University Press).

D'Anieri, P., Ernst, C., and Kier, E. (1990) 'New Social Movements in Historical Perspective', *Comparative Politics*, 22(4): 445–458.

Darby, J. (2001) *The Effects of Violence on Peace Processes* (Washington, DC: US Institute of Peace Press).

D'Arcy, C., and Kelly, G. (2015) *Analysing the National Living Wage: Impact and Implications for Britain's Low Pay Challenge* (London: Resolution Foundation).

Darwin, C. (2008 [1859]) *On the Origin of Species* (Oxford: Oxford University Press).

Das, S. K. (2005) *Peace Processes and Peace Accords* (New Delhi: Sage India).

David, M. E. (2003) *Personal and Political: Feminisms, Sociology and Family Lives* (Stoke-on-Trent: Trentham Books).

Davie, G. (1994) *Religion in Britain since 1945: Believing without Belonging* (Oxford: Blackwell).

Davie, G. (2000) *Religion in Modern Europe: A Memory Mutates* (Oxford: Oxford University Press).

Davies, B. (1991) *Frogs and Snails and Feminist Tales* (Sydney: Allen & Unwin).
Davies, J. B., Sandström, S., Shorrocks, A., and Wolff, E. N. (2007) *Estimating the Level and Distribution of Global Household Wealth*, Research Paper no. 2007/77 (Helsinki: UNU-WIDER).
Davis, H. (2004) *Understanding Stuart Hall* (London: Sage).
Davis, K. (1949) *Human Society* (New York: Macmillan).
Davis, K. (1965) 'The Urbanization of the Human Population', *Scientific American*, 213 (September): 41-53.
Davis, M. (1990) *City of Quartz: Excavating the Future in Los Angeles* (London: Vintage).
Davis, M. (2006) *City of Quartz: Excavating the Future in Los Angeles* (2nd edn, London: Verso).
Davis, S. M. (1988) *2001 Management: Managing the Future Now* (London: Simon & Schuster).
Dawkins, R. (1986) *The Blind Watchmaker* (London: Longman).
Dawkins, R. (2006) *The God Delusion* (London: Bantam Press).
Dawood, F. S., Iuliano, A. D., Reed, C., et al. (2012) 'Estimated Global Mortality Associated with the First 12 Months of 2009 Pandemic Influenza A H1N1 Virus Circulation: A Modelling Study', *The Lancet Infectious Diseases*, 12(9): 687-695.
DCMS (Department for Culture, Media and Sport) (2011) 'Tourism', www.culture.gov.uk/what_we_do/tourism/default.aspx.
De Swaan, A. (2001) *Words of the World: The Global Language System* (Cambridge: Polity).
De Vaus, D. (2008) 'Australian Families: Social and Demographic Patterns', in C. B. Hennon and S. M. Wilson (eds), *Families in a Global Context* (New York: Routledge): 379-406.
De Witt, K. (1994) 'Wave of Suburban Growth Is Being Fed by Minorities', *New York Times*, 15 August.
Deem, R. (ed.) (1980) *Schooling for Women's Work* (London: Routledge & Kegan Paul).
Defra (2016) *Digest of Waste and Resource Statistics* (London: Defra); https://www.gov.uk/government/uploads/system/uploads/attachment_data/file/508787/Digest_of_Waste_and_Resource_Statistics_rev.pdf.
Delanty, G. (1997) *Social Science: Beyond Constructivism and Realism* (Buckingham: Open University Press).
Delbès, C., Gaymu, J., and Springer, S. (2006) 'Women Grow Old Alone, but Men Grow Old with a Partner: A European Overview', *Population & Societies*, 419 (January).
Delgado, R., and Stefancic, J. (2001) *Critical Race Theory: An Introduction* (New York: New York University Press).
Della Porta, D., and Diani, M. (2006) *Social Movements: An Introduction* (Oxford: Blackwell).
Della Salla, V. (2011) 'A Less Close Union? The European Union's Search for Unity amid Crisis', in C. Calhoun and G. Derluguian (eds), *The Deepening Crisis: Governance Challenges after Neoliberalism* (New York: New York University Press): 135-156.
DeLong-Bas, N. J. (2004) *Wahhabi Islam: From Revival and Reform to Global Jihad* (New York: I. B. Tauris).
Dennis, A., Philburn, R., and Smith, G. (2013) *Sociologies of Interaction* (Cambridge: Polity).
Dennis, K., and Urry, J. (2009) *After the Car* (Cambridge: Polity).
Dennis, N., and Erdos, G. (1992) *Families without Fatherhood* (London: IEA Health and Welfare Unit).
DeNora, T. (2000) *Music in Everyday Life* (Cambridge: Cambridge University Press).
Denver, D. (2011) *The Scottish Parliament Elections of 2011: Report to the Electoral Commission*, www.electoralcommission.org.uk/_data/assets/pdf_file/0007/141379/SP-2011-electoral-data-report-WEB.pdf.
Denzin, N. K. (1970) *The Research Act in Sociology* (Chicago: Aldine).
Denzin, N. K., Lincoln, Y. S., and Tuhiwai Smith, L. (eds) (2008) *Handbook of Critical and Indigenous Methodologies* (New York: Sage).
Dermott, E., and Seymour, J. (eds) (2011) *Displaying Families: A New Concept for the Sociology of Family Life* (Basingstoke: Palgrave Macmillan).
Derrida, J. (1976) *Of Grammatology* (Baltimore: Johns Hopkins University Press).

Derrida, J. (1978) *Writing and Difference* (London: Routledge & Kegan Paul).

Derrida, J. (1981) *Positions* (London: Athlone Press).

Devall, B. (1990) *Simple in Means, Rich in Ends: Practising Deep Ecology* (London: Green Print).

Deyo, F. C. (1989) *Beneath the Miracle: Labor Subordination in the New Asian Industrialism* (Berkeley: University of California Press).

DfE (Department for Education) (2012) *A Profile of Pupil Exclusions in England* (London: DfE).

DfE (Department for Education) (2014a) *Permanent and Fixed Period Exclusions in England: 2012 to 2013* (London: DfE).

DfE (Department for Education) (2014b) 'Pupil Premium: Funding for Schools and Alternative Provision', https://www.gov.uk/pupil-premium-information-for-schools-and-alternative-provision-settings.

DfE (Department for Education) (2015) 'NEET Statistics Quarterly Brief: January to March 2015', https://www.gov.uk/government/statistics/neet-statistics-quarterly-brief-january-to-march-2015.

DHSS(Department of Health and Social Security) (1980) *Inequalities in Health* (London: DHSS) [Black Report].

Dickens, P. (1996) *Reconstructing Nature: Alienation, Emancipation and the Division of Labour* (London: Routledge).

Dickens, P. (2004) *Society and Nature: Changing Nature, Changing Ourselves* (Cambridge: Polity).

Diehl, M., and Dark-Freudeman, A. (2006) 'The Analytic Template in the Psychology of Aging', in D. J. Sheets, D. B. Bradley and J. Hendricks (eds), *Enduring Questions and Changing Perspectives in Gerontology* (New York: Springer).

Dobash, R. E., and Dobash, R. P. (1992) *Women, Violence and Social Change* (London: Routledge).

Dobson, A., and Bell, D. (eds) (2006) *Environmental Citizenship* (Cambridge, MA: MIT Press).

Dodd, V. (2015) 'Stephen Lawrence: New Criminal Inquiry into Claims Police Shielded Killers', https://www. theguardian. com/uk-news/2015/oct/16/stephen-lawrence-inquiry-hunts-police-alleged-to-have-shielded-killers.

DoH (Department of Health) (2003) *Tackling Health Inequalities: A Programme for Action* (London: DoH).

DoH (Department of Health) (2006) *Smoking, Drinking and Drug Misuse among Young People in England in 2002* (London: DoH).

Doherty, P. C. (2013) *Pandemics: What Everyone Needs to Know* (Oxford: Oxford University Press).

Doig, A. (2011) *State Crime* (Abingdon: Willan).

Doogan, K. (2009) *New Capitalism? The Transformation of Work* (Cambridge: Polity).

Douglas, M. (1994) *Risk and Blame* (London: Routledge).

Dowd, J. (1986) 'The Old Person as Stranger', in V. W. Marshall (ed.), *Later Life: The Social Psychology of Ageing* (Beverly Hills, CA: Sage): 147–187.

Doyal, L. (1995) *What Makes Women Sick: Gender and the Political Economy of Health* (London: Macmillan).

Drentea, P., and Moren-Cross, J. L. (2005) 'Social Capital and Social Support on the Web: The Case of an Internet Mother Site', *Sociology of Health and Illness*, 27(7): 920–943.

Drever, F., and Whitehead, M. (1997) *Health Inequalities* (London: The Stationery Office).

DTI (Department of Trade and Industry) (2000) *Just Around the Corner* (London: DTI).

Du Gay, P. (2000) *In Praise of Bureaucracy: Weber, Organization, Ethics* (London: Sage).

Duerr, H. P. (1988) *Der Mythos vom Zivilsationsprozess*, Vol. 1: *Nacktheit und Scham* (Frankfurt am Main: Suhrkamp).

Duffett, M. (2014) 'Introduction', in M. Duffett (ed.), *Popular Music Fandom: Identities, Roles and Practices* (New York: Routledge): 1–15.

Duffy, B., and Frere-Smith, T. (2014) *Perceptions and Reality: Public Attitudes to Immigration*, https://www.ipsos-mori.com/DownloadPublication/1634_sri-perceptions-and-reality-immigration-report-2013.pdf.

Duggan, M., Ellison, N. B., Lampe, C., Lenhart, A., and Madden, M. (2015) *Social Media Update 2014*,

Pew Research Center, www.pewinternet.org/2015/01/09/social-media-update-2014/.
Duneier, M. (1999) *Sidewalk* (New York: Farrar, Straus & Giroux).
Duneier, M., and Molotch, H. (1999) 'Talking City Trouble: Interactional Vandalism, Social Inequality, and the "Urban Interaction Problem"', *American Journal of Sociology*, 104(5): 1263-1295.
Dunlap, R. E., Buttel, F. H., Dickens, P., and Gijswijt, A. (eds) (2002) *Sociological Theory and the Environment: Classical Foundations, Contemporary Insights* (Oxford: Rowman & Littlefield).
Durkheim, E. (1952 [1897]) *Suicide: A Study in Sociology* (London: Routledge & Kegan Paul).
Durkheim, E. (1965 [1912]) *The Elementary Forms of the Religious Life* (New York: Free Press).
Durkheim, E. (1982 [1895]) *The Rules of Sociological Method* (London: Macmillan).
Durkheim, E. (1984 [1893]) *The Division of Labour in Society* (London: Macmillan).
Durkheim, E. (2011 [1925]) *Moral Education* (New York: Dover).
Dutt, M. (1996) 'Some Reflections on US Women of Color and the United Nations Fourth World Conference on Women and NGO Forum in Beijing, China', *Feminist Studies*, 22(3).
DWP (Department for Work and Pensions) (2002) *Disabled for Life? Attitudes Towards, and Experiences of, Disability in Britain* (London: HMSO).
DWP (Department for Work and Pensions) (2005) *Family Resources Survey, 2004-5* (London: HMSO).
DWP (Department for Work and Pensions) (2007) *The Pensioners' Income Series, 2005-6* (London: HMSO).
DWP (Department for Work and Pensions) (2010) *Universal Credit: Welfare that Works* (London: HMSO).
DWP (Department for Work and Pensions) (2011) *Households below Average Income: An Analysis of the Income Distribution, 1994/5-2009/10*(London: HMSO).
DWP (Department for Work and Pensions) (2012) *Family Resources Survey: United Kingdom 2010/11* (London: DWP).
DWP (Department for Work and Pensions) (2014) 'Disability Prevalence Estimates, 2011-12', https://www.gov.uk/government/uploads/system/uploads/attachment_data/file/321594/disability-prevalence.pdf.
Dwyer, P. (2004) 'Creeping Conditionality in the UK: From Welfare Rights to Conditional Entitlements?', *Canadian Journal of Sociology*, 29(2): 265-287.
Dyck, I. (1992) *William Cobbett and Rural Popular Culture* (Cambridge: Cambridge University Press).
Easton, P. B. (2006) *Creating a Literate Environment: Hidden Dimensions and Implications for Policy* (Hamburg: UNESCO Institute for Education).
Eberstadt, N., and Satel, S. (2004) 'Health, Inequality and the Scholars', *The Public Interest*, no. 157 (Fall): 100-118.
Eckersley, R. (1989) 'Green Politics and the New Class: Selfishness or Virtue?', *Political Studies*, 37(2): 205-223.
The Economist (1995) 'Book Review of David Blankenhorn, Fatherless America', April.
The Economist (2004a) 'The Kindness of Strangers?', 26 February.
The Economist(2004b) 'More or Less Equal? Is Economic Inequality around the World Getting Better or Worse?, 11 March; www.economist.com/node/2498851? story_id=2498851.
The Economist (2005) 'Backgrounder: EU Enlargement', 23 June.
The Economist(2010) 'Europe's Irreligious', 9 August; www.economist.com/node/16767758.
Edwards, R., Gillies, V., and Ribbens McCarthy, J. (2012) 'The Politics of Concepts: Family and its (Putative) Replacements', *British Journal of Sociology*, 63(4): 730-746.
Edwards, T. (1998) 'Queer Fears: Against the Cultural Turn', *Sexualities*, 1(4): 471-484.
Efron, S. (1997) 'Eating Disorders Go Global', *Los Angeles Times*, 18 October.
EHRC (Equality and Human Rights Commission) (2010a) *How Fair is Britain? Equality, Human Rights and Good Relations in 2010: The First Triennial Review*, www.equalityhumanrights.com/uploaded_files/triennial_review/how_fair_is_britain_-_complete_report.pdf.
EHRC (Equality and Human Rights Commission) (2010b) *40 Years since the Equal Pay Act and Scotland's*

Women are Still Paid Less than Men, www.equalityhumanrights.com/scotland/scottish-news/press-releases-2010/40-years-since-the-equal-pay-act-and-scotlands-women-are-still-paid-less-than-men/.

EHRC (Equality and Human Rights Commission) (2011) *Sex and Power 2011* (Manchester: EHRC).

Ehrenreich, B., and Ehrenreich, J. (1979) 'The Professional-Managerial Class', in P. Walker (ed.), *Between Labour and Capital*(Hassocks: Harvester Press).

Eibl-Eibesfeldt, I. (1973) 'The Expressive Behaviour of the Deaf-and-Blind Born', in M. von Cranach and I. Vine (eds), *Social Communication and Movement* (New York: Academic Press).

Ekman, P., and Friesen, W. V. (1978) *Facial Action Coding System* (New York: Consulting Psychologists Press).

Elder, G. H. J. (1974) *Children of the Great Depression: Social Change in Life Experience* (Chicago and London: University of Chicago Press).

Eldridge, J. (ed.) (1993) *Getting the Message: News, Truth and Power* (London: Routledge).

Elgin, D. (2010) *Voluntary Simplicity* (2nd edn, New York: HarperCollins).

Elias, N. (1978) *What is Sociology?* (New York: Columbia University Press).

Elias, N. (1985) *The Loneliness of the Dying* (London: Continuum).

Elias, N. (1987a) 'On Human Beings and their Emotions: A Process-Sociological Essay', *Theory, Culture and Society*, 4(2-3): 339-361.

Elias, N. (1987b) *Involvement and Detachment* (Oxford: Blackwell).

Elias, N. (1991) *The Society of Individuals* (New York: Continuum).

Elias, N. (2000 [1939]) *The Civilizing Process: Sociogenetic and Psychogenetic Investigations* (rev. edn, Oxford: Blackwell).

Ell, K. (1996) 'Social Networks, Social Support and Coping with Serious Illness: The Family Connection', *Social Science and Medicine*, 42(2): 173-183.

Elliott, L. (2013) 'Chinese Downturn Fuels Fears Crisis is Spreading East', *The Guardian*, 21 April; www.theguardian.com/business/2013/apr/21/chinese-downturn-fuels-fears-dangerous-crash.

Elliott, R., and Elliott, C. (2005) 'Idealized Images of the Male Body in Advertising: A Reader-Response Exploration', *Journal of Marketing Communications*, 11(1): 3-19.

Elshtain, J. B. (1987) *Women and War* (New York: Basic Books).

Emmanuel, A. (1972) *Unequal Exchange: A Study of the Imperialism of Trade* (New York: Monthly Review Press).

Engels, F. (2010 [1884]) *The Origin of the Family, Private Property and the State* (London: Penguin).

Epley, N. S., Hillis, K., and Petit, M. (eds) (2006) *Everyday eBay: Culture, Collecting and Desire* (New York: Routledge).

Epstein, D. (ed.) (1998) *Failing Boys? Issues in Gender and Achievement* (Buckingham: Open University Press).

Epstein, S. (2002) 'A Queer Encounter: Sociology and the Study of Sexuality', in C. L. Williams and A. Stein (eds), *Sexuality and Gender* (Oxford: Blackwell).

Equality Challenge Unit (2013) *Equality in Higher Education: Statistical Report 2013. Part 1, Staff* (London: ECU).

Ericson, R. (2005) 'Publicizing Sociology', *British Journal of Sociology*, 56(3): 365-372.

Escobar, A. (1995) *Encountering Development: The Making and Unmaking of the Third World* (Princeton, NJ: Princeton University Press).

Esping-Andersen, G. (1990) *The Three Worlds of Welfare Capitalism* (Cambridge: Polity).

Estes, C. L., Biggs, S., and Phillipson, C. (2003) *Social Theory, Social Policy and Ageing* (Buckingham: Open University Press).

Estes, C. L., Binney, E. A., and Culbertson, R. A. (1992) 'The Gerontological Imagination: Social Influences on the Development of Gerontology, 1945-Present', *Aging and Human Development*, 35(1): 67-82.

Esteva, G. (1992) 'Development', in W. Sachs (ed.), *The Development Dictionary: A Guide to Knowledge*

as Power (Johannesburg: Witwatersrand University Press).
Ethnic Minority Employment Taskforce (2006) *Ethnic Minorities in the Labour Market* (London: HMSO).
EUFRA (European Union Fundamental Rights Agency) (2007) *Trends and Developments in Racism, Xenophobia and Anti-Semitism, 1997–2005*(Vienna: EUFRA).
Europaworld (2007) 'Global Unemployment Remains at Historic High Despite Strong Economic Growth', www.europaworld.com/pub/.
European Commission (2001) *Promoting a European Framework for Corporate Social Responsibility*, Green Paper (Brussels: European Commission).
European Commission (2006) *Eurobarometer 66: Public Opinion in the European Union* (Luxembourg: European Commission).
European Commission (2015a) 'Reducing Emissions from Transport', http://ec.europa.eu/clima/policies/transport/index_en.htm.
European Commission (2015b) 'Acceding and Candidate Countries', http://ec.europa.eu/economy_finance/international/non_eu/candidate/index_en.htm.
European Environment Agency (2013) *Managing Municipal Solid Waste: A Review of Achievements in 32 European Countries* (Copenhagen: EEA); www.eea.europa.eu/publications/managing-municipal-solid-waste.
European Parliament (2014) *European Parliament: Facts and Figures*, www.europarl.europa.eu/EPRS/EPRS-Briefing-542150-European-Parliament-Facts-and-Figures-FINAL.pdf.
Eurostat (2010) *Europe in Figures: Eurostat Yearbook 2010* (Luxembourg: European Union).
Eurostat (2011) 'Population Structure and Ageing', http://epp.eurostat.ec.europa.eu/statistics_explained/index.php/Population_structure_and_ageing.
Eurostat (2014) 'Tertiary Education Statistics', http://ec.europa.eu/eurostat/statistics-explained/index.php/Tertiary_education_statistics#Further_Eurostat_information.
Eurostat (2015a) 'People at Risk of Poverty or Social Exclusion', http://ec.europa.eu/eurostat/statistics-explained/index.php/People_at_risk_of_poverty_or_social_exclusion#Main_tables.
Eurostat(2015b) 'Crude Marriage and Divorce Rates, EU-28, 1970–2011', http://ec.europa.eu/eurostat/statistics-explained/index.php/File: Crude_marriage_and_divorce_rates,_EU-28,_1970%E2%80%932011_(%C2%B9)_(per_1_000_inhabitants)_YB15.png.
Evans, D. J. (1992) 'Left Realism and the Spatial Study of Crime', in D. J. Evans, N. R. Fyfe and D. T. Herbert (eds), *Crime, Policing and Place: Essays in Environmental Criminology* (London: Routledge).
Evans, M. (2000) 'Poor Show', *The Guardian*, 6 March.
Evans, P. (1979) *Dependent Development* (Princeton, NJ: Princeton University Press).
Evans-Pritchard, A. (2015) 'Liquidity Evaporates in China as"Fiscal Cliff" Nears', *The Telegraph*, 4 March; www.telegraph.co.uk/finance/comment/ambroseevans_pritchard/11450691/Liquidity-evaporates-in-China-as-fiscal-cliff-nears.html.
Fainstein, S. (2001) *The City Builders: Property Development in New York and London, 1980–2000* (2nd edn, Lawrence: University Press of Kansas).
Fairclough, N. (1989) *Language and Power* (London: Longman).
Fairclough, N. (1992) *Critical Language Awareness* (London: Longman).
Fairclough, N. (2000) *New Labour, New Language?* (London: Routledge).
Fairclough, N. (2003) *Analysing Discourse: Textual Analysis for Social Research* (London: Routledge).
Faludi, S. (1991) *Backlash: The Undeclared War against Women* (London: Chatto & Windus).
FAO/IFAD/ILO (Food and Agriculture Organization/International Fund for Agricultural Development/International Labour Organization) (2010) 'Breaking the Rural Poverty Cycle: Getting Girls and Boys out of Work and into School', www.fao.org/docrep/013/i2008e/i2008e07.pdf.
Farndale, N. (2011) 'Brian Cox: I'm Not Anti-Religion, I'm Anti-Maniac', *The Telegraph*, 21 February; www.telegraph.co.uk/news/science/8330863/Brian-Cox-Im-not-anti-religion.-Im-anti-maniac.html.
Farrington, D. P. (2003) 'Advancing Knowledge about the Early Prevention of Adult Antisocial Behaviour',

in D. P. Farrington and J. W. Coid (eds), *Early Prevention of Adult Antisocial Behaviour* (Cambridge: Cambridge University Press): 1–31.

Farrington, D. P., and Welsh, B. C. (2007) *Saving Children from a Life of Crime: Early Risk Factors and Effective Interventions* (Oxford: Oxford University Press).

Featherstone, M., and Hepworth, M. (1989) 'Ageing and Old Age: Reflections on the Postmodern Life Course', in B. Bytheway et al. (eds), *Becoming and Being Old* (London: Sage).

Featherstone, M., and Renwick, A. (eds) (1995) *Images of Aging: Cultural Representations of Later Life* (London and New York: Routledge).

Felson, M. (1994) *Crime and Everyday Life: Insights and Implications for Society* (Thousand Oaks, CA: Pine Forge Press).

Felstead, A., Jewson, N., and Walters, S. (2005) *Changing Places of Work* (Basingstoke: Palgrave Macmillan).

Fensom, A. (2015) 'Asia's Growth Gap: India Versus the Rest', *The Diplomat*, 15 April; http://thediplomat.com/2015/04/asias-growth-gap-india-versus-the-rest/.

Fenton, S. (2010) *Ethnicity* (2nd edn, Cambridge: Polity).

Ferrera, M. (2005) *The Boundaries of Welfare: European Integration and the New Spatial Politics of Social Protection* (Oxford: Oxford University Press).

Feuerbach, L. (1957 [1853]) *The Essence of Christianity* (New York: Harper & Row).

Feyerabend, P. (1975) *Against Method* (London: Verso).

Fihlani, P. (2011) 'Is South Africa's Aids Plan Working?', 30 November, www.bbc.co.uk/news/world-africa-15854793.

Financial Fraud Action UK (2014) *Fraud: The Facts 2014* (London: FFAUK).

Finch, J. (2007) 'Displaying Families', *Sociology*, 41(1): 65–81.

Finke, R., and Stark, R. (1988) 'Religious Economies and Sacred Canopies: Religious Mobilization in American Cities, 1906', *American Sociological Review*, 53(1): 41–49.

Finke, R., and Stark, R. (1992) *The Churching of America, 1776–1990: Winners and Losers in our Religious Economy* (New Brunswick, NJ: Rutgers University Press).

Finkelstein, V. (1980) *Attitudes and Disabled People* (New York: World Rehabilitation Fund).

Finkelstein, V. (1981) 'To Deny or Not to Deny Disability', in A. Brechin et al. (eds), *Handicap in a Social World* (Sevenoaks: Hodder & Stoughton).

Firestone, S. (1970) *The Dialectic of Sex: The Case for Feminist Revolution* (London: Jonathan Cape).

Firth, R. W. (ed.) (1956) *Two Studies of Kinship in London* (London: Athlone Press).

Fischer, C. S. (1984) *The Urban Experience* (2nd edn, New York: Harcourt).

Fisher, P., and Nandi, A. (2015) *Poverty across Ethnic Groups through Recession and Austerity* (York: Joseph Rowntree Foundation).

Fiske, J. (1989) *Reading the Popular* (London: Unwin Hyman).

Flaherty, J., Veit-Wilson, J., and Dornan, P. (2004) *Poverty: The Facts* (5th edn, London: Child Poverty Action Group).

Flatley, J., Kershaw, C., Smith, K., Chaplin, R., and Moon, D. (eds) (2010) *Crime in England and Wales, 2009/10* (London: Home Office).

Fletcher, J. (1997) *Violence and Civilization: An Introduction to the Work of Norbert Elias* (Cambridge: Polity).

Florack, F. (2014) 'Free Schools in England: The Future of British Education?', in *International Conference on 'The Future of Education'*, 4th edn, Florence, Italy, 12–13 June: 219–222.

Flouri, E. (2005) *Fathering and Child Outcomes* (Chichester: John Wiley).

Forbes(2014a) 'Forbes Billionaires: Full List of the World's 500 Richest People', www.forbes.com/sites/abrambrown/2014/03/03/forbes-billionaires-full-list-of-the-worlds-500-richest-people/.

Forbes(2014b) 'Inside the Forbes 2014 Billionaires List: Facts and Figures', www.forbes.com/sites/luisakroll/2014/03/03/inside-the-2014-forbes-billionaires-list-facts-and-figures/.

Forbes(2015) 'Mark Zuckerberg: Real Time Net Worth', www.forbes.com/profile/mark-zuckerberg/.
Ford, C. S., and Beach, F. A. (1951) *Patterns of Sexual Behaviour* (New York: Harper & Row).
Foreign Policy (2014) 'Mongolia Versus eBay', www.foreignpolicy.com/articles/2012/02/27/mongolia_vs_ebay.
Foresight (2011) *The Future of Food and Farming: Final Project Report* (London: Government Office for Science); www. bis. gov. uk/assets/foresight/docs/food-and-farming/11-546-future-of-food-and-farming-report.pdf.
Forman, L. (2008) *Assisted Suicide* (Edina, MN: ABDO).
Foucault, M. (1967) *Madness and Civilization: A History of Insanity in the Age of Reason* (London: Tavistock).
Foucault, M. (1973) *The Birth of the Clinic: An Archaeology of Medical Perception* (London: Tavistock).
Foucault, M. (1975) *Discipline and Punish* (Harmondsworth: Penguin).
Foucault, M. (1978) *The History of Sexuality* (London: Penguin).
Foucault, M. (1988) 'Technologies of the Self', in L. H. Martin, H. Gutman and P. H. Hutton (eds), *Technologies of the Self: A Seminar with Michel Foucault* (Amherst: University of Massachusetts Press).
Francis, B. (2000) *Boys, Girls and Achievement: Addressing the Classroom Issues* (London: Routledge).
Frank, A. G. (1966) 'The Development of Underdevelopment', *Monthly Review*, 18: 17-31.
Frank, A. G. (1969) *Capitalism and Underdevelopment in Latin America: Historical Studies of Chile and Brazil* (New York: Monthly Review Press).
Frank, D. J., and McEneaney, E. H. (1999) 'The Individualization of Society and the Liberalization of State Policies on Same-Sex Sexual Relations, 1984-1995', *Social Forces*, 7(3): 911-943.
Fraser, N. (1992) *Revaluing French Feminism: Critical Essays on Di.Iference, Agency and Culture* (Indianapolis: Indiana University Press).
Fraser, S. (1995) *The Bell Curve Wars: Race, Intelligence, and the Future of America* (New York: Basic Books).
Freidson, E. (1970) *Profession of Medicine: A Study of the Sociology of Applied Knowledge* (New York: Dodd, Mead).
Fremlin, J. H. (1964) 'How Many People Can the World Support?', *New Scientist*, 29 October.
Freud, S. (1995 [1933]) *New Introductory Lectures on Psycho-analysis* (New York: W. W. Norton).
Frey, C. B., and Osborne, M. A. (2013) 'The Future of Employment: How Susceptible are Jobs to Computerization?', www.oxfordmartin.ox.ac.uk/downloads/academic/The_Future_of_Employment.pdf.
Frezzo, M. (2014) *The Sociology of Human Rights* (Cambridge: Polity).
Friedan, B. (1963) *The Feminine Mystique* (London: Victor Gollancz).
Friedlander, D., and Burtless, G. (1994) *Five Years After: The Long-Term E.Ifects of Welfare-to-Work Programs* (New York: Russell Sage).
Fries, J. F. (1980) 'Aging, Natural Death, and the Compression of Morbidity', *New England Journal of Medicine*, 303(3): 130-135.
Frisby, D. (2002) *Georg Simmel* (rev. edn, London: Routledge).
Fukuyama, F. (1992) *The End of History and the Last Man* (Harmondsworth: Penguin).
Fuller, B. (1978) 'Accommodating Human Unsettlement', *Town Planning Review*, 49 (January): 51-60.
Gallup (2004) 'Poll Topics and Trends: Religion', 1 August.
Gallup (2014) 'In U.S., 42% Believe Creationist View of Human Origins', 2 June, www.gallup.com/poll/170822/believe-creationist-view-human-origins.aspx.
Gamble, A. (1999) *Marxism after Communism: The Interregnum: Controversies in World Politics 1989-1999* (Cambridge: Cambridge University Press).
Gammons, H. (2011) *The Art of Music Publishing* (Oxford: Elsevier).
Gamson, J. (1994) *Claims to Fame: Celebrity in Contemporary America* (Berkeley: University of California Press).

Gans, H. J. (1962) *The Urban Villagers: Group and Class in the Life of Italian-Americans* (2nd edn, New York: Free Press).

Gardner, C. B. (1995) *Passing By: Gender and Public Harassment* (Berkeley: University of California Press).

Garfinkel, H. (1963) 'A Conception of, and Experiments with, "Trust" as a Condition of Stable Concerted Actions', in O. J. Harvey (ed.), *Motivation and Social Interaction* (New York: Ronald Press).

Garrioch, D. (2004) *The Making of Revolutionary Paris* (Berkeley: University of California Press).

Gatto, J. T. (2002) *Dumbing Us Down: The Hidden Curriculum of Compulsory Schooling* (Philadelphia: New Society).

GaWC (2012) 'The World According to GaWC, 2012', www.lboro.ac.uk/gawc/world2012t.html.

Gellner, E. (1983) *Nations and Nationalism* (Oxford: Blackwell).

Gerbner, G. (1997) 'Gender and Age in Prime-Time Television', in S. Kirschner and D. A. Kirschner (eds), *Perspectives on Psychology and the Media* (Washington, DC: American Psychological Association).

Gereffi, G. (1995) 'Contending Paradigms for Cross-Regional Comparison: Development Strategies and Commodity Chains in East Asia and Latin America', in P. H. Smith (ed.), *Latin America in Comparative Perspective: New Approaches to Methods and Analysis* (Boulder, CO: Westview Press).

Gershuny, J. (1994) 'The Domestic Labour Revolution: A Process of Lagged Adaptation', in M. Anderson, F. Bechofer and J. Gershuny (eds), *The Social and Political Economy of the Household* (Oxford: Oxford University Press).

Gershuny, J. I., and Miles, I. D. (1983) *The New Service Economy: The Transformation of Employment in Industrial Societies* (London: Frances Pinter).

Gerstenfeld, P. B. (2010) *Hate Crimes: Causes, Controls and Controversies* (New York: Sage).

Gewirtz, S., Ball, S., and Bowe, R. (1995) *Markets, Choice, and Equity in Education* (Buckingham: Open University Press).

Gibbs, L. (2002) 'Citizen Activism for Environmental Health: The Growth of a Powerful New Grassroots Health Movement', *Annals of the American Academy of Political and Social Science*, 584: 97-109.

Gibson, W. (1993) 'Disneyland with the Death Penalty', *Wired*, 1 April, www.wired.com/1993/04/gibson-2/.

Giddens, A. (1984) *The Constitution of Society* (Cambridge: Polity).

Giddens, A. (1991a) *Modernity and Self-Identity: Self and Society in the Late Modern Age* (Cambridge: Polity).

Giddens, A. (1991b) *The Consequences of Modernity* (Cambridge: Polity).

Giddens, A. (1993) *The Transformation of Intimacy: Love, Sexuality and Eroticism in Modern Societies* (Cambridge: Polity).

Giddens, A. (1994) *Beyond Left and Right: The Future of Radical Politics* (Cambridge: Polity).

Giddens, A. (1998) *The Third Way: The Renewal of Social Democracy* (Cambridge: Polity).

Giddens, A. (ed.) (2001) *The Global Third Way Debate* (Cambridge: Polity).

Giddens, A. (2002) *Runaway World: How Globalisation is Reshaping our Lives* (London: Profile).

Giddens, A. (2006) 'Misunderstanding Multiculturalism', 14 October, https://www.theguardian.com/commentisfree/2006/oct/14/tonygiddens.

Giddens, A. (2009) *The Politics of Climate Change* (Cambridge: Polity).

Giddens, A. (2011) *The Politics of Climate Change* (2nd edn, Cambridge: Polity).

Gillborn, D., and Youdell, D. (2001) 'The New IQism: Intelligence, "Ability" and the Rationing of Education', in J. Demaine (ed.), *Sociology of Education Today* (London: Palgrave).

Gilleard, C., and Higgs, P. (2005) *Contexts of Ageing: Class, Cohort and Community* (Cambridge: Polity).

Gilligan, C. (1982) *In a Different Voice: Psychological Theory and Women's Development* (Cambridge, MA: Harvard University Press).

Gillis, J. (1996) *A World of Their Own Making: Myth, Ritual and the Quest for Family Values* (New York:

Basic Books).

Gillis, S., Howie, G., and Munford, R. (2007) *Third Wave Feminism: A Critical Exploration* (2nd edn, Basingstoke: Palgrave Macmillan).

Gillon, S. (2004) *Boomer Nation: The Largest and Richest Generation Ever, and How it Changed America* (New York: Free Press)

Ginn, J., and Arber, S. (2000) 'Ethnic Inequality in Later Life: Variation in Financial Circumstances by Gender and Ethnic Group', *Education and Ageing*, 15(1): 65-83.

Ginzburg, C. (1980) *The Cheese and the Worms* (London: Routledge & Kegan Paul).

Giroux, H. (1983) *Theory and Resistance in Education: A Pedagogy for the Opposition* (South Hadley, MA: Bergin & Garvey).

Gittins, D. (1993) *The Family in Question: Changing Households and Familiar Ideologies* (Basingstoke: Macmillan).

Glascock, J. (2001) 'Gender Roles on Prime-Time Network Television: Demographics and Behaviors', *Journal of Broadcasting & Electronic Media*, 45(4): 656-669.

Glaser, B. G., and Strauss, A. L. (1965) *Awareness of Dying* (Chicago: Aldine).

Glasgow University Media Group (1976) *Bad News* (London: Routledge).

Glasius, M., Kaldor, M., and Anheier, H. (eds) (2002) *Global Civil Society 2002* (Oxford: Oxford University Press).

Glass, D. (1954) *Social Mobility in Britain* (London: Routledge & Kegan Paul).

Global Slavery Index (2014) '2014 Global Slavery Index', www.globalslaveryindex.org/.

Glover, I., and Hughes, M. (1996) *The Professional Managerial Class: Contemporary British Management in the Pursuer Mode* (Aldershot: Avebury).

Glover, J. (2011) 'Europeans are Liberal, Anxious and Don't Trust Politicians, Poll Reveals', *The Guardian*, 13 March; www.guardian.co.uk/world/2011/mar/13/guardian-icm-europe-poll-2011.

Goffman, E. (1963) *Stigma* (Englewood Cliffs, NJ: Prentice-Hall).

Goffman, E. (1967) *Interaction Ritual* (New York: Doubleday/Anchor).

Goffman, E. (1968 [1961]) *Asylums: Essays on the Social Situation of Mental Patients and Other Inmates* (Harmondsworth: Penguin).

Goffman, E. (1971) *Relations in Public: Microstudies of the Public Order* (London: Allen Lane).

Goffman, E. (1980 [1959]) *The Presentation of Self in Everyday Life* (London: Penguin).

Goffman, E. (1981) *Forms of Talk* (Philadelphia: University of Pennsylvania Press).

Goldenberg, S., Vidal, J., Taylor, L., Vaughn, A., and Harvey, F. (2015) 'Paris Climate Deal: Nearly 200 Nations Sign in End of Fossil Fuel Era', *The Guardian*, 12 December; www.theguardian.com/environment/2015/dec/12/paris-climate-deal-200-nations-sign-finish-fossil-fuel-era.

Golding, P., and Murdock, G. (eds) (1997) *The Political Economy of the Media* (Cheltenham: Edward Elgar).

Goldscheider, F. K., and Waite, L. J. (1991) *New Families, No Families? The Transformation of the American Home*(Berkeley: University of California Press).

Goldsmith, E. (1988) *The Great U-Turn: Deindustrialising Society* (Bideford: Green Books).

Goldsmith, E., et al. (1972) *A Blueprint for Survival* (London: Penguin).

Goldthorpe, J. H. (1968-9) *The Affluent Worker in the Class Structure*, 3 vols (Cambridge: Cambridge University Press).

Goldthorpe, J. H. (1983) 'Women and Class Analysis in Defence of the Conventional View', *Sociology*, 17(4): 465-476.

Goldthorpe, J. H. (2000) *On Sociology* (Oxford: Oxford University Press).

Goldthorpe, J. H., and McKnight, A. (2004) *The Economic Basis of Social Class*, CASE Paper 80 (London: Centre for Analysis of Social Exclusion, London School of Economics).

Goldthorpe, J. H., and Payne, C. (1986) 'Trends in Intergenerational Class Mobility in England and Wales

1972–1983', *Sociology*, 20: 1–24.

Goldthorpe, J. H., Llewellyn, C., and Payne, C. (1987 [1980]) *Social Mobility and Class Structure in Modern Britain* (2nd edn, Oxford: Clarendon Press).

Goleman, D. (1996) *Emotional Intelligence: Why it Can Matter More than IQ* (London: Bloomsbury).

Golsh, K. (2003) 'Employment Flexibility in Spain and its Impact on Transitions to Adulthood', *Work, Employment and Society*, 17(4): 691–718.

Goode, W. J. (1963) *World Revolution in Family Patterns* (New York: Free Press).

Goodhart, D. (2004) 'Too Diverse? Is Britain Becoming Too Diverse to Sustain the Mutual Obligations behind a Good Society and the Welfare State?', *Prospect*, 20 February; www.prospectmagazine. co.uk/2004/02/too-diverse-david-goodhart-multiculturalism-britain-immigration-globalisation/.

Goodman, A., and Gregg, P. (eds) (2010) *Poorer Children's Educational Attainment: How Important Are Attitudes and Behaviour?* (York: Joseph Rowntree Foundation).

Goodwin, J., and Jasper, J. (eds) (2002) *The Social Movements Reader: Cases and Concepts* (Oxford: Wiley Blackwell).

Gordon, D., Levitas, R., Pantazis, C., et al. (2000) *Poverty and Social Exclusion in Britain* (York: Joseph Rowntree Foundation) [PSE survey].

Gorz, A. (1982) *Farewell to the Working Class* (London: Pluto Press).

Gorz, A. (1985) *Paths to Paradise: On the Liberation from Work* (London: Pluto Press).

Gottdiener, M., Hutchison, R., and Ryan, M. T. (2015) *The New Urban Sociology* (5th edn, Boulder, CO: Westview Press).

Gottfredson, M. R., and Hirschi, T. (1990) *A General Theory of Crime* (Stanford, CA: Stanford University Press).

Goudsblom, J. (1992) *Fire and Civilization* (London: Allen Lane).

Grabosky, P. N., and Smith, R. G. (1998) *Crime in the Digital Age: Controlling Telecommunications and Cyberspace Illegalities* (New Brunswick, NJ: Transaction Books).

Graef, R. (1989) *Talking Blues* (London: Collins).

Graef, R. (2001) *Why Restorative Justice? Repairing the Harm Caused by Crime* (London: Calouste Gulbenkian Foundation).

Graham, F. (2011) 'Is the Internet Going to be the Death of Television?', BBC News, 13 May, www.bbc. co.uk/news/business-13377164.

Graham, H. (1987) 'Women's Smoking and Family Health', *Social Science and Medicine*, 25(1): 47–56.

Graham, H. (1994) 'Gender and Class as Dimensions of Smoking Behaviour in Britain: Insights from a Survey of Mothers', *Social Science and Medicine*, 38(5): 691–698.

Graham, L. (1995) *On the Line at Subaru-Isuzu* (Ithaca, NY: Cornell University Press).

Graham, S. (2010) 'When Infrastructures Fail', in S. Graham (ed.), *Disrupted Cities: When Infrastructure Fails* (London: Routledge): 1–26.

Graham, S. (2011) *Cities under Siege: The New Military Urbanism* (London: Verso).

Graham, S., and McFarlane, C. (eds) (2015) *Infrastructural Lives: Urban Infrastructure in Context* (Abingdon: Routledge).

Graham, S., Desai, R., and McFarlane, C. (2015) 'Water Wars in Mumbai', in S. Graham and C. McFarlane (eds), *Infrastructural Lives: Urban Infrastructure in Context* (Abingdon: Routledge): 61–85.

Graham-Harrison, E. (2015) 'Hassan Rouhani: Reformist Insider Who Has Ended Iran's Isolation', *The Guardian*, 5 April; www.theguardian.com/world/2015/apr/05/profile-hassan-rouhani-iran.

Granovetter, M. (1973) 'The Strength of Weak Ties', *American Journal of Sociology*, 78(6): 1360–1380.

Granovetter, M. (1985) 'Economic Action and Social Structure: The Problem of Embeddedness', *American Journal of Sociology*, 91(3): 481–510.

Gray, D., and Watt, P. (2013) *Giving Victims a Voice: Joint Report into Sexual Allegations made Against Jimmy Savile* (London: MPS/NSPCC); https://www. nspcc. org. uk/globalassets/documents/research-reports/yewtree-report-giving-victims-voice-jimmy-savile.pdf.

Gray, J. (1993) *Men are from Mars, Women are from Venus* (New York: HarperCollins).

Gray, J. (2003) *Al Qaeda and What it Means to Be Modern* (Chatham: Faber & Faber).

Gray, J., Lee Harrington, C., and Sandvoss, C. (eds) (2007) *Fandom: Identities and Communities in a Mediated World* (New York: New York University Press).

Greed, C. (1994) *Women and Planning: Creating Gendered Realities* (London: Routledge).

Green, D. G. (2000) *Institutional Racism and the Police: Fact or Fiction?* (London: CIVITAS).

Green, L. (2015) 'Age and the Life Course: Continuity, Change and the Modern Mirage of Infinite Choice', in M. Holborn (ed.), *Contemporary Sociology* (Cambridge: Polity): 96-129.

Green, L. (2016) *Understanding the Life-Course: Sociological and Psychological Perspectives* (2nd edn, Cambridge: Polity).

Greenberg, J., Schimel, J., and Mertens, A. (2004) 'Ageism: Denying the Face of the Future', in T. D. Nelson (ed.), *Ageism: Stereotyping and Discrimination against Older Persons* (Cambridge, MA: MIT Press): 27-48.

Gregg, B. (2011) *Human Rights as Social Construction* (New York: Cambridge University Press).

Gregg, M. (2011) *Work's Intimacy* (Cambridge: Polity).

Gregg, P., and Washbrook, E. (2010) 'From Birth through Primary School: Evidence from the Avon Longi-tu-dinal Study of Parents and Children', in A. Goodman and P. Gregg (eds), *Poorer Children's Educational Attainment: How Important Are Attitudes and Behaviour?* (York: Joseph Rowntree Foundation): 26-33.

Gregori Signes, C. (2000) *A Genre Based Approach to Daytime Talk on Television* (Valencia: Universitat de València).

Grey, S., and Sawyer, M. (eds) (2008) *Women's Movements: Flourishing or in Abeyance?* (London: Routledge).

Griffin, C. (1985) *'Typical Girls': Young Women from School to the Job Market* (London: Routledge & Kegan Paul).

Grint, K., and Nixon, D. (2015) *The Sociology of Work: An Introduction* (4th edn, Cambridge: Polity).

Grogan, S. (2008) *Body Image: Understanding Body Dissatisfaction in Men, Women and Children* (2nd edn, London: Routledge).

Grossman, C. L. (2010) 'Most Americans Believe in God, but Don't Know Religious Tenets', *USA Today*, 27 September; www.usatoday.com/news/religion/2010-09-28-pew28_ST_N.htm.

Grusky, D. B., and Hauser, R. M. (1984) 'Comparative Social Mobility Revisited: Models of Convergence and Divergence in 16 Countries', *American Sociological Review*, 49: 19-38.

The Guardian (2009) 'Caster Semenya Row: Who are White People to Question the Makeup of an African Girl? It is Racism', 23 August; www.theguardian.com/sport/2009/aug/23/caster-semenya-athletics-gender.

The Guardian (2011) 'How Likely are You to Live to 100?', 4 August; www.guardian.co.uk/news/datablog/2011/aug/04/live-to-100-likely.

The Guardian (2014) 'Full List of Free Schools Approved for 2014 Opening', www.theguardian.com/education/2013/may/22/free-schools-full-list-2014.

The Guardian (2015) 'Lives Transformed: Do Famous Transgender People Help the Cause?', 23 August, www.theguardian.com/society/2015/aug/23/famous-transgender-help-the-cause-caitlyn-jenner-laverne-cox-kellie-maloney.

Guibernau, M. (1999) *Nations without States: Political Communities in a Global Age* (Cambridge: Polity).

Habermas, J. (1981) 'New Social Movements', *Telos*, 49 (Fall): 33-37.

Habermas, J. (1983) 'Modernity- an Incomplete Project', in H. Foster (ed.), *The Anti-Aesthetic* (Port Townsend, WA: Bay Press).

Habermas, J. (1985) *The Philosophical Discourse of Modernity* (Cambridge: Polity).

Habermas, J. (1989 [1962]) *The Structural Transformation of the Public Sphere* (Cambridge, MA: MIT Press).

Habermas, J. (2008) 'Notes on Post-Secular Society', *New Perspectives Quarterly*, 25(4): 17–29.

Hackett, R. A., and Zhao, Y. (eds) (2005) *Democratizing Global Media: One World, Many Struggles* (Oxford: Rowman & Littlefield).

Hadaway, C. K., and Marler, P. L. (2005) 'How Many Americans Attend Worship Each Week? An Alternative Approach to Measurement', *Journal for the Scientific Study of Religion*, 44(3): 307–322.

Hadden, J. (1997) 'New Religious Movements Mission Statement', http://religiousmovements.lib.virginia.edu/welcome/welcome.htm.

Hafferty, F. W., and Castellani, B. (2011) 'Two Cultures: Two Ships: The Rise of a Professionalism Movement within Modern Medicine and Medical Sociology's Disappearance from the Professionalism Debate', in B. A. Pescosolido et al. (eds), *Handbook of the Sociology of Health, Illness and Healing: A Blueprint for the 21st Century* (New York: Springer): 201–220.

Hajer, M. A. (1996) 'Ecological Modernisation as Cultural Politics', in S. Lash, B. Szerszynski and B. Wynne (eds), *Risk, Environment and Modernity: Towards a New Ecology* (London: Sage).

Hales, J., Nevill, C., Pudney, S., and Tipping, S. (2009) *Longitudinal Analysis of the Offending, Crime and Justice Survey 2003–06*, Research Report 19 (London: Home Office).

Hall, E. T. (1969) *The Hidden Dimension* (New York: Doubleday).

Hall, E. T. (1973) *The Silent Language* (New York: Doubleday).

Hall, R., James, S., and Kertesz, J. (1984) *The Rapist who Pays the Rent* (2nd edn, Bristol: Falling Wall Press).

Hall, S. (1980) *Culture, Media, Language: Working Papers in Cultural Studies, 1972–79* (London: Hutchinson, in association with the Centre for Contemporary Cultural Studies, University of Birmingham).

Hall, S. (1991) 'Old and New Identities, Old and New Ethnicities', in A. D. King (ed.), *Culture, Globalization and the World-System: Contemporary Conditions for the Representation of Identity* (Basingstoke: Macmillan): 41–68.

Hall, S. (2006 [1989]) 'New Ethnicities', in B. Ashcroft, G. Griffiths, and H. Tiffin (eds), *The Post-Colonial Studies Reader* (2nd edn, London: Routledge): 199–202.

Hall, S., et al. (1978) *Policing the Crisis: Mugging, the State, and Law and Order* (London: Macmillan).

Halliday, F. (2002) *Two Hours that Shook the World: September 11, 2001: Causes and Conse* quences (London: Saqi Books).

Halligan, J. (2012) 'Foreword', in R. M. Kowalski, S. P. Limber and P. W. Agatston, *Cyberbullying: Bullying in the Digital Age* (Chichester: John Wiley & Sons): vi–viii.

Halsey, A. H. (ed.) (1997) *Education: Culture, Economy, and Society* (Oxford: Oxford University Press).

Hamilton, M. C., Anderson, D., Broaddus, M., and Young, K. (2006) 'Gender Stereotyping and Under-Representation of Female Characters in 200 Popular Children's Picture Books: A Twenty-First Century Update', *Sex Roles*, 55(11–12): 757–765.

Handy, C. (1994) *The Empty Raincoat: Making Sense of the Future* (London: Hutchinson).

Hannigan J. A. (2006) *Environmental Sociology: A Social Constructionist Perspective* (2nd edn, London: Routledge).

Hannigan, J. A. (2014) *Environmental Sociology* (3rd edn, New York: Routledge).

Haraway, D. (1989) *Primate Visions: Gender, Race and Nature in the World of Modern Science* (New York: Routledge).

Haraway, D. (1991) *Simians, Cyborgs and Women: The Reinvention of Nature* (New York; Routledge).

Harman, S., and Williams, D. (2013) 'Introduction: Governing the World?' in S. Harman and D. Williams (eds), *Governing the World ? Cases in Global Governance* (Abingdon: Routledge): 1–11.

Harman, V., and Cappellini, B. (2015) 'Mothers on Display: Lunchboxes, Social Class and Moral Accoun t-ability', *Sociology*, 49(4): 1–18.

Harper, D. (2010) *Visual Sociology: An Introduction* (London: Routledge).
Harrabin, R. (2015) 'Moroccan Solar Plant to Bring Energy to a Million People', 23 November, www.bbc.co.uk/news/science-environment-34883224.
Harrington, A. (2004) *Art and Social Theory* (Cambridge: Polity).
Harris, J. R. (1998) *The Nurture Assumption: Why Children Turn out the Way They Do* (New York: Free Press).
Harris, M. (1978) *Cannibals and Kings: The Origins of Cultures* (New York: Random House).
Harrison, M. (1985) *TV News: Whose Bias?* (Hermitage, Berks: Policy Journals).
Harrison, P. (1983) *Inside the Inner City: Life under the Cutting Edge* (Harmondsworth: Penguin).
Harvey, D. (1982) *The Limits to Capital* (Oxford: Blackwell).
Harvey, D. (1985) *Consciousness and the Urban Experience: Studies in the History and Theory of Capitalist Urbanization* (Oxford: Blackwell).
Harvey, D. (1989) *The Condition of Postmodernity* (Oxford: Blackwell).
Harvey, D. (1993) 'The Nature of Environment: The Dialectics of Social and Environmental Change', *Socialist Register*: 1-51.
Harvey, D. (2006) *Spaces of Global Capitalism: Towards a Theory of Uneven Geographical Development* (London: Verso).
Harvey, D. (2008) 'The Right to the City', *New Left Review*, 53: 23-40.
Harvey, R. (2010) 'Vietnam's Bid to Tame the Internet Boom', 18 August, www.bbc.co.uk/news/world-asia-pacific-11010924.
Hasler, F. (1993) 'Developments in the Disabled People's Movement', in J. Swain (ed.), *Disabling Barriers, Enabling Environments* (London: Sage).
Hass, J. K. (2007) *Economic Sociology: An Introduction* (London: Routledge).
Haughton, G., and Hunter, C. (2003) *Sustainable Cities* (London: Routledge).
Havel, V. (1988) 'Anti-Political Politics', in J. Keane (ed.), *Civil Society and the State: New European Perspectives* (London and New York: Verso).
Hawkins, K. (2015) 'Lizzie Velasquez: Online Bullies Called Me the World's Ugliest Woman', 14 March, www.bbc.co.uk/news/blogs-ouch-30948179.
Hawley, A. H. (1950) *Human Ecology: A Theory of Community Structure* (New York: Ronald Press).
Hawley, A. H. (1968) *Human Ecology* (Glencoe, IL: Free Press).
Health Inequalities Unit, Department of Health (2009) *Tackling Health Inequalities: 2006-08 Policy and Data Update for the* 2010 *National Target*, www.dh.gov.uk/prod_consum_dh/groups/dh_digitalassets/@ dh/@ en/@ ps/@ sta/@ perf/documents/digitalasset/dh_109468.pdf.
Healy, M. (2001) 'Pieces of the Puzzle', *Los Angeles Times*, 21 May.
Heaphy, B. (2011) 'Critical Relational Displays', in J. Seymour and E. Dermott (eds), *Displaying Families: A New Concept for the Sociology of Family Life* (Basingstoke: Palgrave Macmillan): 19-37.
Hearn, J., and McKie, L. (2008) 'Gendered Policy and Policy on Gender: The Case of "Domestic Violence"', *Politics and Policy*, 36(1): 75-91.
Heath, A. (1981) *Social Mobility* (London: Fontana).
Heath, S., and Calvert, E. (2013) 'Gifts, Loans and Intergenerational Support for Young Adults', *Sociology*, 47(6): 1120-1135.
Heath, S., and Cleaver, E. (2003) *Young, Free and Single? Twenty-Somethings and Household Change* (Basingstoke: Palgrave Macmillan).
Heath, S., McGhee, D., and Trevina, S. (2011) 'Lost in Transnationalism: Unraveling the Conceptualisation of Families and Personal Life through a Transnational Gaze', *Sociological Research Online*, 16(4): 12, www.socresonline.org.uk/16/4/12.html.
Hebdige, D. (1997) *Cut'n' Mix: Culture, Identity, and Caribbean Music* (London: Methuen).
Heelas, P. (2002) 'The Spiritual Revolution: From "Religion" to "Spirituality", in L. Woodhead, P.

Fletcher, H. Kawanami and D. Smith (eds), *Religions in the Modern World* (London: Routledge): 357–377.

Heelas, P. (2015) 'Religion and Sources of Significance: The Dawning of a Secular Age?', in M. Holborn (ed.), *Contemporary Sociology* (Cambridge: Polity): 415–443.

Heidensohn, F. (1996) *Women and Crime* (2nd edn, Basingstoke: Palgrave Macmillan).

Heinich, N. (2010) 'About "Social Construction"', *Newsletter of the Research Committee on Sociological Theory*, www.isa-sociology.org/pdfs/rc16newsletter-spring-2010.pdf.

Held, D. (2004) *Global Covenant: The Social Democratic Alternative to the Washington Consensus* (Cambridge: Polity).

Held, D. (2006) *Models of Democracy* (3rd edn, Cambridge: Polity).

Held, D., Goldblatt, D., McGrew, A., and Perraton, J. (1999) *Global Transformations: Politics, Economics and Culture* (Cambridge: Polity).

Hemerijck, J. (2013) *Changing Welfare States* (Oxford: Oxford University Press).

Henderson, J., and Appelbaum, R. P. (1992) 'Situating the State in the Asian Development Process', in R. P. Appelbaum and J. Henderson (eds), *States and Development in the Asian Pacific Rim* (Newbury Park, CA: Sage).

Hendricks, J. (1992) 'Generation and the Generation of Theory in Social Gerontology', *Aging and Human Development*, 35(1): 31–47.

Henslin, J. M., and Biggs, M. A. (1997 [1971]) 'Behaviour in Public Places: The Sociology of the Vaginal Examination', in J. M. Henslin (ed.), *Down to Earth Sociology: Introductory Readings* (9th edn, New York: Free Press).

Hepworth, M. (2000) *Stories of Ageing* (Buckingham: Open University Press).

Heritage, J. (1984) *Garfinkel and Ethnomethodology* (Cambridge: Polity).

Herman, E. S., and McChesney, R. W. (1997) *The Global Media: The New Missionaries of Global Capitalism* (London: Cassell).

Herman, E. S., and McChesney, R. W. (2003) 'Media Globalization: The US Experience and Influence', in R. C. Allen and A. Hill (eds), *The Television Studies Reader* (London: Routledge).

Herrnstein, R. J., and Murray, C. (1994) *The Bell Curve: Intelligence and Class Structure in American Life* (New York: Free Press).

HESA (Higher Education Statistics Agency) (2010) 'Staff at Higher Education Institutions in the United Kingdom, 2008/09', www.hesa.ac.uk/index.php? option = com_content&task = view&id = 1590&Itemid = 161.

Hewson, C., Yule, P., Laurent, D., and Vogel C. (2002) *Internet Research Methods: A Practical Guide for the Social and Behavioural Sciences* (London: Sage).

Hexham, I., and Poewe, K. (1997) *New Religions as Global Cultures* (Boulder, CO: Westview Press).

Heywood, A. (2012) *Political Ideologies: An Introduction* (5th edn, Basingstoke: Palgrave Macmillan).

Hickson, K. (2004) 'Equality', in R. Plant, M. Beech and K. Hickson (eds), *The Struggle for Labour's Soul: Understanding Labour's Political Thought since 1945* (London: Routledge).

Higher Education Commission (2014) *Too Good to Fail: The Financial Sustainability of Higher Education in England* (London: HEC).

Hills, J., et al. (2010) *An Anatomy of Economic Inequality in the UK: Report of the National Equality Panel* (London: Government Equalities Office).

Hillyard, P., Pantazis, C., Tombs, S., and Gordon, D. (eds) (2004) *Beyond Criminology? Taking Harm Seriously* (London: Pluto Press).

Hironaka, A. (2005) *Neverending Wars: The International Community, Weak States, and the Perpetuation of Civil War* (Cambridge, MA: Harvard University Press).

Hirschi, T. (1969) *Causes of Delinquency* (Berkeley: University of California Press).

Hirst, P. (1997) 'The Global Economy: Myths and Realities', *International A.Ifairs*, 73(3): 409–425.

Hirst, P. (2001) *War and Power in the 21st Century: The State, Military Conflict and the International System* (Cambridge: Polity).

Hirst, P., and Thompson, G. (1992) 'The Problem of "Globalization": International Economic Relations, National Economic Management, and the Formation of Trading Blocs', *Economy and Society*, 21(4): 357-396.

Hirst, P., and Thompson, G. (1999) *Globalization in Question: The International Economy and the Possibilities of Governance* (rev. edn, Cambridge: Polity).

HMIC (2014) 'Police Force Figures on Rape Made Publicly Available', 31 January, www.justice inspectorates.gov.uk/hmic/news/news-feed/police-force-figures-on-rape-made-publicly-available/.

HMRC (Her Majesty's Revenue and Customs) (2010) 'Personal Wealth', www.hmrc.gov.uk/stats/personal_wealth/13-5-table-2005.pdf.

Hobson, B. (ed.) (2002) *Making Men into Fathers: Men, Masculinities and the Social Politics of Fatherhood* (Cambridge: Cambridge University Press).

Hobson, D. (2002) *Soap Opera* (Cambridge: Polity).

Hochschild, A. (1983) *The Managed Heart: Commercialization of Human Feeling* (Berkeley: University of California Press).

Hochschild, A. (1989) *The Second Shift: Working Parents and the Revolution at Home* (New York: Viking).

Holmes, M. (2011) 'Emotional Reflexivity in Contemporary Friendships: Understanding it Using Elias and Facebook Etiquette', *Sociological Research Online*, 16(1): 11, www.socresonline.org.uk/16/1/11.html.

Holmwood, J. (2010) 'Three Tiers for Sociology as Funding is Slashed', *Network* [newsletter of the British Sociological Association].

Home Office, ONS and Ministry of Justice (2013) *An Overview of Hate Crime in England and Wales, December 2013*, https://www.gov.uk/government/uploads/system/uploads/attachment_data/file/266358/hate-crime-2013.pdf.

hooks, b. (1981) *Ain't I a Woman? Black Women and Feminism* (Boston: South End Press).

hooks, b. (1997) *Bone Black: Memories of Girlhood* (London: Women's Press).

Hopper, P. (2007) *Understanding Cultural Globalization* (Cambridge: Polity).

Horkheimer, M., and Adorno, T. W. (2002 [1947]) *Dialectic of Enlightenment: Philosophical Fragments* (Stanford, CA: Stanford University Press).

Horlick-Jones, T., Walls, J., Rowe, G., Pidgeon, N., Poortinga, W., Murdock, G., and O'Riordan, T. (2009) *The GM Debate: Risk, Politics and Public Engagement* (London: Routledge).

Howard, J. H., et al. (1986) 'Change in "Type A" Behaviour a Year after Retirement', *The Gerontologist*, 26(6): 643-649.

Howard, M., Garnham, A., Fimister, G., and Veit-Wilson, J. (2001) *Poverty: The Facts* (4th edn, London: Child Poverty Action Group).

Hughes, E. C. (1945) 'Dilemmas and Contradictions of Status', *American Journal of Sociology*, 50(5): 353-359.

Hughes, G. (1998) *Understanding Crime Prevention: Social Control, Risk and Late Modernity* (Buckingham: Open University Press).

Humphreys, L. (1970) *Tearoom Trade: A Study of Homosexual Encounters in Public Places* (London: Duckworth).

Hunt, P. (ed.) (1966) *Stigma: The Experience of Disability* (London: Geoffrey Chapman).

Hunt, S. (2016) *The Life-Course: A Sociological Introduction* (2nd edn, Basingstoke: Palgrave Macmillan).

Huntington, S. P. (1996) *The Clash of Civilizations and the Remaking of World Order* (New York: Simon & Schuster).

Hutchby, I. (2005) *Media Talk: Conversation Analysis and the Study of Broadcasting* (Buckingham: Open University Press).

Hutchison, E. D. (2007) *Dimensions of Human Behavior: The Changing Life Course* (3rd edn, Thousand

Oaks, CA: Sage).

Hutton, W. (1995) *The State We're in* (London: Jonathan Cape).

Hylton, K. (2009) '*Race*' *and Sport*: *Critical Race Theory* (London: Routledge).

Hyman, R. (1984) *Strikes* (2nd edn, London: Fontana).

Iacovou, M., and Skew, A. (2010) *Household Structure in the EU*, ISER Working Paper no. 2010-10 (Colchester: University of Essex: Institute for Social and Economic Research).

IBRD (International Bank for Reconstruction and Development)/World Bank (2007) *Millennium Development Goals*: *Global Monitoring Report* (Washington DC: World Bank).

IFS (Institute for Fiscal Studies) (2011) *Poverty and Inequality in the UK*: *2011* (London: IFS).

Iganski, P., and Payne, G. (1999) 'Socio-Economic Restructuring and Employment: The Case of Minority Ethnic Groups', *British Journal of Sociology*, 50(2): 195–215.

ILGA (International Lesbian, Gay, Bisexual, Trans and Intersex Association) (2015) The Lesbian, Gay and Bisexual Map of World Laws, http://old.ilga.org/Statehomophobia/ILGA_WorldMap_2015_ENG.pdf.

Illich, I. (1975) *Medical Nemesis*: *The Expropriation of Health* (London: Calder & Boyars).

Illich, I. D. (1971) *Deschooling Society* (Harmondsworth: Penguin).

ILO (International Labour Organization) (1999) 'C182 Worst Forms of Child Labour Convention', www.ilo.org/ilolex/cgi-lex/convde.pl? C182.

ILO (International Labour Organization) (2007a) *Global Employment Trends for Women*, *Brief*, *March 2007*, www.ilo.org/empelm/pubs/WCMS_114287/lang--es/index.htm.

ILO (International Labour Organization) (2007b) *Harvest for the Future*: *Agriculture without Children* (Geneva: ILO).

ILO (International Labour Organization) (2010) *Accelerating Action against Child Labour* (Geneva: ILO).

ILO (International Labour Organization) (2011a) *Global Employment Trends 2011*: *The Challenge of a Jobs Recovery*(Geneva: ILO).

ILO(International Labour Organization) (2011b) 'Eliminating Child Labour in Rural Areas through Decent Work', www.ilo.org/wcmsp5/groups/public/---ed_emp/documents/publication/wcms_165305.pdf.

ILO (International Labour Organization) (2012) *World of Work Report*: *Better Jobs for a Better Economy*, www.ilo.org/wcmsp5/groups/public/---dgreports/---dcomm/---publ/documents/publication/wcms_1794 53.pdf.

IMS (2013) 'Amazon Forges Another Competitive Advantage over Retailers', www.imsresultscount.com/resultscount/2013/10/amazon-forges-another-competitive-advantage-over-retailers.html.

The Independent (2007) 'Nigeria: Learning the Hard Way', 17 October; www.independent.co.uk/news/world/africa/nigeria-learning-the-hard-way-397090.html.

The Independent (2012) 'Elton John: The Historic Fight for Equality Must Go On: Let's Get on and Legalise Same-Sex Marriage', 8 October; www.independent.co.uk/voices/comment/elton-john-the-historic-fight-for-equality-must-go-on-lets-get-on-and-legalise-samesex-marriage-8202686.html.

The Independent(2013) 'Olympics Legacy: Did the Games Succeed in rejuvenating East London?', 16 July; www.independent.co.uk/sport/olympics/olympics-legacy-did-the-games-succeed-in-rejuvenating-east-london-8711691.html.

The Independent (2014) 'Sunday Times Rich List: Wealthiest Britons Own a Third of the Nation's Wealth', 18 May; www.independent.co.uk/news/people/sunday-times-rich-list-wealthiest-britons-own-a-third-of-the-nations-wealth-9391634.html.

Inglehart, R. (1977) *The Silent Revolution*: *Changing Values and Political Styles among Western Publics* (Princeton, NJ: Princeton University Press).

Inglehart, R. (1990) 'Values, Ideology, and Cognitive Mobilization', in R. J. Dalton and M. Kuechler (eds), *Challenging the Political Order*: *New Social and Political Movements in Western Democracies* (Oxford: Blackwell).

Inglehart, R. (1997) *Modernization and Postmodernization*: *Cultural*, *Economic and Political Change in 43 Societies* (Princeton, NJ: Princeton University Press).

Institute for Child and Family Policy (2004) 'Lone Parents/Lone Mother Families with Children', www.childpolicyintl.org/.

International Organization for Migration (2012) 'Facts and Figures', www.iom.int/jahia/Jahia/about-migration/facts-and-figures/lang/en.

Internet World Stats (2015) 'World Internet Penetration Rates by Geographic Regions, 2014 Q4', www.internetworldstats.com/stats.htm.

IPCC (Intergovernmental Panel on Climate Change) (2007) *Climate Change 2007: Synthesis Report*, Fourth Assessment Report, www.ipcc.ch/publications_and_data/publications_ipcc_fourth_assessment_report_synthesis_report.htm.

IPCC (Intergovernmental Panel on Climate Change) (2015) *Climate Change 2014: Synthesis Report, Contribution of Working Groups Ⅰ, Ⅱ and Ⅲ to the Fifth Assessment Report of the Intergovernmental Panel on Climate Change* (Geneva: IPCC).

IPPR (Institute for Public Policy Research) (1999) *Unsafe Streets: Street Homelessness and Crime* (London: IPPR).

Ipsos MORI (2007) 'The Most Important Issues Facing Britain Today', www.ipsos-mori.com/research publications/researcharchive/poll.aspx? oItemID = 56&view = wide#2007.

Ipsos MORI (2015) 'How Britain Voted in 2015', https://www.ipsos-mori.com/researchpublications/researcharchive/3575/How-Britain-voted-in-2015.aspx? view = wide.

Irwin, A. (2001) *Sociology and the Environment: A Critical Introduction to Society, Nature and Knowledge* (Cambridge: Polity).

ISNA (Intersex Association of North America) (2015) 'What is Intersex?', www.isna.org/faq/what_is_intersex.

ITU (International Telecommunication Union) (2014) *The World in 2014: ICT Facts and Figures* (Geneva: ITU); www.itu.int/en/ITU-D/Statistics/Documents/facts/ICTFactsFigures2014-e.pdf.

Jackson, M., and Goldthorpe, J. H. (2007) 'Intergenerational Class Mobility in Contemporary Britain: Political Concerns and Empirical Findings', *British Journal of Sociology*, 58(4): 525–546.

Jackson, S. (2001) 'Why a Materialist Feminism is (Still) Possible-and Necessary', *Women's Studies International Forum*, 24(3/4): 283–293.

Jackson, S., and Jones, J. (eds) (1998) *Contemporary Feminist Theories* (New York: New York University Press).

Jaishankar, K. (2011) 'Conclusion', in K. Jaishankar (ed.), *Cyber Criminology: Exploring Internet Crimes and Criminal Behavior* (Boca Raton, FL: CRC Press): 411–414.

James, A., Jenks, C., and Prout, A. (1998) *Theorizing Childhood* (Cambridge: Polity).

Jamieson, L. (1998) *Intimacy: Personal Relationships in Modern Societies* (Cambridge: Polity).

Jamieson, L. (2013) 'Personal Relationships, Intimacy and the Self in a Mediated and Global Digital Age', in K. Orton-Johnson and N. Prior (eds), *The Palgrave Macmillan Digital Sociology: Critical Perspectives* (Basingstoke: Palgrave Macmillan): 13–33.

Jay, A. (2014) *Independent Inquiry Into Child Sexual Exploitation in Rotherham 1997–2013*, www.rotherham.gov.uk/downloads/file/1407/independent_inquiry_cse_in_rotherham.

Jeffreys, S. (2015) *Beauty and Misogyny: Harmful Cultural Practices in the West* (2nd edn, London: Routledge).

Jencks, C. (1994) *The Homeless* (Cambridge, MA: Harvard University Press).

Jenkins, C. (1990) *The Professional Middle Class and the Origins of Progressivism: A Case Study of the New Education Fellowship 1920–1950*, CORE 14(1).

Jenkins, H. (2009) *Confronting the Challenges of Participatory Culture: Media Education for the 21st Century* (Cambridge, MA: MIT Press).

Jenkins, H., Ito, M., andboyd, d. (2016) *Participatory Culture in a Networked Era* (Cambridge: Polity).

Jenkins, P. (2001) *Paedophiles and Priests: Anatomy of a Contemporary Crisis* (Oxford: Oxford University

Press).

Jenkins, R. (1996) *Social Identity* (2nd edn, London: Routledge).

Jenkins, R. (2008) *Social Identity* (3rd edn, London: Routledge).

Jenkins, S. P. (2011) *Changing Fortunes: Income Mobility and Poverty Dynamics in Britain* (Oxford: Oxford University Press).

Jenks, C. (2005) *Childhood* (2nd edn, London: Routledge).

Jenks, M., and Jones, C. (eds) (2009) *Dimensions of the Sustainable City* (New York: Springer).

Jensen, A. (1969) 'How Much Can We Boost IQ and Scholastic Achievement?', *Harvard Educational Review*, 39(1): 1-123.

Jensen, A. (1979) *Bias in Mental Testing* (New York: Free Press).

Joas, H., and Knöbl, W. (2012) *War in Social Thought: Hobbes to the Present* (Princeton, NJ: Princeton University Press).

Jobe, A. (2010) *The Causes and Consequences of Re-Trafficking: Evidence from the IOM Human Trafficking Database* (Geneva: International Organization for Migration).

Jobling, R. (1988) 'The Experience of Psoriasis under Treatment', in M. Bury and R. Anderson (eds), *Living with Chronic Illness: The Experience of Patients and their Families* (London: Unwin Hyman).

John, M. T. (1988) *Geragogy: A Theory for Teaching the Elderly* (New York: Haworth).

Johnson, B. (2007) 'Families of Abused Teenagers Sue MySpace', *The Guardian*, 19 January; www.guardian. co.uk/media/2007/jan/19/digitalmedia.usnews.

Joint Council for Qualifications (2013) 'Entry Trends, Gender and Regional Charts, GCE 2013', www.jcq.org.uk/media-centre/news-releases/entry-trends-gender-regional-charts-gce-2013.

Jones, D. E., Doty, S., Grammich, C., et al. (2002) *Religious Congregations & Membership in the United States 2000: An Enumeration by Region, State and County Based on Data Reported for 149 Religious Bodies* (Nashville, TN: Glenmary Research Centre).

Jones, T., and Newburn, T. (2007) *Policy Transfer and Criminal Justice: Exploring US Influence over British Crime Control Policy* (Maidenhead: Open University Press).

Jónsson, Ö. D. (2010) *Good Clean Fun: How the Outdoor Hot Tub Became the Most Frequented Gathering Place in Iceland*, http://skemman.is/stream/get/1946/6754/18560/1/243-249_%C3%96rn_D_Jonsson_VIDbok.pdf.

Judge, K. (1995) 'Income Distribution and Life Expectancy: A Critical Appraisal', *British Medical Journal*, 311: 1282-1287.

Jung, S., and Shim, D. (2014) 'Social Distribution: K-Pop Fan Practices in Indonesia and the "Gangnam Style" Phenomenon', *International Journal of Cultural Studies*, 17(5): 485-501.

Kagan, M. (2011) '10 essential Twitter Stats', http://blog.hubspot.com/blog/tabid/6307/bid/12234/10-Essential-Twitter-Stats-Data.aspx.

Kaldor, M. (2006) *New and Old Wars: Organized Violence in a Global Era* (2nd edn, Cambridge: Polity).

Kalyvas, S. N. (2006) *The Logic of Violence in Civil War* (Cambridge: Cambridge University Press).

Kanbur, R., and Sumner, A. (2011) *Poor Countries or Poor People? Development Assistance and the New Geography of Global Poverty*, Working Paper 2011-08 (Ithaca, NY: Cornell University).

Karlsen, S. (2007) *Ethnic Inequalities in Health: The Impact of Racism*, Better Health Briefing 3 (London: Race Equality Foundation).

Karpf, A. (1988) *Doctoring the Media: The Reporting of Health and Medicine* (London: Routledge).

Karyotis, G., and Gerodimos, R. (2015) 'Introduction: Dissecting the Greek Debt Crisis', in G. Karyotis and R. Gerodimos (eds), *The Politics of Extreme Austerity: Greece in the Eurozone Crisis* (Basingstoke: Palgrave Macmillan): 1-14.

Kasarda, J. D., and Janowitz, M. (1974) 'Community Attachment in Mass Society', *American Sociological Review*, 39: 328-339.

Katz, E., and Lazarsfeld, P. (1955) *Personal Influence* (New York: Free Press).

Katz, J., Rice, R. E., and Aspden, P. (2001) 'The Internet, 1995–2000: Access, Civic Involvement, and Social Interaction', *American Behavioral Scientist*, 45(3): 405–419.

Katz, S. (1996) *Disciplining Old Age: The Formation of Gerontological Knowledge* (Charlottesville and London: University Press of Virginia).

Kaufman, E. (2007) *The End of Secularization in Europe? A Demographic Perspective*, Working Paper (Birkbeck College, University of London).

Kautsky, J. (1982) *The Politics of Aristocratic Empires* (Chapel Hill: University of North Carolina Press).

Keddie, A., and Mills, M. (2007) *Teaching Boys: Classroom Practices that Work* (Crow's Nest, NSW: Allen & Unwin).

Kelly, M. P. (1992) *Colitis* (London: Tavistock).

Kendall, D. (2005) *Framing Class: Media Representations of Wealth and Poverty in America* (Lanham, MD: Rowman & Littlefield).

Kepel, G. (1994) *The Revenge of God: The Resurgence of Islam, Christianity and Judaism in the Modern World* (Cambridge: Polity).

Kiecolt, K. J., and Nelson, H. M. (1991) 'Evangelicals and Party Realignment, 1976–1988', *Social Science Quarterly*, 72: 552–569.

Kiely, R. (1999) 'The Last Refuge of the Noble Savage? A Critical Assessment of Post-Development Theory', *European Journal of Development Research*, 11(1): 30–55.

Kilminster, R. (2007) *Norbert Elias: Post-Philosophical Sociology* (London: Routledge).

Kim, C. E. (2012) 'Nonsocial Transient Behavior: Social Disengagement on the Greyhound Bus', *Symbolic Interaction* 35(3): 267–283.

King, P. (2011) *The New Politics: Liberal Conservatism or Same Old Tories?* (Bristol: Policy Press).

King, Z., Burke, S., and Pemberton, J. (2005) 'The "Bounded" Career: An Empirical Study of Human Capital, Career Mobility and Employment Outcomes in a Mediated Labour Market', *Human Relations*, 58(8): 981–1007.

Kinsey, A. C. (1948) *Sexual Behaviour in the Human Male* (Philadelphia: W. B. Saunders).

Kinsey, A. C. (1953) *Sexual Behaviour in the Human Female* (Philadelphia: W. B. Saunders).

Kirkwood, T. (2001) *Ageing Vulnerability: Causes and Interventions* (Chichester: Wiley).

Knorr-Cetina, K., and Cicourel, A. V. (1981) *Advances in Social Theory and Methodology: Towards an Interpretation of Micro and Macro-Sociologies* (London: Routledge & Kegan Paul).

Kofman, E. (2004) 'Family-Related Migration: A Critical Review of European Studies', *Journal of Ethnic and Migration Studies*, 30(2): 243–262.

Kolakowski, L. (2005) *Main Currents of Marxism: The Founders, the Golden Age, the Breakdown* (New York: W. W. Norton).

Kolker, R. (2009) *Media Studies: An Introduction* (Chichester: Wiley-Blackwell).

Kollock, P. (1999) 'The Production of Trust in Online Markets', *Advances in Group Processes*, vol. 16, ed. S. R. Thye et al. (Stamford, CT, and London: JAI Press).

Korte, H. (2001) 'Perspectives on a Long Life: Norbert Elias and the Process of Civilization', in T. Salumets (ed.), *Norbert Elias and Human Interdependencies* (Montreal and Kingston: McGill-Queen's University Press).

Koser, K., and Lutz, H. (1998) 'The New Migration in Europe: Contexts, Constructions and Realities', in K. Koser and H. Lutz (eds), *The New Migration in Europe: Social Constructions and Social Realities* (Basingstoke: Macmillan).

Kosmin, B. A., and Keysar, A. (2009) *American Religious Identification Survey: Summary Report* (Hartford, CT: Program on Public Values).

Koss, S. E. (1973) *Fleet Street Radical: A. G. Gardiner and the Daily News* (London: Allen Lane).

Kraut, R., Brynin, M., and Kiesler, S. (eds) (2006) *Computers, Phones and the Internet: Domesticating Internet Technology* (Buckingham: Open University Press).

Kristeva, J. (1977) *Polylogue* (Paris: Seuil).

Kristeva, J. (1984) *Revolution in Poetic Language* (New York: Columbia University Press).

Krolløke, C., and Sørensen, A. S. (2006) *Gender Communication Theories and Analyses: From Silence to Performance* (London: Sage).

Krupat, E. (1985) *People in Cities: The Urban Environment and its Effects* (Cambridge: Cambridge University Press).

Kuhn, T. (1962) *The Structure of Scientific Revolutions* (Chicago: University of Chicago Press).

Kulkarni, V. G. (1993) 'The Productivity Paradox: Rising Output, Stagnant Living Standards', *Business Week*, 8 February.

Kuznets, S. (1955) 'Economic Growth and Income Inequality', *Economic Review*, 45(1): 1-28.

Lacan, J. (1995) *Lacan's Four Fundamental Concepts of Psychoanalysis* (New York: SUNY Press).

Laming, Lord (2003) *The Victoria Climbie Inquiry*, CM 5730 (London: HMSO).

Land, K. C., Deane, G., and Blau, J. R. (1991) 'Religious Pluralism and Church Membership', *American Sociological Review*, 56(2): 237-249.

Landes, D. S. (2003) *The Unbound Prometheus: Technological Change and Industrial Development in Western Europe from 1750 to the Present* (2nd edn, New York: Cambridge University Press).

Lansley, S., and Mack, J. (2015) *Breadline Britain: The Rise of Mass Poverty* (London: Oneworld).

Lappe, F. M. (1998) *World Hunger: 12 Myths* (New York: Grove Press).

Laqueur, T. (1990) *Making Sex: Body and Gender from the Greeks to Freud* (Cambridge, MA: Harvard University Press).

Laqueur, W. (2000) *The New Terrorism: Fanaticism and the Arms of Mass Destruction* (New York: Oxford University Press).

Laqueur, W. (2003) *No End to War: Terrorism in the 21st Century* (New York: Continuum).

Lareau, A. (2003) *Class, Race and Family Life* (Berkeley: University of California Press).

Larsen, J., Urry, J., and Axhausen, K. (2006) *Social Networks and Future Mobilities: Report to the UK Department for Transport* (Lancaster and Zurich: University of Lancaster and IVT, ETH Zurich).

Lask B., and Bryant-Waugh, R. (eds) (2000) *Anorexia Nervosa and Related Eating Disorders in Childhood and Adolescence* (Hove: Psychology Press).

Last J. M. (ed.) (2001) *A Dictionary of Epidemiology* (4th edn, New York: Oxford University Press).

Laumann, E. O. (1994) *The Social Organization of Sexuality: Sexual Practices in the United* States (Chicago: University of Chicago Press).

Law, I. (2009) *Racism and Ethnicity: Global Debates, Dilemmas, Directions* (Harlow: Pearson Education).

Lawson, N. (2009) *An Appeal to Reason: A Cool Look at Global Warming* (London: Duckworth Overlook).

Le Roux, B., Rouanet, H., Savage, M., and Warde, A. (2007) *Class and Cultural Division in the UK*, Working Paper no. 40 (CRESC, University of Manchester).

Lea, J., and Young, J. (1984) *What Is to Be Done about Law and Order?* (London: Penguin).

Leadbeater, C. (1999) *Living on Thin Air: The New Economy* (London: Viking).

Lee, D., and Newby, H. (1983) *The Problem of Sociology* (London: Routledge).

Lee, N. (2001) *Childhood and Society: Growing Up in an Age of Uncertainty* (Buckingham: Open University Press).

Lee, R. B., and De Vore, I. (eds) (1968) *Man the Hunter* (Chicago: Aldine).

Lee, S. (2001) 'Fat Phobia in Anorexia Nervosa: Whose Obsession Is It?', in M. Nasser, M. Katzman and R. Gordon (eds), *Eating Disorders and Cultures in Transition* (New York: Brunner-Routledge).

Lees, L., Slater, T., and Wyly, E. (eds) (2008) *Gentrification* (New York: Routledge).

Lees, S. (1993) *Sugar and Spice: Sexuality and Adolescent Girls* (London: Penguin).

Leisering, L., and Leibfried, S. (1999) *Time and Poverty in Western Welfare States* (Cambridge: Cambridge University Press).

Leitenberg, M. (2006) *Deaths in Wars and Conflicts in the 20th Century*, Occasional Paper no. 29 (3rd edn,

Ithaca, NY: Cornell University).
Lelkes, O. (2007) *Poverty among Migrants in Europe* (Vienna: European Centre for Social Welfare Policy and Research).
Lemert, E. (1972) *Human Deviance, Social Problems and Social Control* (Englewood Cliffs, NJ: Prentice-Hall).
Lemkin, R. (1944) *Axis Rule in Occupied Europe: Laws of Occupation, Analysis of Government, Proposals for Redress* (New York: Carnegie Endowment for International Peace).
Lenski, G. (1963) *The Religious Factor* (New York: Doubleday).
LeVay, S. (1993) *The Sexual Brain* (Cambridge, MA: MIT Press).
Levitas, R. (2005) *The Inclusive Society: Social Exclusion and New Labour* (2nd edn, Basingstoke: Palgrave Macmillan).
Lev-On, A. (2009) 'Cooperation with and without Trust Online', in K. S. Cook, C. Snijders, V. Buskers and C. Cheshire (eds), *eTrust: Forming Relationships in the Online World* (New York: Russell Sage Founda-tion): 292–318.
Lewis, M. W. (1994) *Green Delusions: An Environmentalist Critique of Radical Environmentalism* (Durham, NC, and London: Duke University Press).
Lewis, P., and Newburn, T. (2012) *Reading the Riots* (London: Guardian Books).
Lewontin, R. (1995) 'Sex, Lies and Social Science', *New York Review of Books*, 42: 24–29.
Li, H., Lau, J. T. F., Holroyd, E., and Yi, H. (2010) 'Sociocultural Facilitators and Barriers to Condom Use during Anal Sex among Men who Have Sex with Men in Guangzhou, China: An Ethnographic Study', *AIDS Care: Psychological and Socio-Medical Aspects of AIDS/HIV*, 22(12): 1481–1486.
Li, Y., and Heath, A. (2007) *Minority Ethnic Groups in the British labour Market (1972–2005): Exploring Patterns, Trends and Processes of Minority Ethnic Disadvantages*, https://www.research.manchester.ac.uk/portal/files/31105707/FULL_TEXT.PDF.
Liebes, T., and Katz, E. (1993) *The Export of Meaning: Cross-Cultural Readings of Dallas* (Cambridge: Polity).
Lim, L. L. (1998) *The Sex Sector: The Economic and Social Bases of Prostitution in Southeast Asia* (Geneva: International Labour Organization).
Linz, J. J. (2000) *Totalitarian and Authoritarian Regimes* (Boulder, CO: Lynne Rienner).
Lipset, S. M. (1991) 'Comments on Luckmann', in P. Bourdieu and J. S. Coleman (eds), *Social Theory for a Changing Society* (Boulder, CO: Westview Press): 185–188.
Lipset, S. M., and Bendix, R. (1959) *Social Mobility in Industrial Society* (Berkeley: University of California Press).
Lister, C. R. (2015) *The Islamic State: A Brief Introduction* (Washington, DC: Brookings Institution Press).
Lister, R. (ed.) (1996) *Charles Murray and the Underclass: The Developing Debate* (London: IEA Health and Welfare Unit, in association with the Sunday Times).
Lister, R. (2004) *Poverty* (Cambridge: Polity).
Lister, R. (2011) 'The Age of Responsibility: Social Policy and Citizenship in the Early 21st Century', in C. Holden, M. Kilkey and G. Ramia (eds), *Analysis and Debate in Social Policy, 2011* (Bristol: Policy Press): 63–84.
Lister, R., et al. (2007) *Gendering Citizenship in Western Europe: New Challenges for Citizenship Research in a Cross-National Context* (Bristol: Policy Press).
Livi-Bacci, M. (2012) *A Concise History of World Population* (5th edn, Oxford: Wiley-Blackwell).
Livingstone, S. (2009) *Children and the Internet: Great Expectations, Changing Realities* (Cambridge: Polity).
Livingstone, S., and Bovill, M. (1999) *Young People, New Media* (London: London School of Economics).
Livingstone, S., and Lunt, P. (1993) *Talk on Television: Audience Participation and Public Debate* (London: Routledge).
Locke, J., and Pascoe, E. (2000) 'Can a Sense of Community Flourish in Cyberspace?', *The Guardian*, 11

March; www.guardian.co.uk/theguardian/2000/mar/11/debate.

Lomborg, B. (2001) *The Skeptical Environmentalist: Measuring the Real State of the World* (Cambridge: Cambridge University Press).

Longworth, N. (2003) *Lifelong Learning in Action: Transforming Education in the 21st Century* (London: Kogan Page).

Lorber, J. (1994) *Paradoxes of Gender* (New Haven, CT: Yale University Press).

Louie, M. C. Y. (2001) *Sweatshop Warriors: Immigrant Women Workers Take on the Global Factory* (Boston: South End Press).

Loungani, P. (2003) 'Inequality: Now You See it, Now You Don't', in *Finance and Development* (Washington, DC: International Monetary Fund).

Low Pay Commission (2009) *National Minimum Wage: Low Pay Commission Report 2009* (Norwich: The Stationery Office).

Lucas, K., Blumenberg, E., and Weinberger, R. (eds) (2011) *Auto Motives: Understanding Car Use Behav-iours* (Bingley: Emerald Group).

Lukes, S. (1974) *Power: A Radical View* (London: Macmillan).

Lukes, S. (2004) *Power: A Radical View* (2nd edn, Basingstoke: Macmillan).

Lull, J. (1990) *Inside Family Viewing: Ethnographic Research on Television's Audiences* (London: Routledge).

Lull, J. (1997) 'China Turned on (Revisited): Television, Reform and Resistance', in A. Sreberny-Mohammadi et al. (eds), *Media in Global Context: A Reader* (London: Edward Arnold).

Lune, H. (2010) *Understanding Organizations* (Cambridge: Polity).

Lupton, D. (ed.) (1999) *Risk and Sociocultural Theory: New Directions and Perspectives* (Cambridge: Cambridge University Press).

Lykke, N. (2011) 'Intersectional Invisibility: Inquiries into a Concept of Intersectionality Studies', in H. Lutz, M. T. H. Vivar and L. Supik (eds), *Framing Intersectionality: Debates on a Multi-Faceted Concept in Gender Studies* (Farnham: Ashgate): 207–220.

Lynch, M. (2006) *Voices of the New Arab Public: Iraq, Al-Jazeera, and Middle East Politics Today* (New York: Columbia University Press).

Lyon, C., and de Cruz, P. (1993) *Child Abuse* (London: Family Law).

Lyotard, J.-F. (1984) *The Postmodern Condition* (Minneapolis: University of Minnesota Press).

Mac an Ghaill, M. (1994) *The Making of Men: Masculinities, Sexualities and Schooling* (Buckingham: Open University Press).

Mac an Ghaill, M. (1996) 'Introduction', in M. Mac an Ghaill (ed.), *Understanding Masculinities* (Buckingham: Open University Press): 1–15.

McAuley, R. (2006) *Out of Sight: Crime Youth and Exclusion in Modern Britain* (Cullompton, Devon: Willan).

McCoombs, M. (2014) *Setting the Agenda: Mass Media and Public Opinion* (2nd edn, Cambridge: Polity).

McDowell, L. (2004) 'Thinking through Work: Gender, Power and Space', in T. Barnes et al., *Reading Economic Geography* (Oxford: Blackwell): 315–328.

McFadden, D., and Champlin, C. A. (2000) 'Comparison of Auditory Evoked Potentials in Heterosexual, Homosexual, and Bisexual Males and Females', *Journal of the Association for Research in Otolaryngol-ogy*, 1 (1): 89–99.

MacFarlane, A. (1990) 'Official Statistics and Women's Health and Illness', in H. Roberts (ed), *Womens' Health Counts* (London: Routledge): 18–62.

MacGregor, S. (2003) 'Social Exclusion', in N. Ellison and C. Pierson (eds), *Developments in British Social Policy 2* (Basingstoke: Palgrave Macmillan).

MacGregor, S., and Pimlott, B. (1991) 'Action and Inaction in the Cities', in *Tackling the Inner Cities: The 1980s Reviewed, Prospects for the 1990s* (Oxford: Clarendon Press).

McGuinness, F. (2015) *Unemployment by Ethnic Background*, Briefing Paper 6385 (London: House of Commons Library); www.parliament.uk/briefing-papers/SN06385.pdf.

MacInnes, T., Aldridge, H., Bushe, S., Tinson, A., and Born, T. B. (2014) *Monitoring Poverty and Social Exclusion 2014* (York: Joseph Rowntree Foundation).

MacInnes, T., Tinson, A., Hughes, C., Born, T. B., and Aldridge, H. (2015) *Monitoring Poverty and Social Exclusion 2015* (York: Joseph Rowntree Foundation).

McIntosh, M. (1968) 'The Homosexual Role', *Social Problems*, 16(2): 182-192.

Mack, J., and Lansley, S. (1985) *Poor Britain* (London: Allen & Unwin).

Mack, J., and Lansley, S. (1992) *Breadline Britain 1990s: The Findings of the Television Series* (London: London Weekend Television).

McKenna, H., et al. (2001) 'Qualified Nurses' Smoking Prevalence: Their Reasons for Smoking and Desire to Quit', *Journal of Advanced Nursing*, 35(5): 769-775.

McKeown, T. (1979) *The Role of Medicine: Dream, Mirage or Nemesis?* (Oxford: Blackwell).

McKnight, A. (2000) *Earnings Inequality and Earnings Mobility, 1977-1997: The Impact of Mobility on Long Term Inequality*, Employment Relations Research Series no. 8 (London: Department of Trade and Industry).

Maclean, M., Harvey, C., and Press, J. (2006) *Business Elites and Corporate Governance in France and the UK* (Basingstoke: Palgrave Macmillan).

McLennan, G. (2010) 'Eurocentrism, Sociology, Secularity', in E. G. Rodríguez, M. Boatcă and S. Costa (eds), *Decolonizing European Sociology: Transdisciplinary Approaches* (Farnham: Ashgate): 119-134.

McLeod, J., and Yates, L. (2008) 'Class and the Middle: Schooling, Subjectivity, and Social Formation', in L. Weis (ed.), *The Way Class Works: Readings on School, Family, and the Economy* (New York: Routledge): 347-362.

McLuhan, M. (1964) *Understanding Media* (London: Routledge & Kegan Paul).

McMichael, P. (1996) *Development and Social Change: A Global Perspective* (Thousand Oaks, CA: Pine Forge Press).

Macnaghten, P., and Urry, J. (1998) *Contested Natures* (London: Sage).

McNamara, K. R. (2010) 'The Eurocrisis and the Uncertain Future of European Integration', in S. Patrick (ed.), *Crisis in the Eurozone: Transatlantic Perspectives* (New York: Council on Foreign Relations): 22-24.

Macnicol, J. (2010) *Ageing and Discrimination: Some Analytical Issues* (London: ILC-UK).

Macpherson, S. W. (1999) *The Stephen Lawrence Inquiry*, Cm 4262-I (London: HMSO); www.archive. official-documents.co.uk/document/cm42/4262/4262.htm [Macpherson Report].

McQuail, D. (2000) *McQuail's Mass Communication Theory* (London: Sage).

Macrae, S., Maguire, M., and Milbourne, M. (2003) 'Social Exclusion: Exclusion from School', *International Journal of Inclusive Education*, 7(2): 89-101.

McRobbie, A. (1991) *Feminism and Youth Culture: From Jackie to Just Seventeen* (Cambridge, MA: Unwin Hyman).

McRobbie, A., and Garber, J. (1975) 'Girls and Subcultures', in S. Hall and T. Jefferson (eds), *Resistance through Rituals: Youth Subcultures in Post-War Britain* (London: Hutchinson).

McVeigh, T. (2010) 'Women Told to Forget about Babies if They Want to Scale Career Heights', *The Observer*, 15 August; www.guardian.co.uk/lifeandstyle/2010/aug/15/women-children-career-top-jobs.

Maffesoli, M. (1995) *The Time of the Tribes: The Decline of Individualism in Mass Society* (London: Sage).

Maguire, J. (1999) *Global Sport: Identities, Societies, Civilizations* (Cambridge: Polity).

Maguire, M. B. (2008) *Lived Religion: Faith and Practice in Everyday Life* (Oxford: Oxford University Press).

Mahalingam, R., and McCarthy, C. (eds) (2000) *Multicultural Curriculum: New Directions for Social Theory, Practice and Social Policy* (London: Routledge).

Maier, E. (2011) 'Implicit Human-Computer Interaction by Posture Recognition', in V. G. Duffy (ed.), *Digital Human Modelling* (Heidelberg: Springer): 143-150.

Makino, M., Tsuboi, K., and Dennerstein, L. (2004) 'Prevalence of Eating Disorders: A Comparison of Western and Non-Western Countries', *Medscape General Medicine*, 6(3): 49.

Malakooti, A., and Davin, E. (2015) *Migration Trends across the Mediterranean: Connecting the Dots*, www.altaiconsulting.com/docs/migration/Altai_Migration_trends_accross_the_Mediterranean_v3.pdf.

Malcolm, N. (1996) *Bosnia: A Short History* (New York: New York University Press).

Malešević, S. (2010) *The Sociology of War and Violence* (Cambridge: Cambridge University Press).

Malešević, S. (2011) *Sociological Theory and Warfare* (Stockholm: Forsvarshogskolan).

Malešević, S. (2015) 'Violence, Coercion and Human Rights: Understanding Organized Brutality', in M. Holborn (ed.), *Contemporary Sociology* (Cambridge: Polity): 534-565.

Mallin, C. A. (ed.) (2009) *Corporate Social Responsibility: A Case Study Approach* (Cheltenham: Edward Elgar).

Maloney, K. (2015) *Frankly Kellie: Becoming a Woman in a Man's World* (London: Blink).

Malthus, T. (1976 [1798]) *Essay on the Principle of Population* (New York: W. W. Norton).

Mannheim, K. (1972 [1928]) 'The Problem of Generations', in P. Kecskemeti (ed.), *Essays on the Sociology of Knowledge* (London: Routledge & Kegan Paul).

Marcus, A. D. (2014) 'Gene-Therapy Trial for "Bubble-Boy Syndrome" Shows Promise', *Wall Street Journal*, 8 October; www.wsj.com/articles/gene-therapy-trial-for-bubble-boy-syndrome-shows-promise-1412802002.

Marcuse, H. (1964) *One-Dimensional Man: Studies in the Ideology of Advanced Industrial Society* (London: Routledge & Kegan Paul).

Marcuse, H., and van Kempen, R. (eds) (2000) *Globalizing Cities: A New Spatial Order?* (Oxford: Blackwell).

Marin, L., Zia, H., and Soler, E. (1998) *Ending Domestic Violence: Report from the Global Frontlines* (San Francisco: Family Violence Prevention Fund).

Marmot, M. (2010) *Fair Society, Healthy Lives: Executive Summary* (London: The Marmot Review); www.instituteofhealthequity.org/projects/fair-society-healthy-lives-the-marmot-review.

Marsh, I., and Melville, G. (2011) 'Moral Panics and the British Media: A Look at Some Contemporary "Folk Devils"', *Internet Journal of Criminology*, www.internetjournalofcriminology.com/Marsh_Melville_Moral_Panics_and_the_British_Media_March_2011.pdf.

Marshall, A. J. (2007) *Vilfredo Pareto's Sociology: A Framework for Political Psychology* (Aldershot: Ashgate).

Marshall, G., and Firth, D. (1999) 'Social Mobility and Personal Satisfaction: Evidence from Ten Countries', *British Journal of Sociology*, 50(1): 28-48.

Marshall, G., et al. (1988) *Social Class in Modern Britain* (London: Hutchinson).

Marshall, L. (2015) 'Copyright', in J. Shepherd and K. Devine (eds), *The Routledge Reader on the Sociology of Music* (New York: Routledge): 287-298.

Marshall, T. H. (1973) *Class, Citizenship and Social Development* (Westport, CT: Greenwood Press).

Martell, L. (1994) *Ecology and Society: An Introduction* (Cambridge: Polity).

Martell, L. (2006) *The Sociology of Globalization* (2nd edn, Cambridge: Polity).

Martin, D. (1990) *Tongues of Fire: The Explosion of Protestantism in Latin America* (Oxford: Blackwell).

Martineau, H. (1962 [1837]) *Society in America* (New York: Doubleday).

Martocci, L. (2015) *Bullying: The Social Destruction of Self* (Philadelphia: Temple University Press).

Marx, K. (1938 [1875]) *Critique of the Gotha Programme* (New York: International).

Marx, K. (1970 [1859]) *A Contribution to the Critique of Political Economy* (Moscow: Progress).

Marx, K., and Engels, F. (1970 [1846]) *The German Ideology* (New York: International).

Marx, K., and Engels, F. (2008 [1848]) *The Communist Manifesto* (Rockville, MD: Wildside Press).

Mason, A., and Palmer, A. (1996) *Queer Bashing: A National Survey of Hate Crimes against Lesbians and*

Gay Men (London: Stonewall).
Mason, D. (1995) *Race and Ethnicity in Modern Britain* (Oxford: Oxford University Press).
Mason, D. (2000) *Race and Ethnicity in Modern Britain* (2nd edn, Oxford: Oxford University Press).
Massey, D. (2007) *World City* (Cambridge: Polity).
Matsuura, J. H. (2004) 'Anticipating the Public Backlash: Public Relations Lessons for Nanotechnology from the Biotechnology Experience', *Nanotech*, 3: 491-493; www.nsti.org/publications/Nanotech/2004/pdf/B3-129.pdf.
Matthews, R., and Young, J. (1986) *Confronting Crime* (London: Sage).
Mattioli, G. (2014) 'Where Sustainable Transport and Social Exclusion Meet: Households without Cars and Car Dependence in Great Britain', *Journal of Environmental Policy and Planning*, 16: 1-22.
Maugh, T. H., and Zamichow, N. (1991) 'Medicine: San Diego's Researcher's Findings Offer First Evidence of a Biological Cause for Homosexuality', *Los Angeles Times*, 30 August.
Mauss, M. (1973) 'Techniques of the Body', *Economy and Society*, 2: 70-88.
Mauthner, M. L. (2005) *Sistering: Power and Change in Female Relationships* (Basingstoke: Palgrave Macmillan).
May, S., and Sleeter, C. E. (eds) (2010) *Critical Multiculturalism: Theory and Praxis* (London: Routledge).
May, V. (2015) 'Families and Personal Life: All Change?', in M. Holborn (ed.), *Contemporary Sociology* (Cambridge: Polity): 472-498.
May-Chahal, C., and Herczog, M. (2003) *Child Sexual Abuse in Europe* (Strasbourg: Council of Europe).
Mead, G. H. (1934) *Mind, Self and Society from the Standpoint of a Social Behaviorist* (Chicago: University of Chicago Press).
Mead, M. (1978) *Culture and Commitment: A Study of the Generation Gap* (Garden City, NY: Natural History Press).
Meadows, D. H., et al. (1972) *The Limits to Growth* (New York: Universe Books).
Meadows, D. H., Meadows, D. L., and Randers, J. (1992) *Beyond the Limits: Global Collapse or a Sustainable Future?* (London: Earthscan).
Meadows, D. H., Meadows, D. L., and Randers, J. (2004) *Limits to Growth: The 30-Year Update* (White River Junction, VT: Chelsea Green).
Meadows, P. (1996) *The Future of Work: Contributions to the Debate* (York: Joseph Rowntree Foundation).
Mega, V. (2010) *Sustainable Development, Energy and the City: A Civilization of Concepts and Actions* (New York: Springer).
Meijer, R. (2009) 'Introduction', in R. Meijer (ed.), *Global Salafism: Islam's New Religious Movement* (New York: Columbia University Press): 1-32.
Melucci, A. (1985) 'The Symbolic Challenge of Contemporary Movements', *Social Research*, 52(4): 781-816.
Melucci, A. (1989) *Nomads of the Present: Social Movements and Individual Needs in Contemporary Society* (London: Hutchinson Radius).
Mennell, S. (1996) 'Civilizing and Decivilizing Processes', in J. Goudsblom, E. Jones and S. Mennell, *The Course of Human History: Economic Growth, Social Process, and Civilization* (London: M. E. Sharpe): 101-116.
Mennell, S. (1998) *Norbert Elias: An Introduction* (Oxford: Blackwell).
Menzel, P. [photographs], and D'Alusio, F. [text] (2005) *Hungry Planet: What the World Eats* (Berkeley, CA: Ten Speed Press)
Merton, R. K. (1957) *Social Theory and Social Structure* (rev. edn, Glencoe, IL: Free Press).
Meyer, D. S., and Tarrow, S. (eds) (1997) *The Social Movement Society: Contentious Politics for a New Century* (Lanham, MD: Rowman & Littlefield).
Meyer, J. W., and Rowan, B. (1977) 'Institutionalized Organizations: Formal Structure as Myth and Cere-

mony', *American Journal of Sociology*, 83: 340–363.

Meyer, S. C. (2013) *Darwin's Doubt: The Explosive Origin of Animal Life and the Case for Intelligent Design* (New York: HarperCollins).

Meyers, M. (1999) *Mediated Women: Representations in Popular Culture* (Cresskill, NJ: Hampton Press).

Michels, R. (1967 [1911]) *Political Parties* (New York: Free Press).

Michie, R. (2012) 'The Stock Market and the Corporate Economy: A Historical Overview', in G. Poitras (ed.), *Handbook of Research on Stock Market Globalization* (Cheltenham: Edward Elgar): 28–67.

Miles, H. (2005) *Al Jazeera: The Inside Story of the Arab News Channel that is Challenging the West* (New York: Grove Press).

Miles, R. (1993) *Racism after 'Race Relations'* (London: Routledge).

Miles, S. (2000) *Youth Lifestyles in a Changing World* (Buckingham: Open University Press).

Mill, J. S. (1869) *The Subjection of Women* (New York: D. Appleton).

Miller, T. (2011) 'Falling Back into Gender? Men's Narratives and Practices around First-Time Fatherhood', *Sociology*, 45(6): 1094–1109.

Mills, C. Wright (1956) *The Power Elite* (New York: Oxford University Press).

Mills, C. Wright (1970) *The Sociological Imagination* (Harmondsworth: Penguin).

Mills, M. P., and Huber, P. W. (2002) 'How Technology will Defeat Terrorism', *City Journal*, 12(1): 24–34.

Ministry of Justice (2011) 'Prison Population and Accommodation Briefing for 14th January 2011', www.justice.gov.uk/downloads/statistics/hmps/10004C3414012011_web_report.doc.

Ministry of Justice (2013) 'An Overview of Sexual Offending in England and Wales', 10 January, https://www.gov.uk/government/uploads/system/uploads/attachment_data/file/214970/sexual-offending-overview-jan-2013.pdf.

Ministry of Justice (2014) 'Population and Capacity Briefing for Friday 28 November 2014', https://www.gov.uk/government/statistics/prison-population-figures-2014.

Ministry of Justice (2015) 'Prison Population Figures 2015', https://www.gov.uk/government/statistics/prison-population-figures-2015.

Minkler, M., and Estes, C. L. (eds) (1991) *Critical Perspectives on Aging: The Political and Moral Economy of Growing Old* (Amityville, NY: Baywood).

Mirza, H. (1986) *Multinationals and the Growth of the Singapore Economy* (New York: St Martin's Press).

Mitchell, J. (1966) *Women: The Longest Revolution: Essays in Feminism and Psychoanalysis* (London: Virago).

Mitchell, J. (1971) *Women's Estate* (London: Penguin).

Mitchell, J. (1975) *Psychoanalysis and Feminism* (New York: Random House).

Mithen, S. (2003) *After the Ice: A Global Human History 20, 000–5, 000 BC* (London: Orion Books).

Moberg, M., Granholm, K., and Nynäs, P. (2014) 'Trajectories of Post-Secular Complexity: An Introduction', in P. Nynäs, M. Lassander and T. Utriainen (eds), *Post-Secular Society* (New Brunswick, NJ: Transaction).

Modood, T. (1994) 'Political Blackness and British Asians', *Sociology*, 28(4): 859–876.

Modood, T., Berthoud, R., Lakey, J., Nazroo, J., Smith, P., Virdee, S., and Beishon, S. (1997) *Ethnic Minorities in Britain: Diversity and Disadvantage* (London: Policy Studies Institute) [Fourth PSI Survey].

Mohammadi, A. (ed.) (2002) *Islam Encountering Globalization* (London: Routledge).

Mol, A. P. J. (2001) *Globalization and Environmental Reform: The Ecological Modernization of the Global Economy* (Cambridge, MA: MIT Press).

Mol, A. P. J., and Sonnenfeld, D. A. (2000) 'Ecological Modernisation around the World: An Introduction', *Environmental Politics*, 9(1): 3–16.

Moore, B. (1966) *Social Origins of Dictatorship and Democracy: Lord and Peasant in the Making of the Modern World* (Boston: Beacon Press).

Moore, K. (2015) 'Where Do the Wealthiest 1% Live?', 25 January, www.bbc.co.uk/news/magazine-30949796.

Moore, L. R. (1994) *Selling God: American Religion in the Marketplace of Culture* (New York: Oxford University Press).

Moore, R. (1995) *Ethnic Statistics and the 1991 Census* (London: Runnymede Trust).

Morais, A., Neves, I., Davies, B., and Daniels, H. (eds) (2001) *Towards a Sociology of Pedagogy* (New York: Peter Lang).

Moran, J. (2005) *Reading the Everyday* (London: Routledge).

Moran, L. J., and Skeggs, B., with Tyrer, P., and Corteen, K. (2004) *Sexuality and the Politics of Violence and Safety* (London: Routledge).

Morgan, D. H. J. (1996) *Family Connections: An Introduction to Family Studies* (Cambridge: Polity).

Morgan, D. H. J. (1999) 'Risk and Family Practices: Accounting for Change and Fluidity in Family Life', in E. Silva and C. Smart (eds), *The New Family* (London: Sage).

Morgan, D. H. J. (2011) *Rethinking Family Practices* (Basingstoke: Palgrave Macmillan).

Morgan, P. (1999) *Family Policy, Family Changes* (London: CIVITAS).

Morris, L. (1993) *Dangerous Classes: The Underclass and Social Citizenship* (London: Routledge).

Morris, L. (1995) *Social Divisions: Economic Decline and Social Structural Change* (London: Routledge).

Mort, M., May, C. R., and Williams, T. (2003) 'Remote Doctors and Absent Patients: Acting at a Distance in Telemedicine?', *Science, Technology and Human Values*, 28(2): 274–295.

Mosca, G. (1939 [1896]) *The Ruling Class* (New York: McGraw-Hill).

Mouzelis, N. P. (1995) *Sociological Theory: What Went Wrong? Diagnosis and Remedies* (London: Routledge).

Moynihan, D. P. (1993) 'Defining Deviancy Down', *American Scholar*, 62(1): 17–30.

Mueller, M. L. (2011) *Networks and States: The Global Politics of Internet Governance* (Cambridge, MA: MIT Press).

Mullan, P. (2002) *The Imaginary Time Bomb: Why an Ageing Population Is Not a Social Problem* (London: I.B. Tauris).

Muncie, J. (2009) *Youth and Crime* (3rd edn, London: Sage).

Muncie, J. (2015) *Youth and Crime* (4th edn, London: Sage).

Murdock, G. P. (1949) *Social Structure* (New York: Macmillan).

Murphy, J. (2011) 'Indian Call Centre Workers: Vanguard of a Global Middle Class?', *Work, Employment and Society*, 25(3): 417–433.

Murphy, R. (1997) *Sociology and Nature: Social Action in Context* (Boulder, CO: Westview Press).

Murray, C. A. (1984) *Losing Ground: American Social Policy 1950–1980* (New York: Basic Books).

Murray, C. A. (1990) *The Emerging British Underclass* (London: Institute of Economic Affairs).

Najam, A., Huq, S., and Sokona, Y. (2003) 'Climate Negotiations beyond Kyoto: Developing Countries Concerns and Interests', *Climate Policy*, 3: 221–231; http://climate-talks.net/2006-ENVRE130/PDF/Najam-CliPol%20Climate%20and%20SD.pdf.

Nanda, M. (2004) *Prophets Facing Backward: Postmodern Critiques of Science and Hindu Nationalism in India* (New Brunswick, NJ: Rutgers University Press).

Nasser, M. (2006) 'Eating Disorders across Cultures', *Psychiatry*, 5(11): 392–395.

National Committee of Inquiry into Higher Education (1997) *Report* (London: Department for Education and Employment) [Dearing Report].

National Equality Panel (2010) *An Anatomy of Economic Inequality in the UK: Report of the National Equality Panel* (London: Government Equalities Office).

Nederveen Pieterse, J. (2004) *Globalization or Empire?* (London and New York: Routledge).

Negroponte, N. (1995) *Being Digital* (London: Hodder & Stoughton).

Negus, K. (1999) *Music Genres and Corporate Cultures* (London: Routledge).

Neslen, A. (2015) 'Morocco Poised to Become a Solar Superpower with Launch of Desert Mega-Project', *The Guardian*, 26 October, https://www.theguardian.com/environment/2015/oct/26/morocco-poised-to-become-a-solar-superpower-with-launch-of-desert-mega-project.

Nettleton, S. (2013) *The Sociology of Health and Illness* (3rd edn, Cambridge: Polity).

Neumann, P. R. (2009) *Old & New Terrorism* (Cambridge: Polity).

New Scientist (2015) 'Nitrogen Oxides in Car Exhaust Kill Tens of Thousands in UK', 28 September; https://www.newscientist.com/article/dn28245-nitrogen-oxide-is-not-so-harmless-and-could-damage-human-health/.

Newman, K. S. (2000) *No Shame in my Game: The Working Poor in the Inner City* (New York: Vintage).

Newman, K. S. (2012) *The Accordion Family: Boomerang Kids, Anxious Parents, and the Private Toll of Global Competition*(Boston: Beacon Press).

Nicholas, S., Kershaw, C., and Walker, A. (2007) *Crime in England and Wales 2006/07*, Statistical Bulletin 11/07 (London: Home Office).

Niebuhr, H. R. (1929) *The Social Sources of Denominationalism* (New York: Henry Holt).

Nielsen, F. (1994) 'Income Inequality and Industrial Development: Dualism Revisited', *American Sociological Review*, 59(5): 654-677.

Nobelprize.org (2012) 'Democracies in the World', 23 February, www.nobelprize.org/educational/peace/democracy_map/.

Norwood, G. (2016) 'The Impact of Buy-to-Leave on Prime London's Housing Market', *Financial Times*, 12 February, www.ft.com/cms/s/0/6954f798-cb2c-11e5-a8ef-ea66e967dd44.html.

NPI (New Policy Institute) (2010) *Monitoring Poverty and Social Exclusion 2010* (York: Joseph Rowntree Foundation).

The Numbers (2015) 'Highest Grossing Films of All Time by Worldwide Box Office Sales, at 9 August 2015', www.the-numbers.com/movie/records/All-Time-Worldwide-Box-Office.

Nursing Times (2009) 'NHS Hospital Patient Deaths Due to Errors up 60% in England', 7 January; www.nursingtimes.net/whats-new-in-nursing/nhs-hospital-patient-deaths-due-to-errors-up-60-in-england/1960339.article.

Oakley, A. (1974a) *Housewife* (London: Allen Lane).

Oakley, A. (1974b) *The Sociology of Housework* (Oxford: Martin Robertson).

Oakley, A. (1984) *The Captured Womb: A History of the Medical Care of Pregnant Women* (Oxford: Blackwell).

Oakley, A., et al. (1994) 'Life Stress, Support and Class Inequality: Explaining the Health of Women and Children', *European Journal of Public Health*, 4: 81-91.

Oberschall, A. (1973) *Social Conflict and Social Movements* (Englewood Cliffs, NJ: Prentice-Hall).

O'Brien, M., Alldred, P., and Jones, D. (1996) 'Children's Constructions of Family and Kinship', in J. Brannen and M. O'Brien (eds), *Children in Families: Research and Policy* (London: Falmer Press): 84-100.

Ó Dochartaigh, N. (2009) *Internet Research Skills: How to Do your Literature Search and Find Research Information Online* (2nd edn, London: Sage).

Odum, E. P. (1989) *Ecology and our Endangered Life-Support Systems* (Sunderland, MA: Sinauer Asso ci-ates).

OECD (2005) *OECD Factbook 2005: Economic, Environmental and Social Statistics*, www.oecd-ilibrary.org/economics/oecd-factbook-2005_factbook-2005-en.

OECD (2006) *Environment at a Glance: Environmental Indicators 2006* (Paris: OECD).

Ofcom (2010) *Communications Market Report: UK, 2010*, http://stakeholders.ofcom.org.uk/binaries/research/cmr/753567/CMR_2010_FINAL.pdf.

Ofcom (2011) *Communications Market Report: UK, 2011*, http://stakeholders.ofcom.org.uk/binaries/research/cmr/cmr11/UK_CMR_2011_FINAL.pdf.

Ofcom (2015) *Adults' Media Use and Attitudes Report 2015*, http://stakeholders.ofcom.org.uk/binaries/research/media-literacy/media-lit-10years/2015_Adults_media_use_and_attitudes_report.pdf.

Ohmae, K. (1990) *The Borderless World: Power and Strategy in the Industrial Economy* (London: Collins).

Ohmae, K. (1995) *The End of the Nation State: The Rise of Regional Economies* (London: Free Press).

Oliver, M. (1983) *Social Work with Disabled People* (Basingstoke: Macmillan).

Oliver, M. (1990) *The Politics of Disablement* (Basingstoke: Macmillan).

Oliver, M. (1996) *Understanding Disability: From Theory to Practice* (Basingstoke: Macmillan).

Oliver, M., and Zarb, G. (1989) 'The Politics of Disability: A New Approach', *Disability, Handicap & Society*, 4(3): 221-240.

Olshansky, S., Passaro, D., Hershow, R., et al. (2005) 'A Potential Decline in Life Expectancy in the United States in the 21st Century', *New England Journal of Medicine* 352(11): 1138-1145.

Olson, M. (1965) *The Logic of Collective Action* (Cambridge, MA: Harvard University Press).

Omi, M., and Winant, H. (1994) *Racial Formation in the United States from the 1960s to the 1990s* (2nd edn, New York: Routledge).

O'Neill, J. (2013) *The Growth Map: Economic Opportunity in the BRICs and Beyond* (London: Portfolio Penguin).

O'Neill, M. (2000) *Prostitution and Feminism: Towards a Politics of Feeling* (Cambridge: Polity).

O'Neill, O. (2002) *The Reith Lectures: A Question of Trust*, www.bbc.co.uk/radio4/reith2002/.

O'Neill, R. (2002) *Experiments in Living: The Fatherless Family* (London: CIVITAS).

ONS (Office for National Statistics) (2000) *Social Trends 30* (London: HMSO).

ONS (Office for National Statistics) (2002a) *Labour Force Survey*, Spring (London: ONS).

ONS (Office for National Statistics) (2002b) *Focus on Ethnicity and Identity* (London: ONS).

ONS (Office for National Statistics) (2003) *A Century of Labour Market Change* (London: ONS).

ONS (Office for National Statistics) (2004a) *Focus on the Labour Market 2002* (London: ONS).

ONS (Office for National Statistics) (2004b) *Social Trends 34* (London: HMSO).

ONS (Office for National Statistics) (2005) *Social Trends 35* (London: HMSO).

ONS (Office for National Statistics) (2007) *Social Trends 37* (London: HMSO).

ONS (Office for National Statistics) (2010a) *Social Trends 40* (Basingstoke: Palgrave Macmillan).

ONS (Office for National Statistics) (2010b) *Divorces in England and Wales 2008, revised bulletin* (London: ONS).

ONS (Office for National Statistics) (2010c) *National Population Projections, 2008-Based* (London: ONS).

ONS (Office for National Statistics) (2011a) 'Internet Access', www.statistics.gov.uk/cci/nugget.asp? id=8.

ONS (Office for National Statistics) (2011b) 'Nearly Half of Those Who Have Never Been Online are Disabled', News Release, 18 May (Newport: ONS).

ONS (Office for National Statistics) (2011c) *Population Estimates by Ethnic Group 2002-2009* (Newport: ONS).

ONS (Office for National Statistics) (*2011*d) 'Labour Market Statistics: September *2011*', www.ons.gov.uk/ons/dcp*171778_232238*.pdf.

ONS (Office for National Statistics) (*2011*e) *Trends in Life Expectancy by the National Statistics Socio-economic Classification 1982-2006* (Newport: ONS).

ONS (Office for National Statistics) (2011f) *Crime and Justice, Social Trends 41* (Newport: ONS).

ONS (Office for National Statistics) (2012a) *Religion in England and Wales 2011*, www.ons.gov.uk/ons/dcp171776_290510.pdf.

ONS (Office for National Statistics) (2012b) *Ethnicity and National Identity in England and Wales 2011*, www.ons.gov.uk/ons/dcp171776_290558.pdf.

ONS (Office for National Statistics) (2013a) *The Health Gap in England and Wales*, 2011 *Census*, www.ons.gov.uk/ons/rel/census/2011-census-analysis/health-gaps-by-socio-economic-position-of-occupations-in-england--wales--english-regions-and-local-authorities--2011/info-health-gap.html.

ONS (Office for National Statistics) (2013b) *Full Report -Women in the Labour Market*, www.ons.gov.uk/ons/dcp171776_328352.pdf.

ONS (Office for National Statistics) (2013c) 'Chapter 3 -Households, Familesand People (General Lifestyle Survey Overview -A Report on the 2011 General Lifestyle Survey)', http://webarchive. nationalarchives.gov.uk/20160105160709/http://www.ons.gov.uk/ons/dcp171776_302210.pdf.

ONS (Office for National Statistics) (2014a) *Crime in England and Wales, Year Ending March 2014*, www.ons.gov.uk/ons/dcp171778_371127.pdf.

ONS (Office for National Statistics) (2014b) *Crime in England and Wales, Year Ending June 2014*, www.ons.gov.uk/ons/dcp171778_380538.pdf.

ONS (Office for National Statistics) (2014c) *Crime Survey for England and Wales, 2012–13*, www.ons.gov.uk/ons/dcp171776_352362.pdf.

ONS (Office for National Statistics) (2014d) *Crime in England and Wales, Year Ending March 2014*, www.ons.gov.uk/ons/dcp171778_371127.pdf.

ONS (Office for National Statistics) (2014e) *UK Labour Market, December 2014*, www.ons.gov.uk/ons/dcp171778_385648.pdf.

ONS (Office for National Statistics) (2014f) *Annual Survey of Hours and Earnings 2014, Provisional Results*, www.ons.gov.uk/ons/dcp171778_385428.pdf.

ONS (Office for National Statistics) (2014g) *Divorces in England and Wales 2012*, www.ons.gov.uk/ons/dcp171778_351693.pdf.

ONS (Office for National Statistics) (2014h) '8 Facts about Young People', www.ons.gov.uk/ons/rel/uncategorised/summary/facts-about-young-people/sty-facts-about-young-people.html.

ONS (Office for National Statistics) (2015a) *Poverty and Employment Transitions in the UK and EU, 2008–2012*, www.ons.gov.uk/ons/dcp171776_395768.pdf.

ONS (Office for National Statistics) (2015b) *Migration Statistics Quarterly Report, May 2015*, www.ons.gov.uk/ons/dcp171778_404613.pdf.

ONS (Office for National Statistics) (2015c) *Families and Households 2014*, www.ons.gov.uk/ons/dcp171778_393133.pdf.

ONS (Office for National Statistics) (2015d) *Chapter 1: Violent Crime and Sexual Offences -Overview*, www.ons.gov.uk/ons/dcp171776_394474.pdf.

ONS (Office for National Statistics) (2015e) *Civil Partnerships in England and Wales 2014*, www.ons.gov.uk/peoplepopulationandcommunity/birthsdeathsandmarriages/marriagecohabitationandcivilpartnerships/bulletins/civilpartnershipsinenglandandwales/2015-10-20#civil-partnerships-by-sex.

Open Society Institute (2010) *Muslims in Europe: A Report on 11 EU Cities* (London: Open Society Institute), https://www.opensocietyfoundations.org/reports/muslims-europe-report-11-eu-cities.

Osalor, P. (2011) 'The Informal Economy and Entrepreneurial development', 23 January, www.vanguardngr.com/2011/01/the-informal-economy-and-entrepreneurial-development.

Osborne, J. W. (2007) 'Linking Stereotype Threat and Anxiety', *Educational Psychology*, 27(1): 135–154.

Oxfam (2014) *Even it Up: Time to End Extreme Inequality* (Oxford: Oxfam GB).

Oxfam (2015) *Wealth: Having it All and Wanting More* (Oxford: Oxfam GB).

Paehlke, R. (1989) *Environmentalism and the Future of Progressive Politics* (New Haven, CT, and London: Yale University Press).

Pahl, J. (1989) *Money and Marriage* (Basingstoke: Macmillan).

Pakulski, J., and Waters, M. (1996) *The Death of Class* (London: Sage).

Palmer, G., MacInnes, T., and Kenway, P. (2006) *Monitoring Poverty and Social Exclusion 2006* (York: Joseph Rowntree Foundation).

Palmer, G., MacInnes, T., and Kenway, P. (2007) *Monitoring Poverty and Social Exclusion 2007* (York: Joseph Rowntree Foundation).

Palmer, M. A. (2010) 'Water Resources: Beyond Infrastructure', *Nature*, 467, 30 September: 534–535.

Palmore, E. B. (1985) *Retirement: Causes and Consequences* (New York: Springer).

Panyarachun, A., et al. (2004) *A More Secure World: Our Shared Responsibility: Report of the High-Level Panel on Threats, Challenges and Change* (New York: United Nations).

Papadakis, E. (1988) 'Social Movements, Self-Limiting Radicalism and the Green Party in West Germany', *Sociology*, 22(3): 171–192.

Papworth Trust (2013) *Disability in the United Kingdom 2013: Facts and Figures* (Cambridge: Papworth Trust).

Parekh, B. (2000) *Rethinking Multiculturalism: Cultural Diversity and Political Theory* (Basingstoke: Palgrave Macmillan).

Parekh, B. (2004) 'Is Britain Too Diverse? The Responses', www.carnegiecouncil.org/media/replies.pdf.

Pareto, V. (1935 [1916]) *The Mind and Society: A Treatise on General Sociology*, 2 vols (New York: Harcourt Brace).

Park, A., Bryson, C., Clery, E., Curtice, J., and Phillips, M. (eds) (2013) *British Social Attitudes: the 30th Report* (London: NatCen Social Research).

Park, R. E. (1952) *Human Communities: The City and Human Ecology* (New York: Free Press).

Parke, R. D., and Clarke-Stewart, A. (2010) *Social Development* (Hoboken, NJ: John Wiley).

Parker, S. (2003) *Urban Theory and the Urban Experience: Encountering the City* (London: Routledge).

Parr, C. (2014) 'Women and Ethnic Minorities Still Marginalised at Top of Universities', *Times Higher Education*, 18 November; www.timeshighereducation.co.uk/news/women-and-ethnic-minorities-still-marginalised-at-top-of-universities/2017026.article.

Parsons, T. (1937) *The Structure of Social Action* (New York: McGraw-Hill).

Parsons, T. (1952) *The Social System* (London: Tavistock).

Parsons, T., and Bales, R. F. (1956) *Family Socialization and Interaction Process* (London: Routledge & Kegan Paul).

Parsons, T., and Smelser, N. J. (1956) *Economy and Society* (London: Routledge & Kegan Paul).

Pawson, R. (2013) *The Science of Evaluation: A Realist Manifesto* (London: Sage).

Pearce, F. (1976) *Crimes of the Powerful: Marxism, Crime and Deviance* (London: Pluto Press).

Pearson, L. J., Newton, P. W., and Roberts, P. (eds) (2014) *Resilient Sustainable Cities: A Future* (New York: Routledge).

Peet, R., and Hartwick, E. (2009) *Theories of Development: Conditions, Arguments, Alternatives* (2nd edn, London: Guilford Press).

Peng, W. (2011) 'GM Crop Cultivation Surges, but Novel Traits Languish', *Nature Biotechnology*, 29: 302.

Pensions and Investments (2010) 'Largest Hedge Fund Managers', 8 March, www.pionline.com/article/20100308/CHART2/100309910.

Pérez-Agote, A. (2014) 'The Notion of Secularization: Drawing the Boundaries of its Contemporary Scientific Validity', *Current Sociology*, 62(6): 886–904.

Perlmutter, H. V. (1972) 'Towards Research on and Development of Nations, Unions, and Firms as Worldwide Institutions', in H. Gunter (ed.), *Transnational Industrial Relations* (New York: St Martin's Press).

Perry, E., and Francis, B. (2010) *The Social Class Gap for Educational Achievement: A Review of the Literature* (London: RSA).

Petersen, A., and Lupton, D. (2000) *The New Public Health: Health and Self in the Age of Risk* (London: Sage).

Peterson, K. (2014) 'As Sales Plunge, Can Barbie Stay Relevant?', CBS News, 3 February, www.cbsnews.com/news/as-sales-plunge-can-barbie-stay-relevant/.

Peterson, P. G. (1999) *Gray Dawn: How the Coming Age Wave will Transform America and the World* (New York: Random House).

Peterson, R. A. (ed.) (1976) *The Production of Culture* (London: Sage).

Peterson, R. A., and Berger, D. G. (1975) 'Cycles in Symbol Production: The Case of Popular Music', *American Sociological Review*, 40(2): 158-173.

Petre, J. (2006) 'Migrants Fill Empty Pews as Britons Lose Faith', *Daily Telegraph*, 18 September; www.telegraph.co.uk/news/uknews/1529106/Migrants-fill-empty-pews-as-Britons-lose-faith.html.

Pew Forum on Religion and Public Life (2010) *Religion among the Millennials: Less Religiously Active than Older Americans, but Fairly Traditional in Other Ways*, 17 February, www.pewforum.org/Age/Religion-Among-the-Millennials.aspx.

Pew Research Center (2005) *Pew Global Attitudes Project: 2005 Datasets*, www.pewglobal.org/category/data-sets/2005/.

Pew Research Center (2015) *Gay Marriage Around the World*, www.pewforum.org/2015/06/26/gay-marriage-around-the-world-2013/.

Philo, G., and Berry, M. (2004) *Bad News from Israel* (London: Pluto Press).

Piachaud, D. (1987) 'Problems in the Definition and Measurement of Poverty', *Journal of Social Policy*, 16 (2): 147-164.

Piaget, J. (1951) *Play, Dreams and Imitation in Childhood* (London: Heinemann).

Piaget, J. (1957) *Construction of Reality in the Child* (London: Routledge & Kegan Paul).

Pierson, C. (1994) *Dismantling the Welfare State? Reagan, Thatcher and the Politics of Retrenchment* (Cambridge: Cambridge University Press).

Pierson, J. (2010) *Tackling Social Exclusion* (2nd edn, London: Routledge).

Pierson, P. (2011) 'The Welfare State over the Very Long Run', http://econpapers.repec.org/paper/zbwzeswps/022011.htm.

Piketty, T. (2014) *Capital in the Twenty-First Century* (Cambridge, MA, and London: Harvard University Press).

Pilcher, R., Williams, J., and Pole, C. (2003) 'Rethinking Adulthood: Families, Transitions and Social Change', *Sociological Research Online*, 8(4), www.socresonline.org.uk/8/4/pilcher.html.

Pilkington, A. (2002) 'Cultural Representations and Changing Ethnic Identities in a Global Age', in M. Holborn (ed.), *Developments in Sociology* (Ormskirk: Causeway Press).

Pilkington, A. (2015) 'Race, Ethnicity and Nationality: The Future of Multiculturalism in a Global Age', in M. Holborn (ed.) *Contemporary Sociology* (Cambridge: Polity): 65-95.

Pintor, R. L., and Gratschew, M. (2002) *Voter Turnout since 1945: A Global Report* (Stockholm: International Institute for Democracy and Electoral Assistance); www. idea. int/publications/vt/upload/VT_screenopt_2002.pdf.

Piore, M., and Sabel, C. F. (1984) *The Second Industrial Divide: Possibilities for Prosperity* (New York: Basic Books).

Piven, F. F., and Cloward, R. A. (1977) *Poor People's Movements: Why They Succeed, How They Fail* (New York: Pantheon Books).

Platt, L. (2013) 'Poverty', in G. Payne (ed.), *Social Divisions* (3rd edn, Basingstoke: Palgrave Macmillan): 305-331.

Player, E. (1989) 'Women and Crime in the City', in D. Downes (ed.), *Crime in the City* (Basingstoke: Macmillan): 122-125.

Plummer, K. (1975) *Sexual Stigma: An Interactionist Account* (London: Routledge & Kegan Paul).

Plummer, M. L., et al. (2004) '"A Bit More Truthful": The Validity of Adolescent Sexual Behaviour Data Collected in Rural Northern Tanzania Using Five Methods', *Sexually Transmitted Infections*, 80: 49-56.

Plummer, R. (2015) 'Greece Debt Crisis: What's the Deal?', 13 July, www.bbc.co.uk/news/business-33505555.

Pollak, O. (1950) *The Criminality of Women* (Philadelphia: University of Pennsylvania Press).

Pollert, A. (1988) 'Dismantling Flexibility', *Capital and Class*, 34: 42-75.

Portes, A. (2007) *Economic Sociology: A Systematic Inquiry* (Princeton, NJ: Princeton University Press).
Postman, N. (1986) *Amusing Ourselves to Death: Public Discourse in the Age of Show Business* (London: Heinemann).
Postman, N. (1995) *The Disappearance of Childhood* (New York: Vintage Books).
Potter, G. W., and Miller, K. S. (2002) 'Thinking about White-Collar Crime', in G. W. Potter (ed.), *Controversies in White-Collar Crime* (Abingdon: Routledge): 1-32.
Povey, D., Coleman, K., Kaiza, P., and Roe, S. (2009) *Homicides, Firearms Offences and Intimate Violence 2007/08 (Supplementary Volume 2 to Crime in England and Wales, 2007/08)*, Statistical Bulletin 02/09 (London: Home Office); http://webarchive.nationalarchives.gov.uk/20110218135832/rds.homeoffice.gov.uk/rds/pdfs09/hosb0209.pdf.
Powell, C. (2011) *Barbaric Civilization: A Critical Sociology of Genocides* (Montreal: McGill-Queen's University Press).
Price, M. (2010) 'Mexico's Struggle to Win "War" on Drugs', 9 June, www.bbc.co.uk/news/10275565.
Procter, J. (2004) *Stuart Hall* (London: Routledge).
Prout, A. (2005) *The Future of Childhood: Towards the Interdisciplinary Study of Childhood* (London: Routledge).
Prout, A., and James, A. (eds) (1990) *Constructing and Reconstructing Childhood* (London: Falmer Press).
Puddington, A. (2011) 'Freedom in the World 2011: The Authoritarian Challenge to Democracy', www.freedomhouse.org/report/freedom-world-2011/essay-freedom-world-2011-authoritarian-challenge-democracy.
Putnam, R. (1995) 'Bowling Alone: America's Declining Social Capital', *Journal of Democracy*, 6(1): 65-78.
Putnam, R. (2000) *Bowling Alone: The Collapse and Revival of American Community* (New York: Simon & Schuster).
Quah, D. (1999) *The Weightless Economy in Economic Development* (London: Centre for Economic Performance).
Rabinow, P. (1999) *French DNA: Trouble in Purgatory* (Chicago: University of Chicago Press).
Race, R. (2010) *Multiculturalism and Education* (London: Continuum).
Radway, J. A. (1984) *Reading the Romance* (Chapel Hill: University of North Carolina Press).
Ragnedda, M., and Muschert, G. W. (2013) *The Digital Divide: The Internet and Social Inequality in Inter-na-tional Perspective* (Abingdon: Routledge).
Rahman, M., and Jackson, S. (2010) *Gender and Sexuality: Sociological Approaches* (Cambridge: Polity).
Rahnema, M. (1997) 'Towards Post-Development: Searching for Signposts, a New Language and a Paradigm', in M. Rahnema and V. Bawtree (eds), *The Post-Development Reader* (London: Zed Books): 277-404.
Rake, K. (ed.) (2000) *Women's Incomes over the Lifetime* (London: HMSO).
Rallings, C., and Thrasher, M. (2015) *The 2015 General Election: Aspects of Participation and Administration*, www.electoralcommission.org.uk/__data/assets/pdf_file/0008/191861/Plymouth-UKPGE-electoral-data-report-final-WEB.pdf.
Ranis, G. (1996) *Will Latin America Now Put a Stop to 'Stop-and-Go?'* (New Haven, CT: Yale University, Economic Growth Center).
Rapoport, R. N., Fogarty, M. P., and Rapoport, R. (eds) (1982) *Families in Britain* (London: Routledge & Kegan Paul).
Rattansi, A. (1992) 'Changing the Subject? Racism, Culture and Education', in J. Donald and A. Rattansi (eds), *'Race', Culture and Difference* (London: Sage).
Rattansi, A. (2011) *Multiculturalism: A Very Short Introduction* (Oxford: Oxford University Press).
Rawsthorne, S. (2002) 'England and Wales', in R. W. Summers and A. M. Hoffman (eds), *Domestic Violence: A Global View* (Westport, CT: Greenwood Press).
Redman, P. (1996) 'Empowering Men to Disempower Themselves: Heterosexual Masculinities, HIV and the

Contradictions of Anti-Oppressive Education', in M. Mac an Ghaill (ed.), *Understanding Masculinities* (Buckingham: Open University Press).

Reich, R. (1991) *The Work of Nations: Preparing Ourselves for 21st-Century Capitalism* (New York: Knopf).

Reskin, B., and Roos, P. A. (1990) *Job Queues, Gender Queues: Explaining Women's Inroads into Male Occupations* (Philadelphia: Temple University Press).

Resnick, P., Zeckhauser, R., Swanson, J., and Lockwood, K. (2006) 'The Value of Reputation on eBay: A Controlled Experiment', *Experimental Economics*, 9(2): 79-101.

Reuters (2007) 'Young Keep it Simple in High-Tech World: Survey', 24 July, www.reuters.com/article/2007/07/24/us-technology-teens-idUSL236796320070724.

Reuters (2015) 'Global Life Expectancy Rises, but People Live Sicker for Longer', www.reuters.com/article/2015/08/27/us-health-longevity-idUSKCN0QV2JL20150827#WeOJqbi9YD5V633K.97.

Revill, J. (2008) 'Forced Marriage in UK "a Widespread Problem"', *The Observer*, 9 March; www.guardian.co.uk/world/2008/mar/09/gender.communities.

Rheingold, H. (2000) *The Virtual Community* (Cambridge, MA: MIT Press).

Rich, A. (1980) *Compulsory Heterosexuality and Lesbian Existence* (London: Onlywomen Press).

Richardson, D., and May, H. (1999) 'Deserving Victims? Sexual Status and the Social Construction of Violence', *Sociological Review*, 47(2): 308-331.

Riesman, D., with Glazer, N., and Denney, R. (1961) *The Lonely Crowd: A Study of the Changing American Character* (New Haven, CT: Yale University Press).

Riley, M. W., Foner, A., and Waring, J. (1988) 'Sociology of Age', in N. J. Smelser (ed.), *Handbook of Sociology* (Newbury Park, CA: Sage).

Riley, M. W., Kahn, R. L., and Foner, A. (1994) *Age and Structural Lag: Changes in Work, Family, and Retirement* (Chichester: Wiley).

Riots (Communites and Victims) Panel (2011) *5 Days in August: An Interim Report on the 2011 English Riots* (London: Riots Panel).

Ritzer, G. (1983) 'The McDonaldization of Society', *Journal of American Culture*, 6(1): 100-107.

Ritzer, G. (1993) *The McDonaldization of Society* (Newbury Park, CA: Pine Forge Press).

Ritzer, G. (1998) *The McDonaldization Thesis: Explorations and Extensions* (London: Sage).

Ritzer, G. (2009) *Globalization: A Basic Text* (Oxford: Wiley-Blackwell).

Ritzer, G. (2011) *Globalization: The Essentials* (Chichester: Wiley-Blackwell).

Rix, S. (2008) 'Age and Work in the United States of America', in P. Taylor (ed.), *Ageing Labour Forces: Promises and Prospects* (Cheltenham: Edward Elgar).

Robertson, R. (1970) *The Sociological Interpretation of Religion* (Oxford: Blackwell).

Robertson, R. (1992) *Globalization: Social Theory and Global Culture* (London: Sage).

Robertson, R. (1995) 'Glocalization: Time-Space and Homogeneity-Heterogeneity', in M. Featherstone, S. Lash and R. Robertson (eds), *Global Modernities* (London: Sage).

Roe, S. (2010) 'Intimate Violence: 2008/09 British Crime Survey', in K. Smith and J. Flatley (eds), *Homicides, Firearms Offences and Intimate Violence 2008/09 (Supplementary Volume 2 to Crime in England and Wales 2008/09)*, Statistical Bulletin 01/10 (London: Home Office): 57-82.

Rogers, P. (2008) *Why We're Losing the War on Terror* (Cambridge: Polity).

Rojek, C. (2003) *Stuart Hall* (Cambridge: Polity).

'Rona' (2000) 'Why We Need a Union', *Respect!: Journal of the International Union of Sex Workers*, no. 1.

Roof, W. C. (1993) *A Generation of Seekers: The Spiritual Journeys of the Baby Boom Generation* (San Francisco: Harper).

Roof, W. C., and McKinney, W. (1990) *American Mainline Religion: Its Changing Shape and Future Prospects* (New Brunswick, NJ: Rutgers University Press).

Rootes, C. (2005) 'A Limited Transnationalization? The British Environmental Movement', in D. Della Porta and S. Tarrow (eds), *Transnational Protest and Global Activism* (Lanham, MD: Rowman & Littlefield).

Rose, S., Kamin, L., and Lewontin, R. C. (1984) *Not in our Genes: Biology, Ideology and Human Nature* (Harmondsworth: Penguin).

Rosenau, J. N. (1997) *Along the Domestic-Foreign Frontier: Exploring Governance in a Turbulent World* (Cambridge: Cambridge University Press).

Ross, J. I. (ed.) (2000) *Controlling State Crime* (2nd edn, New Brunswick, NJ: Transaction).

Rossi, A. (1973) 'The First Woman Sociologist: Harriet Martineau', in *The Feminist Papers: From Adams to De Beauvoir* (New York: Columbia University Press).

Rossner, M. (2013) *Just Emotions: Rituals of Restorative Justice* (Oxford: Oxford University Press).

Rostow, W. W. (1961) *The Stages of Economic Growth* (Cambridge: Cambridge University Press).

Rothenberg, C. E. (2010) 'Re-architected Cloud Data Centre Networks and their Impact on the Future Internet', in T. Tronco (ed.), *New Network Architectures: The Path to the Future of the Internet* (Heidelberg: Springer): 179–188.

Rothman, R. A. (2005) *Inequality and Stratification: Class, Race and Gender* (5th edn, Upper Saddle River, NJ: Prentice-Hall).

Roxborough, I. (2004) 'Thinking about War', *Sociological Forum*, 19(3): 505–528 [book reviews].

Rubin, L. B. (1990) *The Erotic Wars: What Happened to the Sexual Revolution?* (New York: Farrar).

Rubin, L. B. (1994) *Families on the Fault Line* (New York: HarperCollins).

Rudé, G. (1964) *The Crowd in History: A Study of Popular Disturbances in France and England, 1730–1848* (New York: Wiley).

Ruspini, E. (2000) 'Longitudinal Research in the Social Sciences', *Social Research Update*, no. 20; http://sru.soc.surrey.ac.uk/SRU28.html.

Russell, M. (2010) *The Independent Climate Change E-mails Review* (Norwich: University of East Anglia).

Russett, B. M., Oneal, J. R., and Cox, M. (2000) 'Clash of Civilizations or Realism and Liberalism Déjà Vu? Some Evidence', *Journal of Peace Research*, 37(5): 583–608.

Rusting, R. L. (1992) 'Why Do We Age?', *Scientific American*, 267 (December): 131–141.

Sachs, J. (2000) 'A New Map of the World', *The Economist*, 22 June.

Sachs, W. (1992) *The Development Dictionary: A Guide to Knowledge as Power* (London: Zed Books).

Sadovnik, A. R. (ed.) (1995) *Knowledge and Pedagogy: The Sociology of Basil Bernstein* (Norwood, NJ: Ablex).

Sage, G. (2002) 'Global Sport and Global Mass Media', in A. Laker (ed.), *The Sociology of Sport and Physical Education: An Introductory Reader* (London: Routledge): 211–233.

Sageman, M. (2004) *Understanding Terror Networks* (Philadelphia: Pennsylvania University Press).

Said, E. (1978) *Orientalism: Western Conceptions of the Orient* (London: Routledge & Kegan Paul).

Saks, M. (1992) *Alternative Medicine in Britain* (Oxford: Clarendon Press).

Salway, S., Platt, S., Chowbey, P., Harriss, K., and Bayliss, E. (2007) *Long-Term Ill Health, Poverty and Ethnicity* (York: Joseph Rowntree Foundation).

Sanders, T. (2008) *Paying for Pleasure: Men Who Buy Sex* (Cullompton, Devon: Willan).

Sanders, T., and Hardy, K. (2011) *The Regulatory Dance: Investigating the Structural Integration of Sexual Consumption in the Night Time Economy* (Swindon: Economic and Social Research Council); www.esrc.ac.uk/my-esrc/grants/RES-000-22-3163/outputs/read/effe5312-8101-49ae-b35e-aff8c0cba43f.

Sandilands, C. (1999) *The Good-Natured Feminist: Ecofeminism and the Quest for Democracy* (Minneapolis: University of Minnesota Press).

Sassen, S. (1991) *The Global City: New York, London, Tokyo* (Princeton, NJ: Princeton University Press).

Sassen, S. (1998) *Globalization and its Discontents: Essays on the Mobility of People and Money* (New York: New Press).

Sassen, S. (2001) *The Global City: New York, London, Tokyo* (2nd edn, Princeton, NJ: Princeton University Press).

Sassen, S. (2004) 'Is Britain Too Diverse? The Responses', 23 November, www.carnegiecouncil.org/media/

replies.pdf.
Saunders, P. (1990) *Social Class and Stratification* (London: Routledge).
Saunders, P. (1996) *Unequal but Fair? A Study of Class Barriers in Britain* (London: IEA Health and Welfare Unit).
Saunders, P. (2010) *Social Mobility Myths* (London: CIVITAS).
Savage, J. (2007) *Teenage: The Creation of Youth Culture* (New York: Viking).
Savage, M., et al. (1992) *Property, Bureaucracy, and Culture: Middle-Class Formation in Contemporary Britain* (London: Routledge).
Savage, M., et al. (2013) 'A New Model of Social Class? Findings from the BBC's Great British Class Survey Experiment', *Sociology*, 47(2): 219-250.
Sayers, J. (1986) *Sexual Contradiction: Psychology, Psychoanalysis and Feminism* (London: Tavistock).
Scarman, L. G. (1982) *The Scarman Report: The Brixton Disorders, 10-12 April 1981* (Harmondsworth: Penguin).
Schaie, K. W. (1979) 'The Primary Mental Abilities in Adulthood: An Exploration in the Development of Psychometric Intelligence', in P. B. Baltes and O. G. Brim (eds), *Lifespan Development and Behavior*, Vol. 2 (New York: Academic Press).
Schaie, K. W. (1996) 'Intellectual Development in Adulthood', in J. E. Birren and K. W. Schaie (eds), *Handbook of the Psychology of Aging* (4th edn, San Diego: Academic Press): 266-286.
Schmiedek, F., Lövdén, M., and Lindenberger, U. (2013) 'Keeping it Steady: Older Adults Perform More Consistently on Cognitive Tasks than Younger Adults', *Psychological Science*, 24(9): 1747-1754.
Schnaiberg, A. (1980) *The Environment: From Surplus to Scarcity* (New York: Oxford University Press).
Schwartz, M. S. (2011) *Corporate Social Responsibility: An Ethical Approach* (New York: Broadview Press).
Schwarz, J., and Volgy, T. (1992) *The Forgotten Americans* (New York: W. W. Norton).
Scott, A. (2000) 'Risk Society or Angst Society? Two Views of Risk, Consciousness and Community', in B. Adam, U. Beck and J. van Loon (eds), *The Risk Society and Beyond: Critical Issues for Social Theory* (London: Sage).
Scott, J. (1991) *Who Rules Britain?* (Cambridge: Polity).
Scott, S. (2009) 'Re-clothing the Emperor: The Swimming Pool as a Negotiated Order', *Symbolic Interaction*, 32(2): 123-145.
Scott, S. (2010) 'How to Look Good (Nearly) Naked: The Performative Regulation of the Swimmer's Body', *Body and Society*, 16(2): 143-168.
Scott, S., and Morgan, D. (1993) 'Bodies in a Social Landscape', in S. Scott and D. Morgan (eds), *Body Matters: Essays on the Sociology of the Body* (London: Falmer Press).
Segura, D. A., and Pierce, J. L. (1993) 'Chicana/o Family Structure and Gender Personality: Chodorow, Familism, and Psychoanalytic Sociology Revisited', *Signs*, 19: 62-91.
Seidman, S. (1997) *Difference Troubles: Queering Social Theory and Sexual Politics* (Cambridge: Cambridge University Press).
Sen, A. (1999) *Development as Freedom* (Oxford: Oxford University Press).
Sen, A. (2001) *Development as Freedom* (Oxford: Oxford University Press).
Sen, A. (2007) *Identity and Violence: The Illusion of Destiny* (London: Penguin).
Sen, S., and Nair, P. M. (2004) *A Report on Trafficking in Women and Children in India, 2002-2003*, Vol.1 (New Delhi: Institute of Social Sciences/National Human Rights Commission/UNIFEM); http://nhrc.nic.in/Documents/ReportonTrafficking.pdf.
Sennett, R. (1993) *The Conscience of the Eye: The Design and Social Life of Cities* (London: Faber & Faber).
Sennett, R. (1998) *The Corrosion of Character: The Personal Consequences of Work in the New Capitalism* (London: W. W. Norton).
Sennett, R. (2003 [1977]) *The Fall of Public Man* (Cambridge: Cambridge University Press).
Seung Lam, M., and Pollard, A. (2006) 'A Conceptual Framework for Understanding Children as Agents in

the Transition from Home to Kindergarten', *Early Years*, 26(2): 123–141.

Shaheen, J. (1984) *The TV Arab* (Bowling Green, OH: Bowling Green State University Press).

Shaheen, J. (2001) *Reel Bad Arabs: How Hollywood Vilifies a People* (New York: Olive Branch Press).

Shakespeare, T., and Watson, N. (2002) 'The Social Model of Disability: An Outdated Ideology?', *Research in Social Science and Disability*, 2: 9–28.

Sharkansky, I. (2000) 'A State Action May be Nasty but is Not Likely to be a Crime', in J. I. Ross (ed.), *Controlling State Crime* (2nd edn, New Brunswick, NJ: Transaction): 35–52.

Sharkey, H. J. (2004) 'Globalization, Migration and Identity: Sudan 1800–2000', in B. Schaebler and L. Stenberg (eds), *Globalization and the Muslim World: Culture, Religion and Modernity* (Syracuse, NY: Syracuse University Press).

Sharma, U. (1992) *Complementary Medicine Today: Practitioners and Patients* (London: Routledge).

Sharma, U. (1999) *Caste* (Buckingham: Open University Press).

Sharpe, S. (1994) *Just Like a Girl: How Girls Learn to be Women: From the Seventies to the Nineties* (London: Penguin).

Shaw, M. (2003) *War and Genocide: Organized Killing in Modern Society* (Cambridge: Polity).

Shaw, M. (2005) *The New Western Way of War: Risk-Transfer and its Crisis in Iraq* (Cambridge: Polity).

Shaw, M. (2007) *What is Genocide ? A New Social Theory* (Cambridge: Polity).

Sheldon, W. A. (1949) *Varieties of Delinquent Youth* (New York: Harper).

Sheller, M., and Urry, J. (2004) *Tourism Mobilities: Places to Stay, Places in Play* (London: Routledge).

Shelton, B. A. (1992) *Women, Men, and Time: Gender Differences in Paid Work, Housework, and Leisure* (Westport, CT: Greenwood Press).

Shiva, V. (1993) *Ecofeminism* (London: Zed Books).

Silverman, B. (2014) 'Modern Slavery: an Application of Multiple Systems Estimation', https://www.gov.uk/government/uploads/system/uploads/attachment_data/file/386841/Modern_Slavery_an_application_of_MSE_revised.pdf.

Silverstone, R. (1994) *Television and Everyday Life* (London: Routledge).

Simmel, G. (1950 [1903]) 'The Metropolis and Mental Life', in K. H. Wolff (ed.), *The Sociology of Georg Simmel* (New York: Free Press).

Simmons, J., and Dodds, T. (2003) *Crime in England and Wales 2002/03* (London: Home Office).

Simpson, J. H. (1985) 'Socio-Moral Issues and Recent Presidential Elections', *Review of Religious Research*, 27(2): 115–123.

Sinclair, P. (1987) *Unemployment: Economic Theory and Evidence* (Oxford: Blackwell).

Sinclair, T. J. (2012) *Global Governance* (Cambridge: Polity).

Sjoberg, G. (1960) *The Pre-Industrial City: Past and Present* (New York: Free Press).

Sjoberg, G. (1963) 'The Rise and Fall of Cities: A Theoretical Perspective', *International Journalof Comparative Sociology*, 4: 107–120.

Skeggs, B. (1997) *Formations of Class and Gender: Becoming Respectable* (London: Sage).

Skeie, G. (2009) 'Introduction', in G. Skeie (ed.), *Religious Diversity and Education: Nordic Perspectives* (Munster: Waxmann): 7–11.

Skinner, Q. (ed.) (1990) *The Return of Grand Theory in the Human Sciences* (Cambridge: Cambridge University Press).

Skocpol, T. (1979) *States and Social Revolutions: A Comparative Analysis of France, Russia and China* (Cambridge: Cambridge University Press).

Slapper, G., and Tombs, S. (1999) *Corporate Crime* (Harlow: Longman).

Slattery, M. (2003) *Key Ideas in Sociology* (Cheltenham: Nelson Thornes).

Smart, C. (2007) *Personal Life: New Directions in Sociological Thinking* (Cambridge: Polity).

Smart, C., and Neale, B. (1999) *Family Fragments ?* (Cambridge: Polity).

Smart, C., Neale, B., and Wade, A. (2001) *The Changing Experience of Childhood: Families and Divorce*

(Cambridge: Polity).
Smelser, N. J. (1962) *Theory of Collective Behavior* (London: Routledge & Kegan Paul).
Smelser, N. J., and Swedberg, R. (eds) (2005) *The Handbook of Economic Sociology* (Princeton, NJ: Princeton University Press).
Smith, A. (1991 [1776]) *The Wealth of Nations* (London: Everyman's Library).
Smith, A. D. (1986) *The Ethnic Origins of Nations* (Oxford: Blackwell).
Smith, A. D. (1998) *Nationalism and Modernity: A Critical Survey of Recent Theories of Nations and Nationalism* (New York: Routledge).
Smith, C. S. (2007) 'In Poland, a Jewish Revival Thrives-Minus Jews', *New York Times*, 12 July; www.nytimes.com/2007/07/12/world/europe/12krakow.html? pagewanted = all.
Smith, D. (1990) *Stepmothering* (London: Harvester Press).
Smith, M. J. (1998) *Ecologism: Towards Ecological Citizenship* (Buckingham: Open University Press).
Smith, M. J., and Pangsapa, P. (2008) *Environment and Citizenship: Integrating Justice, Responsibility and Civic Engagement* (London: Zed Books).
Smith, P., and Prior, G. (1997) *The Fourth National Survey of Ethnic Minorities: Technical Report* (London: National Centre for Social Research).
Smith, P. K., Mahdavi, J., Carvalho, M., Fisher, S., Russell, S., and Tippett, N. (2008) 'Cyberbullying: Its Nature and Impact in Secondary School Pupils', *Journal of Child Psychology and Psychiatry*, 49(4): 376-385.
Smith, S. L., and Cook, C. A. (2008) *Gender Stereotypes: An Analysis of Popular Films and TV* (Los Angeles: Geena Davis Institute for Gender and Media).
Smooth, W. G. (2010) 'Intersectionalities of Race and Gender and Leadership', in K. O'Connor (ed.), *Gender and Women's Leadership: A Reference Handbook*, Vol. 1 (London: Sage): 31-40.
Snowdon, C. (2010) *The Spirit Level Delusion: Fact-Checking the Left's New Theory of Everything* (Ripon: Little Dice).
Social Mobility and Child Poverty Commission (2014) *Elitist Britain?* (London: SMCPC).
Solomos, J., and Back, L. (1996) *Racism and Society* (Basingstoke: Macmillan).
Soothill, K., and Walby, S. (1991) *Sex Crime in the News* (London: Routledge).
Sosinsky, B. (2011) *Cloud Computing Bible* (Indianapolis: Wiley).
Southall, R. (2004) 'The ANC and Black Capitalism in South Africa', *Review of African Political Economy*, 100: 313-328.
Soyka, P. A. (2012) *Creating a Sustainable Organization: Approaches for Enhancing Corporate Value through Sustainability* (Upper Saddle River, NJ: FT Press).
Spencer, S. (2014) *Race and Ethnicity: Culture, Identity and Representation* (Abingdon: Routledge).
Spender, D. (1982) *Invisible Women: The Schooling Scandal* (London: Writers and Readers Publishing Cooperative Society).
Spivak, G. (1987) *In Other Worlds: Essays in Cultural Politics* (London: Routledge).
Sreberny-Mohammadi, A., Winseck, D., McKenna, J., and Boyd-Barrett, O. (eds) (1997) *Media in Global Context: A Reader* (London: Hodder Arnold).
Standing, G. (2011) *The Precariat: The New Dangerous Class* (London: Bloomsbury).
Stanley, L., and Wise, S. (1993) *Breaking Out Again: Feminist Ontology and Epistemology* (new edn, London: Routledge).
Stanley, L., and Wise, S. (2002) 'What's Wrong with Socialization?', in S. Jackson and S. Scott (eds), *Gender: A Sociological Reader* (London: Routledge): 273-279.
Stanworth, M. (1983) *Gender and Schooling* (London: Hutchinson).
Stanworth, M. (1984) 'Women and Class Analysis: A Reply to John Goldthorpe', *Sociology*, 18(2): 159-170.
Stark, R., and Bainbridge, W. S. (1980) 'Towards a Theory of Religious Commitment', *Journal for the Scientific*

Study of Religion, 19: 114–128.
Stark, R., and Bainbridge, W. S. (1985) *The Future of Religion: Secularism, Revival, and Cult Formation* (Berkeley: University of California Press).
Stark, R., and Bainbridge, W. S. (1987) *A Theory of Religion* (New Brunswick, NJ: Rutgers University Press).
Statham, J. (1986) *Daughters and Sons: Experiences of Non-Sexist Childraising* (Oxford: Blackwell).
Steele, C. M. (1997) 'A Threat in the Air: How Stereotypes Shape Intellectual Identity and Performance', *American Psychologist*, 52: 613–629.
Steele, C. M., and Aronson, J. (1995) 'Stereotype Threat and the Intellectual Test Performance of African Americans', *Journal of Personality and Social Psychology*, 69(5): 797–811.
Steinberg, R. (1990) 'Social Construction of Skill: Gender, Power and Comparable Worth', *Work and Occupations*, 17(4): 449–482.
Stephens, P. (2014) 'Gene Therapy Effective to Treat "Bubble-Boy" Syndrome', 9 October, www.bbc.co.uk/news/health-29534859.
Stephen-Smith, S. (2008) *Routes In, Routes Out: Quantifying the Gendered Experience of Trafficking to the UK* (London: Poppy Project).
Stern, V. (1989) *Bricks of Shame: Britain's Prisons* (London: Penguin).
Stewart, H. (2015) 'Has George Osborne Really Introduced a Living Wage?', *The Guardian*, 8 July; www.theguardian.com/society/reality-check/2015/jul/08/george-osborne-budget-national-living-wage.
Stewart, S. (2010) *Culture and the Middle Classes* (Farnham: Ashgate).
Stillwaggon, E. (2000) 'HIV Transmission in Latin America: Comparisons with Africa and Policy Implications', *South African Journal of Economics*, 68(5): 985–1011.
Stoll, C. (1995) *Silicon Snake Oil: Second Thoughts on the Information Highway* (New York: Anchor Books).
Stone, L. (1980) *The Family, Sex, and Marriage in England, 1500–1800* (New York: Harper & Row).
Stonewall (2003) *Profiles of Prejudice: The Nature of Prejudice in England* (London: Stonewall).
Storr, M. (2002) 'Sociology and Social Movements: Theories, Analyses and Ethical Dilemmas', in P. Hamilton and K. Thompson (eds), *Sociology and Society: Vol. 4: The Uses of Sociology* (Buckingham: Open University Press).
Strand, G. (2008) 'Keyword: Evil: Google's Addiction to Cheap Electricity', *Harper's Magazine*, March.
Strand, S. (2011) 'The Limits of Social Class in Explaining Ethnic Gaps in Educational Attainment', *British Journal of Educational Research*, 37(2): 197–229.
Strang, H., and Braithwaite, J. (eds) (2001) *Restorative Justice and Civil Society* (Cambridge: Cambridge University Press).
Strangleman, T. (2015) 'Work: Experience, Identities and Meanings', in M. Holborn (ed.), *Contemporary Sociology* (Cambridge: Polity): 134–164.
Strategy Unit (2003) *Ethnic Minorities and the Labour Market* (London: HMSO).
Straus, M. A., and Gelles, R. J. (1986) 'Societal Change and Change in Family Violence from 1975 to 1985 as Revealed by Two National Surveys', *Journal of Marriage and the Family*, 48(3): 465–479.
Strawbridge, M. (2006) *Netiquette: Internet Etiquette in the Age of the Blog* (Ely, Cambridgeshire: Software Reference).
Sullivan, O. (1997) 'Time Waits for No (Wo)man: An Investigation of the Gendered Experience of Domestic Time', *Sociology*, 31(2): 221–239.
Sullivan, O. (2000) 'The Domestic Division of Labour: Twenty Years of Change', *Sociology*, 34(3): 437–456.
Sumner, A. (2010) *Global Poverty and the New Bottom Billion*, IDS Working Paper (Sussex: Institute of Development Studies).
Sunday Times (2007) 'Rich List 2007', 29 April.
Sunday Times (2010) 'The Sunday Times Rich List: Fortunes of Super-Rich Soar by a Third', 25 April.

Surtees, R. (2005) *Second Annual Report on Victims of Trafficking in South-Eastern Europe* (Geneva: International Organization for Migration).

Sutton, P. W. (2000) *Explaining Environmentalism: In Search of a New Social Movement* (Aldershot: Ashgate).

Sutton, P. W. (2007) *The Environment: A Sociological Introduction* (Cambridge: Polity).

Sutton, P. W., and Vertigans, S. (2005) *Resurgent Islam: A Sociological Approach* (Cambridge: Polity).

Sutton, P. W., and Vertigans, S. (2006) 'Islamic New Social Movements? Al-Qa'ida, Radical Islam, and Social Movement Theory', *Mobilization: An International Journal of Social Movement Research*, 11(1): 101-116.

Svensson, N. L. (2006) 'Extraterritorial Accountability: An Assessment of the Effectiveness of Child Sex Tourism Laws', *Loyola of Los Angeles International and Comparative Law Review*, 28: 641-664; http://digitalcommons.lmu.edu/ilr/vol28/iss3/6.

Swann Committee (1985) *Education for All: Report of the Committee into the Education of Ethnic Minority Children* (London: HMSO).

Swingewood, A. (1977) *The Myth of Mass Culture* (London: Macmillan).

Syn, J. (2014) 'The Social Licence: Empowering Communities and a Better Way Forward', *Social Epistemology*, 28(3-4): 318-339.

Szasz, A. (1994) *EcoPopulism: Toxic Waste and the Movement for Environmental Justice* (Minneapolis: University of Minnesota Press).

Der Tagesspiegel (2008) 'Wenn Sie das trinken, gibt es kein Zurück', 29 March; www.tagesspiegel.de/weltspiegel/wenn-sie-das-trinken-gibt-es-kein-zurueck/1198414.html [interview with Ludwig Minelli of Dignitas].

Tan, A., and Ramakrishna, K. (eds) (2002) *The New Terrorism* (Singapore: Eastern Universities Press).

Tarrow, S. (1998) *Power in Movement: Social Movements, Collective Action and Politics* (Cambridge: Cambridge University Press).

Tasker, Y., and Negra, D. (eds) (2007) *Interrogating Postfeminism: Gender and the Politics of Popular Culture* (Durham, NC: Duke University Press).

Tatchell, P. (2000) '30 Years of Gay Liberation', www.petertatchell.net/lgbt_rights/history/30years.htm.

Tawney, R. H. (1964 [1931]) *Equality* (London: Unwin).

Taylor, C. (1992) *Sources of the Self: The Making of the Modern Identity* (Cambridge: Cambridge University Press).

Taylor, C. (2007) *A Secular Age* (Cambridge, MA: Harvard University Press).

Taylor, I., Evans, K., and Fraser, P. (1996) *A Tale of Two Cities: Global Change, Local Feeling and Everyday Life in the North of England: A Study in Manchester and Sheffield* (London: Routledge).

Taylor, I., Walton, P., and Young, J. (1973) *The New Criminology: For a Social Theory of Deviance* (London: Routledge & Kegan Paul).

Taylor, M. W. (1992) *Men versus the State: Herbert Spencer and Late Victorian Individualism* (Oxford: Cla rendon Press).

Taylor, Y., and Hines, S. (2012) *Sexualities: Past Reflections, Future Directions* (Basingstoke: Palgrave Macmillan).

Taylor-Gooby, P. (2013) *The Double Crisis of the Welfare State and What We Can Do about It* (Basingstoke: Palgrave Macmillan).

Taylor-Gooby, P., and Stoker, G. (2011) 'The Coalition Programme: A New Vision for Britain or Politics as Usual?', *Political Quarterly*, 82(1): 4-15.

The Telegraph (2011) 'Child Brain Scans to Pick out Future Criminals', 22 February; www.telegraph.co.uk/news/science/8339772/Child-brain-scans-to-pick-out-future-criminals.html.

Tempest, R. (1996) 'Barbie and the World Economy', *Los Angeles Times*, 22 September.

Therborn, G. (2004) *Between Sex and Power: Family in the World, 1900-2000* (London: Routledge).

Therborn, G. (2011) *The World: A Beginner's Guide* (Cambridge: Polity).

Thomas, C. (1999) *Female Forms: Experiencing and Understanding Disability* (Buckingham: Open University Press).

Thomas, C. (2002) 'Disability Theory: Key Ideas, Issues and Thinkers', in C. Barnes, L. Barton and M. Oliver (eds), *Disability Studies Today* (Cambridge: Polity).

Thomas, K. (1984) *Man and the Natural World: Changing Attitudes in England 1500–1800* (London: Penguin).

Thomas, N. (2009) 'Sociology of Childhood', in T. Maynard and N. Thomas (eds), *An Introduction to Early Childhood Studies* (2nd edn, London: Sage): 33–46.

Thomas, W. I. (with Thomas, D. S.) (1928) *The Child in America: Behavior Problems and Programs* (New York: Knopf).

Thomas, W. I., and Znaniecki, F. (1966 [1918–1920]) *The Polish Peasant in Europe and America: Monograph of Our Immigrant Group*, 5 vols (New York: Dover).

Thompson, J. B. (1990) *Ideology and Modern Culture* (Cambridge: Polity).

Thompson, J. B. (1995) *The Media and Modernity: A Social Theory of the Media* (Cambridge: Polity).

Thompson, W. C. (2015) *Western Europe: The World Today Series, 2015–2016* (34th edn, Lanham, MD: Rowman & Littlefield).

Thompson, W. S. (1929) 'Population', *American Journal of Sociology*, 34: 959–975.

Thorne, B. (1993) *Gender Play: Girls and Boys in School* (New Brunswick, NJ: Rutgers University Press).

Tilly, C. (1978) *From Mobilization to Revolution* (London: Longman).

Tilly, C. (1995) 'Globalization Threatens Labor's Rights', *International Labor and Working-Class History*, 47: 1–23.

Tipple, G., and Speak, S. (2009) *The Hidden Millions: Homelessness in Developing Countries* (Abingdon: Routledge).

Tizard, B., and Hughes, M. (1984) *Young Children Learning, Talking and Thinking at Home and at School* (London: Fontana).

Toke, D. (2004) *The Politics of GM Food: A Comparative Study of the UK, USA, and EU* (New York: Routledge).

Tolson, A. (2005) *Media Talk: Spoken Discourse on TV and Radio* (Edinburgh: Edinburgh University Press).

Tomlinson, J. (1991) *Cultural Imperialism: A Critical Introduction* (London: Pinter).

Tonkiss, F. (2006) *Contemporary Economic Sociology: Globalisation, Production, Inequality* (London: Routledge).

Tönnies, F. (2001 [1887]) *Community and Civil Society*, trans. J. Harris and M. Hollis (Cambridge and New York: Cambridge University Press).

Tough, J. (1976) *Listening to Children Talking* (London: Ward Lock).

Touraine, A. (1971) *The Post-Industrial Society: Tomorrow's Social History: Classes, Conflict and Culture in the Programmed Society* (New York: Random House).

Touraine, A. (1981) *The Voice and the Eye: An Analysis of Social Movements* (Cambridge: Cambridge University Press).

Townsend, P. (1979) *Poverty in the United Kingdom* (Harmondsworth: Penguin).

Travis, A. (2011) 'Young Black Men Make up Four in Ten of Youth Jail Population', *The Guardian*, 26 October; www.guardian.co.uk/society/2011/oct/26/young-black-men-youth-jails.

Traynor, I. (2004) 'Hague Rules Srebrenica Was Act of Genocide', *The Guardian*, 20 April; www.guardian.co.uk/world/2004/apr/20/warcrimes.

Treas, J. (1995) 'Older Americans in the 1990s and Beyond', *Population Bulletin*, 50(2): 1–48.

Troeltsch, E. (1981 [1931]) *The Social Teaching of the Christian Churches*, 2 vols (Chicago: University of Chicago Press).

Tuchman, G. (1978) 'Introduction: The Symbolic Annihilation of Women by the Mass Media', in G. Tuchman, A. K. Daniels and J. Benét, *Hearth and Home: Images of Women in the Mass Media* (New York: Oxford University Press).

Tunstall, J. (1977) *The Media Are American: Anglo-American Media in the World* (London: Constable).

Tunstall, J. (2007) *The Media Were American: US Mass Media in Decline* (New York: Oxford University Press).

Tunstall, R., Bevan, M., Bradshaw, J., et al. (2013) *The Links Between Housing and Poverty: An Evidence Review* (York: Joseph Rowntree Foundation).

Turner, B. S. (1974) *Weber and Islam: A Critical Study* (London: Routledge).

Turner, B. S. (1990) 'Outline of a Theory of Citizenship', *Sociology*, 24(2): 189–217.

Turner, B. S. (1993) *Max Weber: From History to Modernity* (London: Routledge).

Turner, B. S. (1995) *Medical Power and Social Knowledge* (London: Sage).

Turner, B. S. (2006) *Vulnerability and Human Rights* (University Park: Pennsylvania State University Press).

Turner, G. (2004) *Understanding Celebrity* (London: Sage).

Tyler, T. R. (2006) *Why People Obey the Law* (Princeton, NJ: Princeton University Press).

UK Political Info (2015) 'General Election Turnout 1945–2015', available at: http://www.ukpolitical.info/Turnout45.htm.

UN (1948) *The Universal Declaration of Human Rights*, www.un.org/en/universal-declaration-human-rights/.

UN (2006) *World Population Prospects: The 2006 Revision* (New York: UN Department of Economic and Social Affairs).

UN (2009) 'President's Summary of the Thematic Debate on Drugs and Crime as a Threat to Development', www.un.org/en/ga/president/66/Issues/drugs/pga_summary_debate.pdf.

UN (2010) *World Urbanization Prospects: The 2009 Revision* (New York: UN Department of Economic and Social Affairs, Population Division).

UN (2011) 'Press Release: World Population to Reach 10 Billion by 2100 if Fertility in All Countries Converges to Replacement Level', Department of Economic and Social Affairs, 3 May; http://esa. un.org/wpp/Other-Information/Press_Release_WPP2010.pdf.

UN Commission on Global Governance (2005 [1995]) 'A New World', in R. Wilkinson (ed.) *The Global Governance Reader* (London: Routledge): 26–44.

UN Convention on the Rights of Persons with Disabilities (2006), preamble, www.un.org/disabilities/convention/facts.shtml.

UN ESA (2014) *World Urbanization Prospects: The 2014 Revision, Highlights*, http://esa.un.org/unpd/wup/Highlights/WUP2014-Highlights.pdf.

UN Millennium Ecosystem Assessment Board (2005) *Living Beyond our Means: Natural Assets and Human Well-Being* (Washington, DC: Island Press).

UNAIDS (2008) *Report on the Global AIDS Epidemic 2008: Executive Summary* (Geneva: UNAIDS).

UNAIDS (2014) *The Gap Report* (Geneva: UNAIDS).

UNCTAD (2007) *The Universe of the Largest Transnational Corporations* (New York and Geneva: United Nations).

UNDP (1998) *Human Development Report* (New York: UN Development Programme).

UNDP (2003) *Human Development Report* (New York: UN Development Programme).

UNDP (2004) *Human Development Report: Cultural Liberty in Today's Diverse World* (New York: UN Development Programme).

UNDP (2007a) *Human Development Report 2007/2008* (New York: UN Development Programme).

UNDP (2007b) *United Nations Development Programme, Annual Report 2007* (New York: UN Development Programme).

UNDP (2010) *Human Development Report 2010: The Real Wealth of Nations: Pathways to Human Development* (Basingstoke: Palgrave Macmillan).

UNDP (2014) *Human Development Report 2014: Sustaining Human Progress: Reducing Vulnerabilities and Building Resilience* (New York: UNDP).
UNDP (2015) *Human Development Report 2015: Work for Human Development* (New York: UNDP).
UNESCO (1982) *Declaration on Race and Racial Prejudice*, www.unesco.org/education/information/nfsunesco/pdf/RACE_E.PDF.
UNESCO (2008) *EFA Global Monitoring Report: Strong Foundations, Early Childhood Care and Education* (Paris: UNESCO); www.efareport.unesco.org.
UNESCO (2009a) *Waterina Changing World: UN World Water Development Report 3* (London: Earthscan).
UNESCO (2009b) 'Nollywood Rivals Bollywood in Film/Video Production', www.unesco.org/en/creativity/dynamic-content-single-view-copy-1/news/nollywood_rivals_bollywood_in_filmvideo_production/back/19123/cHash/f8233ace54/.
UNESCO (2010) *EFA Global Monitoring Report: Reaching the Marginalised: Summary* (Paris: UNESCO); www.efareport.unesco.org.
UNESCO (2014a) *Teaching and Learning: Achieving Equality for All* (Paris: UNESCO).
UNESCO (2014b) International Literacy Data, 2014, www.uis.unesco.org/literacy/Pages/literacy-data-release-2014.aspx.
UNFAO (2015) *The State of Food Insecurity in the World 2015*, www.fao.org/hunger/en/.
UNFPA (2011) *State of the World Population 2011* (New York: UNFPA); http://foweb.unfpa.org/SWP2011/reports/EN-SWOP2011-FINAL.pdf.
UNICEF (2000a) *The State of the World's Children, 2000* (New York: UN Children's Fund).
UNICEF (2000b) *Domestic Violence against Women and Girls* (Florence: UN Children's Fund).
UNICEF (2012) *Global Initiative on Out-of-School Children: Nigeria Country Study* (Abuja: UNICEF).
UNICEF/WHO (2015) *Progress on Sanitation and Drinking Water: 2015 Update and MDG Assessment* (Geneva: WHO).
Universities UK (2010) *Higher Education in Facts and Figures* (London: Universities UK).
UNODC (2010) *The Globalization of Crime: A Transnational Organized Crime Threat Assessment*, www.unodc.org/documents/data-and-analysis/tocta/TOCTA_Report_2010_low_res.pdf.
UNSDSN (2012) 'Global Profile of Extreme Poverty', http://unsdsn.org/wp-content/uploads/2014/02/121015-Profile-of-Extreme-Poverty.pdf.
UNWFP (2001) 'News Release: WFP Head Releases World Hunger Map and Warns of Hunger "Hot Spots" in 2001', 9 January, http://reliefweb.int/node/74045.
UPIAS (1976) *Fundamental Principles of Disability* (London: Union of Physically Impaired Against Segregation).
Urban Task Force (1999) *Towards a Strong Urban Renaissance: Final Report of the Urban Task Force*, chaired by Lord Rogers of Riverside (London: Department of the Environment, Transport and the Regions); www.urbantaskforce.org/UTF_final_report.pdf.
Urry, J. (2000) *Sociology beyond Societies: Mobilities for the Twenty-First Century* (London: Routledge).
Urry, J. (2002) *The Tourist Gaze: Leisure and Travel in Contemporary Societies* (2nd edn, London: Sage).
Urry, J. (2003) 'Social Networks, Travel and Talk', *British Journal of Sociology*, 54(2): 155–175.
Urry, J. (2007) *Mobilities* (Cambridge: Polity).
Urry, J. (2011) *Climate Change and Society* (Cambridge: Polity).
Urry, J., and Larsen, J. (2011) *The Tourist Gaze 3.0* (3rd edn, London: Sage).
US Census Bureau (2011) *Statistical Abstract of the United States: 2011* (130th edn, Washington, DC: Census Bureau).
Valk, A. M. (2008) *Radical Sisters: Second-Wave Feminism and Black Liberation in Washington, DC* (Urbana: University of Illinois Press).
Vallas, S. P., and Beck, J. P. (1996) 'The Transformation of Work Revisited: The Limits of Flexibility in American Manufacturing', *Social Problems*, 43(3): 339–361.

Van der Veer, P. (1994) *Religious Nationalism: Hindus and Muslims in India* (Berkeley: University of California Press).

Van Dijk, T. A. (1997) *Discourse Studies: A Multidisciplinary Introduction*, 2 vols (London: Sage).

Van Krieken, R. (1998) *Norbert Elias* (London: Routledge).

Vaswani, K. (2007) 'Can India Close the Wealth Gap?', 14 August, http://news.bbc.co.uk/1/hi/business/6940966.stm.

Vatican (2004) 'Letter to the Bishops of the Catholic Church on the Collaboration of Men and Women in the Church and in the World', 31 May, www.vatican.va/roman_curia/congregations/cfaith/documents/rc_con_cfaith_doc_20040731_collaboration_en.html.

Vaughan, D. (1990) *Uncoupling: Turning Points in Intimate Relationships* (New York: Vintage).

Veit-Wilson, J. (1998) *Setting Adequate Standards* (Bristol: Policy Press).

Vertigans, S. (2008) *Terrorism and Societies* (Aldershot: Ashgate).

Vertigans, S. (2011) *The Sociology of Terrorism: People, Places and Processes* (Abingdon: Routledge).

Vertovec, S. (2006) *The Emergence of Super-Diversity in Britain*, Centre on Migration, Policy and Society, Working Paper no.25, University of Oxford.

Vertovec, S. (2007) 'Super-Diversity and its Implications', *Ethnic and Racial Studies*, 30(6): 1024–1054.

Vertovec, S., and Cohen, R. (eds) (2002) *Conceiving Cosmopolitanism: Theory, Context and Practice* (Oxford: Oxford University Press).

Victor, C. (2005) *The Social Context of Ageing: A Textbook of Gerontology* (London: Routledge).

Vidal, J. (2011) 'Climate Sceptic Willie Soon Received $ 1m from Oil Companies, Papers Show', *The Guardian*, 28 June; www.guardian.co.uk/environment/2011/jun/28/climate-change-sceptic-willie-soon.

Vincent, J. (1999) *Politics, Power, and Old Age* (Buckingham: Open University Press).

Vincent, J. (2003) *Old Age* (London: Routledge).

Visgilio, G. R., and Whitelaw, D. M. (eds) (2003) *Our Backyard: A Quest for Environmental Justice* (Lanham, MD, and Oxford: Rowman & Littlefield).

Voas, D. (2009) 'The Rise and Fall of Fuzzy Fidelity in Europe', *European Sociological Review*, 25(2): 155–168.

Voas, D., and Crockett, A. (2005) 'Religion in Britain: Neither Believing Nor Belonging', *Sociology*, 39 (1): 11–28.

Vogel, P. (2015) *Generation Jobless? Turning the Youth Unemployment Crisis into Opportunity* (Basingstoke: Palgrave Macmillan).

Vogler, C., and Pahl, J. (1994) 'Money, Power and Inequality in Marriage', *Sociological Review*, 42(2): 263–288.

Voicu, B., Voicu, M., and Strapkova, K. (2007) *Engendered Housework: A Cross-European Analysis*, IRISS Working Paper (Luxembourg: Centre d'Etudes de Populations, de Pauvreté et de Politiques Socio-economiques); www.ceps.lu/pdf/11/art1234.pdf.

Vörösmarty, C. J., et al. (2010) 'Global Threats to Human Water Security and River Biodiversity', *Nature*, 467 (September): 555–561.

Vygotsky, L. (1986 [1934]) *Thought and Language* (Cambridge, MA: MIT Press).

Wachman, R. (2007) 'Water Becomes the New Oil as World Runs Dry', *The Observer*, 9 December.

Wacquant, L. (2010) *Deadly Symbiosis: Race and the Rise of the Penal State* (Cambridge: Polity).

Waddington, D., Critcher, C., Dicks, B., and Parry, D. (2001) *Out of the Ashes? The Social Impact of Industrial Contraction and Regeneration on Britain's Mining Communities* (London: Routledge).

Wagar, W. (1992) *A Short History of the Future* (Chicago: University of Chicago Press).

Walby, S. (1986) 'Gender, Class and Stratification: Towards a New Approach', in R. Crompton and M. Mann (eds), *Gender and Stratification* (Cambridge: Polity).

Walby, S. (1990) *Theorizing Patriarchy* (Oxford: Blackwell).

Walby, S. (2011) *The Future of Feminism* (Cambridge: Polity).

Walby, S., and Allen, J. (2004) *Domestic Violence, Sexual Assault and Stalking: Findings from the British Crime Survey*, Research Study 276 (London: Home Office).

Wales Online (2014) 'North Wales Child Abuse Inquiry: Two More Men Charged by Police', www.walesonline.co.uk/news/wales-news/north-wales-child-abuse-inquiry-7659247.

Walker, C. (1994) 'Managing Poverty', *Sociology Review* (April).

Wall, D. (2007) *Cybercrimes: The Transformation of Crime in the Information Age* (Cambridge: Polity).

Wall, M. (2014) 'Ebola: Can Big Data Analytics Help Contain its Spread?', 15 October, www.bbc.co.uk/news/business-29617831.

Wallerstein, I. (1974) *The Modern World-System*, Vol. 1: *Capitalist Agriculture and the Origins of the European World-Economy in the Sixteenth Century* (New York: Academic Press).

Wallerstein, I. (1980) *The Modern World-System*, Vol. 2: *Mercantilism and the Consolidation of the European World-Economy, 1600–1750* (New York: Academic Press).

Wallerstein, I. (1989) *The Modern World-System*, Vol. 3: *The Second Era of Great Expansion of the Capitalist World-Economy, 1730–1840s* (New York: Academic Press).

Wallis, R. (1984) *The Elementary Forms of New Religious Life* (London: Routledge & Kegan Paul).

Walmsley, R. (2013) *World Prison Population List* (10th edn, London: International Centre for Prison Studies).

Walsh, D., and Poole, A. (eds) (1983) *A Dictionary of Criminology* (London: Routledge & Kegan Paul).

Walter, A. (1994) *The Revival of Death* (London and New York: Routledge).

Walter, A. (1999) *On Bereavement: The Culture of Grief* (Buckingham: Open University Press).

Walton, P., and Young, J. (eds) (1998) *The New Criminology Revisited* (London: Macmillan).

Warner, S. (1993) 'Work in Progress toward a New Paradigm for the Sociological Study of Religion in the United States', *American Journal of Sociology*, 98: 1044–1093.

Warren, B. (1980) *Imperialism: Pioneer of Capitalism* (London: Verso).

Wasserstein, B. (1996) *Vanishing Diaspora: The Jews in Europe since 1945* (London: Hamish Hamilton).

Waters, M. (2001) *Globalization* (2nd edn, London: Routledge).

Watson, T. J. (2008) *Sociology, Work and Industry* (5th edn, London: Routledge).

Watts, M. (1997) 'Black Gold, White Heat: State Violence, Local Resistance and the National Question in Nigeria', in S. Pile and M. Keith (eds), *Geographies of Resistance* (New York: Routledge).

WCED (World Commission on Environment and Development) (1987) *Our Common Future* (Oxford: Oxford University Press) [Brundtland Report].

Weaver, M. (2001) 'Urban Regeneration- the Issue Explained', *The Guardian*, 19 March.

Weber, M. (1948) *From Max Weber: Essays in Sociology*, ed. H. H. Gerth and C. W. Mills (London: Routledge & Kegan Paul).

Weber, M. (1951) *The Religion of China* (New York: Free Press).

Weber, M. (1952) *Ancient Judaism* (New York: Free Press).

Weber, M. (1958) *The Religion of India* (New York: Free Press).

Weber, M. (1963) *The Sociology of Religion* (Boston: Beacon Press).

Weber, M. (1979 [1925]) *Economy and Society: An Outline of Interpretive Sociology* (Berkeley: University of California Press).

Weber, M. (1992 [1904–1905]) *The Protestant Ethic and the Spirit of Capitalism* (London: Allen & Unwin).

Weeks, J. (1986) *Sexuality* (London: Methuen).

Weeks, J. (1999) *Making Sexual History* (Cambridge: Polity).

Weeks, J., Heaphy, B., and Donovan, C. (2004) 'The Lesbian and Gay Family', in J. Scott, J. Treas and M. Richards (eds), *The Blackwell Companion to the Sociology of Families* (Oxford: Blackwell).

Weinberg, S. (1998) 'The Revolution that Didn't Happen', *New York Review of Books*, 45(15): 48–52.

Weinberg, T. (2008) *The Ultimate Social Media Etiquette Handbook*, www.techipedia.com/2008/social-media-etiquette-handbook/.

Weiss, T. G. (2013) *Global Governance: Why? What? Whither?* (Cambridge: Polity).

Weiss, T. G., and Thakur, R. (2010) *Global Governance and the UN: An Unfinished Journey* (Bloomington: Indiana University Press).

Weitzer, R. (2000) *Sex for Sale: Prostitution, Pornography, and the Sex Industry* (New York: Routledge).

Weitzman, L., Eifler, D., Hokada, E., and Ross, C. (1972) 'Sex-Role Socialization in Picture Books for Preschool Children', *American Journal of Sociology*, 77(6): 1125–1150.

Wessendorf, S. (2014) *Commonplace Diversity: Social Relations in a Super-Diverse Context* (Basingstoke: Palgrave Macmillan).

Westergaard, J. (1995) *Who Gets What? The Hardening of Class Inequality in the Late Twentieth Century* (Cambridge: Polity).

Western, B. (1997) *Between Class and Market: Postwar Unionization in the Capitalist Democracies* (Princeton, NJ: Princeton University Press).

Wetherell, M., and Edley, N. (1999) 'Negotiating Hegemonic Masculinity: Imaginary Positions and Psycho-Discursive Practices', *Feminism & Psychology*, 9(3): 335–356.

Wharton, A. S. (2012) *The Sociology of Gender: An Introduction to Theory and Research* (2nd edn, Chichester: John Wiley).

Wheatley, P. (1971) *Pivot of the Four Quarters: A Preliminary Enquiry into the Origins and Character of the Ancient Chinese City* (Edinburgh: Edinburgh University Press).

Wheeler, D. L. (2006) *The Internet in the Middle East: Global Expectations and Local Imaginations in Kuwait* (Albany: State University of New York Press).

Whelehan, I. (1999) *Modern Feminist Thought: From the Second Wave to 'Post-Feminism'* (Edinburgh: Edinburgh University Press).

White C., van Galen, F., and Huang Chow, Y. (2003) 'Trends in Social Class Differences in Mortality by Cause, 1986 to 2000', *Health Statistics Quarterly*, 20(4): 25–37.

White, H. C. (1981) 'Where do Markets Come From?', *American Journal of Sociology*, 87(3): 517–547.

WHO (World Health Organization) (2005) *Multi-Country Study on Women's Health and Domestic Violence against Women: Initial Results on Prevalence, Health Outcomes and Women's Responses* (Geneva: WHO).

WHO (World Health Organization) (2006a) *Preventing Child Maltreatment: A Guide to Taking Action and Generating Evidence* (Geneva: WHO).

WHO (World Health Organization) (2006b) *Constitution of the World Health Organization* (45th edn, Supplement), www.who.int/governance/eb/who_constitution_en.pdf.

WHO (2011) *World Report on Disability: Summary*, http://apps.who.int/iris/bitstream/10665/70670/1/WHO_NMH_VIP_11.01_eng.pdf.

WHO (World Health Organization) (2014a) 'WHO: Ebola Response Roadmap Update, 10 October', http://apps.who.int/iris/bitstream/10665/136161/1/roadmapupdate10Oct14_eng.pdf?ua=1.

WHO(World Health Organization) (2014b) 'Suicide Prevention', www.who.int/mental_health/prevention/suicide/suicideprevent/en/.

WHO (World Health Organization) (2016a) 'World: Life Expectancy at Birth, Both Sexes', http://gamapserver.who.int/mapLibrary/Files/Maps/Global_LifeExpectancy_bothsexes_2015.png.

WHO (World Health Organization) (2016b) 'World: Adult HIV Prevalence (15–49 Years) by WHO Region, 2014', http://gamapserver.who.int/mapLibrary/Files/Maps/HIV_adult_prevalence_2014.png.

Wicks, R. (2004) 'Labour's Unfinished Business', in *Overcoming Disadvantage: An Agenda for the Next 20 Years* (York: Joseph Rowntree Foundation); www.jrf.org.uk/system/files/1859351433.pdf.

Wikström, P. (2009) *The Music Industry: Music in the Cloud* (Cambridge: Polity).

Wiktorowicz, Q. (2006) 'Anatomy of the Salafi Movement', *Studies in Conflict and Terrorism*, 29(3): 207-239.

Wilkins, L. T. (1964) *Social Deviance: Social Policy Action and Research* (London: Tavistock).

Wilkinson, H. (1994) *No Turning Back* (London: Demos).

Wilkinson, H., and Mulgan, G. (1995) *Freedom's Children: Work, Relationships and Politics for 18-34 Year Olds in Britain Today* (London: Demos).

Wilkinson, R. (1996) *Unhealthy Societies: The Affiictions of Inequality* (London: Routledge).

Wilkinson, R., and Pickett, K. (2010) *The Spirit Level: Why Equality is Better for Everyone* (London: Penguin).

Will, C. M., Armstrong, D., and Marteau, T. M. (2010) 'Genetic Unexceptionalism: Clinician Accounts of Genetic Testing for Familial Hypercholesterolaemia', *Social Science and Medicine*, 71(5): 910-917.

Williams, C. D. (2003) *Tales from Sacred Wind: Coming of Age in Appalachia* (Jefferson, NC: McFarland).

Williams, R. (1987) *Keywords: A Vocabulary of Culture and Society* (London: Fontana).

Williams, S. J. (1993) *Chronic Respiratory Illness* (London: Routledge).

Williams, S. J. (2010) 'New Developments in Neuroscience and Medical Sociology', in W. C. Cockerham (ed.), *The New Blackwell Companion to Medical Sociology* (Chichester: Wiley-Blackwell): 530-551.

Willis, P. (1977) *Learning to Labour: How Working-Class Kids Get Working-Class Jobs* (London: Saxon House).

Wilson, B. (1982) *Religion in Sociological Perspective* (Oxford: Clarendon Press).

Wilson, E. (2002) 'The Sphinx in the City: Urban Life, the Control of Disorder, and Women', in G. Bridge and S. Watson (eds), *The Blackwell City Reader* (Oxford: Blackwell).

Wilson, J. Q., and Kelling, G. L. (1982) 'Broken Windows: The Police and Neighbourhood Safety', *Atlantic Monthly*, March.

Wilson, W. J. (1978) *The Declining Significance of Race: Blacks and Changing American Institutions* (Chicago: University of Chicago Press).

Wilson, W. J. (1999) *The Bridge over the Racial Divide: Rising Inequality and Coalition Politics* (Berkeley: University of California Press).

WIN-Gallup International (2012) 'Global Index of Religion and Atheism: Press Release', http://redcresearch. ie/wp-content/uploads/2012/08/RED-C-press-release-Religion-and-Atheism-25-7-12.pdf.

Wingfield-Hayes, R. (2015) 'The Beauty Contest Winner Making Japan Look at Itself', 4 June, www.bbc.co.uk/news/world-asia-32957610.

Wirth, L. (1938) 'Urbanism as a Way of Life', *American Journal of Sociology*, 44(1): 1-24.

Wolfe, N. (2011) *The Viral Storm: The Dawn of a New Pandemic Age* (London: Allen Lane).

Wolitzky-Taylor, K. B., Resnick, H. S., McCauley, J. L., Amstadter, A. B., Kilpatrick, D. G., and Ruggerio, K. J. (2010) 'Is Reporting of Rape on the Rise? A Comparison of Women with Reported versus Unreported Rape Experiences in the National Women's Study-Replication', *Journal of Interpersonal Violence*, 26(4): 807-832.

Women and Equality Unit (2004) *Women and Men in the Workplace* (London: Department of Trade and Industry).

Wood, J. (1984) 'Groping towards Sexism: Boys' Sex Talk', in A. McRobbie and M. Nava (eds), *Gender and Generation* (London: Macmillan).

Wood, M., Hales, J., Purdon, S., Sejersen, T., and Hayllar, O. (2009) *A Test of Racial Discrimination in Recruitment Practice in British Cities* (Norwich: The Stationery Office).

Wood, S. (1989) *The Transformation of Work? Skills, Flexibility and the Labour Process* (London: Unwin Hyman).

Woodrum, E. (1988) 'Moral Conservatism and the 1984 Presidential Election', *Journal for the Scientific Study of Religion*, 27(2): 192–210.

Woodward, K. (2015) 'Sex, Gender and Sexuality: The Case for Critical Analysis', in M. Holborn (ed.), *Contemporary Sociology* (Cambridge: Polity): 35–64.

World Atlas (2016) 'Populations of 150 Largest Cities of the World', www.worldatlas.com/citypops.htm.

World Bank (1995) *Workers in an Integrating World* (New York: Oxford University Press).

World Bank (1997) *World Development Report 1997: The State in a Changing World* (New York: Oxford University Press).

World Bank (2000) *Attacking Poverty: World Development Report 2000/1* (New York: Oxford University Press).

World Bank (2001) *Povertynet: Topics Relevant to Social Capital* (New York: Oxford University Press).

World Bank (2004) *World Development Report: Making Services Work for Poor People* (New York: Oxford University Press).

World Bank (2007) *World Development Indicators* (New York: Oxford University Press).

World Bank (2011a) *World Development Indicators 2011* (Washington, DC: World Bank).

World Bank (2011b) 'World Bank Report Reviews Early Insights from the Sino-Singapore Tianjin Eco-City Project', 19 January, www. worldbank. org/en/news/2011/01/19/world-bank-report-reviews-early-insights-sino-singapore-tianjin-eco-city-project.

World Bank (2013) 'Education Expenditures: A Global Report', http://datatopics.worldbank.org/education/wStateEdu/StateEducation.aspx.

World Bank (2015) 'Morocco to Make History with First-of-its-Kind Solar Plant', www.worldbank.org/en/news/feature/2015/11/20/morocco-to-make-history-with-first-of-its-kind-solar-plant.

World Economic Forum (2007) *The Global Gender Gap Report 2007* (Geneva: World Economic Forum).

World Population Review (2015) 'Shanghai Population', http://worldpopulationreview. com/world-cities/shanghai-population/.

Worrall, A. (1990) *Offending Women: Female Law-Breakers and the Criminal Justice System* (London: Routledge).

Wouters, C. (2002) 'The Quest for New Rituals in Dying and Mourning: Changes in the We I Balance', *Body and Society*, 8(1): 1–27.

Wouters, C. (2004) *Sex and Manners: Female Emancipation in the West 1890–2000* (London and New York: Sage).

Wright, C. (1992) *Race Relations in the Primary School* (London: David Fulton).

Wright, E. O. (1978) *Class, Crisis and the State* (London: New Left Books).

Wright, E. O. (1985) *Classes* (London: Verso).

Wright, E. O. (1997) *Class Counts: Comparative Studies in Class Analysis* (Cambridge: Cambridge University Press).

Wrigley, E. A. (1968) *Population and History* (New York: McGraw-Hill).

Wuthnow, R. (1988) 'Sociology of Religion', in N. J. Smelser (ed.), *Handbook of Sociology* (Newbury

Park, CA: Sage).
Wykes, M., and Gunter, B. (2005) *The Media and Body Image* (London: Sage).
Yinger, J. M. (1970) *The Scientific Study of Religion* (London: Routledge).
Young, I. M. (1980) 'Throwing Like a Girl: A Phenomenology of Feminine Body Comportment, Motility and Spatiality', *Human Studies*, 3: 137-156.
Young, I. M. (1990) *Throwing Like a Girl and Other Essays in Feminist Philosophy and Social Theory* (Bloomington: Indiana University Press).
Young, I. M. (2005) *On Female Body Experience: Throwing Like a Girl and Other Essays* (New York: Oxford University Press).
Young, J. (1998) 'Breaking Windows: Situating the New Criminology', in P. Walton and J. Young (eds), *The New Criminology Revisited* (London: Macmillan).
Young, J. (1999) *The Exclusive Society: Social Exclusion, Crime and Difference in Late Modernity* (London: Sage).
Young, M. D., and Willmott, P. (1957) *Family and Kinship in East London* (London: Routledge & Kegan Paul).
Young, M. D., and Willmott, P. (1973) *The Symmetrical Family: A Study of Work and Leisure in the London Region* (London: Routledge & Kegan Paul).
Yousafzai, M., with Lamb, C. (2013) *I am Malala: The Girl Who Stood up for Education and Was Shot by the Taliban* (London: Weidenfeld & Nicolson).
Zald, M., and McCarthy, J. (1987) *Social Movements in an Organizational Society: Collected Essays* (New Brunswick, NJ: Transaction).
Zammuner, V. L. (1986) 'Children's Sex-Role Stereotypes: A Cross-Cultural Analysis', in P. Shaver and C. Hendrick (eds), *Sex and Gender* (Beverly Hills, CA: Sage).
Zamudio, M. M., Russell, C., Rios, F. A., and Bridgeman, J. L. (eds) (2011) *Critical Race Theory Matters: Education and Ideology* (New York: Routledge).
Zayani, M. (ed.) (2005) *The Al Jazeera Phenomenon: Critical Perspectives on New Arab Media* (New York: Paradigm).
Ziai, A. (ed.) (2007) *Exploring Post-Development: Theory and Practice, Problems and Perspectives* (London: Routledge).
Zimbardo, P. G. (1969) 'The Human Choice: Individuation, Reason, and Order versus Deindividuation, Impulse, and Chaos', in W. J. Arnold and D. Levine (eds), *Nebraska Symposium on Motivation* (Lincoln: University of Nebraska Press).
Zippel, K. S. (2006) *The Politics of Sexual Harassment: A Comparative Study of the United States, the European Union and Germany* (Cambridge: Cambridge University Press).
Žižek, S. (2011) *Living in the End Times* (rev. edn, London: Verso).
Žižek, S. (2012) *Less than Nothing: Hegel and the Shadow of Dialectical Materialism* (London: Verso).
Zolfagharifard, E. (2014) 'Meet Bob, Britain's First ROBOTIC Security Guard: Droid Roams Offices Looking for Suspicious Behaviour and Calls for Backup', www.dailymail.co.uk/sciencetech/article-2659036/Meet-Bob-Britains-ROBOTIC-security-guard-Droid-roams-offices-looking-suspicious-behaviour-calls-backup.html.
Zubaida, S. (1996) 'How Successful is the Islamic Republic in Islamizing Iran?', in J. Beinen and J. Stork (eds), *Political Islam: Essays from Middle East Report* (Berkeley: University of California Press).
Zuboff, S. (1988) *In the Age of the Smart Machine: The Future of Work and Power* (New York: Basic Books).

图片版权声明

第一章

3 © Aluxum/iStock.

6 © Rosemarie Gearhart/iStock.

7 © UK Dept for International Development/Flickr.

11 © Google Art Project/Wikimedia Commons.

18 © Neil Cummings/Wikimedia Commons.

20 © KPA/Zuma/Rex Features.

24 © R Neil Marshman/Wikimedia Commons.

27 © Denis Closon/Rex Features.

第二章

39 © Fredrik Rubusson/Flickr.

44 © Bill Ross/Corbis.

47 © joyt/iStock.

48 © The New Yorker Collection 1986 J. B. Handelsman from Cartoonbank. com. All rights reserved.

55 © Doonesbury © 1985 & 1980 G. B. Trudeau. Reprinted with permission of Universal Press Syndicate. All rights reserved.

56 © Peanuts 1993 © UPS.

58 © Andrew Fox/Corbis.

60 © Mackerl.

61 © Bob Sacha/Corbis.

65 © Philip Zimbardo/Stanford University.

第三章

81 © Piblet/Flickr.

88 © Mary Evans Picture Library.

90 © Bettmann/Corbis.

95 © Nic Bothma/epa/Corbis.

99 © Sean Locke/iStock.

104 © Chensiyuan/Wikimedia Commons.

106 © Intel Free Press/Flickr.

113 © Nabita Mujusson. Courtesy of Southall Black Sisters.

118 © Britta Pedersen/dpa/Corbis.

121 © IAEA Imagebank, Greg Webb/Flickr.

第四章

131 © Jamie McDonald/GettyImages.

134 © Woodhouse/Flickr.

137 © Mlenny/Flickr.

139 © Gleisen Miranda, FUNAI, Survival International.

149 © Wikimedia Commons.

155 © Ho/Reuters/Corbis.

159 © Emma Longstaff.

162 © RomitaGirl67/Flickr.

168 © Barbaragin/Flickr.

第五章

183 © Bloomberg/GettyImages.

186 © Alfredo Dagli Orti/The Art Archive/Corbis.
190 © Alan Levine/Flickr.
194 © Chad Ehlers/Stock connection/Rex Features.
198 © Moodboard/Corbis.
209［左］© G.M.B. Akash/Panos Pictures.
209［右］© Jamie Jones/Rex Features.
217 © Ralf Hettler/iStock.
226 © Fadel Senna/GettyImages.
227 © Tedder/Wikimedia Commons.

第六章

239 Raguenet ‘A View of Paris from the Pont Neuf’ Wikimedia Commons.
241 © Paul Bica/Flickr.
247 © Werner Bayer/Flickr.
253 © Andrew Fox/Corbis.
257 © Adalberto RiosSzalay/Sexto Sol/Getty Images.
267 © Adrian Beesley/iStock.
269 © Hilary h/Flickr.
273 © Viviane Moos/Corbis.
283 © SludgeG/Flickr.
285 © Nikada/iStock.

第七章

293 © George Baboukos/Athena Pix/Rex/Shutterstock.
300 © Emma Longstaff.
303 © Bettmann/Corbis.
306 © Sion Touhig/Corbis.
310 © Betty Press/Panos.
322 © Studio-Annika/iStock.
325 © Dean Mitchell/iStock.
332 © Jagadeesh/Reuters/Corbis.
340 © Charles O'Rear/Corbis.

第八章

353 © Daniel Zucknik/GettyImages.
358 © Paul Ekman.
361 © Peter Stokes/Wikimedia.
362 © Mike Stokoe/www.cartoonstock.com.
367 © David Hoffman.
370 © Getty Images.
372 © Jacques Langevin/Sygma/Corbis.
380 © Mike Kemp/Rubberball/Corbis.
387 © Pearleye/iStock.
390 © Dax Dover/Flickr.

第九章

399 © ArtMarie/iStock.
402 © Sandra Ramirez/STOCK4B.
407 © Peter Dench/In Pictures/Corbis.
415 © Henry Diltz/Corbis.
420 © Christian Stewart/iStock.
423 © Rex Features.
431 © Lisa Wollett/Photofusion Picture Library.
441 © Gary Sludden/iStock.
443 © Advertising Archives.

第十章

455 © Sipa/Rex/Shutterstock.
460 © Monkeybusiness images/iStock.
467 © PeopleImages/iStock.
471 © Marcel Pelletier/iStock.
482 © Jonathan Banks/Rex Features.
492 © Gisele/iStock.
494 © www.cartoonstock.com.
496 © EricAudras/Onoky/Corbis.
503 © Kevin Chodzinski/Flickr.

第十一章

513［左］© Albanpix/Rex/Shutterstock.
513［右］© AFP/Getty Images.
514 ‘The Toilet of Venus’ c 1613 Rubens. Private Collection, © Giraudon/Bridgeman Art Library.
519 © Intel Free Press/Wikimedia Commons.
524 © Burger/Phanie/Rex Features.
526 © Cora Reed/iStock.

533 © UNMEER/Flickr.

539 © David White/Rex Features.

542 © New Yorker Collection 2001/David Sipress from Cartoonbank.com.

555 © US Army/Flickr.

559 © Vicky Lucas.

第十二章

571 © Alessio Jacona/Flickr.

572 Courtesy of Lord Noon.

576 © 38 Degrees/Flickr.

578 © Thomas Schoch/Wikimedia Commons.

586 © Chris Schmidt/iStock.

591 © Geoffrey Robinson/Rex Features.

593 © Alisdair McDonald/Rex Features.

600 © Startraks Photo/Rex/Shutterstock.

605 © Peter Dench/In Pictures/Corbis.

613 © Radius Images/Corbis.

第十三章

629 © Northern Ireland Executive/Flickr.

636 © Frans Lanting/Corbis.

631 © Photofusion Library/Alamy.

645 © Commission for Racial Equality (now incorporated into the Equality and Human Rights Commission).

648 © Martin Jenkinson/Alamy.

655 © Daniel Ross/iStock.

657 © iStock.

663 © Ken Pyne.

669 © Rozenn Leboucher/Rex Features.

第十四章

679 © Ahn Young-joon/AP Photos.

681 © AP Photos/Press Assocation.

686 © Dean Conger/Corbis.

696 © Finbarr O'Reilly/Reuters/Corbis.

698 © Peter Menzel/Science Photo Library.

702 © David Rose/Panos Pictures.

711 © Emmanuel Dyan/Flickr.

715 © Toru Hanai/Reuters/Corbis.

722 © Danny Lehman/Corbis.

第十五章

735 © Andrew Fox/Rex/Shutterstock.

736 © Global Panorama/Flickr.

741 © Polity.

744 © Jrmodugno/Wikimedia Commons.

748 © Alfa Lifestyle Productions.

752 © Martin/Flickr.

758 © Tiziana and Gianni Baldizzone/Corbis.

762 © Paul Kooi/iStock.

774 © Kieran Meehan/Cartoonstock.com.

780 © AFP/Getty Images.

第十六章

791 © Kyodo/AP Images.

795 © FIFA/Getty Images.

801 © PA Photos.

821 © Peter Lawson/Rex Features.

827 © Popperfoto/Getty Images.

831 © Louise George/MOD/Rex/Shutterstock.

836 © Lorraine Boogich/iStock.

第十七章

845 © Zuma/Rex/Shutterstock.

850 © John Peters/GettyImages.

854 © Pascal Deloche/Getty Images.

862 © Mike Longhurst/Rex Features.

877 © Ted Spiegel/Corbis.

880 © Brian Harris/Rex Features.

883 © Kippa Ltd/Rex/Shutterstock.

886 © PA Photos.

889 © Burak Kara/Getty Images.

第十八章

901 © Yanis Vanoufakis/Twitter.

902 © DDP USA/Rex/Shutterstock.

911 © Sherwin Crasto/Reuters/Corbis.

919 © Phil Boorman/cultura/Corbis.
923 © Paul Piebinga/iStock.
932 © Lehtikuva Oy/Rex Features.
940 © Peter Turnley/Corbis.
942 © Dem10/iStock.
948 © Somrerk Kosolwitthayant/Shutterstock.
952 © PA Photos.

第十九章

963 © UK DIFD/Flickr.
964 © Action Press/Rex/Shutterstock.
968 © Duncan Hill/Flickr.
976 © AFP/GettyImages.
982 © Homer Sykes/Alamy.
992 © DavidF/iStock.
1000 © Janine Weidel Photo Library/Alamy.
1008 © Sturti/iStock.

第二十章

1025 © Wellcome Images Library.
1028 © Action Press/Rex Features.
1031 © Morton Beebe/Corbis.
1035 [左] © VisualCommunications/iStock.
1035 [右] © Sarah/Flickr.
1040 © Sipa Press/Rex Features.
1045 © Gilles Paire/iStock.
1046 © New Yorker Collection 1997 Michael Mastin/Cartoonbank.com.
1064 © Eddie Mulholland/Rex Features.
1071 © Topfoto.
1074 © AFP/Getty Images.

第二十一章

1087 © Associated Press.
1094 © Xinhua News Agency/Rex/Shutterstock.
1098 © WPA Pool/GettyImages.
1102 © bkang83/Flickr.
1108 © Sipa Press/Rex Features.
1112 © Robert Perry/Rex/Shutterstock.
1117 © Royston Robertson/Cartoonstock.com.
1118 © Geoff Robinson/Rex Features.
1128 © Sutton-Hibbert/Rex Features.
1133 © PA Photos.

第二十二章

1145 © John Moore/GettyImages.
1149 © Ilyas J Dean/Rex Features.
1153 © Neil Ward/Flickr.
1159 © Ken Straiton/Corbis.
1167 © Sven Torfinn/Panos Pictures.
1172 © Bettmann/Corbis.
1180 © Takver/Flickr.

译者后记

眼前这部英文本共 1138 页，重约五斤四两，现在被我“消灭”了，犹如上一个本命年将要结束时，我“消灭”了它的前前前身，一本 1120 页、重约五斤的书。如今我同样抚摸着它，同样尖锐地感受到一名体力劳动者的光荣，只是不再有激情咬牙切齿。

这是本书的第八个版本，也是在中国大陆地区的第四个译本。此前，第四版中译由马戎老师及方卫华、李霞、陆益龙、杨渝东、赵旭东、郭建如、龚浩群、褚建芳等共 21 人完成，2003 年出版。第五版中译由我译出，2009 年出版。第七版中译由赵旭东、王莎莎等共 37 人完成，2015 年出版（皆为北京大学出版社）。

上个本命年干完第五版后，我怀着对这本书不得不深厚的感情，当北大社买下第六版版权又一次找我时，毫不犹豫地拒绝了再次翻译的邀约（2010 年该社直接出了英文影印版）。我以为再不会有然后了。直到 2017 年一个寻常春日，从未谋面的北大出版社陈相宜编辑完全没有打招呼，直接敲开我办公室的门，从包里拿出第七版的英文版，问我：马上就到手英文第八版，要不要？想不想译？

详情不细说，事实上也没有什么详情。如果电邮电话来回交涉，我估计就推脱过去了。但是当面互动会形成某种冲动。总之我晕头晕脑就接了。当时我以为自己译过，赵老师等人又更新过，想来稍作添补，轻松愉快，于是拍胸脯说十个月后寒假结束开学交稿。我想当时陈编辑的内心应该是疑惑的。

在忙完手边其他事后，我拖到快暑假才正式全面开工，并迅速意识到自己错了。在将近两年里，我需要在我自己电脑里的第五版中译电子版基础上，比照出版社提供的第七版中译电子版，即王莎莎同学初步整理版（根据各章电子文档最后处理者判断），以及赵旭东老师校订后正式出版的第七版中译纸质版，当然，还有吉登斯相较第七版改动幅度大约为四分之一的英文第八版。之前的“稍作添补”变成每一句都重新来过，速度往往还不如自己全新译起。

同样,鉴于我已经逐词逐句进行了校对和增删,现在这一版中译所有可能存在的错误,完全由我负责,但必须是今日之我,因为我经过反复斟酌,对当年自己选择的不少译法也做了修改,甚至包括"sexuality""ethnicity""disability"这三个分别有专章论述的核心概念。我想一定会有众多不同意见,也好,省得我自己都相信了这种概论书的翻译毫无研究含量可言。同样,全书所有注解均为译者注,感谢这些年网络资源的大大丰富(虽然有时显得可逆),译注数量大大减少。有些译注本想与时俱进,后来放弃了,因为实在无法定夺,比如英国脱欧事务。

我不打算像上次译者后记那样,详细梳理本书的增删情况和写作特色,仅就一些体例问题略作说明。如同第五版中译,原书中的斜体字表示强调或一些局部性的重要概念,中译以黑体字标示。原书中的彩色粗体字表示书后术语表中出现的核心术语,中译以幼圆体标示,可见书后译者重新编排以利查考的术语汇编。原书诸多图文框、表、图、地图、照片、漫画等基本保留并尽量译出说明文字,由于中译不可能像原版那样全彩铜版印制,无法做到效果完全一致。参考文献和文献出处均保留原文,以利查考。由于原书材料形式多样,编排生动,版式复杂,中译无法准确通过页边码给出原书页码,也因此将原书索引去掉了页码,另行编制了中外人名对照。

第五版译后记写了太多有的没的的"抒情"的话,从丁亥到乙亥,就是猪也该成熟了。如今在大学里翻译一部大部头概论教材,也实在找不出什么理性的原因。但既然十二年来我没有挪地方,也就不妨重复当年译后记最后一句话:"自知不是天才其实并不难,但要安于、乐于并善于做一个傻子,却要困难得多。"这"困难得多"的事情,纵然后来添加了许多压力,不过出于猪一般的惰性,倒也做下来了。那就不妨继续做下去,谨以此自嘲、自警、自勉。

李　康

2019 年 4 月于京北西二旗